HISTORIA

DE LAS

ESCUADRAS DE CATALUÑA.

LAS ESCUADRAS DE
CATALUÑA

HISTORIA

DE LAS

ESCUADRAS DE CATALUÑA.

LAS ESCUADRAS DE
CATALUÑA
RIBAS

HISTORIA

DE LAS

ESCUADRAS DE CATALUÑA

SU ORÍGEN, SUS PROEZAS, SUS VICISITUDES,

INTERCALADA

CON LA VIDA Y HECHOS

DE LOS MAS CÉLEBRES LADRONES Y BANDOLEROS

POR

D. JOSÉ ORTEGA Y ESPINÓS.

3.ª EDICION

ADORNADA CON VEINTE Y NUEVE GRABADOS.

BARCELONA:

LUIS TASSO, IMPRESOR-EDITOR,

CALLE DEL ARCO DEL TEATRO, N.º 21 Y 23.

1876.

ESCUADRAS DE CATALUÑA.

I.

ORÍGEN DE LAS ESCUADRAS.

Felipe IV habia verificado su entrada pública en
a villa y corte de Madrid. El nuevo monarca era
realmente un niño, pues solo contaba diez y seis
años de edad. Los optimistas, es decir, aquellos
que todo lo ven por el buen lado, se lisonjeaban con
la idea de que el novel jefe de la Monarquía Española, seria un gran rey, fundándose en su continen-
te y en la madurez de algunas de sus contestaciones
y preguntas. Pero los más reflexivos solo veian en
Felipe un rey niño, que careciendo de consejo y esperiencia propia, debia buscar ambas cualidades en
algun ministro ó favorito en quien depositára su
confianza. Desgraciadamente la eleccion no pudo ser
más desacertada para el rey y la nacion, cuyos destinos acababan de confiársele, puesto que recayó en
el libertino y orgulloso conde-duque de Olivares, cuya amistad y privanza con Felipe existia ya antes de
que este empuñára el cetro de una nacion en cuyos
vastos dominios jamás se ocultaba el sol. El conde-
duque de Olivares no reunia ninguna de las cualidades para gobernar una monarquía tan dilatada, y
compuesta de elementos tan heterogéneos é intereses
tan encontrados. Decimos mal, Olivares solo reunia
talento suficiente para ordenar grandes y pomposas
fiestas en que, entretenido el jóven monarca, abandonaba enteramente las riendas del gobierno en manos de su *favorito*, quien, á su vez, impotente é inútil para hacer el bien por su orgullo y altaneria,
era el más á propósito para hacer el mal y precipitar á la patria hácia su ruina. Comenzó enemistán-
dose con las provincias, atacando los objetos más
sagrados que estas habian conquistado con su sangre y sus caudales. Sabido es, que desde las épocas
anteriores á la de 1642, los reyes solian remunerar
los servicios eminentes de sus vasallos con la concesion de fueros, privilegios y franquicias, que por la
razon de ser un premio de la sangre derramada y de
los tesoros invertidos, eran tan sagrados é irrevo-
cables como los grados, títulos y condecoraciones
con que posteriormente han sido remunerados los
esclarecidos servidores del Estado. Pero por lo visto
no era esta la lógica del conde-duque de Olivares.
Creemos muy bien que el prurito de conceder privilegios y fueros, siquiera en recompensa de servicios
heróicos, no era el sistema más conveniente para ci-
mentar una monarquía, ó gobierno cualquiera, sobre principios sólidos y estables, puesto que la base
de estos debe ser siempre la *unidad*, imposible sin
la *igualdad* ante la ley, y sin la mancomunidad de
derechos, deberes é intereses. Pero la iniciativa de
la especie de pacto entre los reyes y sus vasallos

no habia partido de los pueblos, y aun así, libre hubiera sido la parte contratante de no aceptar la condicion. Mas, una vez consumado, á él debian considerarse obligadas las partes contratantes, y solo con
mucho tino, prudencia y criterio, podian más tarde
y con tiempo, introducirse las modificaciones recla-
madas por la índole misma de las cosas humanas,
cuyo destino es cambiar continuamente y modificarse,
para atemperarse á la instabilidad inherente siempre á las obras de los hombres. Pero el omnipotente
favorito de Felipe IV quiso imprimir en esto como
en todo, su carácter impetuoso y altanero, y desde-
ñándose en cierto modo de tratar con los pueblos
por medio de sus legítimos representantes, cuales
eran sus diputaciones y municipios, se puso de
acuerdo con los *vi-reyes*, hechuras suyas, más bien
dicho, serviles aduladores del poderoso favorito. De
ahi las conspiraciones en Portugal, que acabaron
con la emancipacion de aquella parte de la monarquia española; de aquí los gemidos, súplicas y ruegos de Cataluña, en donde no se conspiraba contra el
rey como en Portugal, sino que, respetando y aman-
do á Felipe, se hacian esfuerzos inauditos para que
este monarca dispertase del letargo en que le tenia
sumerjido su indiscreto favorito. El testa-ferro del duque de Olivares en Cataluña era en aquella época
D. Dalmacio de Queralt, conde de Santa Coloma,
quien, desgraciadamente para él, para el pais que le
habia servido de cuna y para los intereses de toda la
nacion, desconoció su origen catalan y al mismo tiempo la índole y carácter de los pueblos, que la omni-
potencia del ministro habia puesto bajo sus órdenes,
nombrándole capitan general del principado. Atento
siempre, dócil y sumiso á las insinuaciones y sinies-
tras miras del de Olivares, no solo desoia las justas
y respetuosas quejas de sus paisanos, sino que basta
trató con desprecio á la Diputacion de Cataluña,
respetable por su posicion, por el arraigo y patriotismo de los individuos de que se componia, y sobre
todo, por el grandisimo prestigio, respeto y confianza
de que, con justicia, gozaba en todo el principado.
Despreciar á una diputacion tan poderosa, que sin
embargo no hacia alarde de su poder, puesto que
descendia á la humilde súplica, manteniéndose en
pié ante el virey del principado, era escupir al rostro de todo un pueblo, y jamás se ha podido ultrajar
tan impunemente ningun pueblo, y mucho ménos á
un pueblo pundonoroso como el catalan. Las cosas
iban marchando de mal en peor, y llenándose de dia
en dia la medida del sufrimiento. Un pueblo que sufre,
es un volcan cubierto con una gran capa de ceniza,

pero un volcan en fin, que tarde ó temprano ha de arrojar llamas y causar estragos. Este dia se acercaba á pasos precipitados. El conde-duque con su imprudente altaneria, y el conde de Santa Coloma, su satélite, con su ciega confianza en sí mismo y sus arranques militares, siempre despóticos y humillantes para quien los recibe, se obstinaban en apresurar el dia de la gran catástrofe. Uno y otro se habian olvidado del origen de los sagrados fueros de Cataluña, que conculcaban á cada paso; de los inmensos sacrificios de los catalanes para obtener sus franquicias, de la sangre derramada y los tesoros invertidos. La conducta imprudentemente severa del conde-duque hácia los catalanes, reconocia un pretesto frivolo, que el carácter orgulloso del favorito convirtió en motivo poderoso para arreglar su conducta. En cierta cuestion, que medió entre el almirante de Castilla y el de Olivares, Cataluña se habia declarado á favor del primero, y esto á los ojos del poderoso favorito, habia sido calificado de pecado imperdonable, á cuya venganza debia sacrificarse todo, inclusa la patria y el poder del mismo monarca que tanta confianza y mercedes le habia otorgado. Pero el conde de Santa Coloma ¿qué motivos tenia para declararse tan enemigo de un pueblo en que se habia mecido su cuna y la de sus antepasados? Nosotros no sabemos ninguno, aparte del empeño que tenia en conservar su mando, y por consiguiente la amistad y confianza del favorito que se lo habia conferido y se lo podia revocar. Por tan frivolos é indignos motivos, desconocian esos dos hombres de estado sus respectivos deberes, y la importancia de un pueblo que habia oido decir al gran Cárlos V de Alemania y primero de España, *que en más estimaba ser conde de Barcelona que rey de los romanos.* Por pretestos tan detestables, se iba llenando el vaso de la paciencia y sufrimiento de un pueblo tan poderoso, laborioso y honrado como el catalan, hasta el estremo de que el conceller D. Juan de Caldés, uno de los diputados más templados y partidarios de las medidas pacíficas y conciliadoras, se espresase en estos términos en una de las sesiones de la Diputacion catalana de que formaba parte en representacion de los concelleres de Barcelona: «No hallareis en todo el principado, »decia, sino maridos buscando á sus esposas, esposas llorando á sus maridos muertos, casados gimiendo su honra ofendida, viejos venerables, sollozando la entereza violada de sus hijas, huérfanos »por las soledades, sin sus padres; y los naturales »clamando piedad al cielo, sin casas, sin pueblo, sin »hacienda; los templos derruidos sin sus sacerdotes, »y los sacerdotes sin sus templos: quedando tan asolada la provincia, que parece haber pasado por ella, »no hombres, sino demonios.» (Palabras históricas).

Mientras así se espresaban los dignos individuos de la Diputacion catalana, el pueblo, agitado y conmovido, ocupaba toda la plaza de San Jaime, la entrada y claustros de la Audiencia, y hasta el mismo salon de San Jorge en donde celebraba sus sesiones aquel cuerpo popular. En aquella sesion se acordó no entregarse á las alegrias y bullicio del Carnaval que iba á celebrarse, así como vestir de luto la Diputacion y el respetable cuerpo de concelleres, y enviar al conde de Santa Coloma una comision de su seno, que por centésima vez espusiera respetuosamente las quejas y súplicas del pueblo. Este, apesar de que la sangre hervia en sus venas, agitada por el fuego de tantos ultrajes y desgracias, se retiró pacíficamente á sus casas, respetando las deliberac[iones] de sus jefes, en quienes tenia entera confianza. ¿Se querrá tildarnos de revoltosos porque en el di[a] de *Corpus* de 1640, que correspondió al 7 de junio, despues de agotados todos los medios pacificos, y apurado el cáliz del sufrimiento hasta las heces, quiso el pueblo volver y volvió deshonra por deshonra, ultraje por ultraje, sangre por sangre? Ya lo hemos dicho antes, jamás se escupe impunemente en el rostro de todo un pueblo. El poder y el mando, han residido en él, antes que en los reyes y magnates de la tierra, quienes del pueblo y solo del pueblo lo recibieron. Al abdicarlo en manos de los primeros reyes y gobernantes de la tierra, no lo hizo el pueblo sin ciertas condiciones; y aun despues, siempre que se han cambiado los reyes, el pueblo ha tenido buen cuidado de hacerles jurar que solo observando sus leyes seria obediente, y de lo contrario se consideraria dispensado del juramento de homenaje y obediencia. Pero desgraciado el pais en donde el pueblo debe reclamar el cumplimiento del juramento del rey con las armas en la mano. Aquel dia todo es llanto y desolacion. Aquel dia es tremendo, la sangre corre á raudales por las calles y plazas, y brilla el siniestro fulgor del incendio. Mil victimas son sacrificadas en aras de las iras populares, sin que se respete la edad, el sexo, ni la inocencia. ¿Habeis visto nunca que un rio salido de madre deje de arrastrar cuanto se opone á su marcha? Pues bien, esa es la marcha del pueblo una vez rota la cadena de su obediencia. Así sucedió en Barcelona en aquel dia, que con mucha razon ha sido titulado por un escritor contemporáneo un corpus de sangre. La misma *Diputacion*, apesar de su inmenso prestigio y de los inauditos esfuerzos que empleó, fué impotente para contener tanto estrago y devastacion, durante las primeras horas de la venganza popular. Solo cubriéndole con su propio cuerpo, y esponiendo sus vidas, pudieron los diputados conducir al conde de Santa Coloma desde su palacio, situado como hoy dia (1) frente el ex-convento de San Francisco, hasta el fuerte de la Atarazana. Una vez D. Dalmacio de Queralt hubo puesto sus piés en la Atarazana, podia considerarse salvado, si hubiese seguido el consejo de los diputados que tan á riesgo de sus propias vidas hasta allí le habian conducido. Estos le aconsejaban que sin perder un momento se embarcase en una de las dos galeras genovesas ancladas en el puerto, que solo á él esperaban para darse á la vela. Pero al conde, como á todas las medianias, le faltaba aquella resolucion, aquel golpe de vista que debieran tener todos los que aspiran á desempeñar importantes empleos y mandar á los demás hombres. Perdió unos momentos preciosos entre su indecision y cavilaciones, y cuando quiso salvarse no fué ya tiempo, puesto que las galeras y sus botes se habian visto obligados á largar velas para librarse del fuego que se les dirigia desde la ciudad.

En fin, D. Dalmacio de Queralt, conde de Santa Coloma, general del ejército, virey del Principado, gran amigo del poderoso ministro conde-duque de Olivares, murió estenuado por la fatiga y el cansancio entre los precipicios conocidos con el nombre de

<hr>

(1) Recientemente ha sido derribado, ocupando hoy su solar un suntuoso edificio perteneciente á un rico capitalista. Tampoco existe el convento, que se levantaba, como el palacio del conde, en la Plaza del Duque de Medinaceli. (*N. del E.*)

rocas de San Beltran, huyendo de sus asesinos, que al clavarle el puñal, hubieron de advertir que solo herian un cadáver. Justos juicios de Dios, contra los cuales en vano pugna la altaneria de los hombres. Entre tanto el pueblo seguia con sus gritos de VIVA LA SANTA FÉ CATÓLICA, VIVA FELIPE IV, MUERA EL CONDE-DUQUE DE OLIVARES, MUERA SANTA COLOMA, VIVAN LOS FUEROS.

Una especie de procesion, cuyo estandarte era un CRISTO clavado en la cruz, de colosales dimensiones, incitaba las masas á la venganza. Lamentable ceguera de un pueblo, que llevando por emblema al Dios hombre, que derramó su sangre para redimirnos á todos, corria á la venganza, al incendio y al asesinato, olvidando que aquel mismo Dios que hacian servir de enseña lo era de paz y caridad, y que solo profanándole sacrilegamente podia invocarse su santo nombre en medio de los desmanes de una turba insensata, ávida de sangre humana y entregada al más desastroso desenfreno! Pero aquel pueblo incendiario y asesino, no era el barcelonés, no; era una espantosa mezcla de bandidos y malandrines de profesion, quienes, el dia antes se habian introducido en la capital, segun las órdenes de sus capitanes, y en el mismo dia de *Corpus* habian entrado tambien confundidos entre los segadores, que segun costumbre, acudian todos los años en igual dia en cuadrilla, precedidos de sus bocinas y trayendo consigo los instrumentos de su trabajo, en cuya disposicion se dirigian á la Rambla, sitio escogido para la contratacion de las labores de la siega. Tambien en el mismo dia de *Corpus*, desde la primera hora, paseaban por la ciudad ciertos personajes de aspecto tan sombrío, repugnante y nunca visto, que infundian miedo á todos los ciudadanos que no estaban poseidos del vértigo de la venganza. Cuando sonó la hora tremenda, esos siniestros personajes se mezclaron entre la muchedumbre, y comenzaron á ordenar el incendio y el asesinato. Era fácil observar que otros hombres de cara repugnante y asquerosa se entendian con aquellos misteriosos personajes, y recibian órdenes, que ponian en practica con la precision y prontitud propia de los cuerpos disciplinados. En fin, los que obedecian eran bandidos, y los que mandaban sus capitanes. Mas, muerto ya el conde de Santa Coloma, y calmados los primeros momentos de vértigo y obcecacion, el verdadero pueblo comenzó á conocer su estravío, fijó por primera vez su atencion en aquellos fugidos, y aunque tarde, reconoció que no pertenecian al pueblo, que no defendian su causa, y si tan solo la del saqueo y latrocinio. La Diputacion, que no habia cesado un solo momento de dar órdenes y dictar disposiciones para apaciguar el tumulto, pero que habia sido impotente hasta entonces por faltarle el apoyo y obediencia del pueblo, comenzó á verse rodeada de este, y que dócil y sumiso, como siempre lo habia sido, solo esperaba sus órdenes para ponerlas en ejecucion. Entonces los *foragidos y malandrines*, se hicieron pronto invisibles, y sus jefes tomaron otros trajes y aspecto. La calma se restableció en la ciudad y el órden más completo reinó en todas sus calles y plazas. Pero el golpe estaba dado. El conde de Santa Coloma habia muerto de un modo desastroso, y este solo hecho constituia un acto de rebeldia que debia costar muy caro á los catalanes. El conde-duque, que tanto se habia cebado contra Cataluña con motivo de un insignificante desaire, ¿qué no haria entonces en vista de un acto de

rebeldia que habia concluido con la muerte de su favorito el de Santa Coloma? Era preciso buscar un punto de apoyo, una poderosa alianza para poder hacer frente á las iras del omnipotente ministro, cuya venganza contra Cataluña debia ser la más terrible y espantosa. Asi lo conocieron los catalanes: y sus representantes, que de hecho habian quedado constituidos en verdaderos gobernantes y responsables del pais, no perdieron tiempo en poner en obra lo que deseaban todos los catalanes. Como todo el principado habia secundado el movimiento de la capital, la Diputacion de Barcelona creyó que todos los pueblos debian ser representados ante el consejo en que debia resolverse lo que convenia hacer en vista del apurado y critico estado á que habian llegado las cosas. Con este objeto juntáronse córtes en Barcelona, y la elocuencia popular de algunos diputados llenó de entusiasmo á los demás y al pueblo entero, y asi, resolvieron todos sucumbir antes que humillarse ante su mortal enemigo el conde-duque, prefiriendo implorar el auxilio del rey de Francia, á quien determinaron hacer concesion de todo el principado. Mientras tanto Olivares, montado en ira contra un pueblo que siempre habia aborrecido, nombraba virey y capitan general de Aragon y Cataluña al Marqués de los Velez, poniendo á su disposicion un ejército respetable, con órdenes severas de sujetar al principado, y una vez reducido á la obediencia, castigar ejemplarmente á todo un pueblo que habia tenido la desgracia de haber agotado toda su paciencia y sufrimiento. El Marqués de los Velez participó su nombramiento á la Diputacion de Barcelona y su deseo de pasar á la capital con todas sus tropas: por toda respuesta se le dijo que no se le recibiria con tropas ni sin ellas. Principiaron las hostilidades. Velez entró en Tortosa, arrolló en Cherta un cuerpo catalan, y asimismo en Balaguer. Puso sitio á Cambrils, y habiendo entrado en este pueblo por medio de una capitulacion, cometió la barbaridad de degollar la guarnicion, faltando á lo estipulado. Naturalmente esto exasperó el furor de los catalanes, quienes juraron llevar la guerra á sangre y fuego. En aquellos mismos dias regresó la comision catalana que habia pasado á ofrecer la corona de Cataluña á Luis XIII, dando cuenta del buen recibimiento que les habia hecho Richelieu, y de su promesa formal de apoyar la revolucion catalana. Velez, á quien no se ocultaban esas maquinaciones, determinó acabar de un golpe con la insurreccion apoderándose de Barcelona. Adelantóse por Villafranca del Panadés; desalojó de este punto á los catalanes; hizose dueño de Martorell, Molins de Rey y San Feliu, y estando ya á la vista de Barcelona y su formidable castillo de Monjui, alentó á sus soldados prometiendo grandes premios al primero que plantase un estandarte en aquella fortaleza. Trabóse un sangriento combate en la misma falda de Monjui y huertas de San Beltran, entre las tropas de Velez, al mando del duque de San Jorge y el Marqués de Torrecusa, por una parte, y por otra los catalanes, reducidos casi enteramente á sus propias fuerzas, pues solo habian llegado algunos centenares de franceses. El valor y el denuedo de nuestros paisanos lo superó todo, alcanzando un triunfo completo, coronado con la pérdida casi total del ejército enemigo, con cuyos miserables restos tuvo que replegarse Velez hácia Tarragona, donde hizo dimision de su mando.

Alentados los catalanes con esta victoria, y animados por el contenido de la carta que el Rey de Francia Luis XIII les envió con fecha 19 de febrero de 1641, en que, tratándoles de carisimos y buenos amigos, aceptaba gustosísimo el donativo que se le hacia del estado y provincia de Cataluña, tomaron todas las medidas para aumentar el entusiasmo en la defensa. Tambien aquel monarca decia en su carta que la determinacion de los catalanes de rebelarse contra su rey y entregarse en cuerpo y alma al de Francia, éra *inspirada tan solo de Dios*; los resultados fatales que esto tuvo, y el abandono de los mismos franceses, respecto de los catalanes, cuando creyeron que así convenia á su politica, son una prueba de que esas miserias y flaquezas, no son obras inspiradas por un Dios de justicia y de bondad, cual es el de los cristianos. A la carta del Rey de Francia, siguió el importantísimo documento histórico titulado: ESCRITURA DE ENTREGA DEL PRINCIPADO DE CATALUÑA *al rey de Francia*. En dicho documento se consigna que el rey Cristianísimo debe pasar personalmente á Barcelona, á jurar la observancia de todos los privilegios y constituciones de Cataluña, declarándose inválido el acto hasta que se hubiese cumplido esa formalidad, conforme lo habian hecho siempre los reyes Católicos de España. Tan cierto es lo que antes hemos dicho, á saber, que el poder de los reyes vino de los pueblos, esto es, por delegacion de estos. Hemos indicado antes que el movimiento de Barcelona habia sido secundado por todo el principado. Tambien hemos visto como los malandrines, bandoleros y ladrones de profesion, recordando aquel adagio de *á rio revuelto ganancia de pescadores*, se habian introducido en las ciudades y aldeas, aparentando un patriotismo que no tenian disfrazando con este y el de acérrimos defensores de los *fueros*, los verdaderos motivos que les habian impulsado á cambiar sus madrigueras y escondrijos, con las cómodas habitaciones y palacios de las ciudades y villas del principado. En todas partes habian cumplido de un modo horroroso con los deberes de su reprobada institucion. El robo, el saqueo, la violacion y toda clase de delitos, les distinguieron en todas las ocasiones que se les habian presentado. Era preciso, pues, organizar una fuerza armada compuesta de jóvenes honrados, valientes y decididos para poder contrarrestar á tantos bandoleros y foragidos que, á un valor á toda prueba, reunian la astucia y sutileza, y para adaptarse á todas las formas, desde la del miserable y haraposo mendigo, á la del caballero más noble y delicado, desde la humilde y respetuosa del virtuoso anacoreta, á la del patriota más exaltado. Pero la época tempestuosa y de lucha encarnizada que describimos, no era la más apropósito para la formacion de este cuerpo, porque Cataluña, amenazada por todas partes, circuida de ejércitos nacionales y extrangeros que anhelaban devorarla, debia echar mano de todos sus recursos, necesitaba reunir todos los miembros de su familia, siquiera fuesen gangrenados y corrompidos. Por otra parte los bandoleros de entonces no eran como los miserables rateros y asesinos de nuestros dias. Aquellos á lo ménos, á sus imperdonables defectos, reunian un valor á toda prueba, sabian batirse en regla y derramar su sangre en defensa de la causa que sus capitanes ponian en sus manos. Los rateros de nuestra época son unos cobardes, que solo acometen á la victima descuidada é indefensa, y huyen á los ladridos de un perro á quien no han podido tapar la

boca con un pedazo de pan ó una bola de arsénico. Los foragidos de aquella época preferian robar al que oponia resistencia, que al inofensivo que se desmayaba á su presencia, y se batian con los tercios de la Santa Hermandad, con un valor y denuedo dignos de mejor causa. En el decurso de nuestra historia, tendremos ocasion de hacer notar á nuestros lectores rasgos verdaderamente caballerescos por parte de los bandidos más formidables; hazañas verdaderamente asombrosas, debidas á esos hombres pervertidos y entregados á una vida tan criminal para con Dios, como contraria á las leyes que rigen sobre la tierra. Estas mismas cualidades, y los grandisimos apuros en que se encontraba el principado en aquel entonces, contra el cual parecia que se habian desencadenado todas las furias del averno, fué causa de que no se reprimieran con mano fuerte los desmanes, á que, á la menor ocasion, se entregaban aquellos hombres desenfrenados, reñidos con su Dios y con la humanidad entera. Durante este periodo, esto es, en el año 1643, murió Luis XIII, y acaeció tambien la caida del conde-duque de Olivares, pero no por esto se levantó la España del embarazoso estado á que la habia reducido el altanero favorito. Los desaciertos y faltas de los hombres de estado, dejan siempre tras sí profundas huellas, que muchas veces hacen incurables los males que por su falta de capacidad y mal uso de su poder, han causado al pais que ha tenido la desgracia de ser gobernado por sus caprichos é insuficiencia. Por otra parte, nosotros creemos que las naciones, como los individuos, tienen su niñez, su juventud y su vejez escritas en el gran libro del destino, cuyo registro el supremo Hacedor no ha confiado nunca á manos agenas. Hemos indicado ya que los apuros de Cataluña iban en aumento todos los dias. Al poco tiempo todos abandonaban su causa, inclusos los franceses, sus aliados, ó mejor dicho, sus señores, despues de la célebre donacion que ya hemos citado. Porque si bien es verdad que en 1705, Barcelona, ese único baluarte de la revolucion catalana, se salvó del inminente peligro á que la habian reducido el valor de Felipe V, quien, por medio de un asalto de los más atrevidos y arriesgados, se habia apoderado del castillo de Monjuí, no lo es ménos que esa salvacion, debida á los poderosos ausilios que recibió por mar de parte de los ingleses y holandeses, que se presentaron con una escuadra de cincuenta y tres navíos de línea, que llevaba tropas de desembarco en número de diez mil infantes y mil caballos, no hizo más que retardar el funesto golpe que la amenazaba, contra el cual debian ser impotentes los heróicos esfuerzos de los valientes catalanes. En efecto, vino el año 1713 en que Felipe V fué reconocido por rey de España y de las Indias mediante las humillantes concesiones que hizo á las demás potencias con quien estaba en guerra y ausiliaban á los catalanes, quedando por consiguiente reducidos estos á sus propias fuerzas. No por esto desmayaron ni se dieron por vencidos. La ingratitud del archiduque Cárlos de Austria, que les abandonaba despues de tantos sacrificios, no hizo más que exasperar los ánimos y acrecentar el entusiasmo de los catalanes sitiados en Barcelona. Viejos, niños, mujeres y hasta sacerdotes, se armaban y resistian con un valor digno de los tiempos de Numancia. Sufrieron un bombardeo horroroso; rechazaron con teson inaudito repetidos asaltos, y en el asalto general, pusieron á colmo su intrepidez y denuedo, que se hubiera llamado heroismo si habiese triunfado su causa, pero que fué calificado de rebeldia, por la sencilla razon de que no triunfaron, sino que fueron vencidos. Aun despues de haberse apoderado el enemigo de las murallas, los catalanes le disputaron palmo á palmo el terreno por dentro de las calles y plazas, logrando rechazarlo hasta sus propias trincheras, y aun asi, hubieran triunfado á no haber el general Berwik, que mandaba las fuerzas de Felipe, recibido en aquellos momentos un refuerzo de trece batallones franceses, de aquellos mismos franceses que antes habian aceptado la donacion de Cataluña y jurado su defensa. Leccion severa en verdad, pero que entonces y siempre han recibido y recibirán las naciones que, para salvarse de sus disensiones domésticas, se acojen al pabellon de los extrangeros, ó los llaman en su ausilio. En fin, Barcelona sucumbió en 1714, despues de haber muerto cuatro mil sitiadores, y de haber perdido otra tanta gente de su parte. Durante este memorable sitio, los foragidos y bandoleros habian acudido en gran número á la capital, en la cual, si bien mezclados con actos de barbaridad y pillage, habian hecho proezas de valor y prodigado su sangre

D. Pedro Antonio Veciana, primer comandante y fundador de las Escuadras (1690).

confundidos entre el pueblo honrado que solo esponia su vida por una causa que creia santa. Pero no todos habian acudido al punto del peligro. Muchos habian quedado diseminados por el pais, aumentando con sus crimenes el deplorable estado del principado. Organizados, y teniendo á su frente intrépidos y valientes capitanes, hacian continuas correrias, sembrando por todas partes el llanto, la desesperacion y el terror. Entonces se reconoció más y más la imperiosa necesidad de organizar una fuerza armada, compuesta de jóvenes valientes y decididos, capaces de batirse con tan formidables enemigos. Más bien dicho: entonces se hizo evidente la necesidad de aumentar y reorganizar la fuerza armada que ya desde el año 1690, habia fundado el célebre y valiente baile de Valls D. Pedro Antonio Veciana, rico propietario de aquella pintoresca villa, fuerza que por esta razon, y por ser desde su origen sostenida á espensas de dicho señor, habia tomado el nombre de mozos de casa Veciana, ó del baile de Valls. Este puñado de valientes, cuyo número fué primero de veinte y cinco jóvenes, escogidos entre los más robustos, valientes y honrados de Valls y pueblos limitrofes, á cuyo frente iba siempre su impertérrito y valiente fundador, se distinguió bien pronto por su valor, actividad y acierto en la PERSECUCION DE LOS MALVADOS Y LADRONES, UNICO Y ESCLUSIVO OBJETO DE SU CREACION. Poco tiempo despues, esto es, en 1705, el distinguido fundador de dicha fuerza la aumentó hasta el número de cuarenta. y más tarde (1711) hasta el de cincuenta, siempre mantenidos y equipados á sus espensas, haciendo para ello sacrificios de consideracion, hasta el de enajenar parte de su patrimonio. Verdad es que desde este último momento, los pueblos de Valls y su vecindad acudieron libre y espontáneamente á dicho Veciana, ofreciéndole su cooperacion, á fin de contribuir á los gastos de manutencion y equipo de una fuerza cuyos servicios se hacian más notables cada dia. Desde esta época cesaron los sacrificios pecuniarios de la casa de Veciana, pero no los otros, inherentes al mando de una fuerza que estaba en lucha continua contra unos enemigos tan formidables como lo eran los bandidos de aquellos tiempos. Sin embargo, los ladrones y foragidos que hasta entonces se habian presentado triunfantes y orgullosos, haciendo escursiones en el mismo seno de las villas y poblaciones más respetables, encontraron en los *mozos* unos enemigos valientes y decididos, á quienes no espantaban ni el número ni el denuedo de los bandoleros. El intrépido fundador de aquel puñado de valientes y decididos adalides de la seguridad pública, dirigia casi siempre personalmente las atrevidas operaciones de sus subordinados, y el éxito demostraba las cualidades de prudencia, valor y astucia que adornaban al jefe y á sus soldados. Los pueblos en masa hicieron justicia á la institucion y á su jefe, y pronto el nombre de los mozos de Valls y Veciana, resonó por toda la provincia de Tarragona, siendo el consuelo y confianza de los pacíficos habitantes de la misma, al paso que causaba terror y espanto á todos los criminales y malandrines. Ya se podia transitar con seguridad por los caminos del radio que cabia bajo la vigilancia de los *mozos*, y ya los foragidos se habian visto precisados á dejar un pais en que solo encontraban el castigo y el escarmiento. Desde un principio, este benemérito cuerpo supo oponer astucia contra astucia, ardid contra ardid, valor á valor, actividad á actividad. Desde un principio supo grangearse la confianza de los pueblos y casas de campo, así es, que desde su *origen* comenzó á establecer un sistema de confidencias, noticias y partes, que jamás ha tenido cuerpo alguno, sin costarle un maravedí, debido solo á los buenos resultados que los mismos confidentes tocaban tan de cerca, respecto á su seguridad personal, y á la de sus tesoros y haciendas.

Tal fué el *origen* de las ESCUADRAS DE CATALUÑA, tales sus primeros pasos y efectos.

II.

REORGANIZACION DE LAS ESCUADRAS.

Ya hemos dicho antes, que la mayor parte de foragidos, ladrones y malandrines. habian acudido á la capital del principado, tan pronto como, á imitacion de los cuervos y lobos encarnizados, habian percibido el olor de la sangre, del incendio y del saqueo; pero despues de haberse rendido dicha plaza, conocieron esos malvados que no habia motivo razonable para permanecer en un puesto. en que ya no existia el cebo que los habia atraido, asi es, que desaparecieron de la ciudad con el mismo misterio y sigilo con que habian entrado. Los barceloneses, en medio de sus penas y disgustos, respiraron con más libertad, desde el momento que no vieron á su lado aquellas caras patibularias, aquellos hombres de aspecto tan sombrio, aquellos séres, en fin, tan repugnantes. Fácil hubiera sido, sin embargo, á esos hombres confundirse con el resto del pueblo y entrar en el goce de los derechos de los demás ciudadanos; pero para esto era preciso que se resolviesen á trabajar, á ser hombres honrados, y esto era sumamente difícil si no imposible. Fácil hubiera sido tambien á muchos de sus jefes, que se habian distinguido singularmente por su valor y bravura durante el sitio; no solo obtener indulto de su pasado, sino aun ser colocados en las filas del ejército; pero esto era tan contrario á su modo de pensar, costumbres é inclinaciones, que ni siquiera les vino al pensamiento. En su obcecacion se creian nacidos para el robo, saqueo, violacion é incendio; así es, que luego despues de la toma de Barcelona, comunicaron por medio de su sistema sigiloso las órdenes convenientes á sus soldados, en virtud de las cuales, estos desaparecian como espíritus infernales de la capital, para acudir al punto y lugar que sus capitanes les habian designado. Libre quedó la ciudad, pero en cambio los caminos y campiñas se vieron repentinamente inundados por esa turba nefanda de malhechores, que por sistema y método comenzaron á sembrar el terror y el espanto por todas partes. Los malandrines del campo de Tarragona recibieron nuevos refuerzos, y envalentonándose con esto. ya veian entre sus garras al respetable baile de Valls y sus obedientes mozos. Es fama que en una especie de asamblea infernal que celebraron por aquel tiempo en el interior del bosque de Poblet, entre el bullicio y algazara de una suculenta comida, acompañada de continuas libaciones de vino y aguardiente, condenaron á muerte afrentosa, segun ellos decian, al baile de Valls y á los *mozos*, describiendo minuciosamente los terribles tormentos á que los debian sujetar antes de acabar con sus vidas. Hemos visto un roido y arrinconado documento que nos refiere esa bacanal de demonios, pues solo dándoles ese nombre, podemos esplicarnos la asquerosa y nauseabunda hediondez de los tormentos á que condenaron en masa á los únicos que reconocian como enemigos y perseguidores de su raza. Pero es indudable que, como los foragidos recien llegados de Barcelona no tenian idea del baile de Valls ni de sus *mozos*, fueron tanto las ponderaciones que se les hicieron del valor, astucia y fuerzas corporales de estos, por sus compañeros de orgía, que en su supersticion y obtusa inteligencia, se los figuraron como hombres de otra casta, como mónstruos espantosos contra los cuales ni el plomo ni el puñal podian causar el menor daño. Asi es, que se apoderó de los recien llegados un terror supersticioso que, como más tarde veremos, les fué muy fatal, al paso que fué de sumo provecho para los *mozos* y su jefe. Sin embargo, el baile de Valls se encontraba en una situacion anómala, y tanto él como la fuerza de su mando ignoraban cual debia ser su suerte. En efecto, ya hemos visto que esta fuerza fué creada en 1690 por el heredero de la casa de Veciana de Valls, sin otra autorizacion que la suya, si bien despues reconocida por las autoridades de Tarragona. Hemos visto tambien como los pueblos, convencidos de la utilidad y aun imperiosa necesidad de los *mozos*, habian cooperado voluntariamente con objeto de contribuir al coste de su manutencion, pero despues de la caida de Barcelona y reconocimiento de Felipe V por toda la monarquia española, las cosas habian cambiado enteramente, de modo que, mientras los ladrones inventaban tormentos y suplicios para sus nuevos perseguidores; mientras los pueblos clamaban por su aumento, y hacian patente la apremiante necesidad de esta medida, no se sabia si deberia ó no continuar en su ejercicio la poca fuerza que de ellos existia. Pero esta especie de crisis no podia durar mucho, porque la necesidad de organizar y aun aumentar tan útil cuerpo se hacia cada dia más urgente. No habia seguridad, no ya tan solo en los caminos y casas de campo, sino hasta en las mismas poblaciones y ciudades. Los foragidos arrancaban sus víctimas del seno mismo del hogar doméstico, y hasta del mismo templo del Señor. Se presentaban descaradamente en gran número unas veces, otras se introducian disfrazados de mendigos, peregrinos, frailes y ermitaños, y despues facilitaban la entrada á los demás que á corta distancia esperaban la señal convenida, para *ro*bar, violar y saquear á sus víctimas, llevándoselas despues á sus formidables cavernas, para exigirles además cuantiosas sumas para su rescate. Las justicias de los lugares y pueblos de corta vecindad, reconociendo su impotencia para resistir, se habian visto obligadas á transigir con ellos, mediante ciertos tributos que pagaban en dias determinados, y sobre todo, obligándose, no solo á no dela*tar*los, sino á esconderlos y facilitarles la fuga en casos apurados. Naturalmente este cúmulo de circunstancias llamaron poderosamente la atencion de las *autoridades* superiores del principado, y hasta del mismo monarca, quien, por real órden de 21 de abril de 1719, ordenaba la creacion de unas compañías de *fusileros* destinadas para la persecucion y esterminio de los ladrones y foragidos. Esta real órden ha dado pié á un error en virtud del cual se ha creido que el origen de las ESCUADRAS databa del de las *compañías de fusileros* á que se refiere la real órden ya citada. Pero no es así, porque ya antes, muchos años antes, es decir, en 1690, como hemos visto y consta oficialmente, el citado D. Pedro Antonio Veciana habia creado los *mozos* bajo sus órdenes, y en tanto es esta la verdad, que cuando la formacion de las *compañías de fusileros*, se previno que esta se efectuase bajo *el pié en que estaba montada la fuerza del baile de Valls*, al cual se confirió desde luego el mando de una compañia, para nombrarlo luego comandante de toda la fuerza.

(Véase documentos oficiales). De manera que posteriormente por real órden fechada en Aranjuez en 8 junio de 1773, S. M. aprueba lo que propone S. E. el capitan general de Barcelona en su comunicacion del 9 de mayo del propio año, en cuyo escrito, reseñando sucintamente los eminentes servicios de la casa de Veciana de Valls, ya respecto de la fundacion y organizacion de las ESCUADRAS, ya despues en cuanto al mando de las mismas, propone en seguida que el titulo y ejercicio de dicha fuerza quede radicado y vinculado en la casa de Veciana. (Documentos oficiales de aquella fecha). En la propia real órden ya citada se autoriza además el nombramiento para cabo de las ESCUADRAS de Valls á favor de don Pedro Veciana, hijo de menor edad de D. Felipe, facultándole para poner un sustituto hasta la época en que pueda desempeñar dicho empleo. Mil otras pruebas podriamos presentar para demostrar hasta la evidencia que el origen de las ESCUADRAS es debido á la casa de Veciana de Valls, en 1690, pero creemos que basta lo dicho para convencer al más obcecado. Desde la formacion de los *fusileros*, se dió á las ESCUADRAS el nombre de FUSILEROS DE LA MONTAÑA, pero era tanta la costumbre que habia de conocerlos por el de *mozos del baile de Valls*, que constantemente entre el pueblo, las justicias y los bandidos siempre fueron conocidos bajo este nombre. ¿Qué mucho, si en las mismas comunicaciones oficiales á cada paso se deslizaba la pluma, sustituyendo al de *fusileros* el nombre de *Escuadras de Valls?* Dedúcese de esto que la *formacion de los fusileros* fué más bien un aumento de las *Escuadras*, que la creacion de un nuevo cuerpo. Nos hemos detenido en este punto, porque, al escribir la HISTORIA DE LAS ESCUADRAS nos ha parecido muy oportuno fijar su origen y procedencia de un modo claro y esplicito, para dar así á cada cual la parte de gloria que realmente le corresponde. Tambien era conveniente fijar la época de su primitiva formacion, la cual, como hemos visto, data de antes de 1690. Con el aumento de plazas y la organizacion que recibieron los *mozos* en esta época, se pusieron pronto en estado de poder cumplir con la indole de su instituto y de luchar á brazo partido con los malhechores que, como hemos dicho antes, tenian aterrorizado el país, llegando á ser pronto el espanto de los malvados, y el áncora de salvacion de las gentes honradas. Para que nuestros lectores se convenzan de nuestro aserto, vamos á intercalar la vida del bandido CLAUDIO EL MOLINERO, del cual apenas se tiene noticia, apesar de ser una de las historias más interesantes en su clase. Nosotros, para escribirla, hemos tenido que buscar la luz en medio de las tinieblas, pero á fuerza de trabajo y paciencia, hemos podido proporcionarnos los documentos, datos y noticias necesarios para escribirla con toda la exactitud posible.

HISTORIA DEL BANDIDO CLAUDIO EL MOLINERO.

I.

Los que hayan visitado la pintoresca y fértil campiña de la provincia de Tarragona, no pueden formarse una idea de la parte tal vez más rica, feraz y pintoresca de Cataluña. Allí las cosechas se suceden las unas á las otras, y como las fuentes y manantiales abundan por todas partes, sus famosas huertas presentan el aspecto de un hermoso vergel en casi todas las estaciones del año. No reina en aquellas tierras la monotonia de otros paises, en que toda es huerta ó todos son montes y bosques, sino que reuniéndose ambas cosas, forman un conjunto tan variable para la vista como productivo por la diversidad de sus cosechas.

La parte más montañosa, árida y escarpada de aquel país, la única tal vez estéril ó á lo ménos pobremente productiva, es la que nos conduce desde la villa de Alcover, situada á dos horas de distancia de Valls y Reus en direcciones opuestas, hasta los lugares de Laxabega, Monral y Farena, por donde vamos á conducir á nuestros lectores. Las pocas poblaciones de aquellas tierras y las miserables casas de campo, se mantienen de la leña que, abundando mucho en aquel territorio, es convertida en carbon que en escuálidos y hambrientos asnillos es conducido á los pueblos más cercanos para su venta.

Era una noche lluviosa y fria del mes de diciembre de 1714, dos dias antes de la Navidad del Señor. Dos hombres caminaban por el escabroso y estrecho sendero que, rodeado por ambos lados de precipicios conduce desde Alcover hasta los pueblecitos antes citados. La lluvia, que á medida que iban dejando el llano, se convertia en espesa nieve, hacia más difícil y penosa la marcha de nuestros dos personajes. El que llevaba la delantera era de elevada estatura é iba vestido de caballero, esto es, vestia el traje que estos usaban en la época de nuestra historia. El que le seguia vestia el del pais y cubria su cuerpo con una anchurosa capa. No pronunciaban una sola palabra, y solo interrumpian su silencio de trecho en trecho, haciendo resonar el primero un silvato de un modo particular, que era respondido por otro que al parecer salia de las profundidades de aquellos desiertos montes. Claudio el Molinero, pues no era otro el que heria los aires con su silvato, viajaba con todas las precauciones propias de los de su oficio. Tenia apostados de trecho en trecho algunos esploradores de los suyos, para evitar toda sorpresa ó emboscada. A un tiro de escopeta de distancia, seguian en número de veinte, los bandoleros subordinados de Claudio, cuya algazara y carcajadas formaban contraste con el silencio de su jefe. Oigamos su conversacion, de la cual omitiremos las mil blasfemias y palabras indecentes que tanto prodigaban, por nuestro propio decoro y el de nuestros lectores.

—Vamos, decia uno, que esos infernales *mozos* no nos dejan hacer cosa de provecho. Nos persiguen como lebreles, y siendo tan astutos como infames, saben tomar mil formas y disfraces para burlar nuestras precauciones.

—Lo peor es, decia otro, que han acobardado á esos miserables bailes y justicias, que no solo se niegan á darnos avisos y noticias, sino que se han convertido en espias contra nosotros.

—¡Oh! ¡qué tiempos, decia un tercero, aquellos en que solo nos las habíamos con los tercios de la Santa Hermandad y los golillas! Entónces si que éramos los verdaderos señores del pais. ¿No recordais qué cara tan grotesca pusieron los tres últimos golillas que ahorcamos?

—Si, si; lo recordamos... yo fui el que les puse el dogal, y por cierto que se lo coloqué de manera que no se pudiese estrechar, porque sabia que asi duraria más la agonía de aquellos vagamundos, y por consiguiente nuestra algazara y alegria.

—Al dia siguiente, decia otro, aun perneaban, y ya recordareis cuanto nos divertimos con aquella danza de nuevo género. ¡Si pudiésemos coger á uno de esos infames *mozos!*...

—Mejor seria poder clavar nuestras garras en ese infernal Veciana, su comandante.

—Esta si que seria una fiesta completa, dijeron todos á la vez.

—A propósito, dijo otro, ¿sabeis lo que me dijo el otro dia Pepus?

—¿Qué dijo?

—Que nuestro capitan habia reprobado la conducta de algunos de los nuestros que habia saqueado y pegado fuego á las posesiones y haciendas de Veciana, pues dijo que esto era propio de cobardes (1).

—¡Ja, ja!... el caso es que no dejaria de rabiar aquel infame caribe, al saber que su casa de campo habia sido convertida en un monton de escombros.

—¡Ba!... poco le importaria esto porque no faltará quien se lo pague.

—¿Quereis saber lo que me dijo la Lechuza?... pues me dijo, que el tal Veciana tenia pacto formal con el demonio....

—¡Con el demonio!... esclamaron los bandidos con acento de terror y espanto.

—Si, con el demonio: pues ya sabeis que la Lechuza es una bruja de tomo y lomo, que de noche frecuenta los cementerios y habla con los muertos, y que ella, que sin duda tiene á Satanás en el cuerpo, ve con los ojos de este lo que nosotros no podemos ver con los nuestros. Habeis de saber que yo le tenia prometido un puchero de manteca de ahorcado, que ella me habia pedido con mucho empeño. Era muy fácil hacerle este obsequio, pero es el caso, que debia ser de ahorcado célibe, esto es, soltero. Yo me desvelaba preguntando á los muchos que ahorcábamos sobre su estado, pero todos los malditos me decian que eran padres de familias numerosas, pidiéndome en seguida la vida en nombre de su mujer y sus hijos. Yo queria servir á la Lechuza, porque la respetaba y aun la temia: ¿quién no teme á una mujer que vive en maridaje con Satanás?

—Todo el mundo la teme, dijeron sus compañeros.

—Menos nuestro capitan, dijo uno de ellos.

—Ya se la pegará algun dia. Pero dime, Hoyoso, ¿como te arreglaste para obsequiar á la bruja?

—Desesperado al ver que solo encontraba casados y padres de familia, discurrí que el único camino que me quedaba era echar mano de un hombre célibe por oficio, y entonces me ocurrió la feliz idea de coger á un fraile.

—Bien pensado, dijeron todos.

—Lechuza, prosiguió Hoyoso, queria manteca, ¿qué fraile no la tiene en abundancia? Dicho y hecho. Ya recordareis la escena de aquel venerable padre benedictino que cogí, despues de tres dias de acecho. ¡qué gordo y rollizo estaba aquel santo varon! Al conducirle á nuestra madriguera le miraba y entre mi decia: vamos, la Lechuza no se quejará más, pues le daré manteca para tres años. Pero el caso es que el benedictino, viendo que le miraba con tanta atencion, me decia: «Vamos, por tus miradas conozco que Dios te ha tocado ya con su santa gracia. Si, dejarás esa vida condenada y serás un hombre de bien. Yo te protejeré, yo alcanzaré tu indulto, y asi salvaré tu cuerpo y tu alma. Suéltame, pues, hermano mio, y no desprecies los impulsos de la divina gracia.» Figuraos cuanto me divertiria yo con los sermones de aquel padre. Él pedia que le diese li-

---

(1) Efectivamente por aquella época, los bandidos habian incendiado varias haciendas de la casa de Veciana.

bertad, y yo me saboreaba ya á la vista de la gordura de mi predicador que me prometia lo que tanto deseaba. Pero fué el caso, que presentado mi prisionero á nuestro capitan, no sé por qué impulso, éste le perdonó la vida y ordenó ponerlo en libertad, despues de haber hablado con él largo rato. Yo me desesperaba de mi mala suerte, cuando la Lechuza, que sin duda me animaba con su soplo en aquellos momentos, me sujirió la idea de hacer mi negocio á despecho de nuestro capitan. Era de noche, el buen padre tenia miedo de marcharse solo y pidió á Claudio que permitiese que yo le acompañase. Por lo visto creia que me tenia medio convertido, y con la esperanza de concluir su obra y salvar mi alma, dictó la sentencia de muerte para su cuerpo. En fin, ya puestos en camino, él continuaba en sus sermones, y yo le conducia hácia lo más recóndito del bosque. Allí, con toda calma y tranquilidad cumplí con el encargo de la Lechuza, á la cual dos dias despues entregué una olla de grandes dimensiones llena de manteca célibe, tal como ella me la tenia encargada. La bruja tuvo una verdadera satisfaccion al oirme contar los pormenores de la aventura, y saboreó su curiosidad, haciéndomela referir con todas sus circunstancias. «¡Cuánto hubiera disfrutado, me dijo, al ver los apuros del buen padre!» En seguida añadió: «Voy á revelarte un secreto de suma importancia para tí y tus camaradas. No lo dudeis, el comandante de los *mozos* va siempre acompañado de un demonio cojo, llamado Bial, que es el más maligno de los espíritus infernales. Este invoca las furias del infierno en casos apurados, y entonces entre vosotros y los *mozos* se interpone una legion de demonios que los hace invencibles.»

—¡De demonios!!....

—Sí, de demonios, que la Lechuza ha visto con sus propios ojos, como yo os veo á vosotros. Al oirselo contar, esperimenté un terror y espanto inesplicable. Me despedí de la bruja tan agitado y conmovido, que aquella noche soñé con el diablo cojo y las legiones infernales, y me disperté lleno de terror.

—¡Qué mucho, dijeron todos, si ahora mismo de solo oirlo estamos temblando!

Efectivamente, aquellos hombres empedernidos en el vicio, que no creian en Dios ni en los hombres, temblaban por las aseveraciones de una mujer tan vil é infame como ellos, pero que sobre ellos, tenia la fama de ser bruja. ¡Triste aberracion de la raza humana! El mismo Hoyoso, que con la más inaudita sangre fria habia asesinado, en la soledad de un bosque y en el silencio de la noche, á un inocente y virtuoso sacerdote, cortando en seguida con mano sacrilega las partes de su cuerpo que la bruja codiciaba, aquel Hoyoso, decimos, que ni despues ni en el acto de cometer tan horrendo crimen habia temido las justas iras del cielo, temia y temblaba al oir las insulsas paparruchas de la Lechuza. Los demás bandidos, sumidos tambien en el mismo terror, proseguian su camino sin pronunciar una palabra, y los más de ellos, si no todos, se encomendaban á su modo á los santos de su particular devocion. En aquellos momentos, un solo hombre los hubiera puesto en vergonzosa fuga, porque, poseidos de un miedo supersticioso, se habian convertido en miserables cobardes. Incorporóse entonces á la comitiva un nuevo compañero que apareció como por encánto de entre unas espesas matas y arbustos. Iba vestido de miserable mendigo, y no era más que uno de los

esploradores, enviados antes, como ya hemos dicho, por Claudio, para la seguridad del camino. Este, conocido entre los bandidos por el apodo de Tuerto, porque realmente no tenia más que un ojo, hubo de notar el silencio profundo de sus compañeros, contra su natural costumbre durante sus marchas, y cuando se enteró de la causa del silencio, reprendió á sus camaradas, por haber infringido las órdenes de su capitan, que les tenia terminantemente prohibido hablar de brujas y de demonios, con aplicacion de estas dos cosas á los *mozos* del baile de Valls. Claudio conocia muy bien el carácter supersticioso y groseramente crédulo de sus soldados, y preveia las consecuencias de su obtuso fanatismo. Los bandidos continuaban sin embargo su camino silenciosos y pensativos, cuando el silvato de su capitan, que vibró de un modo particular, les anunció que tocaban ya al término de la jornada.

—Gracias á Dios, dijo Hoyoso, que ya hemos llegado á la casa de la Tia Teresa. Aquí á lo ménos pasaremos tranquilamente las Pascuas de Navidad, pues no hay el menor recelo de que penetren los *mozos* en esta última guarida.

En efecto, Claudio habia conducido parte de los suyos á una casa de campo solar, situada en lo más escabroso y recóndito de aquellos montes, á tres horas de distancia de Farena. Esta casa era habitada por unos honrados labradores, cuya familia se componia de Teresa, á quien los ladrones llamaban Tia, de un hijo de esta que era el que cuidaba de la labranza y cultivo del campo, y de una hija de unos 16 años de edad. Pocas eran las personas, en verdad, pero en cambio abundaban mucho los irracionales, porque además de un robusto burro y dos mulas, podian contarse á docenas los pollos, gallos, gallinas y conejos. Los bandidos solian frecuentar esta casa, cuyos moradores, tanto racionales como irracionales, eran muy sagrados para unos hombres que no acostumbraban respetar á nadie. El capitan pagaba religiosamente el gasto, y tenia prohibido bajo pena de la vida el menor insulto. Los bandidos habian hecho alto, mientras su capitan habia ya penetrado en la casa de Teresa, prevenida ya por uno de los esploradores que se presentó vestido de peregrino. Teresa y Claudio están conversando: oigamos lo que dicen, pues no deja de ser interesante.

—Muy mojado venis, mi buen amigo!...

—¿Que le hareis? La lluvia y la nieve nos ha rociado durante nuestra jornada. Pero decidme, Teresa. ¿hay alguna novedad en la casa?

—Razon teneis para preguntarlo; ¡hace tanto tiempo que no nos habiais visitado!

—Hemos estado muy ocupados en el memorable sitio de Barcelona.

—Con que ¿estabais en aquella capital?

—Sí, Teresa, pero, aun no habeis contestado á mi pregunta.

—Es verdad, y eso que realmente tengo que comunicaros una novedad.

—Ya escucho.

—Sabed que tengo en casa una huésped, á quien estimo como á una hija...

—¿Y de dónde os ha llovido vuestra protegida?

—De Barcelona.

—¡De Barcelona!... replicó Claudio. lanzando á Teresa una penetrante mirada de desconfianza y recelo.

Teresa, acostumbrada ya á las sospechas de Claudio, sustuvo aquella mirada y le dijo:

—¿Desconfiais de mí?

—Yo no desconfio de vos, Teresa, pero tengo poderosos motivos para desconfiar del baile de Valls y de sus satélites. Vos no sabeis, buena mujer, que las cosas han cambiado mucho despues de nuestra última entrevista, y que ahora tenemos enemigos que saben cambiar de formas, que bajo el aspecto de un honrado labrador, cumplen las funciones de un refinado espia.

—¿Qué quereis decir con esto? ¿Acaso sospechariais de mi ahijada?

—Yo sospecho de todo el mundo, y es preciso que me convenza por mi mismo: en fin, quiero ver á esa mujer.

—¡Mujer!... Advertid, Claudio, que mi segunda hija es una señorita de mucha virtud y sabiduria; advertid que las espantosas desgracias que sobrevinieron á su familia la obligaron á venir al lado de su nodriza, que soy yo, á buscar un asilo seguro; advertid, en fin, que yo soy su madre, su madre, Claudio, y ya sabeis de lo que es capaz una leona cuando le maltratan sus cachorros.

Teresa, al pronunciar estas palabras, lo habia hecho con aquel acento de las almas fuertes, capaces de llevar á cabo mucho más de lo que dicen, si se les da motivo para ello. Claudio conocia el carácter de Teresa, y como hombre enérgico é incapaz de retroceder en el camino una vez emprendido, preferia esos caracteres fuertes, á las almas débiles y cobardes que se dejan quebrantar cual frágiles cañas.

—Siempre sois la misma, Teresa, asi me gusta. Pero el tiempo urge, mi gente se moja y necesita de descanso; por consiguiente es menester concluir de una vez. No temais por vuestra protegida. Solo quiero verla, para convencerme por mis propios ojos.

—Está bien; podeis subir: la encontrareis en el cuarto que vos soliais ocupar.

Claudio vibró su silvato: los bandidos que esperaban con ansia esta señal, entraron en la casa, mientras que su jefe se dirigia á la habitacion de la ahijada de Teresa. Dejemos á los malandrines apretando afectuosamente la mano de su tia Teresa, como ellos la llamaban: dejémoslos encendiendo una hoguera para calentarse y secar sus vestidos, mientras Teresa les preparaba una abundante fritada de tocino y huevos; dejémoslos, en fin, blasfemando, comiendo y bebiendo hasta la embriaguez, y sigamos á Claudio, que acaba de entrar en la estancia de la desconocida, saludándola con respeto y cortesia.

II.

LA DESCONOCIDA.

Figúrense nuestros lectores una jóven de unos 19 años de edad, blanca como la nieve, ojos negros y arqueadas cejas, mirada dulce y penetrante, figura esbelta, manos y piés pequeños como buena española, y cuyo vestido sencillo, pero de riguroso luto, contrastaba con su blancura, de un modo atractivo y agradable, y con esto tendrán una idea de la persona con quien los vamos á poner en relacion. Ya hemos dicho antes que Claudio era de elevada estatura; y como no somos poetas sino historiadores, en nuestras descripciones seremos concisos, evitando aquellas comparaciones poéticas, que pueden considerarse como una especie de lugares comunes ó trópicos donde se encuentran modelos que adoptar, con el sencillo trabajo de cambiar los nombres de los personajes que se quieren describir. Diremos, pues, que nuestro bandido, á su elevada estatura, reunia un rostro tostado por el sol del estio y las escarchas del invierno, pero que no por esto carecia de aquella hermosura varonil con matices de salvaje que no disgusta á la generalidad de las mujeres; negro y espeso era su bigote, sútil y sombria su mirada, y sus maneras desembarazadas, pero corteses, cuando así lo exigian las circunstancias. Claudio no era, pues, uno de esos bandidos ordinarios y asquerosos que repugnan á primera vista; por el contrario, parecia más bien un formidable guerrero, de esos que andan en pos de aventuras, llevando por consiguiente una vida errante y sembrada de continuos peligros y azares. Vestia aquel dia el traje de los caballeros, y asentaba tan bien como al más apuesto cortesano. La desconocida le recibió con dignidad y dulzura, le señaló un asiento junto á la chimenea, donde ardia un fuego consolador, atendido el intenso frio que reinaba, y más para Claudio, cuya capa chorreaba agua helada. La jóven, al contemplar más de cerca al formidable bandido, cuyas hazañas y crímenes sabia por boca de su nodriza la buena Teresa, no pudo reprimir un movimiento de sorpresa. Un recuerdo, una remota reminiscencia cruzó como un rayo por la mente de la doncella, pero por de pronto no pudo coordinar aquella reminiscencia que solo dejó una débil huella de duda. Claudio, que con su mirada escudriñadora queria penetrar en el alma de la jóven para desvanecer sus recelos, que á pesar de cuanto le habia dicho Teresa, no le abandonaban del todo, interpretó malamente la sorpresa de la jóven, por lo cual le dirigió la palabra en estos términos:

—¿Os repugna, señorita, la presencia de un bandido cuya cabeza hace años que está pregonada por el verdugo?

—No, porque ese bandido es jóven todavia, puede arrepentirse de sus estravios y crimenes, y puede llegar á ser un hombre honrado y de provecho para la patria.

—Para arrepentirse, señorita, es menester haber pecado, y yo no tengo semejante remordimiento. Yo no he hecho más que volver á eso que llaman sociedad, insulto por insulto, desprecio por desprecio, deshonra por deshonra, sangre por sangre...

Estas palabras las pronunció el bandido con un acento de la más desesperada melancolia y despecho. En seguida, como sacudiendo el recuerdo de ideas pasadas, dijo:

—Creo que por lo que acabo de decir, conocerá muy bien la protegida de Teresa, que tengo derecho á recelar de todo el mundo. Ya se vé, mi cabeza está pregonada... Se desea tanto y con tanto empeño verme colgado de la horca, que debo vigilar mucho á fin de retardar este dia de gozo para mis enemigos.

—¿Y no quereis más que retardarlo? ¿Por qué no intentais evitarlo para siempre?

—Porque no es posible. Han de cumplirse los juicios de los hombres. El bandido ha de morir en la horca.

—Es decir que os reconoceis culpable aunque antes habeis dicho que....

—No tenia remordimientos... así es, señorita, yo no tengo remordimientos por haber tratado á la sociedad con el rigor con que esta se cebó contra mí, cuando yo no la habia ofendido. Pero la sociedad tiene sus leyes, buenas ó malas, justas ó injustas. y como por otra parte cuenta con la fuerza y los medios necesarios para hacerlas cumplir, por eso os he dicho que solo lograria retardar mi suplicio, sin que por esto deje de estar convencido, de que este más tarde ó más temprano se realizará, porque, como ya lo he dicho, los juicios de los hombres se han de cumplir. Mas yo debo luchar para que se cumplan lo más tarde posible, y para esto debo recelar de todo el mundo; del mendigo haraposo que me pide *limosna* en medio del camino; del anacoreta barbudo que arrodillado me afirma que ruega á Dios por mi salud; del religioso que con su capucha, esconde el rostro de un espia; de.... Claudio no se atrevió á concluir la frase.

—¿Por qué no concluis? le dijo la jóven... Yo os evitaré ese embarazo; debeis recelar hasta de la inofensiva doncella, que como yo, os importuna con su presencia, en donde menos debiais esperarla...

—Así es, señorita, no lo niego.

—¿Y qué podeis temer de una desamparada huérfana?

—Lo que temo del mendigo, del anacoreta, del capuchino.....

Al decir esto, Claudio devoraba con sus miradas á la jóven, la cual, apesar de su sangre fria, no pudo sostener aquella mirada de águila, aquellos ojos de lince que revelaban de cuanto era capaz aquel hombre si no se desvanecian sus recelos.

—Os lo digo con franqueza, señorita, yo no creo la historia que me ha contado Teresa respecto á vos. ¿Acaso no teniais otros parientes en cuya casa os pudieseis refugiar con más comodidad y decoro que en esta solitaria y triste morada? Jóven y hermosa

como sois, ¿os habian de faltar protectores y defensores en la época caballeresca en que vivimos? ¿Quién, pues, puede creer el cuento inventado por Teresa, ó tàl vez por el mismo baile de Valls?

La jóven continuaba aterrada tanto por las palabras del bandido, cuanto por su mirada cada vez más sombria y siniestra.

—¿No contestais, prosiguió éste, no decis nada? Infeliz de vos... ¡ay de Teresa, de su casa é hijos, si llego, no á descubrir, porque esto es difícil, pero siquiera á confirmar las sospechas que ya germinan en mi de un modo que no me dejan la menor duda! Diciendo esto, Claudio se habia levantado y recorria á grandes pasos la reducida estancia en donde tenia lugar la escena que vamos refiriendo. La doncella estaba atónita y aterrada; recordaba la amenaza lanzada contra Teresa, sus hijos y su casa, y oia las carcajadas y blasfemias de los bandidos que entregados á las libaciones de Baco, parecian dispuestos á devorar la casa y sus habitantes. Solo un hombre tenia dominio sobre aquellas fieras, solo un hombre con su silvato, podia imponerles silencio y respeto, pero ese hombre recelaba, y sus recelos eran otras tantas sentencias de muerte. En fin, haciendo un esfuerzo sobre si misma, dijo:

—Escuchad, caballero, si fueseis capaz de comprender lo sagrado de un juramento hecho por mí á los piés de esa imágen de la Virgen del Carmelo, yo desvaneceria vuestras sospechas jurando mi completa inocencia y la de todos los de esta casa respecto á lo que vos recelais....

—¡Bah!.... juramentos.... tambien juran los frailes, mendigos y anacoretas, cuando los cojemos en delito de espionaje, pero nosotros los ahorcamos para castigar su perjurio.

Claudio pronunció estas palabras con el sarcasmo de un verdadero bandido.

—Entonces, dijo la jóven llena de terror y espanto, ¿qué puedo hacer para calmar vuestros injustos recelos?

—Confesar vuestra culpa, dijo el bandido, cogiendo con violencia una de las manos de la jóven y blandiendo en su diestra un enorme y afilado puñal. Confesad vuestra culpa, ó no respondo de mí, y vais á morir en este mismo momento, porque sois espía de los *mozos* de la ESCUADRA.

La jóven temblaba, creyendo cercana su muerte, pero en estos instantes supremos reveló toda la firmeza de su alma pura é inocente.

—Vos, dijo con entereza, sois libre de herir á una inofensiva doncella. Será una hazaña digna de hombres como vos y los de vuestro oficio. Yo sé muy bien que los hombres que se aprecian de tales, no asesinan á las doncellas. Aquí no tengo yo quien me defienda: en Barcelona no faltarian amigos de mí familia que vengarian mi muerte: Ernesto Grau, seria uno de ellos, porque Ernesto es un valiente caballero.

Al pronunciar este nombre, el bandido soltó la mano de la jóven y el puñal se le cayó como por encanto.

—¿Habeis conocido al hombre que acabais de nombrar?

—Personalmente no, pero sí mucho, por las conversaciones que sobre su valor y proezas durante el sitio de Barcelona, habia oido contar á mis difuntos hermanos.

—El nombre.... el nombre de estos....

—Los Olegarios....

—Basta.... señorita, basta. Desde este momento consideradme como uno de vuestros más humildes servidores. Solo os suplico que olvideis la escena anterior; os lo ruego en nombre de vuestros hermanos.

La huérfana contestó que todo quedaba olvidado. El bandido recojió su puñal y se retiró haciendo un respetuoso saludo, que fué contestado con otro muy atento por parte de la doncella. Un momento despues el silvato de Claudio resonó, y los bandidos, cuya griteria y bullicio llegaba hasta el desenfreno de insultar á la misma Teresa, guardaron el más profundo silencio, acostándose en el pajar de la casa situado junto al pesebre de los animales. Claudio entró en otra habitacion separada de la de la huérfana tan solo por un corredor que servia de pasillo. Allí encontró á su fiel Pepus que le esperaba, teniendo puesta la mesa para la cena de su amo. Este comió poco, y en seguida se acostó, despues de haberle curado Pepus una herida antigua que tenia en la pierna. La herida estaba bastante inflamada, y el criado que, por lo visto, tenia sus pretensiones de cirujano, se lo hizo notar á su amo y le previno que aquella noche no seria extraño que entrase en calentura, en cuyo caso no habia remedio mejor que el descanso de la cama por dos ó tres dias. Nada contestó el bandido, contentándose con despedir á Pepus con un ademan, y al poco rato reinaba el más profundo silencio en la casa. Todo el mundo al parecer dormia profundamente, pero sin embargo dos de los moradores de la misma luchaban en vano para conciliar

el sueño; estos eran Claudio y la huérfana. Para que nuestros lectores comprendan la causa de este insomnio, y tambien la de la inopinada mudanza de Claudio al pronunciar el nombre de Ernesto Grau, será menester echar una mirada retrospectiva y referir hechos ya pasados. Claudio, como la generalidad de los bandidos, habia acudido á Barcelona y permanecido allí hasta la rendicion y entrega de la ciudad. Con el supuesto nombre de Ernesto Grau, se habia distinguido por su valor y bizarria. Habia tomado parte en las varias juntas y consejos que durante el sitio se habian celebrado, y allí tuvo ocasion de conocer á los dos hermanos Juan y Jaime Olegario, y aun habia frecuentado dos ó tres veces la casa de estos valientes, muertos en aquel sitio memorable. En una de estas visitas fué visto por la jóven Julia Olegario, sin que Claudio la viese por su parte. De ahí la sorpresa de Julia, cuando entró el bandido en su habitacion, porque, si bien Claudio se parecia mucho á Grau, puesto que eran una misma persona, con todo, Julia dudaba, pues no sabia esplicarse cómo un caballero tan valiente como Ernesto y tan apreciado de sus honradísimos hermanos, podia ser un gefe de ladrones y bandidos de profesion. Pero despues que Claudio rompió el silencio, aquel metal de voz, bien conocido de la doncella, no le dejó la menor duda de que Claudio era el mismo Ernesto, á quien ella habia admirado, y aun quizás amado en Barcelona. Con todo, habia resuelto no revelar nada de todo esto, y si faltó á su resolucion, ya *saben* nuestros lectores los poderosos motivos que la obligaron á ello. Así es que Julia no podia conciliar el sueño, por el recuerdo de lo pasado, agitado por la presencia de Claudio en aquel lugar. Ella, en su interior, hubiera deseado que Ernesto Grau no hubiese sido más que Ernesto, porque entonces su inclinacion hácia él, no pasaba de los limites de lo honesto y racional. Pero entre ella y Claudio mediaba un abismo que no se podia salvar, el abismo que se opone entre el crimen y la inocencia. Claudio, por su parte, despues de la entrevista con la huérfana, esperimentaba una sensacion desconocida hasta entonces para su corazon empedernido. Antes no habia visto en la mujer más que un ser destinado á satisfacer y servir al hombre, cuándo y cómo á este mejor le pareciera, siendo indiferente para la lógica del bandido que la mujer cayese en manos del hombre por su voluntad ó á impulsos del miedo y de las amenazas. En una palabra: para el bandido, el incienso del himeneo podia ser lo mismo de mirra que de sangre. Pero despues de su entrevista con la doncella, despues de haberla oido, y de haber estrechado su hermosa y delicada mano, Claudio sentia por primera vez una sensacion que no admitia sangre, un deseo de puro incienso, un goce que no se parecia en nada á los brutales apetitos que hasta entonces habia esperimentado en presencia de las mujeres con quienes habia tenido relaciones. El espiritualismo habia penetrado por primera vez en aquella naturaleza tan materializada.

Por tanto no podia conciliar el sueño, aumentándose de este modo la calentura producida por su herida.

III.

LA SORPRESA Y LA DESPEDIDA.

El dia siguiente era la vigilia del nacimiento

nuestro Redentor. Los bandidos á primera hora hacian sus preparativos para celebrar la noche buena del modo borrascoso y pagano con que acostumbraban entregarse á la crápula en los dias más sagrados para todo cristiano. Iban y venian pidiendo mil cosas á la vez á Teresa y á sus honrados hijos Pablo y María. Pepus, sin embargo, no parecia entre ellos; el fiel y apasionado servidor de Claudio, no habia salido todavia del cuarto de su amo, á los piés de cuya cama habia pasado la noche, acostado sobre el duro suelo, no teniendo más abrigo que su ancha capa. Pepus seguia á Claudio como la sombra sigue al cuerpo, como el perro leal acompaña siempre á su amo. Este bandido tenia una sola pasion, á saber, la de idolatrar á su jefe. Por lo demás, era uno de los más valientes y sanguinarios de la cuadrilla, uno de los más astutos y atrevidos. Para él no habia nada respetable y sagrado, sino las órdenes ó leves insinuaciones de Claudio. Los demás bandidos le tenian cierta consideracion y respeto, ya porque sabian que era capaz de hacerse respetar por su propio valor, ya porque era casi siempre el eco de la voluntad de su capitan, á quien profesaban una obediencia y respeto el más supersticioso, creyendo que era invulnerable y que estaba destinado á gobernar á los demás hombres sin distincion de clases ni gerarquias. Seguia el estruendo y la confusion cuando apareció Pepus que con una seña reunió en circulo á todos los bandidos y les dijo estas solas palabras: nuestro capitan está malo y necesita descanso. Esto bastó para que desde aquel momento reinase en toda la casa el más profundo silencio, y los bandidos hablasen en voz baja entre si, haciendo mil comentarios sobre la enfermedad de su jefe. Entretanto yacia este tendido en su lecho presa de dolores fisicos y morales. La herida se habia irritado mucho, y Pepus se desesperaba porque su amo no queria que se le aplicasen los remedios que él sabia por esperiencia de otras veces que habian de producir buenos resultados. Tambien se negaba á tomar ninguna clase de alimento, dando por única contestacion á su servidor que se fuese con mil diablos, porque deseaba estar solo. Más tarde Claudio hizo llamar á Teresa y la dijo:

—No conviene que mis gentes sepan que teneis una huésped tan jóven y hermosa, no porque dejasen de respetarla mientras estén á mis órdenes, pero como yo puedo faltar de la noche á la mañana, seria fácil que se acordaran entonces de vuestra protegida, y no la tuviesen las consideraciones debidas á su estado y clase. Ella puede estar segura de que ninguno de los mios subirá la escalera, y asi puede disponer de toda la casa menos de los bajos. Ya he tomado por medio de Pepus mis precauciones y comunicado mis órdenes, y ya sabeis del modo que son siempre cumplidas por mis soldados. Por lo demás, podeis añadir al comunicar esto á vuestra ahijada, que disimule las privaciones que mi permanencia en esta casa le imponen, pudiendo estar segura de que procuraré que sean de poca duracion, á cuyo fin abandonaré la casa tan pronto como esa maldita pierna pueda sostener mi cuerpo.

—Pensaba, dijo Teresa, que veniais á pasar un mes entre nosotros...

—Asi era, pero ahora he cambiado de plan.

—¿Qué haré pues de tantas provisiones como comprasteis?

—Repartidlas entre los pobres.

—Pero me ha dicho Pepus que no os queriais dejar curar.

—Pepus tiene la lengua demasiado larga.

—Mirad, Claudio, que yo conozco que teneis mucha calentura... Podria mandar á mi hijo á buscar al cirujano de Farena...

—Los hombres como yo no tienen cirujanos; para ellos solo hay verdugos encargados de hacerles pedazos despues de bajarlos de la horca. Ya vendrá esa hora.

—Siempre el mismo, y siempre esos funestos presentimientos.

—Son mi mejor consuelo.

En esto entró Pepus diciendo que la señorita pedia permiso para entrar, y Teresa, sin esperar la contestacion de Claudio, dijo:

—Que entre, que entre; ella me ayudará á convertir á mi querido judio.

Julia penetró entonces hasta la alcoba del enfermo y tomó asiento junto á Teresa y tocando casi la cama de Claudio. Este se incorporó con la ayuda de Pepus y se puso medio sentado. Los ojos del bandido se bajaban al momento que Julia le dirigia una de sus dulces y tranquilas miradas. Aquella fiera habia encontrado un domador, que al parecer podia dirigirla y gobernarla á su antojo.

El espiritualismo de la doncella, digámoslo asi, se habia infiltrado en el corazon del bandido por entre las densas capas de su brutal materialismo. La visita de la jóven reconocia por causa las instancias de Pepus, quien, creyendo de buena fé que todos los males y la misma muerte provienen de la debilidad, temia por la salud y vida de su amo, al ver su obstinacion en no querer tomar alimento. Rogó, pues, encarecidamente á Julia que uniese sus esfuerzos á fin de lograr apartar á Claudio de su tenacidad caprichosa en no dejarse curar ni alimentarse.

Prosigamos ahora la conversacion interrumpida por la visita de la huérfana.

—¿Oyes, Julia, lo que dice Claudio? Figúraté que está diciendo que su mejor consuelo consiste en pensar que será ahorcado y descuartizado...

—Eso es horroroso, dijo la jóven con acento conmovido.

—¡Bah!... replicó Claudio, ¿y porqué? ¿qué importa la vida de un bandido? Él es, segun las leyes de los hombres, un miembro corrompido y envenenado, que si no se corta. puede emponzoñar los demás miembros y corromper el cuerpo que llaman social...

—Os compadezco en el alma, dijo la huérfana; sí, amigo mio, os compadezco. Vos hablais de la sociedad y de las leyes, como de una invencion cualquiera, ó mejor dicho, maléfica e infame. Vos nunca hablais de Dios, lo cual será porque tampoco teneis creencias religiosas; de modo que sois el hombre más desgraciado, más digno de compasion. Vos no habeis esperimentado nunca las dulzuras y los consuelos de la fe, los encantos del amor, los atractivos de la felicidad doméstica. Para vos, no existen esas cosas, y entonces os pregunto ¿qué existe en este mundo para vos? ¿Qué resta en él, si le despojais del amor de Dios y del prójimo? ¿Quién no siente en si la necesidad de *creer y esperar?* Vuestros mismos satélites, apesar de su brutalidad y corrupcion, sienten la necesidad de *creer y esperar,* y les he oido suplir la falta de las creencias verdaderas, por las más absurdas y groseras. Asi he oido que creen en la bruja Lechuza y dan fé á las ridiculas aseveraciones de aquella miserable. Esto es, en cuanto á las cosas del otro mundo. Respecto á este, no me negareis que tienen su fe y esperanza en vos, á quien por esto respetan, estiman y obedecen. ¿Y vos solo sois el solitario de la tierra, el huérfano desamparado de todos hasta de la misma Lechuza?

—Si, señorita, yo soy el único, entre los mios, porque no solo no creo en brujerías y demonios, sino que tengo prohibido el que los otros hablen y se ocupen de semejantes embustes.

—Está bien; pero en cambio ¿cómo suplís la necesidad de creer? ¿Cómo os consolais en vuestras aflicciones? ¿Cómo sin esperanza navegais por ese mar que llaman mundo? Si no creeis ni en Dios ni en los hombres ¿cómo os podeis quejar de que Dios os abandone y los hombres os desprecien? Si no creyendo en las leyes de los hombres, las conculcais á cada paso, rompiendo con mano sacrílega los lazos sociales, separando á la hija del padre, al esposo de la esposa, por medio de vuestro homicida puñal, ¿cómo os podeis quejar de que esa misma sociedad haya levantado para vos un cadalso y os tenga preparado un verdugo?

—Es que no me quejo; al contrario, deseo que esto se cumpla cuanto más pronto mejor. Vos misma lo habeis dicho: «vos sois el único solitario en la tierra,» y esto es una verdad. Aun más, yo no sé ni he sabido nunca de donde venia ni á donde iba. La sociedad me rechazó cuando ni aun tenia la suficiente edad para poderla ofender. Mis padres me abandonaron avergonzándose sin duda de que yo fuese hijo suyo, mucho antes que pudiesen adivinar si seria malo: otros, que me habian recojido, me abandonaron tambien y protestaron de que no les pertenecia, cuando era solo culpable en las aparien· cias, pues no tenia más que trece años. Entonces la sociedad se encarnizó contra un miembro que creyó que no le pertenecia, puesto que no se encontraba el tronco de donde salia la rama... En fin, señorita, aun despues de verme despreciado y rechazado conservaba mi inocencia, mientras esa sociedad me castigaba como un criminal. Aun asi, lo único que anhelaba era encontrar un púnto de apoyo, un brazo que me sustentase, un consejero que me dirigiese. Mi primer delito, la primera sangre humana que derramé, fué para encontrar el tronco, es decir, el origen de mi origen; pero todo fué en vano. Despues... despues... todo fué consecuente á este primer paso.... Mi historia es bastante singular, pero ¿qué importa mi historia? ¿A quién puede interesar la vida de un bandido como yo?

—Os equivocais, Claudio, vuestra historia puede ser muy interesante aun para vos mismo. Desde ahora, por lo que acabais de decir, estoy inclinada á creer que sois más desgraciado que culpable. ¿Quién sabe si despues de habernos contado vuestra historia, encontraremos medio de haceros *creer y esperar* en otras cosas que en vuestra destreza y valor?

Cada palabra que pronunciaba la jóven, acompañada de sus dulces miradas y acento encantador, penetraba en el alma del bandido de un modo que él mismo no sabia esplicarse, de modo que su emocion crecia por momentos, la sangre se le aglomeraba en la cabeza y la calentura se aumentaba. Asi hubo de conocerlo la doncella, cuando añadió:

—Pero por hoy basta ya lo que no habeis dicho. Necesitais tranquilidad y calma. No os convienen esas emociones: debeis curaros y tomar alimento;

otro dia tendremos yo y mi segunda madré un gusto particular en oir vuestra historia, ¿prometeis contárnosla? ¿Prometeis curaros?

—¿Qué os puedo negar, señorita, si me lo pedis de un modo tan dulce y cariñoso?...

—Está bien, dijo la doncella levantándose y despidiéndose del enfermo.

Pepus dió las gracias á la jóven con una mirada que tuvo que hacer mucho esfuerzo para que fuese dulce, y aun así no lo logró, pero la huérfana le comprendió. Él y Teresa comenzaron á curar y cuidar al enfermo. Ocho dias duró el mal estado de Claudio, durante los cuales en sus delirios, se le aparecieron las cosas más estrañas y contradictorias. Tan pronto percibia la armonia de una música celestial y nunca oida, como los desgarradores alaridos de mil víctimas que, espantadas, pedian la vida á unos como furias infernales que con mano atrevida derramaban su sangre. Otras veces le parecia ver á la Virgen del Carmelo, que á ruegos de una de sus devotas, le llamaba hácia si, cuando repentinamente entre él y la Virgen se interponia un hombre ensangrentado pidiendo justicia. Entonces veia que la Virgen le volvia la espalda y él se desesperaba. En fin, á los ocho dias, se hallaba ya enteramente curado y dispuesto á ponerse otra vez en campaña. Habia prometido esplicar su historia, pero casi se arrepentia de haber dado semejante palabra. Ocho dias de descanso habian despertado en él la necesidad de correr y andar tras las aventuras propias de su criminal carrera; asi es, que casi miraba con recelo el ascendiente que la jóven iba adquiriendo sobre su indomable naturaleza. Deseaba verla y hablarla, pero al mismo tiempo la temia, es decir, temia el dominio que la huérfana, sin saberlo, ejercia sobre aquel ser tan empedernido. Pero habia dado su palabra, y él nunca faltaba á lo que prometia, fuese en bien, fuese en mal. Penetró, pues, en la habitacion de Julia, despues de haber pedido su permiso. Esta le recibió con la sonrisa en los labios, saludándole con mucha afabilidad.

—Tengo una verdadera satisfaccion, dijo la jóven, al veros completamente restablecido de vuestra penosa enfermedad; asi se lo habia pedido fervorosamente á la Virgen, y ella ha escuchado mis humildes oraciones.

—Mil gracias, Julia, mil gracias por vuestras atenciones.

—¡Oh! no me las debeis dar á mi, sino á Dios y á su santa Madre, por cuya mediacion he alcanzado vuestra salud.

El bandido hizo un gesto de sarcástica incredulidad.

—Que lástima, añadió la huérfana que habia notado aquel gesto; que lástima, amigo mio, que no tengais fé! Vos no os habeis podido formar una idea de las dulzuras de la oracion, de los consuelos del creer y esperar!... Ya lo veis ¿qué hubiera sido de mi sin estos consuelos? Muerto mi padre en las sangrientas jornadas del año 1700, perdidos mis dos hermanos en la terrible lucha que concluyó con la rendicion de Barcelona, huérfana y abandonada de todos, perdidas nuestras pocas riquezas, saqueada nuestra casa y confiscados todos nuestros bienes, sola, errante por el mundo, obligada á buscar un asilo en este pais tan triste y solitario, ¿qué hubiera sido de mi, sin los consuelos del alma creyente? Estos, Claudio, me hacen, sino feliz, á lo ménos tranquila y resignada, digo mal: me hacen feliz enteramente, porque la felicidad en este mundo consiste en saber esperar con fé en otro mundo mejor que nos aguarda en la eternidad.

—Dichosa vos, Julia, que pensais de este modo. Pero en fin, cada cual ha de cumplir con su destino. El vuestro es el de la fé y la esperanza, el mio es...

—El mismo, si quereis, porque Dios vino al mundo para salvarnos á todos y especialmente para recoger las ovejas descarriadas. ¿Porqué quereis lanzaros otra vez á esa vida errante y aventurera? ¿Será verdad que hoy mismo os poneis en camino?

—Así es, señorita, y á no haberme detenido mi enfermedad, hubiera partido el dia siguiente de mi llegada.

—¿Tanto os pesa de haber permanecido entre nosotros?

Estas palabras las pronunció la jóven con un tono de tan dulce reconvencion, que penetraron hasta la endurecida alma del bandido.

—Os equivocais, Julia, antes puedo aseguraros que jamás he sentido ni esperimentado lo que me han hecho sentir vuestras palabras. Pero sé muy bien que mis poderosos enemigos no duermen, que el astuto baile de Valls y los suyos no descansan, y que tarde ó temprano descubririan mis huellas aun en este mismo rincon de la tierra. Yo debo por consiguiente evitaros á vos y á los amables habitantes de esa casa, el disgusto de tener que presenciar una sorpresa que daria lugar á una lucha sangrienta y desesperada. Vosotras, palomas sencillas, debeis vivir siempre lejos, muy lejos de los gavilanes de la tierra. Jamás Claudio os colocará en contacto con los matadores de si mismos, con los destructores de su propia existencia. Ved, pues, porque hubiera partido antes, ved porque partiré dentro una hora.

—¿Segun esto, Claudio, nos engañasteis el otro dia cuando dijisteis que erais el único solitario en la tierra?... Ya veis que no sois solo, puesto que os acompañan las simpatias de la amistad y agradecimiento.

—Será así, señorita, en cuanto á lo que de mi dependa, pero no en cuanto dependa de los otros. Entre vosotras y yo media un abismo insondable: más claro: vos y yo estamos separados por una linea de sangre... de sangre... Julia: ¿lo entendeis ahora? ¿No conoceis si hago bien en separarme para no volver más?

—¿Con qué objeto? ¿quereis engrosar más y más esa linea, en vez de borrarla y lavarla? entonces decid que no sentis lo que decis. Si os pesa el que media esa linea divisoria ¿porqué no la borrais?

—Porque es indeleble.....

—¿Quién os lo ha dicho?...

—Las que llaman leyes divinas y humanas...

—Os equivocais: Dios que dictó las primeras y señaló los castigos contra sus infractores, prometió allí mismo el perdon siempre que estos se enmienden y corrijan. ¿No perdonó á la Samaritana, tendió su mano á la Magdalena, y convirtió á Saulo, su perseguidor, en Pablo su defensor y doctor de la Iglesia? Él mismo nos dijo, que era tan inmensa su justicia como su clemencia; que no queria la muerte de los pecadores sino su vida por medio de la conversion: que habia venido al mundo para buscar á la oveja perdida, y mil otras cosas que ahora no recuerdo y podriamos ver fácilmente en su santo libro, ¿por qué pues desesperais de la misericordia divina? Y en cuanto á las leyes humanas ¿quién os ha dicho que despues de vuestro arrepentimiento no se os puede conceder un indulto? Entonces veriais como desaparecia esa linea que nos separa, entonces veriais cual otra vida seria la vuestra, amenizada con los encantos de una conciencia tranquila, y los atractivos de la amistad virtuosa, del amor puro y casto, del hogar, en fin, y de la familia.

—¿Es sueño lo que oigo? esclamó el bandido ¿sois un ángel ó una hada que teneis el don de atraer y hacer sentir á todo el mundo, lo que vos tanto sentis y conoceis?

—No, amigo mio, yo no soy más que una criatura frágil y miserable pero que cree en Dios y en su Madre. Vedla ahí, añadió Julia, señalando á la imágen de la Virgen del Carmelo, vedla como os llama... Arrodillémonos, oremos postrados á sus divinos piés, démosle las gracias por tantos beneficios. Diciendo esto se arrodilló y Claudio la imitó automáticamente, digámoslo así, pues él mismo no sabia lo que le pasaba.

La doncella rezaba con fervor: Claudio no movia los labios; el infeliz no sabia orar...

—¿No sabeis orar? preguntó la jóven.

—Cuando muy niño me habian enseñado, pero lo he olvidado ya.

—No importa: yo formularé la plegaria, rogad conmigo, y diciendo esto comenzó la súplica en estos términos: «Virgen del Carmelo, madre del Hijo de »Dios, recibid la plegaria de un pecador que, arre-»pentido, acude á vos, como Madre que sois de los »pecadores y consuelo de los afligidos.....»

—¿Ois? interrumpió el bandido levantándose prontamente y poniendo maquinalmente su mano en la empuñadura de su formidable espada.

—¿Qué ocurre? dijo la huérfana azorada.

—Mis esploradores acaban de dar la señal de que tenemos cerca á los enemigos. Escuchad..... escuchad.....

En efecto, un sonido lejano, pero vibrante y agudo, hirió los oidos de la jóven.

—Son los *mozos*, añadió el bandido: ya os lo habia dicho antes: lo que está escrito se debe cumplir.

El ruido de las armas de los bandidos y sus guerreros preparativos, unido á la proximidad de los enemigos, obró un cambio completo en el alma de Claudio. Ya era otra vez el bandido, el terrible Molinero, el espanto y terror de aquella comarca. Era el leon que dispertaba del ensueño en que le tenian adormecido los encantos y dulces palabras de la doncella, pero que al dispertar, lo hacia con toda la ferocidad que solo por momentos se le habia aletargado.

—Me marcho, señorita, porque he jurado no comprometer á los habitantes de esta casa: de lo contrario, yo esperaria aquí á ese baile de Valls, y á toda su canalla, y ¡vive Dios! que les daria una leccion bien amarga. Ellos conocerian la imprudencia que han cometido al ostigar al tigre en su propia madriguera; pero, ¡ira de Dios! no todo se puede hacer en un dia.

—¡Claudio! ¡Claudio!... dijo la doncella desesperada de ver malogradas las buenas disposiciones que habia sabido dispertar en el corazon del bandido.

—A Dios, señorita, contestó este apartando de si las suplicantes manos de la jóven que en vano pretendian detenerle.

—¡Por piedad... un favor, un solo favor!

—Os escucho.

—Prometedme que volvereis para contarme vuestra historia.

El bandido titubeó un momento, pero luego contestó:

—Si, os lo prometo, vendré, pero solo.

—Gracias.... gracias....

Un momento despues el bandido y su gente salian de la casa por una puerta secreta que miraba al interior de un espeso bosque. Desde una ventanilla Teresa daba su última despedida á Claudio, pero si bien los bandidos no velan más que á Teresa, su capitan distinguia al través de esta la mirada dulce y encantadora de Julia, que le enviaba su último adios. Media hora despues, no quedaba en la casa señal alguna que pudiese indicar la permanencia de los bandidos en la misma. Pocos momentos despues, una partida de diez *mozos* á las órdenes del valiente sub-cabo D. José Alegret, natural de Mas-Llorens, entraba en casa de Teresa con las prevenciones militares que requerian las circunstancias. Teresa lo recibió con la afabilidad que le era natural, mientras que Julia, disfrazada con los vestidos de la hija de aquella, fingia entretenerse en los quehaceres de la cocina.

—Buenas tardes, dijo el sub-cabo.

—Buenas os la dé Dios, contestó Teresa.

—Sé que sois una familia honrada, pero habeis cometido una falta, que despues del bando vigente, constituye un delito que pudiera costaros muy caro.

—Ignoro completamente de qué bando me hablais.

—Vuestra ignorancia os servirá de escusa por esta vez, pero guardaos bien de faltar á sus capítulos despues que yo os lo haya comunicado.

Entonces el sub-cabo Francisco Martí leyó el siguiente bando:

«D. Pedro Antonio Veciana, Baile de Valls y co-»mandante de los *mozos* de la misma, digo: que los »pueblos, lugares, justicias y casas de campo que »sean frecuentadas por los ladrones, sediciosos y dis-»turbadores de la quietud pública, deben resistirse »por medio del somaten, y de no poder, por ser aque-»llos mayores que ellos, deben dar parte inmediata-»mente, y de no hacerlo, serán presos y juzgados y »tapiadas sus casas. Dado en Valls á 4 de enero de »1715.—Pedro Antonio Veciana.» (Documentos justificativos, es copia literal.)

—Ahora, ya sabeis las órdenes, prosiguió Alegret, y espero que las cumplireis. Decidme, añadió, ¿quién manda la partida que ha estado aqui?

—El Molinero.

—Siempre ese infame, ese vil foragido, pero pronto acabaremos con él. Le seguimos la pista muy de cerca, y no tardará en caer en nuestras manos. Ya vereis como las paga todas de una vez. Por otra parte es una lástima, porque es valiente como un Cid, y dicen que en Barcelona hizo proezas de valor. Pero no podemos perder el tiempo, decidnos ¿qué direccion ha tomado?

—La del bosque de la parte de poniente.

—Está bien, ahora sacadnos algo con que mojar nuestras gargantas y reparar nuestras fuerzas, pues hemos hecho una larga jornada.

Media hora despues salian los *mozos* de la casa, despues de haber tomado un bocado y bebido un vaso de vino servido por Teresa y su hija.

La huérfana, que no habia perdido una sola palabra de cuanto se habia dicho, preguntó al momento:

—¿Los alcanzarán, madre?

—No hay cuidado, hija mia: tú no sabes el modo de andar de Claudio y los suyos, cuando así les conviene. Lo ménos están á cuatro horas de distancia.

Dejemos á esa honrada familia, cuya única falta consistia en dar albergue á unos foragidos, á quienes no podia resistir, sino esponiéndose inútilmente á ser bárbaramente asesinada, saqueada y arruinada para siempre. Dejemos tambien á la doncella, *creyendo y esperando*, al mismo tiempo que sintiendo los efectos de una pasion hácia Claudio, que más tarde debia producir muy saludables efectos. Sigamos á los bandidos, pero como para esto seria menester tener sus ligeras piernas y no habernos entretenido tanto tiempo, les tomaremos la delantera, trasladándonos á una ermita ó santuario situado á la falda de un monte, en medio del despoblado terreno por donde pasa el escabroso camino que conduce desde Manresa á la industriosa villa de Tarrasa. Alli moraba un santo varon que, segun parece, vivia absorto en la oracion y la contemplacion de las cosas celestiales. A él acudian los habitantes de toda aquella comarca, inclusos los de Manresa y Tarrasa, á pesar de la distancia que les separaba, para consultar con el anacoreta sus enfermedades físicas y morales, pues ejercia las veces de médico del cuerpo y del alma. No es sacerdote, pero sabe de memoria muchos textos de la Biblia, que usa con frecuencia, ha leido muchos libros devotos, cuyas doctrinas y máximas sabe aplicar con oportunidad. Era el sucesor de otro santo varon, tan santo y virtuoso, que aquellas sencillas gentes atribuian su repentina desaparicion, á que Dios le habia arrebatado hácia el cielo en cuerpo y alma. Son las ocho de la noche, y han transcurrido algunos dias desde la salida de Claudio de la casa de Teresa. Reina un profundo silencio en la ermita y sus alrededores, interrumpido tan solo por los ahullidos de los lobos, moradores naturales de aquel desierto pais, en mayor número en aquella época, que en la nuestra. Penetremos en la estancia del santo varon, por cuya presencia y particularidades, no podremos por cierto formar tan ventajoso juicio de las virtudes, de que, en su rústica sencillez, le suponian adornado sus parroquianos. Está sentado en una mesa, colocada junto á la chimenea, pues que el frio es intenso y la noche cruda y helada. Encima de la mesa se ven los restos de una suculenta cena, restos con los cuales podian satisfacer su apetito dos ó tres convidados improvisados. No faltan sus botellas de buen vino y aguardiente, á las cuales nuestro anacoreta saluda con más frecuencia de la que corresponde á un hombre de mediana templanza. No tiene otra compañia que la de su fiel mastin, que responde con un débil rugido á los ahullidos de los lobos sus enemigos.

—Son las diez, dice el ermitaño hablando consigo mismo, y ellos no parecen. ¿Si no habrán recibido mi aviso?

En esto el perro rugió de un modo particular, y echado como estaba junto al hogar, comenzó á menear su larga cola.

—Vamos, dijo el solitario, mi mastin ya ha olfateado á los que espero, y el astuto animal, con el movimiento de su cola, me dice que los que vienen son amigos.

Efectivamente, á poco llamaron á la puerta con un golpe particular. El solitario abrió, y entró en seguida un hombre de elevada estatura á quien ya conocen nuestros lectores, pues no es otro que Claudio el Molinero. Se dirigió sin cumplidos hácia la mesa que comenzó á saludar con buen apetito.

—Temia, dijo el devoto, que no llegariais á tiempo.

—Ya sabes que yo nunca falto á las citas de un santo como tú...

—Con todo, mi capitan, daria diez años de mi vida, para que me sacaseis de este destierro... Me consumo de tristeza, sin poder ver á mis camaradas y poder tomar parte en sus hazañas. Vamos, que yo no nací para la vida que me habeis impuesto de un año á esta parte. ¡Oh! ¡qué imbécil fué mi antecesor en preferir la muerte á desempeñar el papel que vos le proponiais y ahora desempeño yo!...

—Y á propósito, ¿aun creen esos tontos que Dios le arrebató en cuerpo y alma?

—¡Si lo creen!... vaya si lo creen... como que le invocan mirando al cielo de donde esperan que baje.

—Está bien: ahora esplicame el negocio, porque el tiempo urge.

—En pocas palabras os pondré al corriente, y vereis si el golpe que vamos á dar será ó no digno del Molinero y de su anacoreta Barbasa. Ya sabeis que yo herede del difunto la gran fama de curandero de que gozaba, pues se cree por el vulgo estúpido, que al subir al cielo me dejó sus recetas, sus yerbas y emplastos. De ahi el que acudan en procesion de ocho horas de distancia, para que les dé remedio. Es el caso que la hija única del Gobernador de Manresa tiene perdida la salud, y los galenos de todas partes no han podido proporcionarle el menor alivio. Mi celebridad como médico llegó á sus oidos, y así es que, como me cree un personaje, me envió á buscar para que pasase á Manresa á curar á su hija. Yo me escusé, so pretesto de mi edad y achaques, y tambien por la falta que hacia en el santuario, donde tantos acudian todos los dias. Dijle. pues, al enviado, que una vez que la enferma no hacia cama, que la condujesen á la ermita, que yo con el ausilio de la Virgen prometia salvarla. Finalmente, anteayer vino otra vez el *espreso* diciéndome que mañana, viernes, seria visitada mi santa casa por la hija del Gobernador, acompañada de su mismo padre.

—¡Bravo... bravo!...

—No es esto todo, sino que á pretesto de tener preparada la casa, pregunté si vendrian con mucho acompañamiento, y me contestó que llevaria una escolta...

—¿De *mozos*?...

—No, de soldados.

—¿Qué más?

—Me dijo que tal vez tambien vendria en su compañia el hermano menor del baile de Valls, que se encuentra accidentalmente en Manresa y es muy amigo de la casa.

—¿Qué dices, Barbasa?

—Lo que ois, mi capitan.

—¡Oh! entonces el golpe será soberbio.

—Si llegamos á coger al hermano querido de nuestro cruel verdugo, ¿qué suplicio le hemos de dar?...

—Ninguno: le tendremos en rehenes para lo que pueda tronar con el tiempo.

—Ahora, mi capitan, os voy á pedir una gracia.

—Imposible... imposible... no hay otro que sepa el latin y los embrollos de esos libros que llaman de devocion; no hay otro que pueda ocupar tu lugar. Espera... y más tarde veremos... Ahora nos conviene mucho esa ratonera, esa trampa en donde creo

cojeremos muchos conejos. Pues qué ¿para esto hubiera yo mandado dar la muerte á tu antecesor? (1).

—Bien: pero á lo ménos, permitidme pasar á ver á mis camaradas, que no creo estén distantes de este lugar... Concededme ese momento de espansion y desahogo.

—Esto si; mira, di á Pepus, que espera en la puerta, que entre; tomad los dos provisiones y aguardiente, y llevadlas á mis valientes. Dentro de dos horas debeis estar de vuelta.

Barbasa se quitó su postiza barba y enderezó su cuerpo, presentando el aspecto de un robusto bandido de unos 40 años. Él y Pepus partieron luego, con las provisiones, dejando á Claudio completamente solo, puesto que el mastin siguió á su amo Barbasa. El capitan se puso al momento pensativo, y permaneció un buen rato inmóvil, como hombre entregado á recuerdos pasados no muy agradables.

—Es raro, decia despues hablando consigo mismo, es raro lo que me pasa. Por más que hago, no puedo distraerme; su memoria me acompaña por todas partes. De noche la veo en mis ensueños, oigo el dulce metal de su voz, y me siento conmovido á los encantos de sus penetrantes miradas. Recuerdo continuamente aquellas consoladoras palabras: *esa linea de sangre que nos separa puede borrarse y desaparecer por medio del arrepentimiento.* ¡Ah!...... ¡ella no sabe lo que es haber derramado una sola vez la sangre inocente de nuestros semejantes!..... ¡no sabe que Cain anduvo errante despues de haber regado la tierra con la sangre de su hermano!..... ¡Ignora lo que son los hábitos contraidos por la reiteracion de los actos!..... ¡en su candor cree que la pantera puede trasformarse en manso cordero, para que en seguida venga el lobo y la devore sin piedad ni compasion!..... Pero ¿quién sabe? tal vez tendrá razon..... tal vez, realmente existe un Padre comun de los hombres, un Dios, en fin, que puede castigarlos y perdonarlos, si se lo saben pedir!... En fin, yo cumpliré la palabra que la di; si, Julia, vendré otra vez, cuando me lo permitan las circunstancias.

En seguida el bandolero se durmió, apoyando su cabeza en la misma mesa en que habia cenado. Aquel hombre singular tenia un entero dominio sobre si mismo; al entregarse al sueño, hizo propósito de dispertarse á las doce en punto, y así fué. Pepus y Barbasa no tardaron en reunírsele, y habiendo dado Claudio sus últimas instrucciones á éste, salió con el otro á reunirse con su gente, que silenciosa y soñolienta, despues de haberse despedido de su camarada Barbasa, y de haber hecho honor á sus provisiones y aguardiente, se habia echado sobre la dura y humeda tierra abrigando sus cuerpos con las mantas. A la primera señal de su capitan se levantaron todos y formaron un circulo desde cuyo centro Claudio les dijo:

—«Camaradas, mañana será un dia de gloria »para nosotros. Nos batiremos con unos cuantos »soldados para hacer una buena presa. Os advierto »que la caza ha de ser cogida con vida. En cuanto á »los perros que la acompañan, si ladran, tapadles la

---

(1) Efectivamente, el baile de Valls, más tarde, esto es, despues que su hermano menor el valiente D. Juan Francisco Veciana, que murió gloriosamente en el campo de batalla siendo capitan de caballeria, y cuyo cuerpo fué enterrado en Madrid, tuvo motivo para informarse de este acontecimiento y de persuadirse de la certeza de aquel delito. *Documentos justificativos.*

»boca con vuestro plomo. Ahora voy á daros mis ins-
»trucciones en particular á cada uno.»

Este era el sistema constante de Claudio: ninguno
de los suyos sabia el todo del negocio, sino la parte
que le correspondia. Cada uno, pues, obraba de un
modo independiente de los otros y al parecer aislado; pero Claudio, que tenia en sus manos los cabos
de aquellos hilos, los convergia á un centro comun,
donde se daba el golpe, con una exactitud y precision que raras veces salia frustrado. Asi, aun cuando alguno de los suyos le quisiera hacer traicion, no
podia sino por la reducida parte que desempeñaba
en el todo de la empresa proyectada. Por esto, un
momento despues, los bandidos iban uno por uno á
medida que Pepus los avisaba, á conferenciar un segundo con su capitan y salian en seguida á su destino, sin comunicar con sus camaradas. El resultado
de todo esto fué, que tres horas despues, todo el sendero que conducia desde Manresa á la ermita, estuviese vigilado por seis bandidos colocados á trechos
de media hora de distancia unos de otros. Cada uno
de los bandidos estaba provisto de su silvato, cuya
diversidad de sonidos sabia muy bien lo que debian
espresar. El que estaba más cerca de Manresa, que
figuraba un viejo y miserable mendigo, hirió el aire
con su silvato: el que estaba á media hora de distancia de este, que era un anciano peregrino, vibró á
su vez el suyo, y asi los demás, de modo que Claudio, á las siete de la mañana, ya sabía, por medio de
aquella telegrafía de antigua invencion, que toda la
linea estaba ocupada, que no ocurria novedad por entonces, y que se estaba en disposicion de comunicarle cuanto ocurriera. Los demás bandidos habian salido tambien en grupos de seis en seis por diferentes
direcciones, despues de haber recibido las instrucciones de su jefe. Este se habia quedado solamente
con Pepus y otro bandido, y estaba sentado en tierra, con su silvato en la mano, aplicando de cuando
en cuando su oido sobre el suelo, para percibir mejor cualquier movimiento. Si hubiese estado en pié ó
montado sobre un brioso corcel, lo hubiéramos podido confundir con un general dando sus disposiciones
y órdenes preliminares de una gran batalla. A las
ocho, un segundo sonido le avisó de que la comitiva
acababa de salir de Manresa. El miserable pordiosero, que como ya hemos dicho, ocupaba el primer
punto de la carrera, habia ya cumplido su comision, así es, que por sendas distintas, indicadas de
antemano por su capitan, se dirigia al punto señalado, y asi lo practicaron los demás.

La comitiva, pues, que habia salido de Manresa,
ni aun vió á los mendigos, peregrinos y viajeros, que
con tanta exactitud los tenian vigilados. Unos treinta
soldados de los que componian la guarnicion de
Manresa, caminaban en hilera, por no permitir otra
cosa el estrecho sendero que conducia hácia la ermita, custodiando una jóven pálida y muy delgada, que
montaba en un borrico ensillado, á cuyos lados y á
pié iban dos criados que vigilaban sus menores movimientos. Seguia luego un jóven de unos diez y siete años de edad, alto, robusto y de rostro muy agradable; era el jóven D. Juan Francisco Veciana, hermano menor del valiente y esforzado D. Pedro Antonio, fundador y jefe, como ya hemos visto, de las
Escuadras de Valls. Despues seguia el que mandaba la fuerza, militar veterano y valiente y muy querido de sus soldados. Tanto éste como el jóven Veciana, montaban briosos caballos, y el resto de la

tropa seguia por el órden que hemos indicado. Asi
llegaron á la ermita, en frente de la cual vieron á un
miserable mendigo, que les pidió una limosna, prometiendo rogar por la salud de la jóven enferma.
Los soldados formaron pabellones, dejando un centinela casi por ceremonia, pues no habia motivo alguno para poder recelar. La enferma, apoyada en el
brazo del jóven y del capitan entró en el santuario,
á cuya puerta los recibió Barbasa, con un semblante
tan compungido y devoto, que los recien llegados
besaron su mano con el respeto debido á un santo.
En seguida se dirigieron, precedidos del hipócrita,
hácia el oratorio. El mendigo habia ya desaparecido.

IV.

LA SORPRESA Y EL RAPTO.

Claudio y los dos bandidos que le acompañaban
habian mudado de posicion, habiéndose acercado
más á la ermita. El mendigo le daba noticia circunstanciada de todo: del número de los soldados,
de su posicion, y de la de la enferma y sus amigos.
Entonces el bandido dió sus últimas órdenes al mendigo, en cuya virtud, éste regresó á la ermita colocándose con sumo disimulo lo más cerca posible del
centinela. Claudio examinó en seguida sus armas,
apretó el cinturon de que colgaba su tizona, arregló
sus pistolas y afiló la punta de su puñal. Los otros
dos hicieron otro tanto con sus armas. Claudio hizo
resonar su silvato, y un momento despues se dirigió
con ánimo resuelto hácia la ermita del infame Barbasa. Apenas el mendigo, que estaba muy alerta, vió á su
capitan, cuando acometió contra el infeliz centinela,
matándole de una sola puñalada. Los soldados estu-
pefactos ante aquel acto de descarado atrevimiento,
iban á lanzarse sobre el mendigo, cuando se presentó
Claudio que con imponente voz les intimó la rendicion. En aquel mismo momento los desgraciados soldados se vieron rodeados por todas partes de bandidos, cuyos enormes trabucos y escopetas les amenazaban á quema-ropa.

—Toda resistencia es inútil, les decia el bandido;
al menor movimiento que hagais, doy la voz de fuego, y sereis abrasados.

Los soldados permanecieron inmóviles como está-
tuas. En esto salió el capitan, espada en mano, y sin
acobardarse á la vista de tantas bocas de fuego, comenzó á dar ánimo á sus soldados diciéndoles: ¡A
ellos, camaradas! No son más que unos cobardes bandidos que quieren aprovecharse de vuestra sorpresa
y terror. Los bandidos iban á fusilar á tan valiente
militar, pero Claudio les detuvo con una señal, diciendo al propio tiempo al capitan:

—Ya lo veis!... todo es inútil, pues vuestros soldados ya no obedecen vuestra voz de mando. Rendios,
y os prometo la vida y la libertad.

—Nunca, contestó el pundonoroso militar, prefiero
morir mil veces antes que rendirme á esa canalla.
Herid, todos, ya que tan cobardes sois que venis
treinta contra uno.

—Os engañais, capitan, dijo Claudio, con la mayor serenidad. Venimos treinta, porque sabiamos
que vosotros erais treinta y dos; si vos, militar veterano, os habeis dejado sorprender, y si vuestros soldados se han convertido en mujeres, no es culpa

nuestra. Pero ya que no os quereis rendir, no podreis decir que venimos treinta contra uno, pues, si os place, solo os batireis conmigo, con armas iguales.

—Gracias, amigo mio, así me gustan los hombres. ¡Defendeos! Y diciendo esto acometió contra Claudio con sumo valor y coraje. Este detuvo su primer golpe con la mayor sangre fria, y luego se trabó entre aquellos dos valientes el más reñido combate. Los golpes y tajos se repartian con la misma destreza con que eran parados por ambas partes, y cada cual conoció desde los primeros golpes que se las habia con un formidable enemigo, lo cual enardecia más y más el valor de los esforzados combatientes. Claudio desarmó una vez á su contrario y le ofreció cuartel, pero el valiente militar no lo aceptó, y continuó el combate. En fin, el bandido que conocia la necesidad de no perder el tiempo, redobló su denuedo, y aprovechando un momento de aturdimiento del capitan, le clavó su espada, cayendo este mortalmente herido. En esto, los bandidos habian ya atado á los soldados é inutilizado las armas que no se querian llevar. Pepus y el *Tuerto* tenian ya atado de piés y manos al jóven Veciana, á quien sorprendieron socorriendo á la enferma que se habia desmayado. El mismo Barbasa habia sido atado junto al altar, despues de haberle injuriado de palabra, pues asi lo habia ordenado Claudio, á quien convenia mantener al hipócrita bandido libre de toda sospecha de complicidad. Un momento despues, el Tuerto, acompañado de seis bandidos, partia conduciendo atado al joven y valiente Veciana, quien conservaba la misma serenidad que cuando salió de Manresa. Luego, Claudio, acompañado tan solo de su fiel Pepus, emprendió su camino por una senda distinta de la del Tuerto, conduciendo á la enferma, montada en el mismo borrico, vuelta ya en si y animada por las corteses y atentas palabras del bandido. El resto de la canalla partió en direccion opuesta, bajo los órdenes del Hoyoso, hácia el punto designado de antemano. Todos estos movimientos y maniobras fueron ejecutados con suma precision, y sin pronunciar una sola palabra. No hay que negarlo, Claudio entendia bien su oficio. Cinco horas duró la marcha del bandido, al cabo de las cuales llegaron á una desierta casa de campo. Allí estaba ya todo preparado para recibir á la delicada enferma. Una cama caliente, buen caldo, vinos confortativos, y hasta medicinas, todo, todo estaba prevenido y arreglado. Entonces Claudio se despidió de la enferma, asegurándola por milésima vez que no debia temer nada, absolutamente nada, y que allí estaria como en su casa, á la cual regresaria tan pronto como se hubiese satisfecho su rescate. La jóven dió gracias al bandido, y éste partió con Pepus en el mismo instante. No bien habian andado unas dos horas, siendo ya entrada la noche, cuando Claudio hizo resonar su silvato, que fué respondido por otro. Prosiguió su camino, y á poco el Tuerto y cuatro de sus bandidos se juntaron con el capitan.

—¿Cómo ha quedado esto?

—Bien, contestó el Tuerto. Allí lo hemos dejado custodiado.

—¿Y qué ha dicho durante el camino?

—Nos ha llenado de injurias y amenazas: os aseguro que hemos estado tentados más de una vez de cortarle la lengua. El tal rapazuelo se conoce bien de quien es hermano.

—¿Pero os habreis guardado de hacerle el menor insulto?

—Hemos obedecido, como siempre, vuestros mandatos.

—Bien está, replicó Claudio, y prosiguió su camino seguido de los demás.

Al dia siguiente los habitantes de Villarrodona, Alio, Brafin, y otros lugares dispertaron azorados por la noticia de que el *Molinero*, con una considerable cuadrilla, vagaba por aquella comarca. Y hasta los monjes de Santas Creus habian tomado sus precauciones, con tanta más razon, cuanto corria la voz de que iban á dar un asalto al monasterio, que era una verdadera fortaleza. Estos lugares distan unas catorce leguas de la ermita, y Claudio habia obligado á los suyos á una tan fatigosa jornada, para desorientar completamente al Gobernador de Manresa y al baile de Valls, los cuales, en modo alguno podian sospechar que el golpe de la ermita hubiese sido obra de Claudio, siendo asi que antes de que el comandante de los *mozos*, hermano de una de las victimas, tuviese noticia de lo ocurrido, el Molinero y los suyos estaban junto á Valls, esto es, á la distancia de quince leguas del teatro de aquel acontecimiento. Asi debia ser mayor la confusion y cuidado de estos, puesto que no sabrian á quién dirigirse para el rescate. Ya lo hemos dicho antes, Claudio entendia bien su oficio, y ahora añadiremos que sabia desempeñarlo con una maestria infernal. Ni un solo bandido de los suyos habia quedado en el terreno en donde eran custodiadas sus dos victimas, solo habia allí un santo varon, un austero anacoreta, insultado y atropellado por los bandidos á la presencia de todos. Este, sin embargo, tenia el encargo y las instrucciones necesarias para agenciar el rescate. Ya veremos como cumplió su cometido. Pasemos ahora á la casa de don Pedro Antonio Veciana.

V.

ÉL CAMBIO DE ERMITAÑO.

Bien venido seas mal, si vienes solo, dice el adagio; pero es el caso que en este pícaro mundo no hay parentela más numerosa que la de la desgracia, ni acompañamiento más constante que el que sigue á un infortunio. El valiente fundador de las ESCUADRAS yacia tendido en el lecho del dolor, donde le postrára una grave herida que habia recibido en su mano derecha en el último encuentro que habia tenido con los bandidos mandados por Cama de Boya. En este estado recibió la noticia de la aparicion del Molinero y su formidable hueste en las cercanias del famoso monasterio de Santas Creus. No le daba cuidado esto, porque sabia los poderosos medios de defensa con que contaba aquel convento, pero si temia alguna atrevida escursion en el seno mismo de los pueblos de corto vecindario ya nombrados y otros muchos de que está poblado todo aquel pais. Reforzados los malhechores con las fuerzas del atrevido Molinero, podian dar mucho que sentir, atendido el corto número de *mozos* de que en aquel entonces constaban las ESCUADRAS, puesto que por un estado que tenemos á la vista solo figuraban en numero de 57 en la última revista del mes de diciembre de 1714, y aun de estos debian rebajarse tres muertos y siete heridos, habidos en el último encuentro, del cual tan mal parado salio el mismo comandante. He ahi las fatales circunstancias de este desgraciado acontecimiento:

Veciana fué avisado de que una cuadrilla de foragidos en número de cuarenta, debia intentar un golpe en un lugar llamado Mas Molets, distante una hora de Valls en direccion á Montblanch, junto á la carretera real de aquel punto. En dicho lugar vivia un rico labrador, en cuya casa se suponian muchos tesoros. La misma noche en que, segun las confidencias, debia darse el golpe, Veciana con unos veinticinco mozos estaba emboscado en la cercania del lugar y casa indicada. Toda la noche estuvo en acecho, pero los foragidos no parecieron hasta el amanecer del dia siguiente, en número de cincuenta.

Iban capitaneados por el foragido Cama de Boya con quien Veciana habia tenido ya mil encuentros, pues era de los ladrones más antiguos, y ya en 1691 habia sido derrotado completamente por los *mozos* llamados entonces *paisanos armados*.

Al momento en que Boya llamaba á la puerta de la casa, los *mozos* querian acometerle, pero Veciana esperó á que se abriese la puerta y entrase. Así fué: entonces á la voz de ¡alto al rey!, se intimó la rendicion á los bandidos, pero éstos, lejos de hacerlo, rompieron el fuego y luego se armó una espantosa refriega por ambas partes. El impetuoso y valiente Veciana ordenó acometer con el arma blanca, y desde aquel momento el combate degeneró en horrorosa carniceria. Más de doce bandidos mordian ya la tierra, revolcándose entre su sangre y blasfemando sacrílegamente, y ya Cama de Boya, levemente herido, iba á emprender la fuga, cuando los ladrones recibieron un refuerzo de cincuenta foragidos que apostádos para proteger la retirada de los otros, habian acudido al ruido de la refriega. Desde aquel momento era imposible poder resistir á un número de enemigos cuatro veces mayor que el de los mozos. Con todo, estos, despreciando el cuartel que les ofrecian los ladrones, se apoderaron de la casa abierta por llamamiento de los bandidos y con un impulso del valor más desesperado, lograron cerrar sus puertas y desde sus ventanas y aberturas desafiaron á aquellos tratándoles de infames y cobardes. Los ladrones pusieron sitio formal á la casa, y se prepararon para asaltarla. Tres veces lo intentaron y otras tantas fueron rechazados con una mortandad espantosa de su parte. En uno de estos asaltos fué herido el intrépido comandante, quien, á pesar de esto, continuó combatiendo, animando á los suyos y amenazando á los bandidos. Diez horas habian trascurrido, diez horas de combate continuo, durante las cuales veinticinco hombres se batian con ciento. La noche puso fin ó tregua al combate: unos y otros necesitaban de descanso. Los bandidos se retiraron. Al dia siguiente Veciana recibió el refuerzo de sus dos hermanos los valientes D. Pedro Martir y D. José, segundo comandante el primero y cabo el segundo de las propias *escuadras*. Nunca un socorro podia llegar más á tiempo. Veciana estaba estenuado por la sangre que habia perdido, tres mozos yacian difuntos, y ocho habian sido heridos de más ó ménos gravedad. La fuerza partió hácia Valls, llevando los heridos en camillas, incluso el comandante. Hé ahi el parte literal que se dió al capitan general, respecto aquel hecho de armas.

«Señor: puesto á los piés de V. E., como es deber »y obligacion, le referiré el encuentro glorioso que »con los mios he tenido contra los ladrones y canalla »que intentaron robar y saquear el lugar de Mas »Molets. Eran ellos en número de ciento, y yo solo »tenia veinticinco *mozos*, de los cuales murieron tres »y siete heridos, despues de un combate encarnizado »que duro todo el dia. Los bandidos huyeron, dejan»do catorce muertos y muchos heridos, que despues »se llevaron por ser de noche. Esta letra es de puño »del valiente sub-cabo Alegret, por no poder escri»bir yo, por la herida que recibí en la mano. Acabo »de saber que el foragido Molinero se ha presentado »de nuevo cerca del monasterio de Santas Creus; y »estoy rabiando por no poder salir á cogerle por estar »enfermo en cama. Pero he dado las órdenes á mis »hermanos para que no le dejen descansar. Mande »V. E. conforme las órdenes que crea bueno comuni»carme. Valls 12 de enero de 1715.—Alegret.»

En efecto, una partida de cuarenta mozos á las órdenes de los hermanos Veciana D. Pedro Martir y D. José, salieron inmediatamente en persecucion de los bandidos. Poco tiempo despues, D. Pedro Antonio recibió la fatal noticia de haber sido preso por los ladrones su hermano menor D. Juan Francisco en las inmediaciones de Manresa.

—En mal hora, decia revolcándose por su cama, en mal hora le di permiso para pasar á Barcelona y á Manresa para despedirse de sus amigos antes de partir á incorporarse con el regimiento de caballería, á que el rey se ha dignado destinarle, despues de haberle concedido el nombramiento de cadete!... Vamos, está visto, la desgracia me persigue por todas partes. No há mucho que los malhechores quemaron mis haciendas y talaron mis campos: luego me hirieron en la mano derecha; despues han hecho cautivo á mi hermano, y para colmo de desdicha, parece que todos los bandidos se han dado cita para este corregimiento. Está claro, como saben que no cuento más que con cuarenta mozos disponibles para el combate!... ¡Lástima que el capitan general y el mismo rey no se convenzan de la necesidad de aumentar las *escuadras*! ¡Lástima, que no hagan caso de los reiterados escritos que les envío, á fin de persuadirles de la necesidad de esta medida... ¡Pobres pueblos! ¡Infelices justicias!... ¡Que deba yo permanecer aqui, en ese lecho, sin poder volar al combate! ¿Pero y mi hermano? ¡Mi jóven e inesperto hermano!... ¿En dónde me lo tendrán esos infames?...

Diciendo esto se desesperaba, su herida se irritaba más, y la calentura tomaba creces. Entre tanto el Gobernador de Manresa, su familia y toda la poblacion, estaban consternados por el fatal accidente de la ermita. Los soldados habian regresado, llevando el cadáver de su valiente capitan, y la fatal nueva de aquel desastre. El Gobernador salió inmediatamente con tropa hácia el lugar de la catástrofe, donde solo encontró al hipócrita é infame Barbasa, orando, como siempre se le encontraba, con aquel semblante tan compungido y devoto. El Gobernador imploró su consejo y consuelos. Era un padre desesperado, que buscaba á su enferma hija que, débil y frágil mujer, habia caido en las garras de aquellos bandidos tan temibles como inhumanos. Barbasa consolaba al infeliz padre, asegurándole que, segun su parecer, los infames bandidos respetarian á su hija, no por virtud, sino por egoismo, puesto que lo que ellos se habrian propuesto seria sin duda un buen rescate.

—¡Oh!... esclamaba el Gobernador, si no es más que esto, yo daré cuanto poseo, venderé mis joyas, mi ropa, mi caballo... me venderé á mí mismo, si es menester, con tal que me devuelvan á mi querida Inés.

El hipócrita bandido escuchaba con suma atencion y gozo interior aquella desesperacion del padre. ¡Infame!... ella debia servirle de guia para señalar la suma para el rescate, así es que esta subia á medida de la desesperacion de aquel desgraciado.

—Pero decidme, santo hombre, ¿no conocisteis vos al capitan de la partida?

—¡Ah!... señor, vos no sabeis cómo pasó esto: vos ignorais que me ví repentinamente arrebatado por aquellas fieras, que maltrataron mi cuerpo sin piedad, y escandalizaron mi alma con sus blasfemias y sacrilegios... ¿cómo quereis, pues, que pudiese ver ni conocer á nadie?

—Pues entonces ¿como lo haré para encontrar á mi hija? ¿A quién me dirigiré?

—Escuchadme, afligido padre, dijo el fingido anacoreta con el tono de la más refinada hipocresia, yo solo puedo hacer dos cosas: orar toda la noche á la Vírgen implorando su proteccion para vuestra Inés, y daros un sencillo consejo: volved á Manresa. no envieis tropas en persecucion de los bandidos, escribid á Veciana que haga otro tanto, de lo contrario espondreis á vuestra hija á mil marchas y contramarchas en medio de este frio, esas nieves y lluvias. Aun más, si tal fuese la persecucion de Veciana, que esos caribes llegasen á temer que ella fuese rescatada por él, entonces temblad por la vida de vuestra hija...

—¿Qué quereis decir? interrumpió el Gobernador fuera de si.

—Quiero decir, replicó el malvado, acentuando sus palabras para que hiriesen más de lleno al desgraciado padre, quiero decir, *que asesinarian bárbaramente á vuestra Inés...*

—¡Qué horror!...

—Lo harian, no lo dudeis...

—¡Oh!... gracias, santo hombre, gracias: yo seguiré vuestros consejos. ¿Pero cómo podremos saber de mi hija?

—Descansad, los bandidos pasarán buen cuidado en daros noticias de ella. Para esto se valdrán del anónimo, de cartas firmadas con nombres desconocidos que pondrán á vuestras manos valiéndose de mil artimañas. Tambien harán escribir á vuestra misma hija: ya lo vereis. Creedme, lo que conviene es un poco de calma y paciencia; lo demás ya vendrá ¿qué quereis que hagan los bandidos de una jóven delicada y enferma? ¿qué pensais que pueden haberse propuesto más que el lucro de su rescate?

—Hablais como un inspirado. Parto ahora mismo: escribiré á Veciana, y creo se convencerá, como yo lo estoy, de la prudencia y acierto de vuestros consejos.

El Gobernador partió por el mismo camino por donde habia venido, y aquella misma noche envió un espreso á Veciana con una larga carta en que le daba razon de cuanto le habia dicho el ermitaño, y le suplicaba que adoptase sus sabios consejos como él lo haria. Dos dias despues daba cuenta á Veciana como por conducto del mismo anacoreta habia recibido una carta sin firma de los bandidos que le pedian dos mil duros por el rescate de su hija; añadió que esta carta habia sido arrojada en el santuario por una mano invisible. Pero Veciana era perro viejo: hacia muchos años que vivia en guerra continua con los bandidos: conocia todas sus astucias y malas mañas, y sagaz y astuto como era, sabia sacar consecuencias vastisimas de las premisas más concisas y sencillas. Asi es que su atencion se fijó desde luego en aquel tan austero ermitaño: tomó sus informes, y supo luego la desaparicion de su antecesor; y como él no era tan crédulo y supersticioso como los vecinos de la ermita, puso en duda lo del rapto hácia los cielos en cuerpo y alma, que tan á pié juntillas creian aquellas gentes sencillas. Habia ya dejado su lecho, y si bien que débil, confiaba poder obrar muy pronto por sí mismo y poner en ejecucion un plan que habia concebido. Por este tiempo escribia al Excmo. señor Capitan General, dándole cuenta de la desgracia de su hermano, y su comunicacion concluia con estas palabras:

—«Yo no creo mucho en la austeridad de los ana»coretas de nuestros dias: he cogido muchas veces »mendigos y peregrinos, que luego he hecho ahorcar »por haber descubierto que eran ladrones disfraza»dos. El Gobernador de Manresa no seria muy bueno »para sub-cabo de mis escuadras, etc. etc.»

Todavia pasaron algunos dias más, cuando una noche salian de la hermosa villa de Valls once *mozos* de la escuadra á las órdenes de su jefe que pasaba ya de los cincuenta años. Era este D. Pedro Antonio Veciana. Dejemos que sigan su rápida marcha para trasladarnos á la ermita del infame Barbasa. Estaba este solo, cenando opiparamente, y tenia encima de la mesa una carta que leyó por segunda vez. La carta decia así:

—«Mi querido protector, por más esfuerzos que »haga, no reuniré la cantidad tan pronto como piden »esos malvados. Vos sabeis que ellos han ido aumen»tando la dósis, á medida que he podido recoger la »primera partida que me pidieron. Ya sé que vos »nada podeis con ellos, pero á lo ménos rogad al »mendigo que viene á recoger las contestaciones, y »que será un bandido, que me den un respiro y ten»gan compasion de este desventurado padre.»

—Concedido, dijo Barbasa, hablando consigo mismo y echándose al cuerpo medio vaso de aguardiente. Es muy cándido el tal Gobernador... Vamos, le haremos aflojar la bolsa en grande y Claudio quedará contento, pero engañado, porque, por vida del demonio, que no recibirá toda la partida, ni sabrá nunca á cuánto ha ascendido.

El malvado engañaba á su mismo capitan.

—¿Pero y Veciana? decia ¿qué hace ese demonio, teniendo á su hijo en manos de nuestros angelitos?

En esto su fiel mastin dió un ronquido, pero esta vez el movimiento de su cola indicaba que las personas que venian á visitar la casa, no eran amigas, ó á lo menos conocidas. Barbasa, que conocia perfectamente los instintos de su perro, se puso en guardia al momento. Apartó la mesa, escondió el vino y aguardiente, apagó el fuego que ardia en la chimenea, y en seguida se dirigió al oratorio y tomó el ademan del que reza. Ya era tiempo, pues en aquel mismo instante llamaron á la puerta de la ermita. El bandido contestó por la parte de la puerta del santuario, pues queria que sus huéspedes, fuesen quienes fuesen, lo encontrasen haciendo oracion.

—Abrid: dijo una voz robusta, somos gente de paz.

Barbasa abrió, y se presentaron tres individuos vestidos de negro, cubierto su cuerpo con una capa ó valona larga hasta los piés, del mismo color. Uno de ellos llevaba una varilla larga y delgada, el otro un legajo de papeles y el tercero parecia un criado ó alguacil subalterno. Todos juntos formaban la perspectiva de un tribunal.

—¿Orabais, buen padre? dijo el de la varilla.

—Señor, esta es mi obligacion: rogar á Dios por mis pecados y los de todo el género humano.

—¿Vuestros pecados? ¿y cómo podeis pecar viviendo en esta soledad?

—Señor, escrito está que el justo peca siete veces...

—Pero Dios es el padre de las misericordias...

—Tambien la justicia es uno de sus divinos atributos.

—Siento haber venido á esta hora, pero un deber sagrado me obliga á ello.

—Estoy siempre dispuesto á recibir á todo el mundo.

—Está bien: ahora necesitamos una mesa, pues hemos de tomaros una declaracion...

—Entonces sois la justici .

—Así es.

—Entremos, pues, en mi habitacion.

El de la varilla observaba con suma atencion al bandido y cuanto le rodeaba. Al entrar en el comedor, cocina y dormitorio de' ermitaño, puesto que la estancia en que estaba an s el bandido tenia las veces de todo esto, observ que el fuego de la chimenea habia sido apagado co . agua, porque aun apesar de esto, humeaban los tizones y la ceniza estaba mojada.

—Vamos, pensó entre sí, el anacoreta estaria calentándose cuando ha percibido nuestros pasos. Barbasa puso la mesa junto al hogar, el escribano desarrolló sus papeles, sacó su tintero, enristró su larga pluma y el interrogatorio comenzó en estos términos:

—Ante todo debo preveniros que se trata de un delito enorme y que el proceso está ya muy adelantado. Solo falta oiros á vos para que pueda fallarse y castigar á los culpables. Primeramente decidme, ¿cómo os llamais?

—Me llaman el Ermitaño...

—No pregunto cómo os llaman, buen padre. sino cómo os llamais, pues al fin bien será bautizado un santo como vos...

El tono sarcástico que el juez usaba con el bandido, apesar de sus cumplidos y apariencias de respeto, comenzaron á inquietar á nuestro hipócrita.

—Es verdad, contestó, me llamo Diego Pallás.

—¿Qué edad teneis?

—Sesenta años.

—¿Qué oficio?

—Ya lo veis, el de orar...

—¿Siempre habeis tenido el mismo?

—Siempre.

—¿Cuánto tiempo hace que vivis en este santuario?

—Un año.

—¿Conocisteis al otro santo varon que lo ocupaba antes que vos?

—Solo lo conocí por la fama de sus virtudes y santidad.

—¿Sabeis cómo murió?

—Dicen que no ha muerto todavia, sino que fué arrebatado hácia el cielo en cuerpo y alma...

—Pero vos, hombre de letras, ¿creeis semejante conseja?

—Prefiero creer antes que averiguar.

—Pero la justicia que no duerme, ha descubierto...

—¿Qué?

—Que vuestro antecesor murió vil é infamemente asesinado. El juez, que clavaba su mirada escrutadora en el bandido, no dejó de observar la emocion

que estas palabras habian causado en el ánimo de aquél.

—¡Santo cielo!...

—Ahora mismo su cadáver será conducido aquí...

—¿Aquí?... interrumpió el bandido sin haber podido dominar un arranque de sorpresa, que hizo completa traicion á su aparente calma y tranquilidad.

—¿Os dan miedo los muertos?

—No, por cierto, solo que no comprendo el objeto que la justicia se propone con esto.

—Como sabemos que entendeis mucho en medicina, queremos que examineis el cadáver para poder fijar la época en que fué muerto aquel santo hombre.

—Cúmplase la voluntad de la justicia.

—Prosigamos el interrogatorio, añadió el juez: ¿Quién os puso en posesion de este santuario?

—Lo ocupé por la voluntad de sus vecinos...

—Pero, estos solo por vos supieron la paparrucha de la desaparicion del otro ermitaño. Por otra parte ellos no tenian la propiedad del santuario, mal pues podian conferirla á otro. Se deduce de todo esto que vos fuisteis el primero en saber la muerte del otro, ¿por quién la supisteis?

El bandido comenzaba á verse apurado.

—Ya os lo he dicho, por las voces que corrian entre los habitantes de esta comarca.

—Con todo, estos han declarado todo lo contrario, de modo que de sus declaraciones resulta probado que ellos lo supieron por vos y no vos por ellos. ¿Por dónde lo supisteis pues? os pregunta la justicia.... ¿En qué hora, en qué punto, en qué lugar se os dijo que la ermita estaba sin dueño?

—Ya lo he dicho antes: no puedo añadir nada más á lo que ya tengo contestado.

—Tened cuidado, buen padre: vos habeis dicho que no conocisteis personalmente al difunto, ¿cómo, pues, habeis podido suponer que fuese su voluntad la de nombraros su heredero? ¿y cómo, no constándoos esta, vos, hombre tan santo y escrupuloso, habeis podido posesionaros de lo ajeno?

—Quedaba el santuario desamparado...

—Esta no es una razon para hombres de tan estricta conciencia como vos. De todos modos sois un usurpador, un ladron que la justicia debe castigar. Ola, alguacil, registrad la casa y vamos á tomar un escrupuloso inventario.

—¡Cómo, señor! ¿quereis inventariar el santuario de la Vírgen?

—¿Y por qué no?...

—Qué escándalo...

—Obedecedme.

En tanto el dependiente del tribunal habia abierto ya una reposteria muy disimulada que comunicaba con la estancia, é iba sacando de ella muchas botellas de vino añejo, aguardiente, tocino, queso, chorizos de Vich, perniles de Andorra, y otras mil cosas sabrosas y nutritivas.

—Ola, ola, prosiguió el juez, segun veo, santo varon, no todo es ayuno y penitencia en esta casa, ¿y cómo para un solo hombre y un perro habeis reunido tantas provisiones?

—Son el producto de las limosnas de los parroquianos...

—No vendrian de tan lejos si así fuese; y además, vos las hubierais distribuido entre los pobres si realmente fueseis lo que quereis aparentar y no las reservaseis para vuestros camaradas.

—No os entiendo, señor juez.

—¡Cómo!... basta ya: basta de fingimiento: por el metal de tu voz y tus miradas te he reconocido, apesar de tu postiza barba y disfraz. Tú eres un pillo redomado: tú eres el bandido Barbasa.

—Entonces ¿quien sois vos?

—Reconóceme, dijo el juez, quitándose la capa...

—¡Veciana!

—El mismo. Ahora que ya nos conocemos te prevengo que toda resistencia será inútil. Morirás, si no me contestas sin rodeos la verdad de cuanto voy á preguntarte. ¿Quién es tu jefe?...

—El Molinero.

—¿Quién tiene presos á la hija del Gobernador y á mi hermano?

—El mismo.

—¿En dónde está?

—Esto no lo sé, pues ya sabeis que Claudio solo nos comunica la parte que hemos de desempeñar en las tragedias que prepara.

—¿Quién es el encargado de negociar el rescate?

—Yo.

—¿Cómo recibes las instrucciones?

—Me las dió el capitan la noche antes del lance.

—¿Cuándo y en qué punto debes entregar el dinero?

—Esto no se me ha indicado aun.

—Está bien: ahora deja este disfraz y te pondrás el vestido de uno de los *mozos*.

Una hora despues el comandante y su partida se pusieron en marcha, habiendo dejado á un mozo decidido y valiente que debia ocupar el puesto del fingido ermitaño, con las instrucciones convenientes para obrar segun se presentasen las circunstancias. Ya hemos dicho antes que Veciana tenia un instinto particular para penetrar todas las artimañas de los bandidos. Este instinto, que él supo comunicar á los mozos, constituye la nota caracteristica de ese cuerpo. Conocedor profundo del terreno y de todos los moradores sospechosos del pais, los conocia casi á todos personalmente, sabia sus nombres y apodos, y tenia sumo cuidado en propagar sus conocimientos entre los suyos. De ahi la importancia de los eminentes servicios de este cuerpo; de ahi la dificultad de que sus individuos fuesen engañados, á pesar de la astucia y maquiavelismo de sus enemigos. Al espresarnos asi nada exajeramos, como podrán convencerse de ello nuestros lectores á la vista de los documentos auténticos, que publicaremos por su órden de fechas, á medida que adelantemos nuestra história. Veciana comenzó sospechando del supuesto eremita; tomó sus informes, y en su vista ya no sospechó, sino que estuvo cierto de que el hilo del negocio estaba en la mano de aquel hipócrita. Sin embargo, esos mismos informes nada habian revelado al Gobernador de Manresa ni á otros muchos. ¿Por qué? Porque no poseian aquella dificil sagacidad de penetrar en los tenebrosos planes de los malhechores, que en grado tan eminente poseia Veciana y sus subordinados. Por lo demás, ya han visto nuestros lectores la estratagema de que se valió para convertir en verdad sus simples sospechas. En fin, el resultado de esta maniobra fué convertir en ratonera para los malvados, la ermita que antes, como habia dicho Claudio, lo era de los hombres honrados. Entre tanto, los hermanos de Veciana, D. Pedro Martir y don José, que como ya hemos dicho, habian salido de Valls en persecucion de los malhechores que en tan considerable número se habian reunido por aquellas cercanías, habian logrado reanimar los lugares y jus-

ticias, y levantar un somaten general, á cuya presencia los bandidos habian desaparecido como por encanto. Tan cierto es que nada amedrenta tanto á los malvados como la imponente campana de rebato. Así las cosas, se pasaban dias y dias, sin que se pudiese descubrir el paradero de los dos cautivos, á pesar de las astucias, actividad y celo que se empleaba por parte de los *mozos* y sus jefes. Veciana no se hacia ilusiones sobre el particular, porque habiendo sabido por Barbasa, que era el Molinero con quien debia habérselas para aquel negocio, conocia más que nadie lo dificil que seria sorprender y descubrir los planes de un bandido, que calificaba de el más astuto, previsor y valiente de todo el principado. Se habia hecho escribir una carta á Barbasa cuyo contenido se reducia á decir á Claudio que el Gobernador tenia disponible la partida, pero que recelaba hacer la entrega sin estar seguro de la de su hija. *Creo, añadia Barbasa, que lo mejor seria que vinieseis para ver como podremos arreglar el cange.* Pero esta carta, que sin duda hubiera producido su efecto, no llegó á manos de Claudio sino en ocasion en que este tenia grandes recelos de que en la ermita habia sucedido algun acontecimiento muy notable. El origen de esas sospechas nos parece digno de ser contado á nuestros lectores:

Ya recordarán estos que Barbasa tenia en su compañia en la ermita un perro fiel, su mastin, que, con su instinto, olfateaba de lejos á las personas que á deshora se dirigian á la casa, hasta el punto de distinguir á los enemigos de los ya conocidos y tratados. Este perro, despues del cambio de ermitaño, no habia podido seguir á su amo, porque estaba atado á su cadena por disposicion del mismo Veciana. El nuevo anacoreta trató de amistarse con el perro, porque al fin siempre era una compañia en aquella soledad. A este objeto, lo trató muy bien los primeros dias, sin soltarle, sin embargo, la cadena; pero despues, creyendo que ya el perro estaba resignado, le soltó para que recorriese libremente la casa. Mas asi que el mastin se vió libre, emprendió la fuga, sin detenerse ni escuchar á su nuevo amo. Este que preveia las consecuencias de aquella perruna escapatoria, le persiguió un trecho y hasta disparó contra él cuando desesperó de alcanzarle; pero todo fué en vano. Como el perro olfateaba tan á lo lejos á los bandidos con quienes se habia criado, no tardó mucho en dar con una partida de estos mandada por Hoyoso. Al momento se notificó á Claudio la súbita aparicion del mastin, conviniendo todos en que esto era una señal cierta y segura de que en la ermita habia pasado alguna cosa estraordinaria. Una vieja devota y cargada de años se presentaba al dia siguiente en la ermita con objeto de consultar con el anacoreta la enfermedad de su hija. Aquella vieja 'era una espia, que aquella noche misma aseguró á Claudio, que Barbasa tenia ya un sucesor en su empleo de ermitaño. El bandido conoció al momento que debia precipitar el negocio del rescate, puesto que por la desaparicion de su confidente y cómplice, el asunto se presentaba con colores más sombríos, y no tan fácil de arreglar como antes. Dirigióse pues inmediatamente á la casa donde habia depositado á la hija del Gobernador. Supo al llegar allí, que ésta se hallaba bastante aliviada, pero muy agitada porque nunca llegaba el dia prometido de poder abrazar á su padre. Claudio se dirigió á su habitacion, y despues de saludarla respetuosamente la dijo:

—Me han dicho que deseais ver y abrazar á vuestro padre.

—¿Y cómo no ha de ser así? contestó Inés derramando abundantes lágrimas.

—Pues bien: esto depende de vos. Escribidle ahora mismo.

—¿Y qué le he de decir?

—Decidle que entregue al dador de vuestra carta los dos mil duros que tiene yá disponibles: decidle que hecho esto os uniréis con él al cabo de dos horas, y añadidle que no cometa la imprudencia de hacer espirar al dador de la carta, pues le podria costar caro.

La jóven escribió al pié de la letra lo que Claudio le acababa de dictar, y tres horas despues, el Gobernador recibia la carta entregada por un hombre que vestia el traje que en aquella época usaban los estudiantes. Pero es el caso que como el Gobernador no sabia el cambio de ermitaños, y en la carta solo se le pedian dos mil duros, siendo así que á tenor de las otras que habia recibido de los bandidos por conducto de Barbasa, se le pedian cinco mil, sin que hubiesen querido rebajar un real á pesar de sus súplicas y las del ermitaño, y al ver que solo se le exigian dos mil duros, cuando tenia ya ofrecidos cuatro mil por conducto de Barbasa, comenzó á sospechar pensando que aquella carta de su hija se la habria hecho escribir alguno de los bandidos para hacerse con esta suma á despecho del capitan, y por consiguiente sin entregar á su hija. Determinó, pues, detener al estudiante portador de la carta, á fin de ganar tiempo y poder consultar con el hombre de su confianza que ya sabemos era Barbasa. Claudio que no se iba en cumplidos, viendo que á las dos horas, el estudiante no acudia al lugar designado, sospechó á su vez, y el resultado de sus sospechas fué trasladar á la jóven á otra parte más distante y ménos cómoda. La infeliz cautiva tuvo un gran disgusto al saber la nueva determinacion del capitan; rogó, suplicó, lloró, pero todo fué en vano: Claudio solo decia: «vuestro padre tiene la culpa, de él pues debeis quejaros.» El jóven Veciana tambien fué cambiado de domicilio, trasladándole á una fria y húmeda cueva, teniendo siempre dos bandidos á su lado. En este estado se hallaban las cosas, cuando Claudio recibió una carta que cambió por completo el estado del asunto como podrán ver nuestros lectores en el párrafo siguiente.

VI.

EL CUMPLIMIENTO DE LA PROMESA.

Despues de la desaparicion de los bandidos á causa del somaten levantado por los *mozos*, estos se dividieron en pequeñas partidas de cinco en cinco ó seis en seis, y comenzaron á recorrer el pais en distintas direcciones. El sub-cabo José Alegret, con seis *mozos*, se dirigió á la casa de Teresa, que le venia casi de paso para internarse en un espeso bosque que se habia propuesto registrar.

Al entrar en la casa se encontró con Teresa y sus hijas que trabajaban en la cocina junto al hogar. Despues de haberse saludado mútuamente, Teresa le preguntó sobre los bandidos, puesto que, segun ella creia, ya no existian, á lo ménos en aquellas cercanías.

—Ya, ya, dijo Alegret, V. cree que no existen... sin embargo jamás han existido tantos, ni han sido tan atrevidos y descarados.

—Segun esto, han cometido muchas infamias...

—Y tanto, que hasta tienen en cautiverio á la hija del Gobernador de Manresa y al hermano de nuestro mismo comandante. ¡Oh! ¡ese *Molinero* es un demonio!...

—¿Con que es él quien los tiene presos?

—El mismo, habiendo echado mano de un medio el más diabólico y atrevido.

En seguida el sub-cabo contó á Teresa y su familia la historia de la ermita, sin omitir ninguna de sus circunstancias. Julia escuchaba aquel relato con una emocion estraordinaria, que cambiaba segun la parte de la escena en que el narrador se iba engolfando; pero cuando éste refirió el solemne desafio de Claudio con el valiente capitan de la tropa, una sonrisa de orgullo se asomó en sus labios. En fin, Julia, por más que se espantase y estremeciese de su amor hácia un bandido tan estraordinario como Claudio, era indudable que este amor existia. Amaba á Claudio, á pesar de su firme resolucion de no entregarse á este amor, mientras no se borrase la linea de sangre que la separaba del objeto amado. ¿Y qué mucho?... ¿Acaso el amor, esa pasion vehemente, esa confusion de almas y corazones, ha reconocido nunca gerarquias? ¿Acaso no ha sido siempre y en todos tiempos el supremo nivelador de los hombres? La educacion, el deber y la distincion de clases, lo único que logran muchas veces, es que el amor se consuma en el corazon del amante, sin atreverse á dar señales de vida esterior. Pero entonces aun se reconcentra más y más, toma más colosales proporciones, y la víctima languidece, sufre y á veces sucumbe, sin conocerse su enfermedad. No: la medicina humana no entiende ni cura esta y mil otras enfermedades del alma. Aquella misma noche, despues de haber partido el sub-cabo y los *mozos*, Julia comunicaba á Teresa la resolucion que habia tomado de escribir á Claudio.

—Quiero, decia ella, oir su historia desde su nacimiento: quiero intentar el último esfuerzo para convertirle en hombre de bien. Tengo mi plan formado, lo he consultado con la Madre de Dios, cuyo poderoso ausilio he implorado con lágrimas de amor puro y casto, dirigido á un fin tan santo.

Teresa, que amaba á Julia como si fuese hija propia, accedió á sus deseos, y al dia siguiente Pablo, el honrado hijo de aquella mujer, salió de la casa para un viaje que podia ser de algunos dias. A la sazon, el arreglo para el rescate de los dos cautivos se habia complicado de mala manera. Pepus, por órden de Claudio, habia asaltado la ermita, y á pesar de la heróica resistencia del *mozo* que la habitaba, quien por el espacio de algunas horas se defendió solo contra los bandidos en número de doce, el santuario cayó al fin en poder de Pepus, y el infeliz *mozo*, acribillado y cosido á puñaladas, habia sido ahorcado en el patio de la ermita.

Cuando á las pocas horas acudió D. José Veciana con los suyos, ya el valiente *mozo* llamado Francisco Boleda, natural de Guimerá, yacia, ó mejor dicho, colgaba yerto cadáver. El *mozo* fué enterrado, y en su lugar fué colgado el infame Barbasa, cuya vida criminal le habia hecho muy acreedor á la desastrosa muerte que recibió para escarmiento de los demás. Todas estas circunstancias y hechos naturalmente habian complicado, como ya lo hemos dicho, el triste estado de los dos cautivos, porque Claudio, viéndose acosado por todas partes, redoblaba cada dia sus precauciones y vigilancia respecto á los presos. De ahi las casi continuas traslaciones del jóven Veciana de un estremo á otro, de ahi tambien el que la infeliz Inés, á pesar de su debilidad y achaques, fuese llevada de uno á otro punto. Pero últimamente, Claudio habia sabido colocar á sus presos en un sitio donde humanamente era imposible que fuesen socorridos y libertados. No queremos anticipar los hechos, y por esto nos reservamos por ahora el dar cuenta de este último acto de temerario atrevimiento y valor del bandido. Una vez seguro de sus presos, Claudio se disponia á emprender una lucha sangrienta contra los mozos, un combate sin descanso, una batalla continua. A este objeto tenia ya dadas sus órdenes, distribuidas sus fuerzas y municiones, señalados los puntos de ataque y retirada, en fin, tenia tomadas todas las medidas, como un general en vísperas de emprender una sangrienta batalla. Casi todos los demás bandidos se le habian juntado, y haciendo justicia á su valor, astucia y pericia militar, le habian reconocido por jefe supremo y prometido obediencia, hasta despues de haber exterminado completamente á los *mozos*, en cuyo caso, cada uno de los capitanes quedaba libre, como antes, de obrar por si, con absoluta independencia de los demás. Este infernal contrato ó alianza habia sido celebrado entre los bandidos, en la casa de campo en que primeramente habia sido conducida Inés, con un espléndido banquete entre varios capitanes. Este habia ya degenerado en orgía, todos estaban alegres, con aquella alegria que acompaña los escesos de la bebida, y solo Claudio, que nunca probaba los licores y usaba el vino con suma templanza, estaba sereno y tranquilo, cuando entró Pepus y pronunció una sola palabra al oido de su amo. Este se levantó poco despues, dejando á sus camaradas enteramente beodos. En un cuarto retirado esperaba un hombre que acababa de entrar, cuyo nombre habia sido pronunciado poco antes al oido de Claudio. Este era Pablo, el hijo de Teresa, quien puso en manos del bandido una carta que decia asi:

«Hace cerca de cinco meses que empeñasteis vues»tra palabra, y aun no ha venido el dia de su cumpli»miento. ¿Será que ya no conservais un solo recuer»do de las personas de esta casa? Si asi fuese, sabed »que ellas no os olvidan un solo momento. A pesar »de todo, está segurisima de que cumplireis cuanto »antes lo prometido esta vuestra amiga JULIA.»

Claudio leyó dos veces el lacónico billete, y su semblante dejó de ser sombrio por un momento. En seguida tomó la pluma y escribió:

«Habeis hecho bien en no dudar de mi palabra; »mañana será cumplida.»

Dobló otra vez el escrito y lo entregó al portador. En seguida hizo servir una buena cena á Pablo y le despidió despues de haber estrechado afectuosamente su mano. El dia siguiente, á la caida de la tarde, un hombre vestido con el traje de los *mozos* entraba en casa de Teresa. Esta y Julia lo recibieron con suma alegria, desde el momento en que reconocieron en él al intrépido Molinero.

—Ya veis si he cumplido mi palabra, y eso que no dejo de estar sumamente ocupado.

—Os doy las gracias, amigo mio, contestó Julia, con una emocion que apenas podia disimular.

—Quereis saber mi historia; pues bien, os la referiré esta misma noche.

—Siendo asi permanecereis poco tiempo entre nosotros, dijo Julia con tristeza.

—Ya os he dicho que estoy muy ocupado, tal vez vendrá tiempo en que vencidos todos mis enemigos y triunfante y glorioso, pueda visitaros sin valerme del disfraz, y sin poner en compromiso la casa.

—Esto nunca será, si no cambiais de rumbo, mi apreciado Claudio.

—¿Y por qué no?

—Porque luchais contra la sociedad, contra la humanidad entera, y por valiente y afortunado que seais, es imposible vuestro triunfo. Os habeis empeñado en que las aguas corran hácia arriba, en que la luz no ilumine, en que el leon sea el rey de los racionales, y esto no lo lograreis jamás.

—Está bien: entonces me toca sucumbir en la demanda. Pero ¿quién os ha dicho que lo que yo pretendo es tan absurdo como lo seria lo de los ejemplos que acabais de citar? ¿Acaso los hombres que hoy dia ejercen poder y mando, y me persiguen porque tambien como ellos quiero ejercer poder y mando, no lo recibieron ó lo usurparon de los demás hombres? ¿Cuál ha sido la primitiva ley de los hombres, cuál su derecho y su razon si no la del más fuerte? ¿Qué rey, qué conquistador no ha sido reputado como un bandido y usurpador cuando no ha sabido ó no ha podido hacer triunfar su causa? Al contrario, ¿qué usurpador no ha sido divinizado despues de su completo triunfo? ¿Dónde está, pues, la primitiva justicia entre los hombres? ¿Qué diferencia hay entre un rey exigiendo tributos y contribuciones de sangre para sostener guerras, suscitadas las más veces por su orgullo y exagerado amor propio, y yo y los mios apropiándonos esos mismos tributos por medio de la fuerza? ¿Acaso el rey no echa mano de ésta cuando los pueblos, ó no pudiendo ó no queriendo, se niegan á dar sus tesoros y sangre de buena gana? Me direis: vos matais y asesinais ¿y qué hacen ellos? Direis: ellos son los ungidos del Señor, son sagrados, y tienen derecho á lo que mandan... ¿Y quién se lo ha dado? os preguntaré yo. Los hombres por mútuo y libre convenio. Pues bien, tambien otros hombres, á quienes ellos llaman bandidos, porque asi les dá la gana, me han conferido á mi el poder y mando: entre ellos pues y yo no hay más que una diferencia, á saber, que ellos recibieron el poder de un número de hombres mayor que el de los que me lo han conferido á mi. Entonces toda la justicia de mi causa depende de que yo á fuerza de valor y trabajo, logre aumentar el número hasta igualar al suyo: desde este momento seremos iguales; y si entonces triunfo y ellos sucumben, ellos serán los bandidos y yo el ensalzado. Desengañaos, Julia, entre los hombres jamás ha dominado otra ley sino la del más fuerte contra el más débil, del más poderoso contra el miserable. Y esto siempre ha sido asi, porque los hombres siempre han sido los mismos. Dicen que Cain mató á su hermano Abel por envidia de su virtud, pero un maestro de historia que me enseñó á mi á los diez años en el presidio de Tarragona, en donde arrastraba su cadena, cuando me esplicaba ese pasage, añadia: que Cain le mató, porque sabia que era más débil y cobarde que él, á no ser asi, esto es, si Abel hubiese sido más valiente, Cain hubiera devorado su envidia, como mil otros devoran la suya. Yo mismo soy un ejemplo vivo de lo que os estoy diciendo. Cuando los hombres me vieron niño y débil, me escupieron en el rostro, y no encontrando delitos para condenarme, me condenaron por faltas ajenas, por delitos que me supusieron. ¿Qué culpa tenia yo de que los que me dieron el sér se desdeñasen de reconocerme como hijo? Sin embargo esto fué mi gran delito: bastardo!... bastardo!... me llamaron: perdido!... descarriado!... añadieron: criminal!... delincuente!... esclamaron. Esto son los hombres, esta la sociedad.

Yo no podia compararme con los demás hombres, y á fuerza de convencerme de esto, crei, en mi inesperiencia, que mi único semejante era el borrico que conducia cargado desde el molino á Valls y de Valls hasta el molino; escuchad la historia de mi infancia y os convencereis de cuanto acabo de deciros.

VII.

EL BORRICO Y EL NIÑO.

El bandido habia pronunciado tan fatídico discurso, con una enegía y calor que tenia supensos y hasta temblorosos á Teresa y á Julia que eran los únicos que le escuchaban. Esta última reconoció la necesidad de calmar á Claudio, y aun la de rebatir sus erróneas opiniones, así es que con el acento más dulce y amoroso le dijo:

—Calmaos, calmaos, mi buen amigo. Creo que vos, llevado de vuestro, tal vez, justo despecho, exagerais las ideas, y sin duda por las fatales máximas que desde niño os infundieron en el presidio de Tarragona, os habeis formado ese concepto tan desgarrador de los hombres y de la sociedad. De todos modos debeis convenir en que esta, más ó ménos perfectamente constituida, existía ya cuando vos vinisteis al mundo: que se regia por leyes más ó ménos sabias, pero leyes en fin, que vos y todos debiamos respetar. Esos mismos hombres, abdicando su poder en los reyes y magnates, perdieron ese derecho que vos invocais. Ya desde aquel momento, no eran dueños de conferirlo á otro, cuyos únicos títulos consistian en tener bastante atrevimiento para levantarse contra las leyes y la sociedad. Si no fuese asi, amigo mio, no habria sociedad posible en la tierra. La ley del más fuerte, que parece vuestro único talisman, solo podrá imperar de un modo absoluto, como vos suponeis, entre las fieras y demás animales irracionales; pero no me podreis negar que entre los racionales, sobre la fuerza, hay la razon y la justicia que, si no siempre, triunfa las más veces. En fin, Claudio, os lo voy á decir sin ánimo de ofenderos: vuestras doctrinas nos conducirian á la exaltacion de las pasiones más funestas: la del orgullo más desmesurado, y la soberbia más infernal. ¿Quién sois vos para constituiros en juez supremo de la humanidad entera? Si tanto os pesan las leyes que os han impuesto los otros ¿por qué quereis legislar por medio de la sangre y el incendio á todo el género humano? Os quejais de los caprichos y orgullo de un rey, y quereis levantar tantos reyes como hombres fuertes ó atrevidos viven en la tierra. ¿A dónde iríamos á parar en este caso? Pero no quiero molestaros más, me interesa mucho vuestra historia, pues de ella espero la luz que necesito para iluminar una alma tan grande y tan capaz de cosas grandes como la vuestra. Contadnos, pues, vuestra historia, desahogad vuestro corazon, justamente irritado, en el seno de dos personas que tanto os aprecian y estiman.

—Ya os lo dije otra vez, Julia, que teneis un modo tan dulce de reconvenir, que yo mismo, que jamás he podido sufrir reconvenciones de nadie, escucho las vuestras con interés y no sé si decir respeto. Teneis un modo tan particular de suplicar, que yo, que naturalmente desprecio las súplicas, porque las considero hijas de la debilidad y cobardia, no puedo sin embargo resistir á ninguna de ellas. Oid pues, mi triste historia. Mis primeros recuerdos datan de cuando yo contaba solamente siete años de edad. Vivia entonces en un molino harinero, situado junto al rio Francolí, á hora y media de distancia de la villa de Valls, en compañia del molinero, su esposa y tres niños hijos suyos de más tierna edad que yo. Yo llamaba padres al molinero y á su esposa y tenia por hermanos mios á sus hijos. Ellos por su parte me trataban como á tal, y habian cuidado de mi educacion, así es, que leia y escribia regularmente, apesar de mis pocos años. Todos los parientes y amigos de la casa me daban pruebas de su deferencia y aprecio, y decian á mis padres adoptivos que yo era el único de sus hijos que prometia ser algo, puesto que los otros parecian todos unos estúpidos. Estas alabanzas causaron sin duda todas mis desgracias. En efecto, apenas cumpli ocho años, cuando mi suerte cambió completamente. Ya no se me trataba como hijo de la casa, sino como á un miserable á quien se tiene recogido por caridad. A la menor acusacion, verdadera ó falsa, que mis hermanos hacian contra de mí, tanto el molinero como su mujer se ensañaban conmigo, sacudiéndome sin compasion ni piedad. Siempre tenia yo la culpa de todo, y pagaba cruelmente no solo mis faltas, sino las de mis hermanos, las de los criados y hasta las de todos los animales de la casa. Luego se me destinó para ir y venir cuatro veces al dia, dos por la mañana y dos por la tarde, del molino á Valls y de Valls al molino, conduciendo un borrico que á la ida trasportaba harina, y á la vuelta trigo ó cebada. Ya no comia con la familia, sino solo, en un rincon del establo, digo mal, pues tenia en mi compañia al paciente y sufrido borrico, á quien mis padres trataban con tanto rigor y desprecio como á mi mismo. Cuando no haciamos nuestros viajes con la precision que se nos mandaba, ambos éramos sacudidos de lo lindo y muchas veces al privarme á mi de la comida y de acercarme tan solo á la mesa, le negaban tambien á él su miserable paja. Viéndome despreciado como él, hablamos contraido ambos una intimidad y amistad en nuestra mútua desgracia. Aquel animal, tan desgraciado y mal tratado como yo, era mi único punto de comparacion, mi único amigo y compañero de infortunio. ¡Oh! cuántas veces en nuestro último viaje, y viendo yo que pasaba la hora señalada para estar de vuelta del molino, le alentaba en su marcha! El animal parecia comprender mis palabras, pues entonces me miraba de un modo particular, y se esforzaba en apresurar su paso, pero el pobre estaba ya reventado de tantos viajes, siempre cargado y mal alimentado, y apesar de su voluntad, las fuerzas le faltaban. En fin, el resultado era que llegábamos fuera de la hora señalada, y entonces los dos éramos cruelmente castigados. Así se pasaron dos años, durante los cuales el rigor y malos tratos que recibia iban cada dia en aumento. Yo no disfrutaba de las diversiones y juegos de mis hermanos: se me miraba como un hijo maldecido, para el cual solo se reservaban los azotes, el desprecio, el trabajo insoportable y el hambre. Creo muy bien que no hubiera podido resistir tan penosa vida, á no haberse compadecido de mí el mozo ó criado del molino, el fiel y compasivo Pepus, ese hombre de corazon que ya conoceis, que más tarde unió su suerte con la mia. Este me procuraba pan y otros alimentos, y me arrancaba muchas veces de las manos de mi airado padre cuando me azotaba sin piedad. En esto sobrevino un invierno lluvioso y frio que puso intransitable el sendero que conducia desde el molino á la villa. Mi cruel padre, apesar de las observaciones de Pepus, reducidas á probarle que no eran posibles los cuatro viajes diarios mientras durase un tiempo tan borrascoso, no quiso aliviar mi trabajo y el de mi borrico ni de un solo viaje. Madrugábamos, pues, mucho más, y tanto el jumento como yo hacíamos esfuerzos superiores á nuestras fuerzas para cumplir y librarnos del castigo, pero apesar de todo, raras veces podiamos evitarlo. El infeliz animal á veces daba en tierra con su pesada carga, y entonces eran grandes mis apuros para levantarle; y una vez logrado esto, le limpiaba con sumo cuidado. porque mi padre le examinaba siempre para saber si habia caido, y si lo presumia, nos cástigaba á los dos. En fin, vino un dia, vigilia por cierto de Todos los Santos, en que la lluvia y tempestad arreciaron de tal modo, en nuestro último viaje de regreso ya al molino, que borrico y yo perdimos el sendero á causa de la oscuridad que nos cogió á una distancia de tres cuartos de hora de la casa. No podeis fórmaros una idea de nuestros apuros. Yo lloraba como un desesperado; el burro gemia de vez en cuando: ambos nos deteniamos para orientarnos, pero todo era en vano. En fin, despues de mucho andar á Dios y á la ventura, reconoci el terreno y mi compañero tambien. Pero fué el caso que llegamos al molino dos horas despues de la señalada. Todos nos esperaban llenos de rabia y coraje. Mi padre especialmente estaba tan fuera de sí de cólera, que asi que me vió me hirió tan bruscamente con el candil de hierro que llevaba en la mano, que caí á sus piés sin sentido y bañado en mi propia sangre. Con esto todos se habian quedado á oscuras, y esto irritaba más y más la cólera de mi padre, que pateando juraba que me habia de matar. Pero durante aquella confusion, una mano firme y robusta me sacó de entre las uñas de aquella fiera, ocultándome en un rincon del establo, encima de un monton de paja, que me servia siempre de lecho. No os podré decir el tiempo que permaneci en aquel estado, solo recuerdo que al volver en mí, me encontré en el mismo lugar en los brazos del compasivo Pepus, quien curaba mi herida con una mano, y con la otra me alargaba su propia cena. Yo tenia hambre, pero no pude comer sin acordarme de mi pobre borrico, del compañero de mi infortunio que, como estaba en el mismo pesebre, se vino hácia mi cuando le llamé, como un perro leal, y repartí con él el pan que Pepus me habia dado. En seguida me quedé dormido con el sueño de un niño de diez años que ha madrugado y andado mucho. Al dia siguiente se celebraba la solemne fiesta de Todos los Santos, por cuyo motivo no era dia de viajes. A eso de las nueve de la mañana, mis padres y todos mis hermanos, inclusa la criada, salieron para la villa, diciendo á Pepus que no regresarian hasta el dia siguiente, puesto que iban á celebrar la *castañada* en casa de unos parientes. Desde mi escondrijo los vi partir contentos, alegres y satisfechos: vi á mis hermanos con su vestido nuevo, mientras que yo no tenia otro que el harapo

y miserable que llevaba encima, empapado con mi sudor, mis lágrimas y mi sangre. En aquellos momentos, comparando yo la felicidad de mis hermanos con mi desgracia, las lágrimas se desprendieron de mis ojos, y la tristeza se apoderó de mi corazon.

—¿Lloras, Claudio? me dijo Pepus, tomándome suavemente la mano.

—¿Y cómo no he de llorar viéndome asi tratado por mis padres? Dime, Pepus, ¿qué habré hecho para merecer un rigor y crueldad tan implacable?

—Mira, Claudio, ya has podido conocer que te aprecio, que soy tal vez tu único amigo en la tierra...

—Es verdad.

—Pues bien: oye el consejo de la amistad: tú debes abandonar hoy mismo esta casa; debes huir de tus verdugos; debes, en fin, marcharte á cualquier otra parte, pues de todos modos en ninguna podrás estar peor tratado que aqui. Ya tienes once años, eres robusto y fuerte, sabes gobernar caballerias, por consiguiente en cualquiera otra casa, ya sea de labradores, ya de molineros, te ganarás la vida mejor que en esta, y no serás tratado con tan bárbara crueldad.

—Pero ¿á dónde iré, solo, sin apoyo de nadie, sin esperiencia y sin conocimientos?

—Ya te lo he dicho, á cualquier punto. Yo te daré parte de mis ahorros que consisten en cinco pesetas; con este dinero tienes lo suficiente para alimentarte ocho dias, y créeme, en ocho dias encontrarás una colocacion.

—¿Y si me persiguen?

—No lo temas, pues sé muy bien que ellos desean que tomes esa resolucion.

Reflexioné un momento, y luego me decidi á tomar el consejo de aquel amigo. Ninguna afeccion me unia á la casa, porque á fuerza de ver que todos me odiaban, habia llegado á no amar á nadie. La única simpatia que sentia era hácia mi borrico, pero habia pensado llevármelo conmigo. Sin embargo, Pepus se opuso, y me probó que aquella accion podria causar mi ruina. En fin me resigné á sacrificar mi única pasion, y partí despues de haberme despedido de aquel sensible animal abrazándole tierna y amorosamente, pues creia en mi cariño, y ni despues lo he dudado, que el borrico me entendia tan bien ó mejor que hasta entonces me habian comprendido los hombres con quienes habia vivido. Siguiendo el camino que me indicó Pepus, llegué despues de seis horas á la villa populosa de Reus. Alli entré en una taberna donde habia algunos mendigos, los cuales, viendo que yo bebia, comia y pagaba con buena moneda de plata, trabaron conversacion conmigo, haciéndome varias preguntas. Yo contesté que buscaba ocupacion á fin de ganarme el sustento. Un ciego pordiosero que estaba tambien en la taberna, hombre como de unos cuarenta años y de facha muy estrafalaria, me propuso si queria servirle de lazarillo, puesto que el que le servia le habia abandonado para seguir una compañia de saltimbanquis. Me ponderó las ventajas de mi nuevo oficio, diciéndome entre otras cosas, que con él me ejerceria en la carrera de mendigo, una de las más cómodas y descansadas del mundo, para llegar de este modo á ser con el tiempo un mendigo consumado, esto es, un cojo ó un paralítico, y quizás un ciego, como él. Yo miré á aquel hombre como quien oye á un maniático, y le contesté que no le entendia.

—Ya me entenderás tan pronto como hayas recibido mis primeras lecciones, me dijo.

Los demás mendigos apoyaron las ideas del ciego

y me aseguraron que la fortuna que se me ofrecia era de las más brillantes.

—Corro, decia uno, te dice la verdad, porque si te pones á su servicio, no lo dudes, harás una carrera asombrosa, pues en el dia es el gran maestre de la órden pordiosera.

Con esto supe que mi nuevo amo se llamaba Corro, y que era un personaje de distincion entre aquellas gentes. Acepté, pues, la oferta, y vedme ya sirviendo de lazarillo á mi encumbrado ciego. Recorrimos algunas casas y tiendas, y de todas sacaba buenas limosnas mi amo, con su voz lastimera y su eterno estrivillo de que estaba aun en ayunas, siendo asi que yo le habia visto comer y beber como el más famoso tragon. Más tarde nos colocamos á la puerta de la iglesia, y allí eran de oirse los lamentos de Corro y demás compañeros, y tambien las monedas que los entrantes y salientes deslizaban en sus manos. Tambien noté que mis compañeros no eran lerdos en el arte del escamoteo de pañuelos y registro de bolsillos, por lo que conocí que estaba metido entre gente perversa y de mala vida. Por fin, nos retiramos de allí á las ocho de la noche, y nos dirigimos á una casa ó meson en donde habia una pieza destinada para dormitorio de los mendigos, pagando dos cuartos por persona. Allí vime confundido entre una multitud de haraposos de ambos sexos y de todas edades y condiciones. Las mujeres, jóvenes y viejas, feas y hermosas, doncellas ó casadas, se desnudaban sin rubor ni vergüenza delante de los hombres. Estos hacian otro tanto, siendo para mi lo más estraño, el que allí no habia ciegos, cojos ni paraliticos, puesto que todos desde el momento en que entraban esperimentaban una transformacion por cuya virtud, los ciegos recobraban la vista, los cojos el andar, los paraliticos el movimiento, los sordos el oido y las llagas más asquerosas desaparecian como por encanto. Mi amo parecia otro hombre, convertida su desfigurada vista en unos ojos brillantes y penetrantes. Viendo mi admiracion se contentó con decirme: «esta es tu primera leccion.» Luego se vaciaron los sacos y cestos, y se improvisó una cena tan variada, como sabrosa. Las calabazas y pellejos pasaban de mano en mano. Aquellas mujeres eran tan descaradas y corrompidas que desafiaban á los hombres en decir blasfemias y cometer asquerosas liviandades. A medida que las calabazas se vaciaban, aumentaba el bullicio y algazara de los concurrentes. Ya no habia pudor ni vergüenza: aquello era una orgía de lascivia, embriaguez y pecado. Mi amo me dijo entonces: «esta es tu segunda leccion.» En fin, una vieja, fea y asquerosa, mató en aquel momento la luz, porque sin duda le convenian las tinieblas para ocultar su fealdad y años, y poco despues todo el mundo dormia el sueño de los borrachos. Ocho dias hacia que servia á Corro, durante los cuales pasó, á poca diferencia, lo mismo que en el primero. Por la mañana salian todos, dispuestos á representar sus respectivos papeles de ciegos, mudos, cojos y paraliticos. Durante el dia cada uno tiraba por su lado, y si por casualidad nos encontrábamos los unos con los otros, haciamos el desconocido, pero por la noche, formábamos nuestro acostumbrado maridaje. De dia engañábamos al público en nombre de Dios, de noche rendiamos tributo al diablo. Y esto en medio de eso que llaman sociedad, cultura y civilizacion. (Adviértase que esto se refiere á principios del siglo pasado). Al octavo dia, mi amo habló largo rato con un hombre de muy

mala traza, y observé que le daba algunas monedas. Al anochecer de aquel dia, en vez de dirigirnos á nuestra guarida, mi amo me hizo dirigir el rumbo hácia las afueras de la villa. Dijome en seguida que aquel dia era el destinado para ir á visitar una casa de campo de la cual recibia una buena limosna. Yo lo creí tal como me lo decia, pero es el caso que despues de haber caminado más de una hora, dijo Corro que nos habiamos estraviado, y que como era tan tarde, no nos quedaba otro recurso que pasar la noche en el primer pajar que encontrásemos en el campo. A poco dimos con uno muy grande, y practicamos una especie de cueva en el mismo escarbando la paja con mucho trabajo. Allí nos escondimos y nos quedamos dormidos, despues de haber cenado de las provisiones que llevábamos. No os podré decir cuantas horas hacia que dormia, cuando fui dispertado por los gritos de ¡fuego! ¡fuego! que resonaban por todas partes. En efecto, al abrir los ojos, no pude resistir los rayos de luz que los hirieran, procedentes de una gran llamarada. Salí asustado de mi escondrijo, llamando á mi amo, que no veia en ninguna parte. Apenas me vieron las gentes que se ocupaban en dominar el incendio del pajar, cuando gritaron todos: «ahi está... ahi tenemos al incendiario...» Diciendo esto me prendieron y sacudieron sin piedad, pero uno que iba armado y que conocí era de las ESCUADRAS de Valls, los detuvo, y cogiéndome me previno que dijese la verdad, pues de lo contrario iria á la cárcel. Yo conté llorando lo que habia pasado entre mi y mi amo aquella noche, pero todos se echaron á reir, diciendo, que yo era un pillo redomado, que sabia mentir y contar rondallas. En fin, fui conducido á Reus, donde me encerraron en una triste y lúgubre cárcel.

Aquí Claudio suspendió su narracion, prometiendo continuarla al dia siguiente, pues era ya tarde y habia necesidad de recogerse; por lo que, despues de haberse deseado las buenas noches mútuamente, cada cual se retiró á su cuarto.

VIII.

EL FRENÓLOGO.

Al dia siguiente, Claudio entró en el cuarto de Julia, y despues de haberla saludado con la mayor franqueza y afecto, continuó su historia en estos términos:

—En el calabozo en que me encerraron habia seis detenidos más. Todos eran ya hombres hechos. de modo, que al verme tan niño, me recibieron muy mal, pensando, segun supe despues, que yo era un hijo mal criado, cuyos padres me encerraban por algunos dias para hacerme miedo, en cuyo caso, ellos debian interrumpir sus familiares conversaciones por recelo de que las refiriese á mis padres. Pero luego que supieron que era un sér abandonado de todo el mundo, una planta parásita que nadie cultivaba, cambiaron de opinion, y creyeron que me harian un grande obsequio iniciándome en sus malas artes, familiarizándome con las ideas del robo y asesinato, é instruyéndome en cuanto pudiese serme útil para la vida de bandido é que me destinaron, como único recurso que me quedaba, atendida mi posicion. Al principio presenciaba con repugnancia aquellas escenas criminales con que ellos saboreaban su cautiverio, y oia contar con horror aquellos hechos del más refinado cinismo, en que decian, con gran satisfaccion, que habian tomado parte. Poco á poco, sin embargo, me iba acostumbrando á aquellos hombres y sus crímenes, porque veia que ellos, tan malos y corrompidos como eran, me tenian una compasion que siempre me habian negado mis padres, y esto que eran reputados como buenos cristianos, como honrados ciudadanos. Comencé entonces á dudar sobre en cuál de ellos estaba la virtud, quienes eran los criminales, si mis padres que tratándome como á una fiera, me habian precipitado en aquel abismo, ó aquellos desconocidos que, compadecidos de mi situacion, me repartian su pan, y me prometian á su modo aquella proteccion y amparo, para cuando saliésemos de la cárcel, que con tanta dureza me habian negado los mios. Habia entre ellos uno que por su porte, vestido y modales, daba á conocer que no era un criminal ordinario. Hablaba muy poco y pasaba todo el dia y gran parte de la noche leyendo sus libros y escribiendo con suma velocidad y soltura. Apenas me habia dirigido la palabra, pero si habia yo notado que me observaba mucho. Los demás presos le llamaban el Profeta, y le guardaban cierto respeto y deferencia. Al cabo de ocho dias de cárcel, que á mi me habian parecido ocho años, me quejaba yo de que no se me pusiese en libertad, puesto que, en mi sencillez, creia que habia pasado el tiempo suficiente para que la justicia se hubiese convencido de mi inocencia. Al oirme mis compañeros de prision, se echaron á reir, y uno de ellos me dijo: Se conoce, niño, que aun no sabes lo que es eso que llaman justicia de los hombres. El rollizo y gordo baile de Reus aun no sabe tal vez á estas horas que estás preso. El *mozo* que te condujo daria su parte al alcalde. pues ellos en eso son exactos, pero el borrachon del alcaide se sirvió sin duda del parte para tapar su botella de aguardiente. Despues del parte viene el *mea tinteros*, que llaman escribano, con sus uñas más largas que las del demonio. Este que olfatea el oro, como los perros la caza, cuando son de buena casta, verá que no hay don dinero, y sin más ni ménos, dirá: *este es un pilluelo que no merece la pena*. Pasarán dias y meses, hasta que á ellos les dé la gana de aplicarte azotes. esto es, administrar justicia, y entonces comenzarán tu proceso. Este durará tantos dias y años como les dé la gana, que seguramente serán muchos. Hace ocho años que estoy yo aqui, y al maldito de las *uñas largas* aun no le ha dado la gana de fallar mi proceso.

—Pues qué ¿no los falla el baile?

—¡Bah!... replicó el bandido, bastante trabajo tiene éste en empolvar su peluca, almidonar su golilla y cuidar de sus tierras y haciendas, para ocuparse de unos séres tan despreciables como los que habitamos debajo de esos húmedos techos.

—Pero habrá otras justicias superiores á quienes apelar?

—Vaya si las hay, pero esas tambien tienen sus *mea-tinteros*, que lo hacen todo, y esa casta de pájaros es en todas partes la misma: visto uno, vistos todos. Vamos, niño, ya te acostumbrarás á estar aqui, porque los hombres somos una reunion ó conjunto de todos los animales de la tierra, y sino, que te lo esplique nuestro Profeta que lo entiende mejor que yo.

Este, que estaba observándonos, por toda respues-

ta se acercó á mi y comenzó á tocarme la cabeza de un modo particular.

—Bien... bien... dijeron los demás: á nosotros se nos habia olvidado: es muy justo; debeis examinar su cráneo, y en seguida profetizar lo que será ese niño cuando tenga más edad.

El llamado Profeta continuaba su exámen con la mayor atencion, y se detenia de vez en cuando y meditaba.

—Mucho tendrá que ver esa cabeza, decia uno, cuando el Profeta la examina con tanta atencion...

—Sí, amigos mios, contestó éste, esta cabeza es de las más singulares que he tocado desde que me dedico á la eminente ciencia de la craneologia. En ella hay una contraposicion de órganos, que denota que este niño será con el tiempo un gran criminal, un bandido de los que la tierra no ha conocido, ó un atrevido dominador de la raza humana. Tiene disposiciones escelentes para todas las ciencias y letras, y las tiene para las pasiones más vehementes, asi como para las virtudes más heróicas.

—Entonces, ¿no podemos saber lo que será con el tiempo?

—Si vive como hasta el presente, será el enemigo más temible de la sociedad y de los hombres. Si se le dá otra clase de educacion, puede llegar á ser otro santo fundador de hospitales, cárceles y casas de correccion: nunca será este niño una mediania. Ha de ser grande, ya sea en la virtud, ya en el vicio. Para convenceros de esto, bastará una prueba. Si este niño quiere, yo me encargare desde hoy de su instruccion, y vosotros, á pesar de vuestras obtusas cabezas, admirareis pronto sus rápidos progresos. ¿Quieres, niño, que te dé mis lecciones?

Yo le conteste que las recibiria con sumo gusto, y aquel mismo dia comenzamos nuestra tarea. Como yo ya sabia leer y escribir, comenzó mi maestro á iniciarme en los principios de la filosofia, pareados con el de la lengua latina. Aquel hombre tenia un sistema de enseñanza particular, por lo que despues he podido observar. Me enseñaba el latin, sin ese fárrago indigesto de reglas y preceptos, solo haciéndome notar la diferencia de construccion de aquel idioma respecto del nuestro, y todo esto por medio de ejercicios prácticos, basados en nuestras mismas conversaciones. Solo me obligaba á aprender de memoria nombres y verbos, y un catálogo de términos latinos con su equivalencia castellana que él mismo me dictaba. A los pocos dias yo vertia ya á nuestro idioma los pasages más fáciles de algunos clásicos latinos, escogidos por mi maestro. Despues, por medio de la comparacion de ambos idiomas, me enseñaba las reglas de la sintáxis, reducidas en su forma más sencilla y concreta. Con este sistema, y mi aplicacion, en pocos meses aprendi medianamente dicho idioma. Simultáneamente con estos estudios, practicábamos los de la filosofia, habiendo comenzado por la lógica ó arte de raciocinar. Su primera leccion se redujo á probarme que ya sabia yo raciocinar, y por consiguiente que poseia aquella ciencia antes de haberla saludado.

—«Si, decia él, tú raciocinabas cuando alentabas al borrico á que apresurase su marcha, estableciendo lo que los lógicos llaman una premisa, de la cual sacabas lo que se llama una consecuencia, que á su vez formaba, lo que en la ciencia se llama un sorites, puesto que tú, entonces, sin advertirlo, raciocinabas de este modo: Si no precipitamos la marcha, llegáremos tarde; si llegamos tarde nos castigarán; luego nos conviene llegar temprano: es así que si no precipitamos la marcha no podemos llegar temprano: luego debo animar al borrico para que doble el paso. Pepus aconsejándote que huyeses de la casa de tus verdugos, raciocinaba tambien, puesto que te decia: Peor que aqui en ninguna parte te han de tratar: luego solo vas á ganar con tu fuga: luego debes huir. Asi raciocinan tambien esas molleras duras que viven en nuestra compañia, puesto que dicen: La sociedad nos trata como á enemigos suyos; luego nosotros la hemos de pagar con la misma moneda. La sociedad raciocina á su vez sobre este mismo punto, cuando dice: esos malvados son un miembro corrompido del cuerpo social: luego lo hemos de amputar para evitar la gangrena. Por esto se dice que todas las cosas tienen su lógica, siendo así, que la verdad es única; pero como la lógica no busca los principios, y si solo se ocupa en sacar sus consecuencias, por esto cabe la lógica en do quier que haya principios De ahi la lógica del crímen y de la virtud, del saber y la ignorancia, de la justicia y la maldad. Por esto, cuando busques la verdad, no la busques en lo establecido, porque en esto no hallarás más que la deduccion. Búscala en los primeros principios verdaderos; pero como el hallazgo de estos es tan difícil, por esto los hombres, apesar de su orgullo, apenas han dado con ninguna verdad, y mucho ménos con la verdad única que es la verdadera. De ahi el que en religion estén tan divididos como divididas están las naciones: en politica, verás tantos sistemas como pueblos: en administracion, una diversidad de doctrinas las más contradictorias: en la moral, tomos enteros sobre el probabilismo; en filosofia, tantas escuelas como filósofos; en legislacion civil y eclesiástica, tantas leyes y reglas diversas como legisladores han existido. En fin, en todo, verás á los hombres buscando la verdad, ó creyendo haberla hallado hóy, para desmentirse á si propios al dia siguiente. Solo hay un medio, si no de hallar la verdad, á lo ménos de vivir en la seguridad de que se ha encontrado, este es la *fé*. Pero desgraciadamente el hombre está inclinado á la duda, y de la duda á la desconfianza no hay más que un paso. ¡Dichosos sin embargo *los que creen de todo corazon!* Por lo demás, los hombres cuidan muy poco por lo que respecta á los primeros principios, pero si mucho de las consecuencias ya establecidas. Asi los escribas y fariseos, esto es, los magnates del pueblo hebreo, condenaron á Jesús, sin haberse tomado la pena de examinar la verdad de los principios de su doctrina. Vieron simplemente que las consecuencias no eran favorables á su holgado modo de vivir y gobernar, y esto les bastó para condenarlo. Así han obrado casi siempre los poderosos de la tierra, constituyéndose de este modo en enemigos naturales de los adelantos y progresos, y por consiguiente de la verdad que todos, inclusos ellos mismos, pretenden buscar ó haber hallado! Yo mismo soy un ejemplo de su saña. Me convenci de la necesidad de buscar la verdad: comencé buscándola por medio de la destruccion del error; y hé ahi que incurrí en un delito de lesa-sociedad, que hace ocho años me tiene encerrado de prision en prision, de destierro en destierro.»

—Pero vos, tan sabio como sois, debiais haber previsto ese resultado.

—«No solo lo previ, sino que estuve segurisimo de ello; pero yo crei que en conciencia debia sembrar la semilla de mis ideas, pues sabia que estas no podian morir conmigo, aun cuando yo pereciese en un cadalso. La craneología, esa ciencia, cuyos primeros principios entresaqué de los libros de los mismos padres de la Iglesia, acompañada de las doctrinas de San Buenaventura sobre la fisonomia humana, me hizo conocer á los hombres y á medirlos, no por lo que representaban, sino por lo que valian. Mientras me contenté con examinar cráneos y fisonomias de los pobres y proletarios, todo iba bien y me tenian por sabio, y aun creo que me hubieran dado un premio, si hubiese afirmado que todos los del pueblo eran unos villanos y pícaros. Pero yo, independiente por carácter, quise poner mis atrevidas manos en las cabezas de los señores y magnates, y en defecto de esto, los definia por mis observaciones fisonomísticas; en seguida los calificaba por lo que realmente eran. Desde aquel momento se me acusó de hechicero, brujo y hereje, y como á tal fuí perseguido y condénado.

Esto era tan lógico, como el que Sócrates fuese condenado á beber la cicuta; como que los escribas condenasen á Jesús á morir en el Calvario. Lo que yo estraño, añadia, es que no me hayan ahorcado ó quemado vivo, como lo hacen con los malandrines y foragidos, porque segun las deducciones admitidas como moneda corriente en nuestra sociedad, yo he cometido el mismo delito de aquellos criminales. En efecto, los mandarines y poderosos de la sociedad raciocinan asi: «nuestro cómodo y holgado modo de vivir puede ser perturbado por medio de una rebelion á brazo partido, ó por medio de la enseñanza de ciertas doctrinas contrarias á las nuestras. El primer sistema lo practican los malvados y foragidos, el segundo esos que llaman filósofos ó sabios del dia. Pero como los resultados serian los mismos si esos hombres lograsen sus intentos; por esto nosotros, en cuya mano está el calificar á los hombres y á las cosas, calificaremos á unos y á otros de malvados y reos de lesa-sociedad.» El raciocinio es lógico: la consecuencia legitima (1); en cuanto á los principios, ya te he dicho que los hombres los consideran de muy poco interés. En fin, Julia, prosiguió Claudio, nunca acabaria si os tuviese que contar todo cuanto me decia aquel hombre profundo, durante sus lecciones que casi duraban todo el dia. Un año me enseñó en la cárcel de Reus, y dos más en el presidio de Tarragona, donde nos juntó otra vez nuestra desgraciada suerte.

Mañana os contaré esta última parte de mi historia, y por su contenido podreis juzgar de su importancia y resultados.

IX.

¡BASTARDO!... ¡PERDIDO!... ¡CRIMINAL!...

Los bandidos, compañeros de mi cautiverio, tenian razon, prosiguió Claudio al dia siguiente, cuando me decian que la justicia no se acordaba de mi ni de mis penas. Un año hacia que gemia en la cárcel, y nadie me habia preguntado por qué. Vinieron no sé qué fiestas, y con este motivo el córpulento baile ordenó una visita general de cárceles. Al entrar en

---

(1) Realmente en la época de nuestro craneólogo, era muy peligroso intentar la menor invencion ni adelanto.

mi calabozo, fijó sus nada espresivos ojos en mí, y preguntó al escribano, sobre el motivo de mi prision en una edad tan tierna. El escribano, que tenia toda la mala facha de un hombre perverso é infame, contestó:

—Ese es un rapazuelo que fué preso por incendiario.

—¡Santo Dios! esclamó el gordo, ¿en esta edad? Vamos, menester será corregirle severamente, sino, Dios sabe en qué vendria á parar. ¡Incendiario!

—Señor, dije yo lleno de coraje, es que yo no lo soy.

—Descarado, dijo el raspa-papeles, ¿así hablas delante de la justicia?...

—Repito que soy inocente; que Corro, mi amo, podrá justificarlo...

—¿Quién es ese Corro? interrumpió el baile.

—Un perdido, un vagamundo que no hemos podido encontrar, porque habrá cambiado de nombre y fisonomia.

—Era ciego, dije yo.

—Pero ahora tal vez tiene mejor vista que tú, replicó el escribano.

—¿Y no tienes otras personas conocidas que puedan responder de tu persona?

—No conozco á nadie.

—¿Y no tienes padres?

—Creo que sí.

—¡Cómo! ¿no lo sabes de cierto?

—Es que me trataban tan mal unos á quienes yo daba este nombre, que he llegado á dudar de si realmente era hijo suyo.

—Bien, dijo el baile, ¿cómo se llaman estos y en dónde viven?

—Se llama Antonio Pujol, molinero del Pon de Gay, á hora y media de Valls.

—Notad esto, escribano.

El resultado de la visita fué que mi sabio maestro y tres más de los compañeros de prision, fueron sentenciados á cadena perpétua en el presidio de Tarragona. Los bandidos blasfemaron y maldijeron al escribano y á la justicia entera divina y humana. Mi maestro escuchó con calma y serenidad su sentencia y aun dió las gracias al escribano. En seguida se despidió de mí, diciéndome que sentia la interrupcion de mis lecciones, pero que él confiaba que nos veriamos en el presidio de Tarragona. Seis dias despues toqué yo tambien el resultado de aquella visita, puesto que fui conducido por dos *mozos* de la ESCUADRA ante el tribunal de aquel respetable baile. Se instalaba éste en la sala capitular de la casa del Ayuntamiento, y se componia del baile, como único juez, y del escribano como secretario. El primero estaba sentado en un sillon de cuero, colocado encima de una tarima de unos tres piés de elevacion. El segundo estaba al lado, fuera del tablado, sentado junto á una mesa cubierta de negro. A la otra parte y frente al escribano, vi á mi presunto padre y á su esposa. Yo bajé los ojos, porque al verlos, sentí una emocion estraordinaria. Les tenia cariño apesar de sus malos tratos, así es, que un momento despues les dirigi mis miradas tiernas y suplicantes. Pero ellos respondieron con una mirada que revelaba su implacable severidad para conmigo. Conocí que nada bueno podia esperar. El baile agitó una campanilla; era la señal de que el tribunal comenzaba sus funciones. En seguida, dirigiéndose á mi, me dijo:

—Has dicho que esas buenas gentes eran tus padres: ahora que los tienes delante, ¿los reconoces por los mismos que nombraste el otro dia?

—Sí, señor; los mismos son.

—¿Es este vuestro hijo?

—No, señor, contestó Pujol.

—¡Cómo! ¿Se hubiera atrevido ese tunante á mentir tan descaradamente?

—Repito, señor, que no he conocido otras personas que estas, á quienes he llamado padres por el espacio de diez años, y ellos nunca me han prevenido que no lo eran.

—¿Qué decis á eso, Pujol?

—Digo que realmente es así, pero esto no prueba que ese bribon sea hijo nuestro.

—¿Entonces de quién es hijo?

—No lo sé.

—¿De dónde os vino pues?

—Regresábamos de Valls una tarde mi mujer y yo, á la puesta del sol, cuando á un tiro de distancia de nuestra casa molino, vimos abandonado un niño entre pañales que lloraba. Junto á él habia un papel que decia: *cuidad este niño, pues no faltará quien recompense vuestros gastos: está bautizado y se llama Claudio.* Debajo del papel habia envueltas en un trapo dos onzas en oro. En esto mi mujer, habia cogido ya á la inocente criatura, y le prodigaba sus caricias. Habia dos años que éramos casados, y no habiamos tenido hijos, apesar de que ambos los deseábamos; así es, que determinamos prohijarnos aquel desamparado niño que nos venia como llovido del cielo. Pero un año despues mi mujer parió un niño, luego al cabo de otro año una niña y así hasta el número de cinco. Como por otra parte nadie se habia acordado de enviar dinero para pagar el gasto de este, comenzamos mi mujer y yo á conocer que habiamos cometido una imprudencia en encargarnos de un hijo ajeno, cuando teniamos tanto trabajo para cuidar y alimentar los nuestros. Mas con todo estábamos resueltos á no abandonarle, pero es el caso, que el tal niño, á medida que iba creciendo, se volvia malo y travieso. No tenia una buena intencion, sacudia á sus hermanos sin piedad, se burlaba de nosotros á las barbas, en fin, era tan malévolo, que hasta llegó á pervertir á un borrico que teniamos, pues este solo á él obedecia, mordiendo y pateando á los demás de la casa.

Al oir tantas calumnias y falsas acusaciones, la sangre se inflamó en mis venas, pateé el suelo de puro despecho y me tapé los oidos con las manos, en señal de desprecio.

—¿Qué dices á todo esto? me preguntó el baile.

—Por hoy nada, señor baile, contesté lleno de corage, más tarde veremos.

—¿Amenazas...? bah..! ya sabemos lo que valen tus amenazas, dijo Pujol.

—En fin, dijo el baile, es menester resumir.... Veamos: segun lo declarado, este niño no tiene padres conocidos: es pues....

—Un *bastardo*, replicó Pujol.

—Por otra parte es de pésima y pervertida conducta, es pues....

—Un *perdido*, contestó su mujer.

—Por otra parte, se le encontró incendiando un pajar, luego es...

—Un *criminal*, replicó el escribano.

—*Bastardo, perdido, criminal,* dijo entonces el baile llevado de su prurito de reasumir.

Así terminó aquella audiencia de infamia, de crueldad y malicia. Asi fui ultrajado, deshonrado é insultado por la justicia, por la que yo creia mi familia, y por lo que representaba á esa tan decantada sociedad. Asi, sin más proceso, se imprimió en mi inocente frente el sello del crimen, se me desterró de la sociedad de los demás hombres honrados, y se me condenó á vivir entre criminales y bandidos. Pues bien, dije yo, cuando estuve otra vez en la cárcel: ya que lo quereis, sea: ya que os habeis empeñado en que sea un criminal, lo seré, si, lo seré, pero ¡ira de Dios! que he de llegar á ser el terror de esta misma justicia que ha escupido en mi rostro, de esos mismos seres egoistas y envilecidos que me han insultado tan descaradamente, de esa misma sociedad que sin merecerlo, me ha rechazado de su seno. Mis compañeros de cárcel me exaltaron más y más entusiasmados por mi furor en una edad tan tierna. Mi maestro no estaba ya alli, y los demás presos recordaron con gozo su profecía, y me decian: tú serás nuestro jefe, nuestro guia, nuestro capitan. Asi fué, porque en el presidio de Tarragona, á donde se me condujo pocos dias despues, para sufrir una condena de seis años, en castigo de delitos que no habia cometido, fui mirado por todos los penados como el niño predestinado á ser el más grande entre todos ellos. Yo dirimia sus contiendas, yo les imponia silencio cuando se alborotaban, yo en fin era su jefe entre cadenas, para ser su capitan, una vez rotas aquellas y libres los que las arrastrábamos. Asi sucedió. A los diez y siete años fui puesto en libertad, y ya tenia organizada mi partida. Mi sed de venganza contra el infame Pujol habia aumentado con los siete años de presidio y cárcel, debidos á sus calumniosas acusaciones y malos tratos. Me dirigi, pues, al molino, solo, porque para mi venganza me bastaba á mi mismo. Era una noche fria, casualmente del mismo mes de noviembre, de aquel mes en que se habia agotado mi paciencia y sufrimiento, para pasar á sufrir y padecer más todavia. Como sabia todas las avenidas de la casa, me introduje en ella por una ventana, sin que nadie se apercibiese de ello. Eran las ocho de la noche, y toda la familia estaba reunida en el hogar, escepto Pepus, que estaba junto á la rueda del molino que giraba á la sazon sobre su eje. El reducido aposento por cuya ventana me habia encaramado, comunicaba con la cocina y hogar por medio de un pasillo corto y estrecho. Dirigi mis pasos por aquel pasillo y me presenté de improviso frente Pujol, su mujer y sus hijos, los cuales se quedaron mudos de sorpresa y de espanto.

—¿No me conoceis? dije yo con un acento que aumentó más y más el miedo de la familia.

—No, por cierto, señor, no os conocemos, contestó Pujol con voz trémula.

—No lo estraño en parte: era tan niño cuando me recogisteis, luego lo era tambien tanto la última vez que nos vimos, que no es maravilla que os hayais olvidado de mí. Pero, en fin, sea como sea, el niño comiendo el negro pan de los presos, y arrastrando por el espacio de siete años la cadena de los presidarios, se ha hecho hombre, corpulento y robusto como lo veis, y asi como le ha sido posible, ha venido á contestar á una pregunta que delante de vosotros le fué dirigida por el baile de Reus, á la cual prometió *contestar más tarde*. ¿Me reconoceis ahora?

—¡Claudio! ¡Claudio! esclamaron los dos consortes.

—Si, Claudio, aquel *bastardo... aquel perdido...*

aquel criminal, condenado por medio de falsos testigos y de una justicia infame y holgazana, al oprobio, á la vergüenza, á los tormentos y penas; en fin, á un presidio que ha durado siete años.

Diciendo esto habia sacado yo mi terrible puñal que hacia blandir ante mis enemigos convertidos en victimas.

—¡Piedad!... ¡piedad!... decian Pujol y su mujer, arrojándose á mis piés...

—¡Piedad!... ¿y la tuvisteis vosotros de un niño de diez años que nada os habia hecho? ¿La tuvisteis de ese mismo niño, cuando vivia entre vosotros y trabajaba más de lo que le permitian sus fuerzas, y vosotros le azotabais sin piedad, le heriais con furor y le teniais tan aborrecido y olvidado?

—¡Perdon!... ¡perdon!... esclamaban desesperados, pero yo no veia nada más que mi venganza.

Un frenesi devorador se habia apoderado de mi, era preciso derramar sangre para que calmase aquella terrible emocion que me dominaba. Heri, pues, sin piedad á aquellos dos miserables, les clavé mil veces mi ensangrentado puñal. Pero á medida que veia correr aquella sangre, se inflamaba más y más en mi el deseo de nueva sangre, asi es que iba ya á herir á los inocentes hijos de Pujol, cuando fué detenido mi brazo por una mano robusta y amiga. Volvi el rostro y me encontré con Pepus que me dijo:

—¡Hé!... no, á esos no debes matarlos. Ellos eran muy niños cuando sus padres se hicieron acreedores de tu venganza, y por consiguiente no debes dañarlos.

Yo no podia negarme á lo que Pepus me pedia, asi es, que enjugando mi puñal, me preparaba ya para salir, preguntando sin embargo á Pepus por el borrico á quien yo tanto estimaba. Pero este me respondió que habia muerto rendido á la fatiga y vigilias.

—¡Infames!... dije yo dirigiéndome á los cadáveres de los Pujols, si resucitaseis, os mataria otra vez en venganza del borrico.

—¿A dónde vas? me dijo entonces Pepus.

—Voy á juntarme con mis soldados.

—¿Tienes soldados á tus órdenes?

—Soy capitan de una partida de valientes, de cuyas hazañas y proezas se hablará mucho dentro de pocos dias. A propósito, Pepus, ¿quieres seguirme?

—Solo esperaba esa pregunta. Te sigo y cuenta en mi como en el más leal de tus servidores y amigos.

Ahora, amiga mia, ya sabeis mi historia, puesto que lo que resta deciros, ya os lo habrán contado. Todo puede reducirse á esas palabras: *guerra sin tregua contra la sociedad y los que la gobiernan, puesto que tan dura me la hicieron cuando no podia defenderme, ni haberla ofendido.*

Un profundo silencio reinó entre los dos amigos, despues que Claudio terminó su última frase. Julia parecia que reunia todas sus ideas para combinar su contestacion, y luego dijo á Claudio:

—¿Quereis que os diga francamente mi parecer?

—Os escucho, amiga mia, si es que no desdeñais este dulce nombre, despues de lo que acabo de contaros.

—¿Desdeñarlo? ¿y por qué? Al contrario, jamás os he juzgado más digno de él, jamás he deseado tanto borrar esa linea que nos separa. Vos, Claudio, sois más desgraciado que culpable. El Profeta habia dicho la verdad, cuando pronosticó que seriais grande en la virtud ó en el crimen. Solo olvidó una cosa que yo añadiré, á saber: que despues del crimen, seriais grande en el arrepentimiento.

—No creo haber faltado defendiéndome contra mis encarnizados enemigos, y solo los que faltan deben arrepentirse.

—Escuchadme, amigo mio, en vuestros primeros años bebisteis en las fuentes más corrompidas y envenenadas. Vuestro maestro, creo que sabia mucho, pero ignoraba el principio de la verdadera sabiduria: el santo temor de Dios. Faltándole ese punto de apoyo, careciendo de *fé* y *esperanza*, el infeliz luchaba consigo mismo y con su misma ciencia, cuando os decia: *dichosos sin embargo los que creen de corazon*... Despues por falta de esta misma base, que es la única sólida para edificar, estendió su lucha contra los demás hombres y contra la sociedad entera, y por esto pasó su vida entre prisiones y cadenas. Orgulloso por su saber atribuia sus persecuciones á la maldad de los hombres, como si estos pudiesen consentir el que se predicara la incredulidad y el ateismo, siendo esas las dos plagas peores de la tierra. Él decia: *dichosos los que creen*, ¿por qué pues queria arrebatarles su dicha? Si el *creer* es una dicha, segun su propia confesion, ¿por qué queria arrancar de raiz todas las creencias divinas y humanas, so pretesto de que nadie habia encontrado los primeros principios? Y ¿qué entendia el por primeros principios? ¿Acaso esos no son tan sencillos y naturales como que estan al alcance de todo el mundo? Dejemos las ciencias, fijémonos en los primeros principios de la moral; en las primeras máximas de la religion. ¿Acaso un hombre tan sabio ignoraba que Jesucristo, aquel divino maestro, habia reducido toda su doctrina á una sola palabra, la *caridad*? ¿y quién no comprende la caridad? ¿Por ventura sus discípulos enseñaban cosas tan difíciles y abstractas que pudiesen dar lugar á las cavilaciones de vuestro maestro? ¿Puede haber ley más racional y sencilla que las doce tablas en cuanto á la antigua, y la del Evangelio en cuanto á la moderna? ¿A qué, pues, suponer que aun no se ha encontrado la verdad? Lo cierto es que de esta manera vuestro maestro pervirtió vuestro corazon arrancando de él, no solo las creencias, si que tambien la posibilidad de creer. Luego vivisteis entre unos séres egoistas que os trataron mal sin merecerlo, despues entre la hez de los gitanos y pordioseros, que estinguieron en vos los sentimientos del pudor y la vergüenza, y finalmente, entre ladrones y bandidos, que os familiarizaron con las ideas del crimen, divinizado por sus almas corrompidas y sus perversos instintos. ¿Qué culpa teneis, pues, si estando enfermo, en vez de los calmantes que necesitabais, aplicaron corrosivos que debian aumentar vuestro incendio? Pero despues, Dios, que nunca desampara á sus hijos, Dios, que ve y toca todas las cosas de los hombres, os ha enviado la verdadera medicina.

—¿En dónde está?

—Aquí y ahi, dijo Julia señalando la Biblia y designándose á sí misma

—¡Cómo! ¿vos, Julia, vos?

—Si, yo que estoy pronta á unir mi suerte con la tuya, desde el momento en que determines abandonar la carrera á que los otros y no tú te han precipitado... yo que te he conocido á fondo más que tu maestro, yo que he leido en tu alma... yo en fin que sé del mucho bien de que eres capaz, una vez abandonada la carrera del mal, á que has sido condenado sin merecerlo.

—Pero, Julia, me trastornas el juicio y mi razon... ¿tú, la honrada hermana de los Olegarios, darias tu mano á un bandido, á un foragido como yo?...

—Jamás mientras permaneciese tal; ahora mismo, si me diese su palabra formal de dejar la mala senda.

—¡Será posible!... decia Claudio fuera de sí de contento y satisfaccion.

—En tu mano está, Claudio, de ti solo depende.

—Te engañas, Julia; aun cuando Dios perdone mis culpas, que no lo dudo, despues de lo que me has dicho, los hombres jamás perdonarán los ultrajes que de mí han recibido.

—Tienes su perdon en tus manos.

—¿Qué dices?

—Que lo tienes en tus manos. Están en tu poder dos personas que valen mucho, la hija del Gobernador de Manresa y el hermano de Veciana: pide tu indulto por su libertad, y creo que será negocio concluido.

—Te equivocas, amiga mia, no conoces á D. Pedro Antonio Veciana: antes consentirá que su hermano muera á que se le pueda decir que por salvarle ha perdonado á un bandido como yo. Pero en fin, esto no importa. Abandonaré mi carrera, porque la recompensa que me ofreces es la mayor que yo podia desear. Yo seré lo que tú deseas que sea, tanto si los hombres me quieren perdonar como no. Sepa yo que estés convencida de que soy otro hombre, y que puedo confiar en la misericordia de Dios, y lo demás me es completamente indiferente.

—¡Gracias, Claudio, gracias!... interrumpió Julia alargándole cariñosamente la mano. Ahora coronemos nuestra obra, arrodillémonos ante esa santa imágen de la Virgen, y rindámosle un tierno tributo de gracias y alabanzas.

Claudio se arrodilló, pero esta vez rogó y supo orar, porque su alma no pertenecia ya al crimen, sino que comenzaba á caminar por la senda de la virtud. Teresa sorprendió á nuestros amantes en aquella posicion, y admirada dijo:

—¿Será posible?

—Si, madre mia, no solo es posible sino que es cierto. Ahora os voy á comunicar una cosa de mucha importancia.

—Ya escucho ..

—Dentro poco, Dios mediante, seré la esposa de Claudio, el honrado y virtuoso, ¿entendeis?

—Si, comprendo, y yo como vuestra segunda madre os daré mi bendicion despues de la del sacerdote.

—Ahora, Julia, debo partir.

—¿A dónde?

—A darte la primera prueba, poniendo en libertad á mis presos sin ninguna condicion.

—¡Oh!... Siempre serás así, grande y generoso como lo es tu alma. Bien, vé á cumplir con los deberes que te has impuesto que yo sabré cumplir con los mios.

Dos dias despues de la conversion de Claudio, D. Pedro Antonio Veciana estrechaba tiernamente entre sus brazos á su querido hermano D. Juan Francisco, sin poderse dar cuenta á sí mismo de aquel inspirado acto de generosidad por parte de los bandidos, mayormente en una época en que habian llegado á un grado de pujanza y poderio que hacian temblar á todos los pacíficos habitantes del principado. Pero D. Juan Francisco solo podia contestar á las multiplicadas preguntas de su hermano, esplicando sencillamente lo que le habia sucedido.

—Cuando menos podia pensar en mi libertad, decia, cuando ya estaba resignado á morir, y aun deseaba que este acto se apresurase, para poner fin á los padecimientos de una prision tan triste y espantosa como la mia, practicada en lo interior de una cueva lúgubre y húmeda; cuando en fin, pedia á Dios con toda la efusion de mi alma que me llamase hácia su santa compañia, tuve una visita impensada de Claudio, quien, despues de haberme saludado con mucho respeto me dijo: siento vivamente lo que os he hecho padecer en este calabozo, y os pido mil perdones, pero ya que no puedo remediar lo pasado, á lo ménos quiero apresurar el porvenir. D. Juan Francisco Veciana, sois libre, enteramente libre de marcharos á vuestra casa ó á donde mejor os convenga desde este momento. Decid á vuestro hermano que os pongo en libertad sin ninguna condicion ni precio.

—¿Será posible? dije yo, puedo estar seguro de que no hay en esto alguna segunda intencion?

—Claudio os dá su palabra, contestó él, y la palabra de Claudio es sagrada.

Aquella misma noche abandoné mi terrible prision, y acompañado de dos bandidos, que el mismo Claudio designó, me dirigi á Manresa, en casa de cuyo Gobernador encontré á Inés abrazada con su padre, y prodigando mil alabanzas á Claudio que acababa de ponerla en libertad, tambien sin ningun precio ni condicion.

—Vamos, dijo D. Pedro Antonio, eso es muy raro y estraordinario. ¿Pero no notaste alguna mudanza en los bandidos?

—Ninguna, solamente que Claudio era otro hombre, puesto que ya no tenia aquel semblante tan sombrío, aquella mirada tan sagaz y desconfiada. Me pareció que su semblante era el de un hombre de bien.

X.

EL INDULTO Y EL CASAMIENTO.

Quince dias despues, en el despacho del comandante de los *mozos*, habia dos señoras, la una jóven y hermosa, vestida del luto más riguroso, y la otra una respetable labradora de unos cincuenta años. La jóven acababa de entregar al comandante un escrito, que este leia y volvia á leer lleno de asombro y admiracion. El escrito que tanto llamaba su atencion decia lo siguiente:

«Si á mí y á mi criado se nos concede el indulto, »que en mi nombre os pedirá una persona á quien »debo el haber cambiado de modo de pensar y de »vida, prometo y juro no faltar más á las leyes y re- »tirarme á un rincon de América para espiar mis »pasadas faltas.—*Claudio*.» (Documentos auténticos).

—Pero vos, señorita, ¿estais segura de lo que me dice el bandido en este papel?

—Sí señor, tanto como de mí misma.

—Mirad, señorita, que es, de todos, el más terrible, el más astuto, valiente y atrevido...

—Ya lo sé, pero ahora ya no es nada de lo que ha sido hasta ahora, y os voy á dar una prueba; si Claudio no se hubiese convertido aun antes de haber pensado ni pedido el indulto. ¿hubiera puesto en libertad á vuestro hermano y á la hija del Gobernador de Manresa, sin ningun rescate ni condicion?

—Esto es lo que tambien me admira, porque podia haber pedido libertad por libertad, perdon por perdon.

—Esto prueba que no es un criminal ordinari~~o~~ esto manifiesta que cuando dá una palabra sabe cumplirla, puesto que cuando empeñó la suya de poner en libertad á sus presos, supo cumplirla con tanta puntualidad. En fin, para que no dudeis de que Claudio se ha reconciliado ya con Dios, antes de haber solicitado el perdon de los hombres, ahi os entrego esas cantidades y alhajas, que por via de restitucion, entregareis á las personas cuyos nombres se espresan en cada paquete. Diciendo esto, Julia puso en manos del comandante una cantidad de dinero muy considerable y muchas alhajas de gran valor.

—Señorita, dijo entonces el comandante, nunca he sido ingrato, asi es, que siempre me hubiera acordado de la libertad de mi hermano debida á Claudio; pero despues de lo que me habeis dicho y veo, es ya un deber mio interesarme á favor de vuestro protegido. Hoy mismo escribiré al Capitan General, y no dudo que dentro de ocho dias tendremos el indulto y un pasaporte en regla para Claudio y su criado.

—Gracias, señor comandante, concluyó Julia retirándose con Teresa, pues no era otra la aldeana que la acompañaba.

El comandante cumplió su promesa y aquel mismo dia ofició al Capitan General en los términos que se espresan en un documento oficial que tenemos á la vista y dice asi:

«Excmo. Señor., Señor: esta mañana una persona »de confianza me ha venido á proponer que si yo que- »ria dar un indulto á uno de los más grandes saltea- »dores de caminos y terrible bandido que manda cua- »drilla, que se retiraria luego de dicha cuadrilla, y »desapareceria, para no ser más salteador ni malo. »A mí me parece que en la era presente, debemos »servirnos de estas propuestas, para exterminar esta »canalla, de modo que yo creo que á dicho salteador »pueda dársele el indulto, pues no dudo que cumpli- »rá lo prometido. V. E. dispondrá lo que crea más »útil, sobre la autorizacion que pido' para indultar »al bandido. Valls etc.»

Además de este oficio, Veciana escribió privadamente al mismo Capitan General, encareciéndole la conveniencia de indultar al MOLINERO. En esta carta, cuyo borrador tenemos á la vista, manifiesta en el seno de la amistad y confianza, el agradecimiento que debe á Claudio con motivo de la libertad de su hermano. Tambien le habla de la restitucion del dinero y alhajas. En fin, ocho dias despues, en la pequeña iglesia de Monral, se celebraba una ceremonia augusta, en virtud de la cual, Claudio y Julia quedaban unidos en matrimonio. Pocos dias despues, ambos esposos, contentos, felices y enamorados se embarcaban en el puerto de Barcelona para las islas Filipinas, teniendo Claudio en su poder el indulto y su pasaporte en regla.

Al cabo de dos años, Teresa recibió una carta de Julia en que le decia:

«Manila, setiembre 2 de 1717.

»Somos felices, mi querida Teresa, y Claudio ca- »da dia se hace más digno de mi amor y del aprecio »de cuantos le tratan. Dios ha bendecido nuestro hi- »meneo con una hija hermosa y robusta como su pa- »dre. Vivimos en el campo, cuidando de unas tierras »que Claudio compró con el dinero que yo poseia de »la casa de mis padres, pues, ya sabeis que él resti- »tuyó cuanto tenia, para la tranquilidad de su con-

»ciencia y la mia. El fiel Pepus, que tambien es un hom-
»bre honrado y cristiano, vive con nosotros, forman-
»do parte de nuestra familia. No se pasa dia que no
»hablemos de vos y de vuestros hijos, deseándoos
»prosperidad y dicha. Si alguna vez necesitais de
»nuestro apoyo, ya sabeis que mi casa es la vuestra.
»Escribidnos, pero no nos hableis más que de vos-
»otros, pues solo por vosotros tenemos interés. Adios,
»mi segunda madre y amados hermanos, y no dudeis
»del amor y cariño de nosotros y de esta vuestra ami-
»ga *Julia.*»

Por lo demás, la súbita desaparicion de Claudio de
entre los bandidos habia dado motivo para que estos
formasen mil conjeturas ridículas y absurdas. Como
las gestiones para el indulto se habian practicado con
la mayor reserva, y luego el embarque de este y su
familia se habia realizado con el más grande sigilo,
todas las cavilaciones de los bandidos habian obtenido entre ellos el carácter de la certeza. Decian unos
que Veciana lo habia cogido á él y á Pepus, y los habia hecho enterrar vivos: otros afirmaban que la he-
chicera llamada Lechuza les habia hecho prender
por el demonio con quien vivia en maridaje, para
llevárselos al infierno, en venganza de los ultrajes que
de Claudio habia recibido. De todos modos, el caso
es, que el bandido habia desaparecido de éntre ellos
y que por consiguiente era menester nombrar un nuevo capitan, ó mejor dicho, un general de todos los
bandidos, pues ya hemos manifestado, que por consejo de Claudio, antes de su conversion, habian resuelto reunir todas sus fuerzas á fin de acabar con
los *mozos*, cuyo número era ya muy reducido. La
eleccion recayó en el bandido llamado Puch de Am-
purias, á quien ya conocen nuestros lectores por su
apodo de Cama de Boya.

III.

ACRISOLADA CONDUCTA DE LAS ESCUADRAS Y SUS APUROS.

Veciana y los *mozos*, cuya policía y espionage en
nada cedia á la muy astuta y sagaz que ya hemos notado en los bandidos, tenia noticias exactas y circunstanciadas de todos sus planes y maquinaciones. Sabia exactamente las fuerzas con que contaba, tenia
listas de los nombres, apellidos y apodos de todos
ellos, y poseia tambien sus filiaciones. Cada uno de
los *mozos* tenia tambien noticias y conocimiento de
los bandidos, tan cumplida y minuciosamente como
su comandante, pues éste cuidaba mucho de trasmi-
tirselas y ellos de adquirirlas. Por esto descubrian á
los bandidos, cualquiera fuese el disfraz con que se
presentaban. Los descubrian bajo la capilla del capuchino, al través de la larga barba del peregrino,
del austero hábito del anacoreta y del elegante traje
del noble caballero. Por esto los bandidos decian que
tenian pacto con el demonio, pues solo asi, podian
esplicarse tanta perspicacia, astucia y conocimiento.
La cosa, sin embargo, era bien sencilla, pues todo
consistia en la buena voluntad y decision de los *mozos* en querer cumplir con el objeto de su institucion,
en la acertada eleccion que desde un principio supo
hacer su fundador, exigiendo para ser admitidos, las
cualidades de *probidad, honradez, valor, robustez y
acrisolada conducta.* Con hombres de tales cualidades, que libre y voluntariamente entran en el servicio ¿qué es lo que no se puede lograr? Con fundadores como D. Pedro Antonio Veciana, que mantuvo á
sus espensas las Escuadras desde el año 1690 hasta
el de 1703, solo movido por el deseo de poner dique
á los desmanes de los malvados ¿qué no se puede esperar? En aquella época las Escuadras no tenian código penal, carecian de ordenanzas y reglamento
aparte de las instrucciones, consejos y mandatos que
de viva voz recibian de su comandante, y sin embargo, no habia fuerza armada más obediente, disciplinada y subordinada que la de los *mozos*. La regularidad en sus marchas, el celo y valor que demostraban en todas las ocasiones, sus morigeradas costumbres y su honrado comportamiento, eran la admiracion de todos los pueblos y lugares, y desde un principio les habian grangeado el amor y confianza del
público. Esta especie de disciplina, que puede llamarse innata en este cuerpo, la lealtad y honradez
con que sus individuos estaban adornados antes de
entrar en un instituto, en donde la debian conservar
y aumentar, se ha conservado en las Escuadras, como una especie de herencia que ha ido pasando de
unos á otros hasta nuestros dias. Asi es, que si bien
posteriormente ha tenido sus ordenanzas y reglamento, si bien por real órden de 21 de abril de 1719, y
despues por la de 6 de abril de 1817, fué declarada
fuerza militar, y como á tal, con derecho á gozar de
su fuero y sujeta á un reglamento de este carácter,
(documentos oficiales) sin embargo, rarísima vez
ha sucedido el que un *mozo* se haya hecho acreedor
á los rigores de la ordenanza, y nos atrevemos á decir con confianza de no poder ser desmentidos, que
ni una sola vez se ha tenido que castigar á ningun
individuo por alguno de esos delitos feos y deshonro-
sos para el que los comete, y la honra del cuerpo á
que pertenece. ¡Qué mucho si el cuerpo de las Escuadras, en cuanto al fondo, ó esencia, de lealtad,
honradez, sigilo y valor, es hoy lo mismo que era
en 1690!.... Lo mismo, decimos, porque hoy se exigen las mismas pruebas de *intachable conducta, valor
y amor al servicio* que en la época de su fundacion.
El que una vez ingresado por medio de la justificacion de esas cualidades con documentos legales, y
despues de los informes reservados que el comandante toma sobre el aspirante, se manifiesta remiso
ó tibio en los actos del servicio; el que durante los
primeros meses en que, sin él advertirlo, es muy vigilado y observado, no se manifiesta digno de pertenecer á un cuerpo tan celoso de su honra y buena fama, es despedido sin ninguna clase de contemplacion
ni miramiento. Lo mismo sucede con todos los demás individuos, por muchos que sean los años de
servicio con que cuenten. Esto lo saben los *mozos*, y
como su servicio es libre y voluntario, regularmente
prefieren siempre retirarse á ser espulsados. Aun
en este último caso el cuerpo nunca zahiere en lo
más minimo al espulsado, sino que esto se verifica
con suma delicadeza y sigilo, sin que jamás se haya

intentado el deshonor del individuo que, si bien no era á propósito para *mozo*, lo era para ser un honrado labrador, criado ó cualquier otra carrera ú oficio. He ahi, pues, una institucion humana que no ha degenerado, que se ha conservado incorruptible, á pesar de las épocas de disolucion por que ha pasado. Hoy lo mismo que ayer, mañana lo mismo que en 1690, será lo que siempre ha sido, á saber: *leal y obediente á la autoridad constituida; perseguidora de los malvados, y amparo de los hombres de bien.* Jamás la habeis visto figurar en las revoluciones militares, disfrazadas con el pomposo nombre de *pronunciamientos;* nunca la habeis visto abandonar su puesto al lado de la autoridad, jamás ha faltado á la defensa de ésta, aun en aquellos casos en que se ha visto más abandonada de todos y perseguida. Para retirarse ha sido preciso que la misma autoridad se lo previniera, de lo contrario, los *mozos* hubieran perecido uno á uno, antes que dejarla abandonada.

Por esto tambien las autoridades todas, de todos colores y matices, aun aquellas que, ofuscadas por sus opiniones políticas, venian á mandar en Cataluña con grandes prevenciones contra las ESCUADRAS, asi que las veian de cerca y observaban sus servicios, el modo de cumplir sus obligaciones, su conducta y lealtad, acababan convirtiéndose en partidarios y protectores de los mismos *mozos* que antes hubieran querido suprimir. Hemos visto todas las comunicaciones, informes y noticias que sobre este *cuerpo* han dirigido al gobierno superior todos los Capitanes Generales que han gobernado en Cataluña desde 1700 hasta nuestros dias, y todos esos documentos forman un testimonio unánime é irrecusable de lo que acabamos de decir. Esta uniformidad es más notable despues de nuestras divisiones domésticas, despues del encarnizamiento de nuestros partidos, en cuya virtud se sucedian en el mando de Cataluña personajes de opiniones é ideas tan contrarias, como por ejemplo, el general Mina y el baron de Mer. Todos sabemos lo que ha sucedido en el ejército despues de esos repentinos y bruscos cambios de politica. A él han seguido los reemplazos casi en masa, los retiros sin instancia de parte en número tan considerable como gravoso al erario público, los destierros, en fin, y la emigracion algunas veces de batallones en masa. Pero en cambio de toda esa tempestad, solo se ha salvado una pequeña nave, solo ha sobrenadado esa moderna Arca de Noé, en que estaban encerrados los *mozos*, con su mismo comandante, cabos y sub-cabos. Esto que á primera vista puede parecer un fenómeno; es, sin embargo, muy sencillo y natural, porque mal podian sufrir las consecuencias de una rebeliou ó pronunciamiento desgraciado ó no triunfante, los que nunca se han pronunciado: mal podian sufrir el castigo de los vencidos, los que nunca aspiraron á la gloria de vencedores en materia de pronunciamientos. Pero dejando á parte esas digresiones, hora es ya de que reanudemos el hilo de nuestra historia. Hemos dicho ya que los bandidos, fuertes por su número cinco veces mayor que el de los *mozos*, envalentonados por la ninguna resistencia que les oponian los lugares y justicias, y deseosos de acabar con los *mozos* y su *jefe*, se habian reunido en un solo cuerpo á fin de conseguir mejor, segun creian, su codiciado intento. A la sazon los *mozos* se hallaban en los mayores apuros, de modo que el valiente sub-cabo D. José Alegret, en una comunicacion que desde las escabrosas montañas de Selma dirigia á su comandante, entre otras cosas le decia lo siguiente:

«No nos acobarda ni á mí ni á los quince valientes »que tengo á mis órdenes el número de bandidos »siempre doble ó triple al nuestro con quienes nos »batimos todos los dias, pero si me tiene en cuidado el terror y espanto que la canalla ha llegado á »causar á los pueblos, lugares y justicias. De modo »que estos son unos verdaderos espias nuestros, pues »es tanto el terror que tienen, que les obedecen en »todo como mansos corderos. De esto resulta, que »ya no podemos contar con el somaten, porque na»die acude al llamamiento de la campana.» (Documentos originales).

Veciana por su parte por aquella fecha, 20 de octubre de 1719, se lamentaba de lo mismo en sus comunicaciones con el Capitan General y el Regente de la Real Audiencia, en cuyos escritos entre otras cosas decia lo siguiente:

«Si pronto no se remedia el mal aumentando las Es»CUADRAS hasta el número de doscientas plazas á lo »ménos, estoy seguro que pronto no habrá remedio y »que los malos triunfarán sobre los buenos.» (Documentos originales).

»Por mi parte, decia en otra comunicacion, he da»do las órdenes convenientes para que todas las par»tidas de mozos vengan á reunirse en esta villa »(Valls), conmigo, desde donde saldré con toda la »fuerza contra la canalla, aun cuando deba morir yo »y los mios sin que quede uno con vida.»

LOS BANDIDOS EMPRENDEN EL ASALTO DE VALLS.

Efectivamente, todos los *mozos* se habian reunido en Valls, donde, sin saberlo, debia tener lugar un combate de los más sangrientos y encarnizados, que constituye un verdadero hecho de armas muy glorioso para aquel puñado de valientes. Antes de empezar la relacion de tan gloriosa jornada, hemos creido justo consignar los nombres y apellidos de aquellos valientes cuya fama es digna de la posteridad.

ESTADO de los cabos y mozos, nombre por nombre, que componen las tres Escuadras que estan al cargo de Pedro Antonio Veciana, baile de la villa de Valls, destinadas á la persecucion de facinerosos y disturbadores de la publica quietud, reunidos en la misma por disposicion del comandante:

Partido de Tarragona.—Primeros cabos: Damian Coll, de Valls.—José Puig den Goles, de la Llacuna.—Segundo cabo: Bernardino Sabatés, de Valls.—**Partido de Villafranca.**—Primeros: José Alegret, de Valls.—Cabos: Raimundo Vidal, de Piera.—Segundo: Jaime Almirall, de Piera.—**Partido de Tortosa.**—Primeros cabos: Francisco Marti, de Riudoms.—Francisco Bolart, de las Borjas.—Segundo: José Sabater, de Villafranca.—Mozos: Juan Silvestre, de Valls.—Pelegrin García, de Vilarodona.—Pascual Roig, de Vilarodona.—Juan Domenech, de Vilarodona.—Pablo Marti, de la Nou.—Francisco Marti, de Valls.—Francisco Ferrer, de Valls.—Juan Vilanova, de Valls.—Francisco Quintana, de la Secuyta.—Juan Bertran, de Peus.—Francisco Queralt, de

Rocafort.—Nicolas Vilar, de Manlleu.—Mateo Blanch, de Rocafort.—Luis Tal, de Capellades.—Francisco Jover, de Rocafort.—Antonio Tal, de Barcelona.—Raimundo Andrés, de Biosca.—Pablo Mas, de la Espluga.—Felipe T., de la Tullida.—José Bertran, de Valls.—Antonio Feliu, de Osor.—Jaime Cots, de Piera.—Antonio Vidal, de Piera.—Pedro Sol, de Piera.—Jose Crozine, de la Llacuna.—Jaime Fuster, de Prats.—José Buldus, de Piera.—Francisco Aldavert, de S. Feliu Saserra.—Tomas Valls, de Igualada.—Pablo Sort, de S. Juan de Cunillas.—José Quintana, de la Llacuna.—Francisco Monsarro, de S. Pedro de Riu de Bitlles.—Manuel Vives, de la Llacuna.—Francisco Cortey, de la Llacuna.—Diego Soler, de Barcelona.—Jaime Robert, de Torrellas.—Francisco Torres, de Manresa.—José Rosa, de la Llacuna.—José Carreras, del Albí.—Francisco Matias, de Santa Coloma.—Antonio Marti, de Riudoms.—Juan Casanova, del Puente de Armentera.—Rafael Senabre, de Bonastre.—José Cortes, de Cilla.—José Gomez de las Borjas.—José Maymó, de Riudoms.

A este número deben añadirse los tres Vecianas, á saber:

D. Pedro Antonio, comandante; D. José, cabo, que era hermano suyo, y D. Pedro Martir, hijo de D. Pedro Antonio, jóven de unos diez y nueve años, agregado á las ESCUADRAS en calidad de sub-cabo.

Este jóven, á pesar de sus pocos años, habia dado ya muchas pruebas de valor en los reñidos combates en que habia tomado parte. Con el tiempo veremos como el gobierno, reconociendo sus eminentes servicios, le juzgó digno sucesor de su valiente padre en el mando de las ESCUADRAS.

Era la mañana del dia 5 de diciembre del año 1719. Los habitantes de la pintoresca villa de Valls habian dispertado azorados por las fatales noticias que con la rapidez del rayo se habian hecho circular por toda la poblacion. Se decia que todos los bandidos reunidos y reforzados con las huestes que mandaba el famoso Carrasquet, faccioso y catalan renegado primero, y despues otro de los jefes de bandoleros, se dirigian hácia la villa con deliberado intento de tomarla por asalto y degollar á los Vecianas, sus *mozos* y á toda la poblacion. El terror y espanto se apoderó de aquellos sencillos y pacificos habitantes, sembrando entre ellos la confusion, la desesperacion y llanto. Unos se refugiaban en el templo, otros se dirigian al campo por alguna de las mil salidas que habia en la poblacion enteramente abierta y sin ninguna clase de fortificacion, ni aun la que ofrece una débil cerca ó tapia. La villa, por otra parte, está situada en un verdadero valle, sin que por esto deje de ser una de las poblaciones más agradables, rica y fértil. Circuida de torrentes que forman otros tantos riachuelos, abundantisima en aguas de riego y potables de superior calidad, rodeada de una huerta dó las cosechas se suceden las unas á las otras casi sin interrupcion, ceñida en seguida por otro circulo de viñas, dó abundan los olivos, bigueras y otros árboles productivos, y terminando por una especie de muro de montañas que forman lo que llaman su bosque; fértil tambien y productivo de avellanas y del espirituoso á la par que sabroso vino moscatel, es, repetimos, una de las villas más hermosas y agradables de cuantas encierra el principado. Los bandidos y forajidos tenian bien conocidas todas las avenidas del pueblo, y sabian ya que sus habitantes les opondrian poca ó ninguna resistencia. Pero al paso que se consideraban seguros por esta parte, no ignoraban que Veciana habia reunido allí todas las *escuadras*, y como ya tenian pruebas tan irrecusables de su valor y denuedo, por esto se habian agrupado todos bajo una misma bandera, cuya enseña era: ACABAR CON LA RAZA DE LOS VECIANAS Y LA DE LAS ESCUADRAS. Aquella noche habian pernoctado

entre los pueblos de Garidells y Vallmoll, distantes el primero unas dos horas de Valls junto al camino, hoy dia hermosa carretera que conduce á Tarragona, y el segundo situado á una media hora de la propia villa en la misma direccion. Al dia siguiente, muy de mañana, se habian dirigido á la villa codiciada, en la cual esperaban satisfacer su venganza y cargar con un riquisimo botin. Emprendieron su marcha regular y ordenada por la parte del camino que llaman Viejo, único que existia en aquel entonces, así es, que á primera hora aparecieron por la parte de la villa conocida por el portal de San Francisco, por existir en aquel punto un convento de padres mínimos. Los bandidos hicieron alto en una quinta llamada Masia de Plana, que forma una especie de balcon, desde el cual la poblacion queda como hundida á mucha profundidad respecto al espectador colocado en aquel punto dominante. Allí hizo alto la canalla, y el famoso y tristemente célebre Carrasquet, montado en brioso caballo, seguido de los capitanes Cama de Boya, Hoyoso, Tuerto, Beltran, Torné, conocido por el Baile de Siurana y algunos otros, montados tambien en fogosos corceles, formando una especie de estado mayor, ordenó sus fuerzas, que ascendian á cerca de quinientos hombres, en forma de parada y en seguida les dirigió la palabra, animándoles para el combate que iban á emprender.

«No lo dudeis, les decia, triunfaremos de esos mi»serables *mozos* y de sus jefes, á quienes ya no asis»ten los demonios, segun ha declarado la Lechuza. A »vuestros piés teneis esa soberbia villa de Valls, gua»rida constante de nuestros enemigos, y cuyos hijos »figuran en gran manera entre los infames *mozos*. »Rica es esa villa, mucho oro y alhajas encierra; pero »todo dentro de una hora estará en nuestro poder. No »hemos de dar cuartel á nadie; solo con la muerte de »todos esos pocos infames, podremos vivir seguros y »tranquilos. Juremos, pues, en nombre de San Fran»cisco de Paula, cuyo convento tenemos á la vista, la »muerte de todos los *mozos* y demás habitantes de la »poblacion que nos hagan resistencia.»

Mil voces roncas y amenazadoras contestaron á la exhortacion de Carrasquet, acompañadas de otras tantas blasfemias y palabras mal sonantes, que el eco transmitió á los oidos de los azorados vallenses. Estos se convencieron entonces de la eminencia del peligro que les amenazaba. A los rumores y recelos habia sucedido la triste realidad, puesto que desde los terrados y ventanas de las casas que daban hácia aquel lado veian á los bandidos y oian sus feroces amenazas. El miedo les hacia aumentar el número, y no faltaba quien hacia subir las fuerzas de los bandidos hasta tres mil hombres contados por él uno á uno. Carrasquet, despues de su arenga, habia dividido su fuerza en cinco partidas al mando de los capitanes, ya nombrados, que habian de atacar la villa por cinco puntos distintos á la vez. En seguida, debian reunirse todos en la gran plaza llamada el Patio; de allí divididos en tres columnas, debian dirigirse, una hácia la plaza llamada del Blat, que ocupa el centro de la poblacion en donde existe la casa del Ayuntamiento: la otra por la calle llamada del Aborado, debia penetrar en la plaza del Oli; y la tercera debia dirigirse por la calle Nueva hácia la casa de Veciana. Pero Carrasquet, al trazar sus planes, no habia contado con la huéspeda, como suele decirse, esto es, con los mozos y sus jefes que no dormian por cierto, ni participaban del temor de los habitantes de la villa. Veciana, su hermano, su hijo y los demás cabos, sub-cabos y mozos, como valientes y denodados que eran, se habian entusiasmado á medida que era mayor el peligro. El comandante, despues de tomadas todas las medidas y precauciones militares que requerian las circunstancias, se habia constituido en la torre del convento de San Francisco, desde cuyo punto, con su anteojo, observaba todos los movimientos del enemigo, adivinando los planes de Carrasquet, por las distintas direcciones por donde emprendieron su marcha los bandidos. Desde aquel momento, abandonó su punto de observacion con la ligereza de un gamo, y en seguida dió sus últimas y acertadas disposiciones, como luego se verá. Sabia que no podia contar con los vallenses, porque estaban poseidos de un terror pánico, pero confiaba que á lo ménos sabrian oponer resistencia á los bandidos cuando éstos intentasen penetrar en sus propias casas, con la malvada intencion de robarlas, saquearlas y matar á sus moradores. En esta parte, contaba con el instinto natural de la propia conservacion, que raras veces deja de verse, aun en los hombres más acobardados. Al objeto pues de excitar más y más este instinto, á primera hora á son de pregonero, habia publicado el siguiente bando, que, traducido del catalan, decia lo siguiente:

«D. Pedro Antonio Veciana, baile de Valls por el »Excmo. Sr. Arzobispo de Tarragona, (señor de esa »villa y lugares) y comandante de las escuadras de »Valls, prevengo á todos los habitantes de la presen- »te, que retirados á sus casas las defiendan con pie- »dra, tejas y demás medios que puedan, contra los »ladrones que quieran penetrar en ellas, bajo pena »de la vida y confiscacion de sus bienes. Tambien »ordeno, bajo la misma pena de la vida, á todos los »que tengan escopetas de cazar y municiones, que »hagan fuego contra la canalla, si, lo que no es de »esperar, lograsen penetrar en la poblacion. Valls, »5 de diciembre de 1719.—Pedro Antonio Veciana.»

A las diez de la misma mañana las cinco pequeñas columnas de los bandidos compuestas cada una de unos cien hombres escasos, emprendian su entrada en la villa por los puntos que se les habian señalado. Carrasquet, que sabia á punto fijo la escasa fuerza de los *mozos*, habia calculado que estos habrian limitado su defensa en dos ó tres puntos, á saber: la casa de la villa ó Ayuntamiento, la propia de Veciana, y tal vez alguna otra, y bajo esa suposicion, habia ordenado su plan de ataque. Pero el baile de Valls que, como ya hemos dicho, habia penetrado los planes de Carrasquet, habia ordenado sus fuerzas y plan de defensa, de tal modo, que esta comenzase disputando á los bandidos la entrada á la poblacion. De este modo, Carrasquet veia ya frustrado en parte su plan, y esto no dejó de desconcertarle. El fuego rompió pues por parte de los *mozos* por los únicos puntos de ataque, al cual contestaron los bandidos, pero con notable desventaja, puesto que los *mozos* tiraban parapetados en los balcones, ventanas y terrados de las casas contiguas al punto de entrada. En esto las campanas de la parroquia y de todos los conventos é iglesias, hirieron los aires con el lúgubre sonido que llama á los habitantes al somaten. Parecia que la villa iba á hundirse en el abismo. Algunos bandidos habian penetrado entre tanto hasta el centro de la poblacion por medio de una de las mil entradas y salidas que tenia una villa enteramente abierta y nada fortificada. El objeto de estos era en-

tregarse al pillaje, mientras sus compañeros forzaban la entrada por el punto que se les habia designado. Pero los azorados vecinos, ya fuese que se acordasen del terminante bando del baile, ya fuese por el instinto de la conservacion de sus propias vidas, los recibieron arrojando sobre ellos piedras, tejas y muebles, tan luego como intentaban derribar las puertas de sus habitaciones. Algunos, que tenian escopetas, disparaban tambien contra ellos desde el interior de sus casas. Eran las doce del medio dia, y el fuego continuaba muy nutrido por ambas partes. Los bandidos contaban ya más de veinte y cinco hombres fuera de combate entre muertos y heridos. Por su parte los *mozos* habian tenido dos muertos y siete heridos de más ó ménos gravedad. Carrasquet, viendo con sentimiento que aquella resistencia se prolongaba demasiado, cambió repentinamente de plan, y reuniendo con la velocidad del rayo unos doscientos cincuenta bandidos, sacados de los puntos de ataque, en los cuales solo dejó unos pocos para que con su fuego y griteria entretuviesen á los *mozos*, penetró al frente de esa fuerza hasta la plaza llamada el Patio por la parte llamada del Paborde. Pero este movimiento no se escapó al ojo observador y perspicaz de Veciana, quien habiendo notado la disminucion del fuego del enemigo adivinó lo demás. Dispuso con la premura que exigia el caso la reunion de los *mozos* dejando tan solo dos de ellos en los puntos que habian sido de defensa hasta aquellos momentos, con órden de no cesar el fuego mientras los enemigos lo continuasen, y en seguida, puesto él al frente dé la fuerza reunida que componia un total de más de treinta individuos, atacó á Carrasquet y á los suyos en el mismo Patio donde acababan de establecerse. La lucha fué allí terrible y sangrienta, algunas de las fuerzas habian podido penetrar en las casas y desde allí, ausiliados poderosamente por los vecinos, arrojaban toda clase de proyectiles contra los bandidos, mortificándolos mucho y causándoles pérdidas considerables. Pero el resto de los *mozos*, con su comandante y demás jefes, sostenian el combate en medio de la plaza, y es fama que entre Carrasquet y Veciana medió entonces un combate singular, un duelo á muerte de los más terribles y espantosos, de cuyas resultas el comandante de los *mozos* salió herido de un brazo, y Carrasquet lo fué tambien, pero de tanta gravedad, que murió dos meses despues á consecuencia de aquella herida. Carrasquet dió entonces la señal de retirarse dando él mismo el ejemplo, sostenido á caballo por el robusto brazo de Hoyoso. Pero esta retirada que en sus principios era ordenada, se convirtió luego en completa dispersion, porque Veciana entusiasmó á los suyos, enseñándoles su herida, cubierta con un pañuelo blanco que chorreaba sangre. Más de cuarenta bandidos fueron enterrados al dia siguiente en el cementerio de la villa, aparte de los muchos heridos que ellos mismos recogieron y unos treinta que fueron conducidos al hospital. Los *mozos* tuvieron por su parte la sensible pérdida del valiente sub-cabo D. José Alegret, uno de los más esforzados, activos y decididos de las ESCUADRAS. El comandante, que aquel mismo dia durante la refriega le habia nombrado cabo en vista de sus casi fabulosas proezas de valor, sintió mucho aquella pérdida y así lo manifestó posteriormente al mismo Capitan General, como veremos en otro punto. Además de Alegret perecieron en aquella lucha siete individuos de la ESCUADRA, y tu-

\ieron unos veinte heridos, si bien casi todos de muy poca gravedad. Al dia siguiente se cantó un solemne *Te-Deum* en accion de gracias al Todopoderoso, por haber salvado á la villa, con sus templos y moradores, del terrible peligro que tan de cerca habian visto y tocado. Se celebraron tambien con gran pompa los funerales del valiente Alegret y demás *mozos*, que tan valerosamente habian muerto en defensa de la humanidad contra la barbarie. Así terminó aquella lucha de jigantes, pues tales pueden ser considerados aquellas esforzadas Escuadras que supieron triunfar y vencer un número de enemigos bien armados, valientes y decididos, diez veces mayor que el suyo. A pesar de tan señalado servicio, ni á los *mozos* ni á sus jefes les ocurrió la idea de que debian pedir ni esperar la menor recompensa por parte del Gobierno. En su sencillez y amor al servicio, creian simplemente que habian cumplido con su obligacion, y que ésta estaba suficientemente retribuida con los tres reales diarios que recibian de paga. Así han sido

siempre; y por esto no se ven entre ellos tantas cruces y condecoraciones; por esto no se ven más que los cabos y sub-cabos que marca la ley; nada de grados ni ascensos, sino todo pura realidad. El mismo Veciana, al dar cuenta de tan gloriosa victoria, ni se acuerda de si mismo, ni de los suyos, para pedir, siquiera, un tributo de gracias.

«Se nos ha presentado, dice, una ocasion propicia »para cumplir con nuestra obligacion, y la hemos »aprovechado, dando á la canalla una leccion que »les ha costado muy cara, pero nosotros hemos teni- »do ocho muertos, contando entre ellos al honrado y »valiente cabo D. José Alegret, cuya muerte me ha cau- »sado gran pena, pues le estimaba como á uno de »mis hermanos. La canalla ahora andará un poco »dispersa, pero no tardarán en reunirse y entregarse »á sus maldades si, como ya lo tengo manifestado »á V. E., no se aumentan las Escuadras.» (Documentos oficiales.)

IV.

AUMENTO Y ORGANIZACION DE LAS ESCUADRAS.

La audaz tentativa de los bandidos, atacando á la populosa villa de Valls, cuartel de los *mozos*, y en ocasion de hallarse estos todos reunidos en aquel punto, habia llamado sériamente la atencion del público y de todas las autoridades del principado. Era innegable que Veciana no habia exagerado cuando, en sus comunicaciones anteriores, habia pintado con los colores más vivos la inminencia del peligro y la necesidad del remedio. Así lo reconocieron todos, y por esto, no sólo se dió cumplimiento á la real órden de 21 de abril de aquel mismo año, sino que se dispuso por el Excmo. Sr. Capitan General el aumento de las Escuadras hasta cien plazas, procediéndose por el mismo sistema y método que se habia seguido hasta entonces. Todos los pueblos, lugares y justicias recibieron esta noticia con señaladas muestras de aprobacion y contento. Todos se apresuraron á solicitar la instalacion de *mozos* en sus respectivos lugares, ofreciéndose libre y espontáneamente á sufragar los gastos de su manutencion y equipo. Esto dice mucho en favor de las Escuadras. Para lograrlo se ponian en juego todos los resortes é influencias y hasta se apelaba á las intrigas. Pero Veciana que atendia solo al mayor bien del servicio, despues del aumento de las Escuadras, las distribuyó en los lugares siguientes: Valls, Riudoms, Rodinyá, Llacuna, Árbos, y Vimbodi, repartiendo el resto de la fuerza en partidas movibles, es decir, sin punto fijo de residencia, por convenir así, atendido el gran número de enemigos con quienes debian luchar. Era menester, por otra parte, reanimar el espiritu público, y hacer desaparecer el terror y espanto que los bandidos habian sabido infundir en todos los pueblos, lugares y justicias, y para esto juzgó muy conveniente, el casi continuo movimiento de las Escuadras, á fin de que viéndose continuamente *mozos* en todos los puntos, los pueblos no dudasen de que serian prontamente socorridos y ausilliados. De esta manera, aquel celoso comandante no dudó que podria otra vez ponerse en juego el poderoso recurso del somaten, arma poderosisima de los pueblos, que en todas épocas, ha sido y es, la que más aterra á sus enemigos. Las fuerzas volantes, digámoslo así, estaban ordenadas del modo que se espresa en las relaciones siguientes, copiadas de sus originales. (Documentos oficiales.)

RELACION de los mozos de la escuadra de Pedro Antonio Veciana, baile de la villa de Valls, que se hallan en el actual servicio para la persecucion de los facinerosos:

Damian Colls, de Valls.—Juan Ricart, de Vilarodona.—Francisco Farré, de Valls.—Juan Vilanova, de Valls.—Francisco Martí, de Valls.—Juan Silvestre, de Valls.—Pablo Ricart, de Vilarodona.—José Boleda, de Guimera.—José Cosi, de Torlanda.—Francisco Guardias, de Valls.—José Vicheto, de Rocafort.—Andrés Subidos, de Valls.—Certifico etc. En Valls, y agosto 10 de 1721.—Pedro Antonio Veciana.

RELACION de los mozos de la Escuadra de Francisco Martí, de Riudoms, que se hallan en el actual servicio para la persecucion de los facinerosos:

Francisco Monter, de Alforja.—Gabriel Cugat, de Alforja.—Antonio Martí, de Riudoms.—José Malmo, de Riudoms.—Alfonso Monjas, de Riudoms.—Juan Serra, de Riudoms.—José Serret, de Riudoms.—Juan Rich, de Riudoms.—Pedro Castelló, de Alforja.—Clemente Goma, de Valls.—Juan Mala, de Valls.—Jacinto Tosi, de Riudoms.—Certifico y doy fé etc. En Valls y agosto 10 de 1721.—Francisco Martí, *cabo*.

RELACION de los mozos de la Escuadra de Francisco Alegret, sosbaile de Rodenya, que se hallan en el actual servicio para la persecucion de los facinerosos:

Juan Pena, de Vilarodona.—Pablo Martí, de la Nou.—Juan Olivé, de Valls.—Rafael Senabra, de Bonastra.—Pablo Casas, de Rodonyá.—José Rovira, de Rodonyá.—Pablo Nin, del Vendrell.—Pelegrin Garva, de Vilarodona.—Juan Domenech, de Vilarodona.—Jaime Totosaus, de Vilarodona.—José Santroma, de Vaspella.—Rafael el Rey, de Vaspella.—Certifico y doy fé etc. En Valls y agosto 10 de 1721.—José Alegret, *cabo*.

RELACION de los mozos que componen las dos partidas de los cabos Jaime Malvehí y Antonio Rafecas, son los siguientes:

Jaime Malvehí, cabo.—Antonio Rafecas, cabo.—Bernardo Font.—Felipe Urgel.—José Martí.—Jose Bages.—Juan Badía.—Bartolomé Artés.—Juan Miguel.—Jacinto Suassa.—Ignacio Buscalla.—Antonio Grau.—Francisco Soler.—Martí Estrada.—Pedro Sol.—Pedro Serdá.—Francisco Blanch.—Lorenzo Torné.—Juan Vila.—Isidro Rosa.—Jaime Cots.—Juan Aimá.—Pablo Romagosa.—Jaime Milá.—Emanuel Feltu.—Pedro Riba.—Certifico y hago fé, etc.—Piera y agosto 6 de 1721.—Gerónimo Sastre y Pascual.

RELACION de los mozos que componen la partida del cabo Francisco Janer que son los siguientes:

Francisco Janer, cabo de Monistrol de Monserrate —Jose Juliá, idem —Isidro Casals. idem.—Juan Reynalt, idem —Zoylo Carles, idem.—Juan Castellot, de Vacarissas —Silvestre Rius, idem —Francisco Marcos, de Pierola —Francisco Gericó. de Manresa.—Felix Buhigas, idem —Isidoro Capdevila. de el Estany.—Certifico etc. En la villa de Monistrol de Monserrate á 2 de agosto de 1721.—Jaime de Llisach.

RELACION de los cabos y miñones que componen la Escuadra de la villa de Piera del cargo y conducta de Gerónimo Sastre y Pascual, destinada a la persecucion de ladrones y gente armada, cuyos cabos y miñones son como siguen:

Raimundo Vidal, cabo.—Jaime Almirall, 2.° cabo,—José Sabater, tercer cabo.—Antonio Feliu.—José Cussine.— Jaime Cots.—Pedro Sol.—Juan Fuster—José Boloix —Antonio Vidal.—Francisco Vidal.—Emanuel Vivas.—José Quintana.— Diego Soler.—Jaime Pujol.—Francisco Freixas.—Doy fe y verdadero testimonio etc. En Piera á los 6 de noviembre del año 1721.—Gerónimo Sastre y Pascual.

RELACION de un cabo y cuatro mozos que residen en la villa de la Llacuna destinados a la persecucion de los ladrones cuyos cabos y mozos son como siguen:

José Puigdengolas, baile y cabo.—Francisco Cortey.—Francisco Mosarro.—Tomas Valls.—Juan Rosa.—Doy fé etc. En Piera á los 6 del mes de noviembre del año 1721.—Gerónimo Sastre y Pascual.

El infatigable comandante formuló despues bajo el modesto título de ORDENACIONES, un ensayo de reglamento, que una vez aprobado por la superioridad, sirvió de base para el gobierno de las Escuadras, y como nosotros nos hemos propuesto escribir esta historia sin omitir absolutamente nada de cuanto pueda ser de algun interés y esclarecimiento de la verdad, copiamos por esto dicho documento, que es como sigue:

ORDENACIONES

QUE SE DEBERÁN OBSERVAR ENTRE LOS CABOS DE LAS ESCUADRAS.

1.° El primero y punto más principal deberan observar al pié de la letra todas las órdenes vigentes sobre esta materia.

2.° Que el cabo de cualquier partida debe responder de cualquier desman ejecutado por los *mozos* de su destino.

3.° Que el cabo que reconociere ó averiguase que alguno de sus *mozos* no le ha guardado secreto ó han dado alguna inteligencia en contra, debera in continenti el cabo prender al *mozo* y luego dar parte.

4.° Que siempre que se averigüe que alguno de los cabos vive escandaloso y da mal ejemplo notable al publico y á sus *mozos*, se le quitará su empleo y el castigo correspondiente a disposicion del Exmo. Sr. marqués de Risbourgh.

5.° Que el *mozo* ó *mozos* que sin órden positiva tanto con las armas como sin ellas se apartare la distancia de media hora del paraje de donde estuviere el cabo, se le aplique la ley de diez dias de cárcel y la misma si sabe el cabo que tiene alguna mala correspondencia con alguna mujer.

6.° Que el cabo que llegase a entender ó supiese que alguno de sus *mozos* en el escudriño de alguna casa ó transitando hubiese pedido ó robado la más mínima cosa, debe prenderle y bien asegurado sin que pueda soltarle sin órden espresa.

7.° Debe el cabo de cualquier partida si llegase en algun lugar que no se vendiesen víveres necesarios y él por sí ó por los *mozos* los necesitase, debera el cabo pedir a la justicia de aquel lugar lo necesario pagando el cabo el precio regular sin que los *mozos* lo tomen por sí aunque los dueños lo dejen á disposicion de los *mozos*.

8.° Que el *mozo* ó *mozos* que quisiesen licencia para retirarse deben avisar ocho dias antes a su cabo y que no pueden los *mozos* por ningun motivo dejar las armas sin prescindir de dicho aviso para que el cabo pueda hacer su representacion.

9.° Que en el lugar de su destino no puedan los *mozos* entrar con sus armas en la iglesia mientras se celebre la misa ú otra funcion, sino en caso de transito ó en ocasion que se necesitare.

10. Que ningun cabo por sí ni ninguno de sus *mozos* pueda gastar tabaco de contrabando ni ausiliar a ninguno de los contrabandistas, antes bien deberá el cabo y los *mozos* dar la asistencia debida en caso que algun administrador ó guardia les pidiese su ausilio.

11. Que al *mozo* ó *mozos*, que se encontrare tabaco de contrabando se les notifique que se entregaran á los administradores de la Real Venta, y quedarán eximidos del servicio.

Pronto se tocaron los resultados de tan acertadas disposiciones. El espiritu público, como habia previsto Veciana, se reanimó, y los pueblos y caserios dispertaron del profundo letargo en que los habia sumido el terror que los bandidos les habian infundido. Reanimados con el ejemplo y palabra de los *mozos*, pronto comenzaron á sacudir el pesado yugo que les habian impuesto los bandidos. El mundo casi siempre ha sido lo mismo. El cuerpo social, lo mismo que el individuo, siempre ha tenido que sostener una terrible lucha con los malvados y perturbadores de su tranquilidad y reposo. Los bandidos vienen á ser respecto de la sociedad, lo que las pasiones y vicios respecto del individuo. De ahi la necesidad de la virtud y la razon en el individuo, para que sus pasiones y malas inclinaciones no lleguen á dominarle; y de ahí tambien la necesidad de la sociedad de armarse contra esas pasiones y vicios que quieren destruirla.

Y asi como las pasiones individuales toman mil formas y maneras para insinuarse y vencer, del mismo modo, las pasiones sociales cambian más formas que Prometeo con objeto de engañar, sorprender y triunfar de la misma sociedad. Por esto en el decurso de esta historia, nuestros lectores podrán notar las diferencias que han existido entre los bandidos y malandrines segun las épocas y tiempos. Los bandidos de 1690, época de la fundacion de las Escuadras, no son lo mismó que los de á fines del año 1700; luego vienen los bandidos de los primeros años del siglo actual, y últimamente los de nuestros dias, que en nada se parecen á sus antepasados. Si hacemos una escursion fuera de la época en que comienza nuestra historia, encontraremos á la sociedad luchando siempre con esas mismas pasiones perturbadoras y disolventes, disfrazadas con los pomposos nombres de conquistadores, civilizadores y otros muchos, que traducidos en su verdadero sentido, son un verdadero sinónimo de bandidos. Solo con el ejemplo de la virtud y la dulce persuasion, deben civilizarse los pueblos, como lo hizo Jesucristo que mandó á Pedro que envainase la espada, y no pidió á su Padre escuadrones de ángeles guerreros para ayudarle por medio de la fuerza á propagar é imponer sus doctrinas. En fin, así como al individuo le ha dado Dios la razon y la gracia, para resistir y vencer sus enemigos interiores que son sus propias pasiones, su misma carne; á las sociedades les ha dado las leyes divinas y humanas, y la fuerza suficiente para su cumplimiento. De ahi el que esas dos cosas sean, los ángeles custodios del cuerpo social, resultando de aqui que tan honroso título puede aplicarse á las Escuadras, fuerza vigilante y dispuesta siempre para morir ó vencer á estas mismas pasiones, verdadero cancer de la sociedad. Hemos dicho antes que, merced al aumento de las Escuadras y á las acertadas medidas que supieron tomarse, las cosas habian cambiado de aspecto, y por esto el comandante de los *mozos* en aquella fecha (1721) decia al Excmo. señor Capitan General:

«Ya se van tocando los resultados de las disposi»ciones últimamente adoptadas, de modo que la gen»te pacífica puede ya pasar de unos lugares á otros »sin la esposicion y peligro de antes. Las justicias ya

»vienen cumpliendo con su deber, dando aviso de los »movimientos de la canalla, y ya podemos contar »con el ausilio de los somatenes. Puede V. E. estar »seguro de que yo y los mios cumpliremos con nues- »tro deber, pero como aun existen algunos lugares y »justicias que no cumplen con el suyo, por esto seria »de parecer que se les obligase á los tales lugares y »justicias á mantener ellos solos las Escuadras, ó á »lo ménos á cargar sobre ellos gran parte de ese tri- »buto. Las justicias que no cumplen con su deber, »son precisamente las de los términos por donde mas »divagan los malhechores, á saber:—San Sadurni.— »San Lorenzo dels Horts.—Masquefa.—Monistrol de »Noya.— Abrera.— Esparraguera.—Collbató.—Cas- »tell Oli.—Vallbona.—Cabrera.—Capellades.—Villa- »nova de Espoya.—La Torre de Claramun.—La Po- »bla.—Villanoba de Cami.—Mombuy.—La Llacuna. »—Carné y las Esplugas.—Mediona y San Juan de »Conillos.—Orpi.—La Cuadra.—San Quintin.—San »Pere de Riudevilles.—Terrasola.—David.—Pierola. »—Pintoses.— San Cugat.— Santa Fé.— San Marti »Sarroca.—Gelella y Ribes. V. E. en vista de esto »hará como mejor lo crea conveniente etc.» (Docu- »mentos oficiales de aquella fecha.)

Pocos dias despues, el comandante recibió la com- petente autorizacion para obrar segun lo espuesto en la comunicacion anterior. En este documento, como en todos, se manifiesta espresamente la ilimitada confianza de que gozaban los *mozos* y su coman- dante. «Bien conocidos me son, dice el Capitan Ge- »neral en uno de sus párrafos, los grandes servicios »de V. y la fuerza de su mando. Tambien S. M. tiene »noticia de ello y no puedo dudar de que estos ser- »vicios le son muy agradables. Yo no limito casi »nunca las facultades que V. merece, pues confio, y »estoy cierto, que nunca abusará de ellas.» (Docu- mentos oficiales de aquella fecha.)

Pero ¿qué hacian entre tanto los bandidos, des- pues de la vergonzosa derrota de Valls? No perdian por cierto el tiempo en la inaccion. Comenzaron atri- buyendo aquel desastre á la impericia de Carras- quet, en lo cual no tenian el menor viso de razon. Este caudillo habia cumplido valerosamente con su deber, y si sus planes se frustraron, solo se debió al valor casi fabuloso de los *mozos* y á la serenidad, sangre fria y pericia de su comandante. Pero el caso fué que de todos modos la culpa fué achacada al in- feliz Carrasquet, que herido y lleno de dolores, fué abandonado por los suyos sin piedad ni compasion. En aquel abandono, se cree, que murió pocos me- ses despues, recogido y cuidado por unos pobres pas- tores, compadecidos de sus enfermedades y miseria. Nada de seguro podemos decir sobre este particular á nuestros lectores, por no poderlo confirmar con al- gun dato ó documento, de los muchos que hemos consultado. Despues de este nuevo acto de barbarie, los bandidos se dispersaron en varias partidas, cada una al mando de sus respectivos capitanes. Juraron no formar jamás un solo cuerpo ó columna, puesto que tan mal les habia ido cada vez que lo habian in- tentado y especialmente en la última. Asi, pues, pro- clamaron de hecho la independencia de unas cuadri- llas respecto de las otras, y la libertad de obrar cada una de por sí, segun y como mejor le pareciera. Este mismo sistema habian seguido antes, pero en el últi- mo periodo de la época de Claudio, éste, que tenia unas miras muy distintas del comun de la canalla, habia trabajado mucho en el sentido de una comple- ta unidad de fuerzas, bajo el mando de un solo jefe. Seguramente que Claudio hubiera visto realizado su plan, porque este hombre habia llegado á tan alto grado de prestigio y confianza entre los malvados de todas clases, que para él nada habia imposible, pero despues de su conversion, habia quedado un vacío entre los foragidos, que era muy dificil de llenar, pues no era posible encontrar un bandido de las ra- ras y singulares circunstancias del *Molinero*. Puch de Arbucias ó sea Cama de Boya, era atrevido y valien- te, y tal vez el más antiguo de todos los bandidos del principado. Ya Veciana se habia batido con él en 1692, y tanto éste como los *mozos* le conocian par- ticularmente, pues todos se habian batido con él muy de cerca y muchas veces. Pero el tipo que nos pre- senta ese bandido es muy distinto del que caracte- riza al *Molinero*: y como nos hemos propuesto dar á nuestros lectores noticia de los bandidos, en todos sus diferentes tipos y clases, por eso vamos á presen- tarles la siguiente historia.

HISTORIA DEL BANDIDO PUCH (a) CAMA DE BOYA.

I.

Para que Claudio llegase á ser asesino y bandi- do, fué indispensable un cúmulo de circunstancias estraordinarias, porque sin el abandono de sus ver- daderos padres á poco de haber nacido, sin los crue- les y malos tratos de los que le adoptaron por egois- mo, para abandonarle á su vez, acusándole de delitos y faltas que no habia cometido ; sin el trato de los vagamundos, que haciéndose mendigos asque- rosos y mutilados durante el dia, se entregaban á la crápula y desenfrenada lascivia durante las primeras horas de la noche ; sin la condena, en fin, que se le impuso como incendiario que nunca habia sido, Claudio repetimos, no solo no hubiera sido nunca un bandido, sino lo que fué despues, esto es, un hombre de bien, tierno esposo y honrado padre de familia. Pero Puch hubiera sido malo y perverso, aun cuando sus padres le hubiesen encerrado desde niño en un convento de Cartujos ó de Padres de la Trapa. Entre Claudio y Puch, siendo así que am- bos eran ladrones, bandidos y asesinos, mediaba un abismo; y así se esplica el que jamás pudiesen en- tenderse ni unirse, el que jamás Claudio hubiese lle- gado á vencer la antipática repugnancia que le inspiraba Cama de Boya, hasta el punto de haberle espulsado ignominiosamente de su cuadrilla, apesar de las circunstancias de valor y astucia que el *Moli- nero* le reconocia. ¿Cómo esplicaremos, pues, este fenómeno? ¿Seria por ventura que el carácter indó- mito de Puch no se aviniera con la sumision y obe- diencia que debia á Claudio como capitan que era de la cuadrilla? No por cierto , porque bien penetrado como estaba de la superioridad de Claudio sobre él, era el primero en obedecerle y hasta en adularle. ¿Cómo pues el *Molinero* despreciaba á un bandido como Cama de Boya? Porque Claudio habia nacido con un corazon que fué necesario corromper para que llegase á ser bandido , mientras que Puch habia nacido ya con un corazon corrompido y perverso. En una palabra: Claudio llegó á ser malo porque los hombres y las cosas se empeñaron en que lo fuese, al paso que Puch hubiera sido malo, aun cuando todo el mundo se hubiera interesado en que fuese un hombre de bien. Hasta la edad de diez y seis años habia sido criado por sus padres , que eran unos honrados labradores de la provincia de Gerona. Vivian estos en una casa de campo á unas cuatro horas de distancia de aquella capital. La educacion que recibió Puch puede reducirse á una sola palabra, á saber: al ejemplo que le daban sus padres, en cuya intachable conducta se reflejaba su honradez y la de todos sus antepasados. Por punto general, las gentes sencillas del campo, creen que todo consiste en dar buenos ejemplos á sus hijos, enseñarles los principios más necesarios de la doctrina cristiana y las oraciones más usuales de nuestra religion. Los dedican desde muy niños á las faenas del campo, á guardar sus cabras y cerdos cuando niños, y á la labranza cuando mayores, no tienen las debidas precauciones respecto la comunicacion y roce de los dos sexos, y no ejercen sobre los mismos la menor vigilancia. Los abandonan á sí mismos y á su naturaleza que, siendo un conjunto de carne y espíritu muchas veces hace que los instintos de aquella prevalezcan sobre este , naciendo de ahi vicios y contaminaciones con una antelacion la más prematura. No observan las inclinaciones particulares de cada uno de sus hijos, sino que, suponiéndolas iguales en todos, á todos los miden del mismo modo y los educan de la misma manera. Ni siquiera los corrigen cuando esplican el modo con que los irracionales se juntan para su propia reproduccion, resultando de aqui el que á niños y niñas de muy corta edad, se les oigan espresiones y conversaciones capaces de escandalizar y ruborizar á los hombres de las villas y ciudades. Todo esto, es verdad, se dice y pasa sin malicia, como nos lo han dicho á nosotros mismos, pero ¿acaso sus hijos é hijas no son de carne humana? ¿Por ventura los apetitos carnales no son los mismos en el campo que en la ciudad? Pero ya nos parece que oimos á uno ó más de nuestros lectores y lectoras de imaginacion algo viva, que se nos queja del tiempo que perdemos en sermonear, en vez de contar la historia que hemos comenzado. Mas es menester que tomen un poco de paciencia, porque nosotros creemos que no será estraño que nuestro libro sea admitido en algunas de esas casas de campo tan partidarias de los *mozos*, y hemos querido aprovechar esta ocasion para advertirles de un gran peligro que, sin advertirlo, están corriendo y cuyas fatales consecuencias deploraron los padres de Puch y otros muchos que no mentamos en esta obra. Volviendo, pues, á nuestra historia, decimos que Puch, siendo de inclinaciones malas y perversas, recibió por parte de sus padres la misma educacion y crianza que los demás hermanos, todos naturalmente buenos y sencillos, como lo eran sus padres. Pero Puch desde niño necesitaba otra clase de educacion, y como esta le faltó, por eso lle-

gó á ser un bandido de los más sanguinarios y crueles, acibarando con su conducta la vida de sus honrados padres y hermanos, para quienes, lo mismo que para la sociedad, llegó á constituirse en objeto de horror y oprobio. Sus juegos y distracciones desde sus primeros años, revelaban ya sus perversas inclinaciones. Tendia lazos á los ratones , ardillas y otros animales , para cojerlos vivos é ilesos, con el objeto de saborearse dándoles una muerte lenta y entre los más atroces dolores y tormentos. Sus cándidos padres y hermanos elogiaban la sutileza y sagacidad con que Puch, que era el más pequeño de ellos, sabia inventar tormentos y suplicios para aquellos infelices animales. Despues se divertia atormentando á los gatos y perros de la casa, quienes con este motivo le odiaban y aborrecian, pero él sostenia con ellos riñas y luchas á veces bastante terribles y sangrientas. «Ya me la pagarán,» decia él, cuando se veia arañado ó mordido, y realmente se la pagaban, porque su encono duraba mucho, si es que llegase á estinguirse, sin la muerte del animal que le habia ofendido defendiéndose de sus martirios. A todo esto la familia callaba ó aplaudia, sin considerar que el que cuando niño tiene mal corazon para los inofensivos animales , cuando grande lo tiene para los hombres. A medida que crecia en edad, aumentaban sus crueldades y travesuras. Tenia una repugnancia innata hácia el trabajo, y preferia ser castigado y privado de los alimentos, con tal de pasar el dia holgando y sin trabajar. Puch era víctima de uno de los siete pecados capitales, á saber: de la *pereza*, de este vicio vergonzoso, gérmen de todos los demás. La *pereza* es como todos los demás vicios y pasiones desenfrenadas. El jugador roba y mata para satisfacer su sed de juego, el perezoso hace otro tanto para no trabajar. Por lo que hemos observado al registrar los datos y documentos para formar las historias de los criminales, podemos asegurar que la *pereza* puede considerarse como el principal criadero de bandidos y malandrines. Siempre en sus antecedentes hemos encontrado los rasgos de la holgazanería y ódio al trabajo. Cuando Puch desaparecia de su casa para sustraerse del castigo que le amenazaba por alguna de sus ya graves y hasta criminales travesuras, procuraba recoger provisiones, y entonces se pasaban á veces veinte y más dias sin encontrársele en ninguna parte. ¿Sabeis en dónde estaba entonces? en lo más hondo y oscuro de alguna cueva, solo y aislado, entregado á las delicias de su pasion dominante, la *pereza*. Así tambien cuando más tarde era ya un bandido perseguido por los *mozos* , desaparecia á veces por el espacio de dos y más años, sin que se le viese en ningun punto ni lugar. Tambien entonces vivia entregado esclusivamente á su pasion favorita, la de dormir y comer ó no hacer cosa alguna de trabajo. Ya los padres de Puch conocieron, aunque tarde, que su hijo necesitaba un severo correctivo. Mas como la gente sencilla é ignorante, por punto general, es amiga de los estremos, los padres de Puch acudieron al de delatar á su propio hijo ante la justicia. Con este objeto se presentaron al baile de Gerona; con quien acordaron el que, ellos mismos buenamente y con maña, conducirian á su hijo ante él, quien despues de una severísima represion, lo haria encerrar en la cárcel pública por un tiempo indeterminado, segun las pruebas que diese de arrepentimiento. Jamás aconsejariamos á nadie una medida semejante, y mucho ménos en una época como la de nuestra historia, en que no habia más que la cárcel comun para toda clase de criminales. ¿Qué puede aprender un jóven entre aquellas gentes? Ellas son una verdadera escuela de corrupcion y maldad, donde se entra para corregir defectos, y se sale con disposiciones marcadas para el crimen. Ya hemos visto lo que aprendió Claudio en la cárcel y en el presidio. Si desgraciadamente alguna vez debeis encerrar á vuestros hijos, hacedlo en punto donde puedan estar completamente aislados y separados de todos los demás presos, aun cuando éstos lo sean por faltas leves. Procurad que ni siquiera puedan oir sus gritos, blasfemias y conversaciones, de lo contrario, os habreis propuesto corregir, y habreis logrado pervertir á vuestros hijos. Pero Puch no necesitaba esto, porque su perversidad estaba en sí mismo ; no debia adquirirla, puesto que la poseia ya en eminente grado. Astuto y sagaz, habia penetrado las intenciones de sus padres; hipócrita y fingido, supo disimular hasta el estremo de que estos creyesen que estaba siempre dispuesto á ir con ellos á Gerona para escoger un oficio. Mientras tanto él habia tomado ya su resolucion, y con sumo sigilo estaba haciendo los preparativos para llevarla á cabo con seguridad. Aborrecia el trabajo, amaba la holganza, y por esto habia escogido la carrera de bandido, por parecerle la única que le brindaba con ambas cosas. Pero para ser bandido era menester tener armas, ya para su propia defensa, ya para matar á sus víctimas. Al principio habia pensado coger á los hombres tendiéndoles lazos y trampas, como lo habia hecho con los ratones, gatos y otros irracionales; pero luego calculó que era muy difícil el defenderse de los *mozos* por medio de ratoneras y lazos. Dedujo de todo esto que era preciso armarse, y como en la casa no habia más que una escopeta, que no hacia mucho para su intento, por esto determinó robar á sus padres, pues dijo entre sí: *con dinero se tiene todo.* La ocasion era propicia, pues Puch sabia que por aquellos dias vencia el arriendo de la casa y tierras, que ocupaban sus padres, que subia á la suma de tres onzas en oro, ó sean cuarenta y ocho duros, con cuya cantidad habia de sobras para todo. Pero era el caso que este dinero, que constituia toda la riqueza de la familia, y en la cual estaba vinculada su existencia y honor, estaba cuidadosamente guardado por el padre en una arca que tenia en su propia habitacion, y cuya llave llevaba siempre en su faltriquera. ¿Cómo lo haria, pues, para apoderarse de la llave? Mil ideas confusas y diabólicas cruzaban por aquella cabeza tenebrosa, agitada por el deseo de salir de aquel apuro y por la influencia de su pervertido corazon. ¡Matar á su padre! Hé ahí una idea que cual sangrienta sombra apareció en su mente, en la cual, sin embargo, no pudo detenerse por la magnitud de la maldad que encerraba. ¡Robarle la llave! esta era ya otra idea, que el infame hijo calificó de oportuna é inspirada. ¿Pero cuándo y de qué manera? esto es lo que calculaba aquella alma de hierro, dando ya por sentado el que la llave y el dinero que encerraba debian ser robados, sin acordarse de que aquel dinero era el producto de los sudores y fatigas de toda la familia durante un año entero; que de él dependian su existencia y porvenir, pues una vez imposibilitada de pagar el arriendo, podia verse espulsada de la casa en que habian nacido todos, desde sus bisabuelos hasta sus padres. Pero, ¿qué tiene que ver esto con un corazon como el de Puch? Mientras andaba él en tan infames cavilaciones, llegó la noche en que su padre le previno que al dia siguiente partirian ambos para Gerona, á fin de que él escogiese el oficio que mejor le pareciera. Los malvados tienen una imaginacion muy viva y creadora para la maldad. Oir esto, y concebir su plan con todos los pormenores, fué obra de un momento. Al dia siguiente mucho antes de la salida del sol, padre é hijo emprendieron á pié su viaje para Gerona. El camino que debian atravesar era desierto y escabroso, sembrado de espesos bosques, y cortado por torrentes y cerros casi intransitables. El anciano padre miraba de vez en cuando á su hijo, y viéndolo pensativo y triste, iba modificando su primitiva determinacion. «No, decia entre sí, no lo quiero presentar al baile; es mi hijo y no lo debo abandonar á la justicia, aun cuando no sea más que por algunos dias. Yo le buscaré en Gerona un amo, y haré cualquier sacrificio á fin de reducirle á que sea un hombre de bien. No se dirá nunca que haya abandonado al hijo de mis entrañas.» Y una lágrima surcaba por la arrugada mejilla del anciano. Atravesaban en aquel momento un bosque sombrío y oscuro, cuando repentinamente Puch se arroja sobre su padre, lo derriba al suelo desde el primer empuje, y en seguida, aplicándole una rodilla sobre el pecho, y apretando con su robusta mano el cuello de su víctima, le dice con voz amenazadora y sombría: «¡La llave... la llave... ó sino os mato!» Pero como al mismo tiempo apretaba tanto la garganta del infeliz padre, éste se volvia amoratado, y no podia contestar, pues se ahogaba por momentos. Puch, fuera de sí, creia que su padre se resistia, y ya puesto en el lance, habia resuelto acabar con los dias del que le habia dado la vida. En fin, el anciano hizo el último esfuerzo y pudo él mismo sacar la fatal llave de su faltriquera, dándosela á su hijo. Entonces éste soltó al anciano y le ayudó á levantar. El infeliz, asi que pudo hablar, dijo: «¡Perdonadle, Dios mio, perdonadle!...» Iba en seguida á dirigir la palabra á su hijo, pero éste, tapándole bruscamente la boca, le dijo: «¡eh! nada de sermones... ¡silencio!» Diciendo esto cogió otra vez á su padre, lo ató con su misma faja junto al tronco de una corpulenta encina, y despues de haberse asegurado de que no podia desatarse, regresó á paso precipitado hácia su casa. Era preciso completar la obra comenzada, puesto que su objeto era el dinero del arca. Sabia él que en aquella hora en su casa solo encontraria á su madre. Tambien habia previsto que ésta estaria ocupada en la cocina arreglando el almuerzo para sus hermanos que trabajarian en el campo. Bajo estos antecedentes determinó penetrar en su casa por la parte del corral, cuyas tapias habia saltado más de mil veces. Una vez dentro, le era sumamente fácil entrar en el cuarto de su padre, apoderarse del dinero y huir, sin ser apercibido de nadie. Dicho y hecho; tal como lo concibió lo puso en práctica, y dos horas despues salia de la casa paterna para no volver más, llevando su codiciado tesoro. Nadie se habia apercibido de la entrada de Puch en su casa, y toda la familia le creia ya en Gerona, tal vez en poder del baile. Esta idea tenia contristados á la madre y hermanos del bandido, asi es, que el almuerzo y comida de aquel dia fueron sombríos y silenciosos, revelando el disgusto de todos. Entre tanto el infeliz anciano luchaba en vano para librarse de las fuertes ligaduras con que su hijo le habia atado al árbol. Sus fuerzas iban debilitándose por momentos, sentia que perdia los sentidos, y solo le quedaba aliento para rogar á Dios por la salvacion de su desventurado hijo. Así sin duda hubiera perecido aquel desdichado padre á no haber dado la casualidad de ser descubierto por los perros de unos pastores que con sus ladridos llamaron la atencion de sus amos. Estos acudieron, y viendo al anciano en aquella posicion con la cabeza caida sobre su pecho, le creyeron muerto. Sin pérdida de tiempo lo desataron, y habiendo notado que respiraba todavia, le prodigaron todos los ausilios que tenian á la mano. Rociaron su frente y labios con un poco de aguardiente, le frotaron fuertemente las piernas y brazos para hacerle entrar en calor, mientras que al propio tiempo no cesaban de llamarle por su propio nombre, pues le habian reconocido aunque estaba desfigurado su rostro. El anciano recobró, por fin, sus sentidos, y reanimadas sus abatidas fuerzas con los ausilios de aquellos compasivos pastores, pudo con pena y dolor regresar á su casa, apoyado en el brazo de uno de aquellos. Era ya de noche cuando entraron en la casa, y toda la familia tuvo un gran disgusto al verle en tan abatido y triste estado. El pastor contó el lance, debido, segun le habia dicho el anciano, á la infamia de unos ladrones que alli le abandonaron despues de haberle robado y maltratado. Al dia siguiente el padre de Puch yacia postrado en la cama, atacado de una intensa calentura, acompañada de un semi-delirio, durante el cual solo pronunciaba esas incoherentes palabras: *Estamos perdidos..... el arriendo..... el arriendo..... desgraciado hijo!.....* La infeliz familia estaba en la mayor congoja; rodeaba la cama del anciano, prodigándole en vano toda clase de consuelos y remedios. La madre se deshacia en llanto, y los hijos ocultaban sus lágrimas para no causarle más pena. En esto se presentó el procurador para cobrar el arriendo. Era este un hombre duro, de sensibilidad gastada, si es que la hubiese tenido alguna vez. La mujer y el hijo mayor le esplicaron la desgracia que habian sufrido, y el apuro en que se hallaban por no haber podido encontrar la llave del arca en la faltriquera del anciano. Mas el empedernido procurador no hizo caso de sus razones, sino que insistió en que debia cobrar el arriendo aquel mismo dia, diciéndoles que ya sabian que era enemigo de viajar en vano. Entonces el hijo mayor irritado de tanta crueldad, y para convencer al procurador de que nada se le habia exajerado respecto al estado de su padre, le cogió por el brazo y lo condujo á la presencia del enfermo. Este, asi que lo vió, fijó en él su calenturienta mirada, y reconcentrando toda su atencion le dijo: «No es posible, señor Pascual, no es posible, que yo pague el arriendo este año... —¿Y por qué? dijo el procurador.—Porque me lo han robado.» El procurador iba á contestar, pero la mujer del enfermo se interpuso y le rogó que no hiciese caso, puesto que deliraba. En fin, el procurador se retiró, diciendo que volveria dentro de seis dias por el dinero, ó que de lo contrario los sacaria de la casa despues de haberles embargado cuanto poseian. Aquel mismo dia el delirio del anciano cesó enteramente. Recobrada su razon y cal-

ma, convocó junto á su cama á toda la familia, y les contó su desgracia con todos sus pormenores y circunstancias. «Ya no nos queda, dijo al concluir, más que un remedio, puesto que todo lo hemos perdido, á saber, pasar á Gerona á implorar la compasion de nuestro amo. El es un buen señor, y no dudo que mitigirá el rigor de ese severo procurador, del cual no hay que esperar la menor gracia.»

—¡Iufame Puch!... esclamó uno de los hijos.

—No, hijo mio, añadió el padre, no le llames infame, dale más bien el nombre de perdido y desgraciado. Ha puesto sus manos sobre mí, nos ha robado el dinero, y sin embargo se lo perdono todo. ¡Ojalá sea tambien perdonado por Dios! Pero ha entrado en la senda del vicio y del crímen, y una voz secreta me dice que no la abandonará. Desde hoy, su vida será la del hijo pródigo, más aun, será el oprobio y deshonra de sus padres. Yo, hijos mios, no puedo sobrevivir á esta idea: vuestro padre morirá pronto, más pronto de lo que pensais. Quiero, pues, aprovechar los pocos momentos que me restan para pediros un favor.

—Decid, decid, querido padre, dijeron los hijos sollozando.

—Juradme que nunca odiareis á vuestro hermano: prometedme que todos los dias rezareis con fervor para que Dios le llame á si y se convierta.

—Os lo juramos, contestaron los hijos llenos de dolor y pena.

—Ahora ya muero consolado. Retiraos y que venga mi confesor.

El anciano no se habia equivocado cuando dijo que su vida se acababa por momentos. Dos dias despues la desconsolada familia acompañaba sus restos mortales al cementerio.

Hé ahi las espantosas consecuencias del primer crímen de Puch. Despues la familia siguió en la misma casa, porque el amo principal, como ya lo habia previsto el anciano, tuvo compasion de sus inmerecidas desgracias.

II.

ROBO Y MARTIRIO DE LA FAMILIA DEL MAS SUTEY.

Un año despues de estos acontecimientos, á la caida de la tarde de un dia del mes de octubre, un venerable capuchino, con su larga y espesa barba, apoyado en su báculo de viaje, entraba en la casa de campo llamada de Sutey, á dos horas de distancia de Besalú, en el camino que conduce de Bañolas á Olot.

El dueño de la casa, sus dos hijos y criados, todos labradores, iban á sentarse á la mesa despues de haber trabajado todo el dia, puesto que era la hora de la cena. Al ver entrar al respetable capuchino, se levantaron todos y le pidieron su santa bendicion. Este estendió su mano y los bendijo en nombre del Padre, del Hijo y del Espíritu Santo. En seguida el dueño de la casa abandonó su puesto para ofrecerlo al huésped, segun acostumbraba siempre. La casa tenia carta de hermandad con los padres capuchinos, en virtud de la cual estos tenian el derecho de hospedaje en la misma siempre que debiesen ó quisiesen transitar por aquel término, así es, que la llegada del capuchino fué un acontecimiento muy comun y regular que se repetia bastante amenudo. Cenaron todos con buen apetito y alegre cordialidad y franqueza, guardándose al respetable Padre las más finas atenciones y deferencias. Despues de la cena, el capuchino tomó su rosario y toda la familia rezó con suma devocion, aunque el Padre lo hacia con un fervor y uncion edificante. Despues el venerable sacó su breviario, y pidió una luz, pues dijo que estaba muy atrasado del rezo, y no se queria acostar sin haber cumplido con tan sagrada obligacion. Algunos minutos despues, toda la familia se retiró á descansar, y advirtiendo que el Padre aun tenia encendida la luz, dijeron entre si: Aun estará rezando este santo. Una hora transcurrió todavia: todo el mundo descansaba en la casa menos el capuchino que aun rezaba. Repentinamente se levanta de su silla, coge la luz, abre la ventana y hace subir y bajar tres veces la misma luz. Era esta la señal convenida. Cuatro hombres de torvo y repugnante semblante se presentan poco despues en la puerta de la casa. El capuchino con la luz en una mano y con la otra el breviario sale de su aposento, baja la escalera y se dirige hácia la puerta de la casa, y como estaba cerrada y atrancada por la parte de adentro, quita las barras, pero antes de abrir toma un pedazo de pan y lo reparte entre los dos perros que seguian sus pasos como si fuera de la familia, les prodiga mil caricias y halagos, y cuando está seguro de que no se alborotarán, abre la puerta, sale afuera, los perros le siguen y comienzan á rugir, pero él y los cuatro recien venidos, los halagan y se hacen sus amigos. En seguida entran todos cinco en la casa, cierran la puerta, y precedidos del capuchino se dirigen á los dormitorios. Dos de los recien llegados, se quedan, por disposicion del capuchino, junto á la puerta del cuarto en que dormian los dos mozos de labranza, otro se coloca á la entrada del dormitorio de los dos hijos. Todos hacian brillar en sus manos los puñales. El otro y el capuchino, empujan suavemente la puerta de la estancia del dueño y su mujer, y penetran sin ser apercibidos, hasta lo interior de la alcoba. Los dos esposos dormian profundamente, cuando fueron dispertados con mucho tiento por el Padre.

—¿Qué hay? dijo el marido, ¿qué se le ofrece á V. mi buen padre?

—Es que no soy solo, dijo el fingido capuchino, señalando al bandido cuyo puñal se rozó en aquel momento con el pecho del infeliz amo.

Era este muy valiente, y sus hijos y dependientes no eran cobardes. En la casa habia cinco armas de fuego, y solo por sorpresa podian ser robados unos hombres que más de una vez habian puesto en fuga á los ladrones. El disfrazado capuchino lo sabia, y por esto habia tomado tantas precauciones. Pero como apesar de estas, todo podia fracasar al menor descuido, por esto, sin pérdida de tiempo, asió con sus robustas manos al amo de la casa, y aprovechando los primeros momentos de sorpresa, lo ató fuertemente de piés y manos, lo mismo que á su mujer. En seguida, dando la órden al bandido de que les clavase su puñal al menor movimiento ó palabra que profiriésen, se dirigió al dormitorio de los infelices mozos de labranza, y penetró con uno de los bandidos hasta la cama en que dormian su primer sueño aquellos dos desgraciados. Entonces el fingido capuchino sacó su puñal y colocó su afinada punta en el cuello de uno de los criados, en lo cual le imitó el bandido que le acompañaba y á una señal convenida, ambos hirieron á sus victimas con tan refinado cálculo, que éstas no pudieron dar un solo grito ahogados por su misma sangre. Entonces el infame jefe de aquellos asesinos, colocando su ensangrentado puñal sobre la misma cama, tomó el pulso de sus victimas, y con la más repugnante ferocidad, iba contando sus latidos para calcular por este medio los segundos de vida que los separaban de la eternidad.

—Ya está concluido, dijo luego soltando la fria mano de aquellos dos cadáveres.

Con las mismas precauciones se dirigió en seguida al lecho de los dos hijos, los cuales fueron dispertados á su vez, atados fuertemente y conducidos junto al hogar. Uno de los bandidos atizó el fuego y lo reanimó poniendo gran cantidad de leña. En seguida el infame disfrazado, dejando allí á tres de los suyos con los dos hijos de la casa, regresó al cuarto del amo. Este y su infeliz esposa continuaban en la misma posicion en que los habia dejado viendo siempre brillar el amenazador puñal del asesino que les guardaba.

—Ahora, dijo el bandido, viene la segunda parte del sainete. Juan, este era el nombre del desgraciado amo de la casa, es menester que me entregues todo el dinero y alhajas: ¿oyes? Ya sabes que tienes un gran tesoro escondido: quiero pues tu tesoro.

—Os daré todo lo que tengo; pero creedme, no poseo ese gran tesoro que decis.

—Vamos, ya lo sacarás, y diciendo esto dió con el pié en el suelo. A este golpe, que era una señal convenida, contestó un grito desgarrador de dos criaturas humanas que sufrian mucho.

—¡Mis hijos! dijo Juan.

—Si, tus hijos, para quienes ha comenzado su martirio de fuego que durará todo el tiempo que tú tardes en darme el tesoro. Vamos, ingrato padre, no quieras que tus hijos sean puestos en las parrillas como San Lorenzo.

—Piedad!... piedad!... esclamaban ambos esposos, estremeciéndose de dolor y espanto al oir los terribles gritos de sus infelices hijos...

—El tesoro..... el tesoro....., replicaba aquel tigre, con la mayor serenidad y sangre fria.

—¿Y mis criados?.... dijo Juan en el colmo de su desesperacion.

—Bah!... tus criados duermen un sueño tan profundo que no oyen ni pueden ver nada de cuanto pasa.

—¡Desgraciados!

—¿Quién sabe? Puede ser que estén mejor allá en el cielo, pero como han muerto sin confesion, temo no estén en estos momentos gritando como tus hijos. Vamos, ha sido una desgracia morir sin confesarse teniendo un confesor tan respetable y barbudo como yo....

Pero mientras asi se chanceaba aquel infernal bandido, los lamentos de los hijos de Juan eran cada vez más lastimosos y desgarradores. Su madre no cesaba de pedir piedad y compasion, pero todo era en vano. Juan habia ya indicado el lugar donde tenia escondido su dinero y alhajas de la casa. El bandido contaba las monedas con toda calma y examinaba las alhajas con la mayor serenidad.

—¡Piedad... piedad para nuestros hijos! decian los dos desesperados consortes.

Sus lamentos, los gritos de sus hijos, mezclados con el ruido que hacian las monedas contadas por el bandido con una calma estudiada y perfida, formaban una escena de terror y espanto inesplicable.

—Perro viejo, dijo entonces el bandido dirigiéndose á Juan, no quieres entregar todo tu tesoro, pero, ira de Dios, que sabrás quien soy yo. Eh, amigos, al

avio. Diciendo esto los bandidos de la cocina condujeron entre sus sacrilegos brazos á los dos infelices
hijos. ¡Santo cielo!.... ¡cómo estaban aquellos desgraciados! Sus mismos padres apenas los reconocieron.

—Miradlos bien, decia aquel demonio: miradlos
bien....

En seguida aplicando su ensangrentada mano junto
al corazon de aquellos mutilados cuerpos, añadia
con una sonrisa propia de Satanás:

—Aun late su corazon... Todavía tienen vida para
divertirnos una hora más.

En esto dos de los bandidos, á una señal de su
jefe, arrastraron los dos cadáveres de los criados y
los colocaron tambien frente á frente de los infelices
esposos.

—Ahí tienes á los que antes invocabas, dijo el infame, ¿qué tal? ¿qué te parece de tu familia?

—¡Oh!... por piedad, matadme, matadme, esclamaba Juan.

—Bah!... Yo he venido por tu tesoro, sácalo y todo
cambiará de aspecto.

—Oh, juro que no tengo más...

—¿Qué me importan tus juramentos? Adelante,
añadió mirando á los suyos. Subid fuego en esta misma habitacion, y entonaremos el cántico á cuatro
voces.

Las órdenes de aquella fiera iban á ser cumplidas,
pero como las escenas anteriores habian sido bastante largas, uno de los bandidos, abriendo la ventana, hizo notar que ya asomaba el alba. Era peligroso retardar la retirada. Pero entonces aquel hombre infernal dijo:

—Es verdad: no nos queda más que un medio.
Ea, camaradas, peguemos fuego á toda la casa.

Asi lo hicieron, y enseguida se marcharon con el
dinero y las alhajas del infortunado Juan. Pero antes
de salir el infame bandido entró otra vez en el cuarto de sus victimas. Se quitó la postiza barba, y en-
señando su repugnante rostro á la familia, les dijo:

—¿No me reconoceis? Juan y su esposa le miraban asombrados, pero nada contestaban. ¿No me reconoceis? repetia, ¿no reconoceis á vuestro sobrino?

—¿Eres Puch? dijo Juan, recordando la fisonomia
del bandido á quien habia visto varias veces algunos
años atrás.

—Sí, dijo, soy Puch: comencé por mis padres, y
sigo por mis tios, y una risa satánica asomó por sus
labios. Ahora calentaos con el fuego que el sobrino
ha dispuesto para sus tios.

Realmente la esposa de Juan era hermana del infeliz padre de Puch y por consiguiente tia de aquella
fiera, de aquel demonio, de aquel hombre sin corazon ni entrañas.

¿Y cierta filantropía moderna pretende abogar aun
por la abolicion de la pena capital, tratándose de los
delitos comunes? ¿No seria esto querer entregar la
sociedad atada de piés y manos á sus más encarnizados enemigos que son los mismos hombres? ¿Han
calculado bastante bien de lo que es capaz un hombre de mal corazon una vez rotos los frenos que pueden contenerle? ¡Cuántos Puchs veriamos, si no fuesen contenidos por el temor del suplicio! ¡Ay de nosotros! ¡ay de la sociedad, el dia en que ésta, por
una estupidez incalificable, abdicase los medios de
defensa que las leyes divinas y humanas han puesto
en sus manos! En hora buena que la sociedad mar-
che hácia su perfeccion: en hora buena que sea más

tolerante y prudente en lo que toca á la parte política de las naciones, pero respecto á los delitos comunes, respecto á esta clase de crimenes que hacen
horripilar y estremecer, la sociedad nunca debe
mostrarse débil y complaciente. Los mónstruos como
Puch deben ser tratados como tales, deben ser extinguidos y borrados de la sociedad de los hombres,
á la que jamás deberian haber pertenecido. Por lo
demás, el infeliz Juan y su desventurada familia
fueron abandonados en tan critica posicion, sin poderse mover ni pedir socorro, pues ni aun fuerzas les quedaban para ello. Las llamas iban tomando cuerpo y el incendio iba propagándose por
toda la casa. Por un refinamiento de maldad, Puch
no habia querido pegar fuego en la habitacion que
ocupaba la familia, para que de este modo su martirio fuese más duradero. Pero Dios hizo que esta
circunstancia lo fuese de salvacion para Juan y los
suyos, puesto que dió tiempo suficiente para que
fuesen socorridos por una partida de tercios de la
Santa Hermandad, que de léjos vieron el humo y
acudieron al lugar del incendio. Pero el mayor de
los hijos de Juan murió á los pocos dias, víctima de
los más atroces padecimientos; el segundo sobrevivió, pero mutilado de ambos brazos, que le fueron
amputados para evitar la gangrena, y el mismo Juan
vivió enfermizo y triste despues de tanta desgracia,
sucediendo lo mismo á su mujer. Estas fueron las
circunstancias del segundo delito de Puch. Ya hemos dicho antes que Puch era el decano de los bandidos puesto que comenzó su infame carrera en el
año 1689, esto es, un año antes de la fundacion de
las Escuadras. Así que estas fueron fundadas, se
ocuparon inmediatamente en la persecucion de Puch
y los suyos, cuyas inauditas crueldades por el estilo
de la que acabamos de contar, tenian aterrorizado el
pais. Veciana trató desde un principio de oponer
astucia contra astucia, ardid contra ardid. A este
objeto ordenó su sistema de espionaje y confidencias, y llegó á poseerlo en tan alto grado, que los
bandidos, como ya hemos dicho, creian que Satanás
era su confidente y amigo. Puch hasta entonces habia vivido tranquilo y seguro en medio de la perpetracion de tan horrendos delitos. Ya sabemos cual
era su método: daba el golpe, y luego desaparecia
para gozar de las delicias de la *pereza*. Los habitantes del pais llegaban á persuadirse de que habia
muerto, y cuando más descuidados se hallaban, aparecia esá fiera y dejaba tras si profundas huellas de
llanto, desesperacion y sangre. El comandante de
los *mozos* se trasladó á la casa paterna de Puch,
disfrazado de labrador, y trabó relaciones de amistad con la madre y hermanos del bandido. Para esto
se valió de una carta de recomendacion que le dió
el dueño de la casa y tierras arrendadas por la familia Puch, del cual, como ya hemos visto, esta
habia recibido un favor muy señalado cuando el
vencimiento del arriendo. Ya instalado alli, so pretesto de recobrar la salud, segun se decia en la carta,
se grangeó la confianza de la familia y supo de este
modo toda la vida y milagros de aquel hijo, deshonra
de los suyos. Conoció desde luego que el vicio dominante del bandido era la *pereza*, y por ahí se esplicó sus desapariciones periódicas. Era preciso cogerle la pista una vez, y despues seguirla constantemente sin abandonarla un solo instante. A este objeto dispuso que cuatro *mozos* se disfrazasen de
diferentes maneras y les dió las instrucciones conve-

nientes. Dos de estos con disfraz de leñadores del país, debian recorrerlo en varias direcciones, y los otros dos disfrazados de pastores, buscando rebaño para guardar, debian hacer otro tanto. Así las cosas, él con unos seis *mozos* se colocó en el centro de aquel plan de operaciones, esperando sus resultados. Ocho dias habian transcurrido sin que apareciese Puch y los suyos por ningun lado, pero al dia noveno, uno de los supuestos leñadores divisó una cuadrilla de unos ocho hombres que desde luego calificó de sospechosos. A medida que de lo alto de la montaña iban bajando hácia el llano, el esperimentado leñador iba confirmando sus sospechas, y al poco rato no dudó ya de que aquellos eran los bandidos. Entonces cargó sobre sus hombros un pesado haz de leña que tenia preparado, y dirigió sus pasos de manera que pudiese tomar la delantera del camino ó sendero por donde, segun la direccion que llevaban, debian pasar los bandidos. Efectivamente sus cálculos habian salido exactos; mas cuando consideró que aquellos solo distaban un tiro de fusil, se dejó caer en tierra con su pesada carga. Los bandidos que andaban muy precavidos y atentos observaron aquel accidente, pero no le dieron la menor importancia. Mas al llegar al punto donde el leñero, blasfemando y renegando de su mala suerte y miseria, estaba recogiendo la leña esparcida por el suelo por el golpe de la caida, Puch se paró y miró con atencion al leñero. Era este un mozo ágil y robusto de unos veinte y siete años, llamado Juan Silvestra.

—Vamos, le dijo Puch con aquel tono burlon que le distinguia, que para ser tan jóven y robusto te ocupas en trabajos propios de mujeres y niños.

—Dadme otro mejor, contestó el *mozo* con descaro.

—¡Eh!... miserable leñero, no levantes tanto la voz ¿acaso no temes?

—¡Yo!... ¿á quién he de temer? Favor me haria el que me quitase de este mundo donde vivo con tanto trabajo, y muchas veces, sin poder dar un bocado de pan á mis hijos y mujer...

—¡Ola!... ¿tienes hijos y mujer y no les puedes dar un bocado de pan? ¿Por qué te casaste, pues? Los miserables como tú no deben casarse, tanto más cuanto para satisfacer nuestros apetitos lo mismo sirve una mujer propia que ajena, y aun yo prefiero la última.

—Se conoce que vos habeis almorzado bien y por esto gastais tanta broma, á no ser que naturalmente seais bromista. Pero como yo estoy aun en ayunas y he de andar con mi carga, por esto no puedo entretenerme en chullerias.

Y diciendo esto continuó recogiendo su leña vuelto de espaldas á Puch, sin la menor ceremonia.

—Me gusta el mozo, dijo este dirigiéndose á uno de los suyos, me parece de buena fibra y que no bajaria la vista ante el mismo Veciana.

—No pinta mal, contestó el otro.

—Probemos: eh... leñero ¿quereis cambiar de oficio?

—Si no he de pasar aprendizaje, desde luego, con tal que dé de si el nuevo oficio.

—Desde luego tendrás pan y buenas tajadas para tí y tus hijos.

—Entonces, esplicaos, dijo el *mozo* suspendiendo su tarea, y dirigiendo su semblante hácia Puch.

—¿Quereis ser de los nuestros?

—Sepa primero quienes sois.

—¿Has oido hablar de Puch y su cuadrilla?

—Si por cierto.

—¿Te gustaria su oficio?

—Esto ya es otra cosa.

—¿Te falta valor?

—No, pero temo...

—¿A quién?

—A los *mozos*.

Estas últimas palabras las pronunció el *mozo* con un acento tal de terror, que chocó á los mismos bandidos.

—¡Bah!... dijo Puch, ya veo que no sirves más que para miserable leñero: quédate pues con tu miseria, mientras que nosotros mira...

Y diciendo esto le enseñó varias monedas de oro y plata. El *mozo* miró las monedas con la avidez del que las desea de todos modos. Esta mirada no se escapó á Puch y dijo entre si: «Ya es mio: no hay seductor como el oro.» En seguida hizo como que se disponia á seguir su camino...

—Ola, señor, ó lo que seais, si os sigo ¿me dareis dinero?

—Sigue y toma, replicó Puch arrojándole dos duros.

—Sigo y creo que no estareis mal contento de mí; un favor os quiero pedir.

—¿Cuál?

—Dejadme ir á despedir de mis hijos.

—Eso ahora no puede ser. Dentro tres dias lo harás y les podrás llevar dinero para el gasto de todo un año.

Sin decir más continuaron su camino, despues de haber dado armas al recien enganchado, esto es, un puñal y dos pistolas. El sendero por donde caminaban era estrecho, así es que los bandidos lo seguian de uno en uno. El *mozo* formaba el último de todos, y un observador hubiera notado que de cuando en cuando dejaba caer pedacitos de papel recortados que ya traia prevenidos. A medida que andaban, los bandidos iban tomando más y más precauciones. Dos de estos se adelantaron el uno figurando un viejo, ciego y miserable y el otro figurando ser su hijo que lo acompañaba al hospital de Olot. Era evidente que Puch se dirigia á dar un golpe de los suyos. Esta idea atormentaba al honrado *mozo*, pues siendo solo, no podia impedir aquella nueva maldad. Tentado estuvo de aprovechar un momento oportuno para asesinar al bandido, pero éste, que era perro viejo, no dispensaba su confianza entera al recien llegado, así es, que siempre le tenia apartado de su lado. Por otra parte ese golpe era muy atrevido y arriesgado. En esto se internaron en un espeso bosque é hicieron alto. Esperaban á que el sol se fuese á su ocaso, porque es sabido que los malos aborrecen la luz. Pero no era esto todo, puesto que tambien debian esperar al ciego y su lazarillo, segun luego veremos. Más de tres horas trascurrieron, durante las cuales el *mozo* decia entre si: «¡cuánto daria para que mi comandante hubiese dado con la leña esparcida y los papelitos que he ido sembrando por todo el camino!...»

—Vamos, dijo Puch, con acento de enojo, ese imbécil de Garrofa no sirve para nada. ¡Tres horas para averiguar si el cura de Casltell Follit está ó no en la Rectoria! Se lo tengo prometido, y se lo he de cumplir: le cortaré las orejas, para que otra vez oiga mejor mis órdenes.

—Bien pensado, dijeron los bandidos prorumpiendo en una carcajada.

—Si, dijo otro, y será una diversion verle sin orejas. Y se reian todos como unos locos.

—¿Os acordais de la facha que puso aquel rico molinero á quien se las cortamos para hacerle soltar las pesetas?

—Vaya si nos acordamos, dijeron los bandidos revelando en risa selvática y feroz la alegria que les causaba el recuerdo de su refinada crueldad.

—Pero, añadió Puch, lo que nunca podré olvidar, es aquella maldita vieja, que nunca se quemaba por más que la aplicásemos brasas y teas encendidas.

—Y esto que dicen que la leña vieja quema más fácilmente, y sino, que lo diga el leñador.

—Segun sea la calidad de la leña, dijo el *mozo*, porque si es resinosa, quema mejor aun cuando sea verde que otra seca sin resina.

—Tiene razon, dijo Puch, y por eso la vieja no ardia, porque de puro vieja, habia perdido la resina, esto es, la grasa.

—En verdad que nosotros, dijo otro, prestamos un gran servicio á los hombres acostumbrándolos al fuego, porque asi no lo sentirán tanto al hervir en las calderas de Botero, en donde al fin y al cabo todos hemos de llegar.

—Pues qué, dijo otro, ¿crees que nadie irá al cielo?

—Si; los niños y los tontos...

—Te equivocas; tambien irán los ricos que fundan muchas misas y oficios...

—Ja... ja... pesetas, pesetas... todo el mundo busca la santa blanca. (Peseta, dinero).

En esto el bandido que estaba atisbando se acercó y dijo que venian dos hombres.

—¿Dos?... dijo Puch levantándose y preparando su trabuco: entonces no son el ciego y su guia, porque les tenia prevenido que Garrofa se quedase en la misma rectoria.

Todos los bandidos habian imitado á su capitan. El *mozo* estaba sumamente agitado, pues temia que fuesen dos *mozos* los que venian, en cuyo caso estaban perdidos, porque los bandidos eran unos diez. Pero pronto salió de cuidado, porque Puch, habiendo dirigido su vista perspicaz hácia aquel punto, esclamó:

—Ya lo he dicho: este Garrofa no sirve para nada y es preciso que le cortemos las orejas.

III.

CASTIGO DE GARROFA.

Efectivamente, á poco llegaron Garrofa y su guia, y dirigiéndose á Puch, le dijeron, que el cura estaba á la sazon en Gerona.

—¿Y para salirnos con estas, dijo Puch, has tardado cerca de cinco horas?

—Ha empinado (bebido) un poco, dijo el lazarillo señalando al pobre Garrofa.

—Ya me lo presumi, replicó Puch con enojo, no sirve sino para beber. ¿Es decir, cuba ambulante, que mientras tu capitan y camaradas esperábamos en medio de este bosque, tú te recreabas en la taberna?

—No me detuve sino un momento, contestó Garrofa con el acento del que conoce el peligro que le amenaza.

—Pues ¿y las restantes cuatro horas y media?

—Hemos andado siempre.

—Entonces tienes las piernas muy pesadas: ola!... amigos... á sangrar las piernas de Garrofa...

—Si, si... dijeron los bandidos con alegria.

—¿Y las orejas? dijo un tercero.

—Eso vendrá despues, añadió Puch, porque al fin y al cabo en algo hemos de pasar el tiempo, y vengar nuestro justo enojo por haber perdido el dia sin hacer cosa de provecho. ¡Eh... á la sangria!

—¡Piedad! piedad! esclamaba el infeliz. Pero los bandidos le cogieron, le ataron las manos hácia atrás, le estendieron sobre la tierra, y mientras que dos le sujetaban las piernas teniéndole cogido fuertemente por los piés y otro por la cabeza, otros dos comenzaron á hacer incisiones en sus pantorrillas con las afiladas puntas de sus puñales. Al principio lo hacian con suavidad, pero Puch, llevando una especie de compás con su mano, iba precipitando el movimiento de los dos puñales. Ya la sangre chorreaba y Garrofa blasfemaba como un condenado.

—Ya empieza á cantar, decian los bandidos. Apretad, apretad, y cantará con mejor tono.

Y los bandidos continuaban su obra. Ya se veia la carne, y Garrofa continuaba su canto de blasfemias. A una señal de Puch se detuvieron los dos verdugos, y no era por piedad, sino por impulso de la más refinada crueldad, porque temian que Garrofa se desmayara, y no querian privarse de sus cánticos.

—Dadle un poco de aguardiente, dijo el capitan, y uno de los bandidos puso su calabaza en los labios de la victima.

—No quiero beber, dijo Garrofa: malditos seais todos: maldita mi indecente madre que me parió y mi infame padre que durmió con ella... Maldito sea...

—Eh ¡bebe! dijo Puch, ó sino detente... yo te haré beber por otra parte. Y diciendo esto regó las piernas descarnadas y ensangrentadas de Garrofa con el aguardiente de la calabaza.

—¡Voto á!!... esclamó la victima.

—¿Beberás ahora?

—No, por todos los demonios del infierno, inclusos todos vosotros que sois peores que ellos.

—¿Y tú que eres?

—Ojalá pudiera ser Satanás. Ven, Satanás!.. ven... aqui me tienes, tuyo soy... si, tuyo para siempre, prefiero tu amistad y compañia á la de esos demonios, á la de Dios y cuanto hay en el cielo...

—¡Ja... ja!... ¿Viene ya? decian los bandidos.

—Andando, añadió Puch, y los dos bandidos continuaron su infernal tarea.

Pocos momentos despues Garrofa ya no decia nada. Un sudor frio corria por sus mejillas y un color amoratado cubria su rostro patibulario.

—¡Basta! dijo Puch, así aprenderás á cumplir mis órdenes con más exactitud. Asi todos vosotros aprendereis tambien á temerme y respetar mis órdenes.

Esta escena parecerá tal vez exagerada á nuestros lectores, sin embargo, la hemos escrito tal como pasó, referida despues por el valiente *mozo* Juan Silvestra, testigo presencial de aquel acto de refinado vandalismo, y escrita sumariamente en un documento auténtico que nos hemos proporcionado. Pero bien considerado ¿qué hay de extraño en lo que acabamos de referir? ¿qué se puede esperar de unos séres humanos degradados hasta el estremo que lo eran Puch y los suyos? Puch era un bandolero infame, cruel y sanguinario, que capitaneaba una partida de hombres como él. ¿En qué podia consistir su poder y fuerza de mando, sino en su mayor crueldad y cinismo, respecto de sus subordinados? ¿Acaso los lobos hambrientos no devorarian al leon para satisfacer su hambre? ¿Por qué no lo hacen? Porque le temen, porque saben que tiene más fuerza que ellos. Puch era el leon, su cuadrilla los lobos hambrientos. Cuando el hombre se ha despojado de toda su parte moral y de todo su espiritualismo, no le queda más que la material y corpórea, cuya síntesis no es más que su fuerza bruta. Pero como en este caso se ha estraviado de su destino, carece hasta de los instintos de los irracionales, en cuya virtud rarísimas veces se destruyen los unos á los otros, siendo de una misma familia. Por esto, colocada la humanidad en este caso, seria mil veces peor que las más sangrientas fieras, como lo hemos visto ya con este bandido y los suyos. En fin, para los que no conocen otra ley que la fuerza bruta, no puede haber otro dique que la misma fuerza bruta, representada por la horca ó el garrote. Pero anudando otra vez el hilo de nuestra narracion, diremos que durante aquella escena, el valiente Silvestra no habia perdido el tiempo. So pretesto de proveerse de un palo fuerte y de golpe seguro, habia cortado varias ramas de las encinas y otros árboles allí existentes, y á medida que el dia habia declinado y entrado la noche, habia arrojado sus papelitos, y entre ellos, uno de mayor tamaño, en el que con lapiz habia escrito: *á la rectoría de Castell Follit.* Dejemos ahora á los bandidos ocupados en curar á su modo al desventurado Garrofa, y preparándose para emprender su marcha, para trasladarnos al centro de operaciones, escogido por el comandante de los *mozos.* Eran las siete de la noche, y Veciana estaba esperando con impaciencia la llegada de Silvestra. Ya el otro leñador y los dos pastores habian regresado de su escursion diaria, en cumplimiento de las instrucciones de su jefe, pero Silvestra no parecia.

—Vamos allá, dijo el comandante.

Y los *mozos* se pusieron en marcha precedidos de su comandante. Caminaron cerca de dos horas, y habiendo llegado á cierto lugar, Veciana se detuvo, y dijo á los *mozos:*

—La noche es oscura, nos es imposible poder buscar las señales que yo espero encontrar. Mañana veremos.

Diciendo esto se acostó sobre el duro suelo, envuelto en su propia capa, y los *mozos* le imitaron cubriéndose en sus mantas, ménos uno que se quedó de vigilante. Estaban ya tan acostumbrados á dormir sobre la húmeda tierra, aunque fuese cubierta de nieve, que al poco rato jefe y soldados dormian profundamente. Al dia siguiente, apenas amaneció, cuando comandante y *mozos,* se ocuparon en buscar la leña de Silvestra, que debia hallarse esparramada, y luego los papelitos de que ya hemos hablado. Una hora despues habian dado con la leña, y más tarde con los papelitos. Esto se esplica muy bien con decir que Silvestra tenia demarcado el espacio de terreno desde el cual debia observar y obrar sin poder salir de él, ménos en caso de que debiese seguir á los bandidos. Una vez hallada la huella, los *mozos,* precedidos de su comandante, emprendieron su camino, contentos y satisfechos, puesto que habian dado con el rastro de las fieras que buscaban con tanto empeño. Tres horas habian caminado, guiados siempre por aquellos geroglíficos, cuando llegaron al lugar dó se habia verificado el martirio de Garrofa. Vieron entonces las ramas cortadas, lo cual era la otra señal convenida, reparáron en la sangre que cubria la tierra, y todos se miraron los unos á los otros: una misma idea habia herido aquellos corazones leales y afectos á la mútua amistad que se profesaban. El co-

mandante, que habia adivinado la causa de aquella penosa emocion de los *mozos,* les dijo:

—Tranquilizaos, porque si hubiesen muerto á Silvestra, seria señal de que éste no les habia inspirado confianza, en cuyo caso, no le hubieran dado lugar de arrojar papelitos y cortar ramas.

Esta sencilla reflexion calmó á los *mozos,* pero es el caso que en aquel punto concluia todo, puesto que fuera de él, ya no se veian papelitos ni otra señal que pudiera servirles de guia. Esto hizo que se ocupasen en examinar aquel recinto con la mayor escrupulosidad. En fin, dieron con el papel en que se leian aquellas lacónicas palabras, y desde entonces Veciana ya supo á qué atenerse para trazar planes. Poco despues, los *mozos* salieron de dos en dos, tomando distintos senderos. Veciana hizo otro tanto con solos dos de los suyos. A las dos de la tarde de aquel mismo dia, Veciana solo y vestido de paisano entraba en una casa de campo situada á un cuarto de hora de Castell Follit. El dueño de la casa era un hombre de bien, amigo y confidente de las ESCUADRAS.

—Me conviene, Felipe, le decia Veciana, que vayas á la rectoría del lugar, y digas al señor Rector que abra él mismo la puertecilla escusada de su huerto, por donde he de entrar con cinco de los mios sin ser vistos de nadie. Dile al cura, que no diga una sola palabra á nadie y que prevenga igual reserva á todos los de la casa. Hecho esto irás al cañaveral de la Fuente Fria, y llevarás pan, vino y alguna cosa más para comer diez hombres, que aun no han probado bocado.

Felipe cumplió exactamente sus encargos. En ménos de media hora estaba ya en el cañaveral, y los *mozos* comian de las provisiones que habia llevado. Veciana sacó dinero para pagar el gasto, pero el buen Felipe le dijo:

—No, señor, no quiero, no debo tomar un cuarto. Todos tenemos que contribuir á la manutencion de una fuerza que nos salva de caer en las garras de esas fieras sanguinarias. ¡Oh!.... amigos mios, no sabeis vosotros lo mucho que tiembla todo este pais al pronunciar el solo nombre de Puch!.... ¿Y quién no ha de temer, sabiendo las crueldades de ese infame? El dia en que acabeis con él, aquel dia os daremos la mitad de nuestras riquezas.

—Gracias, buen Felipe, dijeron los *mozos,* puedes estar seguro de que no se perderá por nosotros. Confiamos en que Dios y su Madre nos ayudarán para dar caza á esas panteras del linaje humano.

Felipe se despidió cordialmente de los *mozos* y de su comandante. Poco despues, Veciana, solo, trepando por escarpadas rocas se dirigia á la rectoría ya nombrada. El señor Rector, que era un sacerdote virtuoso y caritativo, salió á recibirle en el mismo huerto. Veciana le previno que tenia motivos para creer que dentro de algunos dias y tal vez en aquel mismo y dentro pocas horas, los bandidos debian asaltar la rectoría para saquearla y robarla.

—¿Será cierto? dijo el cura.

—No lo dude V.

—¿Tal vez el terrible Puch?....

—Creo que será el mismo.

—¡Santo cielo!!...

—Le he comunicado esto, señor cura, para que se penetre de la importancia de la mision que me ha conducido á su casa, y por consiguiente de la necesidad de no malograr el golpe que voy á preparar.

IV.

En tanto iban llegando uno á uno los cinco *mozos* que Veciana habia designado para obrar con él dentro de la casa; los restantes debian permanecer ocultos, prontos y prevenidos para acudir á la primera señal. El comandante distribuyó su fuerza del modo siguiente: tres *mozos* debian permanecer ocultos en la alcoba de la habitacion del Rector, mientras otro estaba en acecho en un cuartito oscuro que habia junto á un pasillo que conducia al huerto y otro hacia el papel de criado ó mozo de labranza de la rectoria, que debia entrar y salir segun lo exigiese el caso. Apenas se habian tomado estas disposiciones, cuando oyeron en la entrada la lastimosa voz de un miserable mendigo que pedia una limosna por Dios. Veciana dijo al cura:

—Haced entrar al mendigo con mucha maña y disimulo.

Y se puso á observar desde un punto en que no podia ser visto. El mendigo era un ciego á quien acompañaba un jóven vestido al estilo del pais, que al ver al cura, le dijo:

—Señor Rector, estaba en el campo trabajando á una hora de aqui, cuando he visto á ese infeliz enfermo que se habia estraviado. Me acerqué y conocí que apenas veia; pero lo que más me movió á compasion fué el verle esas piernas horriblemente llagadas.

Y diciendo esto sacó un trapo con que estaba cubierta una de las piernas del mendigo, que efectivamente presentaba un aspecto espantoso y repugnante.

—Me ha dicho, prosiguió el jóven, que se dirigia á Olot para entrar en el hospital, pero he conocido que, lo que es por hoy, no podia llegar hasta dicha villa, y como por otra parte no puedo acompañarle más, por esto le he conducido hasta esta casa hospitalaria.

Y dicho esto, se despidió. Pero Veciana que lo habia oido y observado todo, dijo al *mozo* disfrazado de doméstico de la rectoria:

—Sigue y espia á ese hombre.

El buen cura tomó al mendigo por la mano y le condujo á la cocina colocándole junto al hogar. En seguida dispuso que se le diese algun alimento, y le dijo:

—Por hoy podreis quedaros en esta casa, mañana ya os haré conducir á Olot, con mi asno, acompañado de mi criado.

—Mil gracias, buen padre: Dios os pagará tanta caridad.

El mendigo pronunció estas palabras con el más entusiasmado fervor.

El cura entró entonces en el cuartito que ocupaba Veciana, y le dijo:

—No hay nada de particular, es realmente un infeliz pordiosero.

—Pues yo os digo que es un bandido.

—¡Que disparate! si vierais cómo tiene las piernas.

—Fingimiento y maldad...

—No puede ser, todo él huele á gangrena...

—En fin, concluyo Veciana, pronto sabremos la verdad.

Apenas acababa de pronunciar estas palabras, cuando entró el *mozo* que habia espiado al acompañante del mendigo, y dijo:

—Mi comandante, no hay la menor duda, el mendigo es uno de los de Puch, éste y los demás esperan en un pinar á un tiro de fusil de esta casa.

—¿Los has visto? preguntó el comandante.

—No, señor, pero los he oido. Dentro de poco estaremos de jaleo; el mendigo les ha de abrir la puerta.

—¿Ois, señor cura? dijo Veciana en tono de triunfo.

—Lo veo; solo vosotros podeis sospechar con tanta sutileza como acierto.

Entre tanto era ya de noche. El cura hizo como que cenaba, lo mismo que la criada y el monacillo, pues á todos el miedo les habia quitado el apetito. Pero el *mozo* y el mendigo cenaron realmente con buen apetito, porque ni uno ni otro eran cobardes.

—Bebed, buen viejo, le decia el *mozo*.

Y el mendigo no se hizo de rogar, diciendo:

—Escelente es ese vino. ¡Oh! ¡la caridad cristiana es una obra muy grande y meritoria!

En fin dieron las ocho de la noche, hora que en una aldea equivale á las once en las ciudades. El cura dió las buenas noches, y dispuso que el mendigo se acomodase en el pajar, no léjos de la puerta de la calle. El *mozo* le acompañó, y luego se despidió de él deseándole apacible sueño. Pero este se colocó en seguida en un escondrijo, desde el cual, sin ser visto, podia observar todos los movimientos del mendigo. No tardó en roncar como un hombre entregado al sueño más profundo; pero despues se incorporó, y cuando estuvo levantado, escuchó con suma atencion.—Todos duermen, dijo entre sí, ya dispertarán pronto de buena ó mala gana.

Diciendo esto se dirigió á la puerta, apartó una recia barra que la aseguraba por la parte de adentro, y en seguida dió vuelta á la llave. El *mozo* lo observaba todo, teniendo su afilado puñal en la mano. Fácil le hubiera sido acabar con el mendigo, pero no eran estas las instrucciones que habia recibido. La hoja de la puerta se abrió y en seguida entraron hasta el número de tres bandidos.

—Guianos, dijo el que iba delante del ciego.

—Es que no he penetrado en la casa sino hasta la cocina.

—Necio y tonto como siempre, replicó el otro: bien, vete á la cocina y trae una luz.

Así lo hizo, y al pasar casi rozó con la capa de Veciana. Un minuto despues, los tres huéspedes nocturnos, precedidos del mendigo, entraban en la habitacion del cura. Este que, como es de suponer, no dormia, pues ni siquiera se habia desnudado, estaba sin embargo echado sobre la cama cubierto su cuerpo con una manta. Mas segun el plan trazado por el comandante, así que los bandidos entraron en el cuarto, fingió que se dispertaba y preguntó:

—¿Quién vá?

—Eh... quedo... nada, dijo Puch, pues no era otro que el capitan de aquella canalla.

Pero el cura habia saltado ya de la cama y salido de la alcoba. Al verle Puch, se arroja sobre el puñal en mano, y le dice:

—Tu dinero, perro viejo, pues ya sabemos que lo tienes en buena cantidad.

—No me mateis, dijo el cura, yo os daré todo cuanto tengo; en fin lo habia destinado para los pobres ¿qué más pobres que vosotros? Pero me habeis de prometer que despues no me matareis....

—¡Bah! ¿promesas pides? Despues haremos lo que mejor nos parezca; por ahora tu dinero.

En esto uno de los bandidos habia ya forzado el arca y otro la cómoda. Ya iban sacando alhajas, cuando repentinamente suena la terrible voz de _¡alto al rey!_ y al mismo momento los bandidos ven á su presencia el imponente semblante de Veciana y los _mozos_ con sus carabinas contra sus personas. Pero el astuto y diligente Puch desapareció al momento deslizándose por la ventana como un reptil. Dos balas silbaron por sus oidos, pero ninguna le hirió. Los otros tres bandidos iban á imitar á su capitan, pero las dagas de los _mozos_ los atravesaron de parte á parte en el acto de querer saltar. Entre tanto en el huerto de la rectoría y en la calle, se habia trabado una lucha sangrienta y encarnizada entre los bandidos que habian quedado para proteger la retirada de Puch, y los _mozos_ que Veciana habia dejado apos-

tados. Muertos los tres bandidos que habian entrado en casa del cura. Veciana y los _mozos_ salieron en ayuda de los suyos, pero los bandidos solo se defendian en retirada, que luego terminó en una vergonzosa fuga. En esto Silvestra se acercó á su comandante y le dijo:

—¿Qué hago? ¿sigo con ellos?

—¿Han sospechado de tí?

— Creo que no, pues Puch me ha visto pelear á su lado y me ha dicho: no me he engañado, eres un valiente.

—Entonces, dijo Veciana, huye con ellos, y seguiremos tus huellas.

Asi terminó aquella sangrienta jornada, cuyo resultado fué dar á los bandidos una leccion muy severa en la cual perdieron cuatro hombres y tuvieron

Sorpresa de Puch por las Escuadras en el acto de robar la rectoría de Castell Follit.

dos heridos, que luego se vieron obligados á dejar abandonados. Los _mozos_ por su parte perdieron un valiente llamado Pelegrin Garcia, y á más tuvieron dos heridos de poca gravedad. Pero desde aquel dia no habia descanso para Puch y los suyos. Los _mozos_ les seguian la pista comó perros que van tras de la caza. Guiados por las señales que en todas partes dejaba Silvestra, no les daban un momento de sosiego. Mil veces Puch estuvo entre sus manos, pero ligero como una ardilla se escapaba siempre como por encanto. A la sazon, Veciana recibió una comunicacion de su hermano José, que le decia:

«Acaba de presentarse una formidable cuadrilla de »bandoleros, cuyo capitan se ha iniciado asesinando »á los dos indefensos consortes del molino del Pon den »Goy. Por esto se ha dado á dicho foragido el apodo »de el _Molinero._ Creo que debemos reunirnos para

»poder batir á esa nueva canalla.» (Documentos auténticos).

Pero Veciana habia resuelto acabar de una vez con el infame Puch, mayormente teniéndole, como quien dice, entre sus manos. y así es que, si bien hubiera querido trasladarse á Valls, á tenor de lo que le decia su hermano, no se resolvió, sin embargo. por la razon ya indicada. En este estado se hallaba, cuando se le presentó el fiel Silvestra, y le dió cuenta de lo que habia pasado con Puch, en los siguientes términos:

—Ayer noche, Puch nos reunió á los siete que componiamos la partida y nos dijo:—Amigos mios, esto no puede ya soportarse por más tiempo. Yo, apesar de la ligereza de mis piernas que os ha dado pié para llamarme CAMA DE BOYA, os aseguro que ya no puedo más. He sabido que en el corregimiento de Tarragona se ha organizado una respetable fuerza de los nuestros, mandada por un capitan valiente y entendido llamado Claudio. Los que quieran seguirme, pueden hacerlo ahora mismo, pues yo esta misma noche parto. No quiero obligar á nadie, porque, ya sé que una cosa es servir en país conocido, y otra en tierras estrañas.—Los seis bandidos siguieron á Puch, yo me quedé, pretestando que tenia mujer é hijos. Era esta la órden que tenia y la he cumplido.

En efecto, Veciana le habia prevenido que abandonase los bandidos, desde el momento en que se dirigiesen al corregimiento de Tarragona, porque Silvestra era allí muy conocido personalmente, y por lo mismo hubiera sido fácil que Puch descubriese que Silvestra habia pertenecido á las Escuadras, en cuyo caso su muerte era segura. Veciana y los *mozos* partieron aquella misma noche para Valls. Sigamos á Puch en la segunda parte de su criminal carrera.

V.

CASTIGO DE PUCH Y SU TRÁGICO FIN.

Claudio, como ya saben nuestros lectores, era un tipo enteramente distinto del que habrán podido notar en el miserable y asqueroso bandido, cuya criminal vida estamos escribiendo. A la sazon ocupaba con su numerosa, valiente y atrevida cuadrilla, un lugar llamado Picamuxons, á una hora de distancia de Valls. Pepus entró y le dijo que habian llegado siete hombres con su jefe para ingresar en la cuadrilla, y Claudio dispuso que entrasen para examinar su procedencia. Puch y los suyos fueron conducidos por Pepus ante el formidable bandido. Este los examinó con su imponente mirada, y en seguida dijo:

—¿Quién manda entre vosotros?

—Yo he sido hasta ahora su capitan, respondió Puch, anonadado por la presencia imponente de Claudio.

—¿De dónde venis?

—Del corregimiento de Gerona.

—¿Tu nombre?

—Puch (a) Cama de Bota.

—Ya he oido hablar de tí, y asi no hay necesidad de que me cuentes tus milagros. Si quieres quedarte á servir bajo mis órdenes, debo advertirte dos cosas, á saber: que aqui no hay más capitan que yo, ni más voluntad ni ley que la de mis ordenanzas. Ahora infórmate de estas, y mañana me dirás si ó no te conviene servir bajo mis órdenes.

Puch salió tan confundido y anonadado, que ni siquiera sabia darse cuenta de lo que le pasaba; pero lo que le pasaba era sin embargo muy sencillo: Puch á su vez habia dado con el leon, y desde aquel momento se veia reducido al papel de lobo, que desea devorar, pero que teme las fuerzas superiores del rey de los irracionales. Sin embargo, admiraba interiormente á Claudio, y reconoció desde luego su superioridad. Por su parte Claudio miraba con sumo desden á Puch, en quien no veia más que un hombre sanguinario y malvado, sin motivo justificativo de su misma maldad. Al dia siguiente Puch contestó que definitivamente se quedaba en la cuadrilla.

—Está bien, le dijo Claudio, pero anda derecho, si no yo te enderezaré.

Desde aquel dia Puch sirvió bajo las órdenes de Claudio, pero sus instintos feroces y sanguinarios, pugnaban de continuo con las órdenes severas de su jefe. Este tenia prohibido el que se matase á nadie que no opusiese resistencia. Asi es que las varias partidas que él distribuia por los caminos y carreteras, robaban á todos los transeuntes, sin hacerles otro daño, aparte del robo, que el de dejarlos atados junto á los árboles, al objeto de tener tiempo de ponerse á salvo antes que las víctimas pudiesen dar aviso. Puch padecia mucho, viendo que no podia martirizar á los robados, así es que para satisfacer su sed de sangre, solia muchas veces desviarse un poco de la partida, para volver al lugar del robo, á fin de atormentar, y muchas veces asesinar á los infelices atados. Más tarde se sabia que los que habian dejado con vida, habian amanecido difuntos, pero nadie podia saber quién era el asesino. Asi que esta noticia llegó á oidos de Claudio, sospechó desde luego de Puch, y en su consecuencia dispuso el que formase toda la cuadrilla en un llano que ocupaban entre Villarodona y Santas Creus. Entonces llamó á Puch y le dijo:

—¿Tu asesinas á los robados?

—¡Yo!... no es verdad.

Pero apesar de su descaro, no pudo ménos de turbarse: ¡tanto le imponia la presencia de Claudio!...

—Tu turbacion indica tu culpa. No mando ahorcarte, porque no tengo pruebas bastantes, pero si voy á mandar otra cosa. Eh... Tuerto y Hoyoso... cien palos á este hombre y que quede espulsado de la partida. Puch no pidió piedad porque sabia que era en vano. Media hora despues, las dos órdenes de Claudio habian sido exactamente cumplidas, y Puch se revolcaba entre las yerbas, solo y abandonado de todos, chorreando sangre por casi todo su cuerpo, pues el vapuleo se habia verificado con el más encarnizado rigor. Justo, pero leve castigo, atendido el que merecian sus inauditas crueldades. Dios se vale muchas veces de los mismos malvados, para castigar á los infames y perversos; pero el alma empedernida de Puch estaba muy distante de pensar asi, y aun diremos más, era incapaz de acordarse de Dios, hasta en aquellos momentos supremos en que todo le abandonaba, incluso su misma sangre y fuerzas vitales. Entregada su alma á la maldad, y esclava del demonio, á este invocaba con sus blasfemias en aquellos momentos de dolor y soledad. Pero era tan malo, que casi puede decirse que el mismo demonio tenia á deshonra sus invocaciones y votos. Sin duda hubiera perecido allí abandonado, á no haber acertado á pasar por aquel lugar dos labradores de Villarodona que regresaban del campo. Creyéronle víctima de los bandidos, le prodigaron sus ausilios, y le condujeron á una casa poco distante, en donde fué curado en pocos dias. Puch tenia una de estas naturalezas robustas y vigorosas que todo lo resisten, y que apenas llegan á sufrir una seria enfermedad durante su vida. Pequeño de estatura, color aceitunado, ojos pequeños, hundidos y muy movibles, mirada siniestra y boca grande, era en fin tal de cuerpo, como hemos visto serlo de alma. Apenas se vió sano, emprendió de nuevo su vida criminal; al principio solo, sin ningun cómplice, luego reunido con unos pocos tan malvados, pérfidos y sanguinarios como él. Tantas eran sus maldades, que llegó á ser perseguido por los mismos bandidos, de manera que Claudio habia dado órden á los suyos de que lo ahorcasen en cualquier punto donde fuese hallado. Pero él era astuto como una zorra, ligero como un gamo, y prevenido como la hormiga. De este modo supo burlar la terrible persecucion que se le hacia por ambos partidos, *mozos* y bandidos. Despues de la desaparicion de Claudio, respiró con más libertad, y ya hemos visto como acudió á la reunion general de bandidos, y la parte que le cupo en el asalto de Valls. Ya hemos visto tambien, como despues de aquella severa leccion que recibieron por parte de los valientes *mozos*, se dispersaron los bandidos segun su voluntad y antojo. Puch, á quien se reunieron los más perdidos y crueles, emprendió de nuevo sus sangrientas correrias, y bien pronto se hicieron sentir sus funestos efectos. Los *mozos* se dividieron tambien en pequeñas partidas. y cada una de ellas fué destinada para la persecucion general de los bandidos, y la particular de este ó aquel caudillo. El comandante se reservó para si la que debia emprenderse contra Puch, por considerarla de más importancia. Para lograr su objeto, celebró una especie de consejo entre todos los cabos. Despues de haber propuesto mil medios, se convino en el siguiente:

Habia en Valls un hombre llamado Cana, de pésimos antecedentes y conducta, que habia sido preso varias veces por pendenciero y ladron, y aun la opinion pública le acusaba de ser espia de los bandidos. Veciana llamó á este ser vil, y le dijo:

—Cana, tú eres pobre, y yo quiero hacerte rico.

—Crea V., señor comandante, que esto mismo deseo yo.

—Puedes prestarme un servicio que recompensaré muy bien.

—¿En qué consiste este?

—Escucha, te pasarás á la cuadrilla de Puch, y á los pocos dias, cuando conozcas que tiene ya confianza en ti, le conducirás á la Granja (1), en donde le dirás que se halla una familia de Barcelona que va á pasar alli el verano.

—Sospechará, porque es muy taimado.

—Lo que tú le dirás será una verdad, porque realmente la Granja dentro de ocho dias, será ocupada por una familia de Barcelona, rica y acomodada.

—Entonces ya es más fácil.

—Para ir á la Granja, pasarás por el camino que conduce al bosque, en todo el camino no encontrareis el menor tropiezo, pues la parada se hará en la misma Granja. Asi que estés seguro de que Puch consiente y del dia que lo haya determinado, me lo avisarás por medio de un niño de ocho años, mal vestido, que en cualquier hora del dia encontrarás junto á la cruz, llamada de *Cama*.

—¿Y qué cantidad me dareis para prestar este arriesgado servicio?

—Ciento cincuenta libras. (En aquella época era una suma de importancia).

Cana reflexionó un momento, y luego dijo:

—Acepto.

Pero es el caso que Veciana conocia á fondo al tuno con quien acababa de celebrar aquel contrato. Sabia muy bien, que era capaz de vender á los *mozos*, si Puch le prometia una cantidad más considerable, ó de venderlos á todos, si calculaba que fuese realizable aquella doble traicion. Por esto arregló su plan suponiendo la perfidia y traicion de Cana. Diez y seis *mozos* vestidos de labradores con sus instrumentos de labranza, fueron contratados por varios dueños de diferentes terrenos en quienes el comandante tenia confianza. Esos labradores trabajaban todo el dia ó

fingian trabajar en los puntos señalados por su jefe. Quince dias habia que este plan estaba en práctica y nada parecia de lo que se esperaba. Pero otra de las virtudes de los individuos de las ESCUADRAS, es la paciencia, pues saben esperar y esperan dias y noches, sin quejarse ni perder su confianza. Al cabo de estos dias, Cana avisó por medio del niño, apostado en la cruz de *Cama*, de que á los tres dias se celebraria el matrimonio á esto de las cinco de la tarde. Estas palabras habian sido dictadas por Veciana para entenderse. Pero es el caso que Cana mentia, puesto que el dia siguiente los *mozos* que trabajaban junto al camino del bosque, vieron pasar primero dos mendigos, que calificaron de sospechosos, y despues otros tres hombres, envueltos en sus mantas como viajeros á la ligera. Los *mozos* que trabajaban á la parte opuesta que lindaba con el rio Francoli vieron atravesar el rio á seis hombres, por distintos puntos, y en distintas horas. Estas observaciones fueron comunicadas con mucho disimulo al cabo Jaime Malvehi, que situado en un barracon construido dentro de un espeso cañaveral, era el encargado de aquella fuerza. Dió desde luego sus disposiciones, y en su consecuencia, una mujer, vieja y andrajosa, que estaba en su compañia, salió inmediatamente, conduciendo una marrana con sus lechoncillos. Representaba la porquera de la casa llamada de la Granja, regresando á casa de sus amos. Esta mujer debia esplorar el terreno, y en seguida volver á dar cuenta de lo que hubiese observado. Un *mozo* debia seguirla de léjos, y como era ya entrada la noche, y el *mozo* no podia verla, por esto se convino en que, de cuando en cuando, haria gruñir su marrana, y en caso de ser detenida por los bandidos, habian convenido, que con disimulo clavaria un largo alfiler en el cuerpo del animal, para que con sus gruñidos diese el aviso convenido. Efectivamente, á un tiro de fusil de la Granja la vieja fué detenida, y se le mandó que no pasase adelante. Un fuerte gruñido de la marrana, fué la señal de lo sucedido. Ya en esto todos los *mozos*, completamente armados, estaban junto á su jefe, el cabo ya nombrado, esperando sus órdenes. El *mozo* que habia seguido á la vieja, habia llegado ya, y dado su parte.

—Vamos, dijo el valiente cabo, hoy por fin daremos su merecido á esa canalla.

Los *mozos* salieron en direccion á la Granja, en parejas de dos en dos, por distintas direcciones, pero no debian penetrar en la casa, ni aproximarse á ella, sino despues de oida la señal convenida. A poco oyeron los marranitos de la vieja, que atormentados por ésta, avisaban con su gruñido á los *mozos*, para que no penetrasen más hácia la casa, pues de lo contrario deberian encontrarse con los bandidos. Ya estaba esto prevenido tambien. Los *mozos* se habian detenido cada uno en su puesto, y se habian agachado para hacerse más invisibles.

Pasemos ahora al campo enemigo.

Realmente Cana, habiendo visto que Puch le ofrecia la tercera parte del botin que se recogiese en aquel robo, y otra tercera parte de la cantidad que se exigiria á los rehenes, que sin duda cogerian, se pasó en cuerpo y alma á la canalla, en lo cual, por otra parte, no hacia más que seguir los impulsos de su depravada conducta é inclinaciones. Aquel habia dicho a Puch que el golpe era seguro, puesto que sabia, aunque lo callaba, que los *mozos* no se moverian hasta recibir el parte convenido con Veciana. Por esto el malvado dió el aviso para tres dias despues del señalado por

---

él y Puch para ejecutar su obra. Pero ya hemos visto que los *mozos*, con su jefe, si bien muchas veces se valian de los mismos malvados para lograr su fin, jamás se entregaban á una entera confianza, al contrario, dirigian siempre su plan, dando por supuesta la traicion y mala fe de tan inicuos confidentes. En fin, Puch, apesar de las seguridades que le daba Cana, como no estaba en el secreto de este, no queria asaltar la Granja sino despues de bastante entrada la noche, y de haber tomado las debidas precauciones. De ahí la detencion de la vieja y sus marranos, y la de otras personas que se dirigian á la Granja. La astuta vieja no cesaba de hacer gruñir á sus marranos. Era aquello un singular modo de decir *centinela alerta*, que no comprendiéndole los que estaban junto á ella, era perfectamente entendido por los *mozos* que estaban más léjos.

—Haz que no gruñan esos marranos, le dijo Puch una vez, sino les clavo mi puñal.

—¿Cómo lo haré, pobre de mí? contestó la confidente de los *mozos*, si los heris, aun gruñirán mucho más alto.

Repentinamente cesó por completo el quejido de aquellos animales. El cabo y los *mozos* conocieron con esto que la escena habia cambiado. La porquera ya no atormentaba á los animalitos, luego ya no habia inconveniente en que los *mozos* adelantasen. Así lo hicieron. Ya no distaban más que un tiro de fusil de la Granja, pero la noche era tan oscura, que apenas se distinguian entre sí los *mozos* que estaban de pareja. Se detuvieron otra vez, pues temian acercarse demasiado, y desbaratar la obra. El valiente Malvehi se adelanto solo y andando muy agachado y con las más minuciosas precauciones. Al poco rato se detuvo: habia oido la voz de los bandidos apesar de que hablaban muy bajo. ¡Tan cerca de ellos se hallaba!... No pudo comprender lo que decian, pero ya no le cabia la menor duda de que aquella noche habria refriega. Los de la casa estaban prevenidos, debian fingir que dormian y dejar que los bandidos penetrasen en la misma, en lo cual se ocupaban estos puesto que á la sazon estaban practicando un agujero en la puerta para introducir á uno de los suyos, que en seguida debia facilitar la entrada á los demás. En fin, vino el momento critico, que fué anunciado á los *mozos* por la vista de una llama de *fuego*, que pareció un momento á lo último del tejado de la casa. Los bandidos habian entrado ya en ella. Los *mozos*, entonces, puestos en movimiento á la señal de su jefe, se lanzan sobre la Granja por distintos puntos. Trabóse en seguida una lucha con parte de los *mozos* y los bandidos que debian proteger la retirada de los suyos. La voz de *alto al rey*, es confundida con las blasfemias de la canalla y los ayes de los moribundos y heridos. Otra partida de los mismos *mozos* habia penetrado ya en la casa; armóse dentro de esta otra lucha tan sangrienta como la que tenia lugar en sus afueras. Los bandidos no dejan de blasfemar ni los *mozos* de intimarles la rendicion en nombre del rey. La oscuridad de la noche introduce la confusion entre los combatientes: la sangre corre en abundancia, y si los bandidos hubiesen podido dejar de blasfemar, de seguro que los *mozos* se hubiesen herido los unos á los otros. Pero repentinamente los de la casa salen con varias luces y alumbran aquel terrible teatro de destruccion y muerte: entonces el combate cambia de aspecto: arrojadas las armas de fuego por unos y otros, luchan puñal en mano y cuerpo á cuerpo. Mas los bandidos

habian perdido á muchos de los suyos. El mismo Puch cayó en aquel momento herido mortalmente por uno de los valientes *mozos*, llamado José Bertran, natural de Valls, y los demás ya no podian prolongar por más tiempo su defensa. El infame Cana mordia tambien la tierra revolcándose en su propia sangre y seis bandidos más yacian muertos ó mortalmente heridos. El triunfo de los *mozos* habia sido completo, pero tuvieron que lamentar la sensible pérdida de dos compañeros muertos y tres heridos. Tenian órden de coger vivo á Puch, en cuanto les fuese posible, así es, que desde el momento en que cayó este bandido y se dispersaron los demás, el cabo dispuso que parte de los *mozos* persiguiese á los fugitivos, mientras él y los otros se quedaron para examinar la herida del bandido, para ver si podian alargarle la existencia. Con este objeto, observando que aun respiraba, le prodigaron toda clase de ausilios. Puch recobró los sentidos, y viéndose en brazos de sus enemigos, les dijo con voz lenta y sofocada, pero siempre con aquel tono socarron que le distinguia:

—Os pesa haberme muerto de una puñalada, porque os gustaria más verme bailar en la horca. Pero el demonio, que es y ha sido siempre el único santo á quien me he encomendado por medio de mis obras, lo ha dispuesto de otra manera.

—Quién sabe, dijo el cabo, yo creo que no morirás tan pronto.

—Vamos, replicó Puch, se conoce que no has dado muchas puñaladas, por esto no sabes calcular sus efectos. ¡Oh! en cuanto á esto, amigo mio, has de confesar que Puch tiene más práctica, ¡he dado tantas!... Y una risa infernal asomó á sus labios.

—Mejor seria, dijo un *mozo*, que pidieras perdon á Dios, puesto que, segun dices, crees que vas á morir tan pronto.

—¿A Dios?... ¿Y quién es Dios?

—Bien te lo enseñó en tu niñez tu desgraciado padre.

Aquel recuerdo impresionó al bandido, pero fué momentánea y pasajeramente, porque tomando luego su tono satirico y burlon, dijo:

—Sí, es verdad: el necio de mi padre creia en Dios, y por esto sin duda fué un miserable toda su vida; por esto todos los años se veia en grandes apuros para pagar el arriendo, mientras que su hijo Puch, el malvado y asesino, ha pasado su vida en la mayor abundancia, y al morir, ya lo veis... Diciendo esto hizo un esfuerzo para arrojar su bolsa, llena de dinero, á la cara del cabo. Esto prueba que mi Dios puede más que el de mi padre, ó á lo ménos que sabe tratar mejor á sus hijos.

—Pero tu padre murió en un lecho, rodeado de tus hermanos y su confesor; murió tranquilo con la esperanza de pasar á mejor vida, mientras tú mueres herido, en el seno mismo de la maldad, por este mismo Dios contra quien blasfemas; y entre tanto ¿qué hace tu demonio? ¿Por qué no te ayuda y defiende? Si no puede ¿por qué á lo menos no viene á consolarte? Mira, ya te espera con sus garras para arrastrar tu alma á los abismos de su terrible morada.

—¡Bah!... ¿mi alma? Mil que tuviera le daria con tal que salvase ese mi único cuerpo... ¿Crees que tenemos alma?

—Pues..... ¿no la hemos de tener? pero ahí viene un sacerdote que te lo esplicará mejor que yo.

Efectivamente, la Granja, que ahora no es más.

puede decirse, que un monton de ruinas, era en aquella época un lugarcillo, con su pequeño templo y vicario, asi es, que el cabo, al decir sus últimas palabras, se referia al sacerdote que entraba en aquel momento en la habitacion en que tenia lugar la escena que estamos describiendo. Puch fijó su moribunda mirada en el vicario, y una sonrisa satánica se vió en sus labios.

—Cuervos vienen, dijo en seguida, han olfateado ya el olor de mi carne.

—¡Eh!..... dijo el cabo, basta ya de blasfemias, si prosigues así, mandaré ponerte una mordaza.

—Pronto me la pondrán para siempre, contestó el bandido, siempre con su tono sardónico y burlon.

—Buenas noches, amigo mio, dijo el sacerdote, dirigiéndose á Puch.

—Modales tiene el buen padre, contestó este.

—¿Os incomoda mi presencia?

—Si no me hallase en el estado en que estoy, ya contestaria á vuestra pregunta, pero lo que es ahora, éste es el que manda, y miró al cabo.

—Dios, hermano mio, prosiguió el sacerdote, es el padre de las misericordias; el perdonó al ladron que pendia de la cruz al lado del Redentor del mundo ¿por qué ,pues, no le quereis vos pedir perdon de vuestras faltas?

—Treinta años tengo, y me he pasado sin Dios; ahora por lo que resta, no quiero molestar á tan alto personaje.

—Segun esto, ¿nunca. ni aun cuando erais niño, habeis creido en Dios?

—Jamás.

—¿Y por qué no habeis creido en él, siendo asi que vuestra familia, segun tengo entendido, es tan buena como cristiana?

—Mi padre me decia desde niño que Dios habia dicho que el hombre debia trabajar para vivir, y como yo desde que naci aborreci el trabajo, por esto odié á un Dios que queria condenarme á lo que yo más detestaba.

—Pero, ¿no sabes, hijo mio, que del trabajo viene el descanso? ¿No sabes que es una de las virtudes cristianas?

—Será lo que querais, pero mis abuelos habian trabajado toda su vida, y nunca les vino el descanso: mis padres trabajaron tambien, y solo hallaron el descanso de la muerte.

—Pero tú, hijo mio, confundes las cosas, crees que el aborrecimiento del trabajo fué en ti una cosa natural, siendo asi que solo provino del hábito que contraiste de no hacer nada.

—¿Y podia tener yo este hábito ,cuando apenas contaba tres años?

—De todos modos, esto solo probaria que naciste inclinado á la pereza, inclinacion que hubieses podido corregir desde un principio, y ser un hombre honrado viviendo de tu trabajo. Pero dejemos esto y contéstame: si supieras que Dios te habia de perdonar todas tus culpas y concederte su santa gracia, ¿no es verdad que le pedirias perdon con toda tu alma?

—Dios, perdon, alma... Hé ahi unas palabras que no comprendo.

—¡Infeliz! esclamó el sacerdote, no tiene siquiera las nociones más generales. Está perdido. dijo en seguida el desconsolado sacerdote, dirigiéndose á los *mozos*, está perdido, porque no es fácil improvi-

sar esas creencias, en un alma corrompida y pervertida en tan alto grado. Hagamos el último esfuerzo.

—Dime, hijo mio, ¿ no castigabas á los tuyos cuando creias que desobedecian tus órdenes?

—Ya se ve que si ; y de ello podria informaros Garrofa , á quien hice martirizar un buen rato por haberse entretenido en la taberna cuando yo le esperaba.

—Pues si te has creido con derecho á castigar á los que te han ofendido, ¿por qué se lo has de negar á Dios, criador de todo el mundo? Si puede castigarte, ¿ por qué no le temes ? ¿ No premiabas á los que creias que cumplian bien con su obligacion?

—Vaya que si ; y si no hubieseis muerto á Cana, os podriais convencer de que le habia prometido una gran parte del botin que ibamos á recoger en esta casa.

—Pues entonces. ¿por qué niegas ese derecho á Dios?

—Desengañaos, señor sotana: si verdaderamente hay Dios y demonios, y aquel es tal como me lo pintaron mis padres, yo no le puedo pertenecer, porque he servido siempre al demonio. No, no puede haber perdon para mi, y lo que es más, yo no quiero pedirlo ni reclamarlo. Por tanto, creo que su paternidad se puede retirar y dejar de molestarse y molestarme.

—¡Desgraciado!... dijo el cura, has incurrido en el peor de los pecados, el pecado de Cain y de Judas: la desesperacion de la misericordia de Dios. Cabo, añadió, seria tiempo perdido : como pronto ese infeliz va á concluir, podeis aprovechar esos momentos para ver si quiere disponer algo ó hacer alguna revelacion importante. Y diciendo esto se arrodilló junto al lecho del moribundo y comenzó sus oraciones.

El cabo y los *mozos* estaban aterrados. Ellos que no conocian el miedo, ellos que nunca volvian la vista á la presencia de los puñales de los bandidos, temblaban al aspecto de aquel indefenso moribundo, porque tenian fé, y se horripilaban á la idea de un hombre que moria haciendo alarde de no creer en nada ; porque amaban y temian á Dios, y por eso se estremecian oyendo á un hombre que blasfemaba contra él, en el momento en que iba á comparecer ante su tribunal. En fin, el cabo, haciendo un esfuerzo sobre si mismo, dijo al enfermo:

—Dime, Puch, ¿tienes algo que decirme?

—Nada...

—¿Quieres algo para tu madre?

—No la tengo...

—¿Para tus hermanos?

—No los tengo...

—¿Para tus amigos?

—Jamás los he tenido. Al dar estas contestaciones, el acento de Puch, apesar suyo , revelaba toda la tristeza y desesperacion de su alma. Causaba lástima, si, lástima y compasion el ver la espantosa soledad que rodeaba á Puch en sus últimos momentos. Los *mozos* apenas podian contener su llanto, y gruesas lágrimas se desprendian de los ojos del vicario.

—Pero Puch... continuó el cabo, ¿es posible que en estos momentos nada tengas que recordar? ¿Es posible que tu corazon no haya sentido nunca alguna afeccion? Mira , te juro que , sea cual sea el encargo que hagas. con tal que no me comprometa como cabo de *mozos* y cristiano que soy, te juro, repito, que lo cumpliré.

—Ya te lo he dicho, replicó Puch con voz casi imperceptible, nada dejo en la tierra, nada. Muero solo, completamente solo. Digo mal, porque veo á mi alrededor mil sombras espantosas y ensangrentadas... ¡Ja...! ¡ja...! ¡me parece que las conozco...! si; mi tio... sus hijos, sus criados... ¡Oh... rabia! tambien veo á mi padre, atado junto á una encina... sangre... sangre por todas partes. ¡Ja... ja...! esto no puede ser, proseguia y parecia que los ojos le saltaban de sus órbitas, se erizaban sus cabellos y se crispaban sus manos. Un sudor frio y mortal bañaba todo su cuerpo. El cura quiso probar otra vez, y acercándose al desesperado Puch, le dijo:

—¡Esas sombras que ves, Dios te las envia para que te arrepientas y pidas perdon!

Pero Puch parecia que no oia nada, tan absorto estaba con sus terribles visiones. Repentinamente esclamó con un esfuerzo supremo:

—¡Ja... ja...! Ya veo al último de todos, á mi único amigo... ¡Qué feo está...! Pero no importa... ¡Oh... amigo mio, creia que tú tambien me habias abandonado...! El cabo me decia hace poco, ¿y en dónde está ahora tu demonio? ¿Por qué no te saca de ese apuro? Pues bien, ya está aquí... aquí... decia, haciendo al propio tiempo los esfuerzos más inauditos para retirarse al lado opuesto al que suponia era por donde venia el demonio, aqui... aquí, continuaba; y en medio de esos esfuerzos y trabajos cesó de hablar, y á los pocos momentos Puch era ya yerto cadáver. Tal fué el desesperado fin de aquel desgraciado. Él lo habia dicho: yo no tengo hermanos, no tengo amigos. ¡Qué soledad tan espantosa! ¡Qué muerte tan desgarradora! El crimen, la vida desenfrenada y manchada tantas veces con sangre humana, naturalmente, debe conducir al criminal al fin trágico del desgraciado Puch. Los honrados *mozos*, el sacerdote y la familia de la casa en que tuvo lugar aquella escena, habian quedado azorados y llenos de terror. Aquellos *mozos* que esponian todos los dias su vida con el mayor arrojo, que siempre habian hecho cara á los peligros más grandes, temblaban á la vista de un cadáver que, no solo ya no les podia dañar, sino que les proporcionaba un motivo de gloria y triunfo. Es que ellos sabian esponer la existencia de sus cuerpos en cumplimiento de sus deberes, pero por nada de ese mundo hubiesen espuesto la salvacion de sus almas, y en fin, tenian fé y esperanza en Dios, mientras que el infortunado Puch, como él mismo decia, solo creia en el demonio. Al dia siguiente, la mayor parte de los vecinos de Valls y de todo aquel pais acudieron á la Granja, llevados de la curiosidad de ver los cadáveres de los formidables bandidos, y especialmente de Puch, terror y espanto de todos los pacíficos habitantes de todos los corregimientos por donde estendian sus correrias. Hé ahi el parte que con este motivo remitió al comandante, el cabo Jaime Malvehi, que era el que mandaba aquella fuerza:

«Muy señor mio: En cumplimiento de mi deber le »digo como esta noche vino la canalla á la Granja, »en donde despues de una terrible lucha, hemos »dado muerte á seis y á más á Cana y al terrible »Puch, quien ha espirado condenado porque no ha »querido confesion, ni pedido perdon á Dios por »sus muchas picardias. Han muerto dos de los nues- »tros y tenemos dos heridos. Usted dispondrá ahora »lo que crea más conveniente.»

Con esta sencillez y laconismo han dado siempre sus oficios y comunicaciones los modestos *mozos*, cuya historia estamos escribiendo. Asi daban cuenta de los más gloriosos hechos de armas, sin ninguna clase de pretensiones, sin recomendarse á sí mismos, ni pedir premios, cruces, ni condecoraciones. En aquella época, y aun despues en otras posteriores, solo alguna que otra vez recibian alguna recompensa pecuniaria en premio de servicios estraordinarios, pero aun en este caso, nunca eran ellos los que la solicitaban. Con la muerte de Puch y la de sus compañeros, el corregimiento de Tarragona se vió libre de tan formidables enemigos, porque aquel severo escarmiento verificado en la cuadrilla más formidable por su crueldad y astucia, alarmó á las demás partidas que desde luego huyeron del lugar en que habia sucedido tan terrible escena. Asi lo manifestaba el comandante de los *mozos* al Excmo. Sr. Capitan General en aquella fecha (1722):

«Señor, decia, la canalla ha recibido un justo »castigo en las inmediaciones de esta villa, en donde »hacia quince dias que tenia emboscada una partida »de quince *mozos* al objeto de sorprender á los mal- »vados en el acto de hacer una de las suyas. Hoy »he contado por mi mismo hasta el número de nueve »bandidos, todos pertenecientes á la canalla de »Puch, por apodo Cama de Boya, entre los cuales »estaba tambien ese miserable con su cara de demo- »nio. La canalla, viendo el trato que recibian en »esta comarca, han desaparecido, asi es, que este »terreno que *quemaba* (palabras testuales) de ladro- »nes y malvados, ya, gracias á Dios, se halla libre de »tantos malvados. Pero como por desgracia no se los »habrá comido la tierra, por esto temo que pronto se »darán á conocer en otros corregimientos. Por esto, »salvo siempre lo que V. E. se sirva ordenarme, he »dispuesto la salida de las Escuadras, y las he distri- »buido en los varios puntos que he creido más con- »veniente, etc.»

V.

ÚLTIMOS MOMENTOS DE D. PEDRO ANTONIO VECIANA, FUNDADOR DE LAS ESCUADRAS.—SUS AFORISMOS.

El eminente patricio que habia creado aquella venerable institucion, terror y espanto de los malvados, consuelo y amparo de los hombres de bien, habia llegado ya á una edad bastante avanzada. Pero no era solo esto lo que le aquejaba, sino que, á una vida de continua fatiga y sembrada de peligros, se unia el achaque de las muchas heridas que habia recibido, y especialmente la que le causó Carrasquet el dia del famoso asalto de Valls. Yacia, pues, postrado en su lecho de dolor, rodeado de su querido hijo, Pedro Martir, de sus hermanos, familia y numerosísimos amigos. No se hacia ilusiones sobre el estado de su salud y los pocos dias que le quedaban de vida, asi es, que él mismo habia pedido los ausilios de nuestra madre la Iglesia, ordenado su testamento y dispuesto todas sus cosas, como buen cristiano, buen patricio y tierno padre de familia. En esta disposicion, y acercándose su hora postrera por momentos, llamó á su hijo y le habló en estos términos:

«Hijo mio, siento que mis fuerzas me abandonan por momentos, y quiero aprovechar estos últimos instantes, para darte los saludables consejos debidos á mi larga esperiencia.

»Primeramente, quisiera que te persuadieras de que la felicidad en esta tierra jamás ha sido ni puede ser completa, porque no es esta más que un camino lleno de espinas, que nos ha de conducir al término de nuestra peregrinacion. La dicha depende en gran parte de nosotros mismos, y consiste en el cumplimiento de nuestras obligaciones para con Dios y los deberes que nos imponemos para con los hombres, segun sea nuestro estado. Ama, pues, á Dios, obedece á tu rey y sirve á la patria, que es nuestra segunda madre sobre la tierra. Si, como lo creo, estás destinado á sucederme en el mando de las Escuadras, procura mantenerlas en el estado de honradez, valor y lealtad en que te las dejo; ama á todos sus individuos como los ha estimado tu padre, y considera esta institucion como una obra que está destinada á ser el espanto de los malvados, y la confianza y consuelo de los hombres de bien. Para su buen gobierno, y á fin de que puedas cumplir con el objeto de su institucion, ten bien presentes las reglas siguientes:

»Primera.—Nunca admitas para el servicio, más que á jóvenes, esto es, *mozos*, honrados, valientes, y aficionados al trabajo. Para esto, no fies enteramente en los documentos de buena conducta que se les exigen para ingresar, pues la esperiencia me ha enseñado que, con la mayor facilidad, se dan certificados de buena conducta á personas que la tienen muy desordenada; procura tomar tus informes reservadamente, de modo que no se conozca que te estás informando.

»Segunda.—Observa bien al *mozo*, recientemente admitido, y procura que los demás jefes hagan otro tanto. Procura encargarle los actos de servicio más penosos y arriesgados, y si vieres que no reune las circunstancias de valor, actividad y honradez necesarias, despidele del cuerpo con prudencia y tino; porque para la clase de servicio á que están destinadas las Escuadras, se necesita la reunion de todas estas cualidades, y á más, las de amor al cuerpo y á su servicio, y éste se demuestra por el modo con que el individuo cumple con su deber.

»Tercera.—Debes ser severísimo contra los *mozos* que faltaren al sigilo, respecto á los confidentes y á todos los actos de servicio que exigen secreto: contra los que no trataren con amabilidad á esos mismos confidentes, esto es, á todos los habitantes de los lugares y casas de campo.

»Cuarta.—El gran secreto de las Escuadras, consiste en sus continuas y seguras confidencias, debidas, no al cebo de las recompensas pecuniarias con que á veces es necesario retribuir á los confidentes,

sino á la conviccion que debe inculcarse en todos los hombres de bien, de que *cooperando ellos por su parte por medio de sus confidencias, es como se ha de lograr su propia seguridad, la de sus vidas é intereses.* De esta manera es como yo he logrado establecer una especie de red de confidencias tan minuciosas, exactas y oportunas, que bien fomentada, podrá ser con el tiempo un sistema de policia que hará muy necesarios y útiles los servicios de las Escuadras.

»Quinta.—A veces, sin embargo, se hace preciso echar mano de los mismos malvados y perdidos, para las confidencias, como lo he hecho yo con Cana y otros muchos; pero en estos casos, debes partir siempre de aquel adagio que dice: el olmo nunca produce peras: es decir, que nunca debes fiarte del confidente, debes interpretar sus intenciones siempre por la parte peor, y por consiguiente, debes arreglar tu plan, dando siempre por supuesta la infamia y traicion del confidente.

»Sexta.—Debes procurarte noticias circunstanciadas de todos los sospechosos y gente de mala conducta de todos los lugares, pueblos y justicias, llevando un registro reservado de todos ellos con sus nombres, apodos y señas particulares, con el de las tabernas y otras casas sospechosas que frecuenten, sus conversaciones y planes; valiéndote para esto de las confidencias de los mismos dueños de las tales casas, de los mismos *mozos*, disfrazados de diferentes maneras, ya de mendigos, ya de peregrinos, ya de frailes y curas, cuando las casas que aquellos frecuenten sean bastante decentes para que puedan frecuentarla estos últimos sin deshonrar su traje.

»Séptima.—Partirás siempre de aquel principio que dice: por el hilo se saca el ovillo: es decir, por medio de los indicios, al parecer más insignificantes, se viene muchas veces al descubrimiento de los crímenes más espantosos. Por esto al recibir noticia de algun robo ó delito, procura enterarte de todos los pormenores, aun de aquellos que parezcan ajenos al objeto presente; porque los malvados, por justos juicios de Dios, siempre sufren algun descuido, apesar de toda su prevision y astucia.

»Octava.—Como un hombre solo, por mucha que sea su actividad y celo, no basta para todo, y aun te diré, que es muy poca cosa para el asunto que nos ocupa, por esto debes procurar que todos y cada uno de los *mozos*, posean todas las noticias y datos de que acabo de hablarte, no cansándote de comunicárselas y repetirselas mil veces, si fuese necesario: mas, como no en todos has de suponer tanta memoria y disposicion, por esto has de procurar simplificarles este sistema, concretándolo á los lugares y pueblos del radio demarcado para cada una de las diez Escuadras hoy existentes.

»Novena.—Parte del principio que solo el miedo que infunden los malvados, puede ser causa de que los hombres de bien dejen de dar sus confidencias, por esto has de procurar, por una parte, reanimarlos, y por otra hacer que nunca se descubra al confidente.

»Décima.—Es tan importante esto último, que no debes titubear un momento en espulsar al *mozo* que una vez faltare á ese sigilo, aplicándole á más otros castigos más severos, segun la importancia y consecuencias de sus revelaciones ó ligereza.

»Undécima.—No olvides nunca que el servicio del *mozo* es libre y voluntario, solicitado por parte del interesado, que puede dejarle siempre que le de la gana, pudiéndolo tambien espulsar del cuerpo siempre que así se juzgue conveniente para el servicio. Partiendo de estos principios, le convencerás de la ninguna necesidad de un código penal para gobernar las Escuadras, pues, despues de esto, todo consiste en el acierto respecto la admision en el cuerpo.

»Duodecima.—Debes mirar siempre con recelo á los confidentes de oficio, esto es, á los que, atraidos por el premio ó recompensa de las confidencias, se presentan muy á menudo á denunciar supuestos robos y crímenes que se han de cometer, pues la esperiencia me ha enseñado que esos tales las más de las veces, solo denuncian hechos imaginarios, y otras, hechos que ellos mismos preparan atizando á estas ó aquellas personas que suponen más ó ménos dispuestas para la maldad. En una palabra: nunca debes olvidar que los enemigos naturales de los malvados, son los hombres de bien, y por consi-

guiente que estos deben ser sus naturales delatores.»

Aquel venerable anciano iba á proseguir, pero sus fuerzas cada vez más debilitadas, le iban faltando por momentos.

«Todo lo habia previsto, dijo un momento despues, ménos que me faltase una hora más de vida para darte otros consejos respecto de las Escuadras, pero en fin, es menester resignarse.»—Y entonces con voz apenas perceptible, dijo:

«*Preveo un gran porvenir para las Escuadras; sea cual sea, no olvides que tu padre ha amado este cuerpo hasta en sus últimos momentos.*

»Ahora que entre otra véz mi confesor; ya no quiero oir ni saber de las cosas de la tierra.»

Una hora despues un llanto general en toda la casa de Veciana, anunciaba el fallecimiento de aquel patricio eminente y resignado. Los *mozos* lloraban, como lloran los niños á la muerte de sus padres.

VI.

D. PEDRO MARTIR VECIANA, SUCEDE Á SU PADRE EN EL MANDO DE LAS ESCUADRAS.

Así que el Capitan General tuvo noticia oficial de la muerte del comandante de los *mozos*, nombró provisionalmente á su hijo D. Pedro Martir para sucederle en el mando. Poco tiempo despues el marqués de lá Mina sucedió en el mando del principado al conde de Glimes, y luego se apresuró á confirmar en propiedad el nombramiento de Veciana, hijo, como comandante, y el de sus tios como cabos de las Escuadras en los siguientes términos:

«Por cuanto el capitan de infanteria D. Pedro Martir Veciana, nos ha presentado un despacho que le »concedió nuestro antecesor el conde de Glimes nombrándole comandante de las once Escuadras establecidas con real aprobacion en Cataluña para vigilar su quietud, persiguiendo á los malhechores, y »limpiando los pueblos y caminos de gente mal entretenida y sospechosa: y atendiendo al merito que »en este empleo contrajo su padre: el de su familia »que fué siempre fiel y leal al Rey, como asimismo »al que, desde que la piedad de Su Majestad confió »á mi celo el mando de este principado, ha continuado á mis órdenes cumpliendo exactamente con su »obligacion y desempeñando con toda satisfaccion »nuestros muchos encargos importantes del servicio »y de justicia que se han fiado á su habilidad y su »sigilo, y que le constituyen cada dia más digno de »las reales remuneraciones: hemos venido en reva»lidarle el citado despacho con el nuestro, como nos »lo ha suplicado; y ordenamos y mandamos á todos »los jefes militares, corregidores y justicias sujetos á »nuestra jurisdiccion que reconozcan al mencionado »D. Pedro Martir Veciana por tal comandante de las »once Escuadras de Valls, y que le ausilien en las »comisiones relativas á su empleo, dándole cuando »vaya á ellas, y á los mozos de sus Escuadras, el alo»jamiento, el simple cubierto, cárceles y prisiones »seguras para los reos como tambien los bagajes que »necesitase para su conduccion, etc., etc.

»Por cuanto atendiendo la esperiencia, valor y »buena conducta de vos, el teniente de infantería don »José Veciana, os nombró nuestro antecesor el con-

»de de Glimes, por teniente de las once Escuadras es»tablecidas en Cataluña, para su seguridad y quie»tud; y en consideracion del mérito que habeis ad»quirido á nuestras órdenes, con el desempeño de las »repetidas comisiones que se han fiado á vuestro ce»lo; hemos venido en revalidaros el mencionado »despacho, con el nuestro para continuar el empleo »de teniente de las Escuadras y sus funciones como »nos lo habeis suplicado, y así ordenamos y manda»mos, etc.»

«Jaime Miguel de Guzman, Dávalos, Spínola, Pa»lavecino, Ramirez de Haro, Santillan, Ponce de Leon »y Mesia, marqués de la Mina, duque de Lezera y de »la Palata, conde de Pezuela de las Torres y de Bel»chite, príncipe de Massa, marqués de Cabrega, se»ñor de Santaren, grande de España de primera cla»se, gentil hombre de cámara con ejercicio, caballero »de la insigne órden del Toison de Oro, y de las de »Sancti-Spiritus, San Genaro y Calatrava, adminis»trador en el de Montesa, de las Encomiendas de Si»lla y Venasal, Capitan General de los ejércitos de Su »Majestad, director general del cuerpo de Dragones, »gobernador y Capitan General del ejército y princi»pado de Cataluña, y presidente de su Real Audien»cia. etc.:—Por cuanto mi antecesor el conde de Gli»mes, os nombró á vos Francisco Martí, por cabo de »la Escuadra de fusileros de Valls, destinada en la »villa de Riudoms para vigilar su quietud y la de su »término, persiguiendo los malhechores y gente ocio»sa que la perturban; y hallándonos satisfechos de »vuestro celo y del desempeño de vuestra obligacion, »hemos venido en revalidaros dicho empleo, como »nos lo habeis suplicado, y ordenamos y mandamos »á todos los jefes militares, corregidores y justicias »sujetas á nuestra jurisdiccion que tengan y reconoz»can al mencionado Francisco Martí, por tal cabo, y »que le ausilien en las comisiones relativas á su em»pleo, dándole (cuando vaya á ellas) y á los *mozos* »de su Escuadra el alojamiento, el simple cubierto, »cárceles y prisiones para la seguridad de los reos.

»como tambien los bagajes necesarios para su con-
»duccion arreglado al estilo que hasta ahora se ha
»observado, pues así conviene al servicio. Dado en
»Barcelona, etc.=Miguel Bañuelos.=Sigue un sello
»cuyo lema dice así: Praeferre Patriam Liberis Paren-
»tem Decet.»

D. Pedro Martir Veciana se dió á conocer muy
pronto como digno sucesor de su padre, tanto por
su valor, actividad y celo, como por el DON ESPECIAL
que tenia, segun espresion del mismo marqués de la
Mina, consignada en un documento oficial que luego
tendremos ocasion de copiar, PARA PERSEGUIR Y EN-
CONTRAR Á LOS MALHECHORES. Los bandidos que allá
en sus infernales cavernas, habian celebrado la
muerte del fundador de las ESCUADRAS, creyendo que
con este motivo menguaria la terrible persecucion
que venian sufriendo desde la fundacion de aquel
respetable cuerpo, conocieron pronto que nada habian ganado con el cambio de comandante. Todos los
dias tenian sus encuentros y sorpresas: cada dia era
señalado con nuevos triunfos por parte de las ESCUA-
DRAS. Ya todos los pueblos, lugares, justicias, casas
de campo, pastores, peregrinos y demás gente honra-

D. Pedro Martir Veciana, 2.º comandante de las Escuadras.

da, depositada su entera confianza en ellas y en cada uno de sus individuos, menudeaban sus confidencias, datos y noticias, realizándose así los deseos ma-
nifestados por el fundador en el acto de descender á
la tumba. Los bandidos se habian visto obligados á
modificar su modo de existir y de cometer maldades.
Ya raras veces se presentaban en cuadrillas numerosas, y pocas, muy pocas, atacaban á brazo partido
los lugares y casas de campo. Su táctica consistia en
presentarse en número de tres ó cinco en la parte
más desierta y escondida de los caminos y carreteras, para asaltar y robar á los indefensos viajeros.
Pero aun así, sufrian continuas sorpresas y sustos,
de modo que tal vez desde esta época data el que se
diga: vive con más susto que un ladron. Pero como
no todos los pueblos y villas disfrutaban de los grandes beneficios de las ESCUADRAS, por esto los bandidos tenian aun algunos puntos y comarcas por donde
podian hacer sus correrias con más libertad y desahogo. De ahi las continuas súplicas y demandas de
estos mismos pueblos y villas, en solicitud del establecimiento de ESCUADRAS en sus respectivos lugares.
Pero tanto por parte del Capitan General, como por
la del mismo comandante se procedia con mucha

prudencia, tino y parsimonia en la concesion de nuevas Escuadras, apesar de lo persuadidos que estaban de su necesidad. En aquella época se procedia con mucho cuidado en el aumento ó creacion de cualquier impuesto por insignificante que este fuese. Las mismas autoridades superiores se ocupaban de la parte económica de su administracion, con un esmero y escrupulosidad que, en nuestros tiempos, se miraria como una cosa ridicula. Las esposiciones, sin embargo, llovian solicitando el aumento de aquellos vigilantes. En fin, tantas eran las instancias y el empeño que se tenia por parte de los interesados en que fuesen debidamente atendidas, que el corregidor de Vich, por aquella fecha, decia al Excmo. Señor Capitan General, entre otras cosas, relativas todas á este mismo objeto, lo siguiente:

«Excmo. Señor:—Señor, los bailes de los términos de Olot y otros del partido de Camprodon y comprendidos en el corregimiento de mi mando, esponen á V. E., en la instancia que respetuosamente acompañan, la necesidad que consideran urgente para establecer una Escuadra de cinco hombres y un cabo bajo las reglas de las demás instituidas para resguardo del principado y persecucion de delincuentes y de los que por su mal modo de vivir, son gravosos á la república y perjudiciales á la pública quietud y de considerable detrimento al real erario. porque los más se dedican en hacer el contrabando, sin perdonar medio ni insolencia, por donde se han adquirido el general aborrecimiento del pais y el motivo de determinar á los suplicantes el presente recurso á V. E., en que únicamente han creido el remedio. El sugeto á quien apetecen por jefe de dicha Escuadra, parece bien á propósito, y por conceptuarle idóneo no puedo ménos de trasladarlo al superior juicio de V. E., para que en vista de cuanto alegan los interesados se digne V. E. disponer su determinacion.

»En el lugar de San Andrés de Tona, seria muy adecuado otro semejante establecimiento para poner á cubierto de los muchos insultos á este primer partido del corregimiento de Vich, pues siendo el mencionado pueblo, tránsito indispensable para los viajeros de esa capital á esta ciudad y á toda la montaña, como desde Ampurdan á Olot y Manresa, Aragon y demás provincias de España, es infinita la concurrencia de gentes, continuando el paso de desertores y no ménos la contingencia de guarecerse foragidos como manifesté á V. E. en fecha de 18 del último agosto, etc. etc.»

Este documento está acompañado de las instancias á que se hace referencia, instancias las más expresivas en las cuales se pide encarecidamente la instalacion de nuevas Escuadras en todos aquellos puntos y lugares. Los que han creido, pues, que las Escuadras se formaron muy á la ligera y sin observarse la debida formalidad; podrán, en vista de estos datos, persuadirse de lo equivocados que están en sus opiniones, respecto á este punto. Todavia más: despues de la instancia por parte de los ayuntamientos, del informe del señor corregidor del distrito, seguia una escritura pública con todos los requisitos y circunstancias legales, como es de ver en el siguiente modelo que hemos escogido entre los muchisimos que tenemos á la vista:

«Sépase de como nosotros Pablo Llorens, regidor »decano, y como á tal llevando la vara del Batlle »Real de la villa de Olot, corregimiento de Vich, »por ausencia del Real Batlle de dicha villa, Fran»cisco Melchor, Rafael Pujol, José Quintana, Cris»tobal Masllorens, regidores el presente y corriente »año de la propia villa, y término de Olot; Estéban »Mirambell y Antonio Sala, diputados, con concur»rencia tambien de los doctores en derecho Fran»cisco Ferrer y Sabater, síndico provincial general, »y Buenaventura Santaló y Martí, síndico persone»ro de la precitadá villa y término de Olot, convo»cados y congregados en la pressa de las casas de »la Universidad, en donde para estos y otros nego»cios tenemos acostumbrado convocarnos y con»gregarnos, el Ayuntamiento de esta villa y término »haciendo, celebrando y representando. Por cuanto »es justo y de razon dar testimonio de la verdad. »Por tanto deseosos de acreditar el celo y con»fianza en nuestros respectivos oficios en beneficio »de la causa pública, con atestiguar la verdad en »las infrascritas cosas para los fines y efectos que »pueden conducir al citado intento, mediante el »juramento que extrajudicial y voluntariamente »quiscuno de nosotros assoles ha prestado; atesti»guamos, certificamos y declaramos las cosas si»guientes unánimes y conformes:—De como ha»llándose esta villa y sus contornos é inmediaciones, »infestados de varias personas vagas y mal entre»tenidas, en nada aplicadas á la labranza y cultivo »de las tierras ni otro trabajo, y si en vivir ociosa»mente jugando y glotoneando en los mesones y »tabernas, cometiendo varios escesos, hurtos y tro»pelias, devastando los bosques y árboles de co»piosos frutos, en gravisimo perjuicio y daño de »sus interesados y de la causa pública, facilitados »estos escesos, con ser dicha villa y sus inmedia-- »ciones en la parte de la montaña muy cercana á »la frontera de Francia, á donde se acogen en el »caso necesario y de no poder ser prendidos por la »justicia, lo que no es poco dificil á causa de ha»llarse distantes una jornada de camino las más cer»canas Escuadras del baile de Valls, establecidas »en el presente principado para la persecucion de »semejantes facinerosos y espurgacion de ellos, en »el principado, no siendo fácil poderlo de ningun »modo remediar por si solo la justicia por más efi»caces diligencias que aplique en ello, no siendo en »otro modo corregible, asi para asegurar la pública »quietud, y apartar á la juventud que va creciendo »en este escándalo y tropiezo, despreciando por »más trabajoso el cultivo de tierra y profesion de »artes, útiles al público, no consideramos otro me»dio, que pueda precaverlo, que el establecimiento »en dicha villa de Olot ó á otro lugar vecino á »ella de otra Escuadra de *mozos* del baile de Valls »semejante á las establecidas en otros pueblos del »principado de cinco *mozos*, y su correspondiente »cabo, ordenada á la ausiliacion de las justicias de »dichas inmediaciones hasta dicha frontera, como »á tan necesario á causa de no residir en todas di»chas inmediaciones, y á la larga distancia de más »de una jornada ninguna de las Escuadras estable»cidas, sin embargo, á contribuir la presente villa »en ciento y quince libras anuales, para la manu»tencion de ellas, y á proporcion equivalente los »demás pueblos y villas de estas inmediaciones, sin »gozar del beneficio de su existencia tan necesaria: »circunstancia que, y de ser tan distantes las refe-

»ridas Escuadras para el referido ausilio, facilitan »el motivo de los referidos escesos; viéndose preci- »sadas las justicias á disimularlas, para huir el daño »se les amenaza por aquellos, con el uso de armas »y segures y otros instrumentos. En cuya atencion »por la práctica y esperiencia que reside en Juan »Corominola, labrador de la parroquia de Beguda, »distante no más que media hora de camino de esta »villa en el desempeño que ha dado en varias co- »misiones que de esta naturaleza se le han confia- »do por la Real sala del crimen, juzgamos ser á pro- »pósito para este desempeño, y esta es la verdad »por el juramento que dejamos prestado. Y para que »conste donde convenga, damos la presente certi- »ficacion para los fines que convenga que fué hecha »en dicha convocacion, etc., etc.»

Vamos ahora á tratar más por estenso la cuestion, que solo someramente dejamos apuntada en la introduccion á nuestra historia. Dijimos entonces que era un error el haber confundido la *creacion de las Escuadras* con la de las compañias llamadas de *fusileros de Cataluña*. Cuando se trató por primera vez de la formacion de dichas compañias, ya las Escuadras contaban cerca de sesenta años de existencia, ya habia muerto su fundador D. Pedro Antonio Veciana, y su hijo D. Pedro Martir, se habia hecho ya tan famoso y representaba, como comandante de las Escuadras, tan importante papel, que él y solo él, fué el primero que presentó su célebre propuesta, para la formacion de dichos *fusileros*. Más diremos, si la creacion de aquel cuerpo no surtió efecto, fué debido á la grandisima importancia de que gozaba el comandante de las Escuadras, á la necesidad que se tenia en el principado de sus ser- vicios, como se verá por el contenido de los documentos oficiales que luego vamos á continuar. Por su texto verán nuestros lectores como el Capitan General se opuso á que D. Pedro Martir Veciana se pusiese al frente de aquellas *compañias de fusileros*, por razones que honran sobremanera á dicho señor comandante y al cuerpo que tenia bajo sus órdenes. Hé ahi, pues, la historia oficial de la formacion de los espresados fusileros.

VII.

LAS ESCUADRAS EXISTIAN SESENTA AÑOS ANTES DE QUE SE TRATASE DE LA FORMACION DE LAS COMPAÑÍAS DE FUSILEROS (1).

«Propuesta que hace D. Pedro Martir Veciana, (baile de la villa de Valls, comandante de las Escua- dras de fusileros del principado de Cataluña, desti- nadas para la persecucion de los facinerosos) á S. M. para levantar un batallon de fusileros de montaña, con los capitulos siguientes:

«Primeramente se obliga á levantar quinientos hombres que se deben separar en diez compañias de cincuenta hombres cada una inclusos dos sargentos y un tambor, cuya leva ofrece hacer en Cataluña, siendo el cuartel de asamblea en la dicha villa de Valls, en el término de cuatro meses que deben con- tarse desde el dia que en Barcelona se le dieren las órdenes, bajo las condiciones siguientes:

»Que cada compañia á más de dos sargentos y tambor debe tener un capitan y un teniente.

»Que se le hayan de entregar junto con las órde- nes las patentes en blanco para capitanes, tenientes, sargento mayor y ayudantes, á fin de poderlos nom- brar.

»Que se le debe dar la patente de coronel de di- chos quinientos fusileros, y á más de ella la de ca- pitan de infanteria.

»Que el que fuese sargento mayor á más de su nombramiento se le dé el de capitan de infanteria.

»Que á dichos oficiales se les haya de pagar el sueldo bajo el pié de infanteria durante el tiempo que estuvieren en el real servicio, y cuando fuere servido S. M. reformarlos, deban retirarse á sus casas y estar prontos para siempre que mandare llamarlos gozando de las preeminencias de escepcion, de alo- jamiento y demás cargos concejiles.

»El sueldo ha de ser de coronel y capitan de infan-

teria, durante la existencia del batallon, y en la re- forma deberá gozar el sueldo de capitan de infante- ria con ejercicio.

»El sueldo de un sargento será de dos reales de plata en cada un dia, que es el doble de cada sol- dado.

»Que cada fusilero tendrá para su prest y ma- sita un real de plata castellano y su racion de pan.

»El sueldo de un tambor será de un real de plata y medio.

»Que teniendo veinte hombres cada compañia de- berán los oficiales de ella gozar de su sueldo, y los sargentos fusileros de su socorro.

»Siempre que se presenten cuatro compañias com- pletas deberán entrar en el goce del sueldo, la Plana Mayor que compondrá:

»El coronel.—El sargento mayor.—Un ayudante. —Un capellan.—Un cirujano.—Un tambor mayor.

»El vestuario y armamento que se compondrá de las prendas que se espresarán, deberá ser de cuenta de S. M. el darlo.

»Tambien deberán gozar dichos capitanes diez escudos de vellon al mes, pagados por la tesoreria de Barcelona, con sola la obligacion de presentarse cada cuatro meses en las plazas más inmediatas á su habitacion despues de la reforma.

»Los tenientes deberán gozar seis escudos con la misma obligacion.

»El sargento mayor deberá gozar la reforma de capitan de infanteria y el ayudante el mismo que los capitanes de este batallon.

»Se le ha de conceder el poderse valer de la gente de las Escuadras de su mando para que con el pié de ellos pueda con más facilidad completar el ba- tallon.

»Y que respecto de tener concedido V. M. al pro-

<hr>

(1) Lo que sigue esta copiado literalmente de documento ori- ginal.

ponente la administracion general y bolla de la villa de Valls, se le permita el retenerla poniendo un sustituto á satisfaccion del caballero intendente.»

Nota.—Del vestuario y armas para cada fusilero: Casaca de paño azul veinte y duceno, con vuelta de lo mismo, con cinco alamares á cada manga de hilo de plata de una cara, que es el uniforme que llevan las Escuadras, y forro encarnado.—Chupa encarnada con forro de lienzo.—Unos calzones anchos de estameña negra.—Un sombrero con su galon de plata.—Dos camisas con corbatines de tafetan.—Dos pares de calzoncillos blancos.—Un par de medias encarnadas ó calcetas.—Dos pares de alpargatas, correa de charpa, bolsa y pretal.—Un frasco con su cordon.—Una escopeta con su bayoneta.—Y un par de pistolas cortas con su gancho para la charpa.— Con cuyas condiciones se obliga al cumplimiento.

Barcelona 6 de agosto de 1742.»

»Por parte del baile de Valls se ha hecho proposicion de formar dos batallones de fusileros de montaña en ese principado, sobre el nombre de la Escuadra de Valls, y el pié de los de Xipell que están en Italia y viniendo el Rey en admitir esta proposicion, considerando muy útil esta especie de tropa para el ejército de Italia, por la confianza que hace de esos naturales, me manda S. M. participarlo á V. E. para que enterado de ello llame luego un expreso á esa capital al referido baile, y trate V. E. con él la pronta formacion de los mil fusileros bajo las capitulaciones de Xipell, que constan en esos oficios estrechando V. E. las providencias á que se logre el efecto en el termino de un mes, pues conviniendose en juntar la gente, marchará de aqui en diligencia D. José Florenza y Pons, que ha hecho la instancia, á facilitar el vestuario, sin detenerse en el armamento que les corresponde, pues no habiéndolo efectivo en almacenes y debiendo fabricarse de nuevo, que no puede ser tan breve, se proveerán de fusiles de infantería para emplearlos desde luego; en cuyo concepto reglará V. E. el espresado asunto y avisará por los partes del Sr. Infante lo que ocurra, se ejecute y se ofreciere á V. E.—Dios guarde á V. E. muchos años como deseo.—San Ildefonso 31 de julio de 1742.— José del Campillo.—Excmo. Sr. Marques de la Mina.

»Barcelona y agosto 8 de 1742.—Al Sr. Campillo. —Excmo. Sr.—Muy señor mio: Anoche recibi la de V. E. de 31 del anterior en que me previene lo que el Rey manda y debo practicar sobre la formacion de dos batallones de fusileros propuesta por Pedro Martir Veciana, baile de Valls; y observando lo mismo que V. E. me instruye, le despaché inmediatamente una estafeta, y le espero mañana, para conferir el modo y las condiciones, en el pié de los de Xipell, y el tiempo, conociendo la importancia de la brevedad y que es lo más dificil, de que tengo antecedente, pues en el concepto de que conviene, la he disputado ya con el capitan D. Rafael Chicoy, de quien remití á V. E. proposicion parecida á la que se trata cuya respuesta espero, y me dijo que era imposible formarlos más aprisa. Yo no dejaré que hacer, y pienso destinarle dos cuarteles de asamblea, uno á mi eleccion en el centro del pais, para que reclute, y otro á la frontera de Francia para el depósito, y que estén más inmediatos á embarcarse con ménos riesgo, ó á seguir por tierra, que lo tendria por más conveniente, y que se agreguen al cuerpo que manda S. A. para sus vanguardias, y cautela de desertores, que en la aspereza del pais á que vá, le serán de mucho servicio; asi lo manifesté á V. E. en la mia.—Supuesto todo lo mencionado, me aplicaré al efecto y la brevedad de cuanto V. E. manda, debo representarle, que el baile de Valls, es el hombre mas util que hay en este principado, el que le mantiene en quietud, y que con sus Escuadras conserva el país, persigue los delincuentes, y tiene un raro don de descubrirlos, y prenderlos; porque conoce todas las gentes y luego infiere (por el paraje donde el delito se comete) el que puede ser el actor, y rara vez yerra, de modo que si V. E. le saca de aqui, será perjudicial su falta.

»No seria esta bastante casual, para desviarle del objeto á que nuevamente se le aplica, si no tuviésemos modo de combinar uno y otro, pasando su propuesta al que la tiene hecha ya de 700 hombres, que ofrece los 200 en mes y medio; y que procuraré que se esfuerze más, graduado de capitan, con ménos servicios, recomendado antes por el conde de Glimes, natural del pais, acreditado en él, y es sugeto que lo desempeñará segun discurso; no le conozco tanto como al baile de Valls, pero los informes igualmente buenos.

»Esperaré la decision de V. E. pero sin atrasar la leva, teniendo á los dos en espectativa, aunque me esplicaré en otros términos con el baile, que ya tiene aprobacion, que con Chicoy; y cuando V. E. resuelva, se aplicará al que prefiera los materiales que el otro haya juntado, y por el curso de los partes, iré dando á V. E. la noticia, que me pide, de lo que se adelante.—Dios guarde á V. E. muchos años, etc.»

HISTORIA DEL BANDIDO BORRACO.

I.

Lo hemos dicho antes de ahora: los bandidos representan el principio disolvente y las Escuadras el principio conservador de la sociedad. La lucha, pues, entre esos dos bandos ha debido ser siempre tenaz y constante, como lo es la de la virtud contra el vicio. Por esto á nosotros no nos es posible escribir la historia de las Escuadras, sin intercalarla con la vida de los más célebres bandidos, pues lo contrario, hubiera sido querer hablar de las tentaciones de San Antonio, sin mentar al demonio, su autor y causante, y hablar de los pecados capitales, olvidando las siete virtudes que forman su correctivo. En efecto, no porque las Escuadras hubiesen llegado ya en aquella época á un eminente grado de prestigio y confianza; no porque su digno comandante gozase del más alto aprecio y estimacion, no por esto, decimos, los bandidos se habian dado por vencidos. Ya hemos dicho antes que estos no formaban numerosas cuadrillas, sino que, divididos en parejas ó en número de tres ó cuatro, asaltaban á los indefensos viajeros y les roban todo cuanto encontraban en su poder. Pero este método encontró pronto su correctivo, porque, sabiendo los viajeros que solo se les robaba lo que traian encima, tomaron sus precauciones y una de las más sencillas, consistió en viajar con los bolsillos vacios. De ahi resultó que la canalla trabajaba mucho, digámoslo asi, para ganar poco ó nada, resultando que ellos mismos se fastidiaran pronto de este sistema de robar. Habian muerto casi todos ó la mayor parte de los antiguos bandoleros del tiempo de Claudio y del mismo Puch. Casi todos habian perecido por mano de los *mozos*, pero les habian sucedido otros de tan malas intenciones y tanta crueldad como el que hemos nombrado últimamente. Los pocos restos que habian quedado de las antiguas cuadrillas, se lamentaban á cada paso del estado actual de cosas, ponderaban á los neófitos las delicias de la vida pasada, y les decian que ya se habian acabado aquellos felices tiempos, por que ya no habia entre ellos ni Claudios ni Puchs. Sin embargo, es lo cierto que, si bien tal vez la raza de los Claudios habia quedado extinguida con la conversion del célebre *Molinero*, no lo es ménos que Puch habia dejado una numerosa descendencia, y que de estos dos troncos, se habian formado otras ramas distintas como por medio de una infernal injeccion. Y como nosotros nos hemos propuesto describir todos los tipos que nos presenta la historia de los bandidos, por esto hemos escogido ahora el de Borraco, por ser muy distinto de los dos anteriores. Persuadidos los foragidos de la importancia del sistema de vida que habian adoptado é impulsados por las sugestiones, como ya lo hemos dicho, de los ladrones veteranos, resto de las extinguidas cuadrillas, volvieron á reunirse y á formar partidas más ó ménos numerosas, segun lo exigian las circunstancias. La verdad de este hecho la vemos confirmada en un documento oficial de aquella fecha en que se dá cuenta de la aparicion de las cuadrillas de facinerosos capitaneadas por Guardiola de Valls, por el Maestro de Bellvehi, Seneco, Pujól, Masana y Borraco. A la persecucion de esas cuadrillas se habian destinado tres partidas de *mozos de satisfaccion*, dice el documento oficial que tenemos á la vista, la una á cargo de Francisco Janer, de Monistrol; la otra á cargo de Francisco Malvehi, baile que habia sido de Masquefa; y la otra á cargo de Antonio Rafegas, los tres cabos de los Escuadras, al superior mando de D. Jaime Llisach, regidor de Manresa. Las partidas de bandidos ya espresadas, hacian sus correrias por las cercanias de Villafranca, porque habiendo logrado infundir el temor entre aquellos lugares y casas de campo, contaban con su proteccion y apoyo, es decir, con que no se atreverian á dar confidencias á los *mozos*. Por esto el Excmo. Sr. Capitan General, á propuesta del comandante de los *mozos*, habia dispuesto el que todos aquellos pueblos y lugares, fuesen obligados á mantener por si solos las tres partidas de *mozos* que se habian destinado para la persecucion de las cuadrillas que ocupaban aquel territorio.

«Por no haber sido bastantes, dice el documento »oficial, tantos medios suaves que se han discurrido »y puesto en práctica, para atajar los desórdenes pú- »blicos, asesinatos y robos que se cometen diaria-

»mente en este corregimiento (Villafranca) más que »en ninguna otra parte de Cataluña, originándose »estos principalmente de los pueblos encubridores »que concurren con ellos, etc. etc....»

Pero los bandidos antes de la organizacion de las tres cuadrillas, habian celebrado una reunion ú orgia en el reducido lugar llamado Terrasola, á tres horas de distancia de Villafranca. Alli habian acudido los bandidos ya citados, á saber: Guardiola, de Valls, el Maestro de Bellvehi, Seneco, Pujol y Borraco. Tambien habia acudido á la cita, el ya conocido Tuerto, cuya cabeza cana y cicatrices denotaban los largos años que llevaba de carrera, y los muchos percances que habia sufrido en su dilatada vida de crimenes y delitos. Su compañero Hoyoso habia muerto ahorcado, de modo que de toda la famosa cuadrilla de Claudio, ya no quedaba más que aquel viejo malvado y pecador contumaz. Tambien habian acudido casi todos los bandidos del principado en número de unos doscientos hombres, armados y decididos, con sus rostros tostados, semblantes patibularios y repugnantes, vestidos de diferentes maneras, cada uno, segun el oficio ú ocupacion á que antes habia sido destinado. Aquel reducido lugar parecia que iba á hundirse con la algazara, blasfemias y amenazas de tantos hombres infames y perversos. Sus habitantes estaban azorados sin saber cuál seria su suerte en medio de aquellas furias infernales. Los esposos escondian á sus esposas, las madres á sus hijas, los propietarios sus pocas riquezas, y el cura, en fin, ocultaba los vasos sagrados del templo para librarlos de la profanacion y pillaje. En fin, á una señal convenida todos los bandidos se reunieron en una llanura junto al mismo lugar, y alli en medio de las continuas libaciones de vino y aguardiente, acompañadas de carcajadas estúpidas y sacrilegas blasfemias, comenzaron, segun decian ellos, á discutir y deliberar. Envalentonados por verse tantos en número, creian que ya no habia fuerza suficiente que pudiese vencerlos, asi es, que todos estaban acordes no solo de la utilidad de formar cuadrillas numerosas, sino que, hasta habia algunos, que proponian formar una sola partida. Todos hablaban á la vez, y todos querian que su opinion particular prevaleciese sobre la de los demás. De ahi las riñas y disputas entre si, que, comenzando por palabras, degeneraban luego en golpes, y concluian haciendo relucir sus puñales, dispuestos siempre á herir y derramar sangre humana, siquiera fuese la misma que circulaba por sus venas. El Tuerto y algunos de los antiguos se habian separado de los demás, escandalizados, segun decian, de tanta indisciplina y desacato.

—Ya no somos lo que éramos, decia el Tuerto, ya no hay respeto ni temor hácia los jefes. ¡Oh!... ¡Si Claudio viera esto! Estoy cierto que mandaria ahorcar á toda esa canalla.

Guardiola y los demás capitanes se lamentaban tambien de lo mismo, pero ninguno de ellos se consideraba con bastante prestigio para imponer silencio y respeto á tantas furias infernales. En medio de aquel bullicio y desórden, un hombre debe llamar nuestra atencion, y la de nuestros lectores. Era este un sugeto de unos cuarenta y cinco años de edad, estatura regular, color rubio, ojos azules pequeños y vivarachos, cejas arqueadas, mirada fija y penetrante, manos finas y delicadas, vestido decente y sin el desaliño que se notaba en sus compañeros, y de modales más cultos. Este bandido no hablaba con nadie, solo iba observando uno á uno á los demás de la orgia: hubiérase podido decir que, cual otro Diógenes buscaba un hombre en medio de aquella reunion de fieras en figura humana.

—Vamos, decia entre si, esta gente no sirve para nada. Son todos unos ladrones ordinarios y asquerosos, capaces tan solo de cometer crimenes á la luz del dia, es decir, bestialidades; como si el verdadero criminal debiera aparecer como tal á los ojos del público; como si el verdadero foragido. no fuese aquel que más virtuoso pareciera á los ojos de la multitud. ¡Imbéciles!... estos no serán nunca más que unos delincuentes que el vulgo señalará con el dedo, cuyo fin no puede ser otro que la horca preparada por los *mozos* de las Escuadras. Son demasiado asquerosos y estúpidos para aspirar á la honrosa carrera de ladrones y asesinos de frac, levita, salon y bufete. No sirven pues para mi objeto.

Así, aquel hombre que no era otro que nuestro Borraco, se preparaba para organizar la escuela de los bandidos de alta estofa, que tantos progresos ha hecho posteriormente. En esto vió á un jóven de unos 26 años de edad, muy distinto de los demás y que juzgó digno de iniciarlo en sus planes.

—¿Cómo os llamais? le dijo.

—Ernesto, contestó el otro.

Pero en aquel momento fueron interrumpidos por la ronca voz del Tuerto que colocado encima de una mesa impuso silencio á todos los bandidos diciendo:

—Ya los rabiosos lobos se han convertido en mansos corderillos: ya no somos más que unos tímidos y cobardes conejos, huyendo siempre de los perros y cazadores sus enemigos. Esto era lo que pensaba de todos vosotros antes de haberos visto aquí reunidos, pero despues que he presenciado vuestras riñas, disputas y altercados, solo os puedo comparar con las mujeres parlanchinas y disputadoras, ó con los gallos riñendo entre si hasta destruirse los unos á los otros. Si los antiguos y verdaderos bandidos pudiesen asomar sus cabezas, se esconderian otra vez en las entrañas de la tierra, para no ver tanta cobardia, bestialiadad y bajeza. Bien hizo Claudio, mi capitan, en desaparecer de una tierra que con el tiempo habia de producir unos animales tan estúpidos como vosotros, en vez de los dignos bandoleros que él gobernaba. Pero ¡ira de Dios! ¡que si él estuviese entre nosotros, por el alma de Satanás, que no sucederia esto!... No, voto al demonio, porque él sabria castigaros á todos: él mandaria ahorcaros ó aplicaros sendos latigazos, y esto os haria hombres, en vez de disputadores viles y cobardes como sois ahora. Si Puch, el inmortal Puch, subiese del infierno, en donde no dudo se lo llevó el demonio cojo, su íntimo amigo, os diria si le sirvió de buena leccion el vapuleo que yo y Hoyoso le aplicamos sin piedad, por órden de Claudio. Los hombres somos unos locos que solo por medio del castigo nos hacemos cuerdos. Nombremos, pues, capitanes que nos azoten y nos ahorquen si es menester, con tal que nos hagan hombres dignos de nuestros antepasados en el bandolerismo.

—¡Que se nombren!... ¡que se nombren!... dijeron muchas voces á la vez.

—Si, replicó el Tuerto, que se nombren, y que comiencen dando pruebas de que saben azotar y ahorcar...

—Si, si, dijeron aquellos feroces bandidos: que azoten y ahorquen...

—A mi el primero, dijo uno que estaba en el último grado de embriaguez.

—No, á mí... dijo otro; y luego otro; de modo que á poco se armó una espantosa riña para saber cuál de entre ellos debia ser ahorcado en primer lugar.

En este momento Borraco apretando la mano de Ernesto, le decia:

—Ya lo he dicho: esta gente no sirve para nada. El Tuerto los ha comparado bien: son unos brutos que ni raciocinan ni son capaces de hacer más que actos de bestialidad. Dejemoslos para siempre.

—Esperemos hasta el fin, contestó Ernesto.

En esto continuaban las riñas y disputas entre ellos con motivo de la preferencia que todos pretendian en la honrosa carrera de la vapulacion y de la horca. ¡A tan alto grado de estupidez y degradacion puede llegar la humanidad, una vez lanzada por el camino del crimen y olvido de las leyes divinas y humanas! No sabemos en qué hubiera venido á parar la algazara, á no ser por la imponente voz y esfuerzos del Tuerto, secundado por Guardiola, el Maestro y demás, que llegó á dominar otra vez la asamblea, diciendo:

—No hay motivo, ¡ira de Dios! para que disputeis de este modo. Nombremos jefes y estos pueden iniciar su mando, ordenando la vapulacion de todos esos borrachos disputadores.

—Bien... bien... dijeron todos.

En seguida procedieron al nombramiento de los capitanes, habiendo recaido éste en los bandidos Guardiola, el Maestro de Bellvehi, Seneco, Pujol y Borraco, en ocasion en que éste ya habia desaparecido en compañia del jóven Ernesto. Como esta reunion habia sido espiada por uno de los confidentes de los *mozos*, por esto en la comunicacion oficial que antes hemos copiado, figura Borraco entre los capitanes. Dejemos á las cuadrillas de los bandidos recientemente organizadas que se entreguen á sus ya conocidas fechorias, y á los *mozos* á la constante y activa persecucion de las mismas, para seguir á Borraco y al jóven Ernesto, cuya historia nos hemos propuesto escribir.

—Menester es convenir, decia Borraco al jóven apenas se habian separado de los bandidos, que esa gente no sirve para nada. Se deja llevar de las primeras impresiones; tan pronto llora como un niño, como rie á manera de un fátuo; hace alarde de no creer en Dios, y al mismo tiempo crée y teme á las brujas y espíritus infernales; aspira al renombre de celebre bandido, siendo asi que el gran secreto consiste en serlo, sin que ni la camisa que uno lleva lo pueda sospechar. ¿No pensais así, amigo mio?

—Si por cierto, contestó Ernesto, y os confieso que me he llevado chasco. Pensaba encontrar hombres de corazon, y almas de hierro, y no he visto más que una cáfila de miserables, de modo que desde luego me he arrepentido de haber andado seis leguas para venir á presenciar tantas asquerosidades.

—Segun esto, ¿no conociais á esos estúpidos?

—No por cierto.

—¿Entonces trabajariais por cuenta propia?

—Es que aun no he trabajado...

—¿Pero teneis voluntad para dedicaros á la carrera?

El jóven se quedó pensativo y mirando desconfiadamente á Borraco. Este penetró sus dudas y para desvanecerlas, le dijo:

—Vamos, Ernesto, confiad en mi: tengo alguna esperiencia. Os he conocido y distinguido entre todos aquellos miserables, y si sois capaz de comprenderme y secundar mis planes, sereis rico y estimado. La vida á que os destino no se parece en nada á la de esos pobres bandidos. ¿De qué les sirve el oro que roban, si luego han de vivir como las fieras entre cavernas y precipicios, sin poder disfrutar de los goces que el dinero proporciona? ¿De qué les sirve la vida, pasada en continuos sustos y sobresaltos para venir á parar á una muerte afrentosa? No, amigo mio, no es esta la verdadera carrera del criminal. Su habilidad y talento debe consistir en saber recoger el fruto de sus crímenes y delitos, de modo que luego pueda disfrutarlo como un gran señor.

—Confieso que no os entiendo.

—Lo creo, pero antes de comunicarte mi secreto, es menester que sepa si puedo contar con tu sigilo, sea cual sea la determinacion que tomes despues.

—Es muy justo, contestó Ernesto, y voy á satisfaceros en esta parte. Para que tengais confianza en mí, os daré una prueba inequívoca de la que vos me inspirais. Yo *he asesinado á un hombre*, pero hasta ahora nadie ha podido sospechar mi delito. Mas temiendo que yo mismo me haria traicion, si continuaba viviendo en el lugar donde perpetré el delito, habia determinado cambiar de domicilio y de modo de vivir, cuando supe por una casualidad que debia celebrarse esta reunion, y me decidí á presenciarla. Solo falta ahora que os diga que maté á dicho hombre porque le aborrecia, pues me habia humillado y ultrajado delante de una mujer que ambos amábamos. Él era rico, y yo pobre; juzgué por consiguiente que debia acabar con el, y así lo hice.

—Entonces, dijo Borraco, venga esta mano, y desde hoy puedes estar seguro que serás más rico que tu rival, á quien mataste, y que te podrás presentar á tu coqueta novia, haciendo ostentacion de tus riquezas, y despreciándola, como ella á su tiempo te despreció porque eres pobre.

—Si lo haceis, replicó el jóven con entusiasmo, contad con mi vida, con mi sangre, con mi persona, en fin, me entrego en cuerpo y alma.

—Ante todo es menester instruirte. ¿Crees tú que los grandes, los verdaderos criminales, son esos bandidos asquerosos y ordinarios que acabamos de abandonar, ni esos Claudios y Puchs que alli se han nombrado? No, amigo mio, esos no son más que unos perros falderos, unos toros de paja que los verdaderos bandidos arrojan de cuando en cuando á la plaza para divertir y entretener al pueblo, ávido siempre de los espectáculos de la horca y del suplicio; para que á su vista los viejos se santigüen, las madres abofeteen á sus hijos para que recuerden aquel acto, para que los curas y frailes echen su plática contra el robo y asesinato, y finalmente, para que quede satisfecha, lo que llaman vindicta pública. Entre tanto los verdaderos bandidos, los ladrones de frac y levita, asisten á esos mismos espectáculos con sus queridas, sus coches y lacayos, producto de sus estafas y robos.

—Entonces ¿quienes son esos bandidos?

—Tú y yo lo seremos pronto. Te me has entregado en cuerpo y alma, en cambio de hacerte rico y poderoso. Pues bien, comencemos á cumplir con nuestros mútuos deberes.

II.

UN MÉDICO Y UN BOTICARIO.

En la época á que se refiere nuestra historia (1737), la hoy dia importante villa de Falset, no era de mucho tan poblada y de tan numeroso vecindario. No habia más en aquel entonces que un médico y un boticario, como los llamaban en aquel tiempo; pero el médico habia muerto por aquellos dias, así es, que solo habia quedado el boticario. Tanto el Ayuntamiento como los particulares echaban de ménos al galeno, de modo que unos y otros gestionaban para que la plaza fuese provista cuanto antes. Pero es el caso que en aquella época no abundaban tanto como en la nuestra los discipulos de Hipócrates, sucediendo por lo tanto que Falset continuase sin médico, apesar de las diligencias que se hacian para obtenerlo. Mas vino por fin el deseado facultativo como llovido del cielo, puesto que el Ayuntamiento recibió una atenta carta de un tal don Andrés Mandri, en que solicitaba la plaza segun los anuncios publicados. La carta iba acompañada de un título en regla espedido por la Universidad, y á más de unos certificados legalizados por tres notarios en que se abona la conducta y saber del doctor Mandri, durante los 19 años que habia ejercido su profesion en varios puntos de América. Toda la poblacion se alegró á la vista de tan plausible nueva, y el Ayuntamiento contestó enviando el nombramiento al doctor ya espresado. Seis dias despues, entraba éste en la villa, acompañado tan solo de una criada mulata, astuta como ella misma. Esta era toda la familia del sábio doctor. Era este un hombre de unos 45 años de edad, estatura regular, ojos azules y vivarachos, manos pulidas y delicadas, de modo, que si en vez del pelo y barba negra que tenia, hubiese sido de color rubio, fácil seria que nuestros lectores reconociesen en el doctor, la persona del bandido Borraco; pero como ya sabrán que, ni ahora ni entonces, han faltado untos y pomadas para volver negro el pelo rubio y blanco, por esto les diremos, que el doctor, apesar de la negrura de su pelo, no era otro que el astuto Borraco. Ya sabemos las ideas singulares que él tenia respecto al bandolerismo; ahora importa saber que Borraco era un hombre estraordinario en su clase. Habia cultivado las ciencias, poseia muchos conocimientos generales en todos los ramos, era en fin, lo que conocemos por el nombre de *eruditos á la violeta*. Pero en lo que si era una especialidad, era en la asombrosa habilidad que tenia en falsificar toda clase de letras, firmas, rubricas y sellos y tambien en conocer la eficacia de la mayor parte de los venenos conocidos. Un hombre dotado de esas circunstancias y que por otra parte no creia más que en el oro, y en los goces materiales que este proporciona, debia ser muy temible para la sociedad y para todos sus semejantes. Así es que su historia hace estremecer, puesto que constituye una cadena de los vicios, delitos y crímenes más espantosos, premeditados y consumados con tanta sangre fria, cálculo y aplomo, que dificilmente puede presentarse un modelo más cabal de cinismo y maldad. Instalado ya el doctor Mandri, comenzó á ejercer la medicina con mucha sabiduria y acierto, segun unos; con mucha ignorancia y desacierto, segun otros. Sucedió en esto como en todo, que cada cual hablaba de la feria segun le iba en ella. Los que curaban alababan; los que morian callaban, pero en cambio hablaban y criticaban al médico sus parientes é interesados. Pero esto sucede con todos los galenos, aunque no se llamen Borracos. El médico era amable con todo el mundo, frecuentaba el templo del Señor, era amigo del párroco, quien hubiera certificado mil veces sobre su intachable conducta y acrisolada piedad. Visitaba tambien al boticario, hombre sencillo, de muy cortos alcances, de unos cincuenta años de edad, buen esposo, puesto que su mujer Teresa, decia, y era verdad, que nunca habian tenido la menor disputa. Asi continuaron las cosas por el espacio de cuatro meses. Despues el boticario cayó enfermo, pero su indisposicion no ofrecia el menor cuidado. El amable médico se brindó desde luego en despacharse él mismo las medicinas que recetaba, resultando de esto que pasase muchas horas en la botica. Recetó unos polvos al infeliz boticario y él mismo los confeccionó. A la segunda toma de aquellos polvos, la enfermedad tomó un carácter alarmante. Entonces el médico, consultando siempre con el mismo paciente, le arregló una medicina que al principio alivió al enfermo, pero al cabo de tres dias el paciente se puso de tanta gravedad que fué preciso administrarle los sacramentos. En fin, dos dias despues la esposa del boticario era viuda. Su marido habia bajado á la tumba, habiendo mirado de un modo muy particular al médico, cuando ya no podia hablar ni apenas moverse. Este, que ni un solo instante habia dejado al enfermo, se ocupó desde luego en consolar á la desventurada esposa de aquel honrado boticario. La infeliz no tenia bastantes espresiones para manifestar su gratitud á un hombre que tanto se habia esmerado en el cuidado de su amado esposo mientras vivia, y que tanto interés demostraba á favor de su mujer despues de su muerte.

—No se aflija V., decia, mi buena amiga, Dios lo ha llamado para si, porque Dios quiere siempre á su lado á los hombres de bien. Nosotros mismos tal vez mañana le seguiremos á la tumba, y no sabemos si moriremos en gracia del Señor, como estamos ciertos de que asi ha sucedido á vuestro esposo. En cuanto á la botica, añadia, no debe V. pasar cuidado, casualmente conozco á un jóven de unos 26 años, graduado hace poco, que desea colocacion. Yo le escribiré, y en cuanto á los pactos, yo lo arreglaré en conciencia, y la cosa podrá marchar bien y en provecho de ambas partes.

—¡Oh!... señor doctor, ¿cómo podré pagaros tantos favores?

—Están ya completamente satisfechos, señora mia, la mejor recompensa de las obras buenas consiste en la satisfaccion que se esperimenta antes y despues de haberlas hecho.

—Bien dicho, señor doctor, dijo á la sazon el cura que entraba y habia oido las últimas palabras del sábio y mistico médico.

—Nada, añadió luego dirigiéndose á la viuda, fiaos enteramente en el señor médico, él es la Providencia de esta casa, y confio que pronto lo será de toda la poblacion.

—¡Oh!... amigo mio, contestó el médico, V. me confunde; yo no soy más que un miserable pecador, esto si, dispuesto siempre á purgar mis faltas con obras de caridad y humanitarias.

—Pues, ¿y qué más se puede desear de un hombre? Lo digo y lo repetiré mil veces, ha sido un beneficio de la Providencia para esta villa, el haber tenido la dicha de teneros por su médico. Tambien repetiré lo que antes he dicho, esto es, que si bien es muy sensible la pérdida de vuestro esposo, con todo, debe consolaros el que la suerte os haya dado un amigo y protector como el señor médico que os está consolando. Confiad vuestras cosas á el, depositadle

toda vuestra confianza, y estoy seguro de que nunca tendreis motivo para arrepentiros de haberlo hecho.

En fin, aquella misma noche, el médico, á ruego de la viuda, tomó una especie de inventario de la casa. El pobre boticario, al morir, dejaba un capital en onzas de oro de cerca mil duros. La viuda suplicó al médico que le guardase aquel dinero; éste se hizo rogar mucho, pero en fin se llevó el dinero. Dejaba tambien en bienes raices un patrimonio que valdria unas seis mil libras catalanas, á más de la botica. El médico quedó completamente enterado de todo.

Tres dias despues, el médico tenia un huésped en su casa. Era este el prometido jóven boticario, que habia venido con su diploma para ponerse al frente de la botica de la viuda. Hé ahi la conversacion de esos dos séres misteriosos y criminales.

—La cosa marcha, decia el médico, el cura me aprecia, la viuda tiene en mi toda su confianza, tenemos ya su dinero, luego tendremos su patrimonio y botica.

—Esto último, decia Ernesto, pues no era otro el supuesto boticario, me parece algo más dificil.

—Te engañas: tengo mi plan formado, y no puede dejar de surtir su efecto. Dentro de poco tú serás el boticario y yo el médico de la poblacion; ambos gozaremos de la amistad y confianza del bueno del cura que me tiene en opinion de santo: ¿sabes tú lo que quiere decir esto? ¿Sabes que desde luego seremos las tres potencias de esta tierra? ¡Oh! si yo pudiese contar con dos hombres más de alma, capaces de comprenderme y de poder desempeñar las funciones de notario y abogado! Entonces seriamos una quintuple potencia, contra la cual, te lo juro, no hay resistencia posible sobre la tierra. Pero ya que por ahora no somos más que un médico y un boticario, no despreciemos las ventajas de nuestra posicion.

—¿Y en qué consiste vuestro plan?

—Primeramente debes instalarte en casa de la viuda y regentar la botica.

—No sé el latin ni entiendo las recetas.

—Ya las entiendo yo y esto basta.

—¿Y despues?

—Despues te casarás con la viuda...

—¡Jesús!... ¿pues no me habeis dicho que tiene cincuenta años y que es fea, casi tan mulata como nuestra René?

Era esta criada del médico.

—¿Y qué importa esto? ¿No ves, imbécil, que yo seré el médico y tú el boticario? ¿No sabes que aun me *han quedado polvos de los mismos que administré al marido?* Pues bien, te casas y lo demás corre de mi cuenta.

El jóven esperimentó un estremecimiento involuntario. Su alma no estaba aun enteramente corrompida: el criminal cinismo de Borraco, le azoraba. Pero habia cometido un delito, y por otra parte estaba dominado por la pasion del amor, acompañado de los más terribles celos; con estas disposiciones, su mala suerte le habia presentado la ocasion de conocer y tratar con un hombre tan infame como Borraco, éste le habia prometido los medios de evitar el castigo del delito y de satisfacer su pasion, ¿cómo era posible que no cayese en la tentacion? ¡Tan cierto es que en este mundo á veces nuestra salvacion ó ruina depende de las más insignificantes circunstancias! La suerte del pobre Ernesto estaba echada, desde el momento en que se habia entregado en cuerpo y alma á Borraco, esto es, al mismo Satanás, pues solo á ese espíritu infernal era comparable aquel cínico é hipócrita delincuente. En fin, aquel mismo dia el jóven boticario, cuyo nombre segun el título académico que le habia dado Borraco, era de D. José Gomis, quedó instalado en casa de la viuda de los cincuenta abriles. Al dia siguiente se firmó por ambas partes un contrato, en virtud del cual, el boticario Gomis quedaba encargado de la botica mediante condiciones ventajosas para ambas partes. En dicho contrato habia una condicion que decia:—«Si la viuda quiere más tarde contraer segundas nupcias, deberá avisarlo á la parte contratante, y en caso de que ésta quisiera contraer matrimonio con la misma viuda, tiene el derecho de preferencia sobre cualquier otro pretendiente.» Esta cláusula hizo reir mucho al cura y á la misma viuda, pero el médico que era el que habia redactado el tal contrato, esplicó el motivo de aquella condicion, y desde aquel momento cesaron las risas del cura, y comenzaron los suspiros y coqueterias de la venerable jamona. Ya no lloraba la muerte de su marido, ya se ponia las cofias más tiesas y almidonadas, ya decia que su marido contaba mucha más edad que ella, que siempre habia tenido muchos pretendientes y otras mil lindezas que divertian mucho al médico y al boticario. Suspiraba muy amenudo, se movia y agitaba, aparentando una agilidad que no se avenia ni con sus años ni con la obesidad de sus carnes. De vez en cuando, dirigia al jóven boticario miradas que querian ser tiernas y apasionadas; otras hacia girar sus ojos de un modo particular y ridículo al tiempo de lanzar alguno de sus frecuentes suspiros. El jóven por su parte la trataba con suma amabilidad y cariño, le daba la mano al bajar la escalera y el brazo en las noches en que solian salir para visitar al médico en su propia casa. El ojo observador de Borraco lo penetraba todo, y veia con satisfaccion la marcha progresiva de su obra.

—No lo dudes, le decia un dia á su discípulo, esta ridícula jamona está enamorada de tí, estoy seguro de que ella misma te pedirá por esposo, y entonces negocio concluido.

—Pero, amigo mio, replicaba el jóven, ved que es mucho apechugar el tener que cargar con tan fea y vetusta esposa.

—Bah!... á tu edad, por pocos dias puede apechugarse con cosas aun peores.

—Pero ¿y si por casualidad nuestros planes saliesen frustrados?

—Es imposible.

—Pero en todo esto, hablando con franqueza, no veo yo motivo para tanto sacrificio. Vos me habeis dicho que todo su capital en dinero y bienes, no pasa de unos cuatro mil duros; ¡qué demonio! por cuatro mil duros cargar, aunque no sea más que por una noche, con semejante mari-macho!...

—Tú no lo sabes todo: la viuda tiene un hermano viudo sin hijos muy rico y hacendado. Muerto este, todo debe pasar á la viuda segun el testamento que aquel tiene ya hecho y arreglado. Ya ves pues, que no se trata de cuatro mil duros, sino de una fortuna muy considerable.

—Pero ¿y si el hermano vive muchos años?

—Imposible...

—¿Por qué?

—Porque yo soy su médico y tengo aun gran cantidad de aquellos polvos.

Ernesto se estremeció de nuevo, pero ya no podia retroceder. La senda del vicio es muy resbaladiza; una vez dado el primer paso, este empuja para los demás. Tres meses habian trascurrido desde la instalacion del jóven boticario en casa de la enamorada viuda. Esta no habia cesado de suspirar, hacerse la niña, y de manifestar al jóven y á todo el mundo con sus tonterias que estaba perdidamente enamorada. Pero el médico tenia hecho su plan, y no era hombre para precipitarse. Conocia el terreno que pisaba, y asi esperaba que la viuda ó se reventaria como una rana henchida de amor ó bien lo comunicaria y consultaria con su confidente ó amigo, que era él mismo.

<h3 style="text-align:center">III.</h3>

LA BODA Y LOS FUNERALES.

Algunos dias despues el hermano de la viuda, aquel rico y opulento propietario de quien se habian ocupado el médico y el boticario, se sintió indispuesto, y el doctor Mandri fué llamado para visitarlo. A la décima visita del médico el infeliz enfermo entregó su alma al Criador. Tambien al morir, fijó sus ojos en el doctor de un modo tan espantoso é imponente. que éste, apesar de todo su descarado cinismo, sintió que aquella mirada helaba toda su sangre. Pero aquella impresion solo podia ser pasajera en un hombre tan avezado á la maldad. La viuda lloró la muerte de su hermano, pero á los pocos dias, cambió enteramente el rumbo de su casa, en lujo y ostentacion.

—Soy, solia decir, una de las personas más ricas de la villa, pero apesar de todo. no soy feliz. Hay en mi corazon un vacio, que solo cierto hombre puede llenar.

Y al decir esto volvia á sus habituales suspiros, á las transformaciones ridículas de sus miradas, y se movia y agitaba en su sillon, haciendo rozar las ricas sedas de sus vestidos, pues de seda y terciopelo eran sus vestidos usuales. Pero ¿y qué diremos de sus cofias? Nada: porque se nos figura que todos nuestros lectores habrán tenido ocasion de conocer alguna jamona rica, fea y enamorada. Pero era el caso que ni el médico ni el boticario se querian dar por entendidos. Ella gemia y suspiraba, pero sus gemidos se los llevaba el viento. Era cosa de desesperarse lo que le pasaba á la apasionada viuda.

—¡Morirse de amor, decia en sí misma, y no ser comprendida por la persona amada! Vamos, añadia, esto ha de concluir. Yo misma esplicaré al médico, ¿pero y el rubor? en fin, yo inventaré mi cuento, y hoy mismo quiero poner término á mis penas.

¡Infeliz! poco sabia ella que en su determinacion estaba contenida su sentencia de muerte!... ¡Poco podia presumir que su matrimonio con Ernesto, debia ir acompañado de sus funerales!... Pero estaba escrito en el libro de los destinos, y á falta de quien empujase la víctima, ella misma, con sus imprudentes y tardíos amores, se precipitaba hácia su ruina. En aquel momento entraba el médico en el salon de la casa de la opulenta viuda del boticario. Su semblante sereno y tranquilo, su amable sonrisa y su dulce mirada, apesar de la casi continua movilidad de sus ojos, infundia respeto, cariño y confianza. No era necesario todo esto, para animar á la viuda, puesto que, como hemos visto ya, estaba tan resuelta y animada. Comenzó, suspirando como de costumbre, pero sus suspiros en aquellos momentos podian confundirse con una verdadera lamentacion.

—¿Qué teneis, señora? le dijo el médico ¿qué os aqueja? ¿Os sentis indispuesta? Hablad: vuestro amigo, vuestro médico os está escuchando.

—¡Ay!!... ¡señor doctor!... ¡ay!... que es muy sensible y doloroso lo que me está pasando!...

—Me asustais, señora, ¿qué es lo que os pasa?

La viuda suspiraba, se agitaba y removia en su sillon, se abanicaba, siendo asi que más bien hacia frio que calor, y despues de todas esas evoluciones, acompañadas de sus ridiculas miradas, dijo:

—La enfermedad que me aqueja no la cura la medicina: está aqui, decia, apretando con sus manos groseras y arrugadas su corazon.

—¿Será una enfermedad moral?

—¡Oh!... si, mortal, mortal, pues creo que reventaré.

—Pero sepamos de qué proviene: conocida su causa, tal vez nos será fácil combatirla y poner remedio. ¿Acaso no teneis ya confianza en el íntimo amigo de vuestro esposo?

Al oir esto, la viuda suspiró de nuevo.

—Mi esposo... ¡ay! mi esposo...

Y luego se puso á llorar porque esa clase de mujeres, que es bastante numerosa, llora siempre y cuando le parece que ha de llorar; regularmente rien poco, pero en cambio suspiran y lloran mucho. ¡Dios os libre de lloronas de oficio!

—Pero, señora, interrumpió el médico, ya habeis llorado bastante por vuestro esposo, si esta es vuestra enfermedad moral, no temais, yo os aseguro que es muy curable.

—No es esta, señor mio, no es esta. Escuche V., amigo mio: yo, cuando soltera, amé á otro hombre, pero no pude casarme con él, y despues de 25 años de matrimonio, siendo ya viuda, este mismo hombre, que no vive en la villa, me ha hecho dirigir por tercera persona palabras de matrimonio...

—¿Y por esto, decis que sois infeliz y que teneis penas? Vamos, señora, que Dios castiga á veces á los que se quejan sin razon, y más aun á los ingratos que confunden sus señalados beneficios con las penas y disgustos. ¿Qué más podeis desear? Vamos, decidme el nombre de ese dichoso mortal, y yo mismo me ocuparé del arreglo de vuestro enlace.

La viuda se vió cogida en sus propias redes. No sabia aun con quién se las habia, asi es, que esperaba una contestacion muy diferente de la que le acababa de dar el médico. Le era preciso hacer el último esfuerzo, sinó estaba perdida á los ojos de su amigo.

—Pero, amigo mio, ¿no recuerda V. aquella cláusula del contrato?...

—Vaya si la recuerdo... pero desde luego le digo que yo me encargo de hacer renunciar los derechos que en ella se conceden á favor de mi protegido. Pues no faltaba más: aquella condicion solo podia ser aplicable cuando por parte de V. no mediase amor hácia el pretendiente. Entonces, y solo entonces, debia ser preferido Gomis; pero tratándose de una persona, á quien hace tantos años amais, y por quien suspirais noche y dia... es cosa muy diferente. Mi recomendado es demasiado delicado para no retirarse desde el momento en que yo le diga lo que hay sobre este particular.

Y diciendo esto, aquel hombre, que solo gozaba con las penas y disgustos de los demás, se disponia para salir en direccion al cuarto de Gomis. La pobre jamona esta vez tambien habia sido batida en sus últimas trincheras. Pero en fin, la suerte estaba ya echada, ya no habia más recurso sino el de jugar el todo por el todo. Asi lo hizo. Coge al médico por el brazo y deteniéndole le dice:

—¡Os engañaba... yo amo solamente á Gomis! y cayó como desmayada en su sillon.

El médico, por lo visto, no tenia mucha fé en los desmayos de las jamonas enamoradas, puesto que sin hacer caso de la semi-caida de la viuda, la dijo:

—Por fin ha sido V. franca. Ahora me toca á mí arreglar lo demás.

—¿Se casará conmigo?

—Creo que si...

—¿Entonces él tambien estaba, como yo, muriéndose de amor?

—¡Quién sabe!

—¡Oh!... gracias, doctor, gracias...

—Ante todo es menester que comunique V. su determinacion al señor cura, sin decirle que hemos hablado de este asunto, porque luego pensaria que tiene V. más confianza conmigo que con él, y esa gente suele ser celosa.

—Lo haré, aunque no deja de repugnarme.

Aquella misma noche la viuda muy bien compuesta y perifollada se dirigió á la rectoría. El cura tenia su habitacion en los bajos de la casa, y en ella recibió á la opulenta enamorada. Mucho admiró el cura la determinacion de la vetusta viuda, y no pudo ménos que hacerle algunas reflexiones sobre la diferencia de edades. Pero habiendo visto que la determinacion de su amiga era irrevocable, no insistió más. Si en vez de ser historiadores fuésemos novelistas, llenariamos ahora muchas páginas escribiendo las escenas mímico-burlescas que desde aquel solemne dia se representaron en casa del boticario, siendo sus protagonistas la viuda realmente enamorada de Érnesto y éste fingiendo un amor que no sentia. Pero como nuestro único objeto consiste en dar á conocer á nuestros lectores las infamias, hipocresia y maldades de Borraco, tipo de esa clase de criminales que saben hacerse pasar por hombres de bien, por esto nuestros lectores disimularán el que nos entretengamos poco en los demás personajes que deben figurar en nuestra historia. Quince dias despues se celebraron las bodas de la rica viuda con el jóven y gallardo boticario Gomis. Pero la misma noche de tan señalada fiesta, la infeliz viuda tuvo que retirarse del baile, atacada de unos vahidos de cabeza. Ya durante el dia habia esperimentado ligeros calofrios, y el médico la habia observado disimuladamente con mucha atencion. El jóven esposo no hacia más que beber y bromear de un modo no acostumbrado, apenas se atrevia á mirar á su mujer, y cuando lo hacia, sus ojos revelaban una de estas miradas compasivas que traducidas en buen lenguaje, equivalen á decir: «¡Infeliz... me causas lástima y dolor!» El médico habia entrado en la alcoba de la enferma, la habia tomado el pulso y la animaba, diciéndole que su indisposicion no debia darle cuidado. Pero la infeliz viuda, decia que esperimentaba cosas muy estrañas, que tan pronto sentia una opresion insufrible junto al corazon, como unos golpes en la cabeza como si la sacudiesen con una maza. El médico salió de la alcoba y anunció á todos los convidados que la viuda estaba de sumo cuidado. Cesó al momento la música, y los muchos convidados se retiraron muy poco contentos, puesto que se veían obligados á marchar á lo mejor de tan espléndida función. En esto la enferma decía que se ahogaba, pedía agua... agua...

—Yo me abraso... yo me muero... decía.

El cura fué avisado por órden del médico y antes de entrar en el cuarto de la enferma, Mandri le dijo:

—Tiene una congestion cerebral; temo mucho que entrará en delirio, y por consiguiente, creo que debemos aprovechar estos momentos.

—¿En dónde está mi esposo?... ¿En dónde está?... ¿Por qué no viene?... ¿Me ha dejado ya?... yo quiero á mi esposo... lo quiero... ¡Oh! señor cura, dijo al ver al sacerdote, dadme vuestra mano y no me abandoneis. Veo á mi alrededor cosas muy estrañas... Veo una figura que me espanta... Un hombre que me hace estremecer...

—Ya ha venido el delirio, decia el médico al cura, bien lo preveia yo...

—Pero, ¿por qué no entra su esposo? dijo el cura, tal vez su presencia la tranquilizará...

—Está arreglando unas medicinas que yo he ordenado, pero como está tan conmovido, creo que ni siquiera está en disposicion de despachar; voy allá, lo reanimaré y haré subir.

En efecto, el médico se dirigió á la trastienda, donde estaba sentado el desgraciado Ernesto, triste y abatido hasta el último grado. El infame médico, al dirigirse á él, decia entre sí: «Si llega á titubear le despacho tambien para el otro mundo, porque solo los muertos saben guardar los secretos más importantes.»

—Es menester que subas al cuarto de la viuda, amigo mio, es preciso, indispensable...

—¡Imposible! contestó el desesperado jóven, imposible!... No tengo valor para verla padecer.

—Mira que nos comprometemos...

—Matadme, si quereis, pero no me obligueis á presenciar una escena tan horripilante.

—Vamos, eres un imbécil; casi me arrepiento de haberte querido hacer rico y feliz; y cuidado, Ernesto, porque si llego á cambiar mi plan, te podria costar caro.

Borraco pronunció estas palabras con un tono tan singularmente amenazador, que hizo estremecer al jóven de un modo estraordinario. En esto fueron interrumpidos por la llegada de una criada antigua de la casa, que llorando dijo:

—Doctor... que se muere... que se muere...

El médico cogió precipitadamente uno ó dos frascos de la botica, y en seguida cogiendo al desventurado Ernesto por el brazo, lo condujo medio arrastrando junto al lecho de la moribunda. Esta ya no hablaba; su rostro habia esperimentado una transformacion espantosa; sus ojos estaban como clavados mirando al cielo; repentinamente los bajó é hizo girar por toda la estancia como si buscase un objeto determinado; luego se fijó en el impasible semblante del médico, de un modo tan singular, que no pudo ménos de llamar la atencion del buen cura.

—¡Cómo os mira!... dijo con voz apenas perceptible.

Efectivamente, el médico no podia sostener ya aquella terrible mirada, apesar de toda su imperturbable serenidad, así es, que disimuladamente cambió de lugar, pero la mirada de la moribunda siguio su movimiento y se clavó de nuevo y con la misma intensidad, en el rostró de Mandri. En aquellos momentos supremos, era Dios el que revelaba á las víctimas quién era el verdugo que tan vilmente las asesinaba. El cura recordó entonces que tambien el boticario y su cuñado, al morir, habian mirado al médico con una insistencia particular. Así lo designó más tarde en una de sus declaraciones, cuando se formó el proceso criminal del jóven Ernesto. A poco la viuda fué cerrando los ojos; Mandri se acercó entonces á la enferma, la tomó el pulso con la mayor serenidad, y volviéndose á los circunstantes, dijo: ¡ya no existe!... Un momento despues, á la música y algazara del baile de las *bodas*, habia sucedido el plañidero sonido de las campanas *funerarias*. Así terminó aquel terrible drama, aquella obra infernal, calculada, meditada y llevada á cabo con tanta sangre fria, aplomo ó hipocresia por el más infame de los bandidos conocidos. La viuda habia muerto ab-intestato, pero en cambio existian los capítulos matrimoniales, en virtud de los cuales el esposo quedaba dueño y señor de toda su colosal fortuna. Pero el desgraciado Ernesto habia quedado triste, abatido y medio enfermo, despues de la espantosa escena de la muerte de su esposa. Triste y melancólico, vivia encerrado en su cuarto, sin querer comunicar con nadie; incluso el médico. Este no dejaba de estar en sumo cuidado. Sabia que en la villa se habia murmurado con motivo de la muerte de la viuda; no ignoraba que alguno del pueblo habia recordado que en el mismo dia de la catástrofe, la viuda y su novio habian tomado chocolate en casa del doctor. A esto se añadia el misterio y singulares costumbres de la mulata René, única sirviente de la casa del médico, y todo esto que en si era muy vago, formaba un conjunto que no dejaba de tener agitado y pensativo al autor de tantas maldades.

—Sobre todo, decia él paseándose solo por su gabinete, ese cura, ese cura ha presenciado las tres muertes, y ha notado las singulares miradas de los moribundos.

El recuerdo de aquellas miradas, le imponia, apesar de toda su sangre fria y de la corrupcion de su alma vil é infame. Pero Borraco era un malvado por cálculo, por sistema, así es, que, una vez emprendida su criminal carrera, una vez lanzado por la senda de los más enormes delitos, era incapaz de retroceder.

—Siempre va uno aprendiendo, decia en seguida, hablando siempre consigo mismo. Ahora conozco que seria muy útil iniciar en los secretos de mi escuela á un sacerdote. Una asociacion de cinco hombres como yo, que representasen la medicina, la farmacia, la abogacía, el notariado y el sacerdocio, seria una potencia contra la cual no habria poder posible sobre la tierra. Tal vez todo depende de que esos hombres se conozcan y pongan en contacto, porque yo no puedo creer que no haya muchos de cada una de esas clases que deje de trabajar á cuenta propia y aisladamente. Pero hé ahi un mal sistema de trabajar. Pero ¿y ese Ernesto, ese jóven necio y estúpido que aun tiene remordimientos, y cree en lo que llaman conciencia? ¡Oh! sus imprudencias podrian costarme caras... Dios os libre de un hombre á quien habeis iniciado en el secreto del crímen, que despues os venga con remordimientos y conciencia. Ese hombre es capaz de todo, de delatarse á si mismo y á sus cómplices. Confieso que me equivoqué en la eleccion. No es lo que yo pensaba. Pero ¡vive Dios! que ó ha de seguir por la senda emprendida, ó morirá, si, morirá... Mas ¿cómo lo podré hacer? Él no se fiará de mi, y ni por todo lo de este mundo, le podré hacer beber un vaso de agua que yo haya siquiera mirado. ¿Asesinarlo con un puñal? Pero si yo no tengo ni he poseido nunca tal instrumento! Por otra parte, tengo un horror invencible al derramamiento de sangre. Jamás la he derramado, y estoy seguro que si lo hiciese, despues no viviria tranquilo. Por otra parte, él es valiente y robusto, y si yo errase el golpe, me ahogaria entre sus manos.

Y Borraco temblaba á la sola idea de una lucha entre él y Ernesto. Era un ser degradado en toda su estension ; no reunia ninguna buena calidad. Temia derramar sangre, y envenenaba con el mayor descaro; es que en el fondo era un cobarde, un cobarde miserable, incapaz de luchar con un enemigo por poco que este valiese. En esto le ocurrió una idea, pero una idea infernal, como todas las que salian de su gangrenado cerebro. Agitó una campanilla, y al momento entró René, aquella mulata, de facciones varoniles y mirada siniestra que le servia de criada, segun las apariencias, pero que en el fondo era su verdadera confidente, cómplice y algo más.

—Tú, René, detestas á los blancos y quisieras esterminar su raza ; por esto te juntaste conmigo, y hasta ahora no puedo quejarme de tus servicios. Tú sabes manejar el puñal, yo los venenos, hasta ahora creo que no te puedes quejar, pues en todas partes hemos dejado las sangrientas huellas de nuestros pasos. Pero siempre lo hemos hecho por medio del veneno, ¿ no es verdad, René?

—Así es, contestó la mulata, pero ya sabes que no es por culpa mia, pues siempre tu René está pronta á obedecer las órdenes de su dueño.

Y diciendo esto acariciaba con sus negras manos al médico, como si fuesen dos iguales.

—Está bien, dijo éste sin rechazar las caricias de la mulata, temo que ha llegado el momento de lucir tu habilidad.

—Señálame la víctima y verás, amor mio, como cumple tu rendida René.

—No es tiempo aun, ya te avisaré.

Aquel mismo dia el médico dirigiéndose á casa del boticario, decia entre si:

—O él consiente en dejar su soledad y demostrarse digno de mi amistad y confianza, ó yo con maña lo conduzco al lugar de la emboscada, y René acaba con sus dias.

Con estas infernales disposiciones entró en casa del boticario, y apesar de las órdenes de éste y de la resistencia que para cumplirlas opusieron los criados á fin de impedirle la entrada en el cuarto del amo, penetró, y cerrando la puerta tras si se dirigió hácia el jóven. Estaba este echado sobre un sofá, pálido y desencajado, revelando en su abatido semblante la profunda melancolia que devoraba su alma.

—Y bien, Ernesto, le dijo el médico. ¿siempre has de ser un niño? ¿No ves que te comprometes con tu inesplicable conducta? ¿Ignoras acaso que en el pueblo se murmura y se dicen cosas que podrian causarte un sério disgusto?

—¡Qué quereis que os diga! contestó el contristado jóven. Yo no puedo apartar de mi esa idea que me anonada y confunde. A todas horas veo aquella espantosa imágen pálida y moribunda... aquella mirada amenazadora que os dirigia... aquellas convulsiones nerviosas en que se revelaba su profundo dolor y sufrimiento...

—Pero, ¿quién tiene la culpa? interrumpió bruscamente el médico. ¿Quién tiene la culpa si no tú que quisiste con tanto empeño precipitar el negocio? Acuérdate que me dijiste : «Si he de dormir una sola noche con esa mujer, huyo y se descubre todo el pastel.» Yo entonces no tuve otro remedio, sino el de condescender con tu capricho ; para esto fué preciso administrarle los polvos en gran cantidad, de ahí provino el que la cosa se precipitase de aquella manera y todo lo demás que ya sabes. Pero en fin, á lo hecho pecho, y asi, amigo mio, es menester que te pongas sobre tí, que dejes esa soledad y tristeza, que salgas y te dejes ver de todo el mundo. Debes visitar tu inmenso patrimonio, y debes iniciar tu posesion rebajando los arriendos á todos los colonos.

—No puede ser, Borraco, no puede ser.

—Chist... dijo el médico, que yo no soy Borraco, y luego añadió cogiendo con violencia la mano del jóven: entienda V., señor boticario, que yo no soy más que el médico Mandri.

Y diciendo esto soltóle la mano con gran desprecio. El pobre Ernesto se hallaba en una de aquellas situaciones en que el hombre se asusta al ruido que hace una hoja al desprenderse del árbol en que se apoya, asi es, que el ademan bruscamente amenazador del médico, le hizo temblar de piés á cabeza.

—Bien: dijo luego lleno de espanto, ¿qué quereis de mi?

—Por mi nada: por ti todo.

—Gracias, gracias...

—¿Estás bien resuelto á poner en práctica el consejo que acabo de darte?

—Si: haré cuanto ordeneis, dijo el jóven con un terror estúpido que revelaba el estado abatido de su alma.

—Oh no... no quiero que me contestes con ese tono tan servil y cobarde: quiero que seas el Ernesto que supo matar á su rival, y que despues tuvo valor para asistir á una orgia de bandidos; que más tarde celebró la muerte del boticario, debida á esos mismos polvos, porque aquello lo ponia en posesion de esta botica; que despues celebró la muerte del hermano de esa mujer, porque con ella se hacia opulenta, la que debia ser su esposa, y que por último tuvo bastante valor para decirme: *matadla antes de que yo deba dormir con ella.*

La memoria de cada uno de aquellos crímenes era una espada que atravesaba el corazon de aquel infeliz. No podia vencer los remordimientos del último de sus delitos, y el infernal médico se complacia en recordarle todos los demás. ¿Qué objeto se proponia en ello aquel Luzbel en carne humana? ¿Queria por ventura que á la vista de su pasado, el jóven se espantase y enmendase su porvenir? No: mil veces no. Lo que queria era inducir á su víctima al pecado de Cain y Judas, esto es, á la desesperacion en la misericordia y perdon de la justicia divina y humana, y desgraciadamente logró su intento, porque el jóven, al recuerdo de su espantoso pasado, esclamó:

—Teneis razon... mi suerte está echada; comamos

y bebamos; mañana tal vez moriremos. Desde este momento seré lo que siempre he sido, mucho más todavia, haced la prueba y lo vereis. ¡Ola! dijo luego agitando una campanilla á cuyo sonido se presentó un criado: venga la comida, y subid dos botellas del mejor vino de la bodega.

Y diciendo esto comenzó á pasearse por el gabinete y á reir como un insensato.

—Vamos, ¿tambien tendré que moderar vuestra alegria?... Sed prudente como la serpiente, y dejad la simplicidad de la paloma.

Pocos dias despues Ernesto recorria su dilatado patrimonio montado en un brioso corcel, acompañado de dos criados y su ayuda de cámara. Siguió á la letra los consejos del médico, y en su consecuencia, rebajó el precio de los arriendos á todos sus colonos, hizo grandes limosnas á los pobres, regaló un riquisimo manto á la Virgen del Rosario, enriqueció la sacristía con cálices de mucho valor, casullas y demás vestiduras sagradas. Pronto se olvidó todo lo pasado, y ya el jóven Gomis era el hombre más honrado y religioso de toda la comarca. Asi se pasaron seis meses. Ernesto se consideraba ya feliz y se preparaba para presentarse de incógnito á su antigua querida; pero el genio del mal representado por el médico le tenia preparadas otras hazañas. No le habia pedido cuenta ni razon de nada, apesar de que, segun lo convenido entre ambos, debia percibir la mitad de toda la herencia adquirida á fuerza de los tres horribles crimenes. No dejaba esto de tener al jóven con bastante cuidado. La idea de tener que partir sus riquezas con el médico, le causaba mucha pena, porque era ambicioso en último grado. Entre tanto el medico continuaba visitando cada dia con más fama. Ernesto le habia propuesto ceder la botica á otro, pero Borraco no lo consintió, diciéndole: «eso ya lo haremos más adelante.» Un dia fué llamado el médico para visitar al dueño de una casa de campo á una hora de distancia de la villa. Era este un anciano de unos 65 años, rico y hacendado y que tenia fama de poseer un tesoro de muchisima consideracion. Era viudo y 'habia tenido tres hijos, dos de los cuales estaban ya casados y separados de la casa, quedando solo el mayor, que era el heredero. Este era un jóven de unos 25 años, buen mozo y de ideas muy distintas de las de su padre. Este era la personificacion de la economia, ó más bien dicho, de la avaricia; aquél deseaba poseer riquezas para gozarlas. Pero es el caso, que viviendo el padre, el hijo no tenia representacion en la casa, puesto que no administraba el patrimonio, y no tenia más dinero que los pocos realejos que de vez en cuando le daba el anciano.

—¿Para qué necesitas dinero? le decia. Se te da comida, se te lava y plancha la ropa, y se te viste. ¿qué más quieres?

El hijo, sin embargo, deseaba mucho más. Para colmo de su desdicha, en una fiesta mayor á que asistió, se enamoró de una jóven de Mora de Ebro, muy linda y agraciada. Esta correspondió á su amor, pero cuando el jóven pidió permiso á su padre para casarse con ella, éste se lo negó redondamente, so pretesto de que la novia solo contaba con una dote muy insignificante. Esta negativa exasperó al jóven, cuya amorosa pasion se inflamaba más y más, á medida de los obstáculos que el obstinado padre oponia. Asi estaban las cosas, cuando el viejo, que se llamaba Mas, cayó enfermo, y fué llamado Mandri para

curarle. El paciente se quejaba de un dolor intenso que se estendia por casi todo su cuerpo, y especialmente en la cabeza. El doctor le consoló, recetó una medicina y se despidió del enfermo. Al salir del cuarto de éste, se encontró con el hijo de Juan Mas, quien le invitó á entrar en su habitacion.

—Y bien, doctor, ¿qué le parece á V. la enfermedad de mi padre?

—Creo que no será de cuidado.

Juan frunció el entrecejo de un modo particular, que no se escapó á la penetrante mirada de Mandri.

—Segun esto ¿pronto sanará?

—Asi lo creo, y como vuestro padre es de una constitucion tan robusta, creo que vivirá muchos años.

Esta vez el fruncimiento de Juan espresó el disgusto que le causaban aquellas palabras. El diabólico Mandri, ya desde aquel momento leyó en el corazon de su interlocutor, y formó su plan.

—Con que, ¿cree V. que vivirá muchos años?

—Estoy seguro de ello, pero esto deberia serviros de mucha satisfaccion y alegria.

—Asi seria si no fuese tan ridiculo y avaro. Figúrese V. que tal como V. me ve, heredero de los inmensos bienes de la casa Mas, jóven de 25 años, jamás he poseido de una sola vez lo que se dice cuarenta reales.

—¿Tan avaro es vuestro padre?

—¿Si lo es? V. no puede formarse una idea de lo que á mi me pasa. Ya la paciencia se me acaba. Es tanta su codicia, que se niega á darme su permiso para casarme con una jóven, hermosa y de mucha virtud, solo por que no es tán rica como lo seré yo cuando esté en posesion de mi herencia. Figúrese V. por otra parte que yo amo con delirio á mi Anita, que ella tambien me idolatra, pero todo esto nada dice al empedernido corazon de mi padre. Él ya me tendrá sin duda esposa escogida: una *pobilla* (heredera) tan rica cómo yo, fea quizás, tonta y aun tal vez coja ó contra-hecha, pero siendo rica, ya reune todas las circunstancias, segun las opiniones de mi padre.

—El defecto de la avaricia suele ser hereditario; ¿apostaria que vuestro abuelo se portó de la misma manera con vuestro padre?

—Creo que si, pero él á lo ménos tuvo la suerte de que el suyo muriese á los 40 años.

—Segun esto, ¿sentis la longevidad de vuestro padre?

Juan se turbó un momento, pero luego contestó:

—Si, la siento: os lo confieso, porque yo no puedo vivir sin mi Anita, y mientras él exista, veo que será imposible nuestro matrimonio.

—¿Tanto la amais?

—¡Si la amo! daria toda mi hacienda, toda mi sangre para poseerla ahora...

—Entonces, aun me confirmo más en mi opinion sobre la longevidad de vuestro padre, porque nunca viven tanto las personas, como cuando sirven de estorbo y se desea su muerte.

—Me desesperais; ¡que no tenga yo un medio para salir de mis apuros!

—No hay más que uno: la muerte.

—¿Pero cómo lo haré yo para llamarla antes del largo plazo que vos le concedeis?

—Discurrid un medio, y contad con mi apoyo si lo necesitais.

Despues de dicho esto el médico se despidió: la

saeta estaba ya lanzada. Aquel demonio conocia demasiado la fuerza de las pasiones humanas, para poder dudar del resultado del veneno que habia arrojado en el alma del jóven enamorado. Al dia siguiente visitó otra vez al anciano: éste se hallaba ya mucho más aliviado. Al despedirse, el enfermo le suplicó que entrase en el cuarto de su hijo, puesto que, segun le habian dicho. habia pasado muy mala noche y aun no se habia levantado. Realmente el enamorado Juan no habia podido pegar los ojos, torturando su cerebro para poderse esplicar el misterioso sentido de las últimas palabras del doctor. Un rayo de luz, pero que por cierto no bajaba del cielo sino que subia del infierno, vino á iluminar su alma llena de tinieblas. Recordó las hablillas del pueblo, cuando la casi repentina muerte de la viuda del boticario, y partiendo de ese infernal punto de vista, formó su plan, y solo esperaba al médico para esplicárselo. Apenas entró éste y le preguntó por su salud, cuando el enamorado le contestó en estos términos:

—Estoy malo, y solo V.. señor médico, puede curarme.

—A veces todos los recursos del arte son insuficientes.

—V. tiene uno en su poder de cuya eficacia me es imposible poder dudar.

—No os entiendo.

—Me esplicaré sin rodeos, y yo en recompensa de este remedio os haré el hombre más rico de todo el principado.

—¿De qué manera?

—Poniéndome en posesion de mi herencia.

—Para esto debe morir vuestro padre...

—Pues bien, que muera.

—¿Y en dónde está ese rico tesoro que me prometeis?

—En un escondrijo practicado detrás de la cabecera de la cama de mi padre.

—¿Y prometeis entregármelo?

—Sin faltar un solo maravedí.

—Sea: pero con otra condicion.

—¿Cual?

—La de que para asistir á vuestro padre en sus últimos momentos, no debeis llamar al cura de la villa, sino á otro cualquier eclesiástico...

—Convenido: haré venir á un sacerdote jóven y amigo que vive en una parroquia á dos horas de distancia.

Los dos criminales se despidieron, dándose un fuerte apreton de mano en señal de amistad y confianza.

Una hora despues, decia el médico al boticario:

—Amigo mio, vendrá una receta mia para la casa de Mas, y en vez de lo que en ella se pida, darás esos papelitos.

—Me horripila, amigo mio, la idea de un nuevo crímen...

—Siempre serás niño: ¿no ves lo que son los hombres de valor? ¿No ves á ese hijo, comprándome á precio de oro la muerte de su padre? ¿Y crees tú que somos nosotros solos los que traficamos con esa clase de negocios? No lo creas, amigo mio; comenzando por los reyes y altos dignatarios, y acabando por los herederos ménos ricos que Juan Mas, todos, todos los hombres trafican con ese negocio que puede llamarse *reduccion de plazos.* Lee la historia de todos los paises que se llaman civilizados, y apenas

encontrarás un rey que no haya perecido asesinado ó envenenado. Si de estos pasas á las naciones que se dicen bárbaras, hallarás otro tanto. Si de los reyes desciendes á sus ministros y favoritos, á cada paso tropezarás con muertes tan estrañas é imprevistas como las del boticario y su familia; si despues bajas hasta las clases más subalternas, verás otro tanto. Créeme, solo los tontos y estúpidos creen que para ser bandido han de ceñir puñal, llevar trabuco y vivir en las cavernas y espesura de los bosques.

—Me convenceis y estoy pronto: dadme vuestros polvos...

Dos dias despues la enfermedad del anciano Mas se habia complicado mucho. A los ocho dias el infeliz estaba ya agonizando. El infernal médico, que sin duda se deleitaba asistiendo en los últimos momentos de sus victimas, estaba junto al enfermo en compañia del sacerdote llamado por el hijo, segun lo convenido de antemano. Pero ¡cosa rara! tambien el viejo murió teniendo clavada su vista de un modo singularmente amenazador en el inmutable semblante del médico. El hijo criminal de aquel desgraciado padre cumplió religiosamente su palabra. El médico recibió en premio de su enorme delito un tesoro de consideracion, tres mil onzas en oro.

IV.

Algunos dias despues de todos estos acontecimientos, el médico decia á su cómplice René:

—Dentro dos dias debemos partir para paises muy lejanos. Hemos ya sembrado demasiado en esta tierra; permanecer en ella por más tiempo, seria querer tentar al diablo. Por otra parte, tu observaste que aquel sacerdote que asistió á Mas padre, y luego casó á Mas hijo, hizo una visita al cura antes de marcharse á su parroquia; no me agrada que esos dos hombres se hayan visto y hablado. Por consiguiente, mi querida René, prepáralo todo para la marcha. Dejaremos la casa tal como está, pues partiré yo solo; con motivo de una carta que recibiré en que me anunciarán una grave enfermedad de mi hermano. Tú te juntarás conmigo al cabo de ocho dias en Figueras, carretera de Francia.

—¿Y el opulento Ernesto?

—Este se quedará aqui para responder de nuestras hazañas. Está ya deslumbrado con sus caballos y criados, asi es, que ya no sirve para nada. Es un tonto que cree que el producto del crimen puede gozarse en el mismo lugar de la escena, y en esto se engaña. Ya he cumplido lo que le prometi, le conocí pobre y le dejo opulento. Lo demás corre de su cuenta.

Dos dias despues el cura recibió una carta firmada por un tal Gerónimo Mandri, en que se le decia que el hermano del médico estaba enfermo de suma gravedad, y por consiguiente, que se tomase la molestia de notificar esta noticia al doctor con las debidas precauciones para no asustarle, y le dijese que inmediatamente pasase á Lérida, pues asi se lo suplicaba su padre que era el firmante de la carta. El cura cumplió su comision: el médico palideció y lloró como un niño al oir una noticia tan impensada, y al dia siguiente partió sin haberse despedido de nadie, encargando al cura que lo hiciese por el, esplicando los motivos de su precipitada marcha. Rene, como de costumbre, se quedó en casa con la puerta de la calle cerrada, para indicar que su amo estaba fuera de la villa. Como no salia para nada durante la ausencia de su amo, no se podia saber si estaba ó no en casa, ni si era viva ó muerta. A los ocho dias estaba reunida con su amo y amante. Pero habia llegado ya el dia de la divina justicia. Este dia jamás falta para el criminal y delincuente. ¿Qué seria de la sociedad sin una Providencia divina que velase contra los malvados, que, como Borraco, saben tomar todas las precauciones para burlar la justicia de los hombres? Hay un Dios, que, si bien consiente á veces el momentáneo triunfo del malvado, al fin, tarde ó temprano le hace sentir el peso de sus maldades. Ya hemos visto como las moribundas victimas del asesino Borraco, delataban á éste con sus miradas al tiempo de morir: tambien hemos visto como estas miradas habian llamado poderosamente la atencion de aquel virtuoso sacerdote que habia asistido al anciano Mas; el cura que sentia la necesidad de desahogarse y esplicar sus dudas, lo hizo con aquel sacerdote, amigo suyo, y de cuya prudencia y discrecion no podia dudar. Aquel ministro del Señor, al oir al cura, recordó que tambien el anciano Mas habia mirado al médico de un modo singularmente imponente y amenazador. Desde este momento, estos dos hombres virtuosos no dudaron de que en todo aquello se encerraba un misterio, un arcano profundo que ellos no podian descifrar. Hé ahí ya el principio de los indicios y conjeturas. Por otra parte, las Escuadras, que nunca dejaban de tomar sus informes detenidos y minuciosos, despues de haberse cometido un delito, se habian presentado en Arbeca, tan pronto como llegó á su noticia el asesinato de Ribé, que era el rival de Ernesto. El cabo D. Francisco Janer, comenzó sus investigaciones con aquella sagacidad y sutileza propia de los individuos de su cuerpo, y su resultado fué, el que se concibiesen vehementes sospechas contra Ernesto, ausente á la sazon sin que se supiese á punto fijo su paradero. El cabo no dió la menor señal al público de que sospechase de Ernesto, pero si comunicó sus dudas al comandante en un oficio que decia así:

«En cumplimiento de mi deber me he presentado »en esta (Arbeca) tan pronto como he sabido la des- »gracia de Ribé. Yo creo que quien lo ha muerto es »un tal Ernesto Balius, cuyas señas particulares y fi- »liacion incluyo, para que se circule por todas las »Escuadras. El difunto y el vivo cortejaban á una »misma mujer, y calculo que han sido los celos la »causa de aquel atentado. Por lo demás etc. etc.» (Documentos oficiales).

En consecuencia de este oficio, las filiaciones de Ernesto fueron comunicadas á los mozos.

Pero ocupadas las Escuadras en la persecucion de las cuadrillas de Guardiola, Seneco, Masana, el Maestro y otros, no habian podido recorrer el pais en donde no residian aquellos bandidos, y esta sin duda era la causa de que no hubiesen dado con Ernesto. Mas aquellas partidas de bandidos fueron completamente batidas y dispersadas del modo que más tarde esplicaremos, y desde entonces, las Escuadras se dedicaron á sus habituales correrías y visitas de observacion y exámen. Así es que dos dias despues de la partida del médico, el cabo Rafecas, con ocho mozos, se presentó en Falset. Desde luego se dirigió el cabo á casa de los confidentes que las Escuadras tenian en aquella villa como en todas. Estas visitas las hacian y hacen hoy dia, sin el menor misterio, al contrario, con suma amabilidad y franqueza. Son unos amigos que visitan á otros amigos, y como han estado ausentes del lugar, naturalmente preguntan sobre las novedades que hayan ocurrido durante su ausencia. Cuando los mozos van directamente para la averiguacion de algun delito, entonces, despues de las preguntas generales, se concretan al hecho, y en estos casos, sin necesidad de preguntar, los confidentes los ponen al corriente de cuanto saben sobre el particular. El cabo Rafecas y sus mozos supieron pronto que lo más notable que habia sucedido en la poblacion se reducia, á la muerte natural del boticario, su mujer y cuñado, y al conocimiento de las inmensas riquezas que, con este motivo, habia adquirido el nuevo boticario. Pero como esto lo contaban los naturales en una época en que ya habian pasado las murmuraciones, y en que Ernesto era estimado de todos por su hidalguia y generosidad, así es, que nadie, escepto la perspicacia de los mozos, podia concebir en todo aquello la menor sospecha. Al regresar el cabo á su alojamiento encontró un mozo que le esperaba, quien le dijo:

—Paseando por la villa observando, he visto á un jóven caballero, montado en un brioso caballo, acompañado de dos criados, cuya filiacion me ha parecido muy semejante á la que tenemos de aquel tal Ernesto Balius de Arbeca. He procurado informarme, y he sabido que es el boticario de la villa, que vino pobre unos ocho meses atrás, y que se hizo rico por medio de su casamiento con la viuda del otro boticario. He averiguado tambien, que la viuda cuando se casó con aquel caballero le doblaba los años, que era además fea, y que murió la misma noche del casamiento.

—Bien, dijo el cabo, sigue esas investigaciones. Solo te diré que estaremos algunos dias aquí. ¿Tienes algo más que comunicarme?

—Si, señor: y es que aquel jóven boticario, está actualmente en una de sus casas de campo á una hora de aquí, en direccion al camino de Reus, de donde regresará á las tres de la tarde, segun se me ha dicho.

—El mozo se despidió de su jefe, el cual á las dos y media se paseaba por el camino indicado por aquél. A las tres en punto el boticario regresaba á la villa, y á un cuarto de hora de distancia de ésta, se encontró con el cabo que paseaba al parecer distraido, admirando la fértil campiña. Al pasar junto á él, el boticario le saludó, y el cabo no solo le devolvió el saludo, sino que le preguntó por un molino que debia visitar. Con este motivo, el jóven detuvo su marcha, proporcionando asi ocasion el cabo para observarlo mejor.

—Él es, dijo entre sí, así que el jóven se hubo despedido, despues de haber indicado el sendero que conducia al molino.

Aquella misma noche, el cabo entró solo en casa del boticario y dijo que debia hablarle á solas de un asunto de bastante importancia. Ernesto le hizo entrar en su gabinete, y habiendo tomado ambos asiento, el cabo habló en estos términos:

—Ya veis, caballero, que soy cabo de las Escuadras, cuya mision consiste en perseguir á los delincuentes en todas partes. Para ello es menester hacer averiguaciones, y muchas veces estas nos obligan á sujetar, aun á las personas de más distincion é intachables, á nuestros interrogatorios.

—Bien: dijo el boticario con enfado, pero debo preveniros que estoy muy ocupado, y por consiguiente os suplico que despachemos pronto.

—Nos entenderemos en pocas palabras. ¿Habeis conocido á un tal Ernesto Balius?

—No lo he conocido, contestó el boticario con una ligera turbacion.

—Entonces, tal vez direis que tampoco habeis conocido á un tal Ribé?

Esta segunda pregunta no dejó de desconcertar al jóven, apesar de su aparente serenidad: sin embargo, haciendo un esfuerzo sobre sí mismo contestó:

—No solo no le he conocido, pero aun añadiré, que no sé á qué se dirigen estas preguntas.

—Es muy sencillo: todo se reduce al esclarecimiento de cierto hecho criminal. Porque habeis de saber que el tal Ribé fué asesinado por Ernesto, y que así lo ha declarado una jóven de quien el miserable Ernesto se habia enamorado, y pretendia que la jóven le correspondiese á la fuerza....

—Es falso... interrumpió el jóven fuera de sí al oir una relacion tan humillante debida, segun el cabo decia, á su coqueta amante.

—Te has hecho traicion á ti mismo, dijo el cabo, apuntando una pistola contra el desventurado boticario. *Tú eres Ernesto Balius, asesino del honrado Ribé.*

—Mentira.... mentira.... contestó el jóven con acento desesperado.

—No hay que gritar ni moverse: daos preso al momento en nombre del rey.

El jóven, que no era cobarde por cierto, hizo ademan de querer resistirse, pero el cabo, con aquella

—Os doy dos mil onzas si me dais la libertad.
—Si proseguís hablando así, os mato.

serenidad y sangre fria propia de todos los de su clase, le dijo:

—Si os moveis... os envio al otro mundo.

El jóven cambió enteramente de modo de pensar. Habia querido oponer una resistencia física, pero luego creyó que mejor partido sacaria escitando la compasion. ¡El infeliz no conocia á fondo la honradez de las Escuadras!

—Es cierto: dijo con calma, yo soy Ernesto, yo maté á Ribé, porque me habia insultado, pero fué en un duelo con armas iguales. Ya veis, pues. que no soy tan criminal como pensais. Con todo, os doy mil onzas en oro si me concedeis ocho dias para huir al extranjero.

El cabo no contestaba.

—¿Es poco? continuó Ernesto. Pues bien, os daré mil quinientas... dos mil....

El cabo no decia nada.

—¿Aun no estais contento? pues bien: á más de esta cantidad, os daré todas las alhajas de la casa, que casi valen otro tanto. No seais tonto: en vuestra mano está la felicidad y la dicha. Nadie sabrá este convenio, pues yo os juro por lo más sagrado que lo callaré ¿y cómo no lo he de callar? ¿Quién más que yo perderia revelándolo? Vamos, amigo mio, ¿consentis?

—Tal vez lo haria, replicó el cabo, si supiese que no habeis cometido otro delito. Porque al fin, si aquello fué un desafio, ya es una cosa distinta. Pero se os acusa de haber cometido otros delitos.

Es el caso que el cabo habia aquel dia celebrado una larga conferencia con el digno señor cura, quien, como hombre de bien, amaba las Escuadras, y por su parte, comunicaba á sus individuos cuantas noticias podia adquirir, que pudiesen servirles de indicio para algo. En aquella conversacion, el cura habia esplicado al cabo la historia funesta de la casa del boticario con todas sus circunstancias. El cabo habia atado hilos, como suele decirse, y se habia trazado á sí mismo un plan para venir al esclarecimiento de tan tenebrosos hechos. En consecuencia de este mismo plan, fingió que no rechazaba las proposiciones que le hacia el desventurado Ernesto, y de este modo, con aquel tino y sistema de franqueza que con tanto acierto saben usar los *mozos*, conducia al jóven á delatarse á sí mismo y á sus cómplices. A este fin se encaminaban las últimas palabras que acababa de dirigirle, palabras que habian anonadado al criminal, de modo que fué preciso que el cabo se las repitiese para que contestase.

—Os lo digo con franqueza, le decia, amigo mio, se os acusa de otros crímenes estupendos é inauditos.

—Y ¿quién me acusa?

—El médico.

—¡El médico!... ¡Infame!...

—No dudo que lo es, pero al mismo tiempo es tan astuto y precavido, que tiene la maña de hacerse pasar por hombre de bien, mientras que á vos os pinta como un malvado.

—¡Imposible!... ¡Imposible!...

—¿Cómo sabria yo que vos habiais envenenado á la viuda del boticario, si él no lo hubiese dicho?

El cabo leyó entonces con su escrutadora mirada todo lo que pasaba en el interior del criminal con quien estaba hablando.

—¿Quereis más dinero? dijo luego como hombre que busca su salvacion en la corrupcion como único recurso.

—No; pero sin dinero estoy dispuesto á serviros, porque os creo más desgraciado que criminal.

—¡Oh!... sí, amigo mio, salvadme... salvadme.. soy la víctima de un hombre infernal, de un bandido de los más temibles é implacables. Él me ha seducido, digó mal, él me ha empujado hácia el crimen: él me ha amenazado cuando yo queria retroceder; él en fin, me ha perdido para siempre.

—¿Todo eso ha hecho con vos ese hipócrita médico?

—Todo eso.

—Pero ¿cómo me lo probareis? porque pasando él como pasa por hombre de bien, y siendo tan diestro, no es fácil que yo encuentre quien pueda ó quiera declarar contra él, ni que le sorprenda por medio de un interrogatorio, y como por otra parte se halla ausente, y Dios sabe si volverá, por esto es indispensable que vos me deis pruebas de lo que acabais de decir para que pueda serviros.

—Pues bien, os las daré: ¿sabeis quién es ese fingido médico? ¿Sabeis su verdadero nombre? Pues yo os lo diré: este hombre es un bandido; su nombre es Borraco... Él envenenó al boticario, para colocarme á mí al frente de esta botica: él me proveyó de un falso título de boticario: él envenenó al hermano de la viuda, para que ésta heredase sus inmensos bienes; él me hizo despues contraer matrimonio con la viuda, á quien envenenó á su vez para que yo heredase todos esos bienes que debia compartir con el...

—¿Y qué más? dijo el cabo con la mayor calma, aun me parece que callais algun otro hecho...

—Es verdad, él envenenó al viejo Mas.

—Entiendo, entiendo; y á vos os hizo cómplice de todos estos delitos. Pero ¿cuánto os valió el envenenamiento del anciano Mas?

—Os juro que no me ha valido nada.

—Así lo creo, este negocio lo arreglaria con otra persona. Ya lo sabré. Ahora debeis seguirme.

—¿A dónde me quereis conducir? preguntó el jóven lleno de terror y espanto.

—Al puesto designado para los hombres criminales.

—¿Entonces, me habeis vendido?

—He cumplido con mi deber, dijo el cabo con acento resuelto.

—Mirad, os doy todo cuanto poseo y dejadme huir.

—Ernesto, no me hagais más semejantes proposiciones. Sabedlo de una vez, las ESCUADRAS nunca faltan á su deber, aun cuando se les prometan montes de oro: los *mozos somos incorruptibles* y si proseguis hablando así, os mato.

Ernesto cayó abatido sobre un sillon. En aquel momento el cabo dijo: ¡Entrad! y realmente entraron dos hombres con una receta en la mano, que hacia largo rato que esperaban en la botica para que se les despachase, y habiendo dicho á la criada, que no molestase á su dueño, pues ellos esperarian. Aquellos dos hombres eran dos *mozos* disfrazados. El cabo les dijo dos palabras al oido, y salió: un momento despues, Ernesto atado era conducido á la cárcel pública. El cabo con otros dos *mozos* se dirigia á casa Mas. Aquel hijo parricida saboreaba aun las delicias de su luna de miel, y parecia que en medio de ellas habia olvidado la criminal escena que habia precedido á su matrimonio. Pero, Dios, justo vengador de los delitos, Dios, protector de las víctimas desgraciadas, no la tenia olvidada. Raras veces la justicia divina deja de castigar á los malvados aun en esta vida corta y miserable. El cabo y los *mozos* llegaron á la casa á eso de las dos de la madrugada. Un silencio sepulcral reinaba entre los moradores de aquel vasto edificio. Todos descansaban de las fatigas del dia anterior. Los recien llegados esperaron á que amaneciese el dia y se abrieran las puertas de la casa. Así que esto sucedió, entró el cabo dejando los dos *mozos* junto á la puerta, y sin la menor ceremonia, mandó á la criada que le condujese á la habitacion de su amo, pues tenia que darle una noticia de suma importancia. Como las ESCUADRAS infundian ya entonces tanta confianza y respeto, la criada no tuvo inconveniente en hacer lo que se le pedia. El jóven Mas, que estaba acostado con su mujer, no dejó de estrañar la intempestiva visita del cabo en una hora tan estraordinaria, pero ni siquiera se acordó de que pudiese ser él mismo el objeto de aquel saludo tan de mañana.

—Siento interrumpir el descanso de dos esposos enamorados recien casados, pero un acto urgente del servicio hace indispensable, señor Mas, que hablemos un momento á solas.

—Voy á vestirme, dijo éste, y estaré á la disposicion de V.

El cabo habia ya examinado disimuladamente la habitacion, y habiendo notado una salida en la alcoba, se puso en la parte opuesta de esta y por medio de un espejo que habia allí que miraba frente aquella salida, vigilaba haciendo como que se miraba en el espejo y arreglaba su corbata. Era sin embargo inútil esta precaucion, porque el jóven no sospechaba nada. Al cabo de algunos segundos Mas introdujo al cabo en el mismo gabinete en donde tuvo lugar aquel pacto infernal, de cuyas resultas el padre de aquel hijo habia sido envenenado. Un recuerdo doloroso cruzó por la mente del hijo criminal.

—Seré breve, dijo el cabo, porque el tiempo urge.

—Os escucho.

—El boticario Gomis está preso, acusado de haber envenenado á vuestro padre...

Un rayo que hubiese caido sobre el parricida no le hubiera causado tanto espanto, como aquellas cuatro palabras. Su semblante se puso pálido, y un temblor nervioso se apoderó de todo su cuerpo. Aquellas palabras produjeron en él el efecto de un eco que saliese del sepulcro de su padre. Por primera vez, despues de cerca un año, se veia cara á cara con su delito y el juez que debia juzgarle. Nada se escapó á la esperimentada mirada del cabo.

—El tal Gomis, prosiguió, protesta de su inocencia, y dice que solo el médico Mandri puede descifrar este enigma.

—¿Y qué ha dicho el médico? dijo temblando el jóven.

—El médico, que á mi parecer es un tunante, ha dicho que eso solamente vos lo sabeis. Dice más, dice que él realmente sospechó que vos habiais envenenado á vuestro padre, pero que no se atrevió á decirlo por temor de poderlo probar.

—¡Infame!...

—Oh, sí que lo es, pero pasa por hombre de bien, y hasta el cura parece que le abona! Así es que, francamente hablando, considero á V. cogido en las redes de esos dos pillos.

—¿Qué puedo, pues, hacer? Dadme un consejo, amigo mio, pues yo no estoy en estado de poder deliberar por mí mismo.

—¿Quiere V. que le hable con franqueza?

—Sí que lo quiero, y lo recibiré como un favor singular.

—Pues bien: no me cabe la menor duda de que su padre de V. murió envenenado. Tampoco dudo de que V. tuvo una parte en este delito, por consiguiente, si V. no es franco conmigo, esplicándome la parte que esos malvados han tomado en este negocio, que desde luego no dudo que será la principal, V. se coloca en una malísima posicion, puesto que el tribunal tendrá que atenerse á las declaraciones de esos dos pícaros, que estoy seguro, sabrán hacerlas de manera que toda la culpa recaiga sobre V.

—Entonces estoy perdido, esclamó Mas cayendo sobre un sofá, medio desmayado.

—Pero puede V. aliviar su suerte siendo franco conmigo.

—Pues bien, dijo Mas algo más tranquilo, es cierto lo que decis, mi desgraciado padre murió envenenado, sí, envenenado por su propio hijo! Y diciendo esto prorumpió en un llanto que salia del fondo de su corazon.

Aquél desventurado hijo sentia en aquellos momentos todo el horror del crimen que habia cometido. El esperimentado cabo apreciaba en su interior lo que valia aquel arrepentimiento, y con aquel instinto de este cuerpo en saber distinguir entre los delincuentes de oficio, á los descarriados, víctimas de una pasion violenta y mal comprimida, compadecia de veras al desgraciado heredero de Mas.

—Sosegaos, amigo mio, le decia con suma amabilidad y dulzura. Dios perdona siempre á los que saben arrepentirse de sus faltas, y la justicia humana nunca confunde en sus fallos al estraviado por un momento con el criminal de profesion.

—¿Creeis, amigo mio, que podré salvarme?

—Concluid vuestra narracion, para que yo pueda formarme una idea cabal del hecho.

Entonces el jóven y desconsolado Mas contó al cabo con suma exactitud todo lo que habia mediado entre él y Mandri, y al concluir, se arrojó llorando á sus piés, diciéndole:

—¡Ahora ya lo sabeis todo, por consiguiente salvadme!... ¡salvadme...

—Sí, salvadle, dijo entonces su desgraciada esposa, que entró de improviso en el cuarto. Todo lo sé, esposo mio, todo lo he oido: yo soy la inocente pero verdadera causa de tus desgracias.

Y diciendo esto aquella hermosa é interesante jóven lloraba y se desesperaba. El marido, abrazándola con ternura, vertia copiosas lágrimas que inundaban sus mejillas. Aquella era una escena desgarradora; el mismo cabo apenas podia contenerse. No tenia, no encontraba palabras para consolar á tan infelices amantes, porque él debia cumplir con su deber, y éste habia de ser muy cruel para las dos personas que, arrodilladas á sus piés, le pedian llorando perdon y que las salvase.

—¿Quereis todas nuestras riquezas? le decia la jóven, ¿quereis mis joyas? ¿quereis todos nuestros bienes y patrimonio? Tomadlo, sí, tomadlo; os lo cedemos todo de buen grado, y aun os quedaremos eternamente agradecidos. Pero la jóven hubo de notar que aquellas palabras mortificaban al cabo, puesto que luego añadió: Perdonad, amigo mio, no he dicho nada, pues veo que mis ofertas os ofenden, ¡desgraciada de mí! ¡Habia olvidado que las Escuadras son muy honradas é incorruptibles!... Os pido mil perdones.

—Basta, señora, basta: realmente me ofendiais, cuando me ofreciais vuestros tesoros, pero olvidémoslo.

—¿Es decir que nos salvareis? dijeron ambos esposos mirando al cabo de un modo capaz de enternecer una piedra.

—Escuchadme, amigos mios, yo haré en obsequio vuestro cuanto dependa de mí sin faltar á mis deberes. En vez de conducir á Mas á la cárcel de la villa, vendrá conmigo esta tarde hácia Valls, no como un preso, sino como un viajero que se hace acompañar. Allí os presentaré á mi comandante: le contaré vuestra historia, y le diré que mi opinion es que sois un hombre de bien, á quien tentó aquella serpiente venenosa conocida aqui por el nombre supuesto de Mandri. Nuestro comandante es hombre muy entendido, inexorable con los malos y corrompidos, pero tierno y compasivo con los que no son perversos de oficio y viles de corazon. No exijais nada más de mi, pues me es imposible hacer otra cosa.

—Gracias... gracias... dijeron los consortes.

—De esta manera, añadió el cabo, vos no salís difamado, pues nadie sabrá lo que aqui ha pasado. Una sola cosa os debo prevenir: por el camino no quiero tomar con vos ninguna prevencion, pues quiero que los mismos *mozos* crean que sois mi compañero de viaje, pero no cometais la imprudencia de quereros fugar, porque entonces estad seguro que moririais á mis manos.

—Os juro que desde ahora me considero prisionero vuestro, y que no os faltaré.

—Está bien, dijo el cabo; fiado en vuestra palabra, voy á dar mis órdenes y os dejo por un momento, luego almorzaremos juntos y partiremos hácia Valls.

—¿Puedo yo, dijo Anita, acompañar á mi esposo?

—No hay el menor inconveniente.

—¡Oh amigo mio, cuántos favores nos estais dispensando!

Pero el cabo habia salido del gabinete, dejando á ambos esposos entregados al más profundo dolor. Aquel hombre de costumbres severas y corazon varonil, estaba realmente agitado y tiernamente conmovido. Los que han creido que los *mozos* no hacen distincion entre los verdaderos criminales de oficio, y las personas estraviadas, que en un momento de vértigo han cometido algun delito, no tenian seguramente noticia de estos hechos y mil otros que en el decurso de esta historia tendremos ocasion de hacer notar. Dos horas despues, el cabo y los dos consortes emprendieron su viaje hácia la villa de Valls á caballo. Estrañaron los esposos el que ningun *mozo* les acompañase, y así lo manifestaron al cabo, pero éste les contestó que ya encontrarian á los *mozos* en los parajes peligrosos, pues por lo demás, para nada, creia él, que fuesen necesarios. Aquella misma noche llegaron á Valls y se dirigieron á casa del comandante de las Escuadras. Estaba este aun en su despacho, cuando le anunciaron la llegada del cabo Rafecas. Al momento fué este introducido, y despues de haberse saludado mútuamente, el cabo esplicó todo lo que ya saben nuestros lectores con todos sus pormenores y circunstancias, concluyendo su relacion abogando á favor de Mas y su desgraciada esposa, á quienes presentó en aquel momento al comandante. D. Pedro Martir Veciana era un sugeto de elevada estatura, como todos los de su familia, semblante imponente, mirada severa y penetrante. Acostumbrado á mandar casi desde su cuna, y á la austeridad de la disciplina militar, á primera vista infundia un respeto que hacia estremecer á los bandidos más descarados. Dotado como su padre de un instinto particular para distinguir á los buenos de los malos, instinto que ha sido transmitido de comandante á comandante desde el fundador de las Escuadras hasta el dignísimo comandante actual, jamás incurria en error respecto á tan interesante clasificacion (1). Así es que á la primera mirada conoció que no se habia equivocado, respecto al concepto que habia formado de **Mas.** Pero era inflexible respecto á los deberes que le imponia su empleo, así es, que, apesar de que los esposos al entrar se habian arrojado á sus piés, pidiéndole, derramando abundantes lágrimas, que los perdonase, él contestó, levantándoles con dignidad y dulzura:

—Yo no os puedo perdonar. Yo no soy más que un vigilante activo de la seguridad pública, un perseguidor de malvados y criminales. Si los mato en el acto, ya porque se resistan, ya porque se defiendan, muertos están, pero si les hago prisioneros, los entrego á los tribunales para que los juzguen segun la ley. Señor Mas, añadió, yo estoy convencido de que V. no es un criminal, y si tan solo un hijo estraviado que ha cometido un delito espantoso. Estoy tam-

bien convencido de que á estas horas V. está completamente arrepentido de su delito, y como por otra parte creo que V. no ha nacido para ser malvado, soy de opinion que no hay ningun peligro para la sociedad en que á V. se le aplique un indulto. Pero no soy yo quien se lo puedo dar. Esto solamente lo puede hacer el Excmo. Sr. Capitan General, en virtud de las facultades que le tiene conferidas S. M. el Rey, cuya vida guarde el cielo por muchos años. No tiene V. más que un medio, á saber: el de acudir á dicha superior autoridad. Y yo solo puedo hacer en obsequio de V. una cosa: informar segun mi conciencia su instancia. Ahora es menester que V. sea trasladado á la cárcel y desde alli debe dirigir la instancia.

—¡A la cárcel! repitieron los dos esposos con acento desgarrador.

—Es indispensable. El delito existe y la ley es inexorable.

—¡Pero, señor!... dijo la esposa llorando.

—Señora, replicó Veciana con acento amable pero que denotaba la inmutabilidad de su carácter, ya le he dicho lo que yo podia hacer en obsequio de su esposo; querer exigir más de mi es un imposible. Lo único que puedo añadir es que en atencion á las pésimas condiciones de nuestras cárceles, que son unas verdaderas mazmorras, y que en el dia están atestadas de presos, dispondre que vuestro esposo ocupe una especie de desvan que hay en la casa de la villa, y que sirve muchas veces de prision para los detenidos por faltas leves.

La esposa dió gracias al comandante, y pronto las órdenes de éste fueron cumplidas. Al dia siguiente se daba parte al Excmo. Sr. Capitan General en una lacónica comunicacion, de todos los acontecimientos que dejamos referidos.

«Los nuestros, decia el comandante, á las órdenes »del cabo Rafecas, acaban de prestar un gran servi- »cio á la causa pública, descubriendo una ratonera de »envenenadores, que han llevado al sepulcro en pocos »dias á cuatro personas distinguidas. El caudillo de »esa cuadrilla de bandidos de nueva especie, lo es el »infame Borraco, pero hasta ahora no ha podido ser »cogido. Su cómplice Ernesto Balius está ya en poder »de los tribunales, y este mismo infame es el que ha- »rá como un año asesinó á un tal Ribé de Arbeca. Tam- »bien resulta complicado un tal Mas, heredero de »una de las casas más ricas de Falset, en cuya villa se »han cometido los delitos espresados. Pero este Mas, »estoy cierto que no pertenece á la canalla, y que »solo cometió el delito tentado por el infame Borra- »co, como él mismo lo dice en la solicitud que por »mi conducto remite á V. E. Yo que le he visto y ha- »blado, creo que verdaderamente está arrepentido »de su delito y que si V. E. le perdona, no volverá »más á faltar á sus deberes. Pero creo que de todos »modos no conviene que pueda volver á Falset, por- »que siempre seria un escándalo. Estaremos á la mi- »ra para ver si podemos coger al infame Borraco, »apesar de que es de los bandidos más astutos y pre- »cavidos que he conocido. V. E. hará en vista de »todo lo que le he dicho lo que mejor conozca, y yo »y los mios estamos siempre dispuestos á obedecer »comó es de nuestro deber y obligacion.

»Valls 14 de octubre de 1735.» (Documentos oficiales.)

Al cabo de un mes, Mas logró indulto, es decir, el que solo se le condenase á pagar una multa de dos

<hr>

(1) **Téngase** presente que la primera edicion de esta obra se publicó en el año 1859. *(N. del E.)*

mil duros y á estrañamiento perpétuo de España. El jóven Ernesto fué condenado á muerte, pero antes de que se pudiese cumplir dicha sentencia murió en la cárcel, á causa de su profunda tristeza y desesperacion.

«No lo he reconocido, decia Rafecas en un docu- »mento que tenemos á la vista, en veinte dias que »no le habia visto, porque se ha puesto tan flaco y »cambiado que parece un cadáver. He sabido que »tanto ha llorado que ya no tiene lágrimas, de modo »que nada estrañaré que haya muerto cuando reciba »V. esta carta. En la casa que habitaba Borraco no »se ha encontrado á nadie y ha sido preciso derribar »las puertas para poder entrar. Se ignora el parade- »ro de la mulata, pero no dudo que estará con su »amo; pero el tal amo cambia de fisonomía, porque »es muy astuto: en sus filiaciones pondria que en »cuanto á su pelo sabe cambiarlo en varios colo- »res, etc.»

Por lo demás, realmente el infeliz Ernesto murió consumido por la tristeza y los remordimientos en la cárcel de Falset, pocos dias antes de haber sido condenado á morir ahorcado. Tampoco este desgraciado habia nacido para ser un criminal. El origen de todas sus desgracias provino de un arrebato de celos, y despues Borraco concluyó la obra de su perdicion.

V.

FIN TRÁGICO DE BORRACO.

Durante estos acontecimientos, Borraco, como ya lo hemos dicho antes, se habia dirigido hácia Figueras, donde debia juntársele la desnaturalizada René, su cómplice, criada y amante. Todo lo habia previsto aquel hombre astuto y perverso, ménos que el descubrimiento de los enormes delitos que en tan poco tiempo habia cometido en Falset se verificase tan pronto. Él en verdad pensaba, que, ya fuese por las sospechas del cura, ya por los remordimientos de Ernesto, acallados por un momento, pero no extinguidos enteramente; ya, en fin, por los del mismo Mas, que él preveia para más tarde ó temprano, pensaba, decimos, que sus crímenes se iban á descubrir, y por esto puso tierra de por medio. Pero Dios que, como dice el refran, consiente pero no para siempre, lo tenia dispuesto de otra manera, como ya lo hemos visto en el capitulo anterior. Cuando llegó René á Figueras, en donde encontró á su amo hospedado en una fonda, pasando por un rico comerciante de ganado, el bandido no se hallaba en casa. René, que era astuta, desconfiada y celosa, se informó con mucho disimulo por medio de las criadas sobre la conducta que su amo observaba durante su ausencia, que habia sido de quince dias en vez de los ocho que su amo le habia señalado, porque la taimada habia querido ver el desenlace de la prision de Ernesto, á fin de poder ser más útil á su querido Borraco. Desgraciadamente para éste, supo que su amo andaba en amores con una bailarina alojada en la misma fonda, á la que obsequiaba y regalaba pródigamente. Los celos más terribles se apoderaron de aquella alma fea y asquerosa, y juró vengarse. Borraco llegó dos horas despues, con la bailarina del brazo. Era esta jóven y hermosa, y esto acabó de exasperar á la mulata. Borraco no podia,

ni queria desprenderse de René por muchas razones: primeramente porque la mulata era la depositaria y cómplice de todos sus crímenes, de todos sus secretos y de todos sus planes. Luego, como ya lo hemos dicho, Borraco en el fondo era un cobarde: René una mujer de un valor á toda prueba. De ello tenia pruebas inequívocas el bandido, pues en defensa suya la habia visto luchar cuerpo á cuerpo con un salteador de los más esforzados y lo habia rendido. Finalmente, Borraco habia tocado la imposibilidad de hallar almas tan corrompidas é infames como la suya, y tambien sentia la imperiosa necesidad de un cómplice y ausiliar, ya que no podian ser muchos. Por otra parte, realmente sentia una pasion amorosa por la bailarina, y como sondeando el corazon de esta niña, pues solo contaba diez y siete años, lo habia encontrado cándido y sencillo, habia formado un plan vasto que conciliase todos los estremos. Todo tal vez hubiera salido á medida de sus deseos, si René no hubiese sido desconfiada, ó las criadas de la fonda hubiesen sido ménos habladoras. Pero como Borraco no podia presumir lo que habia pasado, así es, que recibió á la mulata en conformidad á su plan. La estrechó en sus brazos así que estuvieron solos, y la participó como en adelante viviria en compañia de ambos una hermana suya de 17 años, que él habia resuelto salvarla de los escollos del teatro.

—Porque, al fin, decia, alguna obra buena hemos de hacer en espiacion de las muchas malas que dejamos hechas. Por otra parte, somos ricos, y nos será poco costoso mantener á mi hermana. ¿Quién sabe si más tarde nos podrá ser útil?...

La rencorosa y vengativa René fingió que creia cuanto le decia Borraco, y á su vez formó en su interior su terrible plan de venganza.

—Mucho me alegro, querido mio, de que tengamos en nuestra compañia á vuestra hermana; yo procuraré amarla como amo al hermano. Pero ¿cuál es el plan que habeis formado?

—No me es posible entrar en Francia con un pasaporte falsificado, y por lo tanto espero que dos personas honradas de la poblacion con quienes he contraido relaciones de amistad y comercio, me abonen para sacar mi pasaporte en regla. Despues nos trasladaremos á Francia, y nos estableceremos en una casa de campo que compraré, y D. Francisco Bofill, pues este es ahora mi nombre, será un rico comerciante de ganado. Ya sabes que tenemos dinero para todo; por otra parte Ernesto me debe una cuenta atrasada de mucha consideracion, cuyo saldo le pediremos desde Francia. Ya ves si estaremos bien; solo debo advertirte que respecto á mi hermana, representarás el papel de una servidora de toda confianza y á quien yo aprecio mucho.

—Todo esto me está muy bien, contestó la mulata, amostazada por las últimas palabras de Borraco, en virtud de las cuales se la condenaba á servir de criada de su aborrecida rival, pero por lo visto, tú has echado tus cuentas sin contar con la huéspeda.

—¿Y quién es esta huéspeda?

—Son las ESCUADRAS.

Al oir este solo nombre Borraco se estremeció; René sabia muy bien el miedo cerval que los *mozos* infundian al cobarde bandido.

—Pues ¿qué tenemos, René? ¿qué ha sucedido?

—Cosas grandes: primeramente tu deudor Ernesto, es insolvente, puesto que en la cárcel lo dejé poco ménos que condenado á muerte.

—¿Qué dices?

—Juan Mas tambien gime en las cárceles de Valls.

—¡Santo cielo!...

—Tu casa ha sido allanada por los *mozos*, los cuales, en virtud de las revelaciones de los dos presos, á estas horas te están dando caza con el instinto que les distingue.

—Estoy perdido!!...

—Asi lo temo porque ahora ya no podemos pasar la frontera ni con todos los pasaportes del mundo. Bonito es el comandante de los *mozos* para no haber cerrado esta salida!

—¿Qué harémos, pues, mi querida René? ¿como nos salvaremos? Y diciendo esto, aquel hombre perverso temblaba como un niño. Era un cobarde en toda la estension de la palabra.

—No veo más que un medio de salvacion.

—¿Cuál?

—Mira, ya sabes que he vivido muchos años escondida en los montes del Pirineo, asi es, que conozco todos sus escondrijos y sendas más escusadas. Allí nos retiraremos por de pronto. Entre tanto irá calmando el chubasco, y más tarde nos será fácil penetrar en el vecino reino por uno de los muchos puntos lindantes con España.

—¡Eres mi angel salvador!

—Pero no sé si tu hermana podrá seguirnos por entre aquellos precipicios, ni si es bastante robusta para soportar la vida azarosa de dos criminales que huyen de los *mozos*.

—¡Oh! no, dijo Borraco con verdaderas señales de disgusto y pesar que no pasaron desapercibidos á la celosa mulata, mi hermana se quedará aquí.

—La ama mucho, dijo la mulata interiormente, pero yo me vengaré.

—Creo, amigo mio, que deberíamos partir ahora mismo.

—Imposible, necesito tres horas de tiempo.

—¿Para qué?

—Para verme con los dos comerciantes que te he dicho antes, puesto que tenia ya una partida entregada para el negocio, y la quiero retirar.

—Está bien, contestó Rene, entre tanto yo descansaré, pues estoy rendida de sueño y de cansancio. Y diciendo esto se echó sobre un catre que habia en el cuarto, y un momento despues roncaba con la mayor calma.

—Dichosa René! decia Borraco, mirando á su amante. Ella no conoce el miedo; creo que dormiria tranquila al pié de la misma horca. Pero la otra.....

René que no dormia, apesar de sus fingidos ronquidos, no pudo oir nada más, porque Borraco habia salido del cuarto. Eran ya cerca las once de la noche. Todo el mundo dormia en la fonda. René se levantó, mató la luz, se quitó los zapatos, y con el puñal en la mano se dirigió con mucho sigilo al cuarto de la bailarina. Se paró delante de la puerta: habia oído hablar, y aun habia reconocido la voz de Borraco. «No me he engañado, dijo entre si, lo de los dos comerciantes ha sido un pretesto. Mucho debe amarla, cuando él, tan cobarde, se detiene solo por verla, despues de lo que yo le he dicho.» Y los blancos dientes de aquel negro rostro rechinaban choncando unos contra otros. Si hubiese sido blanca y hermosa se hubiera podido confundir con Medea entrando en la estancia de su rival puñal en mano.

—Hablan, dijo, escuchemos pues. La consuela... le promete que más tarde se juntarán para no separarse

más... le dá dinero... ¡Infames!... ahora se burlan de mi fealdad... Ella le hace prometer que me despedirá, pues la repugna mi persona... Ya no hablan... ¡Oh infamia! Pero si entro, tal vez tendrán tiempo de pedir socorro y se me escaparán... Volvámonos.

Y aquella furia infernal regresó á su cuarto. Allí contó uno á uno los minutos y horas que Borraco permaneció en brazos de su preferida rival: aquella mujer voluptuosa y lasciva apuró allí el caliz de los celos más espantosos hasta sus heces.

—Solo ha pedido tres horas, decia, y han pasado cuatro, y aun no se acuerda de que yo le estoy esperando. ¡Qué dichoso será en los brazos de esa mujer preferida, cuando ni siquiera se acuerda de que los *mozos* le buscan por todas partes!...

En esto oyó pasos lejanos, se echó en su catre y volvió á roncar.

—Aun duerme, decia Borraco contemplándola de nuevo. Realmente es muy mulata, ó mejor dicho, negra. Luego la dispertó llamándola varias veces y moviéndola.

—¿Qué hora es? preguntó René.

—Es tarde ya ; me ha costado mucho recuperar mi dinero.

—Lo creo, dijo negligentemente René, y se levantó en el mismo instante.

Un momento despues estos dos séres criminales salian de la posada y de la villa, y se internaban por las sendas más escabrosas é intransitables. René conducia á su víctima hácia el lugar do debia consumarse su sacrificio, pero sacrificio espantoso y terrible, porque la mulata habia jurado matarle, pero antes tenia resuelto martirizarle cruelmente. Era de aquella raza vengativa y cruel que goza en los sufrimientos y dolores más atroces de sus víctimas. Entre tanto, los *mozos*, como habia supuesto René, cazaban al bandido Borraco con la actividad y constancia caracteristica de las ESCUADRAS. La misma figura de René les habia servido de faro. Sus confidentes la habian visto pasar, es decir, habian visto pasar una mujer mulata tal como la que buscaban los *mozos*, sin saber quien era. Pero dos horas antes de llegar á Figueras habian perdido sus huellas. Mas al dia siguiente supieron que la mulata habia salido de la villa en compañía de un hombre, que por las señas creyeron que era el mismo Borraco. Desde aquel momento comenzaron su caza por la parte que se les indicó por sus confidentes, pero sin el menor resultado. Rene habia dicho la verdad: conocia todos aquellos lugares palmo á palmo. Era por otra parte tan astuta que no dejaba la menor huella tras si; asi es, que solo la constancia de los *mozos* podia sostenerles para continuar en su fatigosa tarea. Al cuarto dia dos *mozos*, de los diez y seis de la partida, encontraron á una mujer dormida al pié de un árbol. Era René, que rendida de cansancio y fatiga, se habia quedado dormida en lo más oscuro y desierto de un bosque. La dispertaron, y al descubrir su rostro, reconocieron á la cómplice de Borraco. Por medio del silbato llamaron al cabo de la partida Janer y á los demás *mozos*. El cabo comenzó su interrogatorio; pero Rene negó que hubiese estado con Borraco, despues que aquel se marchó de Falset, y añadió, que si ella habia vivido con Borraco algun tiempo, habia sido en clase de criada, ignorando siempre que fuese criminal.

—Era un médico, decia, que me tomo para servirle y nada más.

—Mira, mulata, le dijo el cabo, yo lo sé todo. Sé que has sido su cómplice, su encubridora, su confidente. Por consiguiente si no nos dices donde está, ahora mismo mando ahorcarte de este árbol.

—Y si yo os lo entrego vivo ó muerto, ¿qué me prometeis?

—La vida y tal vez la libertad.

—Seguidme.

Y diciendo esto condujo á los *mozos* por unas sendas tan peligrosas é intrincadas, que solo ella y los *mozos* podian recorrer sin inminente peligro de estrellarse. Al fin llegaron á una especie de cueva, donde encontraron un monton de miembros humanos. René comenzó á colocar aquellos miembros por órden y formó una figura humana la más repugnante y espantosa. El cabo y los *mozos* solo despues de mucho exámen y atencion pudieron reconocer en aquel mutilado cuerpo al desventurado Borraco.

—¿Y quién le ha asesinado con tanta crueldad?

—Yo; contestó René.

—¿Por qué?

—Porque supe que era un malvado.

—No; eso no puede ser... tú le has asesinado para vengarte de algun agravio, porque solo asi se esplica el que te cebases en hacerle sufrir tanto. Dime la verdad, ó sinó mando castigarte.

—Pues os la diré. Lo he mutilado asi, porque me era infiel.

René contó la historia de sus celos que ya saben nuestros lectores. Solo debemos añadir que, segun confesion de la mulata, el suplicio de Borraco duró dos dias y dos noches. Comenzó clavándole alfileres

entre las uñas de los piés y las manos, siguió mutilando los miembros de su cuerpo con la más refinada barbaridad, y acabó dejando su cuerpo tal como los *mozos* lo encontraron. Asi Dios, que muchas veces se vale de los instrumentos mismos de la maldad para castigar al malvado, castigó á Borraco, al bandido más vil, hipócrita y cobarde tal vez, de cuantos se han conocido.

El cabo de los *mozos* dió cuenta á su comandante de aquel acontecimiento en los términos siguientes:

«Señor: en cumplimiento de mi deber, le parti»cipo como el infame Borraco ha sido cruelmente »asesinado por la mulata que le servia de criada, »pero que segun ella confiesa, era su amante. Nos »ha dicho que le habia muerto por celos, y con »este motivo nos ha contado un cuento que nos ha »divertido mucho y que como es algo largo no lo »pongo en este papel, pero ya lo contaré á V. en con»versacion cuando venga el caso. Nosotros hemos »visto el mutilado cadáver de Borraco y lo hémos »enterrado. La mulata está con nosotros, pues no la »quiero poner en libertad, por ser persona muy te»mible por su barbaridad é infamia. La hemos ocu»pado mil onzas en oro, negándonos que tuviese »más. Si V. no dispone lo contrario, pienso en»tregar á la mulata y el dinero al baile de Olot, de »cuyo punto distamos unas diez horas, para que la »justicia obre como sea más en razon. Tambien, »si V. no dispone lo contrario, pienso proseguir »mis pesquisas por estos montes, donde presumo »que están escondidos otros malvados.» (Documentos oficiales).

Tal fué el fin trágico de Borraco y sus cómplices, realizándose en él como en todos ellos, el adagio de *quien mal anda, mal acaba.* Realmente, en lo mucho que hemos visto y examinado en la materia que nos ocupa, podemos asegurar á nuestros lectores que, ni á uno solo de los bandidos, escepto los que, como Claudio, se han convertido en hombres de bien, ni á uno solo, repetimos, hemos visto acabar bien. Todos han tenido un fin más ó ménos desastroso, sin que ninguno haya dejado de esperimentar ya en esta vida, el justo castigo de sus delitos.

VIII.

ESTERMINIO DE LAS CUADRILLAS DE BANDIDOS QUE INFESTABAN EL CORREGIMIENTO DE VILLAFRANCA.

Nuestros lectores recordarán que al comenzar la historia de Borraco, dejamos á los bandidos reunidos en número de doscientos en el lugar de Terrasola, celebrando una reunion para nombrar capitanes. Tambien recordarán que aquella reunion degeneró en orgia y borrachera, de modo que hasta habia bandidos que pedian que se les ahorcase. Despues que Borraco y Ernesto se separaron, el Tuerto logró restablecer el órden entre aquella multitud de fieras, y se verificó el nombramiento de jefes y la formacion de cuadrillas que era el objeto de aquella convocatoria. El comandante de los *mozos* supo luego todo lo que habia sucedido en aquella reunion, y ya hemos visto, como á su vez, dispuso que tres partidas de los suyos, se ocupasen en la persecucion y esterminio de la canalla. Asi se hizo, pero como los' bandidos eran en número tres veces mayor que el de los *mozos*, y por otra parte, tenian á su favor el país, puesto que todos aquellos lugares y justicias, amedrentados los unos, atraidos los otros por el cebo de las recompensas pecuniarias con que los bandidos pagaban las confidencias, sucedia que unos y otros servian á los bandidos engañando vilmente á los *mozos*. No por esto esos valientes dejaban de cumplir con su deber, antes al contrario, haciendo prodigios de valor, sostenian con gloria aquella lucha de jigantes, en que se batian todos los dias con un número de enemigos tres veces mayor que el suyo. Ya hemos visto antes que para castigar á los pueblos encubridores de los malvados, se habia dispuesto el que la contribucion para la manutencion y equipo de los *mozos* fuese repartida entre ellos con esclusion de los demás, pero esta medida no habia producido todo el efecto que se habia propuesto el comandante, como así se lo hizo notar D. Jaime Llisach, quien, como ya sabemos, tenia el mando superior de las tres partidas de *mozos* que ocupaban el distrito ó corregimiento de Villafranca.

«El país, decia en una de sus comunicaciones al »comandante, está que *quema* de bandidos y encu- »bridores, porque hasta las mujeres y los niños se »niegan á decirnos la verdad, siendo así que se la di- »cen á los malvados, de modo que todos nuestros »movimientos son espiados, nuestros pasos seguidos »y nuestras intenciones delatadas á la canalla.

»Todos los dias nos batimos con ellos dos y tres ve- »ces, pero siempre que nos hacen cara es porque son »tres veces más que nosotros. Casi todos los dias con- »sumimos los 20 cartuchos que lleva cada *mozo*, »porque á veces el fuego dura dos ó tres horas. No »pasa un dia en que no matemos malvados y en que »no hagamos algun prisionero, pero esto no es bas- »tante.

»Es menester adoptar otras medidas severas contra »los pueblos encubridores: es menester aumentar »nuestras fuerzas y ahorcar en el acto á todos los »bandidos cogidos en vez de entregarlos á los tribu- »nales que, juzgándolos con demasiada clemencia, se »contentan con mandarlos á presidio casi siempre » (Documentos oficiales).

Por su parte, el comandante de los *mozos* deseaba poner fin á los desmanes de las cuadrillas de canalla á que se refiere la comunicacion anterior y otras muchas que tenia á la vista. Todo su contenido se reducia á probar la urgente necesidad de adoptar medidas sérias. Asi es que en la época á que nos referimos (1744), el comandante, libre ya del encargo de formar las compañias de fusileros de la montaña de que ya nos hemos ocupado en otro lugar, trazó su plan de campaña y tomó sus medidas para concluir de una vez con la canalla. Investido por el Excmo. señor Capitan General de facultades estraordinarias para obrar con toda independencia, segun su prudencia y la necesidad de las circunstancias, pasó él mismo con cincuenta *mozos* al teatro de los acontecimientos. Ya entonces las Escuadras constaban de doscientos *mozos*. Esto, como hemos dicho, era en el año 1744. Veciana publicó un mando cuyos artículos más importantes decian así:

«1.º Todos los vecinos, pueblos, lugares y justi- »cias que no den parte á los *mozos* de los movimien- »tos de los bandidos, serán juzgados y se les impon- »drá una multa segun la gravedad é importancia del »caso, y los que no pudieran pagar, serán condena- »dos á presidio. 2.º Los que sirven de confidente de »oficio á los bandidos serán ahorcados. 3.º Los que, »no siendo confidentes de los bandidos, se pruebe que »les han dado algun aviso, serán condenados á pre- »sidio. 4.º Los que den los avisos convenientes á los »*mozos*, serán retribuidos en más ó ménos, segun »fuese la importancia del aviso ó confidencia. 5.º Las »casas de campo en donde se cobijaren los bandidos, »cuyos dueños no den parte, aviso ú noticia, serán »tapiadas y los dueños ó habitantes juzgados por los »tribunales competentes. » (Documentos oficiales).

Este bando que se publicó y circuló por todo aquel corregimiento, iba acompañado de unas instrucciones reservadas comunicadas á los *mozos*, que decian así:

«Los cabos, sub-cabos y *mozos*, deben procurar »evitar de todos modos el que debe aplicarse á los »pueblos y moradores del corregimiento de Villafran- »ca, ninguna de las penas con que se les conmina en »mi bando. A los que en ellos incurrieran, les harán »entender que por la primera vez se les disimula, »porque se les aprecia y estima, pero que se guarden »de incurrir en otra infraccion del bando. Ya saben »los *mozos* que el gran secreto de nuestro cuerpo »consiste en las confidencias, y por consiguiente, de- »be procurarse de todos modos grangearse la amistad

»y confianza de todos, pues de esta, y solo de esta, »nacen los verdaderos confidentes. Las confidencias »que se adquieren por medio del terror, solo son de »momento, y cuando no hay medio de burlar el cas- »tigo. Como hay tantos medios para burlar los casti- »gos, por esto, las confidencias adquiridas por el mie- »do que este causa, son las más ineficacesé ilusorias. Las »ESCUADRAS deben procurarse siempre la amistad y »confianza de todas las gentes de bien, y como el cas- »tigo retrae á los castigados, por esto, solo en último »estremo deben echar mano de este recurso. No con- »fundiendo nunca al malvado con el hombre de bien »que, ó por miedo, ó por debilidad falta á los *mozos* »sirviendo á los bandidos, deben las ESCUADRAS tratar »á las gentes de bien con suma dulzura y clemencia »aun en los casos en que faltaren. Pero si el que fal- »tare se supiera que es un malvado de oficio, debe- »rán aplicarle el castigo sin ninguna clase de contem- »placion ni miramiento. A medida que los *mozos* »vayan adquiriendo amigos, darán noticia á sus res- »pectivos cabos y sub-cabos del nombre y apellido »de éstos, del punto de su residencia, su oficio ó »carrera. Los cabos y sub-cabos llevarán un registro »de todo esto, que conservarán en su poder, man- »dando una copia literal á la comandancia para ser »continuada en el libro reservado de las confiden- »cias.» (Documentos reservados de aquella fecha).

Este libro era un documento curiosísimo y tal vez único en su clase. Formaba una especie de prontua- rio, un diccionario, digámoslo así, para saber á quien dirigirse á fin de enterarse con exactitud de cualquier hecho sucedido en el último rincon de Cataluña. El eminente fundador del cuerpo, cuya historia escribi- mos, comenzó sus primeras páginas, pero como en aquellos tiempos los bandidos tenian tanto poder y medios de vengarse de sus delatores, el prudente fun- dador y sus sucesores inmediatos, escribian sus apun- tes por medio de caractéres convencionales que sola- mente ellos y las personas por ellos iniciadas, podian entender, á fin de que así sus confidentes estuviesen más seguros. Las partidas de los *mozos* solo tenian noticia verbal de los confidentes que existian en la demarcacion del terreno que debian recorrer. La sín- tesis completa de aquel ingenioso sistema, solo esta- ba en poder del comandante. Despues de la publica- cion del bando, y cuando estuvieron instruidos los *mozos* en el contenido de las intrucciones reservadas, el comandante desarrolló su plan de campaña. Con- sistió éste en dividir los *mozos* en partidas de unos quince hombres cada una con las instrucciones con- venientes sobre el itinerario que debia seguir, y los puntos en que unas partidas debian reunirse con otras. En virtud de este itinerario, sucedió que á los dos dias, los *mozos* se colocaron á retaguardia de los ban- didos, teniendo los montes y bosques á sus espaldas. Entonces Veciana con cincuenta *mozos* atacó á los ladrones esparcidos por las llanuras entre San Quin- tin de Mediona, San Pedro de Riu-de-bitllas y demás lugares cercanos. Los bandidos, que eran en número tres veces mayor que los *mozos* que los atacaban, co-

menzaron su resistencia tenaz y constante, ignorando siempre que tuviesen cortada su retirada hácia los montes. Entretanto un refuerzo de unos cuarenta *mozos* que Veciana habia situado en Capellades, vino, segun sus instrucciones, al ausilio del comandante. Desde este momento los bandidos emprendieron su retirada con mucho órden y defendiéndose siempre con constancia. Los *mozos* continuaban atacándoles, pero sin precipitarse ni precipitarlos. Tres horas lar- gas duró aquella retirada, hasta que, llegados los ban- didos á la falda de los montes y bosques, se vieron repentinamente atacados por la espalda. Entonces los que solo les habian picado en su retirada, se lanzan contra ellos marchando á su frente el valiente co- mandante, quien, no se detiene apesar de una herida bastante grave que recibe en la cabeza. Desde este momento, los bandidos, perdida su serenidad, se dis- persan y procuran salvarse, pero los *mozos* les ata- can á la bayoneta, y hacen en ellos una espantosa carnicería. Allí murió el viejo y valiente Tuerto, re- negando y blasfemando hasta sus últimos momentos. Seneco y el Maestro tambien acabaron su existencia criminal y manchada con tantas maldades. Unos cin- cuenta bandidos más quedaron en poder de los *mozos* entre muertos, heridos y prisioneros, y estos últimos fueron ahorcados despues en distintos puntos y luga- res para escarmiento y terror de los demás y sus en- cubridores. El comandante dió parte al dia siguiente al Excmo. Sr. Capitan General, del glorioso resul- tado de aquella jornada. En él le daba cuenta del plan de campaña que ya hemos mencionado y concluia con estas palabras:

«Por lo demás, tengo la satisfaccion de decir á »V. E. que desde hoy quedan esterminadas esas nu- »merosas cuadrillas de malvados que tantos robos y »crímenes han cometido, y con las medidas que »tengo tomadas y el estado de perfeccion en que se »halla el sistema de las confidencias, puedo asegu- »rar á V. E. que en adelante será muy difícil sino »imposible el que se organicen de nuevo otras cua- »drillas numerosas. No por esto faltarán ladrones y »canalla que en partidas de cuatro ó cinco, robarán »por los caminos y casas aisladas, pero puede V. E. »estar seguro que estos malvados serán perseguidos »con una constancia y acierto que les precisará á »vivir como las fieras en el desierto. Ocho *mozos* »entre muertos y heridos han quedado fuera de com- »bate, y entre estos últimos debe comprenderse al »servidor de V. E. que ha sido herido en la cabeza. »A dos *mozos* que se han distinguido mucho en el »acto del combate, luchando cuerpo á cuerpo con »los formidables Guardiola y el Maestro de Bellvehi, »les he dado una recompensa de cien reales. Tam- »bien he premiado al sub-cabo Mialet, por su arrojo »y valentía durante el combate, dándole licencia »para casarse y un mes de permiso para pasar á ce- »lebrar sus bodas conforme me lo ha pedido cuando »le he dicho que solicitase una gracia, con tanta »más razon, cuanto podia haberme pedido cosa de »más importancia.» (Documentos oficiales).

IX.

LOS MOZOS MODIFICAN SU SISTEMA.

Por lo demás, el comandante habia acertado al decir en la comunicacion anterior que los bandidos en adelante solo atacarian á los viajeros y casas aisladas en número de cuatro ó cinco, pues así realmente sucedió. Con este motivo las Escuadras volvieron tambien á su antiguo método de division en partidas de cuatro *mozos* y un cabo, como se dice vulgarmente, aunque muchas veces no eran cabos, sino sub-cabos, ó *mozos* los que hacian las veces de tales, y mandaban aquellas partidas. Desde esta época comienzan las emboscadas de los *mozos* en las escabrosidades de los caminos, sus paradas, sus disfraces de pastores apacentando sus rebaños, de tragineros dirigiendo sus mulos ú otras caballerías, y otras mil sutilezas con el objeto de sorprender á los malvados. Sin el ausilio de esos medios, los bandidos hubiesen burlado casi siempre á los *mozos*, porque en aquella época apenas habia una sola carretera, los caminos provinciales atravesaban por medio de los bosques sombrios, y entre cerros y barrancos los más á propósito para robos y asesinatos. Apenas habia medios de comunicacion, más que un correo semanal entre la capital y las poblaciones de primer órden, pero los conductores de estos correos debian pasar por los mismos lugares peligrosos que los viajeros, de modo, que la mayor parte de los dias eran robados, detenidos y hasta asesinados por los mismos ladrones. Estos salian contra los viajeros y transeuntes, en los parajes más disimulados del camino, pero escogian lugares que fuesen dominados por algun monte ó altura, en la cual se colocaba uno de los suyos, vigilando por todos lados, de modo que sus compañeros pudiesen ser avisados con una hora de anticipacion de cualquier novedad que ocurriese en más de una hora de distancia hácia todos lados. A los viajeros que transitaban todos los dias, les exigian un tributo por cada caballería, á los demás todo cuanto llevaban y aun á veces los hacian prisioneros para exigirles rescate. Lo tenian organizado de tal manera, que el viajero podia estar seguro de que seria robado por el camino, y segun el viaje podia contar que lo seria más de una vez. Los que sueñan continuamente con las ollas de Egipto, y se lamentan echando de ménos aquellos tiempos que ya pasaron, deberian recordar estas cosas que por cierto hacen formar una triste idea de las épocas que tanto alaban. Los adelantos de la civilizacion y de la aplicacion de las ciencias, tales como el vapor y los telégrafos; las carreteras generales y las provinciales, acabaron con la posibilidad de los abusos que tantos disgustos causaban á nuestros abuelos. Se dirá que en cambio nos han regalado con otros males, pero nosotros no vemos punto de comparacion con aquellos. Tampoco faltará quien se nos burle de los progresos de la civilizacion, echándonos en cara que apesar de ella, las naciones se baten bárbaramente las unas contra las otras; y en corroboracion de esto, nos citarán tal vez la guerra de Italia, que tan absorvida tiene la atencion general en el momento en que escribimos estas líneas (1). Pero nosotros

les responderemos: ¿acaso no habia guerras en tiempo de nuestros antepasados? ¿Cuánta sangre no se ha derramado por motivos mucho más frívolos que las causas que han dado lugar á la última guerra de la Francia y la Inglaterra contra la Rusia, y á la actual del Piamonte y la misma Francia contra el Austria? (1). De todos modos, no se nos puede negar que, acortadas las inmensas distancias que antes tenian separadas las unas naciones de las otras, y aumentada la poblacion, merced á la tolerancia y á los progresos materiales, es indudable que los antiguos ódios y rencores entre los pueblos y las naciones son hoy dia casi imposibles. Así es que, aun en el desgraciado caso de una guerra, nos anima siempre la fundada esperanza de que esta no puede ser duradera, porque las naciones son hoy dia como los vecinos, que pueden reñir, sí, pero que deben hacer pronto las paces porque han de vivir con un solo tabique de por medio. Desengañémonos; no es prudente levantar el velo que encubre las generaciones pasadas, para reprender y argüir contra la actual, porque si lo hacemos, quedarán de manifiesto sus liviandades, sus torpezas, sus crímenes, sus miserias, que solo producirán el efecto de escandalizar más y más á los que viven en nuestra época. Pero volviendo á nuestra historia, diremos que las Escuadras, que han debido y han sabido cambiar de táctica y método siempre que los bandidos han cambiado tambien de sistema, en la época á que nos referimos, adoptaron un sistema adecuado al de los bandidos. Ya hemos visto lo que hacian aquellos, ahora veremos como se gobernaban los *mozos*. El dia 16 de noviembre del año 1754, á las dos de la tarde, salian de la villa de Valls unas cuarenta acémilas, entre mulos, caballos y burros, casi todos vacios, y se dirigian hácia Lérida por la carretera que en aquel entonces era un camino intransitable. Cuatro hombres vestidos de tragineros guiaban aquellas caballerías, que aquel mismo dia muy temprano habian entrado en Valls cargadas de trigo que habian vendido aquel mismo dia, que lo era de mercado. Tras estos y á poca distancia los unos de los otros, venian otros tragineros guiando sus caballerías, vacias tambien como las anteriores. A unas dos horas de Valls, siguiendo aquel camino, se llega á un punto llamado Coll de Lilla. Consiste este en una elevadisima montaña escarpada por la parte que mira hácia Valls, lo mismo que por la que corresponde al lado de Montblanch. Por allí debian pasar los tragineros, y allí debian indispensablemente ser robados, porque aquel punto era ocupado siempre por los bandidos, por la seguridad que les ofrecia, pues lo dominaba todo á tres leguas de distancia. Efectivamente, así que al tal punto llegaron los tragineros, oyeron ya la voz de alto, acompañada de una sacrilega blasfemia. En seguida se les mandó que se pusiesen *boca á tierra*, es decir, echados horizontalmente con el rostro apoyado en el suelo. En esta posicion estaban aquellos esperando las órdenes

---

(1) En 1.° de junio de 1859.

(1) No se crea por esto que nosotros seamos partidarios de aquellas guerras.

de los bandidos, pero éstos, que habian visto ya á los demás esperaban que estuviesen alli todos para salir del paso de una sola vez. Al cabo de media hora fueron llegando los otros tragineros en número de tres á la vez. ¡Alto! les dicen, pero ellos contestan que no se quieren detener. Los bandidos, que no estaban acostumbrados á réplicas, se lanzan furiosos contra ellos, pero estos, arrojando sus mantas, sacan sus carabinas y las apuntan contra los bandidos. No se amedrentan por esto los malvados, puesto que eran en número de ocho, armados con trabucos y puñales. Se detienen sin embargo, y por una maniobra verificada por parte de los tragineros, queda la canalla entre ellos y los que estaban echados, dando á estos las espaldas. Entonces los que hacia media hora besaban la tierra, se levantan, y puñal en mano se arrojan sobre los bandidos, antes qne estos hubiesen podido sospechar aquel movimiento. Cuatro *ayes* dolorosos resonaron en aquel mismo momento; eran cuatro bandidos que caian mortalmente heridos por los tragineros.

—¡Son los *mozos!!*... esclaman los demás y se precipitan, por aquellos despeñaderos.

Pero los *mozos*, pues realmente lo eran aquellos hombres disfrazados de tragineros, se lanzaron á su vez tras la canalla, y pronto aquellos montes resonaron con otros *ayes*, de otros tantos bandidos que caian muertos.

Hé ahi el parte oficial en que se daba cuenta de este hecho: «Excmo. Señor: ayer los *mozos*, cum- »pliendo con su deber, mataron al facineroso Negret, »que con los siete que componian su cuadrilla, ocu- »paba constantemente el Coll de Lilla, para robar á »cuantos pasaban por alli que son muchos. Uno solo »de los ocho ha podido escapar con vida, pues los »siete restantes murieron á manos de los *mozos* que »disfrazados de tragineros, los pudieron sorprender »y armar una lucha cuerpo á cuerpo. Como ya se lo »manifesté á V. E. los bandidos han cambiado de sis- »tema, de modo que ahora para que los pasajeros »pudiesen circular con seguridad, seria preciso el que »todos los puntos peligrosos de todos los caminos, »fuesen ocupados por los *mozos*, pero como estos »son en tan grandisimo número, y las ESCUADRAS »son tan poco numerosas, así es, que es imposi- »ble el que puedan cubrir todos los puntos y aten- »der á todo, apesar de que ni ellos ni yo descansa- »mos un solo momento. En cuanto á los destacamen- »tos de tropa que V. E. últimamente ha hecho co- »locar en varios puntos, creo que ya V. E. se habrá »convencido de la ineficacia de sus servicios respec- »to á la persecucion de los bandidos. Son estos de- »masiado astutos, ven demasiado de léjos y conocen »muy bien el terreno palmo á palmo para dejarse »sorprender por los soldados. V. E. sin embargo, »dispondrá lo que mejor le parezca.

»Valls etc.» (Documentos oficiales).

El Capitan General contestó á esta comunicacion con una carta dirigida al comandante fecha 16 de diciembre del mismo año 1751, en que le decia entre otras cosas:

«Realmente me he convencido de que la tropa no »sirve para la persecucion de los malvados (1) de »modo que he consultado con el gobierno superior »sobre el aumento de las ESCUADRAS cuyos servicios »se hacen cada dia más necesarios é importantes. Casi »en todos los paises del mundo hay fuerzas especia- »les para perseguir á los malvados, pero la necesidad »de esas fuerzas se hace sentir más en Cataluña por »sus casi no interrumpidos bosques y montañas, por »las costumbres y dialecto particular de sus habitan- »tes, y mil otras circunstancias especiales del prin- »cipado. Así se lo he manifestado á S. M., al encare- »cerle la necesidad de que se aumenten las ESCUADRAS, »pues no hay ni creo podrá haber otra fuerza que »pueda sustituir á la de los *mozos*, respecto al obje- »to ya indicado (1).»

En otra comunicacion oficial de la propia fecha, el Excmo. Sr. Capitan General aprueba la reforma propuesta por Veciana, respecto el uniforme de los *mozos*. Hasta entonces este habia consistido en sombrero de tres picos de copa achatada, chaqueta y chaleco encarnados con botones llamados de casca- bel, calzon corto rayado, medias conocidas con el nombre de calcillas y alpargatas. Por la reforma que acabamos de indicar, se sustituia al sombrero de *grasol*, el sombrero que se usa hoy dia, y se creaba el caracteristico capote que todos conocemos. El armamento casi siempre ha sido igual al de hoy escepto que los antiguos llevaban dos pistolas colocadas á cada uno de los lados de la canana; y los más antiguos, esto es, anteriores al año 1695, usaban escopetas en vez de carabinas. Entre tanto D. Pedro Martir Veciana habia llegado ya á la edad de 75 años. Su carrera, llena de méritos y gloria, le habia grangeado el aprecio y estimacion de todos, incluso el mismo monarca, y sin embargo, ese hombre, ese honrado patricio dos años antes de morir, solicitaba la efectividad de capitan de infanteria, despues de haber disfrutado el grado cerca de 35 años. El Capitan General, al remitir la instancia al gobierno superior, hizo una reseña de los méritos y servicios del comandante de los *mozos*, cada uno de los cuales, en nuestros dias, hubiera valido un ascenso á su autor. ¡Qué diferencia de tiempos y de costumbres! Entonces, realmente, los ascensos militares decian mucho en favor de los que los obtenian, y por esto en los pueblos y ciudades era tan considerado como un simple subte- niente del ejército. En el dia las cosas han cambiado: la prodigalidad ha muerto enteramente la importan- cia de los grados á los ojos de todo el público. Acaba- mos de decir que el comandante de las ESCUADRAS habia llegado á la edad de 75 años, y por lo mismo al término de su gloriosa carrera. Apesar de esto, el ro- busto comandante continuaba impávido al frente del cuerpo, dirigiendo en persona muchas de sus arries- gadas y fatigosas empresas. Tanto él como su padre, partian del principio de que el mejor de los manda- tos y consejos en las proezas de valor es el ejem- plo, asi es, que habian sido siempre los prime- ros en atacar y los últimos en retirarse del com- bate.

---

(1). En el decurso de esta historia veremos como mas tarde se convencieron de lo mismo otros Capitanes Generales, entre ellos el Excmo. Sr. conde de Peracamps, quien así lo manifestó al Gobierno con fecha 1ª de mayo de 1812: y el mismo regente del reino, duque de la Victoria, conforme lo consignó al decretar el aumento de las ESCUADRAS en 21 de mayo del propio año 1812, como consta por los documentos oficiales de aquella época.

(1) Posteriormente en un documento oficial que tenemos á la vista, y que publicaremos en su lugar, veran nuestros lectores reproducida esta misma opinion en nuestros dias, pues dicho documento lleva la fecha de 1851, en que ya existian otros cuer- pos creados al propio objeto, entre ellos la benemerita Guardia civil.

X.

MUERE D. PEDRO MARTIR VECIANA Y LE SUCEDE SU HIJO D. FELIPE EN EL MANDO DE LAS ESCUADRAS.

El estimado y valiente comandante de las Escuadras murió en el año 1760, como buen cristiano, despues de haber recibido con sumo fervor y devocion los ausilios de la Iglesia. De este si que puede decirse con razon que, tal fué el hijo, cual habia sido su padre. Ambos fueron valientes, probos y honrados, ambos amantes celosos de las Escuadras, que consideraban como una parte de sus propios bienes, y cariñosos amigos de los *mozos*, que consideraban como hijos propios. Tambien puede asegurarse que esta especie de cariño paternal de los comandantes hácia los *mozos*, ha pasado de unos á otros desde el primer comandante y fundador, hasta al que actualmente gobierna las Escuadras. Así es que entre los *mozos* y sus jefes, no reina esa aspereza militar que vemos entre el soldado y su sargento, y sin embargo, los *mozos* profesan una obediencia ciega á sus jefes, sin que para ello sea necesario renunciar á las espansiones de la amistad y franqueza entre ellos y los que los gobiernan. Tal vez se dirá que esto nace de que los comandantes han sido primero *mozos*, pero esto no es una razon suficiente. Tambien el sargento ha sido soldado y muchas veces lo han sido el subteniente y capitan, y sin embargo, no reina en el ejército esa amistad y franqueza. Por otra parte, los cinco primeros comandantes de las Escuadras eran los herederos de la rica casa de Veciana de Valls, es decir, entre ellos y los *mozos* habia una verdadera distincion de clase y categoría, y con todo entre ellos y los *mozos* reinaba la amistad y la franqueza, que, como ya hemos indicado ya, legaron á los demás comandantes. A nuestro ver la causa de esto proviene de que las Escuadras fueron formadas como una especie de familia, cuyo padre primitivo fué el primer comandante y fundador, así es, que, como aquellos hijos eran mayores de edad, y dignos por su comportamiento de las atenciones y deferencias de su padre, éste comenzó á tratarlos como á tales desde su origen. Posteriormente esta familia se ha ido estendiendo y multiplicando mucho, pero esto no ha sido un obstáculo para que haya sabido conservar los lazos de su primitivo parentesco. Por esto D. Pedro Martir Veciana al descender á la tumba de sus mayores, recomendaba á su hijo D. Felipe las Escuadras, así como á él se las habia recomendado su padre.

«Estima á los *mozos*, le decia, como yo y tu abuelo los hemos estimado. Sé celoso de su honra, como de la tuya, porque una mancha que empañara »la honra del cuerpo, mancharía la tuya como á jefe y responsable que serás de una institucion tan »digna y respetable. Mi padre, al morir, me decia, te »dejo las Escuadras, y confío que al legarlas á tu »vez á los hijos que Dios te concediere, se las entre- »garás con más aumento y perfeccion. Así creo que »tengo la gloria de dejártelas. Procura, pues, hijo »mio, que al morir puedas decir lo mismo á tu hijo »Pedro, que apesar de su tierna edad, viste ya el »honroso uniforme de los *mozos*. Tú, como yo, has »nacido ya entre las Escuadras, has pasado ya por »todos sus grados, esto me dispensa de instruirte en »los preceptos y reglas del régimen interior del »cuerpo. Los crímenes y delitos del bandido Borra- »co, de ese malvado de nuevo cuño, que no usaba »del puñal ni del trabuco, que no se batia nunca con »nosotros, que no vivia en los bosques ni cavernas, »sino en el mismo seno de las poblaciones de más ve- »cindario, me han dado mucho que pensar, y en estos »momentos preveo, que á Borraco no le han de fal- »tar imitadores. Procura, pues, estar á la mira so- »bre este punto. Entre mis papeles reservados encon- »trarás un borrador en que me ocupo de esto, apro- »véchate de su contenido, y haz que te sirva de pau- »ta para perfeccionar el sistema de vigilancia que »yo allí dejo bosquejado, respecto esa nueva ca- »nalla.»

En fin, aquel esclarecido patricio murió como buen soldado y buen cristiano, y le sucedió en el mando su hijo D. Felipe. Era este un jóven de hermoso y agradable rostro, afable sonrisa, mirada dulce y penetrante y no tan enjuto de carnes como su padre y abuelo, pues más tarde hasta llegó á ser obeso. Habia heredado de sus antepasados la honradez, el valor y el amor á las Escuadras de su familia, asi es, que los servicios importantes del *cuerpo* no perdieron nada con el cambio de jefe. El Excelentisimo Sr. Capitan General le confirmó en el empleo de comandante, «atendiendo, dice el documento ofi- »cial, á los méritos y servicios especiales de vuestro »padre, y á las relevantes pruebas de valor y aptitud »que habeis dado, en el servicio de las Escuadras á »que os habeis dedicado desde vuestra niñez, vengo »en nombraros comandante de las QUINCE ESCUADRAS »DE MOZOS DEL PRINCIPADO, etc.»

El borrador á que aludia el comandante, no deja de ser un documento importante en su clase. Así lo previmos desde un principio, y por esto consagramos nuestro trabajo en buscarlo en medio de ese inmenso laberinto de papeles, documentos y borradores que nos procuramos antes de emprender nuestras tareas. Por fin, nuestros desvelos fueron coronados, con el hallazgo del siguiente documento, que dice asi:

«Los crímenes y espantosos delitos de Borraco y »sus cómplices, me han dado mucho que pensar, »porque en ellos nada veo de comun con el sistema »y método empleados hasta ahora por los mal- »vados. Bien sé yo que nunca han faltado personas »que más ó ménos interesadas en la muerte de otras, »siquiera fuesen sus padres ó hermanos, han acudi- »do á los venenos ú otro medios para precipitar á la »tumba á las personas que les servian de estorbo pa- »ra sus planes: pero estos no eran envenenadores de »oficio, no tenian un sistema establecido para esa »clase de delitos como el infame Borraco. Bien co- »nozco, que esa clase de bandidos no podrá ser nun- »ca tan numerosa como la de los ladrones de puñal »y trabuco, porque para ello se necesita algun talen- »to, instruccion y travesura, mientras que para ser »bandido ordinario, basta tener mal corazon, ser

»enemigo del trabajo y poseer una alma depravada. »Pero como pocos de los primeros causarian más daño que muchísimos de los ordinarios, por esto, »creo que las Escuadras deben ocuparse de la persecucion de aquellos con el mayor celo é interés. Raras veces debe buscarse á esta clase de bandidos fuera de las ciudades y poblaciones de algun vecindario, porque solo en estas pueden introducirse y pasar más ó ménos tiempo desconocidos de lo que realmente son, y si solo conocidos por el papel con que se presentan. Las Escuadras, pues, al frecuentar los tales pueblos y ciudades, deben procurar informarse de los forasteros que de nuevo se hayan establecido, sea cual sea su clase, condicion y estado. Deben acercarse á las oficinas de los pasaportes y examinar con suma escrupulosidad los de los recientemente establecidos en la villa, cogerlos y pasar al punto en que se suponen librados para informarse de su autenticidad. No olvideis que nadie va más bien despachado de documentos de policia que los malvados, por esto conviene mucho examinar el orígen de los tales documentos. Tan pronto como se conciba la menor sospecha sobre un sugeto, deberá establecerse un *mozo* disfrazado de paisano

D. Felipe Veciana, tercer comandante de las Escuadras.

»en la misma calle, residencia del sospechoso, alquilando una tienda junto á la casa de aquél, en la cual, para evitar sospechas, porque esa clase de delincuentes es muy recelosa, deberia el *mozo* poner un oficio ú venta, segun fuesen las circunstancias. Si el *mozo* fuese casado, debiendo siempre preferirse á uno de estos para esa clase de servicios, se establecerá allí con su mujer, haciéndole ver á esta que se ha retirado del servicio ó que lo han despedido por alguna falta, y diciendo que por lo mismo debe callar siempre sobre este punto, porque si se supiese que habia sido espulsado de las Escuadras seria mirado con desprecio. Una vez allí establecido, debe dedicarse con suma prudencia y disimulo á la vigilancia del sospechoso, sin perderle de vista, si puede ser, un solo instante. Debe comunicar al cabo inmediato todo cuanto observe, y este al comandante. Este ha de formar una especie de diario en que hora por hora, dia por dia, se sepan todos los pasos y movimientos del sospechoso. Las casas que frecuentare, las personas con quien tratare, sus ocupaciones, sus costumbres, sus gestos más notables, etc. Tan pronto como muriera alguna ó algunas de las personas, amigas, conocidas ó

»visitadas por el sospechoso, debería indagarse con
»sumo cuidado y sigilo la causa de la enfermedad,
»los síntomas que ha presentado, y sobre todo el
»lucro, beneficios, ó partido que en virtud de aquella
»muerte hayan reportado estas ó aquellas personas,
»la relacion que puede haber entre estas y el *sospe-*
»choso etc. etc.» (Documentos originales).

Aquí concluye el documento. Ya hemos visto el
sistema de vandalismo que habian adoptado los bandidos, al encargarse del mando D. Felipe, y tambien
el método que seguian los *mozos* consecuente al sistema de aquellos. Pero los bandidos se reunian de
vez en cuando en partidas más numerosas, para dar
lo que ellos llaman un golpe, así es, que el nuevo
comandante se desvelaba para estar al corriente de
todos los movimientos de los bandidos y penetrar en
sus más recónditas intenciones y planes. Con este obe-
jeto trabajaba sin descanso en ensanchar el ya muy
dilatado circulo de sus confidencias; mas temiendo
que esto no bastase, dispuso la organizacion de una
partida de bandidos, compuesta de los mismos *mozos*
de la Escuadra. Escogió para llevar á cabo este plan
seis de los más valientes y decididos, y despues de haberles dado todas las instrucciones necesarias, dispuso la cosa de manera que aquella cuadrilla apareciese por primera vez por la parte de Besalú y Bañolas, provincia de Gerona. En seguida hizo circular
una órden en que, dándose aviso de la aparicion de
aquella partida, se condenaba á muerte á todos sus
individuos en el mismo punto donde fuesen hallados.
Por medio de los confidentes se puso en conocimiento de los demás bandidos el contenido de dicha órden, y las disposiciones enérgicas que se iban á tomar por parte de los *mozos* para el esterminio de
aquella cuadrilla. Para que se convenciesen de ello,
se dispuso enviar algunas partidas de *mozos* hácia el
punto indicado, con instrucciones particulares y aná-
logas á las que tenian los *supuestos bandidos*. Pocos
dias despues comenzaron los encuentros, escaramuzas y combates, entre aquellos y los *mozos*, y por
primera vez se vió que los bandidos salian vencedores. Los bandidos cobraron ánimo al ver el triunfo
de los suyos, y comenzaron á admirar y respetar á
sus nuevos compañeros, á quienes no conocian. Entre tanto el comandante y los *mozos* perseguian con
suma actividad á los bandidos que divagaban por
el corregimiento de Tarragona, y los batian casi todos los dias. Viéndose estos tan perseguidos, resolvieron pasar al corregimiento de Gerona, donde, los
que ellos creian de los *suyos*, todos los dias alcanza-
ban nuevos triunfos contra los *mozos*. Este era el
resultado que D. Felipe se habia propuesto. El *mozo*
que representaba el papel de capitan, habia tomado
el apodo de *Gravat*, y á él se presentaron los bandidos en varias pequeñas partidas hasta formar un total de unos cuarenta. Por medio de un artificioso
sistema de comunicaciones. el comandante de los
mozos, que se trasladó á dicho punto, sabia todo
cuanto pasaba en el cuartel general, digámoslo así,
de los bandidos al mando del Gravat. En este estado
se hallaban las cosas cuando llegó el dia fatal para
los bandidos. Gravat, despues de haberlos arengado
emprendió la marcha, y los condujo desde las cercanias de Besalú hácia Camprodon, Traverá y Set-
Casas. Los que no han viajado nunca por aquel pais,
no pueden formarse una idea de su escabrosidad,
aridez y espantosa soledad. El objeto de Gravat era,
segun lo manifestó á los bandidos, situarse en una

de las veredas que conducen hácia la desierta ermita de la Vírgen de Nuria, donde debian dar un golpe
de mano de gran importancia.

«Es el caso, les decia, que una gran comitiva de
»personas ricas y acomodadas, debe salir de Olot,
»hácia Nuria, en romería para cumplir un voto. Nos-
»otros, pues. debemos sorprenderlos, robarlos y lle-
»varnos algunos en rehenes para exigirles un buen
»rescate.»

Animados con esta idea, los bandidos seguian á su
jefe con alegría y entusiasmo, y apesar de que el camino era de los más escabrosos, aquellos hombres de
hierro lo recorrieron en una jornada de ocho leguas,
sin haberse detenido un solo instante. Era ya cerrada
la noche, cuando se hallaron junto al lugar de Set-
Casas, último que se encuentra, hasta Nuria, porque
esta ermita se halla enteramente sola y desierta. Allí
debian hacer alto y tomar descanso, esperando la
mañana del dia siguiente en que debia darse el golpe proyectado. Como las casas de aquel lugar son
tan pequeñas y miserables, no era posible que todos
los bandidos se alojasen en una misma y el previsor
capitan habia de antemano arreglado su plan, de modo que los bandidos fueron distribuidos en dos partidas de veinte y cinco hombres cada una, y alojados
en dos casas distintas. En ellas entraron de noche y
con gran sigilo. Sus dueños, segun dijo Gravat, estaban ya avisados y prevenidos, puesto que, como cómplices que eran y confidentes suyos, podia contarse
con su fidelidad. En efecto, las puertas de aquellas
dos casas fueron franqueadas á los bandidos, luego
que hicieron la señal convenida, y apenas entraron
se les sirvió una suculenta cena, buen vino y aguardiente. Todo esto se hacia con el mayor silencio,
porque, como decia Gravat, convenia que los demás
vecinos del lugar no se apercibiesen de su presencia
en aquel punto, y pudiesen dar aviso y desbaratar el
plan. Despues de la cena y de las libaciones de vino
y aguardiente, los bandidos se quedaron dormitando
echados sobre el duro suelo del reducido lugar que
ocupaban, imitándoles en esto aparentemente Gravat
y sus cinco *mozos*. Pero asi que conocieron que realmente los bandidos dormian, Gravat se levantó, y á
una indicacion suya dos *mozos* hicieron otro tanto.
Debia uno de estos *mozos* hacer una seña convenida,
en virtud de la cual el comandante de una partida de
unos cuarenta, debia entrar en el lugar, cercar las dos
casas y coger de sorpresa á los malvados, porque los
mozos y su comandante, desde aquella misma noche
debian estar emboscados á un tiro de distancia de Set-
Casas. Pero era el caso que uno de los bandidos, el
más valiente y desalmado, ya desde un principio se
habia opuesto á la idea de encerrarse en una casa,
alegando que los bandidos debian ser siempre fieras
del desierto, y nunca animales domésticos. Conociase
á este bandido con el apodo de Chato, y era tan desconfiado y receloso que, aun cuando todos se durmieron, él estaba dispierto y vigilante. No le pasó desapercibido el movimiento de Gravat y los dos *mozos*,
y si bien no sospechó nada en un principio, con todo
dispertando á dos de los suyos con quienes tenia gran
confianza. bajó la escalera y se puso á observar á
Gravat y los suyos. Estos advirtieron que se les espiaba, y conociendo que todo podia echarse á perder
en un momento, se acercaron al lugar en que estaba
el Chato y los suyos. Gravat se adelantó solo y en tono de mando les dijo:

—¿Qué haceis aquí? ¿por qué habeis salido de la casa?

—Teníamos calor, contestó el Chato apesar de que en aquellos paises siempre está helando.

—Vamos, esta no es buena razon... volveos adentro...

—Pero y vos, capitan, dijo el descarado Chato, ¿qué haceis por aqui fuera?

—Al capitan no se le pregunta así, y si alguno lo hace, él contesta de este modo.

Y diciendo esto, arremetió contra el Chato puñal en mano con ánimo de matarle. Pero el astuto bandido ya habia previsto este resultado, y recibió al valiente *mozo* con su afilado puñal. Trabóse entonces una terrible lucha cuerpo á cuerpo entre aquellos dos hombres, ambos valientes, robustos y decididos. Los otros dos bandidos que habian salido con el Chato estaban aturdidos sin saber lo que les pasaba, lo cual salvó al valiente *mozo*, pues de lo contrario hubiera perecido en tan desigual combate. La lucha continuaba con encarnizamiento entre aquellos dos hombres, los golpes se repetian, ambos manejaban el puñal con una singular destreza, la sangre corria ya por ambas partes, y no sabemos en qué hubiera venido á parar la cosa, á no haberse oido en aquellos momentos la imponente voz de D. Felipe Veciana, comandante de los *mozos*, que intimaba la rendicion á los bandidos en nombre del rey. Hé ahi lo que habia sucedido: los dos *mozos* habian avisado al comandante que, como ya hemos dicho, estaba escondido con los suyos á corta distancia. Este habia emprendido la marcha, y despues de haber rodeado las dos casas, habia intimado la rendicion á la canalla. El susto que se apoderó de los bandidos al oir aquella voz, es inesplicable. La palabra *traicion* fué pronunciada casi por todos acompañada de mil blasfemias como de costumbre. Los más decididos tuvieron tiempo para tomar sus trabucos, y uno de estos, colocándose frente la escalera, disparó su terrible arma contra el comandante y dos cabos que, espada en mano, subian por la misma. D. Felipe tuvo un momento de tiempo para agacharse, y esto salvó su preciosa vida, causando, empero, la muerte del cabo D. Francisco Mialet, que venia detrás del comandante. D. Felipe, y los que le seguian, arremetieron entonces contra la canalla: ganaron la escalera, y acometiendo contra los seis ó siete bandidos que habian cogido sus trabucos para defenderse, los desarmaron matando á tres sin darles siquiera tiempo de disparar. Como las dos casas que ocupaban los bandidos habian sido acometidas simultáneamente, mientras pasaba esto en la una, se oyeron dos trabucazos en la otra, de modo que el comandante, apenas tuvo rendidos y atados á los bandidos de aquella casa, voló con dos cabos y tres sub-cabos al ausilio de la otra. Allí, ya fuese porque el movimiento de rendicion y sorpresa no se hubiese ejecutado con la velocidad que se requiere para estos casos, ya porque aquellos bandidos estuviesen más prevenidos, sucedia que los *mozos* aun no habian podido ganar la escalera, defendida con teson por los bandidos que ocupaban la sala. Tres *mozos* habian perecido ya, y tres habian quedado gravemente heridos. Al llegar el comandante y visto el estado de la cosa, dispuso el asalto de la casa por tres puntos diferentes. Dadas las disposiciones convenientes, se emprendió el ataque, pero los bandidos tan pronto como vieron que se les estrechaba de aquella manera, pidieron cuartel, con tal que respetasen sus vidas. El comandante contestó que debian entregarse sin condicion alguna, y así lo hicieron. De este modo termi-

nó tan gloriosa jornada, resultado de un plan tan sagazmente discurrido, como hábilmente ejecutado. Nuestros lectores recordarán que hemos dejado al valiente *mozo* conocido por el Gravat, luchando cuerpo á cuerpo con el esforzado Chato, en el momento en que se intimaba la rendicion á los bandidos en nombre del rey. Este, tan pronto como oyó aquella voz, se deslizó como una serpiente por un espantoso despeñadero que habia junto al lugar de aquel singular combate. El *mozo* no pudo seguirle, porque habia recibido dos heridas, que si bien ninguna era de gravedad, con todo, la pérdida de sangre que le habian hecho esperimentar, habia debilitado notablemente sus fuerzas. Por lo demás, el comandante y los *mozos* emprendieron su marcha hácia Olot, llevando treinta y dos bandidos atados del modo que sabe hacerlo aquel cuerpo perseguidor de malvados. El comandante al dar cuenta de todo lo referido al Excmo. Señor Capitan General, entre otras cosas le decia lo siguiente:

«Como la canalla huye siempre de nosotros, ha »sido necesario valerme de una estratajema á fin de »poderlos conducir á su ruina. El valiente sub-cabo »Elias Miquel, fué el nombrado por mí para repre- »sentar el papel de capitan de los bandidos, y todo ha »ido como yo me habia propuesto. Tres *mozos* pe- »recieron en una de las casas atacadas, y cuatro en »la otra, incluso el cabo Francisco Mialet. Creo que »hemos quedado limpios de la canalla por algunos »dias, pero pronto temo que aparecerán otros nue- »vos, porque los malvados nunca se cansan etc., etc.» (Documentos originales).

Efectivamente, despues de tan severo escarmiento, al cual siguió el suplicio de diez de los bandidos más conocidos y criminales, puede decirse, que por algunos dias, el pais se vió enteramente libre de malvados. Pero á poco aparecieron otros nuevos y comenzaron otra vez á molestar á los viajeros y á sembrar el espanto. Un bandido, que tenia por apodo el *Petit*, organizó una partida de unos quince hombres, restos de las antiguas cuadrillas, sin que por esto dejasen de existir otros bandidos que, en menor número, se dedicaban al robo y asesinato en distintos puntos. El comandante de los *mozos* habia distribuido sus fuerzas en partidas de tres y cuatro individuos, y habia dado las disposiciones convenientes á fin de que la canalla estuviese continuamente perseguida. Pero como los malvados han cambiado mil veces de forma, método y sistema, el comandante notó una cosa que llamó sériamente su atencion. En efecto, sucedian muchos robos y atentados criminales en puestos y lugares ocupados por los mismos *mozos*, muchas veces á media hora de distancia de estos. Era moralmente imposible que tales delitos fuesen cometidos por los bandidos de profesion, porque los movimientos de estos eran tan espiados, que no era creible que pudiesen acercarse tanto á los *mozos* sin que estos fuesen avisados por sus confidentes. D. Felipe Veciana, que habia continuado con gran celo la utilisima obra de las confidencias iniciada por sus antepasados, no podia, apesar de su actividad y práctica, descubrir el menor indicio que le pudiese conducir al descubrimiento de los autores de aquellos crímenes. Nuestros lectores van á conocerlos por medio de la historia del bandido, que vamos á describir en el capitulo siguiente.

VIDA DEL BANDIDO SARRACAS.

I.

Tres son los tipos de vandalismo que hemos hecho resaltar en esta historia, porque realmente tales como los hemos presentado á nuestros lectores, nos los han legado los datos y noticias oficiales que hemos consultado. En Claudio el *Molinero*, hemos visto al bandido por necesidad, si asi se nos permite hablar, porque arrojado del seno de la sociedad en una edad en que era incapaz de haberla podido ofender, y lanzado al inmundo lodazal de los malvados, escupido en el rostro por los que miraba como á padres, y condenado á presidio por un delito que no habia cometido, sucedió que su alma, verdaderamente grande, se exasperó y recogió el guante que la sociedad habia lanzado sobre su tierno rostro. Por esto, aun en medio del apogeo de su odiosa carrera, se presenta grande y sublime, si caben esas dos cualidades en un bandido. Si Claudio hubiese vivido en los siglos de barbarie, tal vez, y sin tal vez, hubiera sido un regenerador de la civilizacion. Y si en este caso, su corazon no hubiese estado lacerado con los recuerdos de los ódios pasados, hubiera cumplido su mision civilizadora de un modo que, más tarde, le hubiera inmortalizado. Por esto, aun en las circunstancias especiales en que sus desgracias le habian colocado, no era bandido para robar y matar, sino que sus miras se encaminaban á destruir una sociedad que lo despreciaba, para establecer otra que lo admitiese é hiciese su rey. El bandido Puch nos presenta un tipo muy distinto. Este comienza siendo un niño holgazan y enemigo del trabajo, se deja dominar enteramente de este vicio, lo que, unido á un corazon vil é infame, le convierte luego en un foragido de los más sanguinarios y crueles. Este goza con los padecimientos de sus semejantes, siquiera sean estos sus mismos amigos y cómplices; para él no hay lazos ni vinculos de amistad y parentesco, y por esto comienza robando, y puede decirse, matando á su propio padre, y sigue su carrera de delitos sin conocer los estimulos de su emponzoñada conciencia. Ignorante y supersticioso, niega á su Dios, teme á las brujas y cree en Satanás. Por esto muere tal como vivió, mientras que Claudio vive despues de su conversion como hubiera vivido siempre á no haberse atravesado circunstancias tan superiores y dominantes. Finalmente, en el infame Borraco, vemos la degradacion, la infamia y la vileza llevadas hasta su grado más repugnante. Este nos presenta una sintesis asquerosa de todos los vicios y crímenes, sin ninguna virtud, ni aun la del valor, tan comun en todos los bandidos; pues ya hemos visto que Borraco era tan cobarde que se dejó atormentar y asesinar por una mujer mulata y desalmada. Todo el sistema de este bandido puede recopilarse en estas palabras: *astucia, perversidad de corazon é hipocresía.* Hemos visto que cada una de estas tres clases de bandidos con sus hijuelas ó ramificaciones, tuvo su merecido. Solo Claudio se salvó, porque Dios, que es el ángel tutelar de sus criaturas, tiene ofrecido su perdon al pecador arrepentido. Sin esta poderosa proteccion, cuyo reflejo vemos en el valor, lealtad y acierto de las Escuadras y de la justicia humana ¿qué seria de la sociedad combatida con elementos tan poderosos y destructores? Entre estos tipos de vendalismo, nos presenta la historia que vamos escribiendo un término medio en el de Sarracas que, no perteneciendo enteramente á ninguno de los tres, participa sin embargo de cada uno de ellos, formando asi un cuarto tipo de los más asquerosos y repugnantes. Este reune el valor de Claudio, pero le falta su alma y corazon; la crueldad y pereza de Puch, mezclada á su modo con la hipocresia y disimulo de Borraco. Desde niño aborrece el trabajo, y desde sus primeros años comienza á frecuentar las tabernas y casas de juego. Sus padres, honrados labradores de una casa de campo, situada á media hora del pueblo llamado Alió, provincia de Tarragona, se cansan en vano de reprenderle todos los dias. Sarracas no escucha sus consejos, sino que, en union con cuatro amigos más, pasa la vida entre juego y comilonas, recorriendo todas las fiestas, danzas y diversiones que se celebran á diez horas de circunferencia. Ellos son siempre los primeros que acuden á todas partes, y no hay una disputa, una riña ó refriega de las que tan amenudo se promueven en las fiestas mayores, en que Sarracas y sus amigos no figuren como principales. Son los cortejos de las jóvenes que bailan mejor y más agraciadas; en cada pueblo, en cada lugar tienen su pareja, y desgraciado del que se hubiese atrevido á bailar con la que ellos habian escogido. De este modo adquirieron fama de valientes y calaveras, pero ni aun por sospecha se les tildaba de criminales. Sin embargo, es indudable que para llevar una vida asi, se necesitan recursos, de que, al parecer, debian carecer Sarracas y sus amigos, puesto que, si bien todos eran hijos de honrados padres, ninguno era rico, al contrario, todos vivian de su trabajo. ¿De dónde, pues, salian sus recursos? Hé ahi un secreto para todos los que vivian entre ellos y presenciaban sus calaveradas, pero que no lo debe ser para nuestros lectores. Sarracas y sus amigos habian vivido al principio con los pocos recursos que antes de entregarse á tan desenfrenada vida les habia proporcionado su trabajo, despues con el crédito que tenian entre sus numerosos conocidos, y tambien con los que les proporcionaba el juego, en el que al principio fueron bastante afortunados. Pero vino un dia en que aquellos ahorros se consumieron, el crédito se perdió, y el juego, como sucede siempre, se les volvió contrario. Apesar de esto ellos continuaron con la vida de antes: ¿cómo se esplica esto? De un modo muy sencillo, segun espresion del mismo Sarracas. Cuando llegó el caso, éste que disponia enteramente de la voluntad de sus amigos, los condujo á un lugar muy desierto y solitario y les dijo:

—Amigos mios, ya lo veis, estamos perdidos, pues ya no tenemos un cuarto ni crédito para medio porron de vino. Pronto nuestros vestidos descubrirán nuestra miseria con sus zurcidos y remiendos, y entonces seremos la burla de esos herederos de casas ricas que hasta ahora han tenido á mucho el que les dejásemos alternar con nosotros. Como nos hemos constituido en deudores suyos, publicarán por todas partes que les debemos dinero, y no les podremos pagar, y de ahi vendrá el que seamos la burla de todo el mundo, el que las doncellas nos miren de reojo; y los que hasta ahora hemos sido los señores de todas las fiestas mayores, vendremos á ser su objeto de risa y desprecio. ¿No es verdad, amigos mios?

—Si que lo es, contestaron todos, pero ¿qué remedio hay?

—Yo, dijo uno, he determinado hacerme soldado.

—Yo irme léjos de aquí para buscar trabajo....

—Yo me pondré al lado de mi familia y trabajaré como mis hermanos.

—Yo, dijo finalmente el último, veré si puedo embarcarme para la Habana en donde tengo un tio que está rico, y le pediré que me dé alguna ocupacion.

—Vamos, dijo Sarracas con tono severo, veo que sois unos imbéciles, unos estúpidos. ¿Os marchareis vergonzosamente? ¿Dejareis vuestras queridas para vuestros rivales? ¿Permitireis que sean insultadas y humilladas por vuestra causa? ¿Y esto lo dicen un Pepe, un Met, un Solá, y Fargas? (1).

El astuto Sarracas habia pulsado la cuerda más delicada. Aquellos jóvenes no eran malvados, ni habian nacido para el crimen, pero eran calaveras, estaban enamorados, y en su pasion amorosa, dominaba tanto el orgullo y la vanidad como el mismo amor. Realmente habian conquistado las jóvenes más lindas de aquellos lugares, porque aparte de sus calaveradas, eran de gallarda presencia y gracioso rostro, y estas prendas naturales resaltaban más aun á los ojos de sus amantes, por la fama que tenian de valientes y troneras, porque, á cierta edad, las mujeres los prefieren siempre á los pusilánimes. Una vez colocada la cuestion en este terreno, el triunfo de Sarracas, respecto á sus amigos, era indudable. Todos los buenos y honrados propósitos de aquellos se desvanecieron como el humo y se hallaron dispuestos para todo, sin escepcion del crímen y la maldad. ¡Lo que puede una mala compañia! Asi un solo infame envolvia en sus tenebrosos y criminales planes á unos jóvenes bien nacidos y honrados: así los lanzaba en su compañia por la senda de la perdicion, para conducirlos más tarde al suplicio. El pérfido Sarracas leia en aquellos momentos en el corazon de sus amigos. «Son mios, decia entre sí, pero es menester dar el golpe de gracia.»

—Escuchadme, y sabreis lo que vale la amistad de Sarracas. Mañana es la fiesta mayor de Brafin; sabia que vuestras queridas no habian de faltar allí, y tambien sabia que entre todos nosotros, no teniamos una blanca, para poner precio y pagar las tortas que allí deben bailarse (2). Esto, aun prescindiendo de que no podiamos entrar en la taberna, porque no fian ya de nosotros para darnos de beber no pagando al contado. Bajo este supuesto, crei que lo primero que debia buscaros era dinero: ved cómo he cumplido con mi deber en esta parte.

Y diciendo esto, puso á la vista de sus amigos un puñado de monedas de plata y oro. Los jóvenes se miraron entre si llenos de admiracion.

—Ya veis, prosiguió Sarracas, que vamos á lucir, que vamos á burlarnos de los hérederos, y que nuestras novias podrán estar seguras de que no nos las soplarán en el baile.

—Pero ¿de dónde has sacado tanto dinero? dijo Pepe, mirando las monedas.

—De donde sacaremos mucho más. Es una industria como cualquiera otra.

—Pero bien, esplicate.

—Vamos, veo que sois bien necios. ¿No habeis oido decir que el viejo Vallvé fué robado hace tres dias al regresar de la feria de Villarodona?

—Si, si.... dijeron los amigos.

—Pues bien: este es su dinero.

—¡Ladron! dijeron los jóvenes con espanto.

—¿Y bien? ¿y qué? ¿Por ventura ha creado Dios á los hombres para que uno lo tenga todo, y los demás carezcan hasta de lo indispensable? El que roba sin herir, ni insultar, no hace más que pedir una limosna en un tono un poco alto. Esto hice yo: el viejo aflojó la bolsa, se fué contento y [satisfecho de mí, pues no le falté al respeto debido á sus canas; y héos ahi á seis hombres contentos, puesto que desde ahora, vosotros vais á participar de mi dicha, disfrutando de mi dinero.

—¡Pero es robado!.... dijo Met.

—No tal, es trasladado del poder de un hombre que lo tiene de sobras al de otro hermano suyo que lo necesitaba mucho.

Los jóvenes no tenian la suficiente instruccion para comprender y rebatir las absurdas teorias de Sarracas sobre el robo. Y como por otra parte necesitaban dinero, les convenia creer que realmente su infame amigo tenia razon: además, naturalmente los hombres están inclinados siempre á creer lo que les conviene, y por esto aquellos desventurados hicieron como que creian, ó realmente creyeron, en las pervertidas doctrinas de Sarracas.

—Dice bien nuestro amigo, esclamó Forgas. Cada uno está obligado á buscar lo que le hace falta, y por consiguiente, faltándonos á nosotros el dinero, Sarracas ha hecho bien en proporcionárselo sin pararse en los medios. Venga, pues, el dinero, y á la taberna, á beber y holgar esperando la fiesta mayor de mañana.

—Si, replicó Met, pero hoy mismo hemos de pagar nuestras deudas á todo el mundo.

—Pero lo hemos de hacer, añadió Sarracas, de un modo digno de nosotros.

—¿Cómo?

—Arrojando el dinero al rostro de la tabernera y demás acreedores, pero antes hemos de comenzar pidiendo vino y aguardiente; si rehusan darlo, hemos de romper todas las botellas, porrones y vasos. Esto meterá ruido; la tabernera, que nos cree tronados, llamará al baile; éste vendrá y nos querrá llevar presos, y cuando las cosas hayan llegado á tal estremo, arrojaremos el dinero encima la mesa diciendo: Cobraos todo el gasto.

—Bien: magnifico plan... dijeron todos.

Tal como lo pensaron lo ejecutaron; y una hora despues la taberna se habia convertido en un infierno. Vino el baile, pero nuestros calaveras lo mitigaron todo pagando el gasto con largueza. Despues de esto, armaron una partida de juego, pero un jóven

---

(1) Estos eran los nombres de los cuatro amigos de Sarracas. Documentos originales.

(2) En aquella época y aun en la nuestra, se conserva la costumbre en las fiestas mayores de los pueblos y lugares, de bailar unas tortas redondas y azucaradas. Sale una pareja y comienza la danza, mientras que el empresario del baile dice en alta voz, teniendo la torta en la mano: «Por una peseta se baila la torta;... por una peseta....» Si sale otro y dice cinco reales, y el que baila no puja mas, debe retirarse, y el otro se queda en su lugar, soplándole, como quien dice, la dama. Estas rivalidades hacen á veces subir el precio de la torta, que valdrá un real, a una cantidad fabulosa. Cuando eramos niños presenciamos un pique de estos en que la torta subió hasta el precio de 5 duros. Sarracas y sus amigos habian sido siempre de los mas decididos en esta parte.

de una casa de campo de las cercanias fué el favorecido de la caprichosa fortuna, y una tras otra, les ganó todas las monedas á Sarracas y á sus amigos. Vedlos, pues, otra vez pobres é imposibilitados de presentarse en la fiesta mayor de Brafin, que era su sueño dorado. Entonces se miraron mútuamente y en seguida dirigieron su vista hácia Sarracas. Este les contestó con una mirada que revelaba todo un plan de maldad y crimen. Entre tanto el juego y la algazara continuaba, porque allí se habian reunido muchos jóvenes y otras personas de más edad. El jóven de la casa de campo continuaba ganando el dinero de todos. Llamábase este Llorensó, y era valiente, honrado y rico, pero muy aficionado al juego, pasion que habia llegado á dominarle.

En medio de aquel bullicio, fué fácil á nuestros personajes el que se escabulliesen uno á uno para reunirse en el campo. Ya llegados allí, díjoles Sarracas, este genio maléfico, que, cual otro espíritu infernal, habia resuelto conducir á sus amigos por la peligrosa senda que él habia ya emprendido:

—Es menester recuperar nuestro dinero...

—¿Cómo?

—Quitándoselo á Llorensó.

—Es muy valiente.

—¿Qué importa? somos cinco contra uno.

—¿Y si se resiste?

—Le mataremos, contestó el infame Sarracas.

—¡Matarle! dijeron los demás con acento que demostraba el horror que les causaba aquella idea.

—Esto, como ya os lo acabo de decir, solo será en último estremo, y estoy seguro de que no llegará este caso, pues soltará su dinero, porque conocerá que un hombre no puede resistirse contra cinco. Ea, pues, vamos.

Y diciendo esto emprendió su camino, y sus amigos le siguieron sin decir palabra. El sabia la senda que el desgraciado Llorensó acostumbraba seguir para regresar á su casa, así es, que condujo á sus amigos á un cerro que aquel debia atravesar. Allí dispuso las cosas de manera que la victima no pudiese escaparse, y en seguida quedó en acecho con los suyos por el espacio de más de una hora. El corazon de los jóvenes latia con gran violencia porque, por primera vez en su vida, se veian frente á frente con el primer crimen que debian cometer; pero se habian adelantado demasiado, para que se atreviesen á retroceder. En el fondo de su alma, hubieran deseado que Llorensó no pasara solo por allí, puesto que así salian del compromiso, sin que Sarracas los pudiese abochornar, tratándoles de cobardes. ¡Pero la suerte estaba echada, y era menester que se cumpliesen las consecuencias de un paso imprudente, arriesgado y criminal. Entre tanto, la fortuna se habia declarado contraria á Llorensó, de modo que habia perdido en un momento todo lo ganado en aquella noche. Eran ya más de las doce de la noche, cuando aquel jóven determinó retirarse, pero se separó del juego con sola la cantidad de ocho duros, única que habia salvado. Solo, pues, y algo triste, regresaba Llorensó, sin soñar siquiera en lo que le esperaba. De este modo llegó al sitio fatal de la emboscada, y apenas estuvo allí, se vió repentinamente acometido por dos hombres que cuchillo en mano le pidieron el *dinero ó la vida*. Ya hemos dicho que el jóven era valiente, así es, que no se acobardó aun cuando eran dos los enemigos con quien debia batirse. Por medio de un movimiento rápido, retrocedio dos pasos arrimándose á una pared de unos cinco palmos de altura para que le sirviese de resguardo sacando al propio tiempo su navaja, y con una serenidad imponente les dijo:

—Ea, embestid, cobardes, que os habeis reunido dos para robar á uno, embestid.....

Pero en aquel mismo momento, dos manos vigorosas le asian tan fuertemente por el cuello que casi le ahogaban. Eran las manos del infame Sarracas, que habia previsto la evolucion de Llorensó, y por esto se habia colocado á la otra parte de la pared, en donde siendo el terreno más elevado facilitaba la operacion que acababa de poner en práctica.

—No me ahogueis, dijo haciendo un esfuerzo, ya os daré el dinero.

Y diciendo esto entregó los ocho duros á los bandidos; pero Sarracas, despues de haber oido que no eran más que ocho duros, continuó apretando el cuello de su víctima diciéndole con voz fingida:

—Tienes mucho más dinero, y lo queremos todo.

—Yo no miento, replicó el jóven con voz sofocada, os juro que no tengo más.

—¡Mientes!

Al oir este insulto aquel honrado jóven se irritó en estremo, y haciendo un esfuerzo supremo, rompió aquel nudo de carne que tanto le apretaba. Libre ya de las manos de Sarracas, iba á ponerse otra vez en guardia, pero repentinamente cayó aturdido por el golpe de una piedra arrojada sobre su cabeza desde unos seis palmos de distancia. Sarracas habia ya saltado la pared y se habia arrojado sobre su víctima, puñal en mano; pero oye en aquel momento la voz de sus amigos que le dicen: *nò lo mates, no lo mates*..... Mas esa voz no era fingida, era la natural de los amigos de Sarracas, y así fué conocida por Llorensó, apesar de su aturdimiento. ¡Ojalá hubiera sido sordo! Aquel reconocimiento fué su sentencia de muerte. En efecto, Sarracas se habia arrojado sobre la indefensa victima y le registraba todos sus bolsillos en busca del codiciado dinero. Hubo de convencerse que aquel infeliz habia dicho la verdad al asegurar que no tenia más que ocho duros, y en su consecuencia se disponia ya con los suyos á dejar el lugar de la escena, cuando el infortunado herido dijo con voz conmovida:

—¡Infames!... Pero me la pagareis, porque os he conocido.....

Decir esto y recibir cinco ó seis puñaladas, fué obra de un momento. Sarracas y los suyos no se despidieron hasta haberse convencido de la muerte de su victima. En fin, el honrado y valiente Llorensó ya no existia. Al dia siguiente no se hablaba en todo aquel pais de otra cosa que del asesinato del estimado Llorensó. Se hacian mil comentarios, pero ninguno de ellos revelaba la más remota sospecha, respecto de los verdaderos autores y ejecutores de aquel delito. Ya lo hemos dicho antes, Sarracas y sus compañeros, eran tenidos por calaveras, pero nadie los creia capaces de cometer un crimen. Cuatro *mozos* de las Escuadras se presentaron al momento, y como de costumbre, comenzaron á tomar sus minuciosos y detallados informes con aquel disimulo y prudencia que les caracteriza. Pero solo pudieron sacar en limpio que el desgraciado Llorensó era jugador, y que aquella misma noche habia estado jugando, al principio con buena fortuna, volviéndosele al fin contraria. Ya tenian ellos noticia de la vida desarreglada de Sarracas y sus amigos, de sus calaveradas y su pasion por el juego, y estos indicios bastaron al sagaz sub-cabo y *mozos* de aquella partida, para formar su plan de observacion, respecto de aquellos jóvenes que solo pasaban por calaveras para el público, pero que eran tenidos por algo más por los esperimentados individuos de las Escuadras. Los encontraron en Brafin, bailando con sus queridas, honradas doncellas de aquellos lugares, bromeando y divirtiéndose, como si tal cosa no hubiese pasado. Los *mozos*, con aquel papel de indiferencia y distraccion que saben desempeñar con tanta prudencia y acierto, haciendo ver que ni siquiera se apercibian de ellos, los observaban con la atencion más escrupulosa. Hubieron de notar que ellos obsequiaban mucho á dos jóvenes labradores de la villa de Valls, herederos de dos casas muy ricas, que habian acudido á la fiesta. Los *mozos* sabian que aquellos dos jóvenes, si bien eran amigos de divertirse y cortejar, no eran ni jugadores ni calaveras, al contrario, eran tenidos, y con razon, por hombres de conducta intachable. Esto no dejó de llamar la atencion de los suspicaces *mozos* acostumbrados á sacar indicios de las cosas más insignificantes. Desde este momento el sub-cabo dispuso que dos *mozos* disfrazados no perdiesen de vista el uno á Sarracas y sus compañeros, y el otro á los dos jóvenes de Valls. Uno de los *mozos* pudo coger al vuelo algunas espresiones, en virtud de las cuales se dedujo que los dos jóvenes partian aquella misma noche, despues del baile, hácia Valls, y que Sarracas y los suyos lo sabian, puesto que con ellos hablaban aquellos, cuando el *mozo* pudo escucharlo. En seguida el que observaba á los *bandidos*, vió que estos contra su costumbre, abandonaban el baile dos horas antes de concluirse, y siguiéndoles de léjos, pudo observar que en distintos intérvalos de tiempo, habian ido saliendo de Brafin por diferentes direcciones. Al instante comunicó sus observaciones al sub-cabo, y éste en vista de ellas, trazó su plan que puso inmediatamente en ejecucion. Antes de darlo á conocer á nuestros lectores, menester es que conozcan el de Sarracas y los suyos. La cantidad de ocho duros, robada al desgraciado Llorensó, habia sido gastada aquel mismo dia por aquellos perdidos, y como el dia siguiente continuaba la fiesta mayor y las danzas y saraos, era menester que nuestros personajes se proporcionaran dinero, y ya hemos visto el sistema que para esto habian adoptado. Un abismo llama á otro abismo, asi es, que lanzados aquellos desgraciados por la senda del delito, vencida la primera repugnancia que el crímen causa hasta á los más depravados, los amigos de Sarracas habian depuesto ya sus escrúpulos, y éste, por consiguiente disponia en un todo de su voluntad. Sin advertirlo, como quien dice, se habian organizado en una partida de bandidos, cuyo capitan era el infame Sarracas. Este ya no tenia ninguna clase de miramiento con ellos, sino que ordenaba sus planes como un jefe que manda y debe ser obedecido.

—Nos vemos otra vez sin blanca, les dijo asi que estuvieron solos en la casa en que se habian hospedado, que era la de uno de sus amigos de aquel pueblo, inocente de su conducta criminal; por consiguiente es menester dar otro golpe. Los dos amigos de Valls son ricos, presumo que tienen bastante dinero en su poder, y es preciso que ese dinero venga á nuestras manos. Tengo ya mi plan trazado, y ya sabeis vosotros que para esto me pinto solo. Ea, seguidme, que todo corre de mi cuenta.

—¿Pero y si se resisten?

—Los mataremos como lo hicimos con Llorensó.

—¿De modo que todos los dias mataremos?...

—Mientras encontremos hombres bastante tontos que prefieran la muerte á su dinero, ¿qué hemos de hacer?

—¿Pero y si se descubre? replicó otro.

—¿Cómo se ha de descubrir? Escuchad mi plan, y vereis la buena vida que nos aguarda. Durante el dia no seremos más de lo que somos, esto es, jóvenes atolondrados y algo calaveras, pero por la noche seremos lo que nos conviene para poder vivir cómoda y holgadamente. Más tarde no será preciso dar tantos golpes, sino que daremos pocos pero acertados. No, no nos espondremos para robar cantidades miserables como la de ayer, sino que daremos un golpe de provecho y que nos provea de dinero para mucho tiempo. Dejadlo por mi cuenta, y vereis como os preparo el lance. Pero, hoy por hoy, nos conviene robar á los dos de Valls, porque necesitamos su dinero para mañana.

Despues de este discurso, que no fué replicado por sus cómplices, les dió sus órdenes, cuya consecuencia fué la salida de los mismos de la poblacion, que, como hemos visto, fué observada por el *mozo*. El sub-cabo entre tanto se habia apersonado con los dos jóvenes de Valls y les habia comunicado recelos de que aquella noche serian asaltados por unos ladrones, y en su consecuencia, les propuso que él y los *mozos* les seguirian de léjos, y estarian siempre en disposicion de prestarles socorro, segun se presentasen las circunstancias. Asi convenidos y tomadas las debidas precauciones, los dos jóvenes salieron de Brafin á las dos de la madrugada, montados en sus briosos caballos. Una hora habian caminado ya sin el menor tropiezo, cuando llegaron á un torrente contiguo á una ermita llamada Hospitalet que debian atravesar. La noche era oscura, los dos viajeros iban uno tras otro, porque el sendero era estrecho por aquel punto, cuando repentinamente tropieza y cae el caballo del que iba delante. El que seguia hubiera hecho otro tanto á no haberlo detenido su ginete, pero el caballo relinchó al propio tiempo, lo cual sirvió para dar aviso á los *mozos* que venian á bastante distancia, pues desde luego sospechó que en aquel punto estaba la emboscada. En efecto, no se habia engañado, puesto que, apenas cayó su amigo con su caballo, cuando él mismo se vió derribado del suyo, á impulso de dos vigorosos brazos de un hombre que salió del cañaveral, mientras que otro sujetaba el caballo con mano firme, y un tercero les decia con voz disfrazada: *El dinero ó la vida!*

—Está bien: dijo el jóven derribado, no hay inconveniente; nosotros os daremos todo nuestro dinero, pero no nos maltrateis. ¿Qué nos importan seis ú ocho onzas más ó ménos?

—Esto es hablar con razon, dijo uno de los agresores.

—Pero levantad á mi amigo, dijo el jóven, ¿no veis que tiene el caballo casi encima?

Sarracas, pues no era otro que él con sus amigos ayudó al otro jóven, pero éste comenzó á suspirar y dió un agudo gemido al tocarle, fingiendo que tenia una pierna rota, todo para dar tiempo á que llegasen los *mozos*, segun lo convenido. Efectivamente, los *mozos* no se hicieron aguardar. Repentinamente Sarracas y sus dos compañeros fueron acometidos por los valientes *mozos* con la bravura y denuedo que acostumbran. Aquellos, y especialmente Sarracas, trataron de defenderse, pero el sub-cabo de los *mozos* le hirió en la cabeza con la culata de su carabina de un modo tan recio, que lo tendió en tierra espirando un momento despues de haber recibido tan terrible golpe.

Los otros dos compañeros de Sarracas, viendo á éste tendido, y conociendo que la fuga les era imposible, se arrodillaron á los piés de los *mozos*, pidiendo gracia. Estos s-i la concedieron por lo que respectaba á sus vidas, y despues de haberles atado, reconocieron en ellos á Pepe y Met.

—¿Donde están, dijo el sub-cabo, Solá y Fargas?

—Estaban, contestó Met, apostados no léjos de aquí, pero creo que habrán huido.

El sub-cabo y tres de los suyos se lanzaron en persecucion de aquellos dos desgraciados, mientras que el otro *mozo* y los dos jóvenes de Valls, se dirigian hácia dicha villa, conduciendo los dos prisioneros. Tres dias despues, el sub-cabo, cuyo nombre era Jaime Saladrigas, conducia atados á los dos infelices Fargas y Solá. Los cuatro fueron condenados más tarde á cadena perpétua, atendidas ciertas circunstancias atenuantes. Tal fué el fin trágico de Sarracas y sus amigos, los cuales sufrieron el castigo de sus crímenes, casi en el mismo acto de haberlos concebido y puesto por obra. Esta es una de las mil partidas de bandidos, que los *mozos* han sabido esterminar en su propio gérmen y origen, puesto que Sarracas y sus amigos solo ejercieron el vandalismo por el espacio de unos cinco dias escasos. Tal fué el fin de aquellos jóvenes, honrados antes de las pérfidas sugestiones de Sarracas, convertidos en criminales desde el momento que dieron oidos á los cantos de aquella sirena infernal. Una mala compañia es ¡bastante para pervertir al jóven más honrado y temeroso, y mucho más al que vive desarreglado y entregado á una vida licenciosa. El juego es el gérmen de todos los vicios, y como hemos visto en esta historia, basta por sí solo para acarrearnos una desgracia espantosa, como le sucedió al infeliz Llorensó. Entre tanto el infatigable comandante de las Escuadras, D. Felipe Veciana, proseguia sin descanso la tarea de sus antepasados, cuya vida, como hemos visto, habia estado enteramente consagrada á la persecucion de los malvados, y al aumento y perfeccion de las Escuadras. Con este motivo menudeaba sus comunicaciones con el Excmo. Sr. Capitan General y demás autoridades superiores del principado. Ya hemos visto el aprecio y deferencia con que eran mirados y tratados los individuos de tan esclarecida familia, pero tambien debemos dar cuenta á nuestros lectores, de una gracia especial concedida por el Rey á favor de la casa de Veciana, gracia que, por sí sola revela la alta confianza y estimacion que S. M. tenia respecto los dignos hijos de aquella casa.

En efecto, en la época del mando de D. Felipe que estamos describiendo, «S. M. por real órden de 8 de »junio de 1773, fechada en Aranjuez, aprueba con »satisfaccion y palabras muy lisonjeras, lo que habia »propuesto el Excmo. Sr. Capitan General en carta 9 »mayo del propio año, sobre que no *salga de casa* »*Veciana el honor de haber sido la de la formacion* »*de las Escuadras del principado.*» (Documentos oficiales.) En la misma real órden se concede al hijo menor de D. Felipe, D. Pedro Martir, segundo de este mismo nombre, la facultad de poner un substituto para desempeñar durante su menor edad la pla-

za de cabo de las Escuadras con que S. M. le habia agraciado en *premio de los heróicos servicios prestados por su padre D. Felipe y sus antepasados.* (Documentos oficiales.)

Despues de esto, D. Felipe continuó como antes al frente de las Escuadras, haciéndose estas cada dia más terribles para los malvados y más apreciadas y queridas para la gente de bien. Ya habian logrado imposibilitar·la organizacion de las grandes partidas de bandoleros que tanto terror y espanto habian causado antes de la creacion de ese cuerpo, baluarte constante de la sociedad y de los buenos contra los malos. Diseminados sus individuos por todo el principado en partidas de cinco hombres, se daban la mano todos los dias unos á otros, haciéndose asi presentes en todas partes y aterrando con su vista á los que imaginaban siquiera alguna maldad. Por otra parte la colosal obra de las confidencias, llevada con tanta constancia por todos los comandantes desde su fundador hasta D. Felipe, habia llegado ya á un grado de perfeccion que, bien podia considerarse como un modelo perfecto y único en su clase para el objeto á que estaba destinado.

«No se mueve, decia D. Felipe en una de sus co- »municaciones confidenciales, una sola hoja de un »árbol malo, que yo no lo sepa al instante. Sé ya en »donde me he de dirigir y con quiénes he de confe- »renciar para descubrir al autor ó autores de cual- »quier delito; de modo que segun la clase del delito »cometido, ya sé á quien me he de dirigir, pues »mis confidentes están clasificados, porque unos sir- »ven mejor para dar noticia de los autores de los »robos, otros de los asesinatos, aquellos de las vio- »laciones, estos de los sacrilegios etc. etc. Porque »en este mundo cada uno sirve para su cosa segun »me ha enseñado la esperiencia. Por otra parte, el »tener unos mismos confidentes para todo, tiene un »grande inconveniente, porque se descubre fácilmen- »te por los malvados, y se guardan de el ó lo matan. »Por esto encargo siempre á los *mozos* que procedan »con suma prudencia en esta parte, que al entrar en »un pueblo ó lugar para averiguar algun delito, se »dirijan primero á las personas no confidentes, para »distraer así la atencion sobre las que realmente lo »son.» (Documentos originales.)

En fin, de tal manera se habia purgado á todo el principado de la espantosa plaga de ladrones, foragidos y malandrines por medio de las Escuadras, que ya no habia quedado rastro de aquellas cuadrillas que habian sido por tanto tiempo el terror y espanto de toda la gente honrada. Las huellas que en pos de sí habian dejado la guerra dinástica y las continuas revoluciones de que habia sido teatro Cataluña, habian sido borradas con la sangre y heróicos esfuerzos de ese puñado de valientes, cuyas victorias se podian contar por los dias y aun horas de su existencia. En vista de esto, es decir de no habia foragidos, no faltó alguno que pensó en la estincion de las Escuadras, pero las autoridades superiores y la misma Audiencia que estaban en el caso de poder apreciar mejor que nadie los eminentes servicios de este *cuerpo*, y el vacio que dejarian desde el momento en que tan solamente se tratara de disminuir su fuerza, se opusieron á esta idea, y los mismos pueblos, lugares y justicias, manifestaron de un modo claro y esplicito el disgusto con que recibirian la menor innovacion en aquel sentido.

«Las Escuadras de Valls, dice un documento oficial

»que tenemos á la vista, fecha 22 enero de 1786, no »fueron creadas por un tiempo limitado y por consi- »guiente, deben continuar como hasta ahora han es- »tado, con tanta más razon, cuanto los pueblos vie- »nen muy gustosos en pagar los gastos que ellas oca- »sionan, de modo que ellos mismos piden la conti- »nuacion de este impuesto. Por otra parte, si bien, »por medio de su valor y actividad han hecho des- »aparecer toda la canalla que infestaba el país y cau- »saba tantos males y desgracias, temo mucho que si »mañana se estinguieran las ESCUADRAS ó se dismi- »nuyeran sus fuerzas, aparecerian de nuevo los mal- »vados á quienes, solo tiene á raya este cuerpo *espe- »cial y único* para esta clase de servicio.» (Documen- tos oficiales.)

En otro documento leemos lo siguiente:

«Siendo preciso que prosiga la ESCUADRA DEL BAILE »de Valls, como V. E. me hace presente en 22 del »pasado, declarándome que dicho cuerpo no se ha »formado por limitado tiempo, he dado las disposi- »ciones convenientes para atender á su subsistencia, »etc.» (Documentos oficiales.)

No se entienda, por lo que dejamos dicho, que ab- solutamente no hubiese ladrones y bandidos que per- seguir, pues los habia, pero eran pocos en número é incapaces de poder resistir á una partida de cuatro *mozos* y aun de dos. Comparado este estado de cosas con el de los años anteriores, puede decirse muy bien que ya no existian los bandidos, puesto que habian desaparecido completamente aquellas cuadrillas que habian puesto en alarma á los particulares y al mis- mo gobierno superior.

XI.

MUERE D. FELIPE, SUCÉDELE SU HIJO D. PEDRO MARTIR EN EL MANDO DE LAS ESCUADRAS: GUERRA DE LA INDEPENDENCIA.

Entre tanto D. Felipe Veciana habia llegado á una edad muy avanzada. Su hijo D. Pedro Martir que, como ya hemos dicho, era cabo de las ESCUADRAS, habia entrado hacia ya algunos años en su mayor edad y ejercia el empleo de segundo comandante. Por fin, vino el año 1790, en el cual los achaques y pa- decimientos de aquel noble patricio, se aumentaron de tal manera que, en pocos dias, le precipitaron hácia la tumba. Murió, como todos los de su fami- lia, con aquella calma y resignacion propia de un verdadero cristiano. Tambien al morir recomendó las ESCUADRAS á su hijo, y le encareció la obligacion de amar á dicho cuerpo y procurar su mayor gloria y esplendor, prevencion inútil hasta cierto punto, pues- to que D. Pedro, que habia nacido y se habia cria- do entre los *mozos*, les amaba á todos, y les consi- deraba como miembros de su propia familia. Muer- to D. Felipe, fué nombrado comandante su hijo Don Pedro Martir, segundo de este mismo nombre, jó- ven aun, de elevada estatura, semblante severo é imponente, enjuto de carnes, pero robusto y fuerte como todos los de su familia. Ya hemos visto el pa- cífico estado en que estaba el país al empuñar el baston de mando de las ESCUADRAS, pero en aquella misma época (año 1790), se agitaba en Francia una tan recia tempestad, que pronto debia hacer estremecer á toda la Europa, haciendo bambolear las monarquias fundadas en los más sólidos cimien- tos y más seguras bases. En Francia se habia esta- blecido aquella república tan regeneradora como turbulenta, que, salpicando el cadalso con la san- gre de un rey, víctima espiatoria del sensualismo y prostitucion de sus antepasados, debia enrojecerse pronto con la de sus hijos más nobles y esclarecidos, mezclada con la de los mismos proconsules de aquel sistema de terror y espanto. Aquella atrevida repú- blica, combatida por propios y estraños, arrojaba el guante á unos y á otros, sin que ninguno se atre- viese á recogerlo, y los que lo intentaron caro pa- garon su atrevimiento. Entre tanto en España habia dos hombres de Estado eminentes, Aranda y Flori- dablanca, pero estos dos políticos estaban discordes entre si, sobre la marcha que debia adoptarse en vista de los peligros y recelos que infundian los gra-

vísimos acontecimientos de que era teatro el vecino reino. Opinaba Floridablanca que España debia convenirse con las demás naciones para declarar la guerra á Francia, puesto que, apesar de todos sus esfuerzos y de las considerables cantidades que se habian invertido para librar al desgraciado Luis XVI y su familia, este habia perecido ya en un cadalso, y aquella gemia en la torre del Temple esperando igual suerte. Pero el conde de Aranda creia que de- bia seguirse el sistema de estricta neutralidad. Otro síntoma alarmante se presentó en aquella misma época; el favoritismo, esa enfermedad dominante casi en todos los palacios de los reyes, especial- mente absolutos, y que tantos males habia causado ya en España durante las monarquias anteriores. Esta vez el privilegiado era D. Manuel Godoy, hom- bre afable y de finos modales, pero que, si bien reunia las cualidades necesarias para ser el favorito de la reina, no tenia talento ni carácter para ser un hombre de Estado. Si la esposa de Cárlos IV no hu- biese abrigado, respecto de su favorito, tantas pre- tensiones, probablemente que ni en sus dias ni des- pues, la crónica de las debilidades de las reinas, hubiera llenado tantas páginas, para contarnos aquella debilidad; pero no fue así, sino que la reina quiso, y logró, que su favorito fuese el ministro uni- versal, el unico hombre de Estado de aquella época. Para lograr su intento procuró enconar más y más las diferencias entre Aranda y Floridablanca, encono que, habiendo llegado á su colmo en 1792, acabó con la caida de este último hombre de Estado, sa- liendo á ocupar su puesto Godoy, creado ya conde de Alcudia. Derribado luego el conde de Aranda, quedó dueño absoluto el nuevo conde, apesar de sus bien limitadas facultades. Cárlos IV era tan *bueno* que su bondad causaba lástima, segun espre- sion de un historiador moderno. Él era el principal apoyo del dichoso favorito, sin advertir que con esto se indisponia con la nacion y con los miembros de su familia. Más tarde un soldado valiente y afor- tunado, un general, un genio llamado Napoleon Bo- naparte, habia comprimido con su mano de hierro aquella misma república francesa, contra la cual se habian estrellado todos los elementos coligados.

La habia convertido en un consulado para sí, y luego en un imperio, en que él mismo se sentó para engrandecerlo despues con otras coronas é imperios que repartió entre sus mismos soldados. El príncipe de Astúrias, aquel Fernando VII el *deseado*, que tanto llanto causó más tarde á los mismos que supieran defender su trono abandonado por él y su *bondudoso* padre; á los mismos, en fin, que tanto lo habian *deseado*, odiaba el favorito, y conspiraba contra él, sin advertir que no podia hacerlo sin dirigir sus emponzoñadas saetas contra su propio padre. En su despecho, habia escrito una incalificable carta al poderoso Napoleon, en que le reconocia por el hombre más grande y esclarecido de la tierra, pidiéndole una pariente por esposa, y prometiendo que no se casaria sin su consentimiento. Al propio tiempo dió un decreto con fecha en blanco al duque del Infantando, escrito y firmado de su propio puño, en que le mandaba tomar el mando de Castilla la Nueva, tan pronto como muriese su padre Cárlos IV, siendo asi que éste gozaba de perfecta salud. Descubierto el complot, Fernando se espantó de su propia obra, pidió perdon á sus padres, confesó su culpa, y ellos lo perdonaron, de modo que las cosas

D. Pedro Martir Veciana, cuarto comandante de las Escuadras.

continuaron como antes, á saber: la reina mirando con ternura á Godoy, éste gobernando disparatadamente, el rey con su bondadosa bondad y el hijo con sus *travesuras juveniles* y semejantes á las anteriores. Pero nuestra digresion va haciéndose demasiado prolija, mucho más de lo que permite el objeto de la historia que escribimos, y vamos por consiguiente á terminarla, suplicando antes á nuestros lectores que disimulen nuestro estravio. En fin, el resultado de todas esas disensiones domésticas, de ese ódio del príncipe contra el valido y de este contra el de Astúrias, fué, que padre é hijo se entregasen libre y espontáneamente á merced de Napoleon en Bayona en el mes de abril de 1808. Alli el padre reclamó la corona á su hijo, puesto que solo á causa de sus intrigas é infamias la habia abdicado en su favor, llenándole con este motivo de amenazas y dicterios hasta el estremo de tratarle de usurpador y asesino. El hijo quedó anonadado por las amenazas del padre, y Napoleon, que conoció lo que podia esperarse de Cárlos IV, del principe de Astúrias, de la reina y del favorito, cortó por medio, haciéndoles abdicar la corona, quedando así huérfana la monarquia, precisamente cuando más necesitaba del apoyo de un vigoroso padre. Y en medio de este conflicto ¿qué hizo la nacion? Se levantó como un solo hombre y defendió su independencia con tanto valor y denuedo, que llegó al estremo de acobardar á aquellas mismas huestes estranjeras, vencedoras hasta entonces en todos los cuatro ángulos de Europa. ¿Y qué hicieron las Escuadras? Esto lo sabrán nuestros lectores por el periodo histórico de este cuerpo que vamos á escribir. La *magnánima* nacion española, dió una prueba irrecusable en aquel entonces, de que realmente era digna de orgullecerse con un título tan honroso. El memorable dos de mayo y las famosas hazañas de los paisanos organizados en somatenes, probaron á la faz del mundo lo que vale una nacion cuando trata de defender sus fueros y nacionalidad. Las victoriosas huestes del, hasta entonces, invencible Napoleon I, tuvieron que persuadirse de esta verdad, apesar de los inauditos esfuerzos que emplearon para dejarla desmentida. Organizáronse *somatenes* en todas partes, pudiendo asegurarse que fueron en Cataluña el núcleo de estos las Escuadras del baile de Valls, y se vió en seguida á los *mozos* formar la vanguardia de aquellas tropas irregulares. No habia entonces bandidos ni ladrones que perseguir, porque no habia más que *españoles* que se preparaban contra los franceses, de modo que nunca se habia visto tanta seguridad en los caminos. Como si el eco de la defensa de la patria, penetrando en todos los corazones, hubiese convertido en buenos, hasta á los malvados y criminales de profesion. En todas las villas, pueblos y lugares, el pueblo se agrupaba al rededor de aquellas personas que, por su posicion social y antecedentes, gozaban de más ó ménos prestigio entre ellos, asi es, que no es estraño que los habitantes de la villa de Valls en particular, y los de todos aquellos pueblos y lugares, fijasen su vista en D. Pedro Veciana, descendiente de una familia que hacia un siglo vivia consagrada al servicio público al frente de las famosas Escuadras del principado. El comandante y los *mozos* correspondieron á la confianza que habian infundido entre sus paisanos, y distribuidos entre los varios somatenes, se les vió dar pruebas de valor y bizarria en todas las batallas, encuentros y sorpresas que se dieron á los franceses. Asi los *mozos* tomaron parte en los sitios de Hostalrich, de las Medas, Lérida y Mequinenza, é hicieron prodigios de valor en Santa Perpétua y Mollet, donde tantos descalabros sufrió el general Duchesne. Sabido es que en Cataluña se habian hecho muy famosas las guerrillas mandadas por Milans, Manso y Eroles; los *mozos* se unian muchas veces á estas mismas guerrillas, y tomando parte en sus gloriosas hazañas, se hacian notar por su valor y serenidad en el combate. En la memorable sorpresa de La Bisbal, que tanto temor infundió á los franceses, de modo que en adelante no se atrevieron más á dar un paso sino con todas sus tropas en masa, se hallaban los *mozos* y tomaron una parte muy notable en aquella gloriosa jornada. Ya el mismo general Blake, que mandaba las fuerzas en Cataluña, habia fijado su atencion en aquel puñado de valientes, que, multiplicándose por medio de su valor é incansable actividad, se veian siempre en todos los combates y peligros. Su sucesor en el mando, el general O'Donnell, en tanto reconoció la importancia de los servicios de las Escuadras en aquella época, que en una carta particular decia al digno comandante de aquella fuerza entre otras cosas lo siguiente:

«Si las circunstancias en que nos hallamos no »impidiesen la formacion de tres ó cuatro batallones »montados bajo el pié de las Escuadras, estoy seguro »que una fuerza asi organizada prestaria eminentes »servicios á la pátria, etc.» (Documentos originales).

Pero O'Donnell tenia razon, porque un cuerpo como el de las Escuadras, jamás puede crearse de improviso. Ya hemos visto el esquisito tacto con que habia sido formado, conservado y aumentado por el espacio de más de un siglo. Menester era, si queria conservarse con aquel grado de honradez, valor y celo, con que ha llegado hasta nuestros dias, que no se maleasen las bases de una institucion, única en su clase, que ha sabido conservarse pura é intacta despues de cerca doscientos años de existencia. El comandante de los *mozos* se habia conservado el mando de unos setenta y cinco de los más valientes y decididos, y con ese puñado de héroes, hizo prodigiosas hazañas. Seguia esta fuerza todos los movimientos del ejército francés mandado por el general Suchet, comunicaba los mismos movimientos á los demás somatenes, y de ahi aquella guerra temible y espantosa que, sin presentar ninguna batalla, ni aceptar ningun combate, causaba más pérdidas á los franceses y les desconcertaba más que todas las batallas más sangrientas en que habian tomado parte. En 2 de mayo de 1811, Suchet habia puesto cerco á la ciudad de Tarragona con un ejército de veinte mil hombres. La plaza era defendida por siete mil combatientes, y á más se hallaba ausiliada por la parte del mar, por tres navíos y dos fragatas inglesas. Campoverde, que entonces tenia el mando del ejército de Cataluña, acudió por mar desde Mataró con un refuerzo de dos mil hombres. Tal vez hubiese sido mejor que dicho general y su refuerzo no hubiesen llegado, puesto que, habiendo abandonado la plaza en cuanto el fuerte del Olivo cayó en poder de los franceses, su retirada produjo un malísimo efecto, capaz de desalentar á corazones ménos leales y decididos del que lo eran los defensores de aquella antiquísima ciudad. Entre tanto todos los guerrilleros acudieron al lugar del peligro, hostigando continuamente al ejército sitiador con sus contínuas correrias, escaramuzas y sorpresas. El comandante de los *mozos* con sus setenta y cinco valientes, atacó á un convoy enemigo de quinientos mulos, y con un valor y denuedo á toda prueba, logró detenerle en su marcha, y esto que era custodiado por mil infantes y un escuadron de caballeria. El intrépido guerrillero Eroles acudió al momento al lugar del combate, y pronto aquel rico convoy quedó en poder de los españoles, apesar del valor y tenacidad con que fué defendido por los franceses. El dia 27 de mayo, el intrépido cuerpo de las Escuadras, acometió un destacamento francés de unos tres mil hombres, casi en los mismos muros de la ciudad. Sabian los *mozos* que, tan pronto como alguna de las fuerzas diseminadas, atacaba á los franceses, acudian los demás guerrilleros en su ausilio, y esto les animaba á intentar golpes tan atrevidos, que bien podian calificarse de temerarios. Sus esperanzas no salieron fallidas aquel dia, puesto que, habiendo tomado parte en aquel combate Eroles y los suyos, obligaron á los franceses á replegarse con el grueso de su ejército con pérdidas de muchisima consideracion. Suchet, irritado contra esas tropas tan irregulares en su organizacion, como valientes y tenaces para el combate, destacó una division de 7,000 hombres para esterminarlas y acabar con ellas de una vez. Pero sucedió lo de siempre. Aquellos terribles enemigos de los franceses desaparecieron como por encanto sin dejar huella ni rastro en pos de si. Cansada y fatigada la division destacada en su persecucion, regresó al cuartel general, sin haber podido siquiera disparar un solo tiro. Una hora despues de su regreso, los *mozos* y el somaten de Valls se habian arrojado sobre un destacamento francés compuesto de tres compañias de granaderos que iban á situarse frente la muralla que mira hácia la parte de Valls. ¿De dónde habian salido aquellos valientes? Hé ahi lo que preguntaba Suchet, y lo que dejaba admirados y llenos de pavor á sus soldados. Entre tanto vino la terrible y espantosa noche del 18 de junio, noche de terror, de sangre y esterminio para los heróicos defensores de Tarragona. Los franceses habian abierto una terrible brecha y asaltado la ciudad por la cortina y baluarte de San Pablo. La lucha fué tenaz y encarnizada. Las primeras columnas que asomaron por la brecha, cayeron ametralladas á quema-ropa; la misma suerte cupo á las segundas y otras y otras, creciendo el valor y denuedo de los sitiados, á medida que se multiplicaban las acometidas. Adelántase en fin la reserva francesa, con los ayudantes de Suchet á su cabeza. Ocupa el baluarte afirmando el pie sobre los cadáveres franceses, y al momento córrese por los muros, flanquea á los defensores, y ataca por la espalda, á los que estaban prevenidos para defenderse frente á frente. Desde este momento todo fue confusion y espanto entre los defensores de la plaza. Nada perdono la soldadesca francesa. Las doncellas, las esposas, los ancianos y los niños, todos fueron victimas de su brutalidad y barbarie. Cuatro mil habitantes perecieron; pero costó á los franceses el sitio más de siete mil hombres. Con la perdida de Tarragona, decayó en gran manera el ánimo de los soldados, mas no el de los *mozos* y demás intrépidos guerrilleros, quienes se convencieron que ellos y solo ellos, debian ser la destruccion de los enemigos y el afianzamiento de la causa nacional. Desde aquel momento los franceses se vieron más atacados que nunca por esas falanges de enemigos invisibles, que aparecian por todas partes, causando la mortandad y esterminio, y que, sin embargo, no podia dárseles alcance por más actividad y celo que se emplease. Eran unos meteoros, ó fuegos fátuos, que huyen del que los persigue, y van en pos del que de ellos se quiere escapar. No era posible escarmentar á unos enemigos que no se veian, y cuya única señal de su presencia, era la muerte de los franceses ante los cuales aparecian de un modo invisible para ser atacados, pero muy visible y palpable para atacar. En los últimos dias del año 1813, podia decirse que la guerra estaba ya terminada. Despues de la retirada de Rusia, hubo de embarazarle á Napoleon su prisionero de Valencey, porque si bien es verdad que este habia pasado todos aquellos años adulando y acariciando al mismo Napoleon contra cuyas huestes sus vasallos derramaban raudales de sangre: con todo, Napoleon creyó que ningun rey podia convenir mejor para sus ulteriores planes, que Fernando VII, porque habia dado pruebas tan inequivocas de agradarle más vivir en Francia que en España, de lo contrario se hubiese escapado, lo que le hubiera sido muy fácil, puesto que no se tenian tomadas medidas de precaucion. Finalmente, Fernando VII entró en España en 1814 por la frontera de Cataluña, y concertado por algunos jefes militares. entre ellos Elio y Eguia, se

hizo proclamar rey absoluto, derribando asi brusca é ingratamente unas instituciones que, si bien eran muy susceptibles de perfeccion, no dejaban de contener sabios principios y bases para la reorganizacion de una monarquia tan decaida como humillada, no en sus miembros, sino en su propia cabeza. Hemos trazado á grandes rasgos ese periodo de la historia de las Escuadras, sin detenernos en contar pormenores, aun respecto de las hazañas de los *mozos*, por la sencilla razon de que, nuestro objeto ha sido el de escribir las proezas de las Escuadras, bajo el punto de vista de la indole y naturaleza de su institucion. Ya lo hemos dicho desde un principio, y lo repetiremos hasta la saciedad: las Escuadras fueron creadas para *perseguir á los malos y defender á los buenos*, asi es, que si bien son muy recomendables y dignas de alabanza sus hazañas, durante la guerra de la independencia, con todo, nosotros, consecuentes en nuestro propósito, solo las hemos tocado muy someramente, como lo habrán notado nuestros lectores. En fin, despues de concluida la guerra de la independencia, la nacion entró en su estado normal, y las Escuadras al carril de los servicios y hazañas peculiares de su institucion. En esta época, lo mismo que en la posterior á la guerra de sucesion, apareció un enjambre de ladrones y bandidos que comenzaron á sembrar el terror y el espanto por todo el pais. La seguridad de los caminos desapareció enteramente, las casas de campo eran asaltadas con mucha frecuencia, sus dueños robados, y quemados á fuego lento para hacerles sacar el dinero, que muchas veces no tenian, y atormentados, en fin, del modo más borroroso. Las Escuadras acudian á todas partes, batian á los pocos bandidos que osaban hacerles frente, y escondiéndose en las mismas casas de campo, en que se sabia por los confidentes que los ladrones debian penetrar, hacian correr la inmunda sangre de los malvados y llenaban las cárceles de criminales y asesinos. En un mes mataron cerca un centenar de malvados que les opusieron resistencia é hicieron unos trescientos prisioneros. (Documentos originales). Los bandidos de aquella época, por punto general, eran de la clase comun y ordinarios. Se habian organizado despues de la guerra, reuniéndose en varias cuadrillas. los desertores del ejercito, los prófugos de las quintas anteriores, algunos de los renegados (*carajinals*). y todos los malvados escapados de las cárceles públicas y de los presidios, durante la anterior epoca de desolacion y trastorno. Malvados todos, y criminales de oficio, no habian podido avenirse con la idea de tener que vivir con los hombres de bien que formaban una sociedad en la cual aquellos perdidos se habian introducido durante el periodo de confusion, formando parte en los varios somatenes y guerrillas; asi es, que habiéndose iniciado esta nueva era, volvieron á sus andadas y continuaron su lucha contra los hombres, la civilizacion y las leyes. Como eran tantos en número, se desdeñaban de acudir á la astucia y ardid para robar y matar, de modo que toda su táctica consistia en robar y asesinar descaradamente á cuantos caian en sus manos. Pero en medio de esta turba de malvados, amalgama de todos los tipos que hemos descrito en las vidas de los bandidos anteriores, uno nos presenta la historia especial y único en su clase y que no va comprendido en las demás, como lo verán nuestros lectores por el contenido de la leyenda que sigue.

7

HISTORIA DEL BANDIDO JUAN SERRA (a) LA PERA.

I.

El dia 30 de diciembre del año 1809 , una partida de tropa al mando del sargento D. Francisco Rosell, entró en el pueblo del Pla, en donde debia tomar un descanso de algunas horas. Los soldados fueron alojados entre tres ó cuatro casas, mientras el sargento cumplia algunos encargos del servicio. Pasadas algunas horas, estando ya formados los soldados para ponerse otra vez en marcha , se presentó una mujer, y dió parte al sargento de que los soldados le habian robado una gorra (barratina). El sargento exhortó á los soldados diciéndoles que devolviesen aquella prenda á la mujer, pues de lo contrario seria castigado el ladron. Pero la tal prenda no pareció; como la mujer insistia, y el sargento era celoso obervador de la disciplina, comenzó un registro entre los soldados , cuyo resultado fué hallar la prenda robada en poder del soldado Juan Serra. Afeóle el hecho y le reprendió pero con bastante moderacion, atendido el rigor militar. En seguida emprendieron la márcha. Es de advertir que Juan Serra y algunos otros soldados de la partida , eran procedentes de la última quinta que se habia hecho, asi es, que aun no tenian fusiles. Ya puestos en camino y á una hora de la poblacion, Serra se brindó con otro soldado amigo á llevarle el fusil. Este se lo entregó sin el menor recelo, y apenas lo tuvo, apuntó y disparó contra el desgraciado sargento Rosell , con tanto acierto, que lo dejó yerto cadáver. Aquel atrevido atentado cogió tan de improviso á los soldados, que los tuvo suspensos y aturdidos por algunos segundos, de modo que el asesino Serra tuvo tiempo suficiente para escaparse con el mismo fusil y ocultarse por entre aquellos bosques. Hé ahi como inició su carrera este bandido, terror más tarde de toda la gente de bien por su audacia y refinada pasion al asesinato. Serra no robaba, no era pues bandido para robar, pero asesinaba, dejando sus víctimas intactas, es decir, sin robarles un maravedí. ¿Por qué, pues, asesinaba ? Más tarde, puesto ya en capilla, el mismo nos lo dirá. Por esto hemos dicho que este bandido pertenece á una clase nueva que podremos nombrar de los *sanguinarios*, puesto que su pasion dominante era derramar sangre y gozar con las últimas palpitaciones de sus víctimas. Despues del infame asesinato del sargento, Serra se juntó con una partida de las llamadas *afrancesadas* (*cara jirats*, segun el idioma del pais), gente vil y soez, traidora á su patria, espia de sus propios hermanos y confidente de los enemigos de España. Serra vivió entre ellos á sus anchuras porque todos los dias podia satisfacer su pasion favorita de derramar sangre. En una de sus correrias vino á hospedarse por algunas horas en la casa de campo de Jaime Rodon, conocida con el nombre de MAS DEN SIMON. Mandaba una partida de afrancesados de unos diez hombres, todos gente perdida, ladrones de oficio, prófugos del presidio y cárceles públicas , á quienes sin embargo, ¡mengua es el decirlo! los franceses tenian dada carta blanca, como suele decirse, para cometer todo género de fechorias, so pretesto de castigar á los espias y asesinos de los soldados franceses. A la sazon,

Serra y los suyos llevaban presos tres infelices paisanos cogidos por espias. Estos iban tristes y abatidos, pues ya sabian cual era la suerte que les esperaba, habiendo tenido la desgracia de caer en manos del feroz y sanguinario Serra. En la casa habia una jóven de unos diez y ocho años de edad, hermosa y agraciada, que desde el momento llamó la atencion del bandido Serra. Uno de los presos era amigo de la familia Rodon, puesto que vivia no léjos de la casa y solia frecuentarla. Aquel desgraciado, que era ya un anciano de cerca sesenta años, pidió con lágrimas en los ojos á sus amigos que se interesasen en su favor y lo librasen de una muerte que consideraba muy cercana. Rodon y su mujer pidieron efectivamente gracia para aquel desventurado; pero Serra, con su corazon de hiena, ni siquiera quiso escucharles. En esto el anciano pide de rodillas á la doncella que interceda por él, creyendo que tal vez seria más afortunada que sus padres. La muchacha accede, y el bandido con asombro de sus compañeros, otorga el perdon y la libertad del viejo. Desde este momento aquella alma sanguinaria sintió una pasion amorosa hácia aquella jóven, un amor que hasta entonces habia desconocido. Pero lo más raro fué que aquella pasion era correspondida, pues realmente la jóven se enamoró del bandido apesar de que sus prendas personales no eran muy agradables, prescindiendo de las morales que eran aborrecibles y detestables. Pero ¿quién ha podido definir hasta ahora en qué consiste la simpatia amorosa? ¿Quién puede decir qué prendas se necesitan para inspirar una pasion á una mujer? ¿Ser hombre de bien? ¿Cómo, pues, muchas veces se enamoran de un malvado? ¿Ser buen mozo y de agraciado rostro? ¿Cómo, Maria, pues este era el nombre de la jóven, se enamoró de Serra, siendo asi que era de un color moreno amulatado, de una estatura más bien pequeña que elevada, mirada siniestra y repugnante, nariz achatada y boca bastante grande y de ninguna gracia? En fin, Serra era un hombre feo fisicamente mirado, y repugnante y asqueroso considerado por su parte moral. Sin embargo, Maria, que era hermosa de cuerpo y alma, se enamoró de aquel mónstruo de maldad. ¿Cómo esplicaremos este fenómeno? ¿Cómo otros muchos por el estilo? ¡La simpatia! Si, ya ¿pero en qué consiste ésta? Hé ahi un secreto en que no hemos podido penetrar. Sabemos muy bien que nuestra alma tiene sus ojos, que miran muchas veces al través de los del cuerpo; asi es, que si Serra no hubiese sido tan malvado, diriamos que Maria habia leido en su alma y penetrado en su corazon, sin detenerse en la fealdad de la corteza representada por su cuerpo feo. Pero el alma y corazon del bandido eran más feos que su cuerpo. ¿De qué se enamoró pues María? No lo sabemos, pero estamos inclinados á creer que los ojos del alma se engañan muchas veces y alucinan como los del cuerpo. Por otra parte, el feroz Serra, aquel hombre que desde sus primeros años solo gozaba y sentia al derramar la sangre de sus semejantes, esperimenta por primera vez una sensacion desconocida, una pasion pura, que llega á dominar la única que hasta entonces habia sido la señora y reguladora de sus actos, porque, al fin, Serra perdona por primera vez y renuncia al criminal placer de derramar sangre. ¿Cómo se esplica este cambio? Nos inclinamos á creer que la pasion pura de Serra hácia María, hubiera tal vez podido ser su ángel bueno, si María hubiese sido, como Julia, una jóven de instruccion, amante de Serra, no por lo que era, sino por lo que podia llegar á ser, una vez curado de la inicua pasion que le dominaba. Pero desgraciadamente, María no era para Serra, lo que Julia habia sido para Claudio. María no era más que una jóven criada en el campo, sin ninguna clase de instruccion. Vió á Serra, le amó y se entregó á su pasion amorosa sin cuidarse de las cualidades buenas ó malas de su amante. Más tarde veremos cuan fatal fué esta pasion para ambos amantes. Serra y los suyos partieron luego, llevándose los otros dos presos. Aquellos infelices fueron asesinados dos horas despues en lo más desierto de un sendero. De este modo el bandido pudo añadir dos nombres más al considerable catálogo de asesinatos que llevaba consumado desde la muerte del sargento Rosell. Despues continuó su abominable carrera como antes. Traidor á la patria, desertor del ejercito, asesino de su jefe, todo su placer consistia en manchar las manos con sangre de nuevas victimas. Un cambio sin embargo habian notado los suyos desde el dia en que por primera vez habian visitado el *Mas den Simon*, á saber, que apenas se pasaban dos dias, sin que Serra los condujese á dicha casa. Muchas veces era preciso para ello hacer contramarchas y rodeos de muchas leguas, pero esto no era obstáculo para el bandido, de modo que, viendo á veces que su gente iba fatigada y murmuraba, los dejaba á seis ó siete horas de distancia de aquella casa, y solo, con gran riesgo de su vida, satisfacia su gozo de ver y hablar con su amada. En esto terminó la guerra, y se disolvieron las guerrillas y somatenes. Las pocas partidas de los afrancesados quedaron sin el apoyo que hasta entonces les habian dispensado los franceses. La venganza de sus paisanos les amenazaba, y como casi todos eran criminales de profesion, organizaron sus cuadrillas de bandidos, aumentando de esta manera el gran número que, como ya hemos dicho, pululaba por todas partes. Pero nuestro célebre bandido no formó parte en ninguna de aquellas cuadrillas. Se separó de sus antiguos camaradas, y solo, completamente solo, comenzó á trabajar por cuenta propia, haciendo séntir bien pronto los espantosos efectos de su infame ocupacion. ¿Por qué obró así? Porque Serra era una especialidad en su clase. No se podia juntar con los ladrones, porque no era ladron; no se podia unir con los asesinos, porque, afortunadamente para la humanidad, si bien todos aquellos malvados muchas veces asesinaban, cuando lo hacian, era ó para robar ó para infundir espanto, pero ninguna de las cuadrillas asesinaba para gozar del bárbaro placer de derramar sangre humana. Asi es que Serra, que se conocia á si propio y conocia á los demás, hubo de convencerse de que era solo y único en su clase, y por consiguiente que no debia juntarse con los otros puesto que eran incapaces de comprenderle y secundarle. Dejemos, pues, por un momento á los demás, dejemos á los *mozos* volando en su persecucion, y sigamos á nuestro bandido. Serra tenia entonces unos 24 años. Natural y vecino de la hermosa villa de Valls, allí tenia sus honrados padres y hermanos, sus parientes, amigos y conocidos. Ya desde sus primeros años habia dado pruebas de su carácter vengativo y travieso, y si hemos de juzgar por las

palabras que de voz en grito pronunció más tarde al ser conducido al suplicio, deberiamos decir, que él mismo reconocia que sus padres habian sido demasiado indulgentes con él. Hemos dicho que Serra era vengativo, ahora podemos añadir que lo era en tan alto grado, qué á un acto de venganza de los, tal vez nunca vistos, debió el renombre ó apodo de LA PERA, con que generalmente es conocido en todo el principado.

II.

POR QUÉ LE LLAMAN LA PERA.

Era una tarde fria del mes de noviembre de 1814. Un hombre de avanzada edad, llamado Rabusté, estaba sentado junto á la puerta de una pequeña casa de campo, de las conocidas en la provincia de Tarragona con el nombre de Masias. Soplaba un viento norte con tal bravura, que muchos labradores habian tenido que abandonar las faenas del campo. Rabusté era uno de estos, y sentado junto á la puerta de su reducida masía, estaba tomando el sol, esperando la hora de regresar á Valls donde tenia su morada. En esto se presenta nuestro bandido, sin llevar ninguna arma ostensible, puesto que habia dejado su trabuco escondido á unos pocos pasos de distancia. Saluda cortesmente al anciano, y éste le vuelve su saludo con afabilidad, si bien no sabia quién era la persona que se habia presentado.

—¿No me reconoceis? dijo el bandido.

—No, por cierto.

—Entonces habreis olvidado una historia que pasó algunos años atrás.

—Han pasado tantas cosas de algunos años á esta parte, replicó el anciano, aludiendo á los trastornos de la guerra de la independencia, que es dificil recordarlo todo...

—Pero la escena á que yo me refiero, dijo el bandido con una calma y serenidad asombrosa, atendidas las depravadas intenciones de su corazon, es muy interesante, y asi, estraño mucho que la hayais olvidado.

—Recordadme alguna circunstancia, y tal vez de este modo renovareis mi memoria.

—Escuchadme, dijo el bandido clavando por primera vez su mirada sombria y siniestra sobre el anciano. Tengo veinte y cuatro años, y la escena que voy á recordaros pasó cuando yo contaba tan solo diez, cuando era niño.

—Esto quiere decir que han trascurrido catorce años.

—Cabales, amigo mio. Era una tarde del mes de julio; yo y otros muchachos de mi edad, año más ó ménos, habiamos asaltado la cerca de vuestra huerta y nos habiamos encaramado en los perales, que por cierto estaban atestados de peras, y, cosa de muchachos, las cogiamos y nos las comiamos. Repentinamente, y cuando ménos lo esperábamos, vos nos sorprendisteis, y con un bastoncillo de olivo que teniais en la mano, comenzasteis á sacudirnos á todos. Pero mis compañeros, más diestros ó más afortunados que yo, lograron escaparse sin casi recibir ningun golpe. Yo tuve la desgracia de resbalar y caerme, vos me cogisteis y teniéndome con la una mano, con la otra me aplicasteis algunos golpes con vuestro delgado palo. Al fin me soltasteis, y cuando yo estuve á una distancia regular de vos, ¿no recordais que me volví y os dije: *los pequeños se hacen grandes?*

—Realmente, contestó el anciano con la sonrisa en los labios, me ocurre ahora alguna idea confusa de lo que me contais.

—Me alegro: pero ahora viene la parte más interesante. Aquel niño realmente se ha hecho grande. Ya lo veis... ya veis que ya no soy un niño, sino un hombre, que viene á vengar una afrenta que recibió en su niñez.

Y diciendo esto el bandido, sacó su puñal, al mismo tiempo que una mirada siniestra inflamó sus ojos y una sonrisa satánica asomó en los labios de aquel hombre sanguinario. Devoraba con la vista á su desgraciada victima, las venas de su frente se habian inflamado, todo su semblante revelaba la sensacion de un hombre que vé cercano el momento de placer y gozo que debe esperimentar con la satisfaccion de una pasion que le domina. La sangre humana tenia para él un olor especial, un embeleso, del cual dis-

El bandido Serra (a) LA PERA, haciendo oracion, despues de sus asesinatos, en las puertas de la iglesia del Cármen de Valls.

frutaba, aun antes de derramarla, siempre que estaba seguro de que lo iba á verificar. El anciano se hallaba en uno de aquellos momentos en que el hombre piensa soñar estando dispierto; se frotaba los ojos, como si quisiese ver mejor lo que tenia delante, y movia su cuerpo como para cerciorarse de que realmente no dormia. El bandido disfrutaba con la confusion y asombro de su victima y se deleitaba infernalmente en prolongarla.

—Y bien, dijo por fin, ¿qué contestais?

—Creo que todo esto no pasa de una broma.

—¡Una broma!... ¡Vamos, buen hombre, que no sabeis con quien tratais! Rezad un credo, pues vais á morir.....

El malvado pronunció estas palabras con un acento tan particular que hizo estremecer al anciano. Un sudor frio comenzó á correr por su frente y un temblor general se apoderó de todo su cuerpo. El bandido revelaba en su semblante el gozo interior de su alma condenada.

—Rezad el credo, de lo contrario, no será culpa mia si moris como un pagano.

—Perdon!... esclamó la infeliz victima. Ya veis que solo os castigué para defender mi huerta: ya veis que os pegué con un palo delgado que no podia haceros gran daño. ¿Será posible que me mateis por eso?

—Os mataré ahora mismo: os lo repito, rezad el credo, ó sinó morireis como un perro, y yo quisiera veros morir como un cristiano.

El anciano se arrodilló á los piés de su verdugo, imploró de nuevo su clemencia, pero viendo que todo era en vano, comenzó á rezar el credo. Mas pronto le faltaron las fuerzas para continuar su plegaria. Entonces el bandido, con una serenidad y calma espantosa, comenzó á rezar por él, y despues de concluida la oracion, clavó el puñal en el pecho de su victima. Observó con placer el derramamiento de la sangre, gozó contemplando los últimos momentos del desgraciado anciano, y en seguida se retiró, despues de haber rezado un padre nuestro en sufragio del alma de su victima. Pero este no habia muerto aun, y tuvo suficiente vida para contar en breves palabras todo lo que dejamos referido, á unos labradores que la Providencia condujo al lugar de la desgracia.

—¡Por un robo de *peras!* esclamaron todos.

—¡Por una *pera*, dijo otro, matar á un hombre!

Desde aquel dia Juan Serra, solo fue conocido con el nombre de LA PERA. La noche de aquel mismo dia lo fué de las más oscuras y sombrías. El viento soplaba con la fuerza de un huracan. Densas y opacas nubes cruzaban por el cielo amenazando una recia tempestad, detenida solamente por la violencia del viento. Todo infundia terror y espanto. Ni un solo sér viviente se hubiera atrevido á cruzar los campos en aquella noche tan tremenda, á no ser impelido por una urgente necesidad. Un hombre, sin embargo, atravesaba el sombrio torrente llamado *den Puig*, cuyas aguas lamen las tapias de la villa de Valls. Este hombre que parecia el genio de las tempestades, gozando con el espectáculo provocado por el mismo, tomó un sendero estrecho practicado en medio de dos paredes de una altura regular que sirven de cerca la una para la huerta del convento del Cármen y la otra para la llamada del Pabruté. Este estrecho camino sale á una plaza llamada del Cármen, extramuros de la villa de Valls, por estar situado allí el convento de Padres Carmelitas. Nuestro misterioso viajero se dirige á la puerta de la iglesia, cerrada en aquella hora como es de suponer. Se arrodilla devotamente, y comienza á orar con fervor. El viento habia mitigado su furia; pero la tempestad era aun más imponente. El fulgor del relámpago, seguido de un espantoso estallido, hacia estremecer los edificios, incluso el mismo templo. El desconocido, con todo, continuaba absorto en su oracion. Una densa y espesa lluvia comenzó á inundar el rostro y cuerpo de nuestro devoto, pero ni por eso suspende su plegaria. Por fin, una hora despues, calmada ya la lluvia, aquel hombre enciende dos cirios, que deja delante de la iglesia, hace una genuflexion y se retira por el camino que conduce hácia la carretera de Tarragona. Dos horas despues, á una señal convenida, se abre una puerta escusada del MAS DEN SIMON, y nuestro desconocido entra en la casa donde es recibido por una mujer que le dice:

—Muy tarde has venido hoy, mi querido Serra.

—Es que he tenido mucho que hacer, mi idolatrada María.

Ya saben ahora nuestros lectores quien era aquel devoto que con tanto fervor oraba ante la inmaculada Virgen del Cármen. ¿Cómo esplicaremos este segundo fenómeno de tan singular criminal? Si creia en la Madre del *Verbo divino* ¿cómo se atrevia á hollar tan sacrilegamente las leyes de la naturaleza y los preceptos de aquel mismo Hijo ante la imágen de cuya Madre se arrodillaba y oraba? Tenia escrúpulo de que sus victimas muriesen sin rezar el *Credo*, y no lo tenia de asesinarlas bárbaramente. Creemos que la pasion hácia el derramamiento de sangre humana, llega á tomar el carácter de las demás pasiones, tales como la del incendio, la lascivia y otras, que, si no se reprimen y refrenan á su debido tiempo, llegan á dominar al hombre, convirtiéndole en un estúpido é idiota que confunde todas las nociones del bien y del mal, de Dios y Satanás, del infierno y el cielo. Y como el hombre en cualquier situacion en que se coloque, ó lo arrastren sus pasiones, siente siempre el deseo innato de *creer*, por esto LA PERA, conculcando todas las creencias, sentia la necesidad de creer en la Vírgen del Cármen: por esto Puch y los demás foragidos, renegando de Dios y de sus ángeles, creian en los espíritus infernales, en las brujas y hechiceras.

A los pocos dias LA PERA, por sendas estraviadas, se dirigia hácia Cobellas. A tres cuartos de hora de distancia, en un punto muy desierto y escusado, nuestro bandido se detuvo, y examinó el terreno con sumo cuidado.

—Esta es su pequeña hacienda, decia entre si, una hora ú otra el vendrá aqui, esperemos con paciencia, porque en este mundo todas las cosas quieren su tiempo.

Diciendo esto se escurrió como una serpiente en lo más espeso de unos matorrales y malezas, y se escondió allí acurrucado, no habiendo dejado más que dos ó tres agujeros por donde tendia su feroz mirada, atisbando su presa. Era la pantera hambrienta que esperaba al corderillo; el lobo rabioso que espiaba su victima para devorarla. Sacó sus provisiones y comió frugalmente. Asi se pasaron tres dias y tres noches sin que LA PERA dijese otra cosa sino que en este mundo todo necesita su tiempo. ¿En qué pensaba aquel cerebro obtuso y embotado por los errores y absurdas nociones del bien y el mal que él mismo se habia forjado á impulsos de su criminal pasion? Solo podemos decir, que muy amenudo rezaba la Salve encomendándose á la Vírgen del Cármen. El puesto que ocupaba era tan desierto y poco frecuentado que, en tres dias, no vió transitar más que á dos séres humanos. Pero á la mañana del dia cuarto, LA PERA vió pasar á un hombre de unos cuarenta años, con los instrumentos de labranza. «El es,» dijo el bandido, y en todo su semblante se retrataron los efectos de la sensacion de placer que esperimentaba en el interior de su depravado corazon. El recien llegado entró en un campo que era de su propiedad, y se puso á trabajar cantando alegremente. El bandido que no le perdia de vista decia: «Canta, canta, porque pronto los curas y frailes cantarán tus responsos.» En seguida salió de su escondrijo con la misma facilidad con que habia entrado. Sus miembros se hallaban encogidos, á causa de la posicion que habia guardado por el espacio de tantas horas, pero pronto recobraron su elasticidad. Entonces, con paso firme y seguro, se dirigió al punto en que estaba trabajando aquel honrado labrador.

—¿No me conoces? le dijo con tono de amenaza.

—No por cierto.

—¿Has oido hablar de LA PERA?

El infeliz labrador se puso pálido y desconcertado. Porque efectivamente habia llegado hasta sus oidos la espantosa fama del bandido.

—Creo que verdaderamente me han contado algo de un hombre que asi se apellida.

—Bien, ya que tienes noticia de LA PERA, tal vez conocerás más particularmente á un amigo suyo que se llama Juan Serra.

—Si: efectivamente, contestó el labrador temblando, yo conoci á un Juan Serra, y aun tuve el disgusto de reñir con él, por una friolera, cosas de amigos...

—Asi me lo ha contado Serra, pero segun me ha dicho, ya te previno entonces, esto es, seis años atrás, que se vengaria algun dia. Este dia ha llegado ya. Yo vengo á cumplir su venganza.

—¡Santo cielo!.. esclamó el infeliz labrador, perdido estoy, porque veo que LA PERA es el mismo Serra con quien yo tuve una pequeña pendencia, que ahora quiere vengar de un modo inaudito.

LA PERA sin escucharle le habia cogido con sus robustas manos y lo habia atado de piés y manos, á pesar de la terrible resistencia que opuso el labrador. Una vez hecho esto, sacó con gran calma su puñal, examinó su punta y en seguida dijo:

—Reza un Credo, porque quiero que mueras como un cristiano.

—Perdóname la vida, decia la desgraciada victima, ya sabes que nuestra antigua disputa fué insignificante, puesto que despues continuamos siendo amigos, y solo nos han separado las circunstancias... Perdon!.... amigo mio, perdon!..

—Reza el Credo, te repito, y no pierdas el tiempo en vano. Si no lo sabes rezar, yo te lo enseñaré, y diciendo esto comenzó á decir: *Creo en Dios...* Vamos, repite lo que digo.

El desgraciado labrador lloraba y se desesperaba. El infernal LA PERA gozaba con su llanto y desesperacion, y su gozo interior se veia pintado en todo su semblante. Aquella sonrisa satánica no le abandonaba. Era Lucifer gozando con los tormentos de los infelices condenados. Pero el asesino continuó rezando el Credo como pudiera hacerlo un sacerdote que acompañase un reo al patibulo, y cuando hubo concluido clavó su puñal en el pecho de la desgraciada victima. Saboreó su vista mirando con suma atencion toda la tortura de un hombre que, á lo mejor de su edad, se veia obligado á dejar la vida de un modo tan trágico y cruel. Aquel hombre tenia mujer é hijos, y pedia que le permitiese despedirse de unos objetos tan queridos, pero el infame bandido era inexorable. Esta vez no abandonó su victima hasta que realmente se hubo convencido de que verdaderamente no existia. Asi es, que en aquella época solo se supo que LA PERA habia cometido un nuevo asesinato, pero los pormenores de este crimen los contó el mismo bandido estando ya en capilla. Aquella misma noche, apesar de la distancia que media desde Cubellas á Valls, LA PERA se presentó á las puertas de la iglesia del Cármen, oró y dejó sus cirios, como ya hemos visto que lo habia hecho la primera vez. Este crimen, acumulado á los demás tan numerosos que habia cometido LA PERA, cuando aun no era conocido por este apodo, comenzó á sembrar el terror y espanto entre todos los habitantes del corregimiento de Tarragona. Por todas partes se hablaba de él, en todas partes se le veia, y todo el mundo temblaba al pronunciar su terrible nombre. En verdad que el

bandido era descarado y atrevido, nunca se separaba de los alrededores de Valls, y muchas veces entraba en la misma poblacion. Como no robaba á nadie, ni aun á los que asesinaba, y tenia tantos parientes y amigos, resultaba que unos por amistad y otros por el miedo que infundia, lo ocultaban en caso de apuro burlando asi la vigilancia de los *mozos.* Por otra parte ya hemos visto que no formaba cuadrilla, sino que obraba con entera independencia, porque á nadie comunicaba sus planes, ni nunca dejaba huella alguna de sus pasos, marchas y continuos rodeos. Jamás dormia ni se cobijaba en ninguna casa, sino que, dotado de una organizacion y robustez de hierro, permanecia en medio de los cañaverales, muy abundantes en aquel pais, ó en lo más espeso de los bosques y desiertos. Solo tenia un flanco por donde se le podia sorprender, y era su pasion por Maria, la cual le arrastraba hácia el *Mas den Simon* casi todas las noches, pero para estd tenia tomadas sus precauciones, en virtud de las cuales el mismo dueño de la casa, Jaime Rodon y toda su familia y criados ignoraban sus visitas nocturnas, asi como tampoco tenian la menor sospecha de los amores de Maria con el asesino de profesion. Maria por su parte amaba con tanta vehemencia á LA PERA, y vivia tan rendida y subordinada á su voluntad, que hubiera muerto mil veces antes que descubrir el menor de sus secretos, si es que realmente se los confiaba. Entre tanto, parecia que LA PERA habia vengado ya lo que él llamaba sus agravios, y se habian pasado algunos dias sin hablarse de él con tanta frecuencia. Repentinamente aparecieron cuatro cirios encendidos en los umbrales de la puerta de la iglesia del Cármen. Todo el mundo preguntaba consternado el nombre de la victima, cuando al poco tiempo se supo que en el camino de Vallmoll yacian dos honrados paisanos asesinados. Era LA PERA el autor de aquellos nuevos delitos, por esto habia duplicado el número de los cirios. Desde aquel dia, el terror y espanto que causaba el solo nombre de LA PERA, no puede espresarse con la pluma. Hombres, mujeres, chicos y grandes, todos temblaban al pronunciar el nombre del temible criminal. Pero la espantosa carrera del bandido tocaba ya á su término; la justicia divina iba á cumplirse, y la vindicta pública debia ser pronto satisfecha. Aquel hombre singular tuvo sin duda el presentimiento de su cercano fin. El dia 21 de abril del año 1815, á la caida de la tarde, estaba escondido en un espeso cañaveral del torrente llamado de la Diega. Su siniestra mirada penetraba al través de las cañas, observando á cuantos pasaban por aquel lugar de bastante tránsito, á la hora en que las gentes retiran del campo. Evidentemente LA PERA esperaba á alguien, y cualquiera que le hubiese visto, hubiera rezado por el alma de la victima escogida, atendidos los antecedentes y proceder del bandido. En aquel momento acertó á pasar un tal Ramon Ferrer, vecino honrado y bastante acomodado de la villa de Valls. LA PERA abandona su escondrijo y le sale al encuentro. Ferrer tembló y se llenó de espanto al reconocerle. Ya se veia asesinado. El bandido conoció muy bien la penosa impresion que su presencia habia infundido en el ánimo del honrado vecino de Valls, y se apresuró á desvanecerla.

—Hace tres dias, le dijo, que á esta misma hora te he estado esperando para pedirte un favor. y hasta hoy no he tenido el gusto de verte. Sabia que solias ir á tu viña, y que de regreso acostumbrabas á pasar por aquí, asi es, que me decia: si no es hoy será mañana, porque al fin le he de ver, aun cuando sea necesario trasladarme á su propia casa.

—Ya sabes, contestó Ferrer, que soy un amigo de tus padres, que te conozco desde niño, y asi dime en qué puedo servirte.

—Escucha. Ramon, dijo el bandido con un acento que revelaba la intima conviccion de lo que iba á decir, conozco que mis dias se acaban, tengo el presentimiento de que muy pronto me verás colgado de la horca. Como me condenarán por asesino, será regular que mi cuerpo sea descuartizado, y por consiguiente, que sus miembros queden insepultos. Sensible es esto, amigo mio, pero sin embargo, no es lo que más me aflige, no: lo que me causa gran pena y disgusto, es el pensar que tal vez nadie se acordará de mi alma para hacer rezar una misa de difuntos en su sufragio. Por esto he venido á encontrarte á fin de hacerte este encargo.

—Yo lo acepto gustoso, y juro que lo cumpliré, contestó Ferrer sumamente conmovido.

—Asi lo creo, sé que eres hombre formal, y por esto te he escogido entre mil otros á quienes podia hacer este encargo, pero que no me inspiraban tan completa confianza respecto á su cumplimiento. Mira, Ramon, no quiero que pagues el gasto, porque esto no es justo; toma, ahí tienes cuatro duros, para que despues de muerto, me hagas celebrar un oficio de difuntos en la iglesia del Cármen.

Ferrer no queria aceptar el dinero, pero fué preciso, porque LA PERA solo hacia el encargo bajo esta espresa condicion. Despues alargó la mano al hombre de su confianza, y apretándosela afectuosamente se despidió, perdiéndose pronto de vista penetrando con intrepidez por entre aquellos inmensos cañaverales.

En la noche del dia 2 de mayo de aquel mismo año, estando en compañia de su querida Maria en el mismo *Mas den Simon*, la decia:

—Tengo un sentimiento en tener que decírtelo, pero es preciso, porque ya sabes que nunca te he engañado. Mis dias están contados, dentro de muy pocos seré preso y condenado.

—Pero, ¿por qué te ocurren tan tristes pensamientos? decia Maria bañada en copioso llanto; ¿quién te lo ha dicho?

—Mi corazon me lo dice á cada instante, y éste nunca me ha engañado.

—Entonces huyamos, huyamos léjos de aqui, á un pais desconocido é ignorado...

—Para los hombres como yo, sencilla Maria, no hay paises desconocidos. En todas partes llevamos impreso el signo de la proscripcion, la sentencia de muerte. Al contrario, en otras tierras, ni siquiera estaria un momento en libertad. ¿Donde irás que no encuentres *mozos* de la ESCUADRA?

—¿Entonces no hay remedio para nosotros?

—Tú, vida mia, siempre estás salvada. Tú eres una inocente paloma que no has tenido la menor parte en ninguno de los actos de mi vida. Nadie sabe, ni sabrá jamás, que tú me hayas, no diré amado, pero ni aun conocido. No he tenido nunca cómplices ni confidentes, y nadie te conoce más que por la honrada y sencilla doncella del *Mas den Simon*. Cuando esté preso, júrame que no vendrás á verme; si vinieses, tampoco me verias, porque para mi el mayor de los suplicios seria el que quedases deshonrada. Haz como que nunca me has conocido, á lo ménos esteriormente; yo haré otro tanto, pero puedes estar segura de

que, despues de la Virgen del Cármen, tú ocuparás todos mis pensamientos, hasta el último momento.

Maria lloraba como una niña. Su cándido corazon media por primera vez la inmensidad del abismo por el cual, en un momento de estravio, se habia lanzado. Hasta entonces nunca le habia ocurrido la idea de una realidad que veia tan cercana: fué preciso que su mismo amante se la advirtiese y recordase. Pero una vez colocada en tan espantosa posicion ¿cuál no habia de ser su desesperacion y desconsuelo? Ella que creia que la única cualidad que debia adornar á Serra era la del amor hácia su persona: ella que todo lo demás de Serra le era indiferente, ¿cómo no habia de temblar y desesperarse al despertar de su ensueño, encontrando á su amante rodeado de cadenas y prisiones, cuyo término final era un afrentoso cadalso? ¡Oh cuán caras se pagan á veces las imprudencias en este mundo! ¡Cuántas lágrimas cuesta un momento de obcecacion y estravio! Desde aquel dia la existencia de la infeliz Maria cambió enteramente. Ya no era aquella cándida y confiada amante, feliz en su amor y ciega en la pasion que la devoraba. Todo le causaba miedo y espanto. A cada momento, al menor ruido, creia ver á los *mozos*, que ataban sin piedad á la única persona que tanto amaba. Sus sueños se convirtieron en continuas pesadillas, en las cuales veia á su amante conducido al patíbulo. Veia la horca y el verdugo con su cara torva, despues á su amante pálido y desencajado subir una á una las gradas de la fatal escalerilla, y desde aquella espantosa cima, creia que la miraba y dirigia su último adios. Entonces se despertaba, triste, abatida y fatigada. Gruesas lágrimas se desprendian de sus ojos, y aquella alma pura esperimentaba un alivio que le daba fuerzas para aguantar un dia más. Pero realmente LA PERA no se habia equivocado en sus presentimientos. El dia de la espiacion de sus enormes delitos se acercaba á pasos agigantados. Los sueños de Maria iban á convertirse en una triste realidad. El dia 4 de mayo del propio año (1815), LA PERA, como de costumbre, estaba en compañia de María á las altas horas de la noche en el desvan de la casa *Mas den Simon*, donde habia un gran pajar. Jaime Rodon, dueño de la misma, que, como ya hemos dicho, ignoraba enteramente las relaciones de Maria con el bandido, oyó un ligero ruido en el desvan. Se levantó inmediatamente de la cama y se dirigió al pajar con mucho tiento y cuidado. Repentinamente se detiene y escucha. Era la voz de Maria que abrazada con su amante le decia: «Huyamos... Serra... huyamos, ó sinó me moriré de espanto. Noche y dia estoy viendo á los *mozos*, la horca y el verdugo.... Huyamos... huyamos.» Jaime sintió un estremecimiento en todo su cuerpo. Tenia en su casa al feroz bandido, cuya cabeza estaba pregonada; al asesino, horror y espanto de la humanidad, cuyos encubridores estaban conminados con pena de la vida. Abandona al momento su casa con la mayor precaucion, y se dirige á la carretera de Montblach que está á poca distancia. Alli busca á los *mozos*, á los soldados, á cualquiera que pueda prender al terrible bandido, azote de la gente honrada. Afortunadamente acierta á pasar una partida de infanteria. Jaime, se avista con el oficial que la mandaba, y le comunica la noticia. Este, que tenia órden de coger vivo ó muerto á LA PERA, sigue á Jaime, rodea la casa y él mismo penetra con algunos soldados por la puerta abierta por el dueño. Los dos amantes dormian, pero María se dispierta, es la primera en apercibirse del peligro que amenaza á su amante, y sin tener tiempo de dispertarle, baja al piso principal para cerciorarse más del peligro, pero allí es detenida por uno de los soldados. La Pera hubiera sido cogido dormido y se hubieran evitado dos asesinatos más, á no ser por un gallo que, estaba colocado junto al bandido, y lo dispertó con su agudo canto. Levántase el intrépido bandolero, toma su terrible trabuco y practica un agujero por entre las tejas, pensando tal vez salvarse saltando por la parte posterior de la casa; pero así que asoma la cabeza, advierte que los soldados la tenian cercada. Se convence entonces de que es una empresa temeraria el intentar escaparse por aquel lado, y determina abrirse paso por en medio de sus numerosos enemigos atacándolos de frente. Pero en el acto de querer bajar la escalera, subian por la misma cuatro soldados con los fusiles preparados. Sin darles tiempo de disparar, tira el gatillo de su terrible trabuco y deja tendidos dos de aquellos infelices. Otros cuatro soldados se disponian para subir; La Pera habia cargado otra vez su trabuco y colocado su puñal en ademan de acometer á sus enemigos despues de haber disparado, á fin de abrirse paso y escapar. No sabemos si realmente hubiese conseguido su objeto; muchos de los testigos coetáneos de tan memorable hecho opinan que sí; de todos modos, nosotros creemos que, á lo ménos se evitó el derramamiento de nueva sangre inocente, por medio de la aparicion en aquel mismo lugar de una partida de caballería que, pasando por la carretera, fué atraida por el ruido de los disparos de ambas partes. Desde este momento, La Pera se convenció que no podia escapar, y que toda resistencia era inútil, puesto que los soldados asaltaron la casa por distintos puntos y entre ellos por el mismo agujero que aquel habia practicado en el tejado. Así fué cogido el terrible bandido que tanto terror habia causado en todo el corregimiento de Tarragona.

III.

SUPLICIO DE LA PERA.

A las tres de la tarde de aquel mismo dia, La Pera, atado de piés y manos y conducido en un carro, entraba en la villa de Valls. Un gentío inmenso, compuesto de habitantes de Valls y las cercanías habia acudido para ver y contemplar aquel tristemente célebre bandido, terror de toda aquella comarca. El semblante del reo espresaba aquella tranquilidad y calma, propias de un hombre que tenia ya previsto todo lo que le iba á suceder, incluso el recibimiento que se le hacia. Saludaba con afabilidad á los numerosos conocidos que veia en todas partes, sin mostrar embarazo ni descaro, de modo, que muchos de los curiosos, que no le conocian y esperaban ver una fiera ó furia infernal, se quedaron admirados al ver la calma, serenidad y resignacion del criminal que tanto miedo les habia infundido. Encerrado en uno de los lúgubres y oscuros calabozos, llamados cárceles de la villa, observó siempre la misma conducta. Y lo mismo sucedió cuando se le permitió tener comunicacion con los del pueblo. Amable con todos, contestaba con sencillez á las preguntas que se le hacian, sin hacer alarde de su valor, sin pretender disimular la enormidad de sus maldades, ni mucho ménos jactar-

se de incrédulo é impio. Al oirle, cualquiera hubiera creido escuchar á un viajero que contaba las variadas aventuras y anécdotas que le habian sucedido en sus viajes. Preguntándole un dia en qué consistia que nunca hubiese robado á nadie ni aun á los mismos que habia asesinado, respondió:

—Siempre he aborrecido el robo, pues lo considero como uno de los vicios más feos y abominables.

—Entonces, se le replicó, ¿por qué asesinabas?

—Voy á deciros con franqueza, contestó el preso, lo que pasaba entonces en mi alma. Despues de mis tres primeros asesinatos comencé á esperimentar un placer singular é inesplicable á la presencia de los últimos momentos y convulsiones de mis victimas. La sangre que salia á raudales de sus heridas tenia para mí un olor especial que me embriagaba. En aquellos momentos, creo que hubiera derramado la sangre de todos mis semejantes. Despues, cuando se pasaban algunos dias sin gozar de aquella emocion, sentia un malestar interior, un frenesi, un deseo que me ponia de mal humor, de modo que hasta llegaba á temer por mi salud si no procuraba poner término á tan penoso estado satisfaciendo aquella necesidad. Una vez satisfecha, me parecia que respiraba con más facilidad, y esperimentaba un goce interior, que tampoco os podré esplicar, pues no se parece en nada á los que esperimentamos al saciar las demás pasiones humanas.

—¿Pero cómo te atrevias, se le dijo, á presentarte ante la purísima Virgen del Carmelo, teniendo todavia las manos manchadas con la sangre de los asesinados?

—Una de las circunstancias, replicó el reo, que acompañaban al placer de que os acabo de hablar, era una especie de terror, un miedo cerval, que me hacia ver duendes y fantasmas; entonces me acordaba de Dios y de su santa Madre, y como, desde niño, mi madre me habia hecho profesar una devocion particular hácia la Virgen del Cármen, por esto me dirigia á su templo, le confesaba mi culpa, rezaba muchas Salves y otras oraciones, le ofrecia dos cirios, y luego me retiraba contento y satisfecho de mí mismo.

—¿Y no sentias despues el peso de los remordimientos?

—Nó, al contrario, pues sentia otra vez la necesidad de satisfacer mi pasion dominante de derramar sangre humana.

—Si te hubieses escapado el dia en que te prendieron ¿qué hubieras hecho?

—Creo, contestó, que hubiera seguido como ántes, pues dudo mucho que hubiese sabido vencer una pasion que tanto me dominaba.

—¿Y ahora, se le preguntó, tienes remordimientos?

—Conozco, contestó, toda la enormidad de mis pecados, pero al mismo tiempo confio en Dios y en su infinita misericordia, y estoy en la intima conviccion de que me perdonará por la intercesion de su santisima Madre la Virgen del Cármen. Si no fuese así, confieso que me desesperaria al ver que he de morir tan jóven, robusto y lleno de vida; pero ahora al contrario, espero la muerte con la calma y serenidad del viajero que está cerca del puerto, donde se verá libre de las borrascas que tanto le han agitado y conmovido.

Los últimos momentos de La Pera son una prueba de que, al espresarse así, decia lo que sentia en el interior de su alma. Pronto le veremos subir las gra-

das del cadalso, con la misma calma y serenidad, con que contaba todo lo que dejamos referido. Los sacerdotes que le asistieron y acompañaron hasta dejarlo en manos del verdugo, no dudaron de que realmente La Pera murió confiando en la misericordia divina. ¡Cuánto pueden y valen las primeras semillas de nuestra santa religion! El reo nos lo ha dicho, y nos ha dicho una gran verdad: «me desesperaria, dijo, si no tuviese fé en Dios y en su Madre, al considerar que voy á morir tan jóven, robusto y lleno de vida.» La comparacion que nos hace del piloto ó viajero es exacta. El que no tiene creencias, muere desesperado aun en medio de los cuidados del médico, del cariño de su esposa y de los besos y bendiciones de sus hijos. La Pera muere resignado en manos del verdugo y sabiendo que su cuerpo ha de ser descuartizado, su memoria infamada y su nombre execrado. Los que creen que porque se dejan dominar de alguna pasion culpable, deben hacer alarde de incrédulos, ú olvidar todos los deberes cristianos, pueden reconocer su error, por lo que acabamos de contarles en esta historia. Por lo demás, los trámites del proceso de La Pera fueron breves y pronto concluidos. El reo estuvo confeso desde el primer dia, no solo respecto á los delitos que se sabian y sobre los cuales se le preguntaba, sino sobre otros muchos que solo él y Dios podian certificar. El dia en que se le leyó la fatal sentencia, la escuchó con la misma serenidad y calma que nunca le desamparaba. Cuando se le leyó el párrafo en que se decia que su cuerpo debia ser descuartizado, dijo: «esto ya lo preví yo, porque era cosa regular y de justicia.» Pero en estas palabras ni en otras muchas que pronunció puesto ya en capilla, no habia ni sarcasmo ni fanfarronada. El dia 16 de diciembre del año 1815, La Pera fué puesto en capilla para ser ahorcado el dia 19 del propio mes. Durante aquellos tres dias, no se desmintió de cuanto habia dicho. Pasaba casi todas las horas confesándose y conversando con los sacerdotes. No pidió ver á ninguno de los suyos, por no causarles más sentimiento. *Bastantes disgustos*, decia él, *he causado á mi familia.* A tenor de la sentencia, debia ser conducido desde la cárcel al suplicio, colocado dentro de un cesto arrastrado por un borrico. Asi se hizo. Un gentio inmenso de muchas leguas alrededor, habia acudido para presenciar aquel acto imponente de la justicia de los hombres. A la hora designada, el reo salió de la cárcel con todo el fúnebre y triste acompañamiento que presumirán nuestros lectores. Dos padres capuchinos iban al lado del sentenciado el cual se dirigia hácia el cadalso con la mayor calma y serenidad.

—Padres y madres, decia con una voz sonora y penetrante, tomad ejemplo de mí.... Padres y madres... ya veis en qué viene á parar el hombre malvado... Padres y madres... corregid y castigad á vuestros hijos desde sus primeros años.

Diciendo esto casi sin cesar un momento, llegó al lugar del suplicio. Allí se concilió de nuevo con Dios por medio de los sacerdotes que le acompañaban. En seguida subió con paso firme y seguro las gradas fatales de la horca. Una vez colocado en lo más alto, dirigió su penetrante mirada á aquella inmensa multitud que, consternada y compungida, asistia á tan terrible espectáculo. Era evidente que el reo buscaba con sus miradas una persona en medio de tantos miles de cabezas que tenian fija en el su atencion.

Dos miradas se encontraron y se dieron el último adios. La una partió del cadalso, la otra de un rincon en donde estaba la triste y desconsolada Maria. En séguida el reo exhortó de nuevo á los padres de familia á que corrigiesen á sus hijos, y habiendo rezado la *última oracion*, y pedido perdon por tres veces, voló por el aire abrazado con el verdugo. Un momento despues, todo habia concluido. Juan Serra (a) La Pera, ya no existia, y los miembros de su descuartizado cuerpo eran conducidos para ser colocados del modo siguiente: la cabeza en la plaza del cuartel de Valls, su brazo y mano derecha en el pueblo del Plá, por haber asesinado allí á su sargento D. Francisco Rosell: la otra mano y brazo en el pueblo de Picamuxons, por haber asesinado en aquel lugar á Francisco Bertran (a) Barraca: otra parte del cuerpo fué colocada en Cubellas, en donde tambien habia cometido otro asesinato, y el resto en el *Mas den Simon*, donde le prendieron despues de matar dos soldados. La desgraciada Maria no habia visto nada respecto á la última parte de esta terrible escena, porque, desde el momento que su amante espiró, se apoderó de ella un vértigo, un delinquio estraño que sentia sin que se apercibiesen de ello las personas que tenia más cercanas. ¡Pobre Maria! Su pena era de las más espantosas; era de aquellas que deben consumirse en el interior del que las sufre, quemando y destruyendo sus entrañas. Compadeced siempre al que sufre, pero llorad sobre el que sufriendo no puede revelar las causas de su pena. Maria fué una de las mil víctimas de esta clase de pesares para los cuales están cerradas todas las puertas del consuelo humano. María amaba, idolatraba á La Pera, él lo era todo para ella, fuera de él, no queria nada; y sin embargo le veia perecer en un suplicio sin poder decir: ¡deteneos! dejad que le dé mi último adios, y lo que es más, sin poder decir á nadie, *ese hombre es mi amante.* Pero si miramos de cerca á la infeliz amante del ajusticiado, apenas la reconoceremos. En pocos meses que han transcurrido, ha perdido toda su juventud y lozania. Sus negros cabellos se han encanecido, su rostro se ha marchitado y todo su cuerpo ha enflaquecido. ¡Infeliz! Nadie podia aliviar su dolor, porque, ¿cómo podia decir que amaba á un hombre tan aborrecido y criminal? Las almas verdaderamente corrompidas y entregadas al vicio, tienen la triste ventaja de desahogarse con los demás, contándoles sus propias debilidades por repugnantes que sean. Perdido el pudor y la vergüenza, no solo cuentan lo que hacen, sino que hasta lo exageran. Pero las almas puras callan y sufren en su interior, y una de sus penas consiste en el temor que tienen de que los otros penetren la causa de sus sufrimientos. Todo el delito de Maria consistia en haberse entregado á una pasion amorosa, sin haber examinado antes las cualidades y circunstancias particulares de su amante. Tenia, pues, sus razones de disculpa ante sus conocidos y amigos, y podia esperar la compasion y consuelos de sus semejantes. Pero ella creyó que habia cometido una gran debilidad, una falta de aquellas, cuyas consecuencias deben sufrirse resignadamente sin comunicarlas con nadie. Asi lo hizo, á despecho de su propia salud y vida, puesto que muy pronto murió, víctima de su desconsoladora melancolia. Tal fué el fin trágico de La Pera, tal el de su desgraciada amante.

XII.

AUMENTO DE LAS ESCUADRAS: REGLAMENTO DE SU MONTE PIO (1817).

Ya hemos dicho antes, que despues de la guerra de la *independencia*, el pais se vió materialmente infestado por numerosas cuadrillas de ladrones y bandoleros, que sembraban por todas partes el terror y el espanto con sus actos de vandalismo. Nuestros lectores habrán notado que lo mismo habia sucedido despues de la guerra de sucesion y de todas las demás contiendas, ya intestinas, ya estranjeras, que se han suscitado en nuestro pais y en los estraños. Desde este momento comenzó á reconocerse la necesidad de aumentar y reglamentar de un modo sólido y fijo un cuerpo tan útil y necesario, y que tan satisfactoriamente habia sabido cumplir con el objeto de su institucion. El público, pues, y las autoridades todas fijaron su mirada en las Escuadras, y una sola idea dominó en el corazon de todos, á saber: que era necesario aumentar el número de aquellos valientes, y que la justicia reclamaba el que se atendiese á la suerte y porvenir de un cuerpo, cuyos individuos, volando en alas de su patriotismo, se habian olvidado de si mismos, de su vejez y del porvenir de sus esposas é hijos. En efecto, hasta entonces hemos visto que las Escuadras no tenian otro reglamento, otros preceptos y leyes que las que tendian á perfeccionar su propio *instituto*, á fin de cumplir con más eficacia y acierto con el fin de su creacion. De ahi aquellas instrucciones verbales que recibian todos los dias de sus jefes, de ahi aquellos principios y bases generales que los comandantes escribian, y nosotros hemos copiado ya en esta historia. Pero [en tanto, la suerte de los individuos del *cuerpo* no estaba asegurada. Solo sabian cuales eran sus deberes, pero ignoraban completamente cuales eran sus derechos, decimos mal, sabian que tenian muchos y arriesgados deberes que cumplir, y que despues no les quedaban derechos que reclamar, porque no tenian nada consignado en ninguna ley. Apesar de todo, aquellos individuos singularmente modestos, puesto que nunca pedian nada ni para sí, ni para los suyos, no se quejaban, siendo asi que todos los dias veian á las mujeres é hijos de sus compañeros, muertos las más de las veces en el campo de sus continuos combates, pidiendo limosna, victimas de la más espantosa miseria. Pero el público y las autoridades no podian permitir que las cosas continuasen en tan anómalo estado por más tiempo, asi es que el distinguido y esclarecido Excmo. Señor D. Francisco Xavier de Castaños, acudió al remedio del mal, aprobando con fecha 30 de marzo de 1816 un *Reglamento de un Monte-Pio para las viudas é hijos de los individuos de las escuadras*, reglamento que se imprimió y publicó en 1.º de abril del propio año y que nosotros copiamos á continuacion.

REGLAMENTO de un Monte Pio para las viudas é hijos de individuos del cuerpo de Escuadras de Valls, en el nuevo pié de fuerza y dotaciones que debe adquirir desde 1.º de abril de 1816.

PENSIONES RESPECTIVAS Á CADA CLASE.

Del comandante.—La viuda y en defecto de esta, por muerte ó haber pasado a contraer nuevo matrimonio, los hijos varones hasta la edad de 16 años si no tomasen estado antes o adquiriesen maestría en alguno de los oficios ó artes, y las hijas hasta que se coloquen, disfrutaran la pension de una tercera parte del sueldo de su respectivo marido ó padre, y la mitad si hubiese fallecido en accion, o de resultas de herida recibida en ella.

De los cabos.—La viuda y en defecto de esta, por muerte ó haber pasado a contraer nuevo matrimonio los hijos varones hasta la edad de diez y seis años si no tomasen estado antes ó adquiriesen maestría en alguno de los oficios ó artes, y las hijas hasta que se coloquen, disfrutaran la pension de una tercera parte del sueldo, siempre que el cabo contase ocho años de servicio en las Escuadras desde que fué admitido a él. Si la muerte fuese en accion ó de resultas de herida recibida en ella, la pension sera la mitad del sueldo.

No habiendo cumplido los ocho años, la viudedad consistirá en la tercera parte del haber de un mozo, y en la mitad si la muerte hubiese ocurrido en accion ó de resultas de ella.

Hasta los cinco años de servicio, no bajando de cuatro, solo tendran derecho las viudas ó hijos de un cabo al abono por una vez de dos mensualidades del haber asignado á esta clase. Pero si la muerte hubiese ocurrido en accion ó de resultas de herida recibida en ella se les considerara por via de viudedad la tercera parte del haber de un *mozo*.

De los mozos.—La viuda y en defecto de esta por muerte ó haber pasado a contraer nuevo matrimonio, los hijos varones hasta la edad de diez y seis años si no tomasen estado antes ó adquiriesen maestría en algunos de los oficios ó artes, y las hijas hasta que se coloquen, disfrutaran la pension de una tercera parte del sueldo, siempre que el *mozo* contase ocho años de servicio. Si la muerte fuese en accion ó de resultas de herida recibida en ella, la pension será de la mitad del sueldo.

No habiendo cumplido los ocho años, pero escediendo de cuatro, obtendran la viuda ó hijos por una vez dos mensualidades del haber del *mozo*. Y si la muerte fuese en accion ó de resultas de ella se fijara la pension en la tercera parte del sueldo.

Si el *mozo* muriese en accion ó de resultas de ella no contando aun cuatro años de servicio, se abonaran a su viuda ó hijos dos mensualidades íntegras por una sola vez.

En el caso de ocurrir la muerte de algun individuo de las Escuadras, sin habérsele acabado de hacer el descuento que se le señala a cada clase por una sola vez, se rebajara á la viuda ó hijos que tengan derecho a algun abono la parte que aquel hubiere quedado a deber.

Por punto general ni las viudas que hubiesen casado con individuo de las Escuadras que pase de sesenta años, ni los hijos que nacieren de estos matrimonios, seran participes de los beneficios del Monte Pio.

Descuentos que sufrirán el comandante y demás individuos del cuerpo de Escuadras con destino al fondo de viudedades.

Todo individuo que haya tenido entrada en este cuerpo desde 1.º de enero del corriente año ó la tuviese en lo sucesivo, contribuira á favor del Monte por una vez, con el haber íntegro de un mes, acordandosele el termino de tres, para que sufra mas comodamente este descuento.

Los que estuviesen sirviendo con antelacion al dia 1.º de enero del corriente año, y los que desde el espresado dia en adelante ascendiesen de clase, ó de sueldo por el nuevo arreglo, contribuiran tambien por una véz con la diferencia de haber en un mes del que antes obtenian al que entran ó disfrutan.

Ningun provisto en las vacantes que resulten, tomará posesion hasta primero de mes, y la diferencia de sueldo en los dias que hubiesen discurrido desde el inmediato al en que ocurrio la vacante, quedara a favor del Monte Pio.

Todo individuo del cuerpo de Escuadras contribuira mensualmente desde 1.º de abril próximo, a favor del Monte con el haber íntegro de un dia de su respectivo sueldo.

Si se verificase no alcanzar alguna vez los fondos del Monte á cubrir todas las pensiones que le estén afectas, sufriran estas una rebaja proporcionada hasta que el Monte se ponga en estado de ocurrir por completo á sus obligaciones o se le consignaran mayores ausilios si hubiere arbitrio.

Obligaciones del comandante y cabos de las Escuadras con respecto á descuentos, direccion que deberán darles y modo de comprobar la legitimidad de su exaccion.

Todos los descuentos que quedan establecidos bajo diferentes épocas y condiciones con destino al Monte Pio, los haran los respectivos cabos en el momento que perciban el importe de las cartas de pago, que como hasta aquí, se espediran por la Capitanía General por el total de la fuerza asignada a cada ESCUADRA; y en la que tiene a sus órdenes el comandante será este quien practique los referidos descuentos.

El producto de los citados descuentos se remitirá por los cabos a poder del comandante por fin de mes, con una noticia de las altas y bajas ocurridas durante el mismo en cada ESCUADRA, por ascenso, variacion de destino ó muerte, y en este ultimo caso deberá espresarse el dia en que haya fallecido el individuo y acompañar la fé de óbito.

Para el dia 15 de cada mes debe el comandante haber remitido a la Capitania General un estado resumido de los que le den los cabos, en que se haga constar las altas y bajas ocurridas en cada ESCUADRA hasta último de mes; qué órdenes y motivo las han producido y justificando las bajas que hubiesen ocurrido por muerte con las respectivas fés de óbito.

En el mismo dia 15 deberá haber remitido el comandante al depositario del monte pio el producto total de los descuentos practicados en el mes anterior, con una nota espresiva de los sugetos que los hubieren sufrido, con qué motivo y en qué cantidad cada uno, en el concepto de que otra nota igual remitira a la Capitania General para que en la parte que corresponda sirva de fiscalizacion al depositario en su cuenta.

Funciones del depositario del fondo de viudas.

Custodiará en una caja de dos llaves de las cuales tendra una el sugeto que el Capitan General destine, todas las cantidades que el comandante de las ESCUADRAS remita a su disposicion, ó de otro modo ingresen en su poder en el momento que las reciba

No se practicara pago alguno que no sea por objetos del Monte, y este precisamente por órden ó decreto del Capitan General que le serviran de data en las cuentas que debe presentar anualmente, y de cargo las notas con que acompañe el comandante las respectivas entregas, ó la órden en virtud de la cual ingrese en su poder toda otra cantidad.

Por el trabajo que esta ocupacion le ocasiona, disfrutara el citado depositario el 4 por ciento de todas las cantidades que recaude, igual al que se abona a los Receptores de ESCUADRAS en los corregimientos.

Barcelona 30 de marzo de 1816.—*Xavier de Castaños.*

Mezquinas por cierto son las pensiones que se señalan en el *Reglamento* que antecede, y como habrán podido notar nuestros lectores, no gravaban en nada el presupuesto de la nacion, puesto que sus fondos eran el producto del haber que se obligaba á dejar á los individuos. Sin embargo, estas pensiones, apesar de su mezquindad, siempre debian servir de gran consuelo para unos hombres que, espuestos á cada paso á perder su vida, veian con dolor que sus familias iban á quedar reducidas á la miseria más espantosa. Entre tanto las ESCUADRAS continuaban sus servicios persiguiendo sin descanso á todos los malhechores y bandidos que, como ya lo hemos dicho antes, eran bastante numerosos. Habian adoptado el antiguo y conocido sistema, de colocarse en los parajes más desiertos y escabrosos de los caminos, teniendo sus atalayas en los puntos culminantes, á fin de dar aviso con la debida anticipacion del menor movimiento que observasen. Los *mozos* tenian que echar mano de la astucia y estratajema á fin de poderles sorprender. Era sabido que todos los carros y viajeros que pasaban por cualquiera de los muchos puntos ocupados por la canalla, eran robados y maltratados, asi es, que los *mozos* para burlar la vigilancia que los bandidos ejercian para no ser sorprendidos, tenian que emplear todos los medios que les sugeria su celo y esperiencia. Un dia del mes de setiembre de 1824, unos ocho *mozos* se pusieron en unos carros que habian salido de Valls en direccion á Tarragona. Los bandidos ocupaban constantemente aquel camino, y solian robar á los viajeros en un torrente que existia en la bajada llamada del *Cudony*. Los carros salidos de Valls debian atravesar aquel torrente á eso de las ocho de la noche. Iban en número de seis, pero los *mozos* solo ocupaban dos. Al

llegar al punto indicado, los carros fueron detenidos á la terrible vez de *alto* acompañada de mil blasfemias. Detuvieron su marcha, y en seguida intimaron á los carreteros que se echasen *boca á tierra*. Estos obedecen, pero al momento en que los ladrones se arrojan sobre ellos para despojarles de cuanto llevaban encima, salen los *mozos* de los carros y acometen á los bandidos á la imponente voz de *alto al Rey.* Los foragidos, que eran en mayor número que los *mozos*, vueltos en si de la primera sorpresa, rechazan con valor el primer ímpetu de aquellos, y trabóse entonces una terrible y sangrienta pelea, cuerpo á cuerpo, que duró por el espacio de media hora. En fin, los *mozos* vencen, habiendo dejado los bandidos dos muertos y cuatro prisioneros. Por su parte los *mozos* tuvieron tres heridos. Finalmente, nuestra historia se prolongaria de un modo indefinido, si tuviésemos que contar todos los encuentros y continuos combates que los *mozos* han venido sosteniendo con los bandidos, puesto que estos se repetian todos los dias, no en un solo punto, sino en muchos muy distintos á la vez. Por otra parte, si asi lo hiciésemos, nuestra lectura llegaria á ser monótona y pesada, siendo asi que nos hemos propuesto hacerla amena é interesante para todos. Por esto vamos á escribir la vida, no de un bandido, sino de una bandolera, esto es, de una mujer que, con sus encantos y atractivos, unidos á una indole depravada y disoluta robaba sutilmente á todos sus amantes y admiradores de su beldad y talento. Ella forma parte de la terrible escuela de Borraco, esto es, de aquellos bandidos cuya divisa consiste en serlo sin parecerlo, de aquellos lobos rapaces que, con la piel de ovejas, causan más daño á la sociedad y á la moral pública que los foragidos de puñal y trabuco. Son estos una clase de ladrones domésticos, con quienes tratamos sin conocerlos ni sospechar de ellos, hipócritas de frac y levita que saben cambiar más formas que Prometeo, insinuarse mejor que las serpientes, á fin de clavarnos su emponzoñado aguijon sin correr el menor compromiso. Reptiles venenosos que muchas veces apreciamos y queremos como nuestros mejores amigos, conduciéndonos asi, en alas de la amistad y cariño, hácia la ruina y perdicion. ¿Y que diremos cuando esos séres tentadores pertenecen al que llaman sexo bello? ¿Qué diremos cuando penetran en nuestra alma con el encantador atractivo de la palabra *amor*? Entonces, llorad, llorad por la víctima infeliz rendida por los hechizos de tan falsa sirena. Ella la conducirá, casi sin advertirlo, por la senda del vicio y la corrupcion, para precipitarla despues en el seno del crimen y la maldad. Despues vendrá el desengaño y la espiacion, pero ni aun entonces llegará el arrepentimiento, porque la influencia de este será sofocada por el despecho de un amor engañado, de una pasion exasperada, de un odio y deseo de venganza que raras veces deja de consumar la obra de perdicion comenzada por aquella criatura, nacida para causar la desgracia de sus semejantes. Tal es la historia que vamos á escribir, consecuentes á nuestro plan de trazar todos los tipos de vandalismo, todas las clases y ramificaciones de ese gran foco de perversidad y malicia. Mas como la historia que vamos á contar pertenece casi á nuestra época, puesto que, segun el órden de fechas que venimos siguiendo, corresponde al año 1817, y aun existen muchas personas más ó ménos allegadas á las protagonistas que hemos de presentar, por esto sustituiremos sus nombres con otros, sin que por esto nuestro relato pierda nada de su interés y exactitud. Antes, sin embargo, copiaremos un documento oficial, por cuyo contenido conocerán nuestros lectores, el estado de estimacion y aprecio á que habian llegado las Escuadras en la misma fecha.

«Al Sr. Ministro de Hacienda.—Barcelona 2 de setiembre de 1817 —Excmo. Sr.: Pacificadas las turbulencias de Cataluña á principios del pasado siglo XVIII, fué preciso contener los desórdenes de las cuadrillas de malhechores, que, como en toda guerra, fueron el resultado de las de sucesion, habiendose recurrido por el Capitan General Marqués de Castelrodrigo y sus sucesores para lograr este beneficio al armamento de paisanaje escogido, que formando primeramente una Escuadra llamada del baile de Valls, y progresivamente bajo el mismo nombre las que fueron menester en cuantos distritos se hacian más notables los desórdenes, consiguieron preservar la tranquilidad pública de ulteriores peligros con el completo esterminio de los criminales. Fueron diferentes los medios que cada distrito adoptó para mantener la fuerza que se creaba para su resguardo: hubo pueblos que acudieron á sostenerla del fondo de sus propios y arbitrios; otros por repartimiento convenido entre sus habitantes, y otros que lo verificaron por las mismas reglas con que se satisface el catastro real; sin que ninguno de estos métodos haya sufrido alteracion, produciendo la cantidad de 221.774 reales 2 mrs. con que el principado costeó hasta fines del próximo pasado año de 1815, la fuerza de 111 mozos, un comandante y 15 cabos. Las parcas dotaciones de que se veian asistidos, reguladas por los precios infimos de todos los objetos de primera necesidad en la epoca de su creacion, y la necesidad de cubrir todo el pais con fuerza de las Escuadras que protegiese el tráfico y especulaciones de los naturales contra la rapacidad de los discolos que, más que al fin de las guerras de sucesion, han cundido en la de usurpacion de Bonaparte, sugirieron á mi antecesor el Sr. Marqués de Campo Sagrado la idea que aprobó S. M. por real órden espedida por el Ministro de Guerra en 18 de setiembre de 1815 de que se hiciese en las Escuadras de Valls el aumento de fuerza y dotaciones capaces de asegurar el útil servicio de ella. Por consecuencia, recibió dicho cuerpo en abril del año último un aumento de 141 hombres sobre los 111 de que constaba; y dejando en su observancia los diferentes métodos con que ya he dicho se habia atendido por lo pasado á costear la subsistencia de este número, se ciñeron las operaciones del nuevo reparto para sueldos de los 141 individuos de aumento é igualar á los antiguos con estos en el goce de 6 reales diarios por plaza, 12 reales los cabos y 12.000 anualmente el comandante á distribuir en toda la provincia 459.888 reales por reglas de catastro real, que son las más exactas y equitativas. En esta forma se está percibiendo la cantidad anual de 681.662 reales 2 mrs. de vn., sin que se haya escitado reclamacion opuesta á este pago de parte de los pueblos, á lo que poderosamente ha contribuido el no haberse alterado el sistema con que cada uno apronta su cupo antiguo, pues fueron los más que hallaron medios de realizarlo de fondos comunes y no individualmente como ha debido suceder en el último recargo que se les tasó por reglas de catastro influyendo de consiguiente en que les sea más soportable este reciente aumento. Con motivo de la contribucion general es-

tablecida por el real decreto de 30 de mayo último, ha ocurrido al Gobernador de Barcelona la duda de si además de la única contribucion deberán estar atenidos los pueblos de su distrito á haber de pagar el impuesto para Escuadras; y la solicitud á la villa de Villaseca, en el corregimiento de Tarragona, de que se la exima de haber de satisfacer el tanto con que contribuye por dicha razon. Parecióme del caso, asi por estos dos incidentes, como para prevenir ulteriores pedidos de la misma especie, ponerme de acuerdo con el Intendente para combinar el partido que podria adoptar con sujecion al espiritu de las órdenes y real decreto citado que han normado la contribucion general, y sobre todo, para que en la adopcion de las reglas que acaso hubiesen de establecerse, diferentes de las que están en pié, no quedase por pretesto alguno desatendida la importante subsistencia de las Escuadras. Y como al paso que falto de autoridad y de antecedentes en un negocio que siempre ha sido propio de la Capitania General, no se considera con facultades el citado Intendente para tomar deliberacion, opina juiciosamente, segun resulta de la adjunta copia de su contestacion, que puede ser inconexo de la contribucion *única*, el pago con que separadamente atienden los pueblos á costear el cuerpo de Escuadras de Valls, respecto de formar aquella una reunion de todas las contribuciones que hasta aqui se han llamado reales y provinciales, y no tener este carácter el impuesto para Escuadras, me he decidido á no hacer novedad en el actual pago del impuesto destinado á Escuadras, interin sirviendose V. E. consultar la voluntad del Rey N. S. no me ordena lo que haya de ejecutarse. Mas constituido por mi empleo en el deber de no dejar ignorar á S. M. cuanto pueda ser útil á su servicio, debo hacer presente á V. E. que la fuerza de las Escuadras de Valls en Cataluña, es la más propia *para conservar el órden y purgar el suelo de criminales, tanto por la honradez, á toda prueba de sus individuos, como por los conocimientos que les sugiere la práctica en los usos y costumbres del pais, del cual son todos naturales:* que esta circunstancia les hace accesibles á los pueblos siempre dóciles y prontos á pagar los haberes de dicha fuerza, á diferencia de todas las demás contribuciones en que cuesta el haberse de recurrir á apremios, y á ruidosas ejecuciones para recabarlas: y que si se altera el órden actual de recaudacion que se practica en trece diferentes puntos de la provincia con la mayor facilidad, en lo que tanta parte tiene el influjo de los gobernadores á quienes está cometido este encargo en sus respectivos distritos, como el convencimiento de sus naturales de la utilidad que les resulta en el empleo que se dá á lo recaudado, serán irremediables las dificultades que obstruyendo el pago de sus sueldos á las Escuadras al fin de mes en el punto preciso de su residencia con la puntualidad con que ahora se practica, produzcan igual efecto en su útil servicio, y acaso entonces, esta misma fuerza, que es la confianza del gobierno, y la esperanza de los habitantes de Cataluña, vendria á erigirse en instrumento de opresion de los mismos á quienes debe proteger, pues no es posible prometerse que faltando su necesario sustento á un cuerpo diseminado por toda la provincia, y cuyo instituto obliga á sus individuos á un movimiento continuo y lleno de contingencias desastrosas recorriéndola en pequeñas partidas, y aun individualmente, sean pacíficos espectadores de su aniquilamiento, libres de aquella rigida sujecion en que tiene á un cuerpo de linea le perenne vigilancia de sus jefes reunidos en cuarteles, que es una de las principales causas de la asombrosa resignacion con que las tropas están arrostrando el hambre y la desnudez en que yacen. Tales podrian ser las consecuencias de reunir en tesoreria (si acaso se pensase en ello) ó en una sola mano la recaudacion, en el dia dividida en trece diferentes puntos, con el buen resultado que se advierte y de sujetar á las Escuadras á la contingencia tan frecuente en los que tienen radicadas sus asignaciones en la tesorería de quedar privados del ausilio único en que estriba su subsistencia. Además de esto por reglamentos que, á consulta del supremo consejo de la Guerra, tuvo á bien S. M. sancionar en 6 de abril del corriente año, han sido establecidos varios descuentos sobre el haber que devengan las Escuadras con destino á la formacion de un Monte Pio, y el pago de algunas jubilaciones á que dan derecho á individuos imposibilitados, apreciables y largos servicios; cuyos descuentos por un órden establecido con analogía al particular sistema del espresado cuerpo de Escuadras, se practican en las casas particulares de recaudacion de los distritos, y, segun la naturaleza de algunos, por mano tambien de los cabos, jefes más inmediatos de las Escuadras; y seria igualmente consecuente la destruccion de este sistema y sus utilidades con la variacion que se hiciese en el pago de la contribucion. Sentados pues todos estos antecedentes para la resolucion más oportuna, solo me toca rogar á S. M. y á V. E. por el bien del real servicio y felicidad de esta porcion apreciable de la monarquia, que sea cual fuere la denominacion y concepto que cupiese á lo que se paga por los pueblos de Cataluña para la conservacion del importante establecimiento de las Escuadras, que nunca ha sido considerado carga del Estado, sino como una medida local y beneficiosa adoptada por conocimiento y conveniencia de los mismos naturales, no se altere por ello ninguna de las reglas con que se recauda é invierte dicho impuesto, bajo la autoridad de los jefes y personas que entienden en ella con reporte á esta Capitania General; ni variar los puntos establecidos para exaccion, pago de haberes y descuentos; y que estas reglas comprendan igualmente al ramo llamado de verederos, que iguales en goces y consideraciones á los mozos de las Escuadras, costean asimismo todos los distritos de Cataluña, para disfrutar del beneficio de la pronta circulacion de las órdenes del Gobierno emitidas desde las cabezas de corregimientos, que es el instituto con que fueron establecidos, y su número en la actualidad es el de 44 individuos. La difusion precisa en un negocio, nuevo para ese superior Ministerio, podria presentarme molesto á los ojos de V. E., pero espero quedaré relevado de esta nota por la justicia que sé por esperiencia hace V. E. á mis sentimientos que jamás se gobernaron por otros resortes que los de la equidad, beneficio de los pueblos, y acendrado amor al soberano, de cuya real deliberacion espero tendrá V. E. la bondad de hacerme sabedor oportunamente.»

HISTORIA DE CLEMENTINA, LA FORAGIDA.

I.

Clementina era una jóven de unos veinte y cinco años, que se hallaba en todo el esplendor de su soberana belleza. Su estatura elevada y esbelta tenia una gracia incomparable. Su fisonomía revelaba un carácter enérgico y tenaz. Sus facciones perfectamente delineadas, hacian resaltar su brillante palidez á los reflejos de dos ojos negros como el azabache, grandes y rasgados, dulces en la tranquilidad y altivos cuando la ira hacia brillar sus pupilas. Su mirada sabia acompañar tambien la sonrisa de su boca, como la imperiosa contraccion de sus labios. En fin, Clementina era una criolla, con todos los encantos y embelesos de esa raza de mujeres que sobrepujan en mucho á las de los otros paises. No hay que dudarlo, las mujeres que han nacido bajo el sol ardiente de los trópicos, son más seductoras que las de nuestro pais: su belleza es de género bien distinto, y en particular algunas que, como Clementina, reunen en su conjunto los tipos contrarios de la inglesa y la española. Bajo el largo velo de sus pestañas, parece que sus ojos piensan más poéticamente. Vénse en ellos la pasion y la melancolia, la piedad austera y el sentimiento del amor. Tan pronto las vereis prudentes y melancólicas, como atrevidas y juguetonas. Pero nuestra heroina reunia á todas esas gracias del cuerpo, las cualidades más temibles del alma y del corazon. Ambiciosa y altanera, jamás habia amado á nadie, incluso su marido, sino por especulacion y cálculo. Viuda, vivia en una especie de libertad é independencia que hacia su compañia agradable y atractiva especialmente para sus admiradores. Pero astuta y tenaz en sus placeres de especulacion, ninguno de sus amigos y apasionados, podia con razon gloriarse de lo más minimo, porque Clementina estaba escudada con la insensibilidad de su corazon. Ella era un verdadero diplomático de amor, si asi se nos permite hablar, puesto que todas las emociones de su alma estaban sujetas á los cálculos frios de su cabeza. Con ella sentia, con ella combinaba sus planes, prescindiendo completamente de lo demás. Si á todo esto no debiese añadirse una pasion espantosamente dominante hácia el lujo y ostentacion, y sobre todo, hácia el juego, Clementina hubiese sido una mujer temible, pero nunca una criminal. Pero aspiraba á ser la soberana de las modas, la reina del lujo, la jugadora de más sangre fria y arriesgada, resultando de toda esta miscelánea reunida en una sola persona, que Clementina era la mujer más temible de cuantas han existido en la tierra. Nos hemos detenido más de lo que acostumbramos, y corresponde á meros historiadores, en la descripcion de nuestra tristemente célebre heroina, pero hemos creido oportuno hacerlo asi, para que nuestros lectores comprendan mejor las causas de los hechos que vamos á esplicar. Hacia solo seis meses que Clementina se habia establecido en Barcelona, procedente, segun decia, de Baltimore, y sin embargo los jóvenes más elegantes y personas más notables, frecuentaban ya su casa, ó mejor dicho, palacio, en el cual reinaba un lujo sorprendente y un gusto el más delicado y esquisito. La viuda era inmensamente rica, y sabia gastar como una persona de las más pródigas y acaudaladas. En su casa habia lo que se llama una reunion ó tertulia á lo ménos una vez á la semana, pero en cambio, todas las demás veladas se reunian unos cuantos amigos, más familiares é íntimos de la encantadora viuda. En esta reunion reinaba la mayor franqueza, se hablaba de mil cosas, y cada uno era libre de emitir su opinion, fuese cual fuese el asunto de que se tratara. Pero la conversacion no era el principal objeto y pasatiempo de aquellos tertulianos y de la dueña de la casa, sino que tan pronto como se reunia un número de concurrentes regular, se comenzaba una partida de juego en que el oro pasaba de unas manos á otras con la mayor facilidad. Este juego se prolongaba á veces hasta la madrugada del dia siguiente, en cuyo caso, á la hora acostumbrada, se servia á los jugadores una cena opipara y variada, con aquel lujo, ostentacion y riqueza en que Clementina no tenia rival. Esta hacia los honores de la casa, con una finura y tacto, que, dejándolos á todos contentos, tal vez los dejaba tambien engañados. Cada uno de los comensales se creia el preferido, ó á lo ménos concebia esperanzas de llegarlo á ser con el tiempo, siendo asi que la caprichosa criolla aun no habia formado su plan definitivo, que es como si dijéramos, aun no habia escogido su victima. Sin embargo, se acercaba el dia en que Clementina debia tomar una resolucion sobre el particular. Seis meses de disipacion y lujo, acompañados de muy mala suerte en el juego, habian disminuido de un modo muy notable los recursos de la criolla; pero ella ignoraba á punto fijo en qué altura se hallaba respecto á este punto. Tenia en su compañia un indio de la raza de los Panios, es decir, de aquellos que solo saben amar y vengarse eternamente. Este personaje era el mayordomo, criado y esclavo de Clementina. Un dia le habia jurado fidelidad, y un Panio jamás falta á su juramento. Los enemigos de Clementina desde aquel dia, lo eran del indio. Desgraciado del hombre á quien Clementina señalase con el dedo diciendo al Panio: *Nik, este hombre me hace sombra!* Desde aquel dia, Nik, que no es otro que el indio esclavo de la criolla, no comia ni dormia hasta haber despejado aquella sombra de su señora. En fin, las indicaciones de esta clase por parte de la dueña, eran otras tantas sentencias de muerte, que el esclavo jamás dejaba de cumplir y ejecutar. Este era, pues, el hombre de confianza de Clementina, este el que recibia y distribuia sus caudales, y por consiguiente el que llevaba el alfa y el omega de la caja.

Un momento despues el esclavo se hallaba delante de su señora.

—Nik, le dijo, ¿cómo estamos de dinero?

—Mi señora debe saber que gastamos mucho en este pais, para que nuestro oro no disminuya más de lo que nos conviene.

—Mañana, con todo, necesito una cantidad regular.

—No faltará, pero temo que á este paso Nik no podrá siempre contestar á su ama segun sus deseos.

—Dios proveerá.

—¿Manda algo más mi señora?

—Por hoy nada más.

Aquella noche Clementina tardó mucho en poder conciliar su sueño, apesar de la blandura de sus colchones de pluma y la finura de sus sábanas de rica tela de la India. Pasó una especie de revista entre el catálogo de aduladores, ó tal vez aspirantes á su amor, que la cercaban por todas partes. Era el gavilan contemplando una bandada de palomas, á fin de escoger la más gorda y rolliza para clavarle sus uñas. No se detenia mucho en el exámen de cada uno de sus aduladores, porque con su mirada de águila, abarcaba fácilmente el conjunto de circunstancias que adornaban á los que aspiraban á su amor. Como no debia amar á ninguno, en sus cálculos solo atendia á las cualidades esteriores, digámoslo asi, de sus pretendientes, á saber: á su oro y riqueza que era lo único que se proponia esplotar. Al dia siguiente Clementina se levantó á eso de las once de la mañana. Habia tomado ya su resolucion: habia elegido su victima, y por esto se disponia y preparaba para ejecutar su plan con la calma y tranquilidad de un consumado diplomático. Entre sus numerosos admiradores, figuraba un jóven de unos veinte y dos años de edad, de agradable rostro y muy buenas cualidades. Era el heredero de una rica casa de una de las más opulentas poblaciones de la provincia de Gerona, quien hacia solamente cinco meses que vivia en Barcelona. Un amigo suyo llamado Eugenio lo habia introducido en casa de Clementina, y el jóven estaba perdidamente cautivado por los atractivos de aquella mujer singular. Barch, pues este era el nombre de nuestro jóven, habia revelado su pasion á Eugenio, pero éste, que tenia más edad y conocimiento del mundo que su amigo, le habia aconsejado que no manifestase su pasion á nadie, y ménos á Clementina.

—Tú no conoces, le decia, á esta mujer, y creo que es muy temible darle á conocer que uno la ama. Tal vez me dirás, añadia, que yo no obro segun mis consejos, puesto que todos los dias la requiebro y me declaro su apasionado; pero es el caso, que yo puedo hacerlo, porque estoy seguro de mi mismo. Yo nunca caeré en sus lazos, porque jamás la amaré.

Más tarde veremos que Eugenio, al obrar y espresarse asi, jugaba con fuego, cuyos efectos habia de esperimentar algun dia. Apesar de todo Barch habia seguido los consejos de su amigo, y nunca habia dirigido una sola palabra de amor á una mujer á quien sin embargo amaba con toda la efusion de su alma. Pero la criolla con su mirada perspicaz y esperimentada, habia leido en el fondo del corazon del jóven, y apesar de su silencio y reserva, estaba segura, segurísima de que era amada. Por lo demás, ya hemos dicho que Barch era rico, y si bien no podia disponer de toda la renta de su pingüe patrimonio, porque aun vivian sus ancianos padres, con todo disponia de lo bastante para poder alternar con los despilfarradores privados de Clementina. Asi las cosas, cuando nuestra sirena determinó envolver en la red de sus seductores atractivos á nuestro jóven, con cuyo objeto comenzó su tarea del modo siguiente. Raras veces admitia la criolla visitas de sus amigos tertulianos durante la mañana. Esto ya lo sabian estos, y por consiguiente se abstenian de frecuentar la casa escepto en las horas acostumbradas. Asi es que cuando Clementina recibia á alguno de sus amigos durante la mañana, era señal, sino de preferencia, á lo ménos de que debia comunicarle alguna cosa importante. Esta conducta estaba basada en un cálculo por parte de aquella mujer pensadora en todas sus cosas. Sabia que los hombres eran á veces jactanciosos, que se envanecian de favores é intimidades de que no disfrutaban, y para evitar esto, observaba una conducta transparente, digámoslo asi, á fin de que nadie pudiese gloriarse de ser más amigo que otro. En la noche de aquel dia, que era una de las más frias y lluviosas del mes de diciembre, Clementina dirigió varias veces su penetrante mirada sobre el jóven y enamorado Barch. Aquella mirada tenia algo de particular y notable. Hasta entonces Clementina á nadie habia dirigido una mirada tan fascinadora y penetrante. El jóven no podia sostener el peso de aquella mirada, sus mejillas se ponian coloradas, y por todo su cuerpo se introducia la electricidad de aquellos ojos negros que la criolla sabia manejar con tanta maestría. Eugenio notó estas miradas, y apesar de su aparente indiferencia y de los consejos semi-escépticos que daba á su amigo, esperimentó una ligera emocion de celos que más tarde debia convertirse en una terrible esplosion. Tampoco esto pasó desapercibido para Clementina, y desde aquel momento modificó su plan diciendo entre si: «Tanto mejor, serán dos los que llenarán mis arcas.» Al retirarse los tertulianos, Clementina dijo á Barch:

—Como sé que V. es de la provincia de Gerona, descaria tener una entrevista para comunicarle un asunto que me interesa.

—Estoy siempre á las órdenes de V., contestó el jóven con timidez.

—Entonces espero tener el gusto de que mañana á las once venga V. á almorzar con su amiga.

—No faltaré.

Aquella noche, al salir de la reunion, Eugenio sermoneó largamente á su amigo. Hablóle de los peligros que le amenazaban y del cuidado y recelo con que debia proceder, tratándose de una mujer tan temible como Clementina. No faltó aquello de que en cuanto á mi es muy distinto, porque yo soy ya perro viejo y jamás caeré en sus lazos. Barch escuchaba á su amigo sin contestarle una sola palabra; amaba á Clementina, era jóven y jamás habia fijado seriamente su atencion en ninguna mujer antes de conocer á la encantadora criolla; ¿de qué le habian de servir los sermones de su amigo estando en semejante disposicion? Solo habia un remedio para el desgraciado jóven. ¡Huir! si, huir léjos, muy léjos de aquella fascinadora criatura. Pero para adoptar esta resolucion hubiera sido preciso que una mano robusta, cual la de otro Mentor, hubiese arrojado á nuestro Telémaco de aquella isla de perdicion y engaño. En fin, lo único que sucedió fué que Barch apenas pudo conciliar el sueño en toda la noche, pensando en la dicha que le esperaba para el dia siguiente. Clementina le debia pedir un favor, que estaba ya concedido en la mente del jóven, aun cuando para ello fuese preciso recorrer los Pirineos á pié descalzo, y tras eso vendria la confianza y la franqueza, y sin duda la ocasion de manifestar á la criolla todo el amor que la profesaba. Por su parte ésta, que habia dormido muy tranquila durante la noche, á las diez de la mañana se habia vestido, y arreglado su tocado del modo más estudiado é interesante.

A las once en punto un lacayo anunciaba al caballero Barch.

Clementina le recibió en su gabinete particular, cuyos muebles, cuadros y pinturas, respiraban amor y afectos apasionados.

II.

LA DECLARACION AMOROSA.

—Os doy las gracias, querido amigo, por la amabilidad que habeis tenido conmigo. Tomad asiento, y hablemos con la franqueza de personas que no se conocen de un dia.

Diciendo esto, Clementina señaló á Barch un sillon junto al sofá en que ella estaba negligentemente sentada, de modo que el jóven quedó tan cerca de la criolla que casi se rozaba con sus vestidos.

—Os indiqué ayer, prosiguió la criolla, que *os* debia pedir un favor; creo que venis dispuesto á concedérmelo.

Barch, perturbado con el tratamiento familiar de *vos*, que recibia por primera vez de la mujer á quien tanto amaba, no sabia como contestar. Pero al fin, haciendo un esfuerzo supremo, dijo con frases entrecortadas:

—Señora, V. debe saber que, educado en una villa subalterna, no tengo la soltura de las personas que han vivido siempre en las grandes ciudades; pero en cambio. tengo un corazon y una alma que en nada ceden á los de esos señores. V. quiere pedirme un favor; por mi parte estoy dispuesto á concederle mil, si mil me pidiera de una vez.

—Gracias, querido amigo, gracias. Ya sabia yo que erais tal como me decis, por esto os he preferido á todos los demás, aun cuando creo que todos ellos estaban en disposicion de otorgarme el sencillo favor que voy á solicitaros.

—Siento que sea sencillo, señora, pues yo hubiera querido que fuese muy grande.

—¿Tan decidido estais, amigo mio?

—Más sin duda de lo que V. puede imaginar.

—Sin embargo, no me tratais con la franqueza de que os he dado ejemplo desde el principio de nuestra conversacion.

—En verdad, señora, yo deberia tratar á V. con igual franqueza que V. me dispensa, pero no me atrevo todavia...

—¿Por qué no? Amigo, dejémonos de cumplidos siempre inútiles y á veces importunos. A mi me gustan los hombres como vos, decididos para todo. Una sola vez amé á un hombre, al que luego fué mi esposo ¿pero cómo no lo habia de amar, si su carácter era tan simpático con el mio? Figuraos que él conoció que me gustaba vivir con lujo y comodidad, y, no siendo bastante rico para satisfacer mis deseos en esta parte, un dia me dijo: Clementina, no soy tan rico como tú mereces y necesitas, pues bien, yo lo seré, si, lo seré, y vive Dios, que cuando yo quiero' una cosa, la logro ó la realizo. Emprenderé mañana mismo un viaje de unos dos años. Partiré de Baltimore, atravesaré por detrás del cabo *Cárlos*, llegaré á *Marieta*, alli tomaré el vapor para descender el *Ohio* y remontaré despues el Missouri hasta el Grand-Detour. Despues haré cincuenta dias de marcha fatigosa para llegar á las montañas Pedregosas, y pasaré la cordillera de esas dos enormes montañas llamadas Pic-Long y Pic-James. Al otro lado de esas montañas, se me presentará una llanura inmensa, que es ya tierra de españoles y haré un descanso en Santa

Fe. Ya no estaré muy distante del término de mi viaje, puesto que solo me separará de él la *Sierra Verde*, y pasada esta, llegaré por fin á la tierra del *Golden-fever*.

—No te comprendo, Cárlos, le dije yo...

—Ya me comprenderás: aquella tierra, cuyos habitantes están poseidos de la *fiebre de oro (Golden fever)*, es realmente una tierra de oro, puesto que este precioso metal sigue la corriente de sus rios, se cria en las arenas de sus playas y se halla en fin en todas partes. Verdad es, que alli los hombres se matan los unos á los otros para arrebatarse el objeto de su codicia, y que no reina alli más ley ni razon que la del más fuerte; pero yo procuraré ser más fuerte que los demás, y asi tal vez sin buscar el oro, bastará que me apropie del que los otros hayan encontrado.

—Era por demás, amigo mio, prosiguió Clementina, que yo me opusiese á la determinacion de mi marido, porque Cárlos era irrevocable en sus resoluciones. En fin, partió al dia siguiente, llevándose en su compañia un esclavo indio llamado Luwaad. Al despedirse me dijo:

—Ya sabes que te amo y soy celoso; espero que durante mi ausencia, me amarás como hasta ahora. A mi regreso te cubriré de oro, ó moriré en la California.

Un año se pasó sin tener la menor noticia de mi querido Cárlos. Un primo mio, capitan de caballeria que habia viajado por aquellos paises, me aseguraba que sin duda mi esposo habia sido asesinado. Todavia trascurrieron dos meses más, cuando una mañana estando almorzando con mi primo, entró de improviso un esclavo. Era Luwaad que venia con un saco de oro en polvo que representaba un capital de unos doscientos mil duros. Su amo venia á dos jornadas de distancia, pero el esclavo me dijo, que Cárlos, á causa de trabajos y sufrimientos, y de una espantosa enfermedad que habia padecido, venia muy demudado, y que parecia un hombre de sesenta años, calvo y encanecida su barba. Apesar de esto, podeis pensar, amigo mio, cual seria mi alegria y la impaciencia con que deseaba poder abrazar á un hombre que tanto por mi se habia sacrificado... Pero escrito está que no hay gozo cumplido en este mundo, añadió Clementina con el tono más triste y lastimero. Al dia siguiente se esparció la voz de que Cárlos habia sido asesinado á cinco leguas de Baltimore junto á un espeso bosque. Y asi fue realmente...

Clementina calló: dos lágrimas como dos perlas se desprendieron de sus hermosos ojos. Barch, conmovido, creyo que debia respetar el silencio y dolor de la criolla. Pero nosotros, que no tenemos motivo para tanto, creemos prudente aprovechar estos momentos para esplicar la historia de Cárlos, tal como fué, y no tal como la ha contado la hipócrita foragida, pues bien merece este nombre una mujer como Clementina. Realmente Cárlos envió el esclavo con el oro, pero como el capitan que almorzaba con Clementina no era su primo, sino su amante, ésta, que conocia de todo lo que era capaz su esposo si llegase á considerarse engañado, temió por su vida y la de su amante. Por otra parte si tenia ya el oro, ¿para qué necesitaba de un marido que habia envejecido antes de tiempo? Pronto aquella serpiente tomó su resolucion.

—Nik, dijo á su testaferro, á su brazo de bronce.

á su bravo; *mi marido me hace sombra*, es preciso que no entre en Baltimore.

Nik salió una hora despues, y al dia siguiente regresó. Entró en el gabinete de su señora, y le dijo:

—No traigo la cabellera de la victima, porque realmente el cráneo era pelado, pero en cambio traigo esto.

Y alargó un medallon de oro que contenia el retrato de Clementina, que su infeliz esposo llevaba siempre colgado y nunca desamparaba.

—Está bien, Nik, contestó la cinica criolla, puedes retirarte.

Tal era Clementina; tal la mujer que Barch adoraba, tal la pantera con quien estaba conversando y dispuesto á declararle su amor.

—Ya veis, mi querido Barch, si tengo motivo para no amar á nadie. Hombres como Cárlos no los hay, y sin embargo no sabria amar á otro que no tuviera su carácter.

—Os engañais, querida amiga, no faltan hombres como Cárlos, lo que si no hay son Clementinas que sepan inspirar esas pasiones locas y arrebatadoras, esos volcanes que abrasan, esas llamas que devoran, como me sucede á mi. Si, Clementina, añadió Barch animado y fuera de si, viendo que su adorada le escuchaba con tanta satisfaccion; yo os amo, como os pudo amar vuestro esposo; yo haria por vos mucho más de lo que hizo Cárlos; probadlo sinó, y vereis de lo que es capaz el amor que os profeso.

—Bien, mi querido amigo, bien: asi se esplicaba Cárlos en sus arrebatos: asi me gustan los hombres. Desprecio á esos amantes vulgares y egoistas, que á veces dejan de visitar á sus queridas por miedo á un resfriado; desprecio á esas mujeres adocenadas, que nunca saben salir de la rutina de los amores añejos y ya gastados. Vengan esos amantes nuevos, vaporosos, inflamados, románticos ó lo que sean, que confunden las almas en una sola, que marchan cual saetas al fin trazado, que cuando dicen: *hiere, hieren; mata, matan*. Venga ese fuego de amor, creciente todos los dias, ese delirio, ese frenesi que nos lo hace olvidar todo; si, todo, hasta á mi Cárlos, ¿oyes Barch?... hasta á mi Cárlos...

Y diciendo esto aquella mujer infernal, que realmente en aquellos momentos de lucidez sentia la emocion que espresaba, tenia asido á Barch y le abrazaba comunicándole el fuego que á ella la devoraba. Barch, embriagado y fuera de si, se consideraba el hombre más dichoso de la tierra. Un momento despues, Clementina decia á su amante:

—Somos unos locos, hemos olvidado el objeto de nuestra entrevista.

—Aguardo vuestras órdenes.

—Un amigo de mi mayordomo Nik necesita una persona que le abone en Gerona para hacer algunas compras de lana y caballerias durante las férias. Es un comerciante andaluz de mucho arraigo, que jamás ha faltado á sus compromisos.

—Basta, amiga mia, basta. ¿Cuál es su nombre?

—Ainar.

—Está bien: yo escribiré aqui mismo una carta de recomendacion para mi padre, y podeis estar segura que le entregarán la ciudad entera.

—Mil gracias.

—Me ofendeis, querida mia.

A las dos de la tarde de aquel mismo dia, Barch

ᵛalia de la casa de Clementina contento y satisfecho de su buena suerte, y creyéndose el más dichoso de los mortales. Un momento despues, Nik introducia en el gabinete particular de su señora á un sugeto, andaluz, á quien Clementina, entregándole la carta de recomendacion de Barch, le dijo:

—Ahi tiene V. esta carta. Con ella podrá V. hacer compras por valor de veinte mil duros, si se presenta proporcion.

—Está muy bien, señora mia. Veremos como se presentará el mercado.

Clementina vibró su campanilla, y Nik se presentó otra vez.

—Mira, Nik, ese amigo nuestro parte para Gerona, y dentro de cinco dias ha de estar de vuelta.

—No faltará, señora, y sinó vendré yo con la contestacion que de el se espera.

—¿Piensas acaso partir con él?

—No, porque el amigo ya sabe que soy Panio. Queria decir con eso que era de aquella raza que jamás perdona.

—Entonces os podeis retirar.

Dos dias despues todos los concurrentes á la reunion de casa de Clementina, conocian que Barch era el dichoso mortal, en quien se habia fijado aquella beldad, hasta entonces tan uraña y esquiva. Efectivamente era asi. Barch salia casi todos los dias con Clementina, pero pagaba á precio de oro las tales salidas. La criolla se enamoraba de cuanto veia, y su cochero, desgraciadamente para el jóven, acertaba á pasar siempre por las calles donde se vendian las cosas de más valor. Dos veces habian pasado por la plateria; aquellos dos viajes habian costado á Barch más de dos mil libras catalanas. Apurado se hallaba para hacer frente á tanto gasto, y agotado su capital, se habia visto obligado á recurrir al bolsillo de sus amigos. Habia girado tambien algunas cantidades contra su padre, y tanto este como su madre, se estrañaban mucho de que su hijo en pocos dias se hubiese convertido en un gastador tan consumado. Asi se pasaron seis semanas, durante las cuales Barch, con grandes apuros, habia podido hacer frente á los enormes gastos que le causaba su amante. Lo peor de todo era, que Clementina queria pagar siempre sus continuas compras, y aun fingia enojarse contra Barch, mas no por esto dejaba este de ser siempre el pagador. En esto, Eugenio, aquel hombre de mundo, aquel cinico, que no temia los amores de la criolla, se convirtió en un furibundo celoso de su propio amigo. Aprovechaba todos los momentos y ocasiones para jurar amor eterno á Clementina, y en sus arrebatos hasta la decia que mataria á su rival. La criolla le escuchaba con aquella sonrisa y mirada que ni niega ni concede, que promete y no da, pero que hace concebir esperanzas para el porvenir. A su vez, este hombre de mundo se arruinaba para presentarse con ostentacion y lujo ante su amante, y creyendo que Barch habia sido preferido porque era más rico, se propuso desbancar á su amigo á despecho de su propia fortuna. Asi un hombre de mundo, y otro que no lo era, eran el juguete de una mujer sin corazon ni conciencia, de una verdadera bandida y criminal. Por aquellos dias vino el vencimiento de las letras y facturas firmadas por el andaluz Ainar y garantidas por el anciano padre de Barch, en virtud de la carta de recomendacion de su hijo. El tal Ainar, no solo se habia declarado insolvente, sino que habia desaparecido completamente. Todos sus acreedores se volvieron contra el fiador, asi es, que el honrado padre de Barch se veia en los más grandes apuros. Habia pagado ya por valor de cinco mil libras, pero aun restaba una suma de quince mil más. Algunos de los acreedores, comerciantes de mulas y otras caballerias, que no conocian al padre de Barch, sin ninguna clase de miramiento habian pedido la ejecucion de sus bienes, y toda aquella honradisima familia se consideraba en el borde de su ruina y deshonra. Habian escrito á su hijo, contándole todos sus apuros, pero éste ni siquiera tenia valor para preguntar á Clementina por el nombre del andaluz. La criolla por su parte habia combinado su plan, preveyendo el momento en que tendria lugar lo que ella calificaba de un insignificante contratiempo. Consecuente á su plan, hacia algunos dias que se manifestaba más complaciente y amorosa con Eugenio, exasperando de este modo los mal comprimidos celos del jóven Barch. En esto, Barch recibió una carta de su padre en que le decia entre otras cosas lo siguiente: «He resuelto vender nuestra me-»jor hacienda á fin de pagar los acreedores de tu »recomendado. Pero el comprador quiere tu firma; »ven pues, pronto, de lo contrario, tus padres mo-»rirán de dolor si han de pasar por insolventes ante »el tribunal y el público. Tu pobre madre está en »cama de mucho cuidado, y á cada momento pide »por ti. Vendida esta hacienda será menester que »reduzcamos mucho nuestros gastos, pues ya sabes »que solo nos quedará una quinta parte de la renta »de que hoy disfrutamos.»

Esta carta habia anonadado á nuestro desgraciado amante. Barch amaba á sus padres, y como no tenia todavia pervertido su corazon, temblaba á la idea de que él era la causa de la ruina de su familia. Sabia que por su parte tenia deudas contraidas de bastante consideracion, calculaba que sus acreedores podian alarmarse desde el momento en que supiesen que su patrimonio habia disminuido de un modo tan notable, y entonces ¿qué seria de sus ancianos padres? Apesar de todo, cada dia amaba á Clementina con más frenético delirio, cada dia deseaba sacrificarse más y más por aquella mujer pérfida y detestable. Aquel dia, sin embargo, habia resuelto marchar á Gerona, á fin de firmar la escritura y consolar á sus padres con la idea de que no todo estaba perdido, pues creia que Clementina era inocente, respecto á la insolvencia de su protegido, no permitiria que se arruinase una familia con cuyo hijo estaba en tan intimas relaciones. ¡Infeliz! Con estas ideas se dirigió á la casa de su querida, pero ¡cuál fué su sorpresa al decirle que la señora estaba ocupada, y que no podia verla! Irritado hasta el estremo al ver que se le trataba como á un forastero, siendo asi que el dia anterior habia penetrado hasta el mismo dormitorio de Clementina sin siquiera hacerse anunciar, quiso entrar á despecho de los criados y lacayos, pero todo fué en vano. Una terrible sospecha de celos penetró entonces en su alma: salió, pero se puso en acecho para ver las personas que entrasen y saliesen de la casa de su amada. Dos horas hacia que estaba espiando, cuando, ¡santo cielo!... vió salir á su rival Eugenio.

—¡Ira de Dios! esclamó para si aquel atolondrado jóven, ¿por esto no se me ha dejado entrar? Su primer impulso fué el de acometer á su amigo, provocarle y matarle; pero luego, reflexionando un poco, dijo: no, primero he de ver á ella: la echaré en cara su perfidia, he de pedirle las veinte mil libras del *andaluz*, y despues he de escupir en su rostro y abandonarla para siempre.

Con esta resolucion subió otra vez la escalera de la casa de Clementina, y sorprendiendo á los criados y lacayos, penetró en su gabinete, antes que estos tuviesen tiempo para detenerle.

—Soy yo, señora, dijo al entrar, yo, á quien no se ha permitido la entrada hará como unas dos horas, yo... ¿Pero qué teneis, señora? ¿estais enferma? Veo vuestra palidez... Conozco que vuestros ojos han derramado lágrimas... ¿Acaso ese imbécil de Eugenio os ha insultado?

Toda la ira de nuestro héroe se desvaneció como el humo.

—No, querido Barch, tu amigo ha estado muy fino y atento conmigo, y aun espero de él un gran favor...

—De él, Clementina?... De él un favor?...

—Si, amigo mio, yo he tenido un gran disgusto, un sentimiento que me devora...

—¿Y antes que á mí, se lo habeis comunicado á Eugenio?...

—No podia, no debia comunicártelo á ti, sino despues de dar este primer paso.

—Entonces te escucho, Clementina, habla por Dios, te lo suplica tu amante.

—Oh! es bien sencillo: Nik fué engañado por su amigo Ainar el andaluz; este infame, abusando de la amistad, ha desaparecido con el capital, y no pagando él á los acreedores de Gerona, debe salir responsable tu padre; ¿debo yo consentirlo? No, de ninguna manera, y no teniendo fondos en mi poder debia buscarlos; hé ahi porqué he recurrido á tu amigo, á fin de que buscase dinero hipotecando todas mis joyas, mis muebles, mi cama, todo, todo, en fin, con tal de salir del apuro y no perjudicarte ni causar el menor disgusto á tus padres.

—¡Adorable mujer! interrumpió Barch enternecido y lleno de confianza. Y bien ¿qué te ha contestado Eugenio?

—¡Oh! querido mio, Eugenio es todo un caballero; al oir mis proposiciones, me ha dicho: segun esto, Clementina, ¿no cree V. en la amistad? ¡Empeñar sus joyas! Nada de esto, señora; ya encontrare el dinero. Bastará mi firma y crédito, y lo demás ya se arreglará. ¿Lo creerás, Barch? este comportamiento de Eugenio me ha enternecido y hecho derramar lágrimas. Porque he dicho: hé aqui un hombre que ha pedido mil veces y suplicado hasta de rodillas que le amase, y á quien has rechazado con desprecio no logrando nada de tí, y sin embargo te dispensa un servicio tan señalado. ¡Oh! he dicho entonces: la raza de los Cárlos no ha quedado extinguida.

—No, Clementina, no ha quedado extinguida. Te lo dije un dia y hoy te lo repito: no sabes de qué es capaz el amor que te profeso. Partiré hoy mismo para Gerona, y el asunto quedará arreglado en dos horas. Para nada necesitamos de Eugenio ni de su dinero; para nada. Ahora mismo, Clementina, debes escribirle en este sentido. Te lo suplico con toda la efusion de mi alma. Este hombre me causa pena.

—¿Tienes celos, Barch?

—Si, tengo celos, y en un arrebato, seria capaz de todo, Clementina, de todo.

—Está bien, querido mio, contestó la criolla abrazando á su amante, perezca todo, con tal que sobreviva nuestro amor, nuestra pasion. Vete á Gerona, arregla este negocio; más tarde he de recibir letras de Baltimore y todo se compondrá.

III.

Aquella misma tarde Barch partia para Gerona tan contento como engañado. Clementina le habia dicho por milésima vez, que le amaba. ¿Qué más podia desear? Le habia prometido tambien que más tarde con delicadeza despediria á Eugenio, ¿qué otra cosa podia exigir? Vendrian despues los fondos de Baltimore, ¿qué podia pues temer? Pero es el caso que ni Clementina le amaba, porque era incapaz de amar á nadie, ni Eugenio seria despedido, porque la criolla esplotaba á los dos amigos, como veremos en el decurso de esta historia, y finalmente, tampoco debian venir recursos de Baltimore, porque aquella mujer disoluta habia disipado ya el inmenso caudal que Cárlos le habia comprado á precio de su propia sangre. En fin, Barch llegó á Gerona y se presentó á sus padres. Encontró á su madre moribunda. La infeliz anciana solo tuvo tiempo para ver y abrazar á su querido y único hijo, y luego espiró en sus brazos. Barch lloró amargamente la muerte de su madre, porque era un hijo que realmente adoraba á sus padres. Dos dias despues, se firmó la escritura de venta de la mejor hacienda que poseia aquella familia. Hasta despues de este acto, el padre no habia pedido esplicaciones á su hijo. Despues de esto, aquel respetable anciano quiso saber algo sobre la conducta de su heredero. El padre de Barch era un hombre que rayaba ya en los setenta años, probo y honrado, caritativo sin ostentacion, religioso y devoto sin hipocresia. Conocia que su hijo vivia desviado, pero ignoraba cuál era el abismo en que se habia precipitado. Así que entraron en esplicaciones, y oyó por boca de su hijo la minuciosa descripcion que le hizo de la hermosura de Clementina y de sus cualidades morales, ensalzadas por él hasta las estrellas, el padre conoció toda la estension de las desgracias que amenazaban á su hijo. En su instinto paterno, sin verla ni conocerla, se formó una idea de Clementina más acertada y exacta de la que tenia su hijo, apesar de haberla tratado con tanta familiaridad. Como Barch no confesó que estuviese enamorado de la criolla, éste, apesar de que no dudó de ello, hizo caso omiso y habló á su hijo en estos términos:

—Hijo mio, es menester no hacernos ilusiones. Por de pronto hemos quedado reducidos á una suma estrechez. Es menester, pues, adoptar un plan de economias. Ni yo puedo permanecer en Gerona, ni tú en Barcelona. Nos retiraremos por de pronto á nuestra pequeña hacienda de Besalú. Asi tengo calculado que, apesar de nuestra desgracia, ahorraremos todos los años unas trescientas libras de nuestra moneda. Tengo alli parientes y amigos ricos, que nos aprecian; estos tienen hijas que cuentan con pingües dotes. Tú estás ya en edad de tomar estado; escogerás la que más te acomode, te casarás, y créeme, serás más feliz que con esa vida que llaman del gran mundo, en donde se tienen amigos y amigas, que en ménos de un año disipan los patrimonios más considerables. Dios te dará hijos, y desde entonces conocerás las dulzuras del amor paternal, los goces del hogar doméstico, la satisfaccion de una conciencia tranquila y de una vida libre de esas grandes emociones de que son víctimas los habitantes de esas grandes ciudades.

—Pero, mi querido padre, ¿olvida V. que Clementina no tardará en devolvernos las veinte mil libras?

—Temo, hijo mio, que no será tan pronto como tú crees.

—¿Pero qué motivo tiene V. para dudar?

—Ninguno: pero me lo dice mi corazon, y el corazon de un padre raras veces se engaña. En fin, si devuelve la cantidad, tanto mejor.

—Pero si yo no estoy allí no será tan fácil y pronta la devolucion.

—¿Y qué importan veinte mil libras? ¿Acaso no vale más tu tranquilidad y la mia? Hemos perdido ya á tu querida madre. No somos más que dos de la familia ¿por qué hemos de vivir separados? ¿Quién consolará á tu padre en la soledad de la vejez, despues de haber perdido una esposa con quien vivió más de cuarenta años?

Al pronunciar estas palabras, el anciano lloraba como un niño, y Barch le acompañaba en su llanto. El corazon del hijo sentia la influencia de su ángel bueno, que le hablaba por medio de su querido padre. Pero Barch amaba á Clementina, y ésta precisamente representaba su ángel malo. Era, pues, aquel el momento crítico de la lucha, y uno de los dos espíritus debia triunfar. ¡Ay de nuestro jóven si vencia su pasion! Desgraciado, si desoia los prudentes consejos de su buen padre! Por aquel momento la crisis quedó aplazada. El padre y el hijo se retiraron sin que uno ni otro hubiesen perdido las esperanzas de entenderse más tarde. Pero en este pícaro mundo, muchas veces nuestra buena ó mala suerte depende de las circunstancias más insignificantes; de conocer una persona, del encuentro de un amigo, de la vista de algun espectáculo, etc. Así sucedió con Barch en las circunstancias críticas en que se encontraba. Al dia siguiente salió de casa, y por casualidad encontró uno de los concurrentes á la casa de Clementina que acababa de llegar de Barcelona.

—Has hecho bien, amigo mio, le dijo, despues de haberle saludado.

—No te comprendo...

—Hombre, te digo que has hecho bien en dejar tus amores con Clementina.

—¿Y por qué? dijo Barch disimulando la emocion de su alma.

—Pues qué ¿no sabes que ahora Eugenio es el amigo de la casa?

—¿De veras?

—Y tanto... que ayer cuando nos retiramos, él se quedó á cenar y dormir con aquella criolla endemoniada.

—¡Mientes... impostor! replicó Barch, lleno de coraje. Yo arrancare tu lengua y la de cuantos se atrevan á deshonrar á la más delicada de las mujeres...

—¡Ja... ja...! Te compadezco; veo que aun estás fascinado; te dejo, ya llegará dia en que dirás que yo tenia razon.

—Vive Dios, que no te irás así... y diciendo esto lo asia por el brazo.

—¡Eh, quedo! dijo el amigo: si nos hemos de batir, no ha de ser en medio de la calle. Dentro dos dias estaré en Barcelona, allí podremos arreglar nuestra cuenta.

Y diciendo esto le dejó plantado en medio de la calle. Aquella entrevista puso término á la crisis en que se hallaba nuestro desgraciado jóven. La suerte estaba echada. El maldito aguijon de los celos se habia apoderado del corazon de Barch, y desde aquel momento ya no fué dueño de sí mismo. No veia más que á Eugenio y á su pérfida y fementida Clementina, y no aspiraba á más que á una terrible venganza. Ya no se acordaba de su padre, ni de la memoria de su difunta madre, cuyos funerales debian celebrarse al dia siguiente. Loco de furor y devorado por el frenesí de los celos, solo anhelaba el momento de verse cara á cara con su querida y su rival. En esta disposicion determinó ponerse inmediatamente en camino, sin despedirse siquiera de su desventurado padre. ¡Oh! las pasiones!... las pasiones...! ¡Cómo extingen en nosotros hasta la idea de los deberes más sagrados, y hasta de los instintos propios de los irracionales en medio de su ceguedad! En fin, Barch partió en aquel mismo instante de Gerona, contentándose con escribir dos líneas á su padre en que le decia: «Un negocio urgentísimo me obliga á partir por pocos dias. Regresaré y seré el consuelo de mi padre.»

—¡Infeliz! dijo éste al leer tan lacónico billete. Marchas de precipicio en precipicio, de ruina en ruina. Esa mujer será la causa de tu perdicion.

Los instintos del amor paternal no le engañaban. Dejemos al anciano llorando su soledad y abandono; dejemos tambien al atolondrado amante volando hácia Barcelona reventando caballos, y trasladémonos á casa de aquella mujer, causa de tantas desgracias. Ya hemos dicho antes que Clementina se habia propuesto esplotar infamemente á los dos amigos. Al uno porque era hombre de mundo, segun él mismo decia, y al otro porque era un niño que podia manejar á su antojo. Consecuente á este plan, léjos de haber desengañado á Eugenio, conforme habia prometido á Barch, le habia concedido más franqueza, más intimidad, y aun prometido amor para más adelante. De este modo, Eugenio habia procurado la cantidad que Clementina le habia dicho que necesitaba para salir de un apuro, guardándose muy bien de decirle que Barch entrase para nada en tal asunto. Aquel dia Eugenio, echando mano de todos sus recursos, de los de sus amigos y del crédito de su padre, anciano y respetable que vivia fuera de Barcelona, habia podido reunir las diez mil libras, que causaban el apuro de la criolla y habia entregado la cantidad en manos de su amada. Esta habia manifestado sus deseos de firmar una escritura de debitorio, pero el hombre de mundo se habia opuesto á tal idea, y solo accediendo á las instancias de aquella engañosa mujer, habia consentido en aceptar un simple recibo. En cambio tenia el honor de comer aquel dia con la mujer que lo tenia fascinado, ¿qué más podia desear? En la mesa estaban, comiendo y bromeando, cuando fueron sorprendidos por el ruido de un acalorado altercado movido en la antesala del comedor. Se levantaron, y entonces se presentó á su vista el espectáculo de un jóven, lleno de polvo, cabello suelto, vestido hecho girones, que peleaba con dos robustos lacayos y dos criados que á toda fuerza querian impedirle la entrada en el comedor, á tenor de las órdenes de la dueña de la casa. Clementina reconoció al momento al infeliz Barch, y desde luego tomó su resolucion.

—Imbéciles, dijo á sus criados, ¿cómo habiais de suponer que mis órdenes comprendiesen á mi jóven y protegido amigo? Vamos que siempre sereis unos necios. unos irracionales... Ya os lo he dicho antes, dijo en seguida á Eugenio de modo que nadie pudiese oirlo: es un niño á quien aprecio, porque me gustan sus impetus, pero que me veré precisada á despedir, porque me cansan ya sus niñadas.

El hombre de mundo no dudaba de que realmente Barch no era más que un niño á los ojos de Clementina, con el cual jamás habia tenido ni podia tener amores formales.

—Vamos, dijo en seguida la criolla, cogiendo de la mano á Barch, con la cariñosa indiferencia con que se coge á un niño para arreglarle y reprenderle. Venid, amigo mio, os arreglaré el cabello y cepillaré vuestros vestidos, y despues entraremos en cuentas, hijito mio, porque, habeis de saber que vuestras travesuras van disgustando á vuestra mamita.

Y diciendo esto, aquella infernal mujer enjugaba con su fino pañuelo el sudor del desventurado jóven, le acariciaba pasando su pequeña y delicada mano por el rostro, y acercaba su cara tan junto á las mejillas del jóven, que aquello podia confundirse con un beso prolongado. Todo esto pasaba á la vista de Eugenio, de aquel celoso hombre de mundo, sin que éste, no solo no se diese por resentido, sino que aun ayudara á Clementina en su faena de acepillar y acariciar á Barch. Este habia caido en una especie de estupor y aturdimiento inesplicable. Se creia victima de una pesadilla, de un sueño, de una ilusion. De este modo dejaba á sus dos amigos que hiciesen de el lo que se les antojase hasta el punto de que Clementina lo habia cogido entre sus brazos, conservándolo colocado en su regazo. mientras que Eugenio le cepillaba y perfumaba. En seguida se sentaron á la mesa y ambos se esmeraron en servirle y obsequiarle. Clementina le hizo plato, y viendo que no comia, comenzó á invitarle, con cariñosos mimos, á que comiese como si fuese un niño. Barch no decia una palabra, miraba á sus amigos, y de vez en cuando se reia, pero su risa y su mirada revelaban un estado de estupidez muy próxima á la locura.

—Está loco, dijo Eugenió al oido de Clementina.

—Tiempo hace que dije que vendria á parar en esto, contestó la criolla con el acento del más vivo interés. ¿Tendreis celos ahora del pobre niño? ¿Conoceis ahora si os decia la verdad?

Se levantaron de la mesa, y Clementina, cogiendo del brazo al jóven lo introdujo en su alcoba, lo desnudó con la ayuda de Eugenio y lo acostó en su cama, diciendo:

—El pobrecito necesita descansar.

Un momento despues, Barch realmente dormia, pero su sueño era sumamente agitado y conmovido. Lloraba y reia casi á un mismo tiempo, blasfemaba y oraba, pronunciando palabras de ira y venganza, mezcladas con súplicas y oraciones. Clementina, sola, puesto que Eugenio se habia retirado, contemplaba su victima y decia paseándose por la estancia:

—Esto debe concluir: este jóven es capaz de cualquier esceso. Si á lo ménos hubiese perdido realmente el juicio! Pero ¿y si no es así? ¿Y si al dispertar vuelve en si, y recuerda todo lo que ha pasado? ¡Y tan fácil como me seria ahora deshacerme de el para siempre!... Pero ¿que haré? Llamar á Nik y pronunciar en sus oidos la frase sacramental? Mas Eugenio sabe que está aqui, que lo ha dejado bueno aunque trastornado... Si, si; ambos hombres me hacen sombra!... Tengo ya su dinero, ¿qué más puedo esperar?

Y aquel demonio en figura de ángel de hermosura torturaba su tenebroso cerebro, para idear un medio de deshacerse sin compromiso de sus dos amantes. Repentinamente pareció que Luzbel habia inspirado á su hija. Vibró su campanilla de un modo particular, y un momento despues entró el impasible Nik.

—Nik, conducirás ahora mismo á ese jóven á tu habitacion: respetarás su sueño, y cuando se despierte observarás lo que dice y me lo contarás. Nadie ha de entrar en tu habitacion, entiendes? nadie. Si el jóven quiere salir, te advierto que debes impedirselo á todo trance. Atale, si es necesario, para sujetarle.

Nik cargó con el cuerpo del jóven, y sin que este dispertase, cumplió las órdenes de su señora.

—Si al volver en si no es loco, peor para él, pues el Panio le enviará al otro mundo. Si realmente lo es, nada me importa que viva. Ahora que venga el otro, tambien para él tengo mi plan trazado.

En seguida agitó la campanilla, y dió órden de que enganchasen los caballos. Salió despues radiante de hermosura y tan tranquila y seductora como siempre. Al anochecer regresó. El Panio la dijo:

—Todavia duerme, pero su sueño es más tranquilo.

—Bien está, contestó la criolla despidiendo al mismo tiempo á Nik con un ademan. Si no ha perdido la razon, decia despues entre si, es preciso que muera.

Luego previno á sus criados que aquella noche no recibia á nadie, escepto á Eugenio, á quien dirigió un billete en que le decia:

«Urge mucho el que nos veamos cuanto antes. Ten-»go otro grandisimo disgusto. Solo vos podeis acon-»sejar y dirigir á vuestra amante. CLEMENTINA.»

En seguida se puso su gorro de dormir, y se arregló de tal manera, imprimió en su semblante y persona las señales tan vivas del dolor, que nadie hubiese podido sospechar que todo aquello fuese puro fingimiento. Eugenio no se hizo esperar. Al ver á su querida tan abatida se alarmó y preguntó la causa de tanta tristeza.

—¡Ay!... amigo mio, dijo Clementina cogiéndole con ambas manos y mirándole con una ternura inesplicable. Mis criados me han de causar la muerte. Figuraos que, despues de vuestra salida, he creido que por mi propio decoro no debia tener en mi misma cama á nuestro niño. y así he dispuesto el que fuese trasladado á otra habitacion encargándoles que no lo abandonasen un solo momento. Despues salí para entregar vuestro dinero á quien ya os tengo indicado. Vuelvo y ¡oh desgracia! me encuentro con que esos insensatos, entregados á los placeres de la mesa, habian dejado solo á mi jovencito y que éste habia desaparecido, sin haberlo advertido ellos hasta mi regreso, esto es, tres horas despues.

—¡Santo cielo! ¿y qué habrá sido de nuestro desgraciado amigo?

—Esto digo yo, ¿en dónde estará?

—¡Ay! y qué disgusto para su desgraciado padre!

—Amigo mio, mi querido y amado Eugenio, volad en busca de Barch... Solo vos podeis hacerlo, porque si lo confiamos á otros, habrá escándalo, y como tal vez no haya enloquecido como temeimos, tendria un gran disgusto si supiese que nosotros le hemos delatado como tal.

—Teneis razon, amiga mia, ¿pero á donde le voy á buscar?

—Mirad, amado Eugenio, si nuestro amigo no es loco, nada hay que temer, estará en su casa ó en el café; si es loco seguramente se habrá dirigido hácia las afueras de la ciudad, hácia las huertas de San Beltran ó hácia la playa, pues he notado que los locos en sus primeros momentos de demencia, tienen una manía por la mar.

—Teneis razon, mi Clementina, voy ahora mismo á recorrer toda la playa, todos los escondrijos de la montaña de Monjuich. Yo daré con él vivo ó muerto.

—Por Dios, mi Eugenio, búscalo bien: yo no me acostaré hasta tu regreso: te esperaré sola, completamente sola, pues esta noche no recibiré á nadie más que á tí.

—Gracias, querida amiga, gracias... Y diciendo esto se disponia para marchar el amante.

—Un momento... dijo Clementina; voy á registrar su habitacion para ver si ha dejado algun escrito ó indicio que nos pudiese servir de guia.

Y diciendo esto salió y se dirigió á la habitacion de Nik.

—Duerme. dijo éste.

—Bien: ahora saldrá un hombre de esta casa á quien ya conoces. Debe recorrer las huertas de San Beltran y montaña de Monjuich: es ya de noche: Eugenio es el hombre de quien te hablo, *y me hace sombra.*

—Mi señora puede quedar tranquila.

Bajó en seguida y abrazando con ternura y amor á Eugenio. le dijo:

—¡Nada, querido mio, nada!

—No importa, contestó Eugenio rebosando de satisfaccion en vista de las pruebas de amor y confianza de su querida. Yo le encontraré vivo ó muerto.

—En vos confio, amigo mio.

Eugenio salió y se dirigió hácia los puntos indicados. La noche era oscura. Eugenio no era cobarde, pero más de una vez se detuvo; le parecia que alguien seguia sus pasos. Luego se desengañaba, porque nada veia, ni percibia el menor ruido. Cansado y fatigado, se sentó en un recodo de la montaña, mirando las aguas del mar al través de las tinieblas, y esperando ver el cuerpo de su amigo, arrastrado por las olas. Mil pensamientos melancólicos se presentaron en la mente del enamorado Eugenio. Entonces por primera vez se acordó de su anciano padre, y de los apuros en que pudiera verse aquel honrado comerciante á medida que fuesen venciendo y se le presentasen las letras que habia firmado, á fin de procurarse la suma exigida con tanta premura por Clementina. Luego se le representaba la imágen de su amigo Barch, en aquel estado de semi-locura en que lo habia visto últimamente. «¡Qué diantre! decia, no es tan niño ni atolondrado como quiere suponerle mi Clementina.» En esto un hombre iba deslizándose, arrastrando su cuerpo sobre la tierra como los reptiles, y llegó á colocarse á tres pasos de distancia de nuestro pensativo amante. Aquel hombre no hacia el menor ruido, de modo que Eugenio no se apercibió de él sino en el momento en que sintió que un lazo escurridizo estrechaba su garganta. Era el lazo estrangulador, arrojado con aquel acierto propio de los indios y más especialmente los de la raza de los Panios. Ya hemos dicho que Eugenio no era cobarde, asi es, que al sentirse cogido quiso levantarse, gritar y defenderse, pero todo fué en vano. La cuerda iba apretándole y sofocando su respiracion. Apesar de todo, el infeliz luchaba, haciendo esfuerzos inauditos; pero nada; todo era en vano. Nik, pues no era otro el estrangulador, seguro ya de su presa, se

habia acercado para presenciar los últimos momentos de su víctima, y el desgraciado Eugenio, fijando en él su desesperada mirada, pudo reconocer, apesar de la oscuridad. el impasible y aceitunado rostro del esclavo y confidente de Clementina. Todo lo comprendió entonces, pero era ya tarde. Un momento despues, el Panio enterró en uno de aquellos precipicios el cadáver del desgraciado Eugenio.

A las dos de la madrugada de aquel dia, el indio entraba en el dormitorio de su señora. Esta estaba esperándole sin haberse acostado.

—Todo está concluido, dijo el Panio, la *sombra está disipada para siempre.* No traigo su cabellera, porque mi señora no es aficionada al pelo cortado al filo de un puñal.

—Bien, Nik, ahora vete á descansar junto al que duerme en tu propia cama. y no te olvides de avisarme asi que despierte.

IV.

LOCURA DE BARCH.

LOS PADRES BUSCANDO Á SUS HIJOS.

Al dia siguiente Clementina, avisada por su esclavo, entraba en el cuarto del desgraciado Barch. Desgraciado. decimos, pues solo habia logrado librarse del puñal ó cuerda del estrangulador, con la perdida de su razon. Sentado se hallaba sobre la cama, riendo como un estúpido y mirando á todas partes vagamente.

—Tanto mejor, dijo al ver á Clementina, prefiero la presencia de la Virgen del Pilar que la de ese aceitunado San Narciso, el de las moscas de Gerona.

Y diciendo esto señalaba á Nik, riendo con la risa de los idiotas.

—Acercaos, añadia, soberana princesa del Rosario, haced que Domingo pueda besar la orla de vuestro manto. ¡Eh! tú, mulato, no te acerques con tus moscas á la Virgen... mira que vas á manchar sus vestidos de nieve.

A todo esto aquella hiena en figura de mujer estaba impasible como un mármol. Era menester tener entrañas de pantera, para no conmoverse á la vista de tan espantoso espectáculo. Ver á un jóven de veintidos años reducido á la última de las miserias humanas, cual es la pérdida de la razon, de este don del cielo que nos distingue de los brutos, y estar impasible la persona que con sus infamias y maldad habia ocasionado aquella desgracia, es para nosotros el colmo del cinismo, de la depravacion y del crimen. Tal vez no todos nuestros lectores mirarán la *locura* bajo el prisma con que nosotros la vemos. Para el que escribe estas lineas, la *locura* es la más grande, la más espantosa de las calamidades que pesan sobre la raza humana. Jamás ha podido visitar una casa de locos, sin derramar lágrimas. Ni siquiera le distraen, las á veces, chocantes ridiculeces y estravagancias de los atacados por tan terrible enfermedad. Un *loco* es para nosotros el sér humano más digno de compasion. respeto y lástima. Vemos con gran satisfaccion el grado de perfeccion que van adquiriendo los establecimientos destinados á recoger esos séres desgraciados que han perdido el don más precioso de nuestra especie, y hacemos votos para que las caritativas y filantrópicas perso-

nas que saben consagrarse á una tarea tan evangéli-
ca, no desistan en su empeño y procuren marchar
por la via de perfeccion y progreso que tan noble-
mente han sabido emprender (1). Clementina salió
de la habitacion del *loco* despues de haber contem-
plado insensible la obra de su refinada maldad.
Porque Barch habia perdido la razon, por no poder
resistir el choque de sensaciones tan encontradas
como las que esperimentó al llegar á casa de su querida. Él se consideraba todo un hombre, y realmente lo era; venia ebrio de venganza, creia encontrar á su ingrata parapetada en la hipocresia y
fingimiento, negando sus amores con Eugenio y jurando que á él, y solo á él, amaba y adoraba; pero
en vez de todo esto, su querida se le presenta apoyada descaradamente en el brazo de su rival; ni siquiera se digna disimular su infidelidad, y para
colmo del sarcasmo se le recibe como á un niño,
como á un muchacho mal educado, que ha de ser
reprendido y perdonado por unas personas que le
dispensan una proteccion semi-paternal. Solamente
la pérfida Clementina, que conocia á fondo toda la
fogosidad y brios de aquel corazon locamente enamorado, podia medir las consecuencias y terribles
resultados que debia producir un recibimiento tan
perfectamente combinado. La criolla no habia previsto sin embargo el resultado que tuvo dicho recibimiento, pues ella esperaba que Barch, arrebatado
por los celos, se lanzaria como un leon contra su
rival, le mataria, ó cuando ménos le dejaria muy
mal parado, de lo cual se seguiria un escándalo, cuyos resultados serian el que sus dos amantes, ó bien
serian presos por la justicia, ó deberian fugarse y
emigrar, resultando de esto que ella se veria libre
de los que, una vez despojados de su dinero, le eran
importunos y pesados. La locura de Barch desconcertó sus planes pero no su cabeza, llena de recursos
y medios á cual más infernales. Ya hemos visto el
fin trágico del desgraciado Eugenio, debido á la
perfidia de aquel demonio en figura humana; las
últimas instrucciones que comunicó á su esclavo, al
salir de la habitacion de Barch, nos darán á conocer el fin que á su vez proyectó contra este infeliz.
En efecto, aquel mismo dia, á la caida de la tarde,
los niños y vecinos de la calle del Hospital, se divertian con un loco que, muy mal vestido y des-
greñado, saludaba á las mujeres dándoles el nombre
de vírgenes celestiales y á los hombres el de todos
los santos del calendario. Aquel infeliz loco habia
sido conducido allí y abandonado á la burla é irri-
sion del público por Nik, con mucho disimulo y cuidado, segun las órdenes de su dueña. Más tarde,
unos vecinos compasivos, creyendo que el loco se
habia fugado del Hospital, lo condujeron á dicha
casa. Allí lo recogieron, como lo hacen con todos
los infelices, sin poder tomar informes, porque nadie
sabia su procedencia, y solo contestaba con sus vírgenes y santos. En fin, Barch fué encerrado en el
departamento de los orates. Dos meses han trascurrido desde las terribles escenas que acabamos de
escribir. Clementina, tranquila, hermosa y cada dia
más seductora y coqueta, continúa con su tertulia,
preguntando todos los dias á los concurrentes sobre

Barch y Eugenio, con un interés tan fingido como
pérfido. Nadie sabe contestarle. Creen todos que
Barch está en Gerona ó Besalú, consolando á su
afligido padre, y que Eugenio habria partido para
alguna de sus espediciones mercantiles. Por otra
parte, como los concurrentes aspiraban á los favores
y amor de Clementina, celebraban en su interior la
ausencia de aquellos dos amigos, preferidos, segun
creian, por la mujer, á cuyo afecto ellos tenian pretensiones. Asi es el mundo: el egoismo es casi siempre el móvil de las acciones humanas. Os harán mil
obsequios, mientras esperan que los podreis recompensar con larguezas, y os despreciarán el dia en que,
viéndoos desgraciados, se persuadan de que ya no
les podeis ser útiles. Si sois ricos, sereis amables,
hombres de mundo, de talento y saber: si pobres,
tendreis todos los vicios é imperfecciones humanas.
En el dia, nadie os preguntará de dónde habeis sacado vuestros capitales, pues todos se contentarán
con saber que realmente los poseeis. En todas épocas
se han repartido títulos y grandezas, segun la voluntad ó capricho de los repartidores. En esto, como en
todo, la moda ha ido cambiando y tomando mil formas. En los tiempos primitivos, todo se decidia por la
ley del más fuerte, tomando esta palabra en su sentido material. Posteriormente esta palabra ha recibido varias acepciones. En el dia es más fuerte, el
que tiene más medios, sean cuales sean, de sobreponerse á los demás. Y como el dinero constituye
uno de los medios más poderosos de preponderancia,
de ahi el que los títulos y grandezas vengan confundidos con un capital algo respetable. Al que lo posee, no le faltarán títulos, condecoraciones y cruces,
si le dá la mania por esta parte. El mundo, sin embargo, nos parece que siempre ha sido lo mismo
con la única diferencia de que no siempre han sido
unas mismas las modas dominantes. Pero dejémonos
de digresiones y reanudemos el hilo de nuestra historia. Han trascurrido quince dias más: un respetable anciano, en cuyo rostro se descubren las huellas
de dolor más profundo, caminaba pesadamente y
casi arrastrando su cuerpo, apoyado en un baston,
por la calle de la Boqueria, en direccion á la plaza
de San Jaime. Al llegar á esta, tuerce su camino hácia la izquierda y un momento despues entra en el
cuartel, ó mejor dicho, casa de los *mozos*, situada
en los bajos de la Audiencia. El cabo de la fuerza
lo recibe con amabilidad, y el anciano, despues de
saludarle y tomar asiento le dice:

—¿No habeis descubierto nada?

—Poca cosa, amigo mio, solo sé que la persona á
quien buscamos, frecuentaba todos los dias la casa
de una rica americana, mujer de gran tono. Tambien
he llegado á descubrir, que hará como unos dos meses y medio, que dicho sugeto salió de la casa de la
tal señora al anochecer, dirigiéndose hácia las afueras de la ciudad, por la puerta de Santa Madrona.
Desde aquel dia nada se ha podido descubrir, porque ya no se le vió más ni en la calle ni en la casa
ya indicada.

—Entonces ¿en dónde estará mi hijo?... ¿qué se
habrá hecho de mi querido Eugenio?

Y el anciano lloraba como un niño, sin que miti-
gasen su pena las consoladoras palabras del honrado
cabo. En esto, este se levantó repentinamente, y alargando su mano á otro anciano, en cuyo rostro vian-
se tambien pintados el dolor y abatimiento, le dijo:

—¿V. por aquí, mi querido Barch?

<hr>

(1) A mas del manicomio de San Baudilio de Llobregat, tenemos otro en Gracia, que llena cumplidamente el objeto a que
está destinado.

Tamb en ha mejorado mucho y se ha perfeccionado el departa
mento o sea manicomio del Hospital de Santa Cruz

—Sí, amigo mio, aquí he venido en mis postreros dias, y por cierto, por un motivo bien triste.

—¿Qué le pasa, amigo mio? ¿acaso le ha sucedido alguna desgracia en Besalú? ¿Por ventura el cabo que me sucedió no vigila bien por la seguridad de V. y demás vecinos? Pero esto no puede ser, porque ya sabe V. que nuestro cuerpo le aprecia, porque V. ha sido siempre uno de nuestros mejores confidentes y amigos. ¡Cuánto he echado de menos aquellas veladas que pasábamos en la casa de V. contándonos V. tantas historias!

—¡Ah! amigo mio, todo ha cambiado. Ya no hay paz ni tranquilidad en mi casa. Más bien dicho: ya no soy nada de lo que era...

—¿Pero qué ha sucedido?

—¡He perdido á mi hijo! dijo el anciano con el acento del más acerbo dolor.

—¿Ha muerto vuestro hijo?

—No lo sé.

—¿Cómo, pues, decis que lo habeis perdido?

—Porque hace dos meses y medio que nada, absolutamente nada, he podido saber de él. Le he escrito mil cartas sin recibir ni una sola contestacion. Despues, acordándome de que me habia hablado muchas veces de un íntimo amigo suyo llamado Eugenio, he escrito á éste, pero tampoco me ha contestado. Entonces determiné venir yo mismo á buscarle y ahí me teneis hace tres dias, sin haber podido descubrir el paradero de mi querido hijo. ¿Dónde estará mi estimado Barch?

—Démonos la mano, amigo mio, dijo entonces el otro anciano. Tambien yo hace quince dias que estoy buscando á mi hijo, y tambien hasta ahora todo ha sido en vano.

—¿Quién sois, pues?

—El padre de Eugenio.

Y aquellos dos ancianos se abrazaron confundiendo sus lágrimas y su dolor. El cabo contemplaba aquella escena tierna y desgarradora, torturando su cerebro para discurrir algun medio de poder aliviar tan penosa situacion.

—Pero dígame V., Barch, ¿no tiene algun indicio, alguna noticia, por remota que sea, por donde podamos coger el hilo de tan estrañas desapariciones?

—Solo tengo una idea que venia á comunicar con V., á fin de oir su esperimentado parecer.

—Hablad... hablad... dijeron el anciano y el cabo.

—Mi hijo frecuentaba todos los dias, la casa de una rica americana, llamada D.ª Clementina.

—¡La misma! ¡la misma! dijo el cabo, proseguid.

—Mi hijo me escribió que saliese fiador de un tal Ainar, que debia hacer algunas compras en Gerona. Lo hice, y no pagando al vencimiento de los plazos, yo tuve que entregar veinte mil libras.

—Lo mismo que vos, dijo el cabo dirigiéndose al padre de Eugenio, aunque con alguna variacion.

—Para pagar tuve que vender casi todo mi patrimonio, quedando arruinado.

—Igual ha pasado con V., añadió el cabo, dirigiéndose al otro anciano.

—Vino mi hijo para firmar la escritura de venta, y entonces supe que la persona que habia solicitado y obtenido la carta de recomendacion de mi hijo, era esta misma D.ª Clementina, cuyas virtudes, saber y riqueza ensalzó mi hijo hasta las estrellas.

—¿Y despues?

—Despues mi hijo desapareció de Gerona sin despedirse de mí, mandándome un billete reducido á

decirme, que un asunto urgentísimo le obligaba á partir por pocos dias.

—Está bien, dijo el cabo, ahora tengo ya el hilo de toda esta historia. Ahora ya tenemos á la culpable, á la criminal.

—¿Qué decis? esclamaron los dos ancianos.

—Digo que esa tal D.ª Clementina, apesar de todas sus riquezas, lujo y belleza, es la infame mujer que, despues de haber esplotado la bolsa y el crédito de vuestros hijos los ha hecho desaparecer, Dios sabe de que manera. No lo dudeis: toda la servidumbre de esa mujer se compone de mulatos, negros, negras y caras aceitunadas. Por mis informes he sabido que esa gente estraña, no se trata con nadie, que aquella casa es una verdadera inquisicion, y es de presumir que por medio de esa sospechosa y rara servidumbre, haya hecho encerrar á vuestros hijos en alguna cueva ó subterráneo.

—¿Pero con qué objeto?

—Es bien sencillo. Para que nunca le puedan reclamar el dinero.

—No lo creais, amigo mio, dijo el padre de Barch, porque al dia siguiente de mi llegada estuve allí, iba preocupado contra ella, os lo confieso, pero despues de haber presenciado la parte que tomó en mi dolor, hasta el estremo de llorar conmigo... sí, llorar como una niña... os digo que cambie de opinion.

—¡Pérfida! dijo el cabo, así os engañó. Vosotros no sabeis de qué son capaces esas mujeres. Vosotros no sabeis que representan todos los papeles. Ya veremos ¡vive Dios! si á mi me engaña con sus lloriqueos y fingido sentimiento...

—No os precipiteis, amigo mio, dijo el padre de Barch. Figuraos que ella creia que mi hijo estaba conmigo, y le esperaba de un dia á otro para arreglar la cuenta; de modo que asi que me anunció uno de sus lacayos, salió á recibirme, y lo primero que me preguntó fue: ¿qué hace vuestro hijo? Supongo que estará bueno... Y esto con una sencillez que revelaba la sinceridad de sus preguntas. Mas cuando yo la dije que nada sabia de el, que hacia dos meses y medio que no habia contestado á ninguna de mis numerosas cartas, aquella mujer se puso pálida y abatida... ¿qué decis? me preguntó. ¿No sabeis nada de vuestro amable hijo? ¡Oh! esto es horroroso! ¿Dónde estará pues? y diciendo esto acompañaba mi llanto con el suyo. Luego me preguntó qué pensaba hacer, qué pasos queria practicar... añadiendo que ella me ayudaria en todo, que ella pondria en juego todos los resortes de su influencia para descubrir el paradero de mi hijo. Finalmente concluyó diciéndome: no sé si V. sabe que yo soy la persona que solicité aquella recomendacion de su hijo, en virtud de la cual V. salió fiador de un tal Ainar; pero tanto si lo sabe como no, yo se lo notifico y le digo que V. puede disponer dentro de tres dias de las veinte mil libras, pues ya dije á su hijo que yo, aun cuando tuviese que vender todo cuanto poseo, jamás permitiria que V. y su hijo saliesen perjudicados. Venga V. dentro de tres dias para recibir el dinero, y si lo necesita más pronto, digalo V. con franqueza, pues estará á la disposicion de V., cuándo y cómo mejor le parezca. Diganme, ahora, amigos mios, añadió el anciano, ¿puede sospecharse de una persona que observa un comportamiento tan noble y desinteresado? ¿Qué documentos, qué testigos hubiera podido presentar yo para reclamar una suma tan considerable? ¿Cómo, pues, esa señora se denuncia á si misma, y se empeña en que vaya á cobrar un dinero que, á ser ella mala, podia negármelo sin ninguna responsabilidad?

—Es verdad, contestó el padre de Eugenio. Esa mujer es honrada é incapaz de tener parte en la desaparicion de nuestros hijos.

Pero el cabo permanecia pensativo y absorto, de modo que parecia indiferente á la conversacion de los dos ancianos. Repentinamente, dirigiéndose al padre de Barch, le dijo:

—Y bien, ¿qué contestó V.?

—Le di las gracias, y le dije que iba á tomar mis medidas para encontrar á mi hijo. .

—¿Y que contestó ella?

—Me preguntó qué clase de diligencias queria entablar.

—¿Y V.?

—Yo le dije que entre otras cosas habia pensado verme con V., y esplicarle toda la historia.

—¿Y á esto, qué respondió?

—Nada: ¿qué habia de contestar?

—Está bien, dijo entonces el cabo, os repito lo de antes: esa mujer ha sido la perdicion de vuestros hijos: ella sola es la responsable de todo. Y lo peor es que ya llegaremos tarde. V. amigo Barch, ha malogrado el negocio...

—¿Yo? ¿y cómo?

—Diciendo á esa hipócrita, que queria contarme la historia.

—¡Bah!

—No hay que dudarlo... ¿Cuándo pasó eso?

—Hace tres dias...

—Entonces, el pájaro habrá ya volado.

—No puede ser, dijeron ambos ancianos.

—Vengan Vds. y se convencerán de la verdad.

Diciendo esto, se pusieron en marcha los tres hácia la casa de Clementina. Efectivamente el cabo tenia razon. Aquella astuta y criminal mujer habia partido dos dias antes, esto es, el mismo dia de su entrevista con el padre de Barch. Nadie sabia dar razon á punto fijo del rumbo que habia tomado. Segun unos, se habia marchado á Madrid, segun otros á Valencia y otros decian, que se habia embarcado para America. La casa estaba cerrada, ni uno solo de sus servidores habia dejado de partir con su señora. Al oir esto, los dos ancianos tuvieron que apoyarse en los brazos del cabo, para no caer desmayados. Este los condujo á una tienda de paños cuyos dueños eran amigos suyos, y partió despues de recomendárselos. Una hora despues el cabo y dos *mozos*, acompañados de un alcalde de barrio, practicaban un escrupuloso registro en la casa que habitaba la criolla antes de su desaparicion. Pero todas las pesquisas fueron en vano. Ni un solo indicio, ni la menor señal encontraron, por donde pudiesen venir en conocimiento de nada. Todo habia desaparecido de la casa como por encanto. Clementina entendia bien su oficio, y lo desempeñaba con una maestría sin rival. Ciudadana de los Estados-Unidos, ella y toda su servidumbre, no constaba en la oficina de pasaportes ni en la policia. así es, que era muy difícil seguirle la pista. Por otra parte el cabo no tenia la menor prueba del crimen: todo se reducia á conjeturas bastante confusas, ¿cómo pues proceder contra una señora de tanta importancia? Si Clementina hubiese sido una mujer cualquiera, si hubiese sido una miserable; entonces era otra cosa. Entonces, se la hubiese podido perseguir y detener en cualquier parte;

pero Clementina, rica, opulenta. jóven y bella. Clementina estranjera, relacionada con todo lo mejor de las ciudades donde habia vivido, ¿cómo se la podia prender sin las pruebas irrecusables de su delito? Ya lo hemos dicho antes: la sociedad no pregunta de donde provienen las riquezas, sino si realmente se poseen. En fin, el cabo desengañó á los dos ancianos. Les dijo que por aquel entonces era inútil esperar nada, pero que no debian desmayar ni desesperarse.

—Desde ahora, les dijo, tomaré las filiaciones de sus hijos, y estas serán circuladas por todo nuestro cuerpo. En cualquier parte de Cataluña donde aparezcan, serán reconocidos. Esto que á primera vista les parecerá cosa de poca importancia, con todo, con el tiempo puede producir sus resultados. Cuando ménos se piensa se descubren las cosas. ¡Ay de la sociedad si no hubiese una Providencia superior á la de los hombres que velase por su conservacion! Dios tiene mil medios para descubrir á los criminales. El tiempo, el tiempo es el gran juez de los delincuentes. Esperemos, pues, y confiemos en él y en nuestra propia actividad y celo.

¿Qué podian hacer los dos padres? Nada; esperar y seguir buscando á sus hijos por los medios indicados por el cabo.

Asi lo hicieron, partiendo pocos dias despues cada uno para su casa, tristes, abatidos y desconsolados, más, si cabe, de lo que lo estaban antes de su viaje á la capital.

V.

LA ESPIACION Y EL ARREPENTIMIENTO.

Cinco años han transcurrido desde la despedida de los dos ancianos. Uno de estos, el padre de Eugenio, ha descendido ya á la tumba, sin haber tenido el consuelo de saber nada, absolutamente nada de su hijo. El otro vivia aun, pero su vida lo era de dolores físicos, debidos á sus años y enfermedades, y pesares, á causa de la pérdida de su querido hijo. En cuanto á Clementina, como no escribimos una novela, sino una historia, nada podemos decir á nuestros lectores sobre lo que hizo durante esos cinco años, porque nada bebemos en las fuentes ó manantial de donde hemos sacado los datos y noticias que nos han servido de base para la historia de esa mujer singularmente criminal. A no ser así, fácil nos seria seguir sus huellas y llenar páginas y más páginas de episodios verdaderamente dramáticos, donde brillaran escenas y actos de refinada maldad é hipocresia dando fin con el desenlace que acostumbran tener esa clase de composiciones, y desean la generalidad de los lectores. Ellos y nosotros nos debemos contentar pues con lo que les vamos á referir. por exigirlo asi el carácter histórico de la obra que estamos escribiendo. Barch continuaba en la casa de Orates del Hospital de Santa Cruz. Pero la demencia de nuestro jóven, desde su principio, se habia presentado con un carácter tan pacífico é inofensivo, que al cabo de algunos meses el guardian conoció que era inútil toda precaucion, y por lo mismo, que podia conceder al demente toda aquella libertad y solaz propio de los locos pacíficos. Asi es que Barch se paseaba por el patio del Hospital; dócil y sumiso como era, cumplia con suma exactitud todas las órdenes que se le daban y obedecia cuanto se le mandaba, resultando de ahi el que todos los enfermeros, hermanos, practicantes y demás dependientes de la casa le cobrasen cierto cariño. Como no se sabia su verdadero nombre, y siempre hablaba de San Narciso, sucedió que allí se le llamase por este nombre, y el infeliz contestaba y se daba por entendido con tal tratamiento. Pasados dos años, hasta se le enviaba fuera de la casa á ciertos recados que él cumplia con sumo celo. Salia tambien á paseo con los enfermeros, pues escepto la mania de saludar á las mujeres con el nombre de la Madre de Dios, y á los hombres con el de santos, por lo demás, contestaba á cuanto se le preguntaba con acierto, y guardaba silencio siempre que solamente con el dedo puesto á la boca del que le hablaba, se le queria indicar que debia callar. Asi, como ya lo hemos dicho, se pasaron cinco años. Al cabo de este plazo, una tarde regresando Barch con un enfermero hácia el Hospital, un sub-cabo de *mozos* los detuvo y comenzó á preguntar al enfermero el nombre y demás circunstancias de aquel loco. El hermano, pues este es el nombre que se dá á los enfermeros de aquella santa casa, no pudo decir más que lo que ya saben nuestros lectores, sobre el modo con que Barch vino á parar á la casa de locos. El sub-cabo miró entonces de nuevo al demente, y dijo entre sí: «No hay duda; su filiacion es la misma.» En seguida, dirigiéndose al hermano, le dijo si tendria inconveniente en confiarle aquel individuo por algunas horas, á fin de presentarle á su jefe que tenia reclamado un hombre muy semejante al demente que tenian en su presencia. Como los *mozos* en todas epocas han infundido tanta confianza, el hermano contestó dirigiéndose al loco y diciéndole:

—San Narciso, vete con este señor y haz lo que te mande.

El jóven obedeció al momento colocándose al lado del sub-cabo en disposicion de seguirle á cualquier parte.

—Es un inocente, añadió el hermano, incapaz de hacer daño á nadie, de modo que en la casa todos le queremos.

Casualmente el mismo cabo, amigo de la familia Barch y que habia ya intervenido en este asunto, se hallaba otra vez de cuartel en Barcelona. Al ver al loco, apesar de su pobre vestido y de los años que habian transcurrido, le reconoció al momento por aquel hijo tan querido y buscado por su padre. Le hizo tomar asiento á su lado y dispuso que le diesen pan, vino y algunas frutas. El loco comió con moderacion y solo contestaba á las preguntas que se le hacian, con su sempiterna letania de santos y vírgenes. Cuando transcurrió un rato, el cabo quiso hacer una prueba. Estando el loco distraido, le llamó con voz alta por su nombre de Barch. El loco no hizo caso la primera vez. Volvió el cabo á decirle:

—Barch de Besalú...

Esta vez el loco suspendió su merienda y se puso á escuchar.

—Barch... Barch... de Gerona, continuó el cabo.

Entonces el demente se volvió y comenzó á mirar fijamente al cabo.

—Su mirada no es tan estúpida, dijo éste al sub-cabo y *mozos* que estaban presentes. No le digamos nada más. Yo salgo, añadió, para ver al rector del Hospital, este infeliz se quedará entre nosotros.

—Cuidado con llamarle por otro nombre que el de Barch: tambien os prevengo que no le molesteis con preguntas. Dejadle obrar por sí mismo, y me direis lo que hayais observado.

Diciendo esto el cabo se levantó é iba á salir, cuando el loco hizo otro tanto, y se dispuso para seguirle. El desgraciado se acordaba de la órden del hermano.

—Barch, le dijo el cabo, debes quedarte aqui; luego volveré, y cenarás conmigo.

El loco se sentó otra vez. Durante la ausencia del cabo, estuvo aquel siempre ensimismado. Cuando los *mozos* le llamaban por su propio nombre, se volvia y contestaba. El prior del Hospital y el cabo se entendieron al momento, asi es que desde aquel dia Barch quedó á la entera disposicion del cabo. Aquella noche el loco cenó en la misma mesa del cabo y en compañia del sub-cabo y otro *mozo*. Durante la cena el cabo, dirigiéndose á los otros, habló siempre de Gerona y de Besalú, de las haciendas del padre de Barch, de su casa de campo, de los colonos y dependientes. El loco escuchaba con la mayor atencion, y suspendia la cena muy amenudo para oir mejor lo que decian sus comensales. Cuando el cabo y compañeros callaban, se quedaba pensativo y caviloso. Era evidente que aquella inteligencia luchaba entre la luz y las tinieblas, entre lo pasado y el presente. Estaba en uno de aquellos momentos críticos en que la razon pugna por triunfar y enseñorearse de un sér racional, ofuscado por la trasposicion de las dos situaciones contrarias en que habia vivido. San Narciso y Barch eran dos séres que aspiraban á confundirse en uno solo. Todo, pues, dependia del triunfo del uno sobre el otro. Si Barch triunfaba, estaba salvado, si predominaba su mania de santos y virgenes, era indispensable renunciar al triunfo de su razon por aquel entonces. Asi se pasaron algunos dias, siguiéndose siempre por parte de los *mozos* y su jefe la misma conducta. Delante del loco, nunca hablaban más que de cosas de Gerona y Besalú, y especialmente de las que más podian interesar á Barch. Este continuaba escuchando siempre con suma atencion. En tanto no habia visto ninguna mujer en todos aquellos dias, y el cabo quiso probar si aun predominaba en él la idea de llamar á las mujeres Madres de Dios. Pero la prueba salió bien, porque Barch saludó á la mujer que se le presentó, y diciéndole esta: «Barch, es V. muy hermoso!...» se puso colorado y algo confuso. Entre tanto el cabo habia escrito al anciano, dándole cuenta del hallazgo de su hijo y aconsejándole que se pusiese en camino para Barcelona. Pero el pobre padre de Barch estaba enfermo hacia ya mucho tiempo, sin poderse mover de su cama. Esta noticia le reanimó, y contestó al cabo suplicándole que el mismo le presentase á su hijo.

«Le veré, decia en la carta, y moriré dichoso en- »tre sus brazos. Dios ha escuchado mis continuas »oraciones; vea á mi hijo, le he dicho, y despues, »Dios mio, haced que mi alma se una con la de su »virtuosa madre.»

Efectivamente, el cabo, viendo á Barch en tan buena disposicion, no dudó que la presencia de su padre acabaria la obra comenzada, en cuya virtud el demente debia recobrar la razon. Tres dias despues el anciano abrazaba á su hijo. Ambos lloraban, pero el cabo no podia conocer bien si Barch, hijo, lloraba por imitacion, ó si realmente lloraba porque sentia. El anciano que ignoraba que su hijo fuese loco, no se atrevia á preguntarle sobre lo pasado, temeroso de renovar llagas que debian cicatrizarse. El cabo juzgó prudente poner término á tan penosa entrevista.

Con este objeto, y so pretesto de que Barch debia descansar de las fatigas del viaje, se lo llevó y conduciéndole á una habitacion bastante separada, determinó hacer la última prueba diciéndole:

—Dime, Barch, ¿estás contento de haber visto á tu padre?

El loco no contestó.

—Le habrias reconocido si lo hubieses encontrado por la calle?

El jóven guardó silencio, pero su mirada habia perdido enteramente la estupidez y el idiotismo.

—¿Quisieras que aquel anciano que acabas de ver muriese?

—Eso no, contestó el loco con prontitud.

—Con todo se moriria, añadió el cabo con un acento particular, si le hablases de Clementina...

Al oir este nombre el loco palideció, y su mirada tomó un carácter sombrio y amenazador.

—Está bien, dijo el cabo, ya sé que tienes motivos para aborrecer á Clementina; yo mismo te ayudaré á buscar á esa infame mujer y á vengarte, pero ahora conviene callar y esperar, porque sinó, tu padre, mi querido Barch, tu padre, que es el mismo anciano que acabas de ver, se moriria de sentimiento.

El loco callaba, pero su mirada era sombría como antes.

—¿Cuánto tiempo hace que no has visto á Clementina?...

El demente bajó su vista y se puso á reflexionar.

—Si tú no lo sabes yo te lo diré...

La mirada del loco se fijó en el cabo con suma atencion.

—Solamente hace tres dias, añadió el cabo, ¿no es verdad?

El loco hizo una señal afirmativa.

—Bien, prosiguió el cabo, muy pronto, si quieres, la volverás á ver, pero antes es menester que permanezcas al lado de tu padre por algunos dias.

El loco no contestó nada. Sus ojos se cerraban involuntariamente: era evidente que estaba cansado de cuerpo y alma. Entonces el cabo cerrando la ventana comenzó á desnudarse, Barch le imitó y ambos se acostaron en una misma cama. El sueño del demente fué tranquilo y reparador. Seis horas descansó, al cabo de las cuales se dispertó tranquilo, y lo primero que hizo fué preguntar por el anciano.

—Gracias, Dios mio, dijo el virtuoso cabo, gracias, pues ya veo que os habeis dignado iluminar otra vez la razon de este desgraciado.

Desde aquel momento el jóven Barch ya no era loco, hablaba y contestaba con el mayor acierto á cuanto se le preguntaba. Habia recobrado su memoria, de manera que reconoció uno por uno á los colonos y demás sirvientes de la casa, y comenzó á cuidar de su padre con un esmero y cariño verdaderamente filial.

En esto el cabo se preparó á partir de la casa y al despedirse de Barch, éste le dijo:

—Amigo mio, cuando Dios se digne disponer de mi pobre padre, nos veremos en Barcelona, pues hemos de hablar de aquella mujer.

—Estaré siempre á vuestras órdenes, amigo mio.

—Gracias. Y diciendo esto le alargó la mano que apretó cordialmente.

Al cabo de seis meses murió el padre de Barch en brazos de su hijo y de su confesor. Durante este tiempo el patrimonio de la casa habia aumentado muy considerablemente por la muerte de una hermana de la madre de Barch que habia muerto sin sucesion, pasando por consiguiente sus cuantiosos bienes á la casa paterna. El jóven Barch salió en seguida para Barcelona, de donde, despues de haber conferenciado con el cabo á quien ya conocen nuestros lectores, salió para un viaje largo sin rumbo determinado. Iba en busca de aquella mujer que tantas desgracias le habia causado, y por la cual sufria aun la terrible pasion de los celos. La consideraba en compañia de su rival Eugenio, y esto precisamente era lo que más le atormentaba. Al cabo de dos años escribió á un amigo suyo la siguiente relacion que forma el epílogo de nuestra historia.

«*Paris 6 de diciembre de 1824*. Amigo mio, despues de dos años de viaje casi continuo llegué á esta capital en donde determiné fijar mi residencia por algun tiempo. Los viajes habian calmado casi enteramente los ardores de mi funesta pasion, de tal modo, que ya me era completamente indiferente el encontrar ó no á la persona que ya sabes estoy buscando. Pero cuando uno ménos piensa ni espera, encuentra lo que antes ha buscado en vano con la mayor actividad. Un dia, al regresar á la fonda donde estoy hospedado, vi una mulata que, á primera vista, no me pareció desconocida. Seguíla y habiéndola podido observar más de cerca, ví que realmente era Sama, la doncella favorita de Clementina. Confieso que esperimenté una emocion difícil de esplicar. El recuerdo de todo lo pasado se presentó á mi mente, y los malditos celos asomaron tambien, despues de tanto tiempo y tantos desengaños. Seguí á la mulata, que despues de haber andado mucho, entró en la escalera de una casa de no muy buen aspecto, situada en el arrabal de San Antonio. Era ya de noche, por lo que aquel dia me contenté con apuntar el número de la casa á fin de tomar mis informes al siguiente dia. Mas luego me ocurrió la idea de que Sama podia ir allí por algun recado, viviendo en otro punto diferente, por lo que tuve la paciencia de aguardar hasta más allá de media noche para salir de semejante duda. En fin, Sama no salió, y yo me retiré esperando con ansia el dia siguiente. Vino éste, y á primera hora me dirigí á la casa ya citada. Procuré ganarme el portero, cosa fácil en Paris, y pronto supe que la mulata, por quien yo preguntaba, vivia con una señora enferma, triste y abatida, que no tenia una posicion muy desahogada. Preguntéle por la edad de dicha señora; y me dijo que era ya mujer de más de cincuenta años. Entonces pensé que no podia ser Clementina, sino otra ama, á cuyo servicio Sama habria entrado despedida tal vez por la criolla. Bajo este supuesto creí que no habia grande inconveniente en subir al piso, pedir por Sama, y preguntarla por su antigua señora. Así lo hice. Sama no me reconoció al principio, pero luego habiendo renovado su memoria, me tomó afectuosamente las manos, y haciéndome entrar en una habitacion triste y miserable, me hizo tomar asiento y en seguida me dijo: «Mi antigua señora vive, pero muy desgraciadamente. Vos mismo vais á juzgar, esperad un momento.» Y diciendo esto, se internó en la habitacion, pero retrocediendo repentinamente me dijo: «Voy á presentaros á mi nueva señora, la cual os podrá informar mejor que yo del estado de la anterior, pues es su íntima amiga.» Un momento despues, Sama me introdujo en otra habitacion tan pobre y desaliñada como la anterior, en donde se me presentó una señora, que realmente parecia de cincuenta años de edad, pálida, flaca y pobremente vestida. La saludé, y ella me indicó un asiento.

—»Me ha dicho Sama, que queriais saber de mi amiga Clementina, me dijo con voz débil é interrumpida por la tos.

—»Asi es, señora...

—»¿Habeis sido tal vez amigo suyo?

—»La conoci y visité en Barcelona.

—»Entonces hace muchos años que no la habeis visto.

—»Cerca de ocho, á lo ménos.

—»Si la vieseis no la conoceriais.

—»¿Tanto ha cambiado?

—»La infeliz en el dia es pobre, tiene perdida la salud, y vive abandonada de todo el mundo, trabajando, apesar de la calentura que la devora.

—»¿Y cómo es esto? ¿Acaso su amigo Eugenio la abandonó?

—»No he conocido ese amigo, porque cuando Clementina llegó á esta, unos diez años há, vino ya sin ese amigo, y despues nunca le he visto en su casa, siendo asi que casi hemos vivido juntas por el espacio de todos estos años.

—»Es raro: pero decidme, ¿cómo vuestra amiga, que salió tan rica de Barcelona, ha venido á ser tan pobre y desgraciada?

—»Mi amiga tenia un defecto capital que vino á causar su desgracia. Acostumbraba á jugar con fuego, y vino un dia en que realmente se quemó, y pagó, de una vez, todas las amarguras que ella habia hecho sentir á los otros. Procuraba enamorar á los hombres, sin sentir por ellos, solo si fingiendo muy bien sentimientos amorosos que no conocia. De este modo habia causado muchos disgustos y pesares á los que tenian la mala suerte de caer en los lazos amorosos que les preparaba. Despues, forzoso es decirlo, abandonaba á sus amantes sin la menor compasion ni piedad. Pero vino un dia en que ella misma cayó en sus propias redes. Comenzó á fingir amor á un jóven aleman, rico y noble, y luego concluyó amándole apasionadamente. Él se apoderó de todo su dinero, ropas y alhajas. Despues obligó á Clementina á que despidiese á Nik, su fiel esclavo, y como el Panio infundia miedo al aleman, hizo que Clementina le acusase de ladron y asesino, de lo que resultó que aquel criado leal, que hubiera dado mil vidas por su ama, fuese condenado á galeras por toda su vida. Tambien hizo que despidiese á todos los demás criados que le eran fieles y adictos, colocando en su lugar dos ó tres criados alemanes, frios como un mármol, sombríos como las nubes de su pais y mudos como autómatas. Asi las cosas, introdujo en su casa otras queridas, y hasta llegó al estremo de hacer servir á Clementina de criada de aquellas rivales preferidas. A todo esto debe añadirse, que mi amiga, apesar de tanta crueldad y ultrajes, amaba cada dia con más pasion al aleman; de modo que de todas sus penas la que más la devoraba era la de los celos. Por esto aquel hombre, que sin duda era instrumento escogido por Dios para castigar á Clementina, se complacia especialmente en mortificarla por este lado. Cuando ella se quejaba ó se resistia á servir de criada á sus rivales, aquel hombre la castigaba sin piedad ni compasion. Asi fué perdiendo Clementina su belleza, y luego perdió su salud, atacada por una tisis lenta, pero consumidora, que en poco tiempo la puso desconocida. Entonces el aleman la despidió de su casa amenazándola además con la

cárcel y el presidio. Desde aquel tiempo que mi amiga vive sola, trabajando noche y dia, apesar de la fiebre que nunca la abandona.

—»¿Y el aleman?

—»El aleman no se ha acordado más de la infeliz Clementina.

—»¡Desgraciada!.. Dígame V., ¿no será posible que yo la vea?

—»¿Qué objeto os habeis propuesto en ello? Ved que la pobre sufre y ha sufrido mucho, ved que un nuevo disgusto la precipitaria más y más. Por otra parte, ella ya no apetece más que la soledad y el retiro, y sufre con resignacion sus penas, porque dice que sus grandisimas culpas merecen esto y mucho más.

—»¿Pero qué culpas son estas tan grandes?

—»¿Qué se yo? Ella misma se acusa de haber mandado asesinar á su marido Cárlos: de haber hecho volver loco á un tal Barch: de haber hecho asesinar á un tal Eugenio: de haber robado á estos dos hombres más de treinta mil libras: ¿qué más quereis?

—»¡Infeliz!... y ahora los remordimientos de todos estos delitos...

—»La devoran, dijo interrumpiéndome aquella señora, la matan, no la dejan descansar un solo momento. Y aun quisierais ver á una mujer tan desgraciada como culpable?

—»Si, quisiera verla por última vez: quisiera verla para consolarla, para animarla á que no desesperase de la misericordia divina, á fin de que muriese á lo ménos con los consuelos que Dios nunca niega á los pecadores arrepentidos.

—»Ella tendria un gran consuelo en saber que las personas á quienes ha ofendido, y aun viven, la perdonan...

—»Pues bien; véala yo, y le podré asegurar que una de ellas la perdona de todo corazon.

—»Entonces, noble y generoso Barch, perdóneme V... perdóneme... ¡yo soy Clementina!...

—»¡Vos!... Imposible...

»Y diciendo esto se arrodilló á mis piés. No podia creer en lo mismo que veia; me parecia imposible un cambio tan notable. ¿En qué habia parado tanta hermosura? ¿Qué se habian hecho aquellos ojos vivos y seductores? En ocho años, solo un esqueleto, un cadáver viviente se presentaba á mi vista. ¡Qué leccion!... ¡Qué ejemplo para desengañarse de las cosas mundanas! Alcé del suelo aquella desgraciada criatura, y al tocar sus manos, senti el fuego de la calentura que la abrasaba. Pero ella no quiso levantarse hasta oir de mis lábios la palabra perdon. ¿Y cómo no la habia de perdonar? ¿Quien no la hubiera compadecido? Entonces procuré animarla. Le propuse el que saliese de París y se estableciese en un lugar más sano y de aires más puros. Dijela que yo era rico, y que recibiria como un gran favor el que aceptase una pension vitalicia, á fin de poder atender mejor á su salud. Clementina me escuchaba con satisfaccion, pero al concluir me dijo:

—»Gracias, amigo mio, gracias. No puedo ni quiero aceptar nada. Cúmplase la voluntad del Señor. He pecado mucho, y debo por lo tanto hacer mucha penitencia. He pedido á Dios con lágrimas de amargura que me permitiese saber si viviais y me perdonabais, y veo con gozo que Dios ha oido mis súplicas. No creais que soy tan desgraciada como parezco. Tengo *fé y esperanza* en Dios, y con estas dos cosas nunca deja de ser una feliz en la tierra. Tal vez no lo creereis, sin embargo, es la pura verdad: soy más feliz ahora que cuando me conocisteis en Barcelona. Ahora comprendo lo que nunca me habia sabido esplicar, á saber: *que solo Dios basta* (máxima de Santa Teresa). Si yo recuperara mi salud, que creo imposible, mi resolucion está tomada ya, me retiraria á un convento para siempre.

—»Entonces ¿no puedo seros útil para nada?

—»Si: muerta yo, os recomiendo á mi doncella Sama que no me ha abandonado en mi desgracia: ella trabaja, ora y sufre con su señora. Cuidad de su suerte despues de mi muerte.

—»Juro que lo haré así.

—»Gracias, amigo mio, gracias.

—»¿Y no nos volveremos á ver?

—»Creo que no hay necesidad de ello. Tengo mis horas tan repartidas y ocupadas, que un momento que pierda me hace falta.

»Salí de la estancia de Clementina con el corazon oprimido, sintiendo una imperiosa necesidad de llorar. Sama me esperaba en la primera habitacion en que me habia recibido. Alargué mi mano á tan noble criatura y las lágrimas corrieron por mis mejillas en abundancia. Tambien Sama lloraba.

—»Ya la habeis visto, me dijo, y ¿qué os parece?

—»Me parece una verdadera Magdalena...

—»Oh si, no lo dudeis, es una santa. Ella sufre sin quejarse nunca de sus penas y dolores... pasa todo el dia y noche, orando y trabajando: macera su cuerpo, y llora todos los dias por sus antiguas faltas.

Dios se ha compadecido ya de la pecadora: asi me lo ha dicho su confesor, quien no há muchos dias le dió el pan de los ángeles.

—»Ahora, Sama, es menester que hablemos de V., yo le dejaré ahora mismo las señas de mi banquero, al cual podrá V. acudir siempre que necesiten dinero.

—»Imposible... Mi señora se enojaria. Quiere vivir de su trabajo.

—»Bien, pero si ella muere, yo quiero asegurar la suerte de V.: soy solo, y creo que no me casaré. Si V. quiere reunirse conmigo, me tendré por el hombre más feliz. V. será mi hermana, y hablaremos continuamente de una persona á quien tanto amamos los dos.

—»Se lo prometo á V., me contestó Sama, y nos despedimos para no volvernos á ver sino despues de la muerte de Clementina.

»Tres meses trascurrieron, al cabo de los cuales, una mañana mi criado me anunció la visita de una mulata que preguntaba por mí. Un momento despues, entró Sama, triste y abatida. Tomó asiento sin ceremonia, y solo pronunció esa fatídica frase: «¡Ya no existe!...» Y las lágrimas salieron de sus ojos en abundancia. Yo tambien lloré, porque realmente habia amado á aquella mujer cuando era bella y hermosa, y la adoraba y respetaba despues de sus terribles desgracias, acompañadas de tan cristiana resignacion y arrepentimiento. Sama esplicó entonces algunas de las circunstancias que habian precedido á los últimos momentos de Clementina. Ha muerto como una santa, me dijo, dejando edificado á su mismo confesor. Dos veces solamente me habló de V. despues de su entrevista. Me dijo en sus ultimos momentos que tendria un gusto especial en que despues de su muerte, me uniese con V., porque.

me dijo: se que sois dos personas que siempre me amareis y respetareis mi memoria. Despues me habló de las bellas cualidades de V. y suspirando añadió: ¡Cuán dichosa hubiera podido ser, á no haber sido tan caprichosa como criminal! En fin, estando ya moribunda escribió para V. este billete.

»Diciendo esto me entregó un escrito que decia así:

«Os doy las gracias por todo, amigo mio, y os »recomiendo de nuevo á la virtuosa Sama. Otro fa- »vor os voy á pedir: el infeliz Nik gime entre cade- »nas por mi culpa. Procurad aliviar su suerte, pero »guardaos de hacer que obtenga la libertad. Es muy »vengativo, y sus instintos sanguinarios le precipi- »tarian á derramar nueva sangre de la que me con- »sideraria responsable. Adios, Barch, rogad á Dios »por el alma de la dichosa CLEMENTINA.»

»Desde aquel dia me he instalado definitivamente en Paris en compañia de Sama á quien estimo fra- ternalmente. Todos los dias visitamos el cementerio del P. Duchesne, donde está enterrada nuestra ami- ga, renovando las flores de su sepulcro y rogando por su alma. Allí derramamos algunas lágrimas; pero lágrimas que consuelan y tranquilizan. ¿Qué quieres que te diga, amigo mio? Clementina fue mi primer amor, y creo que será el único. Su arrepen- timiento la hace tan digna y bella á mis ojos, como lo era cuando la conoci en Barcelona. Entonces amaba su cuerpo, hoy estoy enamorado de su alma. Adios, y no olvides á tu amigo BARCH.»

Tal fué el fin de Clementina, de aquella mujer tan temible para los que tenian la desgracia de caer en los lazos de su amor. Tales fueron las desgracias de Eugenio y Barch, por haberse entregado inconside- radamente á una pasion impremeditada. Vosotros, jóvenes, que por razon de vuestros estudios y carre- ras, debeis trasladaros á las grandes capitales, no os olvideis de miraros en el espejo de estos dos jó- venes, ambos bien educados y nobles de corazon. Tened presente que las sirenas por el estilo de Cle- mentina, si bien en menor escala, suelen abundar en las grandes ciudades. El lujo y ostentacion es la pa- sion dominante en nuestros dias. Para sostenerla, no se perdonan medios. Sin advertirlo, os encon- trareis cogidos en los lazos de alguna de estas ninfas, y sin notarlo, os precipitareis hácia vuestra ruina y perdicion. Ellas saben insinuarse de mil modos. ¿Sa- beis cuál es el remedio más eficaz? La fuga. Si, huid, huid de ellas como de un apestado.

XIII.

REGLAMENTO DE LAS ESCUADRAS DE 1817.

Ya hemos visto antes como las ESCUADRAS recibie- ron un reglamento para su Monte-Pio militar. Pero como hasta la fecha en que nos hallamos de nuestra historia (1817) no tenia el cuerpo otros reglamentos que las varias instrucciones y prevenciones de que ya hemos dado cuenta á nuestros lectores, el go- bierno, que cada dia reconocia más y más los emi- nentes servicios de los *mozos*, con fecha 27 de mayo de 1817, publicó el reglamento aprobado por S. M. en 18 de setiembre del año 1815.

Hé ahi el contenido de dicho documento, precedi- do de la real órden, que dice así:

«Por el Sr Ministro de Guerra se me ha comunicado la real orden siguiente:

«Habiendo representado el Capitan General de Cataluña acerca de la necesidad que habia de practicar en el cuerpo conocido con el nombre de ESCUADRAS del Valle de Valls el aumento de fuerza y dotaciones indispensables, solicitando en consecuencia que se le autorizase para constituir dichas ESCUADRAS sobre el pié que correspondia, a fin de restituirlas a su antiguo esplendor, y pres- tasen los buenos servicios que han hecho desde su creacion, y par- ticularmente en las épocas mas críticas del principado; se sirvió S. M. aprobar en 18 de setiembre de 1815 lo que proponia el Capi- tan General, mandando al mismo tiempo que acordara el aumento que considerase indispensable; y procediendo dicho jefe al cum- plimiento de esta soberana resolucion observó los vicios de que adolecia el espresado cuerpo, y la necesidad de reponerlos con una nueva organizacion, formando al intento la instruccion que creyo conveniente, abrazando en ella todas las partes que deben componerla y el reglamento de un Monte Pio para las viudas é hijos de los individuos del mismo cuerpo, todo lo cual remitió pa- ra la soberana aprobacion; y queriendo el Rey que el Consejo Su- premo de la Guerra examinase uno y otro, consultara lo que se le ofrezca y parezca; y habiéndolo verificado, y conformandose S. M. con el parecer de dicho tribunal, se ha dignado aprobar la instruc- cion y nuevo reglamento propuestos por el Capitan General de Cata- luña para el nuevo pie de las ESCUADRAS del Valle de Valls, de que son copias los adjuntos ejemplares. Lo que de real orden co- munico a V. E para su inteligencia y gobierno. Dios guarde á V. E. muchos años. Madrid 6 de abril de 1817.—El Marqués de Campo-Sagrado.—Sr. Capitan General de Cataluña.»

»Lo traslado a V para su gobierno y cumplimiento, incluyéndo- le la antecedente Real órden, Instruccion y Reglamento a que la misma se refiere.

»Dios guarde a V. muchos años. Barcelona 27 de mayo de 1817.

XAVIER DE CASTAÑOS.»

INSTRUCCION en que, demarcandose la dependencia, fuerza, go- ces, prerogativas, uniforme y armamento de las ESCUADRAS de Valls en Cataluña, se establecen las facultades y obligaciones afectas al comandante, cabos y *mozos*, y en general las reglas para el útil servicio de este cuerpo, aprobadas por S. M. en real órden de 6 de abril de 1817.

Dependencia y fuerza del cuerpo de Escuadras de Valls.—Dependerá este cuerpo absolutamente del Capitan Gene- ral, a quien se dirigiran los tribunales en solicitud de cuantos ausilios necesiten para la recta administracion de justicia.

Su principal instituto es el de recorrer los pueblos y caminos, dar favor a las justicias, descubrir y prender a los delincuentes, gente vaga y mal entretenida, y asegurar el órden y la tranquili- dad de los honrados habitantes.

Constara de un comandante, un segundo, catorce cabos y dos- cientos cincuenta y dos *mozos*, distribuidos en catorce ESCUADRAS, en disposicion de comunicarse y ausiliarse mutuamente, y cubrir los catorce corregimientos en que se divide el principado, pues que pagando todos para mantener esta fuerza, son igualmente acreedores á participar de su proteccion.

De entre los cabos nombrara el Capitan General el que por an- tigüedad o mayor suficiencia reconozca en disposicion de susti- tuir al comandante, siempre que convenga, en la calidad de su segundo, y desempeñar otras funciones, que se esplicaran en su lugar, superiores á las de los demas cabos.

Ademas de los doscientos cincuenta y dos *mozos* de que cons- taran las ESCUADRAS, se reputaran tales, como hasta aquí, los ve- rederos que hay en todos los corregimientos, a quienes se les igualará en sueldo y consideracion a los *mozos*, y disfrutarán como estos de vestuario y armamento.

Goces.—El sueldo del comandante sera de mil reales de vellon efectivos al mes, y ademas disfrutara franquicia en la corres- pondencia de oficio, que con justificacion de su importe le será satisfecha mensualmente del fondo de ESCUADRAS.

Los cabos disfrutaran el haber de doce reales diarios, y seis reales cada *mozo* con una racion de pan de municion, que a unos y otros se suministraru por las factorias de Reales Provisiones.

Seran armados y municionados de los reales almacenes; y se proveera cada tres años a los cabos y *mozos* de vestuario comple- to, contratandose la ejecucion del primero en lo que resta del corriente año, y en lo sucesivo con la anticipacion a lo ménos de tres meses al vencimiento del plazo por la Real Hacienda, con arreglo a los diseños que mandara formar el Capitan General, y costeandose para que no sea gravoso al real erario por los propios y arbitrios de todos los pueblos del principado, en consideracion a que no habiéndose cargado sobre estos sino sobre el catastro el aumento de dotaciones acordadas a las Escuadras en virtud de real órden de 18 de setiembre de 1815, es un dispendio imperceptible, y el menor que pueden sufrir, al paso que si hubiese de salir del haber de los individuos de las Escuadras, sufriendo ya otros descuentos inescusables, y sujetos a haber de recomponer el mismo vestuario y armamento, vendria a ser imaginario el aumento de sueldo con que se ha atendido a mejorar su suerte. Por igual razon y de los mismos fondos de propios y arbitrios se costeará de medio en medio año un par de alpargatas con cintas a los cabos y *mozos*.

Habra un Monte Pio para las viudas é hijos de los individuos del cuerpo, cuyo fondo se sostendrá por los descuentos que se prescriben en Instruccion separada.

Tambien obtendrán su jubilacion los que á juicio del Capitan General estuviesen absolutamente imposibilitados de servir por edad ó achaques; y estas jubilaciones, que no excederan de una mitad del haber respectivamente asignado a cada clase, se satisfaran a los cabos por mitad del haber de los que entren a ocupar las vacantes y del fondo de Escuadras, si alguno hubiese, y en defecto de este del haber de los demas cabos que existan al ocurrir la vacante ó vacantes. A las jubilaciones de *mozos*, que, como queda demostrado, seran las mas indispensables, se ocurrira con el sueldo de dos, tres ó mas vacantes de *mozo* hasta cubrir esta atencion.

Prerogativas.—Será afecta a los cabos la graduacion de subteniente con real despacho, y lo mismo al comandante si se verificase optar de simple paisano a este empleo, para el cual deberan ser preferidos los descendientes de la casa de Veciana, en consecuencia de haber el rey radicado en ella este honor por real resolucion de 8 de junio de 1773, bien que con opcion unos y otros a los ulteriores ascensos a que les haga acreedores su antigüedad y servicios.

Disfrutaran los individuos de este cuerpo del fuero militar, exencion de quintas y de todo alistamiento que pueda substraerles de su primitivo instituto, así como de cargas concejiles, y se les facilitará el alojamiento en sus viajes y los bagajes que les fueren necesarios, satisfaciéndolos con anticipacion a los precios establecidos.

Uniforme y armamento.—El uniforme del comandante y cabos constará de casaca con solapa y calzon de paño azul turqui; collarin, vuelta y chupa encarnada, con un cordoncito de plata al canto, boton de metal blanco con la inscripcion Escuadra de Cataluña, ojales de hilo de plata en la chupa y solapa de la casaca, y el escudo de las armas del principado bordado a los dos lados del collarin, sombrero con galon de plata, escarapela roja, espada y baston con puño de oro en el comandante, y de plata en los cabos, quienes usaran tambien de un par de pistolas y escopeta larga ó carabina en sus espediciones.

Los *mozos* vestirán un gambeto ó sea gaban de paño azul turqui, estensivo a los cabos cuando estén de fatiga, collarin, vuelta y portezuelas en las faltriqueras encarnado con cordoncito de seda blanca al canto, ojales tambien de seda a una y otra parte, embozos de estameña encarnada, boton de metal blanco como los cabos, el escudo de armas bordado a los dos lados del collarin; chaleco de indiana, jaquetilla de media grana u otro género encarnado con botones de metal blanco en invierno, y en verano de viones listados en blanco y encarnado con los mismos botones en una y otra, pañuelo de seda negra al cuello, faja de estambre, calzon ajustado de lienzo listado blanco y azul, medias de estambre azul cuando estan en sus destinos, y de hilo blanco en faccion ó sobre-marcha, alpargatas con cinta azul para atarlas hasta media pierna; sombrero redondo ribeteado de galon estrecho de plata y escarapela roja. Y el armamento consistira en escopeta larga ó carabina, sable, un par de pistolas cortas ó de charpa, y bayoneta curta, que llevaran en la faja ó charpa, un frasco y bolsas para municiones, y un cinto-correa, que en forma de bandolera lo sujete todo.

Modo de proveer las vacantes de comandante y del segundo de éste, cabos, *mozos* y veredores, con las facultades y obligaciones prescritas a cada uno de estos destinos, a fin de conciliar la mayor espedicion y utilidad del servicio a que se les destina.

Del comandante.—La provision del empleo de comandante sera privativa del Capitan General, y preferidos para este destino los descendientes de la casa de Veciana (1).

Tendra facultad el comandante de trasladar los *mozos* de una Escuadra á otra, y de entresacar de ellas los que hayan de formar la de Barcelona, así como los cabos destinados a mandarla, que todos se relevaran de tres en tres meses por completo, quedando consignada esta Escuadra de ausilio a la Real Sala del crimen y sus ministros en la ejecucion de providencias de justicia y demas gubernativas; sin que por ello se desatiendan las rondas y demas servicio ordinario; y propondra al Capitan General la variacion de cabos con respecto al mando en general de las demas Escuadras, segun conciba mas ventajoso: castigara las faltas leves de unos y otros con arresto si no bastasen los medios persuasivos ni las amonestaciones, y en las de gravedad dara parte, para que con la formacion de sumaria se imponga al delincuente el condigno castigo.

Propondra al Capitan General para la provision de las vacantes de cabo, *mozos* de la mayor suficiencia y conducta, que sepan leer, escribir y contar: pudiendo, en falta de *mozos* de aptitud conocida, recaer estas plazas en particulares con mérito de guerra, oficiales y sargentos retirados, y aun en servicio activo, siempre que a consulta del Capitan General recayese la real aprobacion en favor de estos ultimos.

La admision de *mozos* sera peculiar del comandante, con responsabilidad de que los provistos sean hombres honrados, agiles y de valor, de edad proporcionada, que no baje de veinte y dos años, ni esceda de treinta, estatura suficiente: y que en lo posible sean del país, solteros, y sepan leer y escribir, prefiriéndose a los hijos de individuos del cuerpo, mientras estén asistidos de las citadas circunstancias; pero la facultad de despedirles estara solo en el Capitan General cuando los interesados renuncien sus empleos, ó por delitos que les haga indignos de subsistir en el cuerpo fuese preciso separarles; en el concepto de que las mismas reglas se observaran en la admision de veredores y su despido.

Hara una ronda general al año por toda la provincia, anunciando antes su salida al Capitan General por si tuviere que hacerle alguna prevencion particular, a fin de enterarse de la conducta de los cabos y *mozos*, oyendo las quejas recíprocas de unos y otros; si el servicio se ejecuta con exactitud é igualdad arreglado a instruccion, y se satisfacen los haberes puntualmente sin otros descuentos que los establecidos en el reglamento de estos, así como de cual sea el estado del vestuario y armamento. Remediará los abusos que advierta; tomara conocimiento de los malhechores, puntos en que con mayor frecuencia se presenten, y sus crímenes, á fin de combinar los medios mas adecuados de contenerlos: y al dar parte al Capitan General del resultado de su ronda en todos los objetos y se contrae, le propondra de palabra y por escrito cuando conciba útil á remediar abusos, y hacer eficaz la persecucion y exterminio de los delincuentes; con cuyo ultimo objeto instruirá al cabo que mande la Escuadra de Barcelona de la calidad y señas de los reos mas notables, para que puedan ser acechados y aprehendidos si se presentasen en la capital.

Apron tará los ausilios que se le pidieren en ejecucion de capturas y disposiciones perentorias de la Real Sala del crímen, gobernadores y justicias, bien que dando parte inmediatamente, pues en los demás casos que den lugar cuidará el Capitan General de anticiparle instrucciones.

De todo arresto que se ejecute dará cuenta al Capitan General, y tambien a la Real Sala del crímen por medio del fiscal de ella.

Cuidara con la mayor escrupulosidad que tanto los cabos como los *mozos* no se ocupen en otros objetos que los de su peculiar instituto, y que no disfruten consideraciones ni uso de uniforme sino los individuos con plaza efectiva en las Escuadras.

Del cabo segundo comandante.—Substituirá al comandante en sus ausencias y enfermedades, y en este caso sus funciones seran precisamente las detalladas al primero.

Hara anualmente una visita general de inspeccion a todas las Escuadras en la época que prefijara el Capitan General, cuya visita tendrá igual objeto que la del comandante en su ronda general, y el de examinar si las prevenciones particulares hechas por este y las medidas que tomó se cumplen con puntualidad; a cuyo fin recibira del comandante antes de emprender su operacion las instrucciones necesarias.

Este trabajo le servira de mérito para sus ascensos; pero no disfrutará por él más paga que la de su empleo de cabo; y fuera del tiempo que ocupe en dicha comision, y en enterar a viva voz al comandante del resultado de ella, su residencia será en el mismo punto de la Escuadra confiada a su cuidado.

De los cabos.—Los cabos ejecutaran puntualmente las órdenes que les comunique su comandante, ó reciban en derechura del Capitan General.

En ausencia ó enfermedad recaerá el mando de la Escuadra en el *mozo* mas antiguo de ella, á quien obedeceran todos los demás *mozos*.

Rondara con la fuerza de su mando una vez al mes todo el distrito que le esté asignado, y demas puntos que le prescriba el comandante, ocupandose con escrupulosidad en reconocer los hospitales de pobres, mesones y otros parajes de igual naturaleza, en donde por lo comun se recogen los delincuentes y octosos; de cuyos resultados, y del dia de su salida y regreso, remi-

---

(1) Esta última disposicion es anterior á la renuncia que hizo D. Pedro Pablo Veciana y su hijo D. Antonio.

lirá una relacion circunstanciada al comandante, á fin de que pueda coordinar y prescribirle las d·sposiciones convenientes para las rondas sucesivas.

Leerá á sus *mozos* una vez al mes, y á los nuevamente admitidos en el acto de su presentacion á la Escuadra, cuanto en esta instruccion se establece con respecto á las obligaciones de cabos y *mozos*, órden con que en general debe hacerse el servicio, y penas señaladas segun la calidad de las transgresiones. Velará incesantemente sobre la conducta de los *mozos*; hará que respeten á todas las autoridades; les persuadira á que no se familiaricen fuera de lo ordinario con el paisanaje, ni frecuenten las tabernas, sino disfrazados cuando convenga recurrir á este ardid para la averiguacion de algun exceso; les amonestara y reprendera todo desvío; y cuando estos medios suaves no bastasen á corregirles, les pondra en arrestro, dando inmediatamente parte al comandante con especificacion del hecho que lo motive.

Todo cabo, sin perjuicio de dar parte á su comandante avisará directamente al cabo que esté mandando la Escuadra de Barcelona, si creyese que pueda ganarse así mas tiempo en la adquisicion de la noticia de cualquier insulto de gravedad que aconteciere en el distrito de su cargo, reos que lo hubiesen cometido, y sus señas, á fin de que puedan ser buscados y aprehendidos si se refugiasen á la capital.

Dispondra que los reos aprehendidos se conduzcan á la cabeza del partido, ménos cuando los reclame alguna justicia encargada por órden superior de formarles causa; y exigiendo en este caso testimonio de la entrega que hara de aquellos, sus alhajas, dinero y demas efectos que se les hubiese hallado, lo dirigira á su comandante para que el parte que este diere no carezca de especificacion alguna; pero ni él ni su Escuadra se encargaran, cuando obligaciones ménos importantes se lo permitiesen, de trasladar presos á la capital ó cabeza de partido, ni de unas cárceles á otras, interin no se les hiciere estension de órden de la Real Sala del crimen ó de otra autoridad que autorice á las justicias para tales traslaciones.

En los casos en que juzgue preciso disfrazar algunos *mozos* para asegurar la captura ó descubrimiento de los reos, les dara una licencia por escrito en que se haga mencion de esta circunstancia, á fin de que no sean detenidos como sospechosos; y terminada la faccion retirará el espresado documento.

Cuando para la persecucion de alguna cuadrilla de malhechores ú otro caso arduo no fuese suficiente la Escuadra de un distrito, el cabo de ella pedira al mas inmediato se le reuna con la suya, y conservando el mando del todo de la fuerza mientras dure la operacion, procedera con el cabo requerido á realizarla, guardando la mayor armonía; y podra tambien llamar en su ausilio momentáneamente á los *mozos* verederos mas inmediatos, que en esta parte le estaran siempre dependientes.

Si los malhechores hicieren resistencia con armas, ó intimados de darse á prision por el Rey no se rindiesen, podra el cabo ó el *mozo* que haga sus veces mandar hacerles fuego, evitando en este caso segun fuere posible, y en los demás, la efusion de sangre.

A los desertores aprehendidos los tendra el cabo en seguridad hasta recibir órdenes sobre su ulterior destino; y por estas aprehensiones pagara el cuerpo á que el desertor pertenezca la gratificacion establecida por ordenanza, repartible entre todos los *mozos* que hayan ejecutado el arresto, ademas de lo impendido en su manutencion á razon de doce cuartos el dia; debiéndose acreditar el de la aprehension por certificacion de la justicia del pueblo en que hubiere ocurrido el arresto.

Á los reos á quienes no se les encontrase dinero para su manutencion, exigira el cabo de la justicia del distrito en que se hubiere realizado el arresto que proporcione el caudal necesario, para que el reo ó reos no carezcan de su precisa subsistencia, á razon de doce cuartos por dia en los que se regule hayan de emplearse en la conduccion hasta el punto de su ultima consigna; y podra el cabo hacer entrega de los reos con responsabilidad de su seguridad á la justicia que rehuse facilitar los medios de su conduccion segun queda dicho.

Tendrán los cabos especial cuidado de que sus *mozos* estén recogidos de noche cuando no tuvieren objeto que les llame á patrullar, y las circunstancias no permitan designarles edificio á propósito donde los tenga á su vista.

El cabo que no manifestase celo en el puntual cumplimiento de esta instruccion será privado de su empleo, juzgado y castigado con el mayor rigor en los delitos que cometiere de admitir soborno, falsear órdenes y dar conocimiento de las que se les comuniquen á quien no deba, de modo que llegando á noticia de los delincuentes se frustre su captura.

De los mozos.—El *mozo* estara subordinado á su cabo y comandante en cuanto se le mande; sera modesto; nada pendenciero, y muy exacto en el cumplimiento de sus obligaciones. quedandole el arbitrio de representar en el acto de visita de las Escuadras al jefe que le ejecute si en algo se sintiere perjudicado ó agraviado de su cabo. Y los verederos en las espediciones perentorias de los cabos inmediatos, en que éstos les requieran á reunirseles, deberan practicarlo sin demora.

Ningun *mozo* podrá contraer matrimonio sin haber obtenido permiso de su comandante, que para concederlo se asegurara de la calidad honrada y buenas costumbres de la contrayente.

El *mozo* que manifestase omision en el desempeño de las obligaciones que la instruccion le impone sera despedido del servicio.

Si desobedeciere á su cabo, le maltratase de palabra, levantase la mano, ó acudiese á las armas contra el mismo, incurrira en la pena de diez años de presidio en Africa, arsenales ú obras públicas.

Igual pena sufrirá si las órdenes que se le diesen las comunicare á quien no deba, en términos que llegando á noticia del delincuente no se consiga la prision, ó bien que se dejase corromper con estafas.

Si desertare de su Escuadra incurrira en la pena de trabajar dos años en las obras públicas á que le destine el Capitan General, siempre que la desercion no fuese con armas ni con prenda alguna de vestuario; pero si se las llevase, sufrirá cuatro años de arsenales, ademas de satisfacer su importe.

Obligaciones en general de las justicias en ausilio de las Escuadras, y de los individuos de estas en favor de las justicias.

Las justicias darán á las Escuadras el ausilio que pidieren sus cabos ó *mozos* que las manden, sin retardárselo, ni exigirles la razon ni el fin para que se pide, por lo que pueda importar el secreto á la felicidad de la espedicion de que vayan encargados; y bastará que se aseguren de la entidad de la persona demandante.

En los pueblos en que se crea conveniente situar alguna Escuadra franqueará la justicia, si lo hubiere, edificio proporcionado y comodo en lo posible donde pueda estar reunida toda la fuerza de que la misma conste.

Le facilitara lugar seguro en las carceles para custodia de los reos de transito, destinando la justicia gente armada que atienda á su seguridad durante la noche, en union con dos *mozos* de la escolta que los condujere, y volverá á encargarse de ellos el dia siguiente para continuar su viaje.

Las justicias á cuya entera disposicion queden los reos que aprehenden las Escuadras, no podran dejarles en libertad sin que con presencia de causa, ó de otro modo, tuviere por conveniente disponerlo la Real Sala del crimen.

Sera del cargo de las justicias trasladar los reos á las carceles á donde vayan destinados cuando alguna Escuadra, por haber recibido sobre marcha noticia positiva de la existencia de algun malhechor en aquel distrito, se viere en la precision para perseguirlo de desembarazarse de los que lleve, y hacer entrega de ellos.

No podran las justicias solicitar de las Escuadras que se encarguen de conducir los presos que tengan en sus cárceles á otras mientras no se hallen autorizadas por la Real Sala del crimen u otra autoridad para esta variacion, y lo hagan constar al cabo comandante de la Escuadra; en cuyo caso podra éste realizar dicho servicio, si atenciones ménos imperiosas se lo permitiesen.

Sera del cargo de las justicias proporcionar el caudal necesario para que el reo ó reos aprehendidos por las Escuadras en su distrito no carezcan de su precisa subsistencia, á razon de doce cuartos por dia, en los que se regule hayan de emplearse en la conduccion hasta el punto de su ultima consigna, y podra el cabo hacer entrega de los reos y responsable de su seguridad á la justicia que rehusare facilitar los medios de su conduccion, segun queda dicho.

Los cabos ó *mozos* que mandan Escuadra indagarán de las justicias qué malhechores se abriguen en el pueblo y sus alrededores con cuantos mas estremos puedan contribuir al logro de su arresto, que verificaran sin que trasluzca especie alguna de las que hubiere sugerido la justicia, á fin de que los individuos de ella no queden espuestos á las venganzas de los malhechores; pero á los mismos se les hara severo cargo, é impondra el debido castigo hasta el de destierro, si, por haberse negado á dar las noticias que el cabo comandante de una Escuadra solicite, ó á franquear todos los datos con que se halle sobre existencia de malhechores, lograsen estos substraerse de las pesquisas y reconocimientos que hiciera la Escuadra para dejar limpio el país y asegurada la tranquilidad de sus habitantes.

Siempre que hubiere proporcion de que las Escuadras se pongan de acuerdo con las justicias para sus pesquisas y aprehensiones, lo ejecutaran guardando en todos casos la mayor armonía con ellas, y facilitandoles cuantos ausilios estén en la posibilidad, siempre que por esta causa no haya de seguirse atraso al cumplimiento de otras instrucciones con que se hallen.—Barcelona 4 de abril de 1816.—Xavier de Castaños.

XIV.

LA LIBERTAD Y EL DESPOTISMO.

La historia de Clementina, nos ha hecho recorrer un periodo de años, durante el cual se desarrollaron en España acontecimientos que importa apreciar. Ya hemos visto la espantosa reaccion y despotismo que siguio á las aspiraciones reformistas en sentido liberal, manifestadas durante la guerra de la *independencia* y despues de esta época. Aquella semilla de libertad y constitucionalismo, habia germinado entre el pueblo español, apesar de los esfuerzos del monarca y sus satélites en ahogarla en su mismo cogérmen. Con este objeto se pusieron en juego todo género de persecuciones y suplicios. Los indultos perdonaban á los contrabandistas, ladrones y malhechores de todas clases, escluyendo siempre á los llamados delincuentes políticos. Todos los dias se descubrian conspiraciones políticas, ó cuando ménos, se decia que se descubrian, resultando nuevas víctimas, y más derramamiento de sangre española. En 1819, descubierta una conspiracion en Valencia, los reos fueron puestos á disposicion de la Audiencia territorial, de ese baluarte de la incorrupcion, en medio de tantas corrupciones y miserias como hemos presenciado en nuestra amada patria. Pero los jueces no encontraron pruebas para condenar: y como el *despotismo* queria una condena, el general Elio, por un arranque más despótico, si cabe, que el mismo *despotismo*, suspende á los jueces de sus funciones, y entrega á los acusados al Santo Oficio, quien renueva hasta el vedado tormento á fin de que aquellos infelices confiesen delitos que sin duda no habian cometido, supuesto que los sagaces y entendidos jueces de la Audiencia los habian absuelto por haber resultado inocentes. (Ortiz de la Vega). El rey y los que le aconsejaban, creian que las ideas se podian matar, derramando la sangre de aquellos, que se creia, las profesaban, olvidando torpemente que la sangre de las víctimas es el riego más eficaz y provechoso para que las ideas se reproduzcan y estiendan hasta lo infinito. Asi sucedió en España: asi ha sucedido siempre en todo el mundo. Pero Fernando VII, ciego en su odio contra todo lo que olia á representacion nacional y libertades patrias, y consecuente en el sistema de terror, contra sus propios vasallos, que se habia propuesto desde un principio, desconocia ó sofocaba en sí mismo esas nociones preliminares que conocian todos los gobernadores, ménos el que los debia gobernar. Contraste singular, por cierto, entre Fernando y Luis XVIII, puesto que desterrados de su reino por el poderoso Napoleon I, ambos regresaban á su patria observando una conducta bien diferente. En efecto, *¿qué hacia este monarca* pregunta el historiador contemporáneo Ortiz de la Vega, «cuya familia habia la revolucion conducido al suplicio y condenándole el mismo á mendigar durante veinte y cinco años el pan en el suelo estranjero? Entraba en Francia perdonando, y concediendo á sus súbditos la libertad de que Napoleon no les juzgaba dignos. ¡Contraste asombroso! Luis perseguido por la ira francesa, reinaba con amor y con ternura, y Fernando, entronizado por el amor de los españoles, reinaba con la crueldad y con la có-

lera.» (Ortiz de la Vega, Historia general de España). En medio de todo esto, la España de dia en dia se veia más humillada y abatida. Una por una iba perdiendo todas las glorias y conquistas que tanto renombre y preponderancia le habian valido. El estado de la hacienda era el más lastimoso y apurado. En vano don Martin de Garay se esforzaba en querer poner órden y concierto en este ramo que se habia confiado á sus manos. En vano quiso hermanar los limites del presupuesto de gastos con los de ingresos. Los que cobraban del erario público, no querian hacerse cargo de que faltaban las remesas de caudales procedentes de una America que no habian sabido conservar. Los estranjeros, viendo una monarquia tan trabajada y exhausta de recursos, y sobre todo, tan reñida con el voto de sus súbditos, no titubeaban en injuriarla y humillarla de mil maneras. Los portugueses se lanzaron sobre la plaza de Montevideo en la América del Sur, y la ocuparon. Los Estados-Unidos se apoderaron de las Floridas. En medio de este conflicto, el gobierno español, dando una prueba solemne de su completa nulidad, se contentó con un memorial de quejas, respecto á la usurpacion de los portugueses; y en cuanto á la usurpacion de las Floridas, ¡mengua causa el decirlo! entró en tratos de venta con el mismo usurpador. ¿Y qué mucho si el rey y sus despilfarradores favoritos, solo se ocupaban en reprimir, perseguir y procesar á los mismos españoles, descendientes de los que habian adquirido aquellas posesiones y glorias nacionales? Pero apesar de sus esfuerzos, el espíritu público cada dia se presentaba más inquieto y ansioso de las apetecidas reformas que con mano tan airada eran destruidas, y conculcadas. Fernando VII habia sido ensalzado por la fuerza armada, y solamente, fuerte, con el apoyo de esta, podia continuar en su poder absoluto. Mas, escrito estaba en el gran libro de los destinos de los reyes y las naciones, que esta fuerza debia derribarle. Por esta misma época (1819) murieron los desgraciados padres de Fernando, comiendo el pan duro de la emigracion á que los habia condenado su propio hijo. María Luisa murió en Roma en donde se habia retirado la familia real junto con el infante D. Francisco y el célebre Godoy el dia 2 de enero de aquel año, en ocasion de que su esposo Cárlos IV se hallaba en Nápoles, en donde murió pocos dias despues, esto es, el dia 20 del propio mes y año. Hasta *ultra-tumbam* el hijo se manifestó enemigo de sus padres, puesto que *no quiso confirmar sus disposiciones testamentarias sino en lo relativo á las mandas hechas á la servidumbre.* (Ortiz de la Vega. Historia de España, pág. 394). En esto amanece el año 1820. Una nueva era se presenta para la nacion española. El despotismo toca á su ocaso, herido por la misma mano que le habia dado el poder y entronizado. En el 1.° de enero D. Rafael del Riego, comandante del 2.° batallon de Asturias, reune su fuerza en la plaza del pueblo de las Cabezas de San Juan, proclama la Constitucion de 1812, y se pone en movimiento. Quiroga hace otro tanto á su salida de Alcalá de los Gazules, y en una proclama que dirige á las varias fuerzas que se le habian juntado les dice: «estabais destinados, no á la con- »quista de las colonias, que ya es imposible, sino á »la muerte, para librar al gobierno del espanto que »vuestro valor le inspira mientras que vuestras fa- »milias quedarian en la esclavitud más degradante.» Al principio la suerte favorecia á estos dos caudillos de la libertad, pero luego se les volvió adversa y con- traria, tanto, que el dia 11 de marzo á las cuatro de la tarde, Riego entró en Bienvenida con solos tres- cientos hombres, desnudos, rendidos de fatiga y hambrientos, perseguidos muy de cerca por O'Donnell. Pero como ellos representaban una idea que estaba en el corazon de la mayoría de los españoles, apesar de tantos desastres y desgracias, su causa triunfaba en todas partes, inclusa la misma corte. A los pocos dias todo habia cambiado: el mismo O'Donnell y Rie- go, perseguidor y perseguido, entraban en Córdoba dándose la mano y jurando ser fieles á las banderas de la libertad. Fernando VII reunió entonces el con- sejo de estado al que fueron llamados los jefes de todas las opiniones. Ello pedia sangre, pero sus pa- labras fueron oidas con horror, porque los consejc- ros y el mismo rey temblaban. Ballesteros aconseja- ba transaccion y clemencia, pero el rey quiso echar mano de lo que, en su opinion, era el último recur- so. Con este objeto envió al conde de la Bisbal á reunir las tropas de la Mancha, pero estas tropas se pronunciaron al momento por la Constitucion, y en- tonces *cedió Fernando VII, y decretó la reunion de las cortes.* Pero era ya tarde. Porque el pueblo, que hasta aquellos momentos habia dejado obrar al ejér- cito, tomó parte en una causa que tanto le interesa- ba, arrancó, mezclado con los mismos soldados, los edictos conventarios, y pidió á voz en grito la Cons- titucion del año 12. Fernando conoció que debia ce- der, y que de lo contrario, iba á perder la corona, conforme se lo decia Ballesteros en la representa- cion que le dirigió en aquellos críticos momentos. *Cede*, en fin, y nombra un ministerio del que forma parte el elocuente y esclarecido patricio Argüe- lles. En seguida comienza la marcha política que se habia propuesto. Esta, reducida en su forma más concreta, consistia en sonreir siempre con los libe- rales, ceder á sus más leves insinuaciones, pero dar señales siempre de que cedia á la pura fuerza, sin que por esto opusiese nunca la menor dificultad y re- sistencia. Sabia que una gran masa de la nacion le con- sideraba siempre como victima, primero de Godoy, despues de Napoleon y ahora de los constituciona- les. El papel de victima es muy cómodo, y muchas veces produce muy buenos resultados. De ahi es que en el discurso de la corona, leido por el rey en las cortes abiertas el dia 1.° de marzo, hubiese cláusulas añadi- das por el monarca, sin conocimiento de los minis- tros que lo habian redactado, en las cuales se que- jaba de *insultos recibidos* por falta de energia en el poder ejecutivo. De ahi el que, despues de la dimi- sion del ministerio, *pidiese á las mismas cortes* una lista de las personas que poseyesen la confianza de la nacion para *componer un nuevo gabinete.* Asi se evidenciaba ante el público la division y la discordia que existia entre el rey y los constitucionales, inclu- sos los ministros y los representantes de la nacion. Entre tanto en Cataluña ardia la guerra civil. Misas, mosen Anton Coll, Miralles, Boshoms, Ramonillo, Romagosa, Bessieres y el Trapense, recorrian el país sembrando el esterminio y espanto por todas partes.

Pero los liberales eran valientes y decididos, asi es, que apesar de los esfuerzos de estos caudillos, de los del cura Merino, á quien suponian en connivencia y rela- ciones con el rey, del pronunciamiento á favor del ab- solutismo verificado en Madrid por cuatro regimien- tos de infanteria que, situados en el Pardo, procla- maron al rey absoluto, mientras éste con dos batallones estaba esperando el resultado en palacio, apesar, repetimos, de todo ese conjunto de manejos, traiciones y rebeldias, la causa de la libertad triun- fó, y el realismo tuvo que refugiarse en Francia. Des- de este dia, ya no se pensó en otra cosa por parte de los absolutistas sino en procurarse el ausilio de las bayonetas estranjeras. ¡Mengua causa el decirlo! pero es lo cierto que los mismos realistas que diez años antes pintaban á los franceses como mónstruos de maldad, enemigos de la religion y partidarios del infierno, los vimos formar la vanguardia de esos mismos franceses, que invitados por ellos y el rey, venian á intervenir en nuestras cosas interiores, á derribar un gobierno que la nacion se habia dado y habia sabido defender, en fin, venian, á restablecer cosas, que ellos, aun despues de la restauracion, ha- bian dejado abolidas para siempre. ¿Y qué derechó tenian los franceses para venir á mezclarse en nues- tros asuntos interiores? ¿El que se les habia conce- dido en el congreso de Verona en el que tomaron la iniciativa para un atropello semejante? Pero las no- tas escritas en aquel congreso, como dijo entonces Argüelles con suma oportunidad, *parecian escritas para un pueblo salvaje que no conoce sus derechos y su historia; ¿ignoran acaso que nuestras antiguas leyes no admiten intervenciones estranjeras? El dia en que,* añadia aquel esclarecido patricio, *un soldado es- tranjero ponga el pié en España, todos, hasta mosen Anton, le harán la guerra.* Argüelles no fué profeta en esta ocasion, porque quiso apreciar el patriotismo de los otros por el ardor patriótico que ardia en su pecho. Cien mil franceses, precedidos de una van- guardia de cincuenta mil españoles invadieron nues- tro suelo patrio, y derribaron una constitucion y un órden de cosas que, si bien imperfecto como todo lo humano, podia mejorarse purgándolo de los vicios y defectos que nosotros nos guardaremos de aprobar. Los constitucionales exaltados, fuerza es decirlo, á fuer de imparciales, habian con sus arranques de patriotismo, contribuido en gran parte á que la van- guardia española que precedia al ejército francés, fuese tan numerosa y encontrase tantas simpatias á medida que iba adelantando en su paseo militar, pues no puede calificarse de otra manera, atendida la casi ninguna resistencia que encontró en su paso. Los masones, comuneros, anilleros, americanos y otras sectas, con sus clubs revolucionarios y la exage- racion de sus ideas y pretensions, unidas al *trágala* y otros insultos que se prodigaban á los que tenian la desgracia de incurrir en la nota de desafectos, no hacian más que aumentar el número de enemigos á unas instituciones que amenazaban de continuo su tranquilidad y hasta su seguridad individual. Por otra parte el partido radical de la revolucion habia puesto imprudentemente su mano en cosas sagradas y muy queridas y respetadas por los españoles. Des- de un principio se habia declarado enemigo de las instituciones religiosas, sin duda para imitar la mar- cha de la revolucion francesa, y era verdaderamen- te una anomalia que, mientras se defendia el dere- cho de asociacion para todo, se negase el de reunirse para vivir en la soledad de los claustros, alabando á Dios por medio de la penitencia, ayuno y mortificacion. Si debiésemos señalar la verdadera causa de tan calamitosa inconsecuencia, la hallariamos entonces lo mismo que despues, en la desmesurada codicia de unos cuantos que querian enriquecerse con los bienes del clero, como realmente lo hicieron. Pero apesar de todo esto, no podemos ménos de repetir la pregunta anterior, á saber: ¿qué derecho tenia la Francia para intervenir con un ejército de cien mil hombres en nuestras cosas domésticas? ¿Acaso la Francia no ha cambiado más que Prometeo en sus formas de gobierno? Pues qué ¿no la hemos visto pasar de la monarquía á la república, de ésta al gobierno del terror, despues al imperio, luego á la monarquia otra vez, para derribar esta más tarde, volver al imperio, de este á la república para terminar en seguida otra vez en el imperio? Muchas veces hemos reflexionado sobre una frase que á fuerza de repetirse, ha tomado el carácter de un axioma, siendo asi que no es más en el fondo que un verdadero sofismo. La Francia, se dice, *es la nacion que marcha al frente de la civilizacion y del progreso.* No acertamos á ver esta civilizacion, y en vano buscamos este progreso, fuera del órden material y físico, que es precisamente en donde no debemos buscarle. Es verdad que ella por medio de sus filósofos es la primera que propagó á fines del siglo pasado y principios del actual, esa filosofia sensualista, esas doctrinas materialistas, esas pullas pesadas con que se han ridiculizado, las palancas más poderosas de la misma civilizacion y verdadero progreso. Tambien es verdad, que por medio de sus famosos novelistas, es la primera que ha escupido en el rostro de la sociedad, pintándola tan asquerosa y nauseabunda, que casi deberia uno arrepentirse de ser hombre social. Tambien, finalmente lo es, que del seno de aquel hormiguero de literatos, filósofos, novelistas, fundadores de sistemas, que vive en Paris, han salido las primeras ideas, doctrinas y sistemas del ridiculo socialismo. Pero ¿qué tiene que ver todo esto con la civilizacion y progreso verdadero? ¿Acaso todo esto no es bastante por sí solo para destruir, no ya el progreso y civilizacion, sino á la misma sociedad? Por lo demás, derribada la monarquia de Luis XVI por medio del suplicio de este monarca y toda su familia, vemos á la Francia cantando la marsellesa y dando serenatas á Marat, á esa fiera que no sabia pedir más que sangre... sangre... En seguida forma corro alrededor de Robespierre en la insulsa, ridicula y sacrilega ceremonia del *culto de la razon,* esto es, de la sustitucion de Dios por una mujer prostituta. Luego, la vemos entregada en manos de un soldado valiente y afortunado que, ciñendo su frente con la corona imperial, se entrega á su pasion batalladora, y conduce á sus hijos, alegres y entusiasmados á regar con su sangre todos los ángulos de la Europa. Derribado éste por las potencias estranjeras coligadas, la vemos gobernada por Luis XVIII, descendiente de aquel mismo rey que habia regado el cadalso con su sangre; pero á poco cambia esta monarquia, por la de la casa de Orleans y derriba ésta para establecer la república, que á su vez termina con otro imperio. Y como por medio de un paréntesis, vemos á esta última repú-

blica derribando á metrallazos á la república romana: á este último imperio, que no quiere la libertad en Francia, ir á establecerla en Italia, tambien bajo el estampido y las bayonetas de sus soldados. Escitadas alli todas las pasiones revolucionarias, sin duda más de lo que convenia á la misma revolucion y libertad que se decia iba á establecerse, la vemos retroceder en su marcha por medio de un tratado de paz cuando ménos debia esperarse. (Adviértase que escribimos estas lineas en el dia 18 del mes de julio de 1859). En medio de todo esto, nosotros en vano buscamos esa *antorcha,* que dicen precede siempre á la marcha de la civilizacion y del progreso, y, francamente, no la sabemos ver. ¿Será que somos unos miopes, cuya vista no puede penetrar esa marcha oculta, sin duda, de la civilizacion y del progreso? Pero á lo ménos no se nos podrá negar despues de todo lo dicho, que Francia es la nacion que ménos derecho tiene á mezclarse con las interioridades de las demás naciones, puesto que prácticamente les ha demostrado que cada una es libre de cambiar sus formas de gobierno y sus reyes, hasta el estremo de poder condenar estos á una muerte afrentosa. Pero nuestra digresion va haciéndose demasiado estensa, más, sin duda, de lo que permite la indole de la historia que escribimos. Ya otra vez hemos tenido que apelar á la benevolencia de nuestros lectores con motivo de otra digresion, ahora hacemos otro tanto. No lo podemos remediar, nuestra pluma se nos desliza, cada vez que llegamos á uno de los periodos culminantes de nuestra historia contemporánea. Españoles sobre todo, vemos con dolor las disensiones domésticas que tantos males nos han causado, y como por otra parte creemos que, sin las sugestiones estrañas más ó ménos manifiestas, diplomáticas ó armadas de que hemos sido victimas, estas mismas divisiones interiores no hubiesen tomado tan colosales proporciones, por esto hemos lanzado nuestro débil anatema contra los que vinieron fusil en mano, á intervenir en nuestros asuntos, y contra los que fueron á buscarlos. Pasaremos, como por encima de ascuas, el periodo de reaccion que siguió á la caida de la Constitucion y de las nuevas instituciones. Bastará decir que los jefes radicales del realismo se indispusieron con el mismo duque de Angulema, general en jefe del ejército invasor, porque éste y los demás jefes del ejército francés no podian tolerar tantos estragos, tanta ira, tan gran venganza. El duque habia publicado un decreto de amnistia para los constitucionales en 8 de agosto, pero la regencia de Madrid se opuso, diciendo, que esta medida solo correspondia á las autoridades españolas. Los realistas de Navarra y la columna mandada por el Trapense, se declararon en oposicion manifiesta contra el humanitario decreto del general francés. Entonces, ¡oh ceguedad y contradiccion de los hombres! aquellos mismos realistas, aquel mismo Trapense decian en una representacion: «que la España se veria cubierta de cadáveres de »sus hijos antes de consentir en el deshonor de su- »jetarse al yugo estranjero.» Se acordaron entonces de que eran españoles, sea en hora buena: pero mejor hubiera sido que antes no lo hubiesen olvidado.

XV.

TERMINA PARA LAS ESCUADRAS SU PERÍODO DE POSTERGACION.

¿Y cuál fué la suerte de las Escuadras durante el periodo constitucional que acabamos de bosquejar? Fuerza es decirlo, porque, como historiadores. no hemos de ser guiados por otra estrella que por la de la verdad. Las Escuadras durante el periodo fueron desatendidas, postergadas y olvidadas, como si no existiera semejante cuerpo. Tres años transcurrieron sin cobrar sus haberes, de modo que sus individuos se vieron reducidos á la más espantosa miseria y abandono. El partido constitucional exaltado, que fué, puede decirse, el dominante durante aquel periodo, condenó á *priori* á aquella institucion, como habia condenado otras cosas por suponerlas, en su vértigo, adictas á otro órden de ideas, ó desafectas á la *constitucion*. Celoso, tal vez con esceso, de los derechos y prerogativas que habia obtenido, arrancándolas á brazo armado del principio de autoridad, hasta entonces único omnipotente y dominante, recelaba de cuantos habia visto agrupados á este mismo principio, por considerarlos instrumentos y ausiliares del que tanta desconfianza y temores le infundia. Este fué otro de sus errores, debido en gran parte á cierta preocupacion respecto á las Escuadras, que ya entonces existia y cuyas reliquias hacen sentir todavía su influencia en nuestros dias. Importa mucho deslindar esta cuestion. Es cierto que las Escuadras han sido siempre fieles, obedientes y sumisas á las autoridades legalmente constituidas. Es cierto que en defensa de éstas han derramado su sangre, sin que nunca hayan podido ser sobornadas ni corrompidas. Pero tambien lo es, que las Escuadras jamás han entrado en discusiones ni polémicas sobre la índole y circunstancias de esa misma legalidad. Dada una situacion cualquiera: establecido un órden de cosas: hecho un cambio politico, por radical que éste haya sido, las Escuadras, una vez reconocida la autoridad, resultado de aquel cambio, verificado, ya sea por la revolucion, ya por la voluntad del poder supremo, ya por cualquier otro medio, las Escuadras, repetimos, se han agrupado al rededor de aquella autoridad y la han defendido leal y valerosamente. Esto lo hemos visto en todas épocas. Asi hemos visto á los *mozos* fieles y obedientes á las autoridades, aun cuando éstas, abandonadas y perseguidas de todos, se veian obligadas á huir y buscar su salvacion en pais estranjero. Una vez cumplido su deber con aquella autoridad, una vez puesta á salvo, merced al valor y lealtad de las Escuadras, éstas se han puesto desde luego bajo la obediencia de la autoirdad del nuevo órden de cosas, enemigo y contrario al anterior, y desde aquel momento le han sido tan leales, decididas y obedientes como lo habian sido respecto á los caidos. Cuando á su vez han caido estos, les han prestado iguales servicios con la misma decision y valor. En una palabra: para las Escuadras los nombres y la política de las autoridades constituidas nada dicen ni nada significan. Ellas no abandonaron al general Zurbano, aun cuando éste ya casi no contaba con otro apoyo que con el de los *mozos*. Si en vez de ser Zurbano, hubiese sido otra autoridad de principios y opiniones enteramente contra-

rias, la conducta de las Escuadras hubiese sido la misma. De ahí proviene la confianza que en tan benemérito cuerpo han tenido siempre las autoridades superiores de Cataluña, sin distincion de colores ni matices. El general Llauder, lo mismo que Mina, el conde de Peracamps lo mismo que el baron de Mer, Zapatero lo mismo que el Excmo. Sr. D. Domingo Dulce (julio de 1859.) En otra parte de esta historia veremos el aprecio, estimacion y confianza que las Escuadras merecieron por parte del Excmo. Sr. D. Baldomero Espartero, duque de la Victoria, el modo con que aumentó el número de sus individuos, y cómo en una ocasion muy solemne ensalzó la acrisolada lealtad, valor y honradez de las Escuadras, *citándoles como un modelo para el ejército*. Nos parece que estos testimonios serán irrecusables para todos, aun para los que en politica profesan ideas más adelantadas. Por esto hemos indicado que los constitucionales de 1820 incurrieron en un error al relegar las Escuadras al olvido, abandono y miseria, pues en ellas hubieran encontrado unos defensores acérrimos de la constitucion, como lo han sido despues durante la guerra de los siete años. La miseria obligó á muchos de sus individuos á buscarse un modo diferente de vivir. Unos volvieron á sus primitivos oficios y ocupaciones, pero otros se alistaron al ejército realista, en donde de simples *mozos* que eran, pasaron luego á oficiales, capitanes y otros grados, debidos á su valor y actividad. Tal vez por esto se les ha querido pintar por algunos como afectos al realismo; pero despues de todo lo dicho y de la acrisolada lealtad y valor con que durante la guerra de los siete años les hemos visto derramar su sangre en el campo de batalla en defensa de nuestra augusta reina constitucional, *lo único que puede decirse de las Escuadras es, que son un invariable modelo de honradez y lealtad hácia las autoridades legalmente constituidas, sea cual sea la política de éstas*. Durante aquel periodo el comandante de las Escuadras, que como ya sabemos, lo era D. Pedro Martir Veciana, hizo todos los esfuerzos posibles para ir sosteniendo el *cuerpo* tal como lo permitian las azarosas y criticas circunstancias que atravesaba. Muchos disgustos tuvo que sufrir, muchas penas y compromisos se vió precisado á superar. Solo su constancia y el amor que profesaba á los *mozos* y el celo que le animaba en pró de una institucion creada por sus antepasados, pudo hacer que aquel varon no desmayara y abandonara su puesto, á lo cual hubieran seguido todavía más humillaciones y postracion para las Escuadras. En fin, tras la tempestad vino la calma. Las Escuadras fueron atendidas de nuevo y comenzaron otra vez, con su acostumbrado celo, á cumplir con las obligaciones propias de su institucion. Despues de las revueltas politicas y guerra civil, de que ya hemos hablado, los bandidos y ladrones abundaban por todas partes. Así hemos visto que ha sucedido siempre. Adoptaron su sistema de robo y asesinato, y no habia absolutamente seguridad en ningun camino ni carretera. Apostados de trecho en trecho, no pasaba viajero que no fuese robado más de una vez durante su tránsito aunque fuese de pocas horas. Así los que debian viajar periódicamente ó casi todos los dias, debian llevar ya prevenido su dinero para ir distribuyéndolo en todas las paradas, cuando en alguna de ellas no se les exigia toda la cantidad.

HISTORIA DEL BANDIDO MINADÓ.

De este modo el bandido Minadó, natural de la Canonja, provincia de Tarragona, tenia su gente apostada de trecho en trecho en la carretera que conduce desde Tarragona á Villanueva. Este ladron y los suyos observaban el método siguiente: tenian una manta estendida en medio del camino con dos puñales encima en forma de cruz. Al pasar el viajero tropezaba con la manta y en seguida oia una voz que decia: *«Dé V. su dinero voluntariamente, ó sinó se lo arrancaremos á la fuerza.»* Si el viajero era de los que acostumbraban transitar por aquel camino, arrojaba sobre la manta un número de monedas proporcionado á sus facultades. En este caso, como los bandidos tenian noticia de los recursos y fortuna del pasajero, regularmente se contentaban con la cantidad arrojada. Pero si el transeunte era desconocido, ó siéndolo, no daba la cantidad que los ladrones suponian al alcance de su fortuna, en este caso, la misma voz decia: *«hay poco: queremos más.»* Si el viajante no se daba por entendido con esta segunda invitacion, entonces los bandidos se le echaban encima, y pagaba cara su resistencia. Este sistema se observaba en casi todas las vías públicas, con más ó ménos barbaridad, segun la índole y carácter del capitan que dirigia la cuadrilla. Por lo demás el Minadó, si bien era un foragido de profesion, que ya varias veces se habia burlado de la justicia fugándose de las cárceles en que se le habia encerrado, y especialmente de la de Reus, no era sin embargo sanguinario, y regularmente su cuadrilla era la que se contentaba con cantidades más módicas. Era agradecido á los favores recibidos, y se podia contar con su palabra, una vez empeñada. En prueba de ello, vamos á referir dos casos sucedidos á una persona amiga, cuyo nombre omitimos para no ofender su modestia, pues así nos lo ha exigido. Estando Minadó preso en las cárceles de Reus, acabó su dinero y se vió reducido á la última necesidad. Nuestro amigo, que le conocia desde la infancia, pues habian frecuentado una misma escuela, pasaba junto á la cárcel, cuando oyó que lo llamaban por su nombre. Subió y se encontró con el bandido, quien le esplicó la apurada situacion á que habia llegado. Nuestro amigo le animó á sufrirlo con resignacion, le dió algun dinero y tabaco, disponiendo que desde aquel dia se le llevase la comida de su propia casa. Al cabo de algunos dias, Minadó logró fugarse de la cárcel, sorprendiendo la vigilancia del alcaide y demás dependientes. Lo primero que hizo fué presentarse á nuestro amigo á darle las gracias diciéndole: «Puede V. contar conmigo ahora y siempre. Ni yo ni los mios le molestaremos nunca, y desgraciado será el que se atreva á robar á V.» Pasaron algunos meses al cabo de los cuales nuestro amigo salio de la Torre den Barra en direccion hácia Villafranca. Al llegar al punto llamado Puente de Bará, dió con una de las paradas establecidas alli por el bandido, y al momento resonó por sus oidos la acostumbrada invitacion. Nuestro amigo se resistia á dar su dinero diciendo á los bandidos:

—¿Qué sacareis de robarme el dinero si luego vuestro capitan os lo hará restituir?

Pero los malvados no quisieron escuchar sus razones, y lo hubiera pasado mal á no haber arrojado cinco duros sobre la manta. En seguida prosiguió su camino, pero á tres cuartos de hora de distancia de aquel lugar, oyó una voz que lo llamaba por su nombre. Era el Minadó que tendiéndole la mano afectuosamente, le hizo apear y entrar en el meson llamado del Garrofé, en donde le hizo almorzar en su compañia. Entonces el amigo le contó el lance que le habia pasado. Inmediatamente el bandido hizo vibrar su silbato de un modo particular. Un momento despues se presentó un bandido, á quien el capitan dió órden de que se relevasen los dos hombres de Bará y se presentasen al momento. No habia transcurrido una hora, cuando ya los dos bandidos estaban á la presencia de su jefe.

—¿Conoceis á este hombre? les dijo señalando á nuestro amigo.

—Lo conocemos, porque no ha mucho que lo hemos visto.

—¿Le conociais antes?

—No por cierto.

—Está bien: esto os libra de mi castigo.

—Ahora devolvedle el dinero que os ha dado. Y los ladrones devolvieron á nuestro amigo los cinco duros que habian robado y en las mismas monedas.

—¿Es esto lo que V. tenia?

—Lo mismo, exactamente.

—De ahi en adelante, añadió dirigiéndose á los bandidos, ya conocereis á este hombre; cuidado con tocarle en un pelo, ni á él ni á cuantos vayan en su compañia.

Nuestro amigo queria en seguida dar aquel dinero á Minadó, pero éste lo rehusó y ni aun quiso que pagase el gasto del almuerzo. Un año despues, el mismo amigo salió de Reus en direccion á Zaragoza. Iba en compañia de unos tragineros aragoneses en número de cinco y otro caballero que tambien viajaba hácia el mismo punto. Al llegar á Cornudella los tragineros comenzaron á mirarse entre sí, y uno de ellos pálido y abatido dijo á los viajeros:

—Estamos perdidos, pronto seremos robados y tal vez asesinados, así que hayamos pasado á la otra parte del pueblo.

—¿Cómo lo sabeis? preguntaron los pasajeros.

—¿Veis aquel hombre que nos está mirando desde la puerta de aquella taberna?

—Si lo veo, dijo uno de los pasajeros.

—Pues bien: aquel es el terrible Minadó, capitan de bandoleros. Cuando él está aqui, es evidente que tiene su gente apostada á la otra parte de la carretera.

En esto, nuestro amigo, que aun no habia reparado en el rostro del bandido, oyó que éste le llamaba. Los tragineros y el pasajero se quedaron asombrados, más aun, cuando vieron que el amigo se apeaba, ayudado por el bandido, y que los dos entraban en la taberna como buenos amigos. Tan confundidos estaban que no acertaban á retroceder ni á pasar adelante.

Entre tanto el Minadó decia á nuestro amigo:

—¿A dónde va V.?

—A Zaragoza.

—Ya ha tenido V. suerte en hallarme en este punto.

—¿Por qué?

—Porque V. y su compañia lo iban á pasar mal.

—¿Y ahora?

—Ahora V. está salvado.

—¿Y mis compañeros de viaje?

—Dígame V. francamente, ¿son amigos?

—Lo son mios y de mi padre.

—¿Es cierto esto?

—¡Pues no ha de ser!

—Entonces que vengan.

Un momento despues nuestro amigo, acompañado de los tragineros y del otro viajero, entraban en lo interior de la taberna, donde encontraron una mesa puesta, y á Minadó que los esperaba para almorzar. Todos estaban poseidos del terror, menos nuestro amigo, porque sabia que el bandido era incapaz de una felonia, una vez dada su palabra. Concluido el almuerzo, Minadó se levantó y les dijo:

—Marchemos.

Asi lo hicieron. Apenas habian andado media hora, cuando hizo vibrar su silbato, y al momento aparecieron dos bandidos, á quienes dijo:

—Conducireis á esos hombres hasta la otra pareja, dando órden de que, de pareja en pareja, sean acompañados hasta que estén fuera de todo peligro.

Todos le dieron las gracias á porfia, y el viajero queria darle dinero, pero él lo rehusó todo diciendo:

—Iban Vds. con un amigo, y esto los ha salvado.

—Y despues que hayamos pasado el trecho que ocupan Vds., dijo el amigo, ¿habrá seguridad respecto á las otras cuadrillas?

—Si la hay, contestó el bandido, porque no hay otra partida más que la mia en toda esta comarca.

Asi pasó todo tal como Minadó lo habia dicho. Cuando estuvieron fuera de peligro, uno de los tragineros dijo:

—En mi vida he tenido un susto más grande... Ya sabeis, añadió, dirigiéndose á los otros tragineros, que hace dos meses fui robado y herido con siete puñaladas en este mismo lugar, habiéndome dejado por muerto. Pues bien, figuraos cual seria mi susto al reconocer en la persona del bandido que nos acaba de salvar, al ladron que me habia dejado por muerto...

Resulta de todo esto que el bandido Minadó ofrece un tipo particular, una monstruosa amalgama de actos caballerescos con los del más refinado cinismo. Inició su carrera este bandolero matando en Reus dos soldados del regimiento de dragones, que en nada le habian ofendido. Hé ahí como pasó ese lance. Un niño de unos siete años salia llorando de una taberna, en ocasion en que Minadó acertaba á pasar junto á él. Pregúntale por la causa de su llanto, y el niño le contesta que unos soldados le habian arrebatado un porron lleno de vino, y á más le habian abofeteado porque se habia quejado.

—Vamos allá, dijo el bandido, y habiendo entrado en la taberna con el niño, se enteró del lance, y en seguida, dirigiéndose á los dos soldados les dice: *ahora ustedes deben ventilar este asunto conmigo.*

Los soldados por toda contestacion sacaron sus espadas e iban á descargar contra Minadó, cuando éste, sin darles tiempo, arremetió contra ellos, tendiéndoles muertos en el suelo al golpe de su afilado y certero puñal. En fin, Minadó era un verdadero valiente, capaz de batirse él solo con un número de enemigos diez veces mayor. Cobrador del *barato*, jamás desistia de su empeño, aun cuando para ello fuese preciso batirse con una compañia de soldados. Ligero y atrevido, penetraba en las poblaciones, se presentaba en todas las tabernas y demás lugares en donde sabia que se jugaba, y esto lo hacia aun despues de ser condenado ya en rebeldia á la última pena como bandido y criminal. En fin, por su valor e intrepidéz, llegó á hacerse tan terrible y á reunir una cuadrilla tan numerosa, valiente y disciplinada que, para acabar con él, se le prometió el indulto y hasta el empleo de capitan si se presentaba con todos los suyos. Al principio despreció semejantes proposiciones, pero luego, habiendo manifestado deseo de aceptarlas, los suyos comenzaron á sospechar de él, y un dia lo asesinaron cobardemente fusilándole por la espalda en ocasion en que marchaba al frente de su compañia. Asi terminó su carrera aquel bandido, como generalmente terminan todos.

XVI.

LOS REALISTAS DESARMAN LAS ESCUADRAS.

Estamos en el año 1827. La reaccion ha ido siguiendo su ensangrentada via, llenando todas las cárceles y presidios de victimas acusadas de constitucionalismo y salpicando los patíbulos con la sangre de los llamados *negros.* Apesar de todo, el partido más fogoso, radical é intolerante del realismo, no se daba por contento y satisfecho. Queria el esterminio y la venganza hasta el último estremo. Con este objeto queria el restablecimiento de la inquisicion, á cuya medida se negó siempre con teson y energia Fernando VII. Desde entonces comenzaron á murmurar contra el rey los que tanto blasonaban de realistas. *El rey nos abandona*, decian, *el rey se entrega a los que ménos trabajaron para darle la victoria.* De las murmuraciones, pasaron á las conspiraciones, y de éstas á la rebeldia á brazo partido contra aquel mismo rey, hasta entonces su idolo, su idolatrado Fernando. Atrevidos y descarados como eran, comenzaron á buscarle sucesor en vida, y con este objeto fijaron su vista en el infante D. Cárlos, por ser, segun ellos decian, más devoto, más religioso y más enemigo de los negros que Fernando. (Historia de España). La efervescencia habia llegado á su colmo á fines del año 1826. Ya en dicha época Jorge Bessieres, ese Prometeo, que tantos imitadores ha tenido despues, puesto que habia sido republicano en 1821, realista en 22 y ultramontano en 25, sale de Madrid, dirígese á Guadalajara, reune alli sus antiguos partidarios, les habla abiertamente contra el rey á quien califica de enemigo de los que le salvaron, y se prepara para marchar contra él al frente de las tropas de su mando. El rey envia á *Cárlos de España* contra Bessieres. éste le espera como amigo, pues es fama que *Cárlos de España* estaba tambien en el complot. Pero la confianza que el rey le habia dispensado, le habia hecho cambiar de opinion. Acomete á Bessieres, le derriba, le hace prisionero y le fusila. Así pagó Bessieres sus veleidades y traiciones por medio de otra traicion de parte del *Conde de España*: más tarde, á su vez, este mismo *conde* pagó esta y otras muchas traiciones de que se le acusa, muriendo espantosamente por mano de sus mismos partidarios. Dios consiente, pero no para siempre. En fin, vino el año 1827.✓ El realismo habia determinado echar el resto, jugar el todo por el todo. Con este objeto habia procurado de antemano acercar al trono un personaje, hechura suya, el ministro Calomarde. Cataluña en masa se subleva: échase mano del eterno estribillo de que *el rey no tenia libertad*. Siempre lo mismo: siempre presentando á Fernando como una victima desgraciada. Pero esta vez el mismo rey quiso desmentirlo con sus palabras y sus hechos. Y lo desmintió con sus palabras esclamando: *Dicen que estoy preso, pues vamos á probarles que soy libre*, y con sus hechos, pues realmente se puso en marcha hácia Tarragona en donde el fuego de la revolucion ardia con más intensidad. Dejemos al rey marchando, y trasladémonos á la villa de Valls donde presenciaremos algunos hechos que interesan directamente al cuerpo cuya historia escribimos. Todos los realistas de *Cataluña* estaban ya sobre las armas en abierta rebelion contra su rey, puesto que entre los principales se sabia que el verdadero móvil del movimiento, su fin y objeto, era el derribar á Fernando del trono para colocar en él á su hermano D. Cárlos. Pero el batallon realista de Valls aun no se habia declarado en rebeldía tan manifiesta. La mayor parte de los *mozos* se habian ido reuniendo en dicha villa y estaban, como quien dice, acuartelados en la casa misma de su comandante Veciana. El comandante de los realistas y algunos de los más influyentes, habian tenido sus conferencias con el comandante de las Escuadras, y le habian manifestado su propósito de no tomar parte en aquella revuelta y de oponerse á los de á fuera, caso que intentasen penetrar en la poblacion. Con este objeto le sugirieron la idea de pedir algun refuerzo á Tarragona, como realmente se hizo, viniendo en consecuencia unos quince soldados de caballo con su oficial. Estos fueron recibidos y agasajados por los realistas, y todo el mundo creia que realmente el batallon realista de Valls, estaba dispuesto á defenderse contra los que divagaban por sus alrededores. Pero es el caso, que los de dentro estaban de acuerdo con los de á fuera en que debia darse un golpe decisivo, y que lo único que se habia querido, era adormecer la vigilancia de los *mozos* y su comandante, y la de la caballería y su oficial, á fin de deshacerse de unos enemigos que les infundian algun recelo. Por lo visto el carlismo, no solo desconfiaba de las Escuadras, sino que las miraba como enemigas de sus vengativos planes. El dia 6 de setiembre fué el señalado para consumar un acto de barbarie contra aquellos infelices soldados y los *mozos* de las Escuadras. Muy de mañana se alarmó á la poblacion con el ruido de las cajas militares de los realistas, tocando llamada general. Los de á fuera en número de unos mil hombres, al mando del coronel D. Juan Rafí Vidal, se presentaron á la vista del pueblo, y cuando todo el mundo esperaba una resistencia de los de la poblacion, fraternizan los unos con los otros, segun lo convenido, se dirigen al meson donde estaban alojados los soldados, y los sorprenden durmiendo. Pero aquellos valientes tienen tiempo de cerrar las puertas y de prepararse á la defensa. Asi lo hacen, eran quince contra mil, pero apesar de esto, se defienden y logran escaparse tres ó cuatro de ellos, que fueron perseguidos hasta más allá de dos horas de Valls, por los realistas montados en los caballos de sus amigos hechos prisioneros ó muertos. Entre tanto el comandante de los *mozos*, echando mano de los primeros que pudo reunir, se dirige hácia el meson, ignorando que los voluntarios de Valls hiciesen causa comun con los de los otros pueblos, pero así que llegó á dicho punto se vió rodeado por los realistas, quienes desarmaron á los *mozos* alli presentes, y despues á los demás á medida que iban presentándose en casa del propio Veciana. Dos de los infelices soldados fueron muertos y otros dos heridos, el resto, incluso su jefe, fueron despojados de su armamento y vestuario y hechos prisioneros, obligándolos á marchar al frente de la columna en mangas de camisa, llenándolos de insultos é improperios. ¡Famosa hazaña por cierto, que más tarde costó cara al mismo Rafí Vidal y á sus cómplices! El comandante y los *mozos* partieron para Tarragona del mejor modo que les fué posible. El estado que á continuacion copiamos demuestra la fuerza de que entonces constaba el cuerpo de las Escuadras, tal como las encontró Fernando VII á su entrada en Tarragona.

ESCUADRAS DE CATALUÑA.

ESTADO que manifiesta la fuerza de que consta este cuerpo hoy dia de la fecha, con espresion de la que falta a cada una de las Escuadras segun Reglamento.

Puntos de residencia de las Escuadras.	FUERZA.			Falta para el completo.		
	Jefes.	Cabos.	Mozos	Jefes.	Cabos.	Mozos
Valls.	1	1	18	»	»	»
Riudoms.	»	1	18	»	»	»
Mora de Ebro. . .	»	1	18	»	»	»
Seo de Urgel. . .	»	1	15	»	»	3
Pobla de Segur.. .	»	1	15	»	»	3
Torres de Segre. .	»	1	18	»	»	»
Sta. Coloma de Farnés.	»	1	18	»	»	»
S Celoni.. . . .	»	1	18	»	»	»
Perelada.. . . .	»	1	18	»	»	»
Moya.	»	1	18	»	»	»
Torelló.	»	1	18	»	»	»
Arbós..	»	1	18	»	»	»
Sta. Coloma de Queral.	»	1	18	»	»	»
Barcelona. . . .	»	1	18	»	»	»
TOTAL. . .	1	14	246	»	»	6

NOTA: Las seis plazas vacantes de mozos que resultan en el presente Estado, se hallan suprimidas para ocurrir con el sueldo de estas á los mozos jubilados en virtud de lo prevenido en la página 5 del citado Reglamento.

Valls octubre de 1827.—*Pedro Martir Veciana.*

XVII.

ENTRADA DE FERNANDO VII EN TARRAGONA: CASTIGO DE LOS REALISTAS: EL COMANDANTE DE LOS MOZOS ES NOMBRADO TENIENTE DE REY DE LA PLAZA: SU HIJO DON PEDRO PABLO ES NOMBRADO COMANDANTE DE LAS ESCUADRAS.

Ya hemos visto antes que tan pronto como el alzamiento de los llamados realistas del principado llegó á noticia de Fernando VII, éste tuvo la feliz inspiracion de trasladarse en persona al teatro de los acontecimientos. *Dicen que estoy preso*, esclamó, *pues vamos á probarles que soy libre.* Realmente el lema ostensible de los pronunciados, era el de dar libertad al rey, á quien suponian cautivo y aprisionado por los amigos y partidarios de los *negros* (epiteto con que entonces se regalaba á los liberales); pero á media voz se pronunciaba el nombre de D. Cárlos, así es, que todo el mundo, incluso el rey, conocia que el movimiento era carlista. Por esto, los carlistas de Valls habian dado su mano á los demás del principado, para desarmar á los *mozos*, porque sabian que jamás hubieran podido contar con una fuerza, modelo en todas épocas de obediencia, disciplina y lealtad. No, los *mozos* jamás se hubiesen adherido á un movimiento que, más radicalmente revolucionario que todas las intentonas de los liberales, tendia á derribar á un monarca que aquellos habian conservado y respetado. Bien sabian los carlistas que el lema de los *mozos* era, como ha sido siempre, *obediencia y fidelidad* á toda autoridad legalmente constituida; y siendo así ¿cómo no habian de recelar de las ESCUADRAS, ellos que se habian levantado contra la sintesis de la misma legalidad representada, segun los principios del realismo, en la persona del monarca? Sérios y hasta acalorados debates mediaron sobre este punto entre el comandante de los *mozos* y los jefes principales del carlismo en los momentos críticos que precedieron y subsiguieron al desarme; pero aquellos ilusos ó fanáticos de sus opiniones, despreciaron sus prudentes razones y hasta, segun voz pública, insultaron al que con tan buenas intenciones les daba consejos saludables. Más tarde veremos como este mismo comandante, olvidando los agravios pasados, interpone su valimiento con el rey, librando así á muchos de los mismos que le habian despreciado, del afrentoso suplicio á que los queria condenar, y condenó el tristemente célebre conde de España. Veciana no vió más que á unos ilusos y engañados, á unas víctimas de manejos que venian de más léjos, cuyos fautores eran tal vez el mismo conde de España, que les queria ahorcar á todos, y el propio Calomarde, ministro supremo entonces de Fernando VII. Todo lo habian previsto estos dos jefes, ménos la inspiracion del rey de presentarse en persona al centro mismo de la rebelion. Desde aquel momento, ellos, que sabian el pretesto de la rebelion: ellos que no ignoraban que la mayoría inmensa de los pronunciados, en su ignorancia, realmente creia que el rey no tenia libertad; hubieron de conocer que el viaje del rey era un mentis solemne que desarmaria por si solo á todos los pronunciados, cuyo defecto principal consistia en ser demasiado realistas, si así se nos permite esplicar. Desde aquel momento, los corifeos del complot, y especialmente el citado conde de España, se declararon implacables enemigos de un movimiento á cuya cabeza debian haber figurado más tarde, si no hubiese fracasado. Justo es hacer justicia á todos, y dar á cada cual lo que le corresponde, puesto que la historia no ha de conocer partidos ni pasiones. El que escribe estas lineas era muy niño en aquella época; sin embargo, recuerda muy bien el asombro y admiracion que causó la noticia de la venida del rey á los mismos jefes del movimiento y sus soldados. Recuerda tambien que su querido padre (Q. E. P. D.), si bien de ideas y opiniones enteramente contrarias al carlismo, decia en aquellos dias: *esos infelices han sido engañados.* Así era en efecto, como lo demuestra el desenlace que tuvo aquel, al parecer, grandioso drama. Fernando VII y su corte habian salido de Madrid el dia 22 de setiembre (1827), y entraron en Tarragona á últimos del propio mes. Tropas escogidas habian precedido al monarca, y otras, no ménos leales, le acompañaban. El paisanaje, armado, habia cubierto los caminos, interceptado los correos, puesto los pueblos á contribucion y tomado todos los pasos y gargantas para resistir á la tropa. Pero todo aquel simulacro de resistencia se desvaneció como el humo á la vista de las tropas, y más que á esto, á la evidencia y certeza de que el rey, libre y voluntariamente seguia tras la vanguardia de su ejército, con objeto de verse cara á cara con los que le creian cautivo y poderles desmentir de un modo tan solemne. El rey llamó desde Tarragona á los principales jefes del movimiento, despues de haber concedido un indulto general. Acuden éstos presurosos, confiados en la palabra del rey, para ellos tan sagrada é infalible. Pero ¡oh infamia! el indulto fué para ellos un suplicio. Rafi Vidal, un tal Roboster de Valls y otros muchos, fueron victimas de su confianza y credulidad en la palabra real, ó más bien dicho, fueron sacrificados al frenético furor del conde de España que, los hubiera ahorcado á todos, á fin de que nadie pudiese resollar sobre el origen y punto de arranque de un movimiento tan desgraciado. Entonces fué, cuando D. Pedro Veciana, nombrado TENIENTE DE REY DE LA PLAZA DE TARRAGONA, y teniendo bastante influencia en la corte y con el mismo rey, lo empleó á favor de los infelices carlistas que presos en gran número, despues de su libre y espontánea presentacion, esperaban, azorados, subir las gradas del patíbulo salpicado con la sangre de sus amigos y partidarios. Secundado poderosamente en esta parte por S. M. D.ª María Josefa Amalia, tercera esposa de Fernando, por aquella piadosa y cristiana reina que solo se mezclaba en los asuntos politicos para pedir clemencia y perdon para los desgraciados y culpables, arrancó muchas victimas, que infaliblemente hubieran sido sacrificadas por el furor é instintos sanguinarios del conde de España, quien entonces hubiera acabado con todo el realismo, como más tarde, siendo Capitan General de Barcelona, hubiera deseado ahorcar á todos los liberales. En fin, algunos años despues, esto es, en 7 de noviembre de 1839, las aguas del Segre escupieron un cadáver en las cercanias de la cuesta de Nargó. Era el del conde de España, con toda su desmesurada ambicion, su crueldad é infamias. La junta de Berga, de la cual era jefe y presidente, le habia condenado á tan desastrosa muerte. Justos juicios de Dios, contra los cuales se estrella siempre la soberbia y altaneria de los hombres. Nombrado D. Pedro Mártir teniente de rey de Tarragona, SUCÉDELE EN EL MANDO DE LAS ESCUADRAS SU HIJO MAYOR D. PEDRO PABLO VECIANA. Tambien este, como todos los de su familia, era de elevada estatura y de sério semblante. Apesar de esto, era sumamente amable y afectuoso, tierno y cariñoso padre de familia, nos atrevemos á decir, que más bien era nacido para cuidar de su pingüe patrimonio y vivir en el seno de los goces domésticos, que para seguir la vida fatigosa y arriesgada de comandante de las ESCUADRAS. Apesar de esto, una vez aceptado el mando, supo sacrificar sus propias inclinaciones y ser un digno hijo de los valientes y honrados Vecianas. Durante el período de su mando, las ESCUADRAS continuaron sus importantes

D. Pedro Pablo Veciana, quinto y último comandante de esta familia.

servicios con el mismo celo, actividad y acierto que tanto las distingue. El comandante no dejó de esperimentar sérios disgustos y pesares, debidos en gran parte á su carácter bondadoso y enemigo de las persecuciones politicas y de las venganzas de los partidos. Por su desgracia, casualmente el período de su mando fué el más espinoso, respecto á esas persecuciones, y al encono é intolerancia de los partidos. El conde de España que, despues de la completa pacificacion de Cataluña, habia llegado á la cumbre del poder más despótico y arbitrario que jamás haya ejercido ningun virey ó procónsul en país conquistado con las armas en la mano, no cesaba en su empeño de perseguir y castigar á los sospechosos. Ya hemos visto que á despecho suyo no pudo cebarse contra los realistas tal como hubiera deseado. Pero en cambio, y por vía de indemnizacion, comenzó su espantosa persecucion contra los liberales. En todas partes fingia ver conspiraciones y complots: con este motivo llenaba la ciudadela de Barcelona, convertida en una verdadera mazmorra, misteriosa, terrible é imponente, de ciudadanos honrados y pacificos, cuyo único delito consistia en haberles hecho incurrir en la nota de *negros*. D. Pedro Pablo Veciana tenia un verdadero disgusto cada vez que, por órden del Capitan General, debia proceder á la captura de personas, muchas veces amigas ó conocidas, de quienes sabia que no conspiraban, ni se cuidaban de otra cosa que de sus negocios y respectivas carreras. Sentia tambien en el alma el sello que aquella autoridad superior queria imprimir en las ESCUADRAS intentando ocuparlas constantemente en la observacion y espionaje de los *negros*, con preferencia á la de los malvados y ladrones. En esta parte, el comandante, apesar de su carácter pacífico y obediente, nunca quiso transigir ni secundar las miras del conde de España. Este, al objeto indicado, pretendia que los *mozos* abandonasen los lugares y pueblos de corto vecindario, para trasladarse á las poblaciones, ciudades y villas de mayor consideracion, y especialmente á las que más tildadas fuesen de liberales. Pero el comandante, apoyado siempre en los antecedentes de las ESCUADRAS, en el objeto de su creacion y en la índole y naturaleza de un cuerpo, creado esclusivamente para perseguir á los *malvados y criminales*, se opuso constantemente á las miras del conde, manteniendo siempre á los mozos en los puntos y lugares que habian ocupado. Tampoco pudo lograr el intolerante y despótico conde que los *mozos* recibieran otras instrucciones que las de siempre, á saber: *de vigilar continuamente contra los malvados, protegiendo los hombres de bien*, ya los llamasen *negros*, ya los quisiesen reconocer con el nombre de *blancos*. En fin, el conde de España, apesar suyo, tuvo que convencerse de que para las ESCUADRAS jamás han existido otros partidos que el de los hombres *de bien*, y el de los *malos*, y de que solo contra estos últimos podia contar con el valor y fuerza de los *mozos*. En este sentido, no carecian los *mozos* de objeto en que ocuparse, porque, tras la revuelta de que acabamos de hablar, aparecieron de nuevo los bandidos, infestando todos los caminos públicos y estendiendo sus correrias por las casas de campo y lugares de corto vecindario. El sistema de bandolerismo que adoptaron, era una monstruosa miscelánea de todos los conocidos, y cuyos tipos más marcados, hemos dejado consignados en lo que tenemos escrito de nuestra historia. Sin embargo, escepto el de la crueldad y sanguinario, en ninguno de los bandoleros de este periodo, vemos la sutileza, valor y astutas combinaciones que forman el carácter especial de los foragidos de que nos hemos ocupado antes de ahora. La sorpresa era su sistema favorito, asi es, que sorprendian al viajero en medio del camino saliendo como por encanto de entre las matas y malezas, cuando ménos lo esperaban. Así mismo sorprendian al indefenso labrador, ocupado en los trabajos del campo, ó bien en su propia morada, aprovechando el menor descuido, ó bien la traicion de alguno de los criados ó familiares de la casa. Los *mozos* por su parte habian adoptado un sistema análogo al de los bandidos, á fin de que la persecucion de estos surtiese el efecto apetecido. Habian opuesto sorpresa contra sorpresa, asi es, que continuamente se les veia aparecer de improviso en todas partes. Disfrazados de viajeros y carreteros, recorrian los caminos y senderos más desiertos y sospechosos, de lo cual resultaba que todos los dias tenian choques y encuentros con los malvados, quienes recibian así severos escarmientos por parte de las ESCUADRAS.

____

HISTORIA DEL FORAGIDO ULL BLAU.

Era este foragido natural de Alcover, pueblo de la provincia de Tarragona, y que comenzó su criminal carrera en 1824, para terminarla en el año siguiente con un afrentoso suplicio. Era astuto y atrevido hasta el estremo de penetrar en el seno mismo del pueblo de su naturaleza y otras poblaciones, apesar de las continuas paradas y emboscadas que le tendian los infatigables *mozos*. Era una noche fria del mes de noviembre del año 1824: el viento soplaba con una violencia estraordinaria, causando el espantoso estruendo de un verdadero huracan. Un hombre, envuelto en su manta, está en pié junto á una esquina de una de las estrechas calles del espresado pueblo (Alcover), mirando con sus ojos azules y penetrantes la puerta de una casa, que él, al parecer, espera que debe abrirse. No son más que las siete de la noche, pero los pacíficos habitantes de un pueblo meramente agrícola están ya todos recogidos en sus casas, la mayor parte entregados al descanso de las fatigas del dia. En esto un honrado sugeto, D. Ildefonso Jover, sale de una casa en direccion á la que está acechando nuestro misterioso desconocido. La siniestra mirada de aquel atisbador pareció que se dilataba de un modo espantoso. Era el tigre ó la pantera, que queria cerciorarse de la presencia del cordero, de cuya sangre estaba ávido y hambriento. El corazon de aquel hombre late de un modo particular, al reconocer en la persona de Jover á la víctima que estaba aguardando. «El es,» dice, y se lanza como una saeta contra D. Ildefonso Jover, notario del pueblo, y asiéndole fuertemente, le pide una enorme cantidad. Jover contesta que no la tiene, y sin esperar otra respuesta el asesino clava por tres veces su terrible puñal en el cuerpo de su infortunada víctima. No le amedrentan los gritos de ésta, pues contaba con el terror que naturalmente, su arrojo, habia de causar entre sus pacíficos paisanos. Tambien confiaba en que éstos no le creerian solo, y por esto consumió su crimen con la mayor calma y serenidad. Así inició su criminal carrera ULL BLAU, pues no fué otro el asesino del desgraciado notario de Alcover. Despues de este delito, que algunos suponen que más bien fué un acto de venganza particular, que de latrocinio, Blau se lanzó á la carrera del bandolerismo, á la cual le llamaban sus antecedentes, perversidad de corazon y naturales inclinaciones. Ya solo, ya unido con otros malvados, asaltaba todos los dias á los viajeros y tragineros, les robaba y maltrataba con la mayor crueldad, asesinándolos muchas veces, segun el humor que le dominaba. A poco llegó á ser el terror y espanto de aquella comarca. Hubiera deseado ser el capitan de una numerosa cuadrilla, y este fué por mucho tiempo su sueño dorado. Pero su carácter impetuoso y pendenciero era el ménos apropósito para grangearse la amistad y las simpatías, siquiera fuese de los perdidos y malvados como él. De ahí sucedia que tan pronto aparecia en compañia de otros foragidos, como repentinamente, por mucho tiempo, se le veia solo y completamente aislado de los demás. No por esto en uno y otro caso cejaba un momento en sus hechos depravados y criminales, llegando así á ser el *bravo* de aquella comarca. Los *mozos* le seguian la pista con su acostumbrado celo y actividad, pero él sabia burlar su esquisita vigilancia, escurriéndose como una serpiente por entre los cañaverales, malezas y senderos impracticables, de los cuales era un conocedor práctico muy consumado. No estendia mucho sus correrias, asi es que los *mozos* llegaron á persuadirse que solo en las cercanias de Alcover y aun dentro mismo de este pueblo, podia ser sorprendido y cogido. A esta idea arreglaron su plan de campaña, y el buen éxito probó que no se habian equivocado. Más de quince dias habian transcurrido, durante los cuales los *mozos* que, como ya hemos dicho otras veces, saben esperar y sufrir todas las intemperies cuando asi lo exige el servicio, estaban en acecho del malvado en distintos puntos de los alrededores de Alcover y dentro mismo de la poblacion, teniendo una parada escondida junto á la iglesia. Pero el foragido no parecia, contra su costumbre, dando á sospechar que habia olido la presencia de las ESCUADRAS. No por esto desmayaron los impertérritos *mozos*, sino que, partiendo de aquel principio que dice, que la paciencia todo lo alcanza, continuaron en su tarea, sin abandonar sus puestos. Al fin vino el dia señalado. Blau apareció frente la iglesia, los *mozos* le acometieron, y apesar de su valor y ligereza, tuvo que rendirse. Atado del modo que saben hacerlo las ESCUADRAS, fué conducido á Tarragona, donde fué entregado á los tribunales. Sus crimenes eran tan horrorosos como públicos y notorios. El mismo confesó muchos de los que eran ménos sabidos, asi es que el tribunal pronto hizo sentir su terrible accion condenando al culpado. El dia 17 de octubre de 1825, ULL BLAU era conducido al patíbulo, acompañado de varios sacerdotes que le habian ausiliado en sus últimos momentos y le exhor-

taban en tan terrible paso. Iba á pié, con mucha serenidad, pero sin cinismo ni descaro. Escuchaba á los sacerdotes y de vez en cuando dirigia sus miradas á la inmensa multitud que se habia apiñado para ver y conocer á un bandido de tanta fama. Al llegar al lugar del suplicio, miró de un modo particular la imponente horca, pero en seguida, bajando la vista continuó rezando con los sacerdotes que le acompañaban. Sabia que su mano derecha debia ser cortada por mano del verdugo, despues de muerto, para ser colocada junto al lugar donde habia sido cogido y perpetrado el asesinato del notario, y de esto, es fama, que se lamentó más de una vez. Siempre en esa clase de hombres se observan rarezas y escentricidades. Los bandidos de Claudio no temian ni creian en Dios, y temblaban á la presencia de una mujer vieja é indefensa, que tuviera fama de bruja. El mismo Puch tenia su confianza puesta en el demonio, siendo asi que negaba la existencia de su propia alma. La Pera se sentia con nuevos brios para el asesinato despues de haber orado y ofrecido sus cirios á la vírgen del Cármen. Finalmente *Blau* sentia que cortasen su mano porque decia que asi esta parte de su cuerpo no seria sepultada en tierra sagrada. Por lo demás, subió con paso firme las gradas de la terrible escalerilla; desde allí pidió perdon al público por sus maldades, y algunos momentos despues dejó de existir. Su mano fué cortada y colocada en el lugar ya indicado. Asi terminó su breve, pero no por esto ménos criminal carrera, aquel bandido que tanto terror y espanto habia causado.

<h1 style="text-align:center">XVIII.</h1>

MUERE FERNANDO VII: D. PEDRO PABLO VECIANA RENUNCIA VOLUNTARIAMENTE LA COMANDANCIA DE LAS ESCUADRAS: SU HIJO D. ANTONIO RENUNCIA SU DERECHO Á LA MISMA: NOMBRAMIENTO DE D. JOSÉ VIVÉ PARA LA COMANDANCIA DE LAS ESCUADRAS.

Sofocada la rebelion carlista de 1827, Fernando VII adquirió una fuerza moral de que siempre habia carecido. Los franceses aun ocupaban algunas plazas, cuya evacuacion fué solicitada y obtenida, con motivo de aquel feliz acontecimiento. Pero para esto fué preciso consentir en reconocer al gobierno francés un crédito de ochenta millones de francos, á título de gastos ocasionados por la permanencia de sus tropas en España. Otra suma tambien tuvo que reconocerse respecto á Inglaterra. Así la nacion en masa pagó el estravio de los que, no habiendo podido triunfar con sus propias fuerzas, tuvieron la debilidad de implorar el ausilio de las estrañas. Desde este momento quedó la monarquía confiada á sus propios recursos, y los descontentos comenzaron á agitarse. Entonces se formó una alianza llamada *Union*, compuesta de elementos tan heterogéneos, como lo debian ser los descontentos y agraviados de 1823, y los de 27. Pero esta alianza fracasó y quedó anonadada desde sus primeras intentonas emprendidas por Milans, refugiado en Francia. En esto sobrevino un acontecimiento natural, que realmente fué un verdadero trastorno de grande importancia para España. Doña María Josefa Amalia,

tercera esposa de Fernando, jóven de 26 años, virtuosa y querida de todos por su piedad y virtudes, murió en 17 de mayo de aquel mismo año (1829). Desde aquel dia la agitacion de los partidos tomó nuevo incremento. Los partidarios de D. Cárlos, que los habia en el mismo palacio, celebraron interiormente aquel triste acontecimiento, porque creyeron que el rey no intentaria un cuarto matrimonio, atendida su edad y continuos achaques. Otros palaciegos que tenian motivo para recelar del advenimiento al trono de un príncipe con quien tenian cuentas antiguas que saldar, comenzaron aconsejando al rey que contrajese nuevo enlace. Este no se hizo de rogar mucho; y desde luego fijó su atencion en su sobrina Doña María Cristina, nacida en veinte y siete de agosto del año 1805 del casamiento del rey de Nápoles Francisco I, con la infanta Isabel, hija de Cárlos IV. Jóven, hermosa, inteligente y agraciada era la princesa, revelando desde luego una instruccion y talento, que pronto tuvo ocasion de poner en juego dando pruebas ostensibles de que realmente lo poseia. El dia once de diciembre se efectuaron las bodas en Madrid, con tanta suntuosidad y grandeza, que los padres de la princesa que asistian á las mismas, creyeron, sin duda, que la España estaba todavia en la época de Cárlos III. Sin embargo, la nacion pasaba por los más grandes apuros en aquellos mismos dias de fiestas y regocijo. El déficit del presupuesto era muy considerable: la espedicion de Barradas contra Méjico estaba fracasando en Veracruz, desvaneciendo asi, hasta la esperanza de recobrar las colonias: los partidos interiores, conmoviéndose y preparándose: en el esterior, el descrédito y hasta el desprecio. Los partidarios de D. Cárlos se habian repuesto algun tanto del susto que les habia causado el matrimonio del monarca, con la esperanza que tenian, de que el rey, atendida su vida gastada, su obesidad y achaques, estaba poco ménos que imposibilitado para tener sucesion. Pero aun en esta última trinchera debian ser atacadas y destruidas sus esperanzas. En efecto; la juventud, lozanía y gracias de la reina remozaron por algun tiempo al valetudinario monarca, sucediendo que, poco tiempo despues, se anunció que la reina estaba en cinta. Desde este momento D. Cárlos y los suyos se asieron á la última áncora de esperanza, diciendo que, atendido el estado de Fernando, era imposible la descendencia masculina. Pero los enemigos del príncipe, que por cierto no se dormian, tuvieron cuidado de resucitar en aquellos momentos la escondida acta de las cortes de 1789, derogatoria de la pragmática de 1713 que excluia á las hembras de la sucesion á la corona. Cualquiera creeria que despues de esto, el carlismo debiera haber considerado su causa como perdida. Pero esa clase de sentencias, léjos de ser el fallo del pleito, solo son el primer pedimento de la parte contraria. La suerte estaba echada: D. Cárlos y los suyos debian apelar ante el tribunal de la guerra, esto es, de la sangre y esterminio de unos españoles contra otros. Tales son los hombres, tales sus pasiones y debilidades, vístanse con la capa que se quiera, sea cual sea el lema que despues adopten por enseña. En fin, en 10 de octubre de 1830, la reina dió á luz una princesa, á la despues reina Doña Isabel II, y más tarde en 30 de enero de 1832, la reina parió otra niña, la virtuosa infanta Doña Maria Luisa Fernanda. Entonces tres mujeres de carácter varonil y talento, se disputan entre sí el triunfo en los adentros de la regia morada, junto al mismo lecho del moribundo Fernando. Doña Carlota, hermana de la reina y esposa del infante D. Francisco, mujer de talento y resolucion, por una parte, y la esposa de D. Cárlos y la princesa de Beira, por otra. Doña Carlota, á quien algunos historiadores atribuyen la idea del recuerdo de la pragmática ya citada, defendia los intereses de su hermana la reina Cristina, cifrados en los derechos de sus hijas á la corona; mientrasque las otras dos princesas trabajaban para que el rey revocase en sus últimos momentos la pragmática. A este objeto, ganan á Calomarde prometiéndole que será el jefe del partido carlista. Aprovechan un momento de aturdimiento de la reina, cércanla y la abruman de mil maneras, logrando, en fin, que ella misma pida y obtenga de su moribundo esposo la revocacion de la pragmática de 1830. Todo parecia concluido ya. D. Cárlos era el legítimo sucesor de Fernando. Aquellos momentos de vida que quedaban al rey, eran el único estorbo. Pero hé ahi que el rey no muere, al contrario, esperimenta una pasajera mejoría. Doña Carlota vuelve á palacio, y triunfa de sus contrarios, arrancando del rey la revocacion del decreto que firmara el dia antes. No solo consigue

esto, sino que hace que el rey destituya sus ministros, y encargue la gobernacion del reino, durante su enfermedad, á la reina su esposa. Aquel dia la esposa del infante D. Francisco puso la corona en la cabeza de Isabel II. En fin, el dia 29 de setiembre de 1833, muere el rey despues de haber hecho jurar solemnemente tres meses atrás á la Infanta Isabel como princesa de Asturias. Al descender á la tumba de sus mayores, Fernando VII deja la monarquía en el más lastimoso estado. Perdidas las inmensas posesiones americanas, privada completamente de su marina, exhausta su hacienda, y sus hijos divididos encarnizadamente entre si, preparándose para una guerra fratricida de las más crueles y sangrientas. En aquellos momentos en el alcázar de nuestros reyes se presentó uno de los dramas más interesantes. Creian algunos que podia transigirse con D. Cárlos y los suyos, prometiendo la reina no cambiar la marcha politica del difunto monarca; mientras que otros, con más talento y cordura, juzgaban que todo acomodamiento era imposible. Algunos historiadores han creido, sin embargo, que hubiera sido posible una conciliacion entre las dos huestes contrarias, pero, segun nuestro humilde parecer, esta idea por buena y digna de alabanza que fuese, como realmente lo es, no era más que una utopia. Los partidarios de D. Cárlos eran demasiado esclusivistas é intolerantes para poderse avenir á ninguna composicion por ventajosa que esta se presentara. Habiendo llegado á sospechar y rebelarse contra el mismo Fernando, por considerarlo ménos frenéticamente radical de lo que ellos creian necesario para sus planes ulteriores, ¿cómo se puede suponer que se hubiesen adherido al nuevo órden de cosas que naturalmente debia emprender la regencia? Y aun cuando María Cristina hubiese querido contentarlos por medio de mil sacrificios ¿cómo podia contar sinceramente con unos partidarios que ya más de una vez habian conspirado y hecho armas contra el padre de aquellas mismas inocentes hijas en cuyo nombre debia gobernar? En fin, el partido carlista rompió lanzas y el espantoso clarin de la guerra civil resonó por todos los ángulos de nuestra desgraciada patria. Sobrevinieron luego los acontecimientos de 1835. La revolucion hizo sentir sus estragos de un modo espantoso en 25 de julio de aquel año en Barcelona y otros puntos, incendiando los conventos y asesinando cobardemente á los indefensos religiosos. Pero ya hemos olvidado demasiado que solo escribimos la historia de las ESCUADRAS, para poder continuar por más tiempo nuestra digresion. Volviendo, pues, á coger el hilo de nuestra historia, diremos, que el carácter pacifico del comandante de las ESCUADRAS D. Pedro Pablo Veciana, el empeño que tenia en que éstas se ocupasen única y esclusivamente en el objeto de su creacion, se avenia muy mal con el giro que, con motivo de la guerra civil, habian tomado las cosas, sin escepcion del servicio de las mismas ESCUADRAS, que desde un principio fueron destinadas á formar la vanguardia en las diferentes columnas que se habian destinado para la persecucion y esterminio de los carlistas. Como por otra parte no tenia ningun apego al mando, ni necesitaba para nada la carrera, puesto que era uno de los primeros hacendados y contribuyentes de su pais, así es, que libre y espontáneamente presentó por escrito la dimision de la comandancia de los *mozos* que, con tanto honor y honradez habia desempeñado él y sus antepasados por el espacio de más de ciento cincuenta años. Otra circunstancia, por cierto muy notable, contribuyó á la determinacion del comandante á renunciar su empleo. En el acto mismo en que los asesinos del general Basa entraron en el despacho de éste para matarle y arrojar su cadáver por el balcon, como realmente lo verificaron, D. Pedro Pablo Veciana estaba conversando con él, recibiendo órdenes que debia cumplir más tarde, segun las instrucciones que habia recibido Basa. Solo debió su salvacion, en parte, al frenético furor que animaba á los sicarios, y tambien á la entereza y serenidad con que supo salir de la estancia y palacio por una de sus puertas escusadas. Apesar de todo, lo que pasó en su presencia y luego en la ciudad respecto al desventurado Basa, habia causado una dolorosa impresion en el ánimo del comandante de las Escuadras, influyendo despues en la renuncia de que ya hemos hablado, en union con las demás circunstancias ya espresadas. Más tarde su hijo primogénito D. Antonio, hizo renuncia del empleo que desempeñaba en las Escuadras y de los derechos que podian caberle á la comandancia. En 8 de agosto de 1836 D. José Vivé, graduado de capitan de infanteria y cabo de las Escuadras, fué nombrado comandante con

D. José Vivé, sexto comandante de las Escuadras.

motivo de la renuncia de los Vecianas. Habia entrado de simple *mozo* en 1.º de noviembre de 1820. En 1824 habia sido nombrado cabo de las Escuadras y obtenido el grado de subteniente de infantería. Sucesivamente, desde el año 1825 hasta el de 1836, habia ascendido grado por grado, por medio de su valor, hasta el de capitan, y entonces fué nombrado comandante de las Escuadras. Su hoja de servicios militares que tenemos á la vista, es una de las más brillantes. Vivé era de elevada estatura, y si bien cuando jóven era enjuto de carnes, posteriormente llegó á hacerse obeso, sin que por esto dejase de ser tan activo y ligero para los actos del servicio, como cuando era simple *mozo* y contaba solamente 22 años. Distribuidos los individuos de las Escuadras en las varias columnas, merecieron siempre la confianza omnímoda de los jefes que las mandaban, y batiéndose todos los dias con los rebeldes, regaron los campos con su sangre en mil combates. Jamás se les vió retroceder ante el enemigo, aun cuando éste fuese en número duplicado y aun triplicado al suyo. El general Mina, aquel adalid de la libertad, conocia lo que valian las Escuadras, el gran partido que se podia sacar de ellas para la causa constitucional y de la reina, y siguió una conducta enteramente opuesta á la que, respecto á dicho cuerpo, se habia observado en la otra época constitucional. La indebida postergacion y el abandono á que se las condenó en aquel periodo, pedia en justicia una reparacion. Así lo conoció Mina, y se apresuró á cumplir con lo que la justicia tan imperiosamente reclamaba. A este efecto convocó las Escuadras en Barcelona, las revistó por si mismo, y las habló el lenguaje de la amistad y franqueza que tanto conmueve el corazon del soldado. Dijoles que contaba con su valor, actividad y obediencia para el esterminio de las huestes carlistas que comenzaban á pulular en Cataluña: que tenia puesta en ellos toda su confianza: que desde luego los escogia para custodia de su propia persona, y que estaba seguro que las Escuadras eran incapaces de faltar á sus deberes y dejar de ser leales. La lealtad, valor y decision con que las Escuadras se señalaron de un modo tan distinguido y recomendable durante la guerra de los siete años, son la contestacion más elocuente que se puede dar, de que realmente Mina no se habia equivocado en el ventajoso concepto que, como hemos visto, habia formado de las Escuadras. Ellas se hallaron en todos los encuentros, acciones y combates que todos los dias tenian lugar entre los carlistas y liberales. Ellas formaban á vanguardia de todas las columnas de operaciones. Los *mozos* servian de guia, y eran los incansables é intrépidos guerrilleros, en todas las marchas y contramarchas de las varias columnas movilizadas. Todos los generales, brigadieres, coroneles y demás jefes que ejercian el mando de aquellas fuerzas, tenian puesta en los *mozos* toda su confianza. No solo su comandante, sino sus cabos, sub-cabos y aun los simples *mozos* alguna vez, eran consultados y preguntados por aquellos mismos jefes, antes de emprender la marcha, ó hacer algun descanso. El general Gurrea solia decir que con los *mozos* mil hombres podian burlarse y batir á un ejército de diez mil. El desgraciado general Calbet tenia tanta confianza en ellos que nunca emprendia una marcha sin que el cabo que iba en su compañia trajese de antemano el itinerario, del cual nunca se separaba. El general Clemente los tenia en tan buena opinion y concepto, que siempre pedia el aumento de los *mozos* que formaban parte de su columna. El general Breton no solo los estimaba y alababa sus servicios de campaña durante la guerra, sino que los citaba á menudo como modelo de honradez y de sagacidad para descubrir á los malvados.

—Decidme, dijo un dia á unos amigos suyos franceses, que se hallaban presentes en ocasion en que el comandante D. José Vidal hacia una minuciosa relacion de los medios que habia empleado para descubrir y prender á una formidable cuadrilla de malhechores, ¿teneis en Francia una policia tan sagaz y activa como nuestros *mozos*?

El general Baron de Mer, jamás verificó ninguna salida ni operacion importante durante la guerra, que no fuese acompañado de las Escuadras. El general Van-Halen tenia tanta confianza en los *mozos*, que como veremos en otro lugar, pidió con grande insistencia su aumento durante la regencia del general Espartero. En otro lugar de esta historia veremos la ventajosísima opinion que de las Escuadras tenia formada el Excmo. señor D. Baldomero Espartero, cuando era regente del reino, el aprecio, estimacion y cariño que le merecia dicho cuerpo, y cómo en una ocasion muy solemne los citó por modelo de lealtad. El general Zurbano los apreciaba tanto, que su despedida, cuando el pronunciamiento de 1843, fué una de las más tiernas y pacificas.

«No quiero, les dijo, que me acompañeis más: solo Dios sabe cuál será mi suerte, á la cual de ningun modo puedo asociar á unos valientes y leales como vosotros, cuya mayor parte sois padres de familia. De todos modos podeis estar seguros que jamás olvidaré la lealtad y celo con que me habeis servido.»

En una palabra, podemos asegurar, con el testimonio de documentos irrecusables, que jamás ha existido ningun Capitan General que haya ejercido el supremo mando de Cataluña, que reconociendo las eminentes cualidades de las Escuadras, no las haya dispensado toda su confianza recomendándolas al propio tiempo al gobierno de S. M. Todos y cada uno de ellos, sean cuales sean sus opiniones politicas, han hecho justicia á una institucion que jamás ha faltado á sus deberes, á su lealtad, valor y honradez. Y si nosotros nos hubiéramos propuesto otro objeto al escribir esta obra, llenariamos muchas y muchas páginas escribiendo la historia militar de las Escuadras durante la guerra de los siete años. En ella verian nuestros lectores el valor y arrojo con que combatieron en defensa de nuestra amada reina Isabel II constitucional. Solo les diremos de paso, que en casi ninguna de las numerosisimas comunicaciones oficiales que los jefes de todas las columnas beligerantes dirigian al Capitan General y éste al gobierno superior, se deja de consignar el valor y denuedo de ese puñado de valientes que tanto se distinguia en todos los combates. Pero ya lo hemos dicho desde un principio; únicamente nos hemos propuesto tratar de las Escuadras bajo el punto de vista de su verdadera indole y de la naturaleza de su institucion, cual es la *de perseguir bandidos y foragidos, y de proteger al hombre honrado.* Por esto al tratar nosotros de todos sus comandantes, hemos prescindido completamente de las opiniones politicas que como á particulares hayan podido profesar. ¿Qué nos importa que perteneciesen á este ó aquel matiz politico si siempre los hemos visto defensores leales de la autoridad constituida, y perseguidores incansables de los malvados? ¿Qué tenemos que ver nosotros con el absolutismo ó liberalismo del comandante que gobernaba las Escuadras, durante la guerra de los siete años, si siempre lo hemos visto constante y leal defensor de *Isabel II reina constitucional?* Al escribir su historia nos concretamós á los hechos, prescindiendo, como debemos prescindir, de todo lo demás.

UN NUEVO GUZMAN EL BUENO.

I.

Apesar de nuestro propósito de no tratar de las ESCUADRAS, sino bajo el punto de vista de *perseguidores de malhechores*, propósito que nos ha obligado á omitir sus gloriosos hechos de armas durante la guerra de los siete años, con todo, no podemos pasar por alto un hecho glorioso, único tal vez en su clase.

Bien puede compararse al héroe de la hazaña asombrosa que vamos á referir, con el famoso y esclarecido patricio D. Alonso Perez de Guzman, llamado el *Bueno* por el rey D. Sancho; porque si el esclarecido señor de San Lucar prefirió la muerte de su hijo, antes que entregar la plaza de Tarifa, nuestro héroe prefirió la muerte de su querido padre, antes que entregarse y empañar la gloria de las ESCUADRAS á que pertenecia.

Era una mañana del dia 2 de setiembre del año 1834. El valiente é inteligente Jaime Mas, cabo de las ESCUADRAS con destino al punto de Solsona, atravesaba el camino que conduce desde Brichs al pueblo de Riné. Solo marchaba este valiente, apesar de recorrer un país escabrosísimo y cruzado siempre de enemigos. En efecto, no tardaron estos en aparecer. Nuestro héroe pasaba por el punto llamado Robiró de la Serra de San Jaime, cuando á poca distancia se le apareció una partida de unos treinta hombres armados y vestidos de diferentes maneras. *Alto*, le dijeron, acompañando esa voz de mando con mil blasfemias y amenazas. *Mas* se consideró muerto si se detenia y caia en manos de sus encarnizados enemigos. Sabia que para él no habia cuartel, puesto que los enemigos habian jurado, mil veces, la muerte y esterminio de los *mozos* de la ESCUADRA de Solsona. Muerto por muerto, apeló á la ligereza de sus piernas, emprendiendo una precipitada fuga. Bien sabia el gran peligro que le amenazaba, puesto que sus enemigos solo estaban á algunos pasos, de modo que podian disparar contra él poco ménos que á quema-ropa, pero apesar de esto, emprendió la fuga. Entonces los que le habian intimado la rendicion dispararon contra él y se lanzaron en su persecucion. Las balas silbaban á su alrededor por todos lados. La griteria de sus enemigos aturdia sus oidos, y las amenazas se multiplicaban desaforadamente. Nada de todo esto amedrentó al valiente Mas, sino que siguiendo su carrera á escape, media hora despues comenzó á respirar con más desahogo, puesto que habia dejado á sus enemigos á una distancia regular. Afortunadamente ninguna bala de las muchas que le habian arrojado le habia herido, asi es que se consideraba ya salvado. Repentinamente se le presenta otra partida enemiga de unos veinte hombres, quienes, viendo que no obedecia la voz de *alto*, le dispararon tan de cerca, que tres balas salidas de un enorme trabuco le hirieron de bastante gravedad en la pierna derecha. No por esto se acobardó nuestro valiente, sino que sigue impávido su carrera. Todo su afan se dirigia á poder llegar á una casita llamada Planaredona, situada á poca distancia del pueblo de Riné, en donde tenia resuelto detenerse y hacer frente á sus enemigos, fuese cual fuese su número.

«Yo moriré, decia entre sí, pero vive Dios, que si puedo llegar á dicha casita, cara comprarán mi vida todos los que me persiguen. Estoy seguro de que yo solo sabré defenderme por el espacio de seis ó siete horas, y entretanto, mucho será que no sea socorrido por alguna de las columnas, ó por los nacionales de Solsona, distante solamente unas dos horas.» Animado con tan heróica resolucion, pudo, apesar de sus heridas, llegar á dicha casa, con la anticipacion suficiente para poder cerrar la puerta. Dicha casa era habitada por los hermanos Ramon y Juan Fornells, labradores, quienes á la sazon se hallaban en el campo ocupados en sus faenas y solamente habian dejado en la casa una niña de menor edad llamada Rosa Fornells. Mas tenia bien conocida la tal casita y sabia que era accesible por muchos puntos. Apesar de todo, firme en su propósito de no empañar la gloria del cuerpo á que pertenecia, puso en práctica todas las disposiciones que le parecieron más indispensables para su defensa. Diez minutos despues, los gritos, amenazas y blasfemias de sus enemigos le anunciaron su llegada y el principio de un combate de los más desesperados y terribles, en el cual un hombre solo debia batirse con más de doscientos. Entonces vió que aquella partida pertenecia á Mosen Benet Tristany, y que era este mismo el que la mandaba. Tristany le hizo intimar la rendicion, no imaginando siquiera, que aquel hombre solo intentase defenderse contra tantos. Pero el esforzado Mas contestó con entereza *«que él y los de su cuerpo solo se rendian cuando eran cadáveres.»* Esta atrevida contestacion exacerbó los ánimos de todos, incluso el jefe. Mandó éste desde luego que se pegase fuego á la casa por todos lados, comenzando por la puerta de entrada. Efectivamente, un momento despues la puerta comenzaba á arder; el humo que formaba una espesa columna casi ahogaba al héroe de aquella hazaña y á la indefensa niña. En esto los enemigos disparaban continuamente contra la casa haciendo penetrar las balas por una ventana que habia cedido ya y no podia cerrarse de nuevo por haber quedado enteramente destruida. Mas conoció que estaba perdido si no lograba estinguir el fuego. No habia disparado todavia, por la conviccion de que no debia aventurar sus tiros sino que estos debian ser certeros y mortiferos. Conoció que lo que más urgia era escarmentar á los que atizaban el fuego, y con este objeto disparó contra estos con tanto acierto y serenidad, que de un solo tiro mató á un capitan llamado D. Cárlos Churiguera (a) Rey de Biosca, natural de esta misma villa, hiriendo al propio tiempo á los llamados Isidoro Pallisá y Jaime Mestra Serra, naturales el primero de Riné y el otro del pueblo de Clariana. Desde aquel momento Tristany y los suyos conocieron que se las habian con un valiente, con un tirador consumado cuyos disparos comenzaron á infundirles miedo. Ya no osaban acercarse á la puerta pero como ésta ardia y en la casa casualmente no habia agua, Mas mandó á la niña que sacase vino de una cuba y lo arrojase para estinguir el fuego. No podia distraerse un momento, porque como ya lo hemos dicho, la casa no estaba fortificada y de un momento á otro podia verse asaltada y tomada por los enemigos. Así es que Mas, apesar de su herida que comenzaba ya á incomodarle mucho, se veia obligado á recorrerla á cada momento, á fin de hallarse presente en todas partes. Tristany dispuso entonces que se le hiciese fuego á descargas cerradas; desde aquel momento aquello parecia un infierno. Todos pedian con desaforados gritos el degüello de aquel valiente, todos le amenazaban de mil maneras. Pero Mas, tranquilo y confiado en sí mismo, en su valor y práctica en el manejo de las armas, les contestaba diciéndoles: *Antes de matarme á mí cuarenta de los vuestros morderán la tierra.* Esto no era una exagerada baladronada, y bien lo conocian los sitiadores, puesto que, cada disparo de Mas, dejaba un claro en sus filas. Todos los heridos lo eran de la cabeza y tan hábilmente acertados, que pocos sobrevivian una hora. Naturalmente, Tristany y sus soldados ardian en ira y corage. ¡Verse burlados por un solo hombre! ¡Insultados y diezmados por un individuo, ellos, que casi eran trescientos! En su despecho juraban y volvian á jurar la muerte de aquel valiente y anticipadamente se saboreaban, inventando martirios y tormentos á fin de hacer su suplicio más lento y espantoso. A todo esto Mas contestaba con su sonrisa despreciativa y sus certeros disparos, sin darles la menor esperanza de rendicion.

II.

Un nuevo Guillermo Tell: fusilamiento del padre.

Tristany y los suyos torturaban su cerebro, á fin de dar con un medio que pusiese fin á un combate que tanto los abochornaba é irritaba. Eran ya las cuatro de la tarde, y la pelea y sitio habian comenzado á las ocho de la mañana en aquel dia. Nada habian adelantado, sin embargo, y á juzgar por el denuedo y bizarria del sitiado, la cosa parecia que seria duradera por mucho más tiempo. Entonces á uno de los de Tristany, que conocia á Mas y á toda su familia, le sugirió la idea de ir á coger al padre de aquel valiente y á los hermanos Fornells, dueños, como ya hemos dicho, de la casa-teatro de tan estraordinario combate, con objeto de presentárselos á Mas, intimándole que si no se rendia, serian pasados por las armas á su presencia. Así lo hicieron en efecto: una hora despues, el valiente sitiado, vió el espectáculo más imponente que puede presentarse á los ojos de un hijo. Vió á su padre Francisco de Asis Mas y los dos hermanos Fornells, seguidos de unos cuantos enemigos, de tal manera colocados detrás de aquellos desgraciados, que venian estos á formar un parapeto para aquellos. Era imposible á primera vista poder disparar contra los enemigos, sin esponerse á matar irremisiblemente á los que les servian de muralla. ¡Qué espectáculo para un hijo! Mas, aun hoy dia, apesar de los muchos años que han transcurrido, no puede recordar esta espantosa escena, sin que las lágrimas broten de sus ojos.

—«Yo, ha dicho al que escribe esta historia, todo lo habia previsto ménos este acto de barbaridad. No podia pensar que los enemigos se acordasen siquiera de mi pobre y anciano padre, para que fuesen á buscarle arrancándole del seno de mi reducida familia, á fin de conducirle á presenciar los apuros y despues el suplicio de su hijo. Este golpe, lo confieso, me anonadó y dejó aturdido.»

Entre tanto el grupo iba adelantando. Reinaba el más profundo silencio. Todos habian cesado de gritar y alborotar á fin de oir lo que contestaba Mas despues de aquella nueva intima de rendicion.

—¿Te rindes? le dijeron. ¿Te rindes? Mira qué si no lo haces al momento, aquí mismo fusilamos á tu padre y á estos dos amigos tuyos.

—«Confieso, nos ha dicho Mas, que tuve un momento de indecision. Más diré: la idea de entregarme á fin de salvar la vida de mi querido padre, se apoderó enteramente de mi. Si mis enemigos no hubiesen estado tan ciegos de furor, si hubiesen sabido contener por algunos momentos sus impetuosos deseos de venganza, no hay que dudarlo, me hubiera sacrificado por mi padre y mis amigos. ¿Qué apego podia tener yo en aquellos momentos á mi vida? La herida me atormentaba horriblemente: la sangre que habia perdido habia debilitado mis fuerzas: en ocho horas de resistencia, no habia llegado nadie para socorrerme, ¿qué podia esperar? El sol iba ya hácia su ocaso, ¿cómo podia prometerme yo el sobrevivir para el dia de mañana? Iba ya á pronunciar la palabra *me rindo* que con tanta ansia esperaban mis enemigos, cuando oi un quejido lastimero. Reconoci en él la voz de mi infeliz padre. Entonces, sin pensar en que podian dispararse doscientas bocas de fuego contra mi, asomé mi cabeza á la ventana y. ¡oh triste y doloroso espectáculo! Vi que mis enemigos, llevados de su impaciente furor, atormentaban horriblemente á mi padre y á los Fornells. Desde aquel momento, cambié enteramente de ideas. Me persuadi de que mi sacrificio en nada aliviaria la suerte de mi querido padre y la de mis amigos. A todos nos matarán, dije entre mi; pues, vive Dios, que mientras una sola gota de sangre circule por mis venas, me defenderé; vengaré los tormentos y suplicio de mi padre. Apesar de lo mezclados y confundidos que estaban atormentadores y atormentados, apunté con tanto acierto, que, pasando la bala rozando por la cabeza de mi padre, hirió mortalmente á los dos verdugos que lo atormentaban.»

Entonces los enemigos colocaron al padre de Mas y á los Fornells, en hilera, y ellos se pusieron detrás de aquella especie de parapeto, obligando así al hijo, cual otro Guillermo Tell, á herir la *manzana* con grande esposicion de matar á su propio hijo. Pero aquel valiente, cazador diestro y tirador consumado, sabia tomar tan acertadamente la punteria, que dejando intacto el parapeto, heria mortalmente á los que tras él se habian guarecido. Tristany y los suyos apuraron la paciencia. Se dispuso y ordenó al momento el fusilamiento del padre de Mas y de los desgraciados hermanos Fornells. Tan bárbara disposicion fué ejecutada al momento. Así aquel desventurado hijo, despues de haber visto el martirio de su infeliz padre, cuyo único delito consistia en tener un hijo valiente, pundonoroso y fiel á los juramentos que tenia prestados, se vió en la dura necesidad de presenciar su fusilamiento. ¡Qué dia! ¡qué horas tan largas de dolor, peligro y sufrimiento! Y entre tanto, ¿cuál era la suerte que al mismo hijo estaba reservada? Al fusilamiento de aquellos tres infelices, habia seguido la griteria, algazara, denuestos y amenazas de los enemigos, acompañados de los disparos que no cesaban un solo momento. *Mas*, con el alma traspasada de dolor, su cuerpo medio desangrado por la herida, y su alma agitada por las terribles escenas de un dia que parecia de la duracion de un siglo, se puso otra vez en defensa. Aquel desigual combate se prolongó hasta el dia siguiente, 3 de setiembre. En este dia cesó el estruendo: un silencio sepulcral siguió al ruido y alboroto anterior. Pero entonces era cuando nuestro valiente debia ejercer mayor vigilancia. Le parecia imposible, y con razon, que los enemigos le dejasen vivo, despues de su valerosa defensa, y de las muchas bajas que les habia causado. Creia, pues, que habian cambiado de plan de ataque, y que estarian tal vez practicando alguna mina para volar la casa y á sus dos únicos moradores. Escuchaba por todas partes con la mayor atencion, dispuesto siempre á defenderse por cualquier punto por donde fuese atacado, ya de esta, ya de aquella otra manera. Con este objeto arregló sus armas blancas, por si se presentaba ocasion de tener que batirse con ellas, caso que de un momento á otro, como él creia, los enemigos apareciesen en lo interior de su débil fortaleza. Firme siempre en su propósito de vender cara su vida, y de no empañar la gloria de las ESCUADRAS, esperaba con calma y serenidad el momento de ofrecerse en holocausto de la honra del cuerpo á que servia con tanto valor como lealtad. Pero ignoraba que todo habia cambiado en el esterior. Los enemigos habian sabido que una columna compuesta de dos compañias de Zamora al mando del comandante Oranos y unos cincuenta nacionales de la ciudad de Solsona, venian para levantar aquel sitio singular y digno de figurar en los fastos de las historias caballerescas. Hé aquí lo que habia sucedido: el coman-

—Te rindes? Mira que si no lo haces, fusilamos á tu padre y amigos.

dante militar de Solsona, tan pronto como tuvo noticia de lo que sucedia en la casa llamada Planaredona, habia circulado oficios á fin de avisar á cualquiera de las columnas de la Reina que operaban en aquel distrito. Pero por desgracia todas estaban á mucha distancia del lugar de los acontecimientos, y á causa de sus marchas y contramarchas, no fué posible el que las comunicaciones llegasen á manos de ninguno de los jefes que las mandaban. Afortunadamente, despues de haber transcurrido parte de dos dias, las dos compañias ya espresadas entraron en Solsona y al momento salieron otra vez, para salvar al héroe de una hazaña tan asombrosa. Llegaron junto á la casa sitiada á eso de las cinco de la tarde. Mas oyó el ruido de sus pasos, y como ignoraba completamente lo que pasaba en lo esterior, puesto que no podia asomarse sin esponerse á ser muerto por tantas bocas de fuego que debia suponer apuntadas contra él, juzgó que eran otra vez los enemigos, y por consiguiente que de nuevo iba á comenzar el combate. Ya se disponia á tirar, apesar de las voces de los nacionales de Solsona que, conociéndolo personalmente, le llamaban por su propio nombre, asegurándole que nada debia recelar. Él con todo no se decidió hasta que habiendo visto los pantalones blancos de los valientes granaderos de Zamora, vino en conocimiento de que realmenté eran los suyos que corrian en su socorro. Abrió entonces la puerta, y en seguida cayó medio desmayado. La mucha sangre que habia perdido, los agudos dolores que le causaban su herida, agravada por el cansancio, y la falta completa de alimento durante cerca de dos dias, habian acabado las fuerzas y casi la vida de aquel valiente. Vuelto en si por los cuidados de sus libertadores, comenzó á sentir unos dolores tan vivos en la pierna, que él mismo pedia que lo matasen. En fin, sus libertadores, la mayor parte de los cuales eran amigos suyos y todos entusiastas de su valor y arrojo, lo subieron en un bagaje y lo condujeron á Solsona. Antes sin embargo de partir, el comandante de la fuerza y sus subordinados, quisieron examinar detenidamente la casa y sus cercanias, cerciorándose por si mismos, de la heroicidad de una defensa, única tal vez, en los anales de la guerra de los siete años. En Solsona fué curado el valiente Jaime Mas, y á poco siguió prestando muy recomendables servicios en la persecucion de malhechores, de los cuales nos ocupamos á su debido tiempo. Aun vive hoy dia ese héroe. Si nuestros lectores le conociesen, y escuchasen de sus labios sus hechos y proezas, creemos que les sucederia lo que al autor de esta historia, á saber: que no sabrian qué admirar más en Jaime Mas, si su valor, ó su modestia y sencillez. Como todos los de su cuerpo, cree que tanto en el hecho referido como en otros mil, no hizo más que cumplir con su deber, asi es, que ni siquiera le ocurre la idea de pensar que hechos tan gloriosos merezcan algun premio señalado. ¡Loor á un cuerpo tan glorioso que cuenta en su seno héroes tan esclarecidos como Mas, y tan modestos como lo son todos los individuos de las ESCUADRAS! Otras hazañas que casi parecerán increibles para los que no conocen ese cuerpo, tendremos ocasion de contar, en virtud de las cuales conocerán nuestros lectores que Mas no es una mera singularidad del cuerpo de las ESCUADRAS, es decir, de un cuerpo en que el número de sus hombres intrépidos y valerosos se cuenta por el de sus individualidades. (1)

XIX.

INFORME DADO POR D. BALTASAR DOMENECH AL EXCMO. SR. CAPITAN GENERAL, EN 1836, SOBRE LA ADMINISTRACION Y ORGANIZACION DE LAS ESCUADRAS.

El órden de fechas que venimos siguiendo, ha puesto en nuestras manos un documento notable en su clase, debido al talento, saber y elevado criterio de D. Baltasar Domenech, de aquel celoso interventor de las ESCUADRAS nombrado en 1816 por el Excelentisimo Sr. duque de Bailen, y que seguia siéndolo en 1836. Por su contenido verán nuestros lectores la sencillez, órden, legalidad y método que han observado las ESCUADRAS en el movimiento de sus intereses; desvaneciéndose asi la preocupacion y error en que han incurrido algunos, creyendo que las ESCUADRAS antiguamente no tenian contabilidad. Tambien verán las ESCUADRAS el celo, actividad y honradez con que las prestó sus importantes servicios el ya nombrado señor Domenech, para que conserven de él una buena memoria, ya que Dios lo llamó hácia su seno hace ya muchos años. El informe dice asi:

«Excmo. Sr.: Si hubiese solo de atenerme á la manifestacion de mis ideas con respecto á la eleccion de un plan administrativo que regularizase la recaudacion, pago y contabilidad del benemérito cuerpo de ESCUADRAS de Cataluña, pocos renglones bastarán sin duda para contener mi opinion en esta parte, y espresar de qué modo entiendo se hallarán garantidos sus intereses en general, los de los individuos en particular y los de los pueblos contribuyentes á la carga que aquellas causan. Mas limitar la cuestion á este circulo, fuera desentenderse de los deseos de V. E. y dejar incumplimentada una parte de su superior decreto á que debo someterme con tanto más gusto cuanto que es importante el objeto y trascendental el resultado. Mi informe pues, ha de producir desde luego el efecto de la comparacion, presentando el verdadero estado de los tres estremos principales en que se halla dividida la adjunta memoria, pues aunque es verdad que ella contiene exactitud en muchas de sus recapitulaciones, hay sin embargo variacion en algunas y otras exigen esplicacion satisfactoria. Con esto V. E. se servirá comprender no es mi ánimo en lo más mínimo inculpar la redaccion del documento, pues bien claro arroja el mismo que se halla formado con los datos que se han podido reunir á fuerza de esquisitas investigaciones, y no con todos los que la naturaleza de este delicado y antiguo ramo exigia.

»ORGANIZACION Y ADMINISTRACION.—El reglamento aprobado por real órden de 6 de abril de 1817, época de la reorganizacion del cuerpo de ESCUADRAS de Valls, marca terminantemente la fuerza de que en un principio constaba, clases en que se dividia y número de corregimientos en que debian hacer el servicio, confiándose la ejecucion de estas disposiciones al comandante del cuerpo, bajo su inmediata responsabilidad al Capitan General, jefe superior del mismo en la provincia. Asi se cumplió puntualmente en todas sus partes y los resultados prueban más que lo que pudiera decirse, si durante los tiempos ordinarios y de regularidad existió ó no órden y organizacion en dicha fuerza. La real órden de 15 de marzo de 1828 fué la primera innovacion hecha en el sistema antiguo del número de plazas de las ESCUADRAS, pues por ella se aumentó cada una con siete *mozos*; lo que equivale á decir, 350 individuos mandados por catorce cabos y además 45 veredores pertenecientes á los catorce corregimientos. Si grande habia sido el mérito y buenos servicios que en todos tiempos prestó el cuerpo, no debieron ser inferiores los que desde 1828 contrajo, puesto que aun no se consideró suficiente la última fuerza decretada; asi fué que multiplicándose las necesidades por consecuencia de las circunstancias políticas, y conocidos los buenos efectos del instituto, el último antecesor de V. E. dispuso el aumento de setenta plazas que efectivamente fueron á su debido tiempo provistas y aun hubiese completado el cuerpo hasta 600, si las justas observaciones del comandante no hubiesen retraido de su proyecto á aquel jefe superior, como muy exactamente espresa la citada me-

---

(1) Otras heroicidades ha hecho el Sr. Mas, como oficial del ejército liberal en la presente guerra civil, las cuales fueron publicadas por los diarios de esta época. (*N. del E.*)

moria. No es fácil pueda yo resolver con evidencia las dudas que ofrece el estado de fuerza actual comparado con el que debia tener segun lo espuesto, pues al fin no siendo de mi atribucion su parte orgánica y directiva, al comandante compete satisfacer las objeciones que en esta parte puedan hacerse; sin embargo, creo poder aventurar un juicio en favor de una aclaracion anticipada, porque se me ofrece muy sencillo comprender que ocurriendo diariamente bajas de consideracion, ya por efecto de casos ordinarios de la guerra, ya por algunas defunciones desgraciadamente ocurridas, no atendiendo á su provision, como sucede, es preciso que la fuerza disminuya por consuncion y de aqui que solo se cuenten 383 individuos en lugar de su verdadero y señalado número. Esta misma desaparicion de la fuerza conduce á probar la razon porque se nota visible desigualdad entre la que se compone cada Escuadra, pues alli es menor donde mayores bajas ocurrieron, no atendiendo á su reemplazo con nuevas reclutas, ni siendo en mi concepto fácil hacerlo con el pase de otros individuos del cuerpo, que en todas partes hacen igual falta en el dia. Y no se crea tampoco que pueda remediarse este mal aplicando á la efectividad los setenta *mozos* llamados ausiliares, pues aunque es cierto que tal es su calificacion para el percibo por separado de sus haberes, no merecen tal categoría en el desempeño de sus obligaciones. Ellos tienen Escuadra fija, fueron equitativamente repartidos entre todas, y han sufrido las causas generales que han debilitado el cuerpo, de tal modo, que solo quedan ya pertenecientes á dicha clase 56 individuos. Véase pues, como los acontecimientos han venido á entorpecer el régimen orgánico del cuerpo, sin que por el pronto haya medio de reponerlo en su antiguo estado, pues para conseguirlo falta lo principal, la gente. Yo bien creo, Sr. Excmo., que al carecer las Escuadras de un comandante efectivo adornado de celo, actividad, conocimiento en el pais y distinguido deseo de conservar el honor que han adquirido, es un mal y retarda el efecto de ciertas disposiciones que, por más que se hallen en su interés, parece tambien que solo son propias de un jefe en propiedad, y con autoridad competente. Por desgracia se halla el cuerpo interinamente mandado desde que por efecto de las ocurrencias de esta capital en agosto último, su comandante D. Pedro Pablo Veciana solicitó y obtuvo pasaporte. Desde entonces hasta el dia se halla al frente de su direccion el cabo de la Escuadra de esta capital D. Antonio Saureu, quien sin embargo *de no ser ni el más antiguo ni el más graduado*, mereció de V. E. esta honrosa confianza, tanto más apreciable cuanto que fué dispensada con conocimiento de aquellas circunstancias, y en uso de la facultad que á V. E. concede el reglamento, puesto que si por no reconocer una necesidad absoluta todos los señores Capitanes Generales anteriores, estuvo siempre sin proveerse esta plaza, nula cuando reside en la capital el comandante del cuerpo, natural era llenarla ahora que existe una positiva necesidad, y esto es lo que precisamente se ha servido V. E. hacer con mucha oportunidad nombrando á Saureu, quien no por casualidad, como sin duda se habrá creido equivocadamente, á falta de datos, manda el cuerpo con entera sujecion al reglamento, y sin que ni una sola omision, abuso ó medida estraña haya venido á alterar en un ápice (en cuanto las circunstancias permiten) el regimen, orden y práctica constante bajo que el cuerpo marchó en años anteriores; al ménos no me consta lo contrario. Si fácil me ha sido presentar á V. E. el cuadro de vicisitudes que sucesivamente ha sufrido la parte orgánica del cuerpo de Escuadras, no será más dificil ofrecer á su consideracion el del órden administrativo, apesar de que como V. E. conocerá bien, ni uno ni otro objeto debiera ser de mi incumbencia directa porque no pesan sobre mi responsabilidad. No obstante, mi antiguo é intimo contacto con el cuerpo por espacio de tantos años, me tienen al corriente de muchas particularidades de interior manejo que me proporcionan la facilidad de hablar de él como si realmente debiera hacerlo por obligacion. Puesto en ejecucion el reglamento de 4 de abril de 1816 aprobado por real órden de 6 de abril de 1817, fué una de sus inmediatas consecuencias establecer el método administrativo con que debia atenderse á la subsistencia del cuerpo. Efectivamente, el Excmo. Sr. Capitan General de esta provincia, jefe superior de las Escuadras en aquella época, mandó formar el presupuesto anual de todos los haberes que correspondian á sus individuos y hecho, se regularizó, autorizó y circuló por S. E. á los catorce corregidores del principado las relaciones de las cantidades con que cada pueblo de su distrito debia contribuir equitativamente para la creacion de los fondos del cuerpo. Al mismo tiempo se nombró para cada corregimiento un receptor, con el encargo especial de cobrar los contingentes señalados y pagar sus haberes á la Escuadra respectiva. Esta operacion, base del sistema administrativo del cuerpo, ha estado de tal manera ligada y combinada con otras de contabilidad, que dificilmente se puede concebir mayor sencillez y salvedad en el manejo; prueba fija de ello es que hasta el dia muy raros han sido los casos de presentarse insolvente ó en quiebra algun receptor: y aun para evitar esta remota contingencia se les impuso despues la obligacion de prestar un afianzamiento competente y proporcionado á la recaudacion. Véase como se hacia y hace ésta, y el pago. El corregidor entrega al receptor del partido la relacion anual de cobranza y circula á los pueblos la órden conveniente para hacerla efectiva. El cabo de la Escuadra se presenta en acto de revista mensual al corregidor, presentándole su fuerza efectiva ó bien espresando su destino, el que no puede ser desconocido á aquel jefe que es el que dispone de ella; este pone el V.º B.º á las relaciones del abono que corresponde hacerse y lo pasa al receptor, quien paga con presencia de dichos documentos. Mensualmente remiten al comandante y éste al depositario é interventor del Monte Pio, estado de la fuerza y de los abonos, cuyos documentos originales presentan el balance de alta y baja, con espresion de causas y demostracion de las demás circunstancias que comprueban el hecho. Al fin del año el receptor presenta su cuenta general formando el cargo con presencia de la relacion general del reparto y la data con los documentos de revista. Si resulta sobrante entra en la caja del cuerpo conocida por aquel nombre; si por el contrario algun receptor alcanza, tambien la caja abona el crédito, puesto que en resúmen nunca puede dejar de existir un liquido anual á favor del fondo con que se cubren las jubilaciones, segun reglamento, porque es visto que él permite cierto número de vacantes al efecto. Parece á primera vista que no habiéndose hecho desde 1817 hasta el dia más que dos repartos generales, uno al principio de la reorganizacion, como queda espuesto, y otro el año 1828 por el Capitan General de aquella época, cuando las Escuadras recibieron el aumento de siete individuos por cada una, debe reinar cierta desigualdad ó desproporcion entre las cargas y los medios de cubrirlas, pues que no se comprende como el alta y baja ha de dejar producir variacion en la cuenta general. Sin embargo, es tan cierto lo contrario, que prescindiendo de cuanto queda espuesto, y de la comprobacion de los hechos, bastará un solo dato para probar que la provincia de Cataluña, ó sean sus pueblos, no han satisfecho más que lo que legalmente les ha correspondido por esta obligacion. Vease en prueba de este aserto la cuenta de sobrantes de 1834, última presentada, y se observará que apesar de ser la espresion del movimiento general de toda la recaudacion hecha para el cuerpo desde 1817, solo presenta su balance la insignificante existencia de 18,153 rs. 28 mrs. lo que equivale á decir que despues de satisfechas las obligaciones legítimas, solo aparece un pequeño ahorro en 17 años; ahorro que en mi concepto desaparecerá muy pronto si las circunstancias no mejoran, puesto que sin crecer los recursos, aumentan notablemente las cargas, como es fácil examinarlo por los libros de caja. Hé aqui, Excmo. Sr., como queda aclarado por más que hubiese motivos de dudarlo, que las Escuadras tienen contabilidad y buena; si por bueno en esta parte debe entenderse lo seguro; que los dos repartos fundamentales se han hecho por la autoridad competente, y bajo su espreso mandato; que se sabe lo que cada pueblo paga, lo que debe, y cómo se invierten los ingresos; que consta la entrada y salida de sobrantes; que existe un cargo permanente y una data amovible justificada; que los receptores se hallan intervenidos por el cuerpo, y éste sujeto á una contabilidad de que ni unos ni otros pueden evadirse sin resultar inmediatamente comprobado el hecho; que la contribucion pues, que pagan los pueblos, tiene todas las garantias necesarias, para que nunca pueda se defraudado ni en su origen ni en sus consecuencias, debiendo por consiguiente desaparecer los temores que por creerla alzada, y circular por varias manos, ocurriese tal vez concebirse; que se conoce el alta y baja del cuerpo de tal modo, que nunca quedarán en duda las cantidades que le correspondan y reciba, ni ménos fiados objetos tan esenciales á la honradez ó buena fe de sus jefes, por más que en ellos haya sido y sea constante; finalmente, que en la Comandancia, en la Intervencion y en la Depositaría han de existir los asientos, libros, documentos y demás que comprueben cuanto arriba dejo espresado; pero de tal modo que solo su vista es suficiente á probar la grande ligazon que existe entre todos los que manejan fondos del cuerpo y la imposibilidad de que ocurra colision; siendo digno de notarse que los que ménos pueden cometerla son los mismos jefes del cuerpo. Siendo este, Sr. Excmo., el sistema puntualmente observado hasta el dia, no creo que él pudiese dar ocasion á la real órden de 23 de marzo de 1833 comunicada por el Ministerio de la Guerra al antecesor de V. E. en 31 del mismo; antes por el contrario, yo me atrevo á aventurar la suposicion de que por no conocer en toda su latitud la perfeccion reglamentaria, bajo que se halla montado el gobierno interior del cuerpo, penso la superioridad hacerle un bien, y mejorarlo notablemente, dándole una forma análoga á otros

institutos, corporaciones y ramos administrativos, y fundo mi opinion en que tan luego como el Capitan General de aquel entonces representó á S. M. poniendo de manifiesto las dificultades, perjuicios y aun imposibilidades que en su conjunto ofrecia el cumplimiento de dicha real órden, calló el gobierno, y continuaron las cosas en el mismo ser y estado que anteriormente, con mucha utilidad, en mi concepto, del Erario, de las Escuadras, y lo que es más, de los pueblos mismos; porque la contribucion catastral hubiera recibido un aumento que vejando al contribuyente hubiese dificultado el pago, y las Escuadras á su vez se resintieran del retraso. Yo no incurriré ciertamente en la ridicula pretension de hacer creer que no sea susceptible de alguna variacion, y aun de mejora, el régimen hasta aqui seguido, mas si estoy persuadido de que no será el cuerpo quien conozca la utilidad, ni por esto se hallará mejor administrado. Podrá darse nuevo origen á la contribucion, se aliviará un fondo para recargarse otro, se estudiará otra especie de contabilidad, se inventarán distintas formalidades; pero en resúmen ¿qué producirán? Algo en las formas y poco en la esencia, á no ser que fundamentalmente se altere la naturaleza, indole caracteristica, dependencia, ú otro principio capital de los que constituyen la base orgánica del cuerpo. Por esto creo que V. E. ha procedido con su acostumbrado tino al resolver que continúe el sistema actual de recaudacion y demás, disponiendo empero, elevarlo al conocimiento de S. M., pues en verdad las circunstancias actuales distan mucho, en mi concepto, de ofrecer oportunidad para una innovacion que por de pronto léjos de producir bienes, causaria el positivo mal de esponer la subsistencia del cuerpo y embarazar su régimen interior, con menoscabo tal vez de su fuerza moral. Tiempo vendrá felizmente, en que estas innovaciones pueda V. E. dirigirlas con otra regularidad y seguro éxito. Hasta aqui he hablado á V. E. de lo que ha sucedido constantemente y en circunstancias ordinarias, presentando en general todo el conjunto de operaciones que forman la administracion del cuerpo, y tomando de el su fuerza efectiva; preciso es ahora hacerlo con respecto á las setenta plazas llamadas ausiliares, y hacer algunas observaciones que en más, y en ménos, introducen en el dia alguna confusion, apuros y falta de regularidad: de ello se seguirá la conviccion de que no el método dado, sino causas del momento, pueden producir defectos irreparables por de pronto. He manifestado más arriba que los llamados ausiliares fueron oportunamente distribuidos entre las catorce Escuadras, y que de los setenta solo existen hoy cincuenta y seis. Estos individuos tuvieron su ingreso por una disposicion especial del antecesor de V. E., segun tambien queda dicho, pero al resolver por convencimiento de necesidad aquel aumento no pudo desentenderse de las consideraciones que el comandante del cuerpo le dirigió manifestándole la imposibilidad de recargar el importe de sus haberes á la ya muy sensible obligacion que pesaba sobre los estenuados fondos comunales, y lo impolitico que fuera imponer nueva contribucion á los pueblos, reducidos á la última miseria por efecto de tantas influencias desagradables. Se penetró S. E., y conciliando estremos, mandó que de los fondos estraordinarios de guerra creados en el principado con la imposicion de varios arbitrios, se cubriesen los haberes y demás goces de la espresada fuerza. Tuvo asi cumplimiento con efecto, y el cuerpo recibió las correspondientes libranzas de sus créditos por dichos conceptos, justificándolos con las listas de revista que los cabos remitian mensualmente con separacion y con los mismos requisitos que las de la fuerza efectiva. Cuando por una consecuencia de los acontecimientos de agosto último, la Junta Gubernativa del principado avocó á su recaudacion todos los fondos públicos de cualquiera naturaleza, tomó tambien sobre si el pago de sus obligaciones, y entre ellas figuró la de los haberes de los *mozos* ausiliares, pasando su intervencion á las oficinas de rentas. Ultimamente, estinguidos los arbitrios estraordinarios de defensa, y entrando el sistema administrativo en mejor órden y legalidad por la resolucion de la junta de armamento del principado, fecha 31 de diciembre último, pasaron á la ordenacion militar varias obligaciones que le eran propias, y entre ellas fué la de los *mozos* ausiliares, continuándose el abono de sus haberes por aquellas oficinas con las mismas formalidades que anteriormente. Asi es, Sr. Excmo., como se acreditan sus haberes á aquella fuerza, y á la vista del orígen, prosecucion y estado actual de esta incidencia, V. E. comprenderá bien que nada hay más espedito y sencillo que sostener la contabilidad perteneciente á los *mozos* ausiliares, distinguir los fondos que les corresponden, y cuidar de su pago en las Escuadras donde se hallan destinados, para lo cual se hace el correspondiente giro de caudales y pase de fondos de un corregimiento á otro al mismo tiempo que para el resto de las Escuadras; objeto importante de que cuidadosamente se ocupa el comandante interino, sin que en manera alguna pueda ocurrir ni confusion, ni abandono, ni la menor dilapidacion, aunque no fuese tan segura, como es la buena fé del cuerpo. Una objecion fuerte, y por de pronto alucinadora, puede hacerse acerca de un punto capital de la administracion. La memoria sobre que se funda el decreto de V. E. la presenta muy oportunamente. ¿Cómo, se dirá, existe la debida equidad entre los repartos hechos á los pueblos, si ellos fueron determinados para una fuerza que en la actualidad no existe? Fácil es satisfacer esta observacion, y aun quizá sobran los medios. Para ello comparemos antes cálculos de fuerza. La del cuerpo, segun quedó señalada por la real órden de 15 de marzo de 1828, constaba de 350 mozos y 45 veredcros con sus correspondientes cabos. La que en el dia existe, deducidos los 56 ausiliares, es de 277 individuos con los mismos cabos y 31 verederos. Hay pues la diferencia de 73 mozos y 14 verederos, y no hay la menor duda de que los productos del repartimiento general de 1828 contiene un superavit de consideracion; pero ¿existe éste; se cobra? Ni lo uno ni lo otro, y aun muy al contrario, muchas veces nos encontramos con apuros para verificar el pago de haberes corrientes, segun V. E. mismo lo sabe, pues en más de una ocasion ha tenido el comandante que recurrir á su autoridad reclamando en calidad de reintegro, fondos para cubrir las obligaciones del cuerpo, y V. E. los ha mandado entregar en aquel concepto. La razon es obvia, Señor Excmo.; los repartos se hacen á los pueblos, mas estos no los realizan, ni hay medios de conseguirlo. porque la general miseria, y lo que es más, la ocupacion constante de una parte del país por la faccion, impide, y aun hace imposible, la recaudacion con la puntualidad que se acostumbraba. Veránse en prueba de esta verdad, las cuentas de los receptores, y en ellas se encontrarán á su tiempo enormes descubiertos. Hé aquí pues, el secreto de como siendo mucho mayor el reparto fundamental con las necesidades actuales del cuerpo, no hay sin embargo sobrantes; y hé aquí tambien como es preciso que por ahora subsista aquel para que el déficit de un corregimiento lo cubra el superavit de otro; si así no fuere, la subsistencia del cuerpo se viera á cada momento espuesta, y el comandante privado del único medio que ahora tiene para repartir á fuerza de celo y trabajo entre todas las Escuadras la única recaudacion que hacen los receptores; operacion molesta y prolija que mensualmente se hace con presencia de los avisos de aquéllos. Por esta misma poderosa razon no pueden ni deben ser declarados efectivos para percibir sus haberes los 56 ausiliares, descartando esta carga de la caja militar: porque si á duras penas se puede atender al cubrimiento de los antiguos mozos con el producto de la recaudacion actual ¿cómo seria fácil realizarlo á mayor número? Esto contribuiria á aumentar la penuria con menoscabo del servicio, y quizá del noble porte que observa el cuerpo, y V. E. no quiere por cierto ni lo uno ni lo otro, siendo de ello una prueba la disposicion dictada para que continúe la recaudacion como hasta aqui. Yo creo por tanto, que mientras duren las actuales criticas circunstancias será espuestísima cualquiera innovacion que á este propósito se haga, y seguro, como lo estoy, de la sencillez de la actual administracion, de las garantías que ofrece por la órden y trabazon de sus operaciones de contabilidad, y de la buena fé que á todos preside; que no es conveniente fijar un número de individuos al cuerpo, y repartir exactamente sus haberes por el déficit que inmediatamente se hallaria; que entorpeceria sin conducir á nada provechoso la distribucion por provincias; que ni los gobernadores civiles ni las diputaciones provinciales harian más, ni tanto, en favor de la recaudacion, como practican los receptores con ausilio de los corregidores; finalmente que el nombramiento de un solo habilitado seria un obstáculo al sistema actual de recaudacion segun el cual se cuenta uno en cada corregimiento, pareciéndome únicamente adaptable aquella medida cuando los fondos se librasen por Tesorería, cuidando ella de la cobranza á los pueblos; y aun en este caso produciria los inconvenientes que manifestó la exposicion del antecesor de V. E., fecha 8 de mayo de 1833. Mejores tiempos y más favorables circunstancias darán ocasion de examinar este importante negocio con toda la madurez que exige, y entonces se verá si es posible reunir en un solo punto ventajoso las consideraciones que ofrezca la indole del cuerpo con su sistema orgánico y administrativo. Por de pronto bueno será no destruir, careciendo de la esperanza de poder edificar. Resta aun tratar de otro objeto que constituye parte del derecho de las Escuadras, y causa tambien uno de sus abonos, V. E. penetrará ya que me refiero al vestuario. Efectivamente éste corresponde al cuerpo por reglamento, y como se halla tan determinado asi el número de prendas, como su calidad, hechura, tiempo de duracion, épocas del renuevo y fondos de donde debe satisfacerse, diré solo á V. E. que en esta parte se ha observado ficlmente la ley, habiendo recibido el cuerpo cuanto le ha correspondido. Las construcciones se han hecho siempre en esta capital, mediante pliego de condiciones: subasta pública y formal remate celebrado cada tres años con la intervencion de la contaduría principal de Propios, presidencia de los señores intendentes y asistencia del comandante, quien préviamente ha presentado á su gusto las muestras. El total importe ha sido repartido á los pueblos, mediante cartas de pago formadas por dicha oficina y entregadas al asentista para su cobro, que ha sido verificado de los fondos comunales. No tengo presente quien fué el último contratista, pero si sé que ni D. Francisco Plá, ni ningun otro lo es en el dia, ni puede serlo más que temporalmente por el efecto de cada contrata.

Fondos del Monte Pio.—Exacta y puntual es la reseña que acerca de esta pertenencia del cuerpo hace la antecedente memoria. Un reglamento sucinto, pero claro y cabal en sus efectos, es la pauta á que se hallan sujetas las operaciones de la caja y su contabilidad que por fortuna mia se halla tan al corriente y con tal arreglo que juzgo no puede ofrecerse una administracion más sencilla, legal y satisfactoria al través de tantos accidentes y tan enmarañados tiempos. No debo pues detenerme mucho en este particular por haberlo ya presentado á la consideracion de V. E. en escrito separado, fecha 7 del actual. El reglamento que en mi concepto poco ó nada necesita alterarse en su esencia mientras que el cuerpo subsista bajo su forma actual, es el mejor comprobante de la administracion del fondo, y la caja, papeles y pingües existencias, la mayor contestacion que puedo presentar de si ha habido sistema y órden íntegro en sus operaciones desde 1817 hasta el dia. Ninguna formalidad se ha omitido, Señor Excmo., para sostener los derechos del Monte, tanto por lo que hace á los ingresos que legítimamente le han correspondido segun los principios reglamentarios, como por lo que respecta al puntual pago de sus obligaciones. Este movimiento periódico ha estado sujeto á las reglas fijas y legitimado con documentos competentes que comprueban los hechos. Al hacer su exámen se verá que cuanto ha ingresado en caja bajo documentos de pertenencia, ha salido de la misma con autorizacion de los Capitanes Generales. Los cabos y el comandante de las Escuadras han cumplido siempre con el deber que les impone el reglamento, y ningun requisito han omitido de cuantos previene el mismo, pues que los documentos que con sujecion á él debian remitirse quincenalmente á la Capitania general, fueron dirigidos á la Intervencion del cuerpo, segun disposicion de 1.º de febrero de 1821 en que se creó aquella. Sea como quiera, independiente la caja en sus operaciones, ella sola es bastante á comprobarse á sí misma, y á justificar así la procedencia de sus existencias en metálico, como el importe de las obligaciones que cubre por el derecho de 45 viudas y pupilos. Identificado con el interés del Monte Pio, que como he dicho á V. E. en escrito separado fecha 7 del actual arriba referido, ha crecido en mis manos, dediqué á su fomento y conservacion, cuidados y sacrificios de consideracion, arrostrando las dificultades é inseguridad que consigo han traido calamitosos tiempos. He sido feliz, pues le he salvado íntegro; y este era el único medio de satisfacer la honrosa distincion que merecí al Excmo. Sr. duque de Bailen cuando hallándose de Capitan General de este principado en 1816 se dignó prodigarme elogios que mi modestia debe callar, y honrarme con el encargo de Interventor de la caja de sobrantes con la dotacion de 6000 rs. anuales, firmemente garantidos,

con las salvedades y precauciones que muy bien espresa mi nombramiento. Ni la prevision de S. E., ni lo que es más, el aprecio de los servicios anteriores hechos al cuerpo en general y á sus individuos en particular, fué bastante razon para que pudiese yo continuar disfrutando el premio de unos méritos tan ostensiblemente mencionados. Las variaciones de administracion pública dieron lugar en 1833 á que la superioridad dispusiese que ningun empleado pudiese disfrutar más sueldo que el de su destino, ni que por tanto se sirviese más que uno solo, imponiendo sérias responsabilidades á quien lo ocultase. En dicha época servia la contaduría principal de propios de este principado, y creí, quizá con demasiada delicadeza, que debia renunciar al percibo de la gratificacion particular que por razon de un encargo ageno del Estado, sin carga al mismo, y de responsabilidad numérica, disfrutaba en el cuerpo de Escuadras, en calidad de interventor desde 1816. Este fué el origen de mi gratuito ofrecimiento, no voluntario, sino forzoso por la razon espresada, y que ciertamente si hubiese de volver á hacerlo lo miraria con más detencion. Sin embargo, entonces me resolví, llevado de mi buen celo, y quise completar la obra, ofreciéndome á continuar sin estipendio alguno el servicio de tal Interventor. Se admitió pues mi oferta y he continuado sirviendo sin más beneficios que las responsabilidades que traen siempre consigo estas comisiones. Bien quisiera, Sr. Excmo., continuar haciendo iguales sacrificios y ocuparme de la conservacion de la caja del Monte Pio que en calidad de depositario fué puesta á mi cargo en 1821 por el entonces Capitan General, con la doble idea de que arreglase la contabilidad de tan sagrados fondos desde 1817 en razon á hallarse muy complicada; pero estoy convencido despues de los riesgos y cuidados que me han causado, que siempre es precaria su seguridad y vacilante por tanto mi tranquilidad. Solo el sigilo y mis afanes han sido la salvaguardia del fondo; pero ahora que es pública su existencia y sabido su paradero, mil causas distintas pueden conjurarse contra él, y llamar sobre mí, desgracias que á todo trance quiero evitar alejándolos de mi casa y familia. Por esto me atrevo á proponer á V. E. como medida del momento, y quizá única tambien para lo sucesivo, que en vez de acudir al medio de una fianza dificil de hallar en ningun empleado cuando se trata de tan respetable suma, se apelase á la práctica de un depósito en caja de tres llaves, de las cuales una estuviese en poder de V. E., otra en manos del depositario, y la tercera en manos del interventor, trasladándose á mayor abundamiento aquella al Real Palacio, donde más que en ninguna otra parte se hallaria á cubierto de toda clase de contingencias y riesgos por la seguridad que aquel local ofrece. Así entiendo quedaria completamente constituido este ramo y garantidos sus fondos, sin que para nada en mi concepto, sea preciso alterar las bases fundamentales y disposiciones particulares del reglamento, que no pueden ser ni más claras ni mejores mientras el cuerpo subsista bajo su actual planta.

Sobrantes.—Asi se denomina efectivamente un fondo del cuerpo que procede de su base reglamentaria, y que se sostiene con el aumento prudencial que se hizo en los primitivos repartos fundamentales, más las seis vacantes que para esta benéfica idea consideró el reglamento. Su objeto es atender al pago de las jubilaciones de cabos y *mozos*, que los Capi-

tanes Generales acuerdan con presencia de circunstancias particulares. Este ramo ha tenido dos solos
depositarios desde 1816 que son los que muy exactamente espresa la memoria á que me refiero. La
contabilidad es tan sencilla y demostrativa en cuanto
á que solo se compone de una clase de entradas, á
saber, los sobrantes de los receptores de partido acre-
ditados por sus cuentas anuales de que anteriormente
he hablado; y la data tiene por comprobantes los re-
cibos del pago de las pensiones concedidas por los
Capitanes Generales, y los abonos hechos á los mismos receptores en el caso de resultar á su favor algun
alcance. Los jubilados satisfacen tambien Monte Pio,
y tienen derecho á su goce. El depositario de sobrantes hace efectivos en caja del Monte el producto
anual de los descuentos, y esta cantidad hace juego
en los libros respectivos. En la actualidad tiene la
Caja sobre si la crecida obligacion mensual de 4565
reales vn. correspondientes á diez cabos jubilados y
28 *mozos* de la misma clase, siendo de temer que la
carga aumente en razon á las mayores fatigas que el
cuerpo sufre por razon del servicio estraordinario que
presta en las actuales circunstancias. Sin embargo de
estas importantes alteraciones, el fondo existente no
ha disminuido hasta el dia; pues segun el arquéo de
1834 comparado con el de 1832 resulta aquel mayor
en la cantidad de 13708 rs. 17 mrs. y no creo tampoco haya bajas en 1835. Esto no obstante, si las
vicisitudes politicas duran, y los pueblos retardan los
pagos, es infalible que la caja se verá exhausta y habrá de suspender sus abonos. Esta será una calamidad para los infelices jubilados, tanto más sensible,
cuanto que en parte la habrá producido la injusta é
ilegal ocupacion de 51368 rs (1) segun á V. E. constará ya. Esta suma hará notable falta en los apuros
que pueden sobrevenir, y quizá á igual contingencia
se hubiese visto espuesta la Caja del Monte Pio si
muy cuidadosamente no hubiese yo procurado sus-
traerla de todo juego y roce con aquel jefe, ocultan-
do en el silencio sus privilegiadas existencias. Volviendo al objeto de este apartado conviene decir á
V. E. que el depositario de la espresada caja de sobrantes rindió á su tiempo cuentas anuales hasta
1827 inclusive, de las cuales existen finiquitos espe-
didos por los antecesores de V. E. Lo mismo hubiera
sucedido en lo sucesivo si desde 1828 en adelante no
se opusiera á ello la espontánea decision del espresado conde, quien no quiso de modo alguno continuar el método establecido, ni prestarse á lo que exigia la regularidad. Entorpecida pues por espacio de
cinco años la práctica y correlacion de las cuentas
del fondo, ha continuado con mucho pesar mio la in-
formalidad, pues que ella me priva de la posesion de
mis saldos. Este fuera un positivo mal, si felizmente
no tuviese en mi poder los libros y papeles que en
cualquier tiempo justificarán las operaciones; pero
como es tan clara, y se halla tan ligada la contabilidad entre el depositario y el interventor del fondo, á
todo se puede satisfacer en pocos momentos, pudiendo desde luego anticipar á V. E. que hasta el
año 1834, época de la última cuenta general, hay una
completa salvedad de intereses.

Concluyo pues, Sr. Excmo., esta larga manifestacion que en último estremo se reduce á presentar en
toda su estension los tres puntos principales de la

memoria á que me refiero. El detenido exámen que
he hecho de cada una de sus partes ofrece un convencimiento seguro del total de las operaciones; yo
me persuado que V. E. comprenderá perfectamente
que el cuerpo de Escuadras no ha estado nunca espuesto á los vicios de una mala administracion. Todo
ha sido legalidad, órden, buena fé, exactitud y puntualidad en el movimiento de sus intereses; y todo
hasta el dia presenta el aspecto de la regularidad.
Nada esencial ha sucedido en el cuerpo que no esté
al alcance de la autoridad superior del mismo, y
aunque administrado con visible independencia puede responder hasta de la más insignificante de sus
operaciones. Ni los intereses públicos ni los particulares tienen que elevar la más pequeña queja ó re-
sentirse de la conducta observada. Por estas razones
y por las muchas advertencias á que he llamado la
atencion en este escrito, dije al principio y repito
ahora, que si hubiera debido limitar mi informe á
reformas administrativas y de contabilidad, pocas líneas hubiesen contenido mi opinion. Así es, seguro,
como lo estoy de que mientras el cuerpo no varie
fundamentalmente de organizacion, seria espuesta,
más digo, perjudicial cualquiera innovacion que se
hiciese en su sistema interior, entiendo que debe
continuar, como claro, sencillo y seguro, dejando
para mejores tiempos y más pacíficas circunstancias
las reformas esenciales que nuestro cambio politico,
el órden económico administrativo y la conveniencia
pública exijan como resultado de las reformas rea-
lizables. En el interin me parece, que lo que buena
y oportunamente puede hacerse es reunir en un solo
depositario las dos cajas del cuerpo, pero con entera
separacion para que en ningun tiempo se confundan
por pretesto alguno sus fondos que tienen tan distintos objetos, y continuando la contabilidad de ambas
bajo las mismas formas que en el dia se practican.
El depositario cuidaria de la recaudacion y el pago
respectivo, en los propios términos que ahora se practica; llevaria tambien libros separados, y presentaria
anualmente cuentas de su manejo. Pero como la esperiencia tiene acreditada la necesidad fiscal para
poner á completo salvo la administracion de caudales,
el cuerpo debe en mi concepto tener un interventor
que medie en todas las operaciones de ambas cajas.
Estas podrian tener tres llaves, conservando V. E.
una (ó la persona que se sirva deputar), otra el depositario, y la tercera el interventor, reiterando la
idea de que se custodien aquellas en el Real Palacio,
y se verificasen arqueos mensuales, con lo cual se
evitaria la dificultosa circunstancia de afianzamiento
y que imposibilitaria el hallazgo de empleados de
corto sueldo. Este me parece deberia regularse en
seis mil reales anuales, tanto el depositario como el
interventor, siendo mancomunada la responsabilidad
de sus deberes respectivos. Me persuado haber cumplido en todas sus partes el decreto de V. E. fecha
10 del actual; y doy fin á tan difuso informe, rogán-
dole nuevamente que cualquiera que sea su superior
resolucion en este asunto, me exima del delicado y
responsable cargo de la caja del Monte Pio que tantos años pesa sobre mi cuidado. Y si V. E. cree que
aun debo continuar prestando servicios en el cuerpo
de Escuadras y que merecen alguna recompensa y
consideracion mis anteriores méritos en él, por espacio de tantos años, me atrevo á indicarle que solo es
ya compatible con mi edad, con mi carácter y particulares circunstancias, la intervencion del cuerpo,

---

(1) Esta ocupacion tuvo lugar durante el mando del Conde de
España.

que es precisamente la que con tanta bondad, como honra y distincion mia se dignó cometerme en 1816 el Excmo. Sr. duque de Bailen, y he conservado hasta el dia con consentimiento de todos los Sres. Capitanes Generales que desde aquella época le han sucedido en el mando de esta provincia.—Dios guarde á V. E. muchos años.—Barcelona 31 de marzo de 1836.—Excmo. Señor.—Baltasar Domenech.—Excelentisimo. Sr. Capitan General de este ejército y principado.»

XX.

FIN DE LA GUERRA CIVIL: DOÑA MARÍA CRISTINA DE BORBON Y DON BALDOMERO ESPARTERO.

Si el afortunado y valiente Zumalacárregui hubiese vivido hasta 1839, y hubiese sabido conservar á D. Cárlos bajo la especie de tutela en que le tenia desde su entrada en España, no hay que dudarlo, otro hubiera sido tal vez el desenlace de la guerra de los siete años, y acaso los vencidos hubieran ocupado el lugar de los vencedores. Pero un capricho de D. Cárlos hizo que aquel génio militar, que en tan poco tiempo habia vencido á todos los generales de la reina y organizado un ejército tan imponente y poderoso, y que habia llenado de admiracion y espanto al mismo general Valdés, quien despues de la derrota que esperimentó en Amezcoas, escribia á Madrid que, *sin la cooperacion estranjera, no era posible acabar la guerra*, un capricho, repetimos, del Pretendiente, quien, contra el parecer del mismo Zumalacárregui, quiso intentar el sitio de Bilbao, fué la causa de la muerte del general que debia tal vez sentar á D. Cárlos en el trono de San Fernando. Pero aun dado caso que Zumalacárregui no hubiese muerto tan prematuramente á causa de la herida mortal que recibió en aquel sitio, dudamos mucho que hubiera podido triunfar de las asechanzas de la camarilla frenética é intolerante, que desde un principio se apoderó del apocado espíritu de D. Cárlos, para precipitarle más tarde hácia su ruina y perdicion. En esta última hipótesis, Zumalacárregui, ó bien hubiera hecho abdicar á su rey, para triunfar de la camarilla, ó quizás, no pudiendo contar con el buen exito de este paso, hubiera sido más tarde el Maroto del ejército de D. Cárlos. Forzoso es desengañarse; la causa carlista habia nacido muerta, desde el momento en que, confiada en manos de un príncipe sin carácter propio, debia recibirle por medio de una camarilla ciega que, no queriendo conceder nada al tiempo ni al progreso de la inteligencia humana, queria mantener á la *España* en medio del anacronismo que representaba, respecto á las demás naciones civilizadas. De jefe en jefe, el mando supremo del ejercito carlista habia venido á parar á manos del general *Maroto*, hombre que, á falta del verdadero génio militar de Zumalacárregui, reunia una voluntad de hierro, acompañada de una audacia tan atrevida, que podia dar mucho que sentir, segun el giro que se imprimiese en la marcha de los acontecimientos. Maroto conocia la impotencia de su rey, y no participando de la opinion de aquellos que creian debia temerse á la camarilla que le rodeaba, quiso echar el resto por medio de una prueba de las más arriesgadas y atrevidas. Dirijese á Estella, y manda fusilar á los generales *Guergué, Garcia, Sanz*, al brigadier *Carmona* y al intendente *Uris* en el dia 18 de febrero de 1839. *Maroto* cometió este acto de atroz barbaridad y osadia para imponer á sus enemigos personales, á la *camarilla*, de quien eran partidarios los fusilados, y á la misma corte, que ya á la sazon eran contrarios al general en jefe. En seguida, aquel hombre audaz escribe á D. Cárlos dándole cuenta de aquellas ejecuciones y amenazando con otras más, si el *rey* no separaba de su lado á los que le rodeaban mandándoles á país estranjero. El Pretendiente se entristece: la *camarilla*, amenazada en su propia cabeza, se agita, reanima al monarca, y le hace firmar el decreto de exhoneracion de *Maroto*, declarándolo *fuera de la ley y traidor á la patria. Maroto* reune su ejército, hace leer el decreto del *rey*, y en seguida esclama: *aqui teneis el traidor, herid y cumplid las órdenes de D. Cárlos.* Pero los soldados contestan con un viva al *general*, y en seguida éste, al frente de sus tropas, se encamina al cuartel general. La imbécil camarilla, que tan imprudentemente habia aconsejado al *rey* un paso que, solo contando con poderosos medios de llevar á efecto, debia haber aventurado, aconseja al débil monarca que se retracte revocando su decreto anterior y declarando á *Maroto* benemérito de la patria. Asi se hizo, y aquel dia Don Cárlos perdió la corona que tanto codiciaba, y *Maroto* quedó árbitro de entregar la causa carlista con los pactos ó convenios que mejor le pareciesen. A la sazon era general en jefe del ejército de la reina Don Baldomero Espartero, quien lo habia puesto bajo un pié respetable, reparándole de las continuas pérdidas y descalabros que constantemente, puede decirse, habia sufrido, durante el poder de cuantos le habian precedido en el mando. El le habia conducido victorioso y triunfante en la memorable noche del 24 de diciembre de 1836, salvando la importante plaza de Bilbao, próxima á rendirse despues de un sitio de los más formidables y que contaba dos meses de duracion. La *victoria fué siempre del más osado*, habia dicho, al acometer por cuarta vez las formidables posiciones carlistas de *Luchana*, y su voz, confundida con el terrible estampido de la artillería enemiga, muy vigorosa por cierto, el ruido de un viento espantoso que arrojaba en la frente de sus soldados los copos de nieve que caian en abundancia, su voz, decimos, fué más imponente que todos esos elementos, y los carlistas, apesar de estar animados todavia por el soplo de los manes de Zumalacárregui, iniciador de aquel sitio, tuvieron que sucumbir y abandonar su presa, la codiciada Bilbao, en donde entraron victoriosas y aclamadas las huestes del que, desde entonces, fué titulado *conde de Luchana.* Ya antes (1835) habia diezmado el indisciplinado batallon de *Chalpingorris* á presencia de toda la division, apesar del denuedo y descaro de un cuerpo tan valiente, como relajado. Posteriormente (1837) no sabemos á qué hubiera venido á parar el ejército del Norte, víctima de la indisciplina más relajada, sin la decision y valor del *general Espartero*, encargado de su mando. La mayor parte de sus jefes habian tenido que abandonar el mando de sus respectivas columnas, salvándose del furor de sus propios soldados á uña de. caballo. Los ménos afortunados, que no habian podido escapar, habian perecido asesinados por el furor de una soldadesca desenfrenada. *Espartero*, soldado desde niño, y fiel observador siempre de la disciplina, habia jurado restablecerla y castigar á los culpables. En *Miranda* hace formar un cuadro á sus tropas, las arenga, y señalando el regimiento de *Segovia* dice que de entre sus filas habian salido los tiros de los asesinos del general Escalera. Su presencia de ánimo y su intrepidez imponen tanto á toda la division y á los soldados del mismo regimiento de *Segovia*, que éstos designan por si mismos á los culpables. Diez soldados son fusilados en el acto, y veinte condenados á galeras. En Pamplona arenga tambien á los tiradores de Isabel, fusilando en seguida al brigadier Leon Iriarte, un comandante y cuatro sargentos. Un jefe que tal hace, ha de contar con un grandisimo prestigio entre sus tropas, y éste no se adquiere sino con la confianza que en él se tiene, porque siempre les ha conducido áfla victoria. Con este jefe tan poderoso debia entenderse *Maroto* para llevar á cabo su proyectado tratado ó *convenio*, única áncora de salvacion para él y sus numerosos partidarios, atendido el estado á que habian venido á parar las cosas, despues de los fusilamientos ya citados. Pero antes creyó conveniente dirigirse al gobierno francés, quien redactó y mandó unas bases de *convenio* en virtud de las cuales, don Cárlos y la Regenta del reino D.ª María Cristina, habian de abandonar el suelo patrio, debiendo gobernar Isabel y uno de los hijos de D. Cárlos. Pero *Espartero* rehusó este convenio diciendo, que en el estado á que habian llegado las cosas, y atendida la respectiva posicion de las partes contratantes, los carlistas debian entregarse poco ménos que á discrecion, dándose por contentos con lograr un olvido completo de lo pasado, la conservacion de los empleos y sueldos, mediante juramento de fidelidad á la reina *constitucional*, y tambien la de los fueros de las Provincias Vascongadas, mediante el mismo juramento. Inglaterra, á quien tambien acudió *Maroto*, más cauta y sobre todo más liberal que el gabinete de las Tullerias, no quiso imponer ó dictar condiciones, limitándose á decir que *Espartero* hacia bien en rechazar las propuestas hechas por la Francia y en imponer las que dejamos consignadas. En fin, el dia 31 de agosto de aquel mismo año (1839) los soldados carlistas y los de la reina se dan en *Vergara el abrazo de fraternidad*, á imitacion de sus caudillos, y queda firmado el *tratado de Vergara*, tal como *Espartero* lo habia redactado. Así terminó aquella lucha sangrienta y encarnizada: así la divina Providencia puso fin á una guerra fratricida de las más desastrosas y deplorables. Pero era el caso que *Espartero*, con esta última obra, deseada de todos y por todos esperada con la mayor impaciencia, llegó á la cumbre de la popularidad más grande de que tal vez jamás haya gozado ningun *general* ó personaje en *España*. Era natural, pues, que no le faltasen émulos y envidiosos. Ya antes sus contrarios .habian intentado rebajar su importancia y prestigio. por medio del ensalzamiento de otro general á quien se queria revestir de prestigio é importancia. La persona escogida fué D. Ramon María Narvaez, al cual se

habia de confiar el mando de un ejército de reserva de cuarenta mil hombres. Pero este plan habia fracasado porque *Espartero* contaba con elementos poderosos para desbaratar cuanto le parecia que tendia á que otro, que no fuese el poeta, se llevase la gloria de haber hecho los versos. Despues se intentó una sublevacion bien dirigida, por considerarla un medio más eficaz para derribar al caudillo del ejército y del pueblo. A este efecto se hizo revolucionar algunos pueblos entre ellos Sevilla y ¡cosa rara! el mismo *Narvaez* y *Córdova*, se ponen al frente de la insurreccion, ellos que siempre, entonces y despues, han atacado á *Espartero* como partidario de los movimientos populares. Pero aquella intentona fué sofocada al momento, y los dos generales, sus corifeos, tuvieron que buscar un asilo en pais estranjero. De este modo, los mismos que querian destruir el prestigio y popularidad de *Espartero*, apesar suyo, contribuyeron más y más á que éste llegase á su apogeo. Pero en *España* habia otra persona que, con razon y justicia, disfrutaba de un prestigio tan colosal, tal vez, como el mismo general *Espartero*. Era esta doña María Cristina de Borbon, Regenta del reino y madre de nuestra reina Isabel. Ella habia contribuido poderosamente á la salvacion de la corona de su hija, y por consiguiente, á la de las libertades patrias. Ella, en los momentos criticos, habia sabido montar á caballo, y cual otra amazona, colocarse al frente de la fuerza armada, animándola con su presencia y ejemplo. ¿A qué negarlo? Pero *Espartero* por su parte habia disciplinado el ejército, triunfando en mil combates de los enemigos de la *reina* y de la *constitucion* acabando la guerra por medio de un tratado ventajosísimo para la *reina* y sus partidarios. ¿A qué negarlo? Mas habia llegado el momento critico en que estos dos personajes debian verse, como quien dice, frente á frente. Concluida la guerra, *Espartero* no debia permanecer ni en el Norte, ni en el Mediodia, sino en el centro de *España* que es la corte. ¿Cabian estos dos personajes bajo un mismo techo, si así se nos permite hablar? Hé ahí el problema que, á nuestro ver, debia resolverse en Barcelona. María Cristina, como gobernadora, tal vez, y sin tal vez, no tenia un solo punto vulnerable. Pero como señora particular, como viuda que representaba ser de Fernando VII, tenia uno que, imprudentemente tocado por un escritor público, habia producido su efecto entre las masas, y era esplotado por los contrarios de la *Regenta*. El periódico GUIRIGAY habia tocado la llaga, y más que esto, habia cometido la avilantez de entrar en lo sagrado de la vida privada, de un modo indigno y siempre reprobable. Pero es el caso que en verdad la llaga existia, como se vió despues, porque realmente la Regenta habia contraido segundas nupcias con el caballero Muñoz. Los dos partidos en que hacia tiempo estaba dividido el bando liberal, eran conocidos por medio de dos nombres que realmente no espresaban su verdadera índole y carácter. Llamábase *progresista* el uno y el otro *moderado ó conservador*, siendo así que su verdadera fisonomia podia retratarse mejor llamándolos *cristino* y *esparterista*. Al rededor del primero se agrupaba un gran número de empleados de todas clases, una parte muy considerable del comercio y de la propiedad y aun de la clase media ó industrial acostumbrada. á mirar á la Regenta como el baluarte y sosten de las nuevas instituciones, y suponiendo ;calumniosas é infamatorias todas las diatribas que se fulminaban contra la que por tantos años había dirigido los destinos de la patria. Pero el segundo contaba con un ejército numeroso y aguerrido, entusiasta por su jefe, en quien tenia depositada toda su confianza tanto en la paz, como se la habia otorgado durante la guerra; con el poder de las masas populares que veian en el soldado afortunado y valiente un hijo del pueblo, más asequible é interesado en las libertades populares, tales como ellos las comprendian, que no una persona real, hija y esposa de reyes; y finalmente contaba con la otra parte del comercio, propiedad y letras que, si bien menor en número, suplia esta falta con su valor y decision. Algunos han creido que si en aquellos momentos críticos, antes de romperse las hostilidades entre los dos partidos, sus dos caudillos se hubiesen dado un abrazo de sincera fraternidad, la division hubiese cesado, dándose la mano mútuamente los que componian las dos huestes contrarias. Pero nosotros creemos que, aun cuando hubiese sido posible lo primero, lo segundo no hubiera pasado los limites de un buen deseo. Los partidos políticos, una vez iniciados, se profesan un odio entre si, que solo con el tiempo y á fuerza de desengaños llega á estinguirse. Aun más, en todos los partidos politicos hay su parte oficial, digámoslo asi, compuesta de los que viven del presupuesto, y su parte empleo-maniática, que la componen los que aspiran á vivir del mismo, los cuales naturalmente son intransigentes é intolerantes, enemigos de toda avenencia porque, dejando los empleos ocupados ya, les imposibilita para recobrarlos aunque sea por asalto. En fin, era preciso que una nacion que acababa de pasar por las amarguras y surcos de sangre, de una guerra de siete años, habida entre los hijos de una misma madre, bebiese el cáliz amargo de una guerra de partidos que en algunos de sus periodos debia ser tan feroz y sangrienta como la misma contienda dinástica. Solo faltaba una ocasion, un motivo plausible para el rompimiento ruidoso de las hostilidades. Esta ocasion no tardó en presentarse con motivo de la ley de Ayuntamientos. Elegidos estos segun la ley del año doce, formaban otras tantas repúblicas en el seno mismo de la monarquia. Este abuso en verdad debia corregirse, pero, á nuestro ver, ni aquellos momentos eran los más oportunos, ni el medio adoptado por el poder, dejaba de ser sumamente imprudente y arriesgado. Pretendióse por este que los alcaldes fuesen de nombramiento real, medida estrepitosa y que naturalmente debia alarmar á los partidarios de las libertades populares; siendo asi que se hubiera podido lograr el mismo objeto por medio de la limitacion de sus facultades politicas y una nueva ley electoral. Las representaciones contra semejante medida llovieron de todas partes tanto en Madrid como en el cuartel general. Todo dependia del partido á que se inclinase el general *Espartero* y en esta parte, sea como quiera, hemos de decir que aquel gobierno fué muy poco previsor si de antemano no juzgó que el general, abrazaria en esta cuestion la causa del pueblo, como constantemente lo ha hecho siempre despues, en todos los periodos de su mando. Todavia se ignoran las causas verdaderas, en cuya virtud la corte en aquella época se trasladó á Barcelona, pero en medio de las tinieblas vemos una luz que nos indi-

ca que debia darse un atrevido golpe de estado, que una hora de vacilacion frustró en el momento crítico de ponerse en ejecucion. En prueba de este aserto tenemos que la ley de Ayuntamientos se sancionó en 14 de julio, apesar de la oposicion de *Espartero*; si este acto se hizo sin contar con medios poderosísimos para que no fuese frustrado y burlado, hemos de convenir en que aquel gobierno fué el más imprudente entre los imprudentes. Mas como esto no es de suponer, creemos que debemos atenernos á lo primero. Luego se conoció que se habia dado un paso imprudente, pero era ya tarde. *Espartero* presenta su dimision; el gobierno prefiere dimitir antes que admitirsela, temiendo peores males. Algunos partidarios de la *Regenta*, que sin duda se habian exagerado á si mismos y al gobierno las fuerzas con que contaban, quieren hacer una contra-manifestacion en la misma plaza de Palacio, pero pronto son aplastados por las enfurecidas masas. Las consecuencias de esta jornada fueron de suma importancia y muy trascendentales. La reina gobernadora partió para el estranjero enviando desde Marsella un manifiesto, ó protesta, á la que contestó Espartero: *«que para sostener el movimiento, contaba con doscientos mil veteranos y quinientos mil nacionales.»* En seguida hace un amago contra Portugal con motivo de la navegacion del Duero, y obtiene la más cumplida satisfaccion: manda cerrar las oficinas de la Rota y de la nunciatura apostólica para probar que tampoco teme la influencia de Roma: estingue la policia secreta, y manteniendo su ejército aguerrido y valiente en pié de guerra, espera impávido la tempestad, venga de donde viniere. La fortuna sonreia abiertamente al caudillo del ejército del Norte. Toda la tempestad con que le amenazaban por todas partes se desvanece como el humo, sin necesidad de echar mano de los poderosos elementos de fuerza con que contaba. Más tarde es nombrado Regente único del reino, y Argüelles ocupa el lugar de la reina madre al lado de las hijas de aquella señora. Todo marcha á medida de los deseos del afortunado general. Tal fué el fin de la guerra civil, tales sus consecuencias inmediatas de más importancia. Pero tras la calma vino la tempestad. La inconstante fortuna comenzó á negar sus favores al Regente del reino, y á poco sobrevinieron los acontecimientos de 1843. Olózaga enciende la tea en el Congreso en la célebre y borrascosa sesion del 20 de mayo con su ¡*Dios salve al pais! Dios salve salve á la reina!* Desde aquel momento armóse una cruzada contra el Regente del reino, cuyos frutos debian recoger por cierto, no Olózaga ni sus partidarios, sino Narvaez y demás enemigos y corifeos del partido opuesto al del célebre orador, cuya elocuencia, en esta ocasion, solo fué en daño y perjuicio de si mismo y de su causa. Pero ya hemos escrito bastante y aun demasiado sobre un punto que, si bien relacionado con la historia que escribimos, en cuanto esta debe participar de la general de la nacion con la que está tan intimamente enlazada, con todo, no podemos dejar correr por más tiempo nuestra pluma por este terreno, puesto que se nos llama al que debemos ocupar como historiadores de las ESCUADRAS.

HISTORIA DE LOS BANDIDOS CASULLERAS Y MARIMON.

I.

Somos sumamente tolerantes con todos los partidos. Para nosotros son respetables y dignos de consideracion los partidarios que profesan y defienden el absolutismo, como los que creen que solo una república pudiera darnos la felicidad. A nuestro entender, no puede haber cosa que sea más libre y espontánea que la de profesar estas ó aquellas opiniones políticas por diferentes y contrarias que sean en su objeto y aspiraciones. Sean ellos hombres de bien, y vereis como apesar de la diversidad de sus opiniones, se avienen, relacionan, aprecian y aman. Afortunadamente para todos, ha pasado ya el periodo de la *intolerancia política*, en virtud del cual los partidos se miraban y trataban entre si, como enemigos implacables y encarnizados. Pero, si en vez de hombres de bien, se habla de los malvados, entonces os diremos, que la *union y fraternidad*, es imposible entre estos y los hombres de bien, aun cuando aquellos digan que profesan las mismas opiniones políticas que estos últimos. El malvado solo profesa los principios de la maldad, por más que, para llevarlos á cabo, se disfrace con este ó aquel matiz político. De estos los ha habido en todos los partidos y en todas épocas. Los unos se han llamado *constitucionales*, otros *demócratas*, otros *carlistas*, pero en el fondo todos han sido lo mismo, porque la maldad, si bien es susceptible de mil formas esteriores, en el fondo no tiene más que un solo carácter, *el de cometer maldades*. Asi es que nada más léjos de nosotros que el querer zaherir, ni mucho ménos hacer responsables á los partidos, de los crímenes y felonías que hayan podido cometer estos ó aquellos malvados que, sabiendo cubrir su piel de lobo con la lana de mansas ovejas, se han introducido entre ellos, tal vez para devorarlos. Decimos todo esto para que nuestros lectores conozcan que al escribir la vida de *Casulleras* y *Marimon*, solo partimos del punto de arranque en que estos, despues de concluida la guerra civil, dejaron de ser defensores del partido de D. Cárlos, para convertirse en asesinos y bandoleros, causando el terror y espanto en todo el país. «*Os diré lo que sé sobre sus planes*, le decia un virtuoso sacerdote, cuyo nombre tendremos lugar de consignar en esta historia, al valiente y honrado cabo D. José Antonio Vidal, despues comandante de las Escuadras, *porque esos malvados ya no pertenecen á ningun partido político, sino al del robo y asesinato.*» Formidable era la partida de bandidos que gobernaban los dos capitanes *Casulleras* y *Marimon*, tanto por la ferocidad, valor y descaro de sus jefes, como por el respetable número de individuos de que se componia, todos valientes, decididos y sanguinarios. A su ferocidad natural y á sus intentos depravados, reunian un espíritu de venganza de supuestos agravios recibidos, asi es, que aun en este sentido, derramaron mucha sangre. Víctimas de esta sed de venganza fueron sin duda, los padre é hijo Morera, como lo verán nuestros lectores en el capítulo siguiente.

II.

El dia 13 del mes de diciembre del año 1840, lo era de alegria y contento para los habitantes de la casa llamada de *Coll den Guix*, término de Monbuy. Celebrábanse en aquel dia las bodas del dueño de la casa, en compañia de todos sus parientes, amigos y conocidos de algunas horas de distancia. Es costumbre en aquel pais que los parientes y convidados regalen á los novios alguna gallina, para hacer, segun dicen ellos, el caldo para los novios. Todo era algazara, bullicio y diversion en aquella casa, en donde, sin embargo, debia tener lugar una escena muy lamentable y horrorosa. Al anochecer, las puertas de la casa fueron cerradas como de costumbre, y los habitantes de la misma, junto con el gran número de convidados que habia, comenzaron una danza ó baile con la mayor satisfaccion y alegria. Poco creian ellos, que mientras tenia lugar aquella sencilla y natural espansion, los infames *Casulleras* y *Marimon*, con su infernal cuadrilla, tenian cercada la casa por todos lados.

—Es menester asaltar la casa, decia un tal *Vallmoll*, que era uno de los bandidos más vengativos y sanguinarios.

—Déjales que se diviertan, contestaba *Marimon*, daremos el golpe á la madrugada, cuando abran la puerta de entrada.

—Vamos, que esto tiene lances, replicaba el impaciente Vallmoll: es decir, que hemos de pasar aqui toda la noche con el frio que hace, mientras ellos rien, bailan, cantan y se divierten.

—¿Qué quieres que te diga? añadia *Marimon*, si asaltamos la casa, alborotaremos á sus habitantes, y como son tantos, se pondrán en defensa, será preciso combatir y tal vez moririan algunos de los nuestros; ¿qué necesidad tenemos de esto?

—¡Chistosa ocurrencia!... ¿acaso somos cobardes?

—Vallmoll, ¿sabes que ya me incomodas con tus réplicas?

—¿Sabes que tú me incomodas con tus retardos?

—Calla, ó sinó te mato; y diciendo esto amenazó con su puñal al bandido.

—¡Ira de Dios! dijo éste, que eres poco hombre para matarme...

Y diciendo esto blandia ya en su mano una enorme navaja de doble resorte, con la cual se disponia á herir á su contrario. No sabemos en qué hubiera venido á parar aquella disputa, á no haber mediado en aquel momento *Casulleras*, capitan de la partida, quien estando á pocos pasos de alli, habia dejado disputar á su segundo y al bandido, hasta el momento en que de las palabras pasaban á las vias de hecho.

—¡Eh!... basta ya: dijo con acento de autoridad. ¿Quién manda aqui estando yo? Tú, *Vallmoll*, eres un atolondrado y vengativo, has jurado la muerte de dos hombres; bien, sea; tú los matarás, pero para esto, tiene mucha razon *Marimon*, no hay necesidad de esponer la vida de ninguno de los nuestros. En fin. que esté todo acabado. Esperad, pues tambien yo espero. Si teneis frio, retiraos un poco de aqui y os haré aplicar algunos latigazos.

—No soy yo el empeñado en la muerte de esos dos hombres, sino *Vernet*.

En seguida reinó el más profundo silencio entre los bandidos. Entre tanto la broma continuaba en la casa. Habian cenado opiparamente, y comenzado despues otra vez el baile. Serian las once de la noche cuando quiso la mala suerte que una de las gallinas regaladas, alborotada por un niño, saltase al campo por una de las ventanas.

—Vamos á cogerla, dijeron varios, y efectivamente bajaron la escalera, abrieron la puerta de la calle al objeto de coger la gallina escapada.

Mas apenas habian andado seis pasos, cuando se vieron rodeados y cogidos por seis bandidos. Ellos eran en número de cuatro. Otros seis bandidos se habian apoderado ya de la puerta, mientras otros dos, á saber, *Casulleras* y *Vernet*, subian la escalera en direccion á la sala del baile. Figúrense nuestros lectores cual seria la sorpresa y espanto de todos aquellos honrados y pacíficos convidados, al ver en su compañia á los dos terribles bandidos, apuntando contra ellos sus imponentes trabucos. Las mujeres prorumpieron en un grito desgarrador. Los niños se escondian por entre los vestidos de sus madres. Los hombres, condenados á no poderse defender, esperaban resignados el resultado de aquella inopinada visita, que nada de bueno podia prometer.

—Siéntese todo el mundo, dijo *Casulleras*.

Todos obedecieron, y aquella inmensa sala quedó ocupada por los concurrentes que eran en número muy considerable. En esto, á una señal del capitan, seis bandidos más entraron en la sala. Entonces *Casulleras* y *Vernet* comenzaron á dar una vuelta por la sala, mirando uno á uno á cuantos estaban presentes. Era evidente que buscaban á personas determinadas. ¡Qué momentos tan criticos para los convidados! ¿Quién debia ser el desgraciado? Repentinamente, el infame *Casulleras* se detiene, y poniendo su terrible mano sobre uno de los convidados, dijo:

—Ahi tenemos uno. Ola!... ahi está el otro.

Todos dirigieron la vista hácia las personas señaladas. Eran los desgraciados Martin Morera y Ramon su hijo. En esto una mujer sale de un rincon de la sala, y arrodillándose á los piés de los bandidos esclama llena de dolor y espanto:

—¡Perdon, perdon! son los mios... mi esposo... mi hijo... mi hijo... mi esposo...

—Ya lo sé, contesto el infernal bandido, á ellos precisamente buscaba.

—¡Oh!... piedad... piedad... esclamaba aquella desventurada esposa y madre. Yo os daré cuanto tenemos..... pero dejadme á mi hijo y á mi marido.....

—Si, dijo entonces el hijo, dejad á mi padre, ya lo veis, es ya algo anciano. Dejadle, yo os seguiré y haced de mi lo que querais. Salvad á mi pobre padre.....

—No. hijo mio. no, dijo el padre. Mejor es que se me lleven á mi, que ya soy viejo y lleno de achaques. Tú eres jóven y robusto, puedes trabajar más que yo y ser el sustento de tu madre.

—¡Virgen del Cármen! prorumpe entonces la madre... ¿Estais locos? Lo más acertado es que se me

lleven á mi... ¡Oh! si, atadme, atadme... Yo debo ser la prisionera... Yo debo venir con vosotros...

Y diciendo esto aquella noble mujer, doblemente desconsolada y desesperada, se arrancaba los cabellos, lloraba y se lamentaba. Aquella escena era de las más tristes y desgarradoras. Todas las mujeres lloraban arrodilladas, y los hombres á duras penas podian contener sus lágrimas. Pero ¿quién no habia de llorar? ¿Quién no se debia conmover? ¿Quién? Los infames autores de tanta desesperacion y llanto. ¿Quién? *Casulleras*, y su canalla, que lejos de estar conmovidos, con su sonrisa y gestos demostraban el gozo de que disfrutaban en lo interior de sus corazones más duros que el bronce, más negros que las tinieblas. ¡Tigres de la raza humana! ¿Y aun habrá alguien que acuse á los *mozos* porque alguna vez han disparado contra semejantes fieras cuando han intentado escaparse? Entre tanto el foragido *Vallmoll* ataba fuertemente á aquellos dos desgraciados, apesar de los esfuerzos de la mujer que parecia una loca.

—¡Eh!... dijo *Casulleras*, rechazando bruscamente á la desventurada madre, basta ya de llantos y lamentaciones... Todo es en vano, pues ya sabeis que nosotros no retrocedemos nunca. Marchemos...

Un lastimero gemido, salido del alma de aquella infeliz mujer, fué su última despedida. Todas las mujeres acompañaron con un ¡ay! el gemido de la madre. Pero *Luzbel* y los suyos, representados por los bandidos, contestaron con una sarcástica risotada. ¡Qué infamia! ¡qué perversidad! No estaba aun todo concluido, puesto que al bajar la escalera repararon los bandidos en otro de los convidados llamado Seuba, y tambien le hicieron seguir, atándolo junto á los otros dos desgraciados. La alegria y contento de la casa se convirtió en luto y desesperacion. Aquellas honradas gentes se agruparon todas al rededor de la esposa y madre de los Morera, y comenzaron á dirigirle toda clase de consuelos y esperanzas.

—No tenga V. cuidado, le decian, ellos solo querrán dinero, y se lo daremos todos de buena gana.

—Si, todos contribuiremos á pagar el rescate.

Con pesar nos despedimos de esas gentes buenas y caritativas, para seguir á los infames y perversos. Pero en medio de los bandidos van conducidos tres hombres de bien, cuya suerte nos interesa en estremo. Apenas la comitiva salió de la casa, corrieron á internarse en un bosque poco distante. Los bandidos guardaban el más profundo silencio, sus victimas hacian otro tanto. Pero el infame *Vernet*, con sus ojos de gato, que en la oscuridad de la noche parecian dos carbunclos, parecia que devoraba sus victimas. Habian andado como una media hora, cuando se detuvieron, y el pérfido *Vernet*, separando al padre del hijo y del otro preso, le dijo con tono amenazador:

—¡Arrodillate, y reza el Credo, porque vas á morir!

—Pedid dinero, dijo el hijo, y no nos trateis con tanto rigor.

—Esto ya vendrá despues.

—¡Piedad! dijo el anciano. viendo lucir en la mano del foragido la espantosa navaja.

—No hay piedad, replicó el bandido; reza ó sinó mueres como un judio.

—¡Piedad!..... ¡piedad!..... decian las tres victimas.

—Acaba de una vez, dijo entonces *Marimon*; y el bandido degolló al desgraciado Martin Morera á la presencia de su propio hijo.

En seguida prosiguieron su marcha, dejando allí abandonado el cadáver. En esto llegaron á un bosque situado en el término de San Ginés de Jorba y al llegar allí pusieron en libertad á Scuba, sin haberle exigido cantidad alguna. El desventurado Morera, hijo, habia quedado en tal estado de estupor y abatimiento, que apenas se apercibia de lo que pasaba á su lado. Scuba le preguntó si queria algo para su madre, y cuando iba á contestar, fué interrumpido por *Vernet*, diciendo:

—*Dila que rece por el alma de entrambos.*

Efectivamente asi sucedió, puesto que al dia siguiente en el mismo termino de San Ginés fue hallado el cadáver del hijo, degollado por la misma mano que habia asesinado al padre.

III.

EL CASTIGO DE DIOS.

Han transcurrido dos meses despues de los acontecimientos que dejamos referidos en el capitulo anterior. En la cuadrilla de *Casulleras* y *Marimon*, se nota un vacio, una baja. El asesino *Vernet* no está entre ellos, ¿en dónde se halla pues? Sigamos á tres *mozos* de las ESCUADRAS y estos tal vez nos conducirán al lugar que deseamos. Estos tres valientes han salido de San Pedro de Torelló, en direccion hácia el Grau llamado de Olot, por las sendas más escusadas y escabrosas, si es que pueda haber más ó menos escabrosidad en un pais en donde apenas se puede sentar el pié en llano. Repentinamente se detienen en un recodo que hacia el sendero, y se ponen á escuchar con suma atencion.

—Nada: dijo despues uno de los *mozos*, no se oye el menor ruido.

—Pero él no faltará, dijo el otro.

—¿Y si me ha engañado y nos tiene hecha alguna emboscadà?

—Le mataremos....

—Si nos dá tiempo para ello.

—Escuchad!... oigo pasos....

Efectivamente, se percibia el débil ruido que puede hacer un hombre ligero recorriendo un pais lleno de precipicios. A poco apareció un hombre vestido al estilo del pais, llevando un cesto bien proveido de comestibles debajo del brazo.

—Él es, dijeron los *mozos*, por fin ha cumplido su palabra.

Un momento despues aquel hombre estaba sentado en tierra frente á los *mozos*.

—Es menester, amigo mio, le dijo el sub-cabo de los *mozos*, que obres con toda lealtad, de lo contrario, no habrá remedio para ti, pues morirás en el mismo momento en que sospechemos la menor traicion.

—Ya os he dicho que no sabia el punto fijo en donde estaba el bandido. No se más, sino que todos los dias, á las diez de la mañana, he de estar en el cerro que os enseñé ayer. Allí comparece un hombre desconocido, quien recibe las provisiones que le traigo y me paga bien, pues me dá un duro todos los dias.

—¿Y cómo sabes que estas provisiones son para un enfermo?

—Porque siempre se reducen á lo mismo, carne y gallina para hacer caldo, pan y un poco de vino generoso, y á más, porque casi todos los dias se me encargan yerbas, ungüentos y otras sustancias medicinales.

—Está bien, dijo el sub-cabo. Ahora marcha á cumplir con tu encargo; mañana será otro dia.

Apesar de esto, asi que partió aquel hombre, los *mozos* se pusieron en marcha, y antes que el de las provisiones hubiese llegado al punto designado, ya aquellos estaban apostados en lugar conveniente. Era el caso, que, como no tenian confianza con el confidente, les convenia que él creyese que el golpe no debia darse en aquel dia. A las diez en punto vieron á un hombre alto, robusto, de rostro tostado, envuelto con una manta, porque el frio era intenso en aquellos lugares. Un momento despues, el de las provisiones platicaba con el desconocido, luego le entregó el cesto y se despidieron. Entonces el desconocido se encaramó en un elevado pino, desde donde dominaba todo el trecho que debia recorrer el proveedor. Porque tampoco este se fiaba del otro. Bajó despues y se puso en marcha por una senda muy distinta de la que habia seguido á su venida. El sub-cabo comenzó entonces á seguirle tomando las más esquisitas precauciones, cortando ramas y arbustos por dejar el camino señalado para los otros dos *mozos* que debian seguirle á una distancia regular. El desconocido iba internándose en lo más espeso de un bosque, cuando repentinamente se detiene, mira por todos lados, y desaparece como si la tierra se lo hubiese tragado.

—Alli estará la cueva, decia el sub-cabo, esperemos á mis compañeros.

Llegaron estos y los tres se dirigieron al lugar de la desaparicion, con las precauciones más esmeradas. Pero ¡cosa rara! no veian el menor indicio, la seña más insignificante que les pudiese servir de guía para lo que buscaban. Dos horas hacia que se practicaba el exámen, y nada, absolutamente nada encontraron que los orientase. Entonces el sub-cabo hizo una señal á los *mozos*, y todos se retiraron y escondieron entre las malezas, en un punto desde el cual podian ver y observar. Eran ya las cuatro de la tarde cuando repentinamente aparece otra vez el hombre como por encanto. Al momento sub-cabo y *mozos* se arrojan contra él y le intiman la voz de *alto*. El hombre se detiene, y espera con la mayor calma.

—¿Quién eres? le pregunta el cabo.

—Un vecino del pueblo de Asquirol.

—¿Tu nombre?

—Pablo Vergas.

—¿Tu oficio?

—Leñador.

—¿De dónde vienes?

—Del bosque inmediato.

—¿Qué venias á hacer aquí?

—Toma! á recoger leña!

—¡Mientes!

—¿Cómo?

—Te digo que mientes. Esta mañana, á las diez, en el cerro del God, has recibido un cesto de provisiones. Te has subido en lo más alto de un pino para atisbar la marcha de tu proveedor; despues has llevado estas provisiones á un ladron que está enfermo en el lugar que tú solo sabes.

—Enterados estais; y puesto que todo lo sabeis, es

escusado hablar más. Ahí me teneis, fusiladme, haced lo que mejor os parezca.

Y diciendo esto se arrodilló con la mayor calma.

—No tratamos de fusilarte, al contrario, te dejaremos libre con tal que nos enseñes la cueva ó punto donde está el ladron que buscamos.

—Jamás...

—¡Mira que juegas tu vida!

—Ya lo se.

—Mira que no salvarás á tu amigo, porque muerto tú, ¿quién le proveerá de lo necesario? De todos modos nosotros no abandonaremos este puesto, asi es, que nadie le podrá socorrer.

—¿Qué importa? Morirá de hambre y frio, pero nunca por haberle hecho yo traicion.

Diciendo esto se puso otra vez arrodillado.

—Es un pillo redomado, decia el sub-cabo. Atadle.

Luego comenzó uno de los *mozos* á registrar de nuevo el lugar, hiriendo el suelo con la culata de la carabina. El sub-cabo observaba atentamente al preso. Este, apesar de su estudio en hacerse el indiferente, de cuando en cuando dirigia sus miradas hácia aquel *mozo*. Los ojos le hicieron traicion. Levantóse repentinamente el sub-cabo y se dirigió á un punto distante unos seis pasos. Hiere con la culata de su carabina una enorme piedra que habia allí. El desconocido se pone pálido y perturbado. Entonces el sub-cabo, ausiliado por uno de los *mozos*, intenta remover la piedra, y ésta cede al momento jirando sobre si misma, y dejando un boqueron por el cual podia pasar un hombre con algun trabajo. Viendo esto el sub-cabo se acercó al preso y le dijo:

—Ya lo ves, todo está descublerto.

—Pero nunca podreis decir que yo haya hecho traicion.

—No por cierto: pues dinos ahora la verdad, y aun puedes salvar la vida.

—Os la diré, puesto que ya nada puedo hacer por el enfermo.

—¿Cuántos hay en la cueva?

—Uno solo.

—¿Cómo se llama?

—Vernet.

—¡Vernet!! justos cielos, sin buscarle á él, ha caido en nuestras manos.

—Os advierto que está muy malo, malísimo. Os confieso que en cierto modo causa lástima.

—¿Y por qué?

—Porque dice que siempre ve fantasmas, demonios y aparecidos. Grita y se desespera como un condenado. Los Perotets, dice que no le dejan un solo momento.

—¿Y cómo se entra en la cueva?

—Dejándose caer por aquel agujero.

—¿Hay luz dentro?

—Sí la hay.

—Vamos, dijo el sub-cabo, y se deslizó por el agujero.

Por un momento quedó en la más completa oscuridad, mas al cabo de un rato vió la claridad de una lámpara en lo más hondo de la cueva.

Dirigese allí, y se encuentra en una especie de sala subterránea de alguna capacidad. En uno de sus estremos vió una camilla, en la cual habia un hombre acostado.

—Mátame, le dijo, asi que vió al sub-cabo.

—Por qué te he de matar?

—¿Tambien tú, como el otro, tienes compasion de mí? Maldita compasion!... ¿Creeis hacerme un favor dejándome esta vida espantosa é infernal, cuando yo solo deseo la muerte? Pero ya que no me quieres matar yo te obligaré á ello.

Y diciendo esto disparó con mano débil una de las pistolas que tenia junto á sí. Iba á disparar la otra, cuando el sub-cabo lo tenia ya cogido y sujeto.

—Si tanto querias la muerte ¿por qué no te has muerto teniendo armas?

—Porque, apesar de todo, me ha faltado el valor.

—Probemos si te puedes levantar, para seguir con nosotros...

—Eso no lo lograreis.

Y diciendo esto comenzó á luchar con el sub-cabo con una fuerza que parecia increíble en vista del estado en que se hallaba. El sub-cabo hizo bajar entonces á uno de los *mozos* y ambos pudieron por fin sujetar al enfermo, y llevándolo entre sus brazos emprendieron la salida. Pero asi que con muchisimo trabajo pudieron sacar al bandido fuera de la cueva, éste bajó su cabeza y cerró sus ojos para no abrirlos más. Vernet habia espirado. La impresion súbita del aire frio y helado que reinaba fuera de la cueva, precipitó su muerte.

Tal fué el fin de aquel infame. Solamente pocos dias sobrevivió al doble asesinato de los infelices Perotets. El castigo de Dios hizo sentir pronto sus terribles efectos.

IV.

SECUESTRO Y ASESINATO DE LOS SRES. D. MAGIN MORERA, DON JUAN VILA, D. MARIANO PRATS, D. PABLO LLOVET, DON JOSÉ CANELLA Y D. MARIANO BRUFAU.

Dichos sugetos, vecinos todos de Santa Coloma de Queralt, regresaban alegres y satisfechos de la feria de las Borjas, cuando á la caida de la tarde del dia diez y nueve del mes de enero, fueron detenidos por una partida de bandidos á unas cuatro horas de distancia de Santa Coloma. A la voz de *alto* pronunciada con aquel tono amenazador é imponente de los foragidos, todos se detuvieron. Pero dió la casualidad que uno de los detenidos, llamado D. Mariano Brufau, no obedeció aquella órden con la puntualidad que exigian los infames Casulleras y Marimon, quienes, dirigiéndose á dicho caballero, le derribaron de su cabalgadura y le cosieron á puñaladas dejándole por muerto. Mas no lo era en realidad, puesto que, recogido y reconocido más tarde por los que iban en somaten, salvó su vida. Tan cierto es que muchas veces, lo que á nosotros nos parece una desgracia, la divina Providencia la convierte en nuestro bien. En seguida mandaron á todos los detenidos que se apeasen, y habiéndoles vendado los ojos, los hicieron andar por el espacio de algunas leguas. Ni los presos ni los bandidos pronunciaron una sola palabra durante aquella trabajosa y pesada jornada. Por fin se detuvo la comitiva, y entonces, habiendo ordenado á los presos uno por uno que se agachasen, fueron introducidos en un subterráneo, segun ellos creian, de bastante capacidad. Un momento despues les quitaron las vendas, y pudieron ver que ocupaban lo más profundo de una espantosa cueva.

—Ya veis en donde os encontrais, les dijo entonces Casulleras, creo que conocereis que no os queda otro remedio, sino hacer lo que os vamos á ordenar.

—Estamos dispuestos á obedeceros en todo.

—Pues bien: escribid una carta á vuestras mujeres y familia y decidles que dentro de tres dias han de haber entregado seiscientas onzas por vuestro rescate, y con esta cantidad quedareis todos libres.

Por esto uno de los bandidos había ya dispuesto una mesa pequeña y tosca con todos los utensilios necesarios para escribir. Escrita la carta y firmada por todos los presos, el capitan la tomó y la examinó con la mayor atencion y escrupulosidad.

—¡Pobres de vosotros, si habeis puesto alguna señal de traicion en ese papel!...

Esta carta fué colocada detrás de la puerta de la casa de uno de los presos, situada en el centro de la villa. Pero se pasaron los tres dias, y no venia la contestacion. Hasta entonces los presos habian esperimentado un trato regular por parte de los bandidos; se les habian servido todos los dias un almuerzo, compuesto de dos platos y postres y una comida de un buen puchero, un principio y postres. No se les habia insultado de hecho ni de palabra, pero tan pronto como finió el plazo señalado y no pareció el dinero, las cosas cambiaron enteramente. Comenzaron á insultarles de todos modos, al principio solamente de palabra, luego con golpes, azotes y aun cuchilladas. Las dos comidas se convirtieron en una, compuesta de una ligera sopa y un pedazo de pan negro. Aquella vida era peor que la misma muerte, á la que invocaban los presos á cada momento, pidiendo á Dios que pusiese término á tan terrible martirio. Así

El bandido espiró, apenas fué sacado de la cueva

pasaron tres dias y tres noches; en el cuarto Casulleras les habló en estos terminos:

—Vuestras mujeres y parientes son unos infames, pues prefieren que murais en medio de los más atroces dolores antes que soltar las seiscientas onzas que les pedimos.

—Tal vez no han recibido la carta.

—Vaya si la han recibido. ¿Pensais que nosotros no lo sabemos todo? Ahora os diré que vuestra vida pende de un hilo, escuchad: nosotros sabemos que el comandante militar de Santa Coloma tiene intencion de levantar el somaten contra nosotros. ¡Pobres de vosotros si comete semejante disparate! Desde ahora para entonces, os juro que sereis degollados en las mismas puertas de Santa Coloma.

—Pero, ¿qué culpa tendremos nosotros? ¿Acaso está en nuestra mano el detenerlo?

—Lo mismo da. Lo que os aseguro y juro, es que sereis degollados si aquel militar, desoyendo los consejos del cabo de las ESCUADRAS que le dice á cada momento que no haga tal cosa, llega á levantar el somaten apesar de estos consejos.

—¿Y nosotros no podriamos hacer algo para detener esta medida?

—Sí tal: y á este objeto he venido para proponeros lo siguiente: por los exactos informes que he tomado de todos vosotros, resulta que José Canella, es entre todos el de ménos recursos y bienes de fortuna. A este pues, le daremos libertad con las debidas prevenciones. Una vez que esté en Santa Coloma debe avistarse con vuestras familias, pintándoles el estado de desesperacion en que os hallais, y sobre todo debe decirles, que estais sentenciados á muerte desde el momento en que se levante el somaten. Por consiguiente debe convencerles de la imperiosa necesidad que hay de entregar las seiscientas onzas sin ruido ni boato. Si el cumple bien con este encargo, y vuestras familias os aman, dentro de dos dias podreis estar en vuestras casas. Pero si desgraciadamente se alborota la cosa y no viene el dinero, ya lo sabeis; irremisiblemente sereis degollados. Os dejo para que os despidais de Canella.

La escena que pasó entre los presos despues de la salida del bandido, fué una de las más tiernas é interesantes. Todos abrazaron tiernamente al afortunado Canella, quien muy pronto iba á verse libre de la canalla, y en el seno de su familia.

—¡Dichoso V.! le decia uno

—Abrace V. á mi mujer é hijos... esclamaba otro.

—Diga V. á nuestras familias que si no entregan pronto el dinero, vendrá tarde el remedio.

—Nadie mejor que V. les puede pintar nuestra desesperada situacion.

—Dígale V. á mi mujer é hijos, que no se espanten, que dén el dinero. Ya ganaré yo más una vez puesto en libertad.

Todo esto iba acompañado del llanto y lamentos de todos incluso Canella. Solo dos hombres, es decir, dos mónstruos presentes á tan desgarradora escena, no solo no lloraban, sino que gozaban en ella. Estos eran los dos bandidos que los guardaban en aquellos momentos. Hasta el dia siguiente á la caida de la tarde no salió Canella de la mazmorra. A esta hora entró el capitan y tres bandidos más. Uno de estos vendó los ojos de Canella, y en seguida tomándole por la mano se puso en ademan de partir. Antes, sin embargo, los presos pidieron permiso para abrazarle por última vez y asi se hizo. Canella dijo entonces al capitan:

—Una gracia quiero pedir, y ● que durante el tiempo que yo necesite para cumplir con mi comision, no se maltrate más á mis compañeros.

—Esto no puede ser, contestó resueltamente el capitan.

Sin embargo, realmente durante aquellos dias se les dió mejor trato. Pero el bandido, con toda intencion, quiso que Canella se marchase persuadido de lo contrario, porque asi pensó que seria más eficaz y activo en el cumplimiento de su cometido. Dejemos por un momento á los presos en su lúgubre y triste morada, sufriendo los rigores del frio, del hambre y de los más terribles castigos, para seguir á Canella y á sus conductores. Para desorientarle completamente, tapado enteramente de los ojos, como ya hemos visto, le hicieron dar mil rodeos, marchas y contramarchas, y al cabo de una jornada de más de siete horas, se le quitó la venda y se encontró solo, junto á las puertas de Santa Coloma. Entró en la villa, y desde su casa mandó recado á las familias de los presos. Estas naturalmente se alborotaron y llenas de temor y esperanzas, se fueron á la casa de Canella, el cual las enteró de cuanto ya saben nuestros lectores. Alli tambien pasó una escena desconsoladora; las esposas lloraban por sus esposos, los padres por sus hijos, y los hijos por sus padres, de modo que los primeros momentos y aun horas se pasaron entre el llanto y las lamentaciones de unos y otros. Pero luego convinieron todos en pagar la cantidad, sin decir nada á nadie, y sobre todo, al comandante militar que lo era D. Joaquin Suarez. Pero como eran tantas las personas interesadas y que debian entender en el asunto, muy pronto, lo que debia ser un secreto pasó á ser el objeto de conversacion de toda la villa. El comandante militar lo supo tambien al momento, y entonces, con la mejor intencion, y al objeto de cumplir con las órdenes que tenia, concibió la idea de ver si podia rescatar á los presos por medio de una sorpresa. Avistase con Canella, para saber el punto poco más ó menos de la cueva en que gemian los presos. Pero como Canella habia sido conducido sin ver nada y por medio de mil rodeos, solo pudo indicar el punto en donde le habian dejado. Pero los infames bandidos habian tenido buen cuidado en dejarle en direccion opuesta al punto de su partida. En fin el resultado fué, que el comandante militar levantó el somaten, y salieron todos en persecucion de los malvados, pero precisamente en direccion opuesta al punto que estos ocupaban con los presos. En esto habia transcurrido ya el plazo concedido á las familias para el pago de las seiscientas onzas.

—Canella, decia el capitan de los bandidos, es un pillo que no se ha acordado más de vosotros. Pero tal vez él no tiene la culpa sino que la tienen vuestras familias que estiman más el dinero que á vosotros. Solo falta que pongan en movimiento al somaten, y el negocio quedará pronto terminado. Desde aquel dia los insultos de palabra y hecho se duplicaron. A cada paso, les decian: «sois unos bastardos abandonados, cuyos parientes, conociendo lo que sois y valeis, prefieren que os matemos antes que dar un cuarto.» Asi se pasaron algunos dias más. El dia 9 de febrero por la tarde, el capitan entró en la cueva. Sus ojos brillaban como los de una fiera próxima á devorar sus victimas.

—Todo acabó, dijo en seguida con tono desesperado. Ellos lo han querido, ellos lo llorarán.

Los presos estaban como atontados, sin saber lo que les pasaba. En esto entraron cuatro bandidos con unos pañuelos en la mano.

—Tapadlos bien, dijo el capitan....

Asi lo hicieron.

—Daos la mano los unos á los otros.

—Seguid ahora, dijo un bandido, que teniendo asida su mano con la del preso que ocupaba el primer anillo de aquella cadena, comenzó á caminar.

A poco los presos conocieron que habian salido de la caverna. Uno de ellos temblando preguntó:

—¿Podriamos saber á dónde vamos?

—¿Ois ese ruido de campanas?

—Bien lo percibimos.

—Tocan á somaten, y ya sabeis lo que os tenia prometido para cuando llegase ese caso.

—Piedad... piedad... dijeron aquellos desventurados arrojándose á sus piés de los verdugos.

—Eh! basta... dijo el capitan, en marcha; y efectivamente emprendieron la marcha.

Cinco horas anduvieron aquellos infelices, sin que los bandidos contestasen nunca á sus preguntas, promesas y proposiciones que les hacian. En esto oyeron el reloj de la villa de Santa Coloma tan de cerca, que les pareció que estaban casi dentro de la poblacion. El reloj señalaba las dos de la madrugada. En efecto solo distaban un cuarto de hora escaso de Santa Coloma en medio del camino que conduce desde dicha villa á Pontils. Entonces oyeron el murmullo de los bandidos que hablaban entre si en voz muy baja. Aquellos momentos eran supremos para los desgraciados presos. Como buenos cristianos, habian pedido confesion, durante el camino, pero ni respuesta habian merecido. Entonces llorando se habian confesado con Dios pidiéndole perdon por sus pasadas faltas. Desde aquel momento estaban ya más resignados. Repentinamente oyen la voz del capitan que decia:

—No conviene disparar de ningun modo, pues ya veis que solo distamos un cuarto de hora de nuestros enemigos.

—Pues manos á la obra. Y en seguida los presos se vieron asidos fuertemente por los bandidos, quienes los degollaron bárbara e inhumanamente segun la sentencia del feroz capitan de la canalla. Dos horas despues, un llanto general entre los honrados vecinos de Santa Coloma anunciaba al mundo el sentimiento y dolor que habian causado aquellos espantosos asesinatos. Todo el pais pedia venganza contra tan infernal canalla. El terror y espanto reinaba por todas partes. Los bandidos, despues de haber perpetrado un delito tan atroz, temiendo la persecucion de los *mozos*, hicieron una marcha de muchas leguas, trasladándose al campo de Tarragona, en el pueblo llamado *Pla de Cabra*. Con esta contramarcha dejaron desorientados á los *mozos* y más que más, cuando una vez llegados á dicho pueblo durante las horas de la noche, se escondieron en una casa de uno de los suyos sin dejarse ver de nadie por el espacio de muchos dias. Allí trazaron otro plan de asesinato, cuya ejecucion les costó muy cara como se verá en el capitulo siguiente.

V.

Algunos dias despues de los acontecimientos horrorosos que acabamos de referir, el valiente, activo y honradísimo cabo de las Escuadras de *Arbós* D. José Antonio Vidal, despues dignísimo comandante de las Escuadras, entraba á la caida de la tarde en el pueblo de *Bell Prat*, término de Igualada, con los *mozos* de su mando. Hacia siete meses que ni él ni ninguno de los *mozos* descansaban un solo momento, entregados enteramente á la persecucion de aquella terrible cuadrilla de malvados. Al entrar en *Bell Prat*, el cabo ya espresado, separándose un poco de los *mozos* se dirigió á la rectoría, por ser muy amigo del señor rector que lo era entonces el virtuoso sacerdote Mosen Martin Sanjust, con objeto de verle y de saber tambien si tenia algo que comunicarle. Despues de haberse saludado los dos amigos con el mayor afecto, medió entre ellos el siguiente diálogo:

—¿Qué tenemos de nuevo, señor cura?

—Cosas de muchisima importancia, pero que ante todo es menester que yo pueda contar con el más esmerado sigilo.

—Ya sabe V., amigo mio, que las Escuadras en esta parte son un verdadero confesonario.

—Ya lo sé: pero la revelacion que voy á dar ahora es tan espinosa y sembrada de compromisos, que solamente á V. puedo hacerla con seguridad.

—Hable V., y cuente con mi sigilo.

—Voy á satisfacer á V. y á cumplir con un deber de conciencia. Ya sabe V. que jamás me he metido en cosas de partidos, porque para mi, no hay más que hombres en el mundo con todas sus miserias y pecados. Así es, que lo único que he hecho siempre, ha sido encomendarlos todos á Dios y pe-

dirle que los ilumine y nos dé la paz y tranquilidad que tanto necesitamos. Mas ahora no se trata de hombres pertenecientes á ese ó á aquel partido político, sino de unos verdaderos foragidos y malvados que, disfrazados con nombre de carlistas, solo son en el fondo y por sus obras unos ladrones y asesinos de profesion. Ya conocerá V. con esto, que me refiero á los infames Casulleras, Marimon y su partida. Ellos asesinaron á los Perotets, á los infelices que regresaban de la feria de las Borjas; ellos, en fin no tienen otra enseña que la del asesinato, incendio, robo y esterminio. Dios mismo, pues, ordena á todos los hombres de bien que contribuyan al esterminio de esos hombres, cáncer espantoso que quiere corroer y corroe á la sociedad.

—Es cierto, amigo mio, y V. prestará un gran servicio al público, revelando lo que sepa con respecto á esos mónstruos.

—Escúcheme V. con atencion. Esos infames han estado ocho dias escondidos en casa de uno de ellos á quien V. ya conocerá.

—¿Cómo se llama?

—Canaria.

—¡Ah!... ¿Canaria? Entonces habrán estado en el *Pla de Cabra*, porque el tal bandido es natural de aquel pueblo.

—Efectivamente, allí han estado ocho dias, y de allí han salido bien provistos de pan de Valls, pescado y otras provisiones. Luego han estado en casa Tudó. Su plan actual, es como todos los suyos, infernal y digno de sus autores. Quieren asesinar al alcalde de Rubió, mañana mismo, que es la fiesta mayor de dicho pueblo, cuando salga del oficio divino. El pretesto de este terrible crímen, es vengarse de dicho alcalde por haberles levantado el somaten la última vez que pasaron por allí. Desde luego, dicen ellos, como el comandante de los *mozos* y demás cabos son unos demonios para nosotros, acudirán allí, pero será tarde ya, porque nosotros nos habremos replegado otra vez, por este mismo pueblo *Bell Prat*, desde donde nos dirigiremos á nuestra inespugnable guarida situada en medio de los escabrosos bosques que separan á los pueblos de Vall Espinosa y Santa Perpétua. De este modo burlaremos la grandísima vigilancia que ejercen los *mozos* contra nosotros, en virtud de la cual, nos tienen materialmente cercados por todos lados. Ahora, añadió el buen cura, ya sabe V. todos sus planes, y yo he cumplido con un penoso deber de conciencia.

Inmediatamente el cabo, habiendo dado las más espresivas gracias al virtuoso sacerdote, se despidió de él despues de un afectuoso apreton de mano.

Sin pérdida de tiempo, el cabo que conocia la grandísima importancia de la confidencia, y sobre todo, del delicado tino y sigilo con que debia llevarse aquel asunto, no quiso detenerse en la poblacion al objeto de ponerse por medio de escrito en comunicacion con su comandante que estaba en Copons, sino que salió al momento con los *mozos* bajo pretesto de registrar y recorrer los bosques de la montaña donde está situado el castillo de Queralt en direccion á Miralles. Así que estuvieron en lo más espeso y escabroso del bosque, el cabo pidió su maleta al asistente, sacó de ella recado para escribir y redactó á toda prisa la siguiente comunicacion:

«Acabo de saber, por medio de una confidencia de »cuya certeza no puedo dudar, que los bandidos »*Casulleras y Marimon* con su numerosa partida,

»han estado en *Bell Prat*, y despues en la casa de »Tudó, bien provistos de municiones de guerra y bo-»ca. Su plan consiste en asesinar el alcalde de Ru-»bió mañana mismo al salir de la misa mayor. En su »consecuencia esperaré las órdenes de V. hasta las »doce de esta noche en punto. Si en dicha hora no »he recibido ningun aviso ni órden de V., me diri-»giré con los *mozos* á cierto punto en el cual podré »prestar un servicio de los más importantes. Dios »guarde, etc. Señor D. José Vivé, comandante de »las ESCUADRAS.»

El servicio á que aludia el celoso cabo consistia en que, como sabia por el sacerdote el punto de re-tirada señalado por los bandidos, una vez cometido su delito, él habia formado el plan de hacerles una parada en aquel mismo punto, acabando asi con ellos de una vez. Impaciente estaba el cabo contan-do los minutos, horas y segundos, que iban trans-curriendo despues de enviado el oficio que precede. El comandante ya sabia el punto en que le habia de dirigir la contestacion que lo era la casa de Balcells, hacendado de *Bell Prat*. Pero como el tiempo urgia. y el cabo temia que no se malograse su plan, como debia suceder, si antes de apuntar el dia no estuvie-se él en el lugar de la emboscada proyectada, suce-dió que á las doce ménos cuarto no tuvo más pa-ciencia, sino que emprendió su marcha, dejando sin embargo dicho en la casa, que era de confianza, que si al dar las doce recibian algun oficio ó recado. se lo remitiesen inmediatamente en direccion al pueblo de Pontils, confiado que lo alcanzarian antes de llegar á dicho pueblo. Efectivamente, apenas ha-bian andado un cuarto de hora penetrando por los bosques llamados *den Pany*, oyeron el ruido de pi-sadas de uno que venia en direccion hácia ellos. El cabo y los *mozos* se escondieron entre unas malezas, y asi que el desconocido estuvo muy cerca de los *mozos*, el cabo salió y apuntándole su trabuco, le intimó la voz de alto.

—¿Es V. D. José Vidal? dijo el desconocido.

—Sí lo soy.

—Entonces vengo á decirle que inmediatamen-te regrese V. á casa Balcells, donde su comandante, que acaba de llegar, le está esperando.

Inmediatamente el cabo y los *mozos* retrocedie-ron en cumplimiento del recado que acababan de recibir.

Asi que el comandante vió al cabo, le dijo:

—¿Cómo no se ha esperado V. hasta las doce, á tenor de lo que me decia en su oficio?

—¿Qué quiere V. que le diga, mi comandante? Estaba impacientísimo; así es, que despues de los tres cuartos para las doce, no he podido esperar más. Crei que V. no llegaria sino hasta más tarde.

—Sirvale sin embargo de aviso para otra vez. Siempre que dé V. hora fija, no se mueva hasta pa-sada dicha hora. Pero vamos al caso, ¿es cierta la noticia que V. me dá en su comunicacion?

—Indudable.

—¿Tanta confianza tiene V. en su confidente?

—No la puedo tener mayor.

—¿No puedo saber quien es éste?

—Mi comandante, me disimulará. pero he empe-ñado mi palabra de honor de no revelar su nombre á nadie.

—¿Ni al comandante?

—No he hecho escepcion de nadie.

—Tal vez el mismo confidente convendria en ello.

—Esto es otra cosa. Si él conviene no solo diré su nombre sino que hasta le pondré á V. en relacion con él.

—¿En dónde se halla?,

—Tampoco puedo revelarlo.

—Entonces vaya V. con tal que pueda regresar pronto.

—Voy allá.

—¿Por qué va V. solo? ¿por qué no toma cuatro *mozos*?

—Porque esto seria comprometer al confidente.

—Sin embargo, la canalla está cerca, y V. solo.....

—No hay cuidado, traigo mi trabuco y sable, y ya sabe V. que estos son buenos ausiliares.

En seguida el *cabo* se dirigió hácia la rectoria de *Bell Prat* separada enteramente de la poblacion. Una piedra arrojada á la ventana, segun señal convenida avisó al párroco de que ocurria algo que comuni-carle.

—¿Quién va?

—¿No me conoce V.?

—¡Ah!... si: y al momento se abrió la puerta y se saludaron los dos amigos.

—Mi *comandante* acaba de llegar y está en casa Balcells. Ha venido en vista de una comunicacion mia en que le daba cuenta de lo que V. me ha reve-lado, por supuesto, sin indicarle ni remotísimamen-te el nombre ni circunstancias de V.

—Asi lo he esperado siempre.

—Pero es el caso, que el *comandante* desearia sa-ber quien es el confidente, y hablarle por sí mismo, puesto que el caso es tan importante. V. puede estar seguro que si no es esta su voluntad, todo quedará del mismo modo, porque yo no faltaré á mi palabra. Pero como nuestro *comandante* es tan reservado co-mo yo mismo, é incapaz de comprometer á V., de lo cual yo le respondo, creo que no hay el menor incon-veniente en acceder á sus justos deseos.

—Tambien me lo parece, por consiguiente puede venir cuando quiera.

—Ahora mismo.

Un momento despues *cabo* y *comandante*, asidos del brazo y sin ser vistos de nadie, entraban en la rectoria. El sacerdote repitió la relacion que ya co-nocen nuestros lectores. Al momento el *comandante* y el *cabo* tomaron sus acertadas disposiciones. Se ofi-ció inmediatamente á D. José Luis, cabo de la ESCUA-DRA de San Celoni, que habia quedado al frente de los *mozos* en ausencia del comandante, dándole las órdenes é instrucciones necesarias y arregladas al plan que se habia formado. El éxito coronó la em-presa. Al dia siguiente entre once y doce de la maña-na, el alcalde de Rubió salia de la misa mayor. Los bandidos, consecuentes al plan formado de asesina-to, estaban en sus respectivos puestos. Como los *mo-zos* ocupaban todas las avenidas de la casa del alcal-de y todos los puntos más culminantes de aquel lu-gar, notaron sin ser vistos bastante movimiento de gente armada en distintos puntos. En su consecuen-cia, puestos de acuerdo con el alcalde, levantaron re-pentinamente el somaten de Rubió, y emprendieron en seguida la caza de los malhechores. Mas estos, que eran valientes y en un número considerable, rompieron el fuego contra los *mozos* y somaten, fue-go que fué contestado al momento. Trabóse entonces una lucha que fué de poca duracion, terminando con la muerte de los dos terribles capitanes de la canalla *Casulleras* y *Marimon*. El bandido *Casulleras*, fué el primero que cayó herido en un muslo. Entonces tomó asiento sobre un márgen, y con la escopeta de dos cañones en la mano, decia que queria vender cara su vida. Al propio tiempo aconsejaba á su amigo *Marimon*, y aun en voz de mando le decia: *márchate y sálvate*. Asi lo hizo éste, emprendiendo la fuga hácia un cerro, pero repentinamente se encontró frente á frente del valiente cabo D. José Luis, quien, con aquella calma y serenidad que le distinguia, le disparó su escopeta cargada de perdigones. Los ojos del bandido le saltaron de sus órbitas, y todo su rostro quedó horriblemente desfigurado, cayendo casi exánime, habiendo sido en seguida muerto por los mismos *mozos* y paisanos. Entre tanto *Casulleras* continuaba conteniendo á los paisanos del somaten por medio de su terrible escopeta. Pero el valiente *cabo* D. José Aimerich y los *mozos* de su mando, acometieron entonces contra él, despreciando sus amenazas, y el *mozo* Pedro Boronat le clavó su bayoneta pasándolo de parte á parte por medio del cuerpo. Apesar de esto, el bandido se resistió y agarrándose de la carabina del *mozo*, casi puso en peligro la vida de este valiente, que fué socorrido oportunamente por el citado cabo y demás *mozos*. Los demás bandidos pudieron escaparse, porque como los dos capitanes juzgaban el golpe tan sencillo y de fácil ejecucion, los habian dejado algo apartados, queriendo ser ellos solos los ejecutores del proyectado asesinato. Asi terminaron su criminal carrera aquellos infernales bandidos; así aquel virtuoso sacerdote contribuyó por su parte á librar á la sociedad de dos de sus enemigos más encarnizados; así en fin, los valientes cabos y *mozos* ya espresados, prestaron uno de los servicios más grandes y señalados, á más de los muchos que tenian prestados ya en su carrera. Desde aquel dia, la formidable cuadrilla de bandidos ya no fué nada de lo que habia sido. Muertos sus dos caudillos, marcharon á la desbandada sin órden, plan ni combinacion, de tal manera, que al poco tiempo perecieron todos unos tras otros á manos de los mismos *mozos*, muriendo los tres últimos en el término de Esblada á mano del somaten de Santa Coloma de Queralt compuesto de los más honrados y valientes de aquella villa, vengando de este modo el espantoso y criminal asesinato de sus paisanos. Algunas horas despues de la escena que dejamos referida, el comandante de los *mozos* y el ya citado cabo de Arbós, se hallaban situados en un espeso bosque distante unas ocho horas de Rubió, no lejos de la casa de campo llamada Mas Mari en las cercanias de Vallespinosa. A un tiro de distancia habia una casa de miserable aspecto, habitada por una familia de labradores que vivian en la mayor escasez. La casa se llama Mas Vilá y su dueño José Rosell. Sabian que aquella casa era uno de los puntos de retirada de los bandidos, y que por medio de una marcha precipitada, habian procurado tomarles la delantera. Para combinar mejor sus planes y cerciorarse de si realmente la canalla estaba citada para dicho punto, el cabo se adelantó solo y entró en la casa. D. José Antonio Vidal, con aquel tono amistoso y franco que sabia emplear para descubrir las cosas, saludó á la dueña y despues de preguntarle por su salud y la de su familia, la dijo:

—No será estraño que dentro de cuatro ó cinco dias venga á esta casa acompañado de algunos amigos aficionados á la caza ¿tendreis lugar para hospedarnos?

—¡Somos tan pobres!...

—Solo necesitamos habitacion para dormir, pues en cuanto á provisiones, las traeremos de sobras.

—V. mismo puede ver la casa.

En seguida el cabo procedió á un exámen tan escrupuloso, que pudiera confundirse con un registro. En un pequeño cuarto oscuro, hubo de notar una gran cantidad de pan blanco, tocino fresco, huevos y vino, y esto le bastó para confirmar sus sospechas.

—¿En dónde está tu marido?

—Ha salido, pero volverá pronto.

—Pero bien, ¿en dónde está?

—Si se lo digo á V., se va á reir de nosotros...

—¿Por qué me he de reir?

—Porque V. sin duda no creerá en lo que nosotros creemos.

—¿Y por qué nó?

—Pues bien: sepa V. que hace algunos dias que nuestra burra está enferma, y su enfermedad es de aquellas que no cura el albéitar.

—¿Qué enfermedad es esa pues?

—Está embrujada...

—¿Y quién la ha embrujado?

—No lo sabemos á punto cierto, pero lo sospechamos. Mi marido ha ido á ver un ermitaño muy santo y devoto que cura de brujería, pero para esto es menester que la pobre bestia hechizada esté presente.

—¿Y cómo cura?

—Por medio de ciertas oraciones, cruces y agua bendita.

—¿Y cuánto hace pagar por sus remedios?

—Segun el grado de embrujamiento en que se halla el animal, y tambien segun la fortuna del dueño y las cualidades de la bestia.

—¿Y son muchos los que acuden á la ermita con sus bestias?

—Muchísimos, á veces van rebaños enteros de ovejas, cabras y bueyes.

—¿Segun esto las brujas infestan á todo un rebaño?

—Ya lo creo.

—¿Y cómo conoceis que ha cesado el hechizo?

—¡Ah!.. señor, el mismo animal ó animales lo demuestran......

—¿Cómo?

—De mil maneras; regularmente vienen de la ermita más contentos de lo que estaban á la ida, luego recobran el apetito y otras señales que yo no recuerdo.

—¿Y basta una sola visita á la ermita para la curacion?

—No señor, á veces es menester repetirlas.

—¿Y todos curan?

—No señor, porque cuando la enfermedad ha llegado á cierto grado, el demonio no quiere ceder su presa, por más esfuerzos que emplee aquel santo.

—¿Segun esto el ermitaño ganará mucho dinero?

—Yo lo creo, pero todo lo invierte, segun él dice, en obras piadosas, pues, añade, que solo asi puede conservar su poder contra las brujas y el demonio.

—¿Y vosotros teneis noticia de esas obras piadosas?

—No señor, porque dice que deben hacerse léjos del lugar, pues en él sucederia que el demonio las desvirtuaria.

—Entonces, os digo, que ese ermitaño es un tuno redomado, un estafa, un embaucador, que os esplota y saca el dinero infamemente.

La mujer se santiguó al oir lo que ella calificó de sacrilegios contra un hombre tan santo. ¡Lo que puede la ignorancia! Sin embargo, nada hemos exagerado. Los que conozcan al comandante actual de las Escuadras saben que es incapaz de exagerar y persona de entero crédito y confianza. Por otra parte ¿qué cosa hay de particular en esto, cuando está sucediendo otro tanto en las grandes poblaciones y ciudades? ¿Cuántas personas, cuántas señoras de alto tono no consultan en Barcelona mismo con mujerzuelas que viven de adivinar por medio de la baraja, lo pasado, presente y porvenir? ¿Cuántas personas no tienen más fé en los embrollos de ciertas curanderas de brujeria, que en los médicos más afamados? Y siendo esto innegable ¿qué tiene de particular que la sencilla gente del campo, que vive tan aislada y separada de la sociedad, crea que su *burra* puede estar hechizada? Para nosotros, tan absurdo es creer que lo pueda estar una persona como que pueda ser victima de ello un irracional. Pero ya que sabemos que nuestro libro es leido por aquellas gentes sencillas y separadas del trato de los hombres, puesto que contamos muchos suscritores entre ellas, les daremos algun aviso y consejo sobre este particular. Es un absurdo y hasta un pecado, el creer en semejantes supercherías. Las enfermedades todas, sin el ausilio del arte, y solamente por un acto de su omnipotente voluntad, solo puede curarlas aquel Dios que curó al paralitico é hizo resucitar á Lázaro. Si os hallais enfermos vosotros ó vuestros animales encomendaos á Dios y pedidle la salud si os conviene, ya directamente á él, ya por medio de la intervencion de su santisima Madre y los santos que venera la Iglesia. Pero al mismo tiempo llamad al médico y aplicad al enfermo los remedios que os prescriba, pues este mismo Dios, manda que nos ayudemos por nuestra parte, pues él de seguro siempre nos ayuda, porque como buen padre jamás desampara á sus hijos. Es no solo un absurdo sino hasta una blasfemia suponer en los brujos, brujas y demonios un poder superior á Dios, contra el cual pueda estrellarse, como quieren suponer esos embaucadores y embusteros. Ellos no son más que unos estafas que esplotan vuestra credulidad é ignorancia. No confundais á esos hombres que solamente curan por medio de cruces y fingidas oraciones, con alguno de aquellos que realmente poseen el secreto de la virtud de alguna planta ó especifico para curar ciertas y determinadas enfermedades. Pero aun respecto de estos, debeis proceder con bastante cautela. Volviendo á nuestra historia diremos que entonces llegó José Rosell, que era el marido de aquella mujer y el dueño de la casa. Realmente venia con la burra, y en su semblante se revelaba la tristeza y abatimiento. Su mujer hubo de notarlo, porque le preguntó, apesar de cuanto le acababa de decir el cabo:

—¿Qué ha dicho el santo?

—Que hemos ido tarde.

—¿Y no lo podrá librar?

—Hoy á lo ménos no ha podido, y esto que el pobre ha trabajado y sudado bastante, pero mañana ha de volver.

—Vamos, dijo el cabo, dejémonos de hablar de la burra, y de ese embustero de ermitaño que os sonsaca el dinero con tanta maña. Os he de hablar á solas.

Y diciendo esto se llevó al dueño en lo interior de una de las pequeñas habitaciones de la casa.

—Todo lo sé, le dijo, vuestra mujer me lo ha confesado.

—No entiendo nada.

—Digo que la mujer ha contado que han de venir á cenar aqui, y que les teneis prevenida una cena compuesta de tocino fresco, huevos y pan blanco. Yo mismo he visto esas provisiones, por consiguiente, si quereis salvaros, decidme la hora y punto en que han de venir, de lo contrario, ya sabeis que segun el bando del general Espartero de 1.º de julio de 1840, deberiais ser fusilado como encubridores de malvados.

—Yo no sé nada, absolutamente nada.

—Pero ¿y esos panes? ¿y ese tocino?

—¿Qué tiene que ver eso? Cobré una partida de dinero que creia perdida, y he querido celebrar asi esta buena fortuna con mi familia, regalándolos con pan blanco y tocino.

—Esto no es verdad. Tened cuidado, que os va la vida. Si me lo confesais, diré que me habeis dado la confidencia libre y espontáneamente, y aun recibireis una recompensa, pero si os obstinais, morireis como cómplice y encubridor. Nuestras órdenes son terminantes.

—Digo que no sé nada, y ya podeis hacer de mí lo que os dé la gana.

El cabo, viendo semejante obstinacion, dejó encerrado al marido en aquella habitacion, y dirigiéndose á la mujer la dijo:

—Tu marido me lo ha confesado todo: me ha dicho que esta noche han de venir aquellos mismos que ya cenaron aqui dos dias antes, pero no recuerda el número de los que han de venir; creo que tú lo sabes, dimelo pues al instante y no temas nada.

—Yo nada sé y nada he visto.

—Pero si hasta me ha enseñado tu marido el pan blanco y el tocino?

—Yo no sé nada, contestó la mujer, confundida por esta última interpelacion.

—Mira, si te obstinas en negar, la pagarás cara.

—Haga V. lo que quiera; yo nada sé absolutamente.

El cabo comenzaba ya á incomodarse. Tenia un convencimiento intimo de que aquella gente le engañaba, pero á él le convenia una confesion franca en vez de tan obstinada negativa. Encerró á la mujer en otro cuarto, y se dirigió á los niños, hijos de la casa, que jugaban en la entrada de la misma. Eran en número de cuatro, contando el mayor solamente nueve años.

—Ola, chiquillos ¿á qué jugais?

Los niños no contestaron, y le miraron con aquel recelo propio de los que han sido educados en un desierto.

—Vamos, añadió el cabo, yo os daré algunos cuartos para que jugueis y os compreis alguna cosa el dia de la feria de alguno de esos pueblos.

Los niños tomaron el dinero y comenzaron á mirar con ménos recelo al cabo.

—Decidme, aquellos señores que vinieron el otro dia ¿no os dieron unos cuartos que yo les entregué para vosotros?

—No, señor, contestó el más grandecito.

—¿Acaso no estabais aqui cuando ellos vinieron?

—Si señor, pero nuestra madre nos hizo ir á la cama.

—¿Y no cenasteis con ellos?

—No, señor.

—¿Y no os dieron nada al dia siguiente?

—Ya estaban fuera cuando nos levantamos.

—¿Y vuestra madre no os dió alguna cosa?

—Si señor: pan blanco y tocino.

—Decidme, ¿aquellos hombres llevaban armas como esta?

—No señor: sino que llevaban armas cortitas y negras.

—¿En dónde cenaron?

—En la cocina.

—¿En dónde tenian las armas mientras cenaban?

—En aquella tina que sirve para la colada, junto al hogar.

—¿Llevaban sombreros como estos?

—No, señor: sino que unos llevaban gorras, otros pañuelos y dos monteras.

—¿Y el vestido era como el nuestro, con ese capote y demás prendas?

—No señor, sino que llevaban mantas, y vestian de otra manera.

El cabo entonces interrogó de nuevo al dueño, pero apesar de haberle hecho presente que todo lo sabia, de haberle esplicado todo lo que pasó con todas sus circunstancias, aquel hombre obstinado se negó siempre á confesar.

En esto el cabo se fué al punto donde estaba el comandante y los *mozos*, y esplicó á éste todo lo que habia pasado.

—Vamos allá, dijo el comandante, y habiendo llegado mandó atar al dueño y le dijo:

—Ya que tú mismo lo quieres, tú mismo lo llorarás. En Santa Perpétua serás fusilado á tenor de los bandos vigentes.

Aquel hombre no contestó, se dejó atar y conducir sin pronunciar una sola palabra. En esto entró la noche, pero ni entonces ni despues parecieron los bandidos. Era evidente que debian recibir algun aviso ó señal por parte del dueño de la casa, mucho antes de llegar á ella, pero como el tal dueño prefirió ser preso y quizás fusilado, antes que confesar, por esto se frustró un golpe tan bien combinado. Al dia siguiente el preso José Rosell fué pues-

to en capilla en Santa Perpétua. El bando ya citado era terminante. Sin embargo, ni el comandante ni el cabo tuvieron jamás intencion de fusilarle. Sabian que, prescindiendo de este hecho, era un hombre de bien que jamás se habia metido en nada, así es, que se hacian cargo de las circunstancias especiales que le obligaban á negar. Él ignoraba que *Casulleras* y *Marimon* no existiesen ya, y como sabia que si les hacia traicion, moriria él y su familia, pues asi se lo tenian prometido, por esto preferia morir solo, antes que esponer su esposa é hijos. Al dia tercero de estar en capilla, y pocas horas antes de la en que debia tener lugar la ejecucion, el comandante y el cabo entraron en la capilla para comunicarle la noticia de su perdon. Le encontraron tan sereno y tranquilo como un hombre á quien nada le sucede de particular. El comandante le dijo:

—Mira, como sabemos que eres un hombre de bien y honrado padre de familia, he determinado perdonarte. Desde ahora quedas en libertad.

—Gracias, señor comandante, pero antes que á V. se las debo dar á Dios y á San Magin, por cuya intercesion he logrado el perdon.

—No te entiendo.

—Como sabia que nunca habia hecho mal á nadie, y que si habia tenido en mi casa á los malvados, era impelido por la fuerza, siempre confié en Dios y en San Magin, al cual profeso una devocion particular. Hice pues, un voto de visitar su ermita á pié descalzo y llevarle un retablo ó *ex-voto* en que se esplicase este nuevo milagro. Desde aquel momento no dudé un solo instante de que San Magin me salvaria, y ya vé V. como no me he engañado.

Realmente aquel hombre cumplió su promesa, y en la ermita de San Magin existe el retablo en que se dá razon de este milagro. Véase pues, como nuestra santa religion tiene consuelos reservados aun para los lances más apurados. Oh! Santa fé y confianza en Dios! tú sola puedes hacernos felices en esa tierra llena de miserias y desgracias!

SECUESTRO DEL JÓVEN D. MIGUEL RAMONEDA.

I.

Era una noche calurosa del dia 1.° de julio del año 1842. Tres hombres estaban sentados en medio de un cañaveral de la riera de Mediona. Otro hombre se les reunió, y despues de haber saludado á los otros les habló en estos términos:

—¿Venis bien prevenidos y armados?

—Como siempre, capitan.

—Hoy daremos el golpe.

—¿Estais seguro?

—No puede faltar. Tenemos un escelente confidente.

—¿Y cuánto exige?

—Veinte y cinco onzas.

—Mucho es...

—Os engañais, puesto que se trata de un golpe que nos ha de valer cuatrocientas á lo ménos.

—¡Gordo será el tal pájaro!

—Cuando sepais su nombre, direis que no exagero.

—Si es el que yo pienso, me parece muy dificil el que caiga en la trampa....

—Callad... dijo el que fué saludado como capitan.

Todos se pusieron á escuchar; efectivamente, se percibia el ruido de un hombre que caminaba hácia aquel punto. Un momento despues otro hombre se habia juntado con los que esperaban.

—Y bien.... dijo el capitan, ¿qué tenemos?

—Todo va bien: ahora mismo vengo del lugar donde se está construyendo la esclusa, y acabo de inutilizar la bomba. Antes de amanecer, le dispertaré, le diré que la bomba no puede funcionar, y él se levantará al momento y se dirigirá á la esclusa para arreglarla. Vosotros estareis apostados en lugar conveniente, lo cogereis, y negocio hecho.

—Bien combinado, amigo mio.

—¿Pero ya sabeis lo convenido?

—Ya lo sabemos: las veinte y cinco onzas en oro te serán religiosamente entregadas.

—Corriente: ahora no perdamos un tiempo precioso. Dentro de una hora se ha de dar el golpe.

Los que así hablaban y concertaban un plan tan diabólico, eran el terrible *Jaime de la Venta*, capitan de foragidos, el valiente y criminal *Salat*, natural de San Quintin, y dos bandidos más, procedentes todos de la terrible cuadrilla de *Felip*, que tanto que hacer daba en aquellos momentos á las Escuadras en los escabrosos terrenos situados entre Querós y Susqueda. El cómplice y confidente era un tal Antonio Sabater; la víctima designada era el jóven y honrado *Miguel Ramoneda*, con quien Sabater tenia relaciones de amistad y á quien *Ramoneda* habia dispensado su proteccion y favores. Entretanto el jóven *Ramoneda* descansaba tranquilamente de las fatigas del dia, bien ageno por cierto de sospechar, ni remotamente, los peligros que le cercaban. Eran las tres de la madrugada cuando fué dispertado por el traidor Sabater, notificándole que los trabajos de la esclusa no podrian continuar sino se arreglaba la bomba, que, segun él mismo habia visto, estaba descompuesta. La casa de *Ramoneda* tenia una fábrica entre otras muchas que posee junto á San Quintin, y á la sazon estaba construyendo una esclusa en la riera de Mediona para dar más fuerza é impulso á la maquinaria. El jóven *Miguel Ramoneda*, que solo contaba entonces la edad de veinte y dos años, era el que, por disposicion de su padre, dirigia aquellos trabajos. Para sacar el agua que les impedia trabajar, se habia proporcionado una bomba que *Ramoneda*, sin ser constructor de bombas, arreglaba á su modo, cuando se entorpecia su marcha. Sabater habia calculado bien: era el único modo de hacer levantar á *Ramoneda* antes de la hora acostumbrada, pues naturalmente, como jóven que era y estando cansado del trabajo del dia, le gustaba levantarse algo tarde. Pero apesar de los esfuerzos de Sabater para que se levantase, no pudo lograr su depravado intento. Por aquel dia fracasó el plan de los malvados. El ángel custodio de *Ramoneda* cubrió con sus alas su inocencia, salvándole de las asechanzas, no de sus enemigos, pues no los tenia, sino de los codiciosos de su dinero. Las cosas quedaron asi por algunos dias. *Ramoneda* continuó en sus tareas: Sabater en su fingida amistad, y los bandidos esperando nuevo aviso para otra emboscada. Pronto se presentó esta ocasion. *Ramoneda* y varios de sus amigos, en número de ocho, proyectaron una espedicion hácia Igualada, con objeto de visitar la grandiosa fábrica titulada la *Igualadina Algodonera*. Muchos dias se habló de esta espedicion, y con dos de anticipacion se fijó el dia 17 del propio mes de julio. Vino este dia, y muy de mañana *Ramoneda* y sus amigos salieron á caballo en direccion á Igualada. Entre estos figuraba el traidor Sabater, quien ni un solo instante se separaba de su binhechor *Ramoneda*, lo cual era mirado por éste y sus amigos como una prueba de amistad y agradecimiento. ¡Cuán falsos é ingratos son ciertos hombres! Nada les sucedió de particular en todo el camino hasta Igualada. Allí visitaron la fábrica ya nombrada, comieron, bromearon y se divirtieron, hasta la tarde, en que emprendieron su marcha de regreso á San Quintin. De paso por Capellades, hicieron alto, puesto que *Ramoneda* tenia alli muchos amigos y conocidos, quienes, con el deseo de obsequiarle, le rogaban que se quedase aquella noche en su compañia. Pero él rehusó el convite y se dispuso para continuar su marcha. Sus amigos de espedicion hicieron otro tanto, sucediendo que estos se adelantasen un poco, con motivo del retardo de *Ramoneda* ocasionado por el despido de sus amigos. Solamente *Sabater* no se separó de su lado. Al subir á caballo nuestro jóven, resbaló y se cayó y con este motivo sus amigos de Capellades insistian en que se quedase. En otro pais aquella circunstancia se hubiera mirado como un aviso de lo que iba á suceder. Por fin, nuestro jóven emprendió su marcha y al poco rato habia ya alcanzado á sus compañeros. En esto la comitiva llegó á la fuente llamada del *Bosch*, en donde se apearon todos para beber. Luego continuaron su marcha, pero quiso la fatal casualidad que *Ramoneda* se quedase algo rezagado de los demás, escepto de *Sabater* que le seguia como una sombra. A pocos pasos de dicha fuente estaba la emboscada de los bandidos. Dejaron pasar á los demás, manteniéndose ocultos en su escondrijo, de modo que aquellos no se apercibieron de nada. Mas asi que llegó *Ramoneda*, con el traidor *Sabater* y el mayordomo de la fábrica de D. Juan Mañé, fueron detenidos á la voz de *alto*, y en seguida se vió acometido por dos bandidos que salieron de un barranco situado á mano derecha del camino, y otro que asomó por la izquierda. Iban completamente armados y prevenidos. *Ramoneda* está dotado de mucha serenidad y sangre fria, asi es, que apesar del inminente peligro, no perdió su tranquilidad y calma.

—¿Es V. Ramoneda? le dijo el que hacia de capitan que no era otro sino Jaime de la Venta.

—Para serviros...

—Entonces debe V. apearse y seguirnos.

—No me detengais: yo os daré el dinero que llevo encima, ¿qué más quereis?

—No podemos perder tiempo; debe V. venir con nosotros.

Ramoneda se apeó, y al momento él y los dos sugetos ya nombrados fueron introducidos en unos viñedos, separados del camino. Alli preguntaron por el nombre de los otros dos y al momento pusieron en libertad al cómplice *Sabater*, dándole un recado para la familia de Ramoneda.

—Dirás, que queremos cuatrocientas onzas en oro, que nos han de ser entregadas el jueves próximo: que por cada dia que retarden el pago despues del jueves, pagarán veinte y cinco onzas por via de interés. Dirás que ese dinero nos lo han de hacer entregar por un hombre vestido de blanco, que debe recorrer desde San Quintin, hasta San Pedro Seguerra.

En seguida, reconociendo en el otro preso al mayordomo de la fábrica de Mañé, se convencieron de que no era persona de fortuna para exigirle rescate y determinaron ponerle en libertad.

—V., le dijo el capitan, tambien se puede marchar, pero antes es menester que cambie V. algunas prendas de ropa con el señor. Mire V., señor Ramoneda, con estas botas de charol que V. lleva, andaria V. con mucha dificultad por las sendas y veredas que hemos de transitar, por consiguiente cámbielas V. por las alpargatas de ese hombre.

Ramoneda obedeció.

—Tampoco nos conviene ese pantalon blanco, porque de noche se vé de léjos, déselo V. al otro en cambio del suyo.

Asi se hizo. En seguida se pusieron en marcha, guardando todos un silencio sepulcral. *Jaime de la*

Venta precedia y conducia la comitiva por las sendas más escabrosas y estraviadas. Habian andado como una hora y media, cuando á una señal del capitan, uno de los bandidos vendó los ojos de la victima con un pañuelo. En esta disposicion caminaron por espacio de cerca dos horas, al cabo de las cuales se quitó la venda al preso, despues de haberle hecho tomar asiento en el suelo. Entonces pudo conocer que él y los bandidos ocupaban un hueco completamente resguardado por una roca de grandes proporciones, debajo de la cual habia un espantoso precipicio que terminaba en la *Riera del Noya*. Entonces el sanguinario *Salat*, sacando su enorme navaja y haciéndola rozar por el cuello de la victima, le dijo:

—Mira, con esta misma navaja te cortaremos la cabeza, si tus padres no han entregado las cuatrocientas onzas, el jueves sin más tardanza.

—Podeis hacer de mi lo que querais. Soy solo y desarmado, vosotros cuatro y con armas, ¿qué quereis que haga? Pero yo creo que mi querido padre y familia, pagarán lo que pedis para salvarme.

—Si así sucede, dijo entonces *Jaime de la Venta*, todo irá bien. Pero desgraciado de ti, si la cosa no sale como esperamos.

Así se pasaron tres dias y tres noches, es decir, tres años para el desgraciado Ramoneda. Porque en efecto, ¿cuán largas no le debian parecer las horas en una situacion tan crítica y apurada? Vino por fin el deseado jueves. Dos de los bandidos salieron hácia la Riera de Mediona con objeto de recoger el dinero.

—Pobre de ti, dijo el formidable *Salat*, si regresamos sin el dinero...

Figúrense nuestros lectores, cuán grandes serian las angustias del preso en aquellas horas! Ya se consideraba muerto, y resignado en su mala suerte, dirigia sus ojos hácia el cielo, de donde tan solo podia esperar algun consuelo. Óyense pasos precipitados: los dos bandidos que custodiaban al preso, se ponen en pié y preparan sus armas.

—Si hubiese traicion, dijeron á Ramoneda, lo primero que hariamos seria darte pasaporte para el otro mundo.

—Haced lo que querais; nada puedo hacer ni contestar.

Entre tanto el ruido se percibia más cercano.

—¡Jaime!.. dijo uno de los bandidos.

—*Salat*, contestó éste.

—Son ellos, dijeron entonces los bandidos, y tomaron otra vez asiento.

Un momento despues el terrible *Salat* y su capitan estaban ya junto al preso.

—Ira de Dios, dijo *Salat*, agarrando bruscamente al preso. ¿Sabes que los tuyos se han condueido como unos infames? Ellos quieren tu muerte; pues, voto al diablo, que les daremos gusto.

Y diciendo esto, maltrataba al infeliz preso, y le decia que debia morir. No sabemos cómo hubiera terminado aquella escena, á no haberla cortado el mismo capitan, diciendo:

—Pero basta ya... discurramos un poco, tal vez podremos encontrar un medio de arreglar este asunto.

—¿Tienes inconveniente en escribir una carta á tu familia, pidiéndoles encarecidamente las cuatrocientas onzas?

—Haré cuanto me ordeneis.

—Vamos pues, á escribir. Pero es el caso que no tenemos tinta.

—¡Tinta! dijo *Salat*, pronto la tendremos sangrando al preso con el puñal.

Y diciendo esto, aquel hombre sin entrañas iba á poner en práctica la operacion.

—No hay necesidad, dijo otro bandido, deteniendo la mano de *Salat*, con pólvora y agua haremos tinta.

Así lo hicieron. El contenido de la carta se reducia á pedir encarecidamente á sus padres el que diesen las cuatrocientas onzas, pintando con los colores más vivos sus penas, peligros y amenazas. Escrita y firmada la tal carta, uno de los bandidos se encargó de darla curso. A este objeto se dirigió á la fábrica de Ramoneda, y habiendo saltado el cercado, colocó la carta frente la puerta de la cerrajeria, de modo que no podia dejar de ser vista al dia siguiente. Tan atrevidos eran aquellos bandidos. Dejemos por un momento al infeliz preso y á sus verdugos, para dar cuenta de lo que pasaba en casa de Ramoneda, y de las consecuencias que se habian seguido de la captura de su hijo. En primer lugar, el Capitan General, que lo era entonces el Excmo. Sr. Conde de Peracamps, habia prohibido terminantemente á los padres y parientes de Ramoneda el que diesen un solo centavo á los bandidos para su rescate.

«Es menester, decia aquella celosa autoridad, poner término á esos secuestros. Mientras se observe esa errónea conducta de dar á los bandidos cuanto piden, es imposible evitar el que todos los dias lloremos nuevas desgracias.»

A este objeto, publicó un severísimo bando que, con la rapidez del rayo, fué circulado por todos aquellos pueblos y lugares. Tambien ordenó la captura de todos los parientes ó allegados á los bandidos, pero como no se sabia quienes eran aquellos ni su procedencia, no podia ponerse en ejecucion aquella parte del bando. Era pues de mucho interés el saber el nombre y circunstancias de los bandidos, y este importante descubrimiento lo hizo el celoso mayordomo de la fábrica llamado José Rovira. Este, desde un principio, habia sospechado de *Sabater*, asi es, que por medio de mil rodeos, súplicas y promesas, habia probado de inducirle á que digese la verdad de lo que sabia. El alcalde de San Quintin, habia hecho otro tanto, junto con el oficial de tropa que mandaba el destacamento de dicho punto. Pero todo habia sido en vano. El traidor *Sabater* se mantenia firme en sus negativas. «Nada sé; á nadie conozco: absolutamente á nadie.» Mas apesar de tanta obstinacion, Rovira no podia desvanecer sus sospechas, y para lograrlo, pidió permiso al alcalde y al oficial del destacamento, para que le dejasen hacer una prueba.

—Hágala V., le dijeron estos, y en seguida pusieron á su disposicion cuatro soldados.

Sale con estos, y se dirige á la fábrica en que estaba colocado *Sabater*, lo prende y se lo lleva á la riera de Mediona. Allí le habla en estos términos:

—*Sabater*, sé que tú los conoces, y sé que estás en el complot. Y dime ¿cómo tienes entrañas para ver padecer y sufrir á nuestro querido Miguel? ¿qué mal te ha hecho? ¿No has recibido mil favores de su parte? ¿cómo pues se los pagas con tan negra ingratitud? ¿Él que es tan bueno y que tanto nos estima á todos? Vamos, dimelo todo, y yo te prometo que te salvaré...

—No sé nada: absolutamente nada. Si algo supiera ya lo hubiera dicho desde el primer dia.

—Pues bien, ya que eres tan obstinado, prepárate para morir... ¿Ves esos soldados? ellos tienen órden de fusilarte si no me dices lo que sabes.

—No sé nada...

—Arrodíllate...

—Preparen... Los soldados levantaron el gatillo de sus fusiles. Sabater creyó que iba de veras, y abrazándose con Rovira, le pidió perdon y declaró cuanto sabia. Al dia siguiente veinte y siete de los parientes, padres y hermanos de los bandidos estaban presos y amenazados de muerte en el caso de que los bandidos asesinasen á Ramoneda. Pero ni éste ni los bandidos sabian nada de lo que pasaba, y esperaban de un momento á otro la contestacion á la carta, esto es, las cuatrocientas onzas, las cuales no venian. La situacion de Ramoneda era cada dia más espantosa y desgraciada. Las pocas provisiones que podian recoger los bandidos, las necesitaban para su alimento, asi es, que el preso carecia hasta del más indispensable alimento. Las amenazas y malos tratos iban tambien en aumento. Notó un dia que las provisiones de los bandidos eran más abundantes, y que ellos estaban más contentos.

—Pronto se acabará tu cautiverio, le dijo el capitan, porque uno de los hombres de nuestra mayor confianza, corre el negocio, y ahora si que confiamos que todo irá bien.

El capítulo siguiente, nos esplicará esta mudanza y sus causas.

II.

RESCATE DE RAMONEDA.

Ya hemos visto que el Excmo. Sr. Capitan General habia prohibido terminantemente el que se diese un solo centavo á los bandidos, aunque se interesaba tanto por la suerte de Ramoneda como su propia familia. A este objeto, como el amaba tanto á las ESCUADRAS y tenia puesta en ese cuerpo toda su confianza, se habia dirigido oficialmente al comandante de dicha fuerza recomendándole con el más grande interes el asunto de Ramoneda. «Solamente los *mozos*, dijo, pueden salvar á ese desgraciado jóven de las garras de esas fieras en forma humana.» El comandante de los *mozos*, por su parte, habia oficiado al valiente cabo de la ESCUADRA de Arbós D. José Antonio Vidal, comandante de dicho cuerpo. A la sazon se hallaba aquel ocupado en la persecucion del foragido Ramon Felip, que con una partida de setenta malvados tenia consternado el pais situado entre Querós y Susqueda. Inmediatamente de recibir la órden de su jefe, se trasladó con cinco *mozos* á los lugares en donde se habia verificado el secuestro de Ramoneda. El comandante, al llegar, le dijo:

—Solamente V., que es tan práctico en el terreno y tan conocido y estimado en el pais, puede sacarnos del apuro, y rescatar á Ramoneda. Es un empeño especial del Capitan General, quien tendria un grandísimo disgusto si á Ramoneda le sucediese una desgracia. Vamos, pues, José Antonio, en V. confio.

—Haré lo posible, contestó Vidal, y *desde luego prometo que vivos ó muertos, yo cogeré á los malvados.*

Desde aquel momento el valiente y esperimentado cabo puso en práctica su plan de campaña. Comen-

zó recorriendo todos los pueblos y lugares de aquel vecindario, habló con todos los numerosísimos confidentes que tenia en aquel territorio, pero nadie sabia dar el menor indicio. Preguntaba por todos los sospechosos de todos los lugares, pero los confidentes le contestaban que no habian notado nada de particular en ellos. Dos de los bandidos del secuestro se sabia que eran el *Salat* y otro conocido por el apodo de *Nas*, naturales de San Quintin. Así que el cabo llegó á dicho pueblo, preguntó á su confidente por un tal *Ramon Bonet (a) Calderé*, conocido ya por el cabo como malvado.

—No he notado cosa particular en él, contestó el confidente, solo que de pocos dias á esta parte compra más carne de la que acostumbraba y pan blanco.

El cabo, haciendo como que no paraba la atencion en esto, despidió al confidente. Pero aquel hombre, sagáz y esperimentado, aquel cabo acostumbrado á sacar grandes consecuencias de premisas insignificantes, hizo llamar á Calderé, por un *mozo* disfrazado y con el mayor sigilo. A las nueve de la noche, Calderé compareció á la cita del cabo, que tuvo lugar en la misma casa y cuarto en donde estaba alojado. Hé ahi lo que pasó en aquella singular entrevista:

—Siéntate, Calderé, y hablemos como buenos amigos. Ya sabes que sé todo lo que pasa en ese pais.

—Realmente, conozco que sabe V. muchas cosas.

—Y tantas como sé, *Calderé*... Ahora mismo sé una que te interesa mucho.

—¿De veras?

—Si; de veras.

—Vamos, ¿qué es lo que sabe V.?

—Sé que eres el proveedor y cómplice de los bandidos que tienen preso á Ramoneda.

—¡Yo!!

—Si, tú: sé que les envias buena carne, pan fresco y vino añejo, ¿qué tal? ¿te interesa esto?

Y la mirada fija y esperimentada del cabo, devoraba á su interlocutor. Pero éste era un taimado y tuno de profesion, asi es, que no se dejaba coger al primer vuelo.

—Nada absolutamente me interesa, porque no sé de qué se me habla.

—Vamos, *Calderé*, dime con franqueza, ¿cuánto te han prometido?

—Pero si no sé nada.

—Pues yo sé que te han prometido veinte y cinco onzas.

—Le digo á V. que no sé de qué se me habla.

—Bien; si ellos te han prometido veinte y cinco onzas, yo te haré dar treinta por parte de los Ramonedas.

—¡Vamos que es empeño!... digo á V. que yo sé tanto sobre esto como V. mismo.

—Entonces pronto estaremos entendidos, porque yo lo sé todo ménos el punto en donde están, este lo sabes tú, me lo dices, se te darán treinta onzas, y negocio hecho. ¿Eh?...

—Digo por última vez que no sé nada.

—Escucha; á más haré que Ramoneda te coloque en su fábrica en clase de mayordomo, ¿qué dices?

—Que no sé nada.

—Basta ya: la paciencia se me acaba. ¿No sabes nada? ¿Ignoras que sé que eres el íntimo amigo de Jaime de la Venta y del *Salat*? ¿No sabes que sé que estos en todo y por todo siempre han contado contigo? ¿Ignoras que sé que eres un cuco que sabes tirar la piedra y esconder la mano, como suele decirse, sin salir nunca de frente porque temes mucho á la justicia, pero siendo en el fondo tan pillo como tus íntimos amigos? ¿Cómo, pues, crees que soy tan necio que pueda creer que en un negocio de *Jaime de la Venta*, *Nas* y *Salat*, no ha de estar interesado su íntimo amigo *Calderé?*

—Digo que no...

—Bien: yo digo que sí, y desde ahora quedas preso. Y diciendo esto el cabo le apuntó una pistola.

—¡Qué empeño!

—No hay más: te conozco, sé quien eres, tú te obstinas, justo es que pagues tu obstinacion. Aun estás á tiempo: una palabra y te salvas, sinó eres perdido.

Apurado se hallaba Calderé, apesar de todo su descarado cinismo. Gruesas gotas de sudor bañaban todo su cuerpo. Conocia al cabo con quien estaba hablando, y sabia que tan bueno y bondadoso como es por carácter, era inexorable con los malvados de profesion. Por fin haciendo un esfuerzo dijo:

—Bien; confesaré.

—Asi me gusta: ahora seremos amigos. ¿En dónde están?

—En estos momentos no lo sé.

—Pero ¿puedes saberlo?

—Si; mas es menester que salga ahora mismo.

—No hay inconveniente: pero advierte, Calderé, que es menester que juegues limpio, porque al menor desliz te levantaré la tapa de los sesos. Ya sabes como pagamos, cuando se nos quiere vender.

—Juro que obraré con lealtad.

—¡Pobre de ti, si faltas al juramento! Ahora puedes partir, aquí te espero. No llames á la puerta, tira una piedra sobre esta ventana.

—Está bien.

Tres horas habian transcurrido. El cabo esperaba impasible el regreso de Calderé. Habia tomado todas sus precauciones, porque el que se vé obligado á tratar con malvados, es como el que quiere probar la eficacia de las plantas y demás substancias venenosas. En esto, el ruido de la piedra arrojada por Calderé, avisó al cabo, pero este no abrió la ventana sino despues de haberse cerciorado de que realmente Calderé venia solo.

—Qué hay, dijo en seguida asomándose á la ventana, que solo se elevaba algunos palmos sobre el nivel de la calle.

—Es menester que partamos ahora mismo, sin perder un solo momento. Si antes de apuntar el dia no estamos en el lugar conveniente, todo se ha perdido.

—Allá voy, dijo el cabo, y un momento despues él y los cinco *mozos*, á saber: José Salar, Cárlos Salat, Julian Rovira, Rafael Viñals y Pedro Vidal, marchaban á medio correr por entre barrancos y precipicios, dirigidos por Calderé. En dos horas hicieron un rodeo de unas tres leguas, y al llegar á una especie de llano que habia en un bosque, Calderé se detuvo y dijo:

—Este es el sitio á donde han de venir á las nueve á cenar. Yo les he de servir una abundante cena. Ramoneda deberá escribir una carta que será la última. Si á las veinte y cuatro horas de escrita ésta, no viene el dinero, no lo duden Vds., el preso será degollado.

—¿Segun esto, dijo el *cabo*, hemos de aguardar hasta las doce de la noche?

—No hay otro medio.

—Hombre del demonio, bien lo hubieras podido advertir, para llevarnos á lo ménos un cántaro de agua, pues la sed nos molestará mucho.

—Todo se perderia, si desde ahora no quedasen Vds. escondidos.

—En fin, paciencia.

Calderé se marchó, y el cabo y los *mozos* se acomodaron del mejor modo que pudieron, en una especie de escondrijo, entre las matas y malezas que allí habia y otras que cortaron. El *cabo* ocupaba la boca ó entrada del escondrijo, desde donde, por entre las ramas, podia observar el sitio en donde, segun Calderé, debian cenar los bandidos.

Así pasaron todo aquel dia: la sed los devoraba. porque el sol de julio penetraba por todas partes. El cabo aconsejó á los *mozos* que se pusiesen una bala de plomo en la boca para mitigar un poco la sequedad que sentian. A esto de las nueve de la noche, percibieron el ruido de las pisadas de un hombre. A poco, el cabo vió entre la oscuridad á un hombre que llevaba un cesto en la mano.

Era Calderé con las provisiones.

—¿No ha oido V. ninguna señal?

—Ninguna.

—Es estraño; pero no faltarán. ¿Quieren Vds. comer?

—No, Calderé, dijo el cabo, porque aun no hemos concluido nuestra jornada.

—Miren que traigo provisiones para una compañía de soldados.

—No importa: hambre tenemos, pero estamos de caza, y perro harto caza mal. Si vencemos, nos comeremos su cena, si ellos nos matan, buen provecho les haga.

—¿Quiere V. que haga yo la seña convenida?

—Hazla en hora buena.

En seguida Calderé dió tres golpes haciendo chocar dos piedras entre si colocadas una en cada mano. Pero nadie contestó.

—Es muy raro, dijo Calderé.

—Mira, Calderé, añadió el cabo, si nos has engañado, si llego á sospechar la menor traicion, morirás como un perro.

—Juro que obro de buena fé.

—Repite la seña...

Asi lo hizo, y á poco fué contestada por el choque de otras dos piedras.

—¡Jaime!... dijo entonces el cómplice.

—¡Calderé!... contestó una voz desde la cima del monte.

—Bajad... os traigo un carro de provisiones.

—Súbelo todo.

—¿Qué hago? dijo Calderé al cabo en voz baja.

—De ningun modo debes subir, replicó el cabo que, no teniendo confianza con el confidente, recelaba alguna traicion ó emboscada.

—Es que Vds. podrian venir tras de mi, y como la noche es tan oscura, daríamos el golpe en la misma montaña.

—No, contestó el cabo, los hemos de hacer bajar.

—¿Cómo?

—Haz como que no has entendido sus últimas palabras: ellos las repetirán y entonces ya te diré á media voz lo que les debes decir.

—Jaime... ¿no bajas?

—Ya te he dicho que subas.

—Diles lo siguiente, dijo el cabo.

—No puede ser, estoy rendido de cansancio, el cesto pesa mucho...

—¡Sube como un demonio!...

—Lo que haré será volverme con la cena y lo demás que os traigo; ¿qué temeis? Si no he visto á nadie en todo el camino!

—No bajaremos.

—A lo ménos que baje uno para ayudarme.

El cabo repentinamente habia concebido el plan de hacer bajar uno, cogerle y hacer que él mismo llamase á los otros, por medio de las amenazas, no de palabra sino de hecho. Los bandidos guardaban silencio, y á poco Calderé, dijo:

—Me parece que viene uno.

El cabo vió tambien, poco despues, iluminado por el fulgor de un relámpago, pues la noche estaba tempestuosa, al terrible Salat que venia pero con las más esmeradas precauciones. Llevaba su fusil recortado preparado y su enorme navaja sostenida con la misma mano izquierda en que apoyaba su

Rescate de Ramoneda.

carabina. Iba viniendo haciendo continuos semicirculos, examinándolo todo palmo á palmo. Ya no distaba más que dos pasos del puesto en que estaban el cabo y los *mozos*. Estaban perdidos si el bandido los descubria, pues echados como debian permanecer, podian ser muertos ó heridos á quema-ropa.

—¿No ves que no hay nadie? ¿No ves que estoy solo?

Pero el bandido sin hacer caso, lo examinaba todo con la mayor atencion. El momento era crítico: todo dependia de un instante. El valiente cabo se desliza como una serpiente y cae sobre el bandido sin darle tiempo de apercibirse de su movimiento. Bien hubiera podido el cabo matar al bandido aprovechando aquel primer instante de sorpresa, pero como su plan era distinto, solo trató de sujetarlo. Pero Salat era valiente y de fuerzas hercúleas, asi es que al momento se puso en defensa. Trabóse una lucha espantosa, cuerpo á cuerpo, entre aquellos dos hombres, ambos valientes y arrojados y de fuerzas colosales. El bandido no cede y el cabo ménos; eran dos gladiadores dignos de figurar en los juegos olímpicos de la Grecia. Por fin vence el cabo, derribando á su formidable enemigo, pero éste, léjos de darse por vencido, aprovechando un momento en que le quedó libre su mano derecha, tira del gatillo de su carabina. Salen los proyectiles: rozan por el cuerpo del cabo sin herirle, pero hieren mortalmente al valiente é intrépido *mozo* Pedro Vidal, que venia en defensa del cabo. Tres balas habian atravesado el cuerpo de aquel valiente, que solo sobrevivió unas dos horas escasas. El cabo, que hasta entonces no habia querido disparar ni matar al bandido, por las razones ya espuestas, tira contra este, á unos seis pasos de distancia, y le tiende en el suelo. Pero el bandido no habia muerto todavia, de modo que poco faltó, para que de un navajazo asesinase al *mozo* Rafael Viñals que se le habia acercado para examinarle. Entonces éste disparó contra él dejándolo cadáver. En seguida, cabo y *mozos* acometieron contra los otros bandidos, pero estos con el preso, habian ya desaparecido. Tal fué el resultado de aquella penosa y arrojada jornada. Sigamos ahora las huellas de los bandidos. Mientras duraba la refriega entre el cabo y el bandido, Jaime de la Venta y los suyos habian partido poco ménos que corriendo, haciendo seguir al preso. Despues de una corrida de unas cuatro horas, hicieron alto en una barraca, construida en unas viñas, situada á una hora de distancia de Vallbona. Alli pasaron tres dias y tres noches. Pero al dia siguiente del de la sorpresa, Jaime de la Venta salió, al objeto de averiguar lo que habia sucedido y de hácer alguna provision, pues hacia más de veinte y cuatro horas que el preso no habia probado un solo bocado de pan. Regresó al cabo de algunas horas, triste y abatido por un lado, pero lleno de ira y furor contra el preso.

—¡Ya no existe! dijo con el acento del dolor, ya no existe nuestro valiente é impertérrito Salat. El infame José Vidal lo ha muerto, ese cabo terrible é infernal. Solo nos cabe un consuelo, y es que ha muerto como un valiente. Él ha dejado sin vida al valiente *mozo* Pedro Vidal, y mal lo hubiera pasado otro *mozo*, á quien casi hirió estando ya moribundo. Y de todo esto ¿quién tiene la culpa sino ese tuno que tenemos aqui, y cuya familia en vez de dárnos lo que pedimos, suelta contra nosotros á todos los demonios de la tierra?

Y diciendo esto, dió un bofeton tan terrible al infeliz Ramoneda, que la sangre le chorreó por varias partes. Despues lo derribó por el suelo, pisoteándole y sacudiéndole de mil maneras. Ramoneda habia llegado á uno de aquellos momentos en que el hombre desea la muerte, y la mira como su única esperanza y consuelo. Resignado á su mala suerte, ni se quejaba ni suplicaba, y solo contestaba á las preguntas que le dirigian.

—Un hombre tan rico como tú, le decian, en cuyo pasaporte se te trata de *don*, y no nos has hecho entregar las cuatrocientas onzas en tantos dias?

—No hagais caso de esto del *don*, les contestaba Ramoneda con la mayor serenidad, es un título que se da por escrito hasta á los basureros.

—Pero tú eres rico!

—Tanto, que hace veinte y cuatro horas que no he probado un solo bocado.

—Tus padres tienen la culpa. Ellos no quieren soltar el dinero, y tú lo pagarás con la vida. ¿Oyes?

con la vida, porque con esta navaja, ¡ves!.. con esta navaja, te cortaremos la cabeza.

Y diciendo esto rozaban una terrible navaja por el cuello de Ramoneda, hasta el estremo de causarle los más agudos dolores.

—Vosotros sois dueños, les decia el preso, siempre con su imperturbable serenidad y valor. Podeis hacer lo que mejor os parezca, estoy enteramente á vuestra disposicion.

Asi se pasaron aquellos tres eternos dias con sus noches. En el dia cuarto, veinte y siete de julio, esto es, doce dias despues de haber caido Ramoneda en poder de sus verdugos, Jaime de la Venta habia pasado la noche fuera de la cueva, y al regresar por la madrugada habia hablado un buen rato en secreto con los otros bandidos. Parecia que disputaban entre si sobre la suerte del preso. Era una especie de consejo infernal, en el cual se trataba de la vida ó muerte de un inocente. Ramoneda esperaba impávido su sentencia, creyendo que seria de muerte. En esto se le acercan los bandidos y le dicen:

—Todo acabó...

—Estoy resignado.

—Tu familia ha preso á todos nuestros parientes, padres y amigos: han levantado un somaten general, y á estas horas somos perseguidos como fieras. En su consecuencia hemos resuelto acabar todo esto poniéndote en libertad.

Ramoneda no creia lo que oia.

—Si, añadió Jaime de la Venta, te vamos á dejar en libertad, pero antes te queremos pedir un favor.

—Ya sabeis que estoy á vuestras órdenes.

—Nos podrias regalar este reloj que traes encima. A ti te será fácil comprarte otro, y á nosotros nos conviene saber las horas.

—Tomadlo... yo os lo regalo de buena gana.

—Tambien nos podrias regalar esos cuatro ó cinco duros que tienes.

—Con mucho gusto.....

—Finalmente esta chaqueta que llevas es mucho más nueva que la mia, ¿quieres cambiarla?

—De mil amores.

—Ahora nosotros nos iremos, y un cuarto de hora despues, podrás marcharte libremente.

—Es que no sé hácia donde, porque no sé donde estoy.

—Mira, ¿ves aquel camino? Pues él te conducirá á la carretera de Igualada.

En seguida los bandidos escondieron sus armas, colgándolas junto á una fuente. Rompieron en pequeños fragmentos una carta que habian hecho escribir por Ramoneda. Escondieron la pólvora y municiones detrás de una piedra que arrancaron de la misma barraca, colocándola otra vez en su lugar. Despues, hasta hubo un acto de tierna despedida entre ellos y su víctima. Abrazaron á Ramoneda y hasta le besaron. ¡Qué contraste! No hay que admirarse de ello. Varias veces lo hemos dicho: en esa clase de séres humanos, degradados hasta el último estremo, se ven siempre anomalías y escentricidades. El hombre, por malvado que sea, nunca deja de ser una criatura racional, con su corazon y su alma. Desviadas estas dos cosas de su verdadero carril, el hombre, prescindiendo de sus momentos de ferocidad, se convierte en niño, estúpido, ignorante y contradictorio. Los bandidos que tanto hicieron sufrir á Ramoneda, al despedirse de él no se arrepentian, porque ni aun creian que lo hubiesen ofendido.

—Tus padres tienen la culpa, le decian á cada momento.

Trastornadas las primeras nociones de los derechos y deberes, se llega indispensablemente á ese caos, á ese abismo sin fondo de ignorancia y estupidez. De la misma manera que, aniquiladas ó estinguidas las verdaderas creencias religiosas, se precipita el hombre á ese pozo profundo, en donde, en medio de su obcecacion, ve demonios, brujas, y aparecidos, en quienes cree y á quienes teme. Por lo demás, los bandidos partieron, y un cuarto de hora despues nuestro jóven emprendió tambien su marcha. Ya puesto en la carretera de Igualada, podia considerarse salvado, pero escrito estaba que aun debia pasar otro susto. Repentinamente se ve acometido por dos hombres armados á la voz de *alto, alto.* Detiénese nuestro jóven, y otra vez con la misma calma y serenidad, espera verse en otro conflicto.

—¿El pasaporte? le dicen los dos hombres armados.

—No lo tengo. ¿Cómo lo podia tener si los bandidos se lo habian quitado?

—Entonces debe V. seguirnos.

—Pero ¿quiénes sois vosotros?

—Somos guarda-bosques, y como los ladrones tienen cautivo á un tal *Ramoneda,* tenemos órden de detener á cuantos viajan sin pasaporte, como sospechosos de aquel secuestro.

—¿Conoceriais á *Ramoneda,* si lo vieseis?

—No por cierto, porque nunca lo hemos visto.

—Pues bien: yo soy *Ramoneda.*

—Usted! ¿Y los ladrones en dónde están?

—No lo sé, hace media hora que me han dejado libre.

—¿Media hora?

—Si.

—¿Luego serian aquellos hombres que hemos visto atravesar la carretera?

—Sin duda.

Entonces aquellos dos empleados condujeron á *Ramoneda* á Castel Oli, que era el pueblo más cercano. Allí se dió parte de lo acontecido y en seguida se levantó el somaten. Al dia siguiente el comandante de la tropa y el de nacionales que acudieron al lugar dijeron á *Ramoneda:*

—¿Recordaria V. el puesto en que le soltaron y el lugar en que estaba situada la barraca?

—Creo que si.

—Pues vamos allá, si no le ha de servir de molestia.

Efectivamente el jóven *Miguel Ramoneda* reconoció todos los lugares por donde habia sido conducido durante su cautiverio, indicó el puesto determinado en donde debian encontrarse las armas y demás objetos de que ya hemos hablado, y todo se encontró tal como él lo señalara. Ya lo hemos dicho más de una vez: el jóven *Ramoneda* es un hombre dotado de un temple de alma de aquellos pocos, que saben sobreponerse á todas las situaciones por terribles y peligrosas que sean. De ningun modo hubiera recordado nada, si su alma hubiese sido de las pusilánimes y apocadas. Tal vez á esas bellas cualidades debió en gran parte su salvacion. Tal fué el desenlace de este terrible drama. Para completarlo, bastará añadir, que todos aquellos bandidos perecieron más tarde á manos de los *mozos.* En cuanto á Calderé debemos decir que, despues de haber pasado algunos años en casa *Ramoneda,* quiso volverse á San Quintin. Allí vivia en 1848, cuando un dia pasó por allí una partida de bandidos capitaneados por un tal Fregaire. Calderé estaba en el umbral de la puerta de su casa, á esto de las nueve de la noche con su familia. Los bandidos le reconocieron al momento, y habiéndolo atado fuertemente, se lo llevaron preso, en direccion á San Pedro de Riudebitllas; y al llegar á un campo situado en las inmediaciones de una casa llamada las Planas, le asesinaron dejándole cosido de puñaladas, oyéndose sus lamentos por los habitantes de la espresada casa. En vano él pedia confesion, porque los bandidos, llenos de furor no le escuchaban, puesto que lo que ellos querian era vengar las traiciones que habia cometido, y especialmente la que dejamos referida en esta historia. Siempre sucede lo mismo: quien mal anda, mal acaba. Finalmente, si bien despues de tanto sufrir, *Ramoneda* padeció una peligrosa enfermedad, con todo salió felizmente de ella, y actualmente vive, siendo como siempre, un honrado y laborioso padre de familia. El Excmo. Señor Capitan general conde de Peracamps, quiso verle y oir de su boca la historia de sus padecimientos, dispensándole mil atenciones y demostrándole el más vivo interés. Por último, tambien debemos dejar consignado aqui que, sin la atrevida y arriesgada sorpresa de los *mozos,* debida á la esperiencia, esquisito tacto y valor personal á toda prueba del comandante de las Escuadras D. José Antonio Vidal, el rescate de *Ramoneda* era, sino imposible, muy problemático. Porque aquel acto heróico de valor y astucia, desbarató y desconcertó por completo los planes é ideas de la canalla. Por su medio, perdieron á su amigo, cómplice y proveedor Calderé y á su brazo derecho el terrible Salat. Despues de ese rudo golpe, los bandidos ya no tenian plan fijo, y solo cometieron mil disparates.

XXI.

EL GENERAL ESPARTERO, REGENTE DEL REINO, CITANDO Á LAS ESCUADRAS COMO MODELO DE LEALTAD EN LA REVISTA GENERAL DEL AÑO 1842.

No es nuestro ánimo, ni lo permite la índole de la historia que escribimos, el analizar la marcha política y administrativa de la regencia del general Espartero. Sin embargo, importa trazar á grandes rasgos los principios politicos del partido progresista, personificados en aquella época, en cierto modo, en la persona del Regente, para desenvolver con más precision el lema del presente capítulo. Nosotros creemos que la regencia en aquella época, y el partido progresista en todas, ha sido siempre derribado del poder, más bien á impulso de sus propios amigos y partidarios, que al de sus más encarnizados enemigos. Prescindiendo de los principios, concretaremos la cuestion al desenvolvimiento y aplicacion de aquellos, y este exámen nos dará por resultado la solucion que buscamos. La mala aplicacion que siempre se ha hecho de las mayores franquicias que, en virtud de sus principios, concede el partido progresista al municipio y diputaciones provinciales, unida á la errónea y absurda formacion de la milicia nacional, otro de los articulos del credo politico del progreso, han hecho bambolear las instituciones progresistas acabando por derribarlas y destruirlas. El municipio y las diputaciones; se han engañado á si mismos, creyéndose con poder semi-igual al ejecutivo, con el cual por consiguiente podian luchar á brazo partido y sostener polémicas á cada paso. De ahi su lenguaje que, confundiendo la energia con la falta de respeto y consideracion, ha entusiasmado tal vez á las masas, pero en cambio, ha enervado y depri-

mido al poder ejecutivo con grave detrimento del principio de autoridad y del órden público. Y como esas polémicas y combates versaban muchas veces sobre cuestiones politicas, de ahi cierta perturbacion en los principios, cuya consecuencia ha sido su descrédito y hasta el aborrecimiento. A nuestro entender, uno de los defectos de muchos de los hombres del progreso, consiste en aspirar demasiado á las alabanzas y entusiasmo de cierta parte del pueblo. A este fútil prurito, les hemos visto muchas veces sacrificar sus propias afecciones y convencimiento. Por otra parte, la milicia nacional, cuyos eminentes servicios durante la guerra, nadie puede poner en duda, como tampoco su importancia en los paises en que han sabido organizarla cual corresponde, en el nuestro; no han contribuido, las más veces, á otra cosa,

El general Espartero, Regente del Reino, citando a las ESCUADRAS como modelo de lealtad en la revista general de 1842.

que á su propio descrédito, y al del partido que lo ha tomado por enseña. En verdad que en España hemos tenido muchos gobiernos malos, pero tambien es menester convenir en que, por punto general, somos malos gobernados. Todo lo esperamos y exigimos del gobierno, sin querer poner nada por nuestra parte. ¿Qué podia hacer Espartero y el progreso, respecto de la cuestion de la milicia nacional? ¿Qué culpa tenia, si los que debian tener las armas por su posicion y circunstancias, se retraian y las colocaban en manos de los que no las debian empuñar? De ahi el que la milicia viniese á ser el juguete de las intrigas de sus más decididos enemigos: de ahi el que, faltando al objeto de su institucion, se convirtiese en elemento de perturbacion y alarma. Ya sabemos que se nos puede contestar con un adagio vulgar y trivial á saber: *el mejor de los dados es no jugarlos.* Pero ¿quién

nos ha demostrado todavia cuales son los principios politicos que encierran el sistema más cabal y perfecto para gobernar á los pueblos? ¡Pobre humanidad! que apesar de todos sus alardes de saber, aun no ha podido resolver una cuestion tan importante!... Bien sabemos que cada una de las escuelas politicas, partidos ó bandos, cree que este problema queda resuelto desde el momento en que se adopten los principios contenidos en su simbolo politico; pero esta misma diversidad de opiniones, forma una discordancia capaz por si sola de mantener en pié el problema que se ha creido resolver. Es otra de las miserias inherentes á nuestra humanidad de la cual participamos todos, incluso tal vez el que escribe estas lineas, desde el momento en que arrojando la pluma deja de ser historiador. Dejemos aparte una cuestion tan embarazosa, y pasemos á examinar muy someramente las consecuencias de la mala aplicacion de los principios de la escuela progresista. Estos han sido casi siempre los mismos, á saber: una perturbacion constante del órden público que, sembrando la alarma, agita los ánimos, paraliza los negocios, y llena de terror y espanto á una inmensa mayoria que solo quiere *pan, órden y trabajo.* Sensible es decirlo, pero es una verdad, que en Barcelona es en donde más directamente se han hecho sentir esas consecuencias, partiendo de esa importantisima capital muchos de los movimientos populares. Hemos presenciado periodos bastante largos en que, puede decirse, hemos vivido en un continuo susto y una alarma constante. *Paz, paz,* ha venido un dia que ha pedido una inmensa mayoria compuesta de hombres de todos los partidos y opiniones; *órden... órden...* aunque debamos pagarlo á peso de oro. Sacrificaremos gustosos, han añadido, más ó ménos grados de libertad, con tal de tener órden y seguridad para nuestras personas y nuestros intereses. Así debia suceder, en una ciudad como Barcelona eminentemente fabril é industriosa, ocupada por un pueblo laborioso y trabajador por indole y carácter, y del cual, creemos, que nunca debiera haberse formado la milicia nacional. Si se nos preguntase porqué esas mismas instituciones progresistas, ó sea mala aplicacion, no ha producido los efectos de perturbacion y descrédito en otras poblaciones y provincias fuera de Barcelona, á lo ménos en tan alto grado.... Diremos que en ninguna otra poblacion ni provincia, se acumulan los elementos de la capital del antiguo principado. En ninguna de ellas puede agitarse en tan alto grado la espinosa cuestion del trabajo: en ninguna pueden en un momento dado lanzarse á la calle tantos y tantos millares de hombres pidiendo trabajo, bajo estas ó aquellas condiciones. Esto mismo ha sucedido siempre en los grandes centros de fabricacion é industria de todos los paises del mundo. Hemos dicho antes que vino un dia para Barcelona, en que tirios y troyanos se fastidiaron de las alarmas, correrías y sustos, y dijeron: queremos paz y órden á cualquier precio. Ahora añadiremos que tambien vino un dia en que el gobierno superior de Madrid, dijo: es menester poner órden en Barcelona por duros y amargos que sean los sacrificios que nos hayamos de imponer. En este dia, el *Regente del Reino* salió de Madrid en direccion á Barcelona. Ya entrado en tierras de Cataluña, salió de Igualada acompañado tan solo de su estado mayor. El comandante de las Escuadras D. José Antonio Vidal, cabo en aquel entonces de la Escuadra de Arbós, ocupaba con unos setenta *mozos* las cercanías de Igualada por la parte de la carretera que conduce desde dicha villa hácia el Bruch. A este objeto se le habian comunicado las órdenes convenientes desde el cuartel general, establecido entonces entre Molins de Rey y Sans, á cuyo punto se dirigia Espartero. A media hora de distancia de la ya espresada villa, Espartero hubo de notar la presencia de aquella fuerza, que estaba bastante diseminada. Tan pronto como el citado cabo divisó al General, se adelantó solo para saludarle y ponerse bajo sus órdenes.

—¿Qué fuerza es esa? preguntó Espartero.

—Somos los *mozos* de la Escuadra.

—¿Cuánta fuerza hay aqui?

—Setenta *mozos.*

—Qué partido han tomado los demás y especialmente los que están en Barcelona hallándose pronunciada aquella ciudad?

—Mi general, contestó el cabo con aquella sencillez y naturalidad que tanto le distingue, los *mozos* no conocemos partidos: nosotros nunca nos pronunciamos. Los *mozos* de Barcelona siguieron á la autoridad que mandaba, asi es, que á estas horas no hay un solo *mozo* que no esté bajo las órdenes de las autoridades legalmente constituidas.

—¿Segun esto, los *mozos* siempre son lo mismo?

—Siempre, mi general, nosotros siempre obedecemos á la autoridad legalmente establecida.

—Asi me gusta: ya tenia yo muy buenos informes de vosotros.

—Gracias, mi general.

—¿Hay enemigos por el camino?

—Antes de llegar al Bruch, encontraremos algunos pronunciados.

—¿En cuánto número?

—Creo que serán unos trescientos.

—Entonces tenemos poca fuerza.

—Mi general, ya tenemos bastante. Yo me adelantaré con unos cuarenta *mozos* y V. E. puede proseguir su camino, seguro de que lo encontrará bien despejado. Para esto me bastan los cuarenta *mozos.*

Espartero, que era muy conocedor del verdadero valor, para saber distinguir entre éste y las fanfarronadas, conoció que aquel hombre sencillo, aquel cabo de *mozos* y capitan de ejército, sin ninguna clase de pretensiones ni alardes, decia lisa y llanamente lo que sentia, y por consiguiente siguió su camino sin el menor cuidado. En efecto, junto al Bruch se habian reunido unos trescientos paisanos, los unos pertenecientes á la milicia nacional de varios puntos, los otros meros paisanos aunque armados. Pero aquella fuerza irregular, y que tal vez no tenia aun tomada ninguna resolucion, se esparció y desapareció, tan pronto como se presentaron á poca distancia los cuarenta *mozos* de la Escuadra. Espartero mismo presenció aquel acto. En esto llegaron al cuartel general y Espartero ordenó una revista general de todas las tropas alli reunidas. Como el *Regente* sabia que algunas compañias de tropa habian tomado parte en la revuelta, que otros batallones, habian estado indecisos en los momentos criticos, sin obrar con aquella prontitud que requeria el caso, por esto, al revisar sus tropas, las habló con mucha energia, recordando sus deberes, y lamentándose de que desgraciadamente algunos los hubiesen olvidado.

—«Ahi teneis las Escuadras, añadió, á ese puñado de valientes que nunca se apartan del deber de obedecer á las autoridades. Por esto, vereis que nunca toman parte en las revueltas, pudiendo el gobierno contar siempre con su valor, lealtad y honradez.»

Asi se espresó el *Regente del Reino D. Baldomero Espartero,* respecto de las Escuadras, tal era la opinion y concepto que le habian merecido. No se contentó con esto, sino que, persuadido de su grandisima utilidad é importancia, una vez hubo regresado á la corte, ordenó el aumento de las Escuadras como es de ver en la real órden de 24 de mayo de 1842.

VIDA DE LOS BANDIDOS JOSÉ TORRAGELAT (a) SECH DE SALLEMINERA
Y DE LOS HERMANOS CASULLERAS.

I.

Ya han visto nuestros lectores el trágico fin de los terribles foragidos Casulleras y Marimon. Y han presenciado su merecida muerte á manos de los *mozos*, debida al celo, actividad y valor de éstos, y de sus jefes el comandante D. José Vivé y su segundo don José Antonio Vidal, de este valiente de los valientes, como tendremos ocasion de hacer notar á nuestros lectores. Dispersa y desconcertada quedó la cuadrilla despues de aquel terrible percance, pero como todos, y cada uno de los individuos de que se componia, era capaz por si solo de formar una partida de bandidos y tomar el mando de ella, con el nombre de capitan, que suelen darse á sí mismos, asi es, que no habia concluido todavía la tarea de los *mozos* y sus dignos jefes. Asi lo reconocieron estos, por cuya razon, dividida la fuerza en pequeñas partidas, se dedicaron á la persecucion de aquellos malvados con su acostumbrado celo y actividad. Mas los restos de la formidable cuadrilla, por medio de su astucia y del conocimiento que tenian de la táctica de los *mozos*, adquirido por medio de las severas lecciones y escarmientos que recibian todos los dias, adivinaron sus intenciones, así es, que permanecieron dispersos y ocultos por el espacio de mucho tiempo. Hubiérase creido que realmente ya no existian, y por consiguiente, que no habia necesidad de dedicarse á su persecucion. Pero los malvados de la índole y jaez de que nos ocupamos, son de aquellos que nunca se enmiendan ni corrigen, de aquellos que únicamente dejan de ser el azote de la humanidad, cuando ya no existen. ¿Y cómo podrá ser otra cosa figurando entre ellos los dos mismos hermanos de Casulleras, el terrible Ramon Artolá, natural de Tárrega y el formidable foragido José Torragelat (a) Sech de Salleminera? Era tan valiente y sanguinario este último bandido, que desde luego todos los demás, inclusos los hermanos de Casulleras, le reconocieron por su jefe, nombrándole su capitan. Era una noche fria y oscura del mes de enero de 1845. Un hombre cubierto con su manta atravesaba con paso firme por el escabroso terreno que conduce al espeso bosque llamado de Estrada, término de San Pedro de Salleminera. Al verle caminar con tanta soltura y desembarazo, por un terreno sembrado de precipicios, en una noche tan oscura, fria y tempestuosa, era fácil reconocer su práctica y costumbre en viajar por caminos desconocidos, y sus conocimientos en el terreno de sus escursiones. Dos horas despues, este mismo hombre habia llegado al termino de su viaje, puesto que se sentó sobre una piedra colocada en lo más espeso y escabroso del espresado bosque. Pensativo y silencioso, impasible á la lluvia y copos de nieve que caen en abundancia, está, al parecer, aguardando alguna otra persona, puesto que de vez en cuando detiene su propia respiracion para poder escuchar mejor. Dos horas han transcurrido, la lluvia y la nieve continuan cayendo en abundancia, pero nuestro hombre sigue en la misma posicion, como si estuviese calentándose junto al hogar. Re-

pentinamente se oye un silbato, que es contestado por otro, y á poco se presenta una mujer.

—Torragelat, dice ésta con un acento particular.

—Sech de Salleminera, contestó nuestro hombre, habiéndose levantado y apuntando una pistola contra la persona que acababa de llegar.

Pero esta, á su vez, tenia tambien la suya apuntada contra el bandido Torragelat, pues no era otro el hombre misterioso de que nos hemos ocupado. Una vez seguros de si mismos, esto es, una vez que se hubieron conocido entre sí, alargaron sus manos en señal de amistad y confianza. La mujer tomó asiento junto al bandido y comenzó entre ambos el siguiente diálogo:

—Y bien, Teresa, ¿qué noticias me traes de mis compañeros? ¿Será posible que sean tan cobardes y gallinas que aun quieran permanecer ocultos como las sabandijas ó los murciélagos durante el invierno?

—No los he visto á todos, pero te aseguro que realmente la muerte de Casulleras y Marimon, los ha dejado aterrados.

—¡Cobardes!!..

—Yo les he comunicado tu plan: al principio no han querido escucharme.

—¿Has visto á los hermanos de Casulleras?

—Si: pero cabalmente estos son los que están más abatidos.

—¡Gallinas!... ¿Y no les has hablado de la venganza de su hermano?

—Vaya si les he hablado.

—¿Y qué han dicho?

—Han dicho que era imposible matar al cabo José Vidal, principal autor y ejecutor de aquellas muertes.

—¿Y por qué?

—Porque han dicho que el tal Vidal es demasiado valiente y precavido. ¿Cree, me ha dicho el Sech, que Vidal no es capaz de luchar cuerpo á cuerpo con cualquiera de nosotros? ¿Cree, que aun cuando lo sorprendiésemos solo, se rendiria, sin defenderse palmo á palmo?

—¡Necios! ¿Piensan ellos que yo quiero vengarme de Vidal, de esta manera? No, no, el modo de vengarme de este infame, es el coger á otras personas, pedirles buenos rescates y despues matarlos. Asi es como él se llena de corage: se pone en movimiento, y á manera de perro rabioso, anda desolado por esos montes y bosques, renegando de su mala suerte cuando no puede rescatar á los presos y coger á sus guardianes. Mira, Teresa, yo conozco bien á los Casulleras y demás de la cuadrilla. Ellos, como yo, han derramado mil veces la sangre de sus semejantes, y una vez hecho esto, no hay remedio, la cabra siempre tira al monte. Por consiguiente, lo que importa es que yo los vea una sola vez. Yo sé el lenguaje que he de usar con ellos, porque sé el pié de que cojean. ¿Te han prometido que vendrán?

—Te lo esplicaré: viendo que los Casulleras se habian convertido en mujeres cobardes, me dirigí á Ramon Artolá, y éste ya es otra cosa. Creia él, que te habian muerto en la refriega, pero asi que supo por mí que realmente existias, me dijo con grande alegria: Entonces, para nada necesitamos á Casulleras y Marimon, pues el Sech es tan valiente y precavido como aquellos. Entonces le espliqué el estado de aturdimiento de los hermanos Casulleras, pero él me dijo: No hay cuidado, yo les veré y entrarán en razon. En fin, me dijo, id á ver al Sech y decidle, que dentro tres dias, nos espere en el punto que yo le haré indicar por medio de un mendigo.

—¿Y no te indicó el tal punto?

—De ninguna manera.

—Es muy raro!

—Asi se lo manifesté, pero no pude lograr nada, absolutamente nada.

—Está bien: esperaremos el aviso. ¿Y qué me dices de los *mozos*?

—Creo que os consideran muertos, ó en país estranjero.

—Tanto mejor: asi rabiarán más, cuando toquen los resultados de nuestra permanencia en estos lugares.

—¿Tienes algo más que comunicarme?

—Por hoy no, Teresa, y lo que más siento !es que no puedo recompensar tus servicios. Pero creo que ya te harás cargo de nuestra situacion. Mas no siempre será asi, ¡voto al demonio! porque, de un modo ú otro haremos dinero.

—¿Tienes algun plan particular?

—Tengo varios, pero ninguno determinado. Ya los sabrás con el tiempo.

En seguida el foragido y su confidenta se apretaron la mano en señal de amistad y se despidieron, marchando cada uno por su lado.

II.

Al dia siguiente, Torragelat, á quien en lo sucesivo llamaremos por su apodo de Sech, recibió un recado por medio de un mendigo, en virtud del cual se le citaba para una casa del arrabal de San Pedro de Salleminera. La hora de la cita era la de las once de la noche, y debia entrar en la casa por una puerta practicada en la tapia del huerto que comunicaba con un torrente. El Sech, armado de punta en blanco, se presentó á la hora señalada, y encontró á los dos Casulleras, á Artolá y otros bandidos hasta el número de nueve, que lo esperaban. Al entrar, todos se levantaron y abrazándole con efusion, se congratularon mútuamente porque le veian vivo é ileso, siendo asi que ellos le consideraban ya entre los muertos. Habia una mesa puesta, con una fuente, que contenia conejos guisados con mucho pimiento, varios porrones de vino, sin faltar la clásica botella de aguardiente.

—Ante todo, dijo el festivo Artolá, es menester que llenemos nuestra panza. El olor de este guisado me anima mucho, y tengo ganas de darle un ataque al estilo de los que nos suelen dar las ESCUADRAS.

—Bien dicho, dijeron todos. A cenar.... á cenar....

—¿Y aun querian esos Casulleras permanecer por más tiempo en sus escondrijos como los ratones, royendo queso podrido y el pan seco que nos servian los amigos?

—Bien, Artolá, dijeron los otros. Tienes razon.

Venga el vino, el aguardiente y los guisados picantes, y despues venga la muerte si asi lo quiere el demonio ó los *mozos* que son sus representantes en la tierra, á lo ménos, vivamos como hombres, mientras nos puedan conducir nuestras piernas.

Despues de esto, cada uno tomó asiento segun su antojo, solamente que, á instancia de todos, el Sech se puso en la silla de preferencia, como presidente del banquete. Los comensales devoraron pronto aquel suculento y picante guisado. En seguida se les sirvieron dos platos más, todos de la misma cocina picantesta, á la que hicieron mucho honor aquellos hombres que verdaderamente parecian hambrientos. Entretanto el porron pasaba de mano en mano sin descansar un solo momento. Concluida la cena, se quitó el porron y á éste sustituyeron unos vasos pequeños y ordinarios, destinados para beber el aguardiente. Pero en esto, el Sech hizo cierta señal con la mano, en virtud de la cual cesó el bullicio y algazara, y todos los bandidos se pusieron en ademan de escuchar al que, desde aquel momento, comenzaba á ejercer su empleo de capitan de la cuadrilla.

—Ya sabeis que os conozco, dijo éste, y por consiguiente, no debeis estrañar que os quiera hablar de cosas serias antes de que bebamos el aguardiente, porque despues, ni vosotros me podriais escuchar, ni yo podria hablaros con la calma que requiere nuestro caso.

—Bien dicho! respondieron todos.

—Creo, prosiguió el Sech, que ninguno de vosotros quiere vivir por más tiempo, escondido como una sabandija ó un caracol durante el invierno.

—Nó, por Satanás, dijeron todos.

—Creo que todos deseais emprender de nuevo nuestra aventurera carrera, sembrada de espinas y malos ratos en verdad, pero siempre más alegre y llena de atractivos que la miserable que habeis llevado despues de la muerte de nuestros jefes...

—Si: si, que lo deseamos.

—Tambien creo, prosiguió el Sech, que desearsis vengar la muerte de nuestros jefes, debida á ese enemigo nuestro llamado Vidal, á su comandante Vivé y á sus infernales *mozos*.

Los bandidos no pronunciaban una sola palabra.

—¿No contestais?

—Es que no sabemos cómo hacerlo, dijo uno de los Casulleras, porque esos jefes de *mozos* que habeis nombrado, son tan valientes como nosotros, y son en número cien veces mayor que el nuestro.

—Vamos, continuó el Sech, veo que no me comprendeis. ¿Pensais que yo quiero deciros que hemos de ir á atacar á los *mozos*? Dios me libre de semejante idea.

—Entonces, ¿qué hemos de hacer para vengarnos?

—Matar á todo el mundo: prender á cuantos ricos y pudientes puedan caer en nuéstras manos: exigirles en seguida un buen rescate, y despues de cobrado este. matarlos, para que rabien más y más las ESCUADRAS. Esta es la venganza que os propongo. ¿Os agrada?

—Si, sí, dijeron todos.

—Pues entonces, yo os juro, que se hablará de nosotros. Tengo mi plan formado: ya vereis cuánto les daremos que hacer y decir á esos *mozos*, nuestros capitales enemigos.

—Juremos, pues, dijo Artolá, levantándose con el vaso lleno de aguardiente, juremos obediencia á nuestro nuevo capitan.

—Si: juremos, contestaron todos los bandidos, imitando el ademan de Artolá.

En seguida, al silencio anterior siguió el bullicio y algazara que habia reinado al principio de la cena. El aguardiente de la botella fué vaciado en un momento, se les sirvió otra segunda, y pronto sufrió la suerte de la primera. Ya la cena habia degenerado en una orgia ó borrachera. Las blasfemias salian de aquellas bocas infernales, como las lavas de un volcan de demonios. Uno de los Casulleras se dirigió entonces al capitan y le dijo:

—¿Tienes mucha confianza en Teresa?

—¿Y por qué no la he de tener, si siempre nos ha sido tan fiel?

—Pues bien, yo desconfio enteramente de semejante mujer, por esto no quise decirle el punto de nuestra reunion, y Artolá hizo otro tanto.

—¿Pero qué sospechais de ella?

—Sospechamos que es amiga de las Escuadras.

—¿Qué pruebas teneis?

—Un amigo me dijo que la habia visto hablar con mucho misterio con el cabo Fernando Prats.

—Ya lo sé, ella misma me lo dijo, pero el cabo no pudo sacarle una sola palabra; al contrario, se fué satisfecho y engañado.

—¡Engañado!... dijo Artolá, ¿sabeis que para engañar á un cabo de *mozos* se necesita saber más que un cura?

—Sin embargo lo fué.

—Yo os digo, replicó Artolá, que no me gusta semejante mujer.

—Está bien, dijo el Sech, la vigilaremos. Ahora, añadió, es menester que partamos inmediatamente. Marchad, cada uno por su lado, á recoger vuestras armas; mañana á las diez de la noche en punto, os esperare junto al bosque Estrada por la parte de poniente.

Todos obedecieron, y al dia siguiente ninguno faltó á la hora designada por su capitan.

—Escuchadme, dijo éste asi que estuvieron todos reunidos. José Ferrer, natural de Calaf, de oficio cerrajero, es, segun he sabido, muy rico y acomodado. No tiene haciendas ni casas, pero si mucho dinero, que es lo que nos importa. Sé por mis espias, que un dia de estos debe ir á Manresa para sus negocios. Es menester pues que le tendamos dos ó tres paradas, á fin de cogerle y secuestrarle, y en seguida le pediremos mil onzas. Despues de cobradas estas, ya resolveremos sobre el particular.

Dicho esto distribuyó la gente, indicando á cada una de las tres pequeñas partidas el lugar que debian ocupar.

—Hasta haberle cogido, dijo al despedirlos, no debeis abandonar el puesto, aun cuando caigan rayos y demonios sobre la tierra.

Ocho dias habian pasado, y la victima esperada por aquellos cafres no parecia. Al dia noveno, á primera hora de la madrugada, la partida mandada por el mismo Sech, oyó el ruido de una caballeria; éste, que tenia su trabuco escondido, y que solo parecia un viajero, se adelantó y saliendo al encuentro, le dió los buenos dias, como lo habia hecho con otros muchos durante aquellos nueve dias, al objeto de cerciorarse de si realmente era el infeliz cerrajero. Efectivamente, por esta vez no se frustraron sus esperanzas. Asi que le reconoció, con un silbato llamó á sus compañeros, y un momento despues el desgraciado Ferrer se vió rodeado, amenazado y derribado de su caballeria. En seguida lo ataron y se lo llevaron, por sendas escusadas y caminos escabrosos. El infeliz Ferrer caminaba á la ventura guiado por los bandidos, puesto que tenia los ojos vendados. Anduvieron como unas cinco leguas, al cabo de las cuales dijeron á la victima que podia descansar un rato, y en seguida le quitaron el pañuelo con que lo tenian vendado. Pero Ferrer se quedó tan á oscuras como antes. Entonces uno de los bandidos encendió un fósforo y en seguida una tea con cuya luz, iluminado aquel recinto, pudo convencerse el infeliz preso de que se hallaba cautivo en una caverna practicada en las entrañas de la tierra. Examinando con una mirada su prision, vio que todo su ajuar consistia en una pequeña y carcomida mesa, encima de la cual habia un tintero de cuerno, una pluma y algunos pliegos de papel blanco. En uno de sus rincones vió una cosa que no pudo reconocer, á causa de la oscuridad que alli reinaba. Hasta aquel momento, los bandidos no le habian dirigido una sola palabra. Él creyó durante su camino que no era más que un solo bandido el que lo acompañaba, y realmente era asi; pues los demas iban dispersos en guerrilla, para evitar toda sorpresa. Un momento despues, los dos bandidos que le vigilaban en la cueva desaparecieron y en su lugar se presentó otro de estatura muy elevada, color moreno, ojos pequeños, muy enjuto de carnes, y de unos cuarenta años de edad. Era el mismo Sech, capitan formidable de la canalla. Tomó asiento junto al preso, y le instó á que bebiese un sorbo de aguardiente, alargándole una calabaza.

—Esto, le dijo, te reanimará, y te dará fuerza para escribir una carta, que es lo único que queremos y exigimos de ti.

Ferrer probo el aguardiente, y en seguida dijo timidamente al capitan:

—¿Y que quiere V. que diga en esta carta?

—Una cosa bien sencilla. Decid á vuestra mujer, ó á quien querais, que entregue mil onzas en oro por vuestro rescate, de lo contrario, ya lo veis, morireis en esta cueva, despues de haber sufrido los más atroces tormentos. Decidles tambien, que se guarden de dar parte á los *mozos*, ni á nadie, pues si las Escuadras se ponen en movimiento ó se levanta el somaten, morireis, aun cuando ofrezcan cuatro mil onzas por vuestra salvacion. Vamos, pues, al caso: ahi teneis papel y pluma. Escribid.

—Pero, si esto es imposible, señor capitan ó lo que seais, pues ignoro vuestro nombre.

—¿Y por qué es imposible? dijo el Sech con enojo.

—Porque ni yo ni todos mis parientes y conocidos, jamás hemos poseido una cuarta parte del dinero que me pedis.

—Vamos, no mientas, pues sé que eres muy rico. Por lo tanto es inútil escusarte. A mi no me engañarás.

—Os digo, señor capitan, que yo soy un pobre cerrajero de Calaf....

—Ya lo sé.

—Os digo que soy un tal José Ferrer, pues sin duda me confundis con algun otro, puesto que yo soy un pobre padre de una numerosa familia, que vivo de mi trabajo.

—Ya sé que te llamas Ferrer, y hasta sé que por apodo te llaman Gilerqués. Ya ves si estoy bien informado. Tambien sé que eres rico, y que cuanto dices ahora es una mentira. Mas esta mentira puede costarte muy cara, porque yo soy muy manso, pero pobre de ti, si llego á enfadarme.

—Pero, señor, os digo que jamás he poseido más allá de unas seis onzas....

—No te canses, han de ser mil.

—Imposible.... imposible....

—¿Insistes?

—¿Pero qué he de hacer?

—Escribir!...

—Pero si por más que escriba, no vendrán las mil onzas.

—Eh, basta ya...

Diciendo esto hizo vibrar su silbato, y un momento despues aparecieron dos bandidos más, Artolá y uno de los Casulleras. «*A la órden,*» dijo el Sech, y en seguida aquellos dos foragidos desnudaron al infeliz Ferrer, dejándole tan solo los pantalones. Cogieron luego unos palos delgados y elásticos, y comenzaron á sa-

cudir firme contra el desgraciado cerrajero. La sangre comenzó á brotar; la victima despedia unos gemidos tan lastimeros, que eran capaces de ablandar á las mismas piedras. Ya la sangre corria por todo el cuerpo del desgraciado Ferrer. En esto, á una señal del capitan los bandidos se detuvieron.

—¿Quieres escribir lo que te he dicho?

—Escribiré cuanto querais, dijo el infeliz cautivo cayendo medio desmayado.

El capitan y los bandidos le socorrieron, le hicieron beber un poco de aguardiente, y en seguida poniéndole la mesa y el papel delante, le dijeron:

—Escribe y pronto estarás libre.

Ferrer escribió, dictando el mismo capitan, en los términos que ya saben nuestros lectores. En seguida entregó la carta al Sech, quien la leyó

dos ó tres veces, examinándola con muchísima atencion. En seguida cogiendo á su victima por el brazo, y tomando la tea con la otra mano, la condujo á un estremo de la cueva y puso á su vista un espectáculo horroroso. Eran unas siete cabezas humanas, las unas en estado de putrefaccion, las otras convertidas ya en calaveras.

—¿Ves estas cabezas? Miralas bien: pertenecieron á otros tantos necios que prefirieron la muerte á dejar á sus herederos ménos ricos. *Tambien estos decian que no podian pagar el rescate.* Entiéndelo bien, el que cae en nuestras manos, ó paga la cantidad que le señalamos, ó muere espirando en medio de mil dolores. Si has puesto algun signo en tu carta, para que los tuyos no entreguen la cantidad, aun tienes tiempo para escribir otra, porque si no viene pronto el dinero, ya ves la suerte que te espera.

Y diciendo esto, paseaba la tea por delante de aquellas cabezas, con el cinismo más descarado, y con el mayor espanto por parte del cautivo. Un momento despues, Ferrer estaba completamente solo en aquella espantosa morada. No habia cuidado de que se escapase. Los bandidos al salir se habian llevado la tea. Reinaba, pues, en la cueva la más espantosa oscuridad. Por otra parte estaba atado de piés y manos é ignoraba la salida de aquel espantoso limbo. Aquel honrado padre de familia, aquel hombre de bien, feliz y dichoso un momento antes, y ahora tan horriblemente desgraciado, ¿qué debia pensar durante las muchas horas y dias que permaneció en aquella mansion de espíritus infernales? Se acordaba de su querida esposa y amados hijos, y veia cercano el trágico fin que le esperaba, porque sabia que no tenia las mil onzas que le pedian los bandidos, y que le eran imposible á su familia hacerse con aquella cantidad. Entonces le parecia verse ya en manos de sus verdugos, quienes habiéndole cortado la cabeza, la habian colocado al lado de las otras que por un acto de la más refinada perfidia, el Sech le habia puesto de manifiesto. Despues volviendo en si de aquel delirio, sentia el dolor que le causaban las heridas recibidas por mano de sus verdugos, la sangre se le habia pegado á la camisa, y al moverse sentia los dolores más agudos. Procuró entonces echarse del mejor modo que pudo, porque sentia un gran peso en la cabeza. Dejemos por un momento á ese infeliz mortal enterrado en vida, en tan espantosa sepultura, y sigamos al Sech y á los suyos, despues de su salida de la cueva. Partieron todos en direccion á Calaf, por los senderos y caminos intransitables que ellos acostumbraban frecuentar, al objeto de entregar la carta escrita por el infortunado Ferrer. Un solo bandido disfrazado de pastor, apacentando seis ó siete cabras, quedó encargado del preso, con la obligacion de llevarle un plato de sopas, pan negro y un poco de aguardiente. Importa conservarle vivo, habia dicho el infame Sech, hasta que tengamos las amarillas (onzas) en nuestro poder. Habian andado como unas tres horas, cuando por uno de sus pérfidos confidentes supieron que el valiente y activo cabo don Fernando Prats, con los *mozos* Ramon Prats, Jaime Reventós, Antonio Costa, Antonio Duch, Ramon Tiban, Juan Toldrá, José Pascuet, Ramon Pascuet, Pablo Solé y Pablo Marti, habian salido precipitadamente en direccion hácia Calaf. Desde este momento el Sech cambió de direccion, porque de ningun modo queria encontrarse con los *mozos*. Le convenia llamar la atencion de estos por otro punto, y así es, que, por medio de una marcha de muchas horas, apareció con los suyos por la parte de Moyá, saliendo á robar á los tragineros que, desde Manresa, se dirigian hácia dicho punto. Pero apesar de esto no logró su intento, porque el citado cabo adivinó el plan de los bandidos. Él sabia el secuestro del desgraciado Ferrer, y no dudaba que los bandidos regresarian hácia Calaf, para tratar las condiciones del rescate. Así es que habia distribuido su fuerza de modo que cualquiera que fuese el medio de que se valiesen los malvados para negociar el rescate, debia venir á su noticia, para los efectos convenientes. Como por otra parte el desconfiado Sech, no queria encontrarse con las Escuadras, porque sabia que una vez cogida su pista, ya no los dejarian descansar un solo momento, hasta lograr su esterminio ó el descubrimiento del preso, por esto no quiso dirigirse á Calaf, resultando de todo esto que el desgraciado Ferrer pasase dias y dias en su espantoso cautiverio, ignorando completamente su familia, cuál habia sido su paradero y ni aun si existia. El bandido que habia quedado encargado del preso, y cuya alma era tan cruel y perversa como la de sus compañeros, lo trataba con el mayor rigor y crueldad. Se complacia en amenazarle á cada momento, en servirle las sopas, una vez frias y saladas, otra vez sumamente calientes, obligándole á comérselas precipitadamente para que se quemase: el pan que le daba, procuraba que fuese más duro que una piedra, y raras veces le daba el agua á medida de su sed. Así en ménos de veinte dias Ferrer era completamente desconocido. Se habia convertido en un esqueleto, en una mómia viviente, y pedia á Dios que se lo llevase y pusiese término á sus padecimientos. Igual peticion hacia todos los dias á su verdugo.

III.

El Sech en tanto cansado de retener el preso sin sacar el dinero, tomó una nueva resolucion. Era un plan atrevido y arriesgado en el cual el bandido jugaba el todo por el todo. Por medio de marchas y contramarchas, llegó otra vez á la cueva. Habia previsto el estado de abatimiento en que encontraria á la victima, así es, que á poco de llegar á la cueva, se procuró un borrico. Asi que hubo llegado, hizo salir al preso por un agujero de la cueva tan reducido, que el infeliz cerrajero tuvo que pasarlo arrastrando su cuerpo como las serpientes. Una vez fuera, vendados sus ojos, fué colocado sobre el borrico, y emprendieron la marcha. Anduvieron algunas horas, y llegaron por fin al bosque Estrada, término de San Pedro de Salleminera. Allí apearon al preso y le hicieron escribir una nueva carta en que se le hacian pedir las mil onzas en el término de veinte y cuatro horas. Escrita esta, salió Artolá disfrazado para llevarla á su direccion, pero algunas horas despues regresó y dijo:

—Realmente nos hemos equivocado. Este hombre no tiene, ni ha tenido jamás cincuenta duros. Me he informado bien, y os puedo asegurar que es tan imposible que él nos dé dinero, como que el olmo produzca peras.

—¡Ira de Dios!... esclamó el Sech, ¿y para esto le hemos mantenido cerca de un mes? Por vida del demonio que nos las pagarás todas juntas.

Y diciendo esto, cogió bárbara é inhumanamente al infeliz Ferrer, y despues de haberle dado golpes á su sabor, lo arrojó á unos dos pasos de distancia de sí y mandó á los suyos que lo fusilasen.

Así se hizo, quedando allí insepulto el cadáver de aquel desgraciado. ¿Y todavia habrá hombres que quieran abolir la pena de muerte? ¿Y aun habrá alguno que acuse de crueles á los *mozos*, cuando habiendo cogido alguna de esas fieras, se han visto obligados á matarla porque intentaba huir? No, para hombres tan feroces y crueles como esos bandidos, todos los castigos que pueden inventarse son nada, en comparacion á los que merecen por sus hechos.

IV.

Amostazado quedó el infame Torragelat (a) el Sech, viendo que ningun provecho habia sacado del secuestro del desgraciado Ferrer, cuyo trágico fin ya saben nuestros lectores. Lleno de ira y de corage, discurria y meditaba un golpe atrevido y seguro, que debia ejecutarse con prontitud, y que sin retardo pudiese producir el efecto apetecido, cual era el de adquirir dinero, del que él y los suyos estaban hambrientos. A este objeto, emboscó su gente en las cercanías de una heredad que D. Antonio Grau, abogado y propietario de Calaf, posee en el término de Castellfollit de Riubrigas. Era una hermosa mañana del dia 6 de agosto del año 1845. El señor Grau regresaba solo de su heredad, cuando repentinamente, en las inmediaciones de la mina de carbon de piedra situada en el término de Mirambell, fué acometido por cuatro foragidos, armados de carabinas, pistolas y armas blancas. Al momento ataron fuertemente al desgraciado Grau por medio de cuerdas que llevaban al intento, y en seguida le internaron en el bosque inmediato. El Sech, pues no era otro el capitan de la canalla, despues de haber amenazado de mil maneras y del modo más cruel y bárbaro al honrado abogado de Calaf le intimó que para su rescate debia entregar trescientas onzas. Grau, apesar de la apurada situacion en que se veia reducido, conservaba toda aquella calma y tranquilidad del hombre inocente, del hombre honrado que naturalmente se irrita al verse impotente para defenderse contra unos enemigos tan viles é infames como los bandidos.

—No creo, dijo, que V. piense que yo tenga á la mano la cantidad que se me pide, porque no es regular que fuese á ver mi hacienda llevando trescientas onzas en el bolsillo.

—¿Y qué quiere decir con esto?

—Quiero decir, que para poder reunir la partida que me pedis, es menester que me dejeis escribir á mi padre.

El Sech y los bandidos se miraron entre sí. En sus infernales rostros veiase retratada la desconfianza y los deseos de despachar pronto aquel negocio! El chasco que el Sech habia esperimentado respecto al desgraciado Ferrer, lo tenia fuera de sí, víctima del frenesi más espantoso. En una palabra: aquellos mónstruos, en su despecho, no estaban en disposicion de poder pensar ni reconocer la fuerza de una razon tan concluyente, como la que acababan de oir por parte del imperturbable Grau.

—Nada de cartas ni escritos, dijo por fin el infernal Sech con el acento de la rabia, porque en cartas pasaríamos dias y más dias: los *mozos* entre tanto vendrian en conocimiento de su secuestro, y desde aquel momento, ya no habria sosiego ni descanso para nosotros. ¡Buenas piezas son el cabo Prats, y Vidal, para que no nos persiguiesen hasta las mismas entrañas de la tierra! Buen perdiguero es su comandante Vivé, para que al momento con su voz de trueno y su cara seria y amenazadora, no dijera á los *mozos*: A ellos... buscadlos por todas partes. ¡Ay de vosotros si pronto no me los presentais!...

—Pero entonces, dijo el abogado, ¿cómo quereis que lo haga? ¿Pensais que yo sé fabricar onzas?

—Eh.... no hables tan recio, le dijo el Sech, y al mismo tiempo le apuntó su carabina junto al pecho. Mira, si antes de las nueve de la noche de hoy, no tenemos las trescientas onzas, serás fusilado junto á las mismas puertas de Calaf. Asi tu padre, á lo ménos, podrá enterrar el cuerpo de su querido hijo, á quien habrá dejado fusilar por no soltar una pequeña cantidad.

—Mi padre entregaria cuanto tiene para salvar á su hijo, pero como no me dejais escribir, ¿á quién quereis que entregue el dinero?

—Que se espabile, que pregunte... ya tenemos en Calaf algun amigo.

—Pero mi padre no conoce vuestros amigos.

—Que procure conocerlos.

—Veo que quereis mi sangre.

—La tuya y la de todos tus semejantes.

—Entonces, es inútil que hablemos más.

La serenidad y calma del preso, imponia á los mismos bandidos, apesar de la rabia que los dominaba. Conocian que Grau tenia razon: que era imposible recibir el dinero del padre, sin que éste recibiese carta de su hijo. Pero por otra parte temian demasiado á los *mozos*, para atreverse á dar tiempo al tiempo, como suele decirse. El Sech por otra parte, tenia una idea infernal, como todos los suyos. Habia resuelto poner en práctica el sistema del terror y más inaudita crueldad, pues solo por medio de éste, segun él pensaba, se podia imponer miedo á los pueblos, á fin de que no diesen parte á las Escuadras de los secuestros.

—Partiendo de este principio, decia: el fusilamiento de Grau, de este abogado y propietario de Calaf tan conocido, relacionado y apreciado de todos, será un golpe de grande efecto. Yo necesito de esos golpes: muera, pues, el abogado hoy mismo á las nueve de la noche, junto á las mismas puertas de Calaf. Asi aprenderán á temernos los demás que caigan á nuestras manos. De este modo, no se irán con cumplidos, sino que aflojarán el dinero tan pronto como se lo pidamos. Nada de demoras ni regateos: ya habeis visto lo que nos ha sucedido con el cerrajero.

—Es verdad, dijeron los demás bandidos, muera ese abogado, y la cosa marchará.

Asi aquellos animales feroces y sanguinarios, decretaron la muerte del desgraciado Grau, para desahogarse del enojo que les habia causado su propia torpeza, que les hizo creer que el infortunado Ferrer era rico, siendo así que realmente carecia de riquezas. Pasaron todo aquel dia escondidos entre las malezas de aquel bosque, y al anochecer tomaron el camino de Calaf, conduciendo su víctima bien custodiada. El valiente Grau conocia que en aquella marcha habia un misterio, y si bien ignoraba la resolucion de los bandidos, tenia un presentimiento de la espantosa desgracia que le amenazaba. Dos horas anduvieron sin pronunciar una sola palabra. Grau intentó por dos veces entablar conversacion con el capitan de la cuadrilla, pero el Sech no se dignó contestarle una sola palabra. Insistia el abogado en que le dejasen escribir á su padre, pues este era el medio de recoger el dinero que pedian, pero el infame Sech habia tomado una resolucion irrevocable. Llegaron, por fin, al término de la jornada. Era este cerca de la puerta del castillo de Calaf, casi contiguo á la villa. Alli mandaron á Grau que rezase el Credo y se arrodillase. La víctima suplicó al principio, pero viendo que las fieras no se ablandaban, quiso morir con dignidad y valor, así es que se arrodilló con la mayor calma y serenidad. Los cuatro foragidos dispararon contra el infeliz todos á la vez á una señal de su jefe. Pero quiso la divina Providencia, que vela siempre por sus criaturas, que en el mismo instante de tirar los bandidos, Grau se echase sobre la tierra, con tanta oportunidad que no recibiese siquiera la más leve contusion. Los bandidos le creyeron muerto y se iban ya á retirar, habiendo ya dado algun paso. Pero en esto advierten que el difunto se levanta y que con la más asombrosa ligereza entra en la villa, pidiendo socorro á grandes voces. Entonces el Sech y los suyos se lanzan hácia la persecucion de Grau por dentro las mismas calles de Calaf. Tan de cerca lo perseguian que uno de los bandidos hasta le cogió por la orla de su levita. Pero escrito estaba que el honrado Grau debia salvarse, puesto que afortunadamente pudo entrar en la casa de Antonio Bas, única que estaba abierta en aquella hora. Desde este momento, los bandidos ya no se consideraron seguros dentro de la poblacion, porque alarmados los vecinos, gritaban por todas partes: *ladrones.... ladrones....* Llenos, pues, de despecho y corage salieron otra vez al campo, dirigiéndose á sus guaridas, renegando de Dios y los hombres y jurando asesinar á todos los habitantes de Calaf que cayesen en sus manos.

V.

TRÁGICO FIN DEL SECH DE SELLAMINERA Y SU CUADRILLA POR LOS VALIENTES MOZOS DE LAS ESCUADRAS.

El secuestro y asesinato de Ferrer, el fusilamiento del abogado Grau, frustrado tan solo por un milagro de la divina Providencia, las amenazas que los bandidos hacian en todas partes contra los pacíficos habitantes de Calaf, los asesinatos que estos malvados cometian todos los dias, habian sembrado el terror y espanto en todos los habitantes de aquella comarca. Nadie se atrevia á salir de la villa, y ni aun dentro de ella se consideraban seguros, despues de haber visto el atrevimiento del Sech y los suyos en perseguir al señor Grau dentro de la misma poblacion. En este caso, como en mil otros semejantes, todas las miradas se volvieron hácia el cabo de las ESCUADRAS, el valiente Fernando Prats, y sus *mozos.* Éste por su parte, no descansaba un solo momento. Él y sus valientes *mozos,* seguian la pista de la canalla, pero el Sech era tan astuto y sagáz, que hacia muy difícil su captura ó sorpresa, fuesen cuales fuesen los medios que se empleasen. Ya hemos visto, como los bandidos desconfiaban de su confidenta Teresa, de aquella mujer que tuvo tan misteriosa entrevista con el Sech en lo más espeso del bosque. Tambien hemos visto como el capitan de la canalla rechazó las sospechas, ó á lo ménos se contentó con decir que ya la vigilária. Pues bien, ahora diremos á nuestros lectores que realmente Gasulleras y Artolá tenian razon en sospechar de Teresa, porque en verdad esta mujer varonil y esforzada, era la verdadera confidenta de los *mozos.* Por su conducto supo el cabo la reunion y cena que habian tenido los bandidos en aquella misteriosa casa del arrabal de San Pedro de Sellaminera, y desde aquel momento trazó en su mente el plan de campaña. Se dirigió á dicha casa, y habiendo dejado á los *mozos* á poca distancia, habló á su dueño en estos terminos:

—Sé que los bandidos han estado en esta casa.

—¡Le han engañado á V!...

—Sé que cenaron en ella, que bebieron y bromearon hasta la madrugada del dia siguiente.

—¡Qué impostura!... .

—Sé, prosiguió el cabo sin hacer el menor caso de las negativas del dueño, que en esta misma cena concertaron su plan de campaña.

—Le digo que todo es falso.

—Yo digo que todo es verdad. ¿Y cómo os habeis atrevido á cobijar unos foragidos tan viles é infames que tienen aterrorizado á todo el pais? Sois su cómplice, su encubridor, su espia, y como á tal debeis ser castigado como ellos.

—Señor D. Fernando... ¡piedad!!!..

—No hay piedad para los malvados y sus cómplices. Ahora mismo voy á dar la señal á los *mozos* y vas á venir con nosotros.

—Piedad... señor, ¿á dónde me quereis conducir?

—Tú eres el que nos has de conducir al punto donde se halla la canalla...

—Yo no lo sé: lo juro.

—Pero lo puedes saber si quieres.

—Tal vez si; pero es menester que me dé V. tiempo para ello.

—Está bien: mirame bien: ¿Ya sabes quien soy?

—Si señor, bastante tiempo hace que conozco á V.

—Pues bien: te doy seis dias de tiempo ¿oyes? seis dias no más. El sábado el Sech y los suyos han de estar en esta misma casa á las nueve de la noche.

—¿Y si no quieren venir?

—Vendrán, si te empeñas en ello, y te empeñarás, porque de lo contrario, el asunto de la cena y borrachera de los bandidos tè costaria muy caro.

—En fin, yo procuraré complacer á V. en cuanto dependa de mí.

Vino el sábado: el cabo y los *mozos* ya espresados se habian apostado en la misma casa durante el dia, habiendo entrado disfrazados de diferentes maneras y bajo diferentes pretestos. Esperaron horas y horas, y los bandidos no parecian. A las doce de la noche oyeron ruido y pasos, y á poca distancia de la casa realmente vieron á los bandidos que venian en direccion hácia la misma, pero despues de haber permanecido indecisos por algunos minutos, cambiaron de direccion y desaparecieron. El astuto cabo don Fernando Prats conoció que habia sido engañado por los dueños de la casa, porque era evidente que los foragidos esperaban la seña convenida, sin la cual, no debian penetrar en la casa.

—Me has engañado, le dijo, pero me la pagarás....

—Yo, señor!...

—Nc me vengas con zalamerias... tú debias dar alguna seña convenida, y no la has querido dar, pero yo te juro que me las pagarás todas juntas ahora mismo. Atadáese hombre, dijo en seguida á los *mozos.*

—Pero señor... yo no tengo la culpa, si ellos no han querido entrar!

—Nada... atadle.

—Escuche V.: me comprometo á darle noticia de ellos dentro de veinte y cuatro horas.

—No basta.

—Prometo que mañana estarán en un punto donde podrán ser cogidos ó muertos.

—Pues bien: ten cuidado con lo que acabas de prometer.

Efectivamente, esta vez no faltó á su palabra. El dia siguiente los foragidos fueron sorprendidos en el bosque de Estrada, término de Salleminera. Cinco eran los bandidos, cinco los *mozos* con su cabo, el ya espresado Fernando Prats. Así que los bandidos vieron á los *mozos* tan de cerca, que conocieron serles imposible la fuga, se prepararon á vender caras sus criminales vidas. Disparon contra los *mozos,* pero estos sin hacer el menor caso, disparon tambien, pero con tanto acierto, que dos de los bandidos cayeron muertos. En seguida arremetieron contra los otros tres á la bayoneta. Los bandidos los recibieron preparados con la misma arma; trabóse un reñido combate, que duró poco tiempo, concluyendo con la muerte de los tres ladrones restantes. Tal fué el trágico fin de aquellos hombres infames y perversos, terror y espanto de todos los hombres de bien, y de los habitántes pacificos de toda aquella comarca. ¡Justos juicios de Dios! Mientras los *mozos* examinaban los cadáveres de los bandidos para cerciorarse de que realmente estaban muertos, dieron con otro cadáver horriblemente desfigurado. Era el cuerpo del desgraciado Ferrer, asesinado, como ya saben nuestros lectores, por aquellos infames. Ellos, pues, pagaron la pena de uno de los mil crímenes que tenian cometidos, en el mismo lugar en donde lo habian perpetrado. A esta circunstancia se debió el que el cadáver del honrado cerrajero no quedase insepulto. Los habitantes de Calaf y alrededores respiraron con más libertad, desde el momento en que, gracias á la actividad y celo de las Escuadras, se vieron libres de tan formidables enemigos. Los nombres de los valientes *mozos* autores de tan esclarecida hazaña, son los mismos que hemos consignado antes, y el cabo, como ya saben nuestros lectores, era D. Fernando Prats, cabo de la Escuadra de Torres de Segre, provincia de Lérida. Examinados los cadáveres, se vió que ninguno de ellos pasaba de los treinta años de edad. Siempre generalmente es asi, porque Dios no permite que la mala yerba crezca y viva por mucho tiempo. ¿Y aquellos pocos años de vida, pueden con razon tener el nombre de tales? ¿Puede llamarse vivir aquella continua tarea, de vigilar, no dormir ni tener sosiego, á fin de no caer en poder de los *mozos* y de la justicia humana? ¿Y por mucho que sea el cinismo del criminal podrá evitar enteramente el influjo de la justicia divina, representado por los remordimientos de la conciencia? Entonces ¿cómo puede haber séres humanos que no se horroricen á la presencia del crimen y del vandalismo? Nuestra historia puede servir de espejo, en ella aprenderá todo el mundo á conocer lo que es la vida de los malvados. Dichosos nosotros si logramos retraer á uno solo de la mala senda; y mil veces dichosos, si son muchos los que, desengañados, llegan á convertirse en hombres de bien: dichosos en fin, si logramos infundir el horror contra el crimen, que naturalmente debe infundirnos á todos.

HISTORIA DE LOS BANDIDOS, CONOCIDOS CON EL NOMBRE

DE TRABUCAIRES.

I.

Ya lo hemos dicho antes de ahora, como historiadores, no reconocemos otro partido que el de la verdadera relacion de los hechos tales como nos los revelan los documentos que tenemos presentes, al escribir la Historia de las Escuadras. Así es que apesar del bando del esclarecido patricio D. Tomás Bruguera, jefe politico de la provincia de Gerona, que á continuacion insertaremos, y apesar de la opinion general, que conforme en un todo con la idea que de Ramon Felip tenia formaba dicha autoridad, ha creido que dicho cabecilla desde el momento en que entró de Francia en 1.° mayo de 1842, entró como jefe de una numerosa partida de bandidos, nosotros debemos decir que realmente no fué asi. Felip entró con unos sesenta hombres del vecino reino en el dia ya citado, por la parte llamada casa el Sastre de la Maya, en direccion al Manso de Subirá. En su compañía iba un fraile capuchino, con sus hábitos, llevando un crucifijo y un pequeño estandarte. (Documentos oficiales.) Todos los individuos de la cuadrilla iban adornados con su cruz encarnada en la parte izquierda, incluso el mismo Felip.

«Nosotros no somos ladrones, habian dicho al entrar en la casa, y esta cruz es el distintivo de los nuestros. Pronto vereis los batallones que están ya organizados, y esta vez nuestra causa triunfará.»

Y realmente, ni él ni los suyos causaron el menor daño en dicha casa, pagando el gasto que hicieron antes de partir. De alli salieron en direccion á San Aniol, y habiendo encontrado en dicho punto á cuatro nacionales y un cabo, que se hallaban alli ausiliando á la justicia, disparon contra ellos matando á dos, salvándose los otros tres por medio de la fuga, habiendo abandonado sus armas. (Documentos oficiales.) A las cinco de la tarde de aquel mismo dia partieron hácia Quera de Falaxá. Alli tomaron un guia, y habiendo llegado á eso de las diez de la noche al Grau de Escalas, despacharon al guia, tomando la direccion hácia el Betet, para encaminarse al Grau de Olot. De este modo en pocos dias recorrieron todos aquellos pueblos, lugares y justicias, pero en vez del entusiasmo y partido que esperaban encontrar, solo recibieron una leccion de amargo desengaño. El horror á una nueva guerra civil, hacia temblar á todos los pueblos que acababan de sufrir todos los desastres y desgracias de una guerra fratricida de siete años. Mal que le pesase á Felip y á los suyos, tuvieron que convencerse que eran impotentes para encender otra vez la lucha á fin de colocar en el trono á su pretendiente. Desde entonces fué cuando cambiaron de rumbo y sistema; desde entonces formaron aquella terrible partida de bandidos conocida por los *trabucaires.* Pero antes se separaron algunos de la cuadrilla, entre ellos el capuchino, pues realmente éste, y unos veinte más, habian entrado como meros defensores de la causa de D. Cárlos. Mas antes que esto sucediese el ya espresado gobernador de Gerona publicó el bando á que antes hemos aludido, y decia asi:

Don Tomás Bruguera, del consejo de S. M. y su secretario, individuo de varias sociedades de mérito y Amigos del pais de la Peninsula y de Ultramar, agraciado con la cruz de caballero de la distinguida órden americana de Isabel la Católica, condecorado con el escudo y cruz de la Milicia espedicionaria de 1823, con la del pronunciamiento de 1.° de setiembre de 1840, y con la concedida al valor cívico por enormes padecimientos, benemérito de la patria, Comandante del batallon 3.° ligero de la Milicia nacional de esta provincia, Jefe politico de la misma, etc., etc.

Cuando empezaba á reponerse esta provincia de

los desastres y pérdidas que por espacio de siete años habia sufrido, un génio maléfico apareció en ella. El infame Ramon Felip, ciego instrumento de los malos españoles que desde el vecino reino intentan turbar nuestro reposo, fué escogido por ellos para introducir en este suelo el gérmen de nueva revolucion. Avezado en el crimen, nada violento le fué encargarse de esta mision: y sus primeros pasos dieron bien á conocer sus temerarios proyectos. La aprehension de algunos honrados y acomodados patriotas, le facilitó los medios de aumentar el número de sus secuaces que en el dia pasan de cincuenta. A ejemplo suyo otros cabecillas se introdujeron tambien en el pais y la tranquilidad y fortuna de sus habitantes se halla espuesta en todas partes.

Desde el momento de la aparicion de aquel mónstruo dicté medidas de persecucion: escité á los pueblos para repeler sus agresiones: impuse penas á los que por indolencia ó malicia dejasen de cumplir mis providencias: requeri la cooperacion del Sr. Comandante general, Diputacion provincial, Ayuntamiento constitucional de esta capital y muchos buenos y honrados patriotas, y todos me han facilitado cuantos ausilios les he pedido. La benemérita milicia nacional, el valiente ejército y los infatigables *mozos* de Escuadra, no han cesado de perseguir á los malvados, y algunos de ellos han pagado bien caro su arrojo. Nada sin embargo ha bastado; pues la apatia de algunos pueblos ha hecho ineficaces todos mis desvelos y destruido las mejores combinaciones de persecucion. Unas veces por su falta en comunicar noticias, y otras por ampararlos en sus propias casas, han impedido que la canalla fuese ya destruida. Por desgracia el pueblo de Estañol acaba de confirmarlo con la proteccion que ha dado á Felip el dia 6 y de que se halla entendiendo el tribunal competente.

Esta conducta de algunos, y las ventajas que la traicion y perfidia de los malvados ha obtenido sobre los nacionales de Santa Coloma, muy sensibles á la verdad y no las únicas que hay que deplorar, les ha alentado hasta el punto de disfrazar su carácter de ladrones con el de defensores de una causa proscrita en España. A este fin han vitoriado á Cárlos V en Riudarenas: han arrancado la lápida de la Constitucion en la Esparra, y continúan sus correrias en el pais para hacer con los incautos nuevos prosélitos. Si bien la causa de la preponderancia que van adquiriendo las gavillas de foragidos consiste principalmente en la proteccion de algunos pueblos que desconocen sus intereses ó temen ser victimas de aquellos, tambien tengo la satisfaccion de que la mayor parte han cumplido con su deber, pero como la conducta de los primeros sea funesta: como es preciso evitar que se repitan las desgracias ocurridas hasta el dia: y como por último sea necesario concluir de una vez con los enemigos de nuestro reposo para evitar los males sin cuento que su existencia proporcionaria al pais y acaso á la nacion entera si consiguen aumentar su número, cumpliendo con la obligacion en que me hallo como autoridad superior política de la provincia he acordado con arreglo á las leyes vigentes mandar cumplir las disposiciones que siguen:

1.ª Todo individuo que perteneciente á la gavilla de Felip ó cualquiera otra de las que divagan por la provincia sea aprehendido sufrirá la pena de muerte, como comprendido en el artículo 1.° de la ley vigente de 17 de abril de 1821.—2.ª Igual pena sufrirá el que directamente proteja á los malvados dándoles asilo, conduciendo comunicaciones, armas, municiones ó comestibles.—3.ª El que sea encontrado con armas sin la competente licencia y se le acredite su uso, bien para unirse á los malvados ó para protegerlos, sufrirá asimismo la pena de muerte.—4.ª Los comprendidos en los tres articulos que anteceden serán juzgados por el tribunal que la citada ley de 17 de abril de 1821 marca, á cuya disposicion serán puestos inmediatamente.—5.ª A todo individuo que me presente un latro-faccioso le ofrezco una onza de oro; el que lo hiciere de un enganchador, dos; y si lo verificase de un cabecilla, la recompensa será segun la importancia del mismo y siempre mayor que aquellas, y aun de más consideracion si el aprehendido fuese el mismo Ramon Felip.—6.ª Igual suma de una onza ofrezco al que me presente alguno de los emigrados en el estranjero que se introduzca desarmado en esta provincia sin la competente autorizacion.—7.ª Prevengo á todas las autoridades dependientes de mi jurisdiccion, y comandantes de la Milicia nacional, y ruego á las que no lo estén, que detengan á todo el que transite sin pasaporte ó pase de radio, y que me lo remitan con la posible brevedad.—8.ª Los alcaldes y ayuntamientos que no tocasen á rebato en cuanto se presente en su territorio alguna gavilla de malhechores ó latro-facciosos, y no saliesen con el somaten en persecucion de aquellos, ó dejen de corresponder al toque de alarma de los pueblos inmediatos, serán considerados como encubridores y ausiliadores de los foragidos, y como tales serán juzgados con arreglo á las leyes vigentes, sufriendo el castigo que las mismas señalan.—9.ª Igual pena sufrirán los que no den los partes que prescriben los bandos y circulares que tengo espedidas y que quedan en toda su fuerza y vigor en cuanto no se oponga al presente.—10. Los ayuntamientos en cuyo término cometiesen los foragidos algun atentado, como no prueben no haber estado en su mano el evitarlo, serán juzgados con arreglo á las leyes y sufrirán la pena más rigurosa que estas señalen.—11. El presente bando se publicará con las formalidades que prescribe la ley en todos los pueblos de esta provincia, se fijará en los parajes acostumbrados de los mismos y se insertará en el *Boletin oficial* quedando responsables de su más exacto cumplimiento, las autoridades, corporaciones y empleados dependientes de mi jurisdiccion, y cuidando los alcaldes de que los ejemplares que se fijen en los sitios de costumbre no se arranquen por persona alguna; en inteligencia que me hallo decidido á que se cumpla con la mayor exactitud cuanto dejo ordenado.—Gerona 11 de abril de 1842.—Tomás Bruguera.

Entregado Felip y los suyos al vandalismo, dieron mucho que sentir á todos los habitantes del antiguo principado. Los secuestros de las personas más ricas y acomodadas se sucedian casi sin interrupcion. Las cuevas más espantosas, situadas en los nevados montes Pirineos, eran destinadas para alojamiento de estas mismas personas, desde donde se entablaban las negociaciones para el rescate, por medio de un sistema tan sagáz y previsor que era imposible que no surtiese el efecto propuesto por la canalla. Les favorecieron tambien mucho los acontecimientos politicos que sobrevinieron en 1843, porque absorbida la atencion de todas las fuerzas, inclusa la de las Escuadras por aquellos sucesos, puede decirse que el vandalismo capitaneado por Felip y el no ménos famoso Juliá de la Viuda, se habia enseñoreado de todo aquel escabroso pais. Por otra parte tenian una gran ventaja, á saber: que siempre que se veian muy acosados, entraban otra vez en Francia, burlando así la persecucion constante que esperimentaban especialmente por parte de los *mozos*. Por esto el activo cabo de la Escuadra de Santa Coloma de Farnés, que con sus *mozos* se habia dedicado á la persecucion de Felip y los suyos, desde el primer dia en que pisaron el suelo español, decia á su comandante D. José Vivé: «es menester »proveerme de un permiso para poder pasar á Fran- »cia con los *mozos*, de lo contrario esos malvados se »burlarán siempre de nosotros. Tengo mi plan for- »mado sobre este particular, y estoy seguro que »produciria buenos resultados. V. conocerá muy »bien que si pudiésemos hacer interesar á los con- »trabandistas, que tanto abundan en las fronteras »francesas, á fin de que nos diesen aviso de los pa- »sos de los bandidos, tendriamos mucha cosa ade- »lantada. Pero para esto es indispensable el permiso »de que antes he hablado, pues solo asi es posible »ver y tratar con aquellos hombres que viven del »contrabando. Yo les haré ver que si no se logra es- »tinguir á los *trabucaires*, á ellos mismos les parará »gran perjuicio, pues se tomarán unas medidas tan »terribles y se destinará tanta fuerza para la perse- »cucion de los malvados, que será imposible pene- »trar en España por ningun punto, sin esponerse á »perder la vida casi de un modo cierto y seguro.» (Documentos oficiales.)

Efectivamente, más tarde este mismo cabo obtuvo el permiso, pasó á Francia, se puso en contacto con los principales capataces de los contrabandistas. Se les presentó como un amigo que venia para darles un aviso importante para ellos. Aquellos contrabandistas no dejaron de escuchar con suma atencion al cabo, y le dieron las más espresivas gracias, prometiendo que por su parte trabajarian para el esterminio de la canalla. Se avistó despues con el señor brigadier de gendarmes de San Lorenzo, quien convino en cuanto deseaba el cabo, reconociendo lo acertado de los planes y combinaciones que habia formado, y prometiendo secundarlos por su parte. Asi las cosas pronto se hicieron sentir los efectos de tan acertadas combinaciones, y la cuadrilla de Felip se vió pronto cercada y perseguida, de tal modo que se dispersó, marchando cada uno por su lado. Pero á poco se reunieron otra vez en partidas de cinco, siete y nueve, y se entregaron de nuevo á sus acostumbrados crímenes. Una de estas partidas, capitaneada por el tristemente célebre Juliá de la Viuda, debe llamar nuestra atencion de un modo particular. Ya saben nuestros lectores que el objeto de nuestra obra ha sido no solo dar á conocer las famosas hazañas de las Escuadras, si que tambien todos los tipos del bandolerismo. Y como los *trabucaires*, si bien no presentan un tipo enteramente nuevo para los lectores de esta historia, con todo, no se nos puede negar que han sido unos foragidos que llamaron la atencion de propios y estraños, y por consiguiente que es muy justo que figuren entre las páginas de la vida de los ladrones más célebres y conocidos.

II.

SECUESTRO DE D. FRANCISCO DE TORALLA Y CALM.

Los que no han viajado por la parte de la alta montaña de Cataluña, no tienen una idea de las ricas y suntuosas casas de campo que existen en aquel pais. La inseguridad que de algunos años á esta parte ha reinado, respecto de los habitantes de aquellas casas, ha hecho que la mayor parte de sus dueños las hayan abandonado, trasladando su domicilio á las grandes poblaciones y ciudades, con grave perjuicio de sus intereses y de los del pais. A poca distancia de Olot existe una de estas casas, tal vez la de más capacidad y comodidades á diez leguas de distancia. Es un verdadero castillo ó palacio donde podria alojarse á un monarca con toda su régia comitiva. El dueño de aquella rica casa lo era en la época de nuestra historia (1843), como todavía sigue siendo hoy dia, el amable é instruido D. Francisco de Toralla y Calm, persona sumamente querida y estimada en todo aquel pais, por la amabilidad de su carácter, fino y delicado trato, y sobre todo, por las muchas limosnas que distribuia entre los pobres, siguiendo en esto la nunca interrumpida costumbre de sus antepasados. Por otra parte, su permanencia en aquel pais, reportaba grandes beneficios á todos sus colonos y habitantes, puesto que, siempre ponia en práctica muchas obras y mejoras en sus dilatadisimas haciendas y casas, de lo que resultaba trabajo y pan para numerosas familias especialmente durante los inviernos, siempre muy frios y rigorosos en aquellas tierras. Su desahogada posicion, y la fama que tenia de poseer grandes riquezas, hubo de llamar la atencion de los foragidos *trabucaires*, y con objeto de prenderle le habian tendido ya sus lazos más de una vez, pero siempre inútilmente é ignorándolo dicho señor. Toralla era muy aficionado á la caza, así es que casi todos los dias salia por aquel tiempo, que era el mes de diciembre del año 1843, á la caza de las zarcetas, muy abundantes aquel año, especialmente en un bosque húmedo y pantanoso de su propiedad, distante ménos de un cuarto de hora de su casa. En dicho bosque se hallaba en el dia once del espresado mes de diciembre á esto de los nueve de la mañana con su escopeta y demás arreos de caza, cuando distinguió á un tiro de distancia dos hombres envueltos con unos capotes que se usan en todo aquel pais, que forman una valona ó esclavina de poco vuelo, de paño muy grosero, terminando con una capucha de punta muy aguda. Mas luego juzgó que serian dos contrabandistas, gente que suele transitar muy á menudo por aquel territorio. En esto el señor Toralla se habia dirigido hácia la izquierda, cuando repentinamente oye una voz que en tono bajo le decia *alto, alto*..... Vuélvese y ve dos hombres que puesta una rodilla en tierra, y con el cuerpo muy inclinado, le tenian apuntados sus enormes trabucos.

—¡Los *trabucaires*! dijo entre sí Toralla, ¡perdido estoy! Pero antes he de defenderme cuanto pueda. Solo disto un tiro de fusil de mi casa, en donde se hallan más de veinte personas entre colonos, albañiles y peones, y mucho será que no vuelen en mi ausilio.

—¿Qué quereis?

—No levante V. la voz, señor, sinó lo abrasamos.

—Pero bien ¿qué quereis?

—Que deje V. la escopeta, y se de preso, prometiéndole respetar la vida.

—Yo no quiero darme preso. Si quereis dinero, yo os lo enviaré, pero de ningun modo quiero venir con vosotros.

—Entonces, peor para V., pues va á morir en este mismo instante, dijo uno de los bandidos, levantando el gatillo de su enorme trabuco.

—Veremos, replicó Toralla, apuntando y disparando su escopeta contra el bandido con tanta rapidez y acierto, que lo hirió en el vientre y en el brazo. Pero en esto, otros bandidos, hasta el número de siete, aparecieron de entre las matas donde arrodillados y agachados estaban escondidos, é intimaron la rendicion á Toralla. Este habia cargado ya de nuevo su escopeta, y se disponia á disparar otra vez, cuando recibió una herida en la cabeza causada por un golpe con el trabuco aplicado por uno de los de la partida, y en seguida, otro bandido puso su puñal junto al cuello de Toralla.

—Si hubiésemos querido matar á V., le dijo entonces Juliá de la Viuda, pues no era otro el capitan de aquellos malvados, ya haria algunos minutos que morderia V. la tierra, pero no es este nuestro objeto, y por esto no hemos disparado. Siga V.; de lo contrario, lo mataremos sin hacer el menor ruido.

En esto el bandido herido por Toralla, vuelve en sí, arremete contra dicho caballero, puñal en mano, esclamando:

—¡Venganza!.... ¡Venganza!..... Me ha herido: ya lo veis..... y enseñaba el brazo chorreando sangre: mio es.... quiero matarle.

Pero Juliá se interpuso entre el preso y su verdugo, de lo contrario la víctima hubiera perecido en aquel mismo sitio.

—No lo debes matar, decia Juliá, porque no nos conviene de ningun modo. Por otra parte el caballero ha hecho lo que debia; se ha visto acometido, y en tan crítico apuro, se ha defendido. ¿No hubieras hecho tú lo mismo en igual caso? Pero el bandido herido que se llamaba Llorens, insistia, lleno de furor, en que queria matar á Toralla. No sabemos en qué hubiera venido á parar la disputa, si en aquel momento no hubiesen oido la voz de todos los colonos, albañiles, peones y demás vecinos que en número de unos cuarenta venian en somaten al socorro de su señor.

—No tema V., señor D. Francisco, decian: somos nosotros que venimos á salvarle.

Entonces el mismo Juliá y otro bandido, apuntando sus pistolas uno al pecho y otro á la cabeza del preso tocando con su mismo cuerpo, le dicen:

—Haga V. retirar esa gente al momento, ó sinó muere sin remision.

No hubo otro medio: el mismo preso tuvo que pedir á sus buenos libertadores que no pasasen más adelante. En esto los bandidos habian emprendido ya su rápida marcha llevando el preso en medio de ellos. El dia estaba húmedo y lluvioso; cuando en aquel mismo instante una densa nube que despedia una lluvia copiosa y abundante, se interpuso entre los bandidos y el improvisado somaten. Cuando estuvieron unas cinco horas de distancia del lugar en donde se habia verificado la escena anterior, los bandidos hicieron alto en lo más espeso de unos matorrales. La lluvia no habia cesado un solo momento. Todos estaban mojados hasta la ropa interior. En esto el bandido Llorens renovó su idea de venganza.

—Dejad que lo mate; así quedaré vengado, y vosotros libres de la persecucion que se nos prepara.

Y diciendo esto hacia esfuerzos para separar al preso del grupo de los bandidos que le protegia y salvaba la vida en aquellos momentos, no por caridad y compasion, por cierto, sino por el egoismo del rescate.

—Acabemos, dijo por fin Juliá. No lo matarás por ahora, más tarde veremos. Ahora prosigamos la marcha.

Y emprendieron otra vez su camino. En esto tuvieron que atravesar un barranco con agua hasta más allá de la cintura. La lluvia y la nieve continuaban en abundancia. La noche era oscurísima, y así es que el preso, no sabiendo por donde caminaba, á cada momento creia que iba á precipitarse en alguno de aquellos abismos por donde pasaban. Pero el capitan tenia mucho cuidado en avisarle y conducirle por la mano. Aquel hombre parecia que veia de noche del mismo modo que en medio del sol, tan práctico era de aquellos lugares. Caminaron toda la noche, y al amanecer del dia siguiente, hicieron alto en medio de un bosque. Cansados, fatigados, mojados de todo el cuerpo se echaron sobre la tierra tambien mojada tiritando todos de frio.

—Podriamos encender una hoguera para calentarnos, dijo el preso.

—De ningun modo, replicó Juliá, el humo y las llamas podrian llamar la atencion y descubrirnos. Es menester que tome V. paciencia; ya ve que nosotros tambien la tomamos.

Entonces sacaron sus miserables provisiones que consistian en un pan muy negro y duro y un queso de peor calidad. El capitan dijo:

—Mire V., caballero, no tenemos otra cosa. Coma V. y si le sobra, nosotros comeremos, y esto que no nos falta apetito.

—Repartámoslo, dijo el preso.

—No, no, coma V.

Asi se hizo. Despues el preso dirigiéndose á Juliá dijo:

—Y bien, ¿qué debo hacer? ¿Cuánto exigis?

—Caballero, sabemos que V. es muy rico, el más rico de toda esta montaña, por consiguiente hemos fijado su rescate en cuatro mil onzas.

—¿Estais locos? ¿sabeis lo que son cuatro mil onzas? Aun cuando fuese posible realizar todo lo que tengo, para lo cual necesitaria tres ó cuatro años, no llegaria á reunir una cantidad tan considerable.

—Ello podrá ser lo que V. quiera, pero el caso es que nosotros no rebajaremos un solo maravedí. Escriba V. ahora mismo á su esposa y digala que queremos dicha cantidad, ó que sinó, puede ya vestirse de luto, porque V. muere irremisiblemente.

—Pues bien, ya me podeis matar, porque nunca escribiré un absurdo semejante. ¿Qué sacaria de escribir si ya sé que lo que me pedis no puede realizarse?

—¿Qué importa? V. escriba: lo demás corre de nuestra cuenta.

—Ya os lo he dicho, matadme, haced de mí lo que mejor os parezca, pues estoy resuelto á no escribir un tan grande disparate.

Así pasó aquel primer dia, cuando al anochecer del mismo emprendieron otra vez la marcha tan penosamente como en la anterior. Al amanecer del dia siguiente se encontraron en medio de unos espesos matorrales y arbustos.

—Aqui permaneceremos todo el dia, dijo el capitan.

Y todos los bandidos se echaron sobre el suelo, colocando el preso en medio de ellos en la misma posicion. A poco cualquiera hubiera creido que todos estaban entregados al sueño más profundo. Pero el preso no dormia, no, ¿y cómo habia de dormir hallándose en tan critica situacion? En esto le pareció que oia el murmullo de personas que hablaban. El matorral en donde estaban escondidos todos, estaba separado por un cerro de un camino muy escabroso que se veia en la otra parte, á un tiro escaso de distancia. El preso apartó con el mayor cuidado y disimulo algunas ramas, dirigiendo su vista hácia la otra parte del cerro. ¡Santa esperanza!... vió unos ocho *mozos* de las Escuadras con su cabo. Él oia, y aun distinguia la conversacion de aquellos infatigables perseguidores de malvados.

—Tal vez, decia uno, se lo habrán llevado á la otra parte del Pirineo....

El corazon del preso latia con vehemencia: el momento era critico: un solo grito de *ladrones...* podia salvarle. Resuélvese á darlo, pero para que lo oyesen mejor, determina incorporarse un poco, mas así que se mueve, siente junto á su garganta el roce de un puñal, y al mismo tiempo oye una voz que le dice junto al oido: «Échese V., caballero, y no pronuncie una sola palabra, sinó muere.» Aquel bandido era el que estaba de vigilante. Entre tanto con la otra mano á pellizcos dispertaba á los demás. Todos sin moverse de aquella posicion, echaron mano de sus puñales, amenazando al infeliz preso por todas las partes de su cuerpo. Pero en esto los *mozos* habian ya pasado, llevándose en pos de sí la única esperanza del desgraciado Toralla. Los bandidos todos los dias dedicaban una hora para limpiar, descargar y cargar de nuevo sus armas de fuego, y aquel dia verificaron esta operacion dos horas despues de haber pasado los *mozos*. En esto, regresó uno de ellos que se habia separado, llevando unas provisiones tan miserables y de pésima calidad como las del primer dia. Pan negro y duro, queso medio podrido y un cántaro de vino agrio. Comieron de estas provisiones, y luego el capitan, dirigiéndose al preso, le dijo:

—Vamos, caballero, (este era el tratamiento que le dieron constantemente) ¿está V. resuelto á escribir la carta pidiendo las cuatro mil onzas?

—Es inútil que escriba, porque nunca vendrá una suma tan superior á todas mis facultades.

—Pero ¿qué pierde V. en escribirla?

—Un tiempo precioso, pues yo ya no puedo aguantar más esta vida tan desesperada. Si hemos de continuar asi, prefiero mil veces la muerte. Sin dormir ni descansar, sin comer, y viviendo siempre á la intemperie en un pais tan frio, nevado y lluvioso, es preferible acabar de una vez. ¡Ojalá me hubieseis muerto en el acto de prenderme!

—De esto no tenemos nosotros la culpa, sino su esposa y amigos. Ha de saber V. que han alborotado todo el pais, que han organizado somatenes, han puesto en movimiento la patolea de Olot, en fin, que nos están persiguiendo como á conejos. Mientras dure esta persecucion, no hay remedio, hemos de llevar esta vida desesperada. Pero como ya sabemos lo que son estas cosas, como no ignoramos que los somatenes se cansan pronto, por esto le digo, que esto no durará, y tan pronto como cese, nos trasladaremos á una cueva en donde V. será tratado como merece,

y en donde no le faltará buena y variada comida. Ahora, no nos conviene meternos en la ratonera, porque hemos de desorientar á nuestros perseguidores, y evitar toda sorpresa; en campo libre es casi imposible que nos sorprendan, porque tenemos nuestras atalayas. Pero volviendo á nuestro asunto, ¿quiere V. escribir?

—No: porque es inútil.

—Entonces va V. á morir.

—Y yo lo mataré, esclamó Llorens, apuntando su pistola el pecho del preso.

—Créame V., caballero, añadió Juliá, escriba, ó sinó va V. á morir en el instante.

El preso no contestaba. La desesperacion y el despecho lo tenian en uno de aquellos momentos en que todo es indiferente para el hombre, inclusa la muerte. El capitan insistia presentándole el papel y pluma. Por fin el preso coge la pluma y dice:

—Dictad, escribiré cuanto os plazca.

Entonces, Juliá, que era muy sagaz y que no tenia nada de tonto, dictó una carta en que pintaba la situacion del preso con unos colores capaces de estremecer á los corazones más duros y empedernidos, y concluia pidiendo *cuatro mil onzas*, é indicando el modo como se debia hacer la entrega. Así pasó aquel dia, y al anochecer del mismo emprendieron otra vez sus acostumbradas correrías. A poco les cogió de nuevo una espesa y copiosa lluvia, acompañada de copos de nieve en no ménos abundancia. Los bandidos blasfemaban como demonios.

—Esto no se puede aguantar, decia uno.

—Maldito sea, ¡ojalá lo hubiésemos muerto!..

—Matémoslo ahora mismo, añadia un tercero.

La cosa iba tomando un giro espantoso para el preso, pero éste continuaba en aquel estado de aburrimiento en que todo le es indiferente al hombre, todo. Pero Juliá, que no perdia un solo momento de vista el pingüe rescate que se prometia de Toralla, rompiendo su silencio dijo:

—¿Acabareis de murmurar? Pronto llegaremos á unos huecos practicados entre las rocas, donde nos meteremos para ponernos al abrigo de la lluvia.

Efectivamente, á poco llegaron á un punto donde habia una especie de huecos ó escondrijos practicados entre las mismas rocas, pero eran de tan poca capacidad que dificilmente podian colocarse en ellos dos hombres acurrucados. Hicieron entrar al preso en uno de ellos, y dos bandidos con gran trabajo se colocaron junto á él en el mismo hueco. A poco aquellos dos guardianes se quedaron profundamente dormidos. Entonces el preso, que no dormia por cierto, tuvo una tentacion de fuga que, despues de bien meditada, iba á poner en ejecucion. Para esto era preciso matar á lo ménos á uno de los dos bandidos, al que estaba más cerca del agujero de la cueva, y ya Toralla estaba resuelto á ello.

—¿Qué más puede sucederme? decia entre sí; ¿que me maten si me cogen en mi fuga? bien: preferible es la muerte á una vida tan desesperada.

Pero en el momento en que iba á poner en ejecucion su arriesgado y atrevido plan, Juliá, que estaba con los demás en otros huecos, se presentó al del preso, y dispertando á los bandidos, les dijo:

—Hemos de emprender otra vez la marcha.

Así se frustró esta segunda esperanza. Dios sin duda lo dispuso así, porque aquel golpe era muy espuesto y desesperado. Ocho dias duró aquella vida airada, sin descanso ni sosiego, al cabo de los cuales, por fin, vino el dia deseado de entrar en una cueva.

III.

LA CUEVA Y LAS PROVISIONES.

A la una de la madrugada del dia 19 de diciembre los bandidos hicieron alto.

—Ya estamos en el punto deseado, dijo Juliá. Debe V. entrar en esta cueva. Pero el preso no veia la entrada.

Entonces Juliá lo acompañó y le hizo entrar por un agujero arrastrando su cuerpo, tan estrecha era la abertura. La cueva no era capaz, y sobre todo era tan baja de techo que solo se podia estar en ella sentado ó echado. Luego entraron los bandidos. A las dos de la madrugada oyeron el ruido de dos piedras chocando entre sí, y el ladrido de un perro á más larga distancia.

—Ya está aqui, dijo Juliá, y salió al momento.

Luego comenzó á poner en manos del bandido que estaba más cerca de la puerta unas bujias de sebo de las cuales este encendió una. Despues varias y abundantes provisiones: pan blanco y fresco, escelentes y variados vinos, gallinas y pollos asados, carnero guisado con arroz, queso, longaniza, frutas secas, todo de superior calidad y abundantisimo.

—Ya ve V., caballero, como hemos cumplido lo prometido, dijo Juliá. Puede V. comer con toda satisfaccion, y nosotros le acompañaremos, puesto que hoy ya no hay escasez ni la habrá mientras permanezcamos en la cueva. Si no nos hubiesen perseguido tanto, dias hace que V. estaria en otra cueva más capaz que esta, en donde podria V. estar con más comodidad y dormir en blanda cama, pero hemos tenido que echar mano de esta por ser la más desconocida y disimulada.

Al dia siguiente el preso pudo observar, por el agujero que servia de entrada á la cueva, alguno que otro pastor y pastora que pasaba á bastante distancia, y por su traje, y especialmente por la confia que usaban las pastoras, calculó que eran francesas, y por lo mismo que la cueva estaba situada en el estremo del Pirineo, muy cerca del vecino reino. Aquel dia y los siguientes, siempre á la misma hora, esto es entre una y dos de la madrugada, oyó el preso los mismos ladridos del perro y á poco el ruido de las dos piedras chocando entre si, y luego la aparicion del proveedor, sin que éste se dejase ver nunca. Las provisiones eran casi siempre las mismas, buenas y abundantes. Las horas eran largas y pesadas, pero era tanto lo que habia sufrido el preso, antes de entrar en la cueva, que despues le parecia estar en el cielo. ¡Tan cierto es que la felicidad en este mundo es siempre relativa! Pasaban gran parte del dia conversando, y contando los bandidos sus vidas y milagros. El preso pudo convencerse de que la cuadrilla se componia de hombres de diferentes provincias y lugares. Habia un aragonés, desertor del ejército, que habia estado ya en capilla. Los habia de la provincia de Tarragona, Lérida y Gerona. Juliá, entre todos ellos, era el más fino é instruido. Tenia una conversacion muy amena y sembrada de chistes empleados con suma oportunidad. Toralla les habló varias veces del indulto, y se ofreció por mediador. Pero en esto nunca quisieron entrar. Convenian en que su vida era desesperada, pero desconfiaban enteramente de la sociedad, y sobre todo de las comisiones militares, y más especialmente de los *mozos*. Decian que solo temian á estos últimos en cuanto á la persecucion, porque eran los únicos que nunca se cansaban ni desistian.

—Nuestra suerte, decia un dia Juliá, está ya echada. Tarde ó temprano caeremos en las manos de las ESCUADRAS, porque nosotros somos como las perdices que siempre damos vueltas alrededor del nido.

—Pero, dijo el preso, ¿porqué no os internais en el vecino reino?

—Ya lo hacemos muchas veces, mas como pronto concluimos el dinero, es menester entrar de nuevo para procurárnoslo.

Un dia el preso les propuso jugar un poco, para matar el tiempo.

—Todos somos jugadores, le dijo Juliá, pero nunca jugamos mientras tenemos un preso. V. lo comprenderá muy bien: mientras estamos en este estado nos conviene la union y fraternidad; el juego es un manantial de disputas, á lo ménos tal como nosotros lo practicamos, por eso jamás permitimos el juego, sino despues de dado el golpe. El dinero de V. nos lo jugaremos en Francia.

Dejemos al preso en la cueva, para trasladarnos á su casa, donde encontraremos á su desconsolada esposa, hermanos y demás familia, amigos y conocidos. Realmente Juliá habia dicho la verdad. La patolea de Olot, varios somatenes y fuerza armada, se habian puesto en movimiento para rescatar á don Francisco de Toralla, pero todo habia sido en vano. Ocho dias hacia que la victima habia caido en manos de sus verdugos, y nada absolutamente se sabia de ella, ni aun si vivia. Durante estos dias varias personas desconocidas, y hasta sospechosas, se habian presentado á la desconsolada esposa, ofreciéndose para ir á saber noticias del preso, y aun para rescatarle. Este habia aceptado sus ofrecimientos y prometido su recompensa para los que cumpliesen con sus promesas; pero todo habia sido en vano. Nadie, absolutamente nadie, habia podido descubrir el dato más insignificante. Al octavo dia, cuando ya todo el mundo se habia retirado á sus casas cansados de buscar, se presentó á la señora un tal Collat, jóven de unos treinta años, robusto, de hermoso rostro y fina conversacion. Comenzó lamentándose de la desgracia de su marido, de quien dijo, habia recibido cierto favor, y concluyó ofreciéndose para buscarle y saber de él. Dijo que era muy práctico del terreno, y que habiendo servido en las filas de D. Cárlos durante la guerra de los siete años, conocia todas las cuevas, casas de campo y confidentes de la canalla.

—En fin, señora, añadió, si yo no lo encuentro, ya puede V. estar segura que nadie dará con él.

La señora aceptó sus ofrecimientos y le prometió una buena recompensa.

—Sepa yo á lo ménos que vive mi esposo... Sepa que respira... Oh!.. si ha muerto, sépalo tambien... pues mi estado actual es desesperado. La infeliz estaba en estado interesante.

—No llore V., dijo Collat, no se desespere, yo seré portador de las noticias que tanto le interesan: mi corazon me lo dice.

Partió aquel hombre, y á los dos dias regresó á la casa de Toralla.

—¿Le ha visto V.? le dijo la señora así que entró.

—No señora; pero sé que vive y está bueno.

—¿Trae V. alguna carta?

—Sí señora; y entregó la primera carta que los bandidos hicieron escribir á su preso. La esposa devoró aquel escrito, pero al llegar á la cláusula en que se pedian cuatro mil onzas, el papel se le cayó de la mano y quedó medio desmayada.

—¿Qué tiene V.? dijo Collat.

—¿Qué he de tener? ¿no ve ¡V. que piden cuatro mil onzas?

—¡Cuatro mil onzas! Vamos, esto no puede ser. ¿Están locos? No se desespere V., señora, contestó y prometa V. lo que pueda, ellos rebajarán. Esta es una prueba que han querido hacer.

—Yo no puedo resolver por mí misma, debo consultar con mis cuñados.

—Está bien; yo volveré dentro de dos horas, pero debo advertir á V. que para que yo pueda continuar las negociaciones, es menester que se me facilite un salvo-conducto, porque sin éste me espongo á sufrir algun percance solamente para servir á Vds.

—Ya lo procuraremos.

Realmente á Collat le convenia un salvo-conducto, puesto que era uno de la misma cuadrilla de bandidos, á quien tiempo hacia que buscaban los *mozos*. Bien habia dicho él, que si él no lo hallaba, seria en vano buscarle. El hermano de Toralla, que era hombre de esperiencia, leyó la carta, y conoció al momento que no era dictada por su hermano. Conoció tambien que el negociador era uno de los de la pandilla ó á lo ménos muy allegado á ella, asi es, que determinó contestar en términos generales limitándose á decir que era imposible entrar en condiciones mientras no rebajasen la partida de un modo considerable. Habló largamente con el negociador, le esplicó el estado de la casa tal como realmente era, é indicó que á lo sùmo, solo se podia dar de doscientas á trescientas onzas. El negociador escuchó con suma atencion, y como la descripcion minuciosa y razonable que se hizo del estado de la casa y sus recursos, era exactísima con la que habia hecho el preso, no dudó de que nada más podria esperarse de aquel negocio. Partió en seguida provisto del salvo-conducto que habia pedido, y montado en un ligero mulo, como un gran señor. A los tres dias vino con una nueva carta en que se pedian mil onzas. Añadió que se habia empeñado mucho con el capitan, para que rebajase más, pero que todo habia sido en vano. La esposa y el cuñado se limitaron á lo que ya tenian dicho, y en este sentido escribieron la contestacion. Rogaron al negociador que hiciese un esfuerzo supremo, que ellos ya se lo recompensarian.

IV.

EL CAPITAN ROBA Á LOS LADRONES. RESCATE DE DON FRANCISCO DE TORALLA.

En fin, el dia 6 de enero del año 1844, Juliá, que habia estado cinco dias fuera de la cueva, entró en ella, y saludando al preso le dijo:

—Ya está todo arreglado. Esta noche dormirá V. en su casa. Solo falta el que escriba una carta en que diga que las trescientas onzas deben ser entregadas por el colono de V. al que ha negociado el rescate.

Toralla escribió la carta en los términos ya indicados, y la entregó á Juliá. Este partió al momento con dos de los suyos, diciendo á los demás y al preso que ya irian á darles aviso cuando deberian partir y hácia qué punto. Entraron otra vez en la cueva. Se pasó el dia, vino la noche, y nadie parecia á dar el aviso prometido. Los bandidos comenzaron á murmurar y sospechar.

—¿Si se habrán quedado con el dinero?

—¿Si nos habrán abandonado aqui con el caballero?

—Tal vez, dijo un tercero, para quedarse con el dinero, nos habrán delatado, y seremos cogidos aqui como unos corderos.

—Antes mataré al prisionero, replicó el rencoroso Llorens.

—Mal ha hecho en escribir la última carta sin estar enteramente en libertad.

Las horas iban corriendo, los bandidos blasfemando, el preso en la posicion más crítica, y nadie parecia, ni aun el proveedor. Ya iban á tomar una resolucion desesperada cuando oyeron el chasquido de las piedras. Salió uno, y á poco entró diciendo:

—Partamos.

Caminaron precedidos del recien venido que iba enteramente tapado con su capucha, sin dejarse ver más que los ojos. Una hora despues llegaron á un torrente.

—¿Tiene V. sed, caballero? dijo el del capucho, vuelta siempre la cara hácia atrás.

—Un poco.

—Sentemonos pues, beberemos y fumaremos un cigarro, pues hemos de esperar nuevo aviso.

Asi lo hicieron. Una hora despues oyeron un silbato particular.

—Venga V. conmigo, caballero, vosotros esperad.

Toralla siguió al desconocido y á un tiro de fusil de distancia se les presentó Juliá, que era el que les habia llamado segun lo convenido con el del capucho.

—Caballero, todo está arreglado. Ya tenemos las trescientas onzas, pero ahora debe V. escucharme atentamente y seguir mis consejos, sino va V. á perder la vida.

—Pero ¿no decis que ya teneis el dinero?

—Sí, señor.

—Pues entonces cumplid lo prometido.

—Escuche V. y tenga calma, sinó, se lo repito, va V. á perder la vida. El acento del bandido revelaba el cinismo más descarado.

—Ya escucho.

—Es el caso que yo y mis dos compañeros que hemos arreglado el negocio, *nos queremos quedar ciento cincuenta onzas*, y solo queremos repartir entre los demás y nosotros las *otras ciento cincuenta*.

—¿Y á mí qué me importa? Haced lo que querais del dinero.

—Calma, señor, calma: los otros se alborotarán, porque yo, para que no sospechen de mí, les diré que su mujer de V. ó su colono no nos han querido dar más que *ciento cincuenta onzas*. Ellos querrán matar á V., pero yo le prometo que lo protegeré. V. no se separe de mi lado, y despues de lo que yo diré, V. confirme mis palabras, renegando, contra su esposa y colono.

—Pero ¿y si no ceden?

—Mucho será, porque nosotros somos tres, y aquellos dos que ve V. allá con su capote y capucho, son dos colonos de V. para acompañarle; si no ceden, nos batiremos con ellos.

En esto se juntaron con los bandidos.

—Amigos mios, dijo el pícaro Juliá, venimos de allá, pero la mujer del señor, que por lo visto, es una mala hembra, que ya quisiera ser viuda, sin duda para casarse con su amante, nos ha hecho decir por su colono que si queriamos *ciento cincuenta onzas* que las tomásemos, sino que ya nos podiamos volver y matar á su marido, que á ella poco le importaba. Nosotros viendo esto, y que hace tantos dias que estamos así, hemos tomado dicha cantidad. Ahí la tenemos.

—¡Ira de Dios! esclamaron los bandidos, esto no debe pasar así: repartamos ese dinero, y quedémonos con el preso, ya vendrá el resto, ó sinó vendrá su muerte.

—Mejor es matarlo ahora mismo, añadió Llorens, arrojándose sobre el preso puñal en mano.

Pero Juliá se interpuso y dijo:

—Esto no es justo. ¿Que más podia hacer el caballero? ¿No ha escrito tal como se lo hemos dictado? ¿Qué culpa tiene él si su mujer es......

—Ya sabeis, dijo el preso, que varias veces os he pedido que me mataseis, pero ahora, despues de lo que acabo de oir, sentiria morir sin poderme vengar de mi mujer ó del colono que tal vez se ha quedado con el dinero. Dejadme ir allá.... y yo os juro que vosotros y yo seremos vengados.

—No, no, dijeron los bandidos... que se quede y escriba otra carta.

—Debo preveniros, dijo el astuto Juliá, que desde este momento, ya no tenemos seguridad ni en la cueva, ni en ninguno de estos lugares. Los *mozos* nos siguen de cerca. Solo nos podemos salvar pasando al vecino reino. Ya sabeis lo que os tengo dicho: de ningun modo nos conviene matar al caballero, porque si tal hiciésemos, desacreditariamos nuestro oficio. Supongamos que el colono se ha quedado con el dinero y que ha dicho á la esposa del caballero que nos lo ha entregado. Si le matais, se dirá que despues de recogido el dinero, matamos á los presos, y entonces ¿quien dará un cuarto por el rescate de los demás que cojamos?

Estos argumentos convencieron á los bandidos. Juliá, aprovechando aquellos momentos, condujo al preso hácia donde estaban los supuestos colonos, y les dijo:

—Partid, sin perder un momento, sinó no respondo de nada.

Partieron sin decir una palabra. En esto oyeron pasos precipitados:

—Apretemos el paso, dijo uno de ellos, porque esa canalla no tiene intencion sana.

Pero el que venia los alcanzó, y dijo:

—Caballero..... no diga V. nada al colono, pues el dinero, ya lo tenemos todo, solo que el capitan ha querido quedarse con la mitad.

—Bien: gracias.....

Aquel bandido ignoraba que Juliá se lo hubiese revelado todo á Toralla. En esto, creyendo buenamente dicho caballero que los que le acompañaban eran colonos suyos, les preguntó por su nombre, despues de haberse desahogado con ellos profiriendo mil amenazas y dicterios contra la canalla; pero cuál fué su sorpresa, al oir que ellos no eran colonos, y más al reconocer que tambien eran *trabucaires*, puesto que uno de ellos era el bandido Batlle, ejecutado algun tiempo despues en Sans, en garrote vil, como uno de los malvados. En fin Juliá lo habia dicho: *no querian matar á los rescatados, para no desacreditar su oficio.* Esta fué la única causa porque D. Francisco de Toralla y Calm, no fué asesinado, apesar del rencor de Llorens, y de cuanto acabamos de referir en esta historia. Los dos fingidos colonos dejaron al preso en manos de su verdadero colono, que era el que habia hecho entrega del dinero, y á quien hicieron retroceder hasta aquel punto.

Así realmente se cumplió lo que Juliá habia dicho, á saber: que el preso dormiria aquella misma noche en su casa. Por lo demás los bandidos, despues de repartidas entre si las ciento cincuentas onzas y de haber pagado el gasto del proveedor á razon de cuatro duros diarios, se dirigieron á Francia, pero rechazados allí en virtud de las acertadas disposiciones de las ESCUADRAS, de que ya hemos hablado antes, tuvieron que regresar, y á poco tiempo, uno tras otro perecieron á manos de los *mozos*, dejando así esterminadas unas pandillas de foragidos que tantos males y desgracias habian causado.

El negociador, cogido tambien más tarde por los *mozos*, apesar de su salvo-conducto, fué condenado á cadena perpétua y murió en el presidio.

XXII.

CREACION DE LA GUARDIA CIVIL: SE RECONOCE LA NECESIDAD DE LA CONTINUACION DE LAS ESCUADRAS.

En 1844, segun se desprende de los documentos que luego insertaremos, con motivo de la creacion de la benemérita *Guardia Civil*, el Excmo. Señor Capitan General del principado recibió una circular del gobierno superior, por cuyo contenido juzgó que se trataba de introducir alguna reforma radical en el cuerpo de las ESCUADRAS. Convencida dicha autoridad superior, como lo han estado todas las que han ejercido mando en *Cataluña*, de la necesidad de las ESCUADRAS, tales como subsisten; y de que toda la modificacion esencial que quisiera introducirse, afectaria una institucion tan benemérita y respetable, con grave peligro de la seguridad individual, y de las haciendas y riquezas de los habitantes del antiguo principado, se apresuró á oficiar al gobierno en los términos esplicitos, y que tanto honor hacen al *cuerpo* cuya historia escribimos, que pueden ver nuestros lectores en el siguiente documento oficial, sobre cuya lectura llamamos su atencion.

«Excmo. Sr. Duque de la Ahumada, Director general de organizacion de la Guardia Civil.—Cuartel general de Barcelona 11 de mayo de 1844.—E. S.—Enterado de la circular de V. E. de 29 del mes anterior remito adjunto un estado de la fuerza de que en el dia se compone el cuerpo de ESCUADRAS de Cataluña, y el verificarlo tiene por objeto complacer á V. E. al paso que manifestarle hasta la evidencia cuan INOPORTUNO Y PERJUDICIAL SERIA Á ESTE PAÍS LA ESTIN-

CION de dicho cuerpo haciéndole servir de base para la formacion de la Guardia Civil que S. M. se ha dignado decretar.—Una ligera reseña de lo que ha sido el cuerpo de ESCUADRAS desde su origen hasta la actualidad y un cúmulo de razones á cual más poderosa, no dudo convencerán íntimamente á V. E. de la utilidad del cuerpo de ESCUADRAS y de la necesidad que hay de que subsista SIN ALTERAR EN NADA ABSOLUTAMENTE LA ANTIGUA Y ACTUAL FORMA y reglamento bajo el que ha prestado y presta servicios de suma importancia.—El cuerpo de ESCUADRAS de Cataluña cuenta su origen desde una época anterior al año 1719. Esta fuerza destinada desde un principio al *único objeto de perseguir á los malhechores*, y asegurar la tranquilidad á los honrados habitantes, prestó tan importantes servicios, que el Sr. Duque de Bailen, siendo Capitan General de Cataluña, réglamentó el cuerpo, aumentándolo hasta el número de 252 plazas de *mozos*, 14 cabos y 1 comandante cuyo reglamento despues de consultado el Supremo Consejo de la Guerra, mereció la aprobacion de S. M. en 6 de abril de 1817.

»Conocida particularmente la utilidad de dicha fuerza, fué aumentada en número de 98 plazas, en virtud de real órden de 15 de marzo de 1828. Y por último en 24 de mayo de 1842 (1) fué decretado el aumento de duplicada fuerza de la que constaba, cuyo aumento si bien no pudo efectuarse por razon de las circunstancias, conocida por mí mismo la necesidad que habia de realizarlo en todo ó en partes, supuesto que la fuerza reglamentaria no es suficiente para atender á lo más interesante del servicio, para cuyo desempeño les reclaman todas las autoridades de este antiguo principado (prueba inequívoca de la confianza sin limites que les merece el cuerpo de ESCUADRAS) procedí de acuerdo con las Diputaciones provinciales á disponer el aumento de 150 plazas por ahora, siendo tal la premura en que se ha querido verificar, que se está ya construyendo el vestuario para el todo de la fuerza que constará de 500 plazas, 14 cabos y 1 comandante. En tanto Cataluña aprecia y desea ardientemente fomentar el cuerpo de ESCUADRAS, como que ninguna resistencia se ha esperimentado en los pueblos para atender al pago de la subsistencia del mismo. Ellos contribuyen gustosos, no solo al pago de haberes de dicha fuerza, sino que le costean tambien el vestuario y calzado, por manera que el Erario en nada se resiente de la existencia de tal fuerza, y sin embargo toda la nacion reporta beneficios de las ESCUADRAS las cuales han capturado en el tiempo que va transcurrido de este año cerca trescientos criminales (2) entre ellos algunos de mucha consideracion. Demostrada la utilidad y provecho del mencionado cuerpo, manifestaré la necesidad de que no se altere en lo más mínimo su institucion. Una de las principales, y sin duda la más poderosa razon es la fuerza moral de que disfruta: esta proviene muy particularmente de los requisitos que se exigen á todo individuo que ingresa en el cuerpo, tales como la de ser catalan, la de no haber sido perseguido, preso ni procesado y haber observado siempre una conducta irreprensible, derivándose de este conjunto de circunstancias

el aprecio y la ilimitada confianza que se tiene en los individuos de las ESCUADRAS por su proverbial honradez, disciplina y suma actividad.—Además de las razones que dejo indicadas, otra hay para que no se altere el sistema establecido en las ESCUADRAS que sobrepuja á las demás por ser de rigorosa justicia. Me refiero á los jubilados y á las viudas, los primeros son los que habiéndose inutilizado en el servicio reciben una asignacion durante su vida en clase de retiro y aprobado por el reglamento con que se rige el cuerpo, y las segundas son las viudas y pupilos de los *mozos* que reciben una pension diaria á que se hace frente con los descuentos hechos por sus cesantes y con arreglo á las bases establecidas en el Monte Pio autorizado por el reglamento. En el dia habrá sobre 40 jubilados y más de 70 viudas y por lo tanto si se cambia el sistema actual de las ESCUADRAS van á quedar reducidas injustamente á la mendicidad aquellas familias.—Antes de concluir hallo oportuno manifestar á V. E. que seguramente el gobierno teniendo en consideracion, sino todas, alguna de las referidas razones, no entendió estinguir el cuerpo de ESCUADRAS en la creacion de la Guardia Civil, y lo prueba el que exigiendo este distrito por su posicion y particulares circunstancias mayor número de fuerza que la detallada á los demás del reino, se le asigna ménos de Guardia Civil que á aquellas deduciéndose de esto que se cuenta con los cuerpos que ya están creados y existen en Cataluña bajo distintas denominaciones y particulares reglamentos. Si apesar de esto fuese la mente del gobierno disolver las ESCUADRAS para que su fuerza sirva de base á la Guardia Civil, puedo asegurar á V. E. quedaria ilusoria tal disposicion, pues como los individuos que constituyen aquel cuerpo ingresaron en él para prestar únicamente el servicio de su institucion sin comprometerse á determinado número de años; en el goce de un haber mayor que el señalado á la Guardia Civil, otras prerogativas que esta no ofrece y sobre todo con la esperanza de un retiro para sí y proporcionar un ausilio á sus viudas, de todo lo cual se carece en la Guardia Civil, no será aventurado asegurar que seria muy escaso el número de individuos que quisiesen servir en dicha Guardia voluntariamente, ni seria tampoco justo obligarle á la fuerza puesto que cuando se alistaron en las ESCUADRAS no fué en las condiciones á que ahora trataria de sujetárseles.—Me he estendido en tan minuciosos detalles para dar á V. E. completa idea de lo inoportuno y perjudicial que seria á este pais la disolucion de un cuerpo que sostiene por sí, porque está convencido de la utilidad de sus servicios y porque V. E. espresa en su circular que no es una resolucion positiva del gobierno lo que determina la estincion, sino el mero concepto que V. E. ha formado de que cuerpos tales como el de ESCUADRAS pudiesen servir de base á la nueva Guardia Civil con utilidad del Estado.—Dios, etc.—10 de mayo.»

Hecho traslado de esta comunicacion al Excelentísimo Señor Duque de la Ahumada, Director general de organizacion de la Guardia Civil, se apresuró á contestar en los términos que se espresan en el siguiente documento:

«Ministerio de la Guerra.—Excmo. Sr.—En 28 de junio último se dijo á V. E. de órden de S. M. la Reina (Q. D. G.) lo siguiente:—El Director general de organizacion de la Guardia Civil dijo al Señor Ministro de la Guerra en 8 del corriente lo que sigue:—Excelen-

---

Este aumento fué decretado por el general Espartero, re... del reino.

El número de criminales presos por las ESCUADRAS puede ...arse á razon de unos 500 anuales como lo demostraremos ...lugar.

tisimo Señor.—En cumplimiento de la Real órden de 29 del mes próximo pasado en que me previene S. M. informe acerca de la comunicacion del Capitan General del 2.º distrito, su fecha 11 del próximo pasado, en que remitia á S. M. copia de la contestacion que habia dado á mi circular del 23 de abril rogando á V. E. se sirviera inclinar el Real ánimo para que sin embargo de la creacion de la Guardia Civil subsistan tal como se hallan las *Escuadras de mozos de Cataluña*, y para hacerlo con la debida atencion me haré cargo por párrafos de la comunicacion del referido Capitan General.—Punto 1.º Decia en mi circular al reclamar los estados de fuerza de las compañias de Escopeteros, sueltas fijas ó escuadrones que existian en las Capitanias generales, que estas en mi concepto habrian de servir de base para la formacion del cuerpo, mas esta enunciativa en manera alguna podia interpretarse que la base fuese disolverlas sin embeberlas en el nuevo cuerpo, pues siendo estas fuerzas de tiempos anteriores, destinadas á una parte del servicio que ha de prestar la Guardia Civil, una de las primeras necesidades para formar esta con la debida copia de antecedentes era sin duda alguna la de saber la anteriormente existente para basar la Guardia Civil sobre lo bueno que hubiera y desarraigar lo malo. En cuanto á las *Escuadras de Cataluña*, V. E. sabe mis opiniones sobre el particular, que no eran las que ha prejuzgado el Capitan General del referido distrito. Dice esta autoridad que seguramente el gobierno, teniendo en consideracion, sino todas, algunas de las referidas razones, no entendió estinguir el cuerpo de Escuadras con la creacion de la Guardia Civil, pues se asigna al 2.º distrito ménos fuerza que á otros que tienen ménos necesidad, lo que en efecto fué asi en el Real decreto de 28 de marzo cuando la Guardia Civil se organizaba por el Ministro de la Gobernacion; mas en el Real decreto de 13 de mayo dado por el Ministerio del digno cargo de V. E. desde luego se le demarcó la mayor fuerza asignada á los distritos de mayores necesidades que son 1.ª, 2.º, 3.º y 6.º pues si en el 1.º hay una compañia escuadron de caballeria y dos de infanteria más que en el 2.º es porque esta fuerza está especialmente asignada al servicio de la Corte, de modo que si en el dia estuviese ya concluida su organizacion una parte de ella hubiera marchado con la Corte como lo hará á los sitios ó á cualquiera parte á donde S. M. se traslade. Queda pues demostrado que no se desconocieron las mayores necesidades del 2.º distrito, pues aun siendo siempre mayor su guarnicion que la del 3.º y 6.º se le destinó la misma fuerza, en la que queda demostrado que el Gobierno conoce muy bien las necesidades de aquel distrito.—Con respecto á que los *mozos de Escuadra* no querrán pasar á la Guardia Civil, y que no es posible obligarles á ello, convengo con S. E. por las razones que espone y además porque en todos los pueblos hay siempre aversion á lo nuevo. Como anteriormente he manifestado cuán distinto era mi concepto de que el Capitan General del 2.º distrito creyó, tendré el honor de esponer á V. E., por si tiene á bien hacerlo presente á S. M., que en mi opinion, vista la antigua y buena organizacion de las *Escuadras de Cataluña* de que tenia cumplidas noticias anteriores, y cuyo servicio y buena opinion he observado muy de cerca en la revista de inspeccion que he pasado á las tropas existentes en aquel distrito; convencido como siempre lo he estado y á V. E. consta de la gran fuerza moral que tienen los *mozos de Escuadra* en lo interior del principado, la cual necesitaria la Guardia Civil ó cualquier otro cuerpo que los sustituya, largo tiempo para adquirir, intimamente persuadido de la gran conveniencia de respetar las tradiciones de los pueblos y las instituciones ya acreditadas antes de sustituirlas con otras nuevas, y por último, teniendo tambien presente la indole peculiar del antiguo principado de Cataluña y la gran dificultad de que es una nacion compuesta de provincias con hábitos, costumbres, trajes y hasta lenguas tan distintas como la nuestra, pueda no ser igualmente aplicable una institucion formada para las yermas, llanas y pacificas Castillas, como para la populosa montaña é industriosa Cataluña, ó para la fértil, por lo comun llana y poco poblada Andalucia, es mi opinion:

»1.º Que por ahora é interin la Guardia Civil adquiere el debido prestigio en los pueblos, continúen las *Escuadras de Cataluña* con la organizacion, vestuario, pié y fuerza que en el dia tengan, considerándose como la Infanteria de la Guardia Civil de aquel Tercio y poniéndose bajo las órdenes del Gefe de él.

»2.º Que organizada la compañia escuadron de caballeria que corresponde á aquel Tercio, y procurando que en su organizacion tenga si posible fuere una mitad de catalanes, pase al 2.º distrito con el objeto de hacer el servicio principalmente en las ciudades y sus inmediaciones, como el de la llanura que le pueda corresponder.

»3.º Si conveniente se creyera por S. M. ir introduciendo la Guardia Civil de Infanteria principalmente en la ciudad de Barcelona, y demás podia organizarse una compañia de Infanteria dándose por S. M. las órdenes convenientes para fijar el número de *mozos de Escuadra* componiéndose el 2.º Tercio de una compañia escuadron de Caballeria, una compañia de Infanteria, y el equivalente de las otras dos, de doscientos sesenta y ocho *mozos*, mayor fuerza que la de su organizacion hasta el presente ó la que S. M. creyere más conveniente en vista del estado y circunstancias del principado, formándose este Tercio de la manera mista que acabo de esponer, pagándose los *mozos de Escuadra* por los mismos medios que en el dia lo están, y solo las dos compañias de la Guardia Civil como el resto del cuerpo, proponiéndose cada año ir aumentando una compañia ó mitad de la Guardia Civil y disminuyendo los *mozos de Escuadra*, conforme la Guardia Civil fuese acreditándose, echando las raices consiguientes en el pais, y sustituyendo en todos conceptos á las Escuadras.

»Esta opinion que es la misma que tuve el honor de manifestar á V. E. verbalmente antes de recibir la comunicacion del Capitan General del 2.º distrito manifiesta evidentemente cuan distinta es la mia sobre las *Escuadras de Cataluña* de la que aquella autoridad prejuzgó por mi circular; pues muy distinto es crear para donde nada hay que sustituir ó aumentar á donde ya hay una fuerza creada y acreditada; pero si es evidente que dos cuerpos distintos encargados de un mismo servicio sin centro comun por lo ménos que les dé igual direccion, se rozan y rozándose se quitan el prestigio indispensable á otro, acabando por perderlo.—Lo que de Real órden comunicada por el Señor Ministro de la Gobernacion repito á V. E. para que á su vista y con toda urgencia emita el parecer conveniente.—Dios guarde á V. E.

muchos años.—Madrid 25 de agosto de 1844.—El Subsecretario.—Conde de Vistahermosa.—Señor Capitan General del 2.° distrito.»

No podemos convenir en un todo con las opiniones que emite dicho señor Director general de organizacion de la Guardia Civil. En efecto, dice él en su primer párrafo al emitir su opinion, «que por ahora é interin la Guardia Civil adquiere el debido prestigio en los pueblos, continúen las Escuadras de Cataluña, con la organizacion, vestuario, pié de fuerza que en el dia tengan, considerándose como la infantería de la Guardia Civil de aquel tercio y poniéndose bajo las órdenes del jefe de él.»

Este párrafo, nos parece en abierta contradiccion con el anterior, en el cual el mismo duque de la Ahumada, dice terminantemente que, «teniendo presente »la indole peculiar del antiguo principado de Catalu- »ña y la gran dificultad de que en una nacion com- »puesta de provincias, con hábitos, costumbres, tra- »jes y hasta lenguas tan distintas. como la nuestra, »puede no ser igualmente aplicable una institucion, »formada para las yermas, llanas y pacíficas Casti- »llas, como para la populosa montaña é industriosa »Cataluña etc.»

Si esto es así, como realmente no puede ponerse en tela de juicio ¿por qué en seguida el Sr. duque de la Ahumada, quiere que las Escuadras sean consideradas como la infantería de la Guardia Civil de aquel tercio, poniéndose bajo las órdenes del mismo jefe? ¿No hubiera sido esto la estincion completa de las Escuadras? ¿Cómo un cuerpo que cuenta cerca doscientos años de existencia y que á fuerza de celo, lealtad, honradez y valor, ha llegado á grangearse la estimacion y aprecio de todos los catalanes, y á ser el baluarte de su seguridad, respecto de los malhechores, podian continuar sus servicios puestos á las órdenes de un jefe perteneciente á un cuerpo que se estaba organizando y creando? El sistema de las confidencias que, como hemos visto en esta historia, ha sido el producto de doscientos años de trabajo y constancia ¿cree, el Sr. duque, que en un solo momento podia trasladarse en cuerpo y alma al nuevo jefe que debia mandar las Escuadras? Y la diversidad de *lengua, hábitos, costumbres, posicion topográfica del país,* de que nos habla S. E. ¿puede cambiarse en un momento, por efecto de una real órden? Es menester decirlo de una vez. Nosotros somos los primeros en reconocer los eminentes servicios que desde su origen ha prestado y sigue prestando la benemérita Guardia Civil. Nosotros reconocemos que dicha institucion está destinada á un gran porvenir. Pero, tambien conocemos, que atendidas las circunstancias peculiares de Cataluña, y las especialísimas que concurren en las Escuadras de Valls, éstas, ni ahora ni nunca podrian ser sustituidas por otro cuerpo por benemérito y digno que este sea. Léase esta historia, y quedará convencido el hombre más preocupado en esta parte. Así lo ha reconocido constantemente el gobierno superior; asi lo han reconocido todos los generales que han ejercido el mando de Cataluña, de todos los colores políticos y de todas las opiniones y escuelas. Y en tanto es asi, que en esta misma cuestion, el gobierno, apesar de cuanto dice y espone el Excmo. Sr. Director general de organizacion de la Guardia Civil, se adhirió en un todo á lo manifestado por el Excmo. Sr. Capitan General de Cataluña en el documento que dejamos copiado, como puede verse en la siguiente real órden, espedida en aquella fecha y que resuelve la cuestion por completo.

«Ministerio de la Guerra.—Excmo. Señor: He da- »do cuenta á la Reina (Q. D. G.) de los escritos de »V. E. fecha 11 de mayo y 24 de agosto último, re- »ducidos á manifestar la necesidad y conveniencia »de que se conserve inalterable en su actual sistema »el cuerpo de Escuadras de ese principado, y entera- »do, como igualmente de lo espuesto por el inspec- »tor de la Guardia Civil sobre el particular, y apre- »ciando en lo que valen los servicios que prestan di- »chas Escuadras, léjos de alterarlas ni reformarlas, »se ha servido resolver que las mencionadas Escua- »dras de *mozos* de ese principado, subsistan en los »propios términos y dependencias en que se hallan »constituidas, y que no obstante lo mandado en el »decreto orgánico de la Guardia Civil en que se asig- »naba para el servicio de las cuatro provincias de »ese principado una compañía de caballería y tres »de infantería, solo se organice por ahora la citada »compañia de caballeria y una de infantería. Lo que »de real órden digo á V. E. para su conocimiento y »efectos consiguientes.—Dios etc.—Madrid 13 de se- »tiembre de 1844.—Narvaez.»

Despues de lo que se dice en la real órden anterior, todo cuanto pudiéramos añadir por nuestra parte respecto á esta cuestion, pareceria pálido y de poca importancia. Solo puede darle un nuevo colorido la real órden que copiamos á continuacion, fecha 22 de febrero del año 1847, esto es, tres años despues, en que la Guardia Civil, ya hacia cerca de tres años que existia y daba sus brillantes resultados. Por ella verán nuestros lectores, como opinaba el gobierno, apesar de la circunstancia que acabamos de hacer notar, respecto á las Escuadras de Cataluña. Asi se convencerán todos de lo que antes hemos dicho, á saber: que las Escuadras no pueden ser sustituidas por ningun otro cuerpo, como que se ha decretado su aumento tres años despues de la creacion de la Guardia Civil. La real órden dice así:

«Ministerio de la Guerra.—Excmo. Señor: La Rei- »na (Q. D. G.) tomando en consideracion las particu- »lares circunstancias en que se halla actualmente la »montaña de este principado, y convencida asimis- »mo de los servicios que los *mozos* de las Escuadras »están prestando al pais, se ha servido autorizar á »V. E. para que pueda aumentarse la fuerza de di- »cho cuerpo en proporcion á lo que crea V. E. ne- »cesario, siempre que no esceda su número del du- »plo que tienen en el dia y en sujecion en un todo á »las bases que prescribe el reglamento vigente del »espresado cuerpo. De real órden lo digo á V. E. pa- »ra su conocimiento y efectos consiguientes.—Dios »guarde, etc.—Madrid 22 de febrero de 1847.—Oráá.»
(Documentos oficiales.)

A continuacion copiamos un estado demostrativo de la fuerza y distribucion de las Escuadras en dicho año 1844.

ESCUADRAS DE CATALUÑA.

ESTADO demostrativo del número de Escuadras que se hallan situadas en las provincias de Barcelona, Lérida, Gerona y Tarragona con espresion de la fuerza que cada una tiene y su distribucion; á contar desde primero del inmediato setiembre en que debera haber tenido ingreso el aumento de ciento cincuenta plazas.

PROVINCIA DE BARCELONA.

ESCUADRAS.	Puntos en que se hallan situadas.	DISTRIBUCION de la fuerza.	FUERZA TOTAL.	OBSERVACIONES.
Barcelona....	Barcelona......	1 cabo y 45 individuos...	1 cabo 45 ind.ˢ	La fuerza situada en San Celoni, presta tambien sus servicios en la provincia de Gerona.
S. Celoni....	S. Celoni.......	1 cabo y 13 individuos...	1 cabo.....	
	La Garriga......	1 sub-cabo y 10 individuos.	2 sub-cabos..	
	Sabadell.......	1 sub-cabo y 10 individuos.	33 individuos..	
Torelló....	Torelló........	1 cabo y 13 individuos...	1 cabo....	La subdivision destinada á la villa de Ripoll presta tambien sus servicios á la provincia de Gerona en razon de pertenecer á ella la villa de Ripoll y los más de los pueblos encargados á su vigilancia. Igualmente la demás fuerza de esta Escuadra presta parte de sus servicios en la provincia de Gerona.
	Seva.........	1 sub-cabo y 10 individuos.	2 sub-cabos.	
	Ripoll........	1 sub-cabo y 10 individuos.	33 individuos.	
Moyá.....	Moyá.........	1 cabo y 13 individuos...	1 cabo..	
	Sallent.......	1 sub-cabo y 10 individuos.	2 sub-cabos..	
	Caserras.......	1 sub-cabo y 10 individuos.	33 individuos..	
Arbós......	Arbós........	1 cabo y 13 individuos...	1 cabo....	Si bien la villa de Arbós pertenece á la provincia de Tarragona la fuerza que se halla en aquella situada presta la mayor parte de sus servicios en la provincia de Barcelona.
	Piera........	1 sub-cabo y 10 individuos.	2 sub-cabos..	
	La Llacuna......	1 sub-cabo y 10 individuos.	33 individuos..	

PROVINCIA DE LÉRIDA.

ESCUADRAS.	Puntos en que se hallan situadas.	DISTRIBUCION de la fuerza.	FUERZA TOTAL.	OBSERVACIONES.
Sta. Coloma de Queralt....	Solsona........	1 cabo y 13 individuos...	1 cabo....	Si bien la villa de Santa Coloma de Queralt pertenece á la provincia de Tarragona. la fuerza que se halla situada en aquel punto presta la mayor parte de sus servicios en las provincias de Barcelona y Lérida.
	Sta. Coloma de Queralt........	1 sub-cabo y 10 individuos.	2 sub-cabos..	
	Guisona.......	1 sub-cabo y 10 individuos.	33 individuos..	
Torres de Segre.	Torres de Segre...	1 cabo y 13 individuos...	1 cabo.....	
	Castelló de Farfaña.	1 sub-cabo y 10 individuos.	2 sub-cabos..	
	S. Martin de Maldá.	1 sub-cabo y 10 individuos.	33 individuos..	
Pobla de Segur.	Pobla de Segur...	1 cabo y 13 individuos...	1 cabo.....	
	Sort.........	1 sub-cabo y 10 individuos.	2 sub-cabos..	
	Isona........	1 sub-cabo y 10 individuos.	33 individuos..	
Seo de Urgel..	Seo de Urgel....	1 cabo y 13 individuos...	1 cabo....	El pueblo de Ballver pertenece á la provincia de Gerona y con este motivo la fuerza que se halla situada en dicho punto presta sus servicios á ambas provincias de Gerona y Lérida.
	Ballver.......	1 sub-cabo y 10 individuos.	2 sub-cabos.	
	Orgañá........	1 sub-cabo y 10 individuos.	33 individuos..	

PROVINCIA DE GERONA.

ESCUADRAS.	Puntos en que se hallan situadas.	DISTRIBUCION de la fuerza.	FUERZA TOTAL.	OBSERVACIONES.
Sta. Coloma de Farnés....	Sta. Coloma de Farnés..	1 cabo y 13 individuos...	1 cabo....	
	La Bisbal......	1 sub-cabo y 10 individuos.	2 sub-cabos..	
	Amer........	1 sub-cabo y 10 individuos.	33 individuos..	
Perelada....	Perelada.......	1 cabo y 13 individuos...	1 cabo....	
	Besalú........	1 sub-cabo y 10 individuos.	2 sub-cabos..	
	Sta. Pau.......	1 sub-cabo y 10 individuos.	33 individuos..	

PROVINCIA DE TARRAGONA.

ESCUADRAS.	Puntos en que se hallan situadas.	DISTRIBUCION de la fuerza.	FUERZA TOTAL.	OBSERVACIONES.
Plá de Cabra.	Plá de Cabra.	1 cabo y 13 individuos.	1 cabo.	
	Espluga de Francolí.	1 sub-cabo y 10 individuos.	2 sub-cabos.	
	Catllar.	1 sub-cabo y 10 individuos.	33 individuos.	
Riudoms.	Riudoms.	1 cabo y 13 individuos.	1 cabo.	
	Poboleda.	1 sub-cabo y 10 individuos.	2 sub-cabos.	
	Marsá.	1 sub-cabo y 10 individuos.	33 individuos.	
Mora de Ebro.	Mora de Ebro.	1 cabo y 13 individuos.	1 cabo.	
	Gandesa.	1 sub-cabo y 10 individuos.	2 sub-cabos.	
	Cherta.	1 sub-cabo y 10 individuos.	33 individuos.	

Barcelona 25 de agosto de 1844.—José Vivé.

HISTORIA DEL BANDIDO ISIDRO TEIXIDÓ (a) EL BARBUT DE VINEBRE.

I

Tan pronto como se levantaron algunas partidas á favor de D. Cárlos en 1835, Isidro Teixidó, natural de Vinebre, conocido por el apodo de Barbut, á causa de la larga y espesa barba que llevaba, pues es fama que nunca se afeitó, tomó parte en aquel movimiento, y fué uno de los primeros que empuñaron las armas como carlista. Mas el Barbut era en el fondo un verdadero bandido, sanguinario y cruel, y de ello dió pruebas desde los primeros meses de su levantamiento. En efecto, á causa de la inseguridad y compromisos que corrian las personas algo acomodadas de las poblaciones de corto vecindario, con motivo de una guerra civil que se inició con tantos actos de crueldad por ambas partes, muchas de las familias acomodadas se vieron obligadas á dejar sus casas y abandonar sus haciendas trasladándose á otras poblaciones más grandes y fortificadas. Los pocos de esta clase que existen en Vinebre se vieron precisados á otro tanto, y entre estos era contada la familia Servelló. Dicha familia se trasladó á Flix, pero á los pocos meses Jaime Servelló, jefe de aquella familia, hubo de conocer los grandes perjuicios que le ocasionaba el estar separado de su casa y hacienda, y llegó á temer de que si asi continuaba, llegaria dia en que no podria alimentar y educar á su numerosa familia.

—No he hecho nunca mal á nadie, decia un dia á su mujer é hijos; no he tomado nunca las armas ni por los unos ni por los otros; nunca he figurado en ningun partido ¿qué debo, pues, temer ni de los unos ni de los otros? ¿qué podrán hacer á un hombre que pasa ya de los cincuenta años y que paga religiosamente las contribuciones á unos y á otros? Dígoos, pues, que he determinado volverme á Vinebre á cuidar mis cosas, de lo contrario preveo que todo se iria á rodar. Vosotros os quedareis aqui, y yo ya os enviaré cuanto podais necesitar.

La familia no vió en esto el menor inconveniente, ¡quién les hubiera dicho entonces que su padre marchaba hácia la muerte! Dos dias despues se despidió de su familia, prometiéndoles escribir á menudo y que de vez en cuando pasaria á Flix. ¡Infeliz! era el último despido que daba á los objetos más queridos de su corazon. ¿Y por qué? Porque al infame y sanguinario Barbut le habia dado la idea de matar á un tan honrado padre de familia. El dia 21 de noviembre del año 1837, Jaime Servelló se hallaba en su molino situado en el término de Ascó á poca distancia de Vinebre. Eran las dos de la tarde cuando entró el Barbut solo en dicho molino. Servelló, que lo conocia de niño, lo saludó y le ofreció cuanto habia en la casa.

—No quiero nada más que tu sangre.

—Vamos, dijo Servelló pensando que era una broma, no será tanto, porque yo creo que nunca te he ofendido.

—Yo no persigo á mis enemigos, sino á los de la religion.

—Poco á poco, creo que soy un buen cristiano y celoso padre de familia.

—No quiero pláticas, prepárate, pues te quiero matar.

—Pero ¿te has vuelto loco?

—Digo, que te voy á matar; y levantó el gatillo de su carabina.

Servelló conoció entonces que la cosa no iba de broma, y como no era cobarde, se abalanzó contra el bandido no dándole tiempo para disparar. Trabóse entonces un combate cuerpo á cuerpo entre aquellos dos hombres, pero á poco Barbut es vencido y cae á los piés de Servelló, quien teniéndolo asi sujeto y á su entera disposicion le dijo:

—Ya ves que Dios no quiere que me mates. ¿Es verdad que ya has desistido de tu empeño?

—Asi es, replicó el Barbut, sofocado por el rubor y vergüenza que le causaba su derrota.

—Entonces, te dejo libre.

Y diciendo esto le soltó dejándole en entera libertad. En seguida Servelló salió de la casa hácia Vinebre, en ocasion en que de dicho pueblo salian muchas mujeres, niños y ancianos en su socorro, pues uno de los del molino habia tenido tiempo para ir á dar parte de la desgracia que amenazaba á Servelló, quien era querido y estimado de toda la poblacion. Con gran contento vieron que dicho Servelló regresaba sano y salvo. Pero al propio tiempo advirtieron

13

que un hombre armado seguia en linea paralela por entre los olivares los pasos de Servelló, y luego reconocieron en aquel hombre al terrible Barbut. Al momento vieron que éste apresuraba sus pasos con objeto marcado de tomar la delantera á Servelló y salirle al encuentro.

—¡No lo mates!.. no lo mates!.. gritaron todos, viendo que apuntaba casi á quema-ropa contra Servelló.

Pero él, sin hacer el menor caso, tira del gatillo y mata vil y cobardemente al generoso Servelló, al mismo que un momento antes le habia concedido la vida con tanta caballerosidad. ¡Y aquel hombre sanguinario decia que solo buscaba á los enemigos de la religion! Aquel, que tanto blasonaba de cristiano, infringia sacrílegamente los preceptos más terminantes de la ley de Cristo. ¡Tales son las terribles consecuencias de la ignorancia, cuando van acompañadas de un mal corazon! Terminada la guerra civil de los siete años, Barbut, como la mayoria de todos los partidarios de D. Cárlos, se presentó, en virtud del indulto concedido, al jefe de la fuerza que se hallaba en Vinebre. Pero como habia cometido el asesinato de Servelló y otros muchos, y habia causado daño de tercero, por esto, á tenor de la escepcion contenida en el mismo decreto de indulto, aquel jefe ordenó su prision ó arresto. Pero en el acto de ser conducido, se escapó, y desde aquel momento emprendió deeididamente la odiosa y criminal carrera de bandido, llegando á ser pronto uno de los más sanguinarios y terribles. Al principio solamente se contentaba con pedir lo que necesitaba, recorriendo siempre las cercanias de Vinebre. Como no causaba daño á nadie, se le dejaba divagar sin que se le mo-

—Ya ves que Dios no quiere que me mates, dijo Servelló, despues de haber rendido al Barbut, perdonándole generosamente.

lestase ni prendiese, siendo así que entonces habria sido muy fácil. No era por falta de voluntad de matar y robar por parte del Barbut, sino que él buscaba compañeros, pues no queria ser solo. El tenia ya escogidos en su interior á los sugetos que deseaba inducir á sus depravados planes, á saber: Bautista Sonadelles (a) Quiselis, natural de Vinebre y Francisco Casals (a) Tora, natural de Gratallops. Todos habian servido en las filas de D. Cárlos, y habian cometido muchos desmanes y crímenes en compañia del Barbut. Pero como dichos sugetos se habian acogido al indulto, y vivian en Vinebre sin que nadie les molestase, fué preciso que el infernal Barbut idease un plan diabólico á fin de atraerlos á la maldad. Para esto los citó un dia en la misma plaza de Vinebre, para hablarles de cierto asunto, y estando allí conversando, vino la noche, y entonces el Barbut disparó su arma contra unos tres ó cuatro vecinos del pueblo que eran nacionales, matando á uno en el acto. Desde luego dirigiéndose á sus amigos les dijo:

—Seguidme, ó sinó estais perdidos.

No se necesitaba tanto para inducir á la vida airada y criminal á unos hombres tan corrompidos como Tora y Quiselis.

II.

ASESINATOS DE PABLO ANQUÉ, NATURAL DE GRATALLOPS: MUERTE ALEVOSA DE MAGIN DOMENECH, NATURAL DE VINEBRE.

Pronto los naturales de Vinebre y todo aquel término sintieron los efectos de aquella infernal trinidad, compuesta de hombres sanguinarios por caràcter y bandidos de profesion.

Ellos nos presentan un tipo muy semejante al de La Pera, cuya historia ya conocen nuestros lectores, puesto que estos, como aquél, eran más inclinados al asesinato que al robo. Pero no eran de una casta sanguinaria tan pura, digámoslo asi, como La Pera, pues sabido es que este bandido nunca robaba, mientras que el Barbut y sus compañeros, si bien asesinaban siempre, algunas veces no dejaban de robar á sus victimas antes ó despues de haberlas asesinado. El dia veinte y tres de setiembre del año 1840, Pablo Anqué, pacifico y honrado vecino de Gratallops, salió á cazar con dos amigos. Cazaron todo el dia, y á la caida de la tarde se dirigieron á una cueva llamada de Vilaret, situada en el termino de Garroptes. El Barbut solo, esto es, sin ninguno de sus compañeros, habia estado observando todo el dia los movimientos de los cazadores sin ser visto por ninguno de estos. Cualquiera que lo hubiese visto, hubiese leido en su semblante y miradas el retrato del hombre feroz y sanguinario, devorando la victima escogida para saciar su sed de sangre humana. Parecia que anticipadamente saboreaba ya el bárbaro placer de acabar con uno de sus semejantes. Apesar de esto se contuvo; sin duda creia que la ocasion no era propicia, y él tenia grande empeño en asegurar el golpe. A la caida del dia, esto es, entre siete y ocho de la noche, siguiendo siempre los pasos de su victima, vió como ésta y sus compañeros entraban en la cueva ya espresada, habiendo dejado sus escopetas arrimadas junto á la entrada de la misma.

—Mio es.... esclamo Barbut, lanzándose como un rayo hácia la cueva.

Penetra en ella con su enorme trabuco preparado, sorprendiendo asi á Anqué y compañeros en estado de no poderse defender.

—Por ti vengo, dijo con tono amenazador, dirigiéndose al desgraciado Anqué

—¿Que mal te he hecho?

—Directamente a mi ninguno, pero has sido siempre partidario de los liberales, enemigos de nuestra religion.

—Yo nunca he sido enemigo de la religion, al contrario, amo y venero á la religion que nos enseñaron nuestros padres.

—Todos decis lo mismo, y lo deciais cuando tirabais contra nosotros.

—Creo que nunca he tirado contra nadie.

—Reza el Credo, pues debes morir.

Anqué, que como sus compañeros permanecia sentado sobre el suelo en cuya posicion habian sido sorprendidos, hizo un movimiento para levantarse, pero antes de lograrlo fué degollado por Barbut, por medio de una enorme navaja que siempre llevaba. Los compañeros de Anqué quedaron por un momento aturdidos y petrificados. Pero luego volviendo en si, se levantan para vengar la muerte de su amigo, mas era ya tarde. El Barbut, que era ligero como una ardilla, habia ya desaparecido. Anqué espiró un momento despues, y al dia siguiente, todos los habitantes de aquel término referian aterrorizados los pormenores de tan atrevido asesinato. Aquel mismo dia el Barbut contaba con sumo gozo y contento su famosa hazaña á sus dos compañeros Quiselis y Tora. Tras aquel asesinato vino otro y otro, de modo, que aquellos tres demonios del infierno sembraron el terror y espanto en todo aquel pais. Ya nadie se

atrevia á salir al campo, ni aun en sus casas podian contarse seguros aquellos pacificos habitantes, porque el Barbut y los suyos penetraban por todas partes, y valientes y decididos como eran, no se acobardaban por arriesgadas que fuesen las empresas á que se lanzaban. El dia 18 de mayo de 1843, Magin Domenech, honrado y pacífico habitante de Vinebre, salió de dicho pueblo en direccion á Flix. Al llegar al término de esta última villa, fué sorprendido por el Barbut y sus cómplices. Al momento se arrojaron sobre él, le degollaron y á más le cosieron á puñaladas.

III.

ASESINATOS DE LOS CONSORTES SERVELLÓ, CARIM, SENTIS, VILAPLANA Y DE SUBIRATS.

Ya lo hemos dicho antes, el Barbut y sus dos compañeros estaban hambrientos de sangre humana. Nunca quedaban satisfechos. Despues de cometido un asesinato, corrian como fieras rabiosas tras otro, sin parar un solo momento. El dia 9 de julio del propio año 1843, los desgraciados consortes José Servelló y Francisca Carim, tuvieron la desgracia de caer en las garras de aquellos tigres en figura humana, en el mismo término de Vinebre. Despues de haber cometido toda clase de deshonestidades con la desgraciada y honrada esposa de Servelló, en presencia de éste, á quien tenian estrechamente atado, degollaron á dicha ésposa tambien á presencia de su desconsolado marido, y en seguida á éste del modo más bárbaro é inicuo. En el dia 12 de aquel mismo mes de julio Miguel Sentls, honrado labrador natural de la Torre del Español, fué cogido por el Barbut en el término de Vinebre. En vano rogó, lloró, ofreció dinero y cuanto tenia, porque Barbut era inexorable, queria sangre, y más sangre, sin que su pasion se diese nunca por satisfecha. Sentls murió degollado, despues de haberle hecho sufrir los más atroces dolores y tormentos. Ya en esto el terror y espanto de todas aquellas gentes llegó á un grado de desesperacion. En todas partes veian al Barbut, y solamente su nombre causaba un susto y alarma general en los mismos pueblos. Se cerraban las puertas, como si amenazase la entrada de una formidable columna de enemigos. Todo el mundo suspiraba por los *mozos* de las ESCUADRAS. Todos decian: «Solamente los *mozos* nos pueden librar de unos mónstruos semejantes.» Pero era el caso que todas las ESCUADRAS estaban distraidas de su verdadero objeto, ocupadas por órden del Capitan General en los acontecimientos y desastres de que fué teatro Cataluña y la España entera durante el periodo de 1843, en que se verificó el pronunciamiento general de que ya nos hemos ocupado someramente en otra parte. Reconociendo aquellas azoradas gentes la imposibilidad de ser socorridos por los *mozos*, idearon la formacion de una partida compuesta de unos treinta hombres, pagados por los vecinos de Vinebre, Torre del Español y otros lugares, al único objeto de dedicarse á la persecucion del Barbut y sus compañeros. Asi se hizo, pero dicha partida, compuesta de hombres honrados, valientes y decididos, apesar de sus buenos deseos y del celo y actividad con que se dedicaron por el espacio de algunos meses en la persecucion de los foragidos ya espresados, no pudieron lograr su captura, ni aun el dar con ellos. Entretanto los bandidos continuaban en su carrera criminal. El dia 24 de octubre del propio año 1843, D. Jaime Subirats, natural de Vellmunt y comandante de los nacionales de 'dicho pueblo, habia salido para visitar una hacienda que tenia en el mismo término de Vellmunt en un punto llamado los Bufadós. Iba solo y desarmado, no sospechando nada, porque era un hombre de bien que creia y tenia motivos para pensar que no se habia creado enemigos de ninguna clase. Aquel desgraciado olvidaba que por aquel pais, divagaban tres séres humanos que habian declarado la guerra á toda la humanidad. Pero una guerra vil é infame, una guerra de traidores y asesinos, que cual fieras carnívoras esperaban á la víctima para sorprenderla y devorarla. En efecto, hacia ya muchos dias que el Barbut y los suyos habian decretado en uno de sus infernales conciliábulos, la muerte de aquel hombre honrado que jamás los habia ofendido. Dias y noches enteras habian consumido en paradas tendidas con mucha maña y astucia contra la víctima designada. Pero todo habia sido en vano, porque Subirats, salvado por su ángel bueno, no habia caido en ninguno de sus infernales lazos. El dia ya citado, en el momento en que Subirats entraba en aquel punto, se vió repentinamente cercado y cogido por los tres bandidos, quienes salieron de un escondrijo practicado en el hueco de un pequeño montecillo que existe en aquel punto.

—Nuestro eres, le dijeron apuntando sus trabucos contra la víctima á quema-ropa.

—Sois tres contra uno: venis armados y yo no traigo arma ninguna; por consiguiente estoy á vuestra disposicion. ¿Quereis dinero?

—Mal nos has juzgado. ¿Ignoras que yo soy el Barbut, y que nunca voy por dinero?

—Entonces ¿qué es lo que quereis?

—Tu sangre.

—¿Mi sangre? ¿en qué os he ofendido?

Los bandidos por toda contestacion lo ataron fuertemente y lo condujeron al punto llamado *Barranco hondo*, frente el *Mas*, llamado de las *Pulgas*. Llegados allí, por un acto de la más refinada crueldad le hicieron desnudar completamente, inclusa la camisa y calzado, y entonces le obligaron á bailar, hiriéndole con latigazos al momento en que fatigado, suspendia la danza.

—Matadme, decia aquel desgraciado, os lo pido por favor...

—Ya vendrá esto, replicaba el pérfido Barbut, por ahora queremos divertirnos con tus cabriolas.

Y diciendo esto continuaban cantando y sacudiendo á la víctima, á fin de obligarla á bailar. ¡Mónstruos del infierno! ¡hombres sin corazon ni entrañas! horror nos causa el tener que escribir vuestras inícuas crueldades... Por fin, cansados ellos mismos de cantar y sacudir, dispararon contra su víctima, y media hora despues el cadáver del desgraciado D. Jaime Subirats fué hallado y recogido en el espantoso estado en que los bandidos lo habian dejado. En esto vino el año 1844, y el Barbut quiso iniciarlo con un nuevo asesinato. El dia 5 de enero de dicho año, Pedro Vilaplana, natural de Vinebre, tuvo la desgracia de caer en manos de los tres infernales foragidos cuya sangrienta vida vamos escribiendo. Hallábase en el término de Garcia, cuando apareció Barbut y sus dos compañeros y le intimaron la rendicion. Una vez rendido y atado, le atormentaron de mil maneras acabando por degollarle el Barbut con su colosal navaja. ¡Justos juicios de Dios! Más tarde veremos como con esta misma navaja fué muerto por los *mozos* no léjos del lugar en que tantas veces la habia clavado en el cuello y entrañas de sus infelices víctimas.

IV.

Nunca acabariamos si tuviésemos de referir uno por uno todos los asesinatos y crueldades cometidos por los tres bandidos sanguinarios que ya conocen nuestros lectores. Estos no bajan de unos veinte y siete, únicamente desde la época en que el Barbut se juntó con tan dignos compañeros. ¿Y qué diremos de los que cometió antes? ¿Qué diremos de las barbaridades cometidas por él mismo desde el año 1837 en que comenzó su carrera asesinando tan vil é infamemente á Servelló, hasta 1844 en que fué muerto por los *mozos*? No es pues estraño que todos los habitantes de aquel pais viviesen en un continuo susto y alarma. No es estraño que muchos, hasta abandonasen el cultivo de sus tierras por miedo de caer en las garras de aquella fiera sanguinaria y encarnizada. Las mujeres de todos aquellos lugares, llenas de terror y espanto, acudian al templo del Señor, pidiendo al Dios de los ejércitos que les librase de unos mónstruos tan crueles y sanguinarios. Todos conocian que solamente las ESCUADRAS podian poner término á un estado de casos tan tristes y desesperados. Pero ¿qué podian hacer éstas, ocupadas y detenidas en las grandes ciudades y poblaciones con motivo de los acontecimientos políticos que habian tenido lugar durante aquel período? Bien sabia el comandante de las ESCUADRAS todo lo que pasaba en aquel país; bien deseaba en el alma poder enviar *mozos* para acabar con los autores de tan inauditas crueldades, pero causas independientes de su voluntad le impedian el poder satisfacer sus justos deseos. Vino por fin el dia esperado. Era una noche oscura y lluviosa del mes de abril del año 1844. Seis hombres envueltos con sus mantas entraban en el término de Vinebre, dirigiéndose á una casa llamada el Mas de la Pava en el punto llamado de Garroptes. Esos hombres eran procedentes de la provincia de Tarragona, residentes habitualmente en Riudoms, pequeño pueblo situado á una hora de la ciudad de Reus. Habian hecho toda la travesía con las mismas precauciones, viajando solamente durante las altas horas de la noche, sin tocar en ningun pueblo, lugar ni casa. Llevaban consigo sus ligeras provisiones que consistian en pan, un poco de vino y queso en no mucha abundancia. Era evidente que su intento habia sido el de situarse en el Mas ya indicado, sin que nadie absolutamente se apercibiese de ello. El Mas de la Pava, es una de esas miserables y medio derruidas casas de campo en las que viven los pastores, ó que solo sirven para preservar sus rebaños de las lluvias y tempestades. Los seis hombres habian penetrado en la casa sin llamar ni hacer ruido, puesto que hallaron la puerta solamente entornada.

—Ya hemos llegado al punto escogido, dijo el que al parecer hacia de jefe. Creo que habremos logrado nuestro intento, pues estoy seguro que nadie ni siquiera puede sospechar nuestra llegada. Solamente asi podiamos esperar dar el golpe proyectado, porque de lo contrario, como los bandidos huyen de nosotros como los ratones del gato, creo que desde luego habrian abandonado todos esos lugares. ¿Cómo teneis las armas?

—Cargadas regularmente.

—No basta esto, cargadlas de un modo estraordinario. Ya conoceis su resistencia, ésta os debe servir de medida para la carga.

El que así hablaba era el valiente, activo é inteligente cabo de la ESCUADRA de Riudoms, D. Francisco Subias, y los que escuchaban eran los intrépidos D. Ramon Sendra, sub-cabo, José Perotillo, Antonio Marino, Buenaventura Sallen y Juan Homs, *mozos* todos de la espresada ESCUADRA. En su compañia venia un jóven natural de la Torre del Español, aspirante á la plaza de *mozo*, quien se habia entendido con el pastor de antemano para que la puerta de la casa estuviese solamente entornada. Los *mozos* obedeciendo á su jefe, habian cargado sus carabinas con muchas municiones, y todos estaban dispuestos y decididos para el combate. El cabo y el sub-cabo entre tanto habian practicado un minucioso registro en toda la casa. Era ésta de un solo piso, situada de tal modo, que propiamente no tenia otra entrada ni salida ni abertura esterior más que la puerta por donde habian entrado. Al estremo de la entrada, y bajo el nivel del suelo de esta, habia una especie de subterráneo de unos siete palmos de profundidad en donde solia el pastor colocar la paja. Encima de este subterráneo formando como una grada de unos cuatro palmos, habia un corral para el ganado. En aquella grada habia una abertura por donde se entraba en el subterráneo y por medio de la cual se dominaba toda la entrada hasta el campo. Y como en el subterráneo reinaba la más completa oscuridad, por esto el que alli se colocaba tenia la ventaja de ver á los demás, sin que él pudiese ser visto de nadie. El cabo escogió dicho subterráneo para servir de escondrijo para la sorpresa de la canalla. En él se introdujeron los *mozos* y sus jefes con objeto de esperar la llegada del Barbut y los suyos. Creian que éste no se haria esperar, y esta fué la causa de que aquella fuerza estuviese tan desprevenida de vituallas. Pero fué el caso que, ni en toda aquella noche ni en todo el dia siguiente parecieron los bandidos, y desde entonces el cabo receló que aun aquel miserable pedazo de pan y aquel poco de queso que les servia de único alimento, podia llegar á faltarles. Entonces habiendo puesto las miserables provisiones á la vista de todos, dijo:

—Ya lo veis, amigos mios, no tenemos más provisiones que estas, y Dios sabe los dias que deberemos permanecer en esta ratonera. Ya sabeis que el Barbut es muy ladino y que sabe olernos muy de léjos. Si uno solo de nosotros saliese en busca de provisiones, al momento lo sabria el, y entonces nos seria muy dificil darle caza. Por otra parte el contento y alegria que demostrarian los habitantes de este pais, tan pronto como supiesen que habian llegado *mozos*, bastaria por si solo para hacer sospechar al zorro taimado que tantos sustos les está causando. Conviene, pues, que nos carguemos de paciencia, y para que no perezcamos de necesidad, he pensado distribuir estos alimentos de modo que duren algunos dias. No hay remedio, amigos mios, todos, yo el primero, es menester que nos pongamos á media racion, como si estuviésemos en alta mar en un buque escaso de vituallas.

Los *mozos* contestaron que estaban dispuestos á todo, y desde aquel dia aquellos valientes se alimentaron únicamente con un poco de pan y de queso, siendo asi que estaban á poca distancia de pueblos y lugares provistos de todo, de los cuales no les separaban por cierto los enemigos, sino el celo y deseos de prestar un servicio señalado. Segun la reparticion de las provisiones, calcularon que podrian aguantar cuatro dias más, confiando buenamente que durante dichos dias, darian el golpe que era su sueño dorado. Mas no fué asi, porque ni el Barbut ni los suyos parecieron durante aquellos dias. Al dia quinto ya estaba consumido todo. Ni un mendrugo de pan les quedaba para alimentarse.

—Malo va esto, dijo el cabo; veo que todos bostezais, y esto huele á hambre. Yo mismo siento una verdadera necesidad de alimento. Por otra parte los foragidos que esperamos son valientes y robustos, ¿cómo lo haremos para batirnos si las piernas llegan á flaquearnos?

—Apesar de todo, dijo el sub-cabo, creo que no conviene abandonar el punto.

—Esto de ningun modo: pero tal vez podriamos discurrir un medio.

En esto aquel jóven de la Torre del Español, dijo:

—Si Vds. quieren, yo saldré esta noche á buscar provisiones.

—¿Y si espian tus pasos?

—No hay cuidado. Soy práctico del pais y sabré burlar al mismo Barbut.

En fin, fué preciso convenir en ello, porque la necesidad era apremiante. Aquella noche aquel jóven valiente y activo salió de la casa, y al cabo de algunas horas regresó con las provisiones necesarias. Todavia esperaron dos dias más, cuando á la caida de la tarde del séptimo dia, que correspondia al dia 30 de abril del espresado año 1844, oyeron el ruido de unas pisadas en direccion á la casa.

—Ellos serán, dijeron los *mozos* con voz casi imperceptible...

Todo aquel dia y noche anterior habia llovido en mucha abundancia, y lloviendo estaba en aquella hora que era la de las seis y media de la tarde. El hijo del pastor que solia cobijarse en la casa con su rebaño, niño de unos diez años, habia entrado poco antes para guarecerse de la lluvia, pero ignoraba enteramente la presencia de los *mozos* en la casa. En esto entró Quiselis. Los *mozos* abandonaron la abertura que les servia de observatorio. El bandido miró por todos lados, apuntando su trabuco hácia los puntos donde dirigia sus ojos de hiena. Cerciorado que estuvo de que no habia ninguna persona estraña, hizo una señal dando una palmada, y al momento el formidable Barbut se presentó en el umbral de la puerta sin entrar.

—¿En dónde está tu padre? preguntó al niño.

—Creo que está en Vinebre.

—Entonces no debemos permanecer aqui un solo instante, y diciendo esto se puso en marcha siguiéndole Quiselis.

—A ellos, dijo entonces el cabo al oido de los *mozos*.

Salen estos con la velocidad del rayo, y ven á los tres bandidos que marchaban caminando por una bajada que existe junto á la casa en direccion á un espeso bosque. El sub-cabo Ramon Sendra iba delante, y á pocos pasos de distancia de los bandidos, cuando estos aun no se habian apercibido de que les persiguiesen, apuntó su carabina contra ellos, pero como el terreno era resbaladizo, y más aun con la copiosa lluvia que habia caido, aquel valiente cayó al suelo en el mismo momento en que iba á disparar. Al ruido que hace en su caida se vuelven los bandidos, y al momento emprenden su fuga á todo escape. Pero el valiente *mozo* José Perotillo, que iba al lado del sub-cabo apunta y dispara con tanto aplomo, que de un solo tiro, tiende en el suelo al Barbut y á Quiselis. Mas el primero se levanta en seguida y se prepara para disparar contra los *mozos*, pero ya en esto, éstos, el cabo y el sub-cabo habian llegado junto al herido. Uno de los *mozos* le clava su bayoneta junto al pecho. Cae otra vez, y al momento se vuelve á levantar. Hiérele entonces el mismo Perotillo en la cabeza, y cae en seguida aquel hombre que parecia de bronce. Aun no habia muerto entonces, aunque, segun se vió despues, todas las heridas que habia recibido eran mortales. Abre entonces sus ojos de tigre, y mirando á los *mozos* con el mayor descaro les dice:

—Solo os pido que me mateis bien, y no me hagais padecer.

—No lo mereces, dijo el cabo, pues tú hacias sufrir mucho á tus victimas antes de matarlas. Pero nosotros no somos de tu casta.

—Ea, pues, matadme.

—Voy á ello, dijo entonces el sub-cabo, y arrancando la navaja que el bandido llevaba en lo interior de su canana, la blandió ante los moribundos ojos del Barbut diciéndole: Ya lo ves, con esta misma navaja con la cual has derramado tanta sangre inocente, quiere Dios que yo derrame la tuya tan negra y criminal.

Y diciendo esto, clavó la navaja en el cuello del bandido, y aun así, fué necesario repetir el golpe dos ó tres veces para que muriese aquel hombre verdaderamente estraordinario. Entre tanto otros *mozos* habian examinado ya á Quiselis, quien realmente habia quedado muerto desde el primer disparo de Perotillo. Entonces improvisaron unas camillas sobre las cuales colocaron dos cadáveres y se dirigieron á Vinebre. El cabo y dos *mozos* se adelantaron un poco, y habiendo entrado en dicho pueblo, todos sus habitantes, grandes y pequeños, jóvenes y ancianos, los recibieron con el mayor contento y alegria.

—Gracias á Dios, decian, que ya están Vds. aquí, porque ya no podiamos aguantar más.

—Ahora si, decia otro, que el Barbut las pagará todas de una vez.....

—No las pagará, contestó el cabo, sino que ya las ha pagado.

—¿Qué dice V.?

—Mirad, añadió el cabo, señalando al resto de la fuerza que entraba con las camillas, allí viene su cadáver y el de Quiselis.

Cualquiera habria dicho que los habitantes de Vinebre se habian vuelto locos de alegria. Las mujeres se dirigieron á la torre de la iglesia, y comenzaron un repique general de campanas, como si fuese el dia de la fiesta mayor. Los cadáveres de los dos bandidos fueron colocados en medio de la plaza, pero nadie pensó siquiera en hacerles la menor profanacion. Unicamente tenian curiosidad de verlos y examinarlos. Al dia siguiente, todos los habitantes de aquellos alrededores vinieron á Vinebre para sa-

tisfacer su curiosidad y cerciorarse por si mismos de que realmente podian respirar y vivir, despues de tantos años de continuo susto y espanto. Muchos de los que venian, eran parientes y casi todos amigos de las victimas asesinadas por aquel bárbaro; pero apesar de todo, respetaban sus mutilados cadáveres. Asi acabaron su criminal carrera Isidro Teixidó (a) el Barbut, natural de Vinebre y Juan Bautista Sonadelles (a) Quiselis, tambien natural del propio pueblo. En cuanto al otro bandido llamado Francisco Casals y Juncosa (a) Tora, natural de Gratallops, si bien logró escaparse aquel dia, porque los *mozos* lo que querian principalmente era acabar con el Barbut, con todo, pocos meses despues, esto es, el dià 6 de octubre del propio año, á la misma hora de las siete y media de la tarde, fué muerto por la misma Escuadra de Riudoms, en el término de Gratallops. Asi en pocos dias los *mozos* lograron acabar con un bandido tan formidable como el Barbut, cuya criminal carrera puede decirse que fué de las más largas, y en cuya persecucion se habian dedicado por mucho tiempo otras fuerzas que no eran de las Escuadras. De este modo libraron á todo aquel pais de unos mónstruos que tanto terror y espanto les habian causado por espacio de tantos años. Algunos han creido ver en el Barbut un modelo de fanatismo politico y religioso, un partidario frenético, que queria esterminar á todos los que creia contrarios á las ídeas que profesaba. Pero nosotros preguntamos: ¿qué ideas podia profesar un asesino tan cruel y sanguinario? Si realmente tenia alguna de las que se le quieren suponer ¿cómo es que comenzó asesinando vil y cobardemente á Servelló que jamás habia figurado en ningun partido ni empuñado las armas? El que escribe estas lineas no ve en el Barbut más que un hombre cruel y sanguinario, en quien, como en La Pera, el derramamiento de sangre humana habia degenerado en una pasion violenta, llegando á constituir su verdadero carácter. Se me podrá decir, que el Barbut, escepto el asesinato de Servelló, los demás que cometió recayeron en personas que más ó ménos habian figurado ó pertenecido al partido politico contrario del que hacia alarde el bandido, pero esto, á mi ver, tiene otra esplicacion. En efecto, hay delitos tan repugnantes, tan contrarios á las leyes divinas y humanas y á la misma naturaleza que, aun los hombres más malvados, al cometerlos, procuran matizarlos con algun color que cubre su asquerosidad y repugnancia. Asi La Pera, al asesinar al anciano Robusté, decia que lo hacia para vengar unos latigazos que aquel le sacudió cuando el bandido solo contaba diez años de edad y fué á robar las peras de la huerta de su victima. Y como habrán podido notar nuestros lectores en la vida de aquel foragido, siempre al asesinar decia que lo hacia por venganza. Pero La Pera, puesto en capilla, esplicó francamente los verdaderos motivos de sus asesinatos. «Sentia, dijo, una necesidad de derramar sangre humana.» Si el Barbut hubiese sido cogido vivo y puesto en capilla, tal vez hubiera usado un lenguaje semejante. En una palabra, de esos hombres hemos visto ejemplos en todos los partidos. Son unas verdaderas fieras para las cuales es completamente indiferente el formar entre filas de liberales, absolutistas ó republicanos, con tal que puedan satisfacer sus depravados intentos. Por lo demás, nosotros creemos que todos los vicios, por repugnantes que sean, pueden degenerar en una pasion violenta, á la cual.

cuando el hombre se entrega, concluye por hacerse un verdadero esclavo suyo. Así el juego pasa á ser una necesidad para el jugador de profesion, que se ha dejado dominar por una pasion tan funesta.

«Si el dinero no sirviese para el juego, nos decia »un amigo á quien el juego causó su ruina y prema- »tura muerte, yo desde hoy repartiria todo lo mio »entre los pobres.»

Y realmente creemos que lo hubiera hecho asi, porque él no tenia otra pasion, otro vicio, otra nece- sidad sino la de jugar, pues lo demás le era comple- tamente indiferente. Sin embargo, cuando su mala suerte hizo que le faltase dinero para jugar, y medios legales para adquirírselo, puesto que habia vendido toda su hacienda, echó mano de las medidas ilegales y hasta criminales. Lo mismo decimos de las demás pasiones. Si el Barbut y La Pera no hubiesen podido derramar la sangre de los que ellos disfrazaban con el falso nombre de enemigos, hubieran derramado la de sus propios padres, é hijos, si los hubiesen teni- do, á falta de otra, una vez degenerado su vicio en una pasion esclusivamente dominante. Si algun fa- talista lee nuestra obra dirá tal vez: ¿luego el asesi- nato era una necesidad invencible respecto á dichos bandidos? No, diremos nosotros, y en prueba de ello, que á ellos mismos les repugnaba, cuando procura- ban darle algun colorido de motivo ó pretesto. El asesinato ó derramamiento de sangre humana, lo único que era en aquellos desgraciados, un hábito adquirido por la repeticion de los actos, como sucede en todas las pasiones y vicios humanos. Lo que con- viene, pues, es no dejarse dominar, luchar en sus principios, cuando el triunfo es fácil y casi seguro, mayormente respecto las propensiones hácia crime- nes tan repugnantes como lo son los del robo, asesi- nato, etc., etc.

HISTORIA DE LOS ESTAPÉS. UNA FAMILIA DE BANDIDOS Y AJUSTICIADOS.

I.

Era indudable que durante el período de 1844, y aun antes de dicha época, existia una formidable cua- drilla de malvados, que perteneciendo á la clase de los foragidos que saben hacer el papel de hombres de bien, eran en el fondo unos ladrones de profesion que causaban el terror y espanto de todos los habi- tantes pacíficos de los mismos alrededores de Barce- lona. Pero era el caso que los malvados tenian las precauciones tan bien tomadas, y eran tan astutos y precavidos que no dejaban el menor rastro, de modo que era menester poner en juego todos los resortes y poderosos medios con que cuenta el cuerpo de las Escuadras para llegar al descubrimiento de los auto- res de tantos robos y asesinatos. Todos los dias eran robadas las diligencias que salian de Barcelona, mal- tratados los viajeros y saqueados sus equipajes. Pero al dia siguiente no se veia un solo hombre sospecho- so en todo aquel distrito, y parecia imposible que en el dia anterior se hubiesen perpetrado crímenes tan escandalosos. Todas las autoridades, desde el Capi- tan General hasta el último dependiente, estaban jus- tamente irritados y hasta humillados en vista de su impotencia para reprimir y castigar delitos de tama- ña importancia. El activo comandante de los mozos D. José Vivé, estaba en continuo movimiento, dedi- cándose él y los suyos al descubrimiento de aquella partida de foragidos que tantos males causaba al país, y tan apuradas tenia á todas las autoridades. En el último coche-diligencia que habia sido detenido el robado por los bandidos, viajaba un francés, al cual habian despojado de una cantidad de dinero bastante considerable, toda en monedas de oro del busto de su nacion. Este robo habia tenido lugar en primero de setiembre de 1845, y el cabo de mozos de Arbós, don Antonio Vidal, despues comandante de las Escua- dras, se habia informado de las circunstancias de aquel robo por relacion del mismo francés y otros de los sugetos robados. En consecuencia de estas rela- ciones, y de otras sospechas que él tenia ya concebi- das anteriormente, sobre ciertas y determinadas per- sonas, fijó su atencion sobre éstas y determinó poner en práctica un plan de investigaciones del cual se prometia muy buenos resultados. Es el caso que el mencionado cabo hacia tiempo que sospechaba de la conducta de una familia de San Andres de la Barca llamada Estapé. Esta familia compuesta de ocho per- sonas, á saber: los padre y madre Estapé, sus cuatro hijos, José, Isidro, Juan y Saturnino, y sus dos hijas Eu- lalia Falquera y Estapé, viuda y Josefa Arc y Estapé, casada, era una familia que pasaba por una de las más acomodadas de dicho pueblo, cuya casa propia era de las de más apariencia de la poblacion. Los her- manos Estapé pasaban por ricos comerciantes de ga- nado, frecuentaban las ferias y mércados, y teniendo establecidas muchas mesas en diferentes puntos para la venta de carnes, hacian la competencia con ven- taja á los que se dedicaban á esta misma industria. Apesar de todo esto, el cabo sospechaba de la tal fa- milia, porque él y los mozos habian observado que los Estapés tenian muchas relaciones con los sugetos Tomás Esteve, Francisco Llopart, Juan Mercadé y los hermanos Suñol, sugetos todos inscritos por los mozos en su registro de la gente de vida airada y sospechosa. Dicho cabo ya más de una vez habia re- gistrado la casa Estapé, pero siempre en vano, pues ni siquiera á los hijos de la misma habia podido en- contrar para interrogarles de un modo indirecto y con maña. Él sospechaba que en la misma casa te- nian un escondrijo muy disimulado, puesto que se escapaba á las investigaciones de su sagacidad y es- periencia. Así era, porque los Estapés tenian una gruta ó mina practicada en lo más hondo del pozo de la casa, en donde se escondian, siempre y cuando lo creian conveniente para su propia seguridad. Alli bajaban apoyándose en la misma cuerda del pozo, y una vez escondidos, soltaban la cuerda y todo que- daba en su lugar. El dia 5 de setiembre del propio año 1845, el espresado cabo D. José Vidal entró en el pueblo de San Andrés de la Barca, á eso de las diez de la noche. Dirigióse al momento á la casa del alcalde, que era un hombre de bien, amigo del cabo y confidente de las Escuadras.

—Es escandaloso lo que está pasando, amigo mio, le decia el cabo. Pensar que todos los dias son robados los coches y pasajeros, y siempre en los alrededores de este pueblo, es una cosa que me da mucho que pensar.

—Tambien yo cavilo mucho sobre este particular, pero no puedo salir de mis cavilaciones.

—Francamente, estoy persuadido de que el foco de esa pandilla de malvados, existe en este mismo pueblo.

—Tambien tengo yo mis sospechas, pero no he podido formar ninguna idea particular y determinada.

—Pues yo creo que los Estapés son el alma de todo ese infernal complot.

—Pero, ellos pasan por ricos y acomodados comerciantes y propietarios.....

—No importa: hace solamente dos años que, como todos sabemos, la casa Estapé era tenida por una de las más atrasadas y llena de deudas, ¿de dónde les han venido tantas riquezas? En fin, sea como sea, yo tengo poderosos motivos para sospechar, y por consiguiente he determinado hacerles una visita impensada, ausiliado de V. como alcalde. Pero como son tan taimados, hemos de sorprenderlos sin llamar á la puerta, pues de lo contrario sucederá lo de siempre, á saber: que despues de mucho llamar, responderá la vieja, y antes no abrirá los pájaros habrán ya volado. Si me pregunta V. por dónde y cómo tendré que decirle que lo ignoro completamente.

—Ya sabe V. que estoy siempre dispuesto á secundar los planes de V.

—Pues bien, esperemos hasta las doce, y entonces pondremos mi plan en ejecucion.

A las doce de la noche el cabo, acompañado del alcalde y los *mozos*, se apostaron con gran disimulo junto á la casa de los Estapés. A las dos de la madrugada pasó un carro, dentro del cual iban unos cinco ó seis hombres, al parecer pasajeros. Así los calificó el alcalde, añadiendo que creia que eran unos trabajadores de la carretera. Pero el ojo esperimentado del cabo pudo reconocer á uno de los viajeros llamado Sebastian Roig (a) el Herrero de Rubí, persona de pésimos antecedentes y muy amigo de los Estapés. Desde aquel momento el cabo no dudó de que aquellos hombres se dirigian á casa de los Estapés á fin de dar algun nuevo golpe, pero que habiendo notado que la casa estaba circuida de otras personas, habian determinado pasar por alto. Como el cabo queria asegurarse de los Estapés, dejó pasar á los otros, y para ser ménos visto se arrimó á la puerta de la casa de aquellos. Fué el caso que habiendo empujado la puerta de la calle de dicha casa, hubo de notar que no estaba más que entornada. Tan cierto era que aquella noche debian reunirse alli otras personas amigas de la casa. El cabo comunicó al momento esta novedad con el alcalde, y luego penetraron ambos con algunos *mozos* en la casa. Todo estaba en la más completa oscuridad, pero como los *mozos* traen siempre consigo cerilla y fósforos, al momento fué salvado aquel inconveniente. Subieron hasta el primer piso y entrando en el comedor, encontraron un hombre dormido, alto de estatura y de fiero semblante que tenia una mano puesta en la empuñadura de una terrible navaja de doble resorte y afilada punta. El cabo dispertó á aquel hombre sin hacer ruido y en seguida, imponiéndole silencio con una señal, lo dejó bajo la custodia de los *mozos*. Entró él entonces con otros dos *mozos* en el dormitorio de los tres hermanos mayores Estapé, á saber, José, Isidro y Juan, y habién-

doles dispertado, dejando los *mozos* en la antesala del cuarto, les dijo:

—¿Cómo os habeis dormido con la puerta abierta? pasaba por aquí, y viendo la puerta en tal estado, he subido para avisaros.

—Gracias, señor D. José, contestó Juan, estábamos algo cansados y unos por otros no hemos pensado en cerrar la puerta.

—Asi será: pero es el caso que habiendo encontrado en el comedor un desconocido que dormia con una navaja en la mano, pensando sin duda que éramos otros ha cantado que ha sido un contento.

—¿Y qué ha dicho? dijeron los hermanos visiblemente conmovidos.

—Qué ha de haber dicho? contestó el cabo con aquella flema y amistosa franqueza que tan bien sabia emplear cuando lo requeria el caso, ha dicho la verdad: ¿cómo diantre os habeis fiado de un estraño?

—Nada de esto, señor cabo, porque el hombre que V. dice, es el pastor de la casa, natural del reino de Valencia, y nada puede haber dicho, porque en casa no hay ningun misterio ni nada que no pueda decirse á voz de pregonero.

—Claro está: y por lo mismo á voz de pregonero puede decirse que esta noche esperabais al infame Sebastian Roig, que con seis más debia reunirse aquí para salir juntos á dar otro golpe de los muchos que teneis ya ejecutados y otras mil cosas que luego os diré. Ahora mientras os vestis yo registraré la casa.

—Vive Dios que no será, dijeron los Estapés, levantándose de sus camas como si una víbora les hubiese picado. Para esto necesita V. del alcalde.

—¡Quietos! replicó el cabo apuntándoles con sus dos pistolas. Ya sé yo mi obligacion: el alcalde está aquí.

A una señal del cabo los dos *mozos* de la antesala habian entrado con sus armas preparadas.

—Haced compañia á esos tres hombres mientras se visten, advirtiendo que no han de salir del cuarto hasta nueva órden mia.

Uno de los *mozos* se colocó al momento de espaldas á la única ventana que habia en el cuarto, y el otro se quedó junto á la puerta en la misma posicion. En seguida el cabo dirigiéndose al desconocido le dijo:

—Ola, amigo, con que eres valenciano?

—Asi es, pero esto nada tiene de particular.

—Es claro que no, solo que es un poco estraño que siendo de tan léjos, tengas aqui tantos amigos, sin que lo sepan tus amos.

—¿Cómo? ¿Yo tengo amigos desconocidos de mis amos?

—Asi lo han dicho ellos, y lo peor es que estos amigos que tienes son unos pillos con quienes la justicia tiene muchas cuentas pendientes.

—Pero sepamos de qué amigos habla V.

—De Sebastian Roig (a) el Herrero de Rubí; de los Suñols y otros que ya sabes, á los cuales esperabas esta noche para una de las acostumbradas espediciones, á cuyo objeto has dejado la puerta abierta para que tus amos nada percibiesen, segun ellos me acaban de decir.

—Mienten como unos bellacos... Ellos son los que me han hecho dejar la puerta abierta: ellos los que me han hecho conocer á esos amigos que V. ha nombrado: ellos los que me han hecho tomar parte en las espediciones pasadas, cómo la debia tomar en la de hoy. Ya que ellos han sido charlatanes é infames, que han pretendido echarlo todo contra mí, yo diré la verdad de cuanto sepa.

—Harás muy bien, pues realmente es una infamia el comprometerte de este modo. Por ahora basta: dime tan solo tu verdadero nombre.

—Yo soy Juan Bautista Perez, natural de Cirivella, del reino de Valencia.

En esto ya se habian levantado todos los de la casa. El cabo dirigiéndose á Eulalia Estapé, viuda de Falguera como ya hemos dicho, la dijo:

—Vamos, que no dirá V. que no haya venido á verla.

—Yo me alegro, contestó la viuda que se esforzaba en representar un papel de inocencia y candor, siendo así que en el fondo era una verdadera cómplice de sus hermanos.

—Quiero ver lo que teneis en la casa, para imponer silencio á ciertas malas lenguas que os acusan de cosas muy graves.

—Ya sabe que todo está á la disposicion de V.

—Gracias, Eulalia, vamos pues á ello; comience V. abriendo los cajones de esa cómoda.

La viuda obedeció, y el cabo comenzó un registro de los más escrupulosos. A poco dió con un envoltorio que pesaba bastante.

—Parece, viuda, que es V. muy rica, pues por el peso conozco que este lio contiene oro.

—Así es, pero no es mio. Es de mis hermanos que, como V. ya sabe, son comerciantes. Hoy tienen ese dinero, mañana tal vez, ya lo tendrán empleado.

—¿Y cuánto hay aqui?

—Treinta onzas.

—Vamos á contarlo.

Y el cabo junto con el alcalde contaron aquel dinero que realmente era la cantidad denunciada por la viuda.

—¡Ola!.... dijo el cabo continuando su registro, ahi tenemos otras monedas ó medallas, pues no puedo conocer á qué rey representan. ¿De dónde ha sacado V. esas medallas ó lo que sean?

—Yo se lo esplicaré á V., dias atrás pasó un *francés*, quien me suplicó que le cambiase esas medallas que, dijo ser de oro, y yo accedí á ello.

—Y ¿cómo arreglasteis las condiciones del cambio?

—Mire V., por cada una de estas que son las de más peso, le di tres duros, dos por esas otras y uno por esas más pequeñas.

—Vamos que no fué mal negocio, y por cierto que el tal francés seria un grandisimo nécio.

—¡Oh! y aun me dió mil gracias, replicó la viuda aparentando siempre candor y sencillez.

El cabo prosiguió su registro. Luego encontró prendas de ropa con las iniciales de otras personas, muchos cubiertos de plata nuevos, marcados tambien con una cifra que no era la de la familia, algunas sortijas de valor, otras de piedras falsas. De todo esto se iba tomando un inventario á presencia de la viuda, sin que ésta se inmutase como si tal cosa no pasase. En esto los *mozos* que se ocupaban en registrar toda la casa, encontraron las armas de los Estapés, á saber, pistolas, navajas y puñales, con sus correspondientes municiones. El cabo, concluido su registro, se dirigió otra vez á la estancia de los tres hermanos. Estaban estos sentados sobre sus mismas camas, demostrando en sus semblantes su tristeza y abatimiento.

—Vamos, les dijo el cabo, ya lo tengo todo en mi poder. Siento debéroslo decir, pero habeis de saber que teneis unos amigos muy falsos é infames.

—No le entendemos, D. José.

—Ello es bien sencillo: figuraos que todo lo he encontrado tal como me lo delataron vuestros amigos, todo: inclusas las monedas de oro francesas del pobre diablo de francés que iba en la diligencia que últimamente asaltasteis en el punto llamado Salt de Suñol.

—Bah!.. dijeron los Estapés, en señal de no dar crédito á lo que decia el cabo.

—¿Dudais de lo que os digo? Mirad, ahi teneis las mismas monedas: ved si son estas y si es este el pañuelo en que las teniais envueltas.

—Infames!.... esclamaron los bandidos.

—Si que lo son; porque yo creo que ellos estaban tambien en los robos que habeis hecho, pero es el caso que como ellos os han delatado, temo mucho que vosotros sereis los únicos que pagareis para todos. Para que así no suceda, no hay más que un medio.

—¿Cuál?

—El de decirme ahora mismo la parte que ellos tomaron en los robos, la cantidad que les correspondió, y en fin, todo lo que creais que pueda servirme para confundirlos.

—Pues bien: si, es verdad; ellos formaban con nosotros; ellos recogian la parte que les correspondia de lo robado, de modo que á los hermanos Suñols les tocaron cerca de treinta onzas solamente por el último robo de que V. nos acaba de hablar.

—Y á ese Perez ¿qué parte le dabais?

—Él mismo se la tomaba, porque es muy valiente y desalmado.

—Y ¿no sabeis en donde podrá tener el dinero?

—Eso no: porque es muy ladino y callado.

—¿Y Sebastian Roig?

—Cobraba su parte como nosotros.

—Pero ¿en dónde teneis las carabinas? pues aqui solo hemos encontrado vuestras pistolas y puñales.

—Nos las tiene guardadas Pedro Martir Visaus.

—Ah!.. ya: aquel sub-cabo de la ronda de seguridad pública del puesto de Martorells.

—El mismo.

—¿Y os acompañaba tambien en vuestras espediciones?

—Siempre que se lo permitian sus actos de servicio.

—¿Cobraba?

—Lo mismo que los demás.

—Segun esto formabais una partida muy considerable. Vamos á ver si me descuido alguno. Tres hermanos Estapés, tres hermanos Suñols, Visaus, Roig, Juan Mercadé (a) Ros, Corbella y...

—En cuanto á los Suñols, solo formaban con nosotros Vicente y Serafin, pues el otro que se llama José no lo hemos visto.

—Está bien: así me gusta, que seais francos y digais la verdad.

—Pero V. nos perdonará... no es verdad?

—Oh... yo no puedo perdonaros. Ya sabeis que nosotros debemos cumplir con nuestro deber.

—¡Oh! piedad... piedad... Se lo diremos todo y le daremos lo que V. nos pida.

—Basta ya: entrad, dijo el cabo y al momento se presentaron dos *mozos*. Atad á esos hombres.

Así se hizo. Aquella misma noche fueron presos el

Roig y Corbella, el primero en Rubí, el segundo en la villa de Gracia. En cuanto á Visaus y á los hermanos Suñols lo fueron pocos dias despues, porque antes el cabo quiso hacer otras averiguaciones. En fin, ocho dias despues todos los ladrones ya espresados estaban en poder de la justicia. Solo quedaba en libertad el menor de los Estapés, ¡pues era un jóven de unos diez y siete años, pero los mismos presos lo delataron luego, y realmente se probó que tambien formaba entre la formidable cuadrilla de foragidos que tantos males y desgracias habia causado. Hemos de hacer una descripcion particular del bandido Juan Mercadé (a) el Ros, pues bien lo merece por sus circunstancias estraordinarias. Tenia solo unos ocho años, cuando se presentó á una casa de campo llamada Mas den Viá, situada en el término de Santa Coloma de Servelló. Era una tarde fria del mes de febrero. El niño tiritaba de frio, y así en su semblante como en su haraposo vestido, revelaba la miseria más espantosa. Los compasivos habitantes del espresado Mas (casa de campo) miraron al niño con ojos de compasion.

—¿Tienes padres? le dijeron.

—No; pues murieron hace cerca un año.

—¿Y tú en qué te ocupas?

—Ya lo veis: en pedir limosna.

—¿Quieres quedarte aquí?

—De muy buena gana.

—Vamos, acercate al hogar y caliéntate. Cuando te hayas repuesto por medio del descanso y alimentos, te ocuparemos en guardar los cerdos ó los pavos. Despues, á medida que vayas creciendo te enseñaremos el cultivo de los campos, y podrás ser un honrado labrador.

El niño no contestaba, pero lloraba besando la mano de sus bienhechores. Así se pasaron muchos años: el niño recógido, el pobre desvalido y desamparado se hizo hombre. La familia lo miraba como uno de la casa. pero aquel niño tenia un mal corazon, y cuando fué hombre tuvo un alma depravada. Púsose de acuerdo con una partida de ladrones: abrióles la puerta de la casa durante las altas horas de la noche: la familia de Viá, sorprendida en lo mejor de su apacible sueño, fué dispertada por las blasfemias y amenazas de los bandidos. La casa fué robada y saqueada, y, ¡horror causa decirlo! todos sus habitantes, sin distincion de edad, fueron degollados. Así pagó aquel infame el gran servicio, la incomparable obra de caridad que con él habian ejercido los compasivos habitantes de dicha casa. Tal era Mercadé, tales sus antecedentes. En el acto de prenderle en Barcelona, donde últimamente vivia, en uno de los callejones de los barrios de San Pedro, se le encontraron muchisimas alhajas, dinero y prendas de ropa robadas por la cuadrilla Estapé de que formaba parte. En la misma casa en donde fué cogido se encontraron tambien á las hermanas de los Estapés, Eulalia y Josefa, cómplices y encubridoras de la canalla. El dia 26 de aquel mismo mes de setiembre, el Excmo. Sr. Capitan General de Barcelona decia al cabo D. José Vidal, despues comandante de las Escuadras:

—¿Sabe V., señor cabo, que estoy muy satisfecho del importantísimo servicio que V. ha prestado estos dias?

—Gracias, mi general, yo no he hecho más que cumplir con mi deber.

—Pero de todos modos, el servicio es grande y de la mayor importancia. Era un escándalo lo que estaba pasando. Ver que todos los dias se cometian robos y asesinatos, y que nada, absolutamente nada se podia descubrir; le aseguro á V. que esto me tenia muy irritado. Ahora haremos un escarmiento ejemplar, y creo que quedaremos limpios de la canalla. Pero, amigo mio, esos ladrones se habian hecho muy ricos por medio del robo, pues veo que se les han encontrado cantidades y alhajas por mucho valor.

—Apesar de todo, mi general, no se ha podido encontrar el nido de los Suñols. Solo cinco duros creo les encontré, y esto no me deja satisfecho.

—Tal vez no tendrian más: porque como esa clase de gente es tan despilfarradora, á veces, tanto roban tanto gastan.

—¡Oh! no, mi general, porque estoy bien informado de la conducta de los Suñols, y puedo decir á V. E. que son unos mezquinos que nunca malgastan un cuarto.

—Tal vez no participaron del reparto.

—¿Cómo no, cuando sé que solamente por el último robo recibieron unas treinta onzas...?

—Bien ¿qué le haremos?

—Hay una cosa que hacer.

—¿Cuál?

—Esos Suñols tienen otro hermano llamado José que vive en San Andrés de la Barca.

—¿Y qué quiere V. decir con esto?

—Que mi corazon me dice que dicho hermano les guarda el dinero para cuando lo pidan. Tengo mis indicios y sospechas para creerlo ási.

—¿Y qué quisiera V. hacer?

—Irme allá, y ver si puedo lograr el que el hermano cante.

—Entonces V. mismo: tiene V. mis omnímodas facultades.

—Está bien, mi general, ó yo me engaño mucho ó dentro dos dias tendremos el dinero.

—Dios guie los pasos de V., infatigable cabo, yo sabré recompensar servicios tan heróicos.

II.

EL DINERO DE LOS SUÑOLS: EL CASTIGO DE LOS DELINCUENTES.

Al dia siguiente, el espresado cabo á las doce en punto del medio dia, en el mismo momento en que José Suñol se sentaba á la mesa para comer, se presentó con la mayor franqueza y sencillez diciendo:

—Vais á tener un convidado, si no os ha de causar molestia.

—Ola, D. José, dijo Suñol; ya sabe V. que puede disponer.

—Ya lo sé; amigo mio, tambien sabes que estoy siempre dispuesto á servirle, y hoy mismo vengo á prestarte un servicio importante.

—V. dirá.

—¿Ya sabes el terrible lance en que se encuentran tus hermanos?...

—Algo sé: pero, señor D. José, ellos se tienen la culpa.

—Esto mismo les he dicho yo, ¿no veis como nadie se mete con vuestro hermano Jose?

—Esto es lo que yo he dicho mil veces.

—Pero vamos al grano: es el caso que como todos los demás cómplices de tus hermanos, han entregado todo el dinero que les habia correspondido de los varios robos que han cometido, y tus hermanos no han entregado un cuarto, sucedia que el fiscal, instaba más y más contra ellos, por que, decia que era imposible que no tuvieran el dinero robado. Conociendo, pues, tus hermanos, que de no entregar el dinero sucederia que aun la pagarian más cara, me llamaron á mí, y confidencialmente me dijeron, que ellos me dirian en poder de quien estaba su dinero, con tal que yo jurase que nada le sucederia á dicho sugeto. Yo lo he jurado, y éntonces me han dicho que tú eres el que se lo guardabas, y que viniese yo mismo á buscarlo en su nombre.

—Es falso: yo no tengo nada...

—Vamos, no seas tonto: ellos mismos lo han dicho, ¿qué sacarás con tus negativas?

—Digo, D. José, que yo no tengo un cuarto.

—Eres muy tonto: ¿no es de tus hermanos este dinero? ¿No te lo piden ellos mismos? Si no estuviesen presos y te lo pidiesen ¿no se lo entregarias? Pues bien: hazlo ahora y con tanta más razon, cuanto de ello depende tal vez la vida de tus hermanos.

—Pero ellos mienten, porque á mí nada me han entregado.

—Te diré que eres un mal hermano. ¡Qué diferencia de ellos! Por temor de comprometerte han callado hasta ahora, y los dejarás morir por no entregarles lo que en ti depositaron.

—Repito que yo no sé de qué me hablan.

—Obstinado eres, pero cuidado que tu obstinacion te causará amargas lágrimas. Ya que quieres ser tan terco, yo registraré tu casa, del modo que ya sabes lo sabemos practicar los *mozos:* yo encontraré el dinero, porque sé de cierto que lo tienes, y si esto sucéde, despues en vano apelarás á mi compasion. Preso y atado te llevaré á Barcelona, y allí te entregaré á la comision militar que está juzgando á tus hermanos, y la pagarás como ellos. ¿Qué contestas? Mira que esos momentos son preciosos... Dilo, pues, de una vez.

—Que no sé nada.

—Pues voy á verlo.

—V. no puede sin el alcalde.

—Se conoce que lo entiendes.

—Como que ya sabe V. que he sido alcalde.

—Pero tambien sabes que yo lo entiendo.

Diciendo esto hizo una seña con su pañuelo, y un momento despues entró el alcalde con cuatro *mozos.* Antes de comenzar el registro, el cabo hizo el último esfuerzo pará que Suñol confesase. Pero todo fué en vano. El cabo con su mirada perspicaz y esperimentada, habia conocido que realmente José Suñol tenia el dinero de sus hermanos. ¿Pero en dónde? Hé ahi la gran dificultad que se debia resolver. Todo lo tenian ya registrado tres horas despues. Habian revuelto la casa de arriba á bajo. Pero todo habia sido inútil. Estaban en el desvan ya en disposicion de retirarse, cuando al astuto cabo le pareció notar que la tapia de una de las paredes, habia sido un poco removida. Se encaramó como pudo, y comenzó á observar la tal tapia. Realmente allí en un hueco practicado en medio de la tapia, se encontró el dinero buscado. José Suñol, pálido y abatido, se arrodilló á los piés del cabo; pero éste le dijo:

—Es tarde: ahora debes venir preso.

El capital subia á unas cincuenta onzas.

En seguida se pusieron en marcha hácia Barcelona. Al entrar el cabo en el despacho del Excelentisimo Señor Capitan General, estaba éste hablando con unos sugetos al parecer franceses de nacion. El cabo dió su relacion delante de aquellos caballeros, y al concluir, el general esclamó lleno de gozo y orgullo:

—Diganme Vds., ¿puede haber en Francia una policia más activa y astuta para descubrir malvados de lo que lo es la de nuestras Escuadras?

Entretanto el proceso criminal contra los Estapés y sus cómplices, seguia sus trámites ante la comision militar. Sus enormes delitos pedian venganza y castigo. Éste no se hizo esperar. Los hermanos Estapés fueron condenados á la última pena, y este suplicio se verificó en San Andrés de Palomar en frente de la casa de los reos. Eulalia, una de sus hermanas, fué condenada á galeras, y en cuanto á sus padres y á la otra hermana, presos tambien, fueron puestos más tarde en libertad. De los demás presos diez fueron condenados tambien á la pena capital y ejecutados en las afueras de la ciudadela de Barcelona. Tal fué el fin sangriento de aquellos criminales. Tal fué el dolor y sufrimiento de los ancianos padres de los Estapés, quienes vieron perecer á todos sus hijos en manos del verdugo. Por esto hemos puesto por epígrafe de esta historia, *una familia de bandidos y ajusticiados.* Si buscamos la verdadera, y tal vez única causa de tan terribles desgracias, la hallaremos formulada en estas palabras: *querian todos ser ricos en poco tiempo y ménos trabajo.* Es una de lás enfermedades que más dominan en nuestra época y que causa más estragos. Solo así se esplica el porqué en nuestros dias resultan complicados en los robos más escandalosos personas que, ni por su posicion ni por su fortuna, podia sospecharse que tuviesen parte en acciones tan bajas como criminales. Los mismos Estapés son un ejemplo evidente de esta triste verdad. Ellos pertenecian á una casa decente y medianamente acomodada. ¿Cómo pues, llegaron á ser los jefes de una cuadrilla de ladrones y asesinos? ¿Cuál fué el móvil que les impulsó á cometer crímenes tan execrables? La ambicion del dinero, esa calentura del oro que devora á la sociedad actual. Como si el oro pudiera hacernos felices, como si no sirviese de mayor pena siempre que es adquirido por los medios reprobados por las leyes divinas y humanas. La verdadera felicidad consiste en una conciencia tranquila. El delito trae siempre consigo el castigo. aun en esta miserable tierra en que vivimos. La Historia de las Escuadras es un ejemplo continuado de esta verdad. Los padres de los Estapés pagaron tal vez su descuido en no haber procurado saber de donde sacaban sus hijos las riquezas que tan sin trabajo adquirian todos los dias. Por lo demás, sus cuatro hijos fueron al suplicio tristes y abatidos, pero compungidos y resignados. La despedida que medió entre los miembros de aquella desgraciada familia. fué de las más tristes y desgarradoras. Aquella desdichada madre solo á la fuerza pudo ser arrancada de los brazos de sus cuatro hijos, quienes fuertes, robustos y en la flor de su edad, debian morir en un suplicio afrentoso, junto á la puerta de la misma casa en que habian nacido y sido educados. Finalmente, despues de haber esplicado el celo, actividad y astucia que empleó el cabo de Arbós D. José Antonio Vidal, para descubrir á los autores de tantos crímenes, todo el elogio que podriamos hacer del despues comandante de las Escuadras, seria pálido y desfigurado. Los hechos dicen siempre más que las palabras.

ROBO DE LA CASA DE CAMPO LLAMADA BERGADANAS,

PROPIEDAD DE D. NICANOR DE FRANCO. ESTERMINIO DE LOS LADRONES POR EL CABO D. JOSÉ ANTONIO VIDAL, DESPUES COMANDANTE DE LAS ESCUADRAS.

I.

El dia 10 de mayo del año 1844, á las diez de la noche, dos hombres envueltos con sus mantas, salian del pueblo de la Guardia de Cervera en direccion al pueblo de la Guardia, situado á unas dos horas de Villafranca del Panadés. Entre ellos mediaba el siguiente diálogo en voz muy baja:

—No hay que dudarlo; ellos estarán ya esperándonos en la Guardia, porque para dicho punto están citados.

—Y ¿en qué casa nos hemos de avistar?

—En la de Jaime Brichs.

—El golpe debe darse el dia once á la caida de la tarde.

—¿Y realmente crees tú que en la casa hay el dinero y alhajas que supones?

—Y aún mucho más de lo que te he dicho.

—¿Y si encontramos resistencia?

—Por esto quiero que estemos todos reunidos, de lo contrario ¿crees que seria yo tan necio? A mí me gusta que todos mis amigos participen de mis fatigas, peligros y ganancias, se entiende, cuando el golpe no puede ser ejecutado por mi solo en tu compañia.

En estas y otras pláticas por el estilo, llegaron al ya espresado pueblo, y se dirigieron en seguida á casa Brichs. Realmente allí encontraron ya á otros cuatro sugetos que les esperaban. Al entrar nuestros dos viajeros fueron saludados y abrazados por sus compañeros, y todos celebraron el motivo y objeto de la reunion que aun ignoraban, pero que estaban seguros que se dirigia á la ejecucion de alguno de los golpes, como ellos decian, á que se dedicaban como bandoleros y ladrones que todos eran de profesion. Restablecido el silencio, uno de los recien venidos llamado José Gasol (a) Crastoner, natural de Moutmell, jefe y director de la cuadrilla, les habló en estos términos:

—Hace dias, amigos mios, que no hemos dado ningun golpe, y creo que todos vosotros comenzais á esperimentar la falta de dinero.

—Vaya si la esperimentamos.... como que ya nuestros bolsillos están llenos de aire.

—Yo me hallo en igual caso, porque en fin, ¿para qué sirve el dinero sino para gozar y disfrutar? Vivan muchos años esos brutos de labradores más tacaños que una vieja, más recogedores que una hormiga. Si; ¡ira de Dios! que vivan y recojan dinero para que nosotros lo disfrutemos despues, sin otro trabajo que el de arrancarlo de sus indefensas manos. Ahora mismo voy á proponeros un golpe que nos ha de proporcionar mucho dinero. Ya sabeis todos en donde está la casa de Bergadanas.

—Si lo sabemos.

—Ya sabeis que sus dueños son ricos, pues son de los que recogen como la hormiga, y mayormente el amo D. Nicanor, que si bien ahora está emigrado, con todo no dejaria de recoger mucho dinero en los empleos que ha tenido en Barcelona.

—Es verdad.

—Pues bien, allí hemos de dar nuestro asalto. Pues no ignorais que este es cuñado del colono de la casa, añadió, señalando á Isidro Sagarra.

—Y tanto como lo sabemos....

—Pues bien: con él tenemos arreglado ya un plan de campaña. Pero comprendereis muy bien que Sagarra no debe entrar en la casa, sinó todos seriamos descubiertos. Por otra parte tampoco seria decoroso, siendo tan pariente de las personas á quienes vamos á divertir un rato.

—Nada: replicó el feroz Andrés Marimont (a) el Graval de Montagut, ladron de profesion, terror y espanto de todo aquel pais; del modo que tú lo dispongas se ejecutará.

—Está bien: el dia 12 es el destinado para el golpe. A la caida de la tarde de dicho dia comparecereis todos en el barranco junto á la Granada. La señora de Nicanor de Franco, que como ya sabeis, vive en dicha casa, estará ausente aquel dia, pues debe estar en el pueblo de Santa Fé á disfrutar de la fiesta mayor en casa de su hermano D. Mariano Galup. Antes de cerrar la puerta de la calle nos debemos introducir, y hecho esto, el dinero y alhajas serán nuestros.

Efectivamente, tal como lo habian calculado, lo ejecutaron. La señora de Nicanor de Franco, estaba realmente ausente aquella noche, y solo al dia siguiente hallándose en casa de su hermano D. Domingo Galup, en Santa Fé, tuvo noticia del robo y saqueo de su casa. Este consistió en el dinero y alhajas que se espresan en el documento siguiente:

«Pongo en conocimiento de V. S., que á la caida »del dia 12 de este mes, fué sorprendida por seis la»drones desconocidos armados de navajas, la casa »de campo llamada Casa Bergadanas, situada en el »término del Pla y Lavid, partido de Villafranca, de »la cual se llevaron los ladrones, 200 duros de un »partido, una culebra con varias monedas de oro, »seis cubiertos de plata, un cucharon de idem con »la marca N. F., una medalla tambien de plata, pre»miada por la Junta de Comercio, una cadena de oro »lisa, tres botones de oro con un diamante al medio, »cinco sortijas de oro, unos pendientes de oro con »topacios, una espada de montar con vaina de ace»ro, una escopeta fulminante calibre tres cuartos de »onza, y un manojo de llaves de todos calibres: se»gun sospechas, los ladrones son de Castell de Feels »ó bien de sus alrededores; y yo en el dia estoy ha»ciendo sin descanso investigaciones, á fin de poder »descubrir los autores de dicho robo, y quedo en »dar parte á V. S. del resultado de mi operacion. »Dios guarde á V. S. muchos años.—Begas 15 de »mayo de 1844.—JOSÉ ANTONIO VIDAL.»

Tan pronto como el cabo tuvo noticia del robo, se avistó con el señor juez de 1.ª instancia de Villafranca que lo era D. José Llivis, quien encargó en gran manera al cabo que procurase descubrir á los autores de aquel robo, tanto más, cuando habia poderosos motivos para creer que eran los mismos que todos los dias robaban en distintos puntos. El cabo se trasladó inmediatamente al pueblo de Santa Fé, para conferenciar con la señora de Franco y su señor hermano. En esta conversacion el cabo manifestó sus sospechas respecto de los colonos de la casa, puesto que del modo como se habia verificado aquel robo, habia indicios muy claros de que se habia contado con personas que estaban muy informadas de todas sus interioridades. Pero tanto la señora como su hermano, desecharon esas sospechas, pues tenian bien conocida la probidad y honradez de sus colonos, en quienes tenian entera confianza. Mas con todo, Vidal insistió en sus recelos, y con objeto de cerciorarse de la inocencia ó culpabilidad de los colonos, propuso el que pasaria á la casa, y pondria en práctica ciertas diligencias y gestiones de las cuales esperaba un buen resultado. Aquellos señores convinieron en ello, y en su consecuencia el cabo ya nombrado se trasladó con los *mozos* á aquella casa. Puso incomunicados á sus moradores, y comenzó su sistema de preguntas, amenazas y promesas dirigido todo y encaminado al fin ya espuesto. A la mujer le decia que el marido habia dicho que él no habia conocido más que á uno de los ladrones, pero que su mujer habia conocido dos ó tres. Y por el contrario, decia al marido que ya su mujer habia declarado, y que al obstinarse en negar, se esponia á un gran peligro. Igual táctica seguia con la hija mayor de los colonos, pero todo en vano. Aquellas gentes sencillas, y que realmente eran inocentes, respondian con la entereza del que dice la verdad: que nada sabian, que eran inocentes y que no habian conocido á ninguno de los bandidos. El esperimentado Vidal se convenció al momento de que realmente aquellas personas no eran culpables. Apesar de todo, quiso hacer la última prueba, diciéndoles que se les debia llevar presas á Villafranca del Panadés, para entregarlas al juez de aquel tribunal, á no ser que nombrasen una persona que las abonase. Con lágrimas en los ojos, indicaron al mismo D. Mariano Galup, quien fué llamado al momento por el cabo y en verdad dijo que él salia garante y fiador de los colonos. Hecho esto, el cabo y los *mozos* se dirigieron hácia la Granada. Los *mozos* precedian en la marcha, y el cabo iba detrás á poca distancia, triste y pensativo al considerar que no podia descubrir á los culpables.

—¿Será posible, decia entre si, que esos malvados deban vivir y triunfar por tanto tiempo? ¿Cómo es que se retarda tanto el dia de su espiacion y castigo?

Absorto iba en estas y semejantes reflexiones, cuando repentinamente se vuelve, con motivo de oir que lo saludaban por su propio nombre en estos términos:

—¡Muy pensativo va V., señor D. José!

—Ola, amigo, asi es verdaderamente.

—¿Y en qué pensaba V., si no es un secreto?

—Para V. no lo es, pues ya sé que es un confidente de las Escuadras que sin duda Dios me envia para calmar mi tristeza.

—Ojalá yo pueda, amigo mio, pues ya puede V. contar con ello con toda certeza.

—Ya lo sé. Digame V.; ¿sabe V. algo? ¿puede darme el menor indicio sobre los autores del robo de casa de D. Nicanor de Franco?

—Tal vez si....

—¡Oh! gracias, Dios mio, gracias.... Y el semblante del cabo poco antes tan triste y abatido, se manifestó risueño y alegre, como si le hubiesen cambiado. Espliquese V., amigo mio.....

—Poca cosa sé en verdad, pero como no ignoro que V. y los suyos saben sacar partido de las cosas más insignificantes, por esto voy á esplicarme. El dia antes del robo observé tres ó cuatro personas estrañas en la Guardia.

—¿Sus señas?

—Uno era muy alto, moreno, muy picado de viruelas, mirada feroz y rostro repugnante.

—¿Advirtió V. si llevaba mucho pelo?

—Si, señor: bigote y patillas muy largas.

—Vamos, ya sé quien es, este no es otro que Andrés Marimon (a) Graval de Montagut. Prosiga V., prosiga...

—Otro habia, que tambien llamó mi atencion por su alta estatura y cara asquerosa.

—Este será su amigo llamado el Ferrot. ¿Y los demás?

—Habia otro que tambien llamó mi atencion por su modo de vestir y descarado semblante.

—Y con quién del pueblo trataban esos hombres?

—Jamás los ví separados de Isidro Sagarra. En casa de Brichs comieron, y á la caida de la tarde noté que uno á uno iban saliendo del pueblo en direccion al cerro contiguo á la casa de las Bergadanas.

—Vamos, ya está todo entendido; déme V. la mano, amigo mio, V. acaba de prestar un gran servicio. Dentro de cinco dias los bandidos estarán en mi poder. Doy á V. las más espresivas gracias.

II.

PRISION DE ISIDRO SAGARRA: OBSTINACION DEL MISMO:
LA GULA LO VENCE.

El cabo y los *mozos* emprendieron en seguida su marcha en direccion á una casa de pastores, bastante miserable, situada en lo más espeso de un bosque, en direccion hácia las costas de Garraf. Vidal conocia personalmente á Sagarra, tenia formada la opinion que se merecia, que por cierto no era muy buena, y sabia que estaba colocado de pastor en la casa en donde se dirigia. Esperó en el bosque á que anocheciera, y despues de haber tomado sus disposiciones, antes de que cerrasen la puerta de la calle se presentó solo en la casa, fingiendo que pasando por alli, y debiendo esperar algunos *mozos*, habia determinado entrar para descansar un rato.

Los moradores de aquella casa eran pobres sí, pero honrados, y esto bien lo sabia el cabo. Este fue recibido con mucho respeto por el dueño, su esposa y demás familia, entablándose entre ellos el siguiente diálogo :

—Qué tal, amigos mios, ¿cómo os va el ganado?

—Bien, señor cabo, pero no hemos dejado de esperimentar algun percance.

—Sí.... ¿y en qué consiste?

—No es cosa que digamos; pero para nosotros los pobres, es bastante la muerte de cuatro ó cinco corderillos para servirnos de una gran pérdida.

—Vamos, si no es más que esto, no teneis motivo para espantaros.

—Oh ! eso no ; porque tenemos confianza en Dios, que es el padre de los pobres.

—Y ¿ qué tal ? ¿ como está Sagarra, puesto que no lo veo entre vosotros?

—¿Qué quiere V. que le diga? dijo la dueña, él está bueno, pero nosotros no tenemos motivos para estar muy satisfechos de su comportamiento.

—Qué! ¿descuida el ganado?

—Le diré á V., tiene amigos y es muy aficionado á divertirse; sobre todo, hablándose de alguna fiesta mayor, ya no hay que contar con él.

—Segun esto, el tal Isidro no dejará de recorrer las fiestas mayores de todos esos pueblos circunvecinos.

—Vaya si las visita....

—¿Y esta noche, estará tal vez en alguna fiesta?

—Yo creo que sí, pues ha dicho que no le esperásemos á dormir, pues no vendria hasta la madrugada.

—Segun esto, ¿ no faltaria en la fiesta mayor de la Guardia ?

—¿Cómo habia de faltar, si no compareció hasta las once de la mañana del dia siguiente ?

—Segun me dijeron, hubo una partida de juego en la Guardia aquella noche, y aun me parece que alguien me insinuó que Isidro habia sido afortunado en el juego.

—No lo sé, porque yo apenas le hablo, pero sí noté que vino muy contento y satisfecho. Yo no lo entiendo; porque con lo que gana en casa, poco dinero deberia tener para jugar.

—Pues bien, honradas gentes, yo os esplicaré este misterio. Isidro es un pillo, un ladron, y yo he venido para ponerlo preso.

—¡ Santo cielo !.... ¿ será posible ?

—Sí, y vosotros lo vereis. Ahora os prevengo que nadie absolutamente debe salir de casa, ni asomarse al campo por ninguna de las aberturas que comunican esteriormente. Escuchad ; tengo los *mozos* apostados y con la órden de hacer fuego al que desobedezca esta órden, y sentiria en el alma el que os sucediese una desgracia, pues sé que sois gente de bien y honrada.

—No hay cuidado, nosotros obedeceremos su órden exactamente.

—Está bien. Ahora decidme poco más ó ménos la hora en que ha de venir Sagarra....

—Ha dicho que vendria á la madrugada.

El cabo hizo una seña y se presentó un *mozo*. Habló con el en secreto, y en seguida se quedó solo esperando. Previno á los de la casa que ya se podian ir á descansar sin ningun recelo ni cuidado. Así lo hicieron, y al poco rato el silencio más profundo reinaba en toda la casa. A la madrugada del dia siguiente compareció Isidro Sagarra. Los *mozos* que estaban apostados le vieron pasar, pero no se movieron de sus escondites, á tenor de la órden que habian recibido de su jefe. Sagarra empujó la puerta, porque sabia que en aquella hora la puerta estaba tan solo entornada. Entra, y lo primero que se le presentó fué el cabo que, apuntándole una pistola, le intimó la rendicion.

—Rendido estoy, dijo con el mayor descaro, ahora V. dirá qué es lo que quiere de mí.

—Aquí no te quiero decir nada, ya hablaremos luego. Atad á ese hombre, añadió dirigiéndose á dos *mozos* que acababan de entrar en la casa.

Una hora despues en lo más escabroso de un bosque, en donde habia sido conducido Sagarra, tenia lugar la escena siguiente:

—Todo lo sé, le decia el cabo, sé que os reunisteis en la Guardia en casa de Brichs: sé que allí concertasteis el plan: sé que tú has sido el director de la orquesta, por conocer mejor las entradas, salidas y costumbres de la casa. ¿Y sabes por quién lo sé todo? Te lo diré, porque yo deseo salvarte y vengarme de uno de los cómplices que me ha engañado. Has de saber que José Gasol (a) el Crastoner, me lo esplicó todo, bajo promesa que yo le hice de protegerle para obtener un indulto; pero el grandísimo tuno me prometió que me avisaria de un modo ú otro, antes de darse el golpe, y no ha cumplido con una promesa tan importante. Pero yo te juro que me la pagará. Por lo que te acabo de decir conocerás que seria en vano el que te obstinases en negar. Dime, pues, en donde están los objetos robados, y yo te prometo mi apoyo para salvarte.

—Si quiere V. que le diga la verdad, contestó Sagarra con el mayor cinismo, no he entendido una palabra de cuanto V. me acaba de decir.

—Ya sé que eres terco y obstinado; pero yo te juro que esta vez no te valdrá tu obstinacion. ¿Quieres ó no confesar?

—¿Qué he de confesar?

—Ya lo sabes. ¿Quieres ó no?

—Jamás confesaré lo que no he hecho.

—Mira, que te voy á fusilar.

—Ya puede V. hacerlo, no una sino mil veces, si mil vidas tuviese.

—Arrodíllate.

El bandido se arrodilló con tanta calma y serenidad como si estuviese en el templo del Señor oyendo misa.

—Preparen.... apunten....

El foragido continuó con su impasible serenidad.

—Pero no, dijo repentinamente el cabo como hombre á quien acude una nueva idea. Ya sé yo el modo de hacerte cantar: sé que eres algo tragon: yo te sitiaré por hambre y la gula te tentará, ó sinó morirás de necesidad.

Diciendo esto se pusieron otra vez en marcha en direccion á una casa de campo amiga de las Escuadras. El cabo dispuso que el preso fuese colocado en el lagar que estaba desocupado, y dió las órdenes más terminantes para que no se le diese ni un pedazo de pan. Así se pasó todo aquel dia y noche. Al dia siguiente, el preso decia que tenia hambre. Entonces el cabo hizo guisar un gran plato de arroz con gallina y tocino, y tomando este guisado, pan y vino, bajó al lagar por medio de una escalera de mano que ya habia servido para bajar al preso.

—Ya lo ves, le dijo, ya ves cuanta comida te traigo, á más de la que luego te haré bajar. Hemos de comer los dos como buenos amigos, pero antes me has de decir la verdad de todo.

El bandido devoraba con los ojos aquel guisado, aquel pan y vino del que sentia tanta necesidad. El cabo lo observaba todo, haciéndose el desentendido.

—Vamos, tonto, dímelo todo, y luego comeremos hasta saciarnos completamente.

En esto bajó un *mozo* llevando otros dos platos, uno con tocino frito con habichuelas y otro con una tortilla. Esto era poner enteramente á prueba la golosina de Sagarra. En fin, la gula lo tentó, y confesó cuanto sabia. Nombró los cómplices uno por uno, declaró otros robos que habian hecho, y en cuanto á los objetos robados en casa de D. Nicanor de Franco, dijo, que se los habian repartido aquella misma noche del robo, y que cada uno tenia la parte que le habia correspondido.

Segun esta declaracion, los bandidos eran en número de siete, á saber: el propio Sagarra, Juan Salat, natural de la Guardia, pastor del rebaño del alcalde 1.º del pueblo de la Granada en aquel año, Pablo Monserrat, Jaime Brichs, Andrés Marimon (a) el Gravat de Montagut, José Gasol (a) Crastoner y un tal Ferrot de Villanueva. Despues de esta confesion, el cabo y el preso comieron como dos amigos, pero en cuanto á Sagarra, puede decirse que devoraba. Concluida la comida, subieron los dos, y una vez estuvieron en la entrada de la casa y á la presencia de sus dueños y criados el cabo dijo:

—Amigos mios, os confieso que me habia equivocado. Este Sagarra no es el que buscábamos: este hombre es inocente, y yo le doy mil satisfacciones por las molestias que le hemos causado. Ahora añadió, marcharemos juntos á la casa de sus amos, á fin de darles igual satisfaccion, pues no seria justo que lo tuviesen en mal concepto sin merecerlo.

Y efectivamente, salieron todos juntos de la casa. Pero así que estuvieron á media hora de distancia, el cabo dispuso que el preso y los *mozos* se dirigiesen á una cueva que él indicó, en donde debian permanecer hasta nuevo aviso. La conducta del cabo en esta parte se esplica muy bien: no le convenia que se alborotase el cortijo, porque debia procederse á la captura de los bandidos. Estos eran astutos, ligeros y desconfiados, y por lo mismo debian tomarse todas las prevenciones y medidas á fin de que no se escapasen. En seguida el cabo con los demás *mozos* se dirigió hácia los puntos en que segun las noticias anteriores que tenia de los bandidos, podian ser hallados. Muchos pasos, marchas y contramarchas tuvieron que emplear, pero al fin vieron coronados sus esfuerzos cogiendo tres de los bandidos, cuyos nombres y demás circunstancias se espresan en el documento siguiente:

«En mi anterior comunicacion manifesté á V. S. »que me hallaba ocupado en la persecucion de los »autores del considerable robo de la casa llamada »Bergadanas del término del Pla y Levit, y despues »de un trabajo incesante en marchas y contramar- »chas de dia y de noche, me cabe la satisfaccion de »participar á V. S. que he cogido el fruto de los afa- »nes con mi Escuadra, digo con diez individuos de »ella; pues que he logrado conseguir la captura de »cuatro de los siete ladrones con el dinero y alhajas »que les tocaron en la reparticion; todo lo que con »los mismos queda entregado á este Sr. Juez de pri- »mera instancia. Los presos son Isidro Sagarra y »Juan Salat, naturales de la Guardia de Cervera, Pa- »blo Monserrat de Santa Fé y Jaime Brichs de la »Granada, entre los cuales se han recogido veinte y »ocho onzas y trece duros, dos anillos de oro, una »medalla de honor de la Junta de Comercio de esa »ciudad, otra de metal francesa, la escopeta de ca- »zar del dueño de la casa robada, un retaco de dos »palmos y medio de cañon y varias chucherias de »poco valor. Me consta quienes son los otros tres la- »drones; tengo indicios de su paradero y tan luego »como reciba una confidencia que estoy aguardando, »apesar de mi cansancio, pasaré á verificar su cap- »tura.

»En esta incursion he capturado tambien á Sebas- »tian Soler, natural de San Quintin, reclamado por »el Juez de primera instancia de Igualada, por cóm- »plice en cierto robo.—Dios guarde á V. S muchos »años.—Villafranca 20 mayo de 1844.—*José Antonio »Vidal.*»

El incansable cabo y sus *mozos*, no se dieron por satisfechos todavía, sino que, habiendo jurado el esterminio de toda la cuadrilla, continuaron impávidos en la persecucion de los tres restantes. Pero ya no era caso de poderles coger desprevenidos, puesto que alborotados por la prision de sus cómplices y compañeros, habian determinado salvarse á todo trance ó de lo contrario, tenian resuelto vender caras sus criminales vidas. Tal como lo juraron lo cumplieron. Pero esta captura precedida de un sério combate, mejor que nosotros la esplica el siguiente documento:

«Ocupado incesantemente en la idea de aprehen- »der los tres que faltaban del robo cometido en la ca- »sa llamada Bergadanas, el dia 12 del próximo pa- »sado marzo salí de esta villa á la madrugada de este »dia al objeto de recorrer las casas y montañas de »Selma. Al llegar al Arbós he sabido divagaban por »los alrededores de Castellet y Cubellas dos hombres »de mala catadura, embozados con mantas, lo que »me ha persuadido que yendo de tal modo en tiempo »tan caloroso, seria porque ocultarian sus armas. »Desde luego he emprendido el movimiento con siete »*mozos*, y habria andado hora y media cuando los »he avistado á larga distancia que huian. Apesar de »las voces de alto, solo se han detenido para romper »el fuego contra nosotros, en cuyo acto, viendo que »no podian seguir dos de los *mozos*, he dispuesto que »fuesen para levantar el somaten en Castellet. Sin »perder momento y sosteniendo el fuego, he ido si- »guiéndoles hasta que habiéndose separado tres de »los *mozos*, se han dirigido contra el uno, y yo con »Salvador Plana contra el otro. A poco rato le he »perdido de vista; pero habiéndome adelantado un »tanto para registrar el terreno, he oido un pequeño »ruido como que resbalasen piedras de la pendiente »montaña en que nos hallábamos, y he visto que lo »producia el ladron que á quema-ropa y detrás de »un matorral me disparaba. En efecto, no he tenido »más tiempo que echarme en el suelo pues llenándo- »me de denuestos he sentido el tiro por encima; pero »levantándome de improviso y antes de que pudiera »cargar, le he disparado mi escopeta, de cuyo tiro »ha sido victima á los pocos momentos, en los cua- »les, he podido saber por él que se llamaba Andrés »Marimont natural de Montegut (a) el Gravat, veci- »no de Montmell, que estuvo en el robo de Bergada- »nas, y que el dinero que le tocó lo tenia envuelto »en un chaleco dentro una peña de las montañas de »Montmell, cuyas señas no ha podido darme por ha- »ber espirado en el acto, manifestando que su com- »pañero era José Gasol de Montmell (a) Crastoner, »director del robo y jefe de cuadrilla. Casi al mismo »tiempo he oido algunos tiros y visto que los otros »tres *mozos* habian conseguido matar al otro, y con- »ducidos luego al pueblo de Cañellas, en cuyo tér- »mino han sido reconocidos. Este suceso ha llenado »de júbilo á los habitantes de este país por haberle »libertado de dos salteadores los más afamados, y »dado bien á conocer el interés que tenian por el es- »píritu con que el somaten de Castellet nada me ha »dejado que desear, acudiendo luego al punto donde »se oia el fuego, bien que ha llegado despues de con- »seguido el triunfo. Los *mozos* Salvador Plana, Ca- »yetano Vilella, Rafael Viñals, Jaime Borrás, Buena- »ventura Boixadó, Francisco Tudó y José Salat que

»me han acompañado, se han portado con el valor, »bizarria y sufrimiento que distingue á los individuos »del digno mando de V. S.; pues serian las once »cuando se ha empezado el fuego y á las dos ha ter- »minado, con la muerte de los foragidos á quienes »he cogido dos fusiles ingleses en forma de trabucos »con bayoneta y dos cananas con cinco cartuchos.

»Lo que pongo en conocimiento de V. S. en cum- »plimiento de mi deber.—Dios guarde á V. S. mu- »chos años.—Villafranca del Panadés 17 de junio de »1844.—*José Antonio Vidal.*»

Algunos meses despues los cuatro bandidos entre-gados al tribunal, á saber: Isidro Sagarra, Juan Sa-lat, Pablo Monserrat y Jaime Brichs fueron condena-dos á diez años de presidio con retencion en Africa, en donde murieron al cabo de poco tiempo. Otros dos, á saber: Andrés Marimont y José Gasol, ya saben nuestros lectores que murieron en el combate. Uno solo se habia escapado, llamado el Ferrot de Villa-nueva, pero fué capturado pocos dias despues por el somaten de Cubellas en el molino llamado de Galtes, situado en el punto de Rocacrespa. Asi terminaron su criminal carrera aquellos bandidos, pagando ya en esta vida, la pena á que se habian hecho merece-dores por sus maldades. Tal fué el celo, actividad y valor con que en esta, como en mil otras ocasiones, supo distinguirse D. José Vidal con los *mozos* de su mando.

MUERTE DEL BANDIDO RAMON FELIP:

ESTERMINIO DE LOS TRABUCAIRES: FAMOSO PROCESO QUE SE SIGUIÓ CONTRA LOS MISMOS, ANTE EL TRIBUNAL DE LOS ASSISES EN FRANCIA.

I.

Ya en otra parte de esta historia nos hemos ocupa-do de los hechos y crimenes de la terrible cuadrilla de malhechores, conocida por el nombre de *trabu-caires* que tanto llamó la atencion pública entre pro-pios y estraños. En la vida del tristemente célebre Juliá de la Viuda, secuestro de D. Francisco de To-ralla y demás hechos que dejamos consignados, ha-brán visto nuestros lectores cual era la táctica, fin y objeto de tan monstruosa asociacion. Tambien recor-darán nuestros lectores que, al ocuparnos de Ramon Felip, atrevido fundador y jefe de aquella asociacion, dijimos que en su entrada á España iba acompañado de varios partidarios de D. Cárlos que, de buena fé, se le habian juntado para agitar y promover una re-volucion en sentido carlista. Por esto el capuchino que formaba parte de aquella partida, llevaba un estandarte, distribuia cruces y cintas, haciendo ar-rodillar á los neófitos antes de cruzarles, y verifican-do esta ceremonia con alguna solemnidad (1). Pero tan pronto como estos partidarios se convencieron de que el país no respondia á su llamamiento, se retira-ron otra vez á Francia, quedando Felip con aquellos de los suyos que habian entrado con intenciones muy distintas. De ahi data el origen de los *trabucaires*, de aquellos mónstruos de iniquidad que tanto dieron que sentir por el espacio de tantos años. En diciembre de 1841, los *trabucaires* mandados por Felip, eran en número de 64. Tenian su sistema de secuestros organizado bajo ciertas reglas y preceptos que venian á formar una especie de ordenanza.

Hé ahi las bases más esenciales de las ordenanzas de los trabucaires.

«1.ª El que desee apoderarse de un hombre, debe conocer perfectamente el camino que ha de seguir que nunca debe ser el conocido y frecuentado por los otros.—2.ª Una vez cogido escapará con la presa, tapándole los ojos y asegurándose bien por medio de ataduras y demás prevenciones de que no puede es-capársele. Se adelantará un hombre para examinar el terreno, para que nadie pueda conocer la direc-cion que haya tomado.—3.ª El comandante ó jefe de la cuadrilla señalará el punto á donde debe condu-cirse el preso, encargando que no se le dé alimento alguno en todo el dia siguiente.—4.ª Asegurado el preso en el lugar indicado, se dejarán pasar dos se-manas al fin de las cuales el capitan pasará aviso á la familia valiéndose de algun colono ó amigo del preso, haciéndoles responsables de toda traicion bajo pena de muerte tanto respecto á ellos como al secues-trado y su familia.—5.ª En los dias de sábado no de-berá salirse del sitio en que se esté apostado hasta dos horas despues de ponerse el sol; pues sabido es que en dicho dia los aldeanos suelen restituirse á sus casas por ser vigilia de fiesta, y conviene mucho evitar su encuentro.—6.ª Para introducirse en las casas y permanecer en las mismas, deben observarse las REGLAS SIGUIENTES:—1.ª No debe escogerse ningu-na casa cuyo dueño no esté en inteligencia con el jefe de la cuadrilla, debiendo dar aviso de que no hay novedad en la misma por medio de una seña conve-nida de antemano entre él y el capitan. Apesar de esto el comandante se adelantará solo con dos de los suyos, quienes mientras aquel habla con el dueño practicarán un escrupuloso registro para cerciorarse por si mismos de que realmente no hay novedad. Entonces el jefe hará la seña convenida para que entren los demás.—2.ª Conviene asegurarse de que en la casa no hay ningun forastero, y las luces deben colocarse de manera que no llamen la atencion de la parte esterior.—3.ª Hecho esto se llenarán los mor-rales ó sacos de todos los individuos con provisiones para el dia siguiente, y luego se les dará de comer. —4.ª Si la casa fuese sorprendida, el jefe reunirá la gente y les dará parte de la novedad: indicará un punto de reunion para despues de la dispersion y les distribuirá algun dinero por si acaso la dispersion ha

---

(1) En efecto, se hacia arrodillar a todos los de la casa, y des-pues de una especie de oracion, se les cruzaba, diciéndoles que con aquella señal serian invencibles.

de durar algunos dias.—5.ª El dueño de la casa despues de haber dejado llamar muchas veces á los de fuera, saldrá á la ventana, preguntará qué es lo que quieren, y les dirá que él no abrirá la puerta hasta saber á qué vienen y por órden de quién.—6.ª Entre tanto el capitan habrá tomado ya su resolucion y comunicada á los suyos se preparará para su ejecucion. Esta puede ser de muchas maneras: ó bien la de salir á la bayoneta en el momento de abrir la puerta, ó bien la de hacerse fuertes en la casa ó en algun punto de ella, ó bien la de escaparse por otra puerta ó ventana mientras entran los de fuera, ó en fin cualquiera otro que le dicte su valor, saber y esperiencia. Última. Por regla general durante los domingos las cuadrillas deben abandonar los puestos que hayan ocupado durante la semana, por ser más fácil el hacer una batida general. Generalmente para colocar los presos debe escogerse un país inhabitado, y si fuese habitado, debe escogerse una gruta, cueva ó subterráneo para colocarlos. Siempre debe tenérseles en continuo susto y alarma, amenazándoles muy amenudo con la muerte, pues asi escriben con más eficacia á los suyos para que paguen el rescate.» (Documentos auténticos.)

Tales eran las bases someramente copiadas de aquella infernal asociacion, compuesta de hombres tan perversos, infames y sanguinarios como lo eran Felip y los suyos. Una cuadrilla de tal modo organizada, debia hacer sentir pronto sus espantosos resultados. En efecto, al poco tiempo fué secuestrado el rico propietario señor Boada de Amer, al que desde un principio pidieron doscientas onzas. Muchos dias hacia que dicho señor se hallaba en poder de los bandidos, durante los cuales se le habian hecho escribir varias cartas, de modo que su rescate, bajo el tipo de las doscientas onzas pedidas tocaba ya á su término con gran perjuicio de sus intereses y ruina de su patrimonio. Pero los incansables *mozos* no cesaban un solo momento en la persecucion de la canalla, habiendo puesto un empeño particular en librarle de las manos de sus verdugos, antes de soltar el dinero. Seguian la pista de los bandidos, con tanto celo, que estos apenas tenian un momento de descanso, viéndose obligados á trasladar continuamente al preso de unos lugares á otros, pues á cada momento temian ser sorprendidos por los *mozos*.

—Te mataremos, le decian un dia, en el acto de marchar hácia los montes escarpados y desiertos de San Gregorio. Solo esperaremos veinte y cuatro horas más, despues de las cuales, si no viene el dinero, morirás irremisiblemente.

Boada no dudaba de que aquellas fieras cumplirian su promesa, pues veia en sus semblantes los indicios más manifiestos de su ira y despecho.

—Cuando hayas muerto, añadió Felip, tu familia podrá dar las gracias á esos *mozos* de las ESCUADRAS, porque si no fuese por la terrible persecucion que nos hacen, nosotros no llevaríamos tanta prisa para cobrar el dinero, y tu familia tendria más tiempo para procurárselo. Pero ya ves que esto no es posible. Nosotros no podemos esperar más: bastante prudencia y paciencia hemos tenido.

En estas y otras pláticas llegaron en el punto más escabroso y solitario de los montes de San Gregorio. Allí se sentaron los bandidos, indicando al preso que hiciera otro tanto.

—Aquí estamos seguros, dijo Felip, pues es imposible que los *mozos* nos busquen á diez horas de distancia, despues de la estratagema que hicimos para desconcertarles enteramente.

—Con todo, dijo el foragido Planademunt natural de Santa Pau, creo conveniente que no perdamos más tiempo entre idas y venidas. A mi ver, este negocio debe quedar terminado hoy mismo.

—Asi será, replicó Felip, porque hoy ó tendremos el dinero, ó la tierra beberá la sangre del señor.

Asi se pasaron algunas horas, esperando al negociador del rescate, que desde el anochecer del dia anterior habia partido para verse por última vez con la familia del preso, á fin de comunicarla la postrera resolucion de la canalla. Repentinamente el astuto Felip se echa en tierra aplicando atentamente su oido sobre el suelo. Todos callaron, y pudiera decirse que se podian contar los latidos de aquellos infernales corazones.

—No lo dudeis, dijo luego en voz muy baja, se oyen pasos.

—¿Serán los del negociador que viene con el dinero?

—O sin él, replicó otro bandido.

—Por si fuera asi, añadió Felip, dirigiéndose á los dos bandidos que estaban más cerca del preso, vosotros desde ahora teneis la órden de degollarle. Nada: si no viene el dinero, herid sin esperar nueva órden.

En esto Planademunt aplicó á su vez el oido sobre el suelo, y levantándose en seguida dijo:

—No es un hombre solo el que viene, sino que son muchos.

Todos los bandidos se levantaron y prepararon sus armas; pero en aquel momento oyóse la imponente voz de *alto á la Reina*, y en seguida aparecieron los *mozos* de la ESCUADRA. Los bandidos se defienden como leones, y al primer disparo que hacen, cae unó de los *mozos* mortalmente herido.

—A ellos, dice entonces el cabo, y los embisten á la bayoneta.

Entonces los bandidos huyen y se dispersan sin esperar el atrevido ataque de los *mozos* que disparan estos contra ellos, matando á dos é hiriendo á varios que no pudieron coger por la escabrosidad del camino. Entre tanto Boada, libre de sus ataduras y cautiverio, estaba abrazado con el cabo D. Juan Pujol, pues este es el nombre del valiente que prestó, entre otros mil, un servicio tan señalado.

—¿Cómo os podré pagar un favor tan grande? les decia, derramando lágrimas en abundancia.

—No diga V. esto, señor Boada, nosotros no hemos hecho más que cumplir con nuestro deber y con el objeto de nuestra institucion.

Aquella misma noche Boada abrazó á su desconsolada familia, que felizmente no habia entregado aun el dinero, debiéndolo verificar á la tarde de aquel mismo dia. Los *mozos* hicieron una parada para coger al negociador, pero fué en vano, puesto que el pájaro habia ya volado á otra parte. Pocos dias despues, el señor Cortada de Vich tuvo tambien la desgracia de caer en manos de los malvados. Este honrado y rico propietario, no fué tan afortunado como el señor Boada, puesto que despues de sufrir mucho, solo se libró pagando mil onzas por su rescate. Igual desgracia cupo al señor Sebenech de la Sellera, quien se libró tan solo pagando su rescate. Pero entre tanto la persecucion de los *mozos* era tan activa que los bandidos creyeron que debian tomar sérias resoluciones y cambiar de táctica. En efecto, tomaron varias medidas, y una de ellas fué el dividir la fuerza en dos partidas, la una al mando de Felip, y la otra al de Planademunt de Santa Pau, tan feroz, valiente y sanguinario como el mismo fundador de aquella asociacion. Pero á los pocos dias ¡justos juicios de Dios! aquella division hecha para salvarse mejor de la persecucion de los *mozos*, sirvió para su mayor ruina. Dios confunde muchas veces á los malos para que no se entiendan y se destruyan á sí mismos. Así sucedió, pues en una noche oscura y tempestuosa del mes de enero, Felip y los suyos se perdieron por aquellos senderos, y entraron sin advertirlo en el terreno destinado para las correrías de Planademunt y los suyos. Este creyó que eran *mozos*, pero sin embargo antes de disparar contra ellos, dió por su parte las señas convenidas entre él y Felip, pues ya habian previsto un caso semejante. Pero Felip, ofuscado sin duda ó distraido no contestó, y entonces Planademunt disparó su trabuco contra él, hiriéndole gravemente en el hombro izquierdo, rasgando otra bala su garganta. Felip cae, y todos lo creen muerto. Entonces se reconocieron los unos á los otros y deploraron su error. Asi resulta de los documentos relativos á este accidente, pero no faltaron muchos entonces que creyeron que la cosa fué muy distinta. Suponen que Planademunt tiró contra su comandante, apesar de haberle reconocido, porque aspiraba á su empleo. Todo es creible tratándose de mónstruos semejantes. Atendida la persecucion que sufrian los bandidos, juzgaron que no podrian conducir á Felip á ninguna de las casas de sus amigos y confidentes, y el mismo herido fué de la propia opinion tan pronto como volvió en sí por los cuidados de sus compañeros. Conocedor práctico del terreno, indicó una cueva pequeña y desvencijada, no muy distante de aquel punto, en donde dijo que estaria más seguro. Alli lo condujeron, despues de haberlo curado á su modo. Los confidentes de los *mozos* notaron pronto la ausencia de Felip y dieron aviso á estos. Entonces se dispuso un escrupuloso registro por la parte de *Bola* verificado por los *mozos* y una partida de tropa, cuyo resultado fué, el que se encontrase al terrible bandido Ramon Felip, en la misma cueva escogida por el, en donde estaba curándose aun las heridas, causadas por su segundo Planademunt, como se ha dicho.

—Matadme, dijo asi que vió á los *mozos* y demás fuerza armada.

—No te queremos matar. Ya lo hará la justicia.

—Por piedad, matadme. Vosotros no sabeis lo que he padecido en esta miserable, fria y húmeda cabaña... solo y abandonado... Se pasaban á veces dos dias, y aun tres, sin poder venir ninguno de los mios para curarme y traerme el alimento necesario. ¡Infames! Me han dejado abandonado como un perro rabioso, y cuando me han enviado algun socorro, lo han hecho como quien socorre á un condenado..... ¡Crueles! Ellos se han llevado todas mis armas, sin dejarme un solo puñal, único consuelo y esperanza que podia librarme de tantos padecimientos. Yo les decia llorando: *Matadme..... matadme...* ó arrojadme un puñal por piedad....! ¡Y ellos burlándose de mi se reian y me insultaban!.... ¡A mi! que no ha mucho era su jefe á quien obedecian ciegamente..... ¡A mi!.... que los habia dirigido y salvado mil veces de vuestras asechanzas!.... ¡Qué furor... qué rabia se apoderaba de mi cuando asi me veia insultado, abandonado y humillado!.... ¡Cuán largas, cuán eternamente largas me parecian las horas, solo, sin ningun consuelo, sin alimento las más veces, con los agu-

dísimos dolores que me hacian sufrir mis heridas!.... Un dia quejándome yo con dos de los mios que vinieron para curarme y traerme algun alimento, del abandono en que me tenian, uno de ellos llamado Rano (1) me dijo con el mayor descaro:

—«¿De esto te admiras? ¿qué es esto en comparacion de lo que tú has hecho con los otros? ¿Cuántas veces no has ahogado por medio de tu puñal los gemidos de alguno de los nuestros, herido por los *mozos*? ¿Cuántas veces no has dicho, matad á ese hombre porque herido como está será cogido y cantará con la esperanza de que lo curen y perdonen? ¿Cuántos y cuántos de los nuestros no han muerto abandonados por órden tuya? El demonio, pues, hace ahora que sufras tú igual pena. Y ¿qué diremos de los presos y secuestrados? ¿Cuántos tormentos no han sufrido por disposicion tuya? Calla, pues, y aguanta, perro viejo, y paga asi tus maldades.»

—¡Ira de Dios! prosiguió Felip, el hombre que asi me acriminaba, es de los más sanguinarios de la cuadrilla!.... El que asi me insultaba, siempre pedia por favor el que se le dejase degollar á las victimas...... ¿Acaso te pido la vida? le dije yo. Por ventura, ¿no te pido que mates? Y me respondian con una carcajada, y mofándose de mi, me dejaban en aquel espantoso estado.

—Pero ¿por qué no acudias á Dios y á su Santa Madre, ya que por parte de los tuyos recibias una leccion tan amarga de desengaño?

—¡Dios!.... contestó el bandido con el acento del escepticismo más desesperado; Dios no puede escuchar las súplicas de un hombre que ha blasfemado tanto contra él, contra su Madre y sus santos.... Dios no puede oir la oracion del que como yo se presenta con las manos ensangrentadas.... No me hableis más de esto, y ya que no me quereis matar, conducidme á donde querais con tal que sea al suplicio y á la muerte.

Efectivamente, Felip fué conducido á Vich, montado en un borrico y sufriendo los más agudos dolores causados por sus heridas medio gangrenadas. En dicha ciudad fué juzgado y sentenciado á muerte. No dió pruebas más que de indiferencia, tanto durante el proceso que duró pocos dias, como cuando se le leyó la sentencia de muerte. Deseaba morir, pero su alma abatida por los dolores del cuerpo y los padecimientos del espiritu, parecia ya aletargada. Indiferente á cuanto se le decia, no contestaba á nadie, como si fuese una estátua. Asi marchó al suplicio y asi murió aquel hombre terrible cuyos crimenes podian contarse por sus meses de existencia. Al morir contaba tan solo unos treinta años de edad. ¡Infeliz! Él se quejaba de la ingratitud y crueldad de los suyos, siendo asi que él mismo habia trabajado tanto para convertirles en crueles é ingratos... ¿Qué podia esperar de unos hombres asociados para perseguir y matar á los demás hombres inocentes é inofensivos? ¡Desgraciada la union y compañerismo cuyo nudo es el crímen!... Solo los que se juntan por medio de la virtud pueden contar con las dulzuras de una amistad imperecedera. El que siembra vientos, solo debe recoger tempestades. Felip, sembró más que vientos, puesto que desencadenó todas las furias del infierno: ¿por que pues se queja al recoger el fruto de la cosecha que con tanto esmero habia cultivado? La socie-

------

(1) Mas tarde veremos el trágico fin de este bandido, tan desastroso y aun mas, si cabe, que el de Felip.

dad contiene en su seno todos los elementos de destruccion de si misma; inmensa es pues la responsabilidad de los que se empeñan en romper el dique de este torrente de destruccion y esterminio. En esta responsabilidad se puede incurrir de muchas maneras. Felip y los demás bandidos incurrieron en ella rompiendo bruscamente la cadena que contiene esas furias, recogiéndolas de los presidios de que eran prófugos, de las cárceles y de la persecucion merecida de la justicia. Otros han incurrido en la misma, desmoralizando con su ejemplo y hechos á los pueblos, esponiendo la sociedad á una gran catástrofe, porque levantados los pueblos por causas justas y provocaciones indebidas, se han roto más de una vez las cadenas que mantienen atados y comprimidos á esos mismos elementos de destruccion y ruina. Los grandes poderes de la sociedad, son el nudo de esa cadena tan útil como necesaria; los que atacan bruscamente aquellos poderes siembran vientos tambien, para recoger tempestades. Pero esos mismos poderes esto es, sus representantes en la tierra, pueden incurrir y han incurrido más de una vez en esta responsabilidad, desacreditando su propio poder por medio de los abusos, hechos y corrupcion cometidos en la gestion del propio poder que representan. Los representantes de los poderes de la tierra, nunca deben olvidar la inmensa responsabilidad que pesa sobre ellos. Cuanto más elevado y encumbrado es este poder, tanto mayor es la responsabilidad que sobre ellos pesa. Los defectos y debilidades de los grandes, trascienden y ejercen una grandisima influencia sobre los pequeños. Si no quereis que se desenfrenen los rateros y ladrones de trabuco y puñal, procurad que nunca con razon se os pueda acusar de cohecho ó estafa en la gestion de vuestro cometido. No creais nunca que las naciones se moralicen por medio de reales órdenes, si no van acompañadas de la moralidad de los que las espiden. Solo los escribas y fariseos practicaban esta doctrina cuando decian «haced lo que os decimos, y olvidad lo que hacemos;» pero aquellos mismos magnates concluyeron crucificando al divino Redentor. El ejemplo puede más que todas las palabras, y estas son enteramente impotentes e ineficaces, cuando están en contradiccion con los hechos y conducta del que las profiere, siquiera sea como poder y gobierno. Creen otros que cumplen con su deber, y por consiguiente que están libres de responsabilidad, desde el momento en que, colocados

en el poder, saben hacer cumplir todas sus órdenes por arbitrarias que sean, por medio del uso despótico de los instrumentos de este mismo poder, pero esto es un error que más de una vez ha producido las consecuencias más trascendentales. Solo al buey se le gobierna por medio del aguijon y al caballo, por medio del freno y la espuela, porque son irracionales. Pero el hombre, animal racional, creado para amar y servir á Dios, pensar y raciocinar, no puede ser gobernado sino por medio de la conviccion y el ejemplo. De lo contrario viene un dia en que la nacion se levanta como un solo hombre y derriba al poder que ha intentado confundir á los hombres con los brutos. Tambien en este caso se desencadenan aquellas furias destructoras de que nos ocupamos, pero no es menester indicar de parte de quién está la responsabilidad. Mas volviendo ahora á nuestra historia, diremos que la terrible cuadrilla de los *trabucaires*, despues de la muerte de Felip y de la incesante persecucion de los *mozos*, andaba dispersa y desbandada. No tenian sosiego ni descanso, asi es, que, por último, uno por uno los que pudieron salvar su vida se refugiaron en el vecino reino. Ya hemos visto en otra parte las buenas disposiciones que habia por parte del gobierno francés para contribuir al esterminio de la canalla, despues de las gestiones practicadas por el cabo y *mozos* de las Escuadras. Por otra parte las órdenes del general Zurbano eran terminantes, de modo que ya les era imposible á los bandidos penetrar en España. Entonces cometieron algunas de las suyas en el mismo reino francés; esto y todo lo demás que ya dejamos consignado, dió lugar al terrible somaten que se levantó en las fronteras de ambas naciones, dando por resultado la captura de un gran número de criminales conocidos todos por *trabucaires*. Entonces tuvo lugar aquel célebre proceso, en cuyo curso tantos y tan atroces delitos se descubrieron y quedaron comprobados, y que forma un drama espantoso é interesante, con tanta más razon, cuanto sus actores están ya al representarse en poder de la justicia, para satisfacer la vindicta pública, y el justo enojo que siempre deben infundir crimenes tan repugnantes. Por esto nosotros hemos creido que un proceso de esta naturaleza, debia ser continuado en las páginas de la historia que escribimos, seguros de que nuestros lectores las leerán con interés.

PROCESO DE LA ASOCIACION DE MALHECHORES DE LAS ILLAS,

LLAMADOS TRABUCAIRES,

visto ante el tribunal de los Assises de los Pirineos orientales.—Presidencia de Mr. Jac, consejero en el tribunal Real de Montpeller.

El número de los acusados es de diez y siete: los cuales daremos á conocer por sus nombres y por el órden en que están colocados.—1.° Juan Simon, 2.° Gerónimo Icases, 3.° Lorenzo Espell, 4.° José Balmes, 5.° Pedro Barlabé, 6.° Salvador Fábrega, 7.° José Mateu, 8.° Isidro Forgas, 9.° Antonio Forcadell, 10 Martin Reitg, 11 José Camps, 12 José Pujades, 13 Vicente Justafré, 14 Sebastian Barnedes, 15 Juan Vicens, 16 Manuel Colomer, 17 José Fabrach. Estos 17 criminales han sido conducidos ante el tribunal, acompañados por la gendarmeria y un fuerte piquete de caballería. La hora señalada para la audiencia era la de las diez de la mañana, pero mucho antes de dicha hora todas las avenidas y calles vecinas al tribunal estaban ocupadas por una numerosa multitud, deseosa de ver á unos bandidos tan tristemente célebres.

ACTA DE ACUSACION. En cumplimiento de una sentencia del tribunal real de Montpeller del primero de octubre de 1845, que envia ante los Assises del departamento de los Pirineos orientales, como acusados de haber formado parte en el año de 1844 y primeros meses del 45 de una asociacion de malhechores contra personas y bienes, y de haberse hecho culpables de robos con circunstancias agravantes, de secuestracion con amenazas de muerte y torturas corporales; de muerte con tormentos y actos de barbarie y de asesinato, los nombrados:

1.° Juan Simon llamado *Coll-Suspina*, mercader de azafran, natural y vecino de S. Martin de S. Forez (España) de edad 24 años. 2.° Gerónimo Icases, llamado *Llorens*, jornalero, natural y vecino de Tortosa (España) de edad 24 años. 3.° Lorenzo Espell, llamado *Fray*, jornalero, natural de Portecile de la Cort (Cataluña) de edad 27 años. 4.° José Balmes, llamado *Sagal*, *Menut*, *Berlaguer*, natural y vecino de Vich ó S. Gregorio (España). 5.° Pedro Barlabé, llamado *Negret*, jornalero, natural y vecino de Agramunt (Cataluña) de edad 22 años. 6.° Salvador Fábrega, llamado *Noy Piu* natural y vecino de Santa Coloma de Farnés, (España) de edad 22 años. 7.° José Mateu, llamado *Chicolate*, arriero, natural de Valls (Cataluña), de edad 22 años. 8.° Isidro Forgas, llamado *Manut*, jornalero, natural y vecino de Puigcerdá, de edad 22 años. 9.° Antonio Forcadell, llamado *Garcias*, jornalero, vecino de Barcelona (España) de edad 32 años. 10. Martin Reitg, panadero, natural de Alella (España), de edad 25 años. 11. José Camps, llamado *Sabé*, carretero, natural y vecino de Monblanch (España), de edad 26 años. 12. José Pujades, labrador, natural de Pineda (España), vecino del Monasteri del Camp, de edad 31 años. 13. Vicente Justafré, llamado *Parot del Batlle*, propietario natural y vecino de las Illas, distrito de Ceret, de edad 26 años. 14. Sebastian Barnedes, llamado *Tiá*, arriero natural de San Angol (España), residente en la posesion llamada *dels Maners*, en el territorio de Costages, de edad 39 años. 15. Juan Vicens, llamado *Nas ratat ó de la Buida*, labrador, de edad 40 años, natural de Vilaroja, territorio de Costages, residente en la posesion llamada *dels Maners*, en el mismo territorio. 16. Manuel Colomer, llamado *Serincta*, carnicero, natural de Vinca, vecino de Perpignan, de edad 47 años, de señas desconocidas. 17. Catalina Gatel ó Lacoste, vecina últimamente de Perpignan, de edad 20 á 22 años. 18. Jaime Bosch, llamado *Jaumetó de las Presas*, originario de las Presas (España), corregimiento de Olot. 19. Planes d'Amont, domiciliado en Costages, de señas desconocidas. 20. Pujol, llamado *Parot de Santa Barba*, cerca de Olot (España), de edad cerca de 30 años. 21. José, llamado *Jep de la Helena*, originario de San Lorenzo de Ardans, residente últimamente en el *Mas de la Balme*, territorio de Taules, de edad cerca de 50 años. 22. José Fabrac, llamado *Domingo*, tartanero, de edad 30 años, natural de Figueras (España), domiciliado en el Porthus. El fiscal espone: que del procedimiento instruido contra estos acusados resultan los hechos siguientes: La guerra civil de que ha sido teatro la España por tan largo tiempo, ha rechazado á nuestras fronteras y hasta nuestras ciudades á hombres que la ociosidad ha pervertido, y que

despues de haber desdeñado la hospitalidad que la Francia les habia tan generosamente ofrecido, han preferido á una vida tranquila y honrada una existencia errante y aventurera, pidiendo al crimen los medios de subsistencia que el trabajo les hubiese proporcionado honrosamente; se han formado partidas que bajo una organizacion que tenia por pretesto la politica, teniendo sus estatutos, su disciplina, su jefe, se han puesto en guerra abierta contra las leyes; y valiéndose de la violencia y los tormentos corporales, han atentado de la manera más grave contra las personas y las propiedades. Aunque de algunos años á esta parte la justicia francesa haya castigado con justo rigor maldades que algunos han pagado con su vida, estaba reservado á nuestra jurisdiccion el tener aun que usar de todo el peso de las leyes contra una asociacion de malhechores que teniendo su centro de accion en el distrito de Ceret, sus corresponsales, y sus sitios de reunion. y aun quizás su direccion en el mismo Perpiñan, infestaba hacia dos años las fronteras de Cataluña, del departamento de los Pirineos orientales. El 27 de febrero de 1845 á las diez de la noche en las inmediaciones de la villa de Tordera, en un lugar llamado el *Suro de la palla* fué detenida la diligencia que iba de Gerona á Barcelona. Oyóse el grito de ¡alto! viéronse al momento cortados los tiros de los caballos, las portezuelas fueron abiertas bruscamente, y los viajeros recibieron órden de bajar y de tenderse en el suelo bajo pena de la vida. Cuando todos hubieron bajado, los bandoleros en número de doce ó trece, encendieron luces, registraron los viajeros, les arrancaron sus papeles los cuales examinaron, y despues, estendiendo en el suelo una manta, mandaron á todos bajo pena de muerte, que echasen en ella todas sus alhajas, dinero y efectos de valor que llevasen. A un militar le cogieron por la garganta, le robaron su capa y le maltrataron. El pudor de las mujeres tampoco fué respetado: y apesar de sus protestas, fueron registradas sin miramiento alguno de la manera más infame, dirigiéndoles las más acerbas y crueles espresiones, en una palabra, la diligencia fué completamente saqueada; pero esto no era sino un preludio de las desgracias que habian de suceder. Tres viajeros cuyos pasaportes señalaron sin duda á los bandidos como aptos para servir á sus criminales designios, fueron al momento cogidos y sujetados fuertemente. Estos eran Bailher de Gerona, Roger de Figueras y Massot de Darnius. La madre de este último se echó á los piés de los foragidos, pidiendo misericordia para su hijo que tenia fuertemente abrazado, é imploraba su gracia con todo el fervor apasionado que puede inspirar el amor maternal. pero los salteadores la rechazaron diciéndola: «Cállate, no nos canses con tus gritos, sinó damos de puñaladas á tu hijo.» Oyóse en esto un silbido, y á esta señal se apoderaron del botin, cortan las trabas de los pantalones á los tres desgraciados que quieren robar y torturar, para facilitarles su marcha, y se los llevan á través de las montañas, diciendo estas últimas palabras: «Desgraciados de vosotros, si llegais á hablar de lo que acaba de suceder.» En aquellos desiertos, á través de aquellas montañas cubiertas de nieve, la desesperacion del alma se unia á los tormentos del cuerpo. Así el jóven Massot escribia á su madre con fecha de 3 de mayo, pidiéndola un rescate de ochocientas onzas: «Estoy muriendome de miseria; el frio me atormenta y estos hombres tambien... La calentura me mata, y tengo que andar todo el dia con mucha pena y dolor sobre la nieve. Ignoro donde estoy, solo sé que estoy recorriendo montañas. Abrazad á mis hermanos, y decidles en nombre de Dios que no se desesperen por mi muerte, pues ya estoy resignado.» Las privaciones de toda clase, las marchas forzadas, las noches sin cuento pasadas en campo raso debian hacer pasar por crueles trances y esponer á duras pruebas là energía y de aquellas tres desdichadas victimas. Balther, de una edad ya avanzada, no resistió mucho tiempo; sus fuerzas le abandonaron, y algunos dias despues, conociendo que su fin se acercaba, pidió que al ménos le dejasen consignar por escrito su última voluntad. No sintiéndose con bastantes fuerzas para escribir, dictó á Roger, su compañero de infortunio, su testamento, del que se apoderó un bandido, calculando sin duda de antemano los beneficios que esta posesion podria procurarle. El desgraciado fué abandonado solo en medio de la nieve, luchando con su agonia, y por un refinamiento de bárbara codicia quitáronle la capa que debia protegerle algunos instantes más contra el frio de la muerte. Al cabo de tres dias, y lejos ya del punto de la partida, en el territorio de San Miguel de Lladell, en un bosque situado en Argüelas y Juanot, pusiéronse los somatenes en persecucion de los bandidos; tuvieron un encuentro, en el cual murieron dos soldados. Los salteadores contaron entre ellos algunos heridos, y sobre todo uno, que recibió una herida en la mejilla, pues se le reventó su trabuco, y además le alcanzó una bala en la cadera. Apenas habian pasado algunos dias desde la desaparicion del hijo, cuando la señora Massot recibió por el correo de Gerona una carta firmada por Jaime Fograbens, en la cual se decia que si no enviaba 800 onzas á un lugar que se le señalaba, recibiria las orejas de su hijo. Esta carta fué seguida de otras varias firmadas por el mismo individuo, conteniendo la misma peticion, con amenazas de muerte que se encontraban confirmadas por las cartas del degraciado Massot, llenas todas de la desesperacion que torturaba su alma; diciendo que si no enviaban pronto el rescate, pedirian mucha más cantidad; amenaza que se realizó en la carta dirigida al llamado Ricard, arrendatario de la señora Massot, en la cual carta se habia elevado el rescate á mil onzas. En la misma carta se fijaba la hora y lugar de la cita, que era la capilla de las Salinas. Tres hombres determinados del territorio de Darnius, consintieron en ir á conferenciar con los *trabucaires* sobre el rescate, y ofrecieron cien onzas, las cuales fueron rechazadas desdeñosamente. Los bandidos persistieron invariablemente en la suma que habian fijado; y dirigiéndose á los emisarios, dijeron: «Decid á la madre que si no envia pronto las mil onzas, empezaremos por enviarla las orejas de su hijo, en seguida le enviaremos los ojos, y si no se decide aun, la cabeza.» Cerca de un mes despues de la detencion de la diligencia, es decir, el 25 de marzo, los bandoleros se encontraron junto con sus prisioneros cerca de Taradell en la casa llamada *Pere Solà de Terrasola*, cuando se aparecieron varios *mozos* de la ESCUADRA con los que tuvieron un encuentro, en el que murieron dos *mozos*. El desgraciado Roger fué tambien herido de una bala, que habiéndole alcanzado en la nuca, le tendió muerto en el mismo momento. Cuando hubo pasado el peligro, la cuadrilla

que se componia de trece malhechores se dividió: cinco se dirigieron hácia los *Maners*, á casa de Juan Vicens y de Sebastian Barnedes. Los ocho restantes se pusieron en camino en busca de la gruta de Basaguda, destinada á ocultar el único prisionero que les quedaba. Estuvieron errando varios dias por las montañas sin poder encontrar su camino; pero al fin habiendo desaparecido la niebla, pudieron reconocer el lugar en que se hallaban y atravesar el rio Muga que sepera los dos reinos, ganaron la caverna de la Basaguda, que debia servir de cárcel al cautivo y de punto de reunion á la partida. Alli era donde los paisanos llamados *Nasratat y Tiá dels Maners* llevaban un dia sí y otro no, durante la noche, los víveres de que necesitaban; alli era donde dictaban á Massot numerosas cartas para su familia para obtener su rescate; y alli era, en fin, de donde salieron los bandidos encargados de ir á las *Salinas* á recoger las mil onzas que debian llevar los emisarios de la señora Massot. Nueve bandidos se habian encargado de esta espedicion, y quedaron cuatro con el prisionero. Entre estos habia uno llamado Pujades, que hasta entónces habia tomado parte en todos los robos de la cuadrilla, y que habiendo sido encargado con otros tres de sus camaradas de ir á casa del mesonero Parot del Batlle, proveedor y espia de la cuadrilla, aprovechó un momento de alarma para fugarse. Suya es la narracion que se acaba de leer. Él es el que ha contado que estando en Pasa, en casa de su amo, recibió el 14 ó 15 de febrero de 1845 la visita de Martin Reitg, y que invitado por este último á ir á un lugar cercano encontró alli en compañia de Forgas, llamado el *Manut*, al llamado Balmes, por otro nombre *Sagal*, á los cuales en otro tiempo habia conocido en el ejército. Hiciéronle la proposicion de ir á España, y no habiéndose opuesto su amo, siguió á sus compañeros primero al Porthus en casa de Fabrach, que les mantuvo, en seguida á las Illas en casa de Vicente Justafré, en donde se hallaban reunidos el llamado *Quica*, á quien mataron más tarde en Cortsavy, Espell llamado *Fráy Icases*, Llorens, Camps (a) *Sabé*, Mateu (a) *Chicolate*, Fábrega (a) *Noy Piu de Santa Coloma*, Forcadell (a) *Garcias*, Simon (a) *Coll-Suspina*, Barlabé (a) *Negret*, y otros. Ha declarado que estos individuos en número de trece pasaron tres dias en la casa, y al tercero, en el momento en que todos estaban reunidos, Justafré les presentó once fusiles y dos trabucos, que fueron distribuidos entre los trece individuos que en aquella noche se dirigieron hácia la frontera, donde en el momento de llegar, el llamado Sagal dijo: «este es el momento en que los que tengan miedo de perder la vida pueden retirarse.» Llegados á la posada muy de mañana, en la direccion de Gerona, á cuatro leguas de Figueras, permanecieron ocultos durante el dia; á la noche siguiente se volvieron á poner en camino, y llegaron por la mañana á una casa aislada, que pertenecia á Jaime, el cual parecia que estaba iniciado en sus designios; alli el proyecto de detener la diligencia fué acordado y fijado definitivamente, pero habiendo abortado una vez, fué puesto en ejecucion la noche siguiente, que era la del 27 al 28 de febrero. Ya hemos visto lo que pasó en aquella noche fatal. Segun Pujades, Coll-Suspina fué el que registró los pasaportes para ver quienes eran los más ricos, y cuáles se debian llevar presos. Él fué quien hizo el silbido que era la señal de reunion para los que estaban en observacion por los alrededores. Pujades entrando en detalles más circunstanciados, hace conocer el resultado del reparto que se hizo entre los malhechores; y la parte de botin que les cupo. Barlabé (a) *Negret*, recibió un alfiler de diamantes; Fábrega (a) *Noy Piu*, un reloj de oro; Forgas (a) *Manut*, otro reloj; Forcadell, una cadena; y los demás diferentes objetos descritos y reconocidos por Pujades, cuya veracidad resulta del informe. Coll-Suspina fué el que el mismo dia que hicieron sus prisioneros, obligó á estos á que escribieran á sus padres para obtener su rescate. Él mismo bandido tambien escribia, y él fué el que se apoderó del testamento de Ballber; Forcadell el que le quitó la capa, la cual se encontró más tarde en el Coll-Perillans, y presentada á Pujades, fué reconocida. Sabé fué el que quedó herido en el encuentro con los somatenes por habérsele reventado su trabuco, y además recibió una herida en la cadera. En el encuentro con los *mozos de la* Escuadra, Fray mató uno, y Negret recibió una ligera herida en la mejilla izquierda. En fin, continuando Pujades su relacion á medida que se suceden los sucesos, designa la parte que á cada uno le cupo, y entra en tales detalles, que no pueden considerarse como una invencion, aun cuando todo no hubiese sido confirmado por los hechos sobre cuya realizacion no ha podido tener Pujades influencia alguna. Así se ha visto que los viajeros han sido robados por los ladrones que señala Pujades, y más tarde se les ha encontrado á estos un alfiler de diamantes, y un pañuelo de seda, que era la parte que les cupo en el botin, cuyos objetos al momento de presentarlos á los viajeros los reconocieron por suyos, como y tambien los autores del crimen. Pujades señala épocas, lugares, acontecimientos y circunstancias; y todo se ha verificado en los sitios é instantes designados. Pujades habla de heridas que han recibido varios de sus cómplices. Estas heridas existen con la determinacion que las señala Pujades. Las declaraciones de este último, están confirmadas además por el número y nombre de los que la componian, por la deposicion de tres testigos dignos de fé: el arriero Oms y Juan Carabillo, que invitados por Vicente Justafré para hacer parte de la cuadrilla, recibieron de este último confidencias esplicativas. Las señas de Pujades son tambien idénticas sobre las fornituras y municiones de que se servian, sobre los inmensos beneficios que realizaban, en fin, sobre todo lo que concernia á la organizacion de la cuadrilla, cuya existencia en las Illas para nadie era un misterio. Teresa Noé, ha reconocido entre los acusados á Forgas y Sagal, aunque á este último de una manera ménos cierta, por los individuos que se presentaron en su casa, y que habian tenido allí una entrevista con Pujades. El amo de este último habia reconocido á Martin como á la persona que habia ido á buscar á su criado. En fin, la corroboracion de la declaracion de Pujades, recibe de los hechos esteriores, su complemento en la circunstancia siguiente: habia dicho que Simon (a) Coll-Suspina, habia escrito cartas en las cuales pedia el rescate del prisionero. Ahora pues, todas estas cartas, las cuales algunas de ellas llevaban la prueba de una falsificacion voluntaria, al mismo tiempo que un carácter de escritura natural; han sido dictadas por Coll-Suspina así como diversos términos de comparacion, y han hecho que fuesen examinadas por peritos, cuyo resultado no permite la menor

duda sobre la identidad, tanto de la parte contrahecha, como de la falsificada. Desde este exámen Coll-Suspina, á quien el señor Consejero instructor hizo conocer el resultado, no ha querido firmar más ninguna acta del proceso. Sin embargo, las familias de los desgraciados prisioneros no permanecian inactivas, y amigos suyos sobre todo los señores Vinyes, Comas, y Claveguera, se interesaban vivamente por la libertad de los prisioneros, y daban numerosos pasos para conseguirlo. Claveguera recorria el pais, cuando un dia, algun tiempo despues de la feria de Illa, no léjos de la Basaguda, se encontró con diez hombres armados, entre los cuales reconoció á Pujol (a) *Parot de Santa Barba*. Hízole varias preguntas sobre el prisionero, y fué invitado á que fuese de allí á dos ó tres dias al bosque llamado de *Gifredo*, en donde encontraria un hombre á caballo y una mujer que responderia al nombre de Catalina, la cual le daria útiles avisos y noticias, pues siendo la querida de Jaime Bosch (a) *Jaumetó de las Presas*, sabia muy bien los lugares en que estaban los prisioneros. Claveguera compareció en efecto en el dia y lugar designados, y no tardó en ver pasar una mujer acompañada de un arriero, la cual despues de algunas esplicaciones sobre los prisioneros y sus autores, prometió que le contestaria por escrito sobre lo que le preguntaba. Más tarde fué encontrada esta misma jóven en Perpiñan en una casa de prostitucion, donde acabó por decirle despues de una larga conversacion: «No os metais más en nada, cuanta más gente empleareis, sacareis ménos.... Se os escribirá.» Claveguera se puso al momento en relaciones con Manuel Colomer (a) *Serineta*, el cual despues de haber ponderado fuera de todo limite su capacidad personal y la eficacia de sus medios de accion, consintió por el dinero en dar sus pasos; debió recurrir á Catalina, pues al dia siguiente paseándosé Claveguera por la plaza, se le acercó esta y le dijo que de allí á dos dias en el mismo lugar se le presentaria un hombre para hablarle, lo que realmente se efectuó. Este hombre no era otro que Pujol (a) *Parot de Santa Barba*, el mismo que él habia encontrado cerca de la Basaguda. Trabóse conversacion, fué discutido el precio del rescate y dijo que si querian darle 400 onzas, los prisioneros serian devueltos dentro de tres cuartos de hora, y conducidos á casa de *Serineta*. Ofrecióle 400 duros, y rechazándolos Pujol, esclamó: «Bien, serán fusilados.» Algunos dias despues, más moderado en sus pretensiones, consintió en libertar sus prisioneros mediante 80 onzas. El mismo Pujol fué el que entregó á Claveguera una carta dirigida á Tomás Roger que contenia la órden de efectuar la entrega de 120 onzas de oro, á una persona que debia encontrar cerca de Oms, y que se encontró en efecto. Claveguera y *Serineta*, se dirigieron allí, y apesar de una enorme barba con cuya ayuda el desconocido quiso disfrazar sus facciones, Claveguera creyó reconocer á Pujol, que poco satisfecho del éxito de su estratagema, se deshizo en amenazas contra el señor Comas que suponia ser la causa de la lentitud en la conclusion de aquel negocio, diciendo que lo despedazaria, y que el mayor pedazo seria la oreja. *Serineta* parece que en aquella circunstancia estaba de acuerdo con él, y esta inteligencia se confirmó; pues más tarde en la casa de este último, un hombre disfrazado, con un hacha que encontró Claveguera, le dirigió estas palabras: «Piensa sobre todo en hacer lo que te he dicho, sinó.....» El señor Vinyes por su parte habia estipulado además del precio del rescate fijado en 25 onzas de oro, una suma de 150 francos que fué entregada á varios individuos en cuyo número estaba Falzach, el mismo que habia dado asilo á la partida desde su salida. Este último, cuya inteligencia y actividad no se desmintieron un solo instante, tuvo varias entrevistas con los miembros de la familia de Massot, sobre todo con su madre, á la cual dijo que su hijo no tenia pantalones, que era preciso enviárselos y que él se encargaria de remitirselos ó de hacérselos remitir; y decia á Comas que se engañaba si creia que los prisioneros estaban en Francia. En una palabra, fueron tales sus palabras y su conducta, que la señora Massot no dudó que estuviese de acuerdo con los malhechores y no fuese su cómplice en sus robos y maldades. Además se encontró en su casa un borrador de carta, destinada á las familias de Roger y Massot, en la cual exigian una cierta cantidad, con indicacion del lugar donde debian entregarla. Sus palabras no contribuian ménos á acriminarle, pues más tarde cuando se dirigia á la Basaguda, dijo: «No encontrarán sino los huesos» é imponia silencio á uno de sus camaradas diciendo: «Hablarias demasiado.» Está pues demostrado que Colomer, Catalina, Pujol y Fabrach, tenian frecuentes relaciones con la partida, que conocian á los que la componian, sabian los lugares donde se encontraban y los escesos á que se abandonaban, y que cebados por el dinero que habian ya recibido, se prometian esplotando un nuevo género de industria, realizar para el porvenir mayores beneficios, lo que

Pujades condujo á la autoridad á la cueva de Basaguda en la que se encontró el cadáver de Massot.

resumian en estas palabras: «Vendrán, llorarán, y entonces nos regocijaremos.» En este intermedio se supo la muerte de los que habian arrebatado consigo. Pujades, de vuelta á casa de su amo, dijo lo que sabia. Más adelante solicitó y obtuvo el permiso de tomar parte en las diligencias que se practicaban para encontrar á Massot; unióse pues á los que trabajaban con este objeto, siendo su empeño tanto más fácil cuanto que conocia el lugar do estuviera últimamente encerrado el preso. No titubeó pues en conducir á la autoridad á la cueva de Basaguda, en la que se encontró el cadáver del infeliz jóven bañado en sangre y horriblemente mutilado. Tenia el cuello atravesado de parte á parte y en el cuerpo, sobre la region del corazon, presentaba las heridas resultado de once puñaladas. Tenia cortadas las orejas, y por un refinamiento de crueldad que cuasi raya en lo increible, medió entre la oblacion de una á otra un intérvalo bastante largo, como lo indicaba su estado de cicatrizacion. No habia pues duda alguna que los autores de este atentado fueron los mismos que robaron la diligencia, y arrebatado los pasajeros con el objeto sin duda de exigir un buen rescate, pero cansados de la lentitud con que se satisfacian sus exigencias, engañados en sus esperanzas, para mejor asegurar su venganza y lograr aterrorizar la comarca. se cebaron cruelmente en la infortunada victima. Las débiles dudas que pudieran quedar aun, se cambiaron muy pronto en certeza. En la noche del 2 al 3 de mayo vióse á una numerosa partida dirigirse al puente del *pas del Llop* en la direccion de Cortsavy en los alrededores de *Saint-Laurent-de-Cerdans*. Las marchas y contramarchas infructuosas al principio dieron por resultado llamar la atencion de la autoridad local que muy luego supo é indicó haberse refugiado en *Mas de la Loy* once malhechores. Trasladóse á dicho punto la fuerza armada el 6 de mayo y al aproximarse intentaron la fuga cuatro de los bandidos. Uno de ellos, herido mortalmente de un balazo en el bajo vientre, murió muy luego en el hospital de Arles al que habia sido conducido. Los otros perseguidos y alcanzados fueron conducidos al cortijo en el que se encontraron siete de sus camaradas que no opusieron resistencia alguna. Dijeron ser refugiados españoles escapados de los diferentes depósitos establecidos en el interior de la Francia, pero fué tal la impresion que á primera vista produjeron, que nadie dejó de conocer la casta de gente con quien se trataba. Lo que más confirmó esta opinion, fue una esclamacion escapada al cura que, vino á administrar los ausilios espirituales al herido de muerte, quien, despues de haber oido su confesion postrera, viendo juntos á los camaradas de aquel no pudo contener este grito: Ah! miserables! y dirigiéndose luego al jefe de la partida que los custodiaba, le recomendó eficazmente no les perdiese de vista. Encontráronseles consigo algunas alhajas, como relojes, cadenas, reliquias y otros objetos, que recogidos y presentados más tarde á los viajeros de la diligencia robada, fueron, como hemos dicho ya, reconocidos por éstos. Cuando fueron presos, llevaban los dedos cuajados de sortijas; pero se observó á poco rato que con el mayor disimulo las habian hecho desaparecer. Súpose luego por el colono de la granja del *Bosch de Encours*, situada en el mismo territorio, que estos once individuos de los que reconoció diez, pues el onceno habia muerto, se habian presentado en su casa el dia 2 de mayo, al oscurecer, obligándole á recibirles y darles de comer, añadiéndole que tenian cerca las armas y que en caso de ser atacados sabrian defenderse. En efecto, algunos dias despues, no muy lejos, como á unos once metros de la granja, en una esploracion que se hizo, se encontraron en varios puntos agujeros y entre la paja once armas cargadas y un puñal alli escondidos, y á más un lente gemelo que se reconoció pertenecer á Massot y del que ya Pujades habia hablado. Estas armas presentadas á este último, las reconoció como propias de los malhechores, y aun hasta señaló á cual de los bandidos pertenecia cada una de ellas. Por un enlace natural y consecuente, los malhechores que habian asaltado la diligencia y llevádose preso á Massot, debian ser tambien los autores del asesinato cometido en su persona. La siguiente circunstancia vino á probarlo de un modo irrecusable. Al siguiente dia, al en que conducidos por la fuerza armada, los bandidos abandonaron la granja *del Aloy*, un jóven pastor, al subir al granero en que se conserva la paja y que le servia de habitacion encontró en el suelo un papel que recogió y desplegó: mas cual no seria su horror cuando entre coágulos de sangre distinguió dos orejas humanas á las que habia pegados aun algunos pelos! Eran las del infeliz Massot, que sus asesinos por un caso providencial habian dejado en aquel lugar, sin pensar que ellas eran un nudo indisoluble que les sujetaba y unia fatalmente al cadáver de su víctima. Los acusados en sus interrogatorios se mantuvieron en una completa negativa aun respecto aquellas circunstancias mejor comprobadas, apesar de recibir en sus contestaciones el más formal *mentis* de parte de muchos testigos. Segun ellos

jamás estuvieron en las *Illas*, pues que salidos de Perpiñan la vispera de su arresto, habian marchado con direccion á Cortsavy y á la granja de Aloy en que se les prendió. Lo que en contrario se diga es mentira y falsedad. Los que les reconocen son testigos falsos, los objetos que les acriminan y que se les encontraron consigo les pertenecen por haberlos adquirido legitimamente. En cuanto á las orejas del infeliz Massot que se les presentaron, queriendo dar á entender que se equivocaban sobre el objeto que tenian á la vista, mezclando la bufonería á la audacia, dieron con su contestacion una nueva prueba de su cinismo criminal diciendo: *eso son hongos*. En resúmen por lo que concierne á los principales acusados sus negativas en nada pueden prevalecer contra los numerosos careos de que han sido objeto, y los minuciosos detalles que corroboran el dicho de Pujades dan á su declaracion el carácter de prueba. Los tres primeros Juan Simon, Gerónimo Icases, José Balmes, sin tener nominalmente el titulo de jefes, deben no obstante ser considerados por tales á causa de la influencia que sobre la pandilla ejercian y de la consecuente sumision de ésta. En cuanto á Pujades, léjos de ser como pretende, una victima de los bandidos, todo induce á creer que libre y voluntariamente se asoció á ellos para la ejecucion de los proyectos de que ya tenia noticia. A ser de otro modo, advertido en la frontera por las palabras de Balmes, «ahora los que tengan miedo pueden retirarse» les hubiera abandonado desde luego, y sino en el acto, cuando ménos al ver el robo de la diligencia que no debia dejarle duda alguna de sus criminales designios. En vez de marcharse, pues, continuó con ellos, siendo asi que entonces le era fácil, favorecido por la oscuridad de la noche y el aislamiento en que se hallaba, escaparse sin ser apercibido. En cuanto á Vicente Justafré, Sebastian Barnedes y Juan Vicens, la opinion pública, confirmada por las comunicaciones oficiales de las autoridades locales, les señala como á espias de los malhechores, á. los que daban asilo vendiéndoles á un precio escesivo los objetos de su comercio, de modo que estos individuos pobres no hace mucho, se encuentran hoy dia en una posicion que atestigua altamente la ilegitimidad de los medios empleados para adquirirla. En casa Vicente Justafré es donde se reunia la partida. En su casa es donde se hacian los cartuchos, el papel que les servia de envoltorio, que era el Boletin de las leyes, y cuya coleccion se ha encontrado en manos de la familia Justafré, confirma este hecho que aseveran varios testigos. Es Vicente Justafré, en fin, quien á sabiendas abastecia á la partida de bandidos, de viveres y municiones, perpetuando asi sus hábitos criminales, que últimamente le acarrearon la condena de ocho años de reclusion á que le destinó el tribunal de Assises de los Pirineos orientales. Barnedes, hermano del jefe de la partida de Saint-Laurent-de-Cerdans, que fué condenado á trabajos forzados con retencion, es tenido tambien por uno de los más activos agentes de la banda de los trabucaires. En el encuentro que el 6 de diciembre de 1844 tuvieron con los malhechores los soldados franceses, se le vió afanado prevenir á aquellos la aproximacion de estos, á quienes consideraban como enemigos: igual fué tambien el proceder de Juan Vicens en esta época; y no fué la única vez que el uno sirvió de ejemplo al otro, pues que se les vió á los dos ir con mucho misterio á llevar viveres á la caverna de Basaguda, despues de haberles indicado ellos mismos este retiro; cuya posicion respecto á Maners, en un lugar inhabitado y cuasi inaccesible, permitia cambiar con toda seguridad señales de uno á otro punto y relaciones diarias: es en fin, en casa Barnedes que se verificó en 1842 el rescate del preso Plantés por la cantidad de veinte onzas en oro. La casa de Tiá dels Maners, que en aquella ocasion, como en la presente estaba mezclado en el negocio, fué designada por los bandidos como el punto en que debia entregarse la suma, lo que asi se verificó. Fué tambien en su casa donde se entregó el rescate del nombrado Bernabé, quien despues de convenido con el jefe de la partida, Planes d' Amont, depositó en manos de Tiá del Maners la cantidad estipulada. Juan Vicens goza tambien una opinion detestable. Cuando un comisionado de la familia Massot, el llamado Carapoussa, encargado de tomar informes en el país, preguntó por la casa tenida en peor concepto, se le indicó la de Vicens, que no desmintió con sus modales y proceder la mala opinion que de él se tenia: porque despues de entrar en relaciones con este último, que fingió ser de los suyos, le dijo: «No tengas cuidado, han muerto dos gendarmes en *Solonels*, dentro dos ó tres dias te daré más noticias.» Jaime Bosch, Planes d' Amont, Jep de la Helena, son los jefes de la cuadrilla de trabucaires, notoriamente conocidos por tales en el país, y que en estas solemnes circunstancias en que ha estado en peligro la existencia de la asociacion, no han quedado en inaccion: se les ha visto en diversos puntos rodeados de su gavilla, y no hay género alguno de duda de que han tenido una parte muy activa en el éxito de sus criminales empresas. Jaime Bosch especialmente, que compró á Soler, habrá como unos dos años, un meson; emigrado despues á Inglaterra, volvió á España, donde llevó una vida errante, en compañia de esa prostituta, Catalina Gatell, que se unia á su culpable existencia. Se les ha visto recorrer los bosques de Mr. Jammes, ostentando un lujo estremado de joyeria y dando banquetes, hablar con jactancia de una fortuna capitalizada, cuyo solo interés bastaria á proporcionarles una cómoda subsistencia. En fin Colomer, Catalina Gatell, Pujol y Fabrach han tenido conocimiento de la conducta de los malhechores y participado de los beneficios de su asociacion. Colomer y Fabrach, cuya moralidad es sospechosa y la conducta no muy regular, son tenidos por encubridores de los bandidos. Su casa es objeto de una vigilancia especial por parte de la policia, pues se ven entrar en ella todos los dias hombres de aspecto sospechoso, que se ocultan ó no se dejan ver sin muchas precauciones. Es en una palabra vivero de gentes de mala fama y de mujeres de mala vida. Catalina Gatell, cabeza tambien de la banda, les está enteramente adicta. Instada vivamente por M. Comas para que dijera cuanto sabia, llegando aquel á ofrecerle, para alcanzarlo 50, 70 y hasta 100 luises, se resistió y acabó por declarar que jamás abusaria de la confianza que cualquiera pusiese en ella. Hé aquí pues algunos rasgos de la vida de esos hombres, en los que, hasta sus nombres causan horror, que subyugan y dominan en las poblaciones por el terror que en ellas inspiran, esos hombres de sangre y de rapiña que por alcanzar un poco de oro no les ha arredrado el aspecto de la monstruosa tentativa que tenia por fin y objeto el latrocinio sistematizado, el asesinato y los tormentos puestos en accion.

En su consecuencia se acusa á los ya nombrados, á saber: 1.º Juan Simon, 2.º Gerónimo Icases, 3.º Lorenzo Espell, 4.º José Balmes, 5.º Pedro Berlabé, 6.º Salvador Fábrega, 7.º José Mateu, 8.º Isidoro Forgas, 9.º Antonio Forcadell, 10 Martin Reitg, 11 José Camps, 12 José Pujades, 13 Planes d' Amont, 14 Sebastian Barnedes, 15 Juan Vicens, 16 Manuel Colomer, 17 José Fabrach, 18 Jaime Bosch, 19 Catalina Gatell, 20 Jep de la Helena, 21 Pujol, de formar parte en el pasado año de 1844 y primeros meses de 1845 de una asociacion de malhechores contra las personas y propiedades, encargados particularmente cada uno de un destino especial en la banda de que hacian parte. Además 1.º Sebastian Balmes, 2.º Juan Vicens; 3.º Manuel Colomer y 4.º Gerónimo Bosch de haber, por lo ménos á sabiendas y voluntariamente preparado ó á sus partidas, alojamiento, escondites y puntos de reunion. Además 1.º Juan Simon, 2.º Gerónimo Icases, 3.º José Balmes, de haber sido jefes ó segundos de la misma banda. Además 1.º Juan Simon, 2.º Gerónimo Icases, 3.º José Balmes, 4.º Lorenzo Espell, 5.º Pedro Berlabé, 6.º Salvador Fábrega, 7.º Isidro Forgas, 8.º José Mateu, 9.º Antonio Forcadell, 10 Martin Reitg, 11 José Camps, y Jaime Pujades de haber robado en la noche del 28 de febrero último, á Juan Massot y otros, dineros, ropas de traje y de lienzo, joyas y armas, en reunion de muchos individuos, armados ostensible ú ocultamente, amenazando hacer uso de sus armas en medio del camino.

De ser todos, lo mismo que Vicente Justafré (a) Parot del Batlle cómplices en dicho robo, con circunstancias agravantes, por haber con pleno conocimiento de causa coadyuvado ó trabajado de mancomun con el autor ó autores del acto, ya cuando se preparaba el golpe, ya protegiéndoles despues de consumado. Además 1.º Vicente Justafré de ser cómplice en el robo por haber proporcionado instrumentos ú otros medios, que sirvieron para el caso sabiendo el objeto á que se destinaban. Además 1.º Juan Simon, 2.º Gerónimo Icases, 3.º José Balmes, 4.º Lorenzo Espell, 5.º Pedro Berlabé, 6.º Salvador Fábregas, 7.º Isidro Forgas, 8.º José Mateu, 9.º Antonio Forcadell, 10 Martin Reitg, 11 José Camps, 12 José Pujades, 13 Sebastian Barnedes, 14 Juan Vicens, de haber desde el dia 28 de febrero en adelante, sin órden de la autoridad competente y fuera de los casos marcados por la ley detenido, preso y secuestrado, á Juan Massot, Ballber y Roger. Esta detencion y secuestracion ha durado más de un mes y las personas detenidas ó secuestradas se han visto amenazadas con la muerte y atrozmente maltratadas. Además los mismos individuos, por lo ménos, lo mismo que 1.º Vicente Justafré, 2.º Manuel Colomer, 3.º Jaime Bosch, 4.º Catalina Gatell, 5.º Planes d' Amont 6.º Pujol, 7.º Jep de la Helena, y 8.º José Fabrach, de ser cómplices en dicha secuestracion, con circunstancias agravantes por haber á sabiendas coadyuvado ó trabajado con el autor ó autores del acto en los preparativos que le precedieron ó en los medios de que se valieron despues de consumado. Además, Vicente Justafré, de ser tambien cómplice en dicha secuestracion por haber procurado armas, instrumentos ú otros medios que sirvieron para el caso, sabiendo el objeto á que se destinaban. Además, 1.º Juan Simon, 2.º Gerónimo Icases, 3.º José Balmes, 4.º Lorenzo Espell, 5.º Pedro Barlabé, 6.º Salvador Fábrega, 7.º Isidro Forgas, 8.º José Mateu, 9.º Antonio Forcadell, 10 Martin Reitg y 11 José Camps, de haber á fines del último abril, cometido voluntaria-mente en la persona del dicho Massot un homicidio con premeditacion, para cuya ejecucion los malhechores emplearon atroces tormentos ó cometieron actos de barbarie. Además, los mismos individuos, de ser, todos por lo ménos, lo mismo que 1.° José Pujades, 2.° Sebastian Barnedes y Juan Vicens, cómplices en dicho asesinato ú homicidio, con circunstancias agravantes, por haber á sabiendas, coadyuvado ó trabajado con los autores del atentado ya en las medidas preparatorias que se tomaron para facilitarle, ya en los medios de que se valieron despues de consumado. Además, 1.° Vicente Justafré, 2.° Sebastian Barnedes y 3.° Juan Vicens, de haber preparado alojamiento, puntos en que esconderse y donde reunirse á los malhechores, cuya criminal conducta conocian, y que ejercian actos de barbarie ó de violencia contra la seguridad pública, las personas ó las propiedades; y particularmente los ya nombrados, 1.° Juan Simon, 2.° Coll-Suspina, 3.° Gerónimo Icases, 4.° José Balmes, 5.° Lorenzo Espell, 6.° Pedro Barlabé, 7.° Salvador Fábrega, 8.° Isidro Forgas, 9.° José Mateu, 10 Antonio Forcadell, 11 Martin Reitg y 12 José Camps, culpables todos de crimenes llamados entre nosotros, robo, secuestracion, homicidio y asesinato. Cuyos crimenes se hallan previstos, calificados de tales y castigados debidamente en los artículos 5, 60, 61, 265, 266, 267, 268, 295, 296, 297, 302, 303, 304, 379, 381, 382, 383, del código penal. Dado en los estrados del tribunal real de Montpeller en 4 de noviembre de 1845.—*El procurador general del rey.*

En seguida tomó la palabra el señor procurador general dirigiéndose primero á los acusados y despues al tribunal y luego el escribano, llamó á los testigos tanto de una parte como de otra citados en la causa, los cuales, en número de 38, prestaron sus declaraciones, que convencieron tanto al auditorio como al tribunal, de la culpabilidad de los acusados.

Audiencia del 21 de marzo del año 1845.

La concurrencia del público es muy numerosa. El proceso tenia absorvida la atencion general. A las 10 y 20 minutos abre el tribunal la sesion. El Presidente observa que va á pasar á otra série de hechos, cuales son las cartas en que se exige el rescate.

Dichas cartas dicen asi:

Juan Massot á su madre.—Hoy 3 de marzo de 1845. —Mi querida madre: esta es la segunda vez que os escribo, y me dan tentaciones de creer que me quereis dejar morir, pues os lo repito, me piden 800 onzas, sinó debo morir, pues estoy abrumado de miseria; el frio me atormenta y estos hombres tambien me hieren con sus puñales; otras veces quieren fusilarme: en medio de estos tormentos me siento morir. Por Dios no dejeis ejecutar lo que dice el comandante, porque si faltais ya no hay remedio para mi. Si me quereis, vended todos mis bienes, y si no basta, ayudadme un poco; haced este sacrificio por salvarme la vida, pues me la miro como perdida. —Vuestro hijo que os ama, Juan Massot.

P. D.—Sobre todo que no falten en dirigirse al lugar señalado por el comandante y que observen todo el silencio posible para que nadie sepa nada de todo esto, pues seria acabarme de matar. En nombre de Dios no falteis. Señor Bernardo las Casas: hacedme el favor al momento que recibais la presente, de enviarla en seguida á mi casa por un espreso, pues ya veis mi posicion.—Vuestro seguro servidor, Juan Massot.

Madre mia: me han devuelto la carta, y con grandes amenazas me hacen repetiros hagais lo que el comandante os dice, y si no quereis hacerlo me despido de vos para siempre. Hacedme decir misas y encomendad mi alma á Dios: la calentura me mata, y tengo que andar con mucho trabajo y dolor sobre la nieve; no sé donde estoy, solo sí que recorro las montañas. Abrazad á mis hermanos, y por Dios que no se desesperen por mi muerte pues estoy ya resignado; y si podeis hacer el sacrificio de mandarme dinero sin tardanza, hacedlo por manos seguras y sin que el gobierno lo sepa, pues tambien moriria. —Adios, vuestro hijo, Juan Massot.

(Esta primera carta escita la mayor emocion en el auditorio.)

Tocabens á la señora Massot.—Señora Francisca Massot: los hombres que vendrán á traer el dinero por el rescate de vuestro hijo, saldrán el viernes 14, de Ingles, por el camino de Assó, y antes de llegar á este pueblo tomarán la carretera de Santa Coloma de Farnés; es decir que saldrán á las siete de la tarde y deben llegar á la posada del *Mal Cuyat* delante la casa de Iglesias de Santa Creu, antes de media noche; y si no encuentran enemigos irán á detenerse un momento, y pasar el dia en Santa Coloma; y el sábado á las 7 de la noche saldrán de Santa Coloma, á la misma hora por el mismo camino que habrán seguido al venir de Ingles. Llevarán por señal una cesta cubierta con un lienzo blanco pendiente de un palo en la espalda, y estos hombres no deberán entregar el dinero á nadie sino á los que les digan que son soldados de Roland. Que vengan nada más que en número de tres y sin armas.—*J. Tocabens.*

Juan Massot á su madre.—Hoy 18 de marzo de 1845.—Mi querida mamá: no sé por qué mis súplicas deben ser vanas, mientras que paso las penas más amargas del mundo; os he escrito tres cartas y esta es la cuarta; los que me tienen aqui cautivo empiezan á decir que quereis haceros la sorda á mis repetidas súplicas en nombre de Dios. Me matan á golpes; han ido al lugar que el comandante les ha señalado, han esperado durante tres dias y nadie ha comparecido. Al llegar al lugar en que estoy, pues ignoro donde me hallo, me han agarrotado y ya estaba de rodillas para ser fusilado; pero gracias á uno de ellos que tuvo lástima de mi, no he perdido la vida. Este susto jamás se apartará de mi corazon. En seguida querian arrancarme las orejas para enviároslas junto con mis ojos. En nombre de Dios, mamá, si recibis mis cartas, enviad cuanto antes el dinero, pues en lugar de 800 onzas que piden, exigirán 1,200, y las súplicas no harán nada para con semejante gente. Adios, mamá, hacedlo por Dios. que ya quisiera estar á vuestro lado.—Juan Massot.

P. D.—El comandante dice, que el jueves á las siete de la noche nuestros hombres deben salir de Santa Coloma de Farnés por la carretera de San Hilario, llevando por señal una cesta con alguna cosa blanca que cuelgue un poco en la punta de un palo sobre la espalda. Me hacen decir además, que los hombres sean tres y sin armas, y sinó que aumentarán 200 onzas cada vez que vengan sin dinero. Si por casualidad al salir de Santa Coloma para San Hilario no encuentran á nadie, que pasen la noche en dicho punto, y que á la noche siguiente hagan el mismo camino que la de antes, y por Dios que no falten, pues que por otra carta os enviarán mis ojos. Mi salud es tan mala, que si pronto no llego á restablecerme, entre los malos tratamientos y otras cosas, mi vida acabará.—Vuestro hijo, Juan Massot.

Jueves 21.—Os advierto que si descubrís alguna cosa y viniesen á atacarnos, de nada os servirá el dinero para rescatarle.

Direccion.—Al alcalde D. Jaime Fourniol, por Figueras, en Darnius.—*J. Tocabens.*

Massot á su madre.—Posdata de Tocabens. —Hoy 20 de marzo de 1845.—En fin, por la última vez os escribo y me hacen escribir por diferentes conductos, y empleo el del señor Riera, para repetiros que si ya no lo habeis hecho, envieis prontamente y sin retardo alguno el dinero, pues me hacen escribir por última vez, y yo lo hago para despedirme de vos, pues lo repito, el comandante lo quiere así. En cuanto á mí ya no puedo más, y os digo que envieis el dinero lo más pronto posible, y que el jueves á las siete de la noche los hombres que lo traigan deben salir de Santa Coloma para ir á San Hilario llevando por señal un palo sobre la espalda, un cesto cubierto de alguna cosa blanca que cuelgue. No tengo más que deciros, si no es que lo hagais lo más pronto posible. Adios: abrazo á mi familia.—Vuestro hijo que os ama, Juan Massot. El jueves 27 del corriente partirán los hombres encargados de lo de arriba, por el camino de Santa Coloma á San Hilario-Sacalm, y no entregarán el dinero á nadie sino á aquellos que les dirán que son soldados de Rolando.—*J. Tocabens.*

Juan Massot á D. Jaime Fourniol para su hermano.—Campo del honor 31 de marzo de 1845.—Querido hermano: para que la presente vaya más segura la escribo para tí, pues he dirigido siete ú ocho por el correo, para enviaros á decir el lugar designado por el comandante, y nadie ha comparecido una sola vez. Y bien, es preciso que sepais que en las otras cartas pedian 800 onzas, y ahora piden 1000, y hacedlo por Dios, pues esta es la última carta que me dejan escribir, y me habrian muerto si supiesen que las otras cartas se habian recibido. En nombre de Dios no hagais la tontería de venir con gente armada ni con *somaten;* pues por ejemplo, un dia que salió éste el primero, (aquí hay unas tres ó cuatro palabras borradas).... mi compañero Roger; así en nombre de Dios vé á encontrar á mamá y que no falte á enviar el dinero, y sinó me despido de vosotros para siempre desde este momento. Para hacer ver que aun vivo me dicen que indique alguna cosa de la casa; y digo que en el cuarto de mamá hay dos floreros. Por el amor de Dios repito que no falteis en enviarlo; pues sufro mucho, y quisiera estar en medio de vosotros. Abrazo á toda la familia de la casa.—Tu hermano que te ama, Juan Massot.

Juan Massot á su hermano.—Hoy 15 de abril de 1845.—Querido hermano: ahora me veo perdido si no te ves con nuestra madre, pues no creais que las súplicas puedan salvarme la vida. En nombre de Dios, mi querido hermano, no me dejeis morir. Vivo, pero bien pronto dejaré de existir si no teneis piedad de mí. Estoy abatido y casi muerto, y como me han dicho que mi familia estaba en Figueras, no pierdo ningun medio para enterarla de mi cruel situacion; os lo pido por el amor de Dios, pues si vienen sin dinero me harán pedazos; así te encargo que supliques á mi madre que me salve la vida.—

Adios, mi querido hermano, cuento contigo, Juan Massot.

Tocabens á D. Jaime Fourniol.—Hácia mediados de abril de 1845.—Muy señor mio: el motivo que tengo para escribiros, es para que deis curso á la presente, á saber: que los hombres que deben traer la suma que es de 1000 onzas de oro, salgan el 19 de abril á las 8 de la noche por el camino de Darnius *al Coll de Lli* y *del Coll de Lli* á la capilla de *Salinas;* llevando por señal un pañuelo blanco en la mano; y si quereis poner á prueba nuestra conciencia, vereis lo que saldrá si no compareceis. Si los que vamos á tener la entrevista hubiéramos podido veros, os habríamos ya llevado indicios de él, y hubieran sido las orejas, pero otra vez 100 onzas más, las orejas y un ojo, será la recompensa que le dareis.—*Tocabens.*

Tocabens á la Sra. Massot.—Hácia el 15 de abril de 1845.—Señora Francisca: el camino que deben tomar los hombres que traerán la suma, es el mismo que tomaron el dia que tuvieron la entrevista; de Darnius á *Coll de Lli*, y del *Coll de Lli* á la capilla de las *Salinas.* La señal es un pañuelo blanco en la mano, y si no vienen vamos á condenarle á muerte. No digo más........ .... *(Hemos tenido que suprimir esta frase por no herir los oidos con tan sacrílegas palabras):* estoy cansado de tantas *boberías* (esta palabra con que suplimos la de la carta es una de las más indecentes) pues parece que lo tomais á juego de niños. La suma es de 1,000 onzas, y si llego á escribir otra vez, os enviaré un ojo y las orejas, además de lo que tengo intencion de hacer.—*Tocabens.*

En caso que suceda algun accidente, de nada os servirá el dinero si por casualidad es culpa vuestra. El dia de la entrevista debe ser el 19 de abril que es sábado, dia en que saldrán á las ocho de la noche, y cuándo partirán que hagan el camino sin detenerse. —Adios.—*Tocabens*

J. Massot á su madre —Hoy 10 de abril de 1845. —Mi querida madre: esta es la tercera y última vez que os escribo, pues os lo repito, si no quereis enviar las 800 onzas podeis contarme en el número de los muertos, pues los que me tienen preso no quieren esperar más. No sé donde estoy pues me hacen recorrer de noche las montañas, y debo pasarlas sin abrigo con unas heladas horrorosas. Todo está lleno de nieve, he tenido que sufrir lo que me caia encima; en fin no puedo tenerme más. En nombre de Dios, si me amais, haced lo que el comandante os dice, y ya podeis pensar que yo lo ignoro. Adios para siempre; haced lo que os digo, pues no hay súplicas que valgan con estas gentes, me he quejado cuanto he podido, y no he sacado sino golpes que me han llegado al alma.

Abrazad á mi familia y que ruegue á Dios por mi alma si debo morir, y en efecto así lo creo.—Vuestro querido hijo que os ama, Juan Massot.

P. D.—Señora Francisca: os he escrito tres cartas para señalaros el sitio y la hora en que debian comparecer nuestros hombres encargados de traer la suma por el rescate de vuestro hijo; parece que no habeis tomado ninguna medida sobre eso mirando la cosa como poco importante, y figurándoos que con ayuda de un somaten, ó por persecucion de las tropas del gobierno revolucionario, vuestro hijo se verá exento de pagar lo que se le pide. Estais en un gran error, pues no haceis sino empeorar su desgraciada situacion, y si por esto haceis lo que se os ha dicho.

por la cuarta que os escriba os enviaré las orejas de vuestro hijo; y si tengo que continuar escribiéndoos, antes de darle la muerte le torturaré de tal manera que horrorizará á todos los que lo sepan: pero como no os pido sino 800 onzas, si no lo pagais el domingo, desde las siete de la noche hasta las dos de la mañana, llevando por señal una cesta con un lienzo blanco por encima, os pediré el doble, y todos vuestros razonamientos serán inútiles. Vuestro emisario no entregará el dinero sino á aquellos que digan que son soldados de Oliveros.—No digo más.—El comandante, *J. Tocabens.*

Saldrán de Santa Coloma á la hora indicada por la carretera de San Hilario Sacalm, y en la posada *den Mateu* se detendrán dos horas y si sucede algo, vuestro hijo lo pagará.

Juan Massot á su madre.—Hoy 15 de abril de 1845.—Querida madre: no puedo concebir la dureza de vuestro corazon para conmigo: hace mes y medio que me encuentro preso en medio de esta banda, medio muerto por el tiempo, no puedo más que arrastrarme. En nombre de Dios, madre mia, por interés no me dejeis morir, pues me matarán á la vuelta de esta segunda parada que van á hacer (es decir á la vuelta donde van á esperar por segunda vez el rescate.) No creais que esté muerto, pues vivo aun pero pronto moriré si ahora no se presentan con el dinero. Para daros una prueba que existo aun os digo que en casa está el baul de los papeles en nuestro cuarto debajo de la cama. Asi pues si me amais, y si teneis un verdadero corazon de madre, rescatadme y no hagais esclamaciones que serian vanas, y cuanto más tardeis, ménos podreis, pues os digo que si vuestros comisionados no comparecen ahora, tendré el fin que mi compañero Roger. Asi, pues, querida madre, empeñad mis bienes todos, para salvarme la vida, pues la doy por perdida si no vienen hoy, y no intenten hacerlo sin dinero pues estoy martirizado, y acabare para morir de desesperacion y ellos mismos me darian la muerte pues ya han perdido la paciencia, me matarian sin piedad. Adios, mi querida madre, no falteis en hacer lo que digo sinó, adios para siempre.—Vuestro hijo, Juan Massot.

P. D.—Me han dicho que Lorenzo y Antonio habian parecido y que vos estabais en Figueras.—Os aseguro que vivo, y para mejor prueba digo que hay un secreto debajo de los cajoncitos de nuestro escritorio.

Juan Massot á su madre.—Hoy 21 de abril de 1835.—Querida madre: no sé el misterio que hay en todo esto, en cuanto miro mi vida como perdida si esta vez haceis lo que hasta aqui, pues no sé si quereis que muera, y lo creo asi, desde que hemos hecho tantas paradas, y es una prueba muy clara que vos quereis dejar que me maten, pues vos haceis comparecer las paradas y no haceis comparecer vuestras gentes. Os ruego en nombre de Dios que si teneis corazon de madre no dejeis perecer un hijo que os adora.—Me he visto á punto de ser fusilado, y gracias á uno ó dos que se han compadecido de mi juventud, no me han matado ya: pero ahora si no venis con la suma que hayais recogido, puedo deciros adios para siempre; y no os creais vos misma en gran seguridad, pues quemarán todos nuestros bienes y hasta á vos misma si llegan á encontraros. Al ménos no me dejeis morir por motivos de interés, y si me toca alguna parte de bienes, ¿no habrá una buena alma que me preste, pagándole el interés, una suma sufi-

ciente para salvar mi vida, de cuya suma le responderán mis bienes? Pero creo que hareis todo lo posible, y que por el vil interés no dejareis morir á un hijo que hasta aquí os ha amado, y os lo repito mil veces; haced comparecer sin falta las personas que vinieron la otra vez, hacedlo por el amor de Dios, sinó me matan; y en nombre de Dios no hagais comparecer gente armada, sino los hombres que os digo, y no creais que esté muerto sino que tengo muchas ganas de volver á ver y abrazar á mi familia. Al recibir esta carta no falteis en hacer lo que os digo, si teneis ganas de verme.—Me despido de vos para siempre si no haceis lo que os digo. Abrazad al ménos de mi parte á toda la familia.—Vuestro hijo que os ama aun hasta la muerte, Juan Massot.

P. D.—Y para que sirva de escarmiento á los demás, vereis mi cabeza á la puerta de nuestra casa, y si no puede ser en nuestra casa, lo harán en la de cualquier colono. Mi querida madre, es bien penoso tener que escribiros esta carta con lágrimas de sangre.—Juan Massot.

Carta de Tocabens á la señora Massot.—Señora Francisca Massot: os escribo esta llena de una gran cólera, pues mis intenciones eran ya el dar muerte á vuestro hijo para concluir con tantas incomodidades. Cuando escribia por el correo disteis la escusa de que no recibiais las cartas. Ahora que no podeis ignorarlo, no habeis obrado más que una vez en las tres paradas que hemos hecho, y nos habeis hecho venir para hablarnos una especie de gente, que no se han contentado con divulgarlo en España, sino que tambien lo han hecho saber en Francia. Y bien, ahora me enviareis gente de toda confianza, y que nadie lo sepa, pues si me sucede algun contratiempo, todo el dinero del mundo no bastará para el rescate de vuestro hijo, pues le desollaré vivo. *Me rio* (suplimos con esta palabra la de la carta por ser muy indecente), del dinero, y aunque no saque nada, no por eso me dejará de traer mucha ventaja su muerte, porque servirá de escarmiento á los demás. Os digo que si me enviais 700 onzas el sábado por la noche le pondré en libertad; sinó le haré sufrir el suplicio que os he dicho. Aunque me traigan una parte del dinero, si no me traen 700 onzas, tambien pagareis vos 1000. Si nos las entregan al momento que lleguemos, al instante se le pone en libertad. Los hombres que vendrán saldrán el sábado 26 de abril á las nueve de la noche de Figueras por la carretera de Gerona, y si no encuentran á nadie hasta Báscara pasarán el domingo en Báscara, y á las nueve de la noche tomarán el camino de Gerona y continuarán su marcha hasta Tordera. Los hombres que vendrán traerán por señal un saco blanco al hombro, y que no vengan más que tres y sin armas. Sobre todo que no falten y que no hagan la simpleza de hablar porque entonces el dinero no le salvaria. El santo que les daremos es: somos los jóvenes de *Tocabens;* no digo más.—*Tocabens.*

(Despues de la lectura de todas estas cartas, el Presidente manda, en virtud de su poder discrecional, se lean otras dos cartas que la señora Massot acaba de mandar. Están escritas en catalan. Hélas aquí.)

Juan Massot á su madre.—Campo del honor 21 marzo de 1845.—Mi querida madre: No sé si es culpa vuestra ó del correo, pero os he escrito siete ú ocho cartas, y os he dicho siempre que la partida que me tiene preso me pide 800 onzas por mi rescate, y no habiendo comparecido despues de tanto esperar, se han encolerizado tanto que ahora me piden 1000. Por el amor de Dios, madre, esta es la última vez que me dejan escribir; no me dejeis matar por el interés pues lo harian sin misericordia, y ya no podria abrazaros más. Quisiera que lo hicieseis al instante, si podeis, no hagais falta, y así podré volver al seno de mi familia despues de tanto tiempo que sufro dia y noche. Escribo igualmente á Fourniol y podeis veros los dos; no dejeis pasar un solo instante para comparecer al lugar indicado. No os sorprendais de no verme el dia que vengais; pues no me vereis hasta que quiera el comandante, y para demostraros que vivo me hacen poner una señal de la casa, y digo que en vuestro cuarto hay una mesa con papeles encima.—Abrazad de mi parte á los hermanos.—Vuestro hijo que os ama, Juan Massot.

J. Tocabens á la señora Francisca Massot.—Despues de siete ú ocho. cartas que os han sido remitidas y de no haber contestado á ninguna ni comparecido á ningun punto de los que os han sido indicados, ni haber podido tener ninguna entrevista con ninguno de vuestra familia, os escribo por la última vez: ahora pienso que como la escribo por conducto seguro la recibireis, y si por esta no comparecels al lugar que os indica con toda la suma pedida, podeis contar á vuestro hijo en el número de los del cementerio, pues no tendré más paciencia, y su muerte servirá de escarmiento á los que se atrevan á burlarse de nuestras órdenes. Los hombres que vendrán saldrán de su casa á las ocho de la noche por el camino de Masanet de Cabrenys, en derechura hácia el Coll de las Salinas, y de las Salinas tomarán el mismo camino para Masanet, y á las dos de la madrugada tienen tiempo de llegar al Coll de las Salinas. Los hombres que mandeis con la suma, traerán por señal una cesta colgante de un palo con un lienzo blanco que la cubra, y que no hagan la tonteria de venir con gente armada porque en tal caso todo el dinero del mundo no bastaria á salvarle. Debeis hacerlo con tanto sigilo, que nadie sino vos y los hombres á quienes lo encargueis lo sepan; recomendándoos igualmente que los hombres que envieis no han de ser más que tres ó cuatro y sin armas, no debiendo en el camino hacer caso de nadie que no les dé la contraseña de *Rolando y Oliveros;* el dia señalado es el jueves diez de abril, sin falta, porque empiezo á cansarme de tanto esperar, y podeis creer que, á no estar en la duda de si habreis ó no recibido mis cartas ya os hubiera remitido las orejas de vuestro hijo; mas si con esta no comparecen vuestros comisionados, no solo os enviaré las orejas sí que tambien la cabeza, y no será estraño que sea vuestro colono el que os la lleve.—El comandante, *J. Tocabens.*

P. D.—Advertid á los hombres que vengan que solo deben atender á la voz de *Rolando y Oliveros.*

El señor Presidente manda leer el informe de los peritos cuyo tenor es el siguiente:

«En el año de mil ochocientos cuarenta y cinco y á los veinte y tres de julio, nosotros Jaime Rimbaud, profesor de Caligrafia, Juan Mattes, profesor de la escuela Normal, y Luis Fabre, profesor de un colegio, los tres domiciliados en Perpiñan, peritos nombrados en este mismo dia, 23 de julio de 1845, por el Comisario delegado del tribunal real de Montpeller, á fin de examinar 1.º trece cartas (ó muestras de escritura) dirigidas á distintas personas, y que indicamos más abajo cada una con su número ordinal correspondiente 1.º 2.º 3.º etc. etc., asi marcadas siguiendo

el órden de nuestra numeracion; 2.º diez muestras de escritura, que no son más que copia de trozos de cada una de las diez cartas entresacadas de las trece, objeto de esta investigacion, y que han sido escritas por Juan Simon en presencia del señor Juez comisionado; 3.º Un recibo fechado en Ceret á 22 de marzo de 1845; y 4.º Una porcion de firmas *Juan Simon* que se hallan ya al pié de dicho recibo, ya en un pasaporte librado al dicho Juan Simon, ya en otros distintos documentos que forman parte del proceso contra dicho intentado, y declarar si estos diversos escritos son ó no son trazados por la mano de Juan Simon (*Coll-Suspina*). Despues de haber prestado en manos del señor Juez comisionado el juramento prescrito por la ley, nos entregó el magistrado los indicados documentos, y procedimos á evacuar el encargo que se nos habia confiado. Examinamos primero una despues de otra, las diez cartas de las que Juan Simon escribió algunos trozos bajo inspeccion y dictado del magistrado, y en seguida estos mismos trozos, en los que observamos haber sido escritos con una mano insegura y no obstante con tanta precaucion, que por de pronto nos fué imposible determinar si aquellas copias habian sido ó no trazadas por la misma mano que los originales. Fijamos en seguida nuestra atencion en el recibo de la cantidad de cinco francos, librado en Ceret por Juan Simon, y desde luego se nos ofreció que este y las dos firmas Juan Simon son las dos piezas más importantes como á punto de comparacion. En efecto las cinco S mayúsculas que se encuentran en el recibo, son muy semejantes, con más ó ménos perfeccion, con la mayor parte de las que se encuentran en las cartas cuyo autor ó autores se buscan. Las N finales del recibo, las cuatro N finales de las dos firmas *Juan Simon* del pasaporte, varias N finales de otras firmas *Juan Simon,* cuasi todas las N finales de las cartas, á escepcion de la que va marcada con el número 8, en la que no se encuentra palabra alguna terminada en N, en fin algunas N finales de las muestras de escritura trazadas por Juan Simon ante el magistrado, presentan absolutamente el mismo carácter, es decir que el segundo palo á medida que baja, se separa del primero de un modo notable, es por lo comun más corto y termina en una curva muy redondeada. Dos F minúsculas del recibo se ven reproducidas iguales en varias cartas. Las seis D de carácter ingles con que comienzan algunas frases del recibo son del todo semejantes á varias otras que se encuentran tambien en las cartas. La forma de J mayúscula, con que comienza la firma del recibo, asi como las otras firmas Juan Simon, es la misma que la de la J con que comienza la firma J. Tocabens, escepto en la carta núm. 8, en la que la J de la firma es minúscula. Tales son las observaciones que se nos han ofrecido al comparar el recibo con los demás escritos. Observamos á más que las dos cifras 2, 7, de la fecha de la carta número 2 son de todo punto semejantes á las cifras del trozo copiado de dicha carta escrito á presencia del magistrado. Todas estas observaciones, apesar del cuidado que se ha tenido en desfigurar todo lo posible el carácter de la letra, nos inducen á pensar que todas las piezas sometidas á nuestro exámen, son trazadas por la misma mano. En cuanto á la cifra 8, que indica el dia de la fecha de la carta número 8, ha sido escrita asi como el número 10 (linea 3) y en la firma, con una tinta más blanca que el resto del escrito. A más, parece que esta cifra 8, ha sido trazada sobre la cifra 1, que se escribiera primero; pues se vé todavia en ella la base de esta última cifra, y hemos reconocido fácilmente por medio de un lente que la porcion superior ha sido raspada con un cortaplumas, cuya punta penetró un poco en el papel en la curva superior de la cifra 8 que se vé truncada en dos distintos puntos. Por lo demás nos es imposible determinar si la superposicion se ha verificado ó no por la misma mano que escribió la carta. Añadimos tambien que la carta número 8, cuyo carácter no es tan corrido y ménos ligado que en las doce cartas restantes, es el que ofrece la mayor analogía con los diversos trozos copiados por Juan Simon, bajo la inspeccion del juez comisionado. De todo lo que libramos el presente testimonio para los finés que convenga, fechado en Perpiñan el 27 de julio de 1845. Siguen en seguida las deducciones de varios testigos, en cuya virtud se prueba hasta la evidencia que aquellas cartas fueron escritas por el desgraciado Massot, y que los acusados presentes eran los verdaderos autores y ejecutores de aquel criminal atentado.

Audiencia del 23 de marzo del año 1845.

La sala está cuajada de espectadores entre los cuales se ven á los señores de más posicion de la ciudad.

A las diez y media el tribunal abre la sesion.

Declaran diez testigos y en seguida el señor Presidente manda leer tres cartas: la primera dirigida á Serineta por un tal Jose Fons; la segunda escrita á la hija de Serineta por el mismo José Fons; y la tercera dirigida á Serineta para que mantuviese la palabra al dicho José Fons, escrita por la madre de este último.

El señor presidente:—Señores jueces, vamos á pasar á otra série de hechos; son los más graves; hemos llegado ya al punto en que se trata de la cueva de Basaguda, de la en que se encontró el cadáver del infeliz Massot.

Audiencia del 24 de mayo de 1845.

La concurrencia es más compacta y numerosa, si cabe, que en los dias anteriores. Se abre la sesion á las diez y media y prosiguen las declaraciones de los testigos. Pero como entre estos hay uno que sin duda interesa más á nuestros lectores, por esto á él lo vamos á conducir en esta desgraciada causa del infeliz Massot.

Esta respetable señora se presenta ante el tribunal acompañada del Sr. Estéban Villalonga. Está vestida de luto, su semblante pálido y abatido, demuestra la tristeza y pesares de su alma. La presencia de los causantes le ocasionan un desmayo. Su declaracion demuestra el triste estado de su corazon herido en un punto más delicado.

—Todo son recuerdos tristes para mí, dice con voz sollozante: detienen la diligencia: veo á mi hijo en manos de los ladrones: veo que le amenazan con sus puñales. Veo que lo atan... ruego, lloro, pido que se me lleven á mí, pero en vano.

El Presidente la dice:

—Fabrach (*Domingo*) fué á vuestra casa á proponeros que haria diligencias?

—Si; pedia 100 onzas; en seguida me dijo que mi hijo tenia necesidad de un pantalon. ¿Quién se le enviará? pregunté yo.—Yo mismo, respondió Fabrach.

—¿Entonces sabeis donde está mi hijo?...

—Señora, vuestro hijo tenia unos gemelos?

—Sí, blancos, de nácar, con filetes de oro.

—Parece que no habeis podido rescatar á vuestro hijo?

—Ah, me pedian una suma enorme que no podia pagar, hubiera tenido que vender al momento propiedades, y no podia hacerlo porque los bienes pertenecian á mis hijos menores.

—¿Vuestro marido no ha sido secuestrado alguna vez?

—Sí, cuando se dirigia á Perpiñan.

—¿Exigieron por él un fuerte rescate?

—Sí.

—¿Cuánto le pidieron?

—No puedo recordarlo.

—¿Dejaron ir á vuestro marido por una suma menor?

—Sí.

La señora Massot se retira lentamente; la ocultan los acusados.—Simon no la ha mirado nunca.

El Presidente á los jueces.—Habeis oido esa lacónica deposicion, y comprendeis como yo la situacion de esta desgraciada madre.

El fiscal.—Esplicaremos los motivos que nos han llevado á llamar á la señora Massot despues de haber leido ya su declaracion. No contentos de haberle asesinado el hijo, sus enemigos han querido calumniar á la madre. Odiosas voces que nos reservamos destruir más tarde habian llegado á nuestros oidos; y por eso hemos insistido en que compareciera la señora Massot.

Mr. Estéban Villalonga, negociante en Perpiñan, es oido para dar luces en virtud del poder discrecional del Presidente. Este testigo declara que hace tres años, el señor Massot padre, fué secuestrado por una partida que exigió por su rescate 15,000 pesetas. El señor Massot encontró más tarde á los malhechores en Perpiñan y se dejó arrebatar contra ellos. El señor Villalonga le dijo que se moderase, pues podria sucederle alguna desgracia.

Siguen declarando doce testigos más y se levanta la sesion á las seis menos cuarto, y se aplaza para el dia siguiente 25 á las diez de la mañana. Cuando el Presidente anuncia que se levanta la sesion, Juan Simon dice: «Haced de mi lo que querais; estoy cansado de tantas..... pido no volver á comparecer más aquí.»

El Presidente.—No es esta la manera con que se hace justicia.

Audiencia del 25 de marzo.

La sala no se desocupa; á las diez y veinte minutos el ugier anuncia el tribunal. El Presidente declara que la sesion empezará por juzgar á Juan Simon y otros acusados.

Continúan las declaraciones de quince testigos.

Despues de oidos estos testigos, el señor Presidente manda leer el sumario [que se ha remitido al tribunal y del que resulta que en una visita domiciliaria que se hizo á su debido tiempo en casa del acusado Colomer (*Sarineta*) se encontró una pistola de construccion española y dos pasaportes que el acusado suponia haber encontrado en la calle. En otra casa de la que Colomer tenia alquilado un cuarto, la policia encontró y recogió una carta dirigida á Vicente Justafré, y una vino en la que un abogado reclamaba sus honorarios á una tal Catalina. Evacuadas ya las citas de testigos asi de acusacion como de defensa. el señor Presidente manda proceder al llamamiento de los testigos y les pregunta si se ratifican en sus deposiciones. Todos contestan afirmativamente. Despues de cumplida esta formalidad levántase la sesion á las cuatro y media citando para la mañana siguiente á las diez para oir el dictámen fiscal del señor procurador general.

Siguen las declaraciones de los testigos para probar la identidad del cadáver de Massot hallado en la cueva de Basaguda, que omitimos pasando á la *sentencia*. Tambien omitimos las defensas y otras varias audiencias que tuvieron lugar durante aquel proceso porque si bien todas son de sumo interés, llaman más poderosamente nuestra atencion, otras historias de bandidos muy interesantes cuya lectura no queremos retardar por más tiempo á nuestros lectores.

En seguida toma la palabra el defensor de los acusados, y en las audiencias del 27 y 28 siguen los elocuentes discursos de los defensores de los reos sobre los cuales el tribunal pronunció la siguiente

SENTENCIA.—El dignísimo Presidente, antes del fallo pronunció estas sentidas palabras:

«Se han lanzado en este debate tantas consideraciones ofensivas para la nacion española, que es nuestro deber vengar públicamente ese pais de los tiros que en este recinto se han asestado á su gloria y á su honor, y es tal nuestra posicion que podemos hacerlo con solo nuestros recuerdos personales. Nosotros que hemos recorrido la España y combatido en la guerra de 1808, que al otro lado de los Pirineos llaman de la independencia, nombre que la historia le conservará, hemos podido admirar los sacrificios del pueblo español, su patriotismo raya por do quier en una resistencia heróica. Pero sean cuales fueren las antiguas luchas, la Francia hace hoy dia los más sinceros votos por el triunfo de aquel pais, del régimen representativo, bajo el gobierno de su jóven reina. Vuestro fallo, señores, debe resonar en toda la peninsula y ejercer un benéfico influjo en la seguridad de las fronteras. Casi todos los dias teneis que juzgar á los franceses, pero la calidad de estranjeros de una parte de los acusados no debe conmoveros: el tribunal de *Cassacion* al decidir que á consecuencia de una asociacion formada en Francia, todos los crímenes, fruto de esa asociacion podrian ser castigados por los tribunales franceses, ha tranquilizado vuestras conciencias. Esta mezcla de dos naciones diversas, da por el contrario más realce á vuestra mision. En este recinto dos sociedades acuden á vosotros, dos naciones piden justicia. La España y la Francia os escuchan. Espero que cumplireis vuestra mision con entereza. La fidelidad que debeis al juramento que de vosotros he recibido, puede tener terribles consecuencias: pero si estas consecuencias, de las que no debeis ocuparos, os espantan, recordad á Ballvé espirando sobre la nieve y arrebatado á su desolada viuda. á Roger arrebatado á su padre que muere sin poderle dar su bendicion; á Massot, cuya vida no han podido conservar las lágrimas de su madre. Vuestra mision es bella y gloriosa; ella formará época en vuestra vida, porque la habreis cumplido con fidelidad.»

El tribunal, teniendo en consideracion el parecer fiscal y oidas las observaciones de los defensores, declara al acusado Fabrach (Domingo) absuelto de los cargos que se le hacen; condena á Pujades á tres años de cárcel por haber formado parte de la gavilla: á Sebastian Barnedes (Tiá) á cinco años de cárcel,

por haber proporcionado á la indicada gavilla puntos donde reunirse ó esconderse; á Manuel Colomer (Serineta) á ocho años de reclusion y á esposicion pública por haber formado parte de la banda; á Vicente Justafré á diez años de la misma pena con esposicion pública por haber sido cómplice en el robo de la diligencia, y coadyuvado á su realizacion proporcionándoles armas. A Vicens *Nas ratat* á diez años de trabajos forzados y esposicion pública, como cómplice en la secuestracion de Massot, atormentando su cuerpo; á José Camps *Sapé* á veinte años de trabajos forzados y á esposicion, por haber formado parte de la banda, interviniendo en el robo de la diligencia y en las secuestraciones. Lorenzo Espell *Fray*, Pedro Barlabé, Salvador Fábrega, Antonio Forcadell y Martin Reitg, á trabajos forzados con retencion por haber formado parte de la cuadrilla, por haber sido autores y cómplices del robo de la diligencia y secuestraciones, y por haber sido tambien cómplices en el asesinato de Massot. A Juan Simon *Coll-Suspina*, Gerónimo Icases, José Balmes y José Mateu á pena de muerte, por haber formado parte de la asociacion, intervenido en el robo de la diligencia, en la secuestracion de los tres viajeros á quienes atormentaron y en el asesinato; y ordena que Simon y Balmes sean ejecutados en Ceret; y Gerónimo Icases y José Mateu en Perpiñan. Despues de intimarles la sentencia el señor Presidente dirige á los condenados la siguiente alocucion:

«Lorenzo Espell, Pedro Barlabé, Salvador Fábrega, Isidoro Forgas, Antonio Forcadell, Martin Reitg, José Camps, Jaime Pujades, Juan Vicens, Manuel Colomer, Sebastian Barnedes y Vicente Justafré, entrando en mejores sentimientos, podreis tal vez alcanzar que se modifiquen las penas que se os han impuesto! Sabed que S. M. se complace en dulcificar la suerte de los condenados que por su conducta se hacen dignos de tal favor. De vosotros depende el merecerlo. Y vosotros, Simon, Icases, Balmes y Mateu, á quienes la ley ha debido castigar con todo rigor, podeis tambien acudir á la real clemencia; mas no porque ella considere deber hacerse sorda á vuestros ruegos creais que ha concluido todo para vosotros. Acordaos que despues de haber satisfecho la justicia humana, debeis comparecer ante el tribunal de Dios. Acordaos que el Juez supremo que es infalible en su justicia, reserva eternas penas para el criminal que no se arrepiente! Acordaos tambien de que es infinitamente misericordioso y clemente y que perdona al culpable que arrepentido llora su crimen por grande que este haya sido. Recordad sino á vuestro compañero Bosch, que herido mortalmente en *Aloy* aprovechó sus últimos momentos para confesar su crimen é implorar el perdon. Seguid su ejemplo, arrojaos en los brazos de la religion que jamás debiérais haber abandonado; ella solo puede consolaros ayudándoos á implorar la misericordia divina que aun podeis esperar y obtener, puesto que es infinita como su justicia.

»Señores jueces: Vais á volver á vuestros hogares, al seno de vuestras familias con la conciencia de haber cumplido dignamente vuestros deberes durante esta importante sesion; vuestros fallos llevan el sello de la inteligencia y firmeza, estas decisiones tendrán eco y servirán en nuestras comarcas de saludables lecciones. La sociedad os quedará agradecida, y el tribunal, por mi boca, os dá un testimonio de su alta satisfaccion.»

RESCATE DEL DUEÑO DE LA CASA DÉ CAMPO LLAMADA CASA COSTA,
POR LOS MOZOS DE LAS ESCUADRAS.
SORPRESA DE LOS BANDIDOS EN EL ACTO DE ROBAR LA RECTORIA DE SANTA EULALIA
DE PARDINAS, VERIFICADA POR LA MISMA FUERZA.

I.

Hacia ya muchos dias que el honrado dueño de la casa de campo llamada casa *Costa,* gemia preso por el célebre bandido llamado *Pelacañas* y tres compañeros más, restos todos de los esterminados trabucaires. Doscientas *onzas* le pedian por su rescate, y teniéndolo atado fuertemente, le amenazaban con la muerte, si en aquel mismo dia no se les entregaba dicha suma. El infatigable capitan de ejercito y cabo de la ESCUADRA de Torelló D. José Almerich que, con los *mozos* de su mando tanto habia contribuido al esterminio de los trabucaires, y antes en la de los bandidos Casulleras y Marimon, se dedicaba sin cesar en aquella epoca (1844) á la persecucion del facineroso llamado *Pelacañas* y sus compañeros de crímenes y maldades. Sabian que aquellos bandidos apenas abandonaban nunca el escabroso terreno conocido por las *Guillerías*, asi es que él tambien recorria aquel intransitable pais, como quien dice, palmo á palmo. Habia llegado á un punto llamado la hacienda de Aulet, y colocado en una altura resbaladiza, hacia arrojar piedras hácia la llanura, por ver si con su ruido saldrian de su escondrijo los malvados, puesto que, segun indicios, aquel dia ocupaban dichos lugares. Efectivamente, *Pelacañas* y los suyos, junto con el preso, estaban escondidos entre unos espesos matorrales, hablando por más señas de los *mozos* de las ESCUADRAS.

—Os digo, decia *Pelacañas* manejando su colosal trabuco, que con esta arma no temo á todos los *mozos* juntos.

—Vamos, no será tanto, decia uno de los suyos, ¿crees por ventura que ellos son unos cobardes?

—No digo tal cosa; pero si puedo asegurar que los *mozos* ya conocen los efectos de mi terrible arma. Dos de ellos han mordido ya la tierra de un trabucazo mio, y Dios sabe cuantos morirán aun.

—¿Y si tú murieras pronto por un tiro de sus certeras carabinas?....

—Te digo que diez *mozos* no me rendirian con esta arma en la mano.

—¿Que tanto hablar de *mozos?* dijo entonces otro de los bandidos que estaba algo separado, con el preso. Hablemos de lo que más nos importa. ¿Qué haremos de ese hombre si hoy no viene el dinero?

—Acabaremos con él, y negocio terminado.

En esto oyeron el ruido que hacian las piedras qué arrojadas por los *mozos* rodaban hácia el llano.

—¿Qué demonio es esto? dijo *Pelacañas* levantándose.

—Allí están, dijo el *cabo* que con su esperimentado ojo habia visto la cabeza del bandido.

Este no acertaba á ver á los *mozos*, mas estos bajaban agachados y medio arrastrando sus cuerpos, dejando parte de sus vestidos y arañándose las carnes entre aquellas malezas y arbustos espinosos. Pero repentinamente, y cuando solo los tenia á distan-

cia de un tiro, los ve y reconoce, y en seguida esclama:

—A las armas!... ahi están los *mozos* con su avinagrado *cabo.*

En seguida se preparan todos para el combate. *Pelacañas* dispara su terrible arma, pero felizmente no alcanza á los *mozos*. Estos sin detenerse un momento embisten á la bayoneta. Los bandidos se defienden con un valor desesperado, pero en vano, pues á poco cayó exánime el furioso *Pelacañas*, á quien le siguieron luego los tres bandidos que le acompañaban. Entre tanto el infeliz preso forcejaba para librarse de sus ataduras sin poderlo alcanzar, pues estaba atado de tal modo que le era imposible desatarse ni dar un paso. Mas luego que los bandidos fueron muertos, el *cabo* y los suyos volaron en ausilio de aquel desgraciado. Tambien tuvo lugar allí una escena tierna é interesante, pues el preso no podia desprenderse de los brazos de sus libertadores, de aquellos hombres impávidos que con tanto riesgo de sus vidas acababan de salvarle. Se dirigieron todos á la casa de dicho propietario, pero apenas llegados, el *cabo* recibió aviso de varios amigos y propietarios de Capsanes y todos aquellos lugares en que le decian que existia allí una cuadrilla de bandidos que todos los dias cometian robos y asesinatos, que ya por dos veces habian intentado robar la solitaria rectoria en Santa Eulalia de Pardinas, cuyo septuagenario y enfermizo párroco vivia en un continuo susto. Concluian todos suplicándole que pasase alli, pues solo de él y los suyos esperaban el remedio de tantos males. Ya el *cabo* tenia noticia de lo que pasaba, y tenia encargado á un confidente suyo, cazador de trampas, que vigilase por si podia descubrir los planes de la canalla, puesto que pasando éste la mayor parte del dia y de la noche en lo más espeso de los bosques, era fácil que algun dia descubriese á la canalla y pudiese espiar sus pasos. Despues de un pequeño descanso, emprendió otra vez su marcha hácia los lugares indicados, y lo primero que hizo al llegar alli, fué el avistarse con el confidente de que acabamos de hablar.

—Ahora mismo, le dijo éste, queria venir á encontrar á V. á toda prisa.

—Segun esto tiene V. alguna novedad que comunicarme.

—Si, amigo mio, y de mucha importancia.

—Espliquese V., pues le escucho con el mayor interes.

—Ayer, despues de haber tendido mis lazos y trampas, estando escondido en lo más espeso de unos matorrales y malezas, oi el ruido de unas pisadas, y á poco vi por entre las matas á unos seis hombres armados que tomaron asiento sobre el suelo, y uno de ellos, al parecer jefe de la partida, desarrolló un plan circunstanciado para robar en la noche de mañana dia 14, la rectoria de Santa Eulalia de Pardinas. Sus puertas esteriores deben ser forzadas por medio de instrumentos que ya llevarán al intento: en seguida iluminarán el corredor largo que sirve de paso para ir al cuarto del señor Rector: allí deben llamar fingiendo una necesidad y que han encontrado la puerta de la calle solamente entornada. Despues de esto, dichos bandidos se ocuparon de otros pormenores y asuntos que no pude comprender, pues habiendo cesado de hablar el jefe, tomó la palabra otro que tenia una voz muy débil.

—Gracias, amigo mio, gracias. Pronto sabrá V. el resultado y consecuencias del servicio que acaba de prestar al pobre señor Rector de Santa Eulalia y á la sociedad entera.

II.

EL CABO Y EL VIRTUOSO CURA DE SANTA EULALIA.

Al dia siguiente 14 de diciembre de 1844, á la caida de la tarde, el cabo D. José Aimerich, solo y disfrazado de pastor, entraba en la rectoría de Santa Eulalia de Pardinas. Era un dia frio y tempestuoso: el viento aquilon soplaba con tanta furia que parecia un huracan. Gruesas nubes cruzaban por el cielo impelidas por el viento, imprimiendo en la naturaleza uno de aquellos aspectos tristemente imponentes, especialmente respecto de los lugares desiertos e inhabitados, como lo era la solitaria rectoria en donde, como ya lo hemos dicho, acababa de entrar el cabo. Apesar de su disfraz fué reconocido al momento por el anciano cura, quien al verle se levantó con trabajo de su silla, alargándole la mano con el mayor afecto.

—Gracias á Dios, dijo, que ha venido V., pues desde que V. está tan ocupado en las Guillerias, vivimos aquí en un continuo susto y sobresalto. Dos veces han intentado robarme: he reforzado todas las puertas y ventanas de la rectoría, pero no por esto me cuento seguro de los ataques de la canalla. No se por qué esas gentes han creido que soy rico, cuando jamás he tenido más que lo necesario, pues los sobrantes, bien sabe todo el mundo, que siempre los he repartido entre los necesitados. ¿Qué quieren pues de este pobre y enfermo sacerdote? Hace tres años que sufro una espantosa enfermedad que, como V. no ignora, me causa los más atroces dolores. Yo sin embargo los sufro con toda la resignacion de un cristiano.

En efecto, aquel virtuoso sacerdote hacia tres años que padecia una de las enfermedades más terribles y dolorosas. Era acometido á cada instante de unos dolores tan agudos que le obligaban á exhalar los más lastimeros gemidos, agarrándose de lo primero que le venia á la mano, aun cuando hubiese sido un hierro candente. Tres años hacia que no podia acostarse en la cama, viéndose obligado á pasar las largas veladas y noches de invierno en aquella soledad, sentado en su silla, dormitando tan solo durante los momentos en que el dolor cesaba en su intensidad. No tenia otra compañia ni consuelo que el de su anciana criada llamada Magdalena, la cual estaba tan azorada de los ladrones que desde el anochecer no queria separarse un paso del lado de su señor. Tal era la triste existencia de aquellos dos séres en aquella soledad. Creemos francamente que nunca han sido debidamente apreciados los servicios de los párrocos de las rectorías solares y de los pueblos y lugares de corta vecindad. Viven separados del resto de los hombres y la sociedad; para ellos no existen los consuelos de la amistad y de aquellas sencillas y naturales espansiones que nunca han estado en pugna con los deberes sacerdotales, y que son hasta necesarias al hombre, sea cual fuere su estado y condicion. Se necesita una vocacion especial para sepultarse en vida en medio de aquellos desiertos. El vulgo cree que todos los curas son ricos, confundiendo el nombre de rector con el sinónimo de hombre opulento y regalado. No diremos que no sean felices, animados por la fé y la devocion que les ayuda á considerarse como habitantes de una tierra llena de miserias, soportable solo como vehículo que nos ha de conducir á otro mejor á que estamos llamados. Pero considerada la cuestion de tejas abajo, como suele decirse, y la consideran los que á *priori* establecen la vida del 'cura como el plus-ultra de la comodidad y el regalo, les diremos que se trasladen con nosotros á la rectoría de Santa Eulalia y otras mil, y verán si es aquella una vida envidiable, mundanamente considerada. No sé como puede creerse que pueden ser ricos los párrocos de esas pequeñas rectorias, cuando solo disfrutan de unas dotaciones muy mezquinas, cuando, por precision, deben repartir muchas limosnas, y administrar casi siempre gratis por ser pobres, á los feligreses! El cura de aldea es la providencia universal que debe curar todos los males, miserias y penas de sus administrados. A él acuden en sus quebrantos teniendo que constituirse en la Providencia del lugar; ¿por qué pues se le han de escasear los medios de poder ejercer su honroso cometido en proporcion á las necesidades de sus parroquianos? «Todos mis sobrantes, decia el de Santa Eulalia, los he repartido entre los pobres...» ¿por qué pues no se les ha de dotar de un modo digno, y que los ponga en el caso de poder repartir muchos y muchos sobrantes? Atesorarian.... dirá alguno; pero estamos seguros que el que así opina, cree tambien que ahora reunen muchos tesoros los curas de que nos ocupamos, siendo así que apenas tienen lo suficiente para vivir. Pero la inmensa masa de la gente sensata, cualesquiera que sean sus opiniones políticas y religiosas, reconoce la necesidad de aumentar las dotaciones del clero de que nos ocupamos, como tambien la del simple beneficiado, obligado á vivir en las grandes ciudades como Barcelona con la renta de unos doce ó catorce duros mensuales; ¿puede vivir con el decoro debido á su clase? ¿Puede socorrer al pobre? ¿Puede decirse de él que vive en el seno de la comodidad y del regalo? ¿En qué otra carrera ú oficio no ganaria más? ¿Y aun habrá quien crea que la estudiosa juventud, que esos jóvenes de disposicion y talento que frecuentan los seminarios y universidades para entrar en la carrera eclesiástica, lo hacen llevados por el estimulo de vivir con unas comodidades y regalos que se han de adquirir con dotaciones tan miserables? No, este problema no puede resolverse y esplicarse sino trasladando la cuestion á su verdadero terreno: el de la santa vocacion y piedad. Pero aun así, el sacerdote mientras vive en la tierra es un conjunto de cuerpo y alma como los demás hombres, y por consiguiente le es indispensable lo necesario para atender á las necesidades del cuerpo que son muy distintas de las del alma. Debe por otra parte socorrer las necesidades corporales y espirituales de los demás, y para lo primero necesita recursos que no puede hallar en unas dotaciones tan reducidas. Volviendo ahora á nuestra historia diremos, que el *cabo* contestó al cura condoliéndose de su enfermedad, y en cuanto al continuo miedo en que le hacian vivir los ladrones, no tanto á él, como á su leal servidora, les dijo, que esto acabaria aquella noche para siempre. En seguida púsoles al corriente de todo lo que sabia, y de lo que debia suceder. Se convino en que el cura y su criada pasasen á otra habitacion quedándose en la que ocupaban ellos tres *mozos* prevenidos para atacar á los bandidos asi que entrasen. Pero para que el plan saliese mejor y tuviese el apetecido resultado, el *cabo* dispuso que uno de los tres *mozos* que tenia la voz algo mujeril, fingiera ser la Magdalena y otro el señor Rector.

—Supongamos que ya han entrando en la casa, les decia, y que ya llaman á la puerta de esta habitacion. Como los bandidos saben ya que el señor cura no puede dormir por causa de su enfermedad, por esto el que hace este papel ha de decir: quién va! En seguida ha de llamar á Magdalena; este ha de hacer el papel de una persona á quien se dispierta en lo mejor de su sueño.

Despues, colocó los demás *mozos* en los lugares convenientes y él mismo se puso en el de más peligro. A las once y media de la noche, y cuando el viento norte soplaba con más vehemencia, los ladrones forzaron la puerta esterior y entraron en la rectoria. Iban todos provistos de muchas cerillas que encendieron y colocaban por todas partes á medida que iban entrando. Efectivamente, cuatro de los bandidos se dirigieron hácia la habitacion del cura, y llamaron sin gran ruido.

El *mozo* que debia representar el papel del cura dijo con voz trémula cual la tenia el anciano:

—¿Quién.... va?...

—Abra V., pues venimos por una urgente necesidad, y hemos encontrado la puerta entornada, sin duda por descuido de Magdalena.

—Ya va... Mag...da...lena!...Mag...da...le...na!...

—¿Qué ocurre? dijo el *mozo* fingiendo la voz de la criada.

—Abre... la puerta.....

—Ya voy.....

En esto se abrióse la puerta del cuarto. Los bandidos entran puñal en mano, pero en el mismo instante son saludados por los *mozos* del interior del cuarto con tres tiros, de cuyas resultas cae herido uno de los bandidos. Retroceden los otros para ganar la puerta de la salida, pero ya estaba cerrada y el cabo con los otros tres *mozos* dispuestos allí á disputarles el paso. Se trabó entonces una terrible pelea entre unos y otros: no pudiendo hacer uso de las armas de fuego, la lucha se hace cuerpo á cuerpo con armas blancas. Cuatro de los bandidos caen sucesivamente á los pies de los denodados *mozos*. Uno restaba que, habiéndose colocado detrás del cabo, cubriéndose en parte con la levita de éste, seguia con tanta exactitud y precision todos los movimientos de este, que los *mozos* no se atrevieron á dispararle por no herir á su propio jefe. Este iba de un lugar á otro, para deshacerse de aquel importuno huesped, pero el bandido era tan diestro que, podia decirse que adivinaba los movimientos del cabo.

—Tiradle, decia este.

—Tocaremos á V., contestaban los *mozos*.

Aquello era una especie de danza de nuevo género, que comenzaba á ser pesada. Entonces un *mozo*, tomando bien la puntería, disparó contra el bandido dejándolo muerto en el instante. Seis bandidos habian entrado, seis eran pues los cadáveres que debian ser sepultados. El cura y su criada salieron entonces de su escondrijo, dando las gracias á los *mozos* con toda la efusion de su alma. La criada especialmente, no tenia bastantes palabras para demostrar su agradecimiento. Los *mozos* cenaron despues, en compañia del cura y su servidora. Vino el dia siguiente en que comparecieron algunos de los feligreses de la parroquia, pero entonces se suscitó una dificultad, sobre si ó nó aquellos cadáveres podian ser enterrados en el cementerio del lugar, esto es, en tierra sagrada. Unos opinaban que sí, otros que no, y en esto se dirigieron al cabo para que diese su parecer.

—Yo, señores, dijo éste, no entiendo nada de estas cosas. Una vez muertos los malvados, nosotros ya hemos cumplido con nuestro deber. Ahora hagan Vds. lo que mejor les parezca, pues á mí me es indiferente el que los entierren en cualquier parte.

Y diciendo esto se despidió, dando por terminado el asunto, quedando aquellas sencillas gentes en sus dudas sobre el punto en que debian enterrar aquellos cadáveres. No sabemos cómo terminó aquella dificultad, pero si podemos asegurar que de hecho los cadáveres fueron enterrados.

VIDA DEL BANDIDO JOSÈ GINEBROSA (a) EL ESTUDIANTE DE AUSÍAS.

I.

Uno de los bandidos que más espanto y terror causaron durante su larga carrera de robos, asesinatos y toda clase de delitos, en el término de Solsona, es sin duda el foragido Jose Ginebrosa (a) el Estudiante de Ausias, cuya historia vamos á escribir. Era el capitan de una partida de bandidos en número de ocho, entre los cuales figuraban los tristemente famosos bandoleros José Balaguer (a) el Oficial de Oden y Miguel Juñen (a) Miquelò. Todos los dias cometian robos y asesinatos, de modo que tenian todo aquel territorio lleno de terror y espanto. La Escuadra de Solsona á las órdenes del valiente cabo Jaime Mas, de aquel mismo cuyas gloriosas hazañas ya saben nuestros lectores, los perseguia sin descanso, pero el Estudiante era tan sagáz y activo que por algun tiempo logró burlar su grandísima vigilancia. Apesar de esto el bandido llegó á persuadirse que era imposible librarse por más tiempo de la terrible persecucion de los *mozos*. Movido por esta idea, estando con su partida en lo más espeso de un bosque situado á poca distancia del meson llamado del Cap-del-Pla, les habló en estos términos, en la noche del 6 de febrero de 1842:

—¡Ira de Dios! que ya no se puede aguantar por

más tiempo la terrible persecucion que nos hacen esos malditos *mozos* con su cabo el condenado Mas. No nos dejan descansar un solo momento, y temo mucho, que si no cambiamos de rumbo, pronto caeremos en sus manos. Hoy por hoy debemos dar un golpe que ha de meter mucho ruido. Sé que á estas horas el secretario de D. Angel Ordoñez, jefe de la desamortizacion de Cervera, se halla en el meson del Cap-del-Pla. Pues bien, hemos de dirigirnos allí; yo quiero entrar solo, pues hay de sobras conmigo para matar á este empleado, despues de haberle robado la importante suma que trae consigo, segun me consta. Pero despues, nos separaremos los unos de los otros por algunos meses, pues solo así podremos distraer á los *mozos*, ó mejor dicho, hacerles creer que nos hemos marchado á otras tierras. Vosotros, Miqueló y Balaguer, por ahora seguireis conmigo, los demás cada uno por su lado. Ya os haré avisar cuando convenga reunirnos.

Los bandidos no replicaron, ni pronunciaron una sola palabra. Reina entre ellos la más estricta obediencia y respeto á sus capitanes. Saben que estos no se andan con zalamerias, y que suelen castigar con la pena de muerte las más leves faltas de sumision y respeto hácia sus personas. Dos horas despues, el Estudiante penetraba en el meson del Cap-del-Pla por una ventana baja que comunicaba con el corral, deslizándose como una serpiente por entre los hierros, qué en forma de cruz, formaban la reja. El infeliz secretario estaba ya recogido en su cuarto. El Estudiante se hizo acompañar por un mozo del meson á quien sorprendió medio dormido en un pajar. Entró en la habitacion del secretario, y puñal en mano le hizo entregar cuanto tenia. Y despues de esto, asesinó vil y cobardemente al indefenso secretario, saliendo en seguida de la casa. Luego se reunió con los suyos, y con las manos ensangrentadas y humeantes, dió á cada uno la parte del robo que le correspondia, segun su uso y costumbre. Despues se despidieron los unos de los otros conforme lo habia dispuesto el Estudiante, y éste se quedó tan solo con los dos bandidos más valientes Miqueló y Balaguer ya espresados. Con ellos se internó en lo más espeso del bosque, y alli tendidos sobre sus mantas determinaron dormir y pasar aquella noche. ¡Tal es la vida de los malvados! Unas tres horas hacia que descansaban cuando el Estudiante que tenia un sueño muy sutil, de modo que, puede decirse que durmiendo vigilaba, se dispertó al leve ruido que le pareció percibir entre unas matas un poco distantes. Escuchó con suma atencion, y con aquel esquisito tacto y esperiencia que habia adquirido por medio de la práctica, conoció que alguien andaba por allí, y que no era un sér irracional el que causaba aquel ruido. Al momento se levantó, dispertando al propio tiempo á sus camaradas, pero estos dormian tan profundamente que no se pudieron desvelar apesar de los pellizcos que les daba su capitan.

—No hay otro remedio, dijo éste entre sí, yo debo procurar salvarme.

Y diciendo esto se precipitó como un galgo por la parte opuesta á la en que habia percibido el ruido. No se habia engañado, porque un momento despues el *cabo Mas* y sus *mozos* dispertaban á los dos bandidos, despues de haberles sujetado. Como los habian cogido sin resistencia, y los *mozos*, por más que se quiera decir, nunca asesinan á los mismos malvados, sino cuando estos se resisten ó intentan escaparse,

así es, que apesar de haber reconocido á los foragidos Miqueló y Balaguer les de saber que cada uno de ellos merecia la muerte, se contentaron con atarlos y entregarles á la justicia. Esta los condenó á diez años de presidio en Tarragona, pero los astutos malvados, cuatro años despues, esto es en 1846, lograron fugarse del presidio. Durante estos años, el Estudiante continuo su carrera de crimenes y delitos, pero con una táctica especial, pues á veces se pasaban años enteros sin saberse de él absolutamente nada. Bajo este punto de vista el Estudiante nos presenta un tipo de bandolerismo especial que no debemos omitir en una obra de la clase que escribimos. El Estudiante era de agradable y hermoso rostro, finos modales y afabilidad, cuando asi le convenia para sus planes. Era valiente y decidido, y sobre todo, sabia conservarse tan sereno y tranquilo en medio de los apuros más grandes, que podia decirse que nunca se veia apurado. Era prófugo ya de las cárceles de Solsona, y tenia un horror invencible á la pérdida de su libertad. Apesar de esto, él mismo voluntariamente sabia permanecer meses y meses solo en lo interior de una cueva, consumiendo las grandes provisiones que se procuraba antes de esconderse. Esta era una de las causas de las desapariciones de que antes hemos hablado. Otras veces estas desapariciones eran motivadas por las escursiones que el bandido hacia, disfrazado de caballero, y dándose el tono é importancia de tal. Entonces era cuando el Estudiante daba una prueba más irrecusable de su serenidad y sangre fria. En uno de estos paseos, que á veces se estendian hasta las demás provincias, llegó á una posada, pocos dias despues de haber cometido un robo acompañado del asesinato de la victima robada. Pidió una habitacion y cena, puesto que era ya entrada la noche. El posadero le avisó un momento despues diciéndole que la mesa estaba puesta. El bandido tomó asiento en la misma, y habiendo notado que el posadero cerraba con mucho cuidado todas las puertas y ventanas, le dijo:

—Parece, patron, que teneis mucho miedo.

—¡Ah señor! y ¿cómo no le hemos de tener hallándose por esos alrededores el más terrible de los bandidos?

—¿Será posible?

—Vaya si lo es: hace pocos dias que robó y mató á Juan el molinero, que era el hombre más honrado y valiente de toda esta comarca.

—¿Pero cómo se llama ese bandido?

—Se conoce que V. no es de estas tierras, de lo contrario ya tendria V. noticia de ese mónstruo llamado el Estudiante de Ausias...

—Efectivamente, ahora le oigo nombrar por primera vez. ¿Pero cómo un hombre solo infunde tanto terror?

—¡Ah!... señor, el Estudiante no es un hombre...

—¿Pues qué es?

—Un demonio, tan feo como Satanás, y tan terrible y sanguinario como el mismo Neron.

—¿Le habeis visto alguna vez?

—Dios me libre de ello. Pero Perico, mi yerno, lo vió un dia, y aun le dura el susto.

—¿Tan espantoso es el Estudiante?

—Sí lo es... Figúrese V. que tiene una cara negra como una chimenea, unos ojos como carbunclos, una nariz chata como un perro dogo, y unas orejas de cerca un palmo.

—Jesús ¡qué mónstruo!

—Cuando le digo á V. que en un santiamen robó y mató á Juan, es cuanto le puedo decir.

—¿Tan valiente era Juan?

—Si lo era... más de una vez se habia batido solo con tres hombres: habia muerto dos lobos que eran el terror de este pais, en fin, era un hombre que no conocia el miedo. Pero, como el infernal bandido es el demonio mismo disfrazado, por esto en un tris lo envió al otro mundo.

—Mucho me alegraria de que una fiera semejante fuese cogida viva ó muerta, para admirar su fealdad.

—Oh, deje V... ya le vendrá su San Martin.

—Pero quién se atreverá contra él siendo, como decis, el mismo demonio?

—¿Quién? los *mozos* de la Escuadra, contra los cuales no hay demonios que valgan.

—¿Entonces en este pais estimais mucho á los *mozos*?

—Vaya si los estimamos, como que son el poderoso baluarte de nuestra seguridad... Pobres de nosotros si no fuesen los *mozos*. ¿Cree V. que podriamos salir de nuestras casas? Ya, ya: bien nos guardariamos de ello. En esas tierras tan montañosas y sembradas de bosques, cerros, cuevas y escondrijos, los bandidos se multiplicarian más que las pulgas y chinches en medio del verano. ¿Y quién, escepto los *mozos*, seria capaz de cogerlos?

—El ejército.

—No diga V. disparates.... un hombre solo, un solo bandido, es capaz de burlar la vigilancia y persecucion de tres mil hombres, en medio de ese laberinto de bosques, montes y precipicios.

—Dirás á tu pariente que el Estudiante no es tan feo y monstruoso como te ha dicho.—¡Cómo! Seriais vos!!!—El mismo.

—¿Y cómo se las arreglan los *mozos*?

—Que, ¿no conoce V. las Escuadras?

—No por cierto.

—Lo siento, pues entonces no conoce V. la mejor institucion que nos han legado nuestros antepasados.

En estas y otras pláticas, concluyó la cena. El huésped se retiró á su habitacion. Al dia siguiente, se levantó, montó en su caballo, y al despedirse del posadero, le alargó la mano y le dijo:

—Mireme V. bien...

—Ya le miro.

—Pues bien, en adelante podrás decir á tu pariente Perico que es un solemne embustero.

—¡Cómo!

—Pues no te dijo que el Estudiante era negro, chato, que tenia ojos de gato y orejas de asno?

—Si señor: y creo que no mintió.

—¿Cómo que no mintió? ¿Acaso yo tengo tanta fealdad y defectos?

—¡Santo cielo! ¿qué oigo? ¡Seriais vos!!

—¡Eh! chiton: si antes de haber pasado cinco horas, hablas á nadie del huésped que ha dormido y cenado en tu casa, tu suerte será la misma de Juan el molinero.

Diciendo esto, emprendió su marcha con la mayor calma y serenidad, cantando una tonadilla valenciana. El posadero permaneció un buen rato atónito é inmóvil como una estátua.

II.

DIOS LOS CRIA Y ELLOS SE JUNTAN.

Entre tanto, como ya lo hemos dicho, Miqueló y

Balaguer se habian fugado del presidio de Tarragona. A los tres dias ya estaban reunidos con su capitan, verificándose asi aquel adagio que sirve de lema á este capítulo. Ellos sabian muy bien el modo de encontrar al Estudiante, con el cual habian conservado relaciones desde el principio, habiendo éste contribuido á su fuga facilitándoles los medios. No hay que dudarlo: entre esos criminales de oficio, existe una infernal sociedad, una union ó pacto á cuyas condiciones raras veces faltan los iniciados. *Mas* y sus *mozos* supieron al momento la fuga de los dos bandidos, y desde aquel momento redoblaron sus esfuerzos á fin de impedir que se organizaran en partida. El éxito coronó sus desvelos, puesto que á los pocos dias Miqueló y Balaguer habian caido otra vez en sus manos, ocupándoles en el acto de prenderlos dos trabucos, un par de pistolas y puñales. Apesar de esto respetaron sus vidas por haberlos cogido sin oponer resistencia. Traslado á los que han querido suponer que los *mozos* no hacian prisioneros, ó que si los hacian, los mataban despues de presos. Entregados á la justicia de Solsona fueron encarcelados, pero á los pocos dias, apesar de la vigilancia y prevenciones que se ejercia con ellos, lograron fugarse de la cárcel, para aparecer de nuevo con su antiguo capitan el Estudiante y algunos otros malvados, sembrando el terror por todas partes. Esta clase de bandidos son unos pecadores contumaces é incorregibles, cuyo único correctivo es el suplicio. Solo despues de muertos dejan de ser el azote de la humanidad. Creemos que el código penal deberia reformarse en sentido más severo, ó mejor dicho, severísimo, respecto á esa clase de delincuentes. A los pocos dias el terror y espanto reinaba en toda aquella comarca. Los secuestros eran muy frecuentes, y raras, rarísimas veces, los secuestrados salvaban su vida ni aun satisfaciendo las enormes cantidades que se exigian para su rescate. Otra vez las miradas de todos los habitantes pacíficos de aquel pais se dirigian al *cabo* de las ESCUADRAS Mas y á su reducido puñado de valientes. Éste y sus *mozos* no descansaban un momento, pero los bandidos dirigidos por el astuto Estudiante sabian tomar tan bien las prevenciones y medidas, que toda la vigilancia, actividad y celo de los *mozos* no producia el resultado por todos apetecido. Apesar de todo, el infatigable Mas y los *mozos* no desmayaban confiando siempre en su propio valor y en la cooperacion de sus leales confidentes. Mas llegó á sospechar que el Estudiante estaba ausente y separado de la partida ó estaba enfermo. Movido por esta idea, por medio de un confidente, hizo proponer á Miqueló y Balaguer el que le concediesen una entrevista en el punto y hora que ellos mismos designasen, jurando bajo palabra de honor, que él se presentaria solo y sin armas, con objeto de tratar sobre un asunto que les importaba mucho. Despues de muchas idas y venidas, palabras y contestaciones habidas por medio del confidente, los dos bandidos convinieron en la entrevista. Con este objeto los bandidos citaron al cabo con mucho misterio y prevenciones para un bosque muy espeso y sombrío situado en el término de Timoneda. Atrevido era el paso que el *cabo* iba á dar, y se necesitaba todo el valor de un héroe para entregarse solo y sin armas en manos de sus más encarnizados enemigos, siendo éstos bandidos y criminales de profesion. Pero estaba convencido de la perentoria necesidad de acabar con la canalla, y de

que para esto era preciso aprovechar aquellos momentos. Solo, pues, en medio de la noche, penetró por aquel bosque, dirigiéndose hácia el punto que ocupaban los bandidos, punto que solo se le indicó en el acto mismo de penetrar en el bosque, por uno de los suyos apostado á este intento. Despues de haber andado por el espacio de una hora, llegó al lugar señalado en donde encontró á Miqueló y Balaguer, completamente armados y prevenidos. Al verle le apuntaron sus trabucos, haciéndole jurar de nuevo que venia solo y que los *mozos* ignoraban su visita. El cabo respondió con la mayor calma y serenidad diciendo:

—Muchas precauciones tomais para recibir á un amigo.

—Es que hasta ahora has sido nuestro enemigo más implacable.

—No tal... pues bien sabeis que os he cogido dos veces, y siempre he respetado vuestras vidas.

—Pero en cambio nos has entregado á la justicia.

—Cada cual debe cumplir con su deber. Pero dejémonos de lo pasado, y hablemos de lo que por el presente nos importa.

Los bandidos tomaron asiento sobre una roca, instando al *cabo* que hiciese otro tanto.

—Habla: ya escuchamos.

—Creo que ya estareis convencidos de que no podeis continuar por más tiempo, de lo contrario, estoy seguro que caereis en mis manos.

—Mucho hay que andar todavia...

—Os engañais: yo lo sé todo. Sé que el Estudiante está enfermo de gravedad. Os falta, pues, el jefe más astuto que he conocido jamás.

—Nombraremos otro hasta que esté bueno que creemos será pronto.

—Vamos, dejémonos de rodeos. Si me decis la cueva en que está el capitan, y yo puedo cogerle vivo ó muerto, os prometo un indulto.

—Jamás... jamás...

—Peor para vosotros, porque yo lo sabré dentro de pocos dias, y entonces lograré dos cosas, á saber: coger al Estudiante y mataros á vosotros, porque debeis tener entendido, que si os cojo otra vez, ya no habrá más cuartel.

Menester es convenir que se necesita un valor á toda prueba para espresarse de este modo en la crítica posicion en que se hallaba aquel valiente y esforzado *cabo*.

—Tú no puedes cumplir lo que prometes.

—¿Y por qué no?

—Porque para nosotros, prófugos del presidio de Tarragona y de la cárcel de Solsona, y condenados á garrote vil en rebeldía, no hay, ni puede haber indulto en la tierra.

—Mios son, dijo el cabo entre sí, que ya habia calculado esta salida y preparado de antemano su contestacion.

—Escuchad: lo que decis es verdad, pero vosotros no me habeis entendido. Yo no puedo daros el indulto, pero sí puedo haceros un salvo-conducto como confidentes mios, acompañado de un pasaporte que os haré estender por el alcalde del pueblo de Deuden, que, como ya sabeis, hace lo que yo le pido. Con estos documentos os trasladareis á otra provincia, y con el dinero que sé que teneis, podreis dedicaros á cualquiera industria, y vivir tranquilamente y con seguridad.

Los bandidos se miraban entre si sin decidirse enteramente.

—¿Y qué garantia quieres para entregarnos el salvo-conducto?

—Que me indiqueis la cueva que ocupa el Estudiante á fin de que yo pueda cogerle.

—Lo haremos, dijo Miqueló, pero venga antes el salvo-conducto.

—Haremos toma y daca, como suele decirse. Yo depositaré el documento en poder del confidente de vuestra confianza que ha llevado este negocio, con órden espresa de entregároslo tan pronto como haya cogido vivo ó muerto al Estudiante.

—Convenido: y para que conozcas que no te engañamos te daremos un aviso: no entres sin grandes prevenciones en la cueva, pues has de saber que el Estudiante, apesar de su enfermedad, tiene preparada una terrible defensa.

En seguida se dieron las manos en señal de amistad y confianza, y se despidieron, habiendo antes indicado el lugar donde estaba situada la espresada cueva. Al dia siguiente el cabo y los *mozos* muy de mañana se hallaban á la entrada de la cueva que ocupaba el terrible bandido. Dicha entrada consistia en un pequeño agujero, cubierto de ramas y malezas. El *cabo* y los *mozos* la despejaron y en seguida entró aquel siguiéndole tres *mozos*, todos con las armas preparadas. A poco de haber entrado con mucha dificultad y agachados, notaron que la cueva iba ensanchándose. Entonces el cabo intimó la rendicion al bandido en nombre de la reina. Pero el eco se perdió entre aquel subterráneo, sin que nadie contestase.

—¡Si me habrán engañado!

—Creo, dijo un *mozo*, que esta cueva es muy honda, tal vez no nos ha oido todavía.

—Tienes razon, dijo el *cabo*, penetremos; caminaron algunos pasos y repentinamente quedaron en la más espantosa oscuridad.

Habia un recodo, resultando que la claridad que penetraba por el agujero que servia de entrada, no podia iluminar el recinto. Entonces encendieron una linterna que llevaban prevenida, y siguieron su atrevida marcha. El subterráneo se les presentó otra vez angosto, parecia una mina practicada dentro las entrañas de la tierra. Entonces el *cabo* intimó de nuevo la rendicion, sin obtener mejor resultado. Continuaron andando unos diez minutos, notando que la mina se ensanchaba otra vez. Intimaron de nuevo la rendicion, y esta vez fué contestada por un pistoletazo disparado de muy cerca puesto que vieron el fogonazo. Las balas silbaron por los oidos del *cabo* y los *mozos*, sin herir á ninguno de ellos. Entonces el *cabo* disparó un trabucazo en direccion al punto de donde habia salido el tiro. El ruido de aquel formidable disparo hizo estremecer toda la cueva, pareciendo que iba á hundirse sepultando á cuantos la ocupaban. Gruesas piedras, acompañadas de una gran cantidad de tierra se desprendieron de varios puntos. Los *mozos* y el *cabo* quedaron ofuscados y cubiertos de polvo. Pero apesar de esto, continuaron su pesquisa ayudados de la linterna, siguiendo todos los rincones de aquel vasto subterráneo. En fin dieron con lo que buscaban. El Estudiante estaba tendido sobre un lecho de pieles de carnero, pálido y moribundo, herido por tres balazos del tiro que le habia disparado el *cabo*. Solo tuvo tiempo de pronunciar estas fatídicas palabras:

—Muero como he vivido, olvidado de todos, sin ser querido de nadie. Hasta los mios me han vendido y entregado.

Tal fué el desesperado fin del Estudiante. Él lo habia dicho: «muero olvidado de todos...» ¿Puede haber una muerte más triste y desconsolada? *Los mios me han vendido y entregado...* ¿Puede darse un fin más desesperado? ¿Y aun habrá bandidos en la tierra? ¿Aun no conocerán los hombres que la vida del malvado es la más penosa del mundo, y su muerte la más desastrosa de cuantas pueden imaginarse? Los *mozos* y su jefe registraron entonces aquella espantosa morada. Encontraron muchas provisiones de boca, armas de varias clases, y unas cuarenta y cinco pieles de carnero comidos sin duda por el Estudiante y los suyos. En seguida colocaron el cadáver sobre una improvisada camilla, y lo condujeron á Solsona, donde estuvo á la espectacion pública por algunas horas.

III.

TRÁGICO FIN DE MIQUELÓ Y BALAGUER.

Entretanto los dos bandidos Miqueló y Balaguer, ufanos con el salvo-conducto que les habia dado el *cabo*, se presentaban en las casas de campo diciendo que estaban indultados. Pero ellos sabian que solamente bajo la condicion de no molestar á nadie y vivir como hombres honrados, podian contar con la tolerancia del *cabo*, es decir, con que este no les perseguiria. Pero bien pronto olvidaron semejante condicion. Es verdad que no cometian robos durante el dia, pero el *cabo* tenia motivos para sospechar que los cometian durante la noche. Apesar de ello, se cansaban de una vida que les obligaba á ser buenos, á lo ménos durante el dia, y como estaban seguros de que los *mozos* lo sabian todo, deseaban marcharse de aquel pais á otro desconocido. A este objeto, por medio del mismo confidente, solicitaban todos los dias el pasaporte que el *cabo* les habia ofrecido en aquella entrevista de que ya nos hemos ocupado. Pero el *cabo* jamás habia tenido intencion de poner en sus manos semejante documento, porque sabia que estando en el territorio de su mando, era imposible que cometiesen alguna de las suyas sin que él lo supiese, en cuyo caso el castigo hubiera sido instantáneo. Otra cosa hubiera sido, desde el momento en que les hubiese dado un pasaporte para poder marchar á otras tierras. Asi es, que sin negárselo, los hacia pasar con promesas de un dia á otro. En esto un confidente de los *mozos* avisó al cabo, de que no se fiase de los dos bandidos, puesto que habian dicho que tan pronto como tuviesen el pasaporte lo asesinarian, para vengar la muerte de su capitan, y los agravios que ellos mismos, segun decian, habian recibido de Mas. Algunos dias despues, una persona de arraigo en el pais, habitante de una rica casa de campo de su propiedad, dió igual aviso al *cabo*. Este lo habia oido de la propia boca de los bandidos. Era pues indudable que aquellos malvados ni se habian enmendado ni se arrepentian, y que por consiguiente faltaban á lo pactado. Entonces el *cabo* determinó prenderlos otra vez, pero como eran tan sagaces y desconfiados, era preciso valerse de la astucia para poderlos reducir á prision. Con este objeto, el *cabo* los citó para la casa llamada Coll Deuden, so pretesto de entregarles los pasaportes que, segun lo convenido, debia librarles el alcalde de aquel pueblecito. Pero Miqueló y Balaguer, que siempre desconfiaban, á la hora señalada se dejaron ver por aquellos alrededores, pero se negaron á entrar en dicha casa, pretestando que habia demasiada gente, y contentándose con enviar al *cabo* un regalo de truchas ricas y frescas que ellos mismos habian pescado. El *cabo* entonces los citó para un molino llamado del Riu, distante una hora escasa. Los bandidos aceptaron la cita, y realmente, pocos momentos antes de llegar el *cabo*, estaban ya ellos esperando en la sala comedor y cocina de dicho molino. Era condicion indispensable la de que el *cabo* debia ir solo y sin armas, al paso que ellos eran dos armados de piés á cabeza, como decirse suele. Pero esta vez Mas llevaba dos pequeñas pistolas colocadas en los bolsillos del pantalon.

—Vengo solo, dijo al entrar, pero el alcalde no se hará esperar, pues lo he dejado arreglando los pasaportes. Entretanto, si os parece podemos comer y beber de lo que nos pueda servir la patrona de la casa.

—No hay inconveniente, dijo Miqueló, y él y sus compañeros se acomodaron en la mesa, pero de tal modo, que siempre tenian las armas aparejadas para cualquier evento.

En esto, el tiempo pasaba y el alcalde no venia; ¿cómo habia de venir, cuando ni siquiera habia sido avisado? Por otra parte el *cabo* estaba solo, no tenia más que dos pequeñas pistolas, los bandidos eran dos con sus trabucos, pistolas y puñales.

—Maldito alcalde, decia el *cabo*, que tanto tarda en venir, despues de saber que aqui lo estamos aguardando...

Diciendo esto, torturaba su cerebro para discurrir un medio de llamar á su asistente que se habia quedado con el caballo á un cuarto de hora de distancia. Repentinamente le ocurrió una idea feliz. Por la conversacion de la molinera vino en conocimiento de que su marido, que estaba moliendo en los bajos de la casa, era al propio tiempo que molinero, herrador, y desde este momento estando comiendo con la mayor calma é indiferencia dijo:

—¿Con que vuestro marido es herrador?

—¡Oh!... si señor, y de los más diestros de toda esta comarca.

—Lástima que yo no lo hubiese sabido antes...

—¿Por qué? dijo la molinera.

—Porque hubiera venido con mi caballo, que cojea, por tener un clavo atravesado.

—Pobre animal, dijeron los bandidos, y tan ligero y saltador como es.

—Pero ¿lo tiene V. muy lejos?

—No: á un cuarto de hora de distancia, junto al pinar de la encrucijada.

—Entonces, dijo Miqueló, irá uno de nosotros á buscarle.

—No lo permitiré, dijo el *cabo*: bastará que vaya ese niño.

Y diciendo esto, señaló un niño de unos seis años escasos que habia alli presente. Efectivamente, aquel niño salió en busca del caballo y del asistente segun él creia, y solamente del caballo segun pensaban los bandidos. El *cabo* sabia que su asistente no confiaria el caballo á nadie. Apenas habia transcurrido media hora, cuando Mas, que estaba muy atento, apesar de fingir suma distraccion, oyó las pisadas del caballo. Esperó un momento más, y luego sacando sus pistolas, intimó la rendicion á los bandidos, con voz sonora á fin de que fuese oida por el asistente. Los bandidos cogieron sus pistolas al momento y Miqueló disparó contra el *cabo*. Este hizo otro tanto, siendo más afortunado que el bandido, puesto que éste cayó herido mortalmente. En tanto, Balaguer iba á disparar su trabuco, pero el *mozo* asistente del cabo que habia volado á la defensa de su amo, llegó á tiempo de poder disparar contra el bandido dejándole tendido en el suelo. Un momento despues llegaron los demás *mozos* atraidos por el ruido de los tiros. En fin, colocados los dos cadáveres en una camilla, fueron conducidos á Solsona, donde los *mozos* fueron recibidos con las muestras de agradecimiento más espresivas de sus habitantes, por haberlos libertado de unos mónstruos que por tantos años habian sido el terror y espanto de aquel pais. Hé ahi los nombres de aquellos valientes: Manuel Trapat, Juan Argemi, Juan Mimó y Antonio Martí. Asi acabaron sus dias aquellos hombres sanguinarios y facinerosos, prófugos del presidio de Tarragona y de la cárcel de Solsona, y condenados ya por los tribunales. Tal fué su vida, tal su muerte. Ninguno de ellos tenia aun treinta años. Siempre sucede asi. La vida de los malos es corta, aun suponiendo que sea vivir el estar en un continuo sobresalto. El tener que vivir desconfiando hasta de su propia sombra. El no tener ninguna de las afecciones y dulzuras que hacen agradable la vida en este valle de miserias. En fin, el vivir sabiendo que todo el mundo desea su muerte, y que lejos de llorarla y sentirla, la celebrarán con alegria y satisfaccion. Esta vida ni siquiera puede compararse con la de las fieras y animales más inmundos de la tierra. Aquellos á lo ménos tienen su hembra y sus hijos, y sobre todo, están libres del terrible aguijon de la conciencia. Pero esos miserables cuyas vidas vamos escribiendo ¿qué tienen? Nada: la desesperacion en vida, el infierno despues de su muerte.

CONSPIRACION DE LOS BANDIDOS CONTRA SU CAPITAN:

SECUESTRO Y ASESINATO DEL DIPUTADO Á CÓRTES D. FRANCISCO PERPIÑÁ.

El dia 18 de julio de 1846, una partida de bandidos se hallaba reunida á las once de la noche en un cerro distante unas dos horas del pueblo de Juneda, del cual eran naturales algunos de los convocados. Hablaban entre sí, en voz baja y frases entrecortadas de un asunto, al parecer de mucho interés. Uno de ellos, llamado Francisco Bosch (a) Graña, natural de Juneda, se espresaba en estos términos:

—Ya sabeis que yo no soy vuestro capitan, sino en ausencia de Moselet; por consiguiente, solo puedo deciros que por su órden os he conducido á este lugar. Creo que el no tardará en venir, y nos revelará sus planes.

—Es que ya estamos cansados de tanto andar y correr, dijo uno de los bandidos llamado José Martí (a) Sort, vecino de Serbiá, sin que se haga cosa de provecho.

—¿Qué quereis que os diga? contestó Bosch. Si yo fuese el capitan, os podria contestar de otro modo, bien que estoy seguro que en este caso no tendriais motivo para quejaros.

—Es que será fácil que te nombremos, replicó Sort.

—¿Y piensas tú que esto es tan fácil? dijo otro bandido llamado Ramon Villamayor (a) Merce. ¿Crees tú que nuestro capitan es hombre para dejarse arrebatar el mando tan fácilmente?

—Escuchad, dijo el Sort, ¿y si nos convenimos todos, y lo matamos?

—Ésto seria otra cosa, añadió Villamayor.

—¿Qué decis á esto? preguntó el Sort, dirigiéndose á los demás.

Nadie se atrevia á contestarle. Entonces el descarado y atrevido Sort, que por lo visto tenia algun resentimiento particular contra el capitan y deseaba vengarse, echó el resto diciendo:

—¿No veis, imbéciles, que él se lleva la mejor parte de todo lo que robamos?

—Le corresponde, dijo uno, por esto es el capitan.

—Ira de Dios, añadió el Sort, que siempre has de ser tú, Oliver, el que lo defiendes.

—Yo no defiendo á nadie, contestó Oliver, únicamente digo lo que siento.

—Si yo solo le mato, añadió el iracundo Sort, ¿lo dareis por bien muerto?

—Sí: contestaron todos los bandidos ménos Oliver.

—Pues bien, dijo el Sort, hoy mismo morirá.

—¿Cuando?

—Asi que venga.

—Eso no, dijo el bandidó Ramon Bobet (a) Murri.

—¿Por que?

—Porque, primero le debemos escuchar y saber cuales son sus planes, contestó Murri.

—Está bien, dijo el Sort.

Un cuarto de hora despues el capitan de la partida llamado Antonio Tarregó (a) Maselet, natural de Mollerusa, se babia reunido con los suyos. Era este un hombre de unos treinta años, estatura alta, moreno rostro, mirada siniestra y penetrante, semblante severo é imponente, boca grande, nariz achatada y cara larga. Los bandidos le rodearon, esperando con el más profundo silencio á que les dirigiese la palabra.

—Os he convocado, dijo, para deciros que mañana mismo vamos á dar un golpe que nos ha de proporcionar oro en abundancia. Tengo mi plan formado y mis medidas tomadas. Dentro de veinte y cuatro horas, ¿qué digo? dentro de pocas horas, tendremos en nuestro poder un prisionero de muchisima consideracion, un diputado á Cortes, rico y muy relacionado, es hombre que tiene muchos amigos y partido. No lo dudeis, por su rescate nos darán cuanto pidamos.

—¿Su nombre? preguntó el Sort.

—Siempre has de ser tú, replicó el capitan con enojo. ¿Acaso el capitan debe decirlo todo? ¿Por ventura no sabes que á ti solo incumbe el obedecer, y á mi el combinar los planes y mandar? A pesar de todo no hay inconveniente en decir el nombre. Se llama D. Francisco Perpiñá.

—Este si que es pájaro de cuenta, dijeron varios bandidos á la vez.

—¿Teneis, añadió el capitan, vuestras armas bien preparadas?

—Si: dijeron todos.

—¿Estais decididos y prontos?

—Ahora mismo: contestaron.

—Entonces seguidme sin pronunciar una sola palabra.

Un momento despues aquellos bandidos en número de diez, armados de pequeñas carabinas, pistolas y puñales, caminaban por sendas escusadas guiados por su capitan, sin pronunciar una sola palabra. Eran las cuatro de la madrugada del dia siguiente. Los bandidos habian llegado ya al término de su jornada. El capitan los habia apostado de trecho en trecho, junto á la carretera de Madrid, en el punto que va desde Belloch á Lérida, á media hora de distancia del primero, esto es, de Belloch. Una hora habria transcurrido cuando oyeron de lejos el ruido de un coche que iba en direccion hácia Lérida. El capitan se adelantó algunos pasos, y luego dirigiéndose á los dos bandidos que formaban á su lado les dijo:

—Este es el coche correo, en él viene nuestro diputado: preparaos, podria ser que viniese custodiado.

Los bandidos prepararon sus armas. El coche se acercaba por momentos. Los caballos que lo arrastraban iban poco ménos que á escape.

—Corren mucho, dijo el capitan.

—Será preciso, dijo uno de los bandidos, enviarles un confite, como por via de saludo.

—Cuidado con ello, interrumpió el capitan, no nos conviene meter ruido, estamos demasiado cerca de Belloch.

En esto el coche estaba ya á veinte pasos de distancia. El capitan y los dos bandidos se colocaron en medio de la carretera, é intimaron la voz de alto, acompañada de mil blasfemias. Al mismo tiempo á un silbido del jefe, todos los bandidos se lanzaron contra el coche como perros rabiosos. En un momento, los caballos fueron desenganchados, y cortadas las cuerdas y correas por medio de los afilados puñales. El infeliz mayoral se vió acometido por dos bandidos, quienes, colocando su puñal junto al pecho, le derribaron del pescante, tendiéndole en el suelo y manteniéndole muy sujeto y apretado. Igual suerte sufrieron el zagal y postillon, de modo que en un momento quedó concluida toda esta maniobra. Entonces el capitan abrió la portezuela del coche que tenia guardada desde un principio, diciendo:

—Debe V. bajar, señor Perpiñá.

—¿Pero y por qué me quereis detener? ¿qué mal os he hecho?

—No podemos perder tiempo. Baje V. ó sinó le mato.

Y diciendo esto apuntó una pistola contra el desgraciado Perpiñá.

—Ola, dijo el capitan, aqui hay otro pájaro. Yo creia que iba V. solo. Baje V. tambien, añadió dirigiéndose á otro sugeto que iba en el coche.

Mientras esto pasaba, tres de los bandidos estaban robando todo cuanto contenia el coche, operacion que duró pocos segundos. Respecto al sugeto que iba en el coche con el señor Perpiñá se contentaron con robarle, dejándolo libre. ¡Dichoso él! Pero en cuanto al señor Perpiñá, lo ataron y se lo llevaron en su compañía, emprendiendo la marcha hácia la parte del camino de la *Plata de Pladell*, dirigiéndose luego hácia Mirabell. Pocas horas despues el valiente cabo de las Escuadras D. Domingo Segués, despues cabo jubilado, ya tenia noticia de tan deplorable acontecimiento. Todo aquel pais estaba consternado, porque realmente el señor Perpiñá era apreciado y contaba muchos amigos. Todo el mundo queria salir en persecucion de los *malvados*, pero el prudente y esperimentado cabo y los *mozos* de su mando, procuraban calmar aquel ardor, diciendo:

—Si quereis salvar al señor de Perpiñá, si no quereis que lo asesinen. mantencos tranquilos y quietos.

Si se levanta el somaten, no lo dudeis, Perpiñá será asesinado. Dejad que nosotros arreglemos este asunto. Dejadnos obrar: solo nosotros podemos coger á los malvados sin ruido ni alboroto.

Ocho horas despues, el cabo y los *mozos* habian ya cogido la pista de los bandidos. Solo hacia una hora que los foragidos habian pasado por el camino que conduce desde Juneda á la ermita de San Salvador, y ya los *mozos* y su jefe, se hallaban en este último punto. Un confidente de las Escuadras se presentó un cuarto de hora despues, dando aviso de que los bandidos en número de ocho ó diez, con un señor montado en un caballo, habian tomado la direccion hácia la sierra llamada los *Tosals den Besols*. Hasta aquí todo iba bien. Los bandidos solo llevaban una ventaja de unas dos horas de diferencia respecto

Secuestro de D. Francisco Perpiñá, diputado a Córtes.

á los *mozos*. El astuto cabo, juzgó que era muy fácil que los bandidos hiciesen una contramarcha, para desorientar á los *mozos*, durante la oscuridad de la noche. Como por otra parte sabia que muchos de los de la partida eran naturales de Juneda, que alli tenian muchos cómplices y encubridores, destinó tres *mozos* hácia dicho punto. Efectivamente, no se equivocó en sus sospechas, puesto que á las altas horas de aquella misma noche, los bandidos, con su preso, siempre llevándolo á caballo y dispensándole muy buen trato, contramarcharon por sendas distintas hácia Juneda. Indudablemente que Perpiñá no hubiese tenido un fin tan espantosamente trágico si, habiendo seguido los consejos del cabo, no se hubiese levantado aquel somaten general, que puso en movimiento á todos los habitantes del pais. Los bandidos solo querian dinero; pero una hora antes de llegar á Juneda, fueron avisados por sus confidentes de todo lo que pasaba. Supieron que á la madrugada del dia siguiente, aun debia reforzarse más y más el somaten, y que indispensablemente se verian cercados y perseguidos por todas partes. Entonces el feroz capitan y sus súbditos se llenaron de ira y rabia. Mil blasfemias y palabras sacrilegas salieron de sus inmundas bocas. El infeliz prisionero se vió entonces amargamente insultado y amenazado. Hasta entonces le habian dispensado muchas atenciones, pero desde aquel momento todo cambió. Le ataron de piés y manos con la mayor crueldad. Despues de esto, los bandidos formaron circulo alrededor de su capitan, á poca distancia del preso. En aquel infernal conciliábulo debia decidirse la suerte del infeliz y desgraciado Perpiñá. Nada bueno podia esperar la víctima, puesta en manos de aquellos animales feroces y sanguinarios.

—Es indispensable, decia el capitan, el deshacernos del preso. Tambien tal vez será preciso el que nos dispersemos y separemos los unos de los otros por algunos dias. Si continuásemos así reunidos y reteniendo al preso, infaliblemente caeriamos en manos de nuestros enemigos, los *mozos*, que á estas horas estarán tal vez no muy distantes de nosotros; no nos atacarán por ahora, porque ya nos conocen, y saben que nuestra primera diligencia seria la de matar al preso. Pero ese somaten, que dentro muy pocas horas se pondrá en movimiento, se compone de gente de todas clases, entre las cuales, no faltarán hombres atolondrados que no respetarán nada, ni aun la vida del mismo que desean salvar. Decid, pues, ¿mataremos al preso?

—Que muera, dijo el infame Sort.

—Entonces, dijo otro, ¿de dónde sacaremos el oro prometido?

—Primero que todo es salvar nuestras vidas, replicó Bosch.

—Todo tal vez se puede hermanar, dijo entonces el capitan. Marchemos al momento en direccion al pozo de Marquelet. Ya sabeis que este pozo está situado en un desierto. Si realmente el somaten se levanta, meteremos al preso dentro del pozo, y lo dejaremos allí. ¿Quién ha de sospechar esto? Nadie: luego cuando calme la persecucion iremos otra vez, lo sacaremos y pediremos el rescate.

—Bien pensado, dijeron todos.

Dos horas despues el somaten general se habia puesto en marcha por distintas direcciones. Las campanas de todas las parroquias é iglesias herian el aire con su sonido aterrador. Los bandidos estaban ya junto al citado pozo. El sonido espantoso de las campanas heria sus oidos y los tenia medio aterrados. Pero apesar de esto, insistieron en su depravado plan, y con este objeto, tenian entre sus manos á su infeliz víctima, y ataban sus manos fuertemente con una piedra de más de media arroba de peso. Entonces el preso hizo el último esfuerzo. Rogó, suplicó, ofreció cuanto dinero le pidiesen, pero todo fué en vano. Los bandidos ni siquiera le contestaban. Una vez atado, y asegurados de que no podria escaparse, lo bajaron al pozo y allí lo dejaron abandonado. Figúrense nuestros lectores, cual seria la situacion del desgraciado Perpiñá. Puesto en pié, el agua del pozo le cubria hasta más allá de la cintura. El preso, pues, para no ahogarse, debia permanecer en pié. Y ¿cómo podia guardar esta postura un hombre atado de piés y manos y debiendo sostener una piedra tan pesada? Todo lo habian calculado aquellos hombres endemoniados, menos que la persecucion que se les hacia por parte del somaten durase tantos dias. Ellos creian que seria cosa de algunas horas, y bajo este concepto, confiaban que su víctima sobreviviria á los padecimientos del doloroso estado en que lo habian dejado. Pero fué el caso, que ellos temiendo la persecucion de tantos hombres puestos en movimiento, no se atrevieron á reunirse, ni mucho menos á dirigirse hácia el pozo. De este modo el infeliz preso luchó por espacio de muchas horas y aun dias en la agonia más espantosa. El 29 de julio fué sacado de aquel terrible pozo el cadáver del desgraciado don Francisco Perpiñá. Murió ahogado, segun declaracion de los facultativos, despues de haber permanecido en el pozo por espacio de siete dias, entre vivo y muerto. Los bandidos no le habian despojado ni del poco dinero que llevaba encima, ni de ninguna

de sus prendas de ropa, de modo que en la faltriquera de su levita se le encontraron los dos pañuelos que siempre llevaba, su cartera y sus papeles. Por otra parte no tenia herida alguna, solo sí conservaba la piedra atada entre sus brazos y la cara tapada con un pañuelo de los mismos bandidos. Esto prueba que el desgraciado Perpiñá no fué arrojado al pozo, sino bajado hasta con sumo esmero y cuidado. Evidenciándose así, lo que antes hemos dicho, esto es, que los bandidos no querian su muerte sino el rescate. Despues de este acontecimiento el valiente Mas y sus *mozos* se lanzaron como saetas en persecucion de los malvados. Su celoso y activo comandante D. José Vivé, se habia trasladado al lugar de la escena, y dió las órdenes más terminantes, á fin de que el castigo cayese pronto sobre los malvados.

—Volad, dijo á los *mozos*, y no debeis dormir ni descansar hasta haber esterminado esa canalla.

Así lo hicieron. Cuatro dias habian transcurrido tan solamente. Era la madrugada del dia 4 de agosto de aquel mismo año. Los bandidos Ramon Vilamayor, Francisco Bosch (a) Graña, Juan Oliver (a) Parruca y Jose Martí (a) Sort, estaban medio echados, rendidos de fatiga y cansancio en un bosquecillo, á poca distancia de Marquelet, término de Pradell, jurisdiccion de Torregrosa.

—Esto no es vivir, decian, es preferible mil veces la muerte.

—Infernales *mozos*, añadia Bosch; son gente de bronce, pues para hacernos tan cruel persecucion, es menester que ni coman, ni duerman, ni descansen un momento. Vamos, es imposible ser bandido, existiendo las infernales ESCUADRAS.

—¿Y si ahora nos sorprendiesen? dijo el Sort.

—Es materialmente imposible, replicó Bosch, pues con la corrida que hemos llevado, á lo ménos deben estar á seis horas de distancia.

—¿Acaso no corren ellos?

—No: dijo Bosch, sino que vuelan.

—¿Y qué comemos ahora? dijo el Sort, hace tantas horas que no hemos probado un bocado...

Apenas habia pronunciado estas palabras, cuando se levantó repentinamente, imitándole los otros tres.

—¿No habeis oido ruido de pasos?

—Será algun perro ó conejo, dijo Oliver.

—No lo creas, yo huelo á los *mozos* como los perros la caza.

—Ellos son, dijo Bosch; perdidos estamos.

—Vamos á venderles caras nuestras vidas, dijo el valiente Sort.

Diciendo esto se habian puesto en defensa con sus armas preparadas. Pero Sagués y sus *mozos*, sin detenerse un momento, se arrojan contra ellos á la bayoneta, sin darles tiempo de disparar. Los bandidos echan mano de sus armas blancas: trábase un combate que duró poco, terminando con la muerte de los cuatro bandidos espresados.

—Ahora pagais la muerte del desgraciado Perpiñá, les decia el cabo, en el acto de herirles, apesar de su resistencia.

Pocos dias despues, la benemérita Guardia Civil de Balbona, capturó al capitan de la partida Antonio Tarragó, quien fué fusilado en Lérida, condenado por la activa comision militar, como jefe de bandoleros y asesino de Perpiñá. Todavia quedaban tres bandidos, á saber: Isidro Melis, natural de Juneda, Ramon Babot (a) Murri, y Jaime Banqué (a) Parrot, alcalde de Mollerusa. Respecto á los dos primeros, fueron muertos por los *mozos* á las órdenes del espresado cabo Segués, por haberse resistido y disparado contra ellos en el acto de haberles sorprendido. El alcalde de Mollerusa, fué preso tambien por los *mozos* Ramon Carrera, Juan Marti y Jaime Anfrans y entregado por los mismos á la comision militar de Lérida que ya lo tenia reclamado. Alli fué sentenciado y fusilado, junto con Antonio Tarragó, de quien

ya hemos hablado. Así acabaron aquellos malvados; terror y espanto del pais. Así el castigo de su último delito fué casi instantáneo, ó simultáneo á su perpetracion. Ya lo hemos dicho antes de ahora: hay una Providencia divina que vela por sus criaturas. Existe un Dios justiciero, que ya en esta vida castiga á'los delincuentes y malvados.

VIDA DEL BANDIDO BOU (a) MALIVERN, DE SAN JULIÁ DE VILATORTA:
UNA CITA MISTERIOSA DADA AL CABO DE LAS ESCUADRAS: EL SOLITARIO.

I.

Ninguna cosa deja más hondas raices que las yerbas malas y nocivas. Mil veces las arrancareis de vuestras viñas y plantios, y otras tantas las vereis germinar y producir apesar de todos vuestros esfuerzos. Si del órden fisico pasais al mundo moral, observareis otro tanto. Las malas acciones tienen siempre imitadores y secuaces. Así se verificó con la pérfida institucion de los *trabucaires*. Ya no existian sus jefes y fundadores, de modo que, podia decirse, que de cuajo habia sido arrancada aquella planta mortifera y venenosa, pero no era así, pues sus ocultas raices vivian y crecian en las entrañas mismas de la tierra, apareciendo de vez en cuando en su superficie para emponzoñar con su hálito, la atmósfera, causando la muerte y la destruccion. En efecto, miembros podridos y corrompidos de aquel cuerpo monstruoso, eran el Bou (a) Malivern y sus compañeros conocidos todos por los apodos siguientes: Sarapi, Rano, Cart, Xich de San Hilari y otro cuyo nombre se ignora.

—No hemos de ser más que seis, les decia Bou en la primera reunion que tuvieron. Yo creo que ni Felip ni Vilademunt entendieron nunca su oficio. ¿A qué tanta gente? ¿A qué sesenta ó setenta valientes? ¿No conocian que para mantener á tantos hombres se necesitaban muchas provisiones y dinero? Para dar buenos golpes, bastan seis hombres decididos. Lo demás no sirve más que para llamar la atencion y ser descubiertos á cada paso. Yo creo que lo entiendo mejor que todos ellos, y no dudo que pronto, muy pronto, nos haremos ricos, y luego nos retiraremos á Francia ú otro punto, á gozar de nuestras riquezas como lo han hecho otros muchos, aun cuando hayan robado al prójimo valiéndose de otras astucias y medios.

—Segun esto, replicó Sarapi, ¿crees que á más del nuestro, hay otros sistemas de robar?

—Vaya si los hay, y aun os diré que son mejores y más acertados que el nuestro sin correr sus peligros.

—¿Y cuales son?

—El de las quiebras fraudulentas, el de las estafas bien combinadas, el de los abusos de confianza, el de la corrupcion y cohecho en la administracion de los intereses públicos, el de la combinacion astuta de ciertos negocios en los cuales siendo muchos los interesados, todos han de perder menos el que ha concebido y formado el plan para estafarlos á todos! Pero para esto es necesario travesura, y sobre todo pasar por hombre de bien é inteligente, á lo cual no puede aspirar ninguno de nosotros, en el estado en que nos hallamos. Vamos pues á nuestro caso: os digo que ni ahora ni nunca seremos más que los seis aqui presentes. No admitiremos á nadie, siquiera fuese el mismo Felip que viniese del infierno.

—Bien dicho, dijeron todos.

—Repartiremos el botin por partes iguales.....

—Bien... bien...

—Cada uno de nosotros será igual al otro, fuera de los actos en que yo deba figurar como capitan.

—Bien... bien...

—Nuestra asociacion deberá durar hasta que cada uno haya reunido mil onzas de oro.

—Aprobado.

—La parte del que muera, durante el ejercicio de nuestro oficio, se repartirá por igualdad entre los que sobrevivan...

—Aprobado.

—Yo tengo hijos... dijo uno.

—No hay hijos ni mujeres que valgan, replicó Bou. Mientras no se haya realizado nuestro plan, esto es, mientras no tengamos reunidas mil onzas de oro cada uno, pertenecemos á la asociacion única y esclusivamente. sin acordarnos de nada más, inclusos nuestros hijos y esposas. Muchas veces somos descubiertos por imprudencias de estos. Los *mozos* saben pescar con tal maña, que es muy dificil á una mujer ó hijo, por avisado que esté, que no caiga en los lazos que ellos saben tender con tanta sagacidad.

—Es verdad, dijeron todos: fuera hijos y mujeres...

—Cortaremos *orejas .. dientes* y *cabezas* si es necesario á los secuestrados á fin de que suelten pronto el dinero?

—Si... si... orejas, dientes y cabezas...

—Castigaremos sin piedad á nuestros presos, los trataremos como bestias é irracionales, con tal de sacarles el dinero?

—Como bestias, si, como bestias...

—Jurad, pues, cumplir con todo lo dicho.

—Juramos por Dios y el demonio que no faltaremos en un ápice.

De esta manera por medio de un conciliábulo tenebroso é infernal, quedó formada aquella asociacion de espiritus del abismo. que pronto hizo sentir sus espantosos estragos. En efecto, el 14 de abril de 1845, el heredero de la rica casa de campo llamada Malfulleda de Arbucias, fué sorprendido y preso por los bandidos al regresar á su casa, en un punto no muy distante de la misma. El preso fué conducido atado y con los ojos vendados á una cueva, en donde, despues de mil amenazas y golpes, se le hizo escribir una carta á su padre y otra á su esposa en las cuales se pedian dos mil onzas para su rescate, amenazándoles con que les enviarian las orejas del preso, si á los tres dias no habian mandado tan crecida cantidad. Pueden figurarse nuestros lectores cual seria el trastorno de aquella honrada familia, pues si bien era de las más acomodadas del pais, no era fácil y ni aun posible el que, en tan pocos dias pudiese aprontar una suma tan considerable. Sucedió que el portador de la carta, que fué uno de los mismos bandidos, disfrazado de mendigo, tuvo que hacer mil rodeos, marchas y contramarchas para cumplir su comision, evitando el encuentro con los *mozos* y somatenes que se dedicaban á la persecucion de los malvados, de modo que cuando la carta del preso llegó á manos de la familia, habian espirado ya los tres dias de plazo concedidos. El feroz Bou, que se habia propuesto un sistema de rigor nunca conocido, quiso cumplir con su palabra dada por escrito en las cartas del preso.

—No hay remedio, dijo al dia quinto, despues de la partida del portador de las cartas, le hemos de cortar las orejas...

—Pero, esto es una crueldad, dijo el infeliz preso, considerad que mi familia no tenia á su disposicion la cantidad que pedis... reflexionad que tal vez la carta aun no ha llegado á sus manos.... tened, pues, un poco más de paciencia, os lo pido por Dios... os lo pido en nombre de vuestras madres....

—No hay Dios ni madres que valgan. Si mañana al medio dia no hemos recibido el dinero, no valdrán súplicas y lágrimas, tus orejas serán cortadas y enviadas á tu familia.

El preso calló y pasó aquellas horas de mortal agonía esperando el dia siguiente lleno de terror. Vino este, y á poco llegó el emisario. No llevaba contestacion por escrito, pero si de palabra, dijo: «que la familia le habia manifestado el estado de la casa, y la imposibilidad de pagar una suma tan considerable, y por lo mismo que pedian una rebaja, ó cuando no, un plazo más largo.»

En seguida añadió que él se habia visto en grandes apuros para poder entregar aquellas cartas: que los *mozos* iban y venian más listos que las ardillas: que se habian levantado varios somatenes, y por consiguiente que él era de opinion de apresurar y terminar pronto aquel negocio, de lo contrario, temia que el demonio se lo llevaria todo con sus mañas.

—Tienes muchisima razon, dijo Bou, y verás que pronto quedará terminado este asunto.

El preso estaba escuchando azorado. Bou se levanta, saca su navaja y con la crueldad más inicua *corta una por una las dos orejas del infeliz preso.*

Este dió un espantoso grito de dolor y cayó desmayado. La sangre salia en abundancia de las dos heridas. Entonces uno de los bandidos se acercó al preso y le prodigó los ausilios necesarios para volverlo en si. Recobrado el sentido, el infeliz preso aplicó sus manos á la parte mutilada. Los bandidos curaron sus heridas á su modo, mientras que Bou y Rano, con el cinismo más repugnante, derramaban sal sobre las dos orejas cortadas, riendo entre si y diciendo que asi llegarian más frescas á manos de la familia del preso á quien debian dirigirse.

—No hagais una cosa semejante, dijo la victima con acento desesperado.... No cometais la barbaridad de enviar un regalo tan repugnante á mi pobre padre y querida esposa... Les vais á dar un disgusto de los más grandes.

—Peor lo tendrán, replicó Bou, cuando reciban tu cabeza dentro de un cesto, ó la encuentren clavada junto á la puerta de tu casa.

—Alabado sea Dios, dijo el preso con una resignacion verdaderamente cristiana: estoy en vuestro poder, haced lo que os dé la gana.

—Pues bien, dijo Bou, escribe una segunda carta en la que dirás que ya te hemos cortado las orejas que son las mismas que incluyes en la carta, y que si dentro de cuatro dias no han entregado la cantidad, recibirán tu cabeza envuelta entre trapos.

No hubo otro medio; el desgraciado preso tuvo que resignarse y escribir una carta tan repugnante. El feroz Rano fué el que se encargó de ser el portador de un tan espantoso regalo. La familia fuera de si, al recibir aquella carta y los arrancados miembros de un hijo tan querido, padre y esposo idolatrado, hubo de conocer que tratándose con fieras semejantes, no habia que esperar lástima y compasion, asi es, que haciendo los más grandes sacrificios y con el ausilio de todos sus parientes, amigos y conocidos, reunieron la cantidad y la entregaron del modo que se les prevenia en la carta. Dos dias despues, el infeliz preso, flaco, enfermo y mutilado, fué abandonado por los bandidos á una media hora escasa de su propia casa en medio de una noche fria y oscura. Con gran pena pudo llegar hasta la puerta de su casa en donde encontró á su padre, esposa, hijos y conocidos que le esperaban con un interés y cuidado inesplicables. Asi terminó aquella criminal hazaña, con gran contento y satisfaccion de sus infernales autores, puesto que habian recogido una cantidad tan considerable.

—Vamos á otra, dijo Bou, y dirigió los suyos á un camino por donde, segun dijo, debia pasar otro pájaro muy gordo.

Era tambien de noche, porque Bou y los suyos nunca viajaban sino á favor de las tinieblas. Despues de dos ó tres noches de paradas, escondiéndose durante el dia en sus madrigueras, cayó en sus garras el señor Subirá de *Santas Creus de Osur*. Pero esta vez Dios no quiso que se consumase este nuevo crimen, puesto que acosados y perseguidos muy de cerca los bandidos por los *mozos* de la Escuadra á las órdenes de los *cabos* D. Juan Pujol y D. José Aimerich, descuidaron un momento las muchas precauciones que observaban respecto al preso, y éste pudo escaparse y ser rescatado. Un mes despues secuestraron á los propietarios señores Fábregas y Vilaret de San Hilario de Sacalm, habiendo arrancado los dientes del último para intimidar á sus familias á fin de que pagasen el rescate que les pedian, como realmente asi lo hicieron, sin que podamos fijar la cantidad por no constar en los documentos que consultamos. Tan espantosos crímenes, repetidos con tanta frecuencia y consumados con tanta perfidia, crueldad y constancia, tenian consternado todo el pais, azorados á todos sus habitantes y agitadas á todas las autoridades. Las Escuadras no descansaban un solo momento, pero los bandidos eran tan astutos, Bou entendia tan bien su oficio, como él mismo habia dicho, que hasta entonces habia logrado burlarse de todos. Somatenes, tropas, Escuadras, todo el mundo se dedicaba á la persecucion de la canalla, y ellos por algun tiempo lograron evadirse de tan constante como general persecucion.

II.

EL SOLITARIO.

En esto se presentó al cabo de la ESCUADRA don Juan Pujol, un sugeto desconocido, acompañado de otro, confidente de las ESCUADRAS, quien lo dijo:

—V. tiene mucho empeño en acabar con Bou y los suyos, y yo vengo á proponerle un medio eficaz.

—Espliquese V., y cuente con una buena recompensa si realmente V. nos proporciona este medio.

—Yo no puedo, porque no está en mi mano, pero hay un sugeto que lo puede hacer.

—Bien: ¿en dónde está este sugeto? ¿Cómo se llama?

—Ahi está el secreto.

—¡Entonces no haremos nada!...

—Si tal, pero es menester que V. convenga en tener una entrevista con el sugeto aludido.

—Está bien: ¿en dónde, en qué dia y hora?

—El lugar ha de ser en un punto de los bosques de Arbucias; el dia, pasado mañana; hora, las doce de la noche.

—Y ¿cómo he de presentarme?

—Solo, y sin armas....

—¿Será un lazo con que se me quiere coger?

—Juro que no....

—¿Qué dices tú respecto de ese hombre? preguntó el cabo dirigiéndose al confidente.

—Menester es, dijo el solitario, que V. conozca quien le ha dado la cita; y diciendo esto encendió una cerilla, y el cabo pudo ver una de las figuras humanas mas estraordinarias.

—Digo que siempre lo he tenido por un hombre de bien.

—Entonces á lo dicho. Pero ¿quién me guiará?

—En ese papel teneis las señas, vos ya conoceis el terreno.

Diciendo esto puso en manos del cabo un croquis bien dibujado, en donde se trazaban los senderos que debia recorrer el cabo para llegar al lugar de la cita.

—Iremos á la cita, dijo el cabo entre si, y veremos en qué vendrá á parar tanto misterio.

Efectivamente, vino el dia señalado, y el valiente cabo, solo y sin armas, conforme lo convenido, se puso en marcha puntualmente para poder llegar al punto de la cita á la hora designada. Nada de particular le sucedió durante el camino, y á las doce de la noche en punto, estaba sentado encima de una roca en el punto en donde debia celebrarse su entre-

vista con el desconocido. Media hora habia ya pasado, y el cabo permanecia solo en el mismo lugar esperando.

—¿Si me habrán engañado? dijo con voz apenas perceptible.

—No, contestó una voz ronca casi junto á su oido.

—Tanto mejor, dijo el cabo, dirigiéndose hácia aquel punto, pues hubiera sentido perder el viaje.

—Veo que sois un valiente, dijo la misma voz, y por consiguiente no me arrepiento de haber dado este paso.

En esto se presentó un hombre alto de estatura, pero la noche era tan oscura, que el cabo no pudo descubrir sus facciones.

—Ante todo es menester, dijo el desconocido, que V. sepa quién es la persona que le ha dado la cita. Diciendo esto encendió una cerilla y el cabo pudo observar á un hombre de una figura y semblante imponente y estraordinario. Su barba entre cana y rubia le cubria casi todo el pecho; sus cabellos muy largos y desaliñados, se estendian por encima de sus espaldas, su color tostado por el sol y escarchas, denotaba que aquel hombre pasaba su vida sujeto á todas las intempéries, y su vestido medio salvaje, revelaba al cazador de los bosques de los paises incultos y bárbaros. Llevaba una escopeta corta de dos cañones y un puñal sujeto por medio de una correa, un zurron y una especie de capa de abrigo con mil zurcidos y agujeros tapados algunos con pieles de liebres y conejos. Sus ojos azules, con su movimiento rápido y vivo, denotaban al hombre que vive rodeado de peligros que quiere evitar. Tal era el sugeto misterioso con quien debia tratar el cabo para un asunto de tanta importancia.

—Ya me ha visto V., dijo, matando la luz que sostenia con la mano. ¿Y qué le parece?

—Diré francamente que no comprendo nada..... Solo veo en V. un hombre que vivirá sin duda en el desierto, en medio de las fieras salvajes.

—Asi es, amigo mio, hace diez y seis años que vivo asi, como V. ha dicho, en medio de las fieras salvajes, pero es para huir de otras fieras más temibles que las que yo persigo y cazo.

—¿Y quiénes son estas?

—Son esos hombres que se llaman civilizados, que como á tales viven en sociedad en las grandes poblaciones y ciudades.

—¿Tan cruelmente le han tratado á V. los hombres?

—No solo me han tratado mal, sino que siguen aun persiguiéndome, y me matarian si llegasen á cogerme.

—Es estraño... porque yo no tengo órden de prender á V., y esto que nosotros la tenemos siempre de prender á los que la sociedad ó la justicia tiene reclamados, que generalmente son todos malvados.

—Mucho hay que decir sobre esto último. Estoy por creer que Vds. tienen órden de prender á los malvados pequeños, pero raras veces la reciben para prender á los grandes. Pero V. ha dicho que no tenia órden de prenderme; ¿y no tiene V. órden de prender á Jaime Torres?

—¿Seria por ventura V.?

—El mismo.

—Pues entonces le diré francamente que hace ya muchos años que tenemos órden de prender á V.

—¿Y sabe V. en qué consiste mi delito?

—Me parece que si; ¿no mató V. á un sugeto que era nacional?

—Así es, amigo mio, pero esto es una de las mil infamias que se hacen todos los dias, y de que yo soy otra de las victimas.

—Pero V. mató á otro....

—Si, mas yo lo maté, defendiéndose él con las armas en la mano. Ambos eramos partidarios, pero de distinta causa. Él defendia á la reina, yo á D. Cárlos. Lo maté en justa defensa de mi vida y de la causa de que era partidario ¿qué delito hay en esto? Sin embargo, como no se me ha querido considerar incluido en el indulto que se concedió á todos los partidarios de D. Cárlos, por esto, hace diez y seis años que vivo solitario y errante por estos bosques, en medio de las fieras; por esto, ya ha visto V. como estoy, como visto y cual es mi semblante. Entre tanto se pasean ufanos y orgullosos ciertos jefes del partido de don

Cárlos, revalidados sus empleos y condecoraciones, los mismos bajo cuyas órdenes nosotros entrábamos durante la guerra en las poblaciones á fuego y sangre, degollando á veces, hasta los indefensos niños y mujeres. Sin embargo, ya lo veis.... á mi y á otros se nos persigue y forma causa por un solo hecho pasado, mientras tantos se disimulan y perdonan á los otros..... Pero ya se lo he dicho antes, la peor desgracia del hombre en las revueltas politicas y guerras intestinas, es quedarse entre los pequeños. Los gordos siempre medran y sacan un buen partido de la revolucion. El dia en que los pueblos entiendan esto, el dia en que, la inmensa masa de hombres que, guiados por su buena fé y rectas intencioues se comprometen por este ó aquel partido, se penetre bien de estas verdades, no lo dudeis, aquel dia los gordos deberán hacer sus procesiones revolucionarias, sea cual sea su ostensible objeto, sin acompañamiento, esto es, solos. ¿No le parece á V. lo mismo, amigo mio?

—Si le tengo que decir á V. la verdad, le diré con franqueza que nosotros los *mozos* no entendemos nada de eso, ni nos entretenemos en esa clase de cuestiones. Instituidos para perseguir malvados, solo nos consideramos en nuestro elemento cuando, como ahora sucede, recorremos sin descauso esos escabrosos montes en persecucion de la canalla, ó cuando en las ciudades, villas y lugares, por medio de nuestra actividad y vigilancia, logramos coger á los ladrones que alli se han introducido para hacer de las suyas. Lo demás pasa, como quien dice, sin apercibirnos de ello. Por lo tanto suplicaria á V. que tratásemos de lo que nos interesa, pues el tiempo es precioso.

—A ello voy: V. conocerá muy bien que en las circunstancias especiales en que me hallo, no puedo ser sospechoso para la canalla. Yo he tenido ocasion de oir, sin ser apercibido, sus infernales planes. Morador de estos desiertos, muchas veces hubiera podido haceros confidencias importantes. Pero como yo estaba proscrito como ellos, como tambien contra mi pesaba una condena, por esto jamás me atreví, y me contenté contra mi voluntad, con lamentar en mi interior los males y crueldades que maquinaban esos hombres infernales. Pero ahora viendo los estragos y desgracias causados por Bou, y los muchos más que aun causará, por esto he formado un plan que os quiero comunicar. Debis partir del principio que, de todos los bandidos habidos en estos últimos diez y seis años, Bou es el más astuto, sagáz, sanguinario y cruel. Es el que mejor entiende su oficio, segun espresion que usa con mucha frecuencia. A mi ver solo yo puedo ponerlo en vuestras manos.

—¿Cómo?

—Es muy sencillo: ya sé que él y los suyos han jurado no admitir ningun compañero más, pero ¡qué diantre! ¿se podrán negar á la admision de un hombre como yo? ¿Quién mejor que yo se les puede presentar con titulos y garantias tan recomendables? Vosotros, les podré decir, detestais á los hombres, yo aborrezco al género humano: vosotros quereis su dinero, yo estoy ávido de este y de su sangre. ¿Quien mejor que yo conoce esos bosques? ¿Qué hombre os puede servir mejor de guia que el que hace diez y seis años que solo y sin haber hecho nunca uso de sus armas, se ha mantenido sin ser perseguido en medio de estos desiertos? Si vosotros estais proscritos, proscrito estoy yo; somos pues iguales, admitidme por consiguiente en vuestra asociacion.

—No me parece mal plan. ¿Pero y despues, una vez admitido?

—Esta es la segunda parte de mi proposicion. Una vez admitido V. colocará unas botellas de vino en un punto que yo le indicaré. Una de estas botellas que irá señalada de un modo solamente convenido entre los dos, contendrá opio ú otro narcótico. Yo procuraré que beban, y como sé que son aficionados, no se negarán, y una vez narcotizados los pondré todos á vuestra disposicion.

—Bien pensado...

—*¿Y cómo no ha de pensar bien un hombre que hace diez y seis años que solo vive del pensamiento?*

—Y en recompensa de este servicio ¿qué pide V.?

—Nada.

—Cómo, ¿no quiere V. su indulto?

—Si lo quiero, pero nunca lo pediré.

—Entiendo: esto corre de mi cuenta. Veo que V. es un hombre de bien, y esto me basta. Sea cual sea el resultado de nuestro plan, yo desde ahora le prometo mi pobre proteccion. Nosotros somos inexorables con los bandidos y ladrones, pero en tratándose de hombres de partido, ya es otra cosa. Desde luego puedo asegurar que V. no es uno de aquellos, puesto que en diez y seis años no he tenido una sola queja contra V.; esto sin duda le ha salvado, porque, á la verdad, le teniamos enteramente olvidado, porque somos algo olvidadizos respecto los que no són ladrones, asesinos, ni malvados. Por lo demás, despues de esta conferencia, ya puede V. obrar con entera libertad, yo le respondo de que no será molestado, aun cuando fuese V. sorprendido entre los malvados antes de haber podido realizar nuestro plan.

—Gracias, amigo mio, gracias. Si no fuese yo ya algo entrado en edad, la única gracia que pediria, seria formar el último entre los *mozos* de la Escuadra, porque creo que esta es la única institucion que no se ha maleado.

En esto se despidieron aquellos dos hombres que ya pueden llamarse amigos, pues realmente desde aquel dia se apreciaron. El solitario queria acompañar al cabo, puesto que éste iba desarmado, y podia ser sorprendido, pero el cabo se opuso diciendo:

—Comunmente se dice que las paredes tienen oidos, y yo he llegado á sospechar que los árboles, rios y torrentes no solo ven sino que hasta hablan. No conviene pues que ni los árboles nos vean en amistad y compañia.

Así terminó aquella entrevista singular, quedando completamente terminado el plan propuesto por el Solitario. Este cumplió su promesa. Se presentó á Bou, le habló el lenguaje que ya saben nuestros lectores, pero el feroz y desconfiado caudillo de aquella manada de fieras, se negó absolutamente á la admision del Solitario, quedando de este modo sin efecto el plan tan hábilmente combinado. Pero ciertas instrucciones que dió el Solitario, sirvieron de mucho como luego se verá. El cabo le alcanzó el indulto, y en el acto de entregárselo le dijo aquel hombre singular:

—Gracias, amigo mio, gracias. Lo acepto, no por mi, sino por la única hija que ha salvado su vida entre todos los de mi numerosa familia. Mi esposa fué asesinada por los migueletes porque era la mu-

jer de un faccioso; igual suerte cupo á mis dos hijos; otro hermano murió de pesar en la ciudadela de Barcelona; otro fué muerto el dia del asalto de aquella misma ciudadela, cuando la inicua matanza de los presos alli encerrados. Así toda mi familia ha pagado el error ó estravio de uno de sus miembros. Este soy yo: el único de mi casa que de buena fé tomé las armas en defensa de D. Cárlos. Perdimos, es verdad; pero y si hubiésemos ganado ¿qué recompensa me hubiera dado el rey? Creo que ninguna; porque como ya se lo he dicho á V. varias veces, era yo demasiado pequeño á los ojos de un monarca rodeado de palaciegos cobardes y aduladores. Ellos lo hubieran sido todo. Los demás de mi jaez, nos hubiéramos tenido que contentar con volver otra vez á nuestras fatigas y tareas del campo, de las cuales jamás deberiamos separarnos.

—Y ahora, ¿qué hará V.? ¿No pedirá la reválida de su empleo?

—¿De qué empleo? Sepa V. que apesar de que toda mi familia murió en defensa, digámoslo así, de la causa que habia abrazado su cabeza principal, no pasé nunca del empleo de sargento. Por otra parte, estoy tan desengañado de los unos y de los otros, que mi resolucion está ya tomada. Realizaré lo poco que me queda, y marcharé con mi hija al punto más olvidado de la América. Yo sé vivir ya á lo salvaje, se entiende, sé vivir sin tratar con los hombres que llaman civilizados.

—¿Y ha visto V. á su hija durante esos diez y seis años?

—No: porque estaba tan escarmentado, temia tanto comprometer á este único pedazo de mi corazon, que hice resolucion de no verla mientras no fuese indultado. Pero he tenido noticias de ella; sé que está buena, en compañia de un buen cura, amigo mio, que la ha criado y educado. Dios se lo pagará en el otro mundo, ya que su padre no se lo puede recompensar en este. Realmente el Solitario realizó su plan, marchándose á América, despues de haberse despedido del cabo. Entretanto Bou y los suyos continuaban secuestrando á los propietarios y personas acomodadas del pais, causando cada dia nuevos disgustos.

III.

ASESINATO DE UN ANCIANO DE SETENTA AÑOS Y UN NIÑO DE DIEZ.

Pero los *mozos* no cesaban un solo momento, y con aquella constancia y paciencia que les caracterizaba, no desconfiaban de lograr su intento, reducido á acabar con la canalla. En el centro mismo de las Guillerías, de aquel inmenso recinto de montes escarpados, bosques sin fin, cerros y collados capaces de esconder ejércitos enteros, existe una casa suntuosa, un palacio, digámoslo así, que forma un gran contraste con la espantosa soledad y aridez de un terreno tan escabroso y solitario. Es la casa llamada Tordades, cuyos ricos dueños se han visto mil veces obligados á dejarla al cuidado de sus colonos, por no considerarse seguros en su morada. El balcon principal de dicha casa es tal vez el de más capacidad que nunca hayan visto nuestros lectores, puesto que cuenta setenta pasos de largo. Sus puertas interiores son de la madera más rica y delicada, dorados á lo fino los marcos de sus alcobas y ricamente amueblados sus salones y dormitorios. Á dicha casa acababa de llegar el cabo de las ESCUADRAS D. José Aimerich, quien hacia ya muchos años que se ocupaba en la más incesante persecucion de los malvados *trabucaires* y de sus restos. Habia concebido un plan de persecucion contra Bou y los suyos, y para su desarrollo se puso á escribir varios oficios que en seguida enviaba á las justicias de todos aquellos lugares. Habia alli un anciano portador de pliegos, quien pidió al cabo que una vez que debia llevar alguno de los partes que escribia, procurase enviarle á San Hilario, por ser el camino más llano, añadiendo. que un niño de unos diez años alli presente iria en su compañia. El cabo accedió á sus deseos, y luego partió aquel buen hombre con el niño, llevando el parte que iba dirigido al alcalde de San Hilario. Pero al llegar aquellos dos infelices á un punto llamado la Creueta, fueron sorprendidos por Bou y los suyos. Cogieron el parte que llevaban, y despues de haberlo leido, degollaron á sus portadores, dejando sus cadáveres en medio del camino, con el sobre del parte puesto y asegurado encima de sus pechos. ¡Qué hazaña!... ¡Asesinar á un anciano de setenta años y á un niño de diez solo porque, por órden superior, llevaban un parte!... Esta sorpresa desbarató algun tanto el plan del cabo, porque cerciorados los bandidos de lo que se trataba, se pusieron en guardia, al paso que el alcalde de San Hilario, no habiendo recibido el parte, no pudo cumplir con lo que se le ordenaba. Apesar de todo, el resultado de aquel plan fué, el que uno de los bandidos llamado el Xich emigrase á Francia y de alli á Argel, y otro llamado Sarapi, emigrase tambien á Francia, en donde murió poco tiempo despues. El mismo Bou se vió entonces confuso y aturdido. Dispersos los suyos casi se vió solo y abandonado. El citado cabo Aimerich continuaba persiguiéndoles sin descanso, deseoso de vengar sus maldades, y sobre todo el doble asesinato de los portadores de sus pliegos.

IV.

FUGA DE RANO: ACTO DE INAUDITO HEROISMO POR PARTE DE LOS MOZOS.

Era un dia frio y lluvioso: dicho cabo con los suyos se hallaba en San Hilario, haciendo un pequeño descanso.

—Partamos, dijo repentinaménte.

—¿Y qué encontraremos con esta lluvia?

—Pisadas... me dá una corazonada.

Salieron en efecto del pueblo y á poco observaron las pisadas de un hombre que debia ir descalzo. Notaron luego que la huella de las pisadas se apartaba del camino en direccion á un bosque. En esto encuentran una mujer, á quien preguntan si habia visto á un hombre que iba descalzo.

—Si lo he visto, y por cierto que no me ha gustado su facha.

—Adelante, dijo el cabo, y continuaron su marcha siguiendo siempre las pisadas.

Repentinamente desaparecen éstas, y los *mozos* comienzan su registro con sus ojos de lince y esperimentado tacto.

—Alto, dice un *mozo* apuntando á un hombre acurrucado en un hueco de un márgen.

Se lanzan los demás contra él, y reconociéndole ¡justicia divina! era Rano, el sanguinario Rano, segundo de la partida de Bou.

—Matadme, dijo, matadme...

—No te mataremos, dijo el cabo, porque queremos que mueras como cristiano. En San Hilario se resolverá tu suerte á tenor de las órdenes comunicadas por el gobierno de nuestra reina.

Y diciendo esto, ataron al preso y emprendieron su marcha hácia San Hilario. Debian pasar por un camino muy estrecho á cuya derecha habia un abismo profundisimo, sin el menor sendero para bajar en él, pues todo era una roca escarpada. El desesperado bandido habia escogido aquel punto para intentar su fuga ó bien morir, puesto que ya sabia que debia ser fusilado en San Hilario. Lanzóse desesperado al fondo de aquel abismo, cuando el intrépido *mozo* José Fondevila, con un valor y heroismo tal vez nunca visto, se arroja tras él con tan acertada direccion, que cae encima del bandido en el fondo de aquel abismo terminado por un lodazal de unos dos palmos de profundidad.

Un ¡ay! espantoso arrancado por el dolor que ambos esperimentaron al tocar el suelo, fué acompañado de otro gemido salido del cabo y *mozos* que habian quedado arriba admirando el denuedo é intrepidez de aquel valiente.

—Yo bajaré, dijo uno:

—Yo, dijo otro; y todos querian bajar, esto es, arrojarse porque era imposible hacer otra cosa siendo un despeñadero tan escarpado.

—Esperad; dijo el cabo, os mando que nadie se mueva.

Entonces anudaron sus cuerdas, y habiendo hecho con todas ellas una bastante larga, calculada la profundidad del abismo, el *mozo* José Ros se la ciñó al cuerpo por un estremo, y comenzaron á bajarle con gran trabajo. En esto se vió que la cuerda no alcanzaba, puesto que el *mozo* distaba aun del suelo unos treinta palmos, y trataron de subirlo otra vez, para alargar más la cuerda; pero viendo Ros que el bandido y el *mozo* Fondevila luchaban con las manos, no tuvo más paciencia sino que él mismo cortó la cuerda, cayendo encima de su compañero y el bandido, dislocándose un pié con el golpe. Pero esto no impidió el que con su sable acabase con la vida de Rano. Entonces se vió que el bandido en la caida se habia roto un muslo y una pierna, y que Fondevila se habia roto tambien una pierna; Ros, como ya hemos dicho, se habia dislocado un pié. Preguntaremos ahora ¿son ó nó dignas de ser contadas unas hazañas tan señaladas? Un cuerpo compuesto de unos individuos tan intrépidos y decididos para el cumplimiento de sus deberes ¿no puede llamarse con razon un *cuerpo* de heroes? Los hechos de este cuerpo, y no las palabras de su humilde historiador, son los que costestan á las preguntas anteriores. El cabo habia mandado un *mozo* á San Hilario, y pronto vinieron al lugar de la escena el alcalde y justicia del pueblo acompañados de muchos vecinos, y viéron por si mismos admirados una hazaña tan portentosa.

—Merecen un premio... dijeron todos al recoger á los dos *mozos* heridos.

Asi lo reconoció el cabo al recomendarlos en su comunicacion al comandante. Pero ni siquiera se acordaron más de ellos, como si tal cosa no hubiera sucedido. *Mozos* eran, *mozos* se quedaron, apesar de la proeza referida y otras mil que pudié-

ramos contar. Siempre ha sucedido lo mismo en este cuerpo. De hecho podia asegurarse que la cuadrilla de Bou ya no existia. Tal habia sido su dispersion, á causa de la terrible persecucion que se les habia hecho sufrir, qué Bou habia quedado tan solo con uno de los suyos. La muerte de Rano fué un nuevo golpe para aquel formidable caudillo de malvados, de modo que el mismo no sabia qué resolucion tomar, ni cómo poder salvar su vida en medio de tan activa persecucion. Eu esto vino el año 1848 y con él la entrada de Marsal y Estartús seguida á poco por la del general Cabrera. Bóu se presentó á Marsal y le ofreció sus servicios, y como éste necesitaba un hombre bien práctico en el pais y Bou lo conocia palmo á palmo tanto de dia como de noche, asi es que fué admitido y hasta se le tituló capitan. Pero tan pronto como entró Cabrera y estuvo enterado de quién era Bou, mandó que no figurase más que como guia, pero de ningun modo, ni aun como simple voluntario. Accion digna de alabanza, porque hombres como Bou, no pueden pertenecer á ningun partido de racionales que se aprecien de ser-

Fuga de Rano, y arrojo del mozo José Fontdevila.

lo, sino que deben vivir entre las fieras más encarnizadas.

V.

DESESPERACION Y MUERTE DE BOU.

La intentona carlista iniciada por Marsal y Estartús y secundada por el general Cabrera con aquel valor y talento militar que todos reconocen en el caudillo leal y constante de D. Cárlos, fracasó apesar del valor y bizarría del jefe que se habia puesto al frente de aquel puñado de partidarios del Pretendiente. Vivimos en una época en que el oro lo vence y lo corrompe todo, y en que el cebo de los grados y condecoraciones puede más, en muchísimos, que todas las afecciones y deberes de partido. A falta de otros ejemplos, que por cierto no los hay, podrá siempre citarse lo que pasó en la época á que nos referimos. Cabrera, que realmente puede considerarse hasta ahora como una especialidad·de constancia y lealtad hácia la causa que habia abrazado desde un principio, se retiró á Francia casi solo (1). Publicóse luego un indulto, al que siguió una cosecha regular de reválidas, empleos y cintajos. Pero Bou no iba comprendido en él, porque este bandido se habia colocado fuera de la ley por sus crimenes y espantosas crueldades. Bien lo sabia él, así es, que tan pronto como tuvo lugar el desenlace de aquel drama, el bandido de profesion se retiró con un tal Bautista Castellarnau, á los escabrosos bosques de las Guillerías, de Caroz, Susqueda, San Sadurni de Osot. Así que estuvieron en lo más desierto y solitario del bosque, Castellarnau le habló en estos términos:

—Y bien, ¿qué haremos dos hombres solos? ¿qué golpes ni sorpresas podremos realizar? y en cuanto á secuestros ¿cómo los haremos no siendo más que dos personas?

—He formado mi plan, y no dudo que surtirá buen efecto. Apesar de que tú no has formado nunca parte de mi gavilla, con todo, creo que estarás al corriente de sus hazañas y hechos.

—Efectivamente lo estoy.

—Entonces no puedes ignorar que solo mi nombre basta para hacer temblar á todos los propietarios y ricos de todo este pais. Mi plan, pues, consiste en que yo escribiré cartas á estos ó aquellos sugetos en las cuales les pediré cantidades, amenazándoles con el secuestro y la muerte, caso que dejen de cumplir con lo que les ordenaré en mis cartas. Ellos ignoran que solo somos dos hombres, y desde luego creerán que he organizado de nuevo otra partida. Tú serás el portador de estas cartas: yo te daré las señas de las personas á quienes irán dirigidas, y el modo de poderlas encontrar fácilmente fuera de sus casas para entregárselas, pues de ningun modo conviene que te presentes en ellas. Verás, verás como marcha la cosa: verás como vienen las onzas.

—Entonces manos á la obra.

Efectivamente Bou comenzó su nuevo sistema de robo que puede llamarse epistolar. Bautista llevaba las cartas, y las personas á quienes iban dirigidas, realmente daban su dinero para librarse de peores males. Recordaban lo que habia pasado en la otra época ó periodo de Bou, y temian sus terribles consecuencias, porque, como habia previsto el bandido, nadie le suponia solo con el portador de sus cartas. El negocio, pues, marchaba segun los deseos del feroz foragido. Pero tan pronto como el cabo Pujol tuvo noticia de lo que pasaba, se avistó con los propietarios y personas acomodadas del pais, á quienes hizo presente los inconvenientes y fatales consecuencias que se seguirian del sistema de condescendencia que habian adoptado.

—Se quedarán Vds., les decia, sin un cuarto, y aun despues se verán obligados á vender sus casas y haciendas, para saciar la sed de oro de este malvado. Yo no puedo consentirlo, porque esto es alentar al criminal á que siga la conducta infame, que Vds. secundan, entregando sus caudales.

—¿Qué haremos pues?

—Primero, hemos de coger al portador de las cartas, y amenazarle con la muerte si se niega á descubrirnos el paradero de Bou; lo demás correrá de mi

cuenta. ¿Pero cómo lo haremos para detener al portador, siendo como es un hombre valiente, astuto y decidido, que nos sale al encuentro navaja en mano, cuando ménos lo esperamos, nos acomete y nos entrega las cartas?

—Es menester que Vds. procuren ir siempre con alguno de su confianza, que siga sus pasos á cierta distancia, y como dos valen y pueden más que uno, deben Vds. arrojarse sobre el portador, detenerlo y avisarme, pues yo con los *mozos* estaré siempre por estos lugares, y procuraré que Vds. sepan el punto en que se me ha de encontrar. Por mi parte tengo las disposiciones tomadas y circuladas las órdenes para ver si podremos coger al portador de las cartas.

Efectivamente, algunos dias despues la subdivision de San Hilario, despues de muchas paradas, y de haber perdido muchos dias y noches, tuvo la fortuna de capturar al tal Bautista Castellarnau, portador, como ya hemos dicho, de las epístolas amenazadoras de Bou.

Conducido el preso ante el cabo Pujol, éste le interrogó en los siguientes términos:

—Si quieres salvar tu vida y marcharte libremente, dime al momento en donde está Bou...

—Me es imposible.

—¿Cómo?

—Digo que me es imposible, porque Bou no se fia de sí mismo; por consiguiente ¿cómo quereis que se fie de mi, por más que sea el portador de sus cartas?

—Entonces ¿cuándo os habeis de ver? ¿en qué punto os debeis juntar para darle cuenta del resultado de tu mision?

—No lo sé, porque yo lo dejo en un punto, pero á mi regreso ya no está allí mismo, sino en otro muy distante. Mis instrucciones consisten en entregar las cartas y regresar al bosque ó bosques. Así lo hago, y cuando ménos pienso en él, sale, y se junta conmigo para pedirme cuenta del resultado de su encargo. Lo único que os puedo decir, es que pasa algunas noches en un escondrijo que existe entre paredes medio arruinadas en las afueras de la casa de campo llamada Pujolet de Sabasana. Allí en un agujero se esconde á veces, muy acurrucado, puesto que no permite otra cosa la capacidad del escondrijo.

Realmente era así, puesto que habiéndose trasladado los *mozos* al punto indicado, encontraron en el agujero el sello del pueblo ya citado, varios pasaportes en blanco, y papel, pluma y tintero para escribir. En fin, el portador criminal de las cartas fué puesto á disposicion de la justicia, y desde aquel dia cesó el recibo de estas. Pero quince dias despues se presentó un nuevo portador y éste, al parecer, era más resuelto y descarado que el anterior, puesto que solia acompañar las amenazas contenidas en las cartas de Bou, con otras de su parte no ménos significativas. Tan pronto como el cabo tuvo noticia de esto, recordó á los propietarios y demás personas amenazadas la necesidad de adoptar el plan que él les habia ya propuesto anteriormente, que consistia en apoderarse del portador en el acto de entregarles sus cartas. Así quedó convenido, y pocos dias despues, el correo de Bou fué detenido y preso por dos propietarios, que lo metieron dentro de una pipa vacía, y dieron parte á los *mozos*. Pero nada se adelantó con esto, respecto al descubrimiento del paradero de Bou, porque este emisario declaró poco más ó ménos lo que el anterior. Ya hemos indicado antes que este nuevo cómplice de Bou era atrevido y descara-

<hr>

(1) No ignoramos que existen algunos otros jefes del partido de D. Cárlos, que se han mantenido leales y no han admitido empleos ni revalidas por parte del gobierno liberal; pero es menester convenir que son tan pocos en número, que bien pueden considerarse como una especialidad.

do, así es que al tiempo de ser conducido por los dos *mozos* que habian sido avisados por los propietarios que le habian cogido, intentó fugarse, y no habiendo querido detenerse á la voz de alto, fué preciso dispararle, de cuyas resultas quedó muerto en el acto. Tal vez á este incidente se debió más tarde la captura de Bou. En efecto, desde aquel dia no le fué posible encontrar ningun cómplice más, por lo que comenzó á verse en los más grandes apuros. Tenia dinero, pero carecia de un pedazo de pan para alimentarse. Tenia dinero, pero le faltaba un punto seguro en donde reclinar su cabeza. Solo y abandonado, rodeado de los *mozos* que lo cercaban por todas partes. Bou habia insultado á la sociedad, le habia arrojado su guante, esta lo habia recogido, y apesar del tiempo y de las variaciones que habian transcurrido, la sociedad, representada en esta escena por los *mozos*, era constante y ténaz en el empeño de responder y vengar el insulto que habia recibido por parte de uno de sus miembros más corrompidos y gangrenados. Habia insultado á Dios, conculcando sacrílegamente sus leyes y mandatos, la criatura vil y miserable, se habia levantado contra el Creador, martirizando y asesinando á los objetos más queridos de la creacion, ¿qué consuelo pues podia esperar de Dios, el que siempre habia obrado como si no existiera el Supremo Hacedor de todo lo creado? Solo, pues, triste y abatido, pasaba sus dias y noches en medio de aquella espantosa soledad. Decimos mal, tenia una sola y única compañía, el horripilante recuerdo de todos sus crimenes y maldades.

—«¡Qué vida es la mia! esclamaba un dia con el acento de la más negra desesperacion. Abandonado de todos los mios..... Perseguido por los *mozos*..... Proscrito y condenado á una muerte afrentosa..... ¡Qué horrible situacion!... Al recordar lo pasado, parece que me encuentro en medio de un cementerio. ¿En dónde están mis antiguos compañeros de maldades? ¿Qué ha sido de aquellos hombres valientes y decididos? Todos han muerto, más ó ménos desastrosamente. Nos juntamos para hacernos ricos, y todos han perecido pobres y miserables... Nos unimos para adquirir, y despues gozar, y todos han muerto sin haber adquirido, y, en cuanto al gozar, ¿de qué han gozado en la tierra? Y despues, si verdaderamente existe Dios, si realmente tenemos una alma que sobrevive al cuerpo ¿en dónde estarán las almas de mis camaradas? En el infierno..... Dichosos ellos sin embargo; sí, dichosos más que yo, que por mis desgracias les he sobrevivido..... Porque ¿qué es mi vida? Hace tres dias que me alimento tansolo de unas miserables patatas crudas. (Realmente Bou se vió reducido á tan espantosa miseria). ¡Miserable!... Yo robé á los otros, otros me han robado á mí. Pero aun me resta algun dinero. Mas, ¿de qué me sirve? Todo el mundo huye de mí como de un apestado; yo mismo huyo de todo el mundo como de mis verdugos. ¿De qué me puede servir, pues, el dinero? Podria pasar á Francia; pero ¿cómo y cuándo? Si salgo de esa soledad, caeré en manos de los *mozos*; de esto no me cabe la menor duda. Pero, y aun cuando de ellos escapase, tambien en Francia seria perseguido y cogido, pues bien público es el proceso y condena que en aquel país se ha seguido y fulminado contra los *tratucaires* (1).»

<hr>

(1) Estos pormenores y los que siguen, son debidos á las revelaciones hechas por los mismos portadores de sus cartas, cómplices ó sospechosos cogidos por los *mozos*.

Tal era la vida, durante el dia, de aquel terrible criminal. En esto, una herida que habia recibido en uno de los encuentros que la tropa tuvo con el cabecilla Estartús, le causaba los más vivos dolores, obligándole á caminar cojeando. Su mismo estado de debilidad y postracion, le hacia esperimentar los sueños más espantosos durante la noche. Una mañana dispertó con los ojos desencajados, sus cabellos erizados y crispadas sus manos. Luchaba, al parecer, para desvanecer una idea que le perseguia. Era la de las imágenes, pálidas y ensangrentadas que tan bárbaramente habia asesinado. Luego pareció que se habia tranquilizado, y se sentó otra vez debajo de una corpulenta encina, la misma que le habia servido de abrigo durante la noche; pero repentinamente se levanta otra vez azorado mirando hácia un punto determinado del bosque.

—«¡Qué necio soy!... esclama en seguida; el ruido que ha hecho esta hoja que acaba de desprenderse de las ramas, me ha causado tan gran susto. ¡A qué estado he venido á parar!... Vamos, esto debe acabarse de una vez. Aun tengo algun amigo que me cobijará. Pero esto no puede ser en este pais. Los bandos vigentes, y sobre todo el rigor con que son cumplidas sus prescripciones, respecto de los cómplices y encubridores de hombres como yo, tiene azorados y acobardados á todos los habitantes de esta comarca. Ni por todo el oro del mundo encontraria una casa para esconderme; de todas seria cruelmente arrojado. Pero en la plana de Vich tengo una casa amiga que no dudo me recibirá. Allí podré ser socorrido por los mios, pues en este pais no se atreven siquiera á penetrar. Esta noche me pondré en marcha. Ya sé que he de padecer mucho en el estado de debilidad en que me hallo para llegar hasta dicha casa, pero no importa, con tiempo y paciencia creo lo alcanzaré. Pero ¿y si encuentro á los *mozos*?»

El miedo y temor se vieron retratados en el semblante del bandido. Parecerá cosa estraña que un bandido tan valiente y feroz, apesar del desesperado estado en que vivia, temiese tanto la muerte. Mas ello es bien sencillo. Bou no creia más que en su cuerpo, porque en su vida airada y criminal, habia olvidado su alma y su Dios, ¿qué mucho pues que se estremeciese á la idea de perder lo único en que creia y confiaba? Si alguna vez se le presentaba la idea de Dios, era solo para ver en el Padre de las misericordias, un juez severo, un enemigo suyo; porque esos malvados, á fuerza de blasfemar de Dios y ultrajar su santo nombre, en su ignorancia, llegan á creer que han sabido luchar cuerpo á cuerpo, como quien dice, contra ese mismo Dios, y lo que es más, mientras tienen salud y salen victoriosos en sus criminales planes, llegan á considerarse como vencedores en la lucha que creen sostener contra él. Pero cuando se ven enfermos y desamparados, creen que Dios les va venciendo, y entonces temen la venganza del vencedor, con quien tan descaradamente creen haber luchado. ¡Necios! Como si Dios no los hubiese podido confundir y reducir á la nada desde el primer momento en que se rebelaban contra sus santas leyes... Como si entre la criatura débil y abyecta, sujeta á mil miserias y necesidades, y el Supremo Hacedor del universo, pudiese haber puntos de comparacion y semejanza... Pero volviendo á nuestra historia diremos que realmente Bou aquella misma noche se puso en marcha en direccion á una cueva situada á poca distancia de la casa aludida. Allí llegó con mucho trabajo, y al dia siguiente fué visitado por un antiguo cómplice suyo, á quien de paso hizo avisar, valiéndose de un mendigo que encontró por el camino. Dicho cómplice se encargó de avisar á la casa, y al propio tiempo de hacer venir un cirujano amigo suyo, que habia servido en las filas de D. Cárlos, para que le curase la herida. Efectivamente en la tarde de aquel dia regresó otra vez en compañia del cirujano. Este desgraciado, llevado alli, ya fuese por temor, ya por caridad, examinó la herida y emprendió su curacion. Cuatro ó cinco visitas le hizo, visitas que le costaron muy caras. El cómplice no habia descuidado el otro encargo respecto de la casa, y habia dicho á Bou que todo estaba prevenido para recibirle. El dia 2 de abril de 1852 en la casa antes aludida llamada del Pàu Chich, fué preso José Bou por el cabo de Torelló Jaime Vilanova. Hé aqui el oficio que se pasó al dar cuenta de dicha prision, cual oficio sirve de encabezamiento al voluminoso proceso de Bou que tenemos á la vista.

«En la tarde de hoy el cabo de *mozos* de la Escua-»DRA de Torelló, D. Jaime Vilanova, con algunos *mo-»zos* de su mando y la fuerza del regimiento del dig-»no mando de V. S. que tuvo á bien poner á mis ór-»denes, consiguiendo mis disposiciones, ha procedi-»do á la captura de un paisano que aunque finge lla-»marse Miguel Castelló del pueblo de Bañols, segun »informes y datos que tengo por muy probables, resulta »ser el latro-faccioso José Bou, á quien he dispuesto »trasladar á uno de los calabozos de la Guardia prin-»cipal de esta ciudad, donde se encuentra. La casa »en que ha sido hallado dicho hombre, se llama Can »Pau Chich ó Caseta den Vilá, y pertenece al distri-»to municipal de Gurt. He procedido igualmente á »la detencion de la mujer colona de dicha casa que »dice llamarse Rosa Pujol y á la de un estudiante que »ha dicho llamarse Juan Carres, que ha sido encon-»trado en la propia casa, y he dispuesto que los dos »fuesen trasladados á la cárcel pública bajo el carác-

»ter de incomunicados. Lo que pongo en conocimien-»to de V. S. á los fines que estime convenientes.

»Dios etc.—Vich 2 de abril 1852.—El comandante »mayor, *Luis Piserra*.» (Documentos oficiales)

El proceso comenzó el dia 3 de abril de dicho año, y el dia cuatro, Bou pidió ampliar su primera declaracion, y lo hizo en los siguientes términos:

«Dijo: que el motivo de haber permanecido en Es-»paña estos tres últimos años, despues de concluidas »las circunstancias de los Matinés de este principado, »fué porque habiendo sido herido en un tobillo de una »bala de fusil el dia 11 de enero de 1849 á la salida de »la villa de Amer, no pudo presentarse al indulto »de S. M. por no tener persona que quisiere hablar »al gobierno por la suya para presentarse como de-»seaba, y que ahora, restablecido algun tanto de su »herida que recibió en el tobillo izquierdo, habia for-»mado el proyecto de marcharse á Francia para desde »allí pedir indulto, pero que desgraciadamente habia »sido preso cuando ya marchaba para aquel reino.»

El citado cabo Jaime Vilanova en su declaracion dijo entre otras cosas que la captura de Bou la hizo por órden del comandante militar; habiéndole dado las instrucciones convenientes y enseñado por sí propio la casa en donde Bou debia ser capturado: que llegado allí preguntó á la colona quién habia en la casa, á lo que contestó que habia un forastero: «que salga,» dijo el cabo, é inmediatamente salió dicho José Bou. (Proceso original).

Lo que este contestó ya lo saben nuestros lectores por el oficio copiado. El proceso siguió todos sus trámites, quedando completamente probados los crimenes y delitos cometidos por Bou, de los cuales ya nos hemos ocupado, y en su consecuencia fué condenado á la última pena y ejecutado el dia 15 del propio mes de abril del ya espresado año. La dueña de la casa, única que el tribunal consideró como sospechosa de complicidad, fue condenada á cuatro meses de prision. Los demás fueron absueltos y declarados inocentes.

SECUESTRO É INAUDITOS PADECIMIENTOS DE D. RAMON DE MONTELLÁ,

ABOGADO, PROPIETARIO Y JUEZ DE PAZ DE LA VILLA DE BERGA.

En el dia 30 del mes de setiembre del año 1842, el honrado D. Ramon de Montellá, natural de Puigcerdá y avecindado en Berga, donde ejercia la abogacia con el mayor celo y fama, siendo despues juez de paz de la misma, regresaba de Ripoll hácia Berga, en compañia de su criado. Sin la menor novedad, habian andado ya el trecho de camino que media desde Ripoll al puente llamado de Miralles, cuando repentinamente se vió asaltado por cuatro bandidos, armados de trabucos, pistolas y navajas, que le intimaron la rendicion, acompañada de mil blasfemias y amenazas como es de costumbre. Al momento le despojaron de cuanto llevaba encima, incluso su reloj y la ropa de su maleta. Por contento se hubiera dado el señor de Montellá, si los bandidos se hubiesen dado por satisfechos con este atropello, que nada era en comparacion á los que tenian proyectados.

Pero aquellas fieras en figura humana tenian formado otro plan. No habian estado en acecho casi todo aquel dia esperando su victima para contentarse con despojarla de lo que llevase encima, sino que enterados de sus antecedentes y fortuna, tenian decretado el secuestro en sus conciliábulos infernales. Consecuentes á este plan, cogieron á su detenido, lo ataron fuertemente y lo hicieron seguir con ellos, despues de haber despedido á su criado.

Montellá está dotado de mucha serenidad de espiritu, y sin haber hecho nunca alarde de valiente, está animado del suficiente valor, para no perder su aplomo aun en circunstancias tan criticas como las en que por de pronto le rodeaban, y las que se le preparaban para luego. Por esto, antes de seguir á los bandidos, espuso con mucha calma y serenidad la sin razon de una medida tan arbitraria: habló de dinero que prometia entregar en el lugár y punto que los caribes determinasen, y patentizóles la grandisima responsabilidad y penas en que incurririan por el delito de secuestro. De esto descendió á las súplicas y ruegos, pero todo fué en vano, y no hubo otro medio que seguir y conformarse con su desgracia. Se pusieron en seguida en marcha hácia la Nau y Malañen. Despues de tan penosa jornada, serian las doce de la noche cuando los bandidos con su victima hicieron alto en lo más hondo de un barranco. Entonces el que hacia de jefe de la partida, llamado Francisco Pares, habló á la victima en estos términos:

—Ya hemos llegado á un punto más seguro, y ahi podremos arreglar nuestras cuentas sin temor de ser interrumpidos. V. no sabe que le hemos cogido para hacerle desaparecer de la tierra, pues á nosotros nos conviene dar un golpe que imponga á todo este pais, á fin de que aprenda á temernos y respetar nuestras órdenes en lo sucesivo. Como V. es una persona tan notable, por esto la hemos escogido y preferido á otras muchas que podrian haber caido en nuestras manos.

—Pero vosotros no calculais una cosa, replicó el preso con la mayor calma, vosotros no reflexionais que, si me matais, correrá la fama de que sois meros asesinos, y los parientes de los que secuestreis despues de mi, no querrán satisfacer los rescates que pidais, porque dirán: tambien los matarán como á Montellá!...

—No importa: que digan lo que quieran. Rece V. el Credo, pues debe morir al instante.

En esto hicieron arrodillar á la victima, prepararon sus armas, y parecia que realmente estaban decididos á poner fin á sus dias. Qué noche tan larga y horrorosa! Verse una persona honrada, en medio de un espantoso barranco, cuya situacion ignora, en poder de unas fieras como aquellas, que solamente pronuncian blasfemias y amenazas contra el indefenso preso, sin tener la menor esperanza de ablandarlos ni de ser socorrido, arrodillado unas veces, otras echado por el suelo á empujones!... Realmente el preso debia sufrir muchisimo en la primera noche de su desgracia. Asi fué, puesto que antes de amanecer el dia, Montellá cayó á los piés de sus verdugos rendido por el cansancio del cuerpo y la fatiga de su atribulado espiritu. Estaba estenuado y condolido por los muchos latigazos y golpes que habia recibido, de modo que al caer, sus mismos verdugos creian que lo habian muerto. Pero luego conocieron que aun vivia y lo dejaron descansar unas dos horas, al cabo de las cuales le dijeron que habian de emprender de nuevo la marcha. El desgraciado preso hizo un esfuerzo para levantarse y seguir á sus enemigos, pero era tan grande su estado de postracion que, apesar de todos sus esfuerzos, no le era posible seguir el paso de los malvados. Entonces uno de ellos llamado Manuel Pistola, natural de la Pobla de Lillet, dijo:

—¿Sabeis por qué no puede andar ligero nuestro preso?

—¿Por qué? dijeron todos.

—Porque está espantado.

—Entonces ¿sangrémosle?

—Si, sangrémosle.

Y diciendo esto aquellos bárbaros é inhumanos, sacaron las botas y medias de su victima, le pusieron unas malas alpargatas de una medida mucho mayor á la que correspondia á su pié, y en seguida con sus navajas comenzaron á pinchar las piernas y pantorrillas del preso sin piedad ni compasion hasta hacerle chorrear sangre por mil puntos diferentes. Esta penosa operacion la hacian riendo, blasfemando y mofándose de mil maneras del pobre preso. En seguida emprendieron otra vez la marcha. Entonces Montellá habló otra vez de dinero, á lo cual contestó Pons que si queria librarse de los tormentos y la muerte debia hacer entregar mil onzas en oro. En esto llegaron á la cueva de la Chesa. Era ésta triste, espantosa, húmeda y de poca capacidad. Desde aquel dia señalaron al preso sus deberes, y la cantidad y calidad de los alimentos que se le darian para su sustento. Los primeros consistian en encender lumbre con la condicion de que no habia de despedir humo, despues debia limpiar uno á uno todos los trabucos que se le entregaban sin piston, arreglar sus alpargatas y zurcir su ropa. En cuanto al alimento, se le señalaron unas tres onzas de pan de pésima calidad y media cebolla que se le daba cada veinte y cuatro horas. El pobre preso, apurado por el hambre, se veia obligado muchas veces á echar mano de las yerbas que podia para alimentarse. Los bandidos comian tambien muy frugalmente: pan y patatas medio crudas era todo su alimento. La persecucion que sufrian por parte de los mozos y otras fuerzas, no les permitia acudir á sus confidentes, asi es, que el alimento debian procurárselo ellos mismos con sumo trabajo y esposicion. Por otra parte no tenian recursos, pues hacia tiempo que no habian dado un golpe de provecho, segun ellos mismos decian, á causa de la persecucion que venian sufriendo. Eran muy astutos y precavidos, tanto, que con sus marchas durante las noches y sus cambios de cuevas en donde pasaban los dias, lograban burlar la vigilancia de los que les perseguian.

—Son unos nécios, decia un dia Pons, no entienden el modo de perseguirnos.

—Y ¿qué quieres que hagan los *Botones*? (Soldados segun el diccionario de los bandidos).

—¿Y qué diremos de los *Bellut*? (Parrotes).

—Y ¿acaso sirven para esto las *Sardinas*? (Somatenes).

—Claro que no.

—Otra cosa seria si nos persiguiesen solamente las *Caderneras*. (Con este nombre designaban á los *mozos* de la Escuadra).

—¡Oh! entonces si que estaríamos muy espuestos.

—Ese infame Sans, dijo otro, es un demonio.

—Dejadlo, dijo Pons, nada harán las *Caderneras*, pues tienen las alas atadas por los Botones, Bellut y sobre todo por las Sardinas. (Tropa, Perrotes, Somaten.)

—Dices bien, replicó Pistola, porque ¿á quién le ocurre ir á cazar conejos á son del *tim tam?* (Tambores.)

En esto hacia ya siete dias que Montellá estaba en poder de los bandidos, durante los cuales habia sufrido toda clase de castigos, privaciones y trabajos El preso conocia que realmente los bandidos tenian razon cuando decian que con el sistema ruidoso de persecucion que se les hacia jamás lograrian sorprenderles. De este modo aquel infeliz veia con profundo dolor que su cautiverio se iria prolongando, siendo asi que cada dia le iban faltando las fuerzas y crecia su abatimiento y postracion.

«Me parece imposible. dice una relacion oficial que »tenemos á la vista. que un hombre sea capaz de

»aguantar once dias una vida tan espantosa, tan en »continuo susto y amenazas, tan fatigosa y faltada »hasta del preciso alimento para vivir, como la que »esperimentó D. Ramon de Montellá durante los once »dias que estuvo en poder de aquellas fieras.» (Relaciones oficiales.)

Ya hemos visto antes que los bandidos pedian la exhorbitante cantidad de mil onzas para el rescate de su victima, y como una suma tan considerable imposibilitaba en cierto modo el poder entrar en avenencia por esta parte, aquellos caribes multiplicaban las penas y martirios del preso, á fin de que, aburrido y fastidiado, hiciese el último esfuerzo para reunir la suma. Con este fin infame y depravado le azotaron un dia con tan inicua barbaridad, que el preso les pedia con gran fervor que acabasen con su espantosa existencia.

—Matadme de una vez, les decia... yo os lo perdono, y aun os doy mil gracias por ello.

—Vamos, dijo entonces el infame Pons, para que conozcas que no somos inhumanos y que nos hacemos cargo de todo, rebajaremos la cantidad á una mitad, esto es, á quinientas onzas.

—No puede ser, dijo el preso. Yo no puedo dar más que cien onzas.

—Es V. un hombre perverso que no cree á los que le quieren bien y desean salvarle.

—Ya os lo tengo dicho: matadme, pues me hareis un gran favor.

Dos dias despues, Pons, hablando con sus compañeros en ocasion en que creia que el preso dormia, les decia:

—Ese hombre realmente está muy flaco y abatido. Si cae enfermo no tenemos otro remedio que matarle, y entonces ¿qué provecho habremos sacado despues de tantas penas y trabajos como hemos pasado durante estos dias?

—Tienes razon, contestó uno de los dos feroces hermanos conocidos por los Giatjés, que formaban parte de la cuadrilla.

—No hay más, dijo Pistola, aceptemos las cien onzas y que se vaya con el demonio.

—Antes sin embargo es menester hacer el último esfuerzo, por si podemos hacerle alargar más dinero.

—Ten cuidado, replicó Pistola, tú mismo has dicho, y es asi, que el preso está muy abatido; si se muere todo lo hemos perdido, y no solamente sucederá esto, sino que cobraremos mala fama, y nadie querrá pagar su rescate.

—Bien, dijo Pons, dejadme obrar. Ya sabeis que yo entiendo bien el oficio.

Dispertaron al preso, y Pons le dijo:

—Es menester que terminemos de una vez. Ya no podemos pasar más dias de este modo. Definitivamente ¿cuánto ofrece V. por su rescate?

—Ya lo sabeis, cien onzas.

—Dale con las cien onzas. ¿No vé V. que somos cuatro, y á más otros que V. no vé? ¿Qué nos corresponderá con una partida tan corta?

—Yo no puedo dar más.

—Esto es falso, porque V. es muy rico, estamos bien informados.

—No niego que mi propiedad vale mucho más, pero yo no quiero venderla, y aun cuando yo quisiera ¿no veis que para esto se necesitan dias y meses y que yo ya no puedo aguantar más? Me siento muy malo, y así la vida ya me es indiferente.

—No sea V. tan terco: pague V. trescientas onzas.....

—No puede ser.

—Pague V. doscientas.

—No puedo, os juro que no puedo.

—Acabemos, dijo entonces Pistola, ¿cuánto tiempo necesita V. para hacernos entregar las cien onzas?

—Dos dias.

—Pues bien, convenidos. Escriba V. desde este momento. Pero advirtiendo que si dentro dos dias no se nos han entregado las cien onzas, V. morirá irremisiblemente.

Dos dias despues los bandidos recibieron el dinero, y D. Ramon de Montellá se vió por fin libre de fieras tan inhumanas. Once dias habia permanecido en aquel infierno, y en este tiempo habia enflaquecido tanto, que apenas le reconocieron los de su misma familia y sus íntimos amigos. El dolor y los tormentos inauditos que habia sufrido, habian impreso sus huellas en su semblante y en todas las partes de su cuerpo. Sigamos ahora á los bandidos.

Dos de ellos, á saber, los hermanos José y Francisco Cardona (a) Giatjés, habian ya pertenecido anteriormente á una partida de bandidos, que habia sido el terror y espanto de toda la alta montaña. Dicha partida habia cometido el espantoso robo de la rectoria de Labiells, acompañado de mil tormentos y tropelias cometidas contra aquel desgraciado sacerdote y demás habitantes de la casa. Despues, la misma cuadrilla, disfrazados sus individuos de *mozos* de la ESCUADRA, habian entrado en la casa de campo llamada *Lladó de Sobre-Roca*, con objeto de robar á sus habitantes, pero no contentos con haberles despojado de cuanto oro, alhajas y ropa tenian, habian quemado bárbaramente á los dueños de la misma llamados Isidro y Josefa Lladó. Las ESCUADRAS perseguian sin descanso á la canalla, y por último el cabo Agustin Sans logró su captura, encontrando luego, en virtud de la confesion de uno de ellos, los vestidos de *mozos* de la ESCUADRA de que se habian servido para el robo de la casa Lladó. Puestos ya en la cárcel, y mientras se estaba instruyendo el sumario, lograron escaparse. En el acto de la fuga uno de los bandidos llamado Triunpet, se dislocó un pié, lo que fué causa de que fuese alcanzado por un tiro que le disparó un alguacil. Despues de su fuga, los Giatjés se reunieron con Pons y Pistola y organizaron una cuadrilla de pocos individuos, pero de gente escogida, sanguinaria y cruel, como lo hemos visto en el secuestro del señor Montellá. Despues de aquel crimen, ó mejor dicho, cúmulo de crímenes, la misma cuadrilla secuestró al administrador de la Aduana de Berga y á un abogado de Cervera. El primero salvó su vida por medio del dinero, despues de haber padecido mucho; el segundo fué hallado asesinado entre unas peñas situadas en el término de Castellar del Riu. Por aquel tiempo se habian unido á la partida algunos malvados más, y las ESCUADRAS, reunidas tambien en un número considerable, se dedicaban sin descanso á su persecucion, registrando todas las cuevas y escondrijos de aquellos inmensos bosques. Por fin, un dia dieron con los malvados. Éstos rompieron el fuego; los *mozos* dispararon tambien matando dos en el acto, uno de ellos Pons. Luego murieron tres más, entre ellos uno de los Cardonas (a) Giatjé. El otro hermano, conocido por Francisco Giatjé, esto es, José Cardona, habia muerto ya el dia 2 de junio de 1844, á manos de los *mozos*, en virtud de una parada preparada con mucha habilidad y astucia por el cabo Francisco Guasch y los *mozos* de su mando, en el punto llamado Canllony, junto á una cruz situada á poca distancia. De modo que de los bandidos de aquella cuadrilla, no quedó más que uno, que tam-

bien más tarde pereció á manos de los *mozos* de la ESCUADRA. No hay que dudarlo: la vida de los malvados es de muy corta duracion: sus dias son contados y todos mueren á lo mejor de su edad.

VIDA DE LOS HERMANOS JOSÉ Y MIGUEL OSTAU (a) FELICIANOS
DE GANDESA, TERROR Y ESPANTO DE AQUEL PAÍS.

I.

No sabemos por donde comenzar la sangrienta historia de esos dos hermanos, conocidos por el apodo de los Felicianos de Gandesa, terror y espanto de todo aquel pais. En efecto, al consultar los documentos oficiales que nos han de servir de guia para trazar la vida de esos dos bandidos, se nos presenta un número de robos, asesinatos y crímenes, cometidos por esos dos malvados, tan sin interrupcion, tan continuados, que nos hacen estremecer, y nos confunden para la eleccion, puesto que no es posible escribirlos todos en esta historia, sin prolongarla más de lo que permite su objeto. Comienzan su criminal carrera el año 1843, con el robo del molino llamado Camposines, asesinando á su dueño. Era á la caida de la tarde del dia seis de mayo de dicho año, en ocasion en que los habitantes del espresado molino estaban cenando tranquilamente en la entrada de la casa molino, cuando se presentaron los dos hermanos Felicianos. Dieron las buenas noches, y uno de ellos preguntó por el camino que conducia á otro molino situado á mucha distancia. En el interin los dos bandidos observaban escrupulosamente á la familia y la casa, y tan luego como se convencieron que no habia gente estraña, y tan solo la familia del molinero, que consistia en dicho sugeto, su esposa y el mozo ó criado, acometieron simultáneamente el uno contra el molinero, y el otro contra el criado, puñal en mano. Los derriban de su asiento, y en aquel mismo instante uno de los bandidos da un silbido prolongado. Pero el otro le dice:

—¿Por qué llamas á los otros? ¿Acaso no somos bastantes nosotros dos?

—Tienes razon. Voy á darles la contra-órden, y en seguida silbó de nuevo de un modo diferente.

Era esta una estratajema para amedrentar á sus víctimas, puesto que no habia otros compañeros ni cosa parecida, porque los dos hermanos Ostau (a) Felicianos, se bastaban á si mismos para sus actos de vandalismo. Ataron fuertemente al amo y al criado el uno junto al otro, y en seguida habiéndose quedado el hermano mayor de centinela de los dos atados, el otro, cogiendo á la mujer del brazo con una mano amenazándola con la otra con su enorme puñal, la dijo:

—Vamos, sírveme de guia para encontrar pronto todo tu dinero y alhajas.

—Está bien, dijo aquella desgraciada, pero á lo ménos ¿no castigareis á mi marido ni al criado?

—Veremos, dijo el feroz bandido, esto dependerá de tu comportamiento. Sabemos que teneis mucho

dinero, ¡ay de vosotros si no lo entregais hasta el último maravedí!

En seguida comenzó el saqueo y robo de la casa, guiado por su propia dueña. Esta infeliz realmente denunció todo el dinero y alhajas que poseia pero el feroz Ostau no se dió con esto por satisfecho. Desde la ventana dijo, dirigiéndose á su hermano:

—Esa gente son unos infames, pues no quieren entregar todo el dinero, y solo me han denunciado lo más visible, pero no quieren descubrirnos el escondrijo.

—Creednos, decia el desventurado molinero, no tenemos nada más. Si más tuviésemos, más os daríamos, podeis estar seguros de ello.

—Mientes, replicó el bandido, y te advierto que si no nos entregas todo lo que falta en el momento, voy á quitarte la vida.

—Haced lo que querais. Yo os juro que no tengo más dinero. Estas palabras la pronunció el molinero con el mayor abatimiento.

—Pues bien: ya que tú te lo quieres, tú te lo ten...

Y diciendo esto, aquel hombre sanguinario clavó por tres veces su puñal en el pecho del desgraciado molinero, quien cayó exánime en el acto. La infeliz esposa dió un grito desgarrador, y cayó desmayada. Los bandidos hicieron un lio con el dinero, alhajas y algunas prendas de ropa robadas, y abandonaron la casa. Tal fué la primera hazaña de los Felicianos. Se pasaron algunos meses sin que se dijese cosa particular de los dos bandidos, pero luego se dieron á conocer por medio de otro robo cometido á un tal Dorra, natural de Monroig, provincia de Tarragona. Pocos dias despues, los mismos bandidos, con un descaro increible, asaltaron la casa del honrado Ramon Cugat, situada casi en el centro del pueblo llamado la Fatarella, cometiendo en la misma un robo de bastante consideracion, con circunstancias agravantes, de golpes. amenazas y otras infamias contra los pacíficos habitantes de dicha casa. Despues de esta, fué robada por los mismos la del Prior de Bateo, el molino harinero situado en el término de Penaroja, el de Alfura en el mismo término, y la casa de campo llamada Mas de la Chalamera, situada en el término de Benifallet á la derecha del Ebro. Dotados los Felicianos de la más asombrosa actividad, estaban presentes en varias partes, como quien dice, á un mismo tiempo. De este modo se esplica como en el mismo dia en que habian cometido el robo del Mas Chalamera, se encontrasen en el camino que conduce hácia Villalba, en ocasion en que acertaba á pasar por el mismo, el honrado Juan Llop, que viajaba hácia dicho pueblo. Se adelanta uno de los bandidos é íntima la rendicion á Llop, amenazándole con una pistola que le apunta á quema-ropa. Rindese el viajero, y en seguida entrega cuanto dinero tenia en su poder. Pero, los bandidos no se dan por satisfechos, y asesinan bárbaramente al desgraciado Juan Llop, dejándole horriblemente mutilado en medio del camino.

—Es menester hacerlo así de cuando en cuando. decia el hermano mayor, porque sinó se entibia el terror y espanto en que nos conviene mantener el país.

—Tienes razon, porque he notado que, despues de la muerte del molinero de Campesines, nos temian mucho más, y con ménos réplicas y palabras entregaban el dinero en mayores cantidades.

De este modo estos dos hermanos, sanguinarios y crueles, habian vivido por espacio de cinco años, llegando á ser el espanto de todo el país. El dia 8 de setiembre del año 1848 María Jaques, casada con un tal Jaques natural de Arcñs, partido de Valderrobles, viajaba en compañia de unos tragineros hácia Gandesa. Afligida y triste iba esa mujer. como triste y poco agradable era el motivo de su viaje. En efecto, Jaques, su marido, se hallaba preso en la cárcel de Gandesa, y su jóven, hermosa y apasionada esposa, pasaba á dicho punto para verle y abrazarle. Feliz habia sido el viaje hasta el momento en que nuestra viajera, con los que iban en su compañia, llegó al término de Horta. Alli se vieron acometidos por los Felicianos, y era tanto el terror y espanto que infundian estos bandidos. que la comitiva de María Jaques, compuesta de dos tragineros y otro pasajero, no tuvieron valor para oponer la menor resistencia. Robaron á los tragineros y al pasajero, respetando á la esposa de Jaques. Parecia estraño esto á los tragineros y á la misma María. pero no al pasajero. porque éste habia sorprendido las atrevidas y lascivas miradas que los bandidos habian dirigido contra aquella infeliz.

—Ya podeis proseguir vuestro viaje, dijo en seguida el hermano mayor.

Todos se pusieron en marcha. Pero antes de emprenderla uno de los Felicianos, cogiendo á Maria por el brazo, la detuvo diciendo:

—V. se debe quedar con nosotros, pues le hemos de hablar de cierto asunto.

Aquella afligida esposa palideció, pues desde aquel momento se dispertó en su alma el presentimiento de lo que le iba á suceder. El tono y maneras que con ella usaba aquel bandido, muy diferente por cierto del que acostumbraba y habia usado con los compañeros de viaje de Maria, indicaba claramente que no queria su dinero, sino lo que vale mil veces más que este, lo que no tiene precio: la honra y la reputacion.

—No me detengais, decia aquella infeliz, ved que mi marido me espera: tened compasion de una desgraciada....

—No hay cuidado: no queremos causaros el menor daño, pero no hay remedio. os debeis quedar con nosotros por algunas horas, luego os dejaremos libre.

—Piedad.... piedad.... decia la infeliz, dirigiéndose á los tragineros y pasajero, no me abandoneis. esperad aqui mismo, á que estos dos hombres me hayan hablado de este asunto, que les mueve á detenerme.

—Para nada necesitamos de testigos, dijo uno de los bandidos. Eh!.. marchad, ó sino, por vida de mil demonios que pagareis cara vuestra curiosidad.

No hubo otro medio: con sentimiento suyo, aquellos honrados sugetos se vieron obligados á dejar en las brutales manos de aquellos dos bandidos pérfidos y sanguinarios, á su desgraciada compañera de viaje.

En fin, los ruegos, súplicas y amenazas de la desgraciada Maria, no pudieron librarla de las manos de sus verdugos. La internaron en lo más desierto de un bosque, y alli brutalmente satisfacieron su asquerosa lascivia, del modo más vil é infame. Al dia siguiente la infeliz esposa de Jaques, fué hallada y socorrida por unos transeuntes que la condujeron á Gandesa en el estado más abatido y desesperado. Tan pronto como su marido supo por relacion de su mujer los actos de barbaridad y vandalismo de que habia sido victima por parte de los Felicianos, esclamó, lleno de furor:

—Y yo preso sin poderme vengar, ¡justos cielos! Cuánto daria por ser libre aunque no fuese más que por ocho dias! Yo sabria vengar una deshonra tan vil como cobarde... Ultrajar asi á una mujer honrada! ¡Cometer con ella una infamia tan inhumana! ¡Oh!... Cededme ocho dias, ocho dias no más de libertad.

Juan Jaques era un valiente: estaba preso por un leve delito: se ofrecia para prestar un servicio tan señalado. como lo era el de acabar con aquellos mónstruos en figura humana. La proposicion del preso fué transmitida al juez y alcalde de Gandesa, y de comun acuerdo accedieron á su demanda. Sale Jaques una noche armado de carabina y puñal, de la cárcel y de la poblacion. Su plan consistia en juntarse con los bandidos, formar cuadrilla con ellos. y aprovechar la primera ocasion para asesinarlos ó entregarlos á la justicia. Pero estaba escrito, que los Felicianos debian consumar un nuevo delito. Su hora no habia sonado todavía A los dos dias el desesperado Jaques, encontró á los Felicianos, entre los cuales medió el siguiente diálogo:

—He venido espresamente para buscaros.

—Y qué objeto tienes?

—El de unirme con vosotros. Dos hombres solos son poca cosa para las empresas á que debeis dar cima, tres, es ya distinto. Yo, como vosotros, me hallo perseguido por la justicia; yo, como vosotros desprecio la vida y no temo la muerte. Me aceptais como compañero?

Los dos hermanos cambiaron una mirada de inteligencia, y en seguida el mayor contestó:

—Tienes razon, somos pocos: un tercero decidido y perseguido por la justicia como tú, nos vendrá muy bien. Quedas admitido.

—Gracias, amigos mios, gracias.

Todo esto pasaba en lo interior de una cueva situada en lo más recóndito de un bosque. Era un dia lluvioso y triste del mes de setiembre del espresado año 1848.

—Hoy no saldremos, dijo el mayor de los Felicianos, porque las *Caderneras* (*mozos* de las ESCUADRAS) en dias como este suelen salir á la caza de nosotros siguiendo las pisadas que quedan estampadas sobre la tierra húmeda y fangosa.

—Estoy á vuestras órdenes, contestó Jaques.

Éste habia colocado en tanto su carabina en un rincon de la cueva, al lado de las de los bandidos, y se habia sentado con ellos, con la mayor franqueza y confianza. Sabia que tenian la costumbre de dormir en las cuevas, estando siempre uno de vigilante, mientras el otro dormia, asi es que, habia formado el plan de matarlos cuando durmiesen confiados en su vigilancia. Pero aun no sabia con quién se las habia. Ignoraba que los Felicianos eran astutos, precavidos y desconfiados: que querian ser solos, y habian convenido por medio de sus miradas en acabar con un hombre, que habia sabido descubrirles en una de sus cuevas más ocultas. Cenaron con la mayor franqueza y amistad, y despues de haber conversado un buen rato, determinaron entregarse al descanso quedando de vigilante uno de los Felicianos, que al cabo de dos horas, debia dispertar á Jaques para que vigilase á su vez. Jaques y el otro bandido se echaron sobre un monton de paja medio húmeda que les servia de cama cubriéndose con sus mantas. Jaques fingió que dormia con toda confianza, haciendo resonar la cueva con sus fingidos ronquidos. Pero en realidad; aquel infeliz no dormia, esperando con ansia el momento de su proyectada venganza. Con sumo disimulo observaba todos los movimientos del que estaba de centinela, creyendo buenamente que su hermano dormia apaciblemente. Se convenció de que el centinela solo esperaba el momento de ser relevado, puesto que, al parecer, dormitaba en el mismo puesto y posicion en que se hallaba. Repentinamente se vuelve el que fingia dormir, como hombre que queria cambiar de posicion. Jaques no hizo caso, atento siempre en el otro, cuando el que estaba á su lado, clavó su afilado puñal en el pecho del infeliz Jaques. Al momento, el centinela se lanzó contra él, puñal en mano, y entre los dos hermanos acaban bárbaramente con la vida de aquel mismo marido, cuya esposa habian tan vilmente deshonrado. Tal fué el fin del desgraciado Juan Jaques. Los Felicianos abandonaron al momento aquella cueva, de lo que resultó que aquel delito quedó oculto por entonces, teniendo aquella desventurada esposa el doble dolor de haberse visto deshonrada, y no saber nada respecto de la suerte de su marido. Antes de salir de la cueva, los Felicianos examinaron la carabina de su víctima, y habiéndola considerado más certera y en mejor estado que la suya, hicieron un cambio. Despues se dirigieron á otra cueva muy estrecha y pequeña, donde depositaron sus armas y municiones, tomando en seguida la direccion hácia Francia. Seis dias despues, los dos Felicianos con el supuesto nombre de José y Antonio Gaspar, estaban establecidos en Perpiñan, derrochando el dinero, producto de sus horrendos crímenes, en donde pasaron tres años, con una vida de príncipes. Frecuentaban los cafés, teatros y demás diversiones públicas, pasando una vida alegre, bulliciosa y divertida, dando muy poca importancia á lo mucho que gastaban en el juego y demás vicios á que eran aficionados.

—Tenemos una hacienda, decia el mayor un dia hablando con su hermano, que nunca se nos puede acabar. Somos los dueños del dinero de todos los demás, y ya sabemos el modo de hacernos con él. El dia en que se nos acaben las *amarillas* (onzas de oro) entraremos otra vez en España, y negocio hecho. Tengo formado un plan nuevo que con dos ó tres golpes, nos ha de proporcionar oro para toda la vida. Pero para esto necesitariamos otro compañero.

—Entonces mal hicimos en matar al que se nos presentó en la cueva, ofreciéndonos sus servicios.

—Piensas que duermo? ¿No sabes que yo tengo un espía muy fino, que todo lo huele?

—Lo sé.

—Pues bien, por él fui avisado de que la jóven que conducimos al bosque era esposa de un tal Jaques, preso en las cárceles de Gandesa, y que este hombre habia jurado vengarse de nosotros. Nada más pudo decirme mi espía, pero esto solo bastó para que yo tan pronto como vi al que se queria juntar con nosotros, dije para mí: este es Jaques: debe pues morir. Si no lo es, no importa, vale más que muera un hombre que estar con el menor recelo. Como despues nos hemos venido á Francia, nada más he podido saber sobre este particular, y aun te diré que ni siquiera me habia ocupado de ello un solo instante.

¡Qué hombre! ¡qué cinismo! ¡qué hábito de cometer crímenes y maldades!

—Sin embargo, replicó el otro, ahora segun dices, nos hará falta un hombre.

—Pierde cuidado. Tengo ya echado el ojo en uno, que creo será muy á propósito para nuestros planes. Sé que un tal Juan Vila, prófugo del presidio de Barcelona, hombre valiente, ligero y atrevido, está ahora escondido en los bosques de Susqueda. Cuando venga el caso, ya sé yo el modo de avisarle.

—Pero si se pasan muchos dias, tal vez habrá ya caido en manos de las *Caderneras*.

—Descuida, porque con el gasto que llevamos, creo que dentro muy pocos dias habremos ya concluido con todo nuestro caudal.

II.

MUERTE DE LOS HERMANOS JOSÉ Y MIGUEL OSTAU, JUNTO CON SU NUEVO COMPAÑERO JUAN VILA, POR LOS MOZOS DE LA ESCUADRA.

José Ostau habia dicho la verdad, al asegurar á su hermano que los fondos tocaban á su término. Seis dias despues, los dos Felicianos entraban en España pasando por la barca de Fagon, habiendo disipado todo su caudal en Francia durante aquellos tres años. Su entrada se habia verificado el dia 25 de marzo del año 1851, y el dia 29 se les habia unido ya su nuevo compañero Juan Vila, natural de Almatret, hombre muy criminal, asesino, ladron y prófugo del presidio de Barcelona. A los pocos dias corrió la voz de que los Felicianos habian salido otra vez á campaña. Desde luego, los *mozos* se dedicaron sin descanso á su persecucion. Todo el mundo les decia: «por Dios, que esos malvados ya han aparecido otra vez..... Vean Vds. de acabar con ellos.» El plan de los Felicianos, á que habia hecho referencia el hermano mayor en Perpiñan, no tenia nada de nuevo, puesto que consistia en la adopcion de la táctica de los *trabucaires* y otros muchos bandidos, á saber: el secuestro, y el rescate de los secuestrados. Pero como queria asegurar el golpe, y tenia ya escogidas sus víctimas, antes de ponerlo en ejecucion, habia resuelto tomar bien todas las medidas y precauciones. Así se pasaron los dias que mediaron desde el dia 25 de marzo (año 1851), en que entraron en España, hasta el 6 de julio del propio año en que se verificó su importante captura. Era esta muy dificil, puesto que los Felicianos y su nuevo compañero, eran muy astutos y prácticos del país que habian escogido para teatro de sus maldades. Ellos sabian una por una todas las cuevas, todos los agujeros y escondrijos de todos aquellos lugares, y eran capaces de burlar la persecucion más activa y bien combinada. Pero los *mozos*, bajo la direccion del cabo don Antonio Artigues, empleaban por su parte astucia contra astucia, actividad por actividad. Hacia más de quince dias que los bandidos eran perseguidos tan de cerca por los *mozos* que, apesar de su ligereza, de sus marchas falsas, cambios repentinos de direccion, y mil otras estratajemas y ardides que ponian en juego, no habian podido engañar á los *mozos*, quienes les seguian el rastro sin darles un momento de descanso. Aburridos y medio rendidos se dirigieron hácia un escondrijo que habia en el término de Vallalva. Consistia este en un agujero practicado en una pared en el cual, sabian que podrian meterse los tres, y tapar despues la pequeña boca ó abertura con una piedra, «de tal modo, decia uno de los Felicianos, que las malditas *Caderneras* pasarán por delante de nosotros, sin podernos ver. Asi, añadió, les haremos perder la pista, y podremos dar el golpe con seguridad y calma.»

Realmente aprovechando la pequeña ventaja que siempre llevaban respecto á los *mozos*, se meten en dicho escondrijo, y se creen seguros en él. Pero el celoso y entendido *cabo* D. Antonio Artigues, habia puesto en juego todos sus resortes; y desorientado por la repentina desaparicion de los bandidos, ha-

bia ofrecido tres mil reales al confidente que supiese dar exacto conocimiento de su paradero. facilitando su importante captura. Por este medio pudo sorprender á los Felicianos dentro de su mismo escondrijo. Alli acurrucados encontraron á los tres malvados, quienes se rindieron á discrecion, puesto que conocieron que les era imposible la menor defensa. Los *mozos* los cogen y atados los conducen á Gandesa. Alli fueron juzgados y ejecutados, en justa espiacion de sus enormes maldades. Por confesion de los mismos reos, se vino entonces en conocimiento de otros muchos delitos ignorados, y entre estos el asesinato del infortunado Jaques. Siempre se habia sospechado que Jaques habia sido asesinado, pero ahora no podia caber la menor duda, puesto que la carabina de aquel infeliz fué hallada en poder de los bandidos, que no solo no negaron el delito, sino que esplicaron todas sus circunstancias. De este modo la desgraciada esposa de Jaques, á la pérdida de su honra y salud, debió añadir la de su querido esposo. Poco tiempo sobrevivió á tan terrible desgracia. Por lo demás, los dos hermanos Felicianos marcharon al suplicio, tristes, abatidos y medio llorando: su compañero Juan Vila demostró más serenidad, esto es, más cinismo y descaro. Asi acabáron su criminal carrera aquellos bandidos debiéndose tan importante servicio á los *mozos* de la subdivision de Gandesa, los cuales estaban en combinacion con los de Mora de Ebro y su *cabo* Artigues ya espresado.

VIDA DEL BANDIDO PABLO CADENA (a) AVI:

SECUESTRO DE JOSÉ AYGUAVIVA, HEREDERO DEL MANSO REXACH, POR LOS BANDIDOS DISFRAZADOS DE CARABINEROS: COMPORTAMIENTO DEL GENERAL ZURBANO RESPECTO DE LOS BANDIDOS.

I.

Pablo Cadena (a) *Avi*, capitan de una cuadrilla de foragidos, nos presenta un ejemplo, casi único en su clase, de longevidad en la carrera del vandalismo.

El apodo de *Avi*, que traducido del idioma catalan quiere decir abuelo, con que solian nombrarle los suyos, era debido á sus canas y avanzada edad de cincuenta y siete años que contaba en la epoca en que comienza la historia de los hechos que vamos á referir. Práctico y esperimentado en su odioso oficio de bandido, habia conocido que el sistema de los secuestros, tal como lo habian practicado hasta entonces (1843), distaba mucho de ser perfecto, adoleciendo, por el contrario, de muchos inconvenientes.

—Es un error funesto, decia un dia á su amigo Miguel Buxedá (a) Gil, vecino y natural del pueblo llamado Morallós del reino de Francia, el querer retener á las personas secuestradas, dentro del territorio español. Los *mozos* de la ESCUADRA por sí solos, bastan para que más tarde ó más temprano, sea descubierto el punto donde se esconde á los secuestrados, por remoto y disimulado que éste sea. Por otra parte, la misma persecucion que siempre se esperimenta, tanto por parte de los *mozos* como de los somatenes y demás fuerza armada, hace indispensables

los cambios de lugar y cuevas, y los tales cambios suelen ser siempre funestos. Finalmente, despues que ha sido nombrado Comandante General de la provincia de Gerona ese demonio de general Zurbano, es imposible poder dar cima á ninguna de nuestras empresas.

—Asi me lo han dicho otros, de modo que, segun veo, ese general será la causa de nuestra desgracia.

—No hay la menor duda. Él ha publicado unos bandos severísimos contra todos los que nos ausilien, ó no nos denuncien, tan pronto como tengan noticia de nuestro paradero; y como no se ha contentado con publicarlos, siguiendo la costumbre de sus antecesores, sino que los hace cumplir al pié de la letra, por esto ha llegado á infundir un gran temor en todo el pais, es decir, un gran ódio contra nosotros. *La tierra nos escupe*, como suele decirse, desde que gobierna ese tal Zurbano. Nuestros confidentes más activos y leales, las casas de más confianza y los amigos más íntimos, todos nos han abandonado: huyen de nosotros como de unos apestados; nos cogen por el brazo cuando nos presentamos en sus casas, y bonitamente y sin cumplimientos, nos plantan en la calle, sin escuchar nuestras súplicas ni ruegos.

—¿Por qué no los castigais? ¿Por qué no recurris tambien al sistema del terror?

—¡Cómo! ¿Acaso podemos castigar á todos los habitantes del pais? ¿Por ventura puede aterrorizarse á una provincia entera?

—¿Tan general es la persecucion que sufrís?

—Es una verdadera cruzada, no tenemos un momento de descanso, no podemos fiarnos de nadie, absolutamente de nadie. Dime ¿es posible estando asi las cosas la realizacion de ningun golpe?

—Cierto que no, porque por decididos, activos y valientes que sean los individuos de una cuadrilla, por astuto y precavido que sea su capitan, sin confidentes, sin el apoyo de las casas de confianza, no hay remedio, debe sucumbir dentro de un plazo muy limitado.

—Dices bien: no hay, no puede haber secuestros ni pueden darse golpes sin esos indispensables elementos. Zurbano entiende bien su oficio, ha conocido el flanco por donde se nos podia atacar y destruir, y como es un hombre de un carácter tenaz é inexorable, ha formado su plan, y lo ha puesto en práctica de un modo nunca oido ni conocido. El que infringe sus órdenes, es castigado sin contemplacion ni miramiento. Si su falta es de aquellas que el ha conminado con la última pena, no hay que darle vueltas ni que buscar empeños é influencias; el culpable muere, aun cuando sea una persona rica y de los más recomendables antecedentes. Si Zurbano fuese lo que llamamos un pesetero, esto es, amigo de recoger oro, á estas horas no sabria en donde esconder las onzas, porque, no lo dudes, se le han ofrecido cantidades de consideracion, para ablandarlo é inducirle á perdonar á los que han tenido la desgracia de incurrir en las penas señaladas en su bando.

—Pues entonces este hombre, es una rara escepcion de la época en que vivimos. Me parece imposible que pueda haber un solo hombre que no se rinda y ablande con el oro.

—Sin embargo, no dudes de que ese hombre existe, y se llama Martin Zurbano.

—Entonces debemos renunciar á toda empresa.

—Eso no: pero si debemos cambiar enteramente de táctica.

—Esplícate, amigo mio.

—En primer lugar, no debemos retirar á los secuestrados en territorio de España, sino que los debemos trasladar á otro pais, esto es, á Francia. (Esta conversacion tenia lugar en casa de Buxedá situada en Morallós, Francia.)

—No me parece mal.

—Ya que estamos acordes en esta parte, ahora te añadiré que he escogido tu propia casa para cárcel de las personas que yo con mi cuadrilla tenga la fortuna de secuestar. Se te dará una parte igual á la nuestra, sin contar que se te pagarán los gastos de manutencion y demás que ocurrieran, pues ya sabes que nosotros no somos mezquinos en esta parte.

—¿Y si se descubre?

—No es fácil, amigo mio, porque tú eres el ordinario de Perpiñan, es decir, persona de oficio conocido, nadie hasta ahora ha tenido la menor sospecha sobre tu conducta, y eso que bien sabes tú, y yo no ignoro, que no deja de ser de las más desarregladas, puesto que tantas veces has tomado parte en mis golpes. Pero eres francés, vives en Francia, á donde te retiras tan pronto como hemos dado el golpe y recogido la parte que te ha tocado, por esto, ya lo ves, eres el mismo Buxedá, el propio ordinario de Perpiñan y nada más. ¡Oh!.. amigo mio, es una gran ventaja el ser francés, vivir en Francia y ser ladron de España..... (1) Vamos, ¿qué me contestas?

—Convenido, dijo Buxedá, despues de un momento de reflexion.

—Entonces venga esa mano.

Los dos bandidos cambiaron un afectuoso apreton de mano, quedando asi cerrado aquel diabólico contrato. Al despedirse le dijo Buxedá:

—Ya hemos convenido, ya teneis casa, ¿pero y los huéspedes, cómo os los proporcionareis á despecho de las órdenes de Zurbano?

—Eso corre de mi cuenta. No faltarán.

II.

LOS CARABINEROS CON SU SARGENTO.

Era una noche fria del mes de febrero de 1843 (2). Los habitantes de la casa de campo llamada Manso Rixart, situada en el término de Lladó, estaban retirados junto al hogar, esperando el momento de sentarse á la mesa para la cena. No está reunida toda la familia, porque el hijo primogénito de la misma, José Ayguaviva, jóven de unos diez y seis años de edad, está ausente en el pueblo de Crespiá por celebrarse la feria de dicho pueblo. Llaman á lo esterior de la casa, y el dueño se asoma á una reja que domina por aquel lado, y advierte que los que llamaban eran cuatro carabineros y un sargento de la misma arma.

—¿Qué quieren Vds.? dijo el dueño.

—Somos, como lo ve V., un destacamento de carabineros, que desde Puigcerdá se nos ha destinado á este punto, y como no somos prácticos en el terreno, no sabemos si por este pais existe algun meson ó parada en donde, pagando, se pueda cenar, pues en verdad tenemos necesidad de alimento.

El honrado dueño de la casa, en vista de todo esto, mandó abrir la puerta, y recibió á los carabineros y sargento con la mayor satisfaccion y alegria. El sargento era ya un hombre entrado en años, si hemos de juzgar por sus canas, de fino trato y agradable conversacion.

—Siento mucho, dijo, molestar á Vds., pero no hemos tenido otro medio. El que no conoce el terreno por donde debe transitar, es como un ciego.

—Es verdad, dijo el dueño, y más en un pais tan escabroso como el nuestro.

—Pero á lo ménos, ahora parece que estan Vds. libres de los malditos *trabucaires*, y pueden Vds. vivir más tranquilos.

—Realmente, desde que el general Zurbano ha publicado y puesto en práctica sus severos bandos, parece que la canalla ha sido tragada por la tierra. No hubiera permitido yo antes de esto que mi hijo mayor pasase una noche fuera de casa como se lo permito ahora.

—Con que tiene V. un hijo mayor?

---

(1) Realmente, no era solo Buxedá, sino que en aquella época, anteriores y posteriores, hubo muchos que observaron la misma conducta y modo de vivir.

(2) El órden de fechas que el autor de esta obra viene siguiendo, a primera vista puede inducir en un error, del cual puede resultar un cargo contra el mismo. En efecto, despues de haber referido hechos que han terminado por ejemplo en 1845, viene refiriéndonos hechos de 1843. Pero esto quedara esplicado desde el momento en que se tenga presente que el órden de fechas que seguimos, es el en que concluyen los hechos aun cuando hayan principiado muchos años antes.

—Sí señor, un hijo tan buen mozo como estos soldados, y eso que no cuenta más que diez y seis años.

—Esto es una gran satisfaccion para un padre.

—Sí que lo es, mayormente cuando los hijos son como mi José, que nunca me ha dado el menor disgusto.

—Andará ya en amores con alguna rica heredera, y por eso faltará algunas noches.

—No, amigo mio, es demasiado jóven. Ya vendrá su dia, y yo y su madre le escogeremos una novia.

—Eso sí, amigo mio, que me choca. ¿Por qué no es él quien debe buscarse su novia? ¿Acaso no es vuestro hijo el que se ha de casar?

—Sí señor, pero entre nosotros siempre sucede así. Mis padres me escogieron esposa, yo me casé, y ya lo veis, ahi tiene V. á mi mujer, y que diga si no hemos sido siempre felices.

—Convengo en ello, pero esto puede ser un caso particular, mas por punto general, creo que es una mala costumbre el casarse sin haberse antes enamorado.

—Lo que le puedo decir á V., que por punto general, nosotros los del campo y lugares de corto vecindario que nos casamos así, vivimos más tranquilos y unidos con nuestras mujeres, que los de las grandes ciudades y villas en donde se casan por medio del amor. ¿Qué enredos, qué causas de divorcio, qué escándalos no hay entre los consortes de esas grandes poblaciones y ciudades?

—Creo que en cierto modo teneis razon, porque al fin y al cabo el matrimonio no es más que la union de dos personas para ausiliarse, consolarse y hacer más llevaderas las penas de esta vida, especialmente las de la vejez; por consiguiente, creo que una persona tan interesada en la dicha de sus hijos como lo es un padre, está más en el caso de poder juzgar y apreciar las cualidades de los contrayentes, y saber si el uno conviene al otro.

En esto se sentaron todos á la mesa y se sirvió la cena y comenzaron á comer todos con buen apetito y franqueza. El dueño, anudando entonces la interrumpida conversacion, dijo:

—Yo, francamente, no entiendo mucho en esto que llaman amor, pero en cambio, creo que ningun hombre ha amado más á su mujer, y esto que ya hace veinte y ocho años que estoy casado. A mi entender, el amor verdadero no puede consistir en los galanteos y palabras amorosas que están tan en uso en las grandes ciudades, sino en ser fieles y leales con nuestras esposas, respetando mucho las del prójimo, para que este respete la nuestra. Entre nosotros, se habla poco de amor, pero en cambio, creo que se practica más.

—Tambien en esto soy de su opinion, pero en gran parte puede atribuirse al aislamiento en que vivís. En las grandes ciudades hay más trato, más relaciones de amistad, más frecuencia, y esto tal vez contribuye mucho á la poca armonia y escándalos que se ven entre los matrimonios.

—Podrá ser que sí; pero yo os diré que viví un año en Gerona con mi mujer, allí tratamos y nos relacionamos bastante, pero por esto nos amamos y nos conservamos fieles como antes.

En estas y otras pláticas concluyó la cena, y el sargento se despidió de su patron, habiéndole antes invitado á que recibiese dinero por el gasto de la cena. El dueño no lo quiso aceptar de ningun modo, al contrario, repitió varias veces que todo lo de a casa estaba á su disposicion.

—Mil gracias, amigo mio, dijo el sargento; yo acepto vuestro generoso ofrecimiento, porque no será estraño necesite abusar de él mientras permanezcamos en estos lugares.

En seguida salió el sargento y los suyos, diciendo que iban á sus paradas. Al dia siguiente 24 de febrero, antes de la salida del sol, volvieron dos de la partida y pidieron una cama. Se acostaron en ella, habiendo dado antes aviso de que á las doce vendrian todos á comer. Efectivamente á las doce, estaban ya todos reunidos; comieron en compañia de la familia, hablando y bromeando con la mayor franqueza y confianza. Pasaron toda la tarde en la casa, calentándose junto al hogar, porque el frio era intenso. Vino la noche, y con esta la llegada del hijo mayor de la casa, José Ayguaviva, que, como ya saben nuestros lectores, se hallaba en la feria de Crespiá. El sargento le hizo mil cumplimientos, y dió mil parabienes al padre por tener un hijo tan buen mozo y amable. Cenaron todos juntos, manifestándose el sargento más amable, si cabe. y más hablador y obsequioso que antes de la llegada del jóven heredero de la casa. Despues de la cena, el sargento dirigiéndose al dueño de la casa le dijo:

—Muy agradecido os quedo por la acogida y fineza que nos habeis dispensado. Nunca podré olvidar una casa tan hospitalaria, pero creo que nuestro deber me privará tal vez por mucho tiempo, ó quizás para siempre, de poder gozar de tan amable compañia.

—¿Cómo? ¿Se marchan ya Vds. de estos lugares?

—Creo que esta será la última noche de nuestra permanencia en la misma. Haremos nuestra parada, y si los contrabandistas no parecen, tengo órden de emprender la marcha hácia Figueras. Pero antes de despedirnos, voy á pediros otro favor.

—¿Qué quiere V., amigo mio?

—Necesito dos guias para que nos indiquen el camino que nos debe conducir al punto designado para las paradas.

—Con mucho gusto: mi hijo y ese mozo acompañarán á Vds.

El sargento dió de nuevo las gracias, y salió con los suyos, el jóven heredero y el criado llamado José Capallera. Caminaron como una media hora, cuando se reunieron con otros dos hombres embozados hasta los ojos con sus capas groseras. Ni unos ni otros pronunciaron una sola palabra. Era evidente que aquel encuentro no era casual, y que aquellos embozados eran amigos y conocidos de los carabineros. A poco, dos de los carabineros, cogiendo al criado del brazo, le dijeron:

—Tú debes venir con nosotros por este lado, puesto que hemos de hacer paradas en distintos puntos.

Diciendo esto se dirigieron hácia la parte de Sistella. Dos horas despues el criado fué despedido diciéndole:

—Ya te puedes volver á casa, pues para nada te necesitamos.

El criado nada sospechó, de modo que estaba seguro de que encontraria en casa á su jóven amo. Sin embargo, se pasó toda aquella noche y la mañana del dia siguiente y el jóven Ayguaviva no pareció, y apesar de todas las indagaciones, pasos y diligencias que se practicaron, no pudo saberse nada, ni el menor indicio de su paradero, ni del de los carabineros, quienes habian desaparecido como si la tierra se los hubiese tragado. La familia comenzó á sospechar, y con el mayor sentimiento y dolor, lloraba por la suerte de su querido hijo. Habian acudido á la casa varios amigos y parientes, procurando dar algun consuelo y esperanza al padre y madre del infeliz Ayguaviva, y una de las primeras diligencias que practicaron fué la de dar parte al cabo de la Escuadra de Perelada, D. Buenaventura Terradas. Este se trasladó al momento á dicha casa, y habiendo oido las relaciones del padre y la del criado, no dudó un solo instante de que los supuestos carabineros no eran más que unos criminales bandidos, que se habian disfrazado con el uniforme de aquel cuerpo. Terradas propuso una batida general, á cuyo efecto debia levantarse un somaten de la gente de todos aquellos pueblos. Asi quedó convenido con los principales de dichos lugares que, como ya hemos espresado, se hallaban convocados en la casa de Rexach. Efectivamente, en los dias 2 y 3 del mes de mayo, esto es, cinco dias despues del secuestro de José Ayguaviva, tuvo lugar la batida en la cual tomaron parte, á más del somaten y *mozos*, una partida de tropa enviada al efecto por el general Zurbano. Palmo á palmo fué recorrido y registrado todo el terreno, desde Llorena hasta Vix y desde Alviñá hasta Rocapruma, sin obtener el menor resultado.

—Un solo punto, decia Terradas á los *mozos*, nos queda que recorrer, á saber, las montañas de Requesens. Si allí no encontramos vestigios de lo que buscamos, estoy seguro que la canalla tiene su preso ya dentro de Francia. Ya hace tiempo que sospecho esto, no solo con motivo del secuestro de Ayguaviva, sino por otros muchos que hemos tenido de algunos meses á esta parte.

Asi se espresaba el cabo hablando con los *mozos*, y al dia siguiente solo con estos, se dirigió á los montes indicados. Este registro tampoco dió resultados. Entretanto, Pedro Ayguaviva y su esposa, padres del desgraciado cautivo, vivian con la mayor congoja y cuidado. Nada absolutamente habian sabido de su hijo, ni aun si realmente estaba en poder de los *trabucaires*. Aquellos afligidos padres se hallaban en un caso muy apurado. Por una parte nada sabian sobre la suerte de su hijo, y por otra temblaban á la idea de que hubiese caido en las garras de los bandidos, porque sabian que estos pedirian una crecida suma para su rescate. No les amedrentaba el pagar la cantidad que pidiesen, porque ¿qué no dará un padre para salvar la vida de un hijo querido y amado? Pero el caso era que las órdenes del general Zurbano eran terminantes en esta parte. Bajo pena de la vida, estaba prohibido el entregar dinero á los bandidos, cualquiera que fuese el motivo ó pretesto que se alegare. Y como dicho general era hombre que sabia hacer cumplir sus órdenes, por esto eran grandes los apuros de las familias que tenian la desgracia de hallarse en el caso de la del Manso Rexach. En medio de este conflicto, llanto y desesperacion, solo habia un hombre que, con la mayor calma y serenidad, consolaba á la familia, y les decia que él se empeñaba en remediar sus penas. Esta persona era el cabo Terradas.

—Yo me veré, les decia, con el general Zurbano, le propondre un plan que he concebido, y como este plan tiende á descubrir una cosa en la cual el ge-

neral está muy interesado, no dudo que me escuchará, y asi lo salvaremos todo.

—Solo de V. esperamos el remedio, V. es nuestro ángel salvador.

III.

EL GENERAL ZURBANO Y EL CABO DE LA ESCUADRA DE PERELADA.

En efecto, aquel dia mismo el capitan de ejército y cabo de la Escuadra de Perelada D. Buenaventura Terradas, se trasladó á Figueras, donde se hallaba el general Zurbano.

—¿Se ha sabido algo del secuestrado? dijo asi que el cabo estuvo en su presencia.

—No, mi general. Todo lo hemos seguido y registrado, y no lo dude V. E., cuando no hemos podido descubrir el menor indicio, es señal cierta y segura de que el preso no está en tierras de España, sino que lo tienen escondido en Francia.

—Hace dias que sospecho eso mismo, ¡y vive Dios! que daria cuanto tengo para saberlo de cierto, porque entonces verian los franceses, que tanto se jactan de su policia y de que solo en España suceden esos bárbaros robos y secuestros, que aqui los cometen, mientras que alli los encubren y cobijan. ¿Sabe V. algun medio?

—Si, mi general, pero para esto es necesario que los padres de Ayguaviva paguen el secuestro que sin duda se les pedirá.

—Eso no me gusta. Yo creo que mientras se dé dinero á esa canalla, nunca acabaremos, porque ¿cómo han de querer abandonar un oficio tan lucrativo, siendo ellos como son unos vagamundos y malvados?

—Sin embargo, esta vez es indispensable el pagar, pues sin esta condicion, no puedo poner en práctica mi plan.

—Sepamos en qué consiste.

—Los bandidos soltarán al preso tan pronto como haya satisfecho su rescate, y entonces yo y el preso, recorreremos todo el pais que él haya visitado en compañia de los bandidos.

—¿Y si no lo recuerda? ¿Si le han conducido con los ojos vendados?

—Escúcheme V. E., mi general: yo veo con mis ojos punto por punto los bosques por donde han pasado los bandidos con el preso, y hasta me parece ver el pueblo de Francia en que lo tienen detenido. Resulta, pues, que yo iré conduciendo al rescatado por todos los puntos y lugares por donde le han hecho transitar y de este modo será fácil que él renueve su memoria, y yo con este ausilio, lo descubriré todo. Porque por otra parte sé que los bandidos una vez han podido penetrar en Francia, como se consideran seguros, guardan muy pocas precauciones.

—Está bien: tengo confianza con V. como con todos los de su clase. Obre V. como mejor le parezca: le autorizo para todo.

—Gracias, mi general, yo sabré corresponder á tan señalado acto de confianza. No lo dude, yo descubriré la ratonera de esos malvados, que de seguro no está en España.

—Asi me gustan los hombres, esto es, que tengan fé y confianza en si mismos, sin arredrarse á la vista de las dificultades que se les presenten.

Diciendo esto el general Zurbano, tendió su mano al cabo y ambos se despidieron afectuosamente.

IV.

EL RESCATE.

La familia Ayguaviva aguardaba con impaciencia el regreso del cabo, en quien tenia puestas todas sus esperanzas. Llegó éste. y les anunció que todo marchaba bien, que solo faltaba el saber noticias del hijo, y la cantidad que les pedirian. Estas noticias no se hicieron esperar, puesto que al dia siguiente recibieron una carta, que copiada literalmente dice asi:

«Distrito: 27 de febrero de 1843. Mis apreciados »padres: sabreis que me hallo en estado deplorable, y »si quereis salvarme la vida, que está muy arriesga»da y tal vez muy cerca, tendreis que entregar en el »término de tres dias la cantidad de quinientas onzas, »y si en el referido plazo de tres dias no se ha veri»ficado, habreis de entregar cien onzas más por cada »dia que transcurra. Los que lleven el dinero, no »pueden ser más que uno, á lo más un hombre y »una mujer, y emprenderán el camino de Santa Eu»genia, y preguntarán por la taberna de casa Nial, y »alli se les presentará un sugeto para tratar del asun»to. El hombre que llevará el dinero, ó la mujer, de»be agitar con la mano un pañuelo de seda negro, y »si acaso no se presenta nadie en casa Nial, empren»derá el camino hácia Osot, y ya se avistará con él »en el mismo camino un sugeto, y si son más de dos »no saldrá nadie. Nada más por el presente, sobre »todo haced un sacrificio. Vuestro hijo, José Aygua»viva y Rexach.» (Documentos originales. Esta carta la hemos copiado al pié de la letra.)

Desde este momento la familia Rexach, sabiendo por el cabo que podian negociar el rescate de su hijo, sin ulterior compromiso, pusieron en práctica todos los medios y resortes á fin de lograrlo con la rebaja de la cantidad pedida que fuese posible. Apesar de la actividad y eficacia con que se practicaban esas gestiones, se pasaron algunos dias, de modo que hasta el dia 17 del espresado marzo no quedó definitivamente cerrado el contrato. No podemos fijar la cantidad determinada que satisfizo la familia, por no constar en los documentos que hemos consultado para escribir este suceso, pero si podemos decir que fué de bastante consideracion. De todos modos al dia siguiente, 18 de marzo, los afligidos padres del secuestrado tuvieron el gusto de abrazar á su querido hijo, libre ya de las garras de los bandidos. Al otro dia, el cabo ya espresado D. Buenaventura Terradas, salió en compañia de José Ayguaviva, al objeto de hacer el importante descubrimiento, en el que, como ya hemos dicho, estaba tan interesado el general Zurbano. Recorrieron sin la menor dificultad todo el camino que el jóven preso habia seguido, hasta que llegaron á un punto en donde el jóven habia sido vendado, de modo que nada más pudo reconocer. Pero el cabo fué despues conduciendo al jóven por los senderos que él creia debia haber recorrido en direccion hácia Francia. El jóven notó entonces, que despues de vendados los ojos, no habian caminado más que unas dos horas, al cabo de las cuales habian hecho alto en una casucha en la cual habian pasado parte de la noche, habiendo en seguida partido otra vez con los ojos vendados, si bien durante su permanencia en dicha casucha se los habian dejado libres.

—Ya lo entiendo. dijo el cabo, esta casucha ya la encontraremos, ahora lo que nos interesa es descubrir el término de la segunda jornada. ¿Conoce V. si caminaron muchas horas?

—Calculo que anduvimos como unas seis horas, al cabo de las cuales llegamos á una casa donde me descubrieron los ojos y bebimos aguardiente. Conocí que los dueños de aquella casa eran muy conocidos de los bandidos, y especialmente del Avi, que era el capitan. En dicha casa noté que los bandidos cambiaron sus trajes de carabineros con otros de paisanos, hecho lo cual emprendieron otra vez la marcha, pero solamente me acompañaban dos de los ladrones, el Avi y otro, conduciéndome entre ellos como si viajásemos amigablemente.

—Y no advirtió V. si la patrona de aquella casa llevaba cofia?

—Me parece que si.

—Entonces prosigamos el camino.

Tres horas despues entraban en una casa solar, situada ya en territorio francés, llamada *Mas Menut*, conocida por el cabo como sospechosa y encubridora de malvados. El jóven reconoció al momento la casa, por lo que el cabo determinó no penetrar en ella para evitar sospechas y el que se alarmasen. Desde aquel punto, Terradas hizo notar al jóven todo el paisaje que se descubre hasta el pueblo de Morellós situado dentro de Francia. Y el jóven dijo que le parecia reconocerlo, apesar de que era de noche cuando lo habia recorrido con los bandidos. Ya no le cupo al cabo la menor duda de que el preso habia estado siempre dentro de Francia, en el mismo pueblo de Morallós. En su consecuencia, y quedando muy satisfechos del resultado de los primeros pasos, determinó el cabo el que regresasen á Figueras, ya para dar cuenta al general Zurbano de cuanto habia hecho, ya para proveerse de pasaportes y demás cosas necesarias, á fin de poder obrar dentro del territorio del vecino reino. El general Zurbano, despues de haberse enterado detenidamente de todo, por la relacion del cabo, fué de la misma opinion que éste, y convino en que el preso habia tenido su cárcel en Morallós. En su consecuencia proveyó de pasaportes y demás documentos necesarios, tanto al cabo como al jóven, quienes emprendieron otra vez la marcha el dia 22 del propio mes de mayo. Aquel dia pernoctaron en el pueblo de Labajó, situado á media hora de Francia. Por el camino encontraron á un hombre que venia en direccion opuesta. El cabo lanzó sobre él una de esas miradas escrutadoras tan peculiares á los individuos de su institucion, y desde el momento concibió sospechas respecto á aquel hombre. Le detiene, y le pregunta de donde venia; pero como el cabo iba vestido de paisano, el hombre se negaba á contestar. Entonces Terradas se le dió á conocer, y al oir el nombre del cabo, aquel individuo se quedó muy turbado. Entonces dijo que se llamaba Juan Salleras, natural de S. Lorenzo de la Muga, que venia de Morallós, en donde habia acompañado á un hombre que no conocia, y tan solo sabia que le llamaban *Avi*.

—Y en dónde habeis dejado el *Avi?*

—En Morallós.

—¿En qué casa?

—No sé el nombre, solo sé que el dueño de ella ejerce el oficio de arriero. Terradas puso preso á dicho hombre. mandándole á Figueras por medio de algunos individuos de la guardia nacional. Al dia siguiente llegaron á una casa llamada la *Parada*, á cuya vista el jóven dijo:

—En esta casa entramos con los *trabucaires*, hicimos un poco de descanso y bebimos aguardiente.

Siguieron su viaje hácia Morallós. Al entrar en el pueblo, el jóven Ayguaviva esclamó:

—Este es realmente el pueblo en que me tenian los *trabucaires*.

El cabo condujo al jóven por una calle llamada la Subida de Suñé. Terradas sabia que por allí vivia un arriero que viajaba de Morallós á Perpiñan todas las semanas, y como el hombre detenido habia hablado de un arrierro, por esto quiso conducir al jóven hácia dicha calle.

Casi al frente de la casa del arriero existia un cobertizo que servia de pajar, el cual así que fue visto por el jóven dijo:

—En este pajar he pasado todos los dias que he permanecido entre los *trabucaires*.

El cabo preguntó á una mujer que por allí pasaba, de quién era aquel pajar, á lo que contestó:

—Es de un tal Buxedá, ordinario de esta á Perpiñan.

—¿No se llama tambien Gil?

—Sí señor, pero este es un apodo.

—Asimismo me lo pensaba, dijo el cabo hablando al oido del jóven. Ese tal Gil es un pillo de tomo y lomo. Es y ha sido siempre un encubridor y cómplice de malvados.

—Lo que yo le puedo decir á V., es, que si ese tal Gil realmente es el que me facilitaba el alimento, es un hombre más vil y cruel que los mismos *trabucaires*. Varias veces les proponia que me matasen, y un dia en presencia mia les dijo:

—Sé que se hacen muchas gestiones y pasos con la policia de Perpiñan, para descubrir el paradero de ese niño. No quiero pues tenerlo por más tiempo en mi pajar.

—¿Qué haremos de él? le dijo el *Avi*.

—Matadle, contestó Gil, ya cuidaré de enterrarle.

—¡Es tan jóven....! dijo otro.

—Solo los muertos guardan los secretos, replicó aquel infame, con una cara que siempre me parece estoy viendo. Creo que si me salvé aquel dia, fué porque los otros no eran tan viles y sanguinarios como el tal Gil, si realmente es él el hombre de que estoy hablando. Entonces, prosiguió el jóven, me trasladaron á una cueva indicada por aquel hombre sanguinario, pues de ninguna manera quiso que permaneciese en su pajar.

Terradas se dirigió entonces á un vecino de la casa, y le preguntó si sabia que Gil tuviese algun mulo para vender.

—Me parece que sí, contestó el vecino, pero ya pueden Vds. entrar, pues el pajar está abierto.

El cabo y el jóven entraron efectivamente, y este reconoció al momento el lugar en donde él descansaba. Era ya indudable que realmente el jóven Rexach habia sido detenido y pasado los dias de su cautiverio en aquella casa y pajar. Solo faltaba averiguar, si en verdad el tal Gil era el que servia al jóven las comidas, y el que aconsejaba que lo asesinasen. A este objeto dispuso el cabo el que se trasladasen á una posada. Así lo hicieron, pidieron que se les sirviese la cena, y estando comiendo, el cabo preguntó á la posaderara, si en el pueblo habia algun ordinario para Perpiñan. La posadera dijo que si habia uno llamado Miguel Buxedá (a) Gil.

—Tengo algunos bultos en Perpiñan, prosiguió el cabo, y me convendria trasladarlos á este pueblo.

—Será muy fácil, dijo la dueña, si V. quiere le enviaré á buscar.

—Hágalo V.

Un momento despues, Buxedá entraba en el comedor. Al ver al jóven Ayguaviva se puso pálido, y en todo su semblante se pintaron las señales de la más viva emocion. Por su parte, el jóven se conmovió tambien de un modo estraordinario. El cabo que los observaba con mucha atencion, pudo convencerse de que realmente se habian reconocido mútuamente. Fingiendo no haber observado nada, propuso el negocio de los bultos á Gil, pero éste, que ni siquiera acertaba á contestar, se limitó á decir que en toda la semana no podia ir á Perpiñan, despidiéndose en el mismo instante. El jóven iba á pronunciar algunas palabras, pero el cabo le impuso silencio por medio de una mirada. En seguida se despidieron de la posadera y emprendieron su marcha hácia el pueblo de Labajol en direccion á Figueras. Por el camino el jóven Ayguaviva temblaba de miedo, pues á cada paso y al menor ruido le parecia que salia Gil con los demás *trabucaires* para asesinarlos. El cabo lo animaba, y de este modo pasaron el camino hasta Figueras. El general Zurbano escuchó con suma atencion é interés la relacion del cabo, y al concluir le dijo:

—Quedo muy satisfecho del celo, actividad y tacto de que V. ha dado pruebas tan relevantes. Jamás he tratado con hombres que sepan desempeñar mejor los actos del servicio, que los *mozos* de la Escuadra. Nunca olvidaré una institucion tan benemérita y digna de la estimacion y confianza de toda la gente honrada. Ahora á mí me toca obrar respecto las autoridades de Francia. Yo les haré ver que si en su reino no se cobijare á los malvados, y algunos franceses no fuesen cómplices y autores de los secuestros, ya nosotros hubiéramos acabado con toda la canalla.

Zurbano cumplió su promesa. Algunos dias despues, el cabo Terradas y el jóven Ayguaviva fueron citados ante el tribunal de Seret (Francia) para declarar sobre el hecho que ya conocen nuestros lectores. En consecuencia de esta declaracion y demás gestiones que se practicaron por el juez instructor y el escribano, acompañados del mismo cabo, Miguel Buxedá (a) Gil, fué preso y condenado á cadena perpétua, en donde murió á los pocos meses. No hay que dudarlo, las enérgicas comunicaciones de Zurbano con las autoridades francesas, dieron por resultado, más tarde, el famoso proceso de los *trabucaires* que ya conocen nuestros lectores. Terradas al despedirse del general Zurbano le dijo:

—Aun no está del todo concluido, mi general.

—¿Qué es pues lo que falta?

—Debemos averiguar la casa en donde el secuestrado pasó parte de la primera noche.

—Vamos, que son Vds. incansables.... V. mismo ya sabe que está autorizado para todo.

A este objeto el dia 27 de mayo, muy de mañana, Terradas y Ayguaviva salieron en busca de dicha casa. El cabo condujo al jóven á unas casuchas, llamadas Creu del Metus, cuyos habitantes no gozaban de muy buena fama. Así que el jóven vió dichas casas, esclamó mirando una de ellas:

—Esta es......

Entraron, y pidieron por el dueño llamado Pedro Surroca. Su esposa contestó que estaba en el campo trabajando, pero que no sabia en qué punto. El cabo salió, y un cuarto de hora despues entraba en la casa llevando preso al tal Surroca. Este infeliz confesó la verdad, llorando amargamente y pidiendo perdon. Terradas le prometió su proteccion, y que, supuesto que lo habia confesado todo y daba pruebas tan evidentes de arrepentimiento, se interesaria con el general Zurbano para salvarle. Terradas cumplió su promesa, pero el desgraciado Surroca no pudo disfrutar de las ventajas que le proporcionara la proteccion del cabo, puesto que á los dos dias de preso murió de sentimiento. Solo faltaba una cosa, que por cierto era la más importante: la captura y castigo de los autores de aquel delito y mil otros que habian

cometido. Estos eran Pedro Cadena (a) *Aví*, Segísmundo Sapé, natural de Tordera, Chich Felíu, natural de San Hilario, el llamado Rondan y el conocido por Tarragona. Cadena *(a) Aví*, fué cogido y fusilado en Gerona, despues de haber confesado sus enormes delitos y haber pedido perdon por ellos á Dios y á los hombres. Sapé fué tambien cogido por el espresado cabo Terradas y los *mozos* de su mando en 27 de mayo de 1830, y puesto á disposicion del Comandante militar de Gerona. Los tres restantes tambien cayeron en poder de los *mozos* en distintas épocas. Tal fué el fin de aquellos malvados, tal la actividad y celo de los *mozos* y su cabo D. Buenaventura Terradas.

EL VALIENTE CABO D. JOSÉ VIDAL,

SE BATE SOLO Y VENCE AL CABECILLA MONSERRAT CON TRECE DE LOS SUYOS VALIENTES Y ESCOGIDOS, ENCERRADOS EN LA CASA DE JOSÉ MARTÍ (a) EL LLADRE DE PALLA.

Una partida de bandidos capitaneada por Baudilio Mateu *(a) Chino*, y por José Martí (a) el hijo del *Lladre de Palla*, habian cometido un robo de consideracion en el puente llamado del *Lladoné* en 24 enero de 1847. Posteriormente, en 23 de febrero del propio año, introducido uno de ellos en la casa de campo *Posada de Sells* en el término de Subirats, disfrazado de arriero, y conduciendo un carro con tres mulos, durante las altas horas de la noche, arremetió contra el dueño de dicha posada Pedro *Sells*, en el acto de estar llenando de vino el pellejo del fingido arriero. A una señal de éste penetraron los demás bandidos en número de ocho, robaron y saquearon la casa con el mayor descaro, amenazando continuamente con la muerte á sus dueños, al menor movimiento que intentasen. El activo y valiente cabo de la Escuadra de Arbós D. José Vidal, despues comandante de las Escuadras, se dedicaba sin descanso á la persecucion de dichos bandidos, y no tardó mucho por medio de sus confidentes en saber el nombre de algunos de los autores de aquellos robos que formaban parte de la cuadrilla. En su consecuencia, á las doce de la noche del dia 9 de mayo del año 1847, dicho cabo con los *mozos* de su mando, entró en el pueblo de S. Feliu de Llobregat, con el mayor sigilo y precaucion. Se dirigió á la casa de campo llamada *Cap de terme*, y despues de haberla cercado por los *mozos* en número de cinco, llamó, con objeto de practicar un registro en la misma. Pero el que habitaba en la casa se negó á abrirla, so pretesto de que no asistia al acto el alcalde, siendo asi que confesaba reconocer al cabo con quien hablaba desde la ventana. Entonces Vidal dejó alli los cinco *mozos* con órden terminante de no dejar entrar ni salir á nadie, y se dirigió á otra casa habitada por José Martí (a) el *Lladre de Palla*, situada á la salida del pueblo. Esta no tiene más que los bajos y un solo piso, sin otras aberturas que dos ventanas grandes, que dominan la puerta principal, y otra puerta pequeña en la parte del huerto. El cabo colocó uno de los mozos en dicha puerta, y los cuatro restantes en la puerta principal, dándoles iguales órdenes que á los de la otra casa. En seguida se dirigió al pueblo en busca del alcalde.

Este reconoció al momento al cabo, y cerciorado del objeto de su venida, le confirmó en las sospechas que á el mismo, como tambien á los demás vecinos honrados de la poblacion, les infundian aquellas dos casas. El alcalde tomó la vara, y ambos se dirigieron hácia la última casa circuida, esto es, á la que habitaba el conocido con el apodo de *Lladre de Palla*. Llegan, y el cabo llama á la puerta principal á grandes golpes dados con la culata de su carabina. Nadie contestaba. El cabo repitió sus golpes dos, tres y cuatro veces, cuando el dueño de la casa, asomándose á la ventana, preguntó por el nombre de los que llamaban.

—Somos la justicia y los *mozos*, contestó el cabo, y te ordenamos que abras al instante.

Sin contestar palabra se retiró, y á poco el astuto cabo, que habia aplicado su oido á la puerta, para ver si podia apercibirse de alguna cosa, oyó el ruido de los pasos que hacia el dueño al bajar la escalera, y luego el ruido del gatillo que hacen las armas en el acto de prepararlas para disparar.

Como el cabo sabia que algunos de los *mozos* que se hallaban á su lado, hacia pocos dias que habian entrado en el *cuerpo*, y por consiguiente, que no se habian visto aun en ningun peligro, receló de su valor y serenidad en unos momentos tan críticos, y asi procuró que no se apercibiesen del ruido de las armas de los de adentro, á cuyo objeto repitió sus golpes á la puerta, reprendiendo al propio tiempo al dueño de la casa á grandes gritos. Pero nadie contestaba, cuando repentinamente se abren de par en par las dos ventanas: oyóse una griteria infernal, seguida de una descarga de más de ocho armas disparadas casi á un mismo tiempo. Asustado el alcalde con un saludo tan desagradable y peligroso, emprende su retirada hácia el pueblo, arrastrando en su fuga á tres de los *mozos* que, como ya lo hemos indicado, eran recien entrados en el servicio, y no tenian la menor esperiencia. Queda pues el cabo Vidal, sin otro apoyo que el del *mozo* Jaime Calzada, joven tambien y de poca esperiencia, y el otro que se hallaba en la puerta pequeña que no debia abandonar. Apesar de todo, el valiente Vidal no se acobarda, antes al contrario, crece su valor y denuedo á medida que aumenta el peligro y es más crítica su posicion. Habla y ordena movimientos á los *mozos*, como si tuviera veinte ó más á su disposicion.

—No dispareis un solo tiro, dice, sin que yo os lo mande espresamente. Estad tranquilos y serenos, nuestros son los de adentro, pues los hemos cogido en la ratonera. *Rendios, añadió, ó sino todos pereceréis en el acto.*

En esto sale uno á la ventana con su carabina, pero mientras está mirando para tomar bien la punteria, el cabo le dispara, hiriéndole gravemente. Desde aquel momento ninguno de los de dentro la casa se atrevió á salir á la ventana, contentándose todos con disparar desde el interior de la casa. Pero esos tiros eran perdidos, porque el valiente *cabo* y el *mozo*, se mantenian arrimados á la pared cuanto podian, resultando que las balas pasaban á seis palmos de distancia, apesar de los esfuerzos que hacian los bandidos para darles una direccion perpendicular. En esto el cabo oyó el ruido que hacian al bajar la escalera.

—Ahora nos veremos las caras, decian, ahora

—Rendios! dijo el cabo Vidal, ó sino todos pereceréis en el acto.

abriremos la puerta, y veremos como se portan esos valientes que nos intiman la rendicion.

—Sí, sí, decia el cabo, ahora nos veremos... aqui os espero: salid, salid.

Pero era el caso que el cabo realmente se consideraba perdido, si ellos llegasen á salir antes que recibiese algun refuerzo. Porque ¿como podia él solo batirse con trece hombres valientes y decididos, capitaneados por el famoso Monserrat, pues este con su cuadrilla era el que ocupaba la casa? Por grande que fuese su valor ¿cómo era posible salir airoso en un combate tan desigual? Juzgo, pues, que no tenia otro medio de salvacion sino el retardar la salida de los de la casa cuanto tiempo le fuese posible. A este objeto, comenzó á dar órdenes y disposiciones:

—Cada uno en su puesto, decia, bien arrimados, y prontos para desplegar en linea, tan pronto como la puerta se abra. Solo deben obrar las bayonetas.

Y luego dirigiéndose á los de la casa les decia:

—¿Qué haceis? ¿Por que no salis? ¡Ni una novia tarda tanto para ponerse sus perifollos!

En esto oye el ruido de los de la casa que apartan una barra con que estaba atrancada la puerta, y en seguida dan vuelta á la llave. Entonces el cabo se agarra del anillo, y comienza á forcejar, á fin de impedir el que la puerta se abriese. Trabóse con este motivo una lucha singular y especial. Los de dentro empujando para abrir, el cabo haciendo esfuerzos inauditos para frustrar su intento. En uno de sus empujes, los de la casa lograron abrir la puerta cosa de un palmo, y al momento dispararon sus tiros á quema-ropa contra el cabo, rozándole los proyectiles por su rostro y cabeza, quemándole el cabello. En otro empuje hirieron al cabo en la rodilla derecha por medio de un arma blanca. En fin, el valiente Vidal, conociendo que era imposible mantenerse por más tiempo en aquella posicion, determinó soltar la puerta imprimiéndole un grande empuje hácia dentro, al objeto de que cayesen derribados los que con tanto esfuerzo porfiaban en abrirla. Hecho esto, volvió el cabo á fingir que hablaba con muchos y les daba órdenes, y en seguida, á insultar y provocar á los de la casa á que saliesen. Pero estos, léjos de hacerlo, arrojan desde el interior de su entrada una porcion de mantas á la vez, creyendo sin duda engañar á los de fuera, que ellos creian en gran número.

—No dispareis, dijo el cabo, ya veis como temen, y nos quieren engañar...

Luego arrojaron tambien la barra de la puerta cubierta con mantas, pero sin obtener el fin que se habian propuesto. En esto Monserrat, cerciorado de que el cabo estaba en la parte izquierda de la puerta, pues de alli salian sus palabras, saca los brazos con su enorme trabuco y dispara. Pero afortunadamente para Vidal, no le sale el tiro, de lo contrario le hubiera hecho pedazos. Vidal arremete contra él, hasta el mismo dintel de la puerta. Despues el mismo Monserrat disparó contra Vidal dos tiros de pistola sin sacar el cuerpo, y uno de estos hirió la mano del cabo. En seguida reinó el más profundo silencio en la casa, y un buen rato despues, salen sin decir una palabra, en precipitada fuga hácia el campo.

—A ellos, *mozos*, dice el cabo, y solo, con la carabina del *mozo*, pues la suya no tenia bayoneta, se lanza contra ellos, hiere á tres de suma gravedad, que quedaron en su poder, y otros tres que fueron hechos tambien prisioneros.

Hé ahí una hazaña que parece increible, y que al dia siguiente, dejó asombrados á los mismos que tan desgraciadamente habian tomado parte en ella. Los prisioneros, cuando vieron que un hombre solo los habia detenido por tantas horas, que los habia herido y hecho prisioneros, no cesaban de admirarse y ensalzar un valor tan grande y heróico. El mismo Monserrat, más tarde, presentado ya, refirió este hecho á varios oficiales y comandantes, y manifestó sus deseos de conocer á un hombre tan valiente. Deseo que se le cumplió, puesto que Vidal fué presentado á Monserrat por el Sr. D. Pio de Torrecilla, digno uez de 1.ª instancia de San Feliu de Llobregat, que

en aquel entonces se hallaba en Molins de Rey en donde tuvo lugar la entrevista.

«Es V. el hombre más valiente que he conocido, »dijo Monserrat al verle. Ahora mismo estaba con-»tando á esos señores la increible hazaña que V. hizo »en aquella memorable noche, en que, solo, me tuvo »sitiado por muchas horas en una casa y me hirió la »mitad de la gente de trece que éramos, todos va-»lientes y decididos.»

El gobierno recompensó este servicio concediendo á D. José Antonio Vidal la efectividad de 2.ª comandante de infanteria. Nosotros lo hemos contado omitiendo todo comentario, porque un hecho tan heróico habla por sí solo, y dice más de lo que pudiéramos decir nosotros con nuestros comentarios. Los tres *mozos* que abandonaron á su jefe en tan critica posicion, fueron espulsados del cuerpo. En cuanto al *mozo* apostado en la puertecilla del huerto, cumplió con su deber, rechazando á los bandidos una vez que intentaron escaparse por aquel punto. Ya hemos dicho antes que el celoso y activo cabo, D. Jose Antonio Vidal, iba en busca de los autores de los robos perpetrados en el punto llamado del Lladoné, y otro en la casa posada de Pedro Sells, en Ordal, término de Subirats, cuando tuvo el encuentro con la partida capitaneada por Monserrat, en la casa llamada del *Lladre de Palla*. Tambien hemos visto que dicho cabo fué herido en la rodilla y en la mano en aquel combate singular en que, él solo, se batió con una cuadrilla de trece. Apesar de esto, y de las insinuaciones de su jefe, y del Excmo. Sr. Capitan General, que le aconsejaban el descanso y el ocuparse de sus heridas, especialmente la de la rodilla, quiso salir al dia siguiente 10 de marzo del propio año, á fin de continuar en su interrumpida tarea de acabar con los autores de los robos ya espresados. Esta vez vió coronados sus deseos por medio de la captura de Baudilio Mateu (a) Chino, Lorenzo Presa, (a) Gragori, Mateu Bosch (a) Mateuet, Magin Masaquet, (a) Nan, Baudilio Reynals y Rafael Valls (a) Fatel, «to-»dos ellos cómplices en varios robos (dice el docu-»mento oficial que tenemos á la vista), y singular-»mente en el de la casa posada de Pedro Sells, acae-»cido en 27 de febrero último, y otro en el Pont del »Lladoné, en 24 de enero; como que al referido Chi-»no se le han encontrado aun en su casa algunos de »los objetos robados. Además, dichos malhechores »formaban parte de la gavilla que tanto se resistió en »la casa de Martí (a) *Lladra de Palla* en la noche de »ayer, como que el sobredicho Falet, no solo ha con-»fesado sino que tiene la pierna rota de resultas de »aquella refriega.» (Documentos oficiales.)

Tal fué el celo, actividad y valor que manifestó el cabo Vidal en aquella ocasion como en otras mil lo habia demostrado. En las comunicaciones oficiales que con este motivo se circularon, se hace un justo y merecido elogio de dicho sujeto, que nosotros omitimos por considerar que los hechos son más elocuentes que cuanto puede decirse con las palabras, por dignas y autorizadas que estas sean.

SECUESTRO Y ASESINATO DE D. JOSÉ FERRÉ,

VECINO DE BELLTALL, CUYO CADÁVER FUÉ DEVORADO POR LAS FIERAS.

I.

Francisco Roselló (a) Cabalé, natural de Guimerá, era un sugeto de unos treinta y cinco años en la época de los sucesos que vamos á referir (1848). Vivia en el mismo pueblo de su naturaleza, en donde gozaba de la mayor reputacion y buena fama. Era devoto y caritativo, acompañaba siempre el santo Viático, frecuentaba todos los dias el templo del Señor, en donde se le veia arrodillado orando muy compungido y devoto. El dia 26 de setiembre, nuestro devoto, tenia en su casa unos amigos, cuyos nombres eran el terror y espanto del pais. Habian entrado de noche por una puerta falsa que comunicaba con el campo. Oigamos su conversacion, y nos convenceremos de que el tal Roselló, no era más que un hombre vil y asesino, que queria cubrir sus maldades con la capa de la hipocresia más refinada.

—Os digo, decia Roselló, que positivamente sé que podremos cogerle el dia dos de octubre á su regreso de Verdú.

—¿Cómo has podido averiguar eso?

—Pues ¿acaso no soy yo conocido de José Ferré y de toda su familia? Me hallaba presente en el pueblo de Belltall en el momento en que Ferré se despedia de su familia para marcharse á Verdú, y pude muy bien enterarme del dia fijo de su regreso.

—Vamos, que eres un hombre de mucho provecho para nuestro oficio. Quedamos todos citados para dicho dia dos, en el punto llamado el Muro, término de Verdú.

—No faltaremos, dijeron los demás amigos de Roselló.

Hé ahi los nombres de dichos amigos: Ramon Costa (a) Corona, capitan de ladrones, Antonio Sans (a) Cano, natural de Guimera, Francisco Mata, Antonio Monné (a) Pardalet, Roque Solé (a) Boté, Pablo Isern, Antonio Bernat (a) Gravat de Vallbona y Juan Chinchó. Todos esos pertenecian á la cuadrilla de malhechores capitaneada por el espresado Corona. Roselló era tambien individuo de la misma, con la particularidad, que despues de haber preparado y tomado parte en los robos y asesinatos de la cuadrilla, se volvia á su pueblo, en donde con su hipocresia y fingidos actos de devocion, encubria sus maldades y delitos. Realmente el hipócrita Roselló, no se habia equivocado en lo que habia dicho respecto al regreso del desgraciado Ferré. El dia dos de octubre del espresado año 1848, á la caida de la tarde, Roselló regresaba con su ganado desde Verdú en direccion á Belltall. Al llegar al punto llamado el Muro, le pareció que oia el murmullo de algunas voces humanas que salian de un bosquecillo muy inmediato al camino. No se equivocaba, era el bandido Corona que, como capitan de la cuadrilla, daba sus últimas disposiciones, cuyas consecuencias tan fatales debian ser para el desgraciado Ferré.

—Seguidme, decia, vosotros dos, Cano y Mata, pues para coger á un hombre somos de sobras. Vosotros quedaos aqui prevenidos por lo que pudiese suceder. Entre tanto Ferré habia llegado á la parte del camino que linda con dicho bosquecillo, estando por lo mismo á cuatro pasos de los bandidos. Saltan de improviso los tres ladrones ya citados y se arrojan sobre el indefenso Ferré. Lo derriban en el suelo y le aturden con algunos golpes. En seguida le apuntan sus carabinas, intimándole que iba á morir al menor movimiento que hiciera. ¿Qué resistencia podia oponer un hombre solo y desarmado contra tres decididos y armados? La victima fué atada y conducida á un bosque muy sombrío, situado en el término de Guimerá. Allí se le hizo escribir una carta á su familia, en la cual se pedian ciento cincuenta onzas en oro para su rescate, amenazándola con la muerte del preso, caso que dicha cantidad no fuese entregada en el dia, hora y lugar que en la misma se designaba. Despues hicieron entrar al cautivo en una cueva húmeda y fria, teniéndole siempre atado y amenazándole con la muerte á cada momento. La familia de Ferré no era tan acomodada, que tuviese á la mano la cantidad que le pedian, así es, que dijeron á los portadores de la carta, que lo fueron el mismo Roselló y Roque Solé, que harian todo lo posible para reunir dicha cantidad, y que interin les suplicaban que se interesasen con los bandidos á fin de que no maltratasen al preso, y esperasen el resultado de sus activas diligencias. En esto el sub-cabo de la sub-division de San Martin de Maldá, D. Juan Marti, despues cabo de la ESCUADRA de Arbós, habiendo tenido noticia de tan desagradable suceso, se habia puesto en movimiento con los *mozos* de su mando, con aquel celo y actividad que tanto les distingue. Los bandidos sabian que dicho sub-cabo tenia mucho prestigio en el pais, que contaba en él con numerosisimos confidentes, y por consiguiente, temieron que si no precipitaban el negocio, seria fácil que fuesen descubiertos y rescatado el preso antes de pagar la cantidad. Como por otra parte algunos de la cuadrilla, á más de Roselló, no eran tenidos por bandidos, sino que vivian en sus casas, confundidos con los demás vecinos honrados, así es, que á estos, les pesaba mucho el tener el negocio pendiente, puesto que les obligaba á ocuparse de la custodia del preso, y de las gestiones para el cobro de la cantidad pedida por su rescate. En esto Roselló sugirió la idea de matar al preso, y proseguir las gestiones con la familia como si realmente aquel existiera.

—De este modo, añadió, lograremos nuestro objeto sin esponernos á perderlo todo. Porque no debiendo guardar al preso, cada uno se dirigirá á su lugar, quedando dos solamente para vigilar el punto en que se nos debe entregar el dinero.

—Tiene razon, dijeron los otros, quedando desde aquel momento decretada la muerte del infeliz Ferré.

Cuatro dias habian transcurrido desde el dia en que este desgraciado habia caido en manos de aquellos hombres sin entrañas ni corazon. Abatido por la falta de alimentos, castigos y amenazas que se le hacian á todas horas, estaba el infeliz acurrucado en un rincon de la cueva, cuando Corona le tocó por el hombro y le dijo:

—Levántate, que debemos partir.

—Debo deciros que estoy tan débil y estenuando, que no me siento con fuerzas para seguiros si la jornada ha de ser algo larga.

—No tengas cuidado: debemos andar poco, y luego ya descansarás para siempre.

—¿Me quereis matar?

—Sigue, y lo verás.

—Por Dios, tened piedad de mí y de mi desgraciada familia.

—Sigue, y acabemos de una vez.

Entonces el desgraciado Ferré se levanto con bastante trabajo, ayudado por sus mismos verdugos, y siguió conducido en medio de ellos fuertemente atado. Solamente Corona y otro bandido le acompañaban. Caminaron por espacio de una hora, cuando el preso sintió que sus fuerzas le abandonaban enteramente.

—No puedo andar más, dijo suspirando.

—Lo mismo dá, dijo Corona, tan espeso y sombrio es el bosque en este punto como á poca distancia más.

Diciendo esto dió un silbido, que luego fué contestado por otro. Silbó otra vez, y á poco se les reunieron los demás bandidos. Ferré se habia apoyado al tronco de una robusta encina. Los bandidos conferenciaron un momento entre sí, y luego dirigiéndose al preso le dijo Corona:

—Debes morir...

—Piedad!!... Ya mi familia pagará el dinero.

—Es tarde: no hay remedio, debes morir.

—Tened compasion de mi esposa, de mis hijos!..

—No hay piedad ni compasion.

—Fuego!!...

Dos bandidos dispararon á quema-ropa sus pistolas en el pecho y cabeza del desgraciado Ferré. Cayó éste medio muerto, y entonces casi todos los de la cuadrilla se cebaron en la victima, cosiéndola á puñaladas. Antes de consumar su delito, habian obligado á Ferré á escribir una carta á su familia, cuyo contenido se reducia á encargarles con toda eficacia el que enviasen las ciento cincuenta onzas cuanto antes en el punto indicado en las anteriores y con las prevenciones que en las mismas se les hacian. A esta carta hicieron poner una fecha adelantada. El cadáver de Ferré quedó allí insepulto y abandonado. Los bandidos se dispersaron quedando dos encargados de hacer entregar la última carta de Ferré á la familia, caso que no hubiese entregado el dinero en el dia de la fecha de la carta, y otros dos se encargaron de pasar á recoger la cantidad.

II.

LAS FIERAS DEL BOSQUE DEVORAN EL CADÁVER: CASTIGO
DE LOS MALVADOS.

Han pasado once dias, despues de la horrorosa escena que acabamos de referir. La familia Ferré acaba de reunir, haciendo grandes sacrificios, las ciento cincuenta onzas en oro, que deben servir para rescatar á la cabeza de la misma, al padre querido, al esposo idolatrado. Era la tarde del dia 16 de octubre del año 1848. Una mujer con un pañuelo negro en la cabeza y otro blanco en la mano. llevando á más un cesto bastante pesado debajo del brazo, sale del pueblo de Belltall en direccion al punto llamado el Muro, término de Verdú. En dicho punto, y escondidos dentro de unas matas, veíanse dos hombres sentados en tierra, devorando con sus miradas todo el trecho de camino que podían en direccion á Belltall. Cualquiera que viniendo por aquella parte hubiese chocado con la mirada de aquellos cuatro ojos que, cual carbunclos, relucian por entre las malezas, hubiera retrocedido, pensando que eran dos fieras feroces y hambrientas que le acechaban para devorarle. Entre tanto la mujer seguia su camino, agitando de cuando en cuando, con mucho disimulo, el pañuelo que llevaba en la mano. Al llegar á un cuarto de hora de distancia del punto donde estaban alisbando los dos hombres, se detiene, pone la pesada cesta en tierra, se quita el pañuelo de la cabeza y coloca en la misma el otro pañuelo negro que llevaba en la mano. En esto uno de los dos hombres escondidos le dice al otro:

—¿No ves, si es la que esperamos?

—Realmente, no puede ser otra, y confieso que tienes mejor vista que yo.

—Levantémonos y hagamos la contraseña convenida.

—Detente.... ¿No ves un hombre que va corriendo como un galgo, hácia la mujer?

—Efectivamente.

—¿Qué importa? Salgamos, somos dos, tenemos nuestros puñales y pistolas...

—Tienes razon; pero calla... me parece que es un *mozo* de las ESCUADRAS disfrazado.

—Estamos perdidos si realmente es asi.

—Ya está cerca de la mujer... Ya la habla....

—Y ella se marcha con él....

—Embistamos....

—No, que es un *mozo*, y nos tendrán tendida una emboscada.

—Tienes razon. Huyamos. Todo se ha perdido. ¡Qué lástima! Ahora que casi lo tocábamos!...

Hé ahi lo que habia sucedido. En aquel mismo dia el alcalde y ayuntamiento de Guimerá habian recibido aviso por medio de un cazador, de que en el bosque yacia el cadáver de un hombre horriblemente mutilado y devorado por las fieras. Dicho alcalde y ayuntamiento se habian trasladado en el punto indicado, acompañados de varios vecinos de Guimerá, entre ellos el hipócrita Roselló. Al llegar á dicho punto ¡qué horror! se presentó á su vista el cadáver de un sér humano horrorosamente mutilado.

—¡Las fieras lo han devorado! dijo Roselló.

Mas habiéndole examinado cuidadosamente, hubieron de advertir que realmente aquel hombre habia sido devorado por las fieras, especialmente por los lobos muy abundantes en aquel bosque, pero que antes habia sido asesinado por otros lobos, de pistola y puñal. Despues examinando los restos de sus rasgados vestidos esclamaron todos:

—¡Es el cadáver del desgraciado Ferrer!

—¡Qué infamia! esclamó entonces el fingido Roselló. ¡Qué pecado tan horrendo é imperdonable!.... Y ¿cómo la tierra no se traga á unos mónstruos semejantes?

En esto habia llegado allí el valiente sub-cabo ya espresado Juan Marti, quien sin hacer caso de las esclamaciones de Roselló, lo primero que hizo fué mandar dos *mozos* á la familia de Ferrer para prevenirles del caso, á fin de que suspendiesen toda sugestion con los bandidos. Dichos *mozos* llegaron volando á la casa. Enteraron á la familia de lo que pasaba, pero ya habia salido la mujer con las ciento cincuenta on-

zas para entregarlas á la canalla, segun lo convenido.
Entonces, uno de los *mozos*, muy ligero y andarin,
cambió sus vestidos para no llamar la atencion, y
salió volando al encuentro de la mujer, á fin de salvar, á lo menos, el dinero, ya que desgraciadamente
no se habia podido salvar á la persona. Ya han visto
nuestros lectores como se fue en un tris el que la
cantidad no hubiese pasado á manos de los malvados. Entretanto la justicia de Guimerá habia trasladado los restos mortales de Ferrer á dicho pueblo, y
habia dispuesto el que se celebrasen los funerales
para el eterno descanso de su alma. Roselló asistió á
dichos funerales, distribuyendo candelas y orando
con suma devocion, pero apesar de esto el sub-cabo
y los *mozos* ya recelaban y lo tenian en mal concepto. Pero como era tan astuto y precavido, y por otra
parte con su fingida devocion habia adquirido y gozaba de tan gran fama de hombre de bien, que era
muy arriesgado el prenderle sin tener alguna prueba
de sus crímenes y delitos. Mas como las Escuadras
son tan constantes y tenaces en la persecucion de los
malvados y en el descubrimiento de los delincuentes,
el dicho cabo en el año 1850, determinó practicar un
registro en la casa de dicho Roselló. ¡Oh providencia
divina! en dicho registro se encontró una cuerda ensangrentada.

—¿Ves esa cuerda? le dijo, es la en que teniais atado al infeliz Ferrer! Por ella he venido, veo que no
me han engañado.

Apesar de su descarado cinismo é hipocresía, Roselló no tuvo bastante serenidad para resistir una
prueba tan manifiesta y evidente. Por su declaracion
se supo el nombre de los demás autores de aquel delito. Roselló fué condenado á presidio perpétuo. Ramon Costa (a) Corona, que como hemos visto, era el
capitan de la cuadrilla, despues de haberse frustrado
el cobro de las ciento cincuenta onzas, y temiendo la
persecucion de los *mozos*, se dirigió á Tarragona. Era
un hombre intrépido y emprendedor. Habia servido
en el ejército de Isabel II durante la guerra de los
siete años, pero habia desertado: despues fué cogido
y condenado á muerte por el consejo de guerra. Mas
Costa habia tenido bastante arrojo y fortuna para escaparse de en medio de su escolta que le conducia al
patíbulo. Una vez llegado á Tarragona, despues del
delito que dejamos referido, habia tenido maña é
influjo para ingresar en la guardia municipal de dicha ciudad. En ella servia en 1850, y acompañaba al
inspector de instruccion primaria en la visita que estaba pasando en aquella provincia, cuando fué preso
por el sub-cabo Juan Martí, y entregado á los tribunales que le condenaron á cadena perpétua. Otro de
aquellos asesinos lo era Antonio Sans (a) Cano. Este
se habia refugiado á Barcelona, en cuya ciudad habia
logrado una plaza de loquero en el Hospital de Santa
Cruz. Pero el celoso brigadier D. José Vivé comandante en aquel entonces de las Escuadras, hacia tiempo que lo buscaba, y como las Escuadras tarde ó
temprano dan con los malvados que buscan, así fué
que dicho Sans fué cogido por el comandante y entregado á los tribunales, que le condenaron á cadena
perpétua. Francisco Mata, cogido tambien por los
mozos, fué condenado á 17 años de presidio. Antonio
Monné (a) Pardulet, que era el dueño del terreno en
que estaba situada la cueva en que tenian á Ferrer,
fué preso tambien por los *mozos* y condenado por el
tribunal á 17 años de presidio. A Roque Solé (a) Boté,
se le encontró, en el acto de prenderle, el pantalon
ensangrentado del infeliz Ferrer. Tambien fueron
capturados por las incansables Escuadras los demás
cómplices y autores, á saber: Pablo Isern, Antonio
Bernat y Juan Chinchó, que fueron condenados á 17
años de presidio.

ROBO DEL EXCMO. SR. GENERAL D. ANTONIO ROS DE OLANO:

DESCUBRIMIENTO DE SUS AUTORES POR EL SUB-CABO JUAN MARTÍ.

El dia 28 de octubre del año 1849, el Excmo. señor
D. Antonio Ros de Olano, general activo é inteligente,
viajaba en la silla correo desde Barcelona hácia Madrid. Al llegar á las inmediaciones de Bellpuig, fué
detenido el coche á la voz de alto acompañada de
mil amenazas y dicterios. El digno general conoció
desde luego que los que asi detenian el coche, no
podian ser más que unos bandidos, y que su objeto
seria, tal vez, llevárselo en rehenes para luego exigirle un buen rescate. Parose el coche, y al momento
se vió rodeado por cuatro hombres armados con fusiles recortados y armas blancas. Uno de ellos abrió
violentamente la portezuela del coche é intimó á los
viajeros que se apeasen. El general nada habia perdido de la habitual serenidad y calma que nunca le desampara hasta en los mayores apuros. Asi que estuvo
en la carretera, uno de los bandidos le despojó del
reloj de oro con su cadena del mismo metal, le hizo
entregar todo el dinero que llevaba encima y demás
prendas de valor. El general conocio que toda resistencia seria una tenacidad, puesto que él era solo y
los bandidos alli presentes, en número de cuatro, bien
armados, sin contar con los demás que se podia presumir estaban de parada para evitar toda sorpresa.
Por otra parte, conoció que solo se trataba de un robo
y no de secuestro, por lo que juzgó prudente no esponer su vida por una cosa tan insignificante. Mientras esto pasaba, otros dos bandidos habian arrojado
al suelo el cofre del general, lo habian abierto y lo
saqueaban á su sabor. En seguida, otro bandido registró el cupé del carruaje que ocupaba el general,
para cerciorarse de que nada quedaba para saquear
y registrar. Hecho esto, se marcharon los bandidos,
despues de haber amenazado al general, conductor y
zagal del coche con la pena de muerte, si daban parte ó aviso de lo ocurrido. Prevencion inútil y hasta
ridicula, puesto que era imposible su cumplimiento.
A la sazon se hallaba de comandante general de Lérida el Excmo. Sr. D. Domingo Dulce, dignisimo y
apreciado Capitan General del principado en el momento en que escribimos estas líneas (1). Tan pronto
como tuvo noticia del robo, ofició al cabo de la Es-

(1) Dia 10 de diciembre del año 1859. En efecto, pocos generales han ejercido el mando superior de Cataluña con tanto aprecio
y estimacion de sus habitantes, como el Excmo. Sr. D. Domingo
Dulce

CUADRA de aquel distrito recomendándole eficazmente el descubrimiento de los autores de aquel delito. El cabo, sabiendo que el sub-cabo Juan Martí tenia muchas relaciones y confidentes en las inmediaciones del país, teatro de aquel acontecimiento, lo comisionó para que sin levantar mano se ocupara en dicho descubrimiento. El digno comandante de las ESCUADRAS D. José Vivé, así que supo el robo, ofició tambien al cabo y sub-cabo, previniéndoles que no perdonasen medio ni gasto, á fin de que un delito semejante y que tanto habia llamado la atencion pública, no quedase impune. A fuerza de diligencias y pasos, dicho sub-cabo Martí, despues cabo de Arbós, supo por sus confidentes qué parte del dia y noche anterior, cuatro hombres desconocidos en el país habian permanecido en una casa pajar, propia del mesonero del hostal llamado del *Pobre de Barbens*. Esta confidencia, que nada hubiera revelado á otra persona que no hubiese pertenecido á las ESCUADRAS, fué un indicio muy significativo para el esperimentado Martí. En efecto, tenia apuntado como hombre sospechoso y encubridor de malvados al tal mesonero, por lo que, desde luego juzgó que aquellos cuatro desconocidos habian sido los autores del robo, y que el tal mesonero habia tomado parte en el negocio. Luego averiguó que un sugeto llamado *Vinagre* era el que llevaba la comida á los del pajar, y como este hombre, tambien era mirado por el sub-cabo y *mozos* como sospechoso, y por otra parte era amigo del mesonero, el cabo Martí se confirmó más y más en sus sospechas. Con estos antecedentes se presentó al mesonero, y valiéndose de mil rodeos, y fingiendo que ya se tenia noticia de los autores de aquel robo, y que si no decia la verdad podia tener un sério disgusto, pudo saber el nombre de aquellos forasteros que se llamaban: Francisco Fauró, Juan Meda, Gerónimo Capdevila (a) Hereu y Francisco Capdevila y Planas. Pero, hasta este punto, solo podian tenerse sospechas, puesto que solo se sabia que cuatro hombres forasteros habian permanecido parte de un dia y una noche en una casa pajar. Inmediatamente el sub-cabo se trasladó con los *mozos* á San Martin de Maldá, y habiendo practicado un minucioso registro en la casa de Gerónimo Capdevila (a) Hereu, encontró la banda del Excmo. Sr. Ros de Olano, medio quemada y humeante, puesto que, cuando entró Martí, se ocupaba Capdevila en reducirla á cenizas. Encontró tambien una camisa muy fina con las iniciales R. O., otra con las iniciales J. C., pañuelos de batista, guantes, calcetines, un vaso de metal plateado, dos cucharas y un tenedor de plata y otros efectos. Preso é incomunicado Capdevila en su propia casa, voló Martí con dos *mozos* á la casa de Francisco Capdevila y Planas, en la cual encontró el reloj saboneta de oro del general con su cadena y algunas otras prendas. Preso este tambien, confesó su delito, y uno y otro aseguraron que los otros dos autores del robo los hallarian en Vilagrasa. Partió inmediatamente el sub-cabo con tres *mozos* hácia Vilagrasa, habiendo dispuesto que los otros *mozos* condujesen á los presos á Lérida á disposicion del comandante militar. Así se hizo; pero como los presos eran dos que nada tenian de cobardes, y solamente eran custodiados por dos *mozos*, al llegar á cierto punto del camino, intentaron rebelarse contra los *mozos* y fugarse. Rompieron con un esfuerzo superior la cuerda que los tenia sujetos entre si, y, atropellando á uno de los *mozos*, emprendieron la fuga. Los dos *mozos* les intimaron la voz de alto, que los bandidos no escucharon. Entonces les dispararon, despues de haber corrido tras ellos un buen rato. Caen los dos bandidos, y ¡oh justos juicios de Dios! Al examinar sus cadáveres, se vió que habian perecido muy cerca del lugar en que habian perpetrado su último delito. Entretanto el sub-cabo Martí y los otros *mozos* llegaron á Vilagrasa, pero los dos bandidos no estaban en dicho punto, ni se habian visto en el. Entonces se juzgó que los otros dos habian dado aquel aviso al objeto de que la fuerza se dividiese para poder realizar con menos riesgo su intentada fuga. Más tarde se supo que los otros bandidos habian emigrado á Francia, sin que pudiese saberse el punto fijo de su residencia.

LADRONES SACRÍLEGOS.—HISTORIA DEL BANDIDO RAMON PUJOL

(a) COIX DE AVIÁ.

I.

En el año 1849, el terror y espanto se habia apoderado de todos los habitantes de Cardona, Monmayor, San Esteban, Clariana del Ducat, Borgús, Matamargó y otros muchos lugares, pueblos y casas de campo. Todos los dias se cometian los robos más atrevidos, acompañados casi siempre del degüello y asesinato de los infelices robados. ¿Y qué mucho que esto sucediese, cuando existia en aquel pais una partida de foragidos en número de catorce, mandados por el sanguinario *Coix de Aviá*? Estos no recorrian más que un espacio de terreno de unas veinte leguas de estension hácia todos lados. Nunca se separaban los unos de los otros, asi es, que para esterminarles era preciso batirse con toda la partida, compuesta de hombres valientes y decididos, como realmente lo eran aquellos malvados. Para que nuestros lectores se formen una idea de la índole y carácter de esta cuadrilla, los introduciremos en uno de sus infernales concilíabulos. Por él vendrán en conocimiento de ese nuevo tipo de vandalismo, sino respecto á su método y sistema, á lo ménos en cuanto á su objeto. En una casa aislada del reducido pueblo ó lugar de Borgús, se hallaban reunidos catorce bandidos, completamente armados, el dia 14 de noviembre de 1848. La mayor parte de ellos llevaban trabucos, y uno principalmente lo llevaba de tan colosales dimensiones, que se cargaba con cuarenta y cinco balas. Su peso total era de veinte y seis libras y media, pesando el cañon, que era de bronce, diez y ocho libras y media. Era casi un cañon de carga. El que lo llevaba era un verdadero hércules, pues realmente se necesitaba la fuerza de un Sanson para disparar á mano una arma tan formidable. Cuarenta y cinco balas contenia el dia en que, preso por los *mozos* el que lo usaba, cayó en poder de estos, como verán nuestros lectores en el decurso de esta historia. Los bandidos estaban agrupados alrededor del hogar porque el frio era intenso en aquella noche. Hablaban y bromeaban entre sí blasfemando casi continuamente contra Dios y los hombres.

—Mucho tarda en venir, decia uno de ellos llamado Jaime Coletas, natural del pueblo de Rine.

—Como cojea tanto, no es de estrañar, contestó Ramon Armengol (a) *Soldat*, natural de Clariana del Ducat.

—Por esto se llama *Coix* (cojo), añadió otro bandido llamado Pedro Pla (a) *Garsa*.

—Con todo, es menester confesar que es un valiente, más astuto que una zorra, más ligero que una ardilla y más atrevido que la Pera. (Bandido cuya historia ya saben nuestros lectores).

—En fin es nuestro capitan, dijo otro bandido llamado Antonio Vila (a) *Frara*, natural de Cardona, y por lo mismo debemos respetarle, con tanta más razon, en cuanto ya sabeis que ya se sabe hacer respetar, porque no tiene alma cuando se le sube la mosca á la nariz.

En esto se oyó un silbato.

—Él es, dijeron los bandidos, y un momento despues, el *Coix de Aviá* estaba sentado en un lugar de preferencia entre la canalla.

Era alto de estatura, tez morena y tostada por el sol y las escarchas, semblante áspero é imponente, fuerzas hercúleas y mirada siniestra y amenazadora. Aun en los momentos de solaz y espansion, era temible para los mismos bandidos, porque poseido de un carácter sumamente irascible é indómito, con la mayor facilidad se irritaba, y en sus arrebatos de enojo, era temible y espantoso. No hay que dudarlo, para dominar lobos se necesita ser tigre ó pantera. Solo asi se esplica como unos hombres tan feroces como los bandidos, sean tan mansos y humildes con sus capitanes. El carácter distintivo de los foragidos es la ferocidad; para sobresalir, pues, éntre ellos y dominarlos, es menester ser más feroz que los muy feroces.

—Mucho frio tienen los perros falderos cuando se acercan tanto á las brasas, dijo mirando á los bandidos con el mayor desprecio. He oido decir que las fieras huyen del fuego; si no os conociera, diria que no lo sois, cuando tan arrimados os encuentro á la lumbre.

—Con todo, capitan, sabeis que dormimos muchas noches acostados sobre la nieve y teniendo nieve por todo abrigo, dijo Pla (a) *Garsa*.

—Asi es en efecto, pero yo quisiera que nunca necesitaseis lo que solo deberian usar las mujeres y los niños.

—¿Qué otra cosa podiamos hacer aquí?

—Esto!.. añadió el feroz capitan, arrimando un tizon encendido al rostro de *Garsa*, que era el bandido que habia replicado, causándole una quemadura bastante regular.

Garsa no despidió el menor quejido, y los demás bandidos se contentaron con mirarse entre sí sin decir esta boca es mia.

—Venga aguardiente, dijo entonces el capitan alargando un vaso que habia encima de la mesa.

En esto una maritornes, fea como ella misma, que era la dueña de la casa, sirvió al terrible *Coix*

llenándole el vaso de aguardiente. El bandolero lo vació al momento.

—Bebed, y holgad por algunos momentos, dijo en seguida á los bandidos; luego hablaremos.

Aquellos séres degradados, aquellos hombres embrutecidos, obedecieron como por resorte la órden del capitan, bebiendo, riendo y blasfemando como unos insensatos. El mismo *Garsa*, apesar de los agudos dolores que le debia producir la quemadura, participaba del bullicio y algazara de los demás, como si tal cosa no hubiese sucedido. Una hora despues, y estando todos entregados á la más bulliciosa licencia y desenfreno, el terrible *Coix*, hiriendo fuertemente la mesa con su mano de hierro, dijo:

—¡Voto vá!... que esto ya dura demasiado. Sois unos borrachos y vagamundos, incapaces de hacer cosa de provecho sino á fuerza de latigazos...

—Vamos, *Coix* de Satanás, replicó la dueña de la casa que, como ya lo hemos indicado, era un marimacho, feo y descarado. Tienes un genio endemoniado, pués ¿no les has dicho tú mismo que bebiesen y holgasen? ¿Por qué gruñes ahora?

—Y tú, arpia ¿por qué te has de meter en mis cosas? ¿No sabes que tambien á tí te sabré azotar?

—Estoy en mi casa, y por vida de todos los demonios cojos del infierno, que son los más malos, que para levantarme las enaguas necesitas más poder y fuerza del que tienes, que solo sirve para freir las mejillas del pobre *Garsa*.

—Acabemos: pues no quiero disputar con mujeres tan feas como tú. He de hablar con los mios de cosas de mucha importancia.

La maritornes calló, y todos los bandidos quedaron en el mayor silencio. El endemoniado capitan habló entonces en los siguientes términos:

—Hace años, amigos mios, que nos dedicamos al oficio, pero hasta ahora no hemos hecho cosa de gran provecho, porque siempre nos hemos contentado con coger moscas, dejando pasar los palomos y gavilanes. Despues de muchos trabajos, hemos asaltado esta ó aquella casa de campo, pero ya sabeis que esos malditos labradores tienen el dinero escondido en las entrañas de la tierra y le profesan tan gran cariño, que prefieren todos los tormentos y hasta la misma muerte, antes que soltar las *amarillas*. Y sino ¿qué provecho sacamos del robo de la casa llamada de las *Vacas*? ¿qué del asesinato del guarda-bosque de Cardona? ¿qué del robo del traginero de aceite en el camino de Cardona? ¿qué, en fin de otras muchas porquerias y niñadas que hemos hecho? Bien lo veis, ni vosotros ni yo somos ricos, al contrario, todos somos unos miserables. Pues, ira de Dios, que esto no ha de ser así. Tengo mi plan formado, y no lo dudeis, seremos ricos. ¿Sabeis donde está el oro y plata en abundancia? En las iglesias y templos. ¿Sabeis quienes son los que poseen las onzas del tiempo de las pelucas? Los curas. A ellos pues y contra ellos se han de dirigir nuestros trabajos. Los tengo distribuidos por este órden: primero robaremos al cura é iglesia del pueblo de Monmayor; despues al del pueblo de Bargús; luego al del pueblo de Matamargó; al del pueblo de Su, y, en fin, á todos los demás templos y rectorias de ese pais. ¿Qué os parece de mi plan?

—Muy bueno: escelente, esclamaron los bandidos.

—Nada debemos perdonar.

—Nada.

—Ni el cáliz, ni la patena, ni el sagrario.

—Nada: nada.

—Por vida del demonio, que hemos de ver como se defienden los santos.

—Sí, sí. .

—Ahora bebed un trago más, y marchemos.

—Marchemos... dijeron los bandidos despues de haber bebido, no un trago más, sino muchos.

—¡Pobres angelitos! dijo la dueña de la casa, ¡cómo olvidan que hay *mozos* de las ESCUADRAS!... ¡Si yo pudiese salvar á *Garsa!* Porque al fin, ¿qué me importan todos los demás?

II.

ROBO DEL CURA DE MONMAYOR.

Dejemos á esa mujer, próxima á faltar á la con-

fianza que en ella tenian los bandidos, tan solo para vengarse de los insultos del *Coix*, y sigamos á la canalla. Eran las cinco de la madrugada del dia 20 de enero de 1849. El virtuoso cura de Monmayor acababa de abrir la iglesia, cuando repentinamente entraron cinco hombres de mala facha embozados con sus mantas hasta los ojos. Uno de ellos cerró la puerta de la iglesia por la parte interior, y sin dar tiempo al señor cura de llamar al monacillo que estaba en la sacristía, se vió acometido por uno de los embozados que, apuntándole un afilado puñal en el pecho, le dijo:

—Toda resistencia es inútil. El dinero ó la vida.

—Os daré todo el dinero que tengo, pero os suplico en nombre de Dios, que no profaneis su santa casa.

—¿Quién te ha dicho que la queremos profanar?

—Queremos mas dinero, dijo el bandido, aplicando un cirio encendido en el rostro del virtuoso Rector.

contestó el *Coix de Aviá*, pues no era otro el jefe de aquella cuadrilla.

—Entonces, añadió el cura con la mayor calma y serenidad. ahí teneis esa llave de mi cómoda. Allí encontrareis los ahorros de toda mi vida. tomadlos. yo os los doy, y pido á Dios que os perdone y os dé su santa bendicion, como os la dá su indigno ministro.

Y diciendo esto aquel sacerdote de paz y correccion. aun para sus mismos enemigos, bendijo á los bandidos diciendo:

—Perdonadlos, Dios mio. pues no saben lo que hacen.

El *Coix* con otro bandido. se dirigió al momento al lugar indicado. y un momento despues estaba otra vez en la iglesia.

—¿Tan pobre eres? dijo al buen cura enseñándole unas siete onzas en distintas monedas.

—Puedo aseguraros que no tengo nada más.

—Entonces á lo dicho, dijo el capitan, dirigiéndose á los suyos.

Uno de estos, habiendo encendido un cirio. comenzó á quemar al cura el rostro y las estremidades de los dedos, diciendo:

—Queremos más dinero.

El cura no despedia un solo suspiro apesar de los agudisimos dolores que debia sufrir, contentándose siempre en decir:

—Perdonadlos. Dios mio, pues no saben lo que hacen.

Mientras asi se martirizaba al santo varon, el jefe de la canalla y los otros dos bandidos saqueaban el templo sin respetar nada.

—¿Qué haceis?... ¿qué haceis?... les dijo el cura, olvidando sus dolores y critica posicion, tan pronto como vió que los bandidos forzaban el sagrario.

—Quemale la lengua, dijo el *Coix*, y continuó en su sacrílego delito.

En fin, en ménos tiempo del que hemos empleado en escribir toda esa dolorosa escena, quedó todo concluido. Los bandidos salieron entonces por otra puerta, dejando al cura atado dentro del confesionario, llevándose su dinero y toda la plata labrada y demás cosas de valor de la iglesia.

Al salir, vieron á los demás bandidos que tenian atados á muchos fieles que iban acudiendo al santo templo.

—Dejadlos que vayan á misa, dijo el capitan, trabajo tendrá en celebrarla el cura.

A las doce del medio dia, estaban los bandidos en lo más espeso de un bosque distante unas ocho horas del lugar del robo, repartiéndose entre sí los objetos robados.

—¿Qué tal os parece, les decia el infame *Coix*, mi nuevo plan de campaña?

—Magnífico, contestaron aquellas fieras en figura humana.

—Vereis, vereis, como nos haremos ricos en poco tiempo.

Y diciendo esto, iba repartiendo el botin, pero reservando para sí una parte tres veces mayor que la de sus compañeros. Estos se miraban los unos á los otros, pero no se atrevian á pronunciar una palabra, ¡tan dominados y aturdidos los tenia su jefe! Apesar de todo, desde aquel momento un sórdido descontento y rencor contra el *Coix*, se apodero del ánimo de la canalla.

III.

ROBO DE LOS CURAS DE LOS PUEBLOS DE BARGÚS, MATA-
MARGÓ Y SÚ.

Ocho dias despues de la escena que acabamos de referir, á la caida de la tarde del dia 22 de noviembre, un hombre decentemente vestido al uso del pais, entraba en el pueblo de Bargús, dirigiéndose á la rectoria. La puerta estaba cerrada, pero pronto se abrió para que entrase aquel forastero que, segun dijo, debia sacar una partida de bautismo. El cura le recibió con amabilidad y le preguntó por el nombre del interesado cuya fé de pila pedia, y el año poco más ó ménos en que habia sido bautizado. El desconocido satisfizo estas preguntas, pero en cuanto al año, contestó de un modo bastante confuso.

El cura dijo entonces:

—No hay cuidado por esto, ya lo hallaremos; lo más que puede suceder es que debamos perder un poco más de tiempo.

—Esto poco importa, porque de todos modos he de pasar la noche en este pueblo.

—Hace V. bien, amigo mio, porque no es muy seguro el viajar de noche por esos lugares.

—Yo lo creo, porque todos sabemos que el terrible *Coix de Aviá*, con su formidable cuadrilla, recorre todo este pais.

—Y tanto, que hace pocos dias dió un buen susto al cura de Monmayor.

—Asi me lo contaron, pero, segun me ha dicho una persona bastante malvada, y que por lo mismo creo que lo sabe por buen conducto, esa infernal canalla tiene un plan formado para robar todas las rectorias de ese pais.

—Yo no sé lo que habrá de cierto en lo que V. dice, pero lo que sí puedo asegurarle, es que tanto nosotros los curas, como todos los vecinos pacíficos y honrados, estamos en continuo sobresalto.

—Pero y los *mozos?*

—Déjelos V.: ya vigilan, ya recorren el pais, y no lo dude, ellos acabarán con esa canalla.

—¿Pero y si entretanto le sucede á V. lo del cura de Monmayor?

—Tendré que tomar paciencia; pero ya no es tan fácil, pues todos hemos escarmentado en cabeza ajena, y hemos tomado nuestras precauciones. Por mi parte tengo siempre cerrada la puerta de la rectoria, cómo V. habrá notado, y no la abro sino cuando he visto la persona que llama y desea entrar en casa.

—Bien hecho, asi no es fácil que sea V. sorprendido.

En esto el cura comenzó á registrar su reducido archivo, en busca de la fé de pila que pedia el desconocido. A lo mejor del caso, es decir, cuando el Rector estaba más ocupado en buscar el documento, el desconocido saca una pistola sin ser visto por el sacerdote, y apuntándola al pecho del cura le dice:

—Toda resistencia es inútil. Si pronuncia V. una sola palabra le levanto la tapa de los sesos.

Y diciendo esto habia empujado al cura hácia una ventana que miraba al campo y la habia abierto. Al momento saltó dentro de la habitacion el terrible *Coix*, y luego tres bandidos más. Ataron al sacerdote y le pusieron una mordaza. Sin perder un momento, el bandido que habia venido con el pretesto de la fé de bautismo, se dirigió hácia la cocina, y sorprendiendo á la criada, única persona que estaba en la casa, se aseguró de ella, atándola fuertemente y poniéndola una mordaza. En un momento los bandidos despacharon su negocio: cómodas, arcas, armarios, y cuanto habia en la casa, fué abierto con violencia, robado y saqueado. Igual suerte cupo á todas las alhajas de plata y oro del templo del Señor, y abandonaron en seguida la casa, pasando por una pequeña puerta que comunicaba con el campo por la parte de la huerta. Los bandidos se dirigieron al bosque, con objeto de repartirse el botin. Era menester todo el descaro y atrevimiento del *Coix*, para hacer la reparticion por el sistema que observó el leon al repartir el becerro cazado por él en compañia del asno y la oveja, puesto que los bandidos compañeros del *Coix* no eran tan pacíficos ni impotentes como los que se asociaron con el leon para dedicarse á la caza de que nos habla la fábula. Ya hemos visto que los bandidos en el último reparto habian murmurado y criticado entre si sobre la desmesurada codicia de su capitan, asi es, que para el reparto del último robo, todos venian preparados para pedir que fuese más equitativo. Pero el *Coix* no era hombre para dejarse imponer por nada ni por nadie. Acostumbr. lo á mandar con todo el despotismo más refinado, y á considerarse muy superior á todos sus satélites, no daba ninguna importancia á sus quejas y solia sofocarlas á trancazos. Con estas disposiciones por ambas partes comenzó el reparto. Era tanto el miedo y respeto que infundia á los bandidos la presencia de su capitan que, apesar de que todos estaban conformes y unánimes en lo mismo, ninguno habia querido cargar con la responsabilidad de ser el primero en hablar, de modo que habia sido preciso echar suertes entre ellos, habiendo recaido el desempeño de esta arriesgada comision en el bandido Ramon Armengol (a) *Soldat*, á quien todos debian sostener y defender mediante juramento que mútuamente se prestaron. El *Coix* comenzó la operacion del reparto, apropiándose él las joyas de más valor y estima, cuando Armengol dijo:

—Me parece que lo que hace nuestro capitan no es justo.

El *Coix* sin decir una sola palabra, sacó su puñal é hirió de bastante gravedad al bandido, cayendo éste en el suelo como un cadáver. ¿Quién lo diria? Aquellos hombres feroces y sanguinarios, aquellos bandidos, que no eran cobardes, y que por medio de un juramento estaban obligados á defender á *Soldat*, enmudecieron y se quedaron como petrificados. Ya lo hemos dicho antes de ahora. Los bandidos de la cuadrilla del *Coix* eran lobos, siendo él el leon. Embrutecidas las nobles cualidades del hombre, suelen predominar las de la fuerza física y el descaro, y aquel los domina, que reune esas cualidades en grado superior.

—Levantad á ese deslenguado, dijo en seguida á los bandidos; si no ha muerto, procuraremos curarle, y si ha entregado ya su alma al demonio, lo enterraremos aqui mismo, pues no conviene que se tenga noticia de esta baja.

Los bandidos obedecieron como unos autómatas. Armengol no habia muerto, ni la herida que habia recibido era mortal. Asi lo declaró el capitan, despues de haberla examinado con el desembarazo de un cirujano ó práctico en el arte de curar. ¡Habia visto tantas heridas! Él mismo lo habia sido tantas veces, que no es estraño tuviese práctica y esperiencia. En seguida hizo conducir por dos bandidos al herido á una casa de campo miserable situada en medio de aquel bosque, que era de su confianza y devocion. Siguió luego en la reparticion del botin por el mismo sistema, y con la misma tranquilidad, como si nada hubiese sucedido. ¡Qué hombre! ¡Qué sociedad y compañerismo! Parece imposible que puedan existir séres humanos tan degenerados y pervertidos. Porque ¿quién puede vivir sin creencias ni afecciones? ¿De qué sirve el oro y la misma vida, cuando carece de todo lo que nos la puede hacer agradable é interesante? El que nada espera *ultra tumbam*, y no cree en nada de lo que nos rodea, inclusa la amistad de los mismos que viven con él y cuya suerte está unida á la suya, como le sucedia al *Coix* ¿para qué quiere vivir y recoger la mayor parte del botin producto de sus sacrilegos robos? No hay duda; el hombre es *muchas veces un animal incomprensible*. Asi lo definió cierto filósofo, y lo que á primera vista parece un absurdo, en el fondo encierra una verdad. ¿Acaso nos comprendemos muchas veces á nosotros mismos? ¿Cuántas veces echando cuentas ajenas concluimos diciendo: vamos, no podemos entender como obra asi *fulano*, como no está más tranquilo y feliz, ó como no está más triste y desesperado.....? Entonces aquel *fulano* es para nosotros un *animal incomprensible*; pero ¿quién sabe si nosotros somos otro tanto respecto á él? Y si alguna vez echamos cuentas sobre nosotros mismos, ¿no nos ha sucedido que tampoco nos hemos podido comprender? ¿No vamos mil veces en pos de cosas que conocemos que nos dañan, que aborrecemos y detestamos? Pero es el caso que apesar de esto,

aquellas cosas ó la satisfaccion de aquellas pasiones, tienen un atractivo irresistible para nosotros, atractivo que puede más que la razon y el juicio que Dios nos ha dado para combatirlas y salvarlas. En el mundo no faltan muchos que para esplicar este fenómeno recurren al maleficio, sortilegios y brujerias. *Le han dado algo*, se dice vulgarmente, especialmente entre las mujeres. Pero nosotros no creemos en semejantes tonterias. Cada uno tiene en si mismo ese *algo* que suponen recibir de los otros. Este consiste en los recuerdos de lo pasado, exage:a·los por medio de la imaginacon con lo presente. Se aborrece al objeto, pero aquel aborrecimiento no es verdadero. Si lo fuese, no se detendria en recordar sus conversaciones pasadas, y en exagerar sus cualidades, ya sean del cuerpo ó del alma. Toda la habilidad de la mujer en estos casos, consiste en saber exasperar los celos del que dice que la aborrece con la lengua, pero que aun siente por ella por medio del corazon. Entonces el hombre se hace mil ilusiones y forma mil planes y propósitos, que no sabe ni quiere cumplir. «La veré, dice, para echarla en cara sus perfidias é infidelidades, y luego la dejaré para siempre.» ¡Infeliz! No recuerda que en estos casos lo peor es meneallo, y que solamente en la fuga está el verdadero remedio. No jugueis nunca con fuego, si no quereis salir chamuscados. Las pasiones son como las malas yerbas, que reviven siempre que no se cortan las raices. Renunciad siempre al futil prurito de triunfar y confundir á la persona á quien habeis amado, por medio de los argumentos y palabras, si no quereis ser vencidos en el terreno de los hechos. Pero volviendo á nuestra historia, diremos que despues de repartido el botin á gusto y voluntad del capitan, éste tomó la palabra y propuso un nuevo robo sacrilego que debia verificarse en la rectoría de Sú.

—El cura de Sú, dijo, es muy astuto y precavido, y como los robos que ya tenemos consumados han llamado la atencion pública, creo que será preciso emplear mucha astucia para poder efectuar el robo de que os estoy hablando. A este objeto, hace dias que he procurado informarme de todas las avenidas y entradas de la casa, y últimamente he juzgado que no hay más que un medio, á saber: el de forzar una reja que comunica con la sacristía, penetrar en seguida en dicho punto, y luego nos introducimos en la iglesia. Para esto es menester que esperemos una noche bien oscura, y si puede ser, tempestuosa. ¿Qué os parece de mi plan?

—Muy bueno, contestaron todos.

Seis dias despues, á las once de la noche, los bandidos bien provistos de martillos, limas sordas y demás herramientas, estaban trabajando, rompiendo la reja de la espresada sacristia. La noche era oscura y tempestuosa: un viento récio atronaba con sus roncos silbidos, haciendo enteramente imperceptible el ruido que los bandidos hacian, apesar de todas sus precauciones. Por fin la reja cedió y el *Coix* y los suyos lograron sus depravados intentos. El templo y la sacristia de Sú fueron sacrilegamente profanados y robados.

IV.

MUERTE DEL BANDIDO COIX DE AVIÁ Y SU CUADRILLA POR LOS MOZOS DE LAS ESCUADRAS.

La casi no interrumpida perpetracion de tantos robos sacrílegos, habia llamado poderosamente la atencion del público, que hacia sentir sus justas quejas é indignacion por medio del poderoso ausilio de la prensa periódica. El terror y espanto reinaba en todo aquel pais, y todos los templos y santuarios eran considerados en un peligro eminente. Entretanto el infatigable cabo Jaime Más con los *mozos* Miguel Fontanillas, Pablo Olivé, Agustin Mestre, Antonio Martí, Ramon Cañadesus, Manuel Trepat, Juan Argemí y Antonio Tórres, no cesaban un momento, entregados á la persecucion de unos bandidos tan perversos y malvados como el *Coix* y los suyos. Dia y noche estaban ocupados en su persecucion, pero aquellos infames eran tan astutos y precavidos, que hasta entonces habian logrado burlar la vigilancia, celo y actividad de aquellos valientes. El cabo habia puesto tambien en movimiento todos los resortes de sus confidencias, y esperaba de un dia á otro que lograria su objeto. Efectivamente el dia 29 del mes de agosto del año 1849, supo que los bandidos estaban por la parte de Bargús, y alli se dirigió inmediatamente. El *Coix* capitaneaba entonces unos catorce bandidos. Mas el número no arredraba al cabo y á los *mozos*, acostumbrados á batirse con fuerzas superiores á las suyas casi todos los dias. Los bandidos tan pronto como vieron á los *mozos* se encerraron en una casa con ánimo de resistirse y defenderse, pensando que los *mozos* eran en número superior al suyo. Pero desde que hubieron hecho algunos disparos desde su improvisada fortaleza, y se hubieron convencido de que los *mozos* eran en número tan inferior, el *Coix* les habló en estos términos:

—Ya lo veis; no son más que unos seis perdidos que, pensando que éramos unos cobardes, se han atrevido á batirse con nosotros siendo así que somos catorce, dos contra uno, y aun quedando reserva. Mengua pues seria para nosotros si permaneciésemos un solo momento encerrados como conejos que temen al perro que los persigue. Ánimo, pues, y probemos que somos dignos de la fama que hemos adquirido. Ataquemos á la bayoneta y acabemos con esos orgullosos *mozos* que, en sus jactancias, siempre dicen que cada uno de ellos vale por tres de los nuestros. ¿Estais decididos á salir y acabar con la canalla que nos tiene cerrados?

—Si, si, contestaron los bandidos.

El cabo, durante aquella arenga, se habia acercado tanto á la casa que casi habia oido las palabras del *Coix* y habia penetrado perfectamente sus intenciones. Con una mirada dió á entender á los *mozos* de lo que se trataba y que era lo que de ellos se esperaba. Los *mozos* se prepararon, y un momento despues, abierta de par en par la puerta del corral de la casa en que se habian refugiado los bandidos, salieron estos en órden de batalla, disparando contra los *mozos* y atacándolos en seguida con armas blancas. Los *mozos* impávidos, no solo los esperaban, sino que se adelantan y les salen al encuentro. Travóse un sangriento y reñido combate, durante el cual, haciendo los *mozos* prodigios de valor y destreza, triunfan de sus contrarios, quienes huyen dejando muertos en el campo de la refriega á los bandidos Jaime Coletas, natural de Rine, Ramon Armengol (a) *Soldat*, natural de Clariana del Ducat, Pedro Plá (a) *Garsa*, Esteban Armengol, natural

de Sorba y Antonio Vila, natural de Cardona. Los cadáveres de aquellos bandidos fueron trasladados á Solsona para contento y satisfaccion del público, resultando de esto que todos los pacíficos habitantes de aquel pais respiraron con más desahogo, cesando asi el terror y espanto que por tanto tiempo habia dominado entre ellos. Tal fué el trágico fin de aquellos bandidos, debido al incansable celo y denodado valor de las Escuadras. Pero desgraciadamente se salvaron muchos y entre ellos Ramon Pujol (a) *Coix de Aviá*, capitan de la partida, el más feroz y sanguinario de todos ellos, como ya han visto nuestros lectores. El astuto *Coix* cambió de punto de operaciones y hasta el personal de los individuos que hasta entonces habia mandado. Habia conocido por una parte que aquellos hombres ya no le servian porque habian quedado demasiado anonadados despues del terrible escarmiento que acababan de esperimentar; y por otra, que ya no era prudente seguir con ellos, puesto que los *mozos* tenian ya las filiaciones y señas particulares de cada uno. Se trasladó pues á la alta montaña, y allí, unido con el facineroso Cabré, tomó un matiz político, exigiendo grandes cantidades en nombre de D. Rafael Tristany, pasando muchos dias y aun meses en el vecino reino, cuando creia que así convenia para su mayor seguridad y para representar el papel político con que se habia disfrazado. Pero en 1852 el facineroso Cabré fué sorprendido y muerto por dos *mozos* de la sub-division de Carreras que iba á las del señor gobernador de Berga. (Documentos originales). Entonces el feroz *Coix de Aviá* quedó casi completamente solo, pues solamente tenia en su compañía á un bandido conocido con el nombre de Xacó de Ciut, sin que por esto dejase de tener consternado todo aquel pais con sus continuos robos y tropelías. En esto el sub-cabo D. Antonio Valentí tuvo noticia por medio de un confidente de que dichos dos bandidos se hallaban por la parte de Pedra y Coma, distrito de Solsona, en cuyo lugar se trasladó al momento con la fuerza de su mando. El dia 18 de noviembre de 1854 fué el dia fatal para el *Coix* y su compañero Xacó. En efecto, en dicho dia fueron muertos por dicho sub-cabo y los *mozos* de su mando, ayudados por el somaten de aquella comarca. En el acto de morir iban armados de trabuco, pistolas y dos grandes navajas. Así acabó sus dias aquel bandido criminal y sacrílego que nada respetaba, incluso el templo del Señor. Jóven era todavia en cuanto á su edad, pero viejo de muchos años como sacrílego y criminal. La vida de los malvados raras veces pasa de los treinta años. La justicia divina pocas veces deja de hacerse sentir sobre ellos en lo más florido de su existencia. Si de estos treinta años rebajamos el tiempo pasado en los peligros, el invertido en las fugas y correrias, el consumido en los acechos y espionaje ¿qué años de vida restan para el bandido? Y si la vida consiste en la tranquilidad y sosiego del alma y el descanso del cuerpo, ¿no quedará reducida á unos poquísimos minutos la vida del malvado? ¿Cuándo su alma está tranquila? ¿Cuándo su cuerpo puede descansar con seguridad y confianza? *Nunca*, podrán contestar todos los lectores de nuestra historia.

SECUESTRO Y ASESINATO DE D. JOSÉ GALLIFA,

ALCALDE CONSTITUCIONAL DE MATARÓ: DESCUBRIMIENTO DE SUS AUTORES POR LAS ESCUADRAS.

I.

UN TRAIDOR.

Las tan celebradas costas de Génova, no son de mucho tan pintorescas y ricas como la costa del Mediterráneo en el trecho que desde Barcelona nos conduce hácia Francia. A un lado la carretera real, y paralelamente á esta, la via férrea esplotada ya hasta Tordera (hoy dia hasta Gerona) y que debe seguir hasta el vecino imperio. Todas las poblaciones que se atraviesan hasta *Arenys de Mar*, son pintorescas, aseadas y ricas. Descuella entre ellas Mataró, la antigua *Iluro civitas fracta*, poblacion de más de quince mil quinientos habitantes, bañada por las aguas del Mediterráneo. rodeada de un llano fértil y delicioso, y circundada de unas montañas cubiertas de viñedos y arboledas. En medio de estas montañas y en sus llanuras, se ven muchas casas de campo, construidas con mucho gusto y elegancia, cuyos dueños viven habitualmente en Mataró, pasando parte de los dias calurosos en sus propiedades, habitadas estas constantemente por los colonos que cultivan sus tierras y campos. En una de dichas casas vamos á introducir á nuestros lectores, no precisamente porque ofrezca cosa particular la casa en si, sino, por lo mucho que nos interesa el conocer á las personas alli reunidas, y oir el asunto de que se ocupan. Dicha casa es propiedad de D. José Gallifa, propietario, vecino de Mataró, de cuya ciudad es alcalde constitucional en la época de la historia que vamos á referir (1849). Era una tarde muy calurosa del mes de agosto del espresado año. Junto á una mesa, en la cual se ven los restos de una comida, están sentados Andres Villaret, colono de la espresada casa, á quien la familia Gallifa habia siempre protegido y dado pruebas de estimacion y aprecio; Juan Famada (a) Noy, José Villatria y Jacinto Famada (a) Timbau. La esposa de Villaret les habia servido la comida, y luego habia tomado asiento junto á la mesa, tomando parte en la conversacion siguiente:

—Ya os lo he dicho, decia Villaret, nuestro amigo José Puig (a) Gilet, no ha podido asistir á la comida por estar muy ocupado en preparar ciertas cosas que necesitamos para dar el golpe con entera seguridad. Pero, no hay cuidado, él no faltará el dia catorce de este mes, esto es, pasado mañana, puesto que, aquel dia, como ya os lo he dicho, vendrá mi amo para ver el ganado.

—Está bien, dijo Juan Famadas, pero ¿estás seguro de que tu amo vendrá pasado mañana?

—Casi no puedo dudar de ello, pues el mismo me lo dijo el domingo pasado cuando fui á verle.

—¿Y estás cierto de que no tiene la menor sospecha?

—Qué ha de tener... ¿No sabeis que él y su familia tienen en mí la más ilimitada confianza? ¿Cómo quereis, pues, que abrigue la menor sospecha? En cuanto á lo demás, ya lo teneis entendido. Mi amo se dirigirá al pesebre para examinar el ganado: vosotros estareis alli escondidos; os arrojareis contra él, le

atareis y os lo llevareis preso hácia el bosque inmediato. Yo huiré para evitar sospechas, pero luego Puig (a) Gilet, me conducirá atado junto á vosotros; lo demás corre de mi cuenta y de la de Gilet.

—¿Y crees tú que tu amo es tan rico que le podemos exigir dos mil onzas?

—Ya lo creo: ya vereis como las recogeremos.

En esto continuaron bebiendo y hablando de otros asuntos, hasta entrada la noche en que se despidieron afectuosamente, quedando citados para el dia indicado. Efectivamente, el dia catorce de agosto del propio año (1849) José Gallifa salió de Mataró muy de mañana con su escopeta y zurron de caza, en direccion á su hacienda, situada en el término de la Mata, cuyo colono lo era el ingrato y traidor Villaret. Al entrar en la casa fué recibido con el mayor afecto y alegria por su colono y Josefa Castellon su esposa. Gallifa tomó asiento en la entrada misma de la casa, y despues de haber conversado un momento con su colono, éste le invitó á que entrase en el corral para examinar los bueyes que habia comprado pocos dias antes. Entró en efecto, y apenas estuvo en dicho lugar, cuando se vió acometido por tres hombres, que como furias infernales se arrojaron contra el, le derribaron al suelo, y en seguida le ataron fuertemente con una cuerda que al intento llevaba prevenida Juan Famadas. Villaret fingia que huia despavorido. Los bandidos cuyos nombres ya conocen nuestros lectores, hicieron levantar luego al desgraciado señor Gallifa, y lo condujeron al bosque inmediato. Allí se les juntó José Puig (a) Gilet, quien dispuso que permaneciesen alli sin decir una sola palabra ni permitirles fumar, pues temia mucho una sorpresa. Asi permanecieron todo el dia, y al anochecer emprendieron la marcha por entre cerros, barrancos y precipicios hasta que llegaron al torrente llamado de Vidals, en donde hicieron alto. Allí compareció Jacinto Famadas (a) Timbau, conduciendo atado al hipócrita y traidor Villaret.

—Mucho me ha costado el poderlo alcanzar, dijo asi que llegó, echándose sobre el suelo.

—¿Tanto corria? dijo Gilet.

—Más que un galgo.

—Pero bien, dijo entonces Villaret, ¿qué mal os hemos hecho yo y mi amo? ¿qué es lo que pretendeis de nosotros?

—Dinero, replicó Gilet.

—¿De mí quereis dinero? ¿No sabeis que soy un pobre arrendatario?

—Ya lo sabemos, pero en cambio tampoco ignoras que tu amo, el señor, lo tiene en abundancia.

—Pobre señor... si supiérais vosotros los inmensos gastos y obligaciones que tiene mi amo...

—¡Calla! dijo Gilet, amenazando con su puñal á á Villaret... ¿Quien te ha nombrado defensor de tu amo?

Entonces los bandidos hablaron entre si en voz muy baja, y en seguida tomando la palabra Gilet dijo señalando á Villaret:

—Desatad á este hombre.

Asi se hizo.

—Ya estás libre, prosiguió Gilet: inmediatamente te presentarás á D. Pablo Gallifa que, como no ignoras, es el padre de este caballero, y le dirás que si quiere salvar la vida de su hijo José, debe entregar sin pérdida de tiempo dos mil onzas. Si no lo hace así, si dá parte á los *mozos* y se levanta el somaten, dile que rece por el alma de su hijo.

Villaret fué entonces á despedirse del preso, y aun tuvo la desfachatez de alargarle la mano. Pero la víctima lo recibió con marcada frialdad. Tenia evidentes sospechas de la complicidad de su colono. Este partió hácia Mataró, y los otros condujeron al preso hasta cerca de la casa llamada *Borra de Muyons*. Hasta aquel momento el preso no habia pronunciado una sola palabra, pero al llegar á dicho punto, la tomó en estos términos:

—Lo que pedis á mi padre, no se os puede dar, porque es una cantidad superior á todas nuestras facultades. Yo sin embargo, voy á proponeros una cosa arreglada, y que estoy segurísimo de poder cumplir. Yo os prometo diez onzas en oro para cada uno de vosotros. ¿Aceptais?

—Jamás, dijo Gilet. Serán dos mil onzas ó la vida.

—Pero ¿no veis que esto no puede ser?

—Será, irá de Dios, será!...

—Os repito que no puede ser. Si quereis las diez onzas para cada uno, yo os las haré llevar al punto que mejor os parezca, y os juro por lo más sagrado que no haré el menor paso ni gestion para perseguiros.

—¿Acaso nos conoce V.?

El preso titubeó un momento, pero luego dijo:

—No por cierto.

Aquellos momentos de duda habian llamado poderosamente la atencion de la canalla. Eran todos naturales del pais y pasaban, sino por hombres honrados, por incapaces de unos crímenes tan espantosos; eran en fin, como otros muchos que, siendo realmente malos y criminales, quieren pasar por hombres de bien. Solo á esta circunstancia puede atribuirse la súbita determinacion que tomaron aquellos malvados, cuyas consecuencias tan desastrosas debian ser para el preso y sus desconsolados padres. En efecto, repentinamente se ponen otra vez en marcha en direccion al bosque llamado la Brolla de Marti. Al llegar á dicho punto, que desde aquel entonces nadie puede transitarlo sin horror, ataron de piés y manos al infeliz preso, en seguida lo colgaron de un arbusto de mucha resistencia cabeza abajo. La infeliz víctima lloraba, suplicaba, prometia más dinero; pero todo fué en vano. El sanguinario Gilet le dió siete puñaladas casi todas de herida mortal. Despues aquellos séres infernales, aquellas fieras, le cortaron las manos y la cabeza. Era para ellos una diversion, de modo, que por un acto de refinado cinismo colocaron la cabeza y las manos en el zurron de caza del infeliz Gallifa, en donde más tarde fueron encontradas. Así murió el desventurado D. José Gallifa, jóven honradísimo, buen ciudadano, hijo tierno y amigo sincero de los que él honraba con su dulce amistad.

II.

EL CASTIGO DE LOS MALVADOS, AUTORES DEL ASESINATO DE D. JOSE GALLIFA.

Despues de haber cometido un acto de tan atroz barbaridad, los bandidos se dispersaron dirigiéndose cada cual á su casa, tan tranquilos y serenos, como si tal cosa no hubiese pasado. Al dia siguiente se les vió tomar parte en las conversaciones que se suscitaron entre los vecinos de aquellos pueblos y lugares con motivo del secuestro de D. José Gallifa, pues nadie sabia ni presumia que hubiese sido asesinado. Gilet, con el mayor descaro, se lamentaba de una accion tan atrevida, y sobre todo, de que pidiesen dos mil onzas para el rescate. En aquel mismo dia 15 de agosto, la ESCUADRA de San Celoni se puso en movimiento, registrando bosques, cuevas y barrancos, pero todo fué en vano. El comisario de policia de Barcelona, que lo era entonces el señor Serra y Monclús, concibió sospechas respecto al colono Andrés Villaret, á quien puso preso, pero como nada se le pudo justificar, fue preciso ponerlo en libertad, volviéndose á su casa, es decir, á la casa de su amo, vendido tan inicuamente por el mismo Villaret. Lo hemos dicho antes de ahora: la divina Providencia vela por sus hijos, y casi nunca consiente que los crímenes queden impunes sobre la tierra. Ella tiene mil medios ocultos y superiores á cuanto pueden pensar é inventar los hombres, para confundirlos y anonadarlos. Así sucedió con los autores del horrendo delito que acabamos de referir. En efecto, el dia veinte y nueve del propio mes de agosto, esto es, quince dias despues de haberse perpetrado el delito, un buen sacerdote se presentó al Excmo. Señor Capitan General, y le dió el nombre de algunos de los autores de aquel delito, es decir, del secuestro de D. José Gallifa, pues aun se ignoraba el fin sangriento de dicho desgraciado. Los habia descubierto por una rarísima casualidad, ó imprudencia por parte de ellos mismos, sin pensar que otro los escuchaba mientras hablaban. El Excmo. Señor Capitan General, llamó al momento al celoso y entendido brigadier de ejército y comandante de las ESCUADRAS don Jose Vivé, y le comunicó aquel importantísimo descubrimiento. Como se creia que Gallifa vivia aun, era necesario proceder con mucho tino en un negocio tan delicado, puesto que, la menor imprudencia ó falta de prevision, podia comprometer la vida del preso. El esperimentado comandante estaba bien penetrado de esto mismo, y como era conocedor profundo de las personas que tenia bajo sus inmediatas órdenes, llamó al cabo D. Buenaventura Terradas, que desde el dia 5 de julio del propio año habia pasado á prestar sus servicios en Barcelona por disposicion del mismo jefe. Un momento despues salia dicho cabo con algunos *mozos* hácia el pueblo de Argentona, situado á una hora de distancia de Mataró. Esperó la noche, y durante esta, capturó á Juan Famadas (a) Noy, á Joaquin Famadas, naturales todos de Argentona. Luego á los consortes Andrés y Josefa Villaret, y más tarde á Puig (a) Gilet. Al momento de haberlos cogido, por medio de un interrogatorio que les hizo, con aquella maña y tacto propio de las ESCUADRAS, supo que Gallifa era ya asesinado y el punto en donde se encontraria el cadáver. Dejó los presos en poder de algunos *mozos* y del señor fiscal militar, que se habia trasladado á dicho punto, y marchó con otros hácia el bosque llamado la Brolla de Marti, en donde realmente encontró el mutilado cadáver del desgraciado D. José Gallifa, tal como lo dejamos consignado, debiendo solamente añadir, que en la cabeza tenia un agujero que le pasaba de un estremo á otro, hecho al parecer por medio de un clavo, y tambien que, encima del zurron, en donde, como ya hemos dicho, habia colocadas la cabeza y las manos del asesinado, estaba la escopeta de dos cañones que llevaba el infeliz cuando lo cogieron. Algunos momentos despues, estaba alli el señor fiscal y los demás *mozos*, horrorizados todos á la vista de aquel imponente espectáculo. El cadáver del desgraciado Gallifa estaba en estado de putrefaccion, despidiendo miasmas pestiferos. Dos *mozos* se dirigieron á una casa de campo no muy distante, regresando luego con una sábana, en la cual envolvieron los restos mortales de aquel desgraciado. Entonces se dirigieron al pueblo de Argentona, en donde los facultativos examinaron el cadáver. Pasaron luego á Mataró, en donde la desconsolada familia de Gallifa recibió sus restos para darles sepultura eclesiástica. El proceso criminal contra los reos prosiguió sus trámites legales. Los reos fueron pronto confesos y convictos. No habia circunstancias atenuantes para ninguno de los que perpetraron un delito tan atroz, escepto para Joaquin Famadas, que fué cogido algunos dias despues como cómplice en el crimen de secuestro, si bien no estuvo presente en el acto del asesinato. El dia 19 de setiembre del propio año á las once de la mañana, les fué leida la sentencia del tribunal, en virtud de la cual se condenaba á la pena capital en garrote vil á Andres Villaret, Juan Famadas (a) Noy, José Puig (a) Gilet, á Jacinto y Feliciano Famadas (a) Timbau, estos presentes; y á José Villatria este ausente, por ser el único que no fué cogido en aquel entonces. A Joaquin Famadas se le condenaba á cadena perpétua, y á Josefa Castellá, esposa de Villaret, á reclusion perpétua. Los reos escucharon, llorando, la sentencia del tribunal. En seguida pidieron sacerdotes, y cumplieron devotamente con los deberes de cristianos. La ejecucion de los condenados debia verificarse en Mataró á las once en punto de la mañana del dia 20 de setiembre del propio año 1849. Asi se hizo. Un gentio inmenso acudió á presenciar aquel acto tan imponente de la justicia humana. Los sentenciados caminaron hácia el cadalso con paso firme y seguro, si bien en sus semblantes se veia pintada la tristeza, dolor y abatimiento.

En fin, á las once de aquella mañana todo quedó concluido. La justicia humana habia cumplido con uno de sus más penosos, pero, á nuestro ver, indispensables deberes, tratándose de ladrones, bandidos y asesinos. La vindicta pública quedó satisfecha. Más de una vez en el decurso de la historia que escribimos, hemos hecho notar las escentricidades que se advierten en los criminales. Más de una vez habrán notado nuestros lectores la sacrílega amalgama que, en su crasa ignorancia, hacen los bandidos entre lo sagrado y lo profano, entre Dios y Satanás. Los autores del espantoso asesinato de D. José Gallifa, nos presentan un nuevo ejemplo de esta escandalosa y sacrílega confusion. En efecto, ¿quién dijera que unos séres tan desalmados, tan viles, tan corrompidos, se acordaran de Dios y de su santisima Madre, y lo que es más, se atreviesen á implorar el ausilio de esta para la consumacion e impunidad de su maldad? Sin embargo, es cierto, y al consignarlo nosotros, nos fundamos en datos irrecusables, que aquellos infelices antes de perpetrar tan atroz delito, celebraron una reunion en la cual por unanimidad hicieron una promesa solemne á la Virgen de la Misericordia que se venera en la ermita situada cerca del pueblo de Canet de Mar. Todos debian concurrir á dicho acto con devocion y recogimiento; pero esta promesa ó voto no los obligaba sino en caso de salir bien su plan, esto es, en caso de recoger las dos mil onzas de parte de su victima, á la cual, de todos modos, habian resuelto asesinar por miedo á que se descubriese el delito; porque como todos eran naturales y vecinos de aquellos lugares, estaban convencidos de que serian reconocidos de un modo ú otro por el mismo secuestrado. Es un error grave, y más que error, es un sacrilegio, implorar el ausilio de Dios y de sus santos para el logro de las cosas malas, ilícitas y prohibidas.

SORPRESA DEL BANDIDO JOSÉ VILAPLANA (A) CACHARA Y SU CUADRILLA, EN EL ACTO DE ROBAR LA RECTORÍA DEL PUEBLO LLAMADO FORADADA, POR EL ACTIVO CABO DON PEDRO FERRAN Y LOS VALIENTES MOZOS DE SU MANDO.

A las nueve de la noche del dia 6 de noviembre de 1849, el celoso y activo cabo D. Pedro Ferran, salió con los *mozos* de su mando del pueblo de Rubió en direccion al de Foradada. Silenciosos iban los *mozos* observando con la mayor atencion el terreno que iban recorriendo, pues no ignoraban que una partida de bandidos muy precavidos y disimulados, tenian intenciones de darse á conocer con uno de sus actos de vandalismo. Solo distaban unos tres cuartos de hora del termino de su jornada cuando le pareció al cabo que percibia ruido de pasos por el interior de la sierra en direccion al pueblo de Cubells. Lo mismo observaron luego los esperimentados *mozos*, y al momento se ocultaron todos en lo más espeso de unos matorrales y malezas. No tardaron en divisar á siete hombres cubiertos con sus mantas hasta los ojos. Los siete viajeros nocturnos caminaban en hilera sin pronunciar una sola palabra. Apesar del cuidado que tenian en ir cubiertos con sus mantas, al ojo esperimentado del cabo y sus *mozos*, no se les ocultó que aquellos hombres iban armados, y por consiguiente juzgaron que sus intenciones no serian muy santas. Desde aquel momento divididos los *mozos* á una señal del cabo emprendieron la marcha por senderos ocultos, siguiendo la pista de los siete embozados, con el mayor disimulo y precauciones. Al llegar los siete viajeros sospechosos á la ermita llamada de San Turbá, situada á un tiro de distancia de Foradada, hicieron alto, y los *mozos* hicieron otro tanto. Se pasó más de hora y media, sin que ni los unos ni los otros se moviesen de sus puestos, ni pronunciasen una sola palabra. Serian como las once de la noche, cuando los *mozos* desde sus escondrijos, observaron que otro hombre bajaba de la parte del bosque en direccion hácia los siete que con tanto misterio esperaban junto á la espresada ermita. Pronto este hombre se juntó con los siete, y habiendo conversado un buen rato con aquellos, se retiró por el mismo sendero que habia recorrido al venir. Les *mozos* no pudieron oir una sola palabra de cuanto alli se dijo y resolvió, á causa de la distancia en que debian mantenerse para no ser apercibidos por aquellos misteriosos compañeros de reunion nocturna, celebrada al aire libre en medio de una noche en que reinaba un frio intenso y glacial. Pero nosotros vamos á comunicarlo á nuestros lectores, si es que ya no lo han adivinado.

—Debeis entrar, les decia el que habia llegado últimamente, por la parte del corral, saltando la pared que no es muy alta. Una vez alli, ya estais dentro de la casa, y podreis dar el golpe con toda seguridad.

—¿Y tú sabes de cierto, le dijo Vilaplana (a) Cachara, que en la casa no hay otras personas esta noche que el cura y su criada?

—Vaya si lo sé... como que esta misma noche he estado en la casa.....

—Entonces, replicó Cachara, el golpe es seguro: partamos; ya os daré mis disposiciones.

—¿En dónde nos veremos mañana? dijo el espia y traidor.

—En el pueblo de Cubells, replicó Cachara, allí se te entregará la parte.

—Sobre todo, tened conciencia, ya sabeis que es un pecado enorme el quitar á uno lo que le corresponde, segun lo pactado y convenido.

—No tengas recelos, desconfiado, ya sabes que somos gente honrada en esta parte.

El espia partió, como ya hemos dicho, tranquilo con la promesa que acababan de hacerle sus compañeros de maldad. Siempre se observan esas absurdas y estravagantes escentricidades en los bandidos. Hablan de conciencia, honradez y pecado, los mismos que se reunen para conculcar la conciencia, pisotear la honradez y cometer uno de los pecados más enormes, cual es el robo, uno de los delitos que piden venganza ante Dios y los hombres: el homicidio voluntario. Despues de la partida del espia, observaron los *mozos* que los desconocidos sacaban sus carabinas y demás armas, que las examinaban detenidamente, y que en seguida se pusieron en marcha, en direccion á la rectoría de Foradada. Cuatro de aquellos hombres penetraron en la rectoría por la parte del corral indicada por el espia, y los otros tres se encaramaron por el tejado del mismo corral, cosa fácil, por ser de muy poca elevacion. Entonces el cabo Ferran, con dos *mozos* se acercó á la rectoria, deslizándose como serpientes por entre malezas y abrojos, á fin de poder oir y observar, sin ser vistos. Muy cerca estaban de la casa, cuando hirió sus oidos una voz lastimera, capaz de estremecer y conmover al corazon más duro, que decia:

—¡Piedad! ¡piedad!!... No me mateis, robádnoslo todo, pero respetad nuestras vidas.....

No podia caber la menor duda sobre el objeto infame de aquellos hombres, y de que no eran más que unos terribles bandidos. Al momento el cabo y tres de los *mozos* saltan por la misma pared del corral por donde habian penetrado los bandidos, y corriendo se dirigen hácia el punto de donde salian aquellos lastimeros acentos. Vistos por los bandidos que vigilaban desde el tejado del corral, les disparan un tiro, del cual no hacen caso los valientes *mozos* y su cabo. Entraron precipitados en la sala en que se oian los gemidos en ocasion en que, los cuatro bandidos que allí habian entrado y estaban atormentando á la criada del señor cura, salian precipitados, con motivo del tiro que los de afuera habian disparado. El cabo les intima la rendicion en nombre de la reina, pero ellos, lejos de rendirse, retroceden algunos pasos, disparan un tiro contra los *mozos*, y sacando sus enormes navajas, pues uno habia que la tenia de más de cuatro palmos, traban una pelea sangrienta con los *mozos* y su cabo. Terrible es la lucha, los golpes se suceden sin interrupcion. Al *mozo* Gervasio Lluch, le cortan de un navajazo casi por entero la manga de su chaqueta, mientras que el de igual clase, Agustin Solé, recibe una cuchillada tan espantosa, que rompió su carabina, pudiendo solo asi detener el golpe. Pero los *mozos* y el cabo no desmayan:

acometen con nuevos brios y valor: vencen, en fin, dejando tendidos á los cuatro foragidos revolcándose en su propia sangre. Los tres bandidos del tejado lograron escaparse apesar de lo persecucion de los cuatro *mozos* que habian quedado fuera de la casa. Al ruido de la refriega, y cuando estaba ya todo concluido, acudió la justicia y vecinos del pueblo. Entonces se reconocieron los cadáveres resultando ser: José Vilaplana (a) Cachara, capitan de su cuadrilla, su hermano Miguel y los dos hermanos Andrés y Gerónimo Balaguer. De este modo el valiente Ferran y los esforzados *mozos* de su mando, salvaron al virtuoso cura de Foradada y á su dueña, de un peligro tan inminente, dando una leccion bien severa á los malvados.

SORPRESA DE LOS BANDIDOS EN LA FÁBRICA DE REGALIZ SITUADA EN EL CASTILLO AMPOSTA, POR EL VALIENTE CABO DE MORA DE EBRO D. ANTONIO ARTIGUES Y LOS MOZOS DE SU MANDO.

El celoso y entendido cabo D. Antonio Artigues supo por uno de sus numerosos confidentes que se trataba de asaltar una fábrica de regaliz, que una familia francesa tenia establecida en el castillo de Amposta. Dichos infelices dueños debian ser arrojados al rio Ebro, segun lo habian resuelto aquellos criminales en sus infernales conciliábulos. Inmediatamente dicho cabo se trasladó á la casa amenazada por los bandidos y condenada á tan gran desgracia. Importaba en gran manera el que los *mozos* y su jefe pudiesen introducirse en la casa, sin ser vistos ni observados por nadie, porque regularmente los bandidos, tienen sus espias muy disimulados cerca de los lugares que han tenido la desgracia de ser escogidos para cometer en ellos alguna de sus hazañas. A este objeto dispuso el cabo pasar primero él á dicha casa disfrazado de paisano al objeto de prevenir á sus dueños, puesto que, estos, ignoraban completamente la catástrofe que les amenazaba tan de cerca. Los demás *mozos* debian reunirse en la misma casa bajo diferentes disfraces, y por distintos puntos. Así se verificó, resultando que antes de la noche del dia 2 de setiembre del año 1849, estuviesen los *mozos* reunidos en la casa, junto con su jefe D. Antonio Artigues, y distribuidos por este en la forma conveniente. Vino por fin la espresada noche, y á eso de las once y media seis hombres armados de carabinas, pistolas y puñales, penetran en la casa, asaltando una pared que domina los fosos que circuyen la casa. Uno de ellos, al parecer conocedor de las entradas y salidas y de sus interioridades, les dirige hácia el despacho en donde el dueño de la fábrica tenia sus caudales. Dos de los bandidos entraron en dicho despacho quedándose los otros de vigilantes en el pasillo inmediato. Uno de los *mozos*, apostados junto al pasillo hizo un pequeño movimiento, y al momento uno de los bandidos le disparó á quema-ropa un pistoletazo que afortunadamente no le hizo más que un rasguño. Entonces el valiente cabo da la voz de fuego. Del primer disparo de los *mozos* dos de los bandidos caen exánimes. Defiéndense los otros desesperadamente, pero á poco son mortalmente heridos. Entonces intentan huir, pero, detenidos en el patio de la casa por dos *mozos* allí apostados, son muertos á bayonetazos. Uno solo escapó de la refriega, que en seguida emigró á Francia. Asi aquellos criminales sufrieron su castigo merecido, sin haber podido realizar los enormes delitos que habian ya comenzado.

ROBO DE LA CASA DE CAMPO LLAMADA MAS VELL: VALOR DEL SUB-CABO D. JUAN HOMS Y LOS MOZOS DE SU MANDO.

Dedicado el incansable sub-cabo de la ESCUADRA de Riudoms D. Juan Homs, con los infatigables y valientes *mozos* de su mando, á la persecucion de los ladrones y foragidos de su distrito, habia logrado estinguirlos y esterminarlos casi enteramente. El encuentro sangriento que en la noche del 27 de setiembre de 1849, habian tenido con el bandido Cosme Bayset y sus dos compañeros, que haciendo sus correrias por el pais llamado los Segalusos del termino de Albarca, tenian aterrorizados á todos aquellos habitantes, habia reanimado el espiritu público, y todas aquellas pacificas gentes daban las gracias á los *mozos*, por haber acabado de una vez con la existencia de unos bandidos tan formidables. Limpio aquel pais, supo el sub-cabo que se habia organizado una pandilla de ladrones, cuyo objeto era estender sus correrias por los alrededores de Porrera, lugar que habian escogido para teatro de sus malvados intentos. Marchó inmediatamente á dicho punto, puso en juego todos los resortes de que podia disponer á fin de poder hacerles una sorpresa que acabase de una vez con unos criminales tan espantosos. En la noche del 25 de junio del año 1850, Homs, estaba de parada con los *mozos* de su mando, en un punto no muy distante de Porrera; envió parte de su fuerza para que procediesen al registro de una casa, en la cual, segun confidencias que tenia, debian reunirse los bandidos aquella noche. En efecto, hallaron dos en la casa, que condujeron á su jefe, el espresado sub-cabo. Entonces toda la partida de *mozos* se puso en marcha hácia Cornudella, conduciendo á dichos presos. Mas apenas habian andado un cuarto de hora, cuando se ven acometidos por cinco bandidos, que venian bien armados y decididos para rescatar á sus dos compañeros. Trabóse entonces un terrible combate cuerpo á cuerpo, de cuyas resultas murió en el acto el capitan de la partida llamado Jaime Baqué (a) Saragata, otro murió tambien y otros fueron heridos de más o menos gravedad, resultando de este encuentro el esterminio de aquella canalla, con gran satisfaccion y contento de todos los habitantes del Priorato. Por aquella misma fecha (22 de setiembre de 1850) procedió dicho sub-cabo á la captura de una porcion de ladrones que debian robar la diligencia de Valencia en el término de Cambrils, los cuales puso á disposicion del comandante militar de la ciudad de Reus. En el mes de octubre de aquel mismo año, al objeto de coger una cuadrilla de bandidos, terror y espanto de todos los habitantes en el término de Lloá y Mola, practicó un escrupuloso registro en varias casas de campo, cuevas y escondrijos de dicho pais, sin haberlos podido encontrar. Pero luego habiendo entrado con los *mozos* en un corral para descansar, oyen una voz que les dá el quien vive. Homs contesto: *mozos* de la ESCUADRA, y al momento silban por sus oidos y los de los *mozos* las balas de una descarga disparada á quema-ropa. Los *mozos* contestan con otra, y desde este momento se traba un combate que terminó con el triunfo de los *mozos*, la muerte de los bandidos más valientes y la fuga vergonzosa de los restantes. Apesar de esos continuos escarmientos, y de la actividad, valor y celo con que la ESCUADRA de Riudoms proseguia en la persecucion y esterminio de cuantas partidas aparecian, no se crea por esto que los malvados se diesen por vencidos y renunciasen á sus instintos perversos y sanguinarios. En efecto, casi en aquellos mismos dias en que tan severas lecciones habian recibido los ladrones por parte de los infatigables *mozos*, un tal Alejandro Tort, natural de Riudecañas, estaba reunido con otros seis más, todos de muy pésimos antecedentes, en una cueva, no léjos de la casa de campo llamada Mas Vell, y les hablaba en estos términos:

—Ya veis el fin sangriento en que vienen á parar todos los que se dedican á robar en pequeño. Digo esto, porque para mi es robar en pequeño, el salir á un camino y pedir el dinero á los viajeros. Naturalmente los hombres viajan con poco dinero, por lo que, los que á este oficio se dedican, siempre son unos miserables, cuyo fin es caer en las garras de los *mozos*. Por esto estoy en la opinion de que lo único que debe hacerse es asegurar un golpe que sea de provecho, repartir el botin, y retirarse cada uno á su casa, como si tal cosa no hubiese sucedido. ¿Qué os parece de este plan?

—Muy acertado, dijeron los otros, pero ¿en dónde hallaremos ese botin que nos hemos de repartir?

—Por de pronto he puesto los ojos en la casa del Mas Vell. Todos sabemos que es una casa de las más ricas y acomodadas de todo este pais.

—Pero ¿cómo podremos dar el golpe, estando con tanta vigilancia esos malditos *mozos* con su jefe Homs?

—He discurrido tambien sobre esto, pero me parece que despues de mucho pensar me ha ocurrido una idea feliz que os quiero comunicar. Ya sabeis que dentro pocos dias se celebra la feria de Falset, á la cual acude mucha gente. Tambien sabeis, que los *mozos* acostumbran en ocasiones semejantes, trasladarse á los caminos y bosques cercanos al lugar de la feria, para proteger á los concurrentes á ella: pues bien, esperaremos aquel dia para dar el golpe.

—Bien pensado, dijeron los bandidos.

Quedaron, pues, convenidos y citados para dicho dia. En efecto, Tort habia discurrido bien, porque realmente los *mozos* con su jefe, se hallaban de parada en las cercanias de Falset desde el dia 29 de noviembre, al objeto de proteger á las muchas personas que concurrian á la feria. Pero el sub-cabo Juan Homs tenia confidentes muy finos y vigilantes, asi es que el dia 1.º de diciembre inmediato (1851) tuvo aviso del atentado premeditado contra los habitantes pacificos y honrados del Mas Vell que debian ser robados y asesinados, en razon á que, algunos de los ladrones eran conocidos por los dueños de dicho Mas. Sin perder un momento se trasladó á dicha casa, penetrando en ella con el mayor disimulo. Distribuyó los ocho *mozos* que tenia á sus órdenes del modo conveniente, aguardando con paciencia y buen ánimo la llegada de los bandidos. En efecto, al anochecer de aquel mismo dia, en el momento en que iban á cerrarse las puertas de la casa, una partida de ocho ladrones se presentó repentinamente. Cinco de ellos penetran en la casa, quedándose los tres restantes de vigilantes á la puerta. El criado de la casa fué el primero que encontraron, y apuntándole sus carabinas, le intimaron su rendicion mandándole que se echase en el suelo, tendido boca abajo. Iban á lanzarse contra el amo, cuando saliendo tres *mozos* apostados en aquel punto, les intiman la voz de alto en nombre de la reina. Pero los bandidos léjos de rendirse se arrojan sobre los *mozos* como perros rabiosos: trabóse entonces una lucha terrible y espantosa: acude el sub-cabo, y apesar de la oscuridad que reinaba en el edificio, dispara contra los bandidos matando á uno de ellos en el acto. Heridos los restantes, buscan su salvacion por medio de la fuga, pero otros tres *mozos*, oportunamente colocados en los bajos de la casa, les salen al encuentro y los matan á bayonetazos. Entre los muertos estaba Alejandro Tort, natural de Riudecañas, capitan de la cuadrilla.

XXIII.

MUERE EL BRIGADIER DE EJÉRCITO D. JOSÉ VIVÉ, COMANDANTE DE LAS ESCUADAS: EL CABO DE LAS MISMAS, Y CORONEL DE EJÉRCITO D. JOSÉ ANTONIO VIDAL, ES NOMBRADO PARA SUCEDERLE EN EL MANDO.

El dia 9 del mes de enero del año 1854, lo fué de luto para las Escuadras de Cataluña, y de llanto y desconsuelo para la esposa, hijos, parientes y amigos del comandante de las Escuadras. El brigadier de ejército y digno comandante de dicho *cuerpo*, don José Vivé, pasó á mejor vida de resultas de un ataque fulminante de apoplegia. Hacia algunos años que le mortificaba una herida que habia recibido en uno de los mil encuentros y combates en que habia tomado parte, conduciéndose siempre con un valor á toda prueba, una asombrosa serenidad, y una sangre fria envidiable. Individuo de las Escuadras desde el año 1820, al bajar á la tumba, contaba 34 años de servicio, sin el aumento de los abonos de campaña. De simple *mozo*, habia ascendido grado por grado, hasta al de brigadier de ejército, y al de comandante del *cuerpo* en 8 de agosto del año 1836. Ya hemos visto en esta historia las asombrosas hazañas de las Escuadras, sus actos de valor, actividad y celo, durante el largo periodo de mando de dicho comandante, hazañas, valor, actividad y celo que forman otros tantos titulos de honor y gloria para un jefe que en tan brillante estado supo mantener á sus subordinados por el espacio de diez y seis años. Al morir, adornaban su pecho varias cruces distinguidas, entre ellas la de San Fernando de 1.ª clase, la de Comendador de Isabel la Católica libre de gastos, otra de la propia órden militar de San Fernando y la honrosa de San Hermenegildo. Todas esas condecoraciones, lo mismo que sus grados en la milicia, las habia obtenido por sus distinguidos hechos de guerra y sus servicios estraordinarios en la persecucion de malhechores. Soldado desde su cuna, habia sido siempre un esclavo de la disciplina; cabo, y últimamente comandante del *cuerpo*, habia llegado á esa cumbre, teniendo arraigados en su alma los hábitos de la más severa disciplina, que con tanto brillo supo conservar é infundir en el honrado *cuerpo* de las Escuadras. En todas las diversas posiciones que ocupó en el espresado *cuerpo*, fué siempre el mismo hombre, á saber: valiente, activo, laborioso y celoso hasta el estremo de la gloria y honra de una institucion, en que consumió todos los años de su existencia. Durante su largo periodo de mando, mereció siempre la confianza de sus superiores. Por esto, y por el aprecio que le profesaban, el Excmo. Sr. Capitan General La Rocha, hizo su merecido elogio fúnebre en el acto de despedirse en sus restos mortales en el cementerio. Tal era el jefe de las Escuadras que acababa de fallecer, tal era el vacío que debia ocupar la persona en quien recayese la alta honra de sucederle en el mando. La eleccion recayó en el teniente coronel graduado primer comandante de infanteria y cabo de la Escuadra de Arbós, D. José Antonio Vidal y Pujadas. Mucho antes que el autor de esta historia hubiese pensado en escribirla, estando hablando con un general del ejército, cuyo nombre no se cita por no ofender su delicadeza, acertó á pasar dicho comandante, y el general señalándole con el dedo, pronunció estas notables palabras: «Hé ahí á un »hombre que cual otro Ney, puede llamársele el va- »liente entre los valientes. Muchos años lo tuve á mi »lado durante la guerra de los siete años, y puedo »asegurar á V. que jamás he conocido á un hombre »tan valiente, tan sufrido é incansable. Conocedor »profundo del pais y de sus habitantes, es el mejor »guia y ausiliar que puede apetecer un ejército que »deba militar en el antiguo principado.»

Esta opinion no era peculiar del valiente general á quien aludimos, sino que lo ha sido, y es, de cuantos jefes militares y particulares han tenido ocasion de observar sus hechos y proezas, ya como simple *mozo*, ya como cabo, ya como comandante. Tambien este, como su antecesor, de simple *mozo*, subió grado por grado, á coronel de ejército y comandante de las Escuadras. Dotado de un carácter dulce, corazon noble y generoso, amable con todo el mundo sin distincion de personas ni categorías, escepto los malvados, es imposible conocerle y tratarle, sin admirar las bellisimas prendas de que está adornada su alma, y sin profesarle un aprecio sincero y verdadero. Tambien Vidal, lo mismo que Vivé, ama entrañablemente á un *cuerpo*, al cual ha pertenecido toda su vida, y desde la elevada cumbre en que su mérito, y solamente esto, lo ha colocado, sabe tratar á los *mozos* como si fuesen sus propios hijos, dispensándoles todas las atenciones y cuidados de un buen padre. Partiendo del principio de que las Escuadras no deben tener otros enemigos que los ladrones y criminales, se esmera para que los *mozos* sean amables con todos los hombres de bien, sin distincion de colores ni matices politicos, constituyéndose la salvaguardia de estos, y el terror y azote de los malvados. En cuanto á él, creemos que se veria muy apurado, si se tratase de convertirle en un agente intolerante de este ó aquel partido, puesto que esta posicion seria contraria á su naturaleza y carácter, de tal modo, que le consideramos antes dispuesto á renunciar su empleo y retirarse, que á continuar desempeñándole bajo unas condiciones que

18

no sabria cumplir. Asi lo reconocen los hombres de todos los partidos políticos, incluso los más estremados y esclusivistas, puesto que, la apología que de él estamos haciendo, no es hija de una opinion particular, sino que dimana, y está basada, en la opinion pública, uniforme y compacta en esta parte. Ya en el decurso de esta obra, hemos tenido ocasion de presentar á nuestros lectores algunos de los hechos gloriosos y servicios especiales con que se distinguió como sub-cabo y cabo de las ESCUADRAS. Despues de haber empuñado el baston de mando, nos presenta siempre el mismo hombre, con su actividad, celo é interes para los actos del servicio. Consagrado esclusivamente á este, á su debido cumplimiento se dirigen todos sus desvelos y cuidados. Penetrado de la índole y carácter de su institucion, toda su gloria, placer y gozo, está cifrado en poder añadir nuevos florones á la corona de gloria con que ya ciñe su

D. José Antonio Vidal, comandante de las ESCUADRAS (1860).

cabeza el *cuerpo* de las ESCUADRAS. Á este objeto, es decir. al de descubrir ladrones y asesinos, no perdona medio ni fatiga. Sin ninguna aficion ni apego al dinero, invierte gustoso gran parte del que le proporciona su reducido sueldo, atendida la categoria é importancia del empleo que desempeña, en pagar confidentes y comprar secretos importantes, conducentes al descubrimiento de crímenes y robos, ya perpetrados, ya en proyecto. Tambien lucen en el pecho de este valiente varias cruces y condecraciones honoríficas, obtenidas todas en acciones de guerra, ó en combates con los foragidos y bandidos, en los cuales. como ya lo hemos visto en la sorpresa habida en San Feliu de Llobregat, este esforzado campeon, supo batirse con solos dos *mozos* contra trece de los más valientes y escogidos por el cabecilla Monserrat, bajo cuyas órdenes militaban aquellos hombres destinados para una empresa de las más atrevidas y arriesgadas. Una sola cruz, la de Cárlos III. ha obtenido despues de su nombramiento de comandante; antes, y siendo cabo, habia sido condecorado tres veces con la cruz de San Fernando, adquiridas todas por acciones de guerra, con la de San Hermenegildo y con la de Isabel la Católica.

ROBOS Y ASESINATOS

DE LAS CASAS DE CAMPO LLAMADAS MASQUINTÁ Y CERBÉ POR LOS FORAGIDOS CAPITANEADOS POR XICH, FELIU Y MASIÁ DEL TABACO: ESPANTO DE LOS VECINOS DE SAN HILARIO: TRÁGICO FIN DE LOS MALVADOS.

Por los años de 1847, el terror y espanto se habian apoderado del ánimo de los pacíficos y honrados habitantes de San Hilario Sacalm. Parecia que una horda de espíritus invisibles, pero malignos é infames, la habian escogido por morada. El ángel de las tinieblas, arrojado del cielo por su soberbia, hubiérase dicho que cubria con sus asquerosas alas á los que, por él escogidos, como él se ocupaban en perseguir, robar y matar á sus semejantes. Inspirados por ese maligno espíritu, los que tanto terror y espanto causaban, cometian sus robos y crímenes por medio de una táctica especial. Revestidos con la piel de mansas ovejas, esto es, de hombres honrados y trabajadores, puesto que la mayor parte de ellos eran constructores de aros ó carpinteros, se acercaban á la víctima escogida, la decian que debian hablarla en secreto, y una vez apartada de los demás, sacaban un puñal ó pistola, le pedian el dinero sin meter ruido, y luego se despedian, alargando la mano á su víctima, amenazándola sériamente con perder la vida, caso de decir una palabra sobre el lance. De este modo fué robado al salir de la iglesia el propietario Serras y otros muchos que forman un catálogo muy regular. Pero no era posible que unos foragidos capitaneados, primero por el sanginario Xich Feliu, y despues por el no ménos famoso Masiá del Tabaco, se contentasen con ese sistema y método de robar. Menester era que diesen suelta á los instintos sanguinarios y de crueldad de sus jefes. Así sucedió, y las primeras víctimas escogidas, lo fueron los pacíficos habitantes de la casa de campo llamada Masqüintá, situada en el término de Mosoli. Era una noche oscura y nebulosa del mes de noviembre, cuando los honrados habitantes de dicha dicha casa fueron asaltados por sorpresa, por los foragidos capitaneados por Xich. Despues de haberles robado y saqueado, los degollaron inicua y bárbaramente so pretesto de que habian ido á prestar una declaracion contra ellos, en el juzgado de Santa Coloma. Cuatro personas componian dicha familia, de las cuales solo una se salvó por haber tenido la suerte de no ser hallada por los malvados, apesar de las pesquísas que practicaron en la casa. Pocos dias despues de tan enorme delito, uno de sus autores y jefe de la partida, pagó su merecido. Dios se habia cansado de los crímenes del famoso Xich Feliu, quien murió á manos de los vecinos del término de Castañadell, que habia sido el teatro de sus delitos por mucho tiempo. Cual fué la vida, tal es la muerte de los malvados. La muerte de este criminal pareció por algunos dias que habia dejado

desconcertados los planes y atentados de la canalla. Faltábales un jefe, pero éste lo tenian entre ellos, tan astuto, atrevido y sanguinario, como el que acababan de perder. Asi lo reconocieron todos nombrando en su consecuencia al tristemente célebre Masiá del Tabaco. La cuadrilla nuevamente organizada bajo la direccion de dicho jefe, pronto se dió á conocer por uno de los delitos más enormes y repugnantes. Tal fué el robo, saquéo, martirio y muerte de los habitantes de la casa de campo llamada Cerbó, cometido el dia 22 de agosto del año 1847. Aquel atentado espantoso en el cual las infelices víctimas habian sido achicharradas por medio de aceite hirviente, ascuas encendidas y otros mil tormentos, sembró el terror y espanto en toda la comarca. El celoso alcalde constitucional de San Hilario, D. Silvestre Casabosca, lleno de una justa indignacion, determinó poner en juego todos los medios, á fin de acabar de una vez con unos canibales tan sanguinarios. A este objeto se avistó con el comandante general de la provincia, y se convino entre ambas autoridades el que pasase una subdivisión de *mozos* á dicho punto, por considerar que era el único medio de salvacion para los buenos y de esterminio para los malos. Asi se hizo; y tan pronto como los vecinos vieron á los *mozos* se dieron mil parabienes entre si y al mismo alcalde, pues se consideraron salvados. Pronto los *mozos* correspondieron á la confianza que se les dispensaba y á las esperanzas que en ellos se fundaban. El infatigable, activo y valiente sub-cabo D. Jaime Guasch, que era el jefe de aquella subdivision, ausiliado por el valor y bizarría de sus *mozos*, pronto acabó con la canalla, prendiéndolos casi á todos en pocos dias. Entre los presos lo fué tambien el capitan de la partida Masiá del Tabaco, pero éste era tan astuto y entendido en dar sus declaraciones, que nada se le podia descubrir. Mas como Dios confunde á los malos, sucedió, que dicho Masiá, escribió una carta á los cómplices que estaban en libertad pidiendoles dinero, amenazándoles de otro modo con la delacion de su complicidad y crimenes. Esta carta fué entregada al juez por el carcelero, é igual destino cupo á otra segunda carta que escribió. En fin, exasperado contra los suyos porque no le contestaban ni le enviaban dinero, se espontaneó con el juez, confesando que él habia sido el jefe de la partida, que sus cómplices, á más de los ya encarcelados, eran José Vidal (a) Fauxicas, Juan Rafel (a) Dragó, Ramon Camprodon (a) Callo, vecinos todos de S. Hilario, y Martin Bover, vecino de Velloria. Todos estos delincuentes fueron presos por la espresada subdivision y entregados á los tribunales. En cuanto á Masiá, era tan odiado y aborrecido por sus crímenes, que al conducirle los *mozos*, desde Santa Coloma á Vich, pasando por frente de su casa, todas las gentes, inclusos sus padres, decian: *matadle, matadle...* No podemos concluir sin rendir un tributo de gracias al valiente y entendido cabo Jaime Guasch y á sus *mozos*, en nombre de todos los vecinos de S. Hilario, quienes hoy mismo confiesan deber su tranquilidad y reposo al celo, valor y actividad de dicho Guasch y sus *mozos*.

ROBO DE LA CASA LLAMADA DE SANT JAUME,

TÉRMINO DE OLESA DE MONSERRAT, POR UNA CUADRILLA DE LADRONES CAPITANEADA POR JUAN POYO, DISFRAZADOS DE MOZOS DE LAS ESCUADRAS.

I.

LAS CONFIDENCIAS.

—¿Qué tenemos de nuevo, señor comandante? decia el Excmo. Sr. general Zapatero, Capitan General de Barcelona, en una de las veladas del mes de febrero del año 1853, dirigiéndose al jefe de las Escuadras.

—Una cosa de mucha importancia.

—Sepamos de qué se trata...

—Del descubrimiento de unos delincuentes que se están organizando.

—¿Será para alguna conspiracion política?

—No, mi general, ya sabe V. E. mi modo de pensar respecto á conspiraciones políticas, y como por otra parte, creo muy poco en tales conspiraciones, asi es, que esta materia me tiene muy desocupado. A mi entender, la gran conspiracion que existe desde que el mundo es mundo, es la de los malvados, sean cuales sean sus opiniones, contra los hombres de bien; y como nosotros, los *mozos*, hemos sido instituidos para proteger á los buenos, ya sean absolutistas, progresistas, demócratas ó moderados, contra los malvados de todos matices, por esto dedico todo mi trabajo, actividad, y hasta mi dinero, á fin de poder cumplir dignamente con el objeto de nuestra institucion.

—¿Y en qué punto se está organizando dicha partida?

—En Barcelona.

—¡En Barcelona!....

—Si, mi general, en esta misma ciudad se está organizando una cuadrilla de ladrones que, disfrazados con el uniforme de *mozos* de las Escuadras, deben en un dia indeterminado, hasta ahora, cometer un robo de consideracion fuera de esta ciudad.

—Entonces, ¿por qué no coge V. á los ladrones?

—Porque no lo son todavia, puesto que aun no han ejecutado su plan. Bien sé que casi todos los que han de componer la cuadrilla son malvados y criminales, pero sus crímenes han quedado ocultos; aun cuando se denunciaran, faltarian las pruebas, y asi nada adelantariamos con cogerlos, pues al dia siguiente serian puestos en libertad.

—¿Y dice V. que vestirán el honroso traje de las Escuadras?

—Si, mi general, pues ellos saben que con este distintivo serán bien recibidos en la casa ó casas de campo que han señalado como victimas de sus infernales planes.

—Entonces ponga V. paradas de *mozos*, en las cercanias de aquella casa ó casas...

—Esto seria desbaratar el golpe que tengo proyectado. Los malvados son muy astutos y desconfiados, por lo que debe procederse con mucho cuidado, de lo contrario, todo se echaria á perder. Si vieran movimiento de *mozos*, aunque fuesen disfrazados, cambiarian al momento de plan, desconfiarian de si mismos, creyendo que entre ellos hay un traidor, y entonces, quizás comprometeriamos á mi confidente,

que realmente figura entre los iniciados, y no lograriamos nuestro propósito.

—¿Pero se sabe la casa de campo ó lugar escogido para el robo?

—No, mi general, pues el que debe ser el capitan de la partida, le ha dicho á mi confidente hablando de esto mismo: no lo sabreis hasta la misma noche en que se ha de dar el golpe, esto es, pocos momentos antes de la hora señalada para su ejecucion.

—¿Y V. tiene confianza en su confidente?

—Mi general, tengo motivos para tenerla; le he prometido dinero, y aun le voy adelantando algunas cantidades para que trabaje con más eficacia.

—¡El tal capitan de la cuadrilla, será un pillo de tomo y lomo!

—Sin embargo, mi general, él y otras personas que son cómplices, y aun autores del golpe que se proyecta, pasan en el dia por hombres de bien. Por esto, mi general, creo que el servicio que vamos á prestar será de mucha importancia, porque arrancaremos algunas caretas y disfraces.

—Entonces, obre V. como mejor le parezca, le doy mis facultades ilimitadas.

—Gracias, mi general, confio en que la cosa marchará.

En efecto, el comandante de las Escuadras sabia por su confidente todos los pasos y preparativos que se hacian por parte de los ladrones á fin de asegurar el golpe que tenian proyectado. Debia ser avisado por el mismo confidente, del dia hora y lugar, tan pronto como lo supiese, á fin de sorprender á los bandidos en el acto de cometer el robo sin dejárselo consumar. El Excmo. Sr. Capitan General preguntaba al comandante casi todos los dias sobre este asunto, á lo que aquel contestaba dándole las noticias que adquiria, y asegurándole que todo iria á medida de los deseos de entrambos. Asi se pasaron algunos dias, hasta el dia 26 de mayo de aquel mismo año, en que el Capitan General recibió una comunicacion de Villafranca, que le daba parte de que el cabecilla conocido por Pedro de la Cuadra, habia aparecido con gente armada por la parte de Selma. En su consecuencia dispuso que el comandante de los *mozos* saliese inmediatamente hácia aquel punto, para saber de un modo cierto y seguro, lo que habia de fijo sobre el particular. Salió, pues, el señor don José Antonio Vidal hácia dicho punto, creyendo tanto él como el general que el robo proyectado por los bandidos no se realizaria tan pronto, pues esta era tambien la opinion del confidente. Pero quiso la fatalidad que diese la coincidencia de ponerse en ejecucion el infernal proyecto de los bandidos, dos dias despues de la salida del comandante, como se verá en el siguiente capitulo.

II.

MARTIRIO DE LORENZO Y JOSÉ SANAHUJA, PADRE É HIJO.

En las inmediaciones de Olesa de Monserrat, existe un término conocido con el nombre de Cañamesos, en donde José Duran poseia una viña en el año 1855, época en que tuvo lugar la horrorosa escena que vamos á referir. Era una noche del dia 29 de marzo del espresado año, cuando unos cuantos hombres, en número de ocho, estaban ocupados en quitarse los vestidos que llevaban puestos, para cambiarlos con otros que formaban un traje completo é igual al que usan los *mozos* de las ESCUADRAS. Estos trajes los sacaban de un cofre y un saco, que aquel mismo dia habian sido conducidos alli por dos de los individuos presentes y disfrazados. Habia uno que por su modo y maneras, parecia ser el jefe ó director de la pandilla, quien como tal, vistió el uniforme de cabo de la ESCUADRA, con su sombrero apuntado y demás prendas, sin faltar absolutamente nada. Uno solo habia entre aquellos hombres que no se disfrazaba de *mozo*, y á quien, por disposicion del que vestia de cabo se le ató, por el estilo con que las ESCUADRAS suelen asegurar á sus prisioneros. Una vez asi arregladas y dispuestas las cosas, aquellos hombres formaron circulo al rededor del que hacia de capitan, quien les dijo:

—El golpe que vamos á dar nos ha de proporcionar de cuatrocientas á quinientas onzas. ¿Veis aquella casa? añadió señalando la llamada de *Sant Jaume*, situada á muy poca distancia del punto que ocupaban, pues bien, aquella es. Alli están las onzas: partamos.

Y efectivamente, aquellos bandidos se dirigieron á dicha casa, precedidos de su jefe, y conduciendo al supuesto prisionero en medio de ellos, imitando perfectamente una partida de *mozos* de las ESCUADRAS. Llegan por este órden á la casa de *Sant Jaume*, y el fingido cabo llama á la puerta haciendo bastante ruido. Los pacíficos y honrados habitantes de la casa, descansaban tranquilamente de las fatigas del campo. Lorenzo Sanahuja, que era el padre de aquella familia, y dueño de la casa, fué el primero que oyó los golpes, y vistiéndose, se asomó á una ventana del piso bajo,

—¿Quién llama?

—Nosotros, contestó el cabo, que como veis, somos una partida de *mozos* de la subdivision de Sabadell, que conducimos este preso al juzgado de Igualada. Pero como venimos algo cansados, hemos resuelto haceros una visita para descansar y beber un trago.

Mientras él hablaba, Lorenzo Sanahuja pudo convencerse por si mismo, de que realmente eran *mozos* de la ESCUADRA con su cabo, que conducian un preso fuertemente atado. Por lo tanto no tuvo el menor inconveniente en bajar y abrirles la puerta principal de la casa; porque las ESCUADRAS infunden tanta confianza siempre y en todas ocasiones, en las casas de campo, que, para sus individuos. se abren las puertas á todas horas. ¡Bien lo sabian los bandidos! Entran estos en la casa, saludando con mucho respeto á su dueño, y preguntándole por su salud y la de su familia. Contesta el dueño con la mayor franqueza, y les convida á comer un bocado y á beber. En esto toda la familia se habia levantado, pero el hijo mayor, antes de bajar para saludar á los *mozos*, escuchó un poco lo que decian á su padre para convencerse más y más de que realmente eran lo que representaban. Habiendo pues, rechazado toda duda, se reunió con ellos, saludándoles y ofreciéndoles cuanto habia en la casa. Reparando en seguida al

preso, y notando que era muy jóven, y que estaba muy triste y abatido, se acercó hácia el, le saludó, y le dijo:

—¿Por qué está V. tan triste, amigo mio?

—¿Cómo quiere V. que no lo esté, viéndome preso y tan fuertemente atado?

—¿Puedo servirle en alguna cosa?

—Si señor, V. podria interesarse con el cabo para que me condujese desatado.

—Voy á complacer á V.

Y aquel honrado jóven, guiado por los impulsos de su generoso corazon, se acercó al cabo y le dijo:

—Voy á pedirle un favor.

—Pida V., pues deseo complacerle.

—Quisiera que aquel infeliz preso fuese conducido sin ataduras.

—Complaceria á V. al momento, si no fuese preso por ladron. Ya lo sabe V., nosotros somos inexorables con los ladrones. A más, es muy lijero y atrevido; seria regular que si lo llevásemos libre, intentase fugarse, y nos comprometeria.

—¡Tan jóven y ladron!

—Ladron, y uno de los más desalmados.

En esto entró el padre que venia de la bodega con un pan y una botella de vino. Pero en aquel momento hubo un cambio completo de decoracion. El supuesto cabo arremetió contra el dueño de la casa puñal en mano diciéndole:

—Hemos venido para que nos entregues todo tu dinero, ropa y alhajas.

Otros dos bandidos se habian apoderado al mismo tiempo del hijo, mientras otros dos amenazaban con sus puñales al resto de la familia. Todo fué obra de un instante; el jefe entendia bien su oficio, y sus soldados eran inteligentes y aptos para comprender y ejecutar sus instrucciones. En seguida la familia fué conducida y encerrada en el lugar llamado *pastadó*, (es una pequeña pieza de la casa en donde se amasa el pan), y el padre y el hijo, fuertemente atados, fueron conducidos á la bodega. Lorenzo Sanahuja indicó entonces á los ladrones una arca en que tenia encerrado su capital, que consistia en unas veinte onzas. Los bandidos echaron mano al momento de aquel dinero, pero luego dijeron al dueño que no era suficiente, que querian cuatrocientas onzas. El desgraciado Lorenzo les contestó que no tenia más, añadiendo:

—Informaos con cualquiera persona de las conocidas de la casa, y os dirán que no ha mucho he perdido un pleito que tenia con mi hermano, y le he debido entregar todos los derechos paternos y maternos, habiendo, en su consecuencia, quedado sin capitales.

—Ya puedes decir lo que te dé la gana, dijo el capitan de la canalla, hemos venido por dinero, si no lo entregas voluntariamente, te lo haremos sacar por medio del martirio.

—Tened piedad de nosotros, dijo el hijo, os juramos que no tenemos más dinero.

—Al fuego, dijo el capitan, al fuego.....

Sus órdenes fueron cumplidas al momento. Aquellos caribes, comenzaron á quemar lentamente á los dos desgraciados Sanahujas, haciéndose sordos á los desesperados gritos y gemidos de sus victimas, arrancados por los atroces dolores que sufrian. La esposa, padre y hermanos menores de aquellos infelices, oian sus desgarradores gritos, sin poder volar á darles consuelo y defenderles, puesto que, como ya lo hemos dicho, estaban encerrados en el *pastadó*, y tenian un centinela á la puerta. A los gritos y lamentos de los dos mártires, el llanto y desesperacion de la familia iba en aumento, pero aquellos mónstruos, sin la menor emocion, continuaban impávidos su infernal obra, quemando vivos á los dueños de la casa, mientras saqueaban y robaban cuanto esta contenia.

—¡Piedad!..... ¡piedad!!..... decia el anciano, con voz sofocada por el dolor y abatimiento...

—Fuego .... fuego..... replicaba el infernal jefe de aquellos infames (1).

—¡Compasion!..., ¡compasion!!... esclamaba el hijo casi exánime.

—No hay compasion, queremos dinero..... dinero.....

En fin, aquellas fieras inhumanas tuvieron que convencerse de que realmente sus infelices victimas no poseian más dinero. Conferenciaron un momento entre si, y en seguida partieron, y por un acto de la más refinada y cinica barbaridad, dejaron al padre é hijo Sanahuja, revolcándose sobre las ascuas encendidas, cerrando tras si la bodega; y como por otra parte el resto de la familia estaba encerrada en la otra estancia, calcularon que los unos no podrian socorrer á los otros, y por consiguiente, que los dos de la bodega, medio muertos ya, acabarian pronto sus dias entre los más atroces dolores. Realmente, aquellos momentos lo fueron de desesperacion para tan desgraciada familia. Conocian sus individuos, encerrados en el *pastadó*, que los bandidos se habian marchado, oian los débiles lamentos de los dos objetos más queridos de su corazon, que se morian en la bodega, pudiéndolos tal vez salvar por medio de un socorro pronto y eficaz, pero al propio tiempo luchaban desesperadamente con la imposibilidad de poder vencer la resistencia de la puerta que les tenia encerrados en aquella cárcel. Por su parte los de la bodega conocian tambien que los bandidos habian abandonado la casa, pero sin fuerzas para salir de entre las ascuas y fuego que los atormentaba, participaban, en cierto modo, de la desesperacion de los suyos en no poder correr en su socorro. Por fin, con un esfuerzo inaudito de desesperacion, la puerta del *pastadó* cede al empuje de la familia, y esta vuela hácia la bodega. ¡Qué espectáculo tan horroroso se presenta á su vista! Aquellos padre é hijo, apenas pueden ser reconocidos por su esposa y madre. Tal estrago habia causado en sus personas el espantoso martirio que acababan de sufrir. La familia se apresuró á presentarles todos los ausilios que le fué posible en aquellos momentos criticos y desesperados, pero el hijo sobrevivió poco, muriendo á causa del susto y los atroces dolores que sufrió, y el padre sobrevivió, pero tan triste y achacoso, que su vida fué un continuo padecer. Tales fueron los resultados de un delito tan atroz, respecto á los que fueron sus victimas; luego veremos sus consecuencias, por lo que mira á los autores de un delito tan bárbaro. Estos, despues de haber salido de la casa, y dejando los vestidos de *mozos* escondidos en la misma viña de Duran, se marcharon á Esparraguera en donde cenaron opiparamente en la fonda, y luego asistieron al baile y demás diversiones que tenian lugar en

aquel dia, por ser el aniversario del triunfo que obtuvieron sus habitantes sobre los carlistas el dia 29 de marzo, en el ataque y asalto que estos emprendieron contra dicha villa. Aquellos criminales contaban con la impunidad de su delito, porque juzgaban que era imposible el descubrimiento de sus autores, fiados en las grandes precauciones y medidas que habian tomado. Sin embargo, lo cierto es que su delito era conocido en globo antes de haberlo cometido, y que solamente lo pudieron perpetrar tal vez, por hallarse ausente el que tenia el hilo de todos sus planes. Al dia siguiente no se hablaba de otra cosa que de aquel crimen tan escandaloso. La indignacion pública se hacia sentir en todas partes. El Capitan General, tan pronto como tuvo noticia de semejante suceso, ofició al comandante de las Escuadras poniendo en su noticia un acontecimiento tan grave. El comandante se trasladó inmediatamente á Barcelona, de donde se hallaba ausente por un acto del servicio, como ya hemos visto.

III.

CAPTURA DE JUAN POYO Y DEMÁS AUTORES DEL ROBO DE LA CASA DE SANT JAUME: SU PROCESO Y SENTENCIA.

Apenas el comandante D. José Antonio Vidal llegó á Barcelona, se avistó con el Excmo. Sr. Capitan General, quien le dijo:

—Ya lo vé V.; el robo se ha realizado, ahora veo que V. estaba bien informado. Dígame V., ¿podremos coger á los ladrones?

—Estoy seguro de que pronto estarán todos en nuestro poder.

—Mucha confianza tiene V.

—Si señor, pero es bien fundada.

—Entonces obre V. como mejor le parezca, pues yo estaré aguardando con impaciencia el resultado.

Efectivamente, el celoso y activo comandante de las Escuadras, se despidió del general, entró en el cuartel de los *mozos*, y media hora despues estaban dadas ya todas las disposiciones necesarias. El reo de más consideracion que convenia prender era Juan Poyo, natural de Lérida, vecino de Barcelona, por ser, segun las confidencias del comandante, el capitan de la canalla, pues como á tal habia obrado siempre, presentándose en el acto del robo con el propio carácter, vestido de cabo de las Escuadras. Sabia el comandante que dicho Poyo frecuentaba todas las noches un café situado en la calle del Conde del Asalto, á mano derecha entrando por la Rambla. Dos *mozos* disfrazados de paisanos, se hallaban situados en dicho café, mucho antes de la hora en que Poyo solia frecuentarlo, habiéndose colocado en una mesa en frente de la que comunmente ocupaba Poyo, segun las minuciosas y detalladas confidencias que los *mozos* saben proporcionarse. A la hora acostumbrada, Poyo entró en el café, tomó asiento en la indicada mesa, y ni siquiera advirtió los dos *mozos* que, tomando café, y hablando, al parecer con mucha distraccion y alegria, observaban todos los movimientos del recien llegado. Las instrucciones que habian recibido de su jefe, consistian especialmente en que Poyo debia ser capturado con mucho sigilo y disimulo, pues de ningun modo convenia llamar la atencion pública, especialmente en una hora como aquella (entre ocho y nueve de la noche) en que habia

---

(1) Este jefe era Juan Poyo, como veremos en el discurso de esta historia. Melis otro de los cómplices, declaró puesto ya en capilla, las palabras de *fuego, fuego*. usadas por el bandido en aquel terrible trance.

tanta concurrencia en el café, en la calle y en la Rambla. El comandante estaba á la mira paseándose por la parte de la Rambla que domina dicha calle del Asalto. Tres ó cuatro *mozos* más, disfrazados todos, tenian tomadas todas las avenidas, á fin de acertar un golpe de tanta importancia. Los dos *mozos* apostados en el café, habian ya formado su plan de captura, arreglado á las instrucciones del jefe. Así las cosas, Poyo concluyó de tomar su café, y se dispuso para salir. Sale en efecto, pero apenas está en la calle, cuando los dos *mozos* tomándole del brazo cada uno por su lado, y cruzándole con el suyo como buenos amigos, le dicen:

—Siganos V. preso, sin decir una palabra, de lo contrario tenemos órden de matarle.

Poyo siguió maquinalmente, pues no sabia lo que le pasaba, ni á qué debia atenerse. Pensó que lo desafiaban, ó que era objeto de alguna venganza particular. Al llegar á la Rambla, que distaba muy pocos pasos, el comandante se les juntó, saludándolos á todos como amigos, y tomó en seguida la direccion hácia el cuartel de los *mozos*, pasando por frente de Atarazanas. Los demás *mozos* apostados se unieron sucesivamente con la partida, prosiguiendo todos su camino sin decir una sola palabra, y sin contestar á las preguntas de algunos curiosos á quienes, apesar del fino tacto con que se habia verificado tan importante captura, no dejó de llamar la atencion el indispensable movimiento que fué necesario. Una vez asegurado Poyo, el comandante y los *mozos*, sin perder un momento, procedieron al desarrollo y ejecucion del plan combinado, cuya primera parte les habia salido tan á medida de sus deseos. En fin, igual resultado tuvo lo demás que faltaba, quedando asi cumplida la palabra que D. José Vidal habia dado al general, sobre la captura de los perpetradores de tan atroz delito, como es de ver por el contenido del siguiente oficio con que encabeza el proceso de los criminales:

«Excmo. Señor: Habiendo sabido confidencialmen»te cuales habian sido los autores del robo perpetra»do en 29 del presente marzo en la casa de campo »llamada *San Jaime de Monserrat de Olesa*, yendo »vestidos en traje de guarda-bosques y sombrero ri»beteado de blanco, y uno de ellos con levita, charre»teras, sable y sombrero apuntado á imitacion de un »*cabo de mozos de Escuadra*, practiqué las más esqui»sitas diligencias para venir en conocimiento de su »paradero, y habiéndolo conseguido, he procedido »en la noche última y madrugada de hoy, acompa»ñado de una partida de mozos y ausiliado del alcal»de de barrio D. Bernardo Xinxola, á la captura de »los indicados ladrones que resultan ser D. Juan Po»yo, capitan carlista, natural de Lérida, vecino de »esta ciudad, jefe de la pandilla, que es el que iba »al parecer vestido de oficial, José Durán, de Olesa »de Monserrat, Antonio Aguiló, de Cambrils, Anto»nio Geis, de Olesa, Francisco Arquó, capitan car»lista, de Torreveces, Jaime Torres, de Granollers, »y Matias Valdeperas, de Olesa; de los cuales los »cuatro primeros han sido capturados en esta capi»tal, el quinto en el fuerte Pio donde se hallaba en »concepto de presidiario, el sesto en Gracia, y el úl»timo en San Andrés de Palomar.

»Al primero de ellos, ó sea á Juan Poyo, se le ha»llaron y ocuparon dos pistolas, cachorrillos, un ca»ñuto de hoja de lata con pólvora, cinco balas, una »cartera con varios papeles entre ellos una carta sos-

»pechosa, y una cajita de carton de las que usan los »oficiales para colocar las charreteras, y á Antonio »Geis se le encontraron cincuenta y tres duros en »oro y plata, de todo lo que me he apoderado y con»servo en mi poder á disposicion de V. E.

»Los siete capturados se hallan actualmente inco»municados en los cuarteles de San Agustin y la Mer»ced, hasta que V. E. se digne prevenirme su último »destino.

»Antes de concluir debo espresar á V. E. que los »presos José Durán y Matias Valldeperas, son confe»sos del delito por el cual se les ha capturado, ó sea »por el robo en despoblado que tuvo lugar en el ci»tado dia 29 de marzo. Lo elevo al superior conoci»miento de V. E. en cumplimiento de mi deber. Dios, »etc. Barcelona 14 de abril de 1855. El teniente co»ronel jefe, José Antonio Vidal.» (Documentos oficiales.

Entregados los reos á la comision militar se siguió el proceso con la actividad y celo que requeria el caso.

Realmente Valldeperas fué confeso, como ya lo habia indicado el comandante, de la parte que tomó en el robo, bien que dijo que «se limitó á ser el con»ductor de un carro, propio de su hermano, en el »cual se cargó en Gracia un baul y un saco, en que »se le dijo iban artículos de contrabando. Pero ha»biendo llegado en esta forma á Olesa, salió un »hombre llamado José Durán, con quien hablaron. »En seguida abrieron el cofre y saco, y vió entonces »que eran prendas de ropa fabricadas como las que »usan los *mozos* de las ESCUADRAS: que entonces co»noció que iban encaminados á un mal fin, pero se »vió amenazado con pistolas si retrocedia ó se marcha»se: que le obligaron tambien á disfrazarse, y á ir con »ellos á la casa de San Jaime, dejándolo, en las »afueras de la misma con otro: que ignora las cir»cunstancias que pasaron dentro de la casa, pero si »que presenció el reparto del dinero robado, habién»dole dado al declarante catorce duros etc.» (Proceso original.)

José Durán confiesa tambien su delito, pero dice que Valldeperas es el que lo indujo á ir con él para hacer un negocio de tabaco, que luego estando en la viña de su pertenencia, junto á Olesa, fué acometido por seis hombres, quienes le obligaron á disfrazarse de mozo y tomar parte en el robo. El proceso siguió todos sus trámites, y nosotros para darlo á conocer someramente á nuestros lectores, copiamos á continuacion el dictámen fiscal, las defensas y la sentencia.

DICTÁMEN FISCAL.

Maximiliano Perez y Perez, segundo comandante de infantería y fiscal militar de esta plaza, etc.—Habiendo examinado con la mayor atencion posible este proceso, aparece que en la noche del veinte y nueve de marzo último los dueños y habitantes de la casa de campo llamada de Sant Jaume sita en el término de Olesa, partido de Tarrasa, descansaban tranquilos de sus tareas agrícolas, cuando á la hora que serian las ocho llamaron á su casa y asomándose á la ventana uno de los dependientes de la misma por órden de su dueño, observó ser una partida de *mozos* de la ESCUADRA cuyo jefe en nombre de la autoridad mandó que se les abriera la puerta.

Por la ilimitada y ciega confianza que inspira en

Cataluña el benemérito cuerpo de sus Escuadras, fué la puerta inmediatamente franqueada y entraron. Dijeron al dueño de la casa Lorenzo Sanahuja que contra el mismo pesaba la grave acusacion de tener en su casa hombres desconocidos, y armas ocultas con siniestra intencion, bajo cuyo supuesto era indispensable registrar y llevar presos al referido Sanahuja y José, padre é hijo, á cuyo fin fueron entrambos fuertemente atados de brazos, habiendo antes dispuesto que todas las mujeres, incluso el dependiente, jóven de catorce años, de quien antes habemos hecho mencion, entraron y se recogieron todos en una estancia sita en el interior de la casa donde se les encerró. (1)

Desde este momento arrojaron su máscara los supuestos *mozos* de la Escuadra, manifestando á los padre é hijo Sanahuja que el objeto que allí les conducia, era que les entregasen inmediatamente cuanto dinero tuviesen en su poder, en la inteligencia de que no verificándolo les costaria la vida. En el acto les fué designada una arca donde habia cierta cantidad que inmediatamente recogieron, manifestándoles empero que aquello no bastaba y era indispensable que la entregaran mucho mayor. Resistióse á ello Lorenzo Sanahuja suponiendo no tener más dinero; mas los ladrones replicaron que le obligarian á sacarlo por medio del martirio del fuego. En este estado y aprestando ya la paja y leña para verificarlo, suplicó Sanahuja que no les maltrataran, que les seria entregado todo cuanto tuviese; y desde el momento se les entregó otra cantidad mayor que la primera que manifestaron no ser bastante tampoco, exigiendo finalmente la de doscientas onzas de oro.

Alegada por los padre é hijo Sanahuja la absoluta imposibilidad de satisfacer tan enorme exigencia, fueron ambos conducidos á la bodega donde sufrieron el martirio del fuego con el que se les habia amenazado, por cuyas resultas el José Sanahuja ha fallecido ya, despues de los más atroces sufrimientos, continuando aun con vida, empero en delicadisimo estado, el Lorenzo Sanahuja. Al propio tiempo que sucedia lo espuesto con los padre é hijo, la casa entera fué completamente saqueada y robado todo cuanto de algun valor efectivo habia en ella, á saber: todas las alhajas, pendientes, sortijas, cadenas de oro y metálico del propio peculio de las mujeres.

Consumado el atroz crimen de que se acaba de hacer breve reseña, abandonaron los ladrones la casa, dejando atados y tendidos en el fuego á los padre é hijo, y encerradas en la referida estancia á las mujeres, quienes despues de mucho tiempo pudieron forzar la puerta de aquella, y corrieron á prodigar los indispensables y más prontos ausilios á los referidos Jose y Lorenzo Sanahuja, sus queridos padres, esposa y hermanos respectivos.

Los medios de que se valieron los ladrones para ejecutar tan atroz crimen, fueron los siguientes: En la madrugada del predicho dia veinte y nueve de marzo, cargaron un cofre y un saco en cierta casa de la villa de Gracia que al efecto tenian alquilada, sin habitarla nadie, cuyo cofre y saco contenian las carabinas, cananas, uniformes y sombreros idénticos é igual todo, á los que usan los *mozos* de las Escuadras, incluso el completo del capitan ó jefe de la

cuadrilla. Estos efectos fueron conducidos con el carro por dos ó tres de los ladrones hasta cierta viña, propia de otro de ellos inmediata á la casa robada, y en la que al anochecer del propio dia se disfrazaron con el traje de *mozos* de la Escuadra menos uno á quien suponian que llevaban preso.

Tal es el hecho que dió motivo á la formacion de este proceso. Hecho que constituye uno de los más graves crimenes con el que se ha ultrajado á la sociedad y á las leyes, y á cuyos autores, estas imponen justamente las mayores y más graves penas; y los autores del mismo son Juan Poyo, José Durán, Matias Valldeperas, Antonio Geis, Antonio Aguiló, Francisco Arquer y Jaime Torres.

De aquellos únicamente dos se presentaron confesos desde un principio, á saber: José Duran y Matias Valldeperas, mas en el dia lo son tres por haber reconocido su culpabilidad el Antonio Aguiló. El primero, dueño de la viña en la que se colocaron las armas y vestidos, donde se disfrazaron los ladrones, donde se hizo el reparto del dinero robado y donde por fin se ocultaron y enterraron las propias armas y vestidos despues de consumado el crimen. Empero si bien los demás se hallan constantemente negativos, sin embargo los méritos del proceso les constituyen de una manera indudable reos convictos de haberlo perpetrado.

Aun cuando los predichos José Durán y Matias Valldeperas. no entraron en la casa de Sant Jaume, limitándose á quedar fuera la puerta, dentro empero del cercado de aquella, esta circunstancia no impide que sean calificados como autores del propio crimen, tanto más como el que no haber entrado en la casa debió ser porque como á naturales de Olesa, desde el momento hubieran sido reconocidos por los dueños de aquella. Por lo demás es indudable que los propios Durán y Valldeperas con Aguiló, han sido quienes tomaron á su cargo la ejecucion de todas las diligencias indispensables para preparar la más fácil y espedita consumacion del crimen, y estándose á lo manifestado por Aguiló en su confesion que corrobora la certeza de cuanto Durán y Valldeperas declararon, pero en la ingénua espresion de que todos fueron ladrones, cometiendo el crimen que se persigue, resulta ya que todos han procedido con entera premeditacion y concierto hasta el punto de combinar aquella de tal modo que no debiera entrar en ella persona alguna estraña é indiferente á quien se pudiera infundir sospechas.

Para la conduccion del cofre donde habia las armas y sombreros y del saco que contenian los vestidos, se necesitaba un carro. Matias Valldeperas lo proporcionó con facilidad, pues continuamente viajaba con él por ser su oficio carretero. Les convenia un sitio donde con toda seguridad y próximo á la casa de Sant Jaume, pudiera practicarse el disfraz, y este sitio lo proporcionara Jose Durán en su propia viña, sita á corta distancia de aquella, siendo de advertir que cuanto han manifestado Durán y Valldeperas sobre tabaco ó contrabando, no ha sido más que una invencion ó cuento que han forjado para procurar por este medio alejar de si las sospechas de haber estado de antemano en completa inteligencia con los demás autores del delito. Debe tenerse presente que Valldeperas tiene ya la nota de reincidente, segun asi consta por el testimonio de la condena de fól. 105. Queda pues consignado que José Durán y Matias Valldeperas, bajo todos conceptos han sido

<hr>

(1) Aunque á primera vista, esta relacion del hecho del señor fiscal parece algo diferente de la que nosotros dejamos escrita, con todo, á medida que se adelanta en su lectura, se ve que la diferencia es insignificante.

co-autores del delito que se persigue, puesto que no solo tomaron parte inmediatamente en la ejecucion del hecho, si que cooperaron á aquella con un acto sin el cual no se hubiera efectuado.

Demostrada ya la culpabilidad que afecta á Durán y Valldeperas, examinemos la que gravita sobre los demás autores y ejecutores del delito.

Juan Poyo resulta por los méritos del proceso y bajo todos conceptos el jefe de la cuadrilla, y reo convicto como á tal de la perpetracion del crimen. Asi lo han reconocido en distintos y formados actos de vistas los co-reos Durán y Valldeperas afirmando ser el mismo que vestia el uniforme de jefe de los *mozos* de la ESCUADRA. Juan Poyo no ha podido justificar la coartada que alegó, esto es, el punto donde pasó los dias veinte y ocho y veinte y nueve del último mes de marzo, puesto que las personas que citó para ello han desmentido completamente su dicho y aseveracion. Juan Poyo se procuró la adquisicion de las carabinas, y este punto tan importante quedó á su propio cargo, y se halla en tal completa justificacion, como que los armeros de esta ciudad Juan Surroca y Eudaldo Canibells, á quien en rueda de presos han conocido y distinguido perfectamente, afirman que él en persona fué quien pasó á sus respectivas tiendas con el objeto de que le vendieran ó construyeran cinco carabinas iguales á las que usan los *mozos* de las ESCUADRAS, á cuya demanda no accedieron aquellos por infundirles sospechas. Proyecto cuya existencia hoy se convalida por lo espuesto por Aguiló. Juan Poyo, para desvirtuar la grave culpabilidad de este hecho, apeló al efugio de alegar, que si bien hizo aquella demanda, lo verificó por encargo del capitan de nacionales de esta plaza don José Barceló, quien queria destinarlas á los sargentos de su compañia. Evacuada la cita ha resultado completamente falsa por las razones que alega el testigo citado, añadiendo la notable de que ni siquiera conoce al referido Juan Poyo. Las principales señas personales de este quedan consignadas en el fólio 87, y obsérvese que en su mayor parte están perfectamente conformes con las que del mismo, y como supuesto comandante de *mozos*, y verdadero jefe de la cuadrilla, dan varios testigos, y en particular algunos individuos de la casa de campo robada. El co-reo José Durán, en cuyo poder, ó sea en su viña, quedaron las armas y vestidos, en la carta que dirigiera al otro co-reo Antonio Aguiló y obra al fólio 37, suplica á este que no vayan otra vez allá segun acordaron para recoger y hacer desaparecer el cuerpo del delito, pues él se halla en peligro, y que á la primera ocasion lo enviará. Esta carta se ha encontrado en poder de Juan Poyo y en su cartera; y careado Aguiló con éste, afirma que se la entregó porque asi se lo habia prevenido, aun cuando lo negó aquel incurriendo en el acto en groseras contradicciones.

En la propia cartera de Juan Poyo, existe una especie de listas ó série de anotaciones con números, entre los cuales se leen y distinguen perfectamente los nombres con que son conocidas varias casas de campo del pais, que tienen nombradia de grande acomodo y riqueza, cuya circunstancia es un agravante indicio de la culpabilidad del referido Juan Poyo, puesto que, cuando ménos, presupone el proyecto ó idea de intentar contra los dueños de las referidas casas el propio crimen que se persigue cometido en la de Sant Jaume.

Es de observar que habiendo suplicado Poyo una audiencia particular del Excmo. Señor Capitan General obtenida al momento, al paso que negó háber cometido el robo, de que se le acusa, reveló espontáneamente que queria verificarlo, pero que fué otro su autor, no designándolo empero sino con el nombre de Pepe, de manera que esta circunstancia solo ha servido para agravar la situacion legal en que se halla. Finalmente Juan Poyo ha sido reconocido en rueda de presos por jefe de la cuadrilla que vestia el uniforme de cabo de *mozos*, por Teresa Matas, viuda del malogrado José Sanahuja, por Rosa Durán, criada de la casa, por Ignacia Sanahuja, hermana de aquel, y por Pablo Ribas, otro de los mozos de la casa, que relata lo vió en el camino cuando marchaban los ladrones á la casa; se le encontró en el acto de su registro en la cárcel la cantidad de dos mil cuarenta reales vellon sin haber dado razon de su legítima procedencia; y con el objeto de desfigurar en lo posible su fisonomia ha procurado por medio de fósforos ó del cigarro chamuscar su bigote desde que se halla preso. Teniéndose pues en consideracion el cúmulo de mérito que contra Poyo arroja el proceso, es evidente que se ha justificado plenamente haber sido el jefe de la cuadrilla armada que en despoblado robó la casa de campo llamada de Sant Jaume.

Antonio Geis consta ser otro de los de la cuadrilla que entraron en la casa de Sant Jaume. Asi resulta reconocido por los espresados Durán, Valldeperas y Aguiló en rueda de presos. Negativo aquel absolutamente á los cargos que le resultan, le ha sido imposible justificar donde se halló en la noche del 29 de marzo, apesar de la multitud de citas que hizo, ninguna de las cuales ha sido evacuada favorablemente.

¿Ni cómo podian serlo, cuando este acusado ha sido reconocido perfectamente por Teresa Matas, viuda de José Sanahuja, y por Ignacia hermana del mismo, con la notable y agravante circunstancia de que la primera, habiendo sido careada con esta, no solo ha insistido en reconocerle sino que ha añadido y afirmado, que Geis fué quien le robó los pendientes, y se afectó en tales términos que en el acto hubo de pedir permiso para sentarse. A más de lo dicho, en el acto de ser preso Antonio Geis, se le encontró la cantidad de mil cincuenta y seis reales, de cuya procedencia no pudo dar otro origen que el juego. Es indudable pues, y de ello existe concluyente prueba, de que Antonio Geis es otro de los de la cuadrilla y autor del crimen perpetrado en las personas y en la casa de Sant Jaume.

Antonio Aguiló, otro de los de la cuadrilla, aparece confeso y convicto del delito que se persigue y se halla en el propio caso de Durán y Valldeperas; reconocido por estos en rueda de presos, y posteriormente careado con ellos, ha estado nuevamente conforme en reconocer su culpabilidad, alegando haber sido tan ladron el uno como el otro, habiendo concurrido igual circunstancia en el acto de ser careado con el otro co-reo Durán.

Además tiene contra si el propio Aguiló la grave circunstancia de haber sido quien recibió la carta de fólio 37, con la que se trataba de procurar que cuanto antes desapareciera del puesto donde lo dejaron parte del cuerpo del delito, á saber, las armas, vestidos. y demás efectos, habiendo entregado al jefe de la cuadrilla Poyo la referida carta con exacta puntualidad. Queda pues completamente justificada la culpabilidad de Antonio Aguiló.

Francisco Arquer es igualmente reo conocido del delito que se persigue, siendo otro de los de la cuadrilla que entró en la casa, y si bien ha negado constantemente haber tenido la menor participacion en él, sin embargo no solo se le ha reconocido por los co-reos Durán, Valldeperas y Aguiló, si que tambien por Teresa Matas é Ignacia Sanahuja, viuda la primera de José, y hermana del mismo la segunda. Ha sido imposible al acusado justificar el punto donde se hallara en la noche del 29 de marzo, y aun cuando al efecto hizo varias citas sobre el particular, ninguna de ellas ha sido evacuada favorablemente al mismo; y sus antecedentes son los que resultan de la hoja histórico-penal del mismo que obra al fólio 24 en la que consta la condena que estaba sufriendo por monedero falso. Es patente pues de una manera indudable la culpabilidad de Francisco Arquer.

El último de los acusados Jaime Torres, si bien no ha sido reconocido por ninguna de las personas de la casa de Sant Jaume á quienes se ha examinado, esta circunstancia no impide de certificarle ser convicto, de ser otro de los autores del crimen perpetrado, primero: porque tres de los co-reos confesos y convictos Durán, Valldeperas y Aguiló le han reconocido como á tal en distintas ocasiones. Segundo: porque Jaime Torres no ha justificado bajo concepto alguno donde pasara la noche del 29 de marzo, pues aun cuando para ello hizo la cita de José Tresol, sin embargo, éste no la evacua favorablemente al acusado, puesto que afirma no recordar que en aquella noche ó dia lo tuviera en el trabajo. Tercero: porque los antecedentes del acusado por resultado de las diligencias del fólio 73 y siguientes, son altamente sospechosas, pues por ellos se inducen presunciones de haber podido ser el autor del hurto ó robo á que aquellas se refieren, y además por las mismas se infiere que otra de las personas embozadas observaban desde léjos como se cargaba el cofre y saco de la casa donde estos efectos se hallaban, que segun el traje que se indica, debió ser Juan Poyo el jefe de la cuadrilla, al dia siguiente entró Jaime Torres en la propia casa. Cuarto: porque se infiere de las declaraciones de los testigos Joaquin Girbau, alcalde del barrio de Gracia y Maria Bulet, se oyó decir á la consorte de Torres, que si les salia bien cierto asunto que llevaban entre manos, no tendrian que trabajar en lo sucesivo: habiéndose observado además que de ciertos dias á esta parte Jaime Torres habia comprado una cómoda nueva y otros efectos, lo que llamó la atencion por recaer en un infeliz como aparentaba serlo el acusado. Quinto: porque la propia consorte de Torres afirma que su marido le entregó las llaves de la casa donde se custodiara el cofre y saco que resultó contener las armas y vestidos, sin que bajo concepto alguno haya probado Jaime Torres de qué modo no sospechoso aquellas llaves llegaron á su poder, puesto que todas sus escusas sobre este importante estremo han recaido en personas imaginarias.

El considerable número de indicios, algunos de ellos gravisimos de que acaba de hacerse mencion, unidos á lo que resulta del conocimiento y aseveraciones de los co-reos confesos Durán, Valldeperas y Aguiló, forman, en concepto del que suscribe, una concluyente prueba de que el acusado Jaime Torres es otro de los ladrones de la cuadrilla autores del grave crímen que se persigue.

Resulta pues, de los méritos de este proceso, que se ha cometido un robo á mano armada, con violencia é intimidacion en las personas habitantes en la casa de campo llamada de Sant Jaume, y de que ha resultado la muerte á José Sanahuja por la mutilacion ó quemadura que sufriera por parte de los ladrones; que este crimen se cometió de noche en despoblado y en cuadrilla, siendo el jefe é individuos que la componian el referido Juan Poyo y demás nombrados anteriormente, cuyas circunstancias y casos se hallan espresamente previstos en el artículo 425 del código penal vigente Se hallan pues, los autores de dicho crimen comprendidos en el referido artículo 425 y en el 70 caso 2.° del mismo: Por todo lo que concluyo por la Reina que Juan Poyo, José Durán, Matias Valldeperas, Antonio Geis, Antonio Aguiló, Francisco Arquer y Jaime Torres sean condenados á sufrir la pena de muerte en garrote; y de mancomun á la devolucion y reintegro de las cantidades y valor de las alhajas robadas, á la indemnizacion de los perjuicios inferidos á los dueños y moradores de la casa de Sant Jaume; y á satisfacer á la viuda de José Sanahuja, Teresa Matas, la cantidad de cuatro mil reales de vellon como á indemnizacion particular, decomisándose los instrumentos en que se cometiera el delito.

Barcelona 20 de abril de 1855.—Maximiliano Perez.

Para dar una idea cabal á nuestros lectores sobre la célebre causa de que nos ocupamos, copiamos á continuacion las defensas de Juan Poyo por D. Antonio Huertes, capitan graduado, y la de Antonio Geis hecha por D. Manuel Castell, teniente graduado y subteniente del batallon de Cazadores de Arapiles.

La 1.ª dice así: Don Antonio Huertes, capitan graduado, teniente de la tercera compañia del primer batallon del regimiento infanteria de Bailen, n.° 24, defensor nombrado por el paisano Juan Poyo, acusado de robo en cuadrilla, cuya capitaneaba, en la casa titulada de Sant Jaume, sita en el término de Olesa, partido de Tarrasa, ocurrido en el dia veinte y nueve de marzo último, despues de examinar detenidamente la actuacion, al Consejo hace presente las reflexiones siguientes:

Si delicada y espinosa se considera la mision que desempeñaria el defensor, cuando sus deducciones parten de datos sólidos y cuyos argumentos basados en la plena ó bien dudosa induccion no puede ménos que interesar el ánimo de los jueces ¿cuánto más critica y azarosa no será la del que en todo el tegido del proceso, no encuentra sino pruebas concluyentes é irrefragables que patentizan el hecho de que es acusado su cliente? ¿Y cómo formar el alegato cuando testigos y acusados se hallan contestes con el delito que aquí se juzga?

Dificil á la verdad fuera llenar aunque de solo fórmula, (sin embargo de que abundo de los mejores deseos) pero la posicion en que me hallo como defensor de Poyo, repito, señores, bien amarga á la verdad, pues sin faltar á lo recomendado en nuestras leyes militares no encuentro un pleno alegato que esponer en beneficio de mi patrocinado, pues cuando de autos aparece probado el delito de que se acusa á mi cliente, y se halla convicto en él ¿qué razones alegar en defensa de mi defendido? Unicamente le queda al oficial que se halla en la delicada y sagrada mision de defensor en un caso como el presente, interesar el ánimo de los vocales que van á decidir de la suerte de un desgraciado, en cuyo caso puede calificarse á Juan Poyo, pues solo por efecto de poca ó ninguna esperiencia y reflexion. pudo cometer la falta porque se va á juzgar.

Por lo que espero V. S. S. tendrán en consideracion para el fallo de la sentencia que van á pronunciar con la humanidad que puede ser compatible y de justicia, minorando la pena que contra el pide el señor fiscal, cuyo asi lo espero del ilustrado consejo. Barcelona veinte y uno de abril de mil ochocientos cincuenta y cinco.—Antonio Huertes.

La 2.ª está concebida en estos términos: D. Manuel Castell, teniente graduado subteniente del batallon de cazadores de Arapiles, n.º 11, y defensor nombrado por Antonio Geis, acusado como uno de los ladrones que en cuadrilla durante la noche del 29 al 30 del próximo mes pasado, robaron la Masia denominada de Sant Jaume en el término de la villa de Olesa, con el respeto debido tiene el honor de hacer presente á tan ilustre consejo lo que sigue:

No me detendré en digresiones inútiles; me limitaré sencilla y llanamente á cumplir con mi deber disminuyendo á mi modo, las pruebas por las que á mi patrocinado se le imputa cómplice de un crimen que horroriza.

Los acusados convictos y confesos José Durán, Matias Valldeperas y Antonio Aguiló, reconocen en acto de vistas á mi defendido, nombrándole uno tan solo, aunque no por su apellido, lo que á la verdad es inconcebible, pues que si fueron ocho los que en cuadrilla se atrevieron á cometer crimen tan horroroso teniéndolo premeditado como se infiere de las actuaciones, debian necesariamente conocerse á fondo distinguiéndose por sus nombres y apellidos; pero nunca de un modo tan ligero como aparece; esto no es creible, y aun cuando asi fuese, ¿puede tener fuerza alguna el reconocimiento de estos tres individuos? imposible; los que confiesan crimen tan oscuro, son capaces de calumniar al hombre más honrado solo por capricho á la más leve antipatía.

Teresa é Ignacia Sanahuja asimismo reconocen á mi cliente en vistas y careos; pero en sus declaraciones nunca dan noticias de su fisonomía, aunque no es dificil. Teresa asegura que es mi cliente quien le quitó las *arracadas*, y la Ignacia dice que él es quien las encerró; no obstante observese que ambas en sus declaraciones manifiestan haber sido encerradas tan pronto como los ladrones entraron en la casa quedándose solos con los dos dueños, que pasada hora y media ó dos horas no oyeron ruido y que entre todas violentaron la puerta; salieron y solo encontraron los dos dueños en la bodega horriblemente maltratados; seguidamente, y en pregunta separada, dan noticia de las alhajas robadas, lo que prueba que hasta que los ladrones desalojaron la casa y ellas salieron de la habitacion donde las cerraron, no supieron lo que les robaron, á ser lo contrario desde luego puede asegurarse que Teresa hubiese mencionado las *arracadas* antes que lo del encierro. Teresa pues está trascordada, ó mejor dicho, es incierto cuanto sobre el particular declara. La Ignacia asegura ser mi defendido quien las cerró sin hablar de las arracadas y demás alhajas, hasta despues que dice salió del encierro, por consiguiente hasta que tal sucedió tampoco advirtió nada; no pudiendo comprenderse como esta mujer, timida como las de su sexo, en lance de tal naturaleza, pudo fijarse en mi defendido y reconocerle despues en otro traje; una vez que manifiesta que en aquella noche usaban el de *mozo de Escuadra.*

La estancia de mi cliente en esta plaza en la noche del 29, está suficientemente probada con las citas que hace en su indagatoria, sin embargo de que el caballero fiscal en su conclusion espone ser evacuadas de un modo desfavorable á mi defendido; véanse. Los mozos del café de los artesanos unánimemente aseguran que asistian de noche con frecuencia, aun cuando no pueden decir si faltó la noche del 29; contestacion muy propia atendido á que fueron interrogados 12 ó 14 dias despues del que queda dicho, y es más que natural, nada pudiesen asegurar que porque siendo infinitos los concurrentes no es posible haya memoria capaz de retener los dias en que cada uno de ellos faltó. Estas citas en su consecuencia, pueden tomarse como una prueba; bien en pro ó bien en contra, puesto que hay iguales razones para asi hacerlo; pero en el caso presente me parece justo sean tomadas las que favorezcan á mi defendido. La cita evacuada en Domingo Cofré, por sobrenombre Miagunt, está en el caso de las anteriores. La evacuada en Pau Melis no debe ser tampoco desfavorable á mi defendido si se recuerda, que en su indagatoria dice no conocerlo. La última evacuada en la criada de D. José Barceló, no debe tomarse en consideracion, porque no es posible diga esta la verdad, (natural es que niegue lo que dice mi defendido.)

Los 1056 rs. que se ocuparon á mi cliente al capturarlo, tienen una legítima procedencia porque ya dice los adquirió en el juego; esto mismo corrobora el dueño de la posada donde se ha hospedado, y estoy seguro que á haber querido analizar, dónde ó en qué clase de juego y á qué personas los ganó, como debió suceder, hubiera dado marcadas pruebas, pues que con nuevas citas lo hubiera plenamente justificado.

De todo lo espuesto resulta que mi defendido acredita la procedencia del dinero que se le encontró; de modo casi semejante, su permanencia en este punto en la noche del 29, desfavoreciéndole únicamente, pero no de un modo grave, los reconocimientos que ha mencionado, por lo que no es justo se le aplique la pena que le pide el señor fiscal, atendido á que solo se le puede castigar por leves sospechas con una proporcionada, y que lleno de confianza espero pronunciará este justo é ilustre consejo minorada en el más alto grado.—Barcelona 21 abril de 1854.—Manuel Castell.

SENTENCIA.

Visto y examinado el proceso formado por el 2.º comandante de infantería D. Maximiliano Perez, fiscal militar de esta plaza, contra Juan Poyo, Matias Valldeperas, José Durán, Francisco Arquer, Jaime Torres, Antonio Aguiló y Antonio Geis, acusados del delito de robo cometido en la noche veinte y nueve de marzo último en la casa de campo llamada de Sant Jaume, termino de Olesa, en cuadrilla, en despoblado, fingiéndose *mozos de la Escuadra* de Cataluña, poniendo al fuego al dueño de la misma Lorenzo Sanahuja y á su hijo José, de cuyo martirio ha resultado la muerte de este y con las demás circunstancias agravantes con que se ofrecen, concluido el proceso en todas sus partes, hecho relacion de todo al consejo de guerra, y comparecidos los reos ante el mismo, presidido por el Sr. Coronel D. Magin Ravell, con asistencia del letrado asesor D. José Oriol Odena; examinados todos los méritos con la conclusion fiscal y los alegatos de sus defensores; habiendo declarado plenamente probado el delito y la culpabilidad de los acusados, y en virtud de los artículos 423, cuyos 1.° 2.° 3.° y 4.° 428, circunstancias 2.ª 5.ª 6.ª 7.ª 8.ª 9.ª y la 5.ª del artículo 1.° párrafo 2.° del 7.°; artículos 5.° y 115, y demás del código penal aplicables al delito y á sus circunstancias, el consejo, por unanimidad, ha condenado y condena á los nombrados Juan Poyo, Matías Valldeperas, José Durán, Francisco Arquer, Jaime Torres, Antonio Aguiló y Antonio Geis á la pena de muerte en garrote con arreglo á los artículos 89, 90 y 92 del código penal, y de mancomun á la restitucion de las cantidades y valor de las alhajas robadas, como tambien á la indemnizacion de los perjuicios inferidos á los dueños y moradores de la casa de Sant Jaume, al pago de la cantidad de cuatro mil reales vellon, á la viuda de José Sanahuja por via de indemnizacion, y además, á los gastos del juicio, decomisándose los instrumentos del delito. Barcelona 21 de abril de 1855.—Siguen las firmas.

IV.

últimos momentos de juan poyo y sus cómplices.

Aprobada la sentencia que antecede por S. E. el Capitan General, se comunicó á los reos, con las ceremonias de costumbre. Todos manifestaron el más grande dolor y sentimiento. Eran todos jóvenes, es decir, de veinticinco á treinta años. Poyo entre todos ellos era el que tenia más edad, pero no pasaba de cuarenta y cinco años. Al principio, dicho bandido demostró más calma y serenidad que sus cómplices. Supo despreciar los insultos y acriminaciones que le dirigieron algunos de los condenados. En estos momentos se presentaba superior á los suyos, echándoles una mirada de altanero desprecio. Pero, despues una vez puesto en capilla, dió pruebas de terror y abatimiento. Escuchaba maquinalmente á los sacerdotes, y hubo momentos en que dió pruebas de pesar y arrepentimiento. Apesar del terrible y crítico estado en que se hallaba, de vez en cuando su semblante aparecia animado y tranquilo. En aquellos momentos, era fácil conocer que una esperanza de salvacion animaba sus casi perdidas esperanzas. Algunas frases entrecortadas que se le escapaban, daban á conocer que su mente estaba fascinada por su quimérico plan de libertad, cuyas dificultades el mismo reo reconocia. Así se esplica el por qué aquellos momentos eran de muy corta duracion, recayendo luego de nuevo en su estado de profunda melancolia y tristeza.

En el proceso de José Barceló, que publicaremos á continuacion, verán nuestros lectores lo que pasó entre estos dos reos, ambos amigos, y condenados por el mismo delito. A medida que la hora fatal iba acercándose, Poyo se manifestaba más triste y abatido. Sin embargo, comió siempre con un apetito singular, y por fin, marchó con paso firme y seguro hácia el suplicio. Los reos que fueron ejecutados en Olesa de Monserrat á saber: Jose Durán, Matias Valldeperas y Antonio Geis, estuvieron muy tristes y contritos durante las horas que estuvieron en capilla. Confesaron su delito, y dieron pruebas de dolor y arrepentimiento. La misma conducta observaron los otros que, junto con Poyo, fueron ejecutados en esta

capital á saber: Jaime Torres, Francisco Arqué y Antonio Aguiló. Unos y otros fueron puestos en capilla el dia 23 de abril del ya espresado año 1855, y fueron ejecutados el dia 24 del espresado mes. Asi espiaron un delito tan enorme esos infelices. ¡Ojalá su ejemplo sirva de saludable escarmiento para todos los descarriados!

V.

captura de josé barceló como complicado en el robo de la casa de sant jaume, su proceso, últimos momentos y ejecucion.

Han transcurrido algunos dias despues de la ejecucion de los autores del robo de la casa de Sant Jaume de que acabamos de dar cuenta á nuestros lectores. La vindicta pública, justamente indignada en vista de un delito tan atroz, parecia que debia darse por satisfecha. Pero á los pocos dias, corrian rumores de que uno de los ajusticiados, á saber, Antonio Aguiló, habia hecho revelaciones importantes, en virtud de las cuales resultaban comprometidas ciertas personas que ocupaban una buena posicion social. Raras veces el público se engaña en sus juicios, y casi nunca sus aspiraciones, cuando son generales y uniformes, dejan de ser el reflejo de la verdad. En efecto, era cierto que el reo Antonio Aguiló, despues de haberse mantenido completamente negativo de cuanto se le acusaba durante los trámites de aquel famoso proceso, un dia se habia espontaneado ante el señor fiscal D. Maximiliano Perez; confesando, no el delito de que se le acusaba y era objeto de la causa criminal que se le seguia, sino que prometia hacer revelaciones importantes sobre otros robos y crimenes. El caballero fiscal le contestó: «que muy »en breve se le recibiria la declaracion que queria »dar sobre tales particulares que no admitia en la »causa que corria á su cargo por no complicarla in- »debidamente (1).» En virtud de este oficio se nombró para actuar en la causa contra Antonio Aguiló, al capitan de infanteria D. Juan Miguel Bustillo, fiscal de esta plaza, quien con la mayor actividad y celo da comienzo á su cometido, tomando una estensa declaracion al ya espresado reo Antonio Aguiló. En ella dicho reo hizo varias citas de diferentes sugetos, á quienes suponia más ó ménos complicados, y algunos los denunció como que formaban parte de la cuadrilla. Evacuadas escrupulosamente estas citas, por de pronto, nada resultó. Entonces por primera vez resonó el nombre de José Barceló en la causa, con motivo de una cita que se hizo de cierta jóven que vivia en la calle del Tigre de esta ciudad en una casa muy junto al teatro, sobre la cual preguntado Juan Poyo si la conocia, dijo: «Efectivamente la conocia por vivir con José Barceló, de oficio hilador.» Evacuada la cita de dicha jóven llamada Francisca Paves, resultó que hacia dos años que vivia en compañia de Barceló, pero que nada habia notado respecto á las armas y demás de que se le preguntaba, y que la casa de Barceló solo era frecuentada por honrados trabajadores. Asi las cosas, cuando el fiscal D. Miguel Tenorio recibió la siguiente comunicacion que

____

(1) Documentos oficiales, comunicacion pasada por dicho señor fiscal en 19 de abril de 1855, que sirve de encabezamiento en el proceso.

le fué trasladada por el Excmo. Sr. Capitan General, junto con el testimonio que en la misma se cita.

«Fiscalia militar de la plaza de Barcelona.—Exce-»lentisimo Sr.—Resultando en la causa y ramo se-»parado que estoy siguiendo contra los ladrones en »cuadrilla que robaron la masia de Sant Jaume, cier-»tas particularidades contra José Barceló de esta ciu-»dad, para no detener la rapidez de los referidos »procedimientos, tengo el honor de remitir á V. S. el »adjunto testimonio para que, si lo estima convenien-»te, comisione un fiscal para que, como separado la »siga, á los efectos que haya lugar y con la rapidez »que las circunstancias de estos procedimientos re-»clama. Dios guarde, etc. Barcelona 27 de abril »de 1855.—Excelentisimo señor Capitan General del »principado.» (Documentos oficiales que obran en el proceso.)

En dicho testimonio figura en primer término una declaracion de Juan Poyo, que compromete en gran manera á José Barceló como es de ver por su conte-nido, que dice asi:

«Pieza principal—fólio 270.—*Declaracion de Juan* »*Poyo.*—Acto continuo ante el señor fiscal y mi actua-»cion fué compareciendo Juan Poyo á fin de ampliar »la indagatoria respecto de lo manifestado por el ar-»mero D. Juan Surroca, y prévio el oportuno jura-»mento de que se esprese con verdad, se le preguntó, »si habia mandado construir algunas carabinas á al-»gun armero de la calle Ancha, y con qué objeto: »Dijo: que hace tiempo, y por encargo de D. José »Barceló, fué á mandar hacer dos carabinas á uno »de los armeros de dicha calle, cuyos nombres igno-»ra, y tres á otro; que no convinieron en construirlas, »y que no ha vuelto á tratar más del particular.

»Preguntado: Si tenia como de su pertenencia al-»gunas armas, si al encargar las que deja referidas, »pidió las hiciesen iguales á las de los *mozos* de la »ESCUADRA, y si al ir á la casa de los armeros fué so-»lo ó acompañado.—Dijo: que solo tenia en su casa »una pistola vieja que habia de encontrarse y guar-»daba para su defensa, sin que haya tenido ninguna »otra arma: que mencionó las carabinas de los *mo-*»*zos,* y quiso fuesen á ellas iguales las encargadas »por ser esa la *prevencion que le hiciera Barceló:* que »fué solo á ver el primer armero, y cuando habló con »el segundo, le acompañaba un desconocido cuyas »señas no puede individualizar.»

Sigue en seguida la declaracion de José Barceló, quien niega todo lo declarado por Poyo, y demás que le han citado en la causa, hasta que el reo Geis, que en su declaracion habia dicho que habia dormido en casa del propio Barceló, hubiese estado nunca en su casa, á no ser añadió, *que hubiese sido estando él au-sente,* puesto que en atencion á la comision que tiene de arreglar el trabajo entre fabricantes y obreros, está casi siempre ausente, recorriendo todos los pue-blos. Negó que conociese á Poyo ni que jamás le hu-biese dado comision alguna.

Antonio Geis era el más jóven entre todos los pre-sos, pues solo tendria unos veinte años. Durante el proceso habia permanecido siempre negativo, pero una vez condenado á muerte y puesto en capilla, es-clamó: «¡Qué lástima! Yo condenado y los gordos se pasean libremente por Barcelona!...» Añadiendo que toda su desgracia le venia por causa de Barceló (1).

—¿Por qué no lo declara? le dijo uno de los *mozos* que le custodiaban.

Y efectivamente, manifestó querer declarar. Asi lo hizo en los términos que se espresan en el siguiente documento:

—«Ramo separado, fólio 14.—Comision activa de »servicio.—Fiscalia.—Excmo. Sr.—El reo Antonio »Geis, uno de los ladrones que robaron la casa de »campo de Sant Jaume, término de Olesa de Monser-»rat, poniendo al fuego á sus dueños, manifestó en »el acto de estar en capilla en dicho pueblo que efec-»tivamente, aunque hasta entonces habia negado su »participacion en el robo, era como uno de los que á »él concurrieron disfrazados de *mozos* de la ESCUA-»DRA, si bien aseguró por Dios, ante cuyo tribunal, »dijo, iba á comparecer dentro pocos momentos, que »él no habia maltratado á ninguno de los de la casa, »que como jóven inesperto lo habia inducido á este »crimen Juan Poyo, jefe de la cuadrilla, á quien des-»graciadamente habia conocido en casa de Barceló »de esta ciudad.

»Añadió que conocia la gravedad de su delito, pero »que en la complicacion del hecho porque iba á mo-»rir, habia caido solo *la pesca menuda* (son sus pro-»pias palabras), mas que se quedaban los *peces gran-*»*des* cuyos nombres no quiso revelar por no hacer »daño á nadie.

»Invitado por mi para que manifestase esto mismo »por medio de una declaracion formal, para unirla al »espediente de la comision que se me habia confia-»do, pues que, lejos de hacer daño á nadie, descar-»gaba su conciencia y hacia un bien á la sociedad »descubriendo á los criminales para que no pudiesen »seducir á otros jóvenes incautos y evitar llegue el »dia en que se viesen en el horrible trance en que él »se encontraba; contestó que nada más diria fundado »en su estado de abatimiento, y que toda vez que su »suerte no tenia remedio, no queria decir otra cosa. »Lo que en cumplimiento de lo que V. E. se sirvió or-»denarme, debiendo hacer presente que cuanto dijo »el referido lo presenciaron el sub-cabo de las Es-»CUADRAS y los *mozos* que componian el piquete que »custodiaba los reos.»

Siguen varias declaraciones de testigos y de dos reos, pero nosotros que no hacemos más que estrac-tar el proceso para dar conocimiento de una causa tan célebre, vamos á llamar la atencion de nuestros lectores sobre el estremo siguiente.

Condenado á muerte Pablo Melis, como otro de los reos y autores del crimen del robo de la Masia de Sant Jaume, y puesto en capilla, se le sorprendió un escrito dirigido á Pablo Durán, en que se le co-misionaba para que pasase á casa de José Barceló para que, entre otras cosas, recogiese de dicho Bar-celó una manta encarnada, un pañuelo de seda ne-gra y otro blanquecino. (Documentos que obran en el proceso).

Inmediatamente el señor Fiscal, que seguia la cau-sa de Barceló, se trasladó á la capilla de las cárce-les nacionales de esta ciudad, donde, como ya he-mos dicho, se hallaba Pablo Melis, esperando por momentos el fatal instante de ser conducido al ca-dalso.

Recibido el juramento segun su clase al efecto de ampliar su declaracion en un momento tan solemne, en que, el hombre por infame que sea, raras veces deja de declarar la verdad, dijo que se afirmaba en cuanto tenia dicho en la declaracion anterior que se

---

(1) Asi resulta comprobado en autos por deposicion de varios testigos presenciales.

le leyó, debiendo añadir: «Que á Antonio Aguiló lo »conoció dos dias antes del robo de la Masia de Sant »Jaume: que á Juan Poyo lo conoció por ser amigo »de José Barceló y verlos juntos en el café. La de- »claracion á que se refiere el reo y que acaba de »rectificar, es aquella que tambien habia rectifi- »cado, estando en la capilla en la cual preguntado: »Si se rectifica en cuanto tenia declarado denuncian- »do que Barceló le indujo á ejecutar el robo. .

»Dijo: que reproduce lo que tiene declarado res- »pecto ser Barceló el que le indujo al robo, afirmán- »dose y rectificándose en todo lo manifestado por »ser la verdad bajo conciencia.

»Preguntado: en qué ocasion dejó una manta de »su pertenencia en casa de José Barceló.

»Dijo: que en atencion á la amistad que tenia con »él, el dia antes de caer preso, vino á esta ciudad »en busca de trabajo, la dejó con dos pañuelos en »casa de aquél para que se los guardasen.

Preguntado: si tiene algo que decir acerca de los »antecedentes que le obligaron á tomar parte en el »robo de la Masía de *Sant Jaume*.

»Dijo: que que quince dias antes paseándose por »la Rambla de esta ciudad, con José Barceló, le in- »vitó y proporcionó al declarante á que asistiera á »un robo, sin espresar en donde iba á efectuarse, en »lugar de otro individuo que se habia separado, cu- »yo individuo no sabe quien era, y quedó conveni- »do en ello, añadiendo que ya le *avisaria*, como en »efecto encontrándose con Juan Poyo, le citó para »concurrir al ferro-carril del centro hasta Molins de »Rey, donde tomaron el coche para Martorell, y de »allí á Olesa á una viña cerca de la Masia de *Sant »Jaume*, donde tomaron los *vestidos* de *mozos* de »Escuadras para disfrazarse y verificar el robo: que »despues de ejecutado se hizo el reparto, y fueron á »dejar los vestidos en la misma viña donde los ha- »bian tomado; que es cuanto en conciencia y en el »lastimoso estado en que se encuentra puede mani- »festar que lo dicho es la verdad.» (Obra en el proceso).

Sin pérdida de tiempo se procedió al careo de Pa- blo Melis con José Barceló, en él se les hizo notar las contradicciones en que se hallaban, hecho el ju- ramento dijo Melis: «que no tenia razon Barceló »en asegurar que no le hizo conocer á Juan Poyo, »pues que Barceló fué el que le indujo al robo segun »tiene jurado en su declaracion y tambien á cono- »cer á Juan Poyo, cuya circunstancia espresó muy »abatido y procurando apartar la vista de Barceló; y »José Barceló contestó: que no es cierto que haya »inducido á Melis á que cometiera el robo, ni tam- »poco le ha hecho conocer á Juan Poyo, á quien no »conoce.» (Declaracion que obra en el proceso). ,

Sigue la causa en sumario contra Barceló, se reci- ben varias declaraciones que prueban hasta la evi- dencia, la íntima amistad de este con Poyo, y con la mayor parte de los sentenciados por el robo de la casa de campo de *Sant Jaume*.

Decretóse en seguida la captura de José Barceló; hé ahí las circunstancias que acompañaron á este acto:

Declaracion de Ventura Pamias sobre dicha captu- ra.—Dijo llamarse Ventura Pamias y que es individuo del Rondin de Vigilancia de esta ciudad. Preguntado: si conoce á José Barceló y sabe donde se halla, Dijo: que lo conoce como vecino de esta ciudad, y cree se halla en la cárcel donde lo dejó despues de ser capturado.

Preguntado: cómo ha sido el ser capturado, de órden de quién y qué intervencion ha tenido en la prision de Jóse Barceló, dijo: que antes de ayer se le dió la órden por el señor Comisario de vigilancia para proceder á la captura, y anoche, serian como las doce y media, desempeñando este servicio en union de Lorenzo Charambre por la calle Nueva de la Rambla, vió venir hácia ellos en direccion de la calle de Cirés á la del Alba por la de Trentaclaus, al espresado Barceló, con otro que no pudo recono- cer; y deteniéndose estos á la del Alba á orinar, quizás observando que los seguian, se volvieron por el mismo camino hasta la del Olmo, uniéndose al declarante en aquel punto Antonio San Cristóbal, individuo del rondin, el cual adelantándose al ir á aproximarse y darles la voz de «alto por la Reina» echaron á correr, sin atender á las voces que se les daban hasta llegar á la Patacada en que separándo- se el Barceló del otro desconocido, en la calle de San Olegario, este se dirigió á la de San Pablo, en cuyo sitio desapareció y Barceló tomó la de Barba- rá donde el declarante, viendo no le podia alcanzar, disparó un tiro al aire, al cual acudió el sereno del barrio. y deteniéndole se le ocupó una navaja-puñal que llevaba en la mano, espresando «que no le ma- tasen porque no era ladron.» Entonces y segun las órdenes que tenian, se le condujo á la casa de la ciudad, y desde allí á la cárcel en donde cree se en- cuentra.

Preguntado: poniéndole de manifiesto la navaja que se ha entregado al señor fiscal actuario para reconocer, si es la misma que se ocupó á José Bar- celó, Dijo: que la navaja presente es la misma que éste dió al sereno al tiempo de hacerlo preso; que es cuanto puede decir á cargo del juramento prestado, en lo que se afirmó etc.

Declaracion de Juan Surroca. (Proceso original: pág. 108, vuelta).—Preguntado: si el individuo que acaba de reconocer y dice vió acompañaba á Juan Poyo, cuando pasaron á su casa á mandar construir las cinco carabinas, le conocia de antes de esta oca- sion y con qué motivo, Dijo: que no lo habia cono- cido ni visto hasta el momento que se cita, que no tiene más que decir, que lo dicho es la verdad, en que se afirmó y ratificó etc.

Declaracion de Antonio San Cristóbal.—Pregun- tado: si en el dia de ayer ha practicado alguna dili- gencia por órden de su jefe en Sarriá, en qué casa, con qué personas y qué resultado le dió el referido reconocimiento. Dijo: que habiendo sido comisiona- do para observar lo que ocurriese entre Clemente Pujol, y una mujer que se dice tiene relaciones con Juan Poyo, y se llama Faelona, al presentarse Cle- mente Pujol en casa de esta y entrando en conver- sacion sobre el fin que habia tenido Poyo, le dijo ella por repetidas veces que si no hubiese sido por José Barceló y por la amistad que tenia con él, no se hubiera visto Juan Poyo en aquel trance; además dijo esta que para mayor sentimiento de la pérdida que habia tenido, le habia escrito dos cartas el dia que estaba en capilla, sin espresar su contenido, quedando convenido en que en caso de que fuesen llamados para declarar no dijesen nada de lo ocur- rido, que no tiene más que decir, que lo dicho es la verdad bajo el juramento prestado etc.

Declaracion de Maria Colom.—Preguntada: si conoce á José Barceló y sabe donde se halla, Dijo: que no le conoce más que de haberlo oido nombrar á

Juan Poyo, que tenia en su casa en clase de huesped, como uno de los amigos con quien más se trataba.

Preguntada: si alguna vez ha estado en su casa José Barceló, con qué motivo y qué clase de relaciones tuvo con Juan Poyo, Dijo: que no recuerda haya estado en su casa ninguna vez, y en cuanto á las relaciones que han mediado con Poyo, deben haber sido de bastante confianza por cuanto preguntándole la esponente á Poyo, algunas veces que iba tarde á su casa, donde habia estado hasta tan tarde, por toda contestacion le decia habia estado en el café del Salon con su amigo Barceló y otros, pero á éste más en particular.

Preguntada: si en el trascurso del tiempo que le ha tenido en su casa le ha oido tener algunas relaciones de confianza con alguna otra persona, Dijo: que no recuerda más que de este, sin embargo de haberle sentido nombrar otros; que no tiene más que decir, que lo dicho es la verdad bajo el juramento prestado etc.

Siguen un gran número de declaraciones de varios testigos por los cuales quedan completamente probados las intimas relaciones de Barceló con Poyo y su complicidad en el robo de la casa de Sant Jaume.

DICTÁMEN FISCAL.

D. Francisco de Paula Gomez, teniente coronel, 2.º comandante del regimiento infantería de Galicia número 19, fiscal de la presente causa.

He terminado la lectura de estos autos y voy á llenar la delicada mision de formular, en vista de los méritos del proceso, la acusacion que como fiscal de la causa tengo el deber de presentar.

Convencido intimamente de que mi ministerio como órgano de la ley es imparcial y sagrado, presentaré los cargos de mi acusacion con vigorosa verdad, con tranquilidad de conciencia y con la sencillez y laconismo que la gravedad del asunto me permiten poder usar.

Un crimen de inaudita crueldad se cometió en la casa de campo de Sant Jaume, partido de Olesa, por una horda de hombres inhumanos que añadieron al crimen del robo el del martirio; aun están calientes las cenizas de la hoguera, aun padece horribles dolores un anciano á quien pusieron sobre las llamas, todavia dura y durará el luto y el espanto en las desoladas esposas, y la tumba recibió al infeliz á quien hicieron sufrir el horrible tormento de quemarlo vivo; y aunque los ejecutores del crimen han satisfecho la vindicta pública, todavia le queda á la justicia de los hombres otro deber que cumplir, el buscar la mano que dirigió el golpe de que algunos de los reos ejecutados, fueron instrumento solamente.

Por una desgraciada fatalidad, acontece que en los hechos punibles, perecen los encargados de la ejecucion, y se salvan los que inducen y dirigen: empero alguna vez permite la divina justicia que no quede oculto enteramente el que ha tenido la doble maldad de dirigir un crimen y hacer que perezcan los que por él fueron incitados á cometerlo.

Las presentes actuaciones tienen por objeto el descubrir los directores del delito referido; y José Barceló, vecino de esta ciudad y de oficio hilador, tiene la desgracia de comparecer hoy ante el tribunal que me oye, bajo el peso de los cargos que voy á esponer.

El primero es su intimidad con Juan Poyo, jefe de la cuadrilla, cuya intimidad, y aun el más simple conocimiento con él, niega el acusado; este creyó que el mejor modo de evadirse de las indagaciones era el negar su amistad con Poyo, y asi es, que en su declaracion á fólio 23 y en sus indagatorias fólios 36, 43, 58, y en su confesion al 147, niega constantemente el conocer á aquél: esta negativa lo condena, pues no es posible dudar de que ha faltado á la verdad, si se tienen presentes las siguientes pruebas.

Juan Poyo, á fólio 13, dice, que cuando ha ido á ver á Barceló ha sido por amistad, escepto una ocasion en que le hizo el encargo de hacer construir unas carabinas para los sargentos de nacionales. El mismo á fólio 22 repite lo mismo, añadiendo, que si quiso las carabinas como las de los *mozos* de ESCUADRAS, fué porque asi se lo previno Barceló.

En el fólio 24 está copiado un oficio cuyo original está en la pieza de autos correspondiente al reo Melis en el cual consta, que Antonio Geis, otro de los reos, hallándose en Olesa puesto en capilla, manifestó que habia caido la *pesca menuda*, mas que se quedaban los *peces gordos* (son sus palabras) cuyos nombres no quiso descubrir; pero si declaró solamente ante testigos que le habia seducido é inducido al crimen Juan Poyo á quien desgraciadamente conoció en casa de Barceló: este oficio está ratificado á fólio 27, y 28 por el sub-cabo D. Antonio Pascual, y los *mozos* Antonio Sala y Antonio Gual, en cuyas declaraciones consta que Barceló incitó tambien al robo á Geis, diciéndole que á los dos ó tres robos serian ricos, y que si los descubrian que dijesen que habian dormido en su casa: esto está acorde con lo que declararon Geis y Melis.

El reo Antonio Melis, puesto ya en capilla, dice y consta al fólio 56 que conoció á Poyo por ser amigo de Barceló, y vistos juntos en el café del Salon: y añade que quince dias antes, paseándose por la Rambla con Barceló, le incitó y proporcionó el que asistiese á un robo sin decir donde, en lugar de otro que ya se habia separado. Convino y quedaron en que se le avisaria, como en efecto encontrándose con Juan Poyo, lo citó etc . es decir que Geis y Melis en el terrible trance de estar en capilla, el uno en Olesa y el otro aqui, acusan á Barceló de haberlos incitado al crimen: y están contestes en asegurar que Barceló y Poyo obraban de inteligencia: y no se crea que esto era efecto de trastorno intelectual, ni una aberracion del entendimiento, no tanto Geis como Melis se lamentaban de que Barceló fuese la causa de su desgracia, pero se mantenian firmes en no descubrir á otros, porque, como decian, no querian comprometerlos ya que para ellos no habia medio de salvacion. En el fólio 58 se ratifica Melis delante de testigos, y repite que Barceló fué quien le indujo á cometer el delito: las ratificaciones y careos de estos testigos constituyen una plena y completa prueba. En el solemne careo de Melis con Barceló, estando aquel en capilla, afirma y sostiene que no tiene razon este en asegurar que no le hizo conocer á Juan Poyo, pues que Barceló fué quien le indujo al robo segun tiene jurado, y tambien á conocer á Poyo: esto mismo vuelve á decir ratificándose al fólio 60. Cuando un hombre jura por Dios, estando ya en los momentos de comparecer ante él, es preciso creer lo que dice muchas veces delante de varios testigos y puesto frente á frente del hombre á quien acusa.

El maestro armero Juan Surroca, en rueda de presos, fólio 108, reconoce sin vacilar á José Barceló por uno de los dos que acompañaban á Poyo cuando este le fué á mandar hacer las carabinas.

Las declaraciones de fólios 121 y 122, están contestes en los que Faelena, mujer que estaba en relaciones con Poyo, dijo que si no hubiese sido por la amistad que unia á Poyo con Barceló, no hubiera llegado el caso de verlo en el trance que ha tenido: esto prueba que Poyo obedecia á Barceló.

María Colom, en cuya casa se hospedaba Poyo, dice al fólio 124 que este hablaba de Barceló como uno de los amigos con quien más se trataba, y que cuando le reconvenia porque se retiraba tarde, por toda contestacion le decia que habia estado en el café del Salon con su amigo Barceló.

Jose Puig, mozo de dicho café, dice en el fólio 130, que Poyo y Barceló lo visitaban con frecuencia.

La declaracion de D. Benito Claramunda fólio 134 y la de D. Francisco Serra al mismo fólio el acto de vista entre este y el acusado fólio 137, y la declaracion colectiva de los testigos Claramunda y Juliá al 143, acreditan el conocimiento de Barceló con Poyo: el careo de estos testigos con el acusado, corrobora la seguridad de sus deposiciones.

Creo que están plena y concluyentemente probadas las relaciones de Barceló con Poyo; y la tenaz negativa del primero, prueba en mi concepto su culpabilidad: y sino ¿á qué negar su conocimiento? ¿no hay otros que no niegan el que lo conocian?

Pasemos al segundo cargo: Barceló niega, como lo niega todo, el haber dirigido el robo é incitado á cometerlo, pero las declaraciones de Geis y Melis lo comprueban. Estas declaraciones dadas con tanta seguridad en los momentos de ir á morir, momentos solemnes en los que, el hombre solamente mentiria, cuando supiese que mintiendo salvaba la vida, y á más dadas en diferentes dias, y puntos, adquieren una fuerza de conviccion estraordinaria.

El tercer cargo es el haber encargado la construccion de las carabinas como las de los *mozos*, y esto lo afirma Juan Poyo en sus declaraciones fólio 13, y 22, y al 131 de la pieza principal: el armero Surroca que lo reconoció por haberle ido á encargar carabinas y hasta cierto punto la deposicion de Antonio Aguiló fólio 3, en la que dice que se sacaron dos de las carabinas con que se hizo el robo, de una casa que segun todas las señas es la de Barceló.

Es el cuarto cargo el no haber querido comparecer al llamamiento que se le hizo para una ratificacion, lo cual prueba que sabia muy bien que la justicia tenia porqué ponerle la mano encima. La disculpa que dá en su confesion es tal, que más bien le condena que no le disculpa, pues consta desde la pieza principal, fólio 175, que no asistió á la ratificacion apesar de la multitud de diligencias que se practicaron para hacerle comparecer.

El quinto es su fuga cuando se trató de prenderle, y solo una conciencia que no está tranquila, es la que incita á obrar del modo que él lo hizo en aquella ocasion.

El sesto cargo se desprende de una contestacion de su confesion que lo hace muy sospechoso, porque nadie puede creer lo que dice: un hombre que frecuenta cafés y paseos, que se roza con muchísima gente, y que ignora el tan horrible como célebre robo de la Masia de Sant Jaume á los 17 ó 18 dias de cometido, cuando el público y los periódicos se habian ocupado tanto de ello, y cuando habia ya pre-

sos algunos de sus autores, es cosa que no se concibe fácilmente.

En vano he buscado en estos autos una circunstancia atenuante; al contrario he visto en ellos muchas agravantes y voy á ocuparme de las más principales.

Una de ellas es el acto de su prision: se le encuentra cerca de media noche por barrios sospechosos y en compañia de un hombre, á quien nos ha querido hacer creer que no conocia, y que seguramente tendria sus motivos para huir de la justicia, cuando de ningun modo quiso detenerse á la voz de alto por la Reina.

Es otra, la terrible navaja-puñal de que iba armado, y que siendo de las llamadas prohibidas por su dimension. forma y muelle, no estaba en el caso de usar, siendo un insulto á la sana razon lo que el acusado dice en su confesion, de que como miliciano nacional tenia el derecho de usarla para hacerse respetar.

El haber merecido ser comisionado para recorrer algunos pueblos con objeto de arreglar diferencias entre fabricantes y trabajadores, seria una recomendacion, si no constara en autos, que lejos de cumplir su mision, dificultaba el buen éxito de ella, escitando la animosidad entre unos y otros, y promoviendo dificultades en vez de allanarlas.

Otra circunstancia es el que, siendo hombre que tenia amistad con Poyo, Geis y Melis, los cuales han concluido en el patíbulo, y que se acompañaba con personas que huyen de la justicia, como sucedió en la noche que fué preso, estas relaciones unidas á los demás precedentes lo hacen muy sospechoso.

Tambien hay en esta causa antecedentes para creer que Barceló tuvo participacion en el incendio de la fábrica de Arnau en la que hubo asesinato. Los hay tambien, y más positivos, de que se presentó en compañia de otro en el pueblo de Molins de Rey, armados de carabinas y con mechas encendidas cuando la crisis fabril del año último amenazaba de muerte á la industria de este rico pais: y si bien estas cosas por sí solas, no bastan como prueba concluyente, son no obstante de muchísimo valor unidas á las demás que en esta causa están consignadas contra Barceló.

La confesion de este nada ha producido en su defensa y mucho en su contra: las ratificaciones han estado conformes con las declaraciones, y los careos que han sostenido los testigos delante del acusado lo mismo que tenian declarado.

Nada ha alegado: no ha hecho citas en su favor, y solo se ha defendido con negar todos los cargos.

Por todo lo espuesto: considerando que Barceló tenia con Poyo una amistad plenamente probada, y que por negarla se ha hecho reo;

Atendiendo á que él fué el que dirigió el robo, que incitó á otros á cometerlo, y finalmente, á que con un completo y ejemplar castigo es como puede impedirse únicamente la repeticion de crímenes que horrorizan á la humanidad, ofenden á la civilizacion, y cuya repeticion se aumenta con la falta de severos escarmientos,

Concluyo por la Reina N. S. que el acusado, José Barceló, sufra la pena de muerte con arreglo á lo que previene al artículo 425, y á los parráfos 2.° y 3.° del código penal en su artículo 12.—Barcelona 2 de junio de 1855.—*Francisco de Paula Gomez.*

DEFENSA.

D. Joaquin Pons y Mercadal, capitan graduado de infantería, teniente de la 1.ª bateria de la 1.ª brigada del regimiento de artillería y defensor nombrado por D. José Barceló, acusado de complicidad en el robo de la Masía de Sant Jaume, hace presente:

Es noble y grandiosa toda mision que tiene por objeto el abogar por la humanidad, tal es la que me ha sido confiada y al presente me ocupa, que no vacilo un momento en confesar que la desempeño gustoso: asi es que lo primero que he hecho al coger la causa, es mirar de qué delito se acusa á mi cliente y la pena que se le impone por el, para lo cual dire que nada hay más fácil que la calificacion de un delito, cuando se considera· el hecho en globo, pero nada más difícil cuando tiene que apreciarse calculando, midiendo y pensando detenidamente los actos que á él concurrieron. El primer modo de calificar es, permitaseme la espresion, como si dijéramos el del vulgo. El segundo requiere conocimientos, madurez y discernimiento, y es precisamente el que está reservado al juez que, cumpliendo con la santidad de su ministerio, debe reflexionar y obrar con grande aplomo, para pesar escrupulosamente los quilates de culpabilidad que á él concurrieron.

Entremos desde luego en el lleno de la casa y veremos lo que tengo ya citado, que aun cuando á primera vista mi cliente D. José Barceló consta, segun el parecer del caballero Sr. Fiscal, es el autor del robo de la Masía de Sant Jaume, probaré con mis reducidas luces, á los ilustres señores á quienes tengo el honor de dirigirme, que no está tan claro, tan patente como el Sr. Fiscal supone.

El primer cargo que se hace á mi defendido, es la amistad de Juan Poyo, verdadero jefe de la cuadrilla que perpetró el robo de la Masía de Sant Jaume, y el encargo que le hizo de unas carabinas iguales á las que usan los *mozos* de la ESCUADRA, para uso de la compañia de nacionales que mandaba. Como digo á primera vista es un cargo que le hace mucho daño, pero recapacitándolo bien serán los ilustres S. S. á quienes tengo el honor de dirigirme, de mi mismo parecer, que léjos de acriminarlo le favorece; porque en la declaracion que se tomó á Juan Poyo, folio 13, dice le hizo un encargo *de hacer cuatro carabinas*, las cuales no llegaron á construirse, y en la segunda, fólio 22, dice que fué á mandar hacer dos carabinas á uno de los armeros de la calle Ancha, y *tres á otros, no conviniendo en construirlas ni volviendo á hablar más del particular; añadiendo tambien que fué solo á ver el primer armero*, y cuando habló con el segundo, le acompañaba un desconocido, de todo lo cual deducimos que Juan Poyo no dijo nada que pueda acriminar á mi cliente Barceló; porque en estos primeros cargos hay tres contradicciones, las que no dudo tendrán bien presentes los señores del consejo. El armero D. Juan Surroca en rueda de presos, fólio 108, reconoce sin vacilar á mi defendido por uno de los dos que acompañaban á Poyo cuando este fué á encargarle las carabinas: vemos tambien contradiccion entre Juan Poyo y el armero Surroca, porque primero dice Poyo una cosa y el armero dice otra, de todo esto supondremos que, aun cuando el armero Surroca diga en rueda de presos que reconoció á mi cliente, nada prueba en contra de mi defendido; porque podia muy bien ser una persona parecida á Barceló, y aun suponiendo que era el mismo,

¿por qué hemos de creer que iba con Juan Poyo cuando este dice que fué solo y consta era Barceló muy amigo suyo?

En fin, ilustres señores: pocos son los cargos que se le pueden hacer á mi defendido en este primero que le hace el Sr. Fiscal en su parecer, porque todo son contradicciones que léjos de ponernos el caso patente y claro, eso hace más ofuscarlo para vernos en el compromiso de contrariarlo con tanto rigor, como lo hace el señor caballero fiscal en su dictámen.

Vamos á ver el segundo cargo que el Sr. Fiscal hace á mi defendido, y es que niega, como lo niega todo, el haber dirigido el robo ó incitado á cometerlo: pero las declaraciones de Geis y Melis lo comprueban, estas declaraciones dadas con tanta seguridad en los momentos de ir á morir, momentos solemnes en los que el hombre solo mentiria, cuando supiese que mintiendo salvaba la vida, y á más dadas en diferentes dias y puntos, adquieren una fuerza de conviccion estraordinaria.

Esto dice el Sr. Fiscal, porque segun su parecer está el delito sumamente probado; y feliz yo en este momento si puedo probar que esta conviccion que el Sr. Fiscal supone, no existe, y que está muy léjos de estar probado; tanto que me parece imposible el verla puesta y firmada por el señor caballero fiscal en su parecer. Veamos lo que dicen las declaraciones de Geis y Melis. El primero dice en el acto de estar en capilla que lo habia seducido é inducido Juan Poyo, jefe de la cuadrilla, y al corroborar su declaracion el *mozo* de ESCUADRA Antonio Sala añade, que despues de ejecutar varios robos, serian ricos, y que si los descubrian dijese que se habia quedado á dormir en casa de Barceló. El segundo Pablo Melis dice en su careo con Barceló que este le hizo conocer á Juan Poyo, cuya circunstancia espresó muy abatido, bajando la cabeza y procurando apartar la vista de Barceló. Imposible, ilustres señores me parece, que con tan pocos datos como constan, esté el señor fiscal tan plenamente convencido; pues vemos que la declaracion de Geis fué dada en el acto de estar en capilla, momento que su razon estaria trastornada y que de ninguna manera tiene fuerza y valor para acriminar á mi cliente José Barceló: y además nada dice que le perjudique, porque aun cuando consta que en caso de ser descubierto dijese que habia estado á dormir en casa de mi defendido, ¿quién fué el que se lo habia dicho? Juan Poyo y qué, ¿hemos de dar crédito á todo lo que este diga? no, ilustres señores; porque siendo Poyo el jefe de la partida, podia tener miras particulares en hacer figurar en la causa muchas personas para ver si él podia librarse de la muerte segura que le esperaba.

El tercer cargo que hace el señor fiscal á el acusado, es haber encargado la construccion de carabinas iguales á las de los *mozos* de la ESCUADRA. Con este sistema de aglomeracion y multiplicacion de acusaciones, el señor fiscal seria capaz de ofuscar la imaginacion mejor organizada. Al rebatir el primer cargo se dice que es lo suficiente para convencer el ánimo de los señores jueces, y para demostrar que si posible es que el citado Barceló hiciese el encargo de las carabinas, las continuas contradicciones y poca seguridad en los asertos, indican la vaguedad de esta acusacion, y el mérito que de esta circunstancia debe hacerse en la presente causa.

Sigue la cuarta acusacion de no haber querido comparecer el acusado al llamamiento que se le hizo para una ratificacion á la que no asistió apesar de multitud de diligencias que se practicaron para hacerle comparecer. Su disculpa es muy sencilla, se hallaba ausente; y ¡ni aun se ha procurado indagar si esto era cierto por lo que merece entero crédito. En este incidente hay una circunstancia muy digna de ser notada y que solo es justificable por la buena fé que debe suponerse en el señor fiscal de entonces, pero que el actual no debia haber mencionado siquiera por lo que dá de sí: la circunstancia á que me refiero no puede haber pasado desapercibida, pero justo es que el Consejo la escuche otra vez. En oficio del señor Gobernador civil, fecha veinte y ocho de abril, fólio 29, se dice que Barceló fué preso en la noche del veinte y siete; y el edicto, llamándole para seguir sino la causa en rebeldía, se publicó en el diario de avisos y noticias de esta ciudad en la mañana del veinte y ocho. Esto tiene cierto tinte antiguo de no muy buen recuerdo; por lo que el señor fiscal hubiera hecho muy bien en no tocar un punto que nada favorece á su calificacion. Barceló no estaba obligado á adivinar lo que á la mañana siguiente debia decir el diario de Brusi.

Llegamos á la quinta acusacion. Dice el señor fiscal con una sencillez que le honra mucho, pero que no por esto es ménos intempestiva, que solo una conciencia intranquila hace correr cuando personas desconocidas armadas, en horas intempestivas y parajes sospechosos, se dirigen hácia un ciudadano cuyas ocupaciones, asuntos de profesion ó negocios puramente personales, lo llevan á aquellas horas por aquellos parajes. Colóquese en una situacion semejante, y atrévase dicho señor á asegurar que en circunstancias tales no se moverá de su puesto y aguardará sereno las consecuencias de un suceso semejante.

El sesto y último cargo no se diferencia de los anteriores sino por la intencion; el señor fiscal, asegura que una persona que frecuenta paseos y cafés, debe estar enterada de los sucesos más ó ménos ruidosos que gocen popularidad por algunas horas ó consignan el honor de llamar la atencion de los periodistas llenando las columnas de un periódico que no tiene otra cosa mejor que publicar, pero el señor fiscal no cuenta con el honroso, dificil y ocupadisimo encargo que á Barceló estaba confiado por la superior autoridad civil de la provincia, encargo que llevado á cabo con el celo de un interés y egoismo perdonables, llenaria todos los momentos de la vida privada de Barceló, abstraeria todas las facultades y le haria inútil para toda otra ocupacion que le distrajese de un objeto para el interesantisimo puesto que se dirigia á asegurar, con buenos ó malos medios, el porvenir y bien estar de la clase jornalera á la que pertenece: y aun la circunstancia agravante que se cita despues, de que Barceló no correspondia á la confianza que esta misma clase depositó en él para llevar á cabo el arreglo entre fabricantes y operarios, no prueba otra cosa sino que la eleccion recayó en un obrero demasiado exigente, que no tenia el talento necesario para ocultar sus deseos y aspiraciones ó la suficiente diplomacia para arrancár concesiones que él creerá justas.

Reasumiendo ahora todos los cargos que el señor caballero fiscal supone están plenamente probados en la presente causa que ocupa tan ilustrados señores deduciremos de ellos, que no hay ninguno que tenga la fuerza suficiente para acriminar de un modo tan terrible, como dicho señor fiscal lo hace, á mi cliente D. José Barceló, y sino copiemos las mismas espresiones del dictámen fiscal, que son como sigue: *Atendiendo que fué el que dirigió el robo, que invitó á otros á cometerlo, y finalmente á que con un completo y ejemplar castigo es como puede impedirse únicamente la repeticion de crímenes que horrorizan á la humanidad, ofenden á la civilizacion y cuya repeticion se aumenta con la falta de severos escarmientos.* ¿á qué vienen semejantes palabras, al tratarse de una persona, como es mi defendido, que se vé preso y complicado en esta causa por indicios mal justificados, segun mi modo de pensar, y que están muy léjos de estar bien fundados? Estos cuantos renglones son un campo tan abierto para el defensor de esta causa, que podria, si no temiese cansar el auditorio, hablar dias enteros para rebatir estas ideas tan mal fundadas del señor caballero fiscal, pero me he contentado con decirle que las encuentro sumamente exageradas y voy á dar las razones para ello. Como digo, al decir la repeticion de crímenes que horrorizan á la humanidad y ofenden á la civilizacion, es necesario que constase con claridad, es decir, que palpablemente viésemos que mi cliente fué el que dirigió el robo, é incitó á que se cometiese; pero está muy léjos de verse con claridad; porque las únicas declaraciones que lo culpan, á lo que yo he podido desprender de la presente causa, no tienen la fuerza que se requiere en semejantes casos, porque son de los verdaderos reos que cometieron el crimen atroz y horrible que, vuelvo á repetir, el señor caballero fiscal supone como autor, es decir, como el todo de él á mi cliente. Y aun tenemos otra ventaja, que cuando lo declaraban, era cuando estaban ya en capilla, es decir, cuando se les habia leido la sentencia á muerte á que estaban condenados, cuando su razon estaba trastornada, cuando era imposible saber lo que decian, porque sus ideas eran vagas, confusas y que de ninguna manera podia hacerse caso de ellas y que no creo que el tribunal, á quien me ha cabido la satisfaccion de dirigirme, hará caso de semejantes declaraciones, porque por poco que las recapacite encontrará que le favorecen léjos de acriminarlo, y estoy tan seguro de ello, que no dudo un momento, que no fallará este respetable tribunal como pide el señor fiscal. Vuelvo á repetir que nunca acabaria, porque estoy acalorado de semejantes palabras: que concluiré convencido de que conocerá el ilustre consejo las verdaderas y muy probables razones de mi aserto; espero conocerá con su bien acreditado criterio, la enorme distancia que hay de hallarse la causa en plena prueba, como dice el señor fiscal, al verdadero estado de ella, y por lo tanto me hallo en el caso de suplicar que, fundándose en la recta administracion de justicia, deseche la pena que solicita el señor fiscal en su conclusion sumamente exagerada si se atiende á la calidad de los testigos que resultan, conmutándola en su lugar con otra correccional que guarde proporcion más directa con la cantidad de culpa que arrojan los autos: asi me atrevo esperarlo con ilimitada confianza del recto, á la par que benéfico proceder de los ilustres señores á quienes me ha cabido el honor de dirigirme. Barcelona 4 de junio de 1853.—Joaquin Pons.

SENTENCIA.

Visto y examinado el proceso formado por el teniente coronel segundo comandante del regimiento infantería de Galicia D. Francisco de Paula Gomez, contra José Barceló, acusado de haber incitado y procurado armas para el robo de la masía de Sant Jaume del término de Olesa, y con las demás circunstancias y agravantes, concluyó el proceso en todas sus partes, hecho relacion de todo al consejo de guerra y comparecido el reo ante el mismo, presidido por el señor coronel D. Magin Ravell con asistencia del letrado asesor D. Antonio Rafael Garcia, examinados todos los méritos, con la conclusion fiscal y la defensa de su procurador. Habiendo declarado plenamente probado el delito y la culpabilidad del acusado. Considerando que José Barceló se halla convicto de haber inducido directamente á la ejecucion del delito de que se trata á los que le perpetraron, circunstancia que demostrada hasta la evidencia, como lo está en este proceso, hace merecer al acusado la certificacion de autos del indicado delito, en virtud de lo que previene el caso segundo del artículo 12, el 425 en sus casos 1.º 2.º 3.º y 4.º circunstancias 2.ª 5.ª 6.ª 7.ª 8.ª 9.ª 10ª y los artículos 15 y 115 del código criminal vigente y demás aplicables al delito de que se trata; ha condenado el consejo por unanimidad, y condena al espresado José Barceló, á que sufra la pena de muerte en garrote vil, y de mancomun con los ejecutoriados en 21 de abril y 10 de mayo últimos, á la restitucion de las cantidades y alhajas robadas en su valor, como tambien á la indemnizacion de los perjuicios causados á los dueños y habitantes de la casa llamada de Sant Jaume, y bajo el mismo concepto, al pago de cuatro mil reales vellon á la viuda de José Sanahuja, con más los gastos del juicio y quedando decomisada la navaja-puñal que se le encontró al tiempo de prenderlo. —Barcelona 4 de junio de 1855.—*Siguen las firmas.*

VI.

ÚLTIMOS MOMENTOS DE BARCELÓ.

Barceló escuchó con serenidad y calma la fatal sentencia que acabamos de copiar. Durante los trámites de tan imponente proceso, Barceló conservó una calma y sangre fria digna de otra causa que no hubiese versado sobre un crimen tan espantoso. Su sistema de defensa fué el mismo que hemos observado en muchos de los criminales en el exámen de procesos que tenemos hecho. Dicho sistema puede reducirse á una sola palabra á saber: negarlo todo. Este sistema es hijo de un error vulgar en virtud del cual, creen que sin la confesion del reo no pueden ser condenados á la pena capital. Despues de la justa y racional supresion del odioso tormento, repugnante á las leyes de la humanidad, seria imposible condenar á ningun criminal de oficio, si para ello fuese indispensable la confesion del acusado. Solamente los que por primera vez cometen un delito, llevados de los primeros impulsos de la ira ó la venganza, suelen confesar su crímen. Pero esto sucede porque su corazon no está aun pervertido, y su conciencia no contaminada, siente el peso de los remordimientos. Por esto, más de una vez se ha visto á los que han cometido un delito, presentarse ellos mismos ante el juez, convirtiéndose en acusadores de sí mismos. Esos desgraciados, no pueden soportar el peso de su conciencia; esos infelices, una vez libres del vértigo que los dominaba, han reconocido la enormidad de su delito, y entonces han preferido denunciarse á sí mismos, aun convencidos del terrible castigo que les amenazaba, á sufrir por más tiempo los remordimientos de su acibarada y triste existencia. Compadeced á esos desgraciados, y aprended á dominar vuestros primeros ímpetus, para no ser víctimas de tan gran calamidad. Pero los criminales de oficio, los que cometen los delitos por cálculo, los que maduran sus planes criminales, los combinan, los llevan á cabo con todas las precauciones, para luchar despues con la justicia humana, esos tales, no solo no confiesan, sino que preventivamente, y aun antes de cometer el crimen, preparan ya los medios para hacer la coartada. ¿Puede esperarse la confesion por parte de esos criminales? Estos si alguna vez confiesan, es cuando ya están condenados, cuando ya han perdido toda esperanza de salvacion. Obcecados en su sistema negativo, no conocen que muchas veces léjos de servirles de defensa, solo contribuye á su condenacion. Porque concretándonos á Barceló, ¿cómo no habia de prevenir al tribunal contra sí, viendo que lo negaba todo, hasta sus relaciones con Poyo? ¿Quién podia creer que ni siquiera conociese á dicho sugeto? Si él era inocente, si sus relaciones con Poyo eran inocentes, ¿qué inconveniente habia en confesar que le conocia? Aun cuando despues supiese que Poyo era un bandido, un criminal, ¿qué podia resultar contra él por haberlo conocido y tratado pensando que era un hombre honrado, y solo hablando y tratando con él de cosas lícitas y regulares? ¿Negar que hubiese conocido á Melis? ¿Negar que Geis hubiese estado en su casa? En fin, negarlo todo, hasta las cosas más evidentes que podian probarse, como se probaron, de un modo irrecusable ¿de qué defensa le podia servir? Pero, como historiadores solo nos incumbe referir esta historia triste y desastrosa, hasta su conclusion. A tenor de la sentencia, que dejamos transcrita, Barceló fué puesto en capilla á las siete de la mañana del dia 5 de junio del año 1855, para ser ejecutado en igual hora del dia 6 del propio mes. Durante su permanencia en un lugar tan triste, tuvo momentos muy serenos y de aparente tranquilidad. En estos momentos era el Barceló del proceso, el hombre que, con la más admirable tranquilidad, sostenia los careos de sus cómplices ya puestos en capilla, negando sus deposiciones, y afirmando con serenidad que ni aun los conocia. Pero luego era víctima de una tristeza y abatimiento tan grandes, que le hacian implorar la proteccion y apoyo de las mismas personas que le custodiaban y asistian. En estos momentos era el reo puesto en capilla, el hombre que una por una, veia desvanecerse todas sus esperanzas de salvacion. Repentinamente se observaba que salia de aquel estado de profundo abatimiento, presentándose entonces otra vez el Barceló del proceso, si así se nos permite hablar. Hubiérase dicho que una idea de esperanza, un motivo de consuelo iluminaba su contribulada mente, haciendo renacer las esperanzas en su contristado corazon. Y realmente una esperanza de salvacion cruzaba por el alma de aquel desgraciado. Barceló se exageraba á sí mismo la popularidad de que gozaba entre la honrada clase proletaria. Más bien dicho; Barceló, olvidándose de que habia sido sentenciado con motivo de un delito comun, de los más detestables, se hacia la ilusion de creerse el mismo hombre de antes, es decir, no acusado de un delito que siempre ha sido detestado y aborrecido por todos sin distincion de clases. Creia, pues, que durante las horas que debia permanecer en la capilla, ó en el tránsito desde la cárcel al lugar del suplicio, seria rescatado y puesto en libertad por sus conocidos y partidarios. Pero nuestra clase proletaria es demasiado honrada y laboriosa, para haberse opuesto á la ejecucion de un fallo, motivado por causa de un robo como el de la casa de Sant Jaume. Era tan grande la ilusion del sentenciado en esta parte, que no tenia inconveniente en hacer participar de ella á los que le ausiliaban, comunicándoles sus locas esperanzas. Durante estos momentos, Barceló recobraba su acostumbrada calma y serenidad, pero las horas se deslizaban, el tiempo pasaba y los habitantes de Barcelona permanecian tranquilos, sin esceptuar á los antiguos conocidos del sentenciado. Entonces Barceló volvia á su estado de tristeza y

melancolia, del que salia otra vez reanimado siempre por aquella quimérica esperanza. Barceló no rehusó los consuelos de nuestra santa religion, pero su estado, mientras estuvo en capilla, fué constantemente el que acabamos de describir. La esperanza de poder salvar su cuerpo, absorvia casi por completo toda su atencion. Cuando se trataba de desvanecerle esta idea, daba á conocer su desaprobacion, y solia contestar: «Vds. no saben el gran partido de que yo gozo en Barcelona.» Eran las seis de la mañana del dia siguiente, 6 de junio. La hora fatal iba acercándose á paso precipitado. Un gentio inmenso cubria la carrera por donde se creia que pasaria el reo, mientras que el lugar donde debia ser ejecutado, estaba cuajado de gente de todas clases y condiciones. El proceso de Barceló habia llamado poderosamente la atencion pública; su fallo habia escitado

Suplicio de José Barceló.

la curiosidad aun de las personas más indiferentes y apáticas. Por esto podia decirse que todos los habitantes de la ciudad de los condes, se habian dado cita para presenciar aquel imponente espectáculo. El verdugo habia ya cumplido con la ceremonia de pedir perdon al reo y con todo lo demás que se practica en iguales casos. Todo estaba dispuesto para emprender la fúnebre marcha hácia el patíbulo. Pero Barceló aun confiaba, aun alimentaba en su mente la esperanza de que seria libertado. Dióse la órden de marcha, y salen de la cárcel, pero en vez de emprender la carrera acostumbrada hácia la calle de Amalia y demás, la comitiva se dirige hácia el lugar del suplicio, torciendo el camino hácia las afueras de la ciudad. Entonces y solo entonces, el sentenciado vió frustradas todas sus esperanzas. Entonces perdió su color y en voz baja dijo: «*No hay remedio...*

moriré.....» Apesar de esto marchó con paso firme hácia el patíbulo. En su carrera, ni hizo alarde de valiente, ni tampoco dió muestras de cobardia. Escuchaba á los sacerdotes que le ausiliaban, y de vez en cuando tendia su mirada viva y penetrante entre la inmensa multitud que llenaba todo el tránsito de su carrera. Llegado al sitio fatal, el verdugo le puso el dogal, y Barceló con calma, hizo el ademan de un hombre que se arregla la corbata. Sentado en la banqueta, con calma tambien, escuchó las últimas palabras del sacerdote. Entonces el verdugo cumplió con su triste oficio, *y Barceló dejó de existir.* Dios le tenga en su santa gloria. La multitud inmensa se retiró con el mismo silencio y compostura que habia observado durante la triste escena que acababa de verificarse. Solo nos resta decir que Barceló era jóven cuando murió, pues solamente tenia unos treinta años; que era de una estatura más bien alta que mediana, rostro y semblante hermoso y agraciado, ojos vivos y de penetrante mirada, fino y atento cuando lo requeria el caso, de carácter firme y varonil, dotado de una calma y serenidad que nunca le abandonaba. En fin, estas cualidades, unidas á una viveza natural y cierta facilidad en el decir, especialmente respecto á los de la clase proletaria á que pertenecia, le habian convertido en el hombre más simpático para la misma. Con el buen uso de tan recomendables cualidades, Barceló hubiera sido un miembro útil para si, su familia y la misma sociedad. Pero el mal uso que hizo de ellas, le condujo al desastroso fin que ya han presenciado nuestros lectores.

VIDA DEL HIPÓCRITA BANDIDO ANTONIO GIMENEZ Y GIMENEZ

(a) EL CURRUTACO;

MUERTO Á LA EDAD DE SESENTA AÑOS POR LOS MOZOS DE LA ESCUADRA EN EL ACTO DE VERIFICAR SU ÚLTIMO ROBO EN LA CASA LLAMADA LA BALSA ROJA.

I.

LA TIA Y LA SOBRINA.

Eugenia Ber era una solterona que pasaba ya de los cuarenta abriles, frescota, obesa de carnes y de una estatura regular. Era tia de Carolina Ber, jóven de unos diez y nueve años, algo morena con sus ojos negros y hechiceros, su pequeña y agraciada boca, piés y manos pequeñas y lindas. Habia quedado huérfana á los diez años, y desde entonces habia vivido en compañia de su tia, la que habia cuidado de su infancia y la habia educado con un amor verdaderamente maternal. Pero como la tia despues que pasó de los treinta años de edad se habia dado al beaterio, como suelen hacerlo otras muchas, la educacion de Carolina habia sido ajustada en esta parte al gusto y nuevas inclinaciones de doña Eugenia. Por esto la mejor recomendacion para un hombre era á los ojos de doña Eugenia, lo que ella llamaba ser hombre de iglesia, y tanto más recomendable era cuanto más sobresalia en esa cualidad. Otra pasion dominaba al propio tiempo á la tia de Carolina, á saber: la de casar pronto á su sobrina, pues sobre el matrimonio profesaba ella ideas bastante singulares, como tendremos ocasion de conocer. Creia que la peor de las desgracias que podian suceder á una mujer era el quedarse soltera, por lo que, partiendo de este principio, era inexorable respecto á la cuestion de maridaje para su sobrina. Carolina, que tenia más talento y mejor criterio que su tia, no podia participar de sus opiniones en materias matrimoniales, siendo tal vez esta la única causa ó pretesto de disputas ó cuando ménos altercados entre dos personas, tan unidas y que tanto, por otra parte, se amaban y querian. La escena que vamos á referir pasó en Valencia en donde vivian nuestros personajes, con aquella comodidad y decencia propia de una familia bien acomodada. Era una de las largas veladas de invierno del año 1835, precedida de un dia lluvioso y frio del mes de enero. La tia y la sobrina están sentadas en un pequeño gabinete lujosamente adornado, Carolina bordando, mientras que su tia está leyendo un capítulo del libro titulado *Lo temporal y lo eterno.* Repentinamente deja el libro encima de una pequeña mesa, y mirando con ternura el agraciado rostro de su sobrina esclama:

—Qué lástima, mi querida Carolina, que no quieras seguir mis consejos!

—Pero, señora, no sabe V. que siempre he sido y soy dócil y condescendiente con cuanto V. dispone, menos cuando se trata de mi futuro estado?

—Es verdad, pero precisamente de esto me quejo, porque preferiria que obrases segun tu voluntad en otras mil cosas, con tal que siguieses la mia respecto á una de tanta importancia.

—No puede ser, querida tia, no puede ser.

—Mira, Carolina, replicó doña Eugenia con acento de ternura y cariño: eres muy jóven todavía, y las mujeres cuando somos jóvenes, nos parece que los maridos nos han de sobrar, pero luego, cuando ya es tarde, cuando ya el mal está hecho, vemos con dolor que lo que creíamos que nos habia de sobrar, no ha siquiera llegado á lo absolutamente indispensable.

—Entonces, V. cree, tia, que un hombre es absolutamente indispensable para la mujer?

—Un hombre, no lo sé, pero un marido te digo que si, mil veces que si. Las mujeres somos como esas plantas trepadoras, que no pueden vivir y desarrollarse sin un punto de apoyo en que arrimarse, y este arrimadero, desengáñate, no puede ser otro que un buen marido, escepto aquellas criaturas privilegiadas, á quienes Dios llama para la vida mística y ascética de los claustros.

—Pero, tia, ¿acaso no es V. soltera? Por ventura no vive feliz en su estado?

—¡Ah! hija mia, por lo mismo que soy soltera, por lo mismo que he tenido la gran desgracia de no haberme acomodado cuando era ocasion y tiempo, por esto me lamento y siento el que tú no sigas mis consejos. Escucha: ¿no has observado alguna vez lo que sucede con las flores? Pues yo te lo esplicaré. Cuando la flor está en su estado de lozania, cuando espide en abundancia su aromático ambiente, las ligeras mariposas y pulcras abejas acuden en abundancia, la rodean y acarician de mil maneras, y chupan con suma delicadeza y finura su precioso néctar. Todo es dicha y felicidad en aquellos momentos para la flor afortunada. Pero ¡ay! que aquella dicha no dura más que un dia. Porque al dia siguiente, la flor soberbia y altanera que el dia anterior negaba sus besos y caricias á la industriosa abeja y ligera mariposa, dejándose mecer por el aire de un modo caprichoso y jugueton, se presenta ya inclinada y abatida sobre su mismo tallo. Entonces la abeja pasa por su lado y solo la saluda con un ademan de despido. Pasa otro dia más, y la flor ya no es sombra de lo que habia sido; entonces ya se halla enteramente abandonada y olvidada, digo mal, de vez en cuando la dispierta el repugnante zumbido del ocioso zángano, ó del inmundo escarabajo. Pobre y desgraciada flor! Pues bien, lo mismo pasa con nosotras las mujeres; cuando niñas de quince á veinte años, nos rodean y acarician mil pretendidos amantes, estos son la abeja y la mariposa de la flor. Llegamos á los veinte y cinco y treinta años, entonces, ya se contentan con mirarnos con alguna ternura muy semejante á la compasion, pero siempre algo de léjos. Llegamos á los treinta y cinco ó cuarenta, entonces solamente nuestra soledad es á veces animada por alguno de esos solterones gastados que, despues de haber hecho por muchos años el oficio de la mariposa y la abeja, concluyen representando, respecto de nosotras, el papel del zángano ó del escarabajo alado.

—Pero, yo creo, tia, que esto sucede con las mujeres casadas, porque yo veo muy pocos maridos que dejen de representar el papel de los zánganos respecto á sus propias mujeres, cuando estas, despues de algunos años de matrimonio, han perdido, como la flor, su frescura, su lozania y aroma.

—No lo niego: pero aun en este caso es muy diferente lo que pasa. Porque ¿quién apesar de esto, puede negar á la casada marchita los derechos matrimoniales? Ella puede decir á su esposo: Eres mi marido..... quiero que me lleves al teatro, al paseo de la Glorieta, á la huerta, á los baños; y el marido, siendo un hombre regular, no puede negarse al cumplimiento de sus deberes matrimoniales, saliendo á paseo del brazo con su esposa, presentándose con ella en los teatros y tertulias ¿qué más puede desear?

—Mucho más, tia mia, ó nada absolutamente, nada.

—No te entiendo.

—Me esplicaré: yo nunca quisiera que mi marido cumpliese conmigo con los deberes de tal, del modo que un esclavo cumple con lo que le manda su amo. En una palabra: yo no comprendo el matrimonio con esa especie de ordenanza ó código penal de que V. me está hablando. Para mi no hay otros deberes entre marido y mujer, que no sean los comprendidos en el sencillo código del amor y del cariño. Preferiria mil veces estarme en el rincon más oscuro de mi casa, á que mi marido me acompañase en los parajes públicos, contra su voluntad, y solo para vivir con una paz aparente y esterior, ó evitar el escándalo.

—Piensas mal, sobrina mia, piensas muy mal. Tú partes del principio de que en este mundo existe la realidad en las cosas, cuando solamente es un conjunto de apariencias. ¡Desgraciada de ti, si te acostumbras á no darte por satisfecha con las meras apariencias! ¿Qué importa que el marido de nuestra conocida Eulalia solo vaya con su esposa porque ella asi se lo pide y exige, amenazándole con dar un escándalo si no lo hace? ¿Acaso impide esto el que, de puertas á fuera, todo el mundo crea que Pepe, marido de nuestra amiga, la acompaña con sumo gusto y placer? Si alguno lo dudara, ahi está nuestra amiga para desvanecer sus dudas. Yo no queria salir.... dice ella á cuantos la detienen para saludarla, pero Pepe se ha empeñado en ello..... dice que conviene para mi salud, añade; que no paseando conmigo, no disfruta y está aburrido, en fin, tantas cosas me dice, que apesar mi repugnancia en salir de casa, me es preciso condescender y darle gusto. Entre tanto el buen Pepe calla, pero se rie de un

modo particular, afirma con el movimiento de su cabeza cuanto dice su cara mitad; se despiden entonces, y prosiguen su camino, hasta encontrar otros amigos ó amigas para repetir la misma ó parecida relacion. ¡Cuán feliz es esa mujer! dicen todos, ¡cuánto la ama su marido! Y esto que no vale nada, porque es ya muy arrugada y fea... ¿Y qué diremos de nuestra amiga, y de miles de miles como ella, cuando están de visita y en conversacion con otras amigas, no estando presentes sus maridos? Aquello es un fuego graneado de Pepe por aqui, Pepe por allá, mi marido es muy celoso, ni un solo dia puede pasar sin mí, y cosas por este estilo. ¿Qué papel hace entonces la solterona? ¡qué rabia, qué envidia no ha de arder en su alma! Se mira en el espejo, y tanto si lo es como si no lo es, se vé mil veces más hermosa que cualquiera de las casadas de su edad y aun de ménos; luego cree que sus prendas morales valen mil veces más que las de sus amigas, y entonces esclama: Si tanto influjo tienen esas mujeres con sus maridos, si tanto las quieren y aman ¿cuánto más no serias tú querida y amada del tuyo si lo hubieses cogido cuando paso la ocasion? Si huyendo de las importunas casadas, para no escuchar sus conversaciones matrimoniales, se cobija la solterona entre las jóvenes de los veinte abriles, como máximum, esto es, entre las flores llenas de vida, lozania y fragancia ¿á qué infierno no se arroja aquella desventurada? Alli todo son amantes que se derriten, galanes enamorados hasta la cima de los montes Apeninos, pretendientes y rivales que se disputan la flor, hasta el estremo de quererse batir ó suicidarse. Aquellas inespertas palomillas, considerando á la solterona como un cuervo cargado de años y esperiencia, y enteramente libre ya de las pasiones amorosas, la consultan á veces, la piden consejo, y en su cándida sencillez la dicen: V. que ya no piensa en estas cosas: V. que ya se rie de nuestras travesuras amorosas ¿qué haria? ¿cómo obraria en este ó semejante caso? ¿Que ya no *piensa en estas cosas?* Y ¿cuándo la mujer deja de pensar en el amor? *V. que se rie de nuestras travesuras amorosas...* ¿Y cuándo la mujer puede reirse de las travesuras de Cupido? ¿Cuándo puede jugar con fuego sin esponerse á ser chamuscada? Por lo mismo que la solterona no ha tenido marido, ni hijos, es decir, que no ha podido desahogar su amor, darle espansion y vida objetiva, ha venido á ser una sintesis de amor, más bien dicho, un volcan subterráneo, que no teniendo salida, consume y corroe las bóvedas y paredes que lo tienen encerrado. Pero ¿qué puede hacer la infeliz? Si descubre su corazon, se hace ridícula y estraña; miren la vieja, dicen: aun piensa en amores. Y aun estrañan muchos que la solterona se entregue al beaterio? Es un recurso como cualquier otro, y tal vez el mejor y único para la mujer reducida á este estremo. Alli á lo ménos no oye ni casados ni solteras que mortifiquen su vida y acibaren su existencia (1).

Por lo demás, doña Eugenia se habia esplicado con tanto entusiasmo y emocion que, al concluir, su voz estaba sofocada, su semblante visiblemente conmovido, desprendiéndose de sus pequeños y azulados ojos dos gruesas lágrimas que corrian por sus carnu-

___

(1) No aludimos con esto á las criaturas, sean del sexo que se quiera, que, desengañadas de las cosas de este mundo, sea cual sea el motivo de su desengaño, se entregan a los ejercicios de piedad y devocion, donde están encerrados tantos consuelos y dulzuras para las almas cristianas tristes y atribuladas.

das mejillas. Carolina amaba á su tia con todo su corazon. Hubiera dado cuanto tenia para curarla de esa especie de monomania marital que la devoraba, pero no siéndole esto posible, procuraba consolarla con sus caricias y cariño. En esta ocasion se levantó y lanzándose en los brazos de su segunda mamá, con el acento del más puro cariño la decia:

—Vamos, tia de mi alma, no llore V. por Dios, mire que con su llanto me traspasa el alma. Yo no sé por qué V. se empeña en hablar de estas cosas... ¿no vé V. que siempre la incomodan y entristecen?

—Hija mia, deja que se desahogue mi alma en tí, única persona á quien puedo comunicar lo interior de mi corazon, pues ya sabes que respecto á todos los demás, paso por la mujér más feliz del mundo con el goce de mis pingües rentas, mis devociones, mis funciones de iglesia, mi piedad y espiritualismo, porque á nadie sino á ti hablo con este lenguaje ¿y sabes por qué lo hago? Porque queriéndote y amándote tanto como te amo, me horripila la idea de que algun dia fueses como yo, una solterona tan desgraciada, como generalmente lo somos todas las que llegamos á ese estado.

—No será asi, tia de mi vida, no será asi, Dios mediante. Porque aun cuando nunca me casase ¿cree V. que no seria feliz teniendo el amor y cariño de V.? Planta trepadera somos, ha dicho V., pues bien, sea: ¿qué mejor arrimadéro puede haber para mí que el de mi idolatrada tia?

Y diciendo esto, aquella jóven verdaderamente sensible y cariñosa, no dejaba de abrazar á su tia, llenándola de besos y caricias. La tia, que por otra parte, prescindiendo de su pasion matrimonial, era una mujer de un corazon escelente y que profesaba á su sobrina el más profundo cariño, lloraba y besaba á Carolina, pero sus últimas lágrimas eran del amor puro y entrañable con que la idolatraba. Un momento despues doña Eugenia la decia:

—Por más que te empeñes en lo contrario, sobrina mia, no hay remedio, hemos de hablar de tu porvenir, es un deber mio el ocuparme de ello, deber que quiero cumplir con la más estricta escrupulosidad. Actualmente hay tres sugetos que aspiran á tu amor y á tu mano, ¿cuál de ellos ha llamado seriamente tu atencion?

—Seriamente ninguno.

—¿Pero á lo ménos habrá su más y ménos?

—Puede ser que sí.

—Veamos, procedamos por órden. ¿Qué defectos encuentras en Luis? Es un jóven que concluye la carrera de abogado dentro dos años, es de una familia regular, de agradable rostro y fino trato.

—Todo esto es verdad, pero francamente, no me gusta.

—¿Por qué?

—Porque es un niño de diez y siete años que, cual otros muchos, ha dado en la mania de hacerse el hombre, y falto de talento y buen criterio, ha creido que para ser hombre bastaba fumar puros, beber rom, frecuentar el café, pertenecer á alguna de las mil sociedades ó reuniones de niños de su misma edad, que se titulan literatos, tomando asi plaza de literato, en una edad en que solo se debe aspirar al modesto nombre de estudiante, y estudiar mucho para poder llegar más tarde, esto es, á los treinta ó cuarenta años, á lo que ya quiere ser hoy. Si V. le habla de esto le dirá, que solo los tontos deben estudiar, que la generacion actual está más adelantada, y mil

otras sandeces por el estilo. Tambien como hombre de gran tono critica las óperas y comedias, canta muy malamente por cierto, ciertos trozos de música, y recita peor algunos versos de Breton y otros poetas.

—Pero, llegará á los veinte y cinco años, y entonces reconocerá sus errores, y será hombre de provecho.

—Podrá ser que sí, pero ya nunca más podrá recuperar esos preciosos años que ahora deberia invertir en el estudio; ya dificilmente adquirirá hábitos para el trabajo, porque nunca se habrá dedicado seriamente á este. En fin, tia, en todo caso, ya que lo hemos de apreciar por lo que será y no por lo que es, esperemos que sea, para resolver esta cuestion.

—Pero entonces, ya que este no te gusta, porque es demasiado niño, ¿qué dirás de D. Timoteo? Este es un hombre de unos treinta años, hombre que ha viajado mucho, que tiene mucho mundo, puesto que segun él dice, de todo se rie y todo lo mira como pura farsa.

—Le diré á V., tia mia, que prescindiendo de la edad, que yo creo que pasa de mucho de los treinta, pues esto para mí es lo de ménos, creo que D. Timoteo con sus pretensiones de hombre de mundo, es el hombre que ménos mundo tiene. Es de aquellos que no saben amoldarse á las circunstancias de lugar, tiempo y personas. Asi es, que siempre habla de la misma manera y con el mismo tono, y esto revela una gran falta de tacto y talento. Asi, por ejemplo, dice, que nunca ha amado porque no cree en el amor de las mujeres, y para probar esto encaja en seguida una letania de mujeres infieles y falsas, desde Eva, hasta nuestros dias, sin respetar á la amiga, á la parienta, á la hermana, y una se ha de dar por contenta, con tal que nos respete en nuestra propia presencia, esto es, renunciando á que lo haga, cuando está fuera de nosotros. Lo que dice del amor, afirma de la amistad, y de todas las demás cosas de que se habla, ¿qué puede pues esperarse de un escéptico semejante?

—Pero él te esceptúa siempre de la regla general.

—Es verdad que él, apesar de su orgullo de hombre de mundo, suele decir que le parece que yo soy una escepcion, y que cree, que llegaria á quererme mucho. ¿Con que solo le parece que yo no soy falsa é infame, como él dice que son todas las mujeres? ¿Con qué solo cree que con el tiempo me amará mucho? ¿Y qué amante es este en quien el amor ha de penetrar por medio del sistema homeopático? ¿Qué derecho tiene él para sospechar y temer que yo puedo ser ahora una amante falsa y fementida, pudiendo despues ser una ésposa infiel y adúltera? ¿Cree por ventura que él me dispensará un gran favor amándome y uniendo su suerte con la mia? No es hombre de mundo, no, el que viviendo en el mundo y aspirando á la estimacion, aprecio ó admiracion de los que en él viven, los insulta y desprecia con tanto énfasis.

—Entonces pasemos al único que resta. ¿Qué dices de Guzman?

—Hé ahí un jóven que, sin las pretensiones de hombre de mundo de D. Timoteo, tiene más mundo que él, más bien dicho, conoce el mundo, cuando aquel solo dá pruebas de ignorarlo por completo. Este habla á cada uno con su propio lenguaje, y sabe sondear el corazon é inclinaciones de las personas que le interesan. Es por otra parte muy instruido, sin pretensiones, amigo sin hacer alarde de amistad.

—Segun esto es tu preferido.

—Confieso que es el único hácia el cual siento una verdadera inclinacion.

—Cuánto lo celebro... dijo la tia abrazando con ternura á su sobrina. Ya sabes que en esta parte me he propuesto no contrariar tu inclinacion, asi es, que aun cuando hubiese conocido con tanta precision y claridad los defectos de los otros dos, hubiera bastado tu eleccion para que yo no me opusiera; pero una vez que Dios me ha oido haciendo que prefirieras al que yo tambien prefiero, quedo muy contenta y satisfecha.

—Pero á mí se me presenta una gran dificultad.

—¿Cual?

—¿Conocemos bastante bien á Guzman? ¿Estamos bien informadas de sus antecedentes?

—¿Crees, Carolina, que tu tia se ha dormido entre pajas, como suele decirse, por lo que atañe á dicho punto? No, hija mia, no. Era un deber mio, y ya sabes que no soy descuidada en el cumplimiento de mis deberes. Primeramente, ya sabes que conocimos á Guzman en el templo del Señor, que llamó nuestra atencion, viendo en él un jóven tan devoto y piadoso. Despues pregunté por él al cura, el cual se deshizo en elogios y alabanzas hácia el jóven, manifestándonos sus actos de caridad verdaderamente cristiana. Nos dijo que Guzman visitaba á los enfermos y necesitados de la parroquia, que los consolaba con sus palabras y que aliviaba sus penas y miserias con su dinero. Pero esto no bastaba, porque cuando despues tuvo él entrada en mi casa y conocí que te miraba con ojos de amor, apuré más mis informes, pues habiendo sabido que habia vivido mucho tiempo en el pueblo de Rosell, en donde habia hecho sus primeros estudios, se escribió al cura de dicho pueblo, y sus informes fueron los mismos, con una sola dificultad ó equivocacion, pues aquel cura dijo que el primer apellido de Guzman era Gimenez, á lo ménos por tal se habia dado á conocer en aquella parroquia en donde tantos actos de caridad habia ejercido. Preguntándole un dia el cura sobre este particular, contestó con aquella modestia que le caracteriza: que realmente en Rosell, cuando los necesitados á quienes socorria le preguntaban á quien debemos dar las gracias, él les contestaba, dádselas á Antonio Gimenez, rindiendo asi un tributo de gratitud á la memoria de un tio suyo materno de quien, cuando niño, habia recibido mil favores. Despues de todos estos informes, viene la recomendacion que cada hombre trae en si mismo, en su conversacion en sus maneras y conducta, y en esta parte sabes muy bien que Guzman nada deja que desear.

II.

LOS TRES PRETENDIENTES.

En esto estaban de la conversacion doña Eugenia y su sobrina, cuando la criada anunció la llegada de D. Timoteo y D. Luis. La tia no tuvo tiempo más que para decir á su sobrina:

—Ya está tomada nuestra resolucion sobre el particular: ahora vamos á divertirnos con esos dos monigotes.

En esto entraron los dos pretendientes, cada uno vestido segun la edad y carácter definido por Carolina con tanta exactitud. Luis era un verdadero lechuguino, ó dandy como se les llamaba entonces. Sus largos y ensortijados rizos, unidos á su barba y bigote casi invisibles por falta de pelo, imprimian en su semblante un carácter femenil el ménos á propósito para agradar á la generalidad de las mujeres. D. Timoteo era ya otra cosa, frisaba á los 45 años, alto, robusto, y lo que se llama un buen mozo, pero sus ojos nada decian, y su fisonomía revelaba al hombre que se habia impuesto á si mismo el deber de representar un papel, esto es, un carácter distinto del que realmente tenia. Despues de los saludos de costumbre, doña Eugenia, que como ya hemos dicho, se habia propuesto divertirse con sus tertulianos, comenzó tocando el punto favorito de cada uno.

—¿Qué tal el teatro? dijo dirigiéndose á Luis.

—Así, así, señora, al primer galan le falta espresion y colorido, la dama es algo fria y sobre todo tiene una mala entonacion, las demás partes no pasan de meras medianias.

En esto entró, despues de haber sido anunciado, D. Federico Guzman. Era este un hombre de unos treinta años, vestido con suma elegancia, sin afectacion, finos modales y conversacion tan natural y sencilla, que cautivaba á primera vista. Su rostro moreno y algo tostado por el sol y escarchas, revelaban al hombre que habia viajado, sus ojos negros, grandes y vivos, denotaban á un hombre instruido y de carácter; su conjunto, en fin, formaba lo que se llama un hombre simpático y agradable bajo todos conceptos.

—Decia V., D. Luis, que la compañia del teatro no pasa de una mediania, dijo doña Eugenia, anudando la conversacion interrumpida por la llegada de Guzman.

—Así es, señora, pero lo que más falta le hace es un buen repertorio. Todo son insulsas antiguallas en esta parte, ayer nos dieron por tercera vez el vetusto *Sancho Ortiz*... Ja... ja...! cuánto me reí, oyendo al segundo galan cuando recitaba los siguientes versos con el mismo tono que Vds. van á escuchar.

Vuestra Majestad es ley
Que no esceptúa á ninguno
Y si ha de ceder alguno
No ha de ser quien ceda el rey.

—Si, realmente los versos fueron recitados con el tono con que V. lo ha hecho, dijo Carolina, el tal galan no hará mucha carrera.

—Ahora, añadió doña Eugenia, quisiera que nuestro amigo nos los recitara tal como deben recitarse.

—Lo haré, para complacer á Vds., ¿qué les puedo negar? y lanzó una mirada que nada tenia de espresiva á Carolina.

Levantóse otra vez nuestro petrimetre, cómico, cantor y literato, y recitó los mismos versos con otro tono, pero que distaba mucho de ser el verdadero, el único con que debian ser pronunciados.

—Solo en obsequio de Vds., dijo al concluir, he recitado esos versos, porque francamente detesto el repertorio de nuestros abuelos. La poesia, como todas las demás ciencias y artes, no es ni puede ser hoy lo que fué en aquellos tiempos. Las composiciones dramáticas de entonces, jamás serán lo que las de hoy.

—Ni unos ni otros valen la pena, replicó D. Timoteo, con tono seco y magistral, siguiendo su tema favorito de condenarlo todo á priori.

—Poco á poco, amigos mios, dijo Guzman con suma finura. Todos los estremos son viciosos. No conviene pues aferrarnos á lo antiguo con tanto empeño y fanatismo, que seamos un óbice, un obstáculo para los adelantos modernos, pero tampoco conviene que seamos tan partidarios de lo moderno, que neguemos el verdadero mérito de lo antiguo. Concretando la cuestion al asunto que la ha motivado, me parece que si realmente el drama que ayer se representó merece alguna critica, es en su parte moral, disimulable sin embargo respecto la época en que se escribió. En él se endiosa demasiado, digámoslo asi, á la Majestad Real, hasta el estremo de querer santificar sus caprichos y debilidades, dándoles un carácter de ley en el mero hecho de ser debilidades reales, como si lo malo pudiese cambiar su esencia y convertirse en bueno, segun sea la persona que lo medita y quiere ejecutar. Pero esto como ya lo he dicho, es un defecto de época, porque los poetas son casi siempre el reflejo de la época en que viven. En aquel entonces, el rey lo era todo, hoy dia las cosas han cambiado. Si hoy se tuviera que escribir aquel drama, lo que se dice del rey en los versos citados se diria del pueblo. Por lo demás yo tambien asisti al teatro y convengo en que el papel no fué bien interpretado por el segundo galan, á mi ver debiera haberse espresado con más dulzura, puesto que habla ante un rey, á quien con sus mismas palabras colocaba en la categoria de los dioses.

Con estas sencillas palabras, Guzman castigó á su vez á D. Luis, quien, al recitar los versos, habia incurrido de un modo muy marcado en este defecto. En seguida prosiguió:

—Por lo demás, tengo el disgusto de no poder estar de acuerdo con mi amigo D. Timoteo, cuando condena á priori lo pasado y lo presente. El hombre nunca ha sido un ángel de virtud y espiritualismo. Tampoco ha sido nunca un dios de sabiduria. Es y ha sido siempre, un sér frágil, sujeto á la ignorancia, á las pasiones y á las miserias inherentes á su naturaleza. La humanidad, síntesis de todos los hombres, ha participado siempre, participa y participará de las miserias inherentes á las partes y elementos de que se compone. No busquemos nunca el optimismo ni en los elementos ni en su conjunto, contentémonos con lo que puede dar de si, y no le pidamos imposibles. A mi entender, el talento no consiste en destruir lo existente, aunque sea imperfecto, sino en trabajar para su perfeccionamiento. ¿Qué ganaríamos con la destruccion? Nada: porque para reedificar lo destruido, deberíamos echar mano de los mismos elementos, y por consiguiente, nuestro nuevo edificio se pareceria al antiguo, como un huevo se asemeja á otro.

Asi aquel hombre, con mucha finura y tacto confundia á sus rivales, los batia en sus propias trincheras, obligándoles á escuchar y callar ó variar de tono y conversacion, despues de haberlo escuchado. Era el triunfo del talento sobre la pedanteria. De este modo iba adquiriendo un ascendiente sobre la tia, y un dominio en el corazon de su jóven sobrina que más tarde debia causarle raudales de lágrimas. Despues de esto la conversacion giró sobre varios objetos, y en todos ellos Guzman dió pruebas de su imponderable superioridad sobre sus rivales.

LA DECLARACION Y EL ROBO.

Han transcurrido ocho meses desde la escena anterior. Guzman ha continuado frecuentando diariamente la casa de doña Eugenia, llegando á ser el ídolo de esas buenas y sencillas personas. Don Timoteo y don Luis se han penetrado de la preferencia de su rival, y apenas visitan la casa. El mundo siempre es asi, los hombres en todo lo que hacen se proponen un fin determinado que, una vez frustrado, los exime de continuar en la práctica de los medios que les debian conducir al fin. Pero ¿qué importa que esos señores no visiten la casa de doña Eugenia, si ella y su sobrina son tan felices con Guzman? ¿Qué vacio podian dejar aquellos dos insipidos caballeros que no llenase con usura nuestro hombre? Una sola cosa entristecia á la tia y á su sobrina. Guzman debia hacer bastantes salidas, para gestionar los muchos negocios, á que, segun decia, se dedicaba, y durante sus ausencias, sus dos amigas esperimentaban los efectos de su soledad y aislamiento. Entre tanto Guzman habia adelantado mucho en su conquista amorosa. Ya no le cabia duda de que Carolina le amaba con toda su alma, con todo su corazon. Creyó, pues, que habia llegado el momento preciso, y á este objeto determinó dar el golpe decisivo pidiendo formalmente la mano de Carolina. Antes lo consultó con el cura de la parroquia que él frecuentaba, y en la cual ejercia tantos actos de piedad, caridad y devocion. Este aprobó en un todo, y se encargó de prevenir á doña Eugenia. Asi las cosas, vino el dia solemne, y Guzman se espresó en estos términos en presencia de doña Eugenia:

—V. habrá conocido que amo á su sobrina. A mi edad, cuando se dice que se ama, es que se ama realmente, y cuando un hombre como yo, pecador si, pero que cree y tiene fé en Dios, ama, nunca lo hace sino para un fin recto. Sé que Carolina siente tambien por mí, y no dudo que me hará feliz. Tengo suficiente fortuna para mantenerla cual le corresponde, por esto solo pido á V. desnuda y simplemente la mano de su sobrina.

—Gracias. Guzman, gracias: desde hoy Carolina es vuestra. Pero ya que vos no quereis hablar de los intereses de mi sobrina, obrando con un desprendimiento que os honra mucho, sabed que Carolina es rica, pues á más de lo que le dejaron sus padres, despues de mi muerte, debe ser mi heredera universal.

—Basta, basta, señora, dijo Guzman que á duras penas y deteniéndole doña Eugenia con la mano, le pudo hacer escuchar las anteriores palabras.

—Un favor os voy á pedir, Guzman.

—Hable V., querida tia, pues este es el nombre que á V. debo dar despues de nuestra conversacion.

—Ya que V. no tiene su familia ni parientes en Valencia, quisiera que una vez casado con Carolina, viviese en mi compañia. ¡La amo tanto!

—Esto no será un favor por parte nuestra, sino una grandísima prueba de afecto que V. me acaba de dar.

—¡Oh! gracias mi querido Guzman, gracias. Poco sabe V. el miedo que se apoderaba de mi, á la idea de quedarme sola. Sobre la tristeza que naturalmente debia infundirme la separacion de una persona tan querida por mí, como lo es Carolina, se añadia el temor de que, sabiendo que vivia sola, fuese robada, y tal vez asesinada, en un pais en que abundan tanto los rateros y ladrones.

—Efectivamente que sus temores no son infundados, mayormente teniendo V. fama de persona acaudalada, bien que supongo que V. no conserva en su casa sus caudales......

—Pues se equivoca V.

—Pero de todos modos tendrá V. su dinero en algun escondrijo muy disimulado.....

—Nada de esto, todo está en aquel armario.

Diciendo esto doña Eugenia señaló un armario, sobre el cual Guzman lanzó una mirada estraordinariamente curiosa.

—En fin, concluyó Guzman, por ahora no hay necesidad de innovaciones. Dentro de pocos meses estaré ya instalado en la casa, y entonces ya será otra cosa.

A las nueve de la noche de aquel dia, Guzman se despedia de la casa, despues de haber quedado definitivamente acordado el enlace con Carolina para dos meses despues. Todavia se pasaron ocho dias más, durante los cuales Guzman pudo convencerse de que era idolatrado por su amante Carolina, y muy estimado de la bondadosa doña Eugenia. ¡Desgraciadas criaturas! Poco sabian ellas que aquel hombre, con toda su fingida piedad, con todos sus infinitos actos de hipocresia, no hacia más que disimular las pérfidas intenciones é infernales planes que hacia tiempo germinaban en su tenebroso cerebro. Al cabo de unos dias, era una noche oscura del mes de enero; serian como las siete de ella, Guzman se paseaba solo por su estancia. Repentinamente se detiene para leer por tercera vez una carta amorosa de Carolina que le habia enviado por haber sabido que aquel dia no pasaria á verla por hallarse indispuesto.

—Me causa pena, decia entre sí. ¡Me quiere tanto! Pero ¿qué puedo hacer por ella siendo como soy casado? Discurramos: ella es jóven, hermosa, rica y bien educada: me ama con todo el ardor de una niña que jamás habia conocido lo que es amor. ¿No podria casarme con ella con el nombre de Federico Guzman? Pero ¿y si se descubre? Hay un medio: una vez casados, la propongo irnos á un viaje al extranjero, y una vez allí, la digo que debemos fijar nuestra residencia en aquel país, por mil razones que no me han de faltar. Mas ¿y la tia? La tia más tarde se viene con nosotros.

Y Guzman continuó paseándose por su habitacion.

—Pero bien mirado, yo no podré ser feliz haciendo esto, porque para ello seria menester cambiar mi índole y carácter. Yo he nacido para el movimiento, para gozar, para......

En esto llamaron de un modo particular.

—Él es, dijo Guzman, apresurándose á levantar el cerrojo de la puerta de su cuarto.

Entonces se presentó un hombre de rostro feo y repugnante, mirada sombria y desconfiada, vestido al estilo del pais envuelto en una capa de tosco paño. Guzman alargó su mano al recien venido y le invitó á que tomase asiento junto á él. Sacó puros, y ambos encendieron su cigarro.

—¿Sabes, Pablo, que ahora mismo estaba triste y caviloso?

—¿Y en qué pensabais, mi capitan?

—Déjate de tratamientos, y hablemos como buenos amigos, pues ya sabes que te estimo, y que tengo en ti toda mi confianza.

El recien venido se acomodó en su sillon sin la menor ceremonia, y chupando su puro, dijo:

—Pues bien, amigo mio, dime, ¿en qué pensabas?

—Pensaba en que nuestra vida es bien miserable.....

—¡Miserable! ¿Acaso nos falta dinero?

—No.

—Pues habiendo oro, todo sobra en este mundo.

—Así me parecia á mí, pero ahora.... ahora.....

—Ya entiendo: te has enamorado de la chica.

—Creo que sí.

—¡Bah! esto no vale la pena. ¿Por ventura no estabas enamorado en Toledo de aquella viuda jóven y linda, á quien sin embargo robamos su cuantioso caudal? ¿Despues no has andado en amores con otras mil, en Madrid, Zaragoza y otros tantos puntos? Y en Castellon de la Plana, ¿no te enamoraste hasta los ojos de la linda Vicenta Falcó, cometiendo la majadería de casarte con ella, contra los consejos que yo te daba? Me acuerdo que entonces me decias: mátame, pues prefiero la muerte á vivir sin ella, porque yo ya no puedo amar nunca á otra mujer. Sin embargo, ella vive todavia, y tú desde entonces has amado á otras muchas y últimamente, segun dices, amas á Carolina. Créeme: tú no sabes ni has sabido nunca lo que es amor. Tú eres como yo, un hombre carnal, á quien gustan todas las mujeres: las altas porque son de estatura elevada, las pequeñas, porque son pequeñas, las feas por feas y las guapas por guapas. Tu carácter es el de la inconstancia, solo que siempre quieres engañarte á ti mismo, creyendo que es amor lo que no es más que un capricho. Obtenida Carolina, á poco tu pasion se convertirá en un pedazo de hielo. Por otra parte, ¿seria posible que por un capricho semejante dejásemos de dar un golpe tan soberbio, despues de haberle preparado con tanto tino y paciencia?

—Pero podiamos retardarlo. Yo entre tanto me casaba con Carolina, y despues, como segun tú mismo dices, que mi pasion se habrá convertido en hielo, daremos el golpe con más ventajas.

—No puede ser, amigo mio, porque absorvido en tus amores y ejercicios devotos, no sabes lo que pasa. Tú olvidas que unos hombres como nosotros, no podemos permanecer mucho tiempo en un mismo punto.

—¿Qué hay pues? interrumpió Guzman.

—Creo que se sospecha de nosotros: temo que se nos busca en virtud de algun exhorto que se habrá recibido.

—¿Estás seguro?

—Tengo motivos para creerlo. Ya sabes que en esta parte huelo de léjos. No hay remedio, amigo mio, nuestra suerte está echada. Somos unos proscritos, unos séres en cuya frente están esculpidos nuestros hechos y hazañas, calificados por los hombres de crímenes y delitos.

—Tienes razon, amigo mio, tienes razon.

—Animo pues, luchemos mientras tenemos fuerzas y libertad para ello.

—Es verdad. Hoy daremos el golpe.

—Eres todo un hombre.

—A las once en punto entrareis en la casa. ¿Han llegado ya nuestros dos hombres?

—Esperan mis órdenes.

—Ya sabes como se ha de ejecutar mi plan. Conoces ya todas las avenidas, entradas y salidas de la casa. Ya te dije que el armario está colocado en aquel gabinete en que acostumbra á recibir la señora. Tienes también la llave de la puerta de la calle. No te olvides de la careta, pues aunque las señoras no te vieron el dia que te introduje en la casa, con todo te vieron las dos criadas y podrian reconocerte.

—¿Y si las criadas chillan?

—Tápales la boca.

—¿Y si esto no basta?

—Envíalas al otro mundo.

—¿Y si la vieja refunfuña y la jóven se alborota?

—Procura que no suceda.

—¿Y si sucede?

—No me apures más; no quiero que mueran.

—¿Qué hago con mis dos hombres despues del golpe?

—Págales bien, y prevenles que salgan inmediatamente de Valencia hácia el punto de donde han venido. Ya los avisaremos cuando necesitaremos de sus servicios.

—En cuanto á uno de ellos, esto es el Menut, seria de parecer que le diésemos las dimisorias.

—¿Por qué?

—Porque tiene el maldito vicio de emborracharse.

—Entonces no puede servir más.

—¿Y qué hago yo despues del golpe?

—Te marchas á Calatayud, y allí me esperas. Ya sabes la casa de nuestra *parada.*

—Ahora venga otro puro y una copita de rom.

Y aquellos hombres infernales encendieron otro cigarro y bebieron su copa con aquella calma y tranquilidad de dos personas que acaban de terminar un negocio lícito y cristiano.

—¿En qué estás pensando? dijo Sierro, en tanto que su amigo estaba meditabundo.

—Pensaba en lo pasado: pensaba en aquel periodo feliz de mi vida en que, perseguido por todas partes, me presenté al famoso bandido llamado el *Barbudo de Clevillente* que hacia sus correrias por la provincia de Alicante. ¡Qué hombre era aquel, amigo mio! ¡qué numerosa cuadrilla de bandidos tenia bajo su mando! Aquella era una vida alegre y feliz, en la cual las acciones heróicas se mezclaban con los actos de la más recomendable caridad hácia los pobres...

—¿Haciais limosna por ventura?

—Vaya si la haciamos, y para que te formes una idea de esto, voy á contarte uno de los mil hechos de esta clase que el Barbudo hacia todos los dias.

—Te escucho con interés...

—Ya hacia algunos dias que formaba yo parte de la cuadrilla, desempeñando el empleo de oficial, cuando nos hallábamos de parada en el camino del pueblo de Alcora. A poco vimos venir á un arriero que guiaba dos asnos, viejos y medio hambrientos, cargados de loza de Valencia. Era un infeliz padre de familia, que ganaba penosamente su subsistencia y la de sus hijos, por medio del transporte de aquellas mercancias. Todas esas circunstancias no se ocultaban al Barbudo, quien nos dijo:

—Vereis como nos vamos á divertir con ese pobre diablo...

Diciendo esto saltamos en medio del camino y detuvimos al arriero con sus asnos.

—Buenas tardes, amigo mio, dijo el Barbudo.

—Buenas os las dé Dios, contestó aquel infeliz temblando como un sentenciado.

—Vamos, amigo mio, replicó el Barbudo examinando los flacos y asquerosos borricos de aquel miserable, es menester ser muy descarado para viajar por el mundo con unos vehículos tan despreciables.

—Soy tan pobre!

—Pues yo no puedo consentir una cosa semejante por más tiempo.

Y diciendo esto clavó su daga en el vientre de uno de aquellos burros matándole en el acto. Yo hice otro tanto con el otro á una señal del Barbudo. No puedes formarte una idea, amigo mio, prosiguió Guzman, de la desesperacion y sentimiento que se apoderó del arriero á la vista de aquel espectáculo. Aun me parece que lo estoy oyendo cuando decia: me habeis arruinado... acabais de destruir todo mi reducido y único capital.

—No seas nécio, le dijo el Barbudo, escúchame y verás como léjos de haberte arruinado, al contrario, trato de hacerte rico. Dime ¿no ganarias mejor tu sustento si en vez de hacer tu tráfico con esas dos bestias tan miserables tuvieses una mula rolliza, jóven y ligera que costase unas diez onzas de oro?

—Claro está que si, dijo el arriero ¿pero en dónde encontraré las diez onzas para comprar la mula?

—Ahi las tienes, replicó Barbudo, y diciendo esto, puso diez onzas de oro en manos de aquel infeliz, con grande admiracion y asombro no solo de este, si que tambien de todos nosotros. Solo te impongo una condicion, continuó el Barbudo, y advierte que tu vida depende de su exacto cumplimiento.

—¿Cual es? dijo el arriero cada vez más atónito y aturdido.

—Creo, añadió Barbudo, que te es indiferente comprar la mula á este ó á aquel vendedor, con tal que sea de las condiciones antes indicadas...

—Asi es...

—Pues bien, dijo el Barbudo, irás á comprar la mula del cura de Alcora que está en venta, y una vez comprada y pagada con esas diez onzas, pasarás por aqui, y si no nos encuentras, dejarás esa señal. Diciendo esto le dió un pañuelo con nudos que el arriero debia colocar debajo de una piedra indicada por nuestro comandante. ¿Juras por tu vida, añadió éste, cumplir una condicion tan sencilla?

—Lo juro, dijo el arriero.

—Marcha pues, y Dios te conceda buen viaje.

Cuando el arriero estuvo á una distancia regular, prosiguió Guzman, nos dijo:

—Ya vereis la segunda parte de este sainete.

Al dia siguiente volvimos al mismo lugar, y realmente encontramos la seña convenida con el arriero. Ahora, dijo el Barbudo, á la rectoria... á la rectoria...

Allí estábamos tres horas despues, habiendo entrado por sorpresa el Barbudo, yo y tres más de la cuadrilla. Era á la caida de una tarde fria del mes de febrero. El cura y su ama estaban calentándose junto al hogar.

—No se incomoden Vds., dijo Barbudo, notando el terror y espanto que les habia causado nuestra presencia, vengo para un asunto muy sencillo: necesito dinero, y sé que V., señor cura, me lo puede dar. ¿Cuánta cantidad tiene V. disponible?

—Pobre de mi, dijo el cura, ¿no sabe V. que esta rectoria es tan pobre?...

—Dejémonos de escusas, replicó el Barbudo con tono seco y amenazador, ¿cuánto dinero tiene usted disponible?

—Unas dos onzas...

—Son más...

—No lo crea V...

—Sé que son diez, porque sé que V. ha vendido su mula por este precio. Entrégueme V., pues, dicha cantidad.

El cura conoció que no podia escusarse, y se fué á su cómoda y entregó diez onzas en monedas de plata. El Barbudo contó la partida con la mayor calma y tranquilidad, y luego, dirigiéndose al cura, le dijo:

—V. me ha engañado.

—¿Yo?...

—Sí, señor: porque V. tiene á lo ménos otras diez onzas en oro, pues me consta que en monedas de oro de diez y seis duros una, le ha sido pagado el precio de la mula que V. vendió ayer. En fin, entregue V. dicha cantidad, y no me irrite V. la sangre.

No hubo medio, amigo mio, concluyó Guzman, el cura tuvo que aflojar las diez onzas en oro que habia recibido del arriero. El Barbudo metió toda la cantidad, esto es, las veinte onzas, en su bolsa, y salimos despues de habernos despedido cortesmente del cura y de su ama. Tal era el Barbudo, tal su conducta en todos los golpes que dábamos todos los dias, tales los actos de caridad que practicábamos. Acabamos de hacer una buena obra, nos dijo al salir: hemos robado á un rico para enriquecer á un pobre. Ya ves, amigo mio, si tengo motivos para acordarme de aquella época de mi vida. Media hora despues Guzman estaba completamente solo en su cuarto. Una idea triste y sombría cruzaba por su mente, si hemos de juzgar por el aspecto abatido de su semblante. Pero repentinamente hace un movimiento sobre sí mismo, como un hombre que quiere sacudir un pensamiento importuno, y dice entre sí:

—No hay remedio, es mi estrella, es mi destino, cúmplase, pues, y venga lo que viniere. Sin embargo, es tan hermosa!... ¡me ama tanto!... ¿Qué susto no esperimentará? En fin, ya la consolaré mañana.

Y aquel hombre inicuo y criminal, aquel bandido de profesion desde la edad de los veinte años, aquel corazon corrompido y alma pervertida, se acostó y durmió como si mientras él descansaba, toda una familia no esperimentase por su causa una de las más espantosas desgracias. Al dia siguiente, Guzman se levantó muy de mañana. Estaba impaciente, pues no sabia el resultado de aquel golpe tan hábilmente preparado, y si bien tenia entera confianza con su testaferro Pablo, con todo, siempre debia estar con cuidado hasta tener noticias exactas. Estas no las podia esperar de Pablo, pues segun las instrucciones que le habia dado, no debian verse, sino que aquel debia partir hácia el punto señalado. En esto recibió el siguiente billete:

«Ven, Guzman, vuela, pues te estamos esperando. »Han robado nuestra casa esta noche, han herido á »una de nuestras criadas y á mí y mi tia nos han tra»tado con mucho rigor. Mi tia está en cama, y yo ape»nas puedo tenerme en pié. La justicia ha venido, »pero ya no está en casa. Ven pronto, pues solo tú »puedes tranquilizar á tu amante que de corazon te »adora.—*Carolina.*»

—Entonces todo ha salido segun yo deseaba, decia el bandido. Voy allá y sabré á punto fijo la cantidad robada.

Efectivamente, con el descaro y cinismo más refinado se presentó en la casa de sus victimas. Abrazó á Carolina y á su tia; las consoló con mil razones, y se hizo esplicar todas las circunstancias del robo.

—Como tú no viniste ayer, dijo Carolina, nos retiramos y acostamos más temprano de lo acostumbrado. Serian como las once de la noche cuando me disperté, pues me pareció haber percibido ruido en el cuarto de los dos sirvientes. Escuché con atencion, y realmente oí unos gemidos al parecer comprimidos y sofocados. Salto de un brinco de la cama, y por la puerta secreta de mi dormitorio que comunica con este, me introduci en la cama de mi tia. Tambien esta habia sido dispertada por el ruido, pero era tanto el susto, que sus miembros estaban paralizados. En esto un hombre enmascarado, con un puñal en una mano y una linterna encendida en la otra entra en esta habitacion. Yo lancé un grito de horror, pero al momento aquel ladron, teniéndome asida con una mano me amenazaba con la otra con su terrible puñal. Mi tia pudo entonces lanzar un profundo gemido, cuando aquel hombre le aplicó sin piedad un puñetazo en el rostro.

—Calla, vieja, le dijo, sino te mato. Si no alborotais salvareis la vida, pues solo venimos por vuestro dinero.

Callamos en efecto, y entonces entró otro ladron con el puñal ensangrentado en la mano. Figuraos, querido Guzman, cual seria nuestro terror y espanto. El recien entrado se vino hácia nosotros y entonces el enmascarado le dijo:

—Si chillan, hiere. Sentiria, señoras, que este hombre se viese obligado á cumplir mi órden, pero las advierto, que la cumplirá si Vds. no son prudentes.

Luego aquel hombre se dirigió al gabinete de recibo de mi tia, y yo percibí claramente como forzaba la cerradura del armario. Oí luego el ruido del dinero que iba recogiendo. En esto, el bandido que nos hacia centinela me pareció que estaba enteramente distraido de nosotras, y que toda su atencion estaba absorvida por el ruido del oro y plata que el otro estaba recogiendo. A no ser yo una débil mujer, creo que era ocasion de lanzarme sobre él y desarmarle. Cerca de un cuarto de hora duró aquella operacion, y en seguida reinó el más profundo silencio. Aun permanecimos media hora más en aquella crítica posicion, hasta que el que nos amenazaba, dirigiéndose á la cómoda tomando los pendientes y sortijas de mi tia, salió diciéndonos: «Voy á ver donde está el capitan, en el piso bajo, no se muevan Vds. sino morirán.» Así permanecimos algunos minutos, pero viendo que en toda la casa reinaba el más profundo silencio, me levanté y me dirigi al cuarto de las sirvientes. ¡Qué cuadro se presentó á mi vista! Teresa, nuestra fiel y honrada Teresa, atada y desangrándose. A su lado Francisca tambien atada pálida y desmayada. Teresa me dijo: «¿Está V. salvada? ¿No la han herido? ¿Y su tia cómo está?» Aquella infeliz se olvidaba de si misma, para acordarse de sus amas. Yo la consolé, asegurándola que ni yo ni mi tia habiamos recibido daño hasta aquel momento. «Entonces, dijo Teresa, ya se han salvado Vds... á Dios gracias, pues los bandidos se han marchado; he oido como cerraban otra vez la puerta de la calle.»

Realmente era así. Entonces salí al balcon pidiendo socorro. Vino el sereno, luego el celador del barrio. Se llamó á un médico para curar á Teresa, á Fran cisca y á mi tia. Esta es la relacion de lo que ha pasado.

—Es horrorosa, dijo Guzman, ¡oh! esa inmoralidad..... esa falta de religion..... ese poco temor de Dios.....

Y aquel hombre hipócrita y vil, encajó un sermon moral cual pudiera hacerlo el hombre más devoto y santo. En seguida preguntó á Carolina:

—¿Y no conoceriais á ninguno de los dos bandidos que habeis visto?

—Al primero que entró imposible, porque ya os he dicho que iba con su rostro pintado de negro, y aun creo que llevaba una máscara negra que le cubria todo el rostro; en cuanto al segundo, no dudo que lo conoceria si me lo presentasen delante.

—¿Y por la voz, no conoceriais al otro?

—Creo que era fingida.

—¿Habeis examinado el armario?

—Si; lo han robado todo, menos la ropa.

—¿Y cuánto calculais que suma la cantidad robada?

—A unas quinientas onzas, dijo entonces doña Eugenia con voz débil y sofocada.

—¡Picaros! esclamó Guzman, con un enojo y corage tan bien fingido, como si realmente lo sintiera, siendo así que le servia de la mayor satisfaccion. ¡Cuán capaz de fingir es el hombre vil é hipócrita!

—¿Y en cuanto á alhajas?

—Se han llevado las de más valor, dejando la plata labrada.

—Se conoce que los tunos iban á prisa, ó que eran pocos en número.

—Yo creo que en la casa no han penetrado más que dos.

—¡Qué lástima! Yo solo los hubiera devorado.

Eu fin, Carolina olvidó pronto aquel desagradable lance, porque su alma enamorada solo veia á Guzman, y no perdiendo á este, creia que todo estaba salvado. Doña Eugenia se consoló tambien al cabo de algunos dias, pues no tenia apego al dinero, y por otra parte, apesar del robo, no dejaba de quedar más que medianamente acomodada. Pero el ángel malo se habia introducido en su casa. No era, pues, sola esta desgracia la que les amenazaba. El fingido Guzman era este ángel malo, y desgraciadamente aquellas sencillas criaturas habian fijado en él todas sus esperanzas de futura felicidad y dicha. ¡Infelices! ¡Desgraciada Carolina! ¡Qué golpe te se prepara! El pérfido Guzman prosiguió visitando á sus víctimas por el espacio de unos quince dias, ó más bien dicho, pasó quince dias más casi sin separarse de su lado. Todo, segun él decia, estaba prevenido para el proyectado matrimonio. Solo faltaba el realizar un negocio, á cuyo fin, dijo que debia ausentarse por pocos dias. Carolina manifestó su disgusto por esta momentánea separacion; pero su hipócrita verdugo, supo consolarla con tan buenas razones, que, la infeliz, si no quedó contenta, supo resignarse. Dos dias faltaban para llegar al prefijado para la marcha. Todavía aquel hombre pérfido esperimentó un momento de vacilacion. Salió de la casa de su amante triste y pensativo. Dirigióse hácia un paseo solitario.

—¡Es tan bella! decia entre si. ¡Tiene tantos atractivos! ¡Y la he de dejar para siempre!... Discurramos: esta era su espresion favorita. ¿No podria pasar á Calatayud en donde me espera Pablo, tomar la parte de dinero que me corresponde, volver aquí y casarme? ¿No podria despues aprovecharme del pánico que se ha apoderado de doña Eugenia para inducirla á pasar á vivir á Francia, donde no hay tantos ladrones ni se verifican robos tan escandalosos? No me parece mal este plan. Así lo salvo todo. Con el dinero que tengo, y el que me corresponde del *golpe* (1), me puedo presentar como un hombre rico ante esta familia, fingir luego negocios que realizar en Francia, y allá vamos los tres y somos felices. Fuera para siempre esa vida tan airada.

Con esas disposiciones entró otra vez en la ciudad, cuando advirtió mucha gente parada junto á una taberna. Pregunta el motivo, y le dicen que la policia habia cogido un hombre borracho, al parecer de malos antecedentes. No se necesitaba tanto para poner en alarma al criminal de nuestra historia. El malvado siempre teme y recela. Sin más antecedentes, juzgó que el borracho preso era el Menut, de quien se habian ocupado con Pablo, y desde aquel momento Guzman ya no se acordó de otra cosa que de su propia seguridad. Nadie mejor que él sabia los motivos que tenia para temer á la justicia, porque solo él y Dios, que todo lo vé, sabian los crimenes con que estaba manchada aquella alma inmunda y pervertida. Dirijese otra vez á casa de Carolina; finge que ha recibido una carta en virtud de la cual, dice, que debe partir en aquel mismo instante. Tia y sobrina manifiestan el más vivo dolor con motivo de aquella separacion; pero Guzman sabe emplear tan buenas palabras y fingir tan perfectamente, que aquellas señoras se consuelan con la formal palabra que les dá, de que su ausencia será por muy pocos dias. Sale en fin de la casa, y dos horas despues, de la ciudad, diciendo desde el fondo de su corazon:

—¡Adios para siempre, Carolina!

IV.

EL BORRACHO.

El robo de la casa de doña Eugenia, cuando tuvo lugar, llamó la atencion pública, como suele suceder. Pero en aquella época realmente en Valencia se repetian muy amenudo cosas semejantes, para que la atencion se fijase por muchos dias en aquel lance. Mas despues de la prision de aquel hombre *borracho* que tanto habia impresionado á Guzman, se habló otra vez de aquel terrible caso. Deciase que aquel *borracho* era uno de los autores del robo, y hasta se aseguraba que habia delatado á los demás. Pero todo esto no eran más que rumores que, si bien habian penetrado hasta la casa de doña Eugenia, ni ella ni su sobrina les habian dado el menor asenso. Ya hemos indicado antes, que D. Timoteo apenas frecuentaba aquella casa, despues de haberse convencido de que Guzman era el preferido por Carolina. Mas como hombre de educacion y caballeresco carácter, no habia dejado de presentarse tan pronto como tuvo noticia del robo y demás desgracias. Se habia ofrecido en un todo, y tanto doña Eugenia como su sobrina, no habian dejado de agradecer el ofrecimiento, cabiéndoles una gran satisfaccion por aquella prueba de buena amistad. Dos dias despues de la partida de Guzman, D. Timoteo se presentó en la casa, y despues de los saludos de costumbre dijo:

____

(1) Raras veces los ladrones usan la palabra *robo*, ellos roban, pero les repugna esta palabra y la de *ladron*.

—Vengo para darles una buena noticia.

—¿De qué se trata? dijo doña Eugenia.

—Del descubrimiento de los autores del robo.

—Algo se nos ha dicho, pero tan confuso que lo hemos calificado de meros rumores.

—Hay algo más. Ya sabrán Vds. que hace tres dias fué preso un hombre borracho, el tal hombre mientras lo llevaban preso, pronunciaba algunas palabras incoherentes, pero que daban alguna luz para descubrir el delito. Presentado ante el comisario de policía, que es amigo mio, fué interrogado con mucho esmero. Por aquel dia solo pudo sacarse en limpio que aquel hombre habia tomado parte en algun robo de consideracion, y que sus compañeros se habian quedado con el dinero dándole á él una friolera. Al dia siguiente, estando ya despejado, el comisario le dijo:

—Todo lo sé: sé que has estado en el robo, y que tú eres el que te quedaste con el dinero, estafando á tus compañeros; asi á lo ménos lo dice uno de ellos que está ya preso.

—Será el infame Sierro, pero le digo á V. que es mentira.

—Esplícate, pues, y di la verdad.

—Voy á ello. Me hallaba en Denia, cuando recibí un recado de Sierro (1) para que me presentase en Valencia. Así lo hice, y me dijo que debiamos dar un golpe aquella misma noche que me valdria mucho dinero por mi parte. En efecto, despues de haber recibido él las instrucciones del capitan, á las once de la noche dimos el golpe en la calle de la Rusafa en una casa donde habia dos criadas y dos señoras. Sierro y yo penetramos en la casa por medio de una llave que este tenia. Manco, que era el otro se quedó en la calle de centinela. Fué preciso herir á una de las criadas porque chillaba. Mas habiendo yo oido que una de las señoras tambien gritaba, dije á Sierro: voy á imponerla silencio, y él me dijo: *Cuidado, esas señoras han de ser sagradas para nosotros.* Mucho me chocó esta prevencion por parte del feroz y sanguinario Sierro, pues era muy contra su costumbre y carácter. Una vez aseguradas las criadas, penetró en el dormitorio de las señoras y luego yo tras él. Entonces me dejó de centinela, y él se dirigió al armario, donde sabia, por las instrucciones del capitan, sin duda, que estaba el dinero. Yo oí el ruido del oro, que no dejaria de ser en mucha abundancia. Lo confieso; el alma se me derretia al percibir aquel sonido metálico. ¡Ojalá yo no hubiese sido tan nécio! En fin Sierro se marchó con el dinero, segun lo convenido, debiéndome yo quedar de centinela un buen rato para darle tiempo de estar á salvo con el caudal. Salí despues; y ya no pude ver más á Sierro; solamente encontré á Manco, quien en nombre de Sierro me dió cuatro miserables duros. Juré vengarme, y ellos sin duda temiendo mi venganza, se han apresurado á declarar contra la verdad.

—Ahora bien, prosiguió D. Timoteo, comparada esta declaracion con la que Vds. prestaron ante el juez, resulta convenir en todos sus puntos y pormenores. No puede pues caber la menor duda de que el borracho que ha dicho llamarse el Menut, fué otro de los que asaltaron esta casa. Mas como V., Carolina, dijo, que tal vez reconoceria á ese ladron, por esto vengo en nombre del comisario para que maña-

na estén Vds. prevenidas para recibirle junto con el preso.

—¿Pero y este Sierro y este capitan?

—Ahí está el misterio. El comisario opina que el preso no conoce á sus mismos compañeros por sus verdaderos nombres: cree que ese infeliz no es más que un instrumento mecánico, digámoslo asi, del fingido Sierro y del misterioso capitan que serán pájaros de gran cuantía.

—Segun esto, dijo Carolina, poco podemos esperar del tal Menut.

—Quién sabe, replicó D. Timoteo, á veces por medio de cosas insignificantes se viene en conocimiento de otras muy grandes.

—De todos modos, concluyó doña Eugenia, suplico á V., amigo mio, que no nos abandone en nuestro triste estado. Estas palabras las pronunció la tia con un acento tan triste que alarmó á sus interlocutores.

—¿Pero qué tiene V., tia? ¿Qué teme?

—Nada, hija mia, nada.

—¿Pero V. se ha puesto muy pálida y demudada?

—Ya pasará: ha sido un vahido.

—De todos modos, dijo D. Timoteo levantándose y tomando afectuosamente la mano de doña Eugenia, cuente V. con mi amistad sincera y verdadera, en un todo, *¿entiende V.? en un todo.*

Tambien D. Timoteo pronunció estas últimas palabras con un acento muy particular.

Doña Eugenia no cenó aquel dia y se acostó muy temprano. Una idea, una quimera tal vez habia herido el alma de aquella sensible señora.

—¿Quien es ese Sierro? Quién es ese capitan? ¿Quién les dijo donde estaba el dinero? Solo yo y otro hombre lo sabiamos..... este hombre es... Guz... man... Pero no: no puede ser: huye de mi, idea sugerida sin duda por el infierno.

Pero era el caso que aquella idea se apartaba por un momento para presentarse de nuevo bajo mil distintas formas. El cerebro de la tia hervia, su sangre afluia toda en su cabeza. ¡Infeliz! Al dia siguiente no pudo levantarse de la cama. ¿Pero con quién podia comunicar una pena de semejante naturaleza? Ella amaba, adoraba á su sobrina; sabia que esta estaba perdidamente enamorada de un hombre sobre el cual, allá en su mente, tenia formadas tan terribles sospechas. Y si estas eran una realidad ¿qué seria de la futura suerte de su amada Carolina? ó cómo esta jóven sensible y entregada enteramente al amor de aquel hombre, podria resistir un golpe tan rudo? Compadeced siempre al que sufre, hemos dicho en otra parte de nuestra historia, pero derramad lágrimas por el que es victima de penas y pesares que no puede revelar á nadie. En esta situacion, Dios envió un ángel, si no de salvacion, á lo ménos de consuelo para la desgraciada doña Eugenia. La criada acababa de anunciar la visita de D. Timoteo.

—¿Quizás ese amigo, dijo entre sí la enferma, abriga iguales sospechas? ¡Me dijo con tan singular espresion que contase con él en un todo! Probemos.

D. Timoteo saludó á la enferma con el más vivo interés. Preguntóla por su enfermedad y causas de ella, á lo que la enferma contestó:

—Sufro mucho, amigo mio, más de espíritu que de cuerpo.

—Pero ¿qué penas tiene V. tan grandes, si no es una indiscrecion el hacer semejante pregunta?

—Es el caso que yo misma no sé esplicarme el motivo real y positivo de mis penas, porque hay mo-

____

(1) Este era el nombre con que Pablo se hacia conocer por aquellos instrumentos de sus planes.

mentos en que hasta dudo de que, en verdad, exista un motivo semejante.

—Entonces, señora, no son más que meras cavilaciones de la imaginacion, que siempre debemos desechar.

—¿Pero si apesar de nuestros esfuerzos no quieren huir y disiparse?

—Entonces debemos sondearlas, analizarlas y desmenuzarlas para reducirlas á su última esencia, y ver entonces lo que resulta de ellas.

—Tiene V. razon, amigo mio, V. me acaba de dar un buen consejo que voy á poner en práctica, y una vez que estamos solos, que V. es un buen amigo, y que yo sola no me considero bastante para hacer este análisis, le suplico que me ayude V. en tan importante operacion.

—Ya sabe V. que puede contar conmigo.

—Gracias, amigo mio, y voy á comenzar la operacion. Si V. no hubiese confiado un secreto más que á una sola y única persona, estando enteramente seguro de que aquella única persona lo poseia, y el secreto quedase divulgado, ¿no tendria V. motivo para sospechar del sigilo de la persona en quien V. hubiese confiado?

—Creo que sí, y aun diré que sí sin rodeos.

—¿Y si este secreto fuese de tal naturaleza, que importase una sospecha evidente de deshonor y aun de crimen, respecto á la persona que lo revelase, ¿no tendria V. motivo para sospechar que aquella persona era deshonrada y perversa?

—Quisiera que V. me esplicara más este concepto, pues la cosa me parece séria, y para formar una síntesis despues del análisis, es menester conocer bien todos los elementos ó partes de que se compone el todo que se quiere analizar.

—Suponga V. que yo confio un secreto que no se puede revelar á ciertas personas sin que estas abusen de él, debiendo para esto cometer un crimen de los más feos y reprobados, y que sin embargo, aquella persona poseedora del tal secreto, lo revela precisamente á los que sabe que abusarán y cometerán el crimen ¿qué concepto en este caso formará V. de la tal persona?

—En este caso diré que es criminal ó á lo ménos responsable del delito.

—Y si esta persona fuese muy querida, si de ella dependiese la dicha y felicidad de toda la familia ¿qué haria V.?

—Ante todo, no precipitarme, y examinar con calma si realmente la revelacion se habia hecho con intencion y á sabiendas, y sobre todo, esperaria á que se consumase el crimen consecuente á la revelacion.

—¿Y si el crímen se hubiese consumado ya?

—Observaria con mucho cuidado la conducta de la persona poseedora del secreto.

—¿Y si esta persona hubiese desaparecido bajo frívolos pretestos?

—Entonces, amiga mia, creeria que la tal persona era vil é infame, cómplice del crimen y quizás su autor.

—Pero y atendiendo á lo que antes he dicho sobre lo mucho que debe esperarse de la misma persona ¿qué haria V.?

—Es bien sencillo: de un malvado no puede esperarse más que maldades; arrojémosle de nuestro lado, aun cuando nos haya ya causado un gran daño, para evitar que nos cause otro mayor.

—Está bien, amigo mio, estamos completamente de acuerdo, pero antes de proseguir, suplico á V. que con toda franqueza me diga qué es lo que V. piensa de todo lo dicho. ¿No adivina V. lo demás?

—Me parece que V. sospecha de Guzman, y teme por Carolina.

—Así es, amigo mio. Deme V. un consejo ya que lo sabe todo.

—Solo me falta saber cuál es el secreto que V. reveló á Guzman. ó más bien dicho, sus circunstancias, pues asi en globo ya lo entreveo.

—Yo le comuniqué el punto en donde tenia el dinero, y ya sabe V. que los ladrones se fueron hácia él directamente y sin la menor vacilacion Luego entraron con llaves sin forzar puertas, ¿quién se las proporcionó?

—No se moleste V. más, amiga mia, pues todo queda completamente aclarado.

—¿Qué hacemos pues?

—Olvidar para siempre á ese hombre.

—¡Y Carolina que le ama tanto!

—Amiga mia, esto se ha de llevar con mucho tino. Es menester comenzar preparando el terreno. Fingiremos que yo he recibido una carta de un amigo mio en que se me dice que Guzman está enfermo de gravedad; luego otra en que me dice que está peor, y últimamente una en que me diga que ya no existe. De este modo la desgracia de Carolina será de las que suceden todos los dias, y con el tiempo, mediante nuestros consuelos y reflexiones, recobrará su calma.

—¡Oh! gracias, amigo mio, gracias. Es V. el ángel consolador de nuestras penas, no nos abandone V., tenga compasion de Carolina!...

—De Carolina..... V. no sabe, amiga mia, lo que pasa en el interior de mi alma: V. ignora un secreto que nunca hubiera revelado, pero que hoy, despues de la confianza que V. acaba de dispensarme, creo que no se lo debo ocultar.

—Hable V., amigo mio, hable V...

—Yo amo á Carolina con toda la efusion de mi alma: yo he sido devorado por los celos más espantosos, despues de la preferencia de Carolina hácia ese hombre funesto para todos. Mil veces habia pensado en provocarle á un duelo á muerte, ¡ojalá lo hubiese hecho! Bien sé que entonces hubiera incurrido en el ódio de Carolina; pero ¿qué hubiera importado con tal que la hubiese librado de las garras de un mónstruo semejante? Cuando concebi mis primeras sospechas despues del robo, créalo V., amiga mia, lloré por la suerte de Carolina, y derramé lagrimas, como las derramo ahora.

Y diciendo esto, aquel hombre que nada tenia de afeminado ni melindroso, lloraba como un niño, siendo acompañadas sus lágrimas por las de doña Eugenia. Aquella era una escena tierna é interesante, en la cual dos almas igualmente generosas y sensibles se comunicaban mútuamente sus penas motivadas por el amor que ambas profesaban hácia un mismo objeto, si bien bajo distintas fases. Pero luego, D. Timoteo, enjugando sus lágrimas y desprendiéndose de las manos de doña Eugenia, dijo:

—Basta ya, amiga mia, dejemos el llanto, seamos fuertes en medio del dolor, puesto que solo asi podremos mitigar las penas de nuestra amada. De un momento á otro debe llegar el comisario con el preso, para cumplir con una formalidad de la ley. Veo que á V. no le convienen emociones desagradables; hablaré á fin de que se la libre de este careo. Ya V. tiene declarado que no lo conocerá, por consiguiente es inútil semejante paso.

—Hágalo V. por Dios, y yo le deberé ese nuevo favor. Por lo demás, amigo mio, no desconfie V., sabe que puede contar conmigo con entera confianza.

—No se haga V. ilusiones. Carolina ama demasiado para que pueda amar jamás á otro hombre. Yo he renunciado ya á toda esperanza, pero esto no impide el que yo la ame, y haga por ella cuanto pueda, sacrificándolo todo, inclusa mi vida, para salvarla.

—Sois un noble caballero....

En esto anunciaron la llegada del comisario. El bandido reconoció la casa con todas sus circunstancias, reconoció tambien á Carolina y al propio tiempo fué reconocido por esta. Quedó pues terminada aquella diligencia sin molestar á la tia, á ruegos de D. Timoteo.

V.

Han transcurrido quince dias más despues de las escenas que acabamos de referir. El proceso contra Menut sigue sus trámites con suma actividad y esmero. Carolina sabe ya que Guzman está enfermo de gravedad, segun cartas que ha recibido D. Timoteo, único tertuliano de la casa durante las veladas. La infeliz enamorada está triste y abatida. Ha enflaquecido visiblemente, y las huellas del dolor que la devora se han impreso en su semblante y persona. Conociendo que sus penas afectan de un modo tan sensible á su tia, disimula en presencia de esta cuanto puede, pero apenas se ve libre se entrega al llanto y desesperacion. En ausencias de su tia se desahoga con D. Timoteo, á quien mira como un buen amigo y nada más. En uno de esos momentos de espansion, le dice un dia á D. Timoteo que se apuraba en consolarla:

—Dígame V., amigo mio, ¿no ha sido V. alguna vez victima de la pasion amorosa que me devora? ¿No ha amado V. con esa pasion, ese delirio, esa embriaguez del alma, que absorve todo nuestro sér, fuera del cual todo nos es indiferente, inclusa la vida?

—Si...... si que he amado....!

—Y cuando V. estaba cerca del objeto amado ¿no esperimentaba una emocion particular, dulce y embriagadora que le tenia como en un éxtasis agradable?

—Si... si... tambien lo he sentido, contestaba D. Timoteo cada vez más conmovido y agitado.

La prueba era demasiado dura, para un hombre tan enamorado como el interlocutor de Carolina.

—Y despues, no se apoderaba de V. la rabia y el furor, dándole valor para correr en busca de su rival provocarle y matarle?

—Tambien he pasado por ese periodo.

—Entonces, ¿cómo se curó V. de tan espantosa enfermedad?

D. Timoteo nada contestaba, ¿qué habia de contestar si aun no estaba curado? Si Carolina no hubiese estado tan conmovida y exaltada, hubiera sin duda advertido la exaltacion de su amigo. La llegada de la tia puso término á la conversacion de aquellos enamorados y por consiguiente á los apuros de don Timoteo. En cuanto á Carolina, diremos que no daba crédito á la enfermedad de Guzman, que miraba tan solo como un pretesto para encubrir su infidelidad y mal comportamiento. En la noche de aquel dia estaban reunidas las dos señoras en el gabinete que ya conocen nuestros lectores, en compañia de su único amigo D. Timoteo, cuando fué anunciada la visita de D. Luis. Nuestros lectores conocen ya á ese jóven presumido é insulso, que para aspirar á ser tenido por hombre, fumaba puros, aun á despecho de su propia salud, bebia rom, aun cuando alguna vez ofuscase su cabeza; que para ser tenido por literato criticaba las obras literarias que no conocia, formaba parte de una academia ó reunion de jóvenes en la que se daban á si mismos el nombre de literatos, perdiendo en esas reuniones y en componer memorias sobre materias que no entendian, un tiempo precioso que deberian invertir en el estudio y aplicacion. No es solo en Valencia donde existen muchos y muchos de esos jóvenes que, trocando los papeles, quieren representar el de sabios y doctos académicos, cuando solo deberian aspirar al modesto titulo, pero muy honroso, de *estudiantes*, esto es, aspirantes á saber, á ser sabios y académicos para mucho más tarde. Pero volviendo á nuestro D. Luis, diremos que á todos estos defectos, reunia el de la presuncion y aprecio de si mismo y de sus cualidades fisicas é intelectuales en el grado más elevado. Era como otros muchos necios y presumidos que creen que todas las mujeres, no solo se enamoran de ellos, sino que deben enamorarse y corresponder á sus galanterias, aun cuando no sea de su agrado, porque ellos están en la conviccion de que siempre deben agradar.

Esos tales no pueden sufrir lo que ellos califican de un desprecio y hasta insulto, como si la mujer no tuviese corazon propio, con sus simpatias y antipatias; como si la mujer estuviese obligada á sentir y amar á uno, por la sencilla razon de que este siente y ama, ó porque, sin sentir ni amar, le place manifestar que siente y ama. De todos modos, esos jóvenes son temibles para las niñas, porque en su despecho, son capaces de todo, con tal de no confesarse derrotados. Hincan entonces su diente, y sin piedad ni vergüenza calumnian á la jóven inocente, y pisotean su honra y reputacion, sin ninguna clase de compasion y miramiento. Juran vengarse, y si pueden, cumplen su juramento. Así lo hizo D. Luis, pues apenas habia entrado en el gabinete, y saludado á las señoras y á D. Timoteo, cuando dirigiéndose á Carolina la dijo:

—Siento, señorita, su grandisimo disgusto.

—¿De qué disgusto me habla V.?

—Del que la ha puesto á V. tan flaca; pero créame V., amiga mia, no piense más en él, era indigno del amor de V., porque era un...

—V. calumnia á una persona ausente, replicó Carolina con enojo, si con estas palabras quiere V. aludir á Guzman. V. quiere ultrajarle para vengarse de las derrotas que le hacia sufrir en todos los terrenos y en todas las cuestiones, pero ha hecho V. muy mal en escoger esta casa para ello, pues aquí nunca permitimos hablar mal de los amigos.

—De los amigos... ¿Por ventura es V. amiga de Guzman?

—Si que lo soy.

—V. amiga de Guzman... de ese capitan astuto y misterioso de bandidos, que dirigió y ordenó el robo de esta misma casa?

—Miente V. como un villano, dijo Carolina, cayendo al propio tiempo desmayada en los brazos de su tia.

D. Timoteo fuera de sí, coge al imberbe literato por un brazo, y con tono amenazador le dice:

—Siento que V. sea un niño, á quien no puedo castigar como á un hombre. Pero como á niño le trato y como á tal castigo su imprudencia.

Y diciendo esto estampó un solemne bofeton en el delicado rostro de aquel académico, filósofo, legista y literato. En seguida D. Timoteo, sin soltarle el brazo, lo condujo hasta la puerta de la calle, y dándole un fuerte empujon hácia fuera, le dijo:

—Vaya V., niño mal educado: aprenda otra vez á guardar las consideraciones que se deben á una señora que está en su casa. Aprenda á ser prudente y á medir sus palabras.

Cuando D. Timoteo se reunió otra vez con las señoras, Carolina estaba ya acostada en la cama, acometida de un espantoso accidente, que luego degeneró en una enfermedad muy séria que le duró más de tres meses. Ahora debemos esplicar como el imprudente literato D. Luis vino en conocimiento de que Guzman era un jefe de bandidos. Ya hemos dicho en otra parte que nuestro jóven, literato y escritor público, como él se titulaba, porque de vez en cuando componia alguna charada que, por condescendencia del editor de algun periódico, veia la luz pública, era á más aprendiz de abogado, esto es, hacia la práctica en casa de un abogado amigo de la familia. Fué el caso que aquel abogado fué nombrado defensor de Menut. Despues de examinado el proceso, conoció que la mejor defensa que podia hacer de su patrocinado, era probar que Menut habia obrado por sugestion de otros y especialmente por disposicion del que él llamaba capitan. A este objeto visitó en compañía de D. Luis al preso, y pudo sacar en limpio que Sierro, al dejarle despues de su llegada á Valencia, en la misma noche del dia en que se perpetró el robo, se habia dirigido á la calle de la Universidad, entrando, segun le pareció, en una casa situada á mitad de la calle poco más ó ménos. Guiado por esa débil luz, el celoso defensor comenzó sus indagaciones ausiliado de la policia. Averiguóse que realmente en dicha calle vivia un sugeto muy devoto, en compañía de una servidora ya muy entrada en edad. Tomada declaracion á dicha criada, dijo: que su amo se llamaba Federico Guzman: que solia viajar mucho, pero que sus viajes eran siempre por pocos dias, ménos el último que lo tenia ausente por unos treinta dias, sin que ella hubiese tenido noticia ni supiese nada sobre su paradero. Preguntada, si unos treinta dias antes, á eso de las siete de la noche, habia recibido alguna visita, dijo: que realmente habia sido visitado por un hombre feo y repugnante con el cual habia estado conversando, fumando y bebiendo, cuyo sugeto cree que se llamaba Sierro. Era pues evidente que Guzman era el capitan misterioso á quien aludia el Menut. Como todo esto lo habia presenciado D. Luis, por esto se apresuró á decirselo á Carolina, para vengarse del desaire que él creia le habia dado.

VI.

MUERTE DE CAROLINA.—CASAMIENTO IMPROVISADO.

Han pasado nueve meses. Carolina sigue enfermiza y de dia en dia más triste y abatida. Las penas no matan de pronto, pero consumen y acaban. Ya no podia caberle la menor duda de que aquel Guzman, tan devoto, tan instruido, tan apasionado era un hipócrita consumado, un mónstruo de iniquidad, un jefe, en fin, de bandidos y malvados, pues como á tal habia sido reclamado y condenado en rebeldía por los tribunales. Ella, sencilla é incapaz de fingir, habia sido victima de la más refinada hipocresía, puesto que, despues del robo, no le podia caber la menor duda de que todas las palabras de amor de Guzman habian sido fingidas á fin de poder madurar mejor su plan de robo y asesinato. Las ilusiones, pues, de su juventud, habian sido disipadas por medio de un rayo que todo lo habia destruido, inclusas las esperanzas. Doña Eugenia y D. Timoteo veian con dolor, que todos sus heróicos esfuerzos para desvanecer la tristeza de su amada Carolina se estrellaban ante la intensidad de la melancolía que la devoraba. Su alma se llenaba de tristeza y pesar al contemplar la espantosa destruccion de aquella flor tan tierna, tan lozana un año atrás, y hoy tan marchita é inclinada sobre su tallo. En fin, Carolina marchaba á pasos agigantados hácia la tumba.

—Se muere, se muere, decia un dia la tia á don Timoteo estando junto al lecho de Carolina que hacia dias que no se levantaba.

—¿Y qué ha dicho el médico?

—Lo de siempre, que su enfermedad es de aquellas que no cura la ciencia humana, y que él cree que no pasará de hoy.

Efectivamente, Carolina estaba ya agonizando, pero su agonia era de aquellas tranquilas y que no causan la menor pena. Ella misma lo decia un momento despues, habiendo alargado una de sus frias manos á su tia y otra á D. Timoteo, colocados á ambos lados de la cama.

«Me siento morir, pero la muerte es mil veces más »tranquila que la vida que llevo de un año á esta »parte. Ella pone fin á mis dolores, y llevándome en »alas de la fé y esperanza en Dios, me hace entre- »ver otro mundo más feliz y dichoso que este valle »de lágrimas. ¿Lo creereis, amigos mios? solamente »en estos momentos supremos tengo valor para mi- »rar frente á frente todo el abismo de mi desgracia. Solo »ahora puedo acordarme del autor de todos ellos, »pronunciar el nombre de Guzman sin estremecerme, »pronunciarle en fin, para pedir á Dios le perdone los »males que me ha causado, como se los perdono yo »con toda mi alma.»

—¡Oh! angel del cielo, esclamó D. Timoteo.

—Sí, hija mia, añadió la tia, tú eres un ángel, por esto Dios te arrebata hácia la mansion de los espíritus.

«Sí, prosiguió Carolina, Dios me llama, ¡qué dul- »zuras no encierra su llamamiento! Bien me lo ha »dicho esta noche mi confesor. ¡Oh! decidle que en- »tre. Gracias, amigos mios, mis leales, mis verdade- »ros amigos. Sois tres, uno mi padre espiritual, otro »mi querida tia, mi segunda madre, y el tercero..... »La enferma se calló por un momento, y luego pro- »siguió: El tercero, es un hombre digno de todo mi »aprecio. Si, amigos mios, D. Timoteo, en el espan- »toso drama que ha pasado en nuestra casa, se ha »portado como un héroe. Dios se lo pagará. Todo »lo he adivinado, amigo mio, V. me amaba con el »delirio con que yo amaba al otro. Mucho ha sufrido »V., y yo le pido mil veces perdon. Créalo V., estaba »escrito, no pudo ser; por más esfuerzos que hice,

»siempre salí vencida por la pasion que tenia hácia »Guzman. Ahora, amigo mio, voy á pedir á V. un »gran favor. Mi tia queda sola en este mundo, ella »solamente vivirá pensando en mí: júreme V. que no »la dejará... ¿Quién mejor que V. la puede conso- »lar? ¿Sabe V. cuál será su único consuelo? Hablar- »le siempre de mí. ¿Quién como V. puede prestar »este consuelo?»

La enferma juntó entonces la mano de su tia con la de su amigo y prosiguió:

—Así... así, siempre unidos esos dos cuerpos, co- mo lo han estado sus almas por el nudo del amor que me han profesado. ¿Es verdad que no os sepa- rareis? Solo me falta saber esto, para partir con en- tera tranquilidad.

Todos lloraban, incluso el buen sacerdote, ménos Carolina que estaba tan tranquila, como si se despi- diera para ir á paseo.

—Carolina, teneis razon, vuestra tia y yo hemos sido unidos por el lazo del cariño y amor que os profesamos, y como ese amor y cariño os acompa- ñará hasta más allá de la tumba, nuestra union des- de hoy será indisoluble, porque yo juro casarme con vuestra tia si ella lo consiente.

—¡Oh! ¡qué alma! ¡qué corazon tan noble! escla- mó Carolina, con voz apenas perceptible. Muero fe- liz, pues os dejo unidos para siempre. Preveo que, si bien no sereis completamente felices, podreis vivir tranquilos y resignados. Yo os doy el último adios, objetos queridos de mi alma.

Hizo en seguida un ademan para que se le acerca- se el sacerdote.

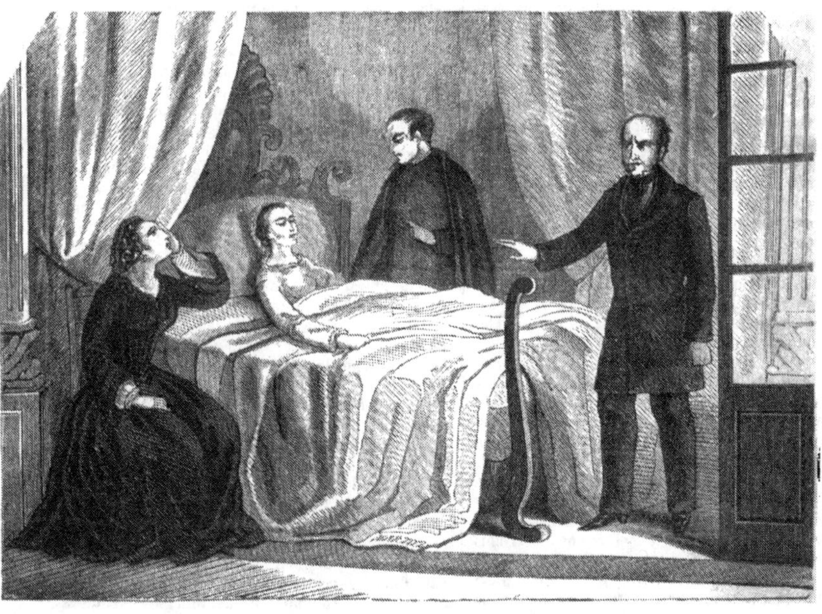

—Muero feliz, dijo la moribunda Carolina, pues os dejo unidos para siempre.

Comenzó este sus oraciones, acompañadas por Carolina con el movimiento de sus labios. Media hora despues todo habia concluido. Carolina habia entregado su alma al divino Redentor del género humano. Si examinamos escrupulosamente cual fué la causa de la desgracia de la simpática y bella Carolina, tal vez la hallaremos en el afan de su tia para casarla. Convenimos en que el estado natural de la mujer es el del matrimonio, cuando no existe una vocacion especial para consagrarse al Señor en la soledad de un claustro, pero jamás aprobaremos la conducta de ciertas madres ó parientes que, ofus- cados por la idea de casar á sus hijas, todo lo sacri- can y pasan por alto con tal de darlas un marido. La felicidad de la mujer, cuando se casa está dema- siadamente unida á la del hombre, á su carácter, ín- dole y propensiones, para que dejen de examinarse todas estas circunstancias con el más grande esme- ro y cuidado. Por lo demás, tres meses despues de la muerte de Carolina, su tia doña Eugenia y su amigo D. Timoteo, sin ninguna clase de pompa ni ostentacion se unieron en matrimonio, bendiciendo su enlace el mismo sacerdote que habia sido testigo de la palabra dada por D. Timoteo, junto al lecho mortuorio de la desgraciada Carolina. Esta lo habia vaticinado bien, cuando habia dicho que vivirian para consagrarse á su memoria. En efecto, la con- versacion de los dos esposos giraba siempre sobre el mismo objeto; su paseo favorito era el del cemente- rio á fin de visitar todos los dias la tumba de una persona á quien habian amado tan de veras.

VII.

QUIEN ERA GUZMAN.

Ya saben nuestros lectores que Guzman, despues de su salida de Valencia, debia dirigirse á Calatayud, en donde, segun sus instrucciones, debia esperarle Sierro, con el botin recogido en casa de la infeliz Carolina y su tia doña Eugenia. Allí llegó en efecto ocho dias despues, y se dirigió á la casa donde debia esperarle Sierro. Este habia cambiado de nombre, y se llamaba Berza, lo mismo que su amo Guzman que se titulaba Álvarez. Ambos habian cambiado en cierto modo de aspecto y fisonomia, de modo que Sierro ya no era aquel hombre feo y repugnante que vimos en Valencia, y Guzman ya no era aquel elegante y fino galan que aspiraba á la mano de una de las señoritas más finas y delicadas. Entendian bien el arte de las pomadas, untos y afeites, y lo usaban á las mil maravillas. En Calatayud el lechuguino Guzman era un simple negociante de ganado, y Sierro su criado ó mozo de la casa. La única cualidad que nunca cambiaba Guzman era la de la hipocresia, así es que en todas partes lo vemos de la misma manera, continuo frecuentador de las iglesias, visitador de enfermos pobres y desvalidos. El verdadero nombre de Guzman era el de Antonio Gimenez, conocido posteriormente por el apodo de Currutaco. Despues de haber aprendido las primeras letras en Lérida, sus padres lo enviaron al pueblo de Rosell, provincia de Valencia, para estudiar la gramática latina bajo la direccion de un entendido profesor de latinidad y humanidades. Dotado de un talento despejado y una memoria feliz, aprovechó mucho en aquel estudio, y el de la retórica tal como se estudiaba en aquel entonces. Pasó despues á estudiar filosofia bajo la direccion de un profundo peripatético, padre de la órden de Santo Domingo, dando igualmente pruebas de su capacidad y talento. Descolló de un modo particular en la parte dialéctica, única á que se daba gran importancia en aquel entonces, llegando á ser el argutista más sutil y afamado de la clase, es decir, el sofista más consumado. No podemos ser partidarios de aquel sistema de enseñanza, pues siendo los primeros en reconocer la grandísima importancia de la lógica, no podemos convenir en un método que hacia consistir todo el saber y talento, en ser hábil y especioso argumentador, esto es, sutil y caviloso fabricante de silogismos. Pero tampoco podemos convenir con el sistema actual de enseñanza, respecto á la utilísima ciencia del raciocinio. Todos los estremos son viciosos, y así como lo era el de los peripatéticos por la exagerada importancia que daba á la dialéctica, lo es el sistema actual, por la ninguna que le dá, que sabe mucho á un completo abandono y desprecio. Si este sistema rige muchos años, y tiene por objeto el que con el tiempo la lógica pertenezca tan solo á la historia, no dudamos que logrará su fin. Si no es este, como nos complacemos eu creerlo y consignarlo, decimos que de todos modos al fin de la jornada se tocarán idénticos resultados. Porque es en efecto imposible llegar á saludar dicha ciencia por el método que se establece en el sistema actual de *segunda enseñanza*. (1) Volviendo ahora á nuestro estudiante, diremos que ya desde niño, demostró cierta inclinacion á frecuentar las iglesias y á servir de monacillo para tocar las campanas y arreglar los altares. Sus padres y maestros, creian que abrazaria

la carrera eclesiástica, y hasta él mismo indicó alguna vez que queria hacerse fraile. Pero es el caso que Gimenez era ya, cuando niño, un hipócrita consumado, que nunca decia su verdadero pensamiento, y que en todos sus actos aparentaba un objeto y fin muy distinto del que realmente se habia propuesto. En fin Gimenez era hipócrita y falso por naturaleza, inclinacion y carácter. Este carácter fué el distintivo constante de Gimenez durante toda su vida. Ya siendo bandido y criminal, seguia de la misma manera, de modo que en un documento auténtico que tenemos á la vista se insertan estas palabras, apesar de llevar la fecha del año 1850, en que Gimenez estaba manchado con los crimenes más repugnantes y asquerosos.

«Gimenez, dice dicho documento, era conocido »generalmente en el pais por una persona santa y reli- »giosa, porque asi lo indicaban todos sus actos que »verificaba en todos los puntos donde se presentaba, »pues se le observaba con bastante frecuencia en de- »vota oracion en las iglesias, recorriendo sus altares, »en los que con bastante desprendimiento encendia »velas por su cuenta, y cuando en público veia algun »indigente ó necesitado, se dirigia á él y le socorria »con algunas limosnas insignificantes, presentándose »de la propia manera en las casas de los enfermos »pobres, ausiliándoles unas veces con la carne para »el puchero, otras con el importe de las medicinas y »otras en fin con el dinero de su propio bolsillo, de »manera que llamaba sobre si la atencion pública, y »adquiria de tal manera el prestigio, que en el pue- »blo de Rosell llegó á concebirse la idea de proponer- »le para alcalde.» (Relaciones oficiales.)

Concluida la filosofia, á la edad de diez y nueve años, debia escoger la carrera que queria emprender. Entonces conoció por primera vez á Sierro, que tenia mucha más edad que él, y era ya entonces de corazon corrompido y perverso. Subsistia del juego al cual era muy aficionado y afortunado, porque conocia todas las artimañas, todas las trampas y enredos de esta pasion funesta, origen de muchísimos males. Viendo las buenas disposiciones y talento de Gimenez, trató de sondearle antes de dispensarle su confianza y participarle sus odiosos planes. Sierro era uno de aquellos hombres vagabundos y enemigos del trabajo, para quien todo era licito con tal de ganar dinero sin trabajar. Pero como veia á Gimenez tan devoto é inclinado á las funciones religiosas, temia que esto no fuese un obstáculo para atraerlo hácia sus planes. Comenzó iniciándole en los misterios del juego, y cuando conoció que le gustaba el ganar dinero á poca costa y gozar de él, especialmente en los placeres y grangerías con las mujeres perdidas, le reprochó un dia por su aficion á los actos religiosos.

—Si tú, le dijo, verdaderamente crees en lo mismo que practicas, si realmente eres un devoto ¿por qué despues te entregas tan desenfrenadamente á las mujeres?

—Todo en este mundo puede reducirse á un cálculo, y yo tengo subordinados á esto mis actos de piedad y devocion.

—No te entiendo.

—Yo te lo esplicaré: he calculado que lo primero que conviene para vivir entre los hombres y esplotarlos, es ser tenido por hombre de bien. El serlo en realidad para mí es una idea secundaria, tanto más, cuanto he observado que muchos que realmente lo

____

(1) En efecto, solo se señalan tres lecciones semanales para el estudio de la lógica, unido con el de la psicología, ideología y gramatica general, la que hace que la logica deba estudiarse con unas treinta lecciones poco más ó ménos; añadiendo a esto á que los alumnos deben estudiar y asistir a otras varias clases, se demuestra que no hemos exagerado en nada.

son, no pasan por tales, y otros que son en el fondo unos malvados, gozan fama de hombres santos y buenos. Esta observacion me condujo á otra, á saber: que lo que sucedia respecto á la hombria de bien, pasaba tambien respecto al saber y demás cualidades morales, pues he conocido á muchos que tienen fama de sabios, valientes y entendidos, que no son más que unos ignorantes, cobardes y tontos. Tambien he observado que la pobreza es uno de los defectos más grandes que puede reunir un hombre que aspira á vivir y figurar entre los demás. He conocido condiscipulos mios, verdaderamente aplicados y de talento que, apesar de esto, por ser pobres han pasado por tontos y holgazanes, mientras otros realmente inaplicados y de cortos alcances han gozado de la fama de hombres estudiosos y de buena disposicion, por la sencilla razon de que eran ricos. Tú me podrás decir que apesar de su pobreza han descollado y se han abierto paso ciertos hombres de talento y saber; pero te diré que el mismo Homero, apesar de todo su talento vivia casi pidiendo limosna y murió miserable; que el mismo Cervantes fué siempre pobre, y asi te podria citar mil ejemplos antiguos y modernos. Partiendo de estos principios me he dicho yo á mí mismo. Lo primero que te conviene, Gimenez, es ser tenido por hombre de bien. Despues me he preguntado, ¿cuál es el medio más eficaz y rápido para obtener este resultado? Y despues de un detenido exámen me he convencido de que este medio era la hipocresia. Hé ahí, pues, el origen, causa y objeto de mis actos de devocion y piedad.

—Entonces nos podemos entender perfectamente.

Desde aquel dia Gimenez fué el asociado de Sierro para las cábalas y trampas que aquel empleaba en el juego. Puestos lós dos de acuerdo, convenidos entre ellos ciertos signos muy disimulados, que Gimenez cambiaba con Sierro, mientras este jugaba, siendo el otro mero espectador, la cosa les iba perfectamente, ganando todos los dias el dinero de sus mismos amigos y demás jugadores incautos y de buena fé, es decir, estafando y robando el dinero de cuantos tenian la desgracia de jugar con Sierro. Esta clase de pájaros abunda en todas partes, son unos verdaderos gavilanes que ahogan entre sus garras á la paloma sencilla, la estrujan y esprimen hasta el último centavo. Hé ahí, entre otros mil, uno de los escollos del juego, cuando se juega entre personas desconocidas, y aun cuando, siendolo, se juega de modo que los unos puedan arruinar á los otros. Mas vino un dia en que cansados todos los jugadores de la fortuna siempre decidida á favor de Sierro, comenzaron á sospechar, y determinaron observar á él y á su amigo Gimenez con la mayor atencion. Era una noche en que jugaban á un juego prohibido llamado el golfo, en el cual puesto de inteligencia uno de los mirones con otro de los jugadores, es casi imposible que este deje con un real á los demás de la partida. Sierro ganaba en grande; todo el dinero de los otros estaba ya amontonado en frente de él, cuando repentinamente uno de los espectadores saca su puñal y lo pone de punta encima del dinero de Sierro y dice:

—Eres un pillo, eres un ladron que nos robas el dinero, y señalando á Gimenez, añadió: y este es tu cómplice. Los he sorprendido.... no lo dudeis.... son unos estafas.

Decir esto y arrojarse sobre los dos trampistas todos aquellos jugadores frenéticos é irritados, fué obra de un momento. Allí de golpes y empujones: allí de quitarles todo el dinero que llevaban encima, junto con sus relojes y demás prendas de valor. Toda la casa se alborotó, y mal lo hubieran pasado los dos ruflanes, á no correr la voz de «la justicia, la justicia,» que en un instante despejó la sala, dando lugar á nuestros hombres para escaparse. Aquella misma noche, no considerándose seguros en la poblacion, partieron en direccion indeterminada. Caminaron toda aquella noche, y al amanecer del dia siguiente, se detuvieron en lo más solitario del camino, para discurrir y tomar una resolucion.

—Tu oficio, Sierro, tiene muchos inconvenientes y aun peligros.

—Asi es en verdad; pero á falta de otro, no deja de ser bastante cómodo.

—Hay otros sin embargo.

—Si... hay uno mejor.

—¿Cuál?

—El de bandido.

—Me repugna ese nombre.

—No sé otro, porque ya sabes que no soy hombre de letras como tú.

—Podriamos emprender la carrera de *caballeros de industria.*

—¿Y en qué consiste?

—En ser bandidos, conservando la fama de hombres de bien.

—No me disgusta la idea, pero no la comprendo bien, es decir, no entiendo como puede combinarse eso.

—Es bien sencillo. Yo continuaré con mis devociones y actos religiosos esteriores. Esto me facilitará el trato y confianza entre las personas honradas y ricas. Asi iré observando y combinando los golpes, que tú ejecutarás, ayudado de algunos otros pillos ordinarios, á quienes pagarás despues del golpe y los despedirás para otro dia, y aun para siempre, pues estoy en que interesa mucho cambiar á menudo el personal de la cuadrilla, es decir, de esos instrumentos, pues en el fondo no ha de haber otra cuadrilla que tú y yo.

—Escelente plan... Vamos, eres un sabio; veo que no me equivoqué en la eleccion.

Asi aquellos dos hombres perversos formaron una dualidad terrible y que tantos crimenes y delitos debia consumar. Ya hemos visto el tino y tacto con que Gimenez sabia desarrollar su plan infernal y endemoniado, en la historia de la desgraciada Carolina. Llenariamos tomos enteros si tuviésemos que esplicar todos los *golpes*, como ellos los llamaban, que habian llevado á efecto por medio de un plan tan hipócritamente combinado. Bastará decir que el plan fué iniciado cuando Gimenez contaba solamente diez y nueve años de edad, siendo asi que cuando se verifico el robo de casa doña Eugenia ya pasaba de los treinta. Cerca de doce años habian transcurrido ya, durante los cuales Gimenez y Sierro habian aprovechado el tiempo y la ocasion de poner en práctica un plan tan criminal como atrevido. Debemos sin embargo advertir que Gimenez jamás se precipitaba, de modo que despues de dado un golpe, á veces pasaba uno ó dos años combinando otro. Era un hombre tenaz y constante, un malvado incansable, que no solo sabia dominarse á sí mismo, sino que llegó á dominar completamente á Sierro, apesar de su carácter indómito y medio salvaje. Habia reconocido este la superioridad del talento y saber de Gimenez, y desde aquel dia se habia convertido en su testa-ferro é instrumento mecánico, digámoslo asi, de su amigo. Raras veces se veian, y aun por punto general vivian en distintos pueblos ó ciudades. Sierro se procuraba los ausiliares necesarios, entre los cuales se daba á conocer bajo un nombre supuesto y fisonomía desfigurada. No comunicaba con ellos otra cosa, sino la hora y punto en que debian comparecer. Ninguno de estos picaros debia ver ni conocer á Gimenez, y aun el mismo Sierro habia de hacerse el desconocido, si alguna vez se encontraba con Gimenez por la calle. En lo único en que Sierro se consideraba con derecho de discutir y aun aconsejar á su amo, era en la cuestion de amorios, porque sabia por esperiencia que este era tal vez el único flanco por donde se podia atacar á Gimenez y aun vencerle. Ya hemos visto una prueba de esto en la conversacion que medió entre los dos bandidos la misma noche en que ejecutaron el robo en casa de doña Eugenia. Ahora que conocemos á nuestros dos criminales, y que estos se hallan ya reunidos en Calatayud en una casa habitada por dos consortes honrados que ya otra vez ban tenido hospedado á Gimenez y á Sierro, bajo los supuestos nombres de Alvarez y Berza, escuchemos su conversacion, pues no deja de ser interesante. Antes diremos que los dueños de la casa eran unas gentes sencillas y honradas ante las cuales Gimenez era tenido por un santo en vista de sus actos de devocion y piedad. Pagaba el gasto con mucha largueza, asi es que era un huésped querido y estimado.

—Ahi tienes todo lo de la casa, decia Sierro poniendo á la vista de su amigo todo el oro, joyas y demás objetos robados en casa doña Eugenia.

—¿Cuánto hay?

—En dinero trescientas onzas, y á más lo que estás viendo.

—Está bien, contestó Gimenez que tenia entera confianza en su amigo. ¿Cuánto diste á los instrumentos?

—A uno ocho onzas, á Menut solo cuatro duros.

—Mal hiciste.

—Es verdad; debia haberle asesinado. Esta fué mi primera intencion despues del robo, y con este objeto le esperé cerca de media hora, pero él no venia, yo debia partir, y este es el motivo porqué quedó con vida, y por medio del otro, le hice dar los cuatro duros.

—Debias haberle recompensado mejor.

—No tal, porque pensé que cuanto más le daria, más se emborracharia y diria disparates. Mis presentimientos no me engañan nunca. cometi una torpeza en no haberle mandado al infierno aquella noche. Temo que con el tiempo nos causará algun disgusto.

—Creo que nos los ha causado ya á estas horas.

—¿Está preso?

—Temo que sí.

—¿Conoce al otro?

—No, ni por asomo. Esto faltaba.

—¿Por ventura hay algo más?

—Temo que la medida está ya casi llena, y que convendrá cambiar de táctica.

—¿Qué hay pues?

—Sé por uno de la policia que se cruzan los exhortos para prendernos, es decir, para reducir á prision á los autores de los robos de Toledo, Madrid, Zaragoza, Denia y otros. Y créeme, amigo mio, cuando se ponen en movimiento tantos cazadores y perros, el ciervo, por ligero que sea, cae en sus garras.

—Apesar de todo, lo que más cuidado me dá es lo de Valencia. Es muy dificil que nos cacen en virtud de estos exhortos, apesar de ser dirigidos contra nosotros, verdaderos autores de todos aquellos robos.

—¿Entonces qué hacemos?

—Por de pronto, partirás otra vez hácia Valencia, te informarás de todo, y despues resolveremos. Averiguarás algo sobre las señoras de la casa.

—Entiendo: ¿será sobre la jóven?

—Sobre la jóven y la vieja, replicó Gimenez con tono seco y duro.

Aquella misma noche, Sierro partió para Valencia. Al dia siguiente Gimenez prosiguió su apenas interrumpido método de vida. Se fué á la iglesia, oyó tres misas arrodillado siempre, se avistó con el señor cura, y pidió nota de los enfermos más necesitados de la parroquia, á quienes visitó y socorrió como de costumbre. «¡Es un santo!» decian pocos dias despues los pobres que se situaban á la puerta de la iglesia y las beatas que lo veian orando arrodillado con el mayor fervor, aparentemente se entiende. Luego comenzó un simulacro de comercio, comprando algunos mulos y caballos, que despues vendia á los labradores de escasa fortuna á plazos, casi al mismo precio que él habia pagado al contado. Esto le proporcionó pronto relaciones con un rico labrador, comerciante en ganado que vivia en una casa de campo á hora y media de distancia de la poblacion. Tenia este una hija ya casadera, de un carácter áspero, modales ordinarios y costumbres semi-selváticas, como que toda su vida habia estado en el campo sin tratar más que con los mozos groseros y rústicos de la casa. Era el reverso de la medalla de la fina y delicada Carolina. Pero esto no era un obstáculo para que un hombre como Gimenez, que tan hábilmente sabia encaminarlo todo á su objeto determinado, la requebrase por el mismo sistema grosero, único inteligible para aquella jóven. Se convirtió en un simple comerciante de ganado, rústico é insulso como ella y su padre.

—Será un golpe soberbio y de facilisima ejecucion. Sierro solo bastará. Tengo ya formado mi plan.

Asi hablaba consigo mismo dos meses despues de la partida de Sierro. Nada habia sabido de este, pero esto mismo le tranquilizaba, pues, segun su táctica, era señal que no ocurria urgente necesidad. Mas á los pocos dias regresó su cómplice y se esplicó en estos términos:

—Mal va el negocio, malisimamente mal.

—¿Está preso realmente Menut?

—Esto seria lo de ménos.

—¿Ha cantado?

—De llano.

—¿Qué podia cantar?

—Que el capitan y jefe del robo eres tú.

—¿Cómo?

—Es decir un tal Federico Guzman, que vivia calle de la Universidad, etc., etc.

—¿Y esto se ha publicado?

—A son de romances y cantares por las calles.

—¿Entonces lo sabrá Carolina?

—Esto es lo de ménos.

—¿Hay más?

—Si, amigo mio, la vieja y un tal D. Timoteo ban declarado contra tí, como que eres el único que sabias en donde estaba el dinero.

—¿Hay más?

—Sí, han dado tus señas de un modo tan minucioso y exacto, que es imposible desconocerte aun cuando cambiases el pellejo como las serpientes.

—Entonces, debemos partir.

—¿Hácia qué punto, en que no puedan llegar los exhortos y filiaciones?

—Discurramos.

—Ya sabes que yo no sé discurrir, sino obrar.

—¿Qué harias pues?

—Cambiar de táctica. No conviene que continuemos por más tiempo siendo pájaros de jaula. En el estado á que hemos llegado, no podemos salvarnos sino convirtiéndonos en habitantes de los bosques y cavernas.

—Ya lo veo, quieres que seamos bandidos de trabuco y puñal.

—No podemos ser otra cosa. Cataluña nos brinda para esto. Somos prácticos del pais. Alli todo son bosques y montañas, y luego tan cerca de Francia.....

—Tienes razon. Daremos algunos golpes buenos y nos retiraremos al vecino reino.

—Pero es el caso que aquí tenia un golpe preparado.

—¿Es de fácil ejecucion?

—Y tanto que tú solo bastas.

—Entonces á ello.

—Mañana te enseñaré la ventana de la casa por donde deberás entrar.

—¿Y quién me la abrirá?

—Yo, que con la franqueza que tengo en la misma, me quedaré á dormir en ella.

—¿Entonces te darás á conocer?

—¿Qué importa habiendo cambiado de táctica?

—Tienes razon.

Un momento despues aquellos dos hombres tan infames cenaban opiparamente y luego encendieron sus puros y apuraron algunas copas. Ambos durmieron en un mismo aposento, pero antes de acostarse Gimenez dijo á su cómplice:

—Dime Sierro, ¿Carolina ha declarado en el proceso?

—Seguramente que no, amigo mio, porque está enferma de mucho cuidado.

—¡Infeliz!

—Debes olvidarla para siempre.

Gimenez no contestó, ambos se acostaron y durmieron con la tranquilidad de los que, por la reiteracion de los crímenes, se convierten en malvados por hábitos y costumbre. Al dia siguiente Gimenez se levantó muy temprano, y dejando á su amigo dormido, se fué á la iglesia para ejercer sus actos de hipocresia. Volvió á casa á esto de las ocho, y ambos amigos salieron de la poblacion en direccion á la casa de campo del negociante en ganadería, escogida para un robo que debia realizarse aquella noche. Gimenez se la hizo observar á su amigo desde alguna distancia, pues no queria que los viesen juntos. Pronto Sierro quedó enterado y se separó de su amigo, despues de haberle dado las últimas instrucciones. Gimenez entró despues en la casa donde fué muy bien recibido por el padre y la hija, únicas personas que componian la familia, debiéndose contar tambien como domésticos, una criada vieja y dos mozos de labranza. Comieron con la mayor cordialidad y franqueza, pasaron juntos la tarde, cenaron y se acostaron cada uno en su cuarto, siendo el destinado para Gimenez en el piso bajo, con una ventana que daba al campo.

Por esta penetró á eso de las diez de la noche Sierro, por medio de una escalera de cuerda que Gimenez le arrojó, despues de haberse asegurado por si mismo de que estaban acostados todos los de la casa. Asi que estuvieron juntos, examinaron sus puñales y pistolas, se quitaron el calzado y se prepararon para salir del cuarto.

—Creo, dijo Gimenez con voz muy baja, que no habrá necesidad de derramar sangre, porque el dueño sé que tiene un sueño muy profundo, y tal vez podremos dar el golpe sin despertarle.

—¿Y si no fuese asi?

—Entonces hiere y mata.

En esto salieron de su cuarto en direccion al del dueño de la casa, pues sabia Gimenez que el dinero estaba en una arca colocada en aquella habitacion. Gimenez precedia á su amigo llevando en la mano una linterna sorda. Sierro seguia con el puñal en la mano á punto de herir. Entran en el cuarto donde tranquila y sosegadamente dormia el dueño de la casa. Sierro á una seña de su amigo, se colocó junto á éste apuntándole su puñal junto á la garganta. Luego Gimenez se dirije á un rincon donde estaba colocada el arca, saca su ganzúa y otras herramientas, y con sumo cuidado y tino trabaja para abrirla sin hacer ruido. Logra su intento, y saca en seguida todo el dinero que habia en oro y plata, dejando lo demás. Entorna otra vez la puerta del arca, y sale haciendo una seña á Sierro. Siguele éste, y luego se vieron otra vez en el cuarto de donde habian salido antes del robo.

—Todo ha salido á pedir de boca, dijo Gimenez, de modo que no hay necesidad que yo salga de la casa hasta mañana á primera hora, porque será muy difícil que el dueño se aperciba del golpe tan á primera vista.

En esto entregó todo lo robado á Sierro, le dió sus instrucciones y le designó cierta casa situada en Zaragoza en que dentro algunos dias deberian encontrarse. Al dia siguiente tomó chocolate en compañia del dueño de la casa, y despues se despidió fingiendo ciertas ocupaciones de importancia. En la tarde de aquel mismo dia el dueño se apercibió del robo de que habia sido victima, pero era tanto el aprecio que profesaba á Gimenez, tal la buena opinion en que lo tenia, que lo primero que hizo fué enviarle á buscar para comunicarle su desgracia y pedirle consejo. Mas el pájaro habia ya volado. Ni por esto sospechó contra él, hasta que algunos dias despues, supo que la policia buscaba á un tal Guzman que ocultaba su nombre con el de Alvarez, por ser el autor de varios robos, y especialmente de uno cometido en Valencia con circunstancias muy agravantes.

VIII.

UN CAPITAN CON SU ASISTENTE.—TRÁGICO FIN DE GIMENEZ Y SU CÓMPLICE, POR LOS MOZOS DE LA ESCUADRA.

Han transcurrido algunos meses despues de la escena anterior. Un capitan, con su asistente, viajan hácia la provincia de Valencia con sus pasaportes en regla, sacando bagaje y tomando alojamiento en todas las poblaciones en que deben pernoctar. De este modo llegaron esos dos militares al pueblo de Alcalá, en donde fueron alojados en casa de una viuda jóven y rica. El capitan la hizo el amor, al que no correspondió la viuda. Al cabo de tres dias el capitan, que se llamaba Garcia, se despidió de su patrona, diciendo que debia pasar á Valencia para cierta diligencia, y que si no le sabia mal dejaria á Muñoz, su asistente, en la casa hasta su regreso que seria dentro de dos ó tres dias. Convino en ello la patrona, y Garcia partió hácia Valencia. Al entrar en la ciudad se dirige hácia la calle de la Ruzafa, cuando ve interrumpido su paso por un tropel de gente apiñada para ver pasar un cortejo fúnebre. Efectivamente, acompañado de muchos sacerdotes y convidados con hacha, ve pasar un féretro blanco con una corona encima, emblema de la virginidad.

—¡Rica seria esta señora! dijo á uno del pueblo que tenia cerca.

—Sí, muy rica, pero muy desgraciada.

—¿De veras?

—Y tanto, figúrese V. que un tal Guzman la hizo el amor para casarse con ella, y luego robó la casa de la novia y se supo que era un capitan de bandoleros. ¡Pobre señorita! Ella le amaba tanto, que no pudo resistir un golpe tan terrible.

—Raro es el caso, dijo el capitan, y se separó bruscamente de su interlocutor.

En esto pasaban D. Timoteo y D.ª Eugenia, que presidian aquel luto. El capitan los vió, bajó los ojos y se retiró al momento de la calle y de la ciudad. Nuestros lectores habrán ya reconocido que aquel entierro era el de Carolina, ahora les diremos que aquel capitan era su verdugo, era Guzman, el *Tio Ton*, Alvarez, Garcia, Gimenez, el Currutaco, pues tantos fueron los nombres que usó aquel hombre criminal de un modo tan atrevido, astuto y premeditado. El asistente que habia dejado en Alcalá, era Sierro, quien aquella misma noche abandonó la casa donde estaba alojado despues de haber robado á su dueña segun las instrucciones de su jefe. El uniforme de capitan y soldado, lo habia obtenido Gimenez por medio de dinero, haciéndolo construir á un sastre de Zaragoza, fingiendo deber servir para hacer un regalo á un hermano suyo que servia en el ejército en clase de capitan y otro á su asistente á quien apreciaba. El pasaporte Sierro lo habia obtenido de un asistente comprándolo á peso de oro para que lo sustrajese de su amo. Todo esto lo hizo Gimenez, sin otro objeto que el de poder pasar á Valencia con seguridad, pues apesar de todo su cinismo, no podia olvidar enteramente á Carolina, y deseaba saber de su suerte. Ya hemos visto de qué manera vió á su víctima. No dejó de causarle una dolorosa impresion, pero fué pasajera, porque en aquella alma corrompida solo podian arraigarse las malas impresiones, es decir, las que conducen al crimen y á la maldad, únicas con que se alimentaba aquel mónstruo. Antes de esta escursion, tenia ya organizada una cuadrilla de bandoleros de quienes era jefe. Despues de esto, se unió otra vez con ellos y continuaron sus robos, saqueos y asesinatos. Pero los *mozos* de la Escuadra no dormian, asi es, que, apesar de la grandísima astucia del Currutaco, nombre con que era más conocido en el principado, no dejaban de darle buenos sustos y obligarle á muchas marchas y contramarchas, desde que penetró en Cataluña y organizó su cuadrilla. Se sabian ya los antecedentes de Gimenez, sus robos y asesinatos cometidos con tanta habilidad é hipocresia en Valencia, Aragon y Casti-

lla. Se sabia que despues habia sido capitan de bandidos de á caballo en aquellas mismas provincias, pues era cierto que antes de entrar en Cataluña, despues de haber presenciado el entierro de Carolina, habia ejercido su odioso y criminal oficio en todos los lugares de las provincias ya espresadas. Siempre sin embargo, salia ileso y burlaba la persecucion y vigilancia continua que contra él y los suyos se ejercia en aquellos lugares. Era pues una prision de importancia la de este criminal, uno de los pocos que hemos visto encanecer en la carrera del crimen. Su cómplice Sierro habia muerto ya en uno de los encuentros que habian tenido con los escopeteros de Valencia, pero él contaba ya sesenta años de edad, es decir, cerca de cuarenta de bandolero, y sin embargo era robusto, ágil, atrevido y emprendedor como un jóven de treinta años. Como tenia tanta esperiencia y práctica, era muy difícil cogerle desprevenido, por lo cual, los *mozos* debian acudir tambien á la astucia y esperiencia que nunca les falta para casos semejantes. El sub-cabo José Mora, dispuso que un confidente suyo, activo, agil, valiente y entendido, siguiese la pista de los bandidos, é hiciese todo lo posible para descubrir alguno de los golpes que tenian proyectados. Pasó algun tiempo, al cabo del cual aquel confidente pudo revelar á dicho sub-cabo, que el dia 26 del mes de abril (año 1858) Currutaco y sus subordinados debian robar la casa de campo llamada la *Balsa Roija* situada en el término de Cenia. Con la debida anticipacion y precauciones, los *mozos* de la Escuadra de la sub-division de Cherta á las órdenes del ya espresado sub-cabo José Mora, se situaron de un modo conveniente y ventajoso en lo interior de la espresada casa. Viene la noche del espresado dia 26 de abril, y efectivamente, los bandidos, capitaneados por Gimenez, penetraron en la casa sorprendiendo á sus habitantes. Entonces el sub-cabo Mora y los dos *mozos* que tenia á su lado, situados en la cocina de la casa en un punto en que no podian ser vistos por los bandidos, pudieron presenciar el tino y desembarazo, con que Gimenez desempeñaba las odiosas funciones de su oficio. Vieron que no se precipitaba, que conservaba una calma y tranquilidad, como si se tratara de una operacion de las más lícitas y nada arriesgadas. Ató con una calma y práctica asombrosa al dueño y criado de la casa, é intimó con un tono singularmente imponente, á toda la familia que nadie se moviera de su puesto, si no queria ser degollado. Entonces sacó su navaja y apuntándola al cuello del dueño, le dijo, tambien con un tono especial, que si no sacaba todo su dinero moriria al instante. Entre tanto los demás bandidos se disponian para el saqueo de la casa, habiendo algunos de ellos penetrado ya en el primer piso. Repentinamente salen los *mozos* é intiman la voz de alto en nombre de la reina. Gimenez no se desconcierta por esto. Uno de los suyos disparó á quema-ropa su pistola contra los *mozos*. Llamábase este Bautista Michavila, de Alcalá. Arremeten los *mozos* contra él, y muere en el acto. Otro bandido de los que habian entrado en la casa, llamado Ramon Marti, de Santa Bárbara, intenta escaparse precipitándose por la escalera, pero dos *mozos*, oportunamente situados en aquel punto, le interceptan el paso, cruzándole con las bayonetas. Tira navajazo contra uno de estos, que lo hubiese pasado muy mal, á no haber parado el golpe con su carabina, contra la cual se estrelló el golpe del bandido, marcando una terrible señal en la dura madera de la culata. Muere tambien este á bayonetazos. Mientras tanto, Currutaco lucha á brazo partido, y con un valor y destreza singular, con otro *mozo*, recibe varias heridas, pero no cede por esto, por más que se le intime la voz de alto. En esto, aun intenta fugarse, pero al acto de verificarlo recibe un balazo que le tiende en tierra mortalmente herido. Apesar de esto, lucha aun con su navaja, que manejaba con una destreza asombrosa, pero á poco las fuerzas le faltan, y muere en fin aquel mónstruo del género humano. Tal fué el trágico fin de Antonio Gimenez y Gimenez (a) *Currutaco* y tambien *Tio Ton*, que durante su vida criminal y airada, cambió más de formas que Prometeo, tantos nombres como vestidos y trajes. Era hombre de talento y sagacidad, pero como dedicó esas cualidades para la maldad, por esto fué más terrible y causó más estragos. Hipócrita en todos sus actos, hipocresía era su amistad, hipocresia su amor, hipocresia su devocion, y sus acciones piadosas y cristianas. Sugetándolo todo á un solo plan y objeto, logró, por muchos años, ver coronadas sus obras de iniquidad y destruccion. Pero por fin vino el dia de la justicia, y Gimenez murió como' habia vivido, esto es, en el seno del crimen y del delito.

DESCUBRIMIENTO Y CAPTURA DE UNA NUMEROSA CUADRILLA DE LADRONES QUE INFESTABAN LA PROVINCIA DE TARRAGONA.

En julio del año 1857, el sub-cabo de la Escuadra de Riudoms, D. Juan Homs, fué nombrado cabo de la misma, por fallecimiento del inteligente, activo y laborioso D. Francisco Subias, que habia desempeñado dicha plaza con el mayor celo y honradez. En aquella época, tenian aterrorizados á todos los habitantes de aquel país, los continuos robos, secuestros y asesinatos que se repetian con muchisima frecuencia en aquellos lugares. Habiase cometido el homicidio y robo de San Ramon, otro robo en Vilaseca, el de casa Cachas, en Reus, el de una casa de la Selva, el del cura del Morell, el del Mas de Giol, el de una casa, y luego de la iglesia de Monroig, el del almacen de casa Corbella, de Tarragona, el de la casa de campo de D. Francisco Pey, el de casa Gusi de Reus, el de casa del sastre Canals, de Reus, el del Mas Dalmases, de Tarragona, el del Mas Ricat, el de la iglesia de las Voltas, el del cura de Maspujol, el del Mas de la Beata, el de la aduana de Reus, el de una fábrica situada en frente de la iglesia de la Sangre, en Reus, el de una casa-tienda, situada en la Isla, en Reus, el de casa Cerdá, de una taberna, situada en el camino de Tarragona, el de casa del suegro de D. Salvador Bruca, de Bofarull, el asesinato de Rosa Freixas, y otros muchos. Era evidente que el foco de todos estos crimenes y delitos, existia en la misma ciudad de Reus, y así hubo de conocerlo el espresado cabo y sus *mozos*. Sin descanso, pues, y sin perdonar medio ni gasto proseguia con una constancia invencible en la investigacion y descubrimiento de los autores de tantas maldades. En fin, el *cabo* vió coronados sus desvelos, pues realmente pudo coger el hilo de una madeja tan enredada. Ausiliado por el alcalde de Reus procedió á la captura de un tal José Blach, natural de Villafranca, de Salvador Perelló (a) Pembre, y de Rosa Pons. Faltaban tres de los que últimamente habian cometido el robo de unos arrieros de Bellmunt, á los cuales habian robado quinientos duros. Uno de estos tres, llamado Juan Capella, fué cogido aquella misma noche en la misma ciudad de Reus. Pero aun así faltaban dos más, y entre estos figuraba Ramon Sedó (a) Patuf, de Monroig, muy conocido por su vida y hechos, sobre los cuales se podria escribir un tomo de muchas páginas (1). El *cabo* sospechó que dicho Patuf y otro cómplice, llamado José Sanchez, que despues resultó ser Ramon Gombau (a) Rino, de Lérida, estarian ocultos en Tarragona, y al momento dispuso que dos *mozos* disfrazados pasasen á dicha ciudad. Como conocia que Patuf era muy astuto y precavido, previno á los dos *mozos* que procediesen con mucho sigilo y cautela. Así lo hicieron, y realmente los dos bandidos fueron presos en dicha ciudad de Tarragona sobre el dia 8 de julio de 1857. Puestos todos á disposicion de la justicia resultó que hubo tales y tantas complicaciones, declaraciones é indicios, que, esplotados por el espresado cabo y sus *mozos* con su acostumbrado celo, esperiencia y actividad, dieron por resultado la captura de treinta criminales, que formaban parte de aquella numerosa y terrible cuadrilla. Seis de estos, declarados jefes y corifeos de aquella infernal asociacion, espiaron sus crímenes y delitos en un cadalso y los veinte y cuatro restantes fueron condenados á más ó ménos años de presidio, segun la mayor ó menor parte de culpa que recayó sobre ellos, por medio del famoso proceso que se les siguió. Aquel dia lo fué de contento, alegria y satisfaccion para todos los pacificos y honrados vecinos de Reus, Tarragona y demás villas y lugares de aquella provincia. Servicio tan señalado é importante no solo llamó la atencion de la autoridad superior de aquella provincia, si que tambien del gobierno supremo de Madrid, como es de ver en la siguiente real órden:

»Por el ministerio de la gobernacion del reino, se »me ha comunicado con fecha 17 del actual la real »órden siguiente:

«Enterada la reina (q. D. g.) de la comunicacion »de V. S. fecha 14 del corriente, en que da parte de »la captura de una cuadrilla de ladrones, verificada »por los *mozos* de la Escuadra de Riudoms en esa »provincia, se ha dignado mandar se recomiende al »ministerio de la guerra al *cabo* de la referida Escua-»dra, D. Juan Homs, por el mérito especial que ha »contraido con aquel servicio y que desde luego se le »den las gracias en su real nombre. De órden de »S. M. lo digo á V. S. para su conocimiento y efectos »consiguientes. Lo transcribo á V. para su conoci-»miento y satisfaccion. Dios guarde á V. muchos »años.—Tarragona 29 de julio de 1857.» (Documentos oficiales.)

ASALTO Y ROBO DE LA CASA DEL SEÑOR VALL-LLOBERA: ASESINATO DEL CRIADO FIEL Y HONRADO MARTIN ROCA: DESCUBRIMIENTO DE SUS AUTORES POR LOS INFATIGABLES MOZOS DE LA ESCUADRA, Á LAS ÓRDENES DEL SUB-CABO DON ANTONIO PUJOL.

Rafael Bosch (a) Cabré, natural de Bañolas, fué

---

(1) En efecto, tenemos á la vista copia del proceso y otros muchos datos curiosos respecto á dicho Patuf, pero como no presenta ningun tipo particular, por esto omitimos su historia, porque si debiéramos escribir la historia de todos los bandidos vulgares, es decir, que no se distinguen de los tipos ya conocidos, nuestra obra seria interminable.

uno de esos bandidos astutos, sagaces y atrevidos, cuya existencia queda marcada con una línea de sangre, crímenes y delitos que solo acaban con la afrentosa muerte del culpable. Este bandido sabia vestir jaique y levita, abandonar con oportunidad el teatro do habia representado alguna de sus acostumbradas escenas de pillaje, para trasladarse á Barcelona ú otra poblacion numerosa, en donde sabia hacer el papel de hombre de bien. Sabia meditar y madurar bien sus infernales planes, conocia á los malvados de todos los lugares, y á ellos se dirigia, segun juzgaba más prudente, atendidas todas las circunstancias del objeto y fin que se proponia. Esta vez la víctima designada por Bosch y sus cómplices, lo era el bondadoso é instruido D. José Vall-llobera, rico y apreciado propietario del pueblo de Cassá de la Selva. En efecto, el dia 24 de noviembre del año 1857, varios individuos se iban reuniendo, á eso de las ocho de la noche, en una cueva distante un tiro de fusil de Cassá de la Selva. Ya estaban reunidos en número de seis y aun esperaban á otro, al parecer de más importancia.

—Es raro, decia uno, que Cabré no haya llegado ya, siendo este el dia designado para dar el golpe....

—No hay cuidado, decia otro, no hará falta á la hora conveniente.

Apenas habian pronunciado estas palabras, cuando entró en la cueva un sugeto que iba cubierto con jaique, y vestia el traje de caballero.

—Buenas noches, amigos, dijo al entrar, y en seguida prosiguió: ¿Estais decididos y resueltos?

—¡Pues no lo hemos de estar!...

—Me han dicho que el amo y el criado no son cobardes.

—Pero son dos contra seis... En cuanto al criado, lo despacharemos para el otro mundo, pero en cuanto al amo, ya sabeis mi plan...

—¿Salvarle la vida para sacarle una buena cantidad para el rescate?

—Esto es. Dime, Vila, tú que conoces mejor que yo las avenidas de la casa ¿por dónde podremos penetrar con más seguridad?

—Por la parte del huerto. En otra casa contigua encontraremos una escalera de mano que está abandonada junto al invernáculo. Con aquella escalera subiremos á la galería de la casa que domina el huerto.

—Bien, interrumpió Bosch (a) Cabré, lo demás corre de mi cuenta. Una vez colocados en la galería, nos será sumamente fácil el entrar en el cuarto del amo y el criado.

En esto eran ya las once de la noche, cuando los bandidos abandonando la cueva, se dirigieron á casa de D. José Vall-llobera por la parte del huerto, conforme lo acababan de resolver. Realmente recogieron una escalera de mano que la casa Pani tenia colocada junto al invernáculo de su jardin, y con su ausilio subieron sin la menor dificultad hasta la galería de la casa Vall-llobera. Una vez allí, observaron que uno de los balcones que comunican con dicha galería tenia una ventana sencillamente entornada, quitaron con sumo cuidado la vidriera, penetrando así en una habitacion contigua á la del amo y que servia de pasillo para la misma. Todo les salia á pedir de boca, como decirse suele, pero en aquel momento detuvieron su paso, llamando su atencion el llanto de una niña de unos seis años, sobrina del amo de la casa. Juzgaron prudente esperar á que

aquella niña se entregara otra vez á su interrumpido sueño. Tambien les pareció haber oido algun ruido de pasos en lo interior de la casa, por todo lo cual, temiendo que aun no descansaban todos los moradores de la misma, determinaron aguardar un buen rato. A la una y media de la madrugada notaron que en toda la casa reinaba el más profundo silencio.

—Ya es hora, dijo Cabré, con voz apenas perceptible.

—Sí, dijeron sus cómplices.

¡Cobardes! Esperar á que todos los de la casa descansasen!... No les adornaba ninguna buena cualidad, ni aun la del valor, que en tan alto grado reunian los bandidos antiguos. Los modernos, ó son unos rateros infames y despreciables, ó bien unas serpientes venenosas que esperan que duerma su víctima para clavarle su emponzoñado aguijon. A pesar del grandísimo cuidado con que los bandidos abrieron la puerta del cuarto del señor Vall-llobera, este, que tenia un sueño muy sutil, se dispertó al momento, y dirigiéndose á un criado que dormia en su misma alcoba, le dijo:

—*Roca, tenemos asesinos en casa....*

Al oir esto, los bandidos se arrojan furiosos contra el amo y el criado sin darles tiempo de levantarse de la cama. El desgraciado Roca habia ya podido levarse de la cama, y estaba dispuesto á defender con su vida la de su querido amo, á quien apreciaba mucho, y de quien era tambien muy querido y estimado, cuando se ve sujetado por los brazos de dos bandidos, los cuales, apesar de los inauditos esfuerzos que hace, logran sujetarle, arrimarle junto á una silla, sobre cuyo asiento, habiendo hecho reclinar la cabeza de aquel infeliz, lo degollaron inícua y bárbaramente. ¡Qué horror! Asi pereció aquel hombre honrado, tierno padre de una numerosa familia, criado fiel y leal, que con justa razon gozaba la entera confianza y cariño de su amo. Mientras esto pasaba con el criado, su amo D. José Vall-llobera, sostenia una lucha espantosa y desigual, con los tres bandidos que contra él se habian lanzado: los bandidos no cedian, Vall-llobera tampoco, defendiéndose desesperadamente. Pudo desasirse un poco, coge su escopeta y en el acto de apuntar contra la canalla, uno de los bandidos le dispara su pistola á quemaropa, hiriéndole, pero no de gravedad. En esto, todos los de la casa y hasta los demás vecinos de la poblacion, se habian ya dispertado y apercibido del ruido y alboroto que reinaba en aquella casa. Entonces los bandidos juzgaron prudente huir antes de que los del pueblo llegasen á socorrer la casa, y así lo hicieron. Efectivamente, un momento despues la habitacion en que acababa de tener lugar una escena tan espantosa, estaba ocupada por el alcalde y varios vecinos que habian acudido presurosos. ¡Qué cuadro tan desgarrador se presentó á la vista de aquellas gentes! El señor Vall-llobera, pálido, ensangrentado, hecha girones su camisa, cansado y fatigado de la lucha terrible que él solo habia sostenido contra tres. En seguida veiase ensangrentado el cadáver del infeliz Martin Roca; de aquel hijo tierno, que con su trabajo mantenia á su madre sexagenaria, esposo y padre amoroso, que dejaba á su mujer embarazada y con dos hijos, el mayor de seis años de edad, y dos niñas la mayor de unos diez años. Aquel hombre honrado y laborioso, con su improbo trabajo y honradez mantenia á toda aquella numerosa familia, y aquellos asesinos acababan de cortar con mano sacrilega el hilo de una existencia tan preciosa y necesaria. Tal era el cuadro desgarrador y triste que ofrecia aquella casa, pocas horas antes tan tranquila y sosegada. La subdivision de la escuadra de la Bisbal se encontraba á la sazon al estremo del distrito opuesto á Cassá de la Selva, pero tan pronto tuvo noticia de aquel suceso, se trasladó volando al lugar de la catástrofe, vadeando el rio Daro, despues de una precipitada marcha de ocho horas. El juez de primera instancia de Gerona, llegó tambien despues á dicha poblacion, é inmediatamente se constituyó en tribunal, en el meson de José Serra, situado en frente de la casa de Vall-llobera en donde se alojó dicho señor. Llegaron tambien al propio punto varios individuos de la policia, y un piquete de guardias civiles. En esto la campana mortuoria heria el aire con sus plañideros sonidos, anunciando á los vecinos contristados de Cassá de la Selva, que iba á celebrarse un entierro. A poco sale de la casa del señor Vall-llobera un cortejo fúnebre, cuyo féretro, conducido en hombros de honrados y sencillos trabajadores, encierra los restos mortales del desgraciado Roca. Todos los vecinos demuestran su dolor y sentimiento á la vista de aquel féretro; pero esto no impidió que algunos de los autores de tan horrendo crimen, con un cinismo de los más repugnantes, contemplasen tambien aquel espectáculo, sin aterrorizarse á la vista de su presencia. ¿Qué mucho que tuviesen descaro para esto, cuando dos de los autores del crímen vivian en el mismo meson en que estaba constituido el tribunal, contemplando impacientes la tramitacion del proceso? Dos dias despues regresa el juez á Gerona, marcha la policia y parte de la guardia civil, quedando tan solo una pareja de dicha fuerza y otra de *mozos* de la ESCUADRA. Pero entre tanto el celoso y activo sub-cabo D. Antonio Pujol, comienza á poner en juego todos los poderosos medios, relaciones, confidentes y amigos que tenia en un pais que todos los dias recorria palmo á palmo. Sabia que nada absolutamente se habia podido descubrir respecto al atentado de casa Vall-llobera, pero esta circunstancia, léjos de desmayarle, le animó más y más en su loable tarea. El señor Vall-llobera yacia aun postrado en su cama á causa de su herida y del grandisimo disgusto que le causó la muerte de su fiel Roca, cuando se le presentó el sub-cabo cuatro dias despues del crímen y le dijo:

—Ya lo sé todo, Sr. Vall-llobera.

—¿Qué dice V.? ¿Será posible?

—Si señor: sé el punto en que se reunió la canalla antes de asaltar esta casa: sé el nombre de los que la asaltaron: sé que habia dos que vestian jaique, uno de los cuales es picado de viruelas y rubio: sé quienes son los cómplices: sé que uno de los que vestian jaique era el jefe de la cuadrilla, y que es un pájaro de pésimos antecedentes: sé que dicho sugeto en el dia en cuya noche se verificó el atropello de su casa de V., estuvo en Caldes de la Malavella, Fornells de la Selva, y que á eso de las siete de la noche se le vió por el camino de esta poblacion.

—Me deja V. pasmado....

—Sobre todo guarde V. el más profundo secreto, ya ve V. el modo sigiloso y disimulado con que yo y los *mozos* hemos practicado todos esos pasos. Nadie, inclusos los criminales, sospechan la menor cosa.

—Pierda V. cuidado ¿quién puede estar más interesado que yo en el secreto que tanto me interesa?

El sub-cabo Pujol tenia razon cuando decia: «ya ve V. el modo sigiloso con qué yo y los *mozos* hemos practicado todos esos pasos:» porque realmente una de las cualidades de los individuos de dicho cuerpo consiste en saber practicar las investigaciones más intrincadas, con un sistema tan disimulado que los presenta como los más indiferentes y remisos á los asuntos de que se están ocupando. Y ciertamente, en esta ocasion sucedió como en otras mil, el que realmente todos los vecinos de Cassá de la Selva y alrededores creyesen que el crímen cometido en casa Vall-llobera estaba enteramente relegado al olvido. Hallándose las cosas en este estado, D. José Vall-llobera propuso al sub-cabo que para la captura de los reos veria con gusto que la guardia civil formase parte junto con los *mozos*, pues dicho señor agradecia los buenos deseos y pasos practicados por los individuos de aquel cuerpo, aun cuando no habian obtenido el apetecido resultado. Pujol accedió gustoso y desde aquel dia ambas fuerzas obraron en combinacion. Habia llegado ya el momento de capturar á los autores del crimen, y el primero que se prendió fué un tal Pedro Gipert (a) Paretó, á quien si bien en un principio estuvo enteramente negativo delante el sub-cabo, Sr. Vall-llobera y D. Vicente Viñals, con todo, dos dias despues, Pujol, con su práctica y delicado tacto, logró el que dicho criminal confesase el hecho con todos sus pormenores y circunstancias en presencia misma del Sr. Vall-llobera y del mismo sub-cabo. Lo mismo dijo y manifestó más tarde en sus declaraciones ante el señor juez de Gerona. Sin perder un momento se procedió á la captura de todos los reos, algunos de ellos en el mismo Cassá de la Selva en donde vivian; Bosch (a) Cabré, lo fué en Arenys de Mar por el comisario de Barcelona señor Alsina. Hé aqui los nombres de todos ellos: Rafael Bosch (a) Cabré, natural de Bañolas; Isidro Solano, Miguel Vila (a) Calot, Pedro Gipert (a) Paretó, Sebastian Abella (a) Tiá, José Guitart (a) Renart. Faltaba uno llamado Jaime Costa (a) Malasecas, quien habia tenido la suerte de haber emigrado á Francia al dia siguiente de haberse cometido el delito. Pero no por esto se libró del castigo. En efecto, durante el proceso, el incansable Pujol pudo averiguar que el tal Malasecas vivia en Boñals (Francia). Dió parte de ello al fiscal de la causa, quien hizo la debida reclamacion y fué preso por los franceses y entregado al tribunal que lo habia reclamado. El delito cometido por aquellos caribes habia dejado una huella tras sí indeleble, tal era las pisadas de sus autores, impresas sobre la sangre del infeliz Roca en el cuarto donde habia sido degollado. El juez dispuso el que los reos fuesen trasladados á dicho cuarto, á fin de ver si las dimensiones de las pisadas, correspondian con las de los piés de los acusados. El sub-cabo Pujol fué encargado de practicar esta diligencia en union del escribano. Durante el camino, y aun despues, al entrar en la casa de Vall-llobera, los presos manifestaron la mayor serenidad y calma. Reian y hablaban entre sí, como gente de buen humor y que nada debe temer ni recelar. Pero así que entraron en el cuarto y vieron las manchas de sangre de su victima, el terror y el espanto viéronse pintados en sus semblantes. Pujol mide con suma exactitud la longitud y anchura de sus piés, mide en seguida la de las pisadas, y se vé que no discrepan una linea. Igual resultado dió otra prueba que se hizo por medio de papel. Los presuntos reos denotaban con su abatimiento que realmente se confesaban culpables. En fin, despues de haberse seguido todos los trámites que previene la ley, y de haber quedado completamente probado el delito, el consejo de guerra reunido en Gerona el dia 17 de mayo de 1858 condenó á Rafael, Bosch (a) Cabré, Isidro Solano, Miguel Vila, Pedro Gipert, y Jaime Costa á la pena capital en garrote vil: á José Guitart y á Sebastian á presidio, el primero por toda su vida, el otro por veinte años. Tambien fué penada la mujer de Bosch. A tenor de la misma sentencia los reos debian ser ejecutados el dia 20 del propio mes en la forma siguiente: Bosch, Solano, Vila y Gipert, en Cassá de la Selva, en donde se habia perpetrado el delito; Costa en Gerona. Así se hizo, y en el espresado dia 20 de mayo del año 1858, los autores del delito cometido en casa Vall-llobera, sufrieron el castigo que las leyes humanas tienen justamente destinado contra delitos tan atroces y atentatorios contra la sociedad. Creemos conveniente el consignar aqui los nombres de los valientes *mozos* que, á las órdenes del espresado sub-cabo D. Antonio Pujol, prestaron un servicio tan señalado, y son los siguientes: Agustin Pasarrius, Baltasar Casadevall, Antonio Pedros, Francisco Sarret, Francisco Gual, Antonio Busquet y Pedro Sindreu.

HISTORIA DEL CRIMINAL TEILLO.

I.

Son las nueve de una mañana del mes de diciembre del año 1857. Dos sugetos de mediana edad, vestidos á la última moda, estaban conversando entre sí, sentados en cómodos sillones junto á la chimenea en una casa situada en la calle de la Merced de Barcelona. Oigamos su conversacion.

—Te digo, amigo mio, que Anselmo está arruinado.

—Creo, Guillen, que exageras. ¿Ignoras acaso que la fortuna de nuestro amigo es de las más respetables?

—Lo sé, pero tambien sé que Anselmo hace años que entregó la administracion de sus caudales y hacienda á su amigo Teillo, y ya sabemos quien es Teillo.

—Pero nuestro amigo no es jugador, por mucho que haya gastado y que Teillo le haya estafado, creo que dista mucho de estar arruinado.

—Es verdad que no juega, pero en cambio vive entregado á una desenfrenada pasion hácia las mujeres. Esta pasion en el dia es de las más ruinosas.

—Vamos, Guillen, exageras, esa pasion jamás puede arruinar á un hombre de la fortuna de Anselmo.

—¿Qué dices?

—Lo que oyes.....

—No seas necio: en nuestros dias esta pasion es capaz de consumir mil fortunas como la de nuestro amigo. ¿No ves el lujo que reina entre nuestras damas? ¿No reparas su entusiasmo en seguir los caprichos de la moda? Nuestros abuelos obsequiaban á sus damas con una comilona campestre ú otra diversion que les costaba un par de pesos. Has dicho antes que Anselmo no es jugador, yo te digo ahora que mientras sea tan afeminado, será jugador si su dama es aficionada al juego, aficionado á las bebidas, si su querida es bebedora de profesion; falso y engañoso, si á su dama le gusta el engaño y la falsedad. Porque Anselmo, dominado por esa pasion, no se pertenece á si mismo, sino á las mujeres que tienen la suerte de enamorarle. Así yo le he visto jugar de un modo espantoso, cuando obsequiaba á Ermida, porque conoció que esa dama era aficionada al juego. Yo le he visto beber desaforadamente. murmurar de sus amigos, criticar mujerilmente á sus conocidas, todo el tiempo que estuvo apasionado de aquella mujer vil y baja, que ya conoces, y sabes que tiene todos estos defectos.

—Es verdad, amigo mio, y aun por mi parte puedo recordarte otro período no ménos estravagante. ¿Te acuerdas de cuando se enamoró de aquella cantatriz romántica, de aquella dama de veneno y de puñal?

—Vaya si me acuerdo.....

—Entonces nuestro amigo queria desafiar á todo el mundo por un quitame allá esas pajas, se empeñaba en ir á estocadas, y por cualquier pena ó disgusto, queria echar mano de el veneno.

—¿No es verdad, amigo mio, que es bien ridiculo un hombre cuando se deja dominar por tan insensata pasion?

—Yo lo creo, Guillen, pues en este caso se constituye en una sintesis de todos los vicios y estravagancias de las mujeres viciosas y corrompidas, como indispensablemente lo deben ser las queridas de Anselmo, puesto que son todas mercancia comprada con dinero ó su equivalencia.

—Pero todavia, mi querido Rosendo, no hemos tocado el punto principal, aun no hemos nombrado á un hombre, á un amigo de Anselmo, causa tal vez de todas sus desgracias, de esta misma pasion que le ha arruinado y de lo que pueda sobrevenir con el tiempo.

—No te comprendo.

—Pues qué ¿no conoces á Teillo, á ese amigo de Anselmo?

—Vaya si le conozco!

—Pues bien, ese Teillo es un infame, un perdido. El ha sido un mal estudiante, luego un peor abogado, más tarde un atolondrado militar, y finalmente es, y ha sido siempre, un solemne holgazan que quiere siempre vivir á espensas de los otros y especialmente de sus amigos. Por desgracia Anselmo trabó amistad con él, y desde aquel momento este hombre astuto, penetró en el alma de nuestro amigo: vió que era cándida y sencilla, y ahí estoy yo, dijo, para esplotar esa candidez en mi provecho, puesto que Anselmo es poderosamente rico. El mismo, al principio, le buscaba las damas, daba á estas lecciones sobre la conducta que debian observar con su amigo, entraba en tratos con esas mujeres corrompidas y vanidosas, que sacrifican su honor y el de sus familias, al objeto de lucir ricos trajes.

—¡Qué infamia!...

—Todavia más, ese falso amigo ha sido siempre el verdadero espíritu infernal para nuestro Anselmo. El lo ha lanzado por el carril de eso que llaman especulaciones mercantiles, de esas alzas y bajas de valores públicos, de ese juego en fin, tan ruinoso y sujeto á caprichos, engaños y truanerias como cualquier otro juego. El caso es, que Anselmo ha perdido siempre, mientras que Teillo, se ha hecho rico. Teillo era el corredor, Anselmo el comerciante, y con esto se ha dicho todo, despues de la esplicacion de los antecedentes de ambos que acabamos de hacer.

—¡Pobre Anselmo!... ¡Y que continúe tan ciego, respecto á ese mismo amigo tan infame!

—Esto coronará su perdicion. Porque tengo un fatal presentimiento. Teillo es uno de esos hombres cínicos y pervertidos, de esos truanes de *bolsa y café*, para los cuales todo es licito y natural, con tal de hacerse ricos, para despilfarrar y disipar. Una vez perdido el capital de Anselmo, Dios sabe los consejos que le dará, y si por fin logrará convertir en malo y criminal á un jóven de corazon tan noble y de cualidades tan bellas como nuestro Anselmo.

—¡Y no habria un medio de desengañarle!...

—Por ahora creo que es imposible; se batiria con cualquiera que se atreviese á poner en duda la sinceridad, lealtad y honradez de su amigo Teillo. Una cosa debo advertirte, y es que guardes secreto sobre lo que acabamos de decir, porque nadie cree que Anselmo esté arruinado y le podriamos causar un daño de consideracion.

—Pierdo cuidado, aprecio demasiado á nuestro amigo para quererle causar el menor daño; al contrario, cuando venga el dia de la catástrofe, conocerá que Rosendo le era un amigo verdadero.

—Lo mismo te digo yo, y combinados los dos, salvaremos lo que podremos, aun que sea á fuerza de sacrificios por nuestra parte.

Y estos dos sugetos se despidieron, marchando cada uno por su lado á sus respectivas obligaciones, segun su carrera, que era la de comerciante, respecto á Rosendo; Guillen era médico.

II.

LA RUINA.

Por el diálogo anterior nuestros lectores habrán conocido ya los protagonistas de nuestra historia, segun sus cualidades morales, ó sean interiores; ahora les diremos cuatro palabras sobre sus cualidades físicas. Anselmo era un jóven de unos 28 años de edad, estatura alta, color blanco, ojos negros, mirada lánguida, bigote y patillas negras; lo que, unido á su manera de vestir elegante sin afectacion, formaba un conjunto agradable y simpático. Su vida afeminada habia marchitado bastante su hermosura natural, asi es, que parecia de algunos más años de lo que realmente tenia. Cándido y sencillo por naturaleza, era incapaz de sospechar de nadie, y menos de sus amigos y conocidos. Caprichoso con las mujeres, no podia acusar á ninguna de sus queridas de inconstante y coqueta, siendo así que todos lo habian sido, porque él habia tomado siempre la iniciativa en esta parte. Teillo era de estatura regular, de un color moreno aceitunado, debido en parte á sus muchos viajes y cambios de climas. Su rostro no presentaba ninguna particularidad, escepto su mirada, que solo dejaba de ser siniestra por los esfuerzos que hacia para que pareciese dulce y tranquila. El sabia mejor que Anselmo el estado de los negocios de su amigo, puesto que, embriagado aquel en las delicias del coquetismo, lo tenia todo confiado á su amigo. Guillen habia dicho la verdad, cuando aseguraba á su amigo Rosendo que estaba completamente arruinado. El mismo Teillo se lo habia participado á Anselmo, presentándole un verdadero balance del estado de sus negocios, en virtud del cual, todo el inmenso capital y patrimonio de Anselmo se habia perdido en menos de cinco años de amistad con Teillo, y de haber sido este el administrador absoluto. Pareciale á Teillo que su amigo habia escuchado con bastante calma y serenidad la lectura de un documento que le revelaba su completa ruina, por lo que se retiró, dejando todos los papeles en poder del desgraciado Anselmo. Pero la cosa no era asi, porque la calma y serenidad de Anselmo no eran más que aparentes, de modo que luego que estuvo solo, hizo su esplosion el sentimiento y pesar que le habia causado una noticia tan impensada como espantosa.

—¡Infeliz de mi! decia, que no he sabido conservar un patrimonio tan pingüe, siendo así que mis queridos padres vivieron tan desahogadamente con solo los productos de su renta... ¿De qué me han servido esos goces fementidos, comprados á peso de oro, de mi propia honra y de la agena?...

Y diciendo esto recorria á grandes pasos su gabinete, se arrancaba los cabellos y se entregaba á la más negra desesperacion. En seguida tomó asiento junto á la mesa en que Teillo habia colocado el balance y demás documentos.

—¡Santo cielo! esclamaba al ver tantos plazos, suscritos por él mismo, y cuyo vencimiento era ya perentorio, tantas letras aceptadas, tantos debitorios hipotecados, cuyo conjunto sumaba una cifra exorbitante.

Despues, examinando el balance, hubo de notar que en todas las grandes jugadas de la bolsa, en que su amigo le habia ingerido, prometiéndole siempre ganancias colosales, habia sido desgraciado. Cuando habia jugado al alza, los valores habian bajado, y vice-versa, habian subido, siempre que habia jugado á la baja. Asi á lo ménos resultaba de los documentos escritos y firmados por su hombre de confianza. Anselmo era muy honrado, asi es que lo primero que hizo fué comparar la cifra de todas sus deudas con la del valor de todos sus bienes, raices y mobiliarios, y en medio de su gran conflicto, vió con satisfaccion que, vendiéndolo todo, inclusos los muebles de la casa que habitaba, se podia pagar á todos sus acreedores, y desde aquel momento, aquel jóven honrado, victima de las sugestiones de un falso amigo y de una pasion desenfrenada hácia las mujeres, tomó una resolucion bien desesperada por cierto. Aquella noche la pasó sin descansar un solo momento. Agitábanse en su cerebro mil ideas confusas y estravagantes.

—¡Morir, decia entre sí, morir, en la flor de la juventud! ¡Morir, cuando uno estaba en vísperas de ser feliz! Sí, feliz, porque desengañado ya del amor de esas mujeres disolutas, de esas falsas sirenas, que solo me atraian y arrebataban hácia su fementido amor, para chupar mis riquezas, habia conocido por fin á una mujer virtuosa, una jóven honesta y honrada con quien iba á contraer matrimonio y ser feliz. ¡Oh! Jacinta, ¿porqué no te he conocido antes? Tú con tu instinto y buen criterio, sin duda, conociste antes que yo, el ruinoso estado de mis negocios..... Por esto con aquel tino, prudencia y delicadeza de una mujer que ama de corazon, me hablabas de economias... Por esto, sin duda, me aconsejabas que una vez casados, nos retirásemos á mis haciendas en la provincia de Lérida... Por esto, te esmerabas en aprobarme que debiamos buscar la felicidad en nosotros mismos, en nuestro amor, en el cariño y respeto de nuestros colonos, en el agradecimiento de los pobres, á quienes socorreriamos con nuestras limosnas... Pero todo acabó: el remedio ha llegado tarde. Yo no puedo unir mi desgracia con tu dicha. Porque ¿qué puedo yo hacer? ¡Trabajar!! ¿Pero si nunca he trabajado? Buscar un empleo. ¿En qué ramo? ¿si yo no conozco ninguno? Por otra parte, aun cuando Jacinta, llevada de su amor, quisiera unir su suerte con la mia ¿lo consentirian sus padres? Y aun cuando esos consintieran ¿podria consentirlo yo, esponiendo á mi mujer é hijos, si Dios me los diera, á la miseria y pobreza? No: mil veces no. Ya está tomada mi resolucion: es la única que me queda. Y entonces se desesperaba otra vez, y volvia á llorar como un niño, lamentando sus desgracias. En esto amaneció, y Anselmo llamó á su criado de confianza.

—Ambrosio, le dijo, ve al momento á buscar á mi notario. Advierte que en todo el dia de hoy no recibo á nadie, escepto á mi escribano.

—¿Y si viene el señor Teillo?

—Tampoco estoy en casa.

En seguida se sentó y escribió la siguiente carta:

«Amigo Teillo: he examinado los papeles, y he visto que vendiendo todo cuanto poseo, junto con mis muebles, puedo satisfacer á todos mis acreedores. Por consiguiente he firmado á tu favor un poder general y amplio á fin de que procedas á la venta de todo, y al pago de todas mis deudas, sin pedir la menor rebaja, ni mover pleito ni disputa con nadie. Adios y procura olvidar á tu amigo Anselmo.»

El notario habia ya estendido los poderes y se habia retirado. Anselmo permanecia en su gabinete encerrado por la parte interior. Ambrosio, en cumplimiento de las órdenes de su amo, contestaba á cuantos preguntaban por él, incluso Teillo: «no está en casa.» Pero Teillo, á su vez, estaba agitado y conmovido. Iba y venia, preguntando siempre por Anselmo y recibiendo la misma contestacion. Era evidente que aquella tenebrosa cabeza habia concebido un nuevo plan, una idea que, como todas las suyas, más tarde ó más temprano debia ser perjudicial para su amigo. Es lo cierto, que ese hombre apesar de los miles que habia robado y estafado á su amigo, se hallaba tan arruinado como él. Habia jugado en gran de escala, y la *bolsa* le habia sido sumamente fatal.

—Yo me he de rehabilitar, y solo puedo hacerlo con el ausilio de Anselmo. Su firma es muy conocida en la plaza, porque siempre ha cumplido religiosamente sus compromisos. En una palabra: es el hombre que me conviene, y él mismo podrá sacar un buen partido del negocio que le voy á proponer. Pero como es tan niño... como todavia cree en lo que llaman conciencia, honradez y hombria de bien, será preciso vencer sus escrúpulos. Mas esto corre de mi cuenta, pues yo le conozco muy á fondo, y sé por donde le he de entrar. Pero ¿en dónde demonios se habrá metido hoy? Le he buscado por todas partes. Pensaba hallarle en casa de su novia, pero tampoco estaba alli. Creo que Ambrosio me lo niega y que él está en casa.

Esto decia al subir por sesta vez la escalera de la casa de su amigo.

—¿No ha venido aun? decia un momento despues Teillo al fiel Ambrosio.

—No señor.

—Vamos, Ambrosio, sé franco; tu amo está en casa, y te ha dado órden de...

—Si V. lo cree asi..... ya ve que yo debo cumplir.

—Pero sé que estimas á tu amo, por consiguiente debes interesarte en su suerte, y esta depende de que yo le vea inmediatamente.

—¿Y sus órdenes?

—Yo cargo con la responsabilidad.

Y diciendo esto se dirigió resueltamente hácia el gabinete de Anselmo. Pero es el caso que este estaba cerrado por la parte interior, y Teillo no habia contado con este inconveniente. Fué preciso llamar, pero nadie contestaba. Teillo, entonces, ayudado por Ambrosio, empujó la puerta con violencia y esta cedió. Anselmo estaba echado sobre un sofá, y se habia quedado dormido, fatigado por la vigilia de la noche anterior y las emociones de aquel dia. A su lado habia una pistola cargada y la carta para Teillo. Eran las cinco de la tarde. El ruido que hizo la puerta le dispertó, y dirigiéndose á su criado le dijo:

—¿Asi cumples mis órdenes?

—¡Señor!...

—No debes reprenderlo. Yo tengo la culpa y cargo con la responsabilidad.

En esto Teillo se habia sentado en un sillon junto á su amigo, y el criado se habia retirado. Teillo se levantó y entornó la puerta del gabinete, como hombre que debe hablar de un asunto importante, cuyo secreto conviene mucho.

—¿Por qué no has salido hoy? ¿Estás enfermo?

—No, pero prefiero no ver á nadie, puesto que estoy completamente arruinado.

—¿Tan abatido estás?

—Bien sabes que tengo motivo para ello.

—Es verdad que tienes motivos para no reir, pero no los tienes para desesperarte, porque al fin y al cabo, todo puede salvarse.

Anselmo no contestó.

—Te digo, amigo mio, prosiguió Teillo, que hay un remedio de salvacion.

—¡Imposible!.....

—¡Bah!... esta palabra está ya borrada del diccionario. Escúchame y te convencerás. Tú tienes un crédito ilimitado en la plaza. Nadie sospecha siquiera el estado ruinoso de tus negocios. Con la poderosa palanca de tu crédito, todo lo podemos salvar...

—Nunca, dijo Anselmo interrumpiéndole con sequedad. Jamás abusaré de mi crédito. Yo antes consentia en las jugadas á plazo, porque sabia que tenia de qué echar mano para cumplir. Tu balance me ha revelado ahora que nada me queda una vez satisfechos mis acreedores. Jugar ahora sobre mi crédito seria una infamia, una cosa inmoral, y ya sabes que Anselmo sabe sacrificarlo todo menos su honor.

—Voy á dar el último golpe, dijo Teillo entre sí. Entonces di que no quieres á Jacinta!... entonces di que nunca la has amado.

—Calla... calla, replicó Anselmo, levantándose como un hombre herido por alguna víbora. ¿Yo no amar á Jacinta? Yo? que la adoro... yo... que en ella, y solo en ella cifraba mi felicidad?...

—Pues entonces ¿por qué no aceptas ese medio de resarcir tus pasadas pérdidas, de pagar á tus acreedores, sin tener que vender el patrimonio que heredaste de tus pasados? Una vez logrado este objeto, puedes retirarte de ese negocio, y vivir feliz con tu esposa y familia en tu suntuosa casa de campo de la provincia de Lérida, que es el sueño dorado de tu Jacinta, según me ha dicho más de una vez.

El golpe había sido certero. Era imposible que Anselmo resistiese á este ataque tan directamente asestado contra su parte más vulnerable y sensible. Se acercó á la mesa, examinó de nuevo sus papeles, y luego dirigiéndose á su amigo le dijo:

—¿Cuántas jugadas hemos de hacer para ganar diez mil duros?

—Tal vez una sola bastará.

—Pues bien, consiento.

—Pero ten presente que con diez mil duros no sales enteramente de apuro, puesto que debes cuarenta y cinco mil...

—Ya lo sé: pero con esta cantidad salvo mi hacienda de Lérida, y esto me basta.

—¡Imbécil!... murmuró Teillo; pero en fin algo es algo. Ya entrará en apetito. Porque, digan lo que quieran los moralistas, dinero es dinero, mayormente cuando se gana tan cómodamente.

Así raciocinaba aquel hombre metalizado, juzgando por su depravada conducta sobre la de los demás.

—¿Y qué lucro vas á reportar en esto?

—Según esto estoy completamente arruinado?
—Así es; pero hay un medio de salvacion.

—Yo, amigo mio, solo me he propuesto salvarte. Luego algunos socios fundadores me han prometido algunas acciones á la par, despues los corretajes que no son por cierto un grano de anís.

—Esta bien: ahora me arreglaré, pues tengo necesidad de ver á mi novia.

III.

EL AMOR VERDADERO.

Teillo se despidió de su amigo, y una hora despues estaba al lado de su novia, en compañia de la madre de esta, en un gabinete de labor, donde madre é hija trabajaban.

—¿Sabes, querida mia, que estoy resuelto á adoptar tu plan?

Los ojos rasgados y hermosos de Jacinta se animaron al oir la dulce voz de su amante, que le anunciaba lo que ella más habia deseado. Anselmo lo habia dicho, y habia dicho una verdad. Aquella jóven rubia, de ojos hermosos, boca pequeña y agraciada, frente despejada, buen talle, elegante y atractiva sin afectacion ni pretensiones, habia leido en el corazon de su amante. Conocia que éste era cándido y sencillo, y ella, que tambien lo era, pero que sabia que los habia pocos en el mundo, y mucho ménos en la sociedad que frecuentaba Anselmo, adivinaba, por instinto, que su futuro esposo habia de ser víctima de su mismo candor y sencillez. Por esto todos sus esfuerzos se habian dirigido á inducir á su amante á dejar la ciudad y pasar al campo, una vez unidos en lazo conyugal. Pero Anselmo, lleno todavia de ilusiones, no podia avenirse con la idea de vivir enteramente aislado de una sociedad en que tanto habia disfrutado. Era preciso un desengaño, y este lo habia esperimentado bien cruel, como ya lo han visto nuestros lectores.

—¿Y á qué debo una noticia para mi tan agradable?

—Por hoy, querida mia, no te lo puedo decir, dentro pocos dias te lo diré en presencia de tus padres. De todos modos, puedes estar segura sobre este particular.

—¡Oh! gracias, querido mio, gracias... poco sabes la alegria que me has dado.

—Pero dime, Jacinta, ¿por qué te alegras tanto á la idea de abandonar una ciudad en donde has nacido, tienes tus padres y demás parientes?

—Tambien yo, querido mio, tengo mi parte reservada en este asunto, que te revelaré cuando estemos en tu casa de campo. Por ahora bastará que te diga que te quiero tanto, que alli donde tu estés y seas feliz, se halla ya todo lo que yo puedo desear y apetecer. Todo lo dejará el hombre, ha dicho el libro divino, para juntarse con su mujer. ¿Por qué pues la mujer no lo ha de dejar todo para unirse con su marido?

—¡Oh! Jacinta, tú siempre eres la misma. Tu conversacion es muy distinta de la de esas mujeres frívolas y superficiales que he tratado hasta aqui. Ellas no saben hablar más que de modas, murmurar de sus propias amigas, criticar sus prendas de porte, y tratan de otras fruslerias indignas y bajas. Tú huyes siempre de esas conversaciones insipidas y tontas. Contigo se pasan las horas en un momento.

—Basta, adulador: yo soy una frágil mujer como todas las demás, con la sola diferencia que yo te amo de veras, con todo mi corazon, con toda mi alma. Por esto me ocupo más de ti, que de mi propia, y como mi amor es desinteresado, como no tiene nada de egoista, por esto, solo se ocupa de lo que á ti te puede convenir é interesar. Por otra parte, Dios es bueno, y como en mis oraciones siempre le ruego por tu felicidad, por esto, estoy segura que me inspira, y sin advertirlo, me traza la senda por donde hemos de marchar para ser tan felices, como se puede serlo en ese valle de lágrimas y dolores. Créeme, amigo mio, es un gran consuelo el de la religion. Una alma sinceramente creyente, puede luchar con gran ventaja contra las miserias y sentimientos de nuestra miserable existencia. A cada paso tropezamos con disgustos y desgracias que, todo el oro del mundo no puede mitigar en lo más minimo, siendo así que los consuelos religiosos, si no los estinguen, á lo ménos nos dan la santa resignacion que necesitamos para no desesperarnos y sucumbir. El incrédulo tiene toda su dicha pendiente de un hilo muy delgado y sutil. Viene un dia que este se rompe, y entonces su alma se exaspera, la idea del suicidio cruza por su cerebro, y juzgando falsamente, que el matarse á si mismo es un acto de valor, muere como el más cobarde de los hombres. ¿En qué puedes fundar tu felicidad, fuera de la única base sólida del *creer* y *esperar* en Dios, que no sea perecedero y frágil? ¿En las riquezas? Pues qué ¿no has visto desvanecerse como el humo las fortunas más colosales? ¿En el amor de los hijos ó el conyugal? ¿Pero no ves al mundo poblado de viudas y de padres que llevan lu-

to por sus hijos? ¿En el saber y en el talento? Cierto que esta es una de las más sólidas fortunas, ó dones de que puede gozar el misero mortal. Pero de todos modos, si no va acompañado de la virtud y de la fé, casi siempre sirve tan solo para mayor tormento. Pero si todas, y cada una de esas felicidades las hermanas con aquellas virtudes, entonces en cada una de ellas puedes ser feliz, tal como lo pueden ser los hombres en este destierro. A medida que aumentarás tu caudal de *fé* y *esperanza*, cercenarás tus necesidades respecto las demás cosas necesarias ó conducentes á nuestra felicidad terrestre.

Anselmo escuchaba á su futura esposa con la mayor atencion y entusiasmo. Hasta entonces no habia oido más que el lenguaje de aquellas mujeres disolutas y corrompidas, con quienes por las infames sugestiones de Teillo, habia estado en contacto. Era un hombre que salia de una caverna de malvados y condenados, para pasar á la mansion de las almas justas, de las que *creen* y *esperan*, y por consiguiente que saben infundir los consuelos de la esperanza y la fe. En estos y semejantes coloquios pasaron aquellos dos amantes la velada, y Anselmo al salir de alli estaba más resuelto que nunca á dejar la ciudad y á casarse cuanto antes con la virtuosa Jacinta.

IV.

ANSELMO GANA LOS DIEZ MIL DUROS: SE RETIRA AL CAMPO Y SE CASA.

El pingüe negocio propuesto por Teillo, por primera vez surtió todo su buen efecto, respecto á Anselmo. El haber logrado hacer figurar á su amigo como fundador de una de las muchas sociedades anónimas que en aquella epoca se fundaron, y la venta de las acciones de aquella sociedad *in fieri*, habia producido las ganancias calculadas de antemano.

«Cuando el toque, decia entre si, la facilidad y ningun riesgo con que ha ganado esos diez mil duros, y le manifieste que la mina está ya abierta y puede producir otros y otros diez mil pesos, de seguro será de los mios, y no querrá abandonar tan rico filon. El ha sido siempre pródigo, amigo del lujo y del gozar, no hay pues cuidado de que tuerce un camino por donde ha andado tantos años.» Pero no sabia el cambio verificado en la persona de su amigo. Ignoraba que al espiritu tentador, habia sucedido el alma salvadora, que un ángel, en fin, ocupaba el lugar de Satanás. ¡Lo que puede una buena compañia! ¡Lo que vale una mujer, verdaderamente buena y virtuosa! Sus virtudes se reflejan al momento en el hombre que ha tenido la dicha de hallar un tan rico tesoro. Sois injustos y exagerais bárbaramente, cuando las condenais á todas, porque entre ellas, lo mismo que entre los hombres, las hay de malas y perversas. Lo que sucede muchas veces, es que sus buenos instintos y sus virtudes son ahogados y destruidos, por la infamia de los hombres, en su mismo gérmen. Un necio y vano orgullo os hace juzgar superiores á ellas, sucediendo de ahi que muchas veces las haceis callar, cuando hablando, os darian un consejo que tal vez seria vuestra salvacion. Pero volviendo á nuestra historia, diremos que Teillo puso en manos de su amigo los diez mil duros consabidos, creyendo buenamente que este le diria: «quédate con ellos y ve satisfaciendo los pagarés y demás créditos que vayan venciendo.» Pero por primera vez se llevó el chasco más completo. Anselmo, por consejo de Jacinta, había resuelto arreglar por sí mismo sus negocios. Al dia siguiente los acreedores de Anselmo fueron satisfechos aun antes del vencimiento de sus respectivos documentos, basta la cantidad de los diez mil duros. Ocho dias despues, Anselmo realizada parte de su hacienda, pagó religiosamente á los deudores restantes. Despues de esto se presentó en la casa de su novia, y en presencia de ésta y de sus padres se espresó en estos términos:

—Soy muy franco en todas mis cosas. Jamás he sabido engañar á nadie. Sabed, pues, amigos mios, que no soy tan rico como el dia que os pedí á vuestra hija por esposa. Habia contraido muchas deudas á causa de algunas pérdidas de bastante consideracion sufridas en la *bolsa*. Pero gracias á un negocio que me ha salido bien, y á la venta que he hecho de parte de mis bienes, puedo aseguraros que no debo un maravedi, y que me queda para vivir la rica hacienda de Lérida con su casa de campo. Otra cosa os he de advertir: estoy resuelto á partir de esta ciudad mañana mismo. Deseo respirar libremente, porque esta atmósfera me ahoga. En mi casa de campo creo que podremos vivir felices y libres de las tentaciones y tropiezos de una ciudad tan populosa. Allí celebraremos nuestras bodas, para cuyos preparativos yo me anticiparé algunos dias, si es que vosotros aprobais mi plan.

El padre de Jacinta por toda respuesta alargó su mano, y apretando cordialmene la de Anselmo, le dijo:

—Por mi parte, no solo apruebo tu resolucion, sino que la recibo con el mayor contento.

—Yo tambien, dijo la madre, con tal que pueda pasar algunas temporadas en vuestra compañia.

—¿Y tú, querida mia, qué dices?

—Que has colmado todos mis deseos, contestó Jacinta, llorando de gozo.

Anselmo puso en práctica su resolucion. Al dia siguiente, muy de mañana, salió de Barcelona en direccion á su casa de campo situada dos horas más allá de la ciudad de Lérida. No se despidió de ninguno de sus amigos ni aun del mismo Teillo. El padre de Jacinta, junto con el fiel Ambrosio, quedaron encargados de empaquetar los muebles, ropa y libros y enviárselos á su retiro. Anselmo fue recibido con suma satisfaccion y contento por todos sus colonos, pues todos le profesaban un verdadero cariño. Arregló la casa, conforme las instrucciones verbales y por escrito que le habia dado su novía. Era un modelo de buen gusto y comodidad, sin necesidad de un lujo estremado y vanidoso. Un mes despues llegó Jacinta tan bella y hermosa como Anselmo la habia descrito á sus colonos, y aun mucho más. Las bodas se celebraron con aquella sencillez campestre, que tanto agrada á los que pueden compararla con el fingimiento é hipocresía que reina en las grandes ciudades, por punto general. Desde aquel dia Anselmo y su esposa fueron el bálsamo consolador de todos los pobres y enfermos de aquellos alrededores.

VII.

TRÁGICO FIN DE TEILLO.

Han transcurrido cerca de dos años despues del casamiento de Anselmo y las escenas que acabamos de referir. Durante este periodo, Teillo, aquel hombre sin fé ni religion: aquel sensualista metalizado, ha corrido siempre afanoso tras el oro y las riquezas únicas que le proporcionaban los costosos goces á que se habia acostumbrado. Habia ganado mucho dinero, es verdad, pero si hubiésemos esprimido aquellas monedas ó billetes de banco, tal vez, y sin tal vez, hubiese manado la sangre de sus victimas, vendidas, engañadas y estafadas. Pero apesar de todo, como lo que mal se adquiere pronto se pierde, Teillo estaba completamente arruinado, en la época á que nos referimos. *Alcista* por sistema, habia jugado siempre al alza, y habiéndole cogido la espantosa baja que sobrevino en todos los valores, perdió en quince dias lo que con tanto afan, embustes y enredos, habia ganado en un año y medio. Triste y abatido se paseaba solo por los alrededores de Monjuich, esperando sin duda alguna de sus infernales inspiraciones. Habia pertenecido ya á una compañia de falsificadores de moneda, pero tampoco en esto habia sido afortunado, porque sus mismos compañeros llegaron á sospechar de su fidelidad. Dejémosle por un momento en sus cavilaciones cuyos resultados veremos despues, para trasladarnos otra vez á la casa de Anselmo, en donde tanto sonrie la dicha y felicidad. Dios habia bendecido aquel feliz matrimonio, y una hermosa niña era el embeleso del padre y las dulzuras de la virtuosa Jacinta. La madre de ésta pasaba casi todo el año en su compañia, y su anciano padre largas temporadas. Anselmo pasaba todo el dia ocupado y distraido, entre los cuidados de su patrimonio, la lectura y la amable conversacion de su esposa. Los que han creido que la vida del campo carece de atractivos durante el invierno se equivocan en gran manera. Las mismas lluvias, escarchas y vientos, tienen su atractivo para el que puede contemplarlas puesto al abrigo de sus rigores, junto al hogar, en compañia de su esposa y familia, leyendo una historia, ó bien alguna de las muchas novelas que saben deleitar é instruir, sin pervertir ni escandalizar. Un dia regresaban los dos esposos de uno de sus paseos campestres, alegres y contentos como siempre.

—¿Cómo es, querida mia, que antes de conocerte á ti, nunca sabia amar á una mujer, sino por espacio de cuatro ó cinco meses, aborreciéndolas en seguida y causándome hasta fastidio?

—Es muy sencillo, esposo mio: porque cuando me amaste á mi, primero se juntaron nuestros espíritus, porque nuestro amor era puro y encaminado hácia un buen fin, y como los espiritus simpatizan entre si, se adhieren y ensortijan, viniendo á quererse y amarse de un modo sólido y estable, como sólida y estable es su inmortalidad, por esto nuestro amor, léjos de disminuir, va cada dia en aumento y se consolida más y más. De ahi resulta, que nosotros, esposo mio, nos amariamos de la misma manera, aun cuando por efecto de alguna enfermedad ó desgracia, uno de nosotros perdiese la hermosura y atractivos del cuerpo, porque, tras ese amor de los sentidos corporales, existe otro amor, otra pasion, otra simpatia imperecedera, como lo son nuestras almas símbolo de este último amor.

—Es verdad, querida mia, y así me esplico yo la gran transformacion y metamórfosis que he esperimentado en mi mismo. Yo antes amaba al juego y los placeres, no podia vivir sino en medio de las grandes emociones, de los transportes múltiples y variados.

Lo que hoy me agradaba y complacia, me causaba fastidio y aburrimiento al dia siguiente. La inconstancia y la variedad eran mis objetos favoritos. Me parecia imposible que un hombre pudiese ser feliz fuera de ese abismo que llaman gran mundo. Cuando debia venir á Lérida, me aburria de tal manera, que muchas veces partia al dia siguiente sin evacuar ninguno de los negocios que me habian obligado á dejar la seductora Barcelona. Si entonces me hubiesen dicho que vendria un dia en que toda mi dicha y felicidad consistiria vivir con mi esposa en esta solitaria morada, hubiera dicho que solamente á un loco ó delirante podia ocurrirle una idea semejante. Pero ahora, esposa mia, todo ha cambiado. Cuando mis negocios me obligan á pasar á Lérida, la ciudad se me cae encima, como decir se suele. No tengo sosiego y tranquilidad hasta que he regresado á mi hogar doméstico. Ahora todo lo pasado me parece un delirio y yo mismo me admiro de que no lo hubiese conocido antes. ¿Y á quién debo esta saludable transformacion que tan feliz me hace? ¿A quién debo mi dicha y felicidad, sino á tí, esposa mia, que cual ángel bueno, te interpusiste entre mis pasiones, mis falsos amigos, mi perdicion y ruina? ¡Ah! tú eres aquella mujer fuerte de que nos habla Salomon, aquel tesoro, aquella síntesis de todas las delicias y felicidades de que es lícito disfrutar en la tierra.

—Ya vuelves á tus lisonjas. Tu exajeras las cosas. Yo no soy más que una débil mujer que procuré desde muy joven persuadirme de la mision que las de mi sexo estamos destinadas á desempeñar. *Serán dos en una misma carne*, ha dicho el libro santo, tratando de los esposos. Para serlo, es menester que formen lazos entre sí tan indisolubles como los del mismo juramento que los une. Esos lazos no pueden ser los del cuerpo y los sentidos, porque estos son frágiles y quebradizos, como el barro de que están formados. Unamos los espíritus, y nuestra union tomará el carácter de la inmortal estabilidad de que gozan nuestras almas. Sean nuestros lazos los de virtud, los del estricto cumplimiento de nuestros mútuos deberes, y entonces habremos montado el edificio de la union conyugal con cimientos sólidos é imperecederos. Algunos han dicho que eran necesarios los hijos para la solidez de la union del matrimonio, negándosela así á los matrimonios estériles, y aun á todos aquellos que tengan la desgracia de perder á esos tiernos pedazos de nuestro corazon. Pero sin negar que realmente nuestros hijos, á la par que nuestras delicias, son el símbolo de la homogeneidad, digámoslo así, que debe existir entre los esposos, diré que una vez basado nuestro amor en la virtud, tan felices y mútuamente queridos pueden ser dos esposos cuyo matrimonio sea fecundo, como el de los que sea completamente estéril. Por lo demás, créeme, esposo mio, por punto general, la felicidad en esta tierra está en nosotros mismos; desgraciados los que la han de buscar en los demás. En estas y otras pláticas útiles y provechosas llegaron los dos esposos á su casa, donde encontraron la gran novedad de que vamos á dar cuenta á nuestros lectores. En la antesala encontraron un cabo de las Escuadras con seis mozos. Habian penetrado en la misma, con grande disimulo, disfrazados de paisanos y por una puerta escusada, y esperaban con calma la llegada de su dueño. Así que éste entró, se levantaron todos y le saludaron. Luego el cabo le dijo que debia hablarle á solas. Anselmo recibió aquella impensada visita con aquel contento

y afecto con que los *mozos* son siempre recibidos por los habitantes de los despoblados. Ellos son su ángel custodio ¿qué mucho, pues, que les profesen el cariño más tierno y afectuoso? Así que estuvieron solos Anselmo y el cabo, éste le habló en estos terminos:

—¿Qué noticias tiene V. de su antiguo amigo Teillo?

Al oir este nombre, que encerraba todo lo pasado de Anselmo, con todas sus debilidades, disgustos y desgracias, su frente se anubló por un momento, y su semblante reveló la dolorosa impresion que esperimentaba su alma.

—Despues que abandoné á Barcelona hará como unos dos años, nada absolutamente he sabido de él, pues habeis de saber que en esta su casa de V., está prohibido el mentar su nombre.

—Ya lo sé, pero en cambio, si V. no se ocupa de él, Teillo pasa mucho cuidado de su antiguo amigo.

—¿De mí?

—Sí, de V.....

—¿Y qué dice ó quiere de mí ese miserable?

—Lo de siempre.

—No lo entiendo.

—Es bien sencillo, él siempre ha querido de V. el dinero.....

—Ya... pero ahora es imposible.

—Es imposible tal vez que V. se lo dé como antes, pero es muy fácil que él ahora se lo quiera tomar por sí mismo.

—¿Y cómo?

—Robándoselo á V.

—¿Quiere robarme?

—Sí, esta misma noche quizá...

—¡Infame!...

—Sí que lo es, pero tal vez hoy pagará todas sus picardías. Despues que V. le abandonó, en lo que obró santamente, el tal Teillo ha sido falsificador de documentos, monedero falso, rufian, y qué se yo... Hace tiempo que las Escuadras le siguen la pista sin que él lo haya advertido. Ya hace muchos meses que nuestro celoso comandante D. José Antonio Vidal tiene noticia de todas sus idas y venidas, de los tunos con quienes se trata, de todos sus planes, en fin, y de todo cuanto piensa y hace. Hasta ahora por medio de su astucia y talento, ha sabido nadar y guardar la ropa, como suele decirse, pero hoy por hoy, creo que se ha arrojado vestido en medio del oceano. Todo lo sabemos. Vendrá un mendigo que os pedirá hospitalidad para esta noche. El tal mendigo, más tarde, cuando todos los de la casa esten entregados al sueño, debe abrir la puerta del corral que comunica con el pesebre, y despues la del pequeño patio que tiene salida al campo. Por allí ha de entrar Teillo y los suyos para robar y saquear vuestra casa.

—Me dejais asombrado. Yo, aunque algo tarde, conocí que era un malvado, pero jamás hubiera llegado á sospechar que fuese capaz de un atentado tan criminal.

—Ahora lo que importa es que nadie salga de la casa, porque una espresion, una palabra la más insignificante podria desbaratar todo nuestro plan. Cuando venga el mendigo, concededle hospitalidad que os pedirá, haciéndoos de rogar un poco, porque esos tunos son muy ladinos, sospechan con mucha facilidad y tienen mil modos de comunicar sus sospechas á los otros. Lo demás corre de nuestra cuenta. Efectivamente, aquella noche vino el mendigo, se le dió hospedaje, y cuando creyó que todos dormian, abrió la puerta del corral para dar paso á Teillo y á los suyos. Penetran en el corral, pero en aquel mismo momento, salen el cabo y los *mozos*. Trabóse entre ellos un terrible combate. Tres de los bandidos caen heridos mortalmente, escapándose los demás saltando las tapias. En esto aparece Anselmo, su esposa y criados con luces.

—Lava el rostro de ese bandido, dijo el cabo á uno de los *mozos*.

Este obedeció, y al momento se presentó á la vista de todos el aceitunado rostro del criminal Teillo. Aun respiraba, y á media voz pronunció estas desgarradoras palabras: «No os pido perdon, porque ni de vosotros, ni de Dios debe esperarle un hombre como yo.»

Jacinta se arrojó hácia el cuerpo de Teillo para decirle que estaba perdonado. Pero era tarde. Teillo ya no existia. Tal fué el trágico fin de aquel hombre dominado por la pasion del lujo y de la disipacion. Anselmo y su esposa continuaron en su tranquila felicidad y dicha.

CONCLUSION.

Hemos trazado á grandes rasgos el grandioso cuadro de los hechos, hazañas y proezas del benemerito cuerpo de las ESCUADRAS DE CATALUÑA. Vastisimo es el campo que hemos debido recorrer, la materia inagotable. Nuestros apuros han consistido en la eleccion de los hechos, puesto que para escribirlos, segun su número, nos hubiera sido preciso publicar muchos volúmenes. Intercalado el testo de nuestra historia con la de los ladrones y foragidos de más nombradía, hemos procurado presentar el bandolerismo en todas sus formas y fases, para que resaltase más y más la difícil facilidad de las ESCUADRAS en saberse adaptar á esas mismas formas, cambios y variaciones, á fin de que su *institucion* fuese una verdad. En adelante, sea cual sea la suerte y porvenir de las ESCUADRAS, jamás podrán empañarse sus glorias pasadas, nunca podrán ponerse en tela de juicio su proverbial honradez, acrisolada lealtad, valor, celo y esperiencia. Nosotros sin embargo, preveemos un brillante porvenir para este cuerpo. Porque en el dia, desvanecidos ciertos errores, nacidos de falsas apreciaciones políticas, todo el mundo reconoce ya la importancia de las ESCUADRAS, el inmenso vacio que dejarian, vacio tanto más difícil de llenar, cuanto procederia de la extincion de un cuerpo que ha sabido conservar su pureza y honradez en medio de esa corrupcion general, y que, á fuerza de constancia y trabajo, ha sabido granjearse el amor, aprecio y confianza de todos los buenos, y convertirse en el terror y espanto de los malvados. Antes de concluir, nos incumbe desvanecer un error, en virtud del cual, algunos, si bien que pocos en número, creen que el sostenimiento de las ESCUADRAS viene á ser un gravámen para Cataluña. Para ello, bastará referir un hecho fundado en los inflexibles guarismos que en el dia forman los argumentos más incontestables. Las cortes constituyentes (1) del año

1854, decretaron una rebaja de ciento veinte hombres del cupo correspondiente á Cataluña para el reemplazo del ejército, y de otros ciento veinte del señalado para el reemplazo de los cuerpos provinciales todos los años, en compensacion al gasto que importa el sostenimiento de las ESCUADRAS por las cuatro provincias catalanas. Esta rebaja á razon de ocho mil reales por soldado, importa la suma de 1.920,000 rs. vn.; y como el presupuesto de las ESCUADRAS, suma 1.502,793 reales vellon, resulta una diferencia á favor de Cataluña de 417,207 reales vellon.

La suma del presupuesto de las ESCUADRAS, viene distribuida en esta forma:

Barcelona paga.	721,902 rs.	72	cénts
Gerona. . . .	310,022 »	5	»
Tarragona. . .	260,549 »	5	»
Lérida. . . .	210,319 »	18	»
SUMA TOTAL. . . .	1.502,793 »		»

Dos palabras más, y vamos á concluir. Creemos que deberia aumentarse el haber de las ESCUADRAS proporcionalmente, desde la plaza del simple *mozo*, hasta la del comandante. Esta medida es altamente reclamada por la razon y la justicia. Porque consumiendo los individuos de dicho cuerpo toda su vida en el servicio, naturalmente debe suceder que la mayor parte llegan á ser padres de familia, á no ser que se les quisiera condenar á un repugnante celibato. Siete reales diarios para un padre de familia, obligado á vivir separado de esta casi continuamente por actos de servicio, es innegable que no bastan en el dia para el indispensable alimento. Lo mismo decimos respecto á los sub-cabos y cabos. Ni unos ni otros tienen lo absolutamente indispensable para vivir cual corresponde á su clase, pagar correspondencias y confidentes, y otros gastos necesarios para el mejor servicio. Tambien nos parece justo, el que al comandante se le abonen los gastos de confidencias. Es hasta ridículo que á un jefe y cuerpo destinado para la persecucion y descubrimiento de los ladrones y criminales no se le abone un centavo por gastos de confidencias. Porque, si bien las ESCUADRAS tienen muchisimos confidentes, que lo son por el amor y confianza que ellos han sabido inspirar, con todo, no lo es ménos que muchas y muchas veces solo pagando á los confidentes puede frustrarse la perpetracion de enormes delitos, ó procederse á la captura y castigo de los delincuentes, despues de consumado el crimen. Por consiguiente nos parece justo y racional el que se abonen al comandante, cabos y sub-cabos dichos gastos, para lo cual podria señalarse una cantidad fija, por ejemplo, de doce mil reales al año pagadera al comandante, quien, con la honradez y delicadeza que le honra, la distribuiria segun las necesidades de esta clase de servicios. No existe ningun cuerpo de la indole del de las ESCUADRAS, á que no se abonen cantidades en este concepto. No es justo, pues, que solo el de las ESCUADRAS sea el esceptuado.

---

(1) Debemos consignar aquí que uno de los diputados de aquellas cortes que con mas energía y celo trabajaron para obtener este decreto, lo fué D. Pelegrin Palmes, digno y celosísimo diputado por la provincia de Tarragona.

FIN.

ÍNDICE

DE LAS MATERIAS CONTENIDAS EN ESTA OBRA.

LISTA

DE LOS SS. JEFES É INDIVIDUOS QUE COMPONIAN LAS ESCUADRAS DE CATALUÑA

en fin de diciembre de 1859.

COMANDANTE, EL CORONEL **D. José Antonio Vidal**.

Escuadra del Pla de Cabra.

Cabo.—D. Lorenzo Figueras.
Sub-cabos.—D. Francisco Molons y D. Juan Costa.
Mozos.— D. Ramon Tacias, Pedro Requesens, José Ferré, Pedro Gallart, Ramon Jené, José Navés, Miguel Masdeu, Pedro Reinal, Rafael Salort, Pedro Cervelló, Juan Domingo, Miguel Sentis, Jaime Mayoral, Narciso Batlle, Juan Sabaté, Juan Cros, Miguel Olivé, Miguel Miró, Francisco Montané, Juan Somoy, Fernando Tolosa, Juan Bové, Juan Rué, Ramon Cardona, Manuel Climent, Francisco Guardia, José Rovira, Juan Cervera, Sebastian Ferré, Jaime Bosqué, José Lleonart, Magin Camats y Antonio Marti.

Escuadra de Riudoms.

Cabo.—D. Juan Homs.
Sub-cabos.—D. Martin Casas y D. Antonio Reixach.
Mozos.—José Antonio Curcó, Jaime Carreras, José Antonio Pujol, Magin Pujol, Andrés Benajes, Bautista Llort, Salvador Solé, Juan Curcó, Esteban Calsada, José Admetlle, Jaime Tió, Pedro Lloret, Buenaventura Basedas, Antonio Marlin, Matias Miró, José Capella, Buenaventura Sallen, Domingo Filella, Pablo Gordó, Pablo Castells, Juan Siuraneta, José Perotillo, José Torrell, Miguel Sabaté, Francisco Tarré, Benito Sumell, Juan Colom, José Sans, Francisco Fortuny, Martin Dalmau, Juan Irans, Agustin Mestres y Francisco Duran.

Escuadra de Mora de Ebro.

Cabo.—D. Antonio Artigues.
Sub-cabos.—D. José Jiné y D. José Mora.
Mozos.—Francisco Amorós, José Antonio Sastre, Tomás Sedó, Miguel Salvat, José Montané y Gispert, Antonio Rovira, Juan Rovira, José Buchaca, Matias Talavera, Lorenzo Mañá, José Balart, Ramon Morgadas, Ventura Tort, Ventura Riba, José Masegué, José Montané y Ribó, Jaime Montané, Rafael Baixeras, Pedro Boher, Isidro Trabaset, José Aragonés, Ramon Costa, José Altadill, Francisco Civit, Pablo Sagalá, Salvador Ferrarós, José Rocamora, Juan Magriña, Pedro Domenech, José Boronat, Pedro Solé, Francisco Fortuny y Juan Balar.

Escuadra de Torres de Segre.

Cabo.— D. José Torrabadella.

Sub-cabos.—D. Miguel Deola y D. Ramon Casadesus.
Mozos.—Jaime Nabau, Buenaventura Grau, Francisco Panadés, Matias Vilanova, Miguel Niubó, José Pascuet, Ignacio García, Juan Soliva, Magin Cort, Jaime Borrull, Francisco Llasuy, Félix Rosell, Jacinta Bullich, Pablo Peyró, Ramon Duch, Miguel Salvadó, José Dalmau, Juan Solé, Francisco Llorens, Antonio Cabal, Agustin Gaspar, José Borrell, Isidro Miró, José Perera, José Font, Antonio Costa, Antonio Vila, Antonio Llorens, José Ferré y Canela, Pedro Pujol y José Mauri.

Escuadra de Pobla de Segur.

Cabo.—D. Fernando Prats.
Sub-cabos.—D. Pedro Ferran y D. José Bringué.
Mozos.—José Solé, Felipe Mateu, Miguel Reinal, Francisco Ribalta, Jaime Gació, Pablo Pallerés, Pablo Cardiel, José Viola, Mateo Salla, Antonio Mateu, Pedro Pererols, Félix Madurell, Francisco Tarés, Agustin Escola, Agustin Solé, Miguel Pairó, Juan Solé, Francisco Sans, Magin Cervelló, Juan Riera, Jorje Arques, Ramon Teixidó, Ramon Sarret, José Marsellas, José Garriga, Jacinto Ros, Francisco Bley, Roque Reig, Juan Vila, Miguel Morana, José Bertran, Pablo Español y Jaime Solanes.

Escuadra de la Seo de Urgel.

Cabo.—D. Juan Pujol.
Sub-cabos.—D. José Formenti y D. Antonio Torraubella.
Mozos.—Antonio Giral, Antonio Serra, Alejandro Sentis, Francisco Martorell, Pedro Solé, Francisco Moretó, José Oriol y Blasco, Pablo Ribot, Jaime Puig, Antonio Terré, Francisco Tresens, Jaime Salót Antonio Valls, Andrés Figols, Jacinto Tost, Ramon Aubach, Juan Pujol, Alejandro Masiá, Ramon Ponsa, Antonio Comes, Magin Arnabat, Jaime Llinás, Cárlos Espasa, Francisco Balaguer, Antonio Solé, Juan Tuset, Pedro Perotes, Juan Pujet, Francisco Badia, Tomás Bagaria, Juan Berenguer y Juan Soques.

Escuadra de Solsona.

Cabo.—D. Jaime Mas.
Sub-cabos.—D. Bruno Barbany y D. Ramon Carrera.
Mozos.—Manuel Trapat, Juan Argemi, José Fité, Isidro Simó, Pablo Marti, Salvio Bellvehí, Luis La-

bal, Francisco Pallerola, Felipe Riba, Pablo Soler, Miguel Arqués, Francisco Cervelló Antonio Torres, Antonio Monserrat, Martin Blanch, Juan Reitx, Pedro Marcús, Ramon Domenech, Félix Escolá, José Tibau, Ramon Gatuellas, José Casamitjana, Juan Castellar, Pedro Martorell, Francisco Riba, Manuel Ceuma, José Gasó, Estéban Pasolas, Ramon Pons, Juan Perez y Juan Tolrá.

Escuadra de Moyá.

Cabo.—D. Francisco Guasch.
Sub-cabos.—D. Antonio Valenti y D. Pablo Olivé.
Mozos.—Pedro Boronat, Jaime Tarradas, Antonio Bullich, Jaime Solé, Cárlos Guasch, Buenaventura Ruaix, Pedro Folch, Manuel Gallart, Estéban Sanou, Ramon Cibit, José Rodergas, Juan Estradé, Martin Pujol, Pablo Fábregas, Silvestre Boxadera, Martin Sadó, Buenaventura Mir, Luis Carbonells, Juan Ventós, Manuel Dalmau, José Ardiaca, José Fortuny, Ramon Escarré, Antonio Cornet, Magin Molins, Miguel Jacas, Ramon Grau, Antonio Solé, Estéban Ferré, Ramon Porrera, Pablo Sans y Ramon Solé.

Escuadra de Torelló.

Cabo.—D. Jaime Bigas.
Sub-cabos.—D. Juan Portabella y D. Francisco Miret.
Mozos.—Ramon Aldabet, Agustin Santacreu, Gerónimo Casali, José Juñen, Mariano Valbe, Francisco Barbará, Ramon Coder, Jaime Jacas, Pedro Pelliser, Isidro Fonts, José Fontdevila, José Planas, Marcial Cotrina, José Mas y Graner, Pedro Castellbi, Antonio Romeu, Pedro Escribá, Pedro Soler, José Llongueras, Juan Estalella, Valentin Estalella, Martin Rosell, Pablo Piñol, Francisco Goberna, Pedro Gil, Bartolomé Reixach, Pablo Cerdá, Pedro Torres, Juan Jacas y Estéban Roura.

Escuadra de Santa Coloma de Farnés.

Cabo.—D. Jaime Capdevila.
Sub-cabos.—D. Antonio Pujol y D. Jaime Guasch.
Mozos.—Lorenzo Lloret, Juan Marca, Antonio Pedrós, Salvio Masmiquel, Juan Mirallas, Simon Malleu, Francisco Bellmunt, Agustin Gispert, Juan Alsina, José Gallart, Francisco Gual, Pedro Andreu, Baltasar Casadevall, Juan Grasas, Sebastian Torrell, Antonio Capdevila, José Vives, José Gibert, Estéban Reus, Antonio Cruset, Miguel Torruella, Juan Freixas, Pedro Duran, Juan Llorens, Juan Vilá, Joaquin Tarradas, Antonio Busquet, José Muns, Antonio Rovira, Isidro Palau, Fernando Fons y Miguel Piqué.

Escuadra de Perelada.

Cabo.—D. Buenaventura Terradas.
Sub-cabos.—D. Martin Corominas y D. Jacinto Demestre.

Mozos.—Pedro Pich, Antonio Sobrepera, Esteban Cullell, Pablo Mitjans, Bernardo Olivet, Felipe Sellas, Francisco Abella, Estéban Marti, Juan Barbosa, Antonio Horonich, José Llegoña, Juan Sabaté, Miguel Diude, Miguel Masanés, Vicente Perches, Jaime Llongueras, Domingo Honorich, Juan Vidal, Ramon Capdevila, José Torrens, Miguel Campasol, Jaime Monpart, Pablo Ferré, Pedro Palé, Juan Pratllusá, Pablo Margenat, Andrés Raureda, German Busquets, José Ros, José Ferré, Matias Abel y Ramon Tarragó.

Escuadra de la Garriga.

Cabo.—D. Antonio Pascual.
Sub-cabos.—D. José Rull y D. Ramon Tallaví.
Mozos.—Francisco Pons, Juan Barbany, Francisco Pablo Segarra, José Parreu, Mariano Plá, Juan Ballesté, Salvador Montané, Francisco Huguet, José Casademun, Juan Jordi, Antonio Vernaus, Manuel Vidal, José Bonell, Francisco Querol, Sebastian Vidal, Sebastian Clos, Francisco Labal, Salvador Bergalló, Juan Pujol, Martin Batllé, Antonio Roca, Juan Oliats, José Solá, Pablo Martorell, José Canal, Juan Melis, Pedro Gurri, Ramon Salvador, Tomás Arbell, José Antonio Piñol, Lorenzo Panadés, Lorenzo Cubells y Rafael Roig.

Escuadra de Barcelona.

Cabo.—D. Pablo Miguel.
Sub-cabos.—D. Manuel Codina y D. Francisco Vidal.
Mozos.—Pablo Mauri, José Llorens, Felix Ferrer, Aloy Figols, José Cortils, Francisco Xorigue, Juan Coll, Joaquin Forns, Bautista Solé, Francisco Font, Antonio Vidal, José Ribellas, Jaime Vargues, Francisco Cornet, Antonio Rofas, Miguel Rius, José Mañosa, Clemente Pallerola, Jaime Minguat, José Marti, Narciso Baded, Antonio Berga, José Faliu, Juan Comas, Bartolomé Batallé, Narciso Vix, José Pallarola, Pelegrin Caunas, Antonio Cortinas, Martin Solé, Ramon Tibau, Juan Monserrat, Rafael Viñals, Pablo Palau, Estéban Nilaseca, Ramon Vidal, Domingo Vivé, José Sarret, Salvador Navarro, Miguel Just, Juan Pallares, Juan Masó.

Escuadra de Arbós.

Cabo.—D. Juan Marti.
Sub-cabos.—D. Francisco Grau y D. José Ferré.
Mozos.—Salvador Plana, José Salat, Jaime Borrás, Pedro Font, José Tort, Antonio Carme, Miguel Fontanilles, Estéban Mariné, Ramon Agusti, Daniel Marsé, Pablo Grases, Ramon Franquet, José Piqué, José Comte, José Punsola, Joaquin Solé, Victoriano Avellá, Juan Palau, Antonio Solé, Simon Miró, Miguel Meda, Pedro Sabés, José Jorva, Juan Coll, Miguel Solé, José Camals, Martin Rafols, José Carreras, José Monserrat, Juan Grau, Alejo Torruella, Cárlos Salat y Pablo Serradell.

GRAN

ESTABLECIMIENTO TIPOGRÁFICO

DE

LUIS TASSO

FUNDADO EN 1847

CALLE DEL ARCO DEL TEATRO, CALLEJON ENTRE LOS NÚMEROS 21 Y 23,

BARCELONA.

En esta imprenta, montada conforme exijen los más modernos adelantos del arte, las oficinas, sociedades, bancos, corporaciones, casas editoriales, teatros, tiendas, etc., etc., y el público en general, hallarán un esmerado, rápido y económico servicio, tanto por lo que hace referencia á impresos en negro como en colores.

IMPRENTA DE LUIS TASSO
CALLE DEL ARCO DEL TEATRO, CALLEJON ENTRE LOS Nos 21 Y 23
BARCELONA

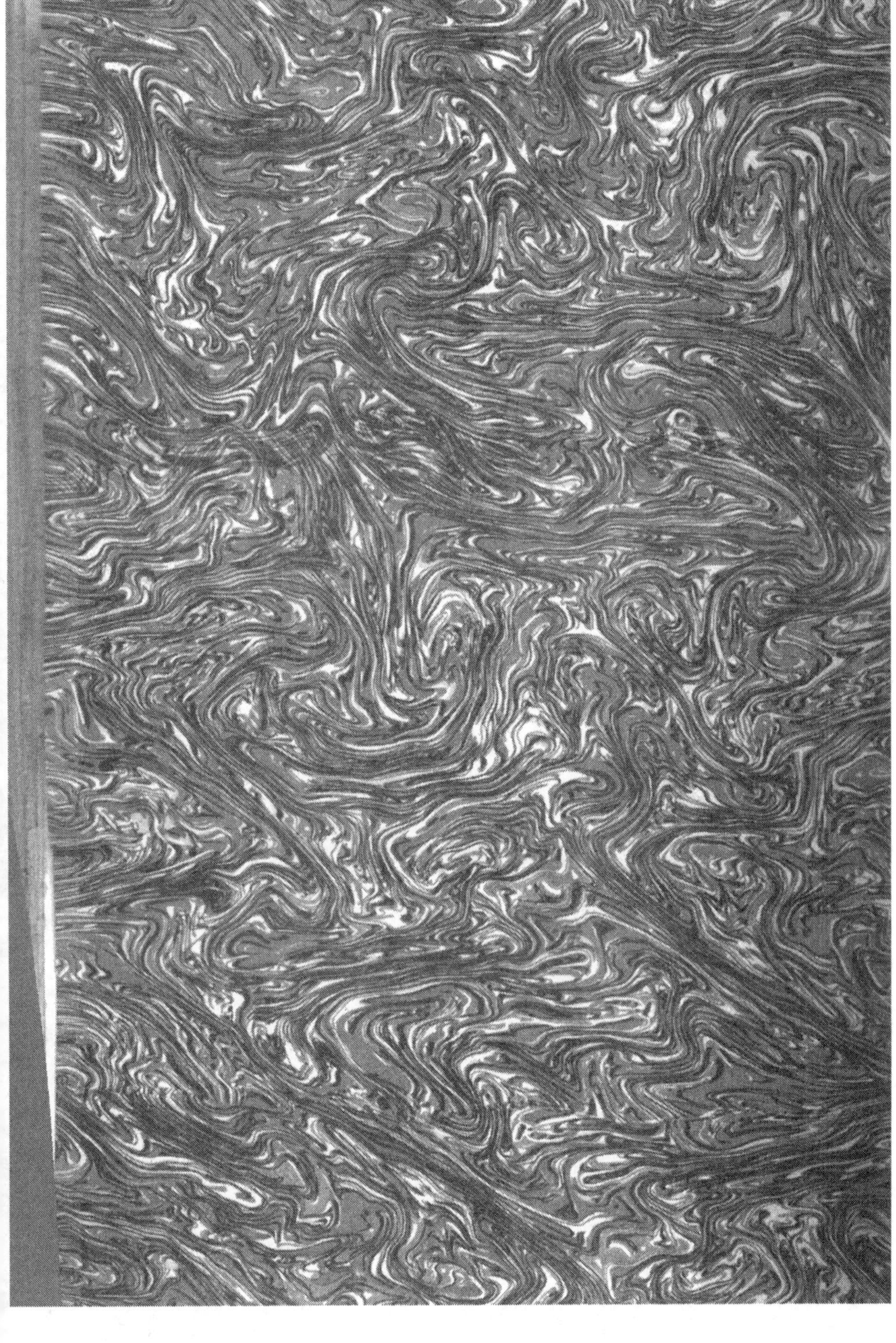

www.ingramcontent.com/pod-product-compliance
Lightning Source LLC
LaVergne TN
LVHW021226190726
843642LV00006B/2082